The Theology of Paul the Apostle

使徒パウロの神学

J.D.G. ダン［著］　浅野淳博［訳］

教文館

The Theology of Paul the Apostle

© James D. G. Dunn, 2003

Published by T&T Clark Ltd

This translation is published by arrangement with Bloomsbury Publishing Plc

Japanese Copyright © 2019 KYO BUN KWAN Tokyo, Japan

日本語版のための緒言

　私が執筆した『使徒パウロの神学』を翻訳し世に出そうとするほど、関心を持つ人がいて下さることを非常にありがたく思います。私にとって、キリスト者のメッセージを支える基本的な神学を構築し、諸教会が直面した様々な問題を解決へと導くパウロの試みは、イエスの宣教に関する伝統を収集する福音書記者らの試み以上に私を惹きつけ、私を刺激し続けて来ました。読者の皆さんがその信仰の営みにおいて同様の関心と刺激を見出すために、この日本語版がお役に立つよう心から願い、祈って止みません。

ジェイムズ・ダン
2019年1月31日

　It is a particular delight for me that others are sufficiently interested in my Theology of Paul the Apostle book to want to have it available in translation. I have to confess that Paul's attempts to formulate the basic theology of the Christian message, and his wrestling with the issues which confronted his churches, have been more provocative and stimulating for me than even the Gospel writers' collections of the traditions of Jesus' ministry. I cannot but hope and pray that the translation will help others to find similar provocation and stimulus in both faith and practice.

James Dunn
31.1.2019

推薦文

　本著は、広い見識と深い洞察力とを兼ね備えた新約聖書学者が、ローマ書をその手がかりとしつつ、パウロ神学の内に一貫性のある総体を見出す方向性を提案する真剣な試みだ。信仰と律法の行いとの対峙へ新鮮な解釈をもたらすパウロの「新たな視点」を援用し、「すでに／いまだ」という黙示的概念を主要な枠組みとして位置づけることで、ジェイムズ・D. G. ダンは神学的一貫性のみならず倫理的完結性をパウロ神学に読みとることを可能とする道を切り開いた。このような主張は賛否両論を刺激し、パウロの神学的思考に関心を抱く者すべての注目を集める。これはまさに必読書だ。

ユニオン神学校バージニア校
ポール・J. アクティマイヤー（1927–2013）

　本著はじつに、ダンがこれまで執筆してきた著作群の頂点に位置する。その学者としての権威を保ちつつも明快な文章表現で繙かれたパウロの思想は、学者、教職者、学生の区別なく、同様に歓迎されることだろう。これは目を見はる学術的な貢献であり、これに比するべき著書は英語圏に見当たらない。

ケンブリッジ大学（レディ・マーガレット・プロフェッサー）
グラハム・N. スタントン（1940–2009）

パウロ神学を注意深く解説した本著は、聖書学における輝かしい功績だ。ダンは国際的な学術議論を十分に反映させつつ、初期キリスト者のメッセージに対するパウロの理解を新たに語りなおした。キリストの死と復活とがパウロ神学の中心にあることを実証しながらも、いかにこの使徒がユダヤ教の遺産にたえず依拠していたかを読み解いてみせる。当時の世界のみならず現代に対してパウロが何を語るかを真剣に考察するあらゆる神学者にとって、本書はその期待に応える。

ゲッティンゲン大学
D. エドゥアルト・ローゼ（1924–2015）

　他に類を見ないこのパウロ神学に関する論考は、詳細にして明確、手抜かりのない学術的論証にもかかわらず読者を魅了する文体で綴られる。混乱を極め、熱論が交わされ続ける分野に、明確な秩序を提供する重要な貢献だ。

ケンブリッジ大学（レディ・マーガレット・プロフェッサー）
C. F. D. モール（1908–2007）

まえがき

　私がパウロに魅了されたのは約40年前のことです[1]。すでに中高生の頃にはパウロの宣教、とくにヨーロッパにキリスト教を根付かせることになるその活動と活躍ぶりに目を奪われていました。大学時代にパウロを神学者として捉えるようになると、その功績に対する敬意の思いは深まります。その深い神学的考察と人間社会の問題を直視する姿勢、遠慮のない議論と牧会的洞察、これらが相まって、パウロはことあるごとに私のあり方を問いただしてきました。大学教員として20年以上にわたりパウロとその神学について講義をしてきましたが、新たな講義や主題に取り組もうとする度にこの原点へと引き戻され、パウロ神学の多彩な側面を探索するにつれて彼への関心が深まります。

　1970年代と80年代になると、私はパウロ神学との対話をさらに深めます。自著の『イエスと御霊』(*Jesus and the Spirit*, 1975)、『新約聖書における一致と多様性』(*Unity and Diversity in the New Testament*, 1977)、『キリスト論の形成』(*Christology in the Making*, 1980) の執筆にあたっては、より深いレベルでパウロ神学と遭遇する機会を得ました。そしてE.P. サンダースの『パウロとパレスチナ・ユダヤ教』(*Paul and Palestinian Judaism*, 1977) によってもたらされた「パウロに関する新たな視点」が、パウロとその神学についての徹底的な再考を私に迫りました[2]。その結果として、私は1980年からアンティオキア事件（ガラ2.11–14）に関する詳しい分析を開始し、ユダヤ人キリスト者と父祖の宗教に対するパウロの姿勢、彼らとパウロとの関係性について論考

---

　1) 訳註　本著執筆後期の1997年初頭から約40年前（1957年）は、ダンがグラスゴー大学で副専攻として聖書学を学び始める前後と思われる。J. Byron and J.N. Lohr (eds.), *I (Still) Believe* (Grand Rapids: Zondervan, 2015), 55–68 参照。
　2) 訳註　邦訳は2020年頃刊行予定。

を重ねてきました。『ローマ書註解』（*Romans*, WBC, 1988）の執筆にあたっては、まず私のガラテヤ書理解を再考する必要がありました。その成果は『イエス、パウロ、そして律法』（*Jesus, Paul and the Law*, 1990）と『ガラテヤ書註解』（*Galatians*, BNTC, 1993）に反映されています。そして『コロサイ書・フィレモン書註解』（*Colossians and Philemon*, NIGTC, 1996）の執筆を通して、後（期）パウロについて理解を深めました。また他所でのⅠコリント書とエフェソ書に関する研究を通して、パウロ文書群の知識に深みと広がりが増しました。これらの研究は、講義室での対話、博士後期課程の学生らの研究指導、Society of New Testament Studies[3] と Society of Biblical Literature[4] の例会出席、これらを通して得た新たな視点と刺激に拠るところが大きいです。

　私は、修正・加筆を繰り返してきた講義ノートを基にして、本格的なパウロ神学研究を著そうと長年にわたり考えてきました。そして、講義ノートの抜本的な見直しがこの思いに拍車をかけ、1996年の復活祭から夏にかけて与えられた特別研究期間が本著執筆を後押ししました。この研究期間が近づくにつれて、多くの支流が集まって河となりつつも、それがせき止められて水位が上がり水圧が増す、そのような思いにかき立てられました。ダムが決壊しそうな思いのまま、最終的に Mac Plus[5] を前にして座ったときには、すでに第2章の開始部数段落は頭の中で書き終わっていました。6か月の研究期間に集中して（プロローグとエピローグ以外の）初稿を書き上げた結果、そうでなければ獲得し難い調和と一貫性とが本著で実現できたのではないかと考えています。

　この初稿の段階で、私はいくつかの難しい選択を迫られました。第1の選択は、ローマ書をパウロ神学の論考全体の枠組みとして用いることに関するもので、これは随分以前から燻っていた問題です。この枠組みについては、序説（第1章）でその正当性を説明しています。この執筆方針の長所は、パウロがローマ書で展開する主題を詳しく論考することを可能とする点ですが、同時に他書の扱いが断片的となる短所もあります。もちろん後者を解消

---

3)　訳註　SNTS, 欧州を中心とした新約聖書学会。
4)　訳註　SBL, 北米に拠点を置く聖書文献学会。
5)　訳註　旧式の箱型アップル・コンピュータ。

しようとすれば、それはそれで他の問題が噴出します。

　もう1つは、各主題について（パウロの）神学的また（私の）釈義的論理が明らかになるよう、十分なスペースを割いて詳しく解説するという選択です。古い議論を前提として特定の主題を扱うならばより簡潔な本に仕上げることも可能だったでしょうが、それを自己完結した神学書と呼ぶことはできません。同様の理由から、要所要所で重要なテクストを省略せずに引用しました。本を読む機会がさまざまな理由で制限される読者が、本著を読み進めつつパウロ書簡をいちいち開いて確かめるわけでないことを想定しなければいけません。そうすると、記憶の中のテクストの内容と本著の論考とが微妙にずれて、後者の意図するところが見失われる危険性もあります。この第2の選択により、読者にとっては使い勝手が良く、著者にとっても論考を進めやすい、しかもそれによってはページ数が大幅に増えるわけでもない、皆がある程度満足できる作品が生まれたと考えます。

　第3は、パウロに関する現代の研究者らとの対話をどこまでの範囲で行うか、という問題に関する選択です。註解書の数を考慮に入れるだけでも、この作業に切りがないことは明白です。それでなくとも、本著はすでにページ数が危険水位に達しています。ここでは、各議論にどれほどの幅があるかを示す程度の二次文献の記載に制限するという決断に至りました。この場合、何を含めて誰に言及するかに関しては任意的にならざるを得ず、自分の議論とその貢献を私に看過されたと考える人には頭を下げるほかありません。この点は、書評等で重大な欠損が指摘されて、のちの改訂版に反映されるよう願います。

　第4は、本著の題名に関する選択です。新約聖書やキリスト教に関心を持つ者にとっては、「パウロの神学」という呼び方で十分に説明がつくでしょう。しかしそのような題名は、聖書学界と教会以外にとってほとんど意味がありません。それ以外の読者にとって、「パウロの神学」は〈神学とは何か〉あるいは〈パウロとは誰か〉という疑問に行く手を阻まれるだけです。「聖パウロの神学」なら情報量が多少増えましょうが、私の内に潜む古いプロテスタント的発想は問いかけます。〈すべてのキリスト者を「聖徒」と呼ぶパウロは、特定のエリートを「聖何某」とする用法を喜ぶか〉と。これに関す

る唯一の解決は、パウロ自身が自らを紹介する際になみなみならぬ思いを込めて使った「使徒」という称号を用いることです。キリスト者はもちろん、そうでない読者もこの用法にある程度馴染みがあることでしょう。こうして本著は『使徒パウロの神学』（*The Theology of Paul the Apostle*）となりました。

　初稿がアードマンズ出版社に手渡されたのは1996年9月のことでした。1週間後には、編集者のビル・アードマンズとジョン・シンプソンの取り計らいで、私が担当する講義とゼミとでこの原稿のゲラ刷りを配布することができました。またこのゲラは、親切にも初稿に目を通すことに同意してくれた同僚の研究者らにも送られました。

　この初稿に対して応答してくださった方々に心から感謝します。とくに米国のポール・アクティマイヤー教授とボブ・ジュエット教授とジョン・リューマン教授、ドイツのエドゥアルト・ローゼ教授、そして英国のグラハム・スタントン教授に感謝します。かつて私の博士論文を指導してくださったチャーリー・モール教授は、原稿の隅から隅まで目を通し、誤植を指摘し、言語表現を訂正し、さらなる考察が必要な部分を示してくださいました。師弟関係を思い起こし、それが1960年代のケンブリッジ大学時代と同様に非常に有益であることを再確認することができ、大変貴重な体験となりました。博士課程後期のゼミでは、秋学期を通してその内容を精査し、不明な点を明らかにし、より良い説明へと変更する（あるいは議論を取り下げる）ための助言を得ました。研究者らで、週ごとに取調室に閉じ込められるようなこの体験をしたことがない人は、そのような状況に自分を追い込むことを心から推奨します。私が同僚のウォルター・モーベリーに特別の謝辞を送ったとしても、ゼミの他の参加者が意外に思うことはないでしょう。秋学期が始まって間もなくすると、ゼミは一定の儀式にしたがうようになりました。すなわち、開始後数分の沈黙に続き、ウォルターが控えめに宣言するのです。「今週は細かい点が3つあります。それから2つだけ大きな問題が……」と。

　上で言及したすべての人々に、心からの「ありがとう」を送ります。非常に多くの異なった仕方で、これらの人々の助言が本著の内容と構成との改善につながりました。また彼らの助言によって、幾つかの点で私が恥ずかしい思いをしないで済んだことも確かです。残りの部分での批判は、すべて私の

至らなさゆえです。

　初稿に対するこれらのコメントと提案を可能なかぎり反映させたつもりですが、それは誤りを可能なかぎり回避するためであると共に、「神学をする」ということが共同作業であること、あるいは（本著で提唱する）対話であることに実体を与えるために寄与しました。私は、本著をパウロ神学に関する結論だと言うつもりはありません。むしろこれは継続する対話あるいは議論への一貢献であり、パウロ神学がいかに宗教と神学の実践と学びとに直接的な関連を示し得るかという問いへの1つの発言です。また同様の思いから、今後の改訂に寄与するコメントや批判を、心からの感謝をもって歓迎します。

　最後になりましたが、私の最愛の妻への感謝を表します。その賢明な助言は私の頼るべき岩であり、彼女なしにこのプロジェクトは開始さえしなかったことでしょう。

ジェイムズ・ダン

1997年1月25日（聖パウロの回心日、ラビー・バーンズの誕生日）

訳者まえがき

　巻末の「訳者あとがき」では本著の意義、著者紹介、また本訳書制作にまつわる謝辞等を記しますが、巻頭では本著を読み進めるにあたって、訳者として読者の皆さんに理解して頂きたい点を 2 つだけ挙げて、端的に述べさせて頂きます。1 つは一次文献の原語であるギリシャ語とヘブライ語の表記について、もう 1 つは covenantal nomism の訳についてです。

　原本では、ギリシャ語とヘブライ語がローマ字アルファベットで音訳されています。これには、本来は見出しが原語表記されてある辞書の見出しも含まれます。これらをカタカナでの音訳にすると、一般読者にとって読みやすいように思えますが、じつは意味不明な単語や句がローマ字からカタカナに変わっただけで、あまり価値がありません。一方で少しでも原語の知識がある読者にとっては、音訳から原語をイメージし直すというストレスがかかります。またカナ音訳に統一性がない（と主張する人がいる）ことも気にかかります。さらに、いくつかの例外を除いては、原語表記が文章の理解を左右するようなことはありません。したがって本著では、ギリシャ語はギリシャ文字、ヘブライ語はヘブライ文字でそれぞれ表記することになりました。ただし、上述の例外的な箇所では単語の用法等が詳しく議論されており、言語の知識が全くない方が、これらの単語が繰り返される箇所を読み進めるのには少々ストレスがかかると判断しました。したがって、人間論を扱う第 3 章、律法を扱う第 6 章、信仰義認を扱う第 14 章、倫理を扱う第 23 章の各一部分（とその他数カ所）では、例えば一般に「肉」と訳されるギリシャ語の σάρξ を「サルクス」、「体」と訳される σῶμα を「ソーマ」（その他「霊／息（πνεῦμα, נֶפֶשׁ)」＝「プネウマ、ネフェシュ」、「信仰／信頼［πίστις］」＝「ピスティス」、「律法（νόμος）」＝「ノモス」）等に音訳しました。この点をご了承頂きたく願うと同時に、これらの原語に不慣れな読者の方々には、これを機に少しばかり

原語をかじるか、少なくともこれらのカタカナ語に新約聖書学の基本的用語として慣れ親しんで頂くかを僭越ながらお勧めさせて頂きます。

　もう1つは、サンダース教授がその著『パウロとパレスチナ・ユダヤ教[1]』において提唱した convenantal nomism の訳に関するものです[2]。従来この句は「契約遵法主義」などと翻訳されてきましたが[3]、本書ではあえて「契約維持のための律法体制」というやや説明的な訳語を充てました[4]。じつはこの句の訳は、以前から翻訳者らを悩ませてきました[5]。本書が採用する訳は、「新たな視点」と呼ばれる研究動向の本質的なところにユダヤ律法を「律法主義（legalism）」と理解することへの強い問題意識があることを重視しています。したがって、〈救済において法の遵守が要求される〉という旧来の思想を容易に想起させ持続させかねない「遵法主義」等の表現から距離を置くのが良いと判断しました。さらに「主義」という表現は、著者の強調する宗教様態（pattern of religion）を看過しているように思えます。彼はその議論において、〈パレスチナ・ユダヤ教という「宗教」におけるある程度一貫した様態は何か〉と問います。それは個別の主義でなく、契約の民が契約の中で生きる際にその道しるべとしての律法がいかに機能しているかという宗教の実相を指しており、彼自身が（nomism という語を用いながらも）「主義（-ism）」から距離を置く様子が著書の副題（註1）と導入部から見うけられます[6]。要約しますと、(1)「律法主義」が安易に連想されない、(2)「宗教様態」が指すのは宗教の実相（あるいは仕組み）であって主義でないという著者の意図が看過されない、(3) 律法授与の目的が「契約への参入」でなく「契約の

---

1)　E.P. Sanders, *Paul and Palestinian Judaism: A Comparison of Patterns of Religion*（Minneapolis: Fortress, 1997）未訳。
2)　ここで述べる内容は、コーネリス・P. ベネマ『「パウロ研究の新たな視点」再考』（安黒努訳、いのちのことば社、2018 年）の「訳者あとがき」ですでに活字になっています（pp.104–06）。それは、訳者の安黒先生から頂いたこの用語の訳に関する問い合わせに対して私が Facebook でご返答したものですが、今回はこれに多少の変更を加えました。
3)　樋口進・中野実（監）『聖書学用語辞典』日本キリスト教団出版局、2008 年、202–02 頁参照。あるいは「契約的法規範主義」。
4)　浅野淳博『NTJ 新約聖書注解　ガラテヤ書簡』日本キリスト教団出版局、2017 年、250–53 頁も参照。
5)　E.P. サンダース『パウロ』土岐健治・太田修司訳、教文館、1994 年、286–87 参照。
6)　Sanders, *Paul and Palestinian Judaism*, 12–18.

維持」であることが用語に明記される、という点を重視し、やや間延びした表現ですが、「契約維持のための律法体制」という訳を採用することにしました。いずれにせよ本著の著者であるダン教授が covenantal nomism を「エレガントでない (inelegant)[7]」ネーミングと評価しているだけあって、その翻訳もなかなかエレガントとはいかないようです。私は専門用語の独占を目論んでいるわけではなく、たんに本著（とその訳者）が「契約維持のための律法体制」を用いる理由を挙げたに過ぎません。近々邦訳が予定されている Sanders, *Paul and Palestinian Judaism* において、この句がいかに訳されるか見定めることにしましょう。

　以上の２つが重要なお断りですが、最後に追加の説明を付して「訳者まえがき」を閉じます。1 点は本訳書で一貫して用いる用語についてです。本書が「パウロ書簡（群）」と記す際は、最少公約数的に認められているパウロ 7 書（ローマ書、コリント 2 書、ガラテヤ書、フィリピ書、Ⅰテサロニケ書、フィレモン書）にコロサイ書とⅡテサロニケ書を含む 9 書を指します。「パウロ文書」と記す場合は、これら 9 書に加えて他にパウロの名を冠するエフェソ書、テモテ 2 書、テトス書をも含めた計 13 書を指します。

　一次文献の翻訳に関しては、著者の議論に適した訳であることが最優先されますので、本著原本で著者であるダン教授が採用する英訳から逸れるようなギリシャ語やヘブライ語文章の私訳を私はしていません。最終的な日本訳の確定にはとくに、旧約聖書と旧約聖書続編と新約聖書では新共同訳と聖書協会共同訳と岩波訳を、旧約聖書偽典では日本聖書学研究所編訳（教文館）を、使徒教父では講談社訳を、ヨセフス文書では秦剛平訳を参考にしました。

---

7)　James D.G. Dunn, *The Epistle to the Galatians*（BNTC; Peabody: Hendrickson, 1993）, 136.

目次

日本語版のための緒言 …………………………………… 3
推薦文 ……………………………………………………… 4
まえがき …………………………………………………… 6
訳者まえがき ……………………………………………… 11
主要文献表 ………………………………………………… 25
聖書および諸文書略語表 ………………………………… 37
主要文献略語表 …………………………………………… 40

序

第1章　パウロ神学への緒言 ………………………………… 51
　§1.1.　なぜパウロ神学を学ぶか？ …………………………… 52
　§1.2.　「パウロ神学」とは何か？ …………………………… 56
　§1.3.　パウロ神学は書き得るか？ …………………………… 64
　§1.4.　パウロ神学をいかに書くべきか？ …………………… 71
　§1.5.　パウロ神学を目指して ………………………………… 76

第1部　神と人類

第2章　神 ……………………………………………………… 81
　§2.1.　神という原理 …………………………………………… 81
　§2.2.　唯一神 …………………………………………………… 85
　§2.3.　他の神々？ ……………………………………………… 88
　§2.4.　神と宇宙 ………………………………………………… 94

§2.5. イスラエルの神 …………………………………… 99
§2.6. 神を体験する ……………………………………… 102
§2.7. 結論 ………………………………………………… 107

第 3 章　人類 ……………………………………………… 108
§3.1. 人類に関する前提要件 …………………………… 108
§3.2. 体（ソーマ σῶμα）……………………………… 113
§3.3. 肉（サルクス σάρξ）……………………………… 121
§3.4. 体（ソーマ σῶμα）と肉（サルクス σάρξ）…… 131
§3.5. 理知（ヌース νοῦς）と心（カルディア καρδία）… 134
§3.6. 魂（プシュケー ψυχή）と霊（プネウマ πνεῦμα）… 137
§3.7. 要約 ………………………………………………… 140

第 2 部　告発された人類

第 4 章　アダム …………………………………………… 143
§4.1. 人類の暗部 ………………………………………… 143
§4.2. ユダヤ教聖典におけるアダム …………………… 146
§4.3. ユダヤ教伝統におけるアダム（第二神殿期以降）… 149
§4.4. パウロ神学におけるアダム（1）（ロマ 1.18–32）… 156
§4.5. パウロ神学におけるアダム（2）（ロマ 3.23）… 159
§4.6. パウロ神学におけるアダム（3）（ロマ 5.12–21）… 160
§4.7. パウロ神学におけるアダム（4）（ロマ 7.7–13）… 164
§4.8. パウロ神学におけるアダム（5）（ロマ 8.19–22）… 167
§4.9. 要約 ………………………………………………… 168

第 5 章　罪と死 …………………………………………… 170
§5.1. 悪の力 ……………………………………………… 170

§5.2. 天の諸力 ……………………………………………… 173
§5.3. 罪 ………………………………………………………… 179
§5.4. 罪の影響（1）──宗教の倒錯 ………………… 183
§5.5. 罪の影響（2）──放縦 ………………………… 189
§5.6. 罪の影響（3）──諸罪過 ……………………… 193
§5.7. 死 ………………………………………………………… 195
§5.8. 要約 ……………………………………………………… 198

第6章 律法 ……………………………………………………… 199
§6.1. 罪、死、律法 ………………………………………… 200
§6.2. トーラー、ノモス（νόμος）、そのノモス（ὁ νόμος） ……… 203
§6.3. 神の要求と裁きの基準 ……………………………… 205
§6.4. 律法の下のイスラエル ……………………………… 210
§6.5. 過去を生きる者の関係性 …………………………… 216
§6.6. 命に通ずる律法、死に通ずる律法 ………………… 224
§6.7. 律法は罪か？ ………………………………………… 229
§6.8. 結論 ……………………………………………………… 234

第3部　イエス・キリストの福音

第7章 福音 ……………………………………………………… 239
§7.1. 福音（εὐαγγέλιον） ………………………………… 240
§7.2. 「聖典（Scriptures）にしたがって」………………… 246
§7.3. 使信的あるいは告白的な定型句 …………………… 251
§7.4. イエス・キリストの啓示 …………………………… 255
§7.5. 終末的「現在」 ……………………………………… 258

第8章 人としてのイエス …………………………………… 262

§8.1.	パウロは生前のイエスに関心があったか？	263
§8.2.	いくつかの前提事項	266
§8.3.	パウロ書簡群に共鳴するイエス伝承	270
§8.4.	イエス	278
§8.5.	メシア	280
§8.6.	アダム	284
§8.7.	受肉した子？	289
§8.8.	結論	292

第9章　十字架のキリスト　294

§9.1.	死んだ者として	295
§9.2.	罪の犠牲	300
§9.3.	パウロの贖罪神学	307
§9.4.	愛する子	314
§9.5.	律法の呪い	316
§9.6.	贖い	319
§9.7.	和解	320
§9.8.	諸力に対する勝利	322
§9.9.	結論	323

第10章　復活の主　327

§10.1.	十字架と復活	328
§10.2.	最後のアダム	335
§10.3.	力ある神の子	337
§10.4.	主	339
§10.5.	神としてのイエス？	349
§10.6.	命を与える御霊	358
§10.7.	結論	364

第 11 章　知恵としてのキリストと先在性 ·········· 366

- §11.1.　神の知恵 ·········· 367
- §11.2.　知恵としてのイエス ·········· 373
- §11.3.　知恵に関するその他の箇所 ·········· 378
- §11.4.　フィリ 2 章 6–11 節 ·········· 383
- §11.5.　アダムの先在性に関する他の箇所 ·········· 390
- §11.6.　結論 ·········· 394

第 12 章　再臨の待望 ·········· 397

- §12.1.　キリストの再臨（パルーシア）·········· 397
- §12.2.　テサロニケ 2 書における再臨の希望 ·········· 401
- §12.3.　後期パウロ書簡におけるキリストと終末 ·········· 410
- §12.4.　来訪（パルーシア）の遅延 ·········· 416
- §12.5.　結論 ·········· 419

第 4 部　救いの開始

第 13 章　転換点 ·········· 425

- §13.1.　新たな時代 ·········· 425
- §13.2.　出来事としての恵み（カリス χάρις）·········· 428
- §13.3.　新たな始まり ·········· 432
- §13.4.　救いのメタファ ·········· 438

第 14 章　信仰による義認 ·········· 444

- §14.1.　パウロに関する新たな視点 ·········· 445
- §14.2.　神の義 ·········· 451
- §14.3.　パウロの改宗がもたらした影響 ·········· 458

§14.4.	ユダヤ教における律法の行い	467
§14.5.	行いによらず	472
§14.6.	義の自己獲得？	480
§14.7.	信仰のみによって	486
§14.8.	キリストへの信仰	495
§14.9.	義認の祝福	503

第15章 キリストへの参与 508

§15.1.	キリスト神秘主義	508
§15.2.	「キリストの内に（あって）」、「主の内に（あって）」	515
§15.3.	「キリストと共に」	521
§15.4.	その他の表現	524
§15.5.	集合体としてのキリスト	530
§15.6.	キリストへの参与がもたらす結果	532

第16章 賜物としての御霊 535

§16.1.	第3の要素	536
§16.2.	終末的な御霊	539
§16.3.	御霊を受ける	542
§16.4.	御霊を体験する	550
§16.5.	御霊の祝福	559
§16.6.	結論	566

第17章 バプテスマ 568

§17.1.	伝統的理解	568
§17.2.	釈義上の問題	573
§17.3.	救いの順序（*Ordo Salutis*）？	583
§17.4.	幼児洗礼	586

第 5 部　救いのプロセス

第 18 章　終末的緊張 …………………………………………591

- §18.1.　時代の重なり ……………………………………………591
- §18.2.　すでに／いまだ ……………………………………………596
- §18.3.　分断された「私」 …………………………………………604
- §18.4.　肉と御霊 ……………………………………………………610
- §18.5.　キリストの苦しみを分かち合う …………………………616
- §18.6.　救いのプロセスの完成 ……………………………………622
- §18.7.　結論と推論 …………………………………………………629

第 19 章　イスラエル ……………………………………………636

- §19.1.　序（1）：神の言葉は倒潰したか？（ロマ 9.1–5）………637
- §19.2.　序（2）：イスラエルとは誰か？（ロマ 9.6）……………642
- §19.3.　第 1 段階：イスラエルの選びとは何か？（ロマ 9.7–29）……647
- §19.4.　第 2 段階：召命を見誤るイスラエル（ロマ 9.30–10.21）……654
- §19.5.　第 3 段階（1）：見捨てられないイスラエル（ロマ 11.1–24）…660
- §19.6.　第 3 段階（2）：全イスラエルの救い（ロマ 11.25–36）………668
- §19.7.　終着地（ロマ 15.7–13）……………………………………672
- §19.8.　結論 …………………………………………………………674

第 6 部　教会

第 20 章　キリストの体 …………………………………………679

- §20.1.　集団アイデンティティの再定義 ……………………………680
- §20.2.　神の教会 ………………………………………………………683
- §20.3.　非儀礼的な共同体 ……………………………………………690

- §20.4. キリストの体 696
- §20.5. 賜物を授けられた（カリスマ的）共同体 700
- §20.6. 御霊の共通体験 710
- §20.7. 多様性と一致のヴィジョン 712

第21章 職務と権威 714

- §21.1. 賜物と職制 715
- §21.2. パウロの使徒としての権威 721
- §21.3. 他の職務 732
- §21.4. 女性の職務と権威 738
- §21.5. 会衆の権威 746
- §21.6. 霊を見分ける 747
- §21.7. 結論 751

第22章 主の晩餐 753

- §22.1. パウロによる「主の晩餐」の神学の難解さ 754
- §22.2. 他宗教からの影響 755
- §22.3. 聖餐の起源 761
- §22.4. コリント教会の状況 764
- §22.5. 主の晩餐に関するパウロの神学1 ——霊的食物 ... 769
- §22.6. 主の晩餐に関するパウロの神学2
  　　　—— 1つの体の分かち合い 771
- §22.7. 主の晩餐に関するパウロの神学3 ——キリスト論 ... 777

第7部　キリスト者の生き様

第23章 動機となる原則 783

- §23.1. 叙実法と命令法（indicative and imperative） 784

§23.2.	再び律法 ………………………………………………790
§23.3.	信仰と「信仰の律法」…………………………………793
§23.4.	御霊と「御霊の律法」…………………………………803
§23.5.	キリストと「キリストの律法」………………………811
§23.6.	自由と愛 …………………………………………………822
§23.7.	伝統的な知恵 ……………………………………………826
§23.8.	結論 ………………………………………………………833

第24章　倫理の実践 ……………………………………………836

§24.1.	社会的文脈 ………………………………………………837
§24.2.	敵対的社会に生きる（ロマ 12.9–13.14）……………840
§24.3.	意見の根本的な不一致との共存（ロマ 14.1–15.6）…847
§24.4.	2つの世界を生きる〔Ⅰ〕――性的行為（Ⅰコリ 5–6 章）……857
§24.5.	2つの世界を生きる〔Ⅱ〕――結婚と離婚（Ⅰコリ 7 章）……860
§24.6.	2つの世界を生きる〔Ⅲ〕――奴隷制（Ⅰコリ 7.20–23）……866
§24.7.	2つの世界を生きる〔Ⅳ〕
	――社会的関係性（Ⅰコリ 8–10 章）…………………869
§24.8.	募金活動 …………………………………………………875
§24.9.	結論 ………………………………………………………880

エピローグ

第25章　パウロ神学への結語 …………………………………885

§25.1.	対話としてのパウロ神学 ………………………………885
§25.2.	パウロ神学の安定した基盤 ……………………………889
§25.3.	パウロ神学の支点 ………………………………………895
§25.4.	中心と発展 ………………………………………………904
§25.5.	革新的で永続的な要素 …………………………………908

訳者あとがき ……………………………………………913
事項索引 …………………………………………………919
文献索引 …………………………………………………922

　　　　　　　　　　　　　　　装丁　桂川　潤

主要文献表

一般研究書

J. Ådna, et al. (eds.), *Evangelium-Schriftauslegung-Kirche* (P. Stuhlmacher FS; Göttingen: Vandenhoeck und Ruprecht, 1997); **J.-N. Aletti**, *Comment Dieu est-il juste? Clefs pour interpréter l' épître aux Romains* (Paris: Seuil, 1991); **L. Baeck**, 'The Faith of Paul', *Judaism and Christianity* (New York: Harper, 1966), 139–68; **W. Barclay**, *The Mind of St Paul* (London: Collins / New York: Harper, 1958); **C.K. Barrett**, *Essays on Paul* (London: SPCK / Philadelphia: Westminster, 1982); *Freedom and Obligation: A Study of the Epistle to the Galatians* (London: SPCK / Philadelphia: Westminster, 1985); 'Paulus als Missionar und Theologe', *ZTK* 86 (1989), 18–32; *Paul: An Introduction to His Thought* (London: Chapman / Louisville: Westminster/ John Knox, 1994); **M. Barth**, 'St. Paul — A Good Jew', *HBT* 1 (1979), 7–45; **M. Barth**, et al., *Foi et Salut selon S. Paul* (AnBib 42; Rome: Biblical Institute, 1970); **J.M. Bassler** (ed.), *Pauline Theology I: Thessalonians, Philippians, Galatians, Philemon* (Minneapolis: Fortress, 1991); **F.C. Baur**, *Paul: The Apostle of Jesus Christ* (1845; 2 vols.; London: Williams and Norgate, 1873, 1875); *Vorlesungen über neutestamentliche Theologie* (1864; Darmstadt: Wissenschaftliche Buchgesellschaft, 1973), 128–207; **J. Becker**, *Paul: Apostle to the Gentiles* (Louisville: Westminster, 1993); **J.C. Beker**, *Paul the Apostle: The Triumph of God in Life and Thought* (Philadelphia: Fortress, 1980); 'Paul's Theology: Consistent or Inconsistent?', *NTS* 34 (1988), 364–77; **S. Ben-Chorin**, *Paulus. Der Völkerapostel in jüdischen Sicht* (Munich: DTV, 1980); **K. Berger**, *Theologiegeschichte des Urchristentums. Theologie des Neuen Testaments* (Tübingen / Basel: Francke, 1994); **H.D. Betz**, *Paulinische Studien. Gesammelte Aufsätze III* (Tübingen: Mohr, 1994); **W. Beyschlag**, *New Testament Theology* (2 vols.; Edinburgh: Clark, 1895), 2.1–281; **J. Blank**, *Paulus. Von Jesus zum Christentum* (Munich: Kösel, 1982); **J. Bonsirven**, *Theology of the New Testament* (London: Burns and Oates / Westminster: Newman, 1963), 193–368; **G. Bornkamm**, *Early Christian Experience* (London: SCM / New York: Harper and Row, 1969); *Paul* (London: Hodder and Stoughton / New York: Harper and Row, 1971)〔ボルンカム『パウロ』佐竹明訳、1970年〕; **M. Bouttier**, *Christianity according to Paul* (London: SCM / Naperville: Allenson, 1966); **D. Boyarin**, *A Radical Jew: Paul and the Politics of Identity* (Berkeley:

Univ. of California, 1994); **F.F. Bruce**, *Paul: Apostle of the Free Spirit* (Exeter: Paternoster, 1977) = *Paul: Apostle of the Heart Set Free* (Grand Rapids: Eerdmans, 1977); **C. Buck and G. Taylor**, *Saint Paul: A Study in the Development of His Thought* (New York: Scribner, 1969); **R. Bultmann**, *Theology of the New Testament* (vol. 1/2; London: SCM / New York: Scribner, 1952)〔ブルトマン『新約聖書神学第2』川端純四郎訳、1966年〕; **G.B. Caird**, *New Testament Theology* (Oxford: Clarendon / New York: OUP, 1994); **W.S. Campbell**, *Paul's Gospel in an Intercultural Context: Jew and Gentile in the Letter to the Romans* (Frankfurt: Lang, 1992); **H. Cancik**, et al. (eds.), *Geschichte-Tradition-Reflexion* (M. Hengel FS; Tübingen: Mohr, 1996), P. Schäfer (ed.), *Judentum* (Band I), H. Lichtenberger (ed.), *Frühes Christentum* (Band III); **B.S. Childs**, *Biblical Theology of the Old and New Testaments* (London: SCM / Minneapolis: Fortress, 1992); **H. Conzelmann**, *An Outline of the Theology of the New Testament* (London: SCM / New York: Harper and Row, 1969)〔コンツェルマン『新約聖書神学概論』田川建三・小河陽訳、1974年〕, 155–286; **C.H. Cosgrove**, *The Cross and the Spirit: A Study in the Argument and Theology of Galatians* (Macon: Mercer Univ., 1988); **N.A. Dahl**, *Studies in Paul* (Minneapolis: Augsburg, 1977); **G.N. Davies**, *Faith and Obedience in Romans: A Study in Romans 1–4* (JSNTS 39; Sheffield: JSOT, 1990); **W.D. Davies**, *Paul and Rabbinic Judaism* (London: SPCK / Philadelphia: Fortress, 1948, ⁴1981); *Jewish and Pauline Studies* (Philadelphia: Fortress, 1984); **C.A. Davis**, *The Structure of Paul's Theology: 'The Truth Which Is the Gospel'* (Lewiston: Mellen, 1995); **A. Deissmann**, *Paul: A Study in Social and Religious History* (1912, ²1926; New York: Harper, 1957); **M. Dibelius and W.G. Kümmel**, *Paul* (London: Longman, 1953)〔ディベリウス／キュンメル『パウロ』松山康国訳、1965年〕; **C.H. Dodd**, *The Meaning of Paul for Today* (London: Allen and Unwin / New York: Meridian, 1920); *The Bible and the Greeks* (London: Hodder and Stoughton, 1935); **K.P. Donfried** (ed.), *The Romans Debate* (Peabody: Hendrickson, ²1991); **K.P. Donfried and I.H. Marshall**, *The Theology of the Shorter Pauline Letters* (Cambridge: CUP, 1993); **J. Drane**, *Paul: Libertine or Legalist?* (London: SPCK, 1975); **J.D.G. Dunn**, *Jesus and the Spirit: A Study of the Religious and Charismatic Experience of Jesus and the First Christians as Reflected in the New Testament* (London: SCM / Philadelphia: Westminster, 1975 = Grand Rapids: Eerdmans, 1997); *Christology in the Making: A New Testament Inquiry in the Origins of the Doctrine of the Incarnation* (London: SCM, ²1989 = Grand Rapids: Eerdmans, 1996); *Jesus, Paul and the Law: Studies in Mark and Galatians* (London: SPCK / Louisville: Westminster, 1990); *Unity and Diversity in the New Testament* (London: SCM / Philadelphia: TPI, ²1990); *The Partings of the Ways between Christianity and Judaism* (London: SCM / Philadelphia: TPI, 1991); *The Theology of Paul's Letter to the Galatians* (Cambridge /

New York: CUP, 1993); *1 Corinthians* (Sheffield: Sheffield Academic, 1995); **G. Ebeling**, *The Truth of the Gospel: An Exposition of Galatians* (Philadelphia: Fortress, 1985); **H.-J. Eckstein**, *Verheißung und Gesetz. Eine exegetische Untersuchung zu Galater 2,15–4,7* (WUNT 86; Tübingen: Mohr, 1996); **G. Eichholz**, *Die Theologie des Paulus im Umriß* (Neukirchen-Vluyn: Neukirchener, 1972); **N. Elliott**, *The Rhetoric of Romans: Argumentative Constraint and Strategy and Paul's Dialogue with Judaism* (JSNTS 45; Sheffield: JSOT, 1990); *Liberating Paul: The Justice of God and the Politics of the Apostle* (Maryknoll: Obis, 1994); **E.E. Ellis**, *Paul and His Recent Interpreters* (Grand Rapids: Eerdmans, 1961); **M.S. Enslin**, *Reapproaching Paul* (Philadelphia: Westminster, 1972); **T. Engberg-Pedersen** (ed.), *Paul in His Hellenistic Context* (Minneapolis: Fortress, 1995); **P. Feine**, *Theologie des Neuen Testaments* (Leipzig: Hinrichs, 1910), 230–549; **J.A. Fitzmyer**, *To Advance the Gospel* (New York: Crossroad, 1981); *Paul and His Theology: A Brief Sketch* (Englewood Cliffs: Prentice Hall, ²1989); *According to Paul: Studies in the Theology of the Apostle* (New York: Paulist, 1993); **R.T. Fortna and B.R. Gaventa**, *The Conversation Continues: Studies in Paul and John* (J.L. Martyn FS; Nashville: Abingdon, 1990); **A. Fridrichsen**, *The Apostle and His Message* (Uppsala: Almqvist and Wiksells, 1947); **D.B. Garlington**, *Faith, Obedience and Perseverance: Aspects of Paul's Letter to the Romans* (WUNT 79; Tübingen: Mohr, 1994); **D. Georgi**, *Theocracy in Paul's Praxis and Theology* (Minneapolis: Fortress, 1991); **H. Gese**, *Essays on Biblical Theology* (Minneapolis: Augsburg, 1981); **J. Gnilka**, *Theologie des Neuen Testaments* (Freiburg: Herder, 1994), 16–132; *Paulus von Tarsus. Zeuge und Apostel* (Freiburg: Herder, 1996); **M. Goguel**, *L'Apôtre Paul et Jésus-Christ* (Paris: Librairie Fishbacher, 1904); **E.J. Goodspeed**, *Paul* (Nashville: Abingdon, 1947, 1980); **L. Goppelt**, *Theology of the New Testament 2: The Variety and Unity of the Apostolic Witness to Christ* (Grand Rapids: Eerdmans, 1982), 31–150; **M. Grant**, *Saint Paul* (London: Weidenfeld and Nicolson / New York: Scribner, 1976); **A.J. Guerra**, *Romans and the Apologetic Tradition: The Purpose, Genre and Audience of Paul's Letter* (SNTSMS 81; Cambridge: CUP, 1995); **D. Guthrie**, *New Testament Theology* (Leicester: Inter-Varsity / Downers Grove: InterVarsity, 1981); **D.A. Hagner and M.J. Harris** (eds.), *Pauline Studies* (F.F. Bruce FS; Exeter: Paternoster / Grand Rapids: Eerdmans, 1980); **D.M. Hay** (ed.), *Pauline Theology 2: 1 and 2 Corinthians* (Minneapolis: Fortress, 1993); **D.M. Hay and E.E. Johnson** (eds.), *Pauline Theology 3: Romans* (Minneapolis: Fortress, 1995); **R.B. Hays**, *The Faith of Jesus Christ: An Investigation of the Narrative Substructure of Galatians 3:1–4:11* (Chico: Scholars, 1983)〔ヘイズ『イエス・キリストの信仰』河野克也訳、2015年〕; *Echoes of Scripture in the Letters of Paul* (New Haven: YUP, 1989); **M. Hengel**, *Between Jesus and Paul* (London: SCM / Philadelphia: Fortress, 1983)〔ヘンゲル『イ

エスとパウロの間』土岐健治訳、2005 年]; *The Pre-Christian Paul* (London: SCM / Philadelphia: TPI, 1991) 〔ヘンゲル『サウロ』梅本直人訳、2011 年]; **M. Hengel and U. Heckel** (eds.), *Paulus und das antike Judentum* (WUNT 58; Tübingen: Mohr, 1991); **M. Hengel and A.M. Schwemer**, *Paul between Damascus and Antioch* (London: SCM, 1997); **O. Hofius**, *Paulusstudien* (WUNT 51; Tübingen: Mohr, 1989); 'Paulus — Missionar und Theologe', in Ådna, et al. (eds.), *Evangelium*, 224–37; **H.J. Holtzmann**, *Lehrbuch der neutestamentlichen Theologie* (Tübingen: Mohr, 1911), 2.1–262; **M.D. Hooker**, *Pauline Pieces* (London: Epworth, 1979); *From Adam to Christ: Essays on Paul* (Cambridge / New York: CUP, 1990); **M.D. Hooker and S.G. Wilson** (eds.), *Paul and Paulinism* (C.K. Barrett FS; London: SPCK, 1982); **D.G. Horrell**, *The Social Ethos of the Corinthian Correspondence* (Edinburgh: Clark, 1996); **G. Howard**, *Paul: Crisis in Galatia: Study in Early Christian Theology* (SNTSMS 35; Cambridge / New York: CUP, 1979, ²1990); **H. Hübner**, 'Paulusforschung seit 1945. Ein kritischer Literaturbericht', *ANRW* II.25.4 (1987), 2649–840; *Biblische Theologie des Neuen Testaments 2: Die Theologie des Paulus* (Göttingen: Vandenhoeck, 1993); *Biblische Theologie als Hermeneutik. Gesammelte Aufsätze* (Göttingen: Vandenhoeck, 1995); **A.J. Hultgren**, *Paul's Gospel and Mission: The Outlook from His Letter to the Romans* (Philadelphia: Fortress, 1985); **A.J. Hunter**, *The Gospel According to St Paul* (London: SCM / Philadelphia: Westminster, 1966); **J.C. Hurd**, *The Origin of 1 Corinthians* (London: SPCK, 1965); **E. Käsemann**, *Essays on New Testament Themes* (London: SCM / Naperville: Allenson, 1964); *New Testament Questions of Today* (London: SCM / Philadelphia: Fortress, 1969); *Perspectives on Paul* (London: SCM / Philadelphia: Fortress, 1971) 〔ケーゼマン『パウロ神学の核心』佐竹明・梅本直人訳、1980 年]; **R.D. Kaylor**, *Paul's Covenant Community: Jew and Gentile in Romans* (Atlanta: John Knox, 1988); **L.E. Keck**, *Paul and His Letters* (Philadelphia: Fortress, 1982); **H.A.A. Kennedy**, *The Theology of the Epistles* (London: Duckworth, 1919), 13–160; **K. Kertelge**, *Grundthemen paulinischer Theologie* (Freiburg: Herder, 1991); **J. Knox**, *Chapters in a Life of Paul* (Macon: Mercer Univ., 1950, ²1987); **W.L. Knox**, *St Paul and the Church of the Gentiles* (Cambridge: CUP, 1939); **H. Koester**, *Introduction to the New Testament 1: History, Culture, and Religion of the Hellenistic Age*; *2: History and Literature of Early Christianity* (Berlin: de Gruyter / Philadelphia: Fortress, 1982) 〔ケスター『新しい新約聖書概説 上/下』井上大衛/永田竹司訳、1989/1990 年]; **L. Kreitzer**, *2 Corinthians* (Sheffield: Sheffield Academic, 1996); **W.G. Kümmel**, *Heilsgeschehen und Geschichte. Gesammelte Aufsätze 1933–1964* (Marburg: Elwert, 1965); *The Theology of the New Testament* (Nashville: Abingdon, 1973) 〔キュンメル『新約聖書神学』山内真訳、1940 年], 137–254; *Introduction to the New Testament* (Nashville: Abingdon, rev. edn,

1975); **O. Kuss**, *Paulus. Die Rolle des Apostels in der theologischen Entwicklung der Urkirche* (Regensburg: Pustet, 1975), **T. Laato**, *Paulus und das Judentum. Anthropologische Erwägungen* (Åbo: Academy, 1991); **G.E. Ladd**, *A Theology of the New Testament* (Grand Rapids: Eerdmans, ²1993), 397–614; **K. Lake**, *The Earlier Epistles of St Paul* (London: Rivingtons, 1911); **J. Lambrecht**, *Pauline Studies* (BETL 115; Leuven: Leuven Univ., 1994); **P. Lapide and P. Stuhlmacher**, *Paul: Rabbi and Apostle* (Minneapolis: Augsburg, 1984); **A.T. Lincoln and A.J.M. Wedderburn**, *The Theology of the Later Pauline Letters* (Cambridge: CUP, 1993); **E.A. Livingstone** (ed.), *Studia Biblica 1978 vol. 3* (JSNTS 3; Sheffield: JSOT, 1980); **W. von Loewenich**, *Paul: His Life and Work* (Edinburgh: Oliver and Boyd, 1960); **E. Lohse**, *Die Einheit des Neuen Testaments. Exegetische Studien zur Theologie des Neuen Testaments* (Göttingen: Vandenhoeck, 1973); *Die Vielfalt des Neuen Testaments. Exegetische Studien zur Theologie des Neuen Testaments* (Göttingen: Vandenhoeck, 1973); *Die Vielfalt des Neuen Testaments. Exegetische Studien zur Theologie des Neuen Testaments 2* (Göttingen: Vandenhoeck, 1982); *Paulus. Eine Biographie* (Munich: Beck, 1996); **L. De Lorenzi** (ed.), *Paul de Tarse: Apôtre du notre temps* (Rome: Abbaye de S. Paul, 1979); **G. Lüdemann**, *Paulus und das Judentum* (Munich: Kaiser, 1983); *Paul, Apostle to the Gentiles: Studies in Chronology* (Philadelphia: Fortress, 1984); *Opposition to Paul in Jewish Christianity* (Minneapolis: Fortress, 1989); **S. Lyonnet**, *Études sur l'épître aux Romains* (AnBib 120; Rome: Biblical Institute, 1989); **J.G. Machen**, *The Origin of Paul's Religion* (Grand Rapids: Eerdmans, 1925); **A.J. Malherbe**, *Paul and the Popular Philosophers* (Minneapolis: Fortress, 1989); **T.W. Manson**, *On Paul and John* (London: SCM / Naperville: Allenson, 1963), 11–81; **S.B. Marrow**, *Paul: His Letters and His Theology* (Mahwah: Paulist, 1986); **U. Mauser**, 'Paul the Theologian', *HBT* 11 (1989), 80–106; **W.A. Meeks**, *The First Urban Christians: The Social World of the Apostle Paul* (New Haven: YUP, 1983) 〔ミークス『古代都市のキリスト教』加山久夫訳、1989年〕; **W.A. Meeks** (ed.), *The Writings of St. Paul* (New York; Norton, 1972); **O. Merk**, 'Paulus-Forschung 1936–1985', *TR* 53 (1988), 1–81; **H. Merklein**, *Studien zu Jesus und Paulus* (WUNT 43; Tübingen: Mohr, 1987); **P.S. Minear**, *The Obedience of Faith: The Purposes of Paul in the Epistle to the Romans* (London: SCM / Naperville: Allenson, 1971); **M.M. Mitchell**, *Paul and the Rhetoric of Reconciliation: An Exegetical Investigation of the Language and Composition of 1 Corinthians* (Louisville: Westminster/John Knox, 1993); **C.G. Montefiore**, *Judaism and St. Paul: Two Essays* (London: Goschen, 1914); **O. Moe**, *The Apostle Paul: His Message and Doctrine* (1928; Minneapolis: Augsburg, 1954); **R. Morgan**, *Romans* (Sheffield: Sheffield Academic, 1995); **L. Morris**, *New Testament Theology* (Grand Rapids: Zondervan, 1986), 19–90; **C.F.D. Moule**, *Essays in New Testament Interpretation* (Cambridge / New York: CUP,

1982); **J. Munck**, *Paul and the Salvation of Mankind* (London: SCM / Richmond: John Knox, 1959); 'Pauline Research since Schweitzer', in J.P. Hyatt (ed.), *The Bible in Modern Scholarship* (Nashville: Abingdon, 1965), 166–77; **J. Murphy-O'Connor**, *Becoming Human Together: The Pastoral Anthropology of St. Paul* (Wilmington: Glazier, 1982); *The Theology of the Second Letter to the Corinthians* (Cambridge: CUP, 1991); *Paul: A Critical Life* (Oxford: Clarendon / New York: OUP, 1996); **J. Murphy-O'Connor and J. Charlesworth** (eds.), *Paul and the Dead Sea Scrolls* (New York: Crossroad, 1990); **M.D. Nanos**, *The Mystery of Romans: The Jewish Context of Paul's Letter* (Minneapolis: Fortress, 1996); **J.H. Neyrey**, *Paul in Other Words: A Cultural Reading of His Letters* (Louisville: Westminster, 1990); **G.W.E. Nickelsburg with G.W. MacRae** (eds.), *Christians among Jews and Gentiles* (K. Stendahl FS; Philadelphia: Fortress, 1986); **K.-W. Niebuhr**, *Heidenapostel aus Israel: Die jüdische Identität des Paulus nach ihrer Darstellung in seien Briefen* (WUNT 62; Tübingen: Mohr, 1992); **A.D. Nock**, *St. Paul* (London: OUP / New York: Harper, 1938); **E.H. Pagels**, *The Gnostic Paul: Gnostic Exegesis of the Pauline Letters* (Philadelphia: Fortress, 1975); **C.M. Pate**, *The End of the Ages Has Come: The Theology of Paul* (Grand Rapids: Zondervan, 1995); **D. Patte**, *Paul's Faith and the Power of the Gospel: A Structural Introduction to the Pauline Letters* (Philadelphia: Fortress, 1983); **S. Pedersen** (ed.), *The Pauline Literature and Theology* (Aarhus: Aros / Göttingen: Vandenhoeck, 1980); **R. Penna**, *Paul the Apostle 1: Jew and Greek Alike*; *2: Wisdom and Folly of the Cross* (Collegeville: Liturgical / Glazier, 1996); **O. Pfleiderer**, *Paulinism: A Contribution to the History of Primitive Christian Theology* (2 vols.; London: Williams and Norgate, 1877); **S.E. Porter and C.A. Evans** (eds.), *The Pauline Writings* (Sheffield: Sheffield Academic, 1995); **F. Prat**, *The Theology of Saint Paul* (2 vols.; London: Burns, Oates, and Washbourne, 1926, 1927); **H. Räisänen**, *Jesus, Paul and Torah: Collected Essays* (JSNTS 43; Sheffield Academic, 1992); **K.H. Rengstorf** (ed.), *Das Paulusbild in der neueren deutschen Forschung* (Darmstadt: Wissenschaftliche Buchgesellschaft, 1964); **A. Richardson**, *An Introduction to the Theology of the New Testament* (London: SCM / New York: Harper, 1958); **P. Richardson and J.C. Hurd** (eds.), *From Jesus to Paul* (F.W. Beare FS; Waterloo: Wilfrid Laurier Univ., 1984); **P. Richardson with D. Granskou**, *Anti-Judaism in Early Christianity* 1: *Paul and the Gospels* (Waterloo: Wilfrid Laurier Univ.,1986); **H. Ridderbos**, *Paul: An Outline of His Theology* (Grand Rapids: Eerdmans, 1975); **R. Riesner**, *Die Frühzeit des Apostels Paulus: Studien zur Chronologie, Missionsstrategie und Theologie* (WUNT 71; Tübingen: Mohr, 1994); **J.A.T. Robinson**, *Wrestling with Romans* (London: SCM / Philadelphia: Westminster, 1979); **C.J. Roetzel**, *The Letters of Paul: Conversations in Context* (Atlanta: John Knox, 1975, ²1982); **R.L. Rubenstein**, *My Brother Paul* (New York: Harper, 1972); **A.**

Sabatier, *The Apostle Paul: A Sketch of the Development of His Doctrine*(London: Hodder and Stoughton / New York: Pott, 1906); **E.P. Sanders**, *Paul and Palestinian Judaism* (London: SCM / Philadelphia: Fortress, 1977); *Paul* (London: OUP, 1991)〔サンダース『パウロ』土岐健治・太田修司訳、1994年〕; 'Paul' in J. Barclay and J. Sweet (eds.), *Early Christian Thought in Its Jewish Context* (M.D. Hooker FS; Cambridge: CUP, 1996), 112–29; **S. Sandmel**, *The Genius of Paul* (1958; Philadelphia: Fortress, 1979); **K.O. Sandnes**, *Paul — One of the Prophets?* (WUNT 2.43; Tubingen: Mohr, 1991); **K.H. Schelkle**, *Theology of the New Testament* (4 vols.; Collegeville: Liturgical, 1971–78); *Paulus. Leben — Briefe — Theologie* (Darmstadt: Wissenschaftliche Buchgesellschaft, 1981); **A. Schlatter**, *Die Theologie der Apostel* (Stuttgart: Calwer, 1922), 239–432; **H. Schlier**, *Grundzüge einer paulinischen Theologie* (Freiburg: Herder, 1978); **W. Schmithals**, *Paul and the Gnostics* (Nashville: Abingdon, 1972); *Theologiegeschichte des Urchristentums. Eine problemgeschichtliche Darstellung* (Stuttgart: Kohlhammer, 1994); **H.J. Schoeps**, *Paul: The Theology of the Apostle in the Light of Jewish Religious History* (London: Lutterworth / Philadelphia: Westminster, 1961); **G. Schrenk**, *Studien zu Paulus* (Zurich: Zwingli, 1954); **A. Schweitzer**, *Paul and His Interpreters: A Critical History* (London: Black / New York: Macmillan, 1912); **E. Schweizer**, *Neotestamentica: German and English Essays 1951–1963* (Zurich: Zwingli, 1963); *Beiträge zur Theologie des Neuen Testaments. Neutestamentliche Aufsätze (1955–1970)* (Zurich: Zwingli, 1970); *A Theological Introduction to the New Testament* (Nashville: Abingdon, 1991)〔シュヴァイツァー『新約聖書への神学的入門』小原克博訳、1999年〕, 55–95; **C.A.A. Scott**, *Christianity according to St Paul* (Cambridge: CUP, 1927); **R. Scroggs**, *Paul for a New Day* (Philadelphia: Fortress, 1977); **A.F. Segal**, *Paul the Convert: The Apostolate and Apostasy of Saul the Pharisee* (New Haven: YUP, 1990); **J.N. Sevenster and W.C. van Unnik** (eds.), *Studia Paulina in honorem Johannis de Zwaan septuagenarii* (Haarlem: Bohn, 1953); **M.L. Soards**, *The Apostle Paul: An Introduction to His Writings and Teaching* (New York: Paulist, 1987); **E. Stauffer**, *New Testament Theology* (London: SCM / New York: Macmillan, 1955); **K. Stendahl**, *Paul among Jews and Gentiles* (Philadelphia: Fortress, 1976 / London: SCM, 1977); *Final Account: Paul's Letter to the Romans* (Minneapolis: Fortress, 1995); **G.B. Stevens**, *The Theology of the New Testament* (Edinburgh: Clark / New York: Scribner, ²1918), 325–482; **J.S. Stewart**, *A Man in Christ: The Vital Elements of St. Paul's Religion* (London: Hodder and Stoughton / New York: Harper, 1935); **S.K. Stowers**, *A Rereading of Romans: Justice, Jews and Gentiles* (New Haven: YUP, 1994); **G. Strecker**, *Eschaton und Historie. Aufsätze* (Göttingen: Vandenhoeck, 1979); *Theologie des Neuen Testaments* (Berlin: de Gruyter, 1996), 11–229; *Studiorum Paulinorum Congressus Internationalis Catholicus*

1961 (2 vols.; Rome: Pontifical Biblical Institute, 1963); **P. Stuhlmacher**, *Reconciliation, Law and Righteousness: Essays in Biblical Theology* (Philadelphia: Fortress, 1986); *Biblische Theologie des Neuen Testaments 1: Grundlegung von Jesus zu Paulus* (Göttingen: Vandenhoeck, 1992), 221–392; **G. Theissen**, *The Social Setting of Pauline Christianity* (Philadelphia: Fortress / Edinburgh: Clark, 1982); *Psychological Aspects of Pauline Theology* (Philadelphia: Fortress / Edinburgh: Clark, 1987)〔タイセン『パウロ神学の心理学的側面』渡辺康麿訳、1990 年〕; **W. Trilling**, *A Conversation with Paul* (London: SCM / New York: Crossroad, 1986); **A. Vanhoye** (ed.), *L' Apôtre Paul. Personnalité, style et conception du ministère* (BETL 73; Leuven: Leuven Univ., 1986); **J.C. Walters**, *Ethnic Issues in Paul's Letter to the Romans: Changing Self-Definitions in Earliest Roman Christianity* (Valley Forge: TPI, 1993); **F. Watson**, *Paul, Judaism and the Gentiles* (SNTSMS 56; Cambridge: CUP, 1986); **A.J.M. Wedderburn**, *The Reasons for Romans* (Edinburgh: Clark / Minneapolis: Fortress, 1988); **H. Weinel**, *St Paul: The Man and His Work* (London: Williams and Norgate / New York: Putnam, 1906); *Biblische Theologie des Neuen Testaments* (Tübingen: Mohr, ³1921), 261–436; **B. Weiss**, *Biblical Theology of the New Testament* (2 vols.; Edinburgh: Clark, 1882, 1883), 1.274–2.149; **D.E.H. Whiteley**, *The Theology of St Paul* (Oxford: Blackwell, 1964); **U. Wilckens**, *Rechtfertigung als Freiheit: Paulusstudien* (Neukirchen-Vluyn: Neukirchener, 1974); **B. Witherington**, *Paul's Narrative Thought World* (Louisville: Westminster/John Knox, 1994); **W. Wrede**, *Paul* (London: Philip Green, 1907); **N.T. Wright**, The Messiah and the People of God, University of Oxford D.Phil. Thesis, 1980; *The Climax of the Covenant: Christ and the Law in Pauline Theology* (Edinburgh: Clark, 1991); **F. Young and D.F. Ford**, *Meaning and Truth in 2 Corinthians* (London: SPCK / Grand Rapids: Eerdmans, 1987); **D. Zeller**, *Juden und Heiden in der Mission des Paulus: Studien zum Römerbrief* (Stuttgart: Katholisches Bibelwerk, ²1976); **J.A. Ziesler**, *Pauline Christianity* (Oxford / New York: OUP, ²1990).

パウロ書簡群の註解書

ローマ書

C.K. Barrett, *The Epistle to the Romans* (BNTC / HNTC; London: Black / New York; Harper and Row, 1975, ²1991); **K. Barth**, *The Epistle to the Romans* (1919, ²1922, ⁶1929; ET London / New York: OUP, 1933); **M. Black**, *Romans* (NCB; London: Oliphants / Grand Rapids: Eerdmans, ²1989)〔ブラック『ローマの信徒』太田修司訳、2004 年〕; **F.F. Bruce**, *The Epistle of Paul to the Romans* (TNTC; London: Tyndale / Grand Rapids: Eerdmans, 1963)〔ブルース『ローマ人』岡山英雄訳、2008

年〕; **C.E.B. Cranfield**, *The Epistle to the Romans* (ICC, 2 vols.: Edinburgh: Clark, 1975, 1979); **C.H. Dodd**, *The Epistle to the Romans* (MNTC; London: Hodder and Stoughton / New York: Harper, 1932); **J.D.G. Dunn**, *Romans* (WBC 38, 2vols.; Dallas: Word, 1988); **J.A. Fitzmyer**, *Romans* (AB 33; New York: Doubleday, 1993); **E. Käsemann**, *An die Römer* (HNT 8a; Tübingen: Mohr, 1973) = *Commentary on Romans* (Grand Rapids: Eerdmans / London: SCM, 1980)〔ケーゼマン『ローマ人』岩本修一訳、1990年〕; **O. Kuss**, *Der Römerbrief* (3 vols.; Regensburg: Pustet, 1957, 1959, 1978); **M.-J. Lagrange**, *Épître aux Romains* (ÉB; Paris: Gabalda, ²1922, ⁶1950); **F.J. Leenhardt**, *L'Épître de Saint Paul aux Romains* (CNT; Neuchâtel: Delachaux, 1957) = *The Epistle to the Romans* (London: Lutterworth / Cleveland: World, 1961); **H. Lietzmann**, *An die Römer* (HNT 8; Tübingen: Mohr, 1906, ⁴1933, ⁵1971); **O. Michel**, *Der Brief an die Römer* (KEK; Göttingen: Vandenhoeck, ¹⁰1955, ¹⁴1978); **D. Moo**, *The Epistle to the Romans* (NICNT; Grand Rapids: Eerdmans, 1996); **L. Morris**, *The Epistle to the Romans* (Pillar; Grand Rapids: Eerdmans / Leicester: Inter-Varsity, 1988); **J. Murray**, *The Epistle to the Romans* (NICNT, 2 vols.; Grand Rapids: Eerdmans, 1959, 1965)〔マーレイ『ローマの信徒』松田一男訳、1997年〕; **A. Nygren**, *Commentary on Romans* (London: SCM / Philadelphia: Muhlenberg, 1952); **W. Sanday and A.C. Headlam**, *The Epistle to the Romans* (ICC; Edinburgh: Clark, 1895, ⁵1902); **H. Schlier**, *Der Römerbrief* (HTKNT 6; Freiburg: Herder, 1977); **W. Schmithals**, *Der Römerbrief* (Gütersloh: Gütersloher, 1988); **P. Stuhlmacher**, *Der Brief an die Römer* (NTD 6; Göttingen: Vandenhoeck, 1989) = *Paul's Letter to the Romans* (Louisville: Westminster / John Knox, 1994); **U. Wilckens**, *Der Brief an die Römer* (EKK 6, 3 vols.; Zürich: Benziger /Neukirchen-Vluyn: Neukirchener, 1978, 1980, 1982)〔ヴィルケンス『ローマ人』岩本修一訳、1984年〕; **T. Zahn**, *Der Brief des Paulus an die Römer* (Leipzig: Deichert, 1910, ³1925); **D. Zeller**, *Der Brief an die Römer* (RNT; Regensburg: Pustet, 1985); **J. Ziesler**, *Paul's Letter to the Romans* (London: SCM / Philadelphia: TPI, 1989).

Ⅰ、Ⅱコリント書

C.K. Barrett, *The First Epistle to the Corinthians* (BNTC /HNTC; London: Black / New York: Harper, 1968); *The Second Epistle to the Corinthians* (BNTC / HNTC; London: Black / New York: Harper, 1973); **H.D. Betz**, *2 Corinthians 8 and 9* (Hermeneia; Philadelphia: Fortress, 1985); **F.F. Bruce**, *1 and 2 Corinthians* (NCB; London: Oliphants, 1971 = Grand Rapids: Eerdmans, 1980)〔ブルース『コリントの信徒』伊藤明生訳、2013年〕; **R. Bultmann**, *Der zweite Brief an die Korinther* (KEK: Göttingen: Vandenhoeck, 1976) = *The Second Letter to the Corinthians* (Minneapolis: Augsburg, 1985); **H. Conzelmann**, *Der erste Brief an die Korinther*

(KEK: Göttingen: Vandenhoeck, 1969) = *1 Corinthians* (Hermeneia; Philadelphia: Fortress, 1975); **E. Fascher**, *Der erste Brief des Paulus an die Korinther 1–7* (THKNT; Berlin: Evangelische, 1975); **G.D. Fee**, *The First Epistle to the Corinthians* (NICNT; Grand Rapids: Eerdmans, 1987); **V.P. Furnish**, *2 Corinthians* (AB 32A; New York: Doubleday, 1984); **J. Héring**, *The First Epistle of Saint Paul to the Corinthians* (London: Epworth, 1962); *The Second Epistle of Saint Paul to the Corinthians* (London: Epworth, 1967); **P.E. Hughes**, *Paul's Second Epistle to the Corinthians* (NICNT; Grand Rapids: Eerdmans, 1961); **H.-J. Klauck**, *1 Korintherbrief* (Wurzburg: Echter, 1984); **H. Lietzmann**, *An die Korinther I/II* (HNT 9; Tübingen: Mohr, 1949); **R.P. Martin**, *2 Corinthians* (WBC 40; Waco: Word, 1986); **J. Moffatt**, *The First Epistle of Paul to the Corinthians* (MNTC; London: Hodder and Stoughton / New York: Harper, 1938); **A. Plummer**, *Second Epistle of St Paul to the Corinthians* (ICC; Edinburgh: Clark, 1915); **A. Robertson and A. Plummer**, *First Epistle of St Paul to the Corinthians* (ICC; Edinburgh: Clark, 1911); **W. Schrage**, *Der erste Brief an die Korinther* (EKK 7,2/3 vols.; Zürich: Benziger / Neukirchen-Vluyn: Neukirchener, 1991, 1995); **M.E. Thrall**, *2 Corinthians 1–7* (ICC; Edinburgh: Clark, 1994); **J. Weiss**, *Der erste Korintherbrief* (KEK: Göttingen: Vandenhoeck, 1910); **H.D. Wendland**, *Die Briefe an die Korinther* (NTD 7; Göttingen: Vandenhoeck, 1964); **H. Windisch**, *Der zweite Korintherbrief* (KEK; Göttingen: Vandenhoeck, 1924); **C. Wolff**, *Der erste Brief des Paulus an die Korinther 8–16* (THKNT; Berlin: Evangelische, 1982).

ガラテヤ書

J. Becker, *Der Brief an die Galater* (NTD 8; Göttingen: Vandenhoeck, 1990); **H.D. Betz**, *Galatians* (Hermeneia; Philadelphia: Fortress, 1979); **P. Bonnard**, *L' Épître de Saint Paul aux Galates* (CNT; Neuchâtel: Delachaux, 1953); **U. Borse**, *Der Brief an die Galater* (RNT: Regensburg: Pustet, 1984); **F.F. Bruce**, *The Epistle to the Galatians* (NIGTC; Grand Rapids: Eerdmans / Exeter: Paternoster, 1982); **E. de W. Burton**, *The Epistle to the Galatians* (ICC; Edinburgh: Clark, 1921); **G.S. Duncan**, *The Epistle of Paul to the Galatians* (MNTC; London: Hodder and Stoughton / New York; Harper, 1934); **J.D.G. Dunn**, *The Epistle to the Galatians* (BNTC; London: Black / Peabody: Hendrickson, 1993); **R.Y.K. Fung**, *The Epistle to the Galatians* (NICNT; Grand Rapids: Eerdmans, 1988); **M.-J. Lagrange**, *Saint Paul Épître aux Galates* (ÉB; Paris: Gabalda, ^{2}1925); **H. Lietzmann**, *An die Galater* (HNT 10; Tübingen: Mohr, ^{4}1971); **J.B. Lightfoot**, *Saint Paul's Epistle to the Galatians* (London: Macmillan, 1865); **R.N. Longenecker**, *Galatians* (WBC 41; Dallas: Word, 1990); **D. Lührmann**, *Der Brief and die Galater* (ZBK; Zurich: Theologischer, 1988); **F. Mussner**, *Der Galaterbrief* (HTKNT; Freiburg: Herder, ^{3}1977); **A. Oepke**, *Der Brief des Paulus an die Galater*

(THKNT; Berlin: Evangelische, ³1973, ed. J. Rohde); **J. Rohde**, *Der Brief des Paulus an die Galater* (THKNT; Berlin: Evangelische, 1989); **H. Schlier**, *Der Brief an die Galater* (KEK: Göttingen: Vandenhoeck, ⁴1965); **T. Zahn**, *Der Brief des Paulus an die Galater* (Leipzig: Deichert, 1905).

フィリピ書

F.W. Beare, *The Epistle to the Philippians* (BNTC / HNTC; London: Black / New York: Harper, 1959); **P. Bonnard**, *Épître de Saint Paul aux Philippiens* (CNT; Neuchâtel: Delachaux, 1950); **G.B. Caird**, *Paul's Letters from Prison (Ephesians, Colossians, Philemon)* (Oxford: Clarendon, 1976); **J.-F. Collange**, *The Epistle of Saint Paul to the Philippians* (London: Epworth, 1979); **J. Ernst**, *Die Briefe an die Philipper, an Philemon, an die Kolosser, und an die Epheser* (RNT; Regensburg: Pustet, 1974); **G.D. Fee**, *Paul's Letter to the Philippians* (NICNT; Grand Rapids: Eerdmans, 1995); **J. Gnilka**, *Der Philipperbrief* (HTKNT 10.3; Freiburg: Herder, 1968); **G.F. Hawthorne**, *Philippians* (WBC 43; Waco: Word, 1983); **J.H. Houlden**, *Paul's Letters from Prison: Philippians, Colossians, Philemon and Ephesians* (Harmondsworth: Penguin / Philadelphia: Westminster, 1970); **J.B. Lightfoot**, *Saint Paul's Epistle to the Philippians* (London: Macmillan, 1868); **E. Lohmeyer**, *Die Briefe an die Philipper, Kolosser und an Philemon* (KEK; Göttingen: Vandenhoeck, ⁸1929, ¹³1964); **R.P. Martin**, *Philippians* (NCB; London: Oliphants, 1976 = Grand Rapids: Eerdmans, 1980); **P.T. O'Brien**, *The Epistle to the Philippians* (NIGTC; Grand Rapids: Eerdmans, 1991); **M.R. Vincent**, *Philippians and Philemon* (ICC; Edinburgh: Clark, 1897).

コロサイ書、フィレモン書

J.-N. Aletti, *Saint Paul. Épître aux Colossiens* (ÉB; Paris: Gabalda, 1993); **M. Barth and H. Blanke**, *Colossians* (AB 34B; New York: Doubleday, 1994); **H. Binder**, *Der Brief des Paulus an Philemon* (THKNT 11.2; Berlin: Evangelische, 1990); **F.F. Bruce**, *The Epistle to the Colossians, to Philemon, and to the Ephesians* (NICNT; Grand Rapids: Eerdmans, 1984); **G.B. Caird**（フィリピ書参照）; **M. Dibelius**, *An die Kolosser, Epheser, an Philemon* (HNT 12; Tübingen: Mohr, ³1953); **J.D.G. Dunn**, *The Epistles to the Colossians and to Philemon* (NIGTC; Grand Rapids: Eerdmans / Carlisle: Paternoster, 1996); **J. Ernst**,（フィリピ書参照）; **J. Gnilka**, *Der Kolosserbrief* (HTKNT 10.1; Freiburg: Herder, 1980); *Der Philemonbrief* (HTKNT 10.4; Freiburg: Herder, 1982); **J.H. Houlden**（フィリピ書参照）; **J.B. Lightfoot**, *The Epistles of St Paul: Colossians and Philemon* (London: Macmillan 1875); **A. Lindemann**, *Der Kolosserbrief* (ZBK; Zurich: Theologischer, 1983); **E. Lohmeyer**（フィリピ書参照）; **E. Lohse**, *Die Briefe an die Kolosser und an Philemon* (KEK; Göttingen: Vandenhoeck, 1968)

= *Colossians and Philemon* (Hermeneia: Philadelphia: Fortress, 1971); **R.P. Martin**, *Colossians and Philemon* (NCB; London: Oliphants, 1973 = Grand Rapids: Eerdmans, 1981); **C. Masson**, *L' Épître de Saint Paul aux Colossiens* (CNT10; Neuchâtel: Delachaux 1950); **C.F.D. Moule**, *The Epistles to the Colossians and to Philemon* (Cambridge: CUP, 1957); **P.T. O'Brien**, *Colossians, Philemon* (WBC 44; Waco: Word, 1982); **P. Pokorný**, *Der Brief des Paulus an die Kolosser* (THKNT 10.1; Berlin: Evangelische, 1987) = *Colossians: A Commentary* (Peabody; Hendrickson, 1991); **E. Schweizer**, *Der Brief an die Kolosser* (EKK 12; Zürich: Benziger / Neukirchen-Vluyn: Neukirchener, 1976) = *The Letter to the Colossians* (London: SPCK, 1982)〔シュヴァイツァー『コロサイ人』斎藤忠資訳、1983年〕; **P. Stuhlmacher**, *Der Brief an Philemon* (EKK: Zürich: Benziger / Neukirchen-Vluyn: Neukirchener, 1975); **M. Wolter**, *Der Brief an die Kolosser. Der Brief an Philemon* (ÖTK 12; Gütersloh: Mohn, 1993); **N.T. Wright**, *The Epistles of Paul to the Colossians and to Philemon* (TNTC; Leicester: IVP / Grand Rapids: Eerdmans, 1986)〔ライト『コロサイ人／フィレモン』岩上真歩子訳、2008年〕.

Ⅰ、Ⅱテサロニケ書

E. Best, *The First and Second Epistles to the Thessalonians* (BNTC / HNTC; London: Black / New York: Harper, 1972); **F.F. Bruce**, *1 and 2 Thessalonians* (WBC 45; Waco: Word, 1982); **E. von Dobschütz**, *Die Thessalonicher-Briefe* (KEK; Göttingen: Vandenhoeck, 1909, 1974); **J.E. Frame**, *The Epistles of St. Paul to the Thessalonians* (ICC; Edinburgh: Clark, 1912); **T. Holtz**, *Der erste Brief an die Thessalonicher* (EKK 13; Zürich: Benziger / Neukirchen-Vluyn: Neukirchener, 1986)〔ホルツ『Ⅰテサロニケ人』大友陽子訳、1995年〕; **I.H. Marshall**, *1 and 2 Thessalonians* (NCB; London: Oliphants / Grand Rapids: Eerdmans, 1983); **B. Rigaux**, *Saint Paul. Les Épître aux Thessaloniciens* (ÉB; Paris: Gabalda, 1956); **W. Trilling**, *Der zweite Brief an die Thessalonicher* (EKK 14; Zürich: Benziger / Neukirchen-Vluyn: Neukirchener, 1980); **C.A. Wanamaker**, *The Epistles to the Thessalonians* (NIGTC; Grand Rapids: Eerdmans / Exeter: Paternoster, 1990).

聖書および諸文書略語表

1　旧約聖書

創＝創世記
出＝出エジプト記
レビ＝レビ記
民＝民数記
申＝申命記
ヨシュ＝ヨシュア記
士＝士師記
サム上＝サムエル記上
サム下＝サムエル記下
王上＝列王記上
王下＝列王記下
代上＝歴代誌上
代下＝歴代誌下
エズ＝エズラ記
ネヘ＝ネヘミヤ記
エス＝エステル記
ヨブ＝ヨブ記
詩＝詩編
箴＝箴言
コヘ＝コヘレトの言葉
イザ＝イザヤ書
エレ＝エレミヤ書
哀＝哀歌
エゼ＝エゼキエル書
ダニ＝ダニエル書
ホセ＝ホセア書
ヨエ＝ヨエル書
アモ＝アモス書
オバ＝オバデヤ書
ヨナ＝ヨナ書
ミカ＝ミカ書
ナホ＝ナホム書
ハバ＝ハバクク書
ゼファ＝ゼファニヤ書
ハガ＝ハガイ書
ゼカ＝ゼカリヤ書
マラ＝マラキ書

2　旧約聖書外典

トビ＝トビト記
ユディ＝ユディト記
エス・ギ＝エステル記（ギリシア語）
Ⅰマカ＝マカバイ記一
Ⅱマカ＝マカバイ記二
知＝知恵の書
シラ＝シラ書〔集会の書〕
バル＝バルク書
エレ手＝エレミヤの手紙
エズ・ギ＝ギリシア語エズラ記
エズ・ラ＝ラテン語エズラ記

3　旧約聖書偽典

アダ・エバ＝アダムとエバの生涯
アブ遺＝アブラハムの遺訓
アブ黙＝アブラハムの黙示録
アリ手＝アリステアスの手紙
イザ殉＝イザヤの殉教と昇天
エチ・エノ＝エチオピア語エノク書
エリ黙＝エリヤの黙示録
偽フィロン『古誌』＝偽フィロン『聖書古代誌』

ギ・エズ黙＝ギリシア語エズラの黙示
　録
ギ・バル＝ギリシア語バルクの黙示録
シビュ＝シビュラの託宣
十二族長の遺訓
　　ルベ遺＝ルベンの遺訓
　　レビ遺＝レビの遺訓
　　ユダ遺＝ユダの遺訓
　　イサ遺＝イサカルの遺訓
　　ゼブ遺＝ゼブルンの遺訓
　　ダン遺＝ダンの遺訓
　　ナフ遺＝ナフタリの遺訓
　　ヨセ遺＝ヨセフの遺訓
　　ベニ遺＝ベニヤミンの遺訓
シリ・バル＝シリア語バルクの黙示録
スラ・エノ＝スラヴ語エノク書
ゼファ黙＝ゼファニヤの黙示録
ソロ詩＝ソロモンの詩編
フォキュ＝フォキュリデス偽書
Ⅲマカ＝Ⅲマカバイ記
Ⅳマカ＝Ⅳマカバイ記
モーセ黙＝モーセの黙示録
アセ＝ヨセフとアセナト
ヨブ遺＝ヨブの遺訓
ヨベ＝ヨベル書

4　フィロン
創造＝世界の創造
寓意＝律法書の寓意的解釈
ケル＝ケルビム
供物＝アベルとカインの供物
悪＝悪は善を襲う
子孫＝カインの子孫
巨人＝巨人族
不動＝神の不動性
栽培＝栽培
酔い＝酔い

混乱＝言語の混乱
移住＝アブラハムの移住
相続＝神のものの相続人
教育＝予備教育
逃亡＝逃亡と発見
改名＝改名
夢＝夢
アブ＝アブラハム
モーセ＝モーセの生涯
十戒総＝十戒総論
十戒各＝十戒各論
徳論＝徳論
賞罰＝賞罰
自由＝自由論
観想＝観想的生活
不滅＝世界の不滅
ガイ＝ガイウス
創問答＝創世記問答
出問答＝出エジプト記問答

5　ヨセフス
アピ＝アピオンへの反論
自伝＝自伝
古誌＝ユダヤ古代誌
戦記＝ユダヤ戦記

6　新約聖書
マタ＝マタイ福音書
マコ＝マルコ福音書
ルカ＝ルカ福音書
ヨハ＝ヨハネ福音書
使＝使徒言行録
ロマ＝ローマ書
Ⅰコリ＝Ⅰコリント書
Ⅱコリ＝Ⅱコリント書
ガラ＝ガラテヤ書
エフェ＝エフェソ書

フィリ＝フィリピ書
コロ＝コロサイ書
Ⅰテサ＝Ⅰテサロニケ書
Ⅱテサ＝Ⅱテサロニケ書
Ⅰテモ＝Ⅰテモテ書
Ⅱテモ＝Ⅱテモテ書
テト＝テトス書
フィレ＝フィレモン書
ヘブ＝ヘブライ書
ヤコ＝ヤコブ書
Ⅰペト＝Ⅰペトロ書
Ⅱペト＝Ⅱペトロ書
Ⅰヨハ＝Ⅰヨハネ書
ユダ＝ユダ書
黙＝ヨハネの黙示録

7　使徒教父
Ⅰクレ＝Ⅰクレメンス書
イグナティウス書簡
　イグ・エフェ＝エフェソ人への手紙
　イグ・マグ＝マグネシア人への手紙
　イグ・トラ＝トラレス人への手紙
　イグ・フィラ＝フィラデルフィア人
　　への手紙
　イグ・スミュ＝スミュルナ人への手
　　紙
　イグ・ポリュ＝ポリュカルポスへの
　　手紙
ポリュ・フィリ＝ポリュカルポスから
　フィリピ人への手紙
ポリュ殉＝ポリュカルポス殉教物語
ディダ＝ディダケー
バル手＝バルナバの手紙
ヘルマスの牧者
　ヘル戒＝戒
　ヘル喩＝喩
ディオ手＝ディオグネトスへの手紙

8　ラビ文献
ミシュナ＝M
　ヨマ＝ヨーマー
　サン＝サンヘドリン
　シュヴオ＝シュヴオート
　ザラ＝アヴォダー・ザラー
　アヴォ＝アヴォート
　ムナ＝ムナホート
　タミ＝タミード

バビロニア・タルムード＝BT
　シャッバ＝シャッバド
　プサ＝プサヒーム
　ハギ＝ハギガー
　ネダ＝ネダリーム
　サン＝サンヘドリン

主要文献略語表

AB	Anchor Bible (Commentary Series)
ABD	D.N. Freedman (ed.), *Anchor Bible Dictionary* (6 vols.; New York: Doubleday, 1992)
Aland[26]	*Novum Testamentum Graece*, eds. K. Aland, et al. (Stuttgart: Deutsche Bibelstiftung, [26]1979)
AnBib	Analecta Biblica
ANRW	*Aufstieg und Niedergang der Römischen Welt*
AV	Authorized Version (＝欽定訳)
BDAG	W. Bauer, *A Greek-English Lexicon of the New Testament and Other Early Christian Literature* (trans. & ed. W.F. Arndt and F.W. Gingrich. 2nd edn: eds, F.W. Gingrich and F.W. Danker; Chicago: Univ. of Chicago, 1979) 現在は2000年著第3版があるが、本著でのページ番号は第2版に倣う。
BAR	*Biblical Archaeology Review*
BDB	F. Brown, S.R. Driver, and C.A. Briggs, *Hebrew and English Lexicon of the Old Testament* (Oxford: Clarendon, 1907)
BDF	F. Blass, A. Debrunner, and R.W. Funk, *A Greek Grammar of the New Testament* (Univ. of Chicago / CUP, 1961)
BETL	Bibliotheca ephemeridum theologicarum lovaniensium
Bib	*Biblica*
BibRes	*Biblical Research*
BJRL	*Bulletin of the John Rylands University Library of Manchester*
BNTC	Black's New Testament Commentary
Bousset / Gressmann	W. Bousset and H. Gressmann, *Die Religion des Judentums in späthellenistischen Zeitalter* (HNT 21; Tübingen: Mohr, 1925, [4]1966)
BR	*Biblical Research*
BU	Biblische Untersuchngen
BWANT	Beiträge zur Wissenschaft vom Alten und Neuen Testa-

	ment
BZ	*Biblische Zeitschrift*
BZNW	Beihefte zur ZNW
CBQ	*Catholic Biblical Quarterly*
CIJ	*Corpus Inscriptionum Judaicarum*
CNT	Commentaire du Nouveau Testament
ConB	Coniectanea biblica
ConNT	*Coniectanea neotestamentica*
CRINT	Compendia Rerum Iudaicarum ad Novum Testamentum
CUP	Cambridge University Press
Daube, *Rabbinic Judaism*	D. Daube, *The New Testament and Rabbinic Judaism* (London: Athlone, 1956)
Deissmann, *Light*	A. Deissmann, *Light from the Ancient East* (New York: Doran, 1927)
DJD	Discoveries in the Judaean Desert
Dodd, *Bible*	C.H. Dodd, *The Bible and the Greeks* (London: Hodder and Stoughton, 1935)
DPL	G.F. Hawthorne, et al. (eds.), *Dictionary of Paul and his Letters* (Leicester: InterVarsity / Downers Grove: InterVarsity, 1993)
DSS	Dead Sea Scrolls
ÉB	Études bibliques
EDNT	H. Balz and G. Schneider (eds.), *Exegetical Dictionary of the New Testament* (3 vols.: Grand Rapids: Eerdmans, 1980–83)〔『ギリシャ語新約聖書釈義事典』（全3巻、教文館、1993–95年）〕
EKK	Evangelisch-katholischer Kommentar zum Neuen Testament〔『EKK新約聖書註解』（教文館、1982年–）〕
ET	English Translation
et al.	*et alii*（その他）
ETL	*Ephemerides theologicae lovanienses*
EvT	*Evangelische Theologie*
ExpT	*Expository Times*
FRLANT	Forschungen zur Religion und Literatur des Alten und Neuen Testaments
FS	Festschrift（記念版）
García Martínez	F. García Martínez, *The Dead Sea Scrolls Translated: The*

	Qumran Texts in English (Leiden: Brill / Grand Rapids: Eerdmans, ²1996)
GLAJJ	M. Stern, *Greek and Latin Authors on Jews and Judaism* (3 vols.; Jerusalem: Israel Academy of Sciences and Humanities, 1976, 1980, 1984)
GNG	Good News Bible
HBT	*Horizons in Biblical Theology*
Hengel, *Judaism*	M. Mengel, *Judaism and Hellenism* (2 vols.; London: SCM / Philadelphia: Fortress, 1974)
HeyJ	*Heythrop Journal*
HKNT	Handkommentar zum Neuen Testament
HNT	Handbuch zum Neuen Testament
HNTC	Harper's New Testament Commentaries
HTKNT	Herders theologischer Kommentar zum Neuen Testament
HTR	*Harvard Theological Review*
HUP	Harvard University Press
ICC	International Critical Commentary
IDB	G.A. Buttrick (ed.), *Interpreter's Dictionary of the Bible* (4 vols.; Nashville: Abingdon, 1962)
IDBS	K. Crim (ed.), *IDB Supplementary Volume* (Nashville: Abingdon, 1976)
Int	*Interpretation*
JAAR	*Jounal of the American Academy of Religion*
JBL	*Journal of Biblical Literature*
JJS	*Journal of Jewish Studies*
JLW	*Jahrbuch für Liturgiewissenschaft*
JR	*Journal of Religion*
JSJ	*Journal for the Study of Judaism*
JSNT	*Journal for the Study of the New Testament*
JSNTS	*JSNT* Supplement Series
JSOT	*Journal for the Study of the Old Testamnet*
JSP	*Journal for the Study of the Pseudepigrapha*
JSPS	*JSP* Supplement Series
JSS	*Journal of Semitic Studies*
JTC	*Journal for Theology and the Church*
JTS	*Journal of Theological Studies*
KEK	H.A.W. Meyer, Kritisch-exegetischer Kommentar über

	das Neue Testament
KJV	King James Version（1611）= AV（欽定訳）
KuD	*Kerygma und Dogma*
Loeb	Loeb Classical Library
Long / Sedley	A.A. Long and D.N. Sedley, *The Hellenistic Philosophers*（2 vols.; Cambridge: CUP, 1987）
LSJ	H.G. Liddel and R. Scott, *A Greek-English Lexicon*（rev. H.S. Jones; Oxford: Clarendon, ⁹1940）
LXX	Septuagint（七十人訳聖書）
Metzger	B.M. Betzger, *A Textual Commentary on the Greek New Testament*（London: United Bible Societies, 1975）
MM	J.H. Moulton and G. Milligan, *The Vocabulary of the Greek Testament*（London: Hodder, 1930）
MNTC	Moffatt New Testament Commentary
Moor, *Judaism*	G.F. Moore, *Judaism in the First Three Centuries of the Christian Era: The Age of the Tannaim*（3 vols.; Cambridge: HUP, 1927–30）
Moule, *Idiom Book*	C.F.D. Moule, *An Idiom-Book of New Testament Greek*（Cambridge: CUP, 1953）
Moulton, *Grammar*	J.H. Moulton, *Grammar of New Testament Greek*（2 vols.: Edinburgh: Clark 1906–29）
MT	Masoretic text of the Old Testament（旧約聖書マソラ本文）
NCB	New Century Bible（新版）
NDIEC	G.H.R. Horsley, *New Documents Illustrating Early Christianity*（North Ryde: The Ancient History Documentary Research Centre, 1981–）
NEB	New English Bible（新約は1961年、旧約と続編は1970）
NICNT	New International Commentary on the New Testament
NIGTC	New International Greek Testament Commentary
NIV	New International Version（1978）
NJB	New Jerusalem Bible（1985）
NovT	*Novum Testamentum*
NovTSup	Supplement to *NovT*
NRSV	New Revised Standard Version（1989）
NTD	Das Neue Testament Deutsch〔『NTD新約聖書註解』（ATD・NTD聖書註解刊行会）〕

NTS	*New Testament Studies*
NTTS	New Testament Tools and Studies
OCD	N.G.L. Hammond and H.H. Scullard (eds.), *Oxford Classical Dictionary* (Oxford: Clarendon, 1970)
ÖTKNT	Ökumenischer Taschenbuchkommentar zum Neuen Testament
OTP	J.H. Charlesworth (ed.), *The Old Testament Pseudepigrapha* (2 vols.; London: Darton / Garden City: Doubleday, 1983, 1985)
OUP	Oxford University Press
PG	J.P. Migne (ed.), *Patrologia graeca*
QD	Quaestiones Disputatae
RB	*Revue biblique*
REB	Revised English Bible (1989)
RGG	K. Galling, et al. (eds.), *Die Religion in Geschichte und Gegenwart. Handwörterbuch für Theologie und Religionswissenschaft* (7 vols.; Tübingen: Mohr, 3rd edn, 1957–65)
RNT	Regensburger Neues Testament
RSV	Revised Standard Version (新約は 1946 年、旧約は 1952 年)
RTR	*Reformed Theological Review*
Sanders, *Judaism*	E.P. Sanders, *Judaism: Practice and Belief 63 BCE – 66 CE* (London: SCM / Philadelphia: TPI, 1992)
SANT	Studien zum Alten und Neuen Testament
SBL	Society of Biblical Literature
SBLDS	SBL Dissertation Series
SBLMS	SBL Monograph Series
SBLSP	*SBL Seminar Papers*
SBM	Stuttgarter biblische Monographien
SBS	Stuttgarter Bibelstudien
SBT	Studies in Biblical Theology
Schneemelcher	W. Schneemelcher, *New Testament Apocrypha* (ET ed. R. McL. Wilson, 2 vols.; Cambridge: Clarke / Louisville: Westminster/John Knox, ²1991, 1992)
SEÅ	*Svensk exegetisk årsbok*
SJT	*Scottish Journal of Theology*
SNT	Studien zum Neuen Testament

SNTSMS	Society for New Testament Studies Monograph Series
SNTU	*Studien zum Neuen Testament und Seiner Umwelt*
SPCIC	*Studiorum Paulinorum Congressus Internationalis Catholicus 1961* (AnBib 17–18; Rome: Biblical Institute, 1963)
SR	*Studies in Religion / Sciences Religieuses*
ST	*Studia Theologica*
Str-B	H. Strack and P. Billerbeck, *Kommentar zum Neuen Testament* (4 vols.; Munich: Beck, 1926–28)
SUNT	Studien zur Umwelt des Neuen Testaments
Schürer	E. Schürer, *The History of the Jewish People in the Age of Jesus Christ* (rev. & ed. G. Vermes and F. Millar, 4 vols.; Edinburgh: Clark, 1973–87)〔『イエス・キリスト時代のユダヤ教史』（全 7 巻、教文館、2012 年 –）〕
TDNT	G. Kittel and G. Friedrich (eds.), *Theological Dictionary of the New Testament* (ET 10 vols.; Grand Rapids: Eerdmans, 1964–76)
TDOT	G.J. Botterweck and H. Ringgren (eds.), *Theological Dictionary of the Old Testament* (ET Grand Rapids: Eerdmans, 1974–)
THKNT	Theologischer Handkommentar zum Neuen Testament
ThQ	*Theologische Quartalschrift*
ThViat	*Theologia Viatorum*
TLZ	*Theologische Literaturzeitung*
TNTC	Tyndale New Testament Commentaries〔『ティンデル聖書注解』（いのちのことば社、2003–14 年）〕
TQ	*Theologische Quartalschrift*
TR	*Theologische Rundschau*
TRE	G. Krause and G. Müller (eds.), *Theologische Realenzyklopadie* (Berlin / New York: de Gruyter, 1976–)
TS	*Theological Studies*
TU	Texte und Untersuchungen
TynB	*Tyndale Bulletin*
TZ	*Theologische Zeitschrift*
UBS	K. Aland, et al. (eds.), *The Greek New Testament* (New York: United Bible Societies, ^{1}1966. ^{3}1975)
Urbach, *Sages*	E.E. Urbach, *The Sages: Their Concepts and Beliefs* (2 Vols.; Jerusalem: Magnes, 1979)

USQR	*Union Seminary Quarterly Review*
VC	*Vigiliae christianae*
Vermes	G. Vermes, *The Dead Sea Scrolls in English* (London: Penguin, ⁴1995)
VF	*Verkündigung und Forschung*
WBC	Word Biblical Commentary
WMANT	Wissenschaftliche Monographien zum Alten und Neuen Testament
WTJ	*Westminster Theological Journal*
WUNT	Wissenschaftliche Untersuchungen zum Neuen Testament
YUP	Yale University Press
ZBK	Zürcher Bibelkommentare
ZNW	*Zeitschrift für die neutestamentliche Wissenschaft*
ZTK	*Zeitschrift für Theologie und Kirche*

使徒パウロの神学

序

第1章 パウロ神学への緒言[1)]

1) 第1章の文献リスト
P.J. Achtemeier, 'The Continuing Quest for Coherence in St. Paul: An Experiment in Thought', in Lovering and Sumney (eds.), *Theology and Ethics* (§23 n.1), 132–45; **A.K.M. Adam**, *Making Sense of New Testament Theology: 'Modern' Problems and Prospects* (Macon: Mercer Univ., 1995); **Berger**, *Theologiegeschichte*, 440–47; **H. Boers**, *What Is New Testament Theology?* (Philadelphia: Fortress, 1979); **H. Braun**, 'The Problem of a New Testament Theology', *JTC* 1 (1965), 169–85; **R.E. Brown**, *Biblical Exegesis and Church Doctrine* (London: Chapman, 1982 = New York: Paulist, 1985); *The Critical Meaning of the Bible* (London: Chapman, 1986 = New York: Paulist, 1981); **R. Bultmann**, *Theology*, 2.237–51; 'Is Exegesis without Presuppositions Possible?', *Existence and Faith* (London: Collins Fontana, 1964 = New York: Meridian, 1960), 342–51; **B.S. Childs**, *The New Testament as Canon: An Introduction* (Philadelphia: Fortress, 1985); **C. Dohmen and T. Söding** (eds.), *Eine Bibel — zwei Testamente. Positionen Biblischer Theologie* (Paderborn: Schöningh, 1995); **J.R. Donahue**, 'The Changing Shape of New Testament Theology', *TS* 50 (1989), 314–35; **J.D.G. Dunn**, *The Living Word* (London: SCM / Philadelphia: Fortress, 1987); 'Prolegomena to a Theology of Paul', *NTS* 40 (1994), 407–32; 'In Quest of Paul's Theology: Retrospect and Prospect', in D.M. Hay and E.E. Johnson (eds.), *Pauline Theology* 4 (Atlanta: Scholars, 1997), 95–115; **J.D.G. Dunn and J. Mackey**, *New Testament Theology in Dialogue* (London: SPCK / Philadelphia: Westminster, 1987); **V.P. Furnish**, 'On Putting Paul in His Place', *JBL* 113 (1994), 3–17; **F. Hahn**, *Historical Investigation and New Testament Faith* (Philadelphia: Fortress, 1984); **G.F. Hasel**, *New Testament Theology: Basic Issues in the Debate* (Grand Rapids: Eerdmans, 1978); **J.L. Houlden**, *Patterns of Faith: A Study in the Relationship between the New Testament and Christian Doctrine* (London: SCM / Philadelphia: Fortress, 1977); **H. Hübner**, 'Pauli Theologiae Proprium', *NTS* 26 (1979–80), 445–73; *Biblische Theologie des Neuen Testaments* I: *Prolegomena* (Göttingen: Vandenhoeck, 1990); **R. Jewett**, 'Major Impulses in the Theological Interpretation of Romans since Barth', *Int* 34 (1980), 17–31; **E. Käsemann**, 'The Problem of a New Testament Theology', *NTS* 19 (1972–73), 235–45; **L.E. Keck**, 'Toward the Renewal of New Testament Christology', *NTS* 32 (1986), 362–77; **K. Kertelge**, 'Biblische Theologie im Römerbrief', in S. Pedersen (ed.), *New Directions in Biblical Theology* (NovTSup 76; Leiden: Brill, 1994), 47–57; **E. Lohse**, 'Changes of Thought in Pauline Theology? Some Reflections on Paul's Ethical Teaching in the Context of His Theology', in Lovering and Sumney (eds.), *Theology and Ethics* (§23 n.1), 146–60; **O. Merk**, *Biblische Theologie des Neuen Testaments in ihrer Anfangszeit* (Marburg: Elwert, 1972); **R. Morgan**, *The Nature of New Testament Theology* (London: SCM / Naperville: Allenson, 1973); 'New Testament Theology', in S.J. Kraftchick, et al. (eds.), *Biblical Theology: Problems and Perspectives* (J.C. Beker FS; Nashville: Abingdon, 1995), 104–30; **J. Plevnik**, 'The Center of Pauline Theology', *CBQ* 51 (1989), 461–78; **H. Räisänen**, *Beyond New Testament Theology* (London: SCM, 1990); **T. Söding**, 'Inmitten der Theologie des Neuen Testaments. Zu den Voraussetzungen und Zielen neutestamentlicher Exegese', *NTS* 42 (1996), 161–84; **G. Strecker** (ed.), *Das Problem der Theologie des Neuen Testaments* (Darmstadt: Wissenschaftliche Buchgesellschaft, 1975);

§1.1. なぜパウロ神学を学ぶか？

　パウロは最初の、そして最も偉大なキリスト教神学者だった。後の世代の人たちの視点に立つと、間違いなく最初の（first）キリスト教神学者だ。もちろん、キリスト者として自らの信仰を考察してそれを表現する者は誰でも、一般的な意味で「キリスト教神学者」、あるいは少なくとも、神学的に行動するキリスト者と見なせよう。ただパウロについては、信仰を文章化し、この信仰を広めて指導することに生涯の大部分を捧げるようにとの召命を受けていると確信する、限られた集団の中の1人だった。そして私たちが知るかぎり、パウロは事実上、この召命に生涯を捧げた最初のキリスト者だった。当初から神学的に行動する者はいた。最初期のキリスト教会には、多くの使徒、預言者、教師、また牧会者がいた。しかし第一世代のキリスト者で直接的な証言を私たちに残す者は、ファリサイ人サウロとして知られたパウロをおいて他にいない。彼の書簡群においてのみ、私たちは第一世代のキリスト者共同体とその神学的活動に触れていると確信する[2]。

　さらにパウロは、キリスト教神学者のあいだで著しく秀でていたという意味で第一級（first）だった。彼は、キリスト教の形成とその神学に最も独創的で決定的な貢献をなした世代に属する。そしてこの世代において、イエスに起因する新たな運動が真に民族の垣根を越えて、知的に整合性のある宗教となる道を開くことに最も貢献した人物がパウロだった。彼はじつに、「キリスト教の第2の創設者」と呼ばれてきた。そして「第1の創設者と比較して、より大きな……影響を及ぼしたことに疑いの余地がない」[3]。これがパ

P. Stuhlmacher, *How to Do Biblical Theology* (Allison Park: Pickwick, 1995); **A.J.M. Wedderburn**, 'Paul and "Biblical Theology"', in S. Pedersen (ed.), *New Directions in Biblical Theology* (NovTSup 76; Leiden: Brill, 1994), 24–46; **N.T. Wright**, *The New Testament and the People of God* (London: SPCK / Minneapolis: Fortress, 1992).

　2)　これは、第一世代のキリスト者らのあいだで、イエスの教えと活動の記憶が十分に神学的考察の対象となっていたことを否定するものでない。しかし誰がその神学的考察を行い、つまり神学者だったかを私たちは知らない。また、他の新約聖書諸書（例えばヤコブ書）がパウロ書簡群と同様に初期の文書だとしても、それらはパウロ書簡群ほどの影響力を示し得ない。

　3)　Wrede, *Paul*, 180; Meeks, *Writings*, part V.

ウロの評価に対するやや誇張気味な表現だとしても、パウロの影響力とその文書とが、他のいかなる個人の文書や神学にもまして、キリスト教を形成することに貢献したことは事実だ。たしかに共観福音書は、イエスの教え自体へ読者を近づけよう。ヨハネ福音書はとくにキリスト論とキリスト教霊性とに関して、のちの世代の理解に多大なる影響を与えた。使徒言行録なしに、初期教会がいかに拡大したかを知る手立てを、私たちはほとんど持たない。しかし神学をキリスト教信仰の表明と捉えるなら、キリスト教神学の基礎を成すものとしてパウロ書簡群に並ぶものはない。

　したがってパウロは、時代を超えて最も偉大なキリスト教神学者と言えよう。じつにこれは、パウロ書簡群の正典における地位を確立するキリスト教伝統の根底にある確信だ。なぜならこの地位は、これらの書簡が受容され始めた当初から認められていた権威が承認されたことを意味するからだ。パウロ書簡群は受信先の教会が重要と認め、キリスト教信仰と礼拝と日々の歩みにおける指針を与えるものとして親しまれ、後2世紀に正典という地位（信仰と実践に関するおおやけの基準）を得るまで、その影響力と権威とを広く及ぼし続けた[4]。したがって、新約聖書正典におけるパウロの地位自体が、他の神学者らが霞んで見えるほどの卓越性をパウロ書簡群に与えた。

　これは、神学者としてのパウロの権威がたんに形式的であることを意味しない。なぜなら、時代を超えて認められるパウロの価値は、その正典化された教会設立者としての地位というよりも[5]、パウロ神学が与えた衝撃そのものにあるからだ。教父時代においてさえ、クレメンスやイグナティウスやエイレナイオスへの影響は明らかだ。そして古代後期には、アウグスティヌスがキリスト教神学をある意味で一種のパウロ神学として再構築し、これがおおよそ中世社会で支配的となった。そして宗教改革を方向づけた主たる要因がパウロ神学だったことは言うに及ばない。そして近現代においても、

---

4) 正典形成過程に関してこれ以上ここで述べる必要はあるまい。パウロの初期教会への影響に関してはとくに E. Dassmann, *Der Stachel im Fleisch. Paulus in der frühchristlichen Literatur bis Irenäus* (Münster: Ashendorff, 1979); A. Lindemann, *Paulus im ältesten Christentum. Das Bild des Apostels und die Rezeption der paulinischen Theologie in der frühchristlichen Literatur bis Marcion* (Tübingen: Mohr, 1979) を見よ。

5) 形式的にはペトロの影響がより大きかろう。

F.C. バウルやカール・バルトらが異口同音に、最初にして最も偉大な使徒および神学者なるパウロの影響力が衰えないことを証言している。問題は、洋の東西を問わず古代から現在に至るまで、パウロより優れた神学者がいたか否かでない。パウロの神学は、尽きることない泉の源のごとく、キリスト者の絶え間ない神学作業を支える不可避的な基礎を提供し続けている。したがって、パウロ神学への批判を試みる者、あるいは独自の神学形成を試みる者でさえ、パウロを対話相手とせずにはおられず、場合によってはパウロ文書群を基にして自らの立場を正当化しさえする。

　ならば各世代のキリスト教神学は、パウロ神学に対して新鮮な出会いを求めつつ新たな考察を続けるべきだ。そして幾世代にもわたって、このような試みが事欠いたためしがない [6]。もっとも、ブルトマンによる新約聖書神学に関する画期的な著書が発刊されてからの50年 [7]、ある程度の詳細さを維持しつつパウロ神学を全面的に解説し直して公刊した例は一握りしかない。新約聖書神学の一部として簡潔にまとめられたもの [8]、あるいは一般読者向けの著書はその他いくらか存在する [9]。パウロ神学の各論を扱う論集はあるし [10]、パウロの生涯と神学とをともに扱う書物もある [11]。パウロの改宗と宣教活動と書簡執筆活動をたどりつつ、パウロ神学の形成過程に焦点をあてるという接近法が、パウロ神学について論考する新たなモデルとして提案されている

---

[6] 冒頭の主要文献表と各章の文献表から明らかなように。

[7] Bultmann, *Theology*.

[8] 例えば Conzelmann, *Outline*; Kümmel, *Theology*; Goppelt, *Theology*; Gnilka, *Theologie*; Stuhlmacher, *Biblische Theologie*; Strecker, *Theologie*; Schlier, *Grundzüge* を見よ。〔訳註　Ladd, *A Theology* も参照。〕

[9] Dodd, *Meaning*; Keck, *Paul*; Ziesler, *Pauline Christianity*. より最近では Barrett, *Paul* があり、やや大部なものに Witherington, *Paul's Narrative Thought World* がある。

[10] とくに Käsemann, *Perspectives*; *Essays*; *New Testament Questions* が重要だ。さらに Kertelge, *Grundthemen*; Hofius, *Paulusstudien*; Penna, *Paul the Apostle* を見よ。

[11] 1996年は豊作年で Gnilka, *Paulus*（*Paulus* の神学セクションは彼の著書 *Theologie* に依拠している）; Lohse, *Paulus*; Murphy-O'Connor, *Paul* がある。Bornkamm, *Paul* も支持され続けている。〔訳註　より最近では S.E. Porter, *The Apostle Paul: His Life, Thought, and Letters* (Grand Rapids: Eerdmans, 2016).〕

第1章　パウロ神学への緒言　　　　　　　　　　　　　　　　　　55

ことも確かだ[12]。しかし前世代のより網羅的な著作と比較すると[13]、パウロ神学全体を一貫した思想として提示する本格的な著書は驚くほど少ない。W.D. デーヴィス、ヨハネス・ムンク、クリスティアン・ベカー、ハンス・ヒュブナーらは、個別の主題に焦点をあてて重要な提言をなした。デーヴィスは、パウロを可能なかぎりラビ・ユダヤ教の文脈において理解し[14)]、ムンクは初期キリスト教の形成について大きな影響を与え続けるバウルの視点を批判し、ベカーは一貫性と偶発性（coherence and contingency）という視点を確立し、ヒュブナーは聖書神学（Biblische Theologie）を新約聖書の各書執筆者による旧約聖書との神学的対話（Umgang）という検証（Aufarbeitung）として説明した[15)]。より最近では、おそらくヘルマン・リダーボスのパウロ研究のみが、先行する世代の全網羅的視野によるパウロ神学論考に匹敵しよう。もっとも英語圏では、D.E.H. ホワイトレーのパウロ神学論考の変わらぬ価値をも言及しないわけにいかない[16)]。

　一般に「パウロに関する新たな視点」と称されるパウロ理解の新しい流れに鑑みると、パウロ神学を徹底的に描き直す試みが今ほど求められる時はない[17)]。1960–70 年代においてパウロ神学を体系的に扱う本格的な著作が現れなかったのは、パウロ神学再構築の時の到来が予想されていたからとも言えよう。新たな解釈が乏しい中、新鮮味のない内容の組み替えだけでは、注目を引く著書の出現が期待されなかった。このような新約聖書学とキリスト教神学の手詰まり状態において、E.P. サンダース著『パウロとパレスチナ・ユ

---

　12)　例えば Sabatier, *Paul*; Buck and Taylor, *Saint Paul*; Bruce, *Apostle*; Becker, *Paul* がある。聖書文献学会（Society of Biblical Literature）でパウロ神学を研究するグループ（Pauline Theology）が複数部で発刊した Bassler, Hay, Hay and Johnson, *Pauline Theology* も参照。他には Richardson, *Introduction*; Guthrie, *New Testament Theology*; Caird, *New Testament Theology* があるが、これらからパウロの一貫した神学、あるいは特徴的な神学を学び取ることは困難だ。例えば、Caird（*Theology*）がパウロ神学における律法の役割を明確に捉えているか知り難い。

　13)　例えば Baur, *Paul*; Pfleiderer, *Paulinism*; B. Weiss, *Biblical Theology*; Feine, *Theologie*; Prat, *Theology*; Cerfaux（§10 n.1, §14 n.1, §20 n.1）を見よ。

　14)　これはヘレニズム宗教とヘレニズム文化なる文脈でパウロを捉える傾向が支配的だったところへの画期的な応答だ。

　15)　Hübner, *Biblische Theologie*, 1.28.

　16)　Whiteley, *Theology*.

　17)　§14.1 を見よ。

ダヤ教』が学会を大きく揺さぶった。彼が注目を向けた主題——〈パレスチナ・ユダヤの宗教は神の恵みに依拠している〉——は、何も新しいものでなかった。しかしサンダースの効果的な議論によって、キリスト教の起源とパウロ神学とを注意深く理解しようと試みる者は皆、彼が再確認するパレスチナ・ユダヤ教の姿と、キリスト教神学の枠内で再構築されたユダヤ教の伝統的理解とのギャップをもはや見過ごせなくなった。私たちは、パウロと父祖の宗教との関係性を再考することを要求され、それがパウロ神学の理解にいかなる影響を与え得るかを考察せねばならなくなった。

　私たちはいまだこの再構築の過程にある。これは、1970年代中頃まで不可能と思われたような活力をパウロ神学研究が取り戻す結果につながり、いくつかの大きな議論をもたらした。とくに好ましい傾向としては、ユダヤ人研究者によるユダヤ人パウロに関する研究との、新鮮さと創造性に満ちた対話が始まったことだ[18]。キリスト教神学におけるパウロの重要な役割を考慮するなら、このようなパウロ神学再構築の意義がいかに大きいか分かるが、一方でこれは古い世界観の上に立ったパウロ理解とのあいだに大きな議論をもたらした。以下では、この再構築がもたらした建設的な貢献を踏まえ、慎重にパウロ神学の論考を展開しよう。

§1.2. 「パウロ神学」とは何か？

「神学とは何か」を語ること自体が大きな挑戦だ。多くの定義が提案されてきたし、それらに幾層もの修正を加えることが可能だ[19]。しかし複雑になればなるほど、洗練されればされるほど、定義は広い支持を得なくなる。論考を開始するにあたっては、簡便な定義を暫定的に想定するのが良かろう。したがって例えば、神学（theology）を「神（*theos*）に関する話（*logos*）」とし、

---

18) とくに Segal, *Paul the Convert*; Boyarin, *A Radical Jew*; Nanos, *Mystery*. Schoeps (*Paul*) と Sandmel (*Genius*) は時代的にサンダースに先行する最初期の対話だ。これに対し H. Maccoby (*The Mythmaker: Paul and the Invention of Christianity* [London: Weidenfeld and Nicholson / New York: Harper and Row, 1986]) は、残念なことにこの流れに逆行して古い対立的世界観に固執する。

19) 「神学」の定義の概観は、例えば Dunn, 'In Quest of Paul's Theology' を見よ。

またそれにまつわる事柄、とくに宗教的信仰や実践に関する一貫性のある説明をそこに加えよう。しかし「神に関する話」をいかに行うかに焦点をあてたり、「神学」という語が他の語と連結される場合、この暫定的な定義はすぐさま壁にぶつかる。

ことに、「神学」という語が「新約聖書」や「聖書」という句によって条件づけられると、いくつかの問題が早々に表面化する。これらの修飾句自体に原因があるからだ。私たちが「新約聖書神学」あるいは「聖書神学」と言う場合、いかなる意味で「新約聖書」や「聖書」という修飾句を用いているか。これを「パウロ」に限定するなら、問題の一部を回避し得る。一方で、神学をパウロに限定することで新たに生じる問題もある。それは彼自身の活動や自己理解に起因する。パウロは自分を、何よりもまず神学者と捉えたか、あるいは宣教者、教会設立者、また牧会者と捉えたか。パウロの神学に焦点を置くことは著しく限定的な作業か。問題の一部は、パウロの意思疎通の方法——神学的論文でなく手紙——に起因する。パウロの神学に焦点を置くことは、彼が試みた意思疎通を誤った方向へ導くか。手紙が持つ意思疎通の可能性を歪曲しまいか。

これらの問題が過去2世紀のあいだいかに提示されてきたか、聖書神学なる概念にいかなる批判が向けられたか、これらを端的に考察することによって、「パウロの神学とは何か」という問いへの洞察が得られよう。

（1）解説か対話か？　新約聖書神学に精通する者にとっては常識だが、この分野が極めて特徴的な学術分野として他の分野と区別されたのは、200年余り前のことだ。教義神学から聖書神学を引き離すことを最初に試みた人物として J.P. ガブラーが挙げられる [20]。彼は当時、基本的に歴史的性格を持つ聖書神学と教示的性格を持つ教義神学とを区別する必要を訴えたが、これは啓蒙主義後のいかなるテクスト研究においても避けがたい緊張関係に注意を向けたものだ。この対峙は、新約聖書の神学あるいは新約聖書各書の神学に

---

20) J.P. Gabler, *On the Proper Distinction between Biblical and Dogmatic Theology and the Specific Objectives of Each* (trans. J. Sandys-Wunsch and L. Eldredge; *SJT* 33 [1980], 134–44, 144–58). 主要なポイントの要約は W.G. Kümmel, *The New Testament: The History of the Investigation of Its Problems* (London: SCM / Nashville: Abingdon, 1973), 98–100 を見よ。

言及する際に必ず意識され、新約聖書神学の可能性と方法論とが議論される際に絶えず表面化する。一方には、新約聖書神学（それが正しい名称とすれば）が解説以上であり得ず、正規の神学というより宗教現象学の一種だとする視点に立つ学者ら、例えばウィリアム・ヴレーデ、クリスター・スタンダール、そして近年ではヘイキ・ライサネンがいる[21]。他方の立場としては、聖書神学がその歴史的性格ゆえに教義神学から切り離されはしないとする、アドルフ・シュラターやアラン・リチャードソンが容易に挙げられ[22]、その他に、パウロの言説を通して使信である神の言葉が今でも響き渡ると強く主張するカール・バルトやルドルフ・ブルトマン[23]、また聖書神学の語り直しを試み、その著作題名において明かなキリスト教的視点を示唆するハンス・ヒュブナーやペーター・シュトゥールマッハーが含まれる[24]。

　もちろん今日では、ガブラーの単純明快な議論からより高度な議論へと進んでいる。私たちは、何であれ純粋に客観的な説明というものが不可能なことを心得ている。テクストを読む際に「2つの地平」が存在することを認識しており、釈義がこれらを融合させる作業（Horizont-verschmelzung）[25]であることを知っている。しかしパウロに関しては、この作業がやや異なる。ある意味でより困難だが、ある意味ではより明解だ。これは、パウロ書簡群が客観的な著作でなく、非常に個人的な意思の表明であることによる。これらの手紙でパウロは根本的で意義深い事柄に繰り返し言及するが、彼はそれが読者にとっての死活問題と考えていた。程度の差こそあれ、パウロの手紙は「福

---

21) W. Wrede, 'The Task and Methods of "New Testament Theology"', in Morgan, *Nature of New Testament Theology*, 68–116; K. Stendahl, 'Biblical Theology', *IDB*, 1.418–32; Räisänen, *Beyond New Testament Theology*.

22) A. Schlatter, 'The Theology of the New Testament and Dogmatics', in Morgan, *Nature of New Testament Theology*, 117–66; Richardson, *Introduction*. 後者は L.E. Keck ('Problems of New Testament Theology', *NovT* 7 [1964], 217–41) に激しく批判された。

23) Barth, *Romans*（第2判の序文, pp.2–15）; R. Bultmann, 'The New Testament and Mythology', in H.-W. Bartsch (ed.), *Kerygma and Myth* 1 (London: SPCK / New York: Harper and Row, 1953), 1–44; *Theology*, 2.251.

24) Hübner, *Biblische Theologie*; Stuhlmacher, *Biblische Theologie*.「聖書神学」という概念の問題に関してはDunn, 'Das Problem "Biblische Theologie"', in Dohmen and Söding, *Eine Bibel*, 179–93を見よ。

25) これはGadamerに拠る。A.C. Thiselton, *The Two Horizons* (Exeter: Paternoster / Grand Rapids: Eerdmans, 1980), 15–16を見よ。

音の真理」(ガラ 2.5, 14) に関する弁護であり解説だ。したがって、パウロの手紙が実存的に意義深いメッセージだとの自覚から発せられる強い思い入れを看過しては、彼に関する正当な論考は不可能だ。パウロの議論や意見に関する神学的な評価なしに、彼の思想世界を一時でも垣間見ることは困難で、とくに彼の言説を解釈することは不可能だ。換言すると、パウロ神学を語る際に必要となる釈義のモデルは、死体に関する臨床的分析というより、むしろ命ある応答者との対話に近かろう[26]。パウロ神学は、テクストの中で「実在 (real presence)[27]」と出会うことなしに満足できるものではない。

したがってとくにパウロの場合には、彼の神学的解釈における緊張を、各主題における批判的客観性と個人的関与とのあいだの緊張と言い直すことができよう。すなわち一方には、パウロの思想に関するすべての分析結果を平等に扱う客観性がある。これらが、個人の神学や信仰に何ら影響を及ぼす必要はない。他方には、可能なかぎり歴史的客観性を保持しつつも、分析結果が個人へ何らかの影響を与え、個人の思想や営みに変化をもたらす可能性を認める主観性がある[28]。したがってパウロ神学を論ずる試みが評価される場合、それは読者と教会とがパウロの思想世界にどれほど接近し得るかの度合いのみならず、パウロの主張と問題提起とに関する神学的議論にどれほど参与できるかの度合いによって決定される。良い評価を得るパウロ神学の論考は、読者がテクスト自体に新たに出会うことを可能とし、そこに描かれている事実に深く根ざしつつ、パウロが述べた事柄について彼と対話をするように促し、今日の神学的問題へと議論を深化させる[29]。

(2) 神学か宗教か？　新約聖書学の歴史において第 2 に重要で関連性が高い事柄は、神学を教義と捉えることが「新約聖書神学」なる解釈の作業と

---

26) この解釈的対話モデルが何を意味するかは Dunn and Mackey, *New Testament Theology in Dialogue*, ch.1 を見よ (§1.5 参照)。

27) G. Steiner, *Real Presences* (London: Faber and Faber / Chicago: Univ. of Chicago, 1989).

28) このような個人的関与は、何らかの (キリスト教) 信仰の伝統および教会共同体への参加 (あるいはそれに対する抵抗)、そしてそのような参加 (あるいは抵抗) を促す前提的知識を含む。

29) ここでのより広い問題は「新約聖書神学」の議論として扱われる。例えば *ABD* (Theology [NT]), 6.473–83 (とくに pp.480–83); W.G. Jeanrond, 'After Hermeneutics: The Relationship between Theology and Biblical Studies', in F. Watson (ed.), *The Open Text: New Directions for Biblical Studies* (London: SCM, 1993), 85–102 (とくに pp.92–98) を見よ。

してはあまりにも狭隘(きょうあい)だという宗教史的 (religionsgeschichtlich) 認識だ[30]。とくにパウロに関しては、これもまた適切な考察だ。これは、パウロ書簡群の典型的な構成が神学的議論と勧告との2部構成になっていることに鑑みて、おおよそ議論の余地がない。パウロ神学を、例えばロマ12–16章を無視してロマ1–11章のみに、あるいはガラ5–6章を看過してガラ1–4章のみに焦点をおいて論じようとすれば、私たちは歪曲した不完全な理解に陥ってしまう。パウロの信念が日々の生き様と共同体における関係性とにおいていかに体現されるか、それは彼が理解する福音の根源をなす。

　この問題提起は、ユダヤ教伝統とその遺産をパウロが継承しているとする近年の理解の重要性を再認識させた。なぜなら、ユダヤ教信仰とその生活文化を語る際、それを「神学」と呼ぶことが適切かということが、長らく議論されてきたからだ。伝統的なユダヤ教の中心は、教義内容というよりむしろトーラー(指示、指針)とハラハー(いかに歩むか)とにある。パウロとその宗教母体であるユダヤ教とが対立関係にあるという従来の(偏見的な)立場ゆえに、パウロ研究においてはより洗練された神学的論考としての教理的理解が相応しかろうとの判断が働いたのだろう。

　この新たな視点を受けて、パウロ理解という釈義的作業を「パウロの宗教」という学問主題として捉える動きも出てきた。私自身は、信仰内容と実践との相互関係を看過しない、神に関する論考とそれに付随しそこから派生するすべての事柄、これらを総称する語として「神学」がより相応しいように考える。〈倫理と関係性(道徳)とが教義の純粋性を試す培養皿だ〉という、伝統的なキリスト教理解を反映した往年の自由主義神学者らの表現は、そこに積もった埃を振り払って、たんなる批判としてでなくその神学における適用性を今一度吟味すべきだ。日々の生き方からかけ離れた神学は、パウロの神学と言えない。

　宗教史学派に属する研究者が認めるように、広角な視野に立ったパウロ神学の理解は、その神学と当時の世界に属する他の諸宗教や社会的作用とも呼べる現象との類似性を見出すことになる。パウロ神学は、それ自体が後1世

---

[30] Wrede, 'Task and Methods' (§1 n.21) 参照。

紀の地中海世界東部における宗教的および社会的特徴を形成する要因と言える。ことにコリント2書が示唆するとおり、それは当時の外社会と接触して互いに影響する位置関係にあった。一連の洞察に富む研究の成果がもたらされる中 31)、これらの宗教的・社会的要因を看過したままでパウロの神学を語ることはもはや現実性を失いつつある。じつにIコリント書に見られる諸問題を、純粋に「神学的」——すなわち教理的——と見なすことはできない。パウロの議論や勧告を神学的に分析する場合、私たちは保護者の影響（パトロネジ制度）、力のネットワーク、社会的位置、奴隷制のあり方、意思疎通の媒体としての会食、集団アイデンティティ形成のための儀礼等を考慮せずにはいられない 32)。このような認識は、神学的作業を疎かにすることでない。むしろ、当時そこに実在した社会的状況との関わり合いを認めることを通してこそ、パウロ神学の活力が十分に引き出される。

（3）神学か修辞学か？　とくにパウロ神学の論考に影響を与え得る現代の聖書学的動向の第3点は、文学批評なる批評学の確立だ。しかしその影響は比較的目につきにくい。新約聖書の他所に関して言えば、内的著者を想定した釈義に終始せざるを得ない場合が多い。これらの書では、人物名とその人物を推測させる事柄が数件見出されるのみという状況だ。このような場合、著者とその執筆状況を推定する作業に余計な労力が向けられ、テクストが伝えようとする神学的内容への熟考が疎かになりがちだ。推論に頼る部分が増えれば増えるだけ、神学的熟考への労力が削がれる。さらに古代世界では福音書が唯一無二（*sui generis*）の文章形態（ジャンル）だったので、その内容を分析する際に私たちは福音書自体に頼らざるを得ない。類似するジャンルとの比較に頼り過ぎることができない状況で、私たちは福音書という思想世界に拘束されてしまう。使徒言行録では物語理論を考慮に入れなくてはならない。すなわち、多様な状況で効果的に語り継がれる仕方——文学全体の流れ

---

31)　例えば、Theissen, *Social Setting*; Holmberg, *Paul and Power* (§21 n.1); Meeks, *First Urban Christians*; N.R. Petersen, *Rediscovering Paul* (§21 n.57); Neyrey, *Paul* を見よ。

32)　近年の動向に関してはS.R. Garrett, 'Sociology (Early Christianity)', *ABD*, 6.89–99; S.C. Barton, 'Social-Scientific Approaches to Paul', *DPL*, 892–900 を見よ。Horrell (*Social Ethos*, ch.1) の批評を見よ。

に沿った物語構成、印象的な人物描写、質の高いスピーチなどに依拠した効果的な語り直し――を理解することが肝要だ。その意味で使徒言行録も自己完結した文章形態と言えよう。

　しかしパウロ書簡群に関しては、特定の状況に置かれた特定の受信者へ既知の著者が意思を伝達するために宛てた手紙という性格を抜きにして考えられない。これらの手紙が著しく個人的な性格を有しているので、その内容を著者の人格や性格から離して考慮することは、不可能でないにせよ賢明でない[33]。これらの手紙には、著者パウロの輪郭が明らかな仕方で刻まれている。すなわち、彼の説得は力強く、（その書簡群が保存されたことから判断して）効果的だが、やや気短かな主唱者という傾向を持つ。そして何よりも、キリストを通して神から使徒なる権威が与えられ、福音をその言動で伝達する宣教者との自己認識を持っていた[34]。一方でパウロの議論や奨励は、しばしば聴衆が置かれた状況および彼の反対者らの考えを意識して述べられるので、これらの状況を看過してその議論や奨励を理解することはほぼ不可能だ[35]。要約すると、パウロ書簡群の神学議論は受信者との対話という手紙の性質を抜きにしては考えられない。私たちはこの対話の一方にしか直接触れないが、受信者が事前に伝えた状況がパウロの表現の多くをすでに方向づけている。

　したがって少なくともパウロ神学の一部は、他の初期キリスト教文書の神学を考察する際に不可能（あるいはときに不必要）なほど歴史的分析と文脈化とに強く結びついている。パウロの議論が論争相手の議論を強く意識する場合、その論争が置かれた特別な状況を把握して、その表現が意図する内容を汲み取らねば、議論を適切に解釈することはできない。テクストの「世界」とパウロの「社会状況」とは、それらが置かれた歴史的文脈で大きく重なっている。

---

33)　この点はガラテヤ書の分析でとくに明らかとなった。Dunn, *Theology of Galatians*, 1–6 を見よ。
34)　さらに §21 n.35 を見よ。
35)　例えば J.P. Sampley ('From Text to Thought World', in Bassler [ed.], *Theoogy* 7) は、「パウロがその反対者の立場にしばしば焦点を置いているので、私たちのパウロ理解はその反対者理解に比例して深まる」と述べる。これは場合によっては言い過ぎだ。私の同僚である Walter Moberly は、とくにⅡコリント書でのパウロの十字架の神学における議論が、反対者に関する知識よりもⅡコリント書に一貫した解説に依拠していると述べる。

書簡群に見られる特定の表現を後1世紀の文学作品として理解しようとする時、文学的・修辞学的分析が有用となる。パウロ書簡群の冒頭部と終結部に見られる特徴的な表現を同時代の書簡執筆の慣習と比較する解釈の試みが、読者説得に用いられる修辞技巧に私たちの注意を向けた36)。この修辞学的視点も、パウロ神学を研究する者に以下の点を印象づけた。すなわち、〈福音書が純粋に客観的なイエス描写でないと同様に、パウロ書簡群は客観的な神学論考でない〉ということだ。一方で私たちは、修辞法に富む説得作業が修辞法に富んだ抵抗に晒され、「懐疑の解釈（hermeneutic of suspition）」の対象となることも知っている。パウロ神学の分析を対話という仕方で進めようとすれば、対話相手の立場を慮（おもんぱか）るパートナーに恵まれるか否かで実り多い対話になるかどうかが決定されることをも忘れてはいけない。

　また私たちは、修辞学的分析自体が硬直的な学術偏狭主義へシフトしかねないことも肝に銘じるべきだ。例えば私は、パウロ書簡群が「演示弁論（epideictic）」に属するか「議会弁論（deliberative）」の範疇にあるか、あるいはそれ以外かという議論が実りあるものと思わない。パウロの創造性豊かな執筆作業において、目的達成のために入手可能なあらゆる論述方法が巧みに採用されていることは周知のとおりだ。したがって、パウロの表現に類似するどの技巧に彼が依拠しているかとの議論は、有用でありつつも混乱をもたらしかねない37)。またパウロ書簡群に複雑な構造が想定される場合があるが、例えばキアズム（交差対句法）が解釈上の意味を持つ割合はキアズムの適用範囲の長さに反比例してるように見受けられる。パウロ神学にほとばしる活力は、一般的な文法上あるいは修辞上の構造の枠内でおとなしく飼い馴らされはしない。

---

36)　とくにH.D. Betz（*Galatians*）がこの解釈法を高度化させた。ディアトリベーに関してはS.K. Stowers, *The Diatribe and Paul's Letter to the Romans*（SBLDS 57; Chico: Scholars, 1981）を見よ。またH.D. Betz, 'The Problem of Rhetoric and Theology according to the Apostle Paul' / W. Wuellner, 'Paul as Pastor: The Function of Rhetorical Questions in First Corinthians', in Vanhoye (ed.), *L'Apôtre Paul*, 16–48, 49–77; R.D. Anderson（*Ancient Rhetorical Theory and Paul* [Kampen: Kok Pharos, 1996]）の包括的な批判を見よ。

37)　修辞学の知見を駆使したBetz（*Galatians*）への批判は、例えばLongenecker（*Galatians*, cxi–cxiii）を見よ。

要約しよう。過去200年にわたる「新約聖書神学」理解のさまざまな側面と展開を概観することにより、パウロ神学を考えることがいかなる作業か、その輪郭が明らかになってきた。それはパウロの確信を体系的に叙述することのみならず、彼との対話の質を高めることだ。それはパウロ神学がキリスト者の思考のみならずその生き様をも視野に入れていることを認識することだ。そしてそれは、パウロ神学を個別の状況に限定された対話として聞く用意を持つことだ。この最後の点は、さらなる問題意識を私たちに抱かせる。

§1.3. パウロ神学は書き得るか？

　私たちとパウロとの時間的および文化的距離に鑑みると、「パウロ神学は書き得るか」との問いを軽んじてはならない。私たちは、原始教会開始後100年間の誰の神学よりも、パウロの神学について書く資料を持ち合わせていると言えよう。いかにイエスの神学が私たちの関心を集めようと、これを語るために必要なイエス自身の言葉を、私たちはどこにも見出せない。福音書記者らの神学を語ることも同様に困難だ。彼らがイエスの活動と教えとに集中するあまり、彼ら自身の神学の輪郭はぼやけ気味だ。さらに、これら4書のうちの2書（マルコ福音書、ヨハネ福音書）の神学は、その福音書自体のみに依拠しなくてはならない。これら2書それぞれの神学を語ることはある程度可能だが、その特定不可能な記者の神学となると、茫漠とした議論にならざるを得ない。新約聖書他書の著者も同様だ。彼らは1書だけ著した著者、特定が不可能な著者、短過ぎて神学を語り得ない書の著者だったり、これら複数が該当する著者だったりする。Ⅰペトロ書の神学はパウロ神学ほどの深さと幅を持ちようがない。最初の100年に限定すると、イグナティウスがパウロに次ぐ候補として挙げられようか。使徒教父文書には、彼の真正書簡が真正パウロ書簡と同数ある。しかしイグナティウスの神学を語るための資料となる文書は短期間に集中して書かれた7書のみで、主題や執筆状況にほとんど差がなく、1書以外は宛先が地理的に著しく集中している[38]。

---

38) W.R. Schoedel, *Ignatius of Antioch* (Hermeneia; Philadelphia: Fortress, 1985) を見よ。

第 1 章　パウロ神学への緒言

　一方パウロに関しては、真正 7 書簡に限ってもその主題が多種多様だ。パウロの余波、パウロ学派、あるいはパウロ工房と呼ばれる他のパウロ文書も、先行するパウロ神学についてある程度のことを教え得る[39]。これらの書は、東はガラテヤ、西はローマと、当時の地中海世界の四半分にあたる北西地域に散らばる多様な教会へ宛てられた。受信教会は広く 3 つの地域に分布し、地域特有の異なる問題を抱えていた。執筆時期も 6–8 年あるいはそれ以上にわたる。換言すると、私たちはパウロ神学を 3D 的な視野で見ることができる。あるいは、三角測量によっていくつかの主題に関するパウロの立ち位置をある程度正確に確定できる。この点で、教会開始から 3 世代にわたる教会著作家の中に、パウロに匹敵する者は見出せない。

　するとパウロ神学を書くという作業は、1 つの指標としての重要性がさらに増す。つまり、パウロ神学の執筆は他の神学の執筆作業より好条件にあるのに、それでも執筆不可能となれば、新約聖書あるいは最初期の世代のキリスト者のいかなる神学も書き得ないことになる。後述するいずれかの理由で、パウロ神学の執筆が不可能となれば、新約聖書神学あるいは新約聖書に関するいかなる神学を語ることもほぼ無意味となる。

　もっとも、ここまでの考察は、さらに深い論考を要する問題のお膳立てに過ぎない。パウロ神学を書くことの問題は、〈「パウロ神学」は、特定の書簡の神学を意味するか、すべての書簡に見られる思想を総合した神学を意味するか〉と言い換えられよう。さらに重要な問いは、〈「パウロ神学」は書簡群の背後に立つ「パウロ」の神学を探究することか、あるいは実際の書簡執筆者パウロの神学を明示することか〉だ。これらの問いを考察する際に、パウロが執筆したすべての書簡が現存するわけでないことを忘れてはならない。パウロ自身が、実際に書簡群に反映される神学以上の、豊かな神学を持って

---

39)　いわゆる「真正パウロ書簡」としてほぼ疑いのない 7 書とは、ローマ書、I コリント書、II コリント書（複数諸巻の混合か）、ガラテヤ書、フィリピ書、I テサロニケ書、そしてフィレモン書だ。コロサイ書と II テサロニケ書の著者性に関する学術的註解書の立場はほぼ五分と五分（私自身はパウロ自身が II テサロニケ書を、パウロの生前にテモテがコロサイ書を執筆したと考える。§11 n.7、§12 n.23 参照）で、エフェソ書と牧会書簡群は、私を含めた大半がパウロの死後に他者が執筆したと考える。しかし後者もパウロ神学を語る試みにおいて看過すべきでない。この点は Childs (*New Testament as Canon*) が提案する個々のテクストの正典としての読みに十分に注目すべきだろう。

いたことは想像に難くない。それなら「パウロ神学」と言う場合、それは書簡群の背後にあることが想定されているより広範でより豊かでより完結した神学を意味し、その総体のある側面が強調されてそれぞれの書簡に特徴を与えているか。「パウロ神学」と言う場合、それはパウロの神学的意識とも称される源泉を意味するか、あるいはこの源泉から汲み取られ桶に注がれた特定の神学を意味するか[40]。

これらの問いを考察した結果、私は以下に示す立場に至った。すなわち、〈パウロ神学は個々の書簡の神学の総体以上であり得ず、しかし個々の書簡神学の寄せ集め以上でなければならない〉。この謎めいた表現にはさらなる説明が必要だ。

パウロ神学が個々の書簡神学の総体以上であり得ないのは、これらの書簡群のみがパウロ神学を考察する際の確たる証拠だからだ[41]。したがって私たちの考察はこれらの書簡に焦点を置き、これらの書簡によって規定される。これらの書簡が特別であることを少しでも看過するなら、私たちは信頼に足る一義的な資料を見失うこととなる。

それでは、なぜパウロ神学はそれ以上でなければならないか。それは、この書簡群自体がさらなる思索へと向かうよう読者を促すからだ。すなわち、より豊かな神学を考慮せずにこれらの書を十分に理解することはできない。パウロ書簡群は水面からのぞく氷山の一角のようだ。私たちは見える部分から、見えない部分をある程度推測できる。あるいは表面のエンボス画を裏面から浮き彫りにする細かな無数の点のようだ。私たちは不規則に並ぶこれらの点から、表面の規則正しい図柄を十分に想像する。

すなわち、対話における意思疎通に不可欠な要素である示唆表現や共鳴する主題がパウロ書簡群に明らかで、これらがテクストと歴史的文脈とを結ぶ

---

[40] とくに Keck, *Paul*, ch.2; Hultgren, *Paul's Gospel*, ch.1 を見よ。この問題は SBL のパウロ神学セッションで、初期に多くの時間を費やして議論された（Bassler [ed.], *Pauline Theology*; Hay [ed.], *Pauline Theology* を見よ）。この問題は、私が監修をつとめてケンブリッジ大学出版局から発刊されたシリーズ、*The Theology of the New Testament*（『叢書　新約聖書神学』）の執筆担当者の中の数名も指摘した。一書簡の神学を語る際に、他のパウロ書簡群の神学を語ることを怠って良いか。ガラテヤ書の神学はパウロの神学たり得ないか。

[41] この意味で使徒言行録の証言は、二義的で補助的な位置づけとなる。

第 1 章　パウロ神学への緒言　　　　　　　　　　　　　　67

重要な役を果たしている。後続する論考で、私はこれらの示唆や共鳴にしばしば言及する [42]。ここではまず、これらの示唆表現の適用範囲とその重要性について述べよう。

　第 1 に、パウロの言語表現自体が示唆表現に富むもことを知る必要がある。パウロは古代言語によって執筆した。すなわち、後 1 世紀のコイネー・ギリシャ語の用法によってのみパウロを理解することが可能だ。ギリシャ語新約聖書に記される記号は、新約聖書文法学者らが長年にわたって確立した語形論や統語論などに関する理論を通してのみ、意思疎通の媒体として意味をなす。したがってパウロが書き記したテクストは当時のスピーチの慣習と密接につながり、彼の表現は読者に対してさまざまなイメージや出来事を容易に想起させる。しかし、テクストの独立性が不用意に語られる昨今、あたかも翻訳された歴史的テクストが「独立性」を有するかのように捉えられがちな中、歴史的テクストの基本的性格は繰り返し強調されねばならない [43]。文法学者や辞書編集者が示した境界線を踏みにじる者は、理解と空想とを混同しがちだ。

　第 2 に、この意思疎通が成立する要素の 1 つに、ユダヤ教聖典の知識の共有がある。ほとんどの場合、これはギリシャ語（LXX）を介しての知識だ。C.H. ドッドは適切なメタファを用い、聖典がパウロ神学の「下部構造」だと述べた。つまり、たんにパウロによる聖典の明かな引用のみならず、聖典の用語、熟語、およびイメージがパウロの執筆の方向性を決定し執筆スタイルを確立した、ということだ [44]。聖典に依拠した強調表現を受信者が理解するか否かにパウロが無頓着だと推定しないかぎり、改宗者らが LXX に関する相当の知識を持っていたことをパウロが前提にしていたと考えるべきだろ

---

42)　とくに §§8.3, 11.4, 23.5 を見よ。これらの示唆や「間テクスト的共鳴（intertextual echoes）」に関しては Hays, *Echoes of Scripture*, ch.1 を見よ。

43)　さらに Dunn, 'Historical Text as Historical Text: Some Basic Hermeneutical Reflections in Relation to the New Testament', in J. Davies, et al. (eds.), *Words Remembered, Texts Reviewed* (J.F.A. Sawyer FS; JSOTS 195; Sheffield: Sheffield Academic, 1995), 340–59 を見よ。Adam (*Making Sense*) の「脱モダン的新約聖書神学」における提唱は、新約聖書解釈において不可避的な歴史的作業を軽視している。

44)　§7 nn.34, 37 を見よ。Hübner, *Biblische Theologie* 参照。

う。彼らは多くの場合、改宗以前にユダヤ教聖典に触れる機会があっただろうし、改宗後に集中的にこれを学んだことが考えられる[45]。後述するように、読者が「義」とか「律法の行い」等の重要語句の意味を知っているとパウロは考えていたようだ[46]。

　第3に、パウロは信仰の内容をも読者がすでに共有していることを前提としていた。彼は改宗者らに対し、手紙を通して福音説教の内容を繰り返す必要を感じていない[47]。このために私たちは、パウロの福音説教を再構築するのに苦労する。彼は福音説教の内容を繰り返す代わりに、定型表現によって要約された「使信伝承」でそれを示唆する[48]。したがって私たちは、次のように想定し得る。パウロは、イエス・キリストの福音を宣べ伝えて新たに教会を形成した際に改宗者らへ教えた基本的な内容を、彼らが端的な定型句を手がかりとして想起し得る、と考えた。したがって短い示唆表現は、その短さゆえに過小評価すべきでない。たんに単語の頻度を数えることによって、パウロ神学を測ることはできない。

　第4に、パウロ書簡の勧告部分におけるイエス伝承への示唆表現も考慮に入れる必要がある。のちに詳しく述べるが、パウロがイエス伝承を短い示唆表現で言及するのは、かなりの量のイエス伝承が初代教会の基礎をなす伝承としてすでに蓄積されていたからだと考えられる。これらがおおやけの会話や礼拝でイエスに起因する伝承として語られていたので、パウロはそれを紙面に限りがある手紙でわざわざ引用する必要がなかった。したがって、パウロの示唆表現の内に非常に効果的な神学議論を発見し得る[49]。パウロ神学を再構築する試みでは、彼とその読者らが言わずもがなな周知の事柄として何を扱っていたかに注目する必要がある。

---

45) 私自身は、初期に教会へ編入された異邦人の多くは、神を畏れる者としてユダヤ人会堂に通う異邦人だったと考えている。例えば Dunn, *Parting*, 125–26 を見よ。神を畏れる者に関しては Hengel and Schwemer, *Paul between Damascus and Antioch*, 61–76, 107–08, 357–70 を見よ。ヘレニズム・ローマ社会で LXX が知られていなかったことに鑑みても、LXX に関する改宗者の知識を前提とするパウロの様子から、改宗前の異邦人が会堂でこのギリシャ語聖典に触れていた可能性が高い。

46) §14.2, 14.4–5 を見よ。
47) 明らかな例としてはⅠコリ 2.2, ガラ 3.1, Ⅰテサ 1.9–10 がある。
48) とくに §7.3 を見よ。
49) さらに §§8.3, 23.5 を見よ。

第 1 章　パウロ神学への緒言

　最後に、パウロとその読者らとのあいだで議論されただろう問題や主題が、彼の手紙の中に示唆されていることにも留意せねばならない。そもそもパウロの手紙はこれらの問題への対処として書かれた。パウロは読者に既知の問題をいちいち詳らかにしないが、それが念頭にあったことは確かだ。パウロの神学を書こうとする者は、何が示唆されているかを見極めなければならない。パウロと反対者らのあいだの論争をある程度認識することなしには、なぜパウロが特定の筋道で議論するか、なぜこれやあれを強調するかを理解することが困難となる[50]。のちに詳しく述べることになるが、Ⅰコリント書はこの好例と言えよう[51]。

　要約しよう。パウロ神学を探究する際、各パウロ書簡特有の神学にのみ目を向けるのでは十分でない。それはパウロ神学と言うより、特定の論争に関する神学を提供することになるからだ。しかしより重要な点は、手紙が対話の一方であり、しかも示唆表現に満ちているので、各書簡が依拠するより包括的な神学を追い求める必要があるということだ。包括的な神学と文脈とが個々の書簡の輪郭とでも言うべき特徴を浮き彫りにする。読者とテクストとのあいだで交わされる釈義上の対話の内に、テクストと歴史的文脈のさらなる対話を意識し続けることは決して容易な作業でないが、これが新約聖書学を生業とする者に課せられた責任だ。

　手紙というメディアを通して私たちに提供されるパウロ神学が、それゆえに何層にも折り重なってできているという特徴は、物語神学の言語表現を用いることによって換言することができよう。パウロ神学を物語神学というアプローチで捉えることを提唱するリチャード・ヘイズは述べる。「パウロの思想は体系的な教理や個人的な宗教体験から構築され得ず、むしろ『聖なる物語』とも言うべきものから構築される。……物語はパウロの議論が組み立てられる際の基盤となる下部構造を提供している[52]」と。じつにパウロ神学

---

50)　§1.2.3 を見よ。
51)　とくに§24を見よ。ローマ書に関してはDonfried (ed.), *The Romans Debate*を見よ。ガラテヤ書に関してはBarclay, 'Mirror Reading a Polemical Letter: Galatians as a Test Case', *JSNT* 31 (1987), 73-93を見よ。
52)　Hays, *Faith*, 5, 6. さらにWright, *Climax*; Witherington, *Narrative*を見よ。Witheringtonは (1) 失敗の物語、(2) イスラエルの物語、(3) キリストの物語、(4) パウロ自身をも含めたキリスト者

は、いくつかの物語の相互作用によって生じており、彼自身がこの相互作用に参与しつつ神学を紡ぎ出している。

　本著の構成が明示するとおり、パウロ神学の下部構造には、神と創造に関する物語と、それに挿入されるかたちでイスラエルの物語がある。これに加えて、イエスの物語とパウロ自身の物語があり、これら2つの物語が重なる場所で、パウロの生涯と神学とが重要な転機を迎える。そして最後に、パウロ自身の物語と、パウロ以前に改宗した者らと彼らが設立した教会に所属した者らの物語とが複雑に絡み合う。

　より一般的な表現を用いるなら、私たちはいかなる神学作業においても3つの段階を見出すことができる。第1で最下部に位置するのが過去から継承した確信、あるいは伝統的な生活様態だ。この段階には、しばしば明示されない前知識や原則が潜んでいる。神学作業において重要なのは、この前知識に対して批判的な考察を行う能力だ。パウロの場合は、最初の2つの物語（神とイスラエル）がその対象となる。第2の段階は、個人と共同体の成長過程における変容と関わる。この開眼的な体験はしばしば新たな視野と洞察とを取り込み、外世界への関わりを再形成し、人生における重要な選択を導く。これは神学作業に従事する者のより表面に近い部分と関わるので、当人以外の目にもより明らかだ。パウロの場合は、彼の改宗が好例だろう。もっとも、パウロ以前に改宗したキリスト者との初期の関わり、とくにアンティオキアにおけるペトロとの対峙（ガラ 2.11–18）もまた、この段階のパウロ神学形成の要素と言えよう[53]。第3の段階は、喫緊の課題や進行中の考察に関わる。これが最も表面に近い部分にあり、それゆえ当人以外に最も明らかな事柄だ。しかしそれは、この部分が中身の薄い表面的な事柄だと言うのでない。パウロの場合は、彼の書簡群がこれにあたる。彼がその書簡において、特定の具体的な問題への応答を行い、目的達成を目指すからだ。

　したがって、パウロ神学の実像は何かと問われれば、それは彼の書簡群が指し示すさまざまな物語や異なる段階からなるパウロの思考の相互作用と言えよう。この相互作用がパウロの神学に躍動感を与える。じつに静的な「パ

の物語、という4つの物語に言及する。

53)　さらに §14.5.1 を見よ。

ウロ神学」はパウロの神学でない。示唆表現を十分に察知して、大きな物語の中でそれぞれの特有な表現がいかなる機能を果たすかを深く考察し、前知識を見過ごすことなく、特定の受信者の事情に合わせた言い回しを丁寧に読み取る時、私たちはパウロ神学をその名に劣らないものとして書くことができよう。多様な物語や神学作業の各段階に関する議論では、とくにそれらの相互作用が、パウロ神学の分析において絶え間なく浮上する緊張関係を説明する鍵となる。じつにこれらの物語や神学作業の各段階のあいだには多くの緊張関係がある。ファリサイ派ユダヤ人であるパウロが異邦人に対するイエス・キリストの使徒となるという事態は、パウロの内に最も痛々しい仕方での緊張を生じさせた[54]。パウロの神学作業は、その重要な部分において、これらの緊張関係にある事柄を一貫性のある思想へとまとめる試みとも言えよう。

この項の冒頭の問いに対する私の応答は十分に明らかだ。パウロ神学は書き得る。私たちには、示唆表現を読み取り、異なる物語に耳を傾け、神学作業の表面下にある各段階に達することが可能だ[55]。当然視力や聴力は完全でなく、掘削能力がおぼつかない場合もあろう。しかしそれは、歴史上の人物であれ存命中の人物であれ、いかなる人物の思想を再構築する試みにおいても私たちが同様に直面する限界だ。パウロ自身の手紙が彼に関する主要な証拠資料なので、古代のほとんどの人物よりもその思想再構築に希望を持つことができる。それが困難な挑戦だとしても、パウロ神学の重要性に鑑みると、試みずにはいられない。

§1.4. パウロ神学をいかに書くべきか？

パウロの神学——教理や宗教や修辞法でなく——について語り得るなら、さらにそれが各書簡の神学でなくパウロの神学であるとすると、私たちは次に「パウロ神学はいかに書くべきか」と問わざるを得ない。

ある者はこの探究の主要目的を、中心が何か——パウロ神学を束ねる中核

---

54) とくに§19を見よ。
55) Räisänen (*Paul and the Law*, §6 n.1) はパウロ思想の一貫性を否定する。Sanders ('Paul', 124) は「宗教的天才パウロは、体系的一貫性なる学術上の要求と無縁だ」とする。

が何か——を定めることとする。これは、とくにドイツの学会でいまだ燻る古い二者択一的な論争を想起させる[56]。パウロ神学の動的中心には、本来パウルが提唱したユダヤ的キリスト教と異邦人キリスト教との緊張関係が横たわるか。ブルトマンとケーゼマンが強く確信して主張したように、パウロ神学の中心は「信仰義認」か[57]。あるいはその中心的主題として「キリストへの参与」を想定すべきか。とくにシュヴァイツァーが提唱した「キリスト神秘主義」を想定すべきか[58]。それともヴィルケンスが論ずるとおり、十字架の神学こそが中心に固く据えられるべきか[59]。または、パウロの思想を統合する何らかの基盤を求めるべきか。例えばそれは、1世代前ならパウロの人間観[60]や救済史[61]だったろうし、より最近の議論では契約の物語やキリストだろう[62]。

パウロ神学の議論に中心や中核や原理などの概念を用いることの問題は、それが非常に固定的で柔軟性に欠ける点だ。これはパウロ神学が静的で不変だとの印象を助長する[63]。それでは、下部構造、主たる象徴、基礎となる文法等のイメージで言い表すべきか。北米でのパウロ神学に関する近年の議論では、「レンズ」というイメージが好んで用いられる。しかしレンズとは何か、何がレンズを通過するか、に関して議論が分かれる。エドガー・クレンツにとっては「黙示が神学的レンズ」だ[64]。リチャード・ヘイズにとって、「共同

---

[56] V.P. Furnish, 'Pauline Studies', in E.J. Epp and G.W. MacRae (eds.), *The New Testament and Its Modern Interpreters* (Atlanta: Scholars, 1980), 333–36. 新約聖書神学の中心に関する議論はHasel, *New Testament Theology*, ch.3; Plevnik, 'Center' を見よ。

[57] 周知のとおり「信仰義認」はブルトマンにとって非神話化の神学的基礎をなし、ケーゼマンには「正典中の正典」を測る手立てを与えた（§14 nn.4–5）。Hübner, 'Pauli Theologiae Proprium' を見よ。

[58] Schweitzer, *Mysticism*（§15 n.1）; Sanders, *Paul*, 453–63, 502–08 を見よ。

[59] Wilckens, *Römer* のインデックスから 'Sühnetod (Christi)'; J. Becker (§1 n.78) を見よ。

[60] Braun, 'Problem'; §3 n.7 を見よ。

[61] O. Cullmann（§18 n.1）参照。

[62] §1 n.52 を見よ。ある者はこの議論を救済史という古い概念のたんなる言い直しと捉える。

[63] Achtemeier ('Continuing Quest', 138–40) は「生成を促す中心 (generative center)」という表現を選択し、「神がイエスを死者のあいだから甦らせたという（パウロの）確信」の内にこれが見られるとする。

[64] E. Krentz, 'Through a Lens: Theology and Fidelity in 2 Thessalonians', in Bassler (ed.), *Pauline Theology*, 1.52–62（引用はp.52）。

体の象徴的世界が織りなすイメージを共同体での生活という銀幕に映し出すための解釈学的レンズの輪郭をたどること65)」が神学作業の目的だ。ジュエット・バスラーにとっては、パウロの体験こそ「パウロ神学の原材料」が通過するレンズだ66)。しかしこれらの無理やりで人工的な意味づけが加えられるレンズというイメージが、パウロ神学の躍動感を十分に伝えるとは思えない。じつにパウロ神学の動的性格こそが、10年間継続されてきたSBL（聖書文献学会）のパウロ神学セクションでの議論において、参加者に非常に強い印象を与えてきた。パウロ神学は「活動」であり相互作用だとの理解が共有されてきた67)。この意味でパウロはたんに神学者でなく、同時にいつも宣教者であり牧会者であり、つまるところ使徒パウロである68)。

　このパウロ神学理解への最も自然な応答として、その神学はパウロ書簡群を通して発展するという仕方で説明されてきた。つまり「動的」ならば不可避的に「発展」するという発想だ。この場合、パウロの終末理解が頻繁にその例として用いられ、〈パルーシアの遅延によって初期の差し迫った終末観は弱められ、復活の身体へと変容する過程に関するパウロの理解は変更された〉と説明されがちだ69)。しかし各書簡の執筆年代が確定され得ない中、各書簡における思想の変化を時間を追って追跡し得ないという、周知の問題が厳然としてある70)。さらに、各書簡の執筆状況が十分に明らかでない中、具体

---

65) R.B. Hays, 'Crucified with Christ: A Synthesis of the Theology of 1 and 2 Thessalonians, Philemon, Philippians and Galatians', in Bassler (ed.), *Pauline Theology*, 1.227–46（引用はp.228）.

66) J.M. Bassler, 'Paul's Theology: Whence and Whither?', in Hay (ed.), *Pauline Theology*, 2.3–17（引用はp.11）.

67) Bassler (§1 n.66), *Pauline Theology*, 2.10–11, 16–17. さらにC.B. Cousar, 'The Theological Task of 1 Corinthians', in Hay (ed.), *Pauline Theology*, 2.90–102（とくにp.91）でのFurnishへの言及、D.M. Hay, 'The Shaping of Theology in 2 Corinthians', in Hay (ed.), *Pauline Theology*, 2.135–55（とくにpp.135–36）; S.J. Kraftchick, 'Death in Us, Life in You: The Apostolic Medium', in Hay (ed.), *Pauline Theology*, 2.156–81（とくにp.157）を見よ。

68) B.R. Gaventa, 'Apostle and Church in 2 Corinthians', in Hay (ed.), *Pauline Theology*, 2.193–99; R. Jewett, 'Ecumenical Theology for the Sake of Mission: Romans 1.1–17 + 15.14–16.24', in Hay and Johnson (eds.), *Pauline Theology*, 3.89–108 参照。

69) §12、とくに§12の註81を見よ。Ｉコリ15章とIIコリ5章との関係性についてはとくにMartin, *2 Corinthians*, 97–99を見よ。

70) 例えばP.J. Achtemeier, 'Finding the Way to Paul's Theology', in Bassler (ed.), *Pauline Theology*, 1.27を見よ。

的な神学表現の変化が神学的発展を反映するか、あるいは執筆状況を反映するかを判断しかねる[71]。

より最近では、この神学的発展を書簡群執筆以前のパウロにおいて考察する傾向がある[72]。すなわちパウロは改宗体験を通して、父祖の宗教を部分的に変容させたか、あるいはまったく新たなものへ変えたか、という議論だ。換言すると、イエス・キリストへの信仰によって、パウロは「ユダヤ教」から離れたか（ガラ 1.13–14 が示唆するように見受けられる）、が問われることとなった。あるいは、ある宗教から他の宗教へと鞍替えするという意味で「改宗」という語を用いることに問題があるか[73]。また、多くの者が考えるとおり、改宗以前のパウロによる迫害活動の対象がギリシャ語を話すキリスト者に限定されていたと想定すると、この当時のギリシャ語を話すキリスト者はすでに律法から訣別しており、したがってパウロはたんに彼らの理解に賛同したに過ぎないか[74]。あるいは異邦人への宣教という大義か「律法の行い」への嫌悪、またその両方が、ダマスコ途上でのキリスト顕現体験と初期の書簡群執筆時期とのあいだに位置づけられるべきか[75]。これらに関する論争は絶えず、おおかたが同意に至るという状況にいまだなっていない。

パウロ神学の静と動との中間を目指す試みとも言える動きがこの中で起こり、移り変わる思想の中の比較的安定した原則、あるいは思想の発展を決定づける特定の出来事を探ることが試された。これに最も相応しい候補はパウロの改宗だ。パウロ神学全体が、当初のキリスト顕現という決定的体験をたんに言語化したものと説明することもできよう[76]。あるいは E.P. サンダース

---

71) Moule (§12 n.1); J. Lowe, 'An Examination of Attempts to Detect Development in St. Paul's Theology', *JTS* 42 (1941), 129–42; V.P. Furnish, 'Developments in Paul's Thought', *JAAR* 38 (1970), 289–303; Beker, 'Paul's Theology', 366–67 を見よ。

72) 近年、アンティオキア教会の特徴的神学の構築が流行っている。Berger, *Theologie*; E. Rau, *Von Jesus zu Paulus: Entwicklung und Rezeption der antiochenischen Theologie im Urchristentum* (Stuttart: Kohlhammer, 1994); Schmithals, *Theologiegeschichte*. この動きに反して Hengel and Schwemer, *Paul between Damascus and Antioch*, 279–91 を見よ。

73) §7.4 を見よ。

74) §14.3 を見よ。

75) 例えば Watson, *Paul*; N. Taylor, *Paul, Antioch and Jerusalem* (JSNTS 66; Sheffield: Sheffield Academic, 1992) を見よ。

76) とくに Kim, *Origin* (§7 n.1).〔訳註　Kim はのちにパウロ神学をこの顕現体験と原始教会

の表現を用いれば、このキリスト顕現がパウロに解決を提供し、パウロ神学全体がそこから演繹的に導き出された人類の窮状とそれに対する神の贖いとも言えよう[77]。近年ユルゲン・ベッカーは、パウロ神学の発展とその神学の中心という2つの視点を融合させることを試みた[78]。彼はパウロの神学的執筆を3段階の発展過程として説明する。第1が選びの神学（Ⅰテサロニケ書のErwählungstheologie）[79]、第2が十字架の神学（Ⅰコリント書のKreuzestheologie）、そして第3が義認のメッセージ（すでにガラテヤ書に見られるRechtfertigungsbotschaft）であり、この第2段階が実際の中心だ。つまり十字架の神学が「正典」であり、これによって選びの神学が定義され、義認のメッセージはこの正典が着飾る衣装となる。

おそらく最も洗練され、それゆえ影響力のあるパウロ神学理解の試みは、ベッカーが提唱する「偶発性の中の一貫性（coherence within contingency）」だろう。ベッカーにとって、「福音の一貫性はキリストの死と復活に関する黙示的解釈により確立された[80]」。このモデルの強みは、一貫性が思想を静的な定式や硬直的な構造へと押し込めず、結果として偶発的な流れの変化によって容易に破壊されないことだ。ベッカーにとって一貫性とは安定感と継続性を兼ねる要素で、「パウロの宣教の確信的な基礎」あるいはパウロ自身が言う「福音の真理」（ガラ2.5, 14）だ[81]。

パウロ神学を学ぶ者は、このようなモデルを参考にすることが賢明だろう。私たちが取り組む主題である人物の偉大な貢献に鑑みると、その思想と実践においてパウロが基本的な一貫性を示していることを前提とすることは

の伝承によって説明するというスタンスへと移った。S. Kim, *Paul and the New Perspective: Second Thoughts on the Origin of Paul's Gospel* [Grand Rapids and Cambridge: Eerdmans, 2002] 参照。]

77) Sanders, *Paul*, 442–47. §7.5, §7 n.101 を見よ。

78) J. Becker, *Paulus. Der Apostel der Völker* (Tübingen: Mohr, 1989).

79) パウロの初期神学をⅠテサロニケ書に特定する試みは尽きない。T. Söding, 'Der Erste Thessalonischerbrief und die frühe paulinische Evangeliumsverkündigung. Zur Frage einer Entwicklung der paulinischen Theologie', *BZ* 35 (1991), 180–203; Schulz, *Neutestamentliche Ethik* (§23 n.1), 301–33; §16 n.35 を見よ。これと異なる理解としては Lohse, 'Changes of Thought' を見よ。

80) Beker, 'Paul's Theology', 364–67; 'Recasting Pauline Theology', in Bassler (ed.), *Pauline Theology*, 1.18. 後者は初期の自著である *Paul the Apostle* に対する彼自身の応答である。

81) Beker, 'Paul's Theology', 368; 'Recasting', 15.

—— 一貫性からの逸脱が明らかに論証されないかぎり——、研究対象に対するごく当然の学問的誠実さだ。この一貫性は多様なかたちをとり得る。ある場合はこれに発展という概念が用いられよう。いずれにせよ程度の差こそあれ、ある程度の偶発性を兼ね備えている[82]。

§1.5. パウロ神学を目指して

ここまでの議論を通して、2つの方法論的な選択が私のパウロ神学の論考を方向づけていることに読者は気がついただろう。以下にそれらを要約しよう。

（1）私が選択するモデルでは、対話が鍵となる。神学的対話に限らず対話とは、他者を知り他者を理解するための主たる手段だ。対話という文脈で、私たちは示唆表現を理解し評価する。対話を通して、対話相手の物語が自分の物語と異なることが明白になる。このような仕方で他者と向き合う時、私たち自らの原理や価値が依拠しているさまざまな地平が何で、私たちが思考を形成し決断する際の基礎をなす地平が何かを鮮明化することができる。

当然2000年前の人物との対話について述べる時、ある種のメタファが用いられている。この場合、パウロが書簡執筆者であることは私たちにとって都合が良い。パウロが一連の対話における片側を演じているからだ。したがって私たちは、いくつかの方向からパウロとの神学的対話を試みることができる。

1つに私たちは、パウロがその書簡の受信者らと交わした史的な対話を耳にできる。彼の手紙をその歴史的文脈に置き、対話相手を示唆する表現に耳を傾けることで、少なくともある程度は、対話相手を再構築できる。その意味で、私たちはパウロの言説を対話として聞くことが可能だ。

もう1つに私たちは、パウロが自分自身と対話する様子を垣間見ることが

---

[82] Childs (*Introduction*, 310) におけるベカーへの批判はベカーの意図を誤解して伝える。一貫性を前提とする正典が多様な書簡の偶発性を含有するなら、それはここで述べられる偶発性と一貫性との緊張関係をも肯定的に捉えるだろうし、それは個々の書簡の示唆的な性格に対して歴史的考察を行うことと、各主題の正典的な読みが重要だという前提とのあいだの対話を強いることになる。

できる。パウロの示唆表現に注意を向けるなら、とくにそれが異なる物語あるいは物語の異なるレベルへと読者を導く表現に集中できれば、これらの物語やその各レベルのあいだで生じる緊張関係において、私たちはパウロとその葛藤を共有することになる。すなわち私たちは、パウロの神学作業を少なくとも部分的に追体験することになる。

　さらに私たちは、パウロの言説を分析する際に自分の問題意識や文化・伝統をそこに持ち込みがちだ。パウロの言葉を彼の立場で聞くことができれば、私たちは自分の立ち位置をわきまえつつ、パウロと対話することができる。20世紀間のギャップがあるにせよ、それは厳然とした対話であって独白でない。私たちが投げかける質問に対しパウロは彼なりの表現で応答する。パウロから有用な応答を引き出そうとすれば、私たちの質問は対話という文脈を意識して形成され、パウロが応答できる仕方で問われねばならない。

　したがって私は、臆せずこの方向に沿ってパウロ神学を論考する。私の関心は、好古趣味を満足させる歴史的遺物としてパウロ神学を再構築することにない。神学は現実問題や実存的な問いと葛藤する。キリスト教神学を視野に置く時、対話としてのパウロ神学はこれらの問題に大いに貢献する。それゆえ本書では、可能なかぎりパウロの立場に立ち、パウロの視点で眺め、パウロの思考に寄り添うことによって、読者がパウロの洞察や配慮を深く理解することができるよう努める。同時に私は、成熟の過程にある学生がその指導教員の思想との対話を通して熟練度を高めるように、パウロと相互に批判的な対話を交わしつつ、パウロと共に神学を行う。もちろん1対1の対話ではパウロ神学の豊かさを十分に引き出せない（各章に脚註は多いが、他の研究者らの声を取り込むことには限界がある）。もっとも、1対1の指導は──英国の大学の学部レベルで減少傾向にあることを嘆かわしく想うが──有効な教育方法としてその価値は変わらない。そして私は、本書読者の批判的な読みを通して、この対話が継続することを期待する。

　(2)　パウロ神学を論じ始めるにあたり、彼の思想の時間的流れのどこに視点を置くかを最後に決定せねばならない。無作為に書簡群を往き来するなら、それは混乱を招くのみで、どの時点のパウロ神学をも表現し得ない。ダマスコ途上のキリスト顕現直後のパウロ神学と、エルサレム会議とアンティ

オキア事件とのあいだの神学とは同一でない。また、ガラテヤ諸教会から悪い知らせを聞いた前後の神学と同一でない。さらにこれと、コリント教会とのやり取りに苦慮した時期のパウロ神学とがまったく同じとも考え難い。

しかしこの決定は容易だ。なぜなら、諸教会との移りゆく対話による制限を比較的受けない書簡が一通あるからだ。それはローマ書だ[83]。パウロの神学作業が動的対話の様相を呈する中で、ローマ書は比較的──「比較的」という語を強調しておくが──安定している。この手紙は、彼自身が設立した教会に宛てられたものでなく、真正パウロ書簡のほとんどが執筆されたパウロの宣教活動期の最終局面で書かれた（ロマ 15.18–24）。おそらくパウロは、比較的快適な環境において、手紙執筆のための落ち着いた注意深い考察が可能な状況にあったろう。何よりも彼はこの手紙において、その成熟した福音理解を弁護しつつ解説することを意図しており（1.16–17）、それをエルサレムのみならず、ローマさえも越えてスペインで提示しようと考えていた。すなわちローマ書は、体系的な教義と呼ぶにはいまだほど遠いが、それでもパウロ神学に関するパウロ自身の最も注意深い文書と言えよう。

パウロ神学をいかに書くべきか。ローマ市のキリスト者に宛てたパウロの手紙こそが、この問いに対するパウロ自身の応答に最も近い。ローマ書はまた、パウロがその神学をどのような論理の流れで描くべきか、私たちに示唆を与えている。円熟期のパウロ神学を十分に把握し、これとの対話を試みようと欲するなら、私たちはローマ書をある種の枠組みとして捉え、この上に私たち自身のパウロ神学考を組み立てることが良かろう。それはあたかも、演奏前のオーケストラで、オーボエを標準音として他の楽器が音合わせをするようだ。ローマ書執筆時のパウロ自身の神学を描き論考する目的で書かれる「パウロ神学」が、ローマ書を良き導き手あるいは物差しとして絶えず振り返りつつ議論を進めるなら、それは読者を正しく導くことになろう。

---

83) Hultgren, *Paul's Gospel* の副題、また Melanchton の『神学総論（ロキ・コンムネス）』参照。

第1部
神と人類

第2章 神 [1]

§2.1. 神という原理

パウロ神学を体系的に学ぼうとするなら、彼の神信仰から始めるのが良い。それはたんに、「神学」という成句の一義的な意味が「神に関する話」

---

1) 第2章の文献リスト
E. Baasland, 'Cogitio Dei im Römerbrief', *SNTU* 14 (1989), 185–218; **M.N.A. Bockmuehl**, *Revelation and Mystery in Ancient Judaism and Pauline Christianity* (WUNT 2.36; Tübingen: Mohr, 1990 = Grand Rapids: Eerdmans, 1997); **G. Bornkamm**, 'The Revelation of God's Wrath (Romans 1–3)', *Early Christian Experience*, 47–70; **Childs**, *Biblical Theology*, 351–412; **R. Bultmann**, 'What Does It Mean to Speak of God?', *Faith and Understanding: Collected Essays* (London: SCM / New York: Harper and Row, 1969), 53–65; **N.A. Dahl**, 'The One God of Jews and Gentiles (Romans 3.29–30)', *Studies*, 178–91; 'The Neglected Factor in New Testament Theology', in D.H. Juel (ed.), *Jesus the Christ: The Historical Origins of Christological Doctrine* (Minneapolis: Fortress, 1991), 153–63; **G. Delling**, 'MONOS THEOS', and 'Geprägte partizipiale Gottesaussagen in der urchristlichen Verkündigung', *Studien zum Neuen Testament und zum hellenistischen Judentum. Gesammelte Aufsätze 1950–68* (Göttingen: Vandenhoeck, 1970), 391–400, 401–16; **J.D.G. Dunn**, 'Biblical Concepts of Revelation', in P. Avis (ed.), *Divine Revelation* (London: Darton / Grand Rapids: Eerdmans, 1997), 1–22; **J. Dupont**, *Gnosis. La connaissance religieuse dans les Épitres de Saint Paul* (Louvain: Nauwelarts / Paris: Gabalda, 1949); **Feine**, *Theologie*, 296–343; **Fitzmyer**, *Paul*, 41–49; **Gnilka**, *Paulus*, 193–201; **R.M. Grant**, *Gods and the One God* (Philadelphia: Westminster, 1986); **F. Hahn**, 'The Confession of the One God in the New Testament', *HBT* 2 (1980), 69–84; **T. Holtz**, 'Theo-logie und Christologie bei Paulus', in E. Grässer and O. Merk (eds.), *Glaube und Eschatologie* (W.G. Kümmel FS; Tübingen: Mohr, 1985), 105–21; **P.-G. Klumbies**, *Die Rede von Gott bei Paulus in ihrem zeitgeschichtlichen Kontext* (FRLANT 155; Göttingen: Vandenhoeck, 1992); **A. Lindemann**, 'Die Rede von Gott in der paulinische Theologie', *Theologie und Glaube* 69 (1979), 357–76; **D. Lührmann**, *Das Offenbarungsverständnis bei Paulus und in paulinischen Gemeinden* (WMANT 16; Neukirchen-Vluyn: Neukirchener, 1965); **R. MacMullen**, *Paganism in the Roman Empire* (New Haven: YUP, 1981), 73–94; **Morris**, *Theology*, 25–38; **H. Moxnes**, *Theology in Conflict: Studies in Paul's Understanding of God in Romans* (Leiden: Brill, 1980); **R.M. Ogilvie**, *The Romans and Their Gods* (London: Chatto and Windus / New York: Norton, 1969); **Schlier**, Grundzüge, 25–54; **H.J. Wicks**, *The Doctrine of God in the Jewish Apocryphal and Apocalyptic Literature* (New York: Ktav, 1915, reissued 1971).

だからでない[2]。むしろ「神」がパウロ神学の根本をなす大前提、すなわち神学の起点であり、彼の書簡群における最も重要なサブテクスト——背景に厳然としてある主題——だからだ。パウロは「神」という語をその書簡群で548回用いるが、ローマ書だけでも153回登場させる。膨大なパウロ文書中、「神」への直接言及が見られないのは2章だけだ。パウロ文書は一般に、パウロが生涯をかけた活動の正当性を示すため、各手紙の冒頭で神に言及する。「神の御心によって召され……使徒となったパウロ」（Ⅰコリ1.1）、「父なる神により使徒と任じられたパウロ」（ガラ1.1）。これ以降「神の御心によるキリスト・イエスの使徒パウロ」がある種の定型文となる[3]。彼の書簡は慣習的に「私たちの父なる神から恵みと平和があなた方にありますように」という挨拶で始まり、神への感謝が続く。注意深い読者は、ロマ1章が「神の」という属格を用いた名詞句を繰り返すのに気付くだろう。「神の福音」、「神の御子」、「神の愛する者」、「神の御心」、「神の力」、「神の義」、「神の怒り」、「神の性質」、「神の栄光」、「神の真実」、「神の裁き」等だ。パウロ神学は何をおいても「神に関する話」である。また、ローマ書全体の主題が「神の義」（1.17）に関すること、その本論が「神の怒り」（1.18）という主題から始まること、そして人類に対する告発が「神のあり方」（1.19, 21）から開始すること、これらは決して偶然ではない。

　しかし私たちにとっての問題は、神に関するパウロの確信が著しく公理的な表現に留まっている点だ。公理なので、パウロはそれを十分に説明しない。神に関する確信はパウロ神学の礎にあるので、読者の目に触れない場合が多い。その結果、パウロ書簡の特定の箇所に彼の「神」学が詳らかにされているわけでない。ロマ3-4章が義認と信仰について説明したり、Ⅰコリ15章が死者の復活について語るのとは事情が異なる。おそらくこのため、パウロ神学を論考する多くの著書が「神」を見過ごして、人類の状況等の分析へと足早に議論を進める[4]。彼らはパウロが直接扱う主題に注目し、その背後にあ

　2）　この点に関する Bultmann の懸念が想起されるべきだろう（'What Does It Mean to Speak of God?'）。
　3）　Ⅱコリ1.1、エフェ1.1、コロ1.1、Ⅱテモ1.1。
　4）　20世紀では Holtzmann, Prat, Scott, Bultmann, Whiteley, Ridderbos, Eichholz, Kümmel, Ladd,

る前提を看過しがちだ。このような分析は、パウロ神学の傾向や特徴を説明する「神」学的前提——パウロ神学の下部構造——を見逃しがちだ。

　しかし幸運なことに、この現象は私たちに有利ともなり得る。なぜなら、この現象を換言すると、パウロは神に関して読者と共通理解をすでに持っており、彼の確信を説明する必要を感じなかったことだからだ。パウロの「神に関する話」は、原始教会が共有した神理解であり、彼らの会話においてすでに基本的で自明の理解だった。したがって、例えば「神の御心」という句は説明なしに有意義たり得た。原始教会の読者にも、神の意志を行うことが重要なのは同様に自明だったからだ。したがって、パウロが繰り返す神への言及をより一貫性のある「神に関する話」として完成しようとすれば、彼が読者と共有する神信仰という文脈でこれらの言及を理解する必要がある。すなわち、パウロは読者の信仰を励まし促すために読者と共有する神信仰に言及した。私たちは彼の神に関する個々の言説をこの歴史的文脈において理解しなければならない。

　早々に明らかとなるが、この共通の神信仰は徹頭徹尾ユダヤ教的だ。パウロがその神信仰を説明し弁護する必要を感じなかった理由の1つは、それが彼自身の伝統において根本的な信仰だったからだ。パウロはこの信仰を幼少期からたたき込まれ、物心がつくかつかないかという時期からこの信仰の内に生きていた。したがってローマ書は、たびたびユダヤ教の伝統的神信仰を繰り返す。例えば「永遠に祝福されるべき神」（ロマ 1.25）、「神は世を裁く」（3.5）、「死者に命を与える神」（4.17）、「心を探る」神（8.27）等だ [5]。じつにパウロはその改宗体験によって神信仰を変えなかった。パウロに啓示の光をあてたのは創世記の創造神だ（創 1.3. IIコリ 4.6 参照）。パウロを選び分けたのは預言者エレミヤを召命した神だ（エレ 1.5. ガラ 1.15 参照）。神の恵みによってパウロがある（Iコリ 15.10）。パウロの神に関する根本的な確信は不

Goppelt, Berger にその傾向がある。Feine, Schlier, Morris は 'God at the Center'（中核に位置する神）というタイトルでパウロの議論を始める（pp.25–38）. Fitzmyer, Becker（*Paul*, 379–82）は例外だ。Dahl（*Christology*, 153）はその論文で 'The Neglected Factor in New Testament Theology' として「文字通りの意味での『神』学」を扱う。「初期キリスト教神学はじつに独占的にキリスト論だ」とする Cullmann に対する Dahl の批判（pp.2–3）は多くの示唆を与える。

5) Moxnes, *Theology in Conflict*, 15–31 参照。

変だ。

　その一方で、神がもたらした「キリストの啓示」の衝撃は、パウロの神信仰の基礎に著しい影響を及ぼした。じつに、パウロ神学の論考における最も興味深い側面の 1 つは、彼のキリスト信仰がその神理解にいかなる影響を与えたかという問いだ[6]。しかしここでは、まずパウロが祖先から継承した神に関する話の中心的な特徴にのみ焦点を置こう。

　パウロの「神に関する話」が基本的にユダヤ教的であることは、彼が設立した教会の成員の大多数が異邦人だったという事実によって覆されない。なぜなら、パウロが獲得した異邦人改宗者の多くは、少なくともその初期において、ユダヤ人会堂にしばしば足を運んでいただろうからだ[7]。これらの異邦人が「神を礼拝する者（σεβόμενοι τὸν θεόν）」と呼ばれていたこと自体、彼らをユダヤ教に引きつける 1 つの要因がその神信仰だったことを示していよう[8]。既述のとおり[9]、読者がLXXに親しんで敬意を示していることをパウロは前提としていた。LXXはユダヤ人会堂と、イエスをメシアとする共同体でのみ目に触れることができた。使徒言行録にある 2 つの「異邦人への説教」は、ユダヤ教に不慣れな異邦人を対象とした宣教内容だが[10]、これが神の説明に終始してほとんどイエスに関して教えないことを偶然の一致として済ませることはできない。ここでルカは、非ユダヤ人に対するユダヤ人の論理を示している。すなわちユダヤ人にとって神への改宗とは、彼らが信仰する神

　6）　パウロの神論に焦点をあてる研究のほとんどがこの点を考察する。したがって以下のような表現が用いられる。「キリストの十字架と復活という告白によって決定される神に関する話」（Lindemann, 'Rede von Gott', 362）、「キリスト論的に決定された新約聖書神論」（Rahner and Thüsing, *New Christology*, 85, §10 n.1)、「唯一神宗教という地平線の内にある」キリスト論（Holtz, 'Theo-logie', 108)、「神のキリスト論的解釈」／「キリスト論的に定義された神」（Klumbies, *Rede*, 237, 247)、パウロの「キリスト論的唯一神信仰」（Wright, *Climax*, 99, 129）。さらに§10.5 参照。

　7）　使 13.43, 50, 16.14, 17.4, 17, 18.7 参照。

　8）　非ユダヤ人および非キリスト者による最も明確な描写はユウェナリスによる。神を恐れる者は「雲と天の神霊以外を礼拝しない」（『風刺詩』14.96–97）。ユダヤ人が神を天と同視したという考えはアブデラのヘカタイオスにまで遡る（前 300 年頃、*GLAJJ* 1.28, 305–06 参照）。神を恐れる者に関しては Schürer, *History*, 3.160–71; J. Reynolds and R. Tannenbaum, *Jews and Godfearers at Aphrodisias*（Cambridge: Cambridge Philological Society, 1987), 48–66 参照。

　9）　§1.3 と §1 n.45 参照。

　10）　使 14.15–17, 17.22–31.

への改宗を意味する[11]。パウロ自身も異邦人宣教においてこの論理を踏襲している。彼はテサロニケの改宗者らに対し、「あなた方がいかに偶像から離れて神に立ち帰り、生ける真の神に仕えるようになったか」（Ⅰテサ1.9）と述べるからだ[12]。

もしパウロの思想の下部構造を露わにし、彼の神に関する断片的な言及を総合して構築した「神に関する話」に耳を傾けるなら、このパズルの欠損部を埋めるユダヤ教的前提を明らかにする必要がある。その前提は何よりも、唯一神、創造神、全能神、最終的な裁きの神、イスラエルの神という理解だ。

§2.2. 唯一神

ユダヤ教の最も根源にあるのは唯一神信仰だ。パウロは間違いなく幼少時から「シェマア（聞け）」を教え込まれており、おそらくそれが日々の告白の一部を成していた。「聞け、イスラエルよ。我らの神、主は唯一の主である」（申6.4）。申6.7によると、パウロも当然含まれたであろう敬虔なユダヤ人のあいだで、このシェマアが日に2度繰り返し唱えられた。ユダヤ人の基本的な義務が記された十戒も「あなたには、私をおいてほかに神があってはならない」（出20.3）という明確な戒めによって始まる。したがって、ユダヤ教弁証文書は当然この信仰内容を起点とする。前2世紀後半に著されたと考えられる『アリステアスの手紙』は、律法の解説を「まず第一に神がお一方であることを証明する」と開始する（『アリ手』132）。フィロンもまた、パウロと同年代のディアスポラ・ユダヤ人らへ第一戒の重要性を説明する。

> すべてにまさる唯一の神を認めて敬意を払うことが第一で最も聖なる命令であることを、我々の心に深く刻み込もうでないか。そして多くの神々がいるとの思想が、清さと善において真理を追い求めることを人生の指針とする者の耳に届くことがないように（『十戒総』65）。

---

11) 使14.15, 15.19, 26.18, 20.
12) Klumbies (*Rede*, 143–44) は誤ってパウロが「キリスト教の神を偶像およびユダヤ人の神と対比させている」と述べる。

ヨセフスも同様に「(十戒の) 最初の言葉は神がお一方だと我々に教えている」(『古誌』3.91) と述べる[13]。

この唯一神思想と結びつく考えに、神が目に見えない存在であること、より正確には不可像 (un-image-able, 出 20.4) また不可仰 (un-lookable-on, 出 33.20) であることが挙げられる。この思想はユダヤ教初期から偶像に対する強烈な嫌悪感を育んだ[14]。パウロとほぼ同年代のヨセフスはそのユダヤ教に関する非常に簡明な弁証において、ユダヤ民族のこの確信を洗練された文章で述べている。

> 彼 (モーセ) はさらに、神が唯一であり、被造物でなく、永遠に不変だと説明した。その美しさは全人類の想像を越え……、その本質がいかなるものか、私たちの知識の外にあるとした。……神は、その働きにより、またその恵みにより、他の何者にもまして明らかに啓示されている。しかしその形や大きさを、私たちはその知識をもって知り得ない。いかに高価な材料をもってしても、神の像を造ることはできない。またいかに巧みな芸術もそれを想像し、それを表現し得ない。私たちは、神に似たものを見たこともなければ、想像したこともなく、またそれを推測することは瀆神ですらある(『アピ』2.167, 190–91)。

この批判的考察は、神なる概念自体が内的感覚の外的投影だと言うフォイエルバッハやフロイトに対する現代的批判を予示するとも考え得る。伝統的ユダヤ教神学がそのような投影の危険性を認め、彼らの確信をそれから区別したという事実は重視されねばならない。

パウロは明らかにユダヤ教に特徴的なこれらの確信を抱いていた[15]。パウロが偶像に献げられた食物に関して述べる場合 (Ⅰコリ 8.1)、本能的に神の唯一性という祖先伝来の確信を支持し、「世の中に偶像の神などはなく、ま

---

[13] その他のデータと文献に関しては Rainbow, 'Jewish Monotheism' (§10 n.1), 81–83 参照。

[14] イザ 44.9–22, 知 11–15 章,『余録』参照。リウィウスは「彼らは神がどのような形もとらないと信じるので」エルサレム神殿に偶像が一体もないと報告し、ユダヤ教のこの特徴を広く知らしめた (GLAJJ, 1.330–31; 2.353)。

[15] Hahn, 'Confession' を見よ。

た唯一の神以外にいかなる神もないことを私たちは知っています」（Ⅰコリ 8.4）と述べる。ここでパウロはシェマアを告白している（エフェ 4.6 参照）。さらに、「神は唯一です」とのガラ 3.20 の言説は定型的だ。ローマ書の前半部でも、パウロは行為義認への反論として「神は唯一だからです」というユダヤ教の告白を論拠とする。パウロ文書中、最も後期のⅠテモテ書が、ユダヤ教の唯一神信仰を最も明らかな仕方で肯定していることは、ある意味で驚きだ。すなわち、「唯一の神」（Ⅰテモ 1.17）、「神は唯一」（2.5）、「祝福に満ちた唯一の主権者、王の王、主の主、唯一の不死の存在」（6.15–16）だ。この書簡はパウロ自身の執筆でなかろうが、ここに見られる告白はパウロそのものだ。ローマ書に付加された結論部の頌栄――「この知恵ある唯一の神」（16.25）――は、おそらくローマ書本文を書き記した筆記者の手によろうが、これもパウロの信仰を反映している [16]。

　偶像に対するパウロの嫌悪も明白で、それはユダヤ教に特徴的な恐れ、失望、軽蔑という仕方で表現さる。ルカはパウロが、「（アテナイの）至るところに偶像があるのを見て憤慨し」（使 17.16）、偶像崇拝を糾弾する様子を描く（使 17.29）。この描写は、Ⅰテサロニケ書の読者がいかに「偶像から離れて神に立ち帰った」（Ⅰテサ 1.9）かというパウロの追想を意識していようか。命を持たない偶像と比べ、神は「生ける真の神」（Ⅰテサ 1.9）だ [17]。ローマ書が人類の不敬神を告発する際（1.18）、パウロは神の不可視性を前提とし（1.20）[18]、偶像崇拝に対するユダヤ教の伝統的な糾弾に倣う。すなわち「滅びることのない神の栄光を、滅び去る人間や鳥や獣や這うものなどに似せた像と取り替えた」（1.23）[19]。そして他所でも偶像崇拝に対するパウロの断罪

---

[16] とくにⅡマカ 1.24–25（「主よ、主よ、神であり、万物の造り主……唯一にして善なる王、唯一の指導者、唯一正しく全能にして限りなく」）、シラ 1.8（「知恵ある方はただ1人」）、フィロン『逃亡』47（「唯一の知者」）、『フォキュ』54（「神のみが賢い」）参照。Delling, 'MONOS THEOS' 参照。

[17] 「生ける神」という表現はロマ 9.26（ホセ 1.10, LXX 2.1 を引照）、Ⅱコリ 3.3, 6.16、Ⅰテモ 3.15, 4.10 参照。この表現は旧約聖書に頻出する。申 2.26、ヨシュ 3.10、サム上 17.26, 36、詩 84.3、イザ 37.4, 17。

[18] コロ 1.15（「見えない神の姿」）とⅠテモ 1.17（「不滅で目に見えない唯一の神」）参照。

[19] この表現は詩 106.20 から導き出されており、またエレ 2.11, 22–23 はイザ 44.9–20 と知 11–15 章（とくに 11.15, 12.24, 13.10, 13–14, 14.8, 15.18–19）を反映している。『アリ手』138 参照。§5.4 参照。

は、彼に先行するユダヤ人と同様に明確だ。したがって「偶像崇拝を避けなさい」（Ⅰコリ 10.14）[20]。

すなわち神に関するパウロの思想と、人がいかに神を意識し礼拝するかに関する理解の前提条件および起点となっているのが、ユダヤ教の唯一神信仰であることは明らかだ。

§2.3. 他の神々？

しかし、パウロによるユダヤ教的唯一神信仰と異邦人の多神教ならびに偶像崇拝との鋭い対比は、誇張されているとも考え得る。3つの点から疑念が浮かび上がる。1つはヘレニズム・ローマ宗教のある種の一神教、1つはユダヤ教唯一神信仰の厳格さへの疑念、もう1つはこれらの問題に関するパウロ自身の言説だ。

（1）唯一神信仰がユダヤ教の特徴だという点が誇張されてはいけない。多くの古代宗教や当時の宗教宗派は神々のヒエラルキーの頂点に最高神を置いた[21]。また哲学的思考に慣れた者らは神を唯一と捉え、「『すべての神々』をこの唯一神の諸次元での働きの具現化[22]」と捉えた。もっともこれは、ユダヤ教の厳格な唯一神信仰とはおおよそ異なる。神性がさまざまな様態で表現されることを容易に認める傾向こそが、ヘレニズム期における自由主義的寛容性の典型だったからだ[23]。それぞれの地方の先祖伝来の慣習に則って神々を敬うことを敬神とする考え方は、他の神々や諸宗教に対する敬意を促した。一方でユダヤ教では、他の神々をヤハウェの顕現と捉えること（ヤハ

---

20) Ⅰコリ 5.10–11, 6.9, 10.7, ガラ 5.20, またコロ 3.5 とエフェ 5.5 参照。「偶像崇拝」を意味する εἰδωλολατρία はパウロの造語か。この語は他所でⅠペト 4.3 にしかない。もっとも、『ユダ遺』19.1, 23.1 また『ベニ遺』10.10 にも見られる。

21) MacMullen (*Paganism*, 7) は小アジアの碑文においてゼウス神が他の神々よりも2倍半も祈願対象となっていたと述べる。

22) MacMullen, *Paganism*, 87. H. Chadwick, *Origen: Contra Celsum* (Cambridge: CUP, 1953), xvi–xx 参照。

23) 例えばゼウス神は、ゼウス・セラピス、ゼウス・ディオニュッソス、ゼウス・アンモン、ゼウス・バアール、ゼウス・アフラマダ、ゼウス・ヘリオス・サラピス等のように地方の神々の名を併せ持つ傾向があった。LSJ, Ζεύς II; H. Leinknecht, θεός, *TDNT* 3.76; MacMullen, *Paganism*, 83–84, 90.

ウェをゼウスの顕現と認めること 24)）を一切許容しなかった。他の神々の存在を認めないこの傾向ゆえに、ユダヤ人には無神教という嫌疑がかけられた（『アピ』2.148) 25)。

ケルススは、後2世紀のキリスト者らの偶像崇拝批判がギリシア哲学の思想に依拠すると述べる（『ケルスス反駁』1.5. ヘラクレイトスを引照)。神々には実体がなく人間的な感情に欠けるので犠牲を献げる必要はない、というのが当時の哲学的常識だった 26)。のちのキリスト者らが神を擬人化する傾向を批判したのは、ユダヤ教的な偶像への嫌悪のみならず、古代の神理解に対するギリシャ的批判もその原因となっている 27)。もっとも、神々に関する哲学的議論がいかに精巧な概念を構築しても、活力に満ちた諸宗教が都市国家にとって重要であることに、疑念が挟まれることはなかった。知的伝統の栄光が衰える一方で、「偶像に満ちた」（使 17.16）アテネは活気に溢れていた。これと対照的に、神の像を人のかたちに刻んで拝むことを拒絶するユダヤ教の伝統は、ギリシャ・ローマ世界にある種の困惑をもたらした。ローマ詩人ユウェナリスは後2世紀初頭に、ユダヤ教の影響を受ける同胞を「雲と天の神霊以外を礼拝しない」（『風刺詩』14.97) と揶揄した。

したがって古代世界におけるイスラエルの特徴として、その唯一神信仰の極端な排他性、また厳格な偶像の禁忌があった。神の像を刻むという冒瀆行為に対する不寛容の姿勢をパウロが継承していることに疑いの余地はない。「賢者を名乗りながら愚かとなり、不滅の神の栄光を必滅の人や鳥や獣や爬虫類の姿に変えてしまいました」（ロマ 1.22–23）と述べるとおりだ。

(2) ユダヤ教的な唯一神信仰の真相を理解するためには、第二神殿期になって頻出する神と宇宙のあいだの中間層を満たす霊的存在 28)、またディアスポラ・ユダヤ教に見出されると思われる宗教融合的な傾向を考慮に入れるべ

---

24) アウグスティヌスはワッロ（前2世紀）が「ユダヤ人の神をユピテル神と同視した」と述べる（GLAJJ, 1.209–10)。
25) キリスト者が無神教という偏見に晒される原因もここにあった。『ポリュ殉』3.2, 9.2.
26) MacMullen, *Paganism*, 76.
27) Grant, *Gods*, 76–77. Long / Sedley, §23 を見よ。
28) Bousset / Gressmann, 319; Hengel, *Judaism*, 1.155. 最も極端な見解は M. Barker, *The Great Angel: A Study of Israel's Second God* (London: SPCK, 1992) を見よ。

きだろう²⁹⁾。もっとも、パウロ以前の 200 年間に御使いらの存在感が突如として天を満たしたにもかかわらず、それはユダヤ教の唯一神信仰に実質的な危機を何らもたらしていない³⁰⁾。むしろそれは、異教の神々を概念化するユダヤ教弁証家らの試みと理解される。すなわちこれらの神々は、諸国を支配するためにヤハウェが任命した従者³¹⁾あるいは御使いである³²⁾。同時にユダヤ教文献では、御使いらを神々として認識したり崇めたりしないようにとの警告が繰り返された³³⁾。神の知恵に対していかに豊かな詩的表現が用いられても、それが神から独立した神的存在と見なされはしなかった³⁴⁾。それは神の超越性を損なうことなしに、その内在性を印象づける手だてだった。例えば知 10 章以下では、知恵がイスラエルとその父祖らに対するヤハウェの関心の婉曲表現として登場する³⁵⁾。知恵ほど明らかでないにせよ、神の霊や神の栄光等も同様の婉曲表現として用いられる³⁶⁾。

ディアスポラ・ユダヤ教で宗教融合が起こった証拠は、キプロスのエリマス、「偽預言者や魔術者」（使 13.6–8）、スケワの 7 人の息子（19.14）という極端な例を除くと、非常に少なく曖昧だ。小アジアでのユダヤ教的宗教融合

---

29) とくにコロサイ書の「誤った教え」に関しては Dunn, *Colossians*, 27–28; *GLAJJ*, 1.359; C.E. Arnold, *The Colossian Syncretism: The Interface between Christianity and Folk Belief at Colossae* (WUNT 2.77; Tübingen: Mohr, 1995) を見よ。Hengel and Schwemer, *Paul between Damascus and Antioch*, 76–80 と比較せよ。

30) Wicks (*Doctrine of God*, 122–28) は「各世紀の大多数の著者は、どのような天使論を持っていたにせよ、神が被造物と何も介さずに直接関わるという神理解を提示している」(p.124) と述べる。さらに Hurtado, *One God* (§10 n.1), 17–39 を見よ。

31) 申 32.8–9、ダニ 10.13, 20–21、シラ 17.17、『ヨベ』15.31、『エチ・エノ』89.59–60, 90.22–25、『タルグム・偽ヨナタン』創 11.7–8。この理解はキリスト教時代にも継承された。例えばユリアノス帝は「ガリラヤ人」を批判する演説で「各国の上にその神がおり、御使いが随員を務める」と述べる (MacMullen, *Paganism*, 82)。その他 Wink, *Unmasking* (§5 n.1), 92 を見よ。

32) 例えば、出 15.11、詩 29.1, 82.1, 89.7–8, 95.3, 103.21, 148.2 を見よ。さらに Caird, *Principalities* (§5 n.1), 1–4, 11–12; Wink, *Unmasking* (§5 n.1), 109–11 を見よ。

33) 『ゼファ黙』6.15、『アブ黙』17.2、フィロン『逃亡』212、『夢』1.238。さらに L.T. Stuckenbruck, *Angel Veneration and Christology: A Study in Early Judasim and in the Christology of the Apocalypse of John* (WUNT 2.70; Tübingen: Mohr, 1995).

34) 箴 8.22–31、シラ 24.1–22、バル 3.9–37、知 6.12–11.1、『エチ・エノ』42、フィロン 7 回 (Dunn, *Christology*, 169, 171, 173–74 を見よ)。

35) Dunn, *Christology*, 168–76, 215–30. さらに §11.1 を見よ。

36) さらに Kleinknecht, *TDNT* 3.98–99; Casey, *Jewish Prophet* (§10 n.1); Hurtado, *One God* (§10 n.1), ch.2.

の結果として天使崇拝が行われたという推測が長く議論されてきたが、おそらくその論拠となる資料はユダヤ教の概念を表面的に取り入れただけの異教信仰と理解すべきだろう[37]。この理解は、ユダヤ人共同体がその民族アイデンティティと先祖伝来の慣習とを注意深く守る様子を明確に示す諸資料の内容と符合する。ヨセフスはユダヤ人の唯一神信仰に関して「唯一の神を認めることはすべてのヘブライ人に共通する」(『古誌』5.112) と言ってはばからない。ユダヤ人に対して最も手厳しい批判を向ける後2世紀のローマ人著作家タキトゥスも、この点を認めてしぶしぶながら敬意を示す。

> ユダヤ人は唯一の神を認め、しかもそれを心の中でのみ認める。彼らは人の姿をした神々の像を朽ちるべき素材で作る者を不敬虔と見なす。彼らにとって至高にして永遠の存在は、摸すことができず、また不滅だ。したがって彼らは、その町々にいかなる像が建立されることも許さず、ましてやその神殿にいかなる像も置かれない。彼らの王やカエサルへも、このような仕方で敬意を示すことはない (『同時代史』5.5.4)。

パウロもシェマアを継承し、ユダヤ教的唯一神信仰に疑念を挟むことをしない。彼が高挙された主イエスをいかにこの唯一神主義の内に位置づけたか、イエスを主として語る際にいかなる意味で神の知恵という概念を用いたか、これらの問題はのちに詳しく語ろう[38]。ここでは彼が、ユダヤ教的神観である唯一の神への信仰を受け継いでいることを確認するに留めよう。

(3) このような議論の中で、パウロが神に関するより一般的な理解に言及する様子は、ある意味で興味深いが、ときとして理解しがたい。パウロはIコリ8章で唯一の神を告白しつつも、曖昧な表現を付加する。すなわち「神々

---

37) とくに A.R.R. Shepherd, 'Pagan Cults of Angels in Roman Asia Minor', *Talanta*, 12–13 (1980–81), 77–101 (とくに pp.94–99); P. Trebilco, *Jewish Communities in Asia Minor* (SNTSMS 69; Cambridge: CUP, 1991), 137; S. Mitchell, *Anatolia: Land, Men and Gods in Asia Minor* (2 vols.; Oxford: Clarendon, 1993), 2.46. Arnold (§2 n.29) はコロサイの家の諸教会に対するユダヤ教の脅威というコロサイ書の主題を看過している。Dunn, 'The Colossian Philosophy: A Confident Jewish Apologia', *Bib* 76 (1995), 153–81 を見よ。

38) とくに §10.5 を見よ。

と言われるものが天や地にもあったとしても——じつに多くの神々や多くの主（と言われるもの？）があるが——私たちには父である唯一の神があるのみです」（Ⅰコリ 8.5–6）。この文章では、後半部分に「と言われるもの」なる限定表現が示唆されていると理解すべきか、パウロが神々の存在を認めているか、判断がつきかねる。初期の手紙ではこの点がより明確だ。例えば彼は「あらゆる神と呼ばれるもの」（Ⅱテサ 2.4）、あるいは「本質的に神々でないもの」（ガラ 4.8）と述べる [39]。したがって、Ⅰコリ 8 章の曖昧さには意図があるとも考えられる。パウロがどこまで譲歩すべきかを計りかねたか、あるいはコリント教会の「弱い者」の危惧を可能なかぎり牧会的に配慮したか、が考えられよう [40]。たしかに彼は行く先々で多くの神々が崇められている様子を目にした。しかし彼の意図は、コリント市の多神教的日常の中で、唯一神を告白することを可能なかぎり強調することだった。他のコリント人らが多神教的信仰を持っていたとしても、「神は唯一」という真理が影響を受けることはない。

同様に、悪しき霊が偶像の内に住むという議論（Ⅰコリ 10.20–21）の意味も曖昧だ。パウロ自身は悪霊に関して疑念を抱きつつも、一部の「弱い」コリント信徒らが実際に抱いている不安にたんに言及しているだけか [41]。あるいは彼が「悪霊」に言及する際、たんに申 32.17 を繰り返し、偶像を「神でないもの」として教えるだけか（Ⅰコリ 10.22. 申 32.21 参照）。この点に関しては、パウロ書簡群において「悪霊」という語が再出しないこと [42]、またパウロが悪霊払いにまったく言及しないこと [43] を考慮すべきだ。したがってパ

---

39) 典型的なユダヤ教的理解は代下 13.9, イザ 37.19, エレ 2.11, 5.7, 16.20, 知 12.27, エレ手 23, 29, 51–52, 64–65, 69, 72 見よ。

40) 例えば Conzelmann, *1 Corinthians*, 143 と Fee, *1 Corinthians*, 372–73 を見よ。「（パウロは）神々の存在論的な議論をしておらず、崇拝の対象とするものが崇拝者の神となるとの実存論的な議論をしている」（Wink, *Unmasking* [§5 n.1], 113, 125）。

41) 詩 96.5 の「偶像（אֱלִילִים）」は LXX（95.5）では「悪霊（δαιμόνια）」と訳される。フィロンは以下のように述べる。「他の哲学者らが天空を飛ぶ悪霊（あるいは霊）や魂と呼ぶものに対してモーセは天使の名を与える慣習があった。したがって、魂や悪霊や天使が同じものを指す異なる呼称だと知れば、悪霊や迷信への不安といった由々しき重荷をあなた方は捨て去ることができる」（『巨人』6, 16）。

42) しかしⅠテモ 4.1 を見よ。

43) しかし使 16.18, 19.13 参照。

ウロは、以下の 2 点を最も重要なことと考えつつ、神々／悪霊の正体に関して曖昧なままにすることをよしとしただろう。(1) 究極的な真実は唯一の神だが、空虚な「無」(偶像) でさえも人の目をこの真実から引き離し得る。(2) 偶像／悪霊には、それが他の神々の投影でも客観的な現実でも、実存論的な問題がある。この問題が人を支配し隷属するかぎり避けられなければならない[44]。

「サタン」という語はより頻繁に用いられる[45]。パウロは習慣的にこの語に冠詞を付けるが、おそらくそれはサタンの原初的概念を継承しているからだろう。すなわちそれは、神に敵対する力でありながら、神がその意志を完遂するために存在と活動が許容されている[46]。したがってⅠコリ 5.5 では、集会の成員がその霊の救いのためにサタンへ引き渡され (同様にⅠテモ 1.20)[47]、Ⅱコリ 12.7 では「サタンの使い」が重要な教訓を学ぶ機会をパウロに与える (12.9–10)。ローマ書が唯一サタンに言及する箇所では、「平和の神がその足で速やかにサタンを砕く」(16.20) との確かな希望が告げられる。パウロはそれに先んじて、天の敵対する諸力がキリストにおいて神の御前で力を持たないことを述べる (8.38–39)。

この主題に関しては、パウロが悪をいかに理解するかを論考する際に再び扱うことにしよう[48]。ここでは、パウロにとってこのような力がいかなる現実性を持っていたにせよ、それが彼の唯一神信仰を揺るがすことにならなかった点を確認することで十分だろう。

---

44) さらに §24.7 を見よ。
45) ロマ 16.20, Ⅰコリ 5.5, 7.5, Ⅱコリ 2.11, 11.14, 12.7, Ⅰテサ 2.18, Ⅱテサ 2.9. Ⅰテモ 1.20, 5.15 参照。さらに「この時代の神」(Ⅱコリ 4.4)、「ベリアル」(Ⅱコリ 6.15)、「悪しき者」(Ⅱテサ 3.3. エフェ 6.16) 参照。「天空の力の支配者」(エフェ 2.2)、「悪魔」(エフェ 4.27, 6.11, Ⅰテモ 3.6–7, Ⅱテモ 2.26) を見よ。
46) ヨブ 1–2 章; ゼカ 3.1–2; 代上 21.1 (サム下 24.1 の解釈).
47) Wink (*Unmasking* [§5 n.1]) は「サタンが彼の救出の手段である」(p.16) と述べる。
48) さらに §5 を見よ。

§2.4. 神と宇宙

ローマ書の前半からは、神の創造者としての役割がパウロ神学の基本的な前提条件であることが分かる。神は「世を通して」知ることができる（ロマ 1.20）創造者だ（1.25）[49]。この点はパウロの神論の中でも物議を醸すことがほとんどない。創造と創造者という概念、少なくとも神が被造物の設計者であることは、ヘレニズム・ローマ世界の宗教と哲学の許容範囲に収まっていた[50]。したがってパウロは、ストア派の用語と見なされ得る表現――とくに見えざるものと見えるものとの関係（1.20）――をここで用いた。「永遠」や「神性」（1.20）は知恵の書やフィロンによって、すでにストア派の思想からユダヤ教の知恵文学伝統へと持ち込まれていた[51]。また、「～から」や「～を通して」や「～へ」等（11.36 参照）の前置詞を用いて創造を語ることも、ストア派の典型的な表現だった[52]。しかしここでも、「創造する／創造」という表現を神の創造という排他的な意味で用いる、ユダヤ教に特徴的な傾向が見られる。この排他性は「創造する（בָּרָא）」というヘブライ語にも反映されている一方、ギリシャ思想では明らかでない[53]。

ギリシャ的な宇宙観とユダヤ教的な宇宙観のあいだには、より鮮明な違いも見られる。前者では、五感によって認知できる可視的世界と精神によってのみ到達可能なイデアの世界を対比させるプラトン的な基本理解が大きな影響力を及ぼしていた[54]。これら2つが極端なアンチテーゼとして対比される

---

49) さらにロマ 8.19–22, 39, Ⅰコリ 11.9, コロ 1.15–16, 23, 3.10, エフェ 3.9 を見よ。また「新たな創造」（Ⅱコリ 5.17, ガラ 6.15）というこれに呼応する表現を見よ。

50) プラトン『ティマイオス』はギリシャ思想の基本的なテクストだ。Kleinknecht, *TDNT* 3.73–74; H. Sasse, κόσμος, *TDNT* 3.874–80 を見よ。フィロン『創造』の創造に関する描写には中期プラトン主義の影響が著しい。さらに J. Dillon, *The Middle Platonists* (London: Duckworth / Ithaca: Cornell Univ., 1977), 155–79 を見よ。

51) 「永遠の（ἀΐδιος）」（知 2.23, 7.26 参照）、「神性（θειότης）」（LXX では知 18.19 のみ）。さらに Lietzmann, *Römer*, 31–32; W. Michaelis, ἀόρατος, *TDNT* 5.368–69 を見よ。

52) 例えば偽アリストテレス『世界について』6, フィロン『ケル』125–26, セネカ『道徳書簡』65.8 を見よ。また Dunn, *Romans*, 701 を見よ。

53) Dunn, *Romans*, 57–58 を見よ。

54) この傾向はとくにフィロン『創造』16–44 に見られる。

傾向にあり、物質世界はその必滅性ゆえに不滅な精神世界に対して著しく劣っている。この視点は物質的なものを軽視する姿勢を助長した。身体的なものは重荷として人を抑圧するので、救済はそこからの脱却を意味すると理解された[55]。ユダヤ教にも創造神と被造物とを対比する感性がある。それは、五書伝承での神の人格化がのちに回避された様子から伺える。これはイザ31.3 の言説に顕著だ。すなわち、「エジプト人はたんなる人であって神でない、彼らの牛は肉であって霊でない[56]」。パウロへのこの影響については第3章で扱うこととしよう。

しかしパウロの宇宙観は、神が被造物を良いものとして創造したというユダヤ教的宇宙観（創 1.26–31）に基本的に同意している。人類はいまだ神の似姿だ（Ⅰコリ 11.7）。「地とそこにあるすべては（いまだ）主のもの」（Ⅰコリ 10.26. 詩 24.1 引用）、「それ自体が（本質的に）卑しい／汚れているというものはない」（ロマ 14.14）。したがって、被造物はいまだに神を証ししている（ロマ 1.19–20）[57]。今は虚無の下に服しているが、最終的に贖いを得る（ロマ 8.19–32）。したがって、救済史の頂点である死者の復活という神の業が創造の業と密接につながっていることは、驚くに足らない。「死者に命を与える方[58]」は「無から有を呼び出す方」（ロマ 4.17）だ[59]。さらにパウロの思想は、創造と救済とをより明確に統合する傾向を見せ（コロ 1.15–20.「あらゆるもの」は神へと和解させられる）[60]、創造者の似姿へと新たにされる（3.10. エフ

---

55) 「体は（精神の）墓（σῶμα σῆμα）」という周知の表現に加え、エンペドクレス『断片』126 の「肉という異質な覆い（ἀλλογνὼς χιτὼν σαρκός）」を見よ。E. Schweizer, *TDNT* 7.103, 1026–27 を見よ。

56) 「朽ちるべき体は魂の重荷、地上の幕屋は思慮深い思いに重く垂れる」（知 9.15）は、いかにギリシャ的な宇宙観がヘレニズム的ユダヤ教に影響を及ぼしているかを伝える。

57) これは知 13.1 を念頭に置いている。ストア派に一般的な宇宙観に関しては、例えば偽アリストテレス『世界について』6, フィロン『十戒各』1.35 を見よ。さらに Bornkamm, 'Revelation', 50–53 を見よ。

58) この言語表現は、十八祈禱文（シュモネー・エスレー）の第 2 祈禱「あなたは死者を生き返らせる」を彷彿とさせる。これはⅠコリ 15.22, 36, 45 に繰り返し用いられている。

59) 後者における 2 つの要素は典型的なユダヤ教的表現だ。それらはすなわち、創造はじつに「召命」であり（イザ 41.4, 48.13, 知 11.25,『シリ・バル』21.4）、神が無から創造するという確信（Ⅱマカ 7.28, フィロン『創造』81,『寓意』3.10,『アセ』12.2,『シリ・バル』21.4, 48.8,『スラ・エノ』24.2）だ。パウロはフィロンの「彼（神）は存在のないものを存在へと呼び出す」（『十戒各』4.187）を念頭に置いている。そしてこれら 2 つの思想は『アセ』8.9 を念頭に置いている。

60) イザ 11.6–9, 65.17, 25,『ヨベ』1.29, 23.26–29,『エチ・エノ』91.16–17,『十戒各』2.192 参照。

ェ 4.24 参照)。

　宇宙と人間社会の秩序が神に依拠するというパウロの概念（ロマ 13.1–5）もまた、典型的なユダヤ教的理解だ [61]。既述のとおり、パウロ自身の生涯とその計画を導く決定的な要素は神の意志だ（1.10, 15.32）[62]。敬虔な「ユダヤ人」として、「神の意志を見極める」（2.18, 12.2）ことがパウロにとって何よりも重要だった。「神の御心のままに」という敬虔さを示す表現は広く知られていた [63]。ギリシャ的思想の伝統が運命という語によって任意不定で理解不可能な事柄を説明したのに対し、パウロはそのユダヤ教的思想をもとに、神義論的問題の解決を神の「目的 [64]」（8.28–30, 9.11）や「意志」（9.19）に求めた。そして彼は、「神は同じ土塊から尊いことに用いる器も造れば卑しいことに用いる器も造る」（9.19–22）権利があるという、厳しい帰結に対してしり込みしなかった [65]。人類の歴史と個人の体験における謎は、黙示的な確信によって最終的に解決される。すなわち、神の目的は古（いにしえ）から隠されてきた「奥義」で、それを知ることが許されるほんの少数に対して啓示されてきた（11.25）[66]。そして、取り消されることのない原初の「召命」（11.29）と慈悲という究極の目的（11.30–32）が、この奥義の内に示されている。

　これと関連する事柄として、時間に対する異なった理解が存在する。典型的にギリシャ人は時間を循環論的に捉え [67]、物質世界と精神世界との関係性は比較的固定されていた [68]。一方でユダヤ人は時間を発展的に捉え、来たるべき世において今の邪悪な状態からの解放を期待した。パウロはこの後者の視点から語る。彼は「この時代」をある意味で劣ったものと捉え、「この時

さらに L. Hartman, 'Universal Reconciliation (Col. 1.20)', *SNTU* 10 (1985), 109–21 を見よ。
61)　§24.2 を見よ。
62)　さらにⅡコリ 8.5、ガラ 1.4、コロ 4.12、Ⅰテサ 4.3, 5.18 を見よ。エフェ 1.5, 9, 11, 5.17, 6.6 参照。
63)　A. Deissmann, *Bible Studies* (trans. A. Grieve; T. & T. Clark, 1901), 252; BDAG, θέλω 2 を見よ。
64)　これらの箇所でパウロは神に関してしばしば「前に（προ-）」という前置詞からなる複合語を用いる（ロマ 8.28–29, 9.11, 23, 11.2、Ⅰコリ 2.7、ガラ 3.8、エフェ 1.5, 11, 2.10, 3.11 参照）。
65)　このイメージはユダヤ教伝統において広く見られる（とくにイザ 29.16, 45.9、エレ 18.1–6、シラ 33.13）。パウロが知 15.7 を念頭に置いていたことに疑いの余地はない。Dunn, *Romans*, 557 を見よ。
66)　さらに Dunn, *Romans*, 678 を見よ。
67)　とくに私は、ストア派による永遠の循環（Long / Sedley, 1.308–13）、また密儀宗教における神話化された四季の循環を意識している。
68)　とくにプラトン主義の諸相に反映されている。

第 2 章　神

代に倣ってはいけません」（ロマ 12.2)、「この時代の知恵」は神の知恵と比べると愚かだ（Ⅰコリ 2.6)、また「今の邪悪な時代」（ガラ 1.4) 等と述べる [69]。彼がその頌栄で明示するように、神は「永遠に（εἰς τοὺς αἰῶνας)」褒め称えられる。これは文字どおりには「将来の時代に向かって」であり [70]、詩編著者らの祈りが念頭にある [71]。したがって、救済のプロセスも神の時間表（timetable）に則っている。キリストは「時が満ちて」（ガラ 4.4) 到来した。「定めの時が近づいた」（Ⅰコリ 7.29)。「時代の終焉」（10.11) がパウロとその読者らに訪れた [72]。その結果、「神がすべてにおいてすべてとなる」（15.28) というクライマックスは不可避的だ。

　宇宙規模の最終審判という思想はこれと関連しており、最後の裁き手なる神が「今の邪悪な時代」に判決を下す。この概念はギリシャ思想にも見られるが、ユダヤ教においてとくに顕著だ [73]。ローマ書の開始部に明かなように、パウロにとってこれは自明のことである。「私たちは、神の裁きが真理に則っていることを知って」（ロマ 2.2–3）おり、怒りの時が来ると神は人の隠された部分を裁き（2.5–8, 16)、裁きは律法に則っており（2.12–15)、全世界が神の裁きの下に服す（3.19)。これらの言説の背後には、ユダヤ教の裁きという概念における 2 つの自明な神理解がある。すなわち、「(神は) 人をその行いにしたがって裁く」(2.6) ことと [74]、神の裁きの公平性だ (2.11) [75]。その裁きが公平でなくて「神はいかにこの世を裁くか」(3.5–6) [76]。

---

69)　さらにロマ 8.18, Ⅰコリ 1.20, 2.8, 3.18–19, Ⅱコリ 4.4, エフェ 2.2, 5.16 を見よ。
70)　ロマ 1.25, 9.5, 11.36 (16.27), Ⅱコリ 9.9, 11.31, ガラ 1.5, フィリ 4.20. Ⅰテモ 1.17, Ⅱテモ 4.18. 悪に支配された今の時代と後の世の対比は、ユダヤ教黙示文学後期の『エズ・ラ』と『シリ・バル』にのみ明示されるが、ダニ 2, 7 章の幻への言及はこの発展を期待させる。クムラン文献の「悪の時代」(CD 6.10, 14, 12.23, 15.7, 1QpHab 5.7. ルカ 20.34–35 参照) にも示唆されている。
71)　詩 41.14, 72.19, 89.53, 106.48.
72)　とくに 1QpHab 7,『エズ・ラ』6.7, 11.44 を見よ。しかしⅠコリ 10.11 にある複数の「終わり」は謎だ。
73)　Dunn, *Romans*, 80, 84 に資料を挙げた。
74)　詩 62.13, 箴 24.12. またヨブ 34.11, エレ 17.10, ホセ 12.2, シラ 16.12–14,『エチ・エノ』100.7. パウロ文書では、Ⅱコリ 5.10, コロ 3.25, Ⅱテモ 4.14 を見よ。
75)　申 10.17, 代下 19.7, シラ 35.12–13,『ヨベ』5.16, 21.4, 30.16, 33.18,『ソロ詩』2.18. パウロ文書ではコロ 3.25, エフェ 6.9. さらに J. Bassler, *Divine Impartiality: Paul and a Theological Axiom* (SBLDS 59; Chico: Scholars, 1982) を見よ。
76)　パウロ書簡群の他所では、裁きの「日」(Ⅰコリ 1.8, 5.5, フィリ 1.6, 10, 2.16, Ⅰテサ 5.2, 4)、

これと関連するのが、ローマ書でパウロが最初に解説する主題、すなわち神の怒りがすでに天から啓示されているという教えだ（ロマ 1.18）。これも古代世界で周知の概念だった。神の怒りとは、人間の不敬虔に対する天からの応答であり、惨事や予期せぬ悲劇の原因だった[77]。しかしパウロにとってこの「神の怒り」は、先人のユダヤ教徒らと同様に[78]、最後の審判における正義と真実の怒りと何ら変わらない[79]。ロマ 1.18 に続く人類への告発部では、「神の怒り」が不可避的に神の道徳秩序によって設立された人間社会を前提とし[80]、「悪と罪に対する神の応答[81]」が語られ始める。創造主としての神の義、あるいは創造主に期待される義務は、被造物としての人類に道徳的結果が伴うことを確定した[82]。したがって、創造主に対する被造物として当然の信頼を放棄した結果、人はその思いが虚しくなり、暗闇を体験することとなった（1.21）。創造主への敬意を被造物へ向けた結果、偶像崇拝、性の倒錯、その他の関係性の歪みが生じた（1.22–31）。神の怒りとは、被造物への責任を被造物自身へ負わせた結果とも言えよう。パウロは「したがって神は彼らを引き渡した」という表現を 3 度繰り返す。すなわち「彼らの心の思いにおいて」（1.24）、「恥ずべき欲望へと」（1.26）、「適格でない思いへと」（1.28）責任が移行する様子を描いた[83]。これはパウロにとって、最後の審判の日に明らかとなる神の怒りと同じだ。それは、神が創造した世界の道徳的秩序に依拠した、神の最後の審判である。

「怒り」の日（ロマ 5.9, 9.22, Ｉテサ 1.10, 5.9）がある。

77) H. Kleinknecht, et al., ὀργή in *TDNT* 5.383–409.
78) 例えば J. Fichtner, ὀργή in *TDNT* 5.401 を見よ。
79) ローマ書の冒頭でこの同じ語が繰り返される（ロマ 1.18, 2.5, 8, 3.5, 4.15, 5.9）。
80) Dodd, *Romans*, 20–24; G.H.C. Macgregor, 'The Concept of the Wrath of God in the New Testament', *NTS* 7 (1960–61), 101–09（とくに p.105）; A.T. Hanson, *The Wrath of the Lamb* (London: SPCK, 1957), 85, 110; Whiteley, *Theology*, 61–72; Ridderbos, *Paul*, 108–10. しかしこの思想は、神がその被造世界の道徳的構築を能動的に支えているという有神論的視点に還元されるべきでない。
81) Fitzmyer, *Paul*, 42.
82) ここでは神の義（ロマ 1.17）と神の怒り（1.18）への啓示が意識的に並列される。「神の義」の意味は§14.2 を見よ。
83) 神の怒りを不従順の結果とすることは Ｉテサ 2.16 の解釈につながる。Feine (*Theologie*, 307–08) は詩 79.5, 103.9, イザ 57.16 を対比し、ロマ 9.22 の意味が 11.32 の制限を受ける点を指摘する。さらにコロ 3.6 と Dunn, *Colossians*, 216–17 を見よ。

神と世界との関係性に関するユダヤ教的概念はギリシャ的思想と大きく重なるが、パウロの一神論には明らかなユダヤ教的特徴が見られる。したがって彼の神論は抽象的な理論でなく、被造物への関わり方、人間同士の関係性、そして自分自身に対する接し方がいかにあるべきか、具体的な理解を示している。

§2.5. イスラエルの神

上の議論の前提の1つに、これまで語られてきた神がイスラエルの神だとの理解がある。これはたんに、唯一の神への信頼がイスラエルによって（シェマアにおいて）表明されたというだけでない。むしろ重要なのは、この神によってイスラエルが選ばれたという確信だ（とくに申7.6–8）。この確信は、あらゆる民族が崇める至高神を、イスラエル民族がヤハウェとしてが崇めているということでない。むしろイスラエルのみが神を正しく理解するということだ。それは、モーセや父祖を通して唯一神がイスラエルに特別の啓示を与えたからであり、諸民族の内から神がイスラエルのみを自分に帰属するものとして選んだからだ。この確信は申32.8–9に明らかだ[84]。

> いと高き神が国々に分け前を与え、
>> 人々を区分した時、
> 神の子らの数にしたがって、
>> 諸民族の垣根を定めた。
> しかし主自身の割り当てはその民、
>> ヤコブが主に与えられた分け前である。

この確信は当然、イスラエルの神学に重大な緊張をもたらした。すなわち、イスラエルの神という個別神観と、唯一の神という普遍神観のあいだにある不可避的な緊張だ。例えばアモ9.7は「私はイスラエルをエジプトから、ペ

---

[84] イスラエルが神の分け前だとの理解については王上8, 51, 53章, 詩33.12, 74.2, イザ6.17, エレ10.16, ミカ7.18, シラ24.8,『ソロ詩』9.8–9を見よ。

リシテ人をカフトルから、アラム人をキルから引き上げなかったか」と問い、ヨナ書はニネベの人々にもイスラエル同様に憐れみを示す普遍的なイスラエルの神を描く[85]。洗礼者ヨハネも例に挙げられよう。「あなた方のあいだで『私たちの父はアブラハムだ』と言おうなどと思うな。なぜなら、私は言うが、神はこれらの石塊からもアブラハムの子らを起こすことができる」（マタ 3.9 // ルカ 3.8）。この問題は、神がイスラエルの神であることの責任と、イスラエルの神が分け隔てなく裁くという理解のあいだにある緊張にも示唆されている。パウロがこの緊張を十分に把握しており、それをむしろローマ書の重要な部分で効果的に用いている点を見過ごしてはならない。「神はユダヤ人のみの神でしょうか。異邦人の神でもないでしょうか。そう、異邦人の神でもあります。なぜなら、じつに『神はお一方』だからです」（ロマ 3.29–30）。これはパウロと同時代のユダヤ人らが同意しただろう神理解だ。これまでキリスト教弁証論は、個別主義のユダヤ教と普遍主義のキリスト教をアンチテーゼ的に対比させ過ぎてきた[86]。パウロが抵抗に遭ったのは、上の神理解に依拠して、唯一神がユダヤ人も異邦人も同様に信仰によって義とみなすと論じたからだ（3.30）。

パウロにとって、イスラエルと同様の表現が異邦人にも適用されることが重要だった。したがって、異邦人は（イスラエルを通して）イスラエルが特別に授けられた祝福の約束に与る（ガラ 3.6–14）。神を知らなかった異邦人は[87]、今イスラエルと知識を共有する（4.8–9）[88]。パウロは異邦人が大多数を

---

85) 神がすべての民族の神だとの理解に関しては詩 145.9, 知 11.22–24,『エチ・エノ』84.2 を見よ。
86) この点に関する Dahl ('One God', 189, 191) の警告は無視され続けてきた。彼は、「唯一の神がユダヤ人の神というだけでなく異邦人の神でもあるという点を、ユダヤ人もユダヤ人キリスト者も否定しない。……ユダヤ教もキリスト教もその神観に関しては個別主義でもあり普遍主義でもある」。さらに A.F. Segal, 'Universalism in Judaism and Christianity', in Engberg-Pedersen (ed.), *Paul in His Hellenistic Context*, 1–29 を見よ。「義なる異邦人」として異邦人を最終的に受容することに関しては、とくに T.L. Donaldson, 'Proselytes or "Righteous Gentiles"? The Status of Gentiles in Eschatological Pilgrimage Patterns of Thought', *JSP* 7 (1990), 3–27, §6 n.50 を見よ。また §24 n.35 を見よ。
87) また I テサ 4.5, II テサ 1.8 参照。諸国が神を知らないという視点はユダヤ教の典型的な理解を反映している（ヨブ 18.21, 詩 79.6, エレ 10.25, 知 13.1, 14.22）。さらに Dupont, *Gnosis*, 1–8 を見よ。
88) この主題はパウロ神学を継承するエフェソ書（2.12, 19）において明らかだ。もはや「イスラエル共同体から切り離されておらず、約束の契約に対する外部者でなく」、「聖徒らおよび神の家の

第 2 章　神

占めるローマやその他の諸教会において、その成員を積極的に「神に愛される者ら[89]」、「聖徒ら[90]」、「神の選びの者ら[91]」と呼ぶが、これらは本来イスラエルの民に特有の自己理解だった。

じつにパウロは、イスラエル神学における個別主義と普遍主義との緊張という問題を彼なりの仕方で引き継いでいる。神はいかにイスラエルの神であると同時に、異邦人とユダヤ人の神であり得るか。パウロは当時すでに伝承定型句となっていただろう「神の王国を継ぐ」という句[92]を用いるが、この句の内に上の緊張は明らかだ。なぜならこの契約に関わる言語表現は、イスラエルの自己理解の根本にある父祖への神的約束（イスラエルの地の相続）を想起させずにいられないからだ[93]。しかしパウロが提唱する神の国の概念では民族的要素が消滅し、神の支配という普遍的主題が中心となっている[94]。おそらく彼は、イエスの中心主題である神の王国を念頭に置きつつ、ユダヤ教神学の緊張を修正する傾向が見られるマタ 8.11–12 // ルカ 13.28–29 やマコ 12.9 のような伝承を念頭に置いていよう[95]。

ローマ書でこの緊張は、「神の誠実さ」という重要な主題が扱われる際に、辛辣な問いとなって現れる。ロマ 2 章で「ユダヤ人」を告発したパウロは問う、「それではユダヤ人の優れた点は何ですか。……彼らの不誠実は神の誠

成員らと同様に市民です」。

[89]　申 32.15, 33.26, イザ 44.2 の「エシュルン (יְשֻׁרוּן)」は LXX で「愛する (ἠγαπημένος)」と訳されている。その他、詩 60.7, 108.7, イザ 5.1, 7, エレ 12.7, 31.3, バル 3.36 参照。パウロはロマ 9.25, 11.28, I テサ 1.4, II テサ 2.13 で用いる。

[90]　「聖徒」はパウロに特徴的な呼称だ（I コリ 1.2, II コリ 1.1, フィリ 1.1, コロ 1.2. エフェ 1.1 参照）。この呼称は本来イスラエルを指した（例えば、詩 16.3, 34.10, 74.3, イザ 4.3, ダニ 7.18, 21–22, トビ 8.15, 知 18.9, 1QSb 3.2, 1QM 3.5, 10.10）。

[91]　ロマ 1.7, 8.33, コロ 3.12. 代上 16.13, 詩 105.6, イザ 43.20, 65.22, トビ 8.15, シラ 46.1, 知 4.15,『ヨベ』1.29,『エチ・エノ』1.3, 8, 5.7–8, CD 4.3–4, 1QM 12.1, 1QpHab 10.13 参照。さらに Dunn, *Romans*, 502 を見よ。ロマ 9–11 章におけるパウロの議論の主題は、イスラエルの選びがイスラエルにとって何を意味したかである。さらに§19 を見よ。

[92]　マタ 25.34, I コリ 6.9–10, 15.50, ガラ 5.21. エフェ 5.5, ヤコ 2.5 参照。

[93]　創 15.7–8, 28.4, 申 1.39, 2.12 等。さらに J. Herrmann and W. Foerster, *TDNT* 3.769–80 を見よ。

[94]　ダニ 7 章では、王国は「いと高き方の聖徒ら」、イスラエル (7.25–27) に与えられる。ユダヤ人をとくに王国と関連させるコロ 4.11 は、これを念頭に置いているか（使 28.23, 31 参照）。

[95]　マタ 8.11–12 // ルカ 13.28–29 に関して詩 107.3, イザ 43.5–6, 49.12, マラ 1.11, バル 4.37, マコ 12.9 に関してイザ 5.1–7 参照。

実さを無に帰するでしょうか」(ロマ 3.1–3) と。換言すると、パウロは神の
イスラエルに対する変わらぬ誠実さを否定しなければ、異邦人への福音を弁
証できないか。パウロはその特徴的な表現――「決してそのようなことはあ
りません (μὴ γένοιτο)」――を用い、これを一蹴する。しかしこれのみでは
緊張が解消されない。じつにローマ書の神学議論は、この主題に関する不可
能を可能にする試みにおいてクライマックスに達する。すなわち、神は一方
を選び他方を退けると同時に (ロマ 9.6–13)、全人類に憐れみを抱く神でもあ
る (11.25–32)。イスラエルの神は唯一の神でありつつ全人類の神でもある。
もっともパウロは、この手紙の結論部での要約で、「キリストは神の誠実さ
ゆえに割礼者に仕える者となりました[96]」(15.8) と告げる。クリスティアン・
ベーカーはここにパウロの福音の一貫的主題を見出し、それを神の最終的勝利
と称する[97]。

§2.6. 神を体験する

神／神々の存在と性質に関する古代の哲学的議論は、それ以降の哲学議論
と非常に似ている[98]。しかし古代ヘブライ人の神に関する確信は、いつも啓
示体験に深く根ざしていた。アブラハムやモーセに代表される神の召命と命
令、預言者の霊感、詩編著者らの情動的な描写、上から与えられる知恵、そし
て何よりも黙示体験における幻や奥義において神が体験されてきた。

パウロもこのような議論に精通していた。使 14.15–17, 17.24–29 にある
パウロのスピーチにはしばしば疑念が向けられるが、それはロマ 1.18–32 が
示唆するような神の人類に対する告発でなく、より肯定的な「自然神学」が

---

96) 同じヘブライ語概念の「誠実さ (אֱמֶת, אֱמוּנָה)」が「真実 (ἀλήθεια)」(ロマ 1.18, 25, 2.2, 8, 20, 3.7, 15.8) や「信頼性 (πίστις)」(ロマ 1.17, 3.3, 25) の根底にあることが、ローマ書の主題の重要性に混乱をもたらす。Dunn, *Romans*, 44, 133, 847, 850 (15.11 について)、§14.2 も見よ。「神の誠実さ」はⅠコリ 1.9, 10.13, Ⅱコリ 1.18, Ⅰテサ 5.24. Ⅱテサ 3.3, Ⅱテモ 2.13 参照。

97) Beker, *Paul*, 77–89, 328–37. 一方でKlumbies (*Rede*, 205. 245–46, 251–52 参照) は、パウロのキリスト中心の議論を「ユダヤ教的神理解と真っ向から対立する」と断じる。Moxnes (*Theology in Conflict*) の議論は、よりバランスがとれている。

98) とくにキケロ『神々の本質について』における議論を見よ。

そこに見られるからだ。しかし自然秩序に依拠した議論は、ギリシャ的であると同様にユダヤ教的でもあり[99]、ルカの描写と同様にロマ 1 章はストア派に特徴的な議論を用いることを躊躇しない。ロマ 1.20 が「永遠」や「神性」という語を用いる点はすでに確認した[100]。ロマ 1.26, 28 はまた、「自然に適（かな）った」生き方や「相応しい」行動など、ストア派に特徴的あるいは限定的な表現を用いる[101]。もっともパウロは、神の啓示という概念に依拠する「可知的神」という神理解から出発する。「神に関して知り得ることはそれら（不敬虔な人類）に対して明らかです。それは神がそれを彼らに示したからです」（ロマ 1.19）[102]。

「知識」という語自体が神観の違いを示す。なぜなら、ギリシャ的な意味での知識は一般的に合理的概念を指すが、ヘブライ的概念は個人的関係性において知るという体験をも念頭に置くからだ。ブルトマンは「（ヘブライ的用法は）ギリシャ的用法よりも広義で、客観的確認という要素が、経験を通して感じ把握し学ぶという要素に比べて軽視される」と説明する[103]。これは神に関する知識にも当てはまる。神を知ることは、たんに有神論が知的に正当化されるべきことを論理的に確認することでない。神を知るとは神を礼拝することだ（1.21）[104]。ローマ書以前にパウロが述べているように、人の知恵は神を知るのに十分でない（Ⅰコリ 1.21）。神を知るとは神に知られること、認識と責任遂行という二方通行の関係性だ（ガラ 4.9）。（ユダヤ教）聖典にある

---

99) 使 17 章におけるユダヤ教的特徴は以下に見られる。使 17.24–45（出 20.11, 詩 145.6, イザ 42.5, 57.15–16, 知 9.1–3, 9)、使 17.26–27（創 1.14, 申 32.8, 詩 74.17, 知 7.18)、使 17.27–28（詩 145.18, エレ 23.23)。

100) §2.4 を見よ。

101) 「自然に（φύσις）」はヘブライ的概念でなく、一般にギリシャ語的でとくにストア派が重用する概念だ。「自然に適った仕方で生きる」ことがストア派の理想だ。また「適当なこと」という表現もまたストア派的で、その哲学における専門用語である。さらに H. Köster, φύσις, *TDNT* 9.263–66; H. Schlier, καθήκω, *TDNT* 3.438–40 を見よ。

102) さらに Dupont, *Gnosis*, 20–30 を見よ。

103) R. Bultmann, γινώσκω, *TDNT* 1.690–92, 696–98（とくに p.697）を見よ。

104) とくに、Bornkamm, 'Revelation', 56; Schlier, *Grundzüge*, 34–40 を見よ。

ように[105]、「神の知識」には神の計らいを体験する[106]という二方向の関係性が含まれる[107]。

　ここで私たちは、パウロの改宗体験が彼の神学形成においていかに重要な礎だったかを想起する必要がある。彼がその体験を啓示として理解したからだ。神が「その子を私（の内）に啓示する」ことを選んだ時、福音がパウロに「啓示を通して」与えられた（ガラ1.12, 16）。「『暗闇から光が輝く』と言われた神が私たちの心に光を照らし、神の栄光の知識を照らしてくださった」（Ⅱコリ4.6）[108]。個人的啓示として神から知識が与えられるという理解はⅠコリ2.7–13にある。すなわち、覆われた神の知恵が「御霊を通して私たちに啓示された」（Ⅰコリ2.10）。パウロは神の啓示に2度（ロマ1.17, 18）言及しつつローマ書での神学論考を開始するが、そこでも個人的体験が示唆されていることに疑いの余地はない。

　コリント教会へ宛てた手紙で、パウロは「主の幻や啓示」に馴染みがあるように述べるが、それには天へ引き上げられる神秘体験（Ⅱコリ12.1–7）が含まれている。改宗以前のパウロが、ある種のユダヤ教的神秘主義に慣れ親しんでいた可能性も考慮する必要があろう[109]。救いのプロセスを個人的で身体的な変容と理解するパウロの傾向は[110]、同時代のユダヤ教の黙示思想と神秘主義的実践と無関係でない。これらの宗教的背景には、神と天の奥義に関する知識を得ようとする強い動機がある[111]。しかし同時に、彼がこれらの体験から距離を置く姿勢をも見逃してはならない（12.6–10）。

　神の体験を語る際、パウロは日々の生活における支えと変容とを促す恵みと力を強調する傾向がある。（ダマスコ途上で）パウロに向けられた神の恵

---

　　105)　例えばサム上3.7, 詩9.11, イザ43.10, ミカ6.5. さらに Dupont, *Gnosis*, 74–81 を見よ。§2 n.87 を見よ。
　　106)　ロマ1.28, エフェ1.17, コロ1.10, フィリ1.9, コロ3.10, フィレ6 参照。
　　107)　Ⅰコリ8.3, 13.12, ガラ4.9.
　　108)　パウロの改宗体験に関しては§§7.4, 14.3 を見よ。
　　109)　J. Bowker, '"Merkabah" Visions and the Visions of Paul', *JSS* 16 (1971), 157–73.
　　110)　§18.2 を見よ。
　　111)　とくに Segal, *Paul*, ch.2; C.R.A. Morray-Jones, 'Transformational Mysticism in the Apocalyptic-Merkabah Tradition', *JJS* 43 (1992), 1–31; J.M. Scott, 'The Triumph of God in 2 Cor. 2.14: Additional Evidence of Merkabah Mysticism in Paul', *NTS* 42 (1996), 260–81.

第2章　神

みは決して無駄にならず、彼の効果的な活動を支える（Ⅰコリ15.10）。同様の神の恵みは他所でも強調されるが、それはパウロが改宗を導く際の変革的力であり[112]、彼の効果的な宣教を可能とする力だ[113]。パウロの思想において「恵み」と「力」とがおおよそ同義語として扱われていることは、福音が救いをもたらす神の力であること（ロマ1.16）、変容をもたらす神の力が人類の弱さを超えたところで稼働することから明らかだ[114]。のちにエフェソ書は、「神の恵みという賜物は、神の力が発揮される中で私に与えられています」（エフェ3.7）[115]と記す。

またパウロには「神の御前で」生きているという自覚があった[116]。彼は神への信頼と確信を大胆に述べた（Ⅱコリ3.4–6）。自分の説教が聴衆に確信を与える様子を目の当たりにして、その変化が神に起因すると理解せずにいられなかった[117]。そして神から出る慰めを体験した（Ⅱコリ1.3–7）[118]。愛と喜びと平和という御霊の代表的な品性の感情的な側面を看過すべきでないが、パウロはこれらが当然のごとく神に起因すると理解した。「私たちは神との平和を持っています」（ロマ5.1）。「神の愛が私たちの心に注がれています」（5.5）。「希望の神が信仰を通してあなた方をあらゆる喜びと平和で満たし、聖霊の力においてあなた方から希望が溢れますように」（15.13）。父なる神からの恵みと平和に言及する読者への挨拶は、たんなる慣用表現でない[119]。

神との体験はパウロの祈りをも規定する。この様子はパウロ書簡の開始部にある慣用表現に見られるだけでない[120]。部分的には、パウロが読者に確証を与える祈りの内容にも示唆されている。ロマ1.9–10でこの確証が誓わ

---

112) ガラ1.15, 2.21.
113) ロマ15.15, Ⅰコリ3.10, ガラ2.9.
114) Ⅱコリ4.7, 13.4.
115) さらにⅠコリ1.18, 2.5, Ⅱコリ6.7, 12.9, コロ1.29. さらに§13.2を見よ。
116) Ⅰテサ1.3, 3.9, Ⅱコリ2.17, 12.19. さらにSchlier, *Grundzüge*, 27を見よ。神を証言者として呼び求めることは（ロマ1.9, Ⅱコリ1.23, フィリ1.8, Ⅰテサ2.5, 10）ギリシャ文献とユダヤ教文献とに共通する。Dunn, *Romans*, 28を見よ。
117) Ⅰコリ2.4–5, Ⅰテサ1.5.
118) さらにロマ15.5, Ⅰコリ14.3, 31, Ⅱコリ7.6, 13, コロ2.2, Ⅰテサ3.7, Ⅱテサ2.16, フィレ7を見よ。
119) さらにFeine, *Theologie*, 297–98を見よ。
120) W.G. Doty, *Letters in Primitive Christianity* (Philadelphia: Fortress, 1973), 31–33.

れる場合[121]、それが神との祈り深い関係性に依拠していることを教える。また、「私の神」への感謝を表明することで、パウロは神との関係性を個人的なものとして表現する[122]。「私たちの神」と告白することによっても神との密接な関係性が表明されるが[123]、この親密性はキリスト者の信仰表明としての「アッバ、父」という叫びによって裏打ちされる（ロマ 8.15, ガラ 4.6）。ロマ 8.16 では、「アッバ」の祈りが心に深く刻む父なる神の子としての立場が明記される[124]。

　神を個人的に知り、神との個人的な関係性を育むことが、キリストを通してなされるという理解をパウロが持っていたことをも留意すべきだ。パウロに変革をもたらしたダマスコ途上の啓示は、神の子が彼に（彼の内に）示されることだった（ガラ 1.16）。「キリストの顔に」（IIコリ 4.6）反映された神の知識がパウロに示された。弱さの内に示される力の体験こそが、主（キリスト）の恵みだ（IIコリ 12.9）。神の恵みと愛とが、キリストにおいてその決定的で究極的な姿をとった（ロマ 5.8, 15, 8.39）。パウロが読者への挨拶として送る恵みと平和は、父なる神のみならず主イエス・キリストにも起因する（1.7）[125]。パウロはキリストを通して神へ祈りを捧げる（7.25）。これらが何を示唆するかについては、後続するいくつかの章で扱おう[126]。ここでは、パウロの神信仰に体験的な側面があることを記すことで十分だろう[127]。

---

121) ロマ 1.9–10, Iコリ 1.4, フィリ 1.3–4, コロ 1.3, Iテサ 1.2–3, 2.13, IIテサ 1.3, 11, 2.13, フィレ 4. エフェ 1.16 参照。
122) ロマ 1.8, Iコリ 1.4（異読）, フィリ 1.3, フィレ 4.
123) パウロ書簡における典型的な挨拶はロマ 1.7, Iコリ 1.3, IIコリ 1.2, ガラ 1.3, フィリ 1.2, コロ 1.2, IIテサ 1.1–2, フィレ 3. エフェ 1.2 参照。牧会書簡ではパウロに典型的な「私たちの」が欠損している（Iテモ 1.2, IIテモ 1.2, テト 1.4）。パウロの頌栄はフィリ 4.20, Iテサ 3.11, 13, IIテサ 2.16. エフェ 6.23 参照。パウロの祈りはコロ 1.3, 12, 3.17, Iテサ 1.3, 3.9–10. エフェ 5.20 参照。
124) パウロにとって異言には神への語りかけという側面がある（Iコリ 14.2, 28）。
125) §2.123 を見よ。
126) とくに §10.5 を見よ。
127) さらに §16.4 を見よ。

§2.7. 結論

（1）神はパウロ神学における礎だ。この確信は、彼が頻繁に神へ言及する様子から明らかだ。この信仰の対象である神について深く論考されないことは、神理解が自明と捉えられていたことを示す。（2）有神論は古代世界に広く見られた思想で、パウロが遭遇した人々が前提としていた。しかし、パウロの神理解の中心にある神の唯一性は、ユダヤ教という宗教背景に依拠した。そして彼は、多神教的な宗教観が一般だったギリシャ・ローマ世界で確固とした唯一神信仰を表明した。（3）また、神が宇宙の創造者および究極的な審判者であることも、パウロにとって説明の必要がないほど当然だった。この神理解に立って、パウロは創造と救済とを統合した。（4）この神がイスラエルの神だという確信は、異邦人への使徒として召命されたユダヤ人パウロの神学に重大な緊張をもたらした。（5）パウロの神観は抽象概念でなく、彼の改宗と宣教と祈りの体験に依拠した神の知識だ。理知的厳格さ、宣教・牧会における効果的洞察、そして個人的体験とによって、パウロは説得力をもって神について語り得た。

第3章　人類[1]

§3.1. 人類に関する前提要件

パウロ書簡群には、さらに明確と言い難い主題として、いわゆる「人間論」——人であるとは何を意味するか——がある。この主題に曖昧さが含まれているのは当然のことだ。知人に手紙を書いたり、何か神学的議論の一片を書き記そうとするとき、人の「心」や人の「霊」をいかに捉え、その重要性は何か、誰がいちいち断らねばならないと思うか。神に関する前提事項以上に、人間論的前提に関して、パウロは書簡群においてその分析と議論とに時間を割かなかった。しかし、パウロがその受信者とのあいだで交わす神学的な会話に耳をそば立てようとする私たちは、パウロの人間観を理解することなしに、その神学を十分に把握しきれない。パウロ神学の核心部分では、またそ

---

[1]　第3章の文献リスト
Barrett, *Paul*, 65–74; **Boyarin**, *Radical Jew*, ch.3; **E. Brandenburger**, *Fleisch und Geist. Paulus und die dualistische Weisheit* (WMANT 29; Neukirchen–Vluyn: Neukirchener, 1968); **P. Brown**, *The Body and Society: Men, Women and Sexual Renunciation in Early Christianity* (New York: Columbia Univ., 1988 / London: Faber and Faber, 1989); **Bultmann**, *Theology*, 1.191–246; **Conzelmann**, *Outline*, 173–84; **J.D.G. Dunn**, 'Jesus — Flesh and Spirit: An Exposition of Romans 1.3–4', *JTS* 24 (1973), 40–68; *Paul for Today* (Ethel M. Wood Lecture; London: Univ. of London, 1993); **Gnilka**, *Theologie*, 43–57; *Paulus*, 205–20; **R.H. Gundry**, *SOMA in Biblical Theology with Emphasis on Pauline Anthropology* (SNTSMS 29; Cambridge: CUP, 1976); **R. Jewett**, *Paul's Anthropological Terms: A Study of Their Use in Conflict Settings* (Leiden: Brill, 1971); **E. Käsemann**, 'On Paul's Anthropology', *Perspectives*, 1–31; **W.G. Kümmel**, *Man in the New Testament* (1948; London: Epworth, 1963); **D.B. Martin**, *The Corinthian Body* (New Haven: YUP, 1995); **Ridderbos**, *Paul*, 115–21; **H.W. Robinson**, *The Christian Doctrine of Man* (Edinburgh: Clark, ³1926); **J.A.T. Robinson**, *The Body: A Study in Pauline Theology* (London: SCM, 1952 = Philadelphia: Westminster, 1977); **A. Sand**, *Der Begriff 'Fleisch' in den paulinischen Hauptbriefen* (Regensburg: Pustet, 1967); **Schlier**, *Grundzüge*, 97–106; **Schnelle**, *Neutestamentliche Anthropologie* (Neukirchen–Vluyn: Neukirchener, 1991); **W.D. Stacey**, *The Pauline View of Man in Relation to Its Judaic and Hellenistic Background* (London: Macmillan, 1956); **Strecker**, *Theologie*, 132–36; **Stuhlmacher**, *Theologie*, 1.273–78; **Whiteley**, *Theology*, 31–44.

の宗教観の中心では、神の啓示と恵みの絶大な力が人類に衝撃を与え続けている。この衝撃について語るとき、パウロは受容者としての人間に関するいくつかの事柄を前提としている。したがって、彼の神学と宗教において啓示と恵みとがいかに「機能する」かを知るためには、この前提事項を十分に把握しておく必要がある。私たちは前章でパウロの神観を分析したときと同様に、またそれ以上に、ローマ書におけるパウロの神学的論理の流れを辿る作業から距離を置いて、視野を大きく広げ、パウロの思想全体に横たわっていながらも、なかなか見えてこないこの主題を読み取ることにしよう [2]。

　パウロの人間観がその神学へいかに綿密に編み込まれているかは、「体（ソーマ σῶμα）」と「肉（サルクス σάρξ）」というパウロにとって最も重要な2つの人間論的用語が示している。前者は、パウロ神学の全体に広く関わり、予期せぬ仕方で「つなぎ」となるモチーフとして機能している [3]。パウロはこの語を、人の身体（後述）、否定的には「罪の体」や「死の体」（ロマ 6.6, 7.24）、キリストの肉体（コロ 1.22, 2.11）、復活の身体（Ⅰコリ 15.44）、典礼としてのパン（Ⅰコリ 10.16–17）、そして教会（キリストの体 [4]）を指すために用いる。とくにコロサイ書において、この語は広範囲の意味で用いられる。すなわち、宇宙全体としての体（1.18）、人間の体（2.23）、キリストの肉体（1.22, 2.11）、神の豊かさの体現であるキリスト（2.9）、終末的な「現実」としてのキリスト（2.17）、キリストの体としての教会（1.18, 24, 2.19, 3.15）だ [5]。「肉」の方は、福音がいかに救いをもたらすかに関するパウロの理解を知る上で重要となる。肉は何よりも、神の霊に反する活動の場を示す。「肉にしたがって生きる」とは、キリスト者としての生き様に相反するあり方を指す（ロマ

---

[2] ローマ書開始部のパウロの主題においてさえ、人間論的用語がすべて登場している。すなわち、「体（σῶμα）」(1.24)、「肉（σάρξ）」(2.28, 3.20)、「心（καρδία）」(1.21, 24, 2.5, 15, 29)、「心、理知（νοῦς）」(1.28)、「魂（ψυχή）」(2.9)、「霊（πνεῦμα）」(2.29)、「意識、良心（συνείδησις）」(2.15) だ。

[3] これは John Robinson (*Body*, 9) の研究の起点となっており、彼は「体という概念がパウロ神学の礎を形成している。『体（σῶμα）』という語は、その綿密で相互関連的な意味によって、パウロの主要な主題すべてと近しくつながっている」と述べる。

[4] ロマ 12.4–5、Ⅰコリ 12.12–27、コロ 2.19、エフェ 4.12–16.

[5] Dunn, '"The Body" in Colossians', in Schmidt and Silva (eds.), *To Tell the Mystery* (§12 n.1), 163–81 を見よ。

8.4–13)。そして、肉は腐敗を生み出す土壌だ（ガラ 6.8）。もっとも、サルクス（σάρξ）ほど誤解されてきた用語は少なく、またその訳である「肉 (flesh)」ほどパウロの意図を誤って伝えてしまった訳語も少ない。

もっとも、パウロの人間論は、ときとしてその重要性が誇張され過ぎてきた。「神に関するすべての主張は同時に人に関する主張であり、またその逆も言い得る」[6] とブルトマンは述べる。残念なことに、この言説はある種の安易な人間論的還元主義をもたらしてしまった。したがって、ブルトマンの弟子の 1 人であるヘルベルト・ブラウンは、キリスト論が「変数」(中心的命題に付随する補足的主題) である一方で、「新約聖書における……キリスト者の基本は……信仰という自己認識だ」[7] とさえ述べた。もっとも、ブルトマンの洞察には重要な点が 2 つ含まれている。

第 1 に、パウロの神学が実践的で、たんに抽象的思索でないことを確認する機会を提供した。パウロはたんに学術的な神学者としてでなく、宣教者として牧会者として執筆した。より厳密に言えば、宣教者であり牧会者である神学者パウロとして執筆した。パウロが神やキリストについて語るのは、それが彼自身と彼の教会に直接的な影響を及ぼすからだ。したがってブルトマンは、メランヒトンの有名な警句を換言している。すなわち、「キリストを知ること、(それは) キリストの恩恵を知ること」[8] だ。

第 2 に、ブルトマンの個人主義的な実存論的解釈に問題があることは確かだが、彼の上の言説が、パウロ神学の諸側面の相互関連性──換言すればパウロ神学が関係性を教えていること──を明らかにしている点を忘れてはならない。すなわちブルトマンは、神をそれのみにおいて理解したり、人類をそれのみにおいて理解しなかった。自存や存在に関する古典ギリシャ哲学の論争や、キリストの性質に関する教会論争は、パウロの意識になかった。ロマ 1.16 に始まる福音の解説が示すとおり、パウロは人が神といかに関わる

---

[6] Bultmann, *Theology*, 1.191.
[7] H. Braun, 'Der Sinn der neutestamentlichen Christologie', *ZTK* 54 (1957), 341–77 (とくに p.371)。英訳は、'The Meaning of New Testament Christology', in *God and Christ: Existence and Providence*, *JTC* 5 (1968), 89–127 (とくに p.118) を見よ。
[8] *Loci Communes*, 1521. これは Hultgren, *Christ and His Benefits* (§9 n.1) の研究の起点となった。

か、また人が他者といかに関わるかに関心を抱いており、人類の窮状に対する神の応答として遣わされたキリストに注目している。言い換えれば、パウロの人間観は個人主義でない。人は社会的存在であり、他者との関係性において定義される。パウロの視点によると、神や世との関わりによって人は理解される。その福音は、神がキリストにおいて世を自らと和解させたことを教える。パウロの救済論は、キリストの体を通して、人が神のイメージ（似姿）を回復することだ。このような関係性を意識することが、パウロの人間観を適切に理解する助けとなる。

パウロの人間観は現代人にとって理解が困難だ。したがって、その異質感が陥りやすい危険性を指摘する必要がある。すなわち、私たちが人に関して無意識のうちに前提としている事柄を、パウロのテクストに意識せずに読み込む危険性だ[9]。また現代的な人間観を把握せずには、パウロの人間観の特徴を見過ごしてしまう。そしてパウロの特徴的な人間観を把握しなければ、パウロ神学が私たちへ突きつける課題を聞き逃してしまう。デルフォイにあるアポロン神殿に刻まれた「汝自身を知れ（γνῶθι σεαυτόν）」（プラトン『プロタゴラス』343b）という古代の託宣と、「内省なき人生、生くるに足らず」（プラトン『ソクラテスの弁明』38a）というソクラテスの有名な格言は、その第一印象以上に広い適用が可能なようだ。

さらに、パウロの人間観がヘレニズム的かヘブライ的かという議論が、パウロ理解に混乱をもたらし続けている[10]。この2つの文化的視点には、おおまかな違いが認められる。つまり、ギリシャ的な人間観によると、人ははっきりと区別できる異なった部分から構成されており、ヘブライ的な人間観によると、人はより全体論的でありながら異なる特徴を示し得る。換言するならば、ギリシャ的人間観はより「区分的（partitive）」であり、ヘブライ的人

---

9) デカルト的な存在論的二元論——すなわち一方には体、物質、自然、形而下があり、他方には魂、非物質、超自然、形而上がある——を通してパウロのテクストを読むことに対してMartin（*Corinthian Body*, 3–37）が警告している。Robinson, *Body*, 12–13 も参照。

10) この議論はH. Lüdemann, *Die Anthropologie des Apostels Paulus und ihre Stellung innerhalb seiner Heilslehre*（Kiel, 1872）における、パウロの「霊－肉」アンチテーゼに焦点を置いた議論に端を発する。これをもって、20世紀中盤を席捲したパウロへのグノーシス的影響という仮説が議論され始めた。この議論の評価に関してはStacey, *Man*, 40–55; Jewett, *Anthropological Terms* を見よ。

間観はより「側面的（aspective）」だ。例えば前者は、「学校には体育館がある」（学校の見取図には体育館が占める区分がある）、後者は、「私はスコットランド人である」（スコットランド人的［Scottishness］様相は個人の一側面だ）となろう[11]。

　もっとも、自然科学に関するギリシャ哲学の議論の多様性と複雑性は、上のような単純化した区分で把握しきれるものでない[12]。いわゆるヘレニズムとヘブライズムとの区別は、とくにディアスポラ・ユダヤ教に関して——フィロンの場合がそうであるように——、その境界線が曖昧だ。両方の文化世界を生きたパウロ自身は、これらの境界線をやすやすと跨ぐ。例えば、パウロが用いる「魂（プシュケー ψυχή）」という語とヘブライ語の「魂（ネフェシュ נֶפֶשׁ）」のあいだに直接的な関連があることに疑念を挟む余地はない。「肉（サルクス）」と「霊（プネウマ πνεῦμα）」についても同様だ[13]。一方で、ソーマ（体）には直接対応するヘブライ語がないこと[14]、「心、理知（ヌース νοῦς）」がヘブライ的というよりもギリシャ的な概念であること[15]、またパウロが「意識、良心（シュネイデーシス συνείδησις）」という概念をギリシャ語から持ち込んでいること[16] はよく知られている。もっとも、パウロの意味するところを、ヘブライ語とギリシャ語の辞書に見られる多くの定義から機械的に選択するのではいけない。何が起源であれ、パウロがいかにこれらの語を用いたか、その仕方が意味を決定する。

　あるいは、ブルトマンの重要な考察から人間論の分析を開始することもできよう。ブルトマンによると、パウロは「体」という語を用いて「人全体

---

11)　「区分的／側面的」という区別は Whiteley（*Theology*, 36, 41–44）に依拠する。Robinson, *Body*, 14; E. Jacob, ψυχή, *TDNT* 9.630–31; Stuhlmacher, *Theologie*, 1.274 も参照。

12)　これに関しては Long / Sedley が提供する抜粋を言及するにとどめよう。

13)　§3.3, 3.6 を見よ。

14)　LXX では σῶμα が複数のヘブライ語単語の訳として用いられている。F. Baumgärtel, σῶμα, *TDNT* 7.1044–45 を見よ。

15)　§3.5 を見よ。

16)　この概念はユダヤ教文献の中にはほぼ見つからない（その体験は別として）が、知 17.11 の「良心のとがめ」という表現で登場する。一方で前 1 世紀のギリシャ語文献ではすでに確立された概念だ（C. Maurer, σύνοιδα, *TDNT* 7.902–4, 908–13）。さらに C.A. Pierce, *Conscience in the New Testament* (London: SCM / Chicago: Allenson, 1955); H.–J. Eckstein, *Der Begriff Syneidesis bei Paulus* (WUNT 2.10; Tubingen: Mohr, 1983) を見よ。§6.5 と §24.7 も見よ。

第 3 章 人類

(whole person)」を意味するので、「人はソーマ (σῶμα) を持つのでなく、人がソーマである」[17]。ブルトマンは、ギリシャ語の典型的な意味でなく、ヘブライ語的な意味で「体」を捉えていることになる。しかし、ギリシャ語の用法でもその初期においてすら、ソーマがしばしば一個人全体を意味し、それゆえ再帰代名詞的に用いられたことはよく知られている[18]。

へブライ語とギリシャ語の影響を対比して、そのどちらかを取ってみたり、両者の共通点を見出すように努めたりするのでなく、パウロの思想自体の内に一貫性を求めるところから始め、必要な場合に背景となる文化的影響を考慮に入れることによって、私たちはパウロの人間観をより適切に理解することになろう。

それでは、パウロの人間観を知るうえで重要な 2 つの語——「体（ソーマ）」と「肉（サルクス）」——の考察から始めよう。

§3.2. 体（ソーマ σῶμα）

パウロの人間観を語る際に不可欠な語が 2 つある。その 1 つはソーマだ。真正パウロ書簡における 50 の用例は、日常の存在としての人の「（身）体」という一般的な意味だ。ローマ書にはいくつか予想を覆すような用例もあるが、これらの大半は独立した節での単独の用法なので[19]、そこからパウロの全体的真意を測ることは困難だ。ここではソーマの用例が多い I コリント書を中心に分析を進め、この語の意味の範囲を分析しよう。

まず手始めに、「体（body）」という訳語自体が、パウロの思想と 20–21 世紀的感性のギャップ、またギリシャ語的表現とヘブライ語的表現のギャップを埋めることの困難さを物語っている点に注目しよう。英語の用法において、「体」の第一義的な意味は個人の「物質的な組織」あるいは「肢

---

17) Bultmann, *Theology*, 1.192, 194. これは、Conzelmann (*Outline*, 176); Bornkamm (*Paul*, 130); Stuhlmacher (*Theologie*, 1.274) も同意して引用している。

18) 例えば E. Schweizer, σῶμα, *TDNT* 7.1026（エウリピデス）, 1028（プラトン）, 1030（クセノポン）, 1032（リュクルゴス）, 1040（プルタルコス）を見よ。

19) その中でもロマ 8.11–13 は例外だ。

体」だ[20]。したがって英語を母語とする者にとり、「体」=「身体（physical body）」という理解から抜け出すことは難しい。じつにこれは、初期以来のギリシャ語の感性を反映している。例えばホメロスは、いつもソーマを「死体、屍」という意味で用いた[21]。この区分的人間観はLXXとパウロ以外の新約聖書に反映されており[22]、「体」は人と不可分的に統合されているわけでない。しかし既述のとおり、LXXにおけるソーマの用法は一般的なギリシャ語の用法と異なる。それは、「体」に関するヘブライ語的概念に直接相当するギリシャ語単語がないからだ。また後述するように、「体」と「肉」との意味的な重なりがヘブライ語に見られるという理由で、ソーマがいくつかのヘブライ語単語の暫定訳として用いられているということではない。より重要な点は、パウロが「死体、屍」という意味でソーマを用いなかったということだ。したがって、パウロの人間観を現代的な用語理解、あるいは古代ギリシャ語的な用語理解に沿って把握しようとすると、たちどころに困難に直面する。

　他の語でも同様だが、ソーマにはある程度の意味の範囲がある。身体性はこの範囲を示す連続線の一端に過ぎない。しかしソーマは「身体」という意味を含みつつも、それ以上だ。20–21世紀的感覚から抜け出るためには、むしろ「体現（embodiment）」という語が適切かも知れない。この意味でソーマは関係性的な概念だ。この語（ソーマ）は特定の環境における人（格）の具現化であり、その環境において人が具体的に表現されている様子を指す。ソーマは人がその環境に関わる手段だ。ソーマはある人が特定の環境で生き、またその環境を体験するための媒介である。このような理解に立てば、ソーマがより狭義の「身体」と意味的に重なることも納得できる。なぜなら、日常の経験が身体的（物質的）環境に置かれているからだ。しかしソーマを体現と理解することは、それが「私の身体」とイコールであることと異なる。

20）　*Concise Oxford Dictionary*, 'Body'.〔訳註　読者は、日本語の場合も英語とほぼ同様の感性であるとの理解で読み進んでほしい。『大辞林』で「からだ」とは、まず「動物の頭・胴・手足などすべてをまとめている語、五体、身体」である。〕

21）　LSJ, σῶμα.

22）　Baumgärtel, *TDNT* 7.1045; BDAG, σῶμα 1aを見よ。

ソーマは体現された「私」であり、「私」と世が相互に関わり合いを持つ手段（場）だ[23]。

あるいは、「有体性（corporeality）」また「共同性（corporateness）」という語を用いることも可能だろう。なぜなら、これらの語は体に関わる概念であり、この体によって私たちは他者との関係性を有するからだ[24]。したがって「体」とは、関係性と共生とを可能とする媒介だ。このような関係性を、握手とか物資の身体的交換へと還元するならば、人間の多面的な共同性を一面的なものへと限定してしまう。しかし、個々人による身体を媒介とした多面的な関わり合いを念頭に置くときに、「共同体（corporate body）」という語が重要な意味を持ち始める。すなわちそれは、体としての個々人が、共通の目的のために協調して活動する姿を指す。もし「体」がたんに「身体」を意味するなら、それはすでに σῶμα の基本的な意味から乖離し始めている。しかし、「体」を有体性という視点で捉えるなら、それは共同体という概念へと直接結びつく。

パウロによる「体」言語の用法はこのような観点から理解が可能となる。彼は確かに、身体的機能や身体的存在という意味でも「体」を用いる。したがって、堕落した人間が自らの心の思いに引き渡され、その体を辱める（ロマ1.24）。夫と妻とは互いの体に対して「権威を持つ」（Iコリ7.4）が、パウロは夫婦間の性愛行為を純粋な「身体的行為」と捉えてはいないようだ[25]。彼は「霊によって」1つの場所にいても、「体によって」は不在である（I

---

[23] Robinson (*Body*, 28) は、「σῶμα は我々が言う『人格』とほぼ同義語だ」とまで言い切っており、これは現代的な狭い範疇へとこの語を押し込める結果となる。Gundry (SOMA) は、連続線上の一端である「身体」へと限定して、σῶμα を「全体としての人」とするブルトマン的理解を否定するが、これもまたこの語の意味の範囲を十分に理解する助けとならない。

[24] この点において Käsemann ('Anthropology', 21) は、個人的概念で捉える傾向のある Bultmann から距離を置き、人の「体」を他者との「意思疎通の可能性」という視点から捉えた。「我々は絶えず、所属と参与における様態として自らを捉えている」（p.21、より詳しくは、pp.18–22参照）。Stuhlmacher, *Theologie*, 1.275 参照。しかし Becker (*Paul*, 385) は、Käsemann の説明も同様にその起源において理想主義的である点を批判する。Robinson によるパウロ的 σῶμα 理解によると、それは「歴史的存在の広い連帯」（*Body*, 8）であり、「肉‐体とは他者から区別されるものでなく、むしろある人をすべての人また自然界と結びつけるものだ」（p.15）と述べる。Schweizer (*TDNT* 7.1048) はこの概念を LXX に見出しており、「人が他者と対峙する場」と説明する。

[25] Gnilka, *Theologie*, 44 参照。

コリ 5.3)。「体の内に」宿るとき、人は主から離れており、主に宿るとき「体から離れている」（IIコリ 5.6, 8）[26]。パウロは「幽体離脱」的な体験を回顧するが（IIコリ 12.2–3）、これが「体の内」での認識か、「体の外」での出来事か、自分でも判断がつかないようだ。パウロがキリストの刻印をその身に負う（ガラ 6.17）と言う場合、それは彼が耐え抜いた鞭打ちやその他の身体的苦痛の痕を指すだろうが、IIコリ 4.10 の同様の表現（『イエスの死を私たちの身にまとっており』）は、「キリストの苦しみを分かち合う」という概念とより深く関わっている[27]。「霊、魂、体」（Iテサ 5.23）という区分的な人性三分法は、「全体」を強調する文脈と共に理解されるべきだ[28]。すなわち、これらの各側面を1つずつ取り上げることは、「心、魂、力」を列挙しつつ神への献身の完全性を強調する申 6.5 の仕方と同様である[29]。

他のテクストでは、「体現」という意味がより明らかだ。8回にわたってソーマが用いられるIコリ 6.13–20 には、この語の広範な用法が見られる。娼婦との性的関係が語られる箇所では（6.13, 16, 18）、「身体」という意味が最適だろう。しかし、パウロが「あなた方のソーマ（σῶμα）はキリストの各部分です」（6.15）と述べる場合、このソーマを身体的な意味に限定することはできない。パウロはコリント信徒に対して、彼ら自身（6.14 では「私たち」）がキリストの各部分だと述べる。これは体現化された自己であり、その身体的な関わりがキリストの弟子としての質と献身度とを顕示している[30]。したがって、この場合の体概念は「身体」よりも広い範囲を想定している。さらにコリント信徒が体であるということは、彼らのアイデンティティを決定す

---

26) Jewett (*Anthropological Terms*, 276) は、ここでのパウロの σῶμα の用法が完全に「グノーシス的」だと述べるが、これは彼の執筆時期にコリント教会の問題をグノーシスの問題として捉える傾向が非常に強かったことを反映している。

27) さらに §18.5 を見よ。

28) この節で用いられる ὁλοτελεῖς と ὁλόκληρον とはともに、「全体、完全」を意味する。Schnelle, *Anthropologie*, 123 参照。

29) Robinson, *Man*, 108; Stacey, *Man*, 123. これらを、「人を高等な部分と下等な部分とに分けようとする」自由思想にパウロが抵抗していると理解する Jewett (*Anthropological Terms*, 175–83) と対比せよ。

30) Bultmann, *Theology*, 1.195（実存論的な説明に終始するが、pp.195–96, 199）; Barrett, *1 Corinthians*, 147–49; Jewett, *Anthropological Terms*, 260–61 参照。

る共同体的連帯を形成することと関係し、しかもその共同体はキリストの体の各部分から構成される共同体だ。したがって、娼婦との身体的関係によって示される別の連帯関係を有することとは相容れない[31]。結びの部分でパウロは、「あなた方の体は聖霊の宮である」と述べるが、これは「聖霊があなた方の内にいる」ことを意味する(6.19)。この場合の「体」は、人の身体的な部分を指すのでなく、人が体現化された存在を指す。そして、「あなた方の体において神に栄光を帰しなさい」(6.20)という最後の勧めは、たんなる身体的な練達だけでなく、規律のある社会的(共同体的)な関係性を育むことを意味する。

人の体現というニュアンスは、ロマ12.1においても明白だ。パウロがローマ信徒に対して「あなた方の体を犠牲として捧げなさい」と勧める場合、それは腕や足を切り取って供物台に乗せることを意味しない。むしろパウロは、彼ら自身を捧げるよう命じている。Ⅰコリ6.13, 16との並列関係に鑑みるなら、この点は明らかだ。すなわち、「あなた方の体を捧げなさい」(ロマ12.1)=「あなた方自身を捧げなさい」(Ⅰコリ6.13, 16)である[32]。しかし、彼らが捧げるべきものは体として表される彼ら自身だ。すなわち、日常生活を構成する具体的な関係性における有体性としての彼らを捧げる。これがイスラエルの供儀と対比されるのは、体現化された関係性(共同体)においてその献身が表現されるからだ[33]。

上のローマ書の箇所ほど明確でないにせよ、同様の理解は他所にも当てはまる。パウロがアブラハムの体を「すでに死んでいる」(ロマ4.19)と言う場合、これは性的不能を意味する。またパウロが「私は自分の体を痛めつけます」(Ⅰコリ9.27)と言う場合、それはたんに身体的な苦行を意味するのでなく[34]、生き方全体における厳しい自制を意味する[35]。愛の欠如した殉教を想定

---

31) Martin (*Corinthian Body*, 176–77) では、他の視点からこの問題が語られる。パウロは創2.24を言い直して、「娼婦と結ばれる者は1つの体となる」(Ⅰコリ6.16) と述べる。

32) Ⅰコリ6.15とロマ6.13, 19では「部分」という語が用いられるが、σῶμαはこれの集合的な表現となっている。Dunn, *Romans*, 337, 709参照。

33) さらに E. Käsemann, 'Worship in Everyday Life' (§20 n.1) と §20.3を見よ。

34) コロ2.23「体の厳しい扱いは、肉の満足に対して何の役にも立ちません」を参照。

35) Ⅰコリ9.27–29の解釈に関しては Gundry (SOMA, 36–37, 47–48) と比較せよ。

する場合、パウロは「私が誇るために（異読「焼かれるために」）自分の体を引き渡すなら」（Ⅰコリ 13.3）と述べるが、少なくとも異読において、自分の体を引き渡す「私」は、焼かれた体の「私」である[36]。「それぞれがその体を通して（体によって）なしたことにしたがって」（Ⅱコリ 5.10）下される裁きにパウロが言及する場合[37]、それは自分自身を表現する媒介としての体だ[38]。彼が自分について「（身）体的に現れると弱そうで」（Ⅱコリ 10.10）と言う場合、それはもちろん肉体的な頑強さや見目麗しさの欠如を指しているのでなく、福音宣教においてパウロが周囲に与える印象に言及している（Ⅰコリ 2.3）。また、「この体においてキリストの偉大さがいっそう大胆に示される」（フィリ 1.20）という表現でも、身体性や外見が意識されているのでなく、パウロの宣教する姿勢が体現されていることが前提にある。パウロは自分自身の一部分をなす身体のみによって、キリストに栄光を帰そうと考えたとは思えない。むしろその全生涯を通して——ローマで投獄されている状態であっても——キリストを讃えようと望んだことだろう。

　前述した「体」の共同性という側面に注意を向けながら、「体」言語が集中するもう 1 つの箇所であるⅠコリ 12.12–27（とくに 17 節）に注目しよう。ここでパウロは「体」という語を人の協力関係や相互関係を語るために用いている（この主題に関しては、他との関連で後述する必要がある）[39]。ここでは、身体性の延長であり身体性と不可分的な関係にある、社会的側面が強調されている。キリスト者は自身が体現化された存在なので、その体現性が集合的に機能して（教会としての共同）体を形成する。この意味での「『体』をわきまえない」ことは、共同体的な結果——すなわち多くが弱く病に陥り、死にさえ至る——を招くことになる[40]。

---

36) この異読は NIV, NJB, NRSV で原本として採用されている〔訳註　口語訳、新改訳、岩波訳も同様。聖書協会共同訳は異訳として「誇るために」を挙げる〕。Fee, *1 Corinthians*, 629 n.8, 633–34 と比較せよ。

37)「体を通して（διὰ τοῦ σώματος）」という句の理解に関しては Furnish, *2 Corinthians*, 276 を見よ。

38) Gundry（SOMA, 47）でさえ、「ここでの σῶμα はその人自身だ」と述べる。同様に「体の行い」（ロマ 8.13）は、行為者と行為とのあいだに区別をつけているのではなく、「私が行う悪行」（7.19）と同義だ。

39) §20.4–5 を見よ。

40) この味わい深い箇所には、注目すべき他の側面もある。ここでは G. Theissen（§22.6 参照）が

第3章 人類

「体」言語が集中する第3の箇所はＩコリ15.35–44だが、ここでは今の体と復活の体とが印象的に比較されている。復活の体に関しての疑念に応答するため (15.12, 35)[41]、今の体のみが適切に概念化できる体だという結論にパウロは厳しい批判を浴びせる。「愚かな人たちよ。あなた方が種を蒔くとき、それは死に至るまでは命をもたらしません。あなたが蒔く種は来たるべき体でなく、たんなる種です。……しかし神は望むままそれに体を与えます。それぞれの種にそれぞれの体を……」(15.36–38)。パウロは続けて地上の体と天上の体とを区別するが (15.40)、ここではソーマを説明するために太陽、月、星を持ち出して著しく独特な解釈の深みに進んでいく[42]。ここから類推されることは以下の点だ (15.42–44)。(魂の体現としての) 今の体は腐敗、恥、弱さに至るが、(御霊を体現する [15.45]) 天上の体は不滅、栄光、力へと甦りを遂げる。前者は、塵から作られた地上のアダムに倣い、後者はキリストの復活の体に倣う (15.45–49)[43]。魂 (§3.6参照) を体現する (魂的な soulish) 今の体は神の王国を相続することができず、御霊を体現する (霊的な) 体が神の国を相続する (15.50)[44]。

　私たちが学ぶべき点は明らかだ。パウロにとっての贖いとは、体としての存在からの脱却を意味せず、他の体としての存在へと移行することだ (Ｉコ

最初に注目し始めた社会的側面にのみ焦点をあてている。Martin (*Corinthian Body*, 194) は、「キリストの体を分派に晒すと、それは彼ら自身の体を病気と死に晒してしまうことになる」と述べる。§22 n.66を見よ。

[41] Ｉコリ15章の主題は「死者の復活」であり、この表現が13回登場する。とくに M. de Boer, *The Defeat of Death: Apocalyptic Eschatology in 1 Corinthians 15 and Romans 5* (Sheffield: JSOT, 1988) を見よ。コリント信徒らの復活に関する立場がどのようなものだったかに関する議論については、R.A. Horsley, "'How Can Some of You Say That There Is No Resurrection of the Dead?': Spiritual Elitism in Corinth', *NovT* 20 (1978), 203–31; A.C. Thiselton, 'Realized Eschatology at Corinth', *NTS* 24 (1977–78), 510–26 を見よ。

[42] 人と星との対比において、より一般に用いられる語は ψυχή だ。Martin (*Corinthian Body*, 126) は、この対比は物質と非物質の違いではないとする。

[43] ここでの復活がキリストの復活に言及していると理解しない註解者の考えを、私は理解することができない。Dunn, *Christology*, 107–08 を見よ。ロマ8.11、フィリ3.21と比較せよ。§11.5.1 も参照。

[44] Martin (*Corinthian Body*, 123–29) は、パウロの全体論的視点を「元素の成層」というギリシャ的思想の影響と結論づけるが、これは一方的過ぎる理解だろう。パウロは、「人の体の不死、不滅な部分のみが復活する」(p.128) と言わず、全人的な変容を想定しているからだ。

リ 15.51–54)。「体」という語が復活の前後をつなぐ。しかし復活の体は、肉体、塵からできた体、腐敗し死に向かう体でない。これは現行の存在の体現であり、腐敗と死の支配下にある今の世界に相応しい体現化だ[45]。復活の体の体現はこれと異なり、死を超越した御霊の世界に相応しい体現である。実際にパウロが何を想定していたかを十分に汲み取ることは困難だ。しかし、彼がこのような対比を行ったのは、復活前後に差異があるという事実を強調するためであり、その差異の実体がいかなるものかを示すためではなかった。そしてこの差異の事実こそが、私たちにとって重要な点である。なぜなら、パウロはより大きな共同体を想定しており、その中でこの体現としての「体」がいかなるものかを教えているからだ。

要約しよう。パウロにとってソーマとは、創造された人類を表現する語であり、それは存在の全体論的な体現だ。この体現としての存在である人は、被造物に関与し、被造物の一部として機能する。この体の共同性のみならず有体性ゆえに、人は人類社会に参与するという社会性を持っており、この世界から単独で飛び抜けたり、相互依存や他者への責任を否定する極端に個人的な宗教を構築することに抗う。私たちは、ロマ 12.1–2 における各キリスト者への勧めが、キリストの体としての共同体的責任に関する教えへと発展していくこと（12.3–8）、それがさらに広い社会への責任へと拡大していくこと（12.9–13.14）を認識すべきだ[46]。パウロの人間論における体への関心は、彼の神学が創造と救済とを引き離すいかなる二元論に陥ることも許さない。じつに創造の一部として、またすべての被造物と共に、パウロ個人と彼に追従するキリスト者らは、体の贖いを待望しつつ被造世界が体験する出産の痛みを共有し、この痛みに呻き続けるからだ（ロマ 8.22–23）。すなわちソーマは、パウロ神学に対して社会的で生態学的（エコロジカル）な輪郭を深く刻み込んでいる。

---

45) Gundry (SOMA, 165–66) は、「σῶμα πνευματικόν とは御霊によって改装された身体」と述べる。しかし、腐敗と死との支配下にない「身体」は、Gundry がその研究において述べる σῶμα の「普通の意味」とは考えられない。そしてとくに、σῶμα を屍として理解するところからその研究を始めている点に問題がある。ここで強調されているのは、持続性ではなく、不連続性と変容だ。Käsemann, 'Anthropology', 8–10.

46) §24.2 を見よ。

§3.3. 肉（サルクス σάρξ）

パウロの人間観を語る際に重要なもう1つの用語は「肉（サルクス）」だ。パウロ文書全体で91回用いられ、ローマ書だけでも26回登場する[47]。この語の用法に関する議論は尽きないが、それはこの語の意味領域の広さに原因がある。一方には体を構成する物質的素材としての「肉」という中立的な意味がある。他方には神に敵対する力としての「肉」がある。なぜ1つの語にこれほど広範な意味領域があるかという単純な疑問が、多くの議論を呼んだ。

過去100年あまりのあいだ優勢だった理解は[48]、パウロの用法がユダヤ文化とヘレニズム文化両方の影響を受けているというものだ。すなわち、物質的素材としての「肉」はヘブライ語のバサル（בָּשָׂר）の典型的な意味に、神に敵対する「肉」はよりヘレニズム的な感性に依拠する。しかし、どちらの影響がより優勢で、どちらがパウロ神学を理解する際により有効か。かけ離れた意味を持つ語を用いることによって、パウロ神学に齟齬が生じることはないか。このような疑問に対するさまざまな推論が、パウロ神学の他の分野では見られないほどの混乱を招いてきた。

（1）1つには、「肉（サルクス）」を「霊／御霊（プネウマ）」と同様に[49]、しかしそれと相反する宇宙的な力、「罪の原理[50]」、あるいは「グノーシス的なアイオーン（神的存在）」[51]と見なす立場がある。例えばブルトマンは、サルクスを人間論の概念として扱わず、むしろ罪と死と並列させ、「肉と罪とい

---

47) 他の新約聖書記者がこれほど σάρξ を頻用することはない。ヨハネ福音書が13回（そのうち8回はヨハ6.51–63）、ヘブライ書が6回、Ⅰペトロ書が7回、黙示録が7回（そのうち5回は黙19.18）。
48) Lüdemann (§3 n.10) を見よ。Jewett, *Anthropological Terms*, 52–54 参照。
49) この理解は F.C. Baur (Jewett, *Anthropological Terms*, 51 参照) まで遡る。J. Weiss (Jewett, 63); Brandenburger, *Fleisch*, 45; Strecker, *Theologie*, 133 も参照。
50) この定義は Baur (Sand, *Begriff*, 7 参照) 以降何度も繰り返されている。例えば Pfleiderer (Sand, 29–31); A. Oepke (Sand, 216) を見よ。Bousset (Sand, 63) は「著しく邪悪」と述べる。Ridderbos (*Paul*, 103–04) は、「罪自体が表現されたもの」、「それ自体が罪深い」と説明する。
51) Käsemann, *Leib* (§20 n.1), 105.

う力の犠牲となる[52]」という表現を用いた。アルベルト・シュヴァイツァーはその独特な視点から肉と霊との対峙関係に注目し、これらがたんに相互敵対的というのでなく相互排他的だと結論づけた。すなわち、「キリストの内にある」という存在の状態が、「肉の内にある」という身体的状態に取って替わった。「霊にある」とは、「肉にある」という状態から移行してしまったことを意味する[53]。この立場での議論の焦点は、パウロがサルクスを、救い得ない邪悪な実体あるいは領域と捉え、キリスト者がすでにそこから救出されていると考えたか、または、敵対的な宇宙的力と捉え、キリスト者がその権威の下からすでに救出されていると考えたか、である。

（2）第2に、サルクスを宇宙論的用語としてでなく、心理学的用語として捉える立場がある。サルクスを「肉欲の源」と理解し、「肉の思い」という表現の起源を古代の用法へと求める[54]。ヘブライ語のバサルと密接につながる弱さや堕落傾向というニュアンスは、死海文書での用法によって支持された[55]。しかし、ロマ7–8章に見られるサルクスのより否定的な用法を説明するには十分でない。この問題を解決するための一般的な方法は、「肉の内に（ἐν σάρκι）」と「肉にしたがって（κατὰ σάρκα）」という表現を区別することだ。前者がたんなる地上での命（生活）を意味するのに対し、後者は「この地上における命の意識的な性向[56]」を指す。サルクスは、「人がそれを基礎としつつ生き方を定めるなら悪となる[57]」。しかしこの場合、本来の疑問は解決されないままだ。すなわち、中立的な意味と本来的に否定的な意味との2つが共存し得るか、あるいは別個のものとして存在し得るか、である[58]。

---

52) Bultmann, *Theology*, 1.245（197–200 も参照）. もっとも、Bultmann は σάρξ を「現実的な神話」ではなく、「象徴的、修辞的な言語」と述べる。

53) Schweitzer, *Mysticism*（§15 n.1）, 127, 167. Schweizer（*TDNT* 7.135）は、「神の子へ信仰を置いた人は、もはや σάρξ の内にいない。なぜならその人はもはや自分の命を σάρξ ——つまり罪——の上に打ち立てることを止めたからだ」とさえ述べる。

54) Schweizer, *TDNT* 7.104–05; Jewett, *Anthropological Terms*, 50.

55) とくに、創6.3, 代下32.8, ヨブ34.15, 詩56.5, 78.39, イザ31.3, 40.6–7, エレ17.5（BDB, בָּשָׂר 参照）. 死海文書では、1QS 11.9, 12, 1QH 4.29, 15.21. R. Meyer, *TDNT* 7.110–14 も参照。

56) Schweizer, *TDNT* 7.130–31. もっとも、Schweizer は、σάρξ がそのような規範として機能するとき、「それは人がその生き方を形づくる力となる」（p.132）と述べる。

57) Schweizer, *TDNT* 7.135.

58) Whiteley（*Theology*, 39）は「肉……が道徳的な文脈で用いられる場合、それは身体的な意味を

(3) パウロによるサルクスの用法がもたらす混乱の第3の側面は、訳語確定という実務的なものだ。パウロ文書の現代英語訳では、サルクスを「flesh（肉）」と訳すことに大きな抵抗がある[59]。おそらく、「flesh（肉）」という語自体が古びた表現として聞こえるからだろう。しかし同時に、肉の物質性が二元論的なニュアンスを含んでいるように聞こえるからでもあろう。したがって翻訳における問題も、パウロが信仰生活と救済プロセスをいかに捉えたかという神学的問題を反映している。

このような混乱に直面する私たちは、パウロのサルクス理解を把握するために、非常に簡潔な表現をも含めて、その用法を検証する必要がある。そうする中で、思惟的な読み込みをせずに[60]、ある種の連続線的な意味の広がりを思い描くことが可能となろう[61]。

(a) この連続線の一端には、純粋な意味での肉体、あるいは血縁などの身体的関係性を指す用例があり、これには否定的な意味合いはない[62]。

(b) 身体的な意味合いを含みつつも、サルクスは典型的なヘブライ語的意味としての弱さを含意する（ロマ6.19）。破滅に向かい死ぬべき運命にあるサルクスは、神の王国を受け継ぐことができない（Ⅰコリ15.50）[63]。それは「死を免れず」（Ⅱコリ4.11）、苦痛や疲労の対象であり（Ⅱコリ7.5）、それゆ

持たない」と述べる。Davies (*Paul*, 19) は65回が「純粋に物質的な意味」で35回が「倫理的意味」とする。Davies (pp.20–27) は、否定的な意味をラビ的理解による「悪の衝動（יֵצֶר הָרָע）」との関連で説明しようと試みる。これがパウロといかに関連するかは不明だが、ラビ的理解はたしかに人の堕落に向かう体験を説明する1つの方法ではあろう。

59) Σάρξ の訳語問題は、現代訳として広く使用されている REB と NIV に明らかに見てとれる。REB はローマ書における σάρξ を、「人（human）」(1.3)、「肉（flesh）」(2.28)、「自然の出自（natural descent）」(4.1)、「たんなる人の性質（mere human nature）」(7.5)、「霊的でない自己（unspiritual self）」(7.18)、「霊的でない性質（unspiritual nature）」(7.25)、「性質（nature）」(8.3)、「古い性質（old nature）」(8.4–5) と訳し、NIV は、「人の性質（human nature）」(1.3)、「身体的（physical）」(2.28)、「罪深い性質（sinful nature）」(7.5, 18, 25, 8.3, 8.4–5)、「罪深い人（sinful man）」(8.3) と訳す（ロマ4.1は訳し出されていない）。

60) Jewett (*Anthropological Terms*, 4–6) は、文脈と純粋な辞書的分析のみから用法を抽出することの危険性を述べている。ここでは、文脈を考慮に入れつつも、Jewett が警告するような多重な文脈の巧妙な再構築に依拠しない。

61) ここでの分析は Dunn, 'Jesus — Flesh and Spirit', 43–49 に依拠するところが大きい。

62) ロマ11.14、Ⅰコリ6.16, 15.39、エフェ5.29, 31、コロ2.1、Ⅱコリ7.1参照。

63) さらに§3.4を見よ。

えに「肉の弱さ」(ガラ 4.13–14) という表現がなされる。

(c) この弱さと関係して、サルクスはより良い領域や存在の様態と対比され、「劣性」というニュアンスを持つ。したがって、神との対比は「肉と血」(ガラ 1.16) であり、オネシモは「肉における」兄弟である以上に「主にある」兄弟であり (フィレ 16)、神の力との対比は「肉体の棘」が象徴する人間的弱さだ (Ⅱコリ 12.7–9)。パウロはまた、「肉にある」生き様と比較して、「キリストと共にあることははるかに良い」(フィリ 1.22–23) と述べる。

(d) 他所では、この弱さが道徳的弱さというニュアンスを含む。このサルクスゆえに、人は神の前で義と認められず (ロマ 3.20, ガラ 2.16)、神の前で誇ることができない (Ⅰコリ 1.29)。律法はサルクスゆえに、その役割を果たせず (ロマ 8.3)、「肉にある者は神を喜ばせることができません」(ロマ 8.8)。

(e) 警告の度合いが増すと、サルクスは罪が作用する領域というニュアンスを持つ。したがって、「私たちが肉の内にあったとき、罪の欲望が稼働していました」(ロマ 7.5)。「私の内に、すなわち私の肉の内に、良いものは何もありません」(7.18)。「私は肉によって、罪の律法に仕えます」(7.25)。そして、「(神は) その子を罪深い肉 (σαρκὸς ἁμαρτίας) とちょうど同じ姿として送り、……肉において罪を裁かれました」(8.3)。

(f) 「死を免れない」という性質のみならず、欠陥、不適格、破壊的という側面が強調されることにより、サルクスはさらに否定的なニュアンスを帯びるが、これはとくに「御霊 (プネウマ)」との対比において顕著となる。割礼をたんなる「肉において外見に施される」儀礼と捉えるなら、それは儀礼の真意を誤解する。したがって、神が望む割礼は「心の割礼であり、それは文字によらず御霊によるのです」(ロマ 2.28)。「肉の思いは死ですが、御霊の思いは命と平和です」(8.6)。パウロはある種の失望を示しつつ、「御霊によって始めたのに、今は肉によって完成されようとするのですか」(ガラ 3.3) と問う。そしてのちには、「御霊によって歩みなさい。そうすればあなた方は肉の欲望を満たしません。肉は御霊に相反して熱望するから……」(5.16–17) と述べ、その直後に「肉の行い」(社会的悪行のリスト) を「御霊の行い」と対比する (5.19–23)。フィリピ信徒に対しても同様に述べる。「神の霊によって礼拝し、肉において誇らない私たちこそが割礼です」(フィリ 3.3) と。

(g) この結果として、サルクス自体が堕落と神への敵意との源泉として性格づけられる。したがって、「肉の思いは神に敵対します」(ロマ 8.7)。「肉の欲望を満たしてはなりません」(13.14)。「キリスト・イエスに属する者は、自分の肉をその欲望と共に十字架につけました」(ガラ 5.24)。「自分の肉に対して蒔く者はその肉から滅びを刈り取る」(6.8) [64]。

(h) 「肉(サルクス)にしたがって(κατὰ σάρκα)」という表現も、上と同様の連続線的な意味範囲にしたがう [65]。一方の極端では、たんに血縁関係を示す。すなわち「肉にしたがうイスラエル」(Ⅰコリ 10.18) である。他方では、異なる関係性の対比がなされる。すなわち、イエスは「肉にしたがって」ダビデの子だが、「霊(プネウマ)にしたがった(κατὰ πνεῦμα)」力において神の子である(ロマ 1.3–4. 9.5 参照) [66]。アブラハムは「肉にしたがって私たちの父祖」だが、それは「信じる者すべての父祖」と対比されている(4.1, 11. 9.3 参照) [67]。またのちには「肉にしたがって」によって、奴隷と地上の主人との関係性がその奴隷と天の主との関係性と比較される(コロ 3.22–24, エフェ 6.5–6)。さらに、社会的地位を蔑むことを「肉にしたがって」と評することによって、道徳的意味合いが入る。すなわち、「肉にしたがうならば、賢い者は多くない」(Ⅰコリ 1.26)。パウロの視点がもはや肉にしたがっていないとは、それが霊にしたがった視点よりも劣っており、不適切であることを示す(Ⅱコリ 1.17, 5.16)。パウロはまた、もはや肉にしたがって行動せず(10.2–3)、肉にしたがった誇りをおおやけに非難する(11.18)。ローマ書においてはこの対比がより明確だ。すなわち、「もしあなた方が肉にしたがって生き

---

64) ガラ 5.13, エフェ 2.3, コロ 2.13, 18, 23 も見よ。
65) また「肉に属する、肉的(σαρκικός)」と「肉からなる、肉的(σάρκινος)」との比較(BDAG)も参照。

	より中立的、しかしある程度の対比が見られる例	より否定的
σαρκικός	ロマ 15.27, Ⅰコリ 9.11	Ⅰコリ 3.3, Ⅱコリ 1.12, 10.4
σάρκινος	Ⅱコリ 3.3	ロマ 7.14, Ⅰコリ 3.1

66) この対比に関する他の側面に関してはDunn, 'Jesus — Flesh and Spirit' を見よ。ここではこれ以上述べないが、§8 nn.8, 37 参照。
67) Schweizer (*TDNT* 7.127) はロマ 4.1 の σάρξ に関して、「これは否定的な意味でないが、決定的な救済の領域でもない」と述べる。

るなら必ず死ぬが、御霊によって体の行いを殺すなら生きます」(8.13)。ガラテヤ書ではほとんど二元論的な構図で、肉によって生まれる者と御霊によって生まれる者とを対比する (4.23, 29)。また、「肉にしたがっている者は肉に属することを思い、御霊にしたがっている者は霊に属することを思う」(ロマ 8.5)。

　初見では、パウロのサルクスに関する用法は連続線的な幅を持っており、明らかな断絶が見受けられない。この連続線上でサルクスの用法に重なりが生じること、したがって上に挙げたテクストにおけるサルクスの意味が微妙に変化し得ること、またとくにガラテヤ書においてこの傾向が著しいこと、これらの点を勘案すると、以下の結論が導き出される。すなわち、サルクスの用法の連続線には〈人の死ぬべき性質〉という視点が貫かれている。人の脆さによって条件づけられ性格づけられたサルクスの連続線に多様な意味が付加されて、パウロの多様な用法に一貫性を与えている。この連続線は、人の関係性や必要から始まり、人の弱さや欲望、人の不完全性や堕落を通って、「霊－肉」という対比が示す徹底的な糾弾と断罪のニュアンスへと至る[68]。しかしこの結論は、上に挙げたサルクス理解のさまざまな傾向に応答できなければならない。すなわち、なぜ註解者らがサルクスを宇宙的力と理解したか、なぜそれを特徴的に中立的あるいは否定的に捉えたか、なぜ多様な訳語が提案されたか、を理解する助けとならなければいけない。

　第 1 に、パウロが対比のために極端な修辞的表現を用いたとしても、その場合のサルクスを罪の原理だとか敵意に満ちた宇宙的力と捉えることはできない。肉と罪とに関する詳細な議論において（ロマ 7–8 章）、パウロは 2 つの点を明らかにする。まず、罪を犯す「私」を肉から引き離すことができない点だ。律法の失敗原因は律法自体になく、むしろ「私（自身）は肉的 (σάρκινος)」(7.14) だということにある。すなわち、「私自身は心で神の律法に仕えますが、私の肉によって罪の律法に仕えます」(7.25)。換言すれば、心や体を人から分離することができないように、肉を人から引き離すことはできない。パウロは、「私は体を持っている」ではなく「私は体である」と

---

[68] これは英国の学者らの大多数が共有する結論で、その用法がヘブライ語のבָּשָׂרから発展したものと考えられる。例えば Robinson, *Man*, 111–22; Stacey, *Man*, 154–73 を見よ。

言い得るように[69]、「私は肉を持っている（が肉の部分を捨てることもできる）」でなく「私は肉である」と言い得る[70]。

またパウロはロマ 7–8 章において、真犯人が律法でも「私」でもなく「罪」であることを明らかにする（7.17, 20）。肉につきまとう問題は、それが罪深いというよりも、むしろ罪の誘惑に対して無防備だということで、それを「誘惑に負ける私（desiring I）」（7.7–12）と表現できよう[71]。つまりそれは、欲を満たしたいという人の望みであり、これが人を罪の策略に晒し（7.8）、「私」の内に働く罪の力に対しておおよそ防御不能にする（7.23）[72]。律法を機能不全に陥らせる原因は、律法と肉との関係性であり（8.3）、それは肉自体が邪悪な敵対する原理だからでなく、肉が律法を行うことに対して十分な能力を持たないからだ（8.7–8）。同様に、ロマ 8.4–5 の「肉にしたがって（κατὰ σάρκα）」という表現は、悪意に満ちた力による導きでなく、一時的で滅びに向かう存在の性向を示しており（8.6）、人の欲望を満たすという動物的レベルの衝動だ（8.12–13）。

要約すると、パウロは肉に関して、贖いようのないほど欠陥があるという表現と、神に対して意識的に反抗するという表現のあいだで、微妙なバランスをとりつつ議論を進めている。修辞的表現や議論の進み具合によって、重心が一方に傾くこともある。しかしそのような中でも、肉の脆弱さと堕落という視点では一貫しており、人が肉によって生きるなら不可避的に死に向かう（8.6, 13）という理解からぶれることはない。

同じロマ 7–8 章の議論に照らし合わせると、肉を宇宙的力と概念化することにも無理がある。ロマ 7 章が罪と肉とを明らかに区別して、律法の不履行を説明している点からも、このことは明らかだ。後述するように[73]、パウロは罪自体を宇宙的な力と理解している。そしてより厳密には、この宇宙的力が肉を搾取してこれを「作戦基地」とするのであり、肉自体を宇宙的力と理

---

69) §3.2 を見よ。
70) 「肉」が全体論的な人を指すことは Sand (*Begriff*, 217) の結論である。
71) 「欲望」と「肉」また「罪」との関係に関しては §§4.7, 5.5, 18.3–4 を見よ。
72) 「内なる人」（7.22）に関しては §18.3 を見よ。
73) §5.3 を見よ。

解することは不適切だ[74]。肉をある種の存在領域と見なすことができなくはなかろうが、これを宇宙的な次元での力の領域と見なす必要はない[75]。「肉にしたがって」は、朽ちゆく物質的なレベルでの生き方を述べているに過ぎず、その第一義的な目的は人の欲望を満たすことだ。パウロが「彼らの腹は神です」（フィリ 3.19）と述べるゆえんだ[76]。

あるいは、肉を何らかの力とか条件として捉え、キリスト者はすでにそこから脱却しているとパウロが考えている、という理解にも正当性が見当たらない。パウロは確かに、「肉における」状態について、キリスト者はもはやその状態にないと述べる（ロマ 7.5, 8.8–9）[77]。しかし他所では、「肉の内にある」信仰のあり方についても述べており（ガラ 2.20, フィリ 1.22）、さらに「死ぬべき私たちの肉の内」（Ⅱコリ 4.11）とさえ言う。人としての暮らしにおいて、その活動が「肉において」でないことはあり得ず（Ⅱコリ 10.3）、肉のない存在ではあり得ない。むしろ適切には、「肉における（ἐν σάρκι）」生き方と「肉にしたがった（κατὰ σάρκα）」生き方（Ⅱコリ 10.3 参照）とを対比すべきだろう。前者は人の不可避的な条件としての「肉における」状態であり、後者は社会生活における道徳的に不適切な質としての「肉にしたがった」状態だ。ところがパウロは、ロマ 7–8 章において「肉における」と「肉にしたがった」の用法を明確に分ける必要を感じなかったようで、混乱を招く部分があることは否めない。しかし、パウロ文書の他所から判断すれば、ロマ 7–8 章におけるサルクスの用法が一定しないのは、何よりも修辞的な文体様式上の事情に起因していることが分かる。したがってパウロは、キリスト者がすでに離れてしまった生き様と、人として不可避的な存在の条件との両方に、「肉における」という表現を用い得る[78]。

パウロがサルクスを宇宙的力などと極端に捉えていなくても、一方でサルクスを人の枠組みにおいて捉えながら、他方で神への反逆として捉えるなら

---

74) 例えば Robinson, *Man*, 117; Davies, *Paul*, 19 を見よ。
75) Schnelle, *Anthropologie*, 73–75 参照。
76) したがってパウロがガラ 5.19–21 において「肉の業」と述べる場合、それは弱さに包まれた肉、あるいは罪に搾取された肉の行いを意味している。
77) さらに §18.2 を見よ。
78) この混乱が「終末的緊張」という概念によって解決されることに関しては後述する（§18）。

(ロマ 8.7, ガラ 5.17)、この語を連続線的な意味の広がりとして理解することが困難になる。ブルトマンによる実存論的解釈を経て、1930 年あたりまでは、パウロが肉の弱さゆえに律法を遵守することができないという自己理解を持っていた、との考えが一般的だった [79]。しかしその頃、ロマ 7 章が改宗前のパウロの道徳的破綻を証言しているという解釈が覆され始めた [80]。ガラ 1.13–14 とフィリ 3.5–6 によると、改宗以前のパウロはむしろ自分が律法を適切に遵守していたという自己評価を下している。これがパウロ理解に転換をもたらした。すなわち、パウロとユダヤ人同胞が抱える破綻の根底にあるのは肉の弱さでなく、むしろ「肉に対する誇り」である、と。

しかし問題は、この誇りが人間的な自信(奢り)という、古典的な宗教改革を特徴づける神学的理解で捉えられたことである。ブルトマンは「肉」を定義して、「自分で支配し制御できる能力に信頼を置くという自己依存的態度 [81]」と述べている。まさにこの前提が、上の連続線に切れ目を生じさせた。なぜなら、人が神を喜ばせる能力を有しているという誤解と過信は、サルクスの連続線上のより一般的な意味範囲の外にあるように考えられるからだ。むしろパウロにとっての人の奢り(「肉における誇り」)とは、イスラエルの民に属していることの誇り、肉の割礼を通して(フィリ 3.3–4)血縁的につながる民族アイデンティティの排他的なプライドである [82]。後述するように [83]、割礼が文字どおりに「肉における」身体的で可視的な儀式であり(ロマ 2.28) [84]、民族的な宗教アイデンティティを示すしるし(ガラ 6.12–13)で

---

79) Jewett (*Anthropological Terms*, 51–52, 56) は、これが C. Holsten に起因すると述べる。
80) W.G. Kümmel, *Römer 7 und die Bekehrung des Paulus* (Leipzig: Hinrichs, 1929).
81) Bultmann, *Theology*, 1.240.
82) これに対して Bultmann (*Theology*, 1.242–43) は、「肉における誇り」を著しく個人主義的な意味での、自分自身の能力への信頼と、その能力を自分で管理できるとの考えによって立つ安心感であると説明する。
83) §14.5 を見よ。
84) これに対して Sand (*Begriff*, 132) は、割礼を人の過信と自己依存と自己称賛の危険性とを直結させる。Bultmann (*Theology*, 1.234–35) もロマ 2.28–29 に関して同様の論理的飛躍を行い、外見的で可視的な儀式を「すべて外見的な見てくれ」と普遍化し、「肉」と「世界」とを同義とする。ここでは、肉における割礼という民族的アイデンティティへの強調が看過されているが、じつにこの強調は後続する節(3.1)おいて明らかだ。すなわち、「ユダヤ人であることに何の優位性があるでしょう、割礼に何の価値があるでしょう」。

あるがゆえに、パウロはこれに対して抵抗する[85]。

すなわち、イスラエルへの所属を意味するサルクスがパウロの用法の連続線をつなぐ鍵となっている。したがってパウロは、「肉にしたがった（κατὰ σάρκα）」イスラエルという表現を中立的な意味で用い得るが（Ⅰコリ10.18, ロマ4.1)、同じ表現はガラ4.23, 29において著しく否定的に用いられている。身体的／肉的なアブラハムとの関係性は、その意義が認められる場合もあれば（ロマ9.3, 5)、誤った（民族的）奢りへと人を導く原因ともなる（9.8)。じつにパウロは、この民族アイデンティティと神による受容とを結びつけるような「肉における」宗教的奢りを拒絶し、キリストとしてのイエスを信仰する道へと改宗した（フィリ3.3–4)。

換言するなら、中立的な用法と否定的な用法のあいだに表現上の明らかな違いが見られないことが、サルクス理解を困難にしている。脆弱で堕落に向かう性格を持つサルクスは、個人レベルにおいても共同体レベルにおいても、パウロにとってその範疇分けがいつも曖昧だ。民族アイデンティティとしての「肉」を中立的用法として、罪に応答する「肉」という道徳的な理解から完全に引き離してしまうと、民族的プライドが福音理解を妨げるというパウロのサルクス理解を不明確にしてしまう。

パウロ文書におけるサルクスの訳語決定の結果にも目を向ける必要がある。文脈ごとにサルクスに対して異なる訳を充てると、パウロがこの語の統合的な概念を意識していたことが見えづらくなる。この概念によってサルクスの多様な意味に整合性と一貫性があり、それらが連続線的につながっていることを示すためには、訳語は1つでなければならない。他方では、「霊的でない性質」とか「罪深い性質」[86]とかの訳語が、パウロの用法に誤った二元論的響きを持たせてしまう。パウロにとって「肉」は、霊的でないとか罪深いとかいうものでない。この語は、肉体的に構成されている人類の脆弱さ

---

85) Jewett (*Anthropological Terms*, 95–101) は、ガラ6.12–13がパウロの用法を理解するために重要であることを認めつつも、パウロの警告を「自らの肉が達成できることに関する人の過信」(p.101)、「自らの肉に対する奢り」(p.114. ロマ7.5に関しては145–47参照）と理解する。Schweizer, *TDNT* 7.133も同様だ。Boyarin (*Radical Jew*, 67–70, 81–85) はこの点の誤りを認めて発展させる。

86) あたかも「性質」の方が「肉」よりも問題が小さいかのようにである！

を示し、それゆえに肉としての欲望や必要による搾取に晒されている。また、このような訳語はサルクスを個人化し、それが共同体・民族的な意味で用いられることを見失わせがちだ。したがって読者は、サルクスとしての人類があらゆる民族的な煽動による搾取に対しても無防備であるという重要な神学的主題を忘れてしまう。したがって、サルクスがパウロ書簡における有用な専門用語であり、各種の現象や状態の関係性を示す概念であることを認めつつ、この語に対して「肉 (flesh)」という単一の訳語を用いることがより適切だろう[87]。

§3.4. 体（ソーマ σῶμα）と肉（サルクス σάρξ）

こうして私たちは、上の2つの語の関係性を明らかにする準備ができた。パウロ神学において、これら2語の重複性と差異とが非常に特徴的なので、この関係を考察することが重要となる。しかし驚くべきことに、この点が示すパウロの人間論の重要性とその波及的な影響力は、のちの神学的考察においてほとんど看過されてしまい、そのことによって多大な喪失が生じた。

　第1の点は、パウロが「体（ソーマ）」と「肉（サルクス）」とのあいだに明確な区別をしているという事実だ。これと対照的に、ヘブライ語ではバサル（בָּשָׂר）が用いられるのみで、これは一般に「肉 (flesh)」と訳される。前述したように、ヘブライ語にはギリシャ語のソーマに直接対応する語がない。一方でギリシャ語の一般的な感性では、ソーマとサルクスとが同義語として捉えられていた。したがって、二元論的な傾向（Tendenz）を示すギリシャ的人間観は、これら2語をほぼ同義的に用いて、物質世界における投獄／監禁というニュアンスを伝えている[88]。

　しかしパウロは、これら2語の差異をはっきり意識している。単純に言えば、ソーマの意味領域が道徳的におおよそ中立であるのに対し、サルクスの意味領域は道徳的にほぼ否定的だ。この点に関しては、先行する2つの項（§3.2, 3.3）が十分に明らかにした。同時に上の分析によって、これら2語に

---

87) Barrett (*Paul*, 69) も同様の提案をしている。
88) §2.4 を見よ。

はある程度の重複部分があることも分かった。「罪の体」（ロマ 6.6）、「この死の体」(7.24)、あるいは「体の行いを殺す」(8.13) 等の表現から分かるとおり、パウロはソーマを否定的な意味で用い得る。一方でサルクスはかなり中立的な意味でも用いられる（Ⅰコリ 10.18 参照）。またロマ 8.13 とⅠコリ 6.16 において、サルクスの代替としてソーマが用いられていることは[89]、これらの語の意味にある程度の重複があることを示している。しかし、サルクスが否定的に用いられる場合に、この語に否定的な修飾語が補足される必要はないが、ソーマが否定的に用いられる場合は、「罪の体」（ロマ 6.6）とか「死にゆく体」(8.11) のように修飾語が付加されるのが一般だ。ここで興味深いのは、パウロ文書においてコロ 1.22 と 2.11 だけに見られる、「肉の体（σῶμα τῆς σαρκός）」という表現だ。この場合、サルクスが修飾語としてイエスの死の身体性を強調するために用いられている[90]。

しかし、ソーマに関してより興味深い点は、Ⅰコリ 15.35–50 に見られる。ここでは、神の国を相続することができない「肉と血」(15.50) と、相続できる「体」(15.44) が対比されている[91]。より中立な「体」は変容され再び甦されるが[92]、「肉」はそうならない[93]。体の贖いはあるが（ロマ 8.23）、最後の日の救いにおいて、肉は破壊されて解消される（Ⅰコリ 5.5）。再び単純な表現で要約すれば、「体」はこの世にあるが、「肉」はこの世に属している[94]。パ

---

89) 同様にⅠコリ 7.34（「体と霊」）とⅡコリ 7.1（「肉と霊」）、またⅡコリ 4.10 と 4.11 も参照。

90) 同様の表現は 1QpHab 9.2, 4QpNah / 4Q169 2.6 にもある。LXX シラ 23.17,『エチ・エノ』102.5 も参照。コロ 2.11 におけるキリストの死への言及は Dunn, *Colossians*, 157–58 を見よ。

91) パウロは σῶμα を天における体を指す語として用いるが、σάρξ に関しては「下等な」存在、すなわち人、獣、鳥、魚について用いる。Martin, *Corinthian Body*, 125.

92) Ⅱコリ 4.16–5.5 の示唆するところに注意せよ。死から復活へと移る過程を通して、変容と刷新のプロセスが続く。聖霊授与はこのプロセスの最初の段階にあたる（§18.6 を見よ）。したがって、死の体から霊の体へとイエスが変容することをパウロが想定していることが考えられる。

93) Gnilka, *Theologie*, 46. Ⅰコリ 15.50 から新たな段落が始まるという今日広く受け入れられている理解（例えば Aland[26], NRSV, NIV, REB, Fee, *1 Corinthians*, 797–98）によって、体と肉との対比が曖昧になることがあってはならない。ここでの共通する語、「解消、堕落（φθορά）」(15.42, 50) と「非堕落性、不死性（ἀφθαρσία）」(15.42, 50, 53–54) を看過してはならない。前者は「肉と血」と「体」の両方にかかるが、後者は「体」のみにかかる。Schweizer, *TDNT* 7.128–29; Fee, 798–99; Plevnik, *Paul and the Parousia* (§12 n.1), 147–55. これと異なる議論は J. Jeremias, 'Flesh and Blood Cannot Inherit the Kingdom of God', *NTS* 2 (1955–56), 151–59 を見よ。

94) Robinson (*Body*) は以下のように説明する。「中立的な σάρξ はこの世にあり、罪深い σάρξ は

ウロにとって、人類は定義上いつも体現的な存在だ。しかし救いのクライマックスにおいて、人は本来的な脆弱性と堕落性を有する肉を置き去りにする。

上の説明を図に表すならば以下のようになる。

否定的　　　　　　　　中立的

上のような、「体（σῶμα）」と「肉（σάρξ）」とに関するやや作為的な、しかし明解な区別が示すパウロ神学の意義は何か。おそらくパウロは、ヘブライ的な人間観とギリシャ的な人間観のそれぞれの要素を融合しつつ新たな人間観を統合した、と言えよう。一方では、ヘブライ的なより全体論的人間観を肯定しつつ、有体性と共同性とが人であることの重要性を示した。同時に、「肉における」人としての存在の否定的な面を考慮するギリシャ的な人間観をも動員した。もっとも、後者に関してパウロが否定的に捉えるのは、たんなる身体的な存在ではなく、神の前で神のためにある存在を覆す肉としての存在、欲望と腐敗を特徴とする存在だ。すなわちパウロは、身体に関して行き過ぎた肯定的評価も、行き過ぎた否定的評価も下さない。それのみならず、パウロはその宣教的また弁証的な目的から、ユダヤ人と異邦人との両方が、この時代の人のあるべき姿を示す福音へ耳を傾けることができるように、彼らの存在のリアリティに対する多様な視点に応答している。

より広い視野に立つならば、パウロはソーマとサルクスの対比を通して、人が創造されたことと人の創造性、また他の被造物と人類との相互依存性を肯定的に捉えることを可能とした。しかし残念なことに、パウロ神学のこの点での可能性は、両語の対比に関する理解が薄れる中で消滅していった。すでにイグナティウスは、グノーシス的な二元論に応答する必要がある中で、

この世のためにある。この肉は、世にあるということ自体は神によって与えられた状態だが、自らの生き様を導く根拠とすることで『この世の人』となる」（p.25）、「人を意味する σάρξ が被造物との連帯において神から距離を置くのに対して、人を意味する σῶμα は神のために創造された被造物と連帯する」（p.31）。

イエスの肉自体の復活を強調した（『イグ・スミュ』3）[95]。これに続くキリスト教思想は、そのヘレニズム化にともない、肉に対する否定的なニュアンスが体に対する否定的理解へと進んでしまい、それはとくに創造的機能としての性を否定的に捉える方向へと進んだ。パウロ自身は性的関係を軽視する態度に反論したが[96]、まさにそのような軽視の姿勢が後期古代のキリスト教における霊性の特徴となった[97]。その結果、性的欲求自体が邪悪なことと見なされ、処女性がそれ以外のあり方よりも高く評価された。また、原罪が生殖活動を通して伝達されると考えられた。この誤解と批判が、今日におけるまでセクシュアリティに関するキリスト者の理解を歪め続け、ジェンダーに対する十分な考察を妨げている。パウロの人間観を再発見し、体に対する肯定的な評価と肉に対する慎重な警告とのバランスを取ることは、このような問題に関する神学的議論を深化させるために大きな貢献となろう。

§3.5. 理知（ヌース νοῦς）と心（カルディア καρδία）

パウロの人間観を理解するために最も重要な2語について上で考察したが、重要性がやや低い他の語に関してもある程度の理解を持つことが肝要だ。上の「体（ソーマ σῶμα）」と「肉（サルクス σάρξ）」の場合と同じように、「理知（ヌース νοῦς）」と「心（カルディア καρδία）」も対比される関係にある。

ヌースはパウロ文書に21回登場し、そのほとんどがローマ書（6回）とIコリント書（7回）に見られる。新約聖書において、この語はほぼパウロ的用語と考えられ、それ以外では3度のみ用いられる。LXXにおいては使用頻度が少なく、またこれと対応するヘブライ語単語がないことから、ヘブラ

---

95) Stuhlmacher, *Theologie*, 1.277 参照。Beker (*Paul*, 153) は、「肉の復活という理解は、パウロの黙示的思想が見失われることを意味した。これは旧い時代と新たな時代との連続性を強調する結果となり、それは新たな時代における霊的変容が看過されることにつながった」と述べる。

96) 多くの現代聖書翻訳と同様に、私はIコリ7.1（「男が女に触れない（性的関係を持たない）ことは良い」）をコリント信徒のあいだで広まっていた教えであり、パウロがそれに対して反論していると考える。REB, NRSV, Barrett, *1 Corinthians*, 154; Fee, *1 Corinthians*, 273–74 参照。§24.5 も参照。

97) Brown, *Body*, 48, 397, 399–400, 406–08, 416–19, 422 参照。

第 3 章　人類

イ的思想には本来的に調和しない概念だと思われる。一方でこの語は、ギリシャ的思想において人の最も重要な要素だ。それゆえギリシャ的感性では、人の知性と合理性こそが、神的存在とつながる部分であり、神的存在と一致する部分であり、人の内に見られる神的存在だ[98]。このような理解がパウロに影響を与えていることは、ロマ 1.20 が明示している。ここでパウロは、ギリシャ哲学と同じ土俵に立って論じている。すなわち、人はその理知によって神の存在と性質を合理的に捉えるが、それは人の理性や合理性自体から不可避的に、おおよそ自明の理として導き出されるものだ。パウロはここで、当時のヘレニズム・ユダヤ教がすでに用いていた、非ユダヤ教的な宗教や哲学に対する弁証論法を借用しているに過ぎない[99]。

　パウロにとって「理知」が重要な概念であることは、容易に認められる。人は理知によって神の律法に向き合う（ロマ 7.23, 25）。キリスト者のあり方の変容は、「理知の刷新」（12.2, エフェ 4.23）と表現される。理性的レベルにおけるまったき確信は、倫理的決断に不可欠だ（ロマ 14.5）。一方で、パウロが宣べ伝えた福音を軽視することは、「愚か」で「理性に悖る（ἀνόητος）」（ガラ 3.1, 3）。したがって、キリストの思いに自らの思考（理知）を合わせることが重要となる（Ⅰコリ 2.16）。人は礼拝において、霊のみならず理性をも動員する（14.14–15）。パウロはときとして、おおよそ二元論的な表現を用いつつ、理知と肉とを（ロマ 7.25）、また霊と理性とを（Ⅰコリ 14.15）対比させる。しかしこのような演繹的推論はパウロ理解を歪める。なぜなら彼は、理知の刷新と肉を捧げることとを 1 つのこととして捉えるからだ（ロマ 12.1–2）。ちょうどソーマ（体）を「私」の体現と捉えることが適切であるように[100]、ヌースは理性的人である。それは、認知し、思考し、決定する「私」で、外世界の力に対してたんに受け身だけでなく、それに応答し、理解をもって行動する[101]。この意味において「理知の刷新」（ロマ 12.2）とは、神の意志を理

---

[98]　J. Behm, νοέω, *TDNT* 4.954–57 を見よ。
[99]　例えば Bornkamm, *Early Christian Experience*, 50–53; Dunn, *Romans*, 57–58 参照。
[100]　§3.2 を見よ。
[101]　Jewett（*Anthropological Terms*）は、νοῦς をより狭い 2 つの意味へと限定する。すなわち、「人の意識を構成する思考と前提の複合」（p.378）、そして「自制と合理的意思疎通の媒介」（p.380）だ。個人的な思考に関しては νόημα の複数形が特徴的に用いられる（Ⅱコリ 3.14, 4.4, 10.5, 11.3, フィ

性的な仕方で理解する新たな能力を指すのでなく、総合的な刷新の中へ理性が統合されることであり、人の思い上がりの結果として「不適切」な状態へ追いやられ無視された理性の、適切な機能を回復することだ（ロマ 1.28）。

「心（カルディア）」はパウロ文書に 52 回登場し（新約聖書全体の 1/3 を占める）、その 15 回がローマ書に見られる。これはヘブライ的な、また同時にギリシャ的な概念で、人の深い部分を指し、そこは感情の座であると同時に、思考や意志の場でもある[102]。パウロの用例もこの意味の範囲に収まっている。神は「人の心を探る方です」（ロマ 8.27）[103]。律法と割礼は、心に刻まれるべきである（2.15, 29）。同様に従順と信頼は、「心から」（6.17, 10.9-10）来る。「神の愛が私たちの心に注がれ」（5.5）、神の平和が心を守る（フィリ 4.7, コロ 3.15）という表現には、心が感情の座であることが示唆されている[104]。また、心が意志決定を司る場であることは、Ⅰコリ 7.37 とⅡコリ 9.7 から明らかだ[105]。思考する「私」がヌースならば、体験し動機づけする「私」はカルディアとなろう。パウロにとって、神の恵みは人の奥底まで浸潤するが[106]、これに対応する人の信頼が心からの献身表明だ。

これら 2 語の意味に重なる部分があったにせよ[107]、パウロが両語を必要と見していたことが重要だ。換言すれば、人とはたんに理知的存在でもなければ、たんに感情的存在でもなく、その両者が共存している。「理知」は確かに人を獣から区別する。しかし人においては、理性、感情、意志のすべてが「心」において連結している。パウロが「理知」よりも「心」について頻繁に言及し、「理知を超越する」（フィリ 4.7）神の平和について語るのには意義がある。

リ 4.7)。

102) Robinson, *Man*, 106; F. Baumgärtel and J. Behm, καρδία, *TDNT* 3.606–09.

103) これはユダヤ教伝統を継承している。サム上 16.7, 王上 8.39, 詩 17.3, 44.22, 139.1-2, 箴 15.11, エレ 11.20, 12.3 を見よ。Ⅰコリ 4.5, 14.25, Ⅰテサ 2.4 も参照。Ⅱコリ 5.12 と対比せよ。

104) コロ 2.2, 4.8, Ⅱテサ 2.17, エフェ 6.22. Καρδία を「愛情（σπλάγχνα）」と並列させるフィリ 1.7-8 も見よ。

105) Ⅱコリ 8.16 (「熱心」)、コロ 3.22 / エフェ 6.5 (「一途な心」) も参照。「清い心」（Ⅰテモ 1.5, Ⅱテモ 2.22）はより典型的な表現である。

106) Ⅱコリ 1.22, 3.2-3, 4.6, ガラ 4.6, エフェ 1.18, 3.17.

107) ギリシャ語的な感覚では νοῦς にも感情的なニュアンスがある（LSJ, νόος 3）。したがってこれは、LXX において 723 回にわたって καρδία と訳されるヘブライ語（לֵב）の訳語として用いられる場合がある（6 回）。

おそらくパウロは、人を理知へと限定することを拒み、理性と感情と意志とが均衡を保つ存在であることを教えているだろう[108]。これは、啓蒙主義とロマン派復興という遺産を、なんとかバランスを取りつつ継承する西洋文化のあり方を先行するものとも言えよう。

§3.6. 魂（プシュケー ψυχή）と霊（プネウマ πνεῦμα）

もう1つの注目すべき対比は、「魂（プシュケー ψυχή）」と「（人の）霊（プネウマ πνεῦμα）」だ[109]。パウロはこれらの語を頻用しないが、それでも彼の人間観を理解するうえで価値があり、彼が人と神との相互作用をいかに捉えているかに示唆を与える。

パウロはプシュケーを13回用いるが、その内の4回がローマ書にある。古典ギリシャ文献においてこの語が頻用されること、またヘブライ語聖書においてネフェシュ（נֶפֶשׁ）が756回用いられることを考えると、パウロにおける頻度の低さは目を見張る[110]。人間観についてのヘブライ的感性と古典ギリシャ的感性との著しい違いは、この語において明らかとなる。古典ギリシャ語におけるプシュケーは、「体から分離でき、肉の消滅と運命を共にしない、人の中核部分[111]」を指す。ここには「霊の不滅」の起源があり、死後も存在を継続する人の内なる秘められた部分が表されている。これに対してヘブライ的思想においては、ネフェシュ（נֶפֶשׁ）が全人的存在であり、創2.7では「（生きる）者（נֶפֶשׁ）」と表現される[112]。

パウロはこの点で、典型的なヘブライ的感性を示している[113]。パウロの用法において、プシュケーが「人」を指すことは明らかだ[114]。他所ではプシュ

---

108) フィロンとヨセフス、また現代においてはPfleidererとHoltzmannが、καρδίαをνοῦςに対して二次的なものとして捉えていることと比較せよ。Jewett, *Anthropological Terms*, 306–08.
109) 「良心」と「内なる人」に関しては§3 n.16と§18.3を見よ。
110) Stacey, *Man*, 121.
111) Jacob, TDNT 9.611.
112) BDB, נֶפֶשׁ (4). נֶפֶשׁが死後間もない人について用いられることは興味深い。死の直後は、その屍が人の特徴をいまだ有しているということだ（Jacob, TDNT 9.620–21）。
113) 例えばStacey, *Man*, 124; Conzelmann, *Outline*, 179を見よ。
114) ロマ2.9, 13.1, 16.4, Ⅰコリ15.45（創2.7の引用）, Ⅱコリ1.23, 12.15, Ⅰテサ2.8.

ケーが「命」を意味し、また人の活力を指すこともある[115]。

　人の霊としてプネウマが何度用いられているかは確定しかねる。なぜなら、いくつかの箇所では、プネウマが人の霊を指すか「御霊」を指すかが不明だからだ[116]。いずれにせよ、プネウマは御霊を指す場合が圧倒的に多い[117]。これらの観察から推測できることは、パウロの福音が個人に生来的に備わった霊の解放に関わるというよりも、人に対して外から働きかける神の霊に関するものだ、ということである。ここでより重要なことは、霊が神と直接的に関わる手段としての人の側面と捉えていることだ。したがって、「私は私の霊をもって神に仕えます」(ロマ1.9) や「御霊が私たちの霊と共に証言します」(8.16) などと表現され、Ⅰコリ2.11 では神の霊と人の霊とが対比され[118]、「主と結ばれている人は1つの霊」(Ⅰコリ6.17) であり、既述のように神の霊と人の霊との区別が曖昧な箇所がある (§3 n.116)。じつに、パウロは人の霊を神の霊の顕現と考えた、という理解も根強くある[119]。これはヘブライ的思想の影響とも考えられよう[120]。それはストア派哲学の (のちにはグノーシス的) 人間観とも矛盾しないが、「理知 (ヌース)」でなくプネウマを人の最も崇高な (あるいは深遠な) 側面として捉える点で、ヘブライ的思想とヘレニズム的思想との差異が顕著となる[121]。

---

115)　「命」(ロマ11.3, フィリ2.30)、「活力」(コロ3.23, エフェ6.6)。フィリ1.27 (「1つの ψυχή と共に」)、2.2 (「魂において一致し (σύμψυχοι)」)、2.20 (「一心同体の (ἰσόψυχον)」) も参照。より分離的なニュアンスが強いⅠテサ5.23 も見よ。

116)　とくに、Ⅰコリ4.21, 14.15, 32, Ⅱコリ4.13, ガラ6.1, エフェ1.17, フィリ1.27。§16 n.89 も参照。

117)　明らかに人の霊を指すのは19回である。ロマ1.9, 8.16, Ⅰコリ2.11, 5.3–5, 7.34, Ⅰコリ14.14, 16.18, Ⅱコリ2.13, 7.1, 13, ガラ6.18, エフェ1.17, フィリ4.23, コロ2.5, Ⅰテサ5.23, Ⅱテモ4.22, フィレ25. もっとも、ロマ1.9, Ⅰコリ5.3, 14.14 に関しては、n.116 に入れるべきか。パウロ文書において146回登場する πνεῦμα は、その内の100回以上が神の霊を指す。

118)　Moule, *Holy Spirit* (§16 n.1), 7–11 も参照。

119)　Robinson, *Man*, 110; Bultmann, *Theology*, 1.206–09; Schweizer, *TDNT* 6.435–36; Jewett, *Anthropological Terms*, 182–200; Fee, *Empowering Presence* (§16 n.1), 24–26. Stacey, *Man*, 133–36 はこれに反論する。

120)　人の霊を神の霊として表現する例としては、創6.3, ヨブ27.3, 32.8, 33.4, 34.14–15, 詩104.29–30, コヘ12.7, イザ42.5, エゼ37.5, 6, 8–10 を見よ。Stacey (*Man*, 137) は、「『人の内の神に向かう部分』として霊を捉えるパウロ的用法は、旧約聖書には見られない」と結論づける。

121)　A. Dihle, ψυχή, *TDNT* 9.634 参照。Baumgärtel と Kleinknecht (*TDNT* 6.360–62, 357–59) が集積したデータと比較せよ。Νοῦς を神的な霊との「連結点 (Anknüpfungspunkt)」として捉える

第3章 人類

　上で考察した二対の人間論的用語と同様に、プシュケーとプネウマのそれぞれの意味の範囲にはある程度の重なる部分が見て取れる。これは両語のギリシャ語的またヘブライ語的用法に起因するものだが、パウロの用法においてはヘブライ的人間観の影響がより大きい。それは、両語（プシュケー [ψυχή] / ネフェシュ [נֶפֶשׁ] とプネウマ [πνεῦμα] / ルーアハ [רוּחַ]）が本来的に生命力としての「息」を指す語であることと関係する[122]。ヘブライ語聖書では、この意味の重なりがいくつかのテクストに見られる[123]。最も顕著な例は創 2.7 だ。「神が彼の鼻腔に命の息（נְשָׁמָה）を吹き込むと、人は生きる者（נֶפֶשׁ）となった」。「息／霊」を意味する נְשָׁמָה は「ルーアハ（רוּחַ）」とほぼ同義語だ（ヨブ 27.3, イザ 57.16）。しかし、パウロの用法は初期のそれから少しずつ離れて、のちには両語の差異がより鮮明となり、プネウマは神に向かう人の側面、プシュケーは活力自体へとより限定されていった[124]。最終的なパウロの用法が明らかとなれば、これらの用語の発展過程まで追っていく必要はないだろう[125]。ここでもう一度、Ⅰコリ 15.44–46 と 2.13–15 とに言及しておこう。前者において、「魂（プシュケー）」と「魂の／魂的な（プシュキコス、ψυχικός）」とは明らかに生きている人を指すが、これは現在の身体的な存在に限定されている。それはまた「霊的な体（σῶμα πνευματικόν）」と対比される。一方でⅠコリ 2.14 における「魂的な（人）（プシュキコス）」は、プネウマに関わる事柄を受け取ることも価値を認識することもできない。

　上の考察からは、パウロにとって人とは「魂」以上の存在であるということが分かる。人の深みを言い表すのに、プシュケーだけでは十分でない。人は、魂によって表現される以上の存在のリアリティを持つ。フロイトやユン

Pfleiderer と Holtzmann の議論と比較せよ（Jewett, *Anthropological Terms*, 359）。

122)　Jacob, *TDNT* 9.609, 618–19; Kleinknecht and Baumgärtel, *TDNT* 6.334–37, 360.
123)　BDB, נֶפֶשׁ, 2; רוּחַ, 4.
124)　Robinson, *Man*, 19–20, 109.
125)　Ⅰコリ 2.13–3.1 に見られる πνευματικός と ψυχικός の差を説明するのにグノーシス的影響を持ち出す必要はなかろう（Richard Reitzenstein が 1909 年にこの仮説を提唱した）。この箇所で問題となるのは、霊性の 2 つのレベル（成熟／未熟 [2.6 / 3.1]、賢さ／愚かさ [1.25–27]）であって、2 つの階層ではない。これはユダヤ教の知恵伝承によって十分説明がつく。R.A. Horsley, 'Pneumatikos vs. *Psychikos*: Distinctions of Spiritual Status among the Corinthians', *HTR* 69 (1976), 269–88 を見よ。Jewett, *Anthropological Terms*, 343–44 はこれと意見が異なる。

グの洞察への関心が高まる時代において、パウロの人間観は私たちに意義深い教訓を提示している。それは、人の内面に関するすべて重要なことが魂（精神）という観点で理解し得る、という視点への警告である。パウロはそのユダヤ教的遺産を継承しつつ、人のより崇高で深遠な部分を指す霊について語っている。そして、この領域において活動し、自らの霊を神の霊に対して開くときにこそ人は健全となりうる、と教えている。少なくとも、これがパウロの神学と福音の重要な特徴であり、この点に関してはのちに詳述する。

§3.7. 要約

パウロの人間観によると、人はいくつかの側面において機能する存在である。体現化した存在として、私たちは社会的な存在だ。したがって、他者と関わる必要性と能力はたんなる付随的な性質でなく、これらによって人は少なくとも部分的に定義されている。肉的な存在として、私たちはその脆弱さゆえに死を免れず、願望や欲望を満たすために、それらに対して無防備に晒されて搾取される。同時に理知的存在として、私たちは思考の高みへとのぼる可能性を持っている。また経験的存在として、奥深い感情と持続する動機とを内に秘めている。私たちはまた、命の奥義という賜物によって生きる存在であり、宇宙の内と外にある最も崇高で深遠なる存在によって直接触れられる。確かにパウロは、あの詩編著者の告白に感謝をもって同意するのだ。「私はあなたを賛美します。あなたは畏れと驚きに満ちた者として私をお造りになりました」（詩 139.14）。

第2部
告発された人類

第4章　アダム[1]

§4.1. 人類の暗部

ローマ書の構成に注意を向けると、パウロ神学の考察をどこから手がけるか、その場所はおのずから定まる。彼はこの手紙を開始するにあたって、すぐさま人類を告発する (1.18-3.20)。神と人に関する理解の前提となる部分に触れたあと、パウロは人類の状況に関する悲痛な分析を開始する。本書第4章で扱われる主題は第3章の論考と直結しており、これによってパウロの人間観の全体像が完成する。

　第3章で示したようにパウロは人に関してしばしば否定的な表現を用いるが、これは彼の人間観の目立った特徴だ。それはとくに「肉 (σάρξ)」に関する論考に顕著だ。「肉」——すなわちこの世 (時代) に属する人の部分——は脆弱で堕落の道を辿っている。この世での命は「肉において」でな

---

1) 第4章の文献リスト
C.K. Barrett, *From First Adam to Last: A Study in Pauline Theology* (London: Black / New York: Scribner, 1962); **G. Bornkamm**, 'Sin, Law and Death: An Exegetical Study of Romans 7', *Early Christian Experience*, 87–104; **E. Brandenburger**, *Adam und Christus. Exegetisch-religionsgeschichtliche Untersuchungen zu Röm. 5.12–21 (1 Kor. 15)* (WMANT 7; Neukirchen: Neukirchener, 1962); **Gnilka**, *Paulus*, 201–05; **M.D. Hooker**, 'Adam in Romans 1', *NTS* 6 (1959–60), 297–306; 'A Further Note on Romans 1', *NTS* 13 (1966–67), 181–83; **J. Jervell**, *Imago Dei: Gen. 1.26f. im Spätjudentum, in der Gnosis und in den paulinischen Briefen* (FRLANT 76; Göttingen: Vandenhoeck, 1960); **Laato**, *Paulus*, ch.4; **J.R. Levison**, *Portraits of Adam in Early Judaism From Sirach to 2 Baruch* (JSPS 1; Sheffield: Sheffield Academic, 1988); **B.J. Malina**, 'Some Observations on the Origin of Sin in Judaism and St. Paul', *CBQ* 31 (1969), 18–34; **R. Scroggs**, *The Last Adam: A Study in Pauline Anthropology* (Philadelphia: Fortress / Oxford: Blackwell, 1966); **Strecker**, *Theologie*, 63–69; **F.R. Tennant**, *The Sources of the Doctrines of the Fall and Original Sin* (Cambridge: CUP, 1903); **A.J.M. Wedderburn**, 'The Theological Structure of Romans 5.21', *NTS* 19 (1972–73), 339–54; 'Adam in Paul's Letter to the Romans', in E.A. Livingstone (ed.), *Studia Biblica 1978* III (Sheffield: JSOT, 1980), 413–30; **Whiteley**, *Theology*, 48–58; **N.P. Williams**, *The Ideas of the Fall and of Original Sin* (London: Longmans, 1927).

ければ生きられない。しかし「肉にしたがった（κατὰ σάρκα）」生き方は動物的な欲望に支配され、神に敵対する生き方であり、神を喜ばせることができない（ロマ 8.7–8）。「体（σῶμα）」はより中立的な語だが、これも否定的な意味合いで用いられる場合がある。例えば、「罪の体」（6.6）や「この死の体」（7.24）だ。この体も、今の状態では死に向かい、贖われなければならない（6.12, 8.10–11）。同様に「理知／思い（νοῦς）」も、中立的な語ではあるが堕落の状態にある。したがってパウロ文書は、「卑しい思い」（ロマ 1.28）、「思いの虚しさ」（エフェ 4.17）、「肉の思い」（コロ 2.18）等の表現を用いる。彼はまた「理知」と意味の領域が重なる「心（καρδία）」に言及するが（§3.5 参照）、その場合も人の「愚かな心が暗くなり」（ロマ 1.21）、「（人の）心の願いにしたがって汚れへと引き渡された」（1.24）と述べる。人の「魂（ψυχή）」は命の原則だが、この命は完全でない。制限を有し一時的だ。神に属さず人に属する。「魂の体（ψυχικὸν σῶμα）」は贖われるべきで（ロマ 8.23）、「霊の体（πνευματικὸν σῶμα）」（Ⅰコリ 15.44–49）へと変わらねばならない。人の「霊（πνεῦμα）」でさえ「汚れ」から浄められる必要がある（Ⅱコリ 7.1）。

ローマ書冒頭での人類への告発に再び言及される際の表現も印象的だ。

> 私たちがまだ弱かった時、キリストは不敬虔な者のために死なれました。義なる人のために誰かが死ぬことも稀です。正しい人のためにあえて死ぬ人がいるかも知れません。しかし私たちが罪人だった時キリストが私たちのために死なれたことによって、ご自身の愛を示されました。……敵であった時に御子の死を通して神と和解させられた私たちが……（ロマ 5.6–10）。

パウロが想定する人の状況は、弱さ（「肉」の条件）のみならず不敬神（ἀσέβεια）によって特徴づけられる。この後者は、ローマ書開始部の人への告発にも用いられる（1.18）[2]。人は文字どおり神を敬わない[3]。人は不義（ἀδικία）によっ

---

[2] パウロは「不敬神（ἀσέβεια）」という語をロマ 1.18 と 11.26 のみで用い、その形容詞「不敬神な（ἀσεβής）」もロマ 4.5 と 5.6 でのみ用いる。これらはⅠテモ 1.9, Ⅱテモ 2.16, テト 2.12 でも用いられる。

[3] 「敬う」は σέβομαι.

ても特徴づけられ、善が欠損する。「不義」もローマ書開始部を想起させる。すなわち、神の怒りが「不義において真理を抑える人のあらゆる不敬虔と不義に対して天から示される」(1.18)[4]。人の関係性には根本的な不正がある[5]。さらにこの一連の告発の頂点で、人は「罪人」および神の「敵」とされる。このようなパウロの人類に対する批判の意味を明らかにすることが、本章の重要な目的だ。

のちにエフェソ書の著者は、人類の窮状をより明らかな言語で語る。

> ……あなた方は自分の違反と罪において死んでいました。この世に倣い、空中の力の支配者と不従順の子らの内に今働いている霊にしたがって歩んでいました。その中で私たちもみな、私たちの肉の欲望によって行動し、肉と欲情にしたがっていました。私たちは他（の人々）と同様に生まれつき怒りの子でした（エフェ 2.1–3）。

ここでも人類を描写するために、パウロの言語表現を連想させる非常に印象的な言語が用いられている。私たちはこれらの表現が意味するところを、本章で明らかにする必要がある。

上の2つのテクスト（ロマ 5.6–10, エフェ 2.1–3）は、すべての宗教哲学がその言語で表現してきた内容を、パウロ神学に特徴的な言語表現で言い表している。すなわち、〈人間には暗部があり、これを対処しなければ人は破滅に向かう〉ということだ。外からどれほど否定的で威圧的な力が働いていようと（第5章参照）、人の内には有毒な要素があり、そのままにしておいては内側から臓器の壊死が徐々に進む。ラビはこれを「悪の衝動（יֵצֶר הָרַע）」と称して、私たちの愚かで破壊的な選択を説明する。グノーシス主義者、マニ教信者、カタリ派信徒らはこれを物質の邪悪性と捉えて、厳格な禁欲生活によって回避することを試みた。シェイクスピアはこれを、悲劇の主人公の致命的な弱点として描いた。ロバート・スティーヴンソンはその著『ジキル

---

[4] 「不義（ἀδικία）」は人類への告発において最も頻用される語だ（ロマ 1.18 [2回], 29, 2.8, 3.5）。
[5] 「不義（ἀδικία）」はまた秩序や正しさ（δίκη）の欠如、義や正義（δικαιοσύνη）の欠如を意味する。

博士とハイド氏』で、人のおぞましき潜在性という主題とした。オスカー・ワイルドはその著『ドリアン・グレイの肖像』で、外見の背後に進行する人の堕落として捉えた。ジョナサン・スウィフトはその著『ガリバー旅行記』に登場するヤフーの内に見られる卑しさとして、これを残酷に表現した。

パウロは人の暗部を説明するにあたって、アダムという人物、また創 2–3 章に描かれた「堕落[6]」と伝統的に称される「人類最初の不従順[7]」に注目する。

§4.2. ユダヤ教聖典におけるアダム

パウロがアダム神学を創 1–3 章とそれに依拠する神学的主題から導き出したことは明らかだ。彼が用いる主要な主題はユダヤ教に独特で、当時のより広い宗教思想にはこれに取って代わる明らかな源泉が見つからない。ヘルメス文書の『ポイマンドレス』がこれに最も近いが、これ自体が創世記物語の影響を受けている明らかな証拠がある[8]。したがって、パウロ神学における本主題を理解しようとすれば、パウロ——とある程度パウロの読者——が親しんでいただろうアダム物語の神学的考察を十分に把握する必要がある。

創 1–3 章のいくつかの目立った特徴は、パウロ自身の表現に直接影響を与えている。第 1 に「アダム（אָדָם）」という語が挙げられよう。この語はヘブライ語聖書で「人、人類」という意味で広く用いられる[9]。この用法は創 1–2 章でも明らかだ（創 1.26–28, 2.7）。同時にこの語は「アダム」という

---

6) 聖書はアダムとエバの物語について「堕落（Fall）」という表現を用いない。しかしイザ 14.12–15 やエゼ 28.16–17（ルカ 10.18 参照）に描かれたバビロン王国とティルス王国の「堕落」との関連で、このイメージは有効に働く。もっとも、創 3 章自体の主題は、不従順とその結果である神の臨在からの追放だ。O.S. Wintermute (*OTP*, 2.82) は『ヨベ』12.25 を「堕落の日」と関連させて訳すが、R.H. Charles (H.F.D. Sparks [ed.], *The Apocryphal Old Testament* [Oxford: Clarendon, 1984], 49) はこれを（バベルの塔の）「崩壊の日」と関連させる。文脈から考えて後者の方がよい解釈だろう。『エズ・ラ』7.118 のラテン語 casus は NRSV と *OTP* で「崩落（Fall）」と訳されるが、それは道徳的廃退を意味するかも知れない（シリア語では「不運、悪」）。Levison, *Adam*, 123 を見よ。

7) ミルトン著『失楽園』1.1.1.

8) Dodd, *Bible*, 145–69. 同様のことはナグ・ハマディ出土のグノーシス文献、とくに『ヨハネのアポクリュフォン』、『アルコーンの本質』、『アダムの黙示録』についても言える。

9) BDB, אָדָם.

固有名詞をも意味するので、それと人類一般との区別が曖昧な場合もある。この曖昧さは創 2.18 に始まるが[10]、創 2.23–24 ではこの曖昧さが配慮されて「女（אִשָּׁה）」と「男（אִישׁ）」という語が用いられている。この物語の難解さはその構成に原因がある。その 2 段階からなる物語では、婚姻と労働の問題が同時に扱われ、神話と歴史が融合する（創 5.1–2, 3–5 も見よ）。パウロもまた同様の曖昧さを残している。彼は「人（ἄνθρωπος でなく ἀνήρ）」を「神の姿と栄光」と述べる一方で、「女／妻は男／夫の栄光」とする（Ⅰコリ 11.7）。また彼は、エデンでの最初の過ちがエバに起因することを示唆する（Ⅱコリ 11.3．Ⅰテモ 2.14 ではより明確）[11]。それでも、1 人の人として描かれようと男女として描かれようと、創世記物語が人類について考察しているということは創 1–3 章に一貫している。そして後述するとおり、パウロもこの物語を同様に理解し、「アダム」への言及は人類全体を指す。

　第 2 にヘブライ語の創 2.7 では、アダム（אָדָם）とその構成要素である「土／塵（אֲדָמָה, アダマー）」に、意識的な言葉遊びがある点も見過ごせない。「主なる神は人（アダム）を地の塵（アダマー）から造られた」。この関連が意識的であることに疑いの余地はない。したがって、アダムはアダマーを耕すように造られ（2.5–9）、このあとアダマーはアダムの不従順への罰の影響（土地は呪われて労働の苦悩が始まる）を受ける。この罰はアダムがアダマーに還るまで続く（3.17–19）[12]。パウロがロマ 8.20–22 で堕落の運命を辿る被造物の虚しさについて述べる時、このアダムの運命が意識されている。同時に「体（σῶμα）」という語のパウロ的用法に、人と他の被造物とを結ぶというニュアンスがあることも（§3.2）、アダムと塵とを密接につなぐ要素だ。

　第 3 に、「善悪を知る木」（創 2.9）から「アダム」が採って食べてはいけない（2.17）、という命令に関する議論は尽きない。ここでの問題は、木の実がこれまでまったく欠損していた善悪の意識をアダムに付与することでない。「食べてはいけない」という命令がすでに従順と不従順の判別能力を前

---

10) LXX は創 2.18 に至るまで אָדָם を ἄνθρωπος と訳し、それ以降（また 2.16）は Αδαμ とする。
11) Ⅱコリ 11.3 はたんに創世記物語の流れにしたがうが、Ⅰテモ 2.14 ではこの物語に関する神学的論考が行われる。
12) 創 4.11–12, 5.29, 8.21–22 を見よ。

提としている¹³⁾。むしろこの物語の中心は、倫理的独立性にある。木の実は、何が最善かをアダム自身が知っているという認識をアダムに与え、彼は自らの目に賢く映り、倫理的垣根と方向性に関して神に依り頼む必要性がもはやないとの理解に至る。したがって蛇は、「あなたは善悪を知って神のようになる」(3.5) と誘惑し、「人を賢くする木が所望された」(3.6)¹⁴⁾。

第4に、この命令に対する不従順の結果が死を招く（創2.17,「それを食べる時あなたは死ぬ」）。のちにこれがもう1つの「命の木」からの追放 (2.9, 22, 24) だと分かるが、それはつまり園における神の臨在からの追放を意味する。アダムは自ら知ることを選び、神から独立する。しかしその結果は、神からの独立と共に、命への道からの逸脱を意味する。

しかし視点を変えると、神はアダムに命の木を得る権利を与えることを意図しており、それは人が被造物を管理する責任に付随する。「あなたは園のあらゆる木から食べてよい」(創 2.16) とされ、ただ1つの例外が善悪を知る木だった (2.17) ことから、命の木の実を食べることが許されていたと分かる。つまり人は、「永遠に生きる」(3.22) よう意図されていたようだ。しかし永遠の命が、命の木から食べ続けることで保証されるか（先行箇所が示唆するように）、あるいは1回食べれば保証されるか (3.22 が示唆するように)、明らかでない。創世記の神話物語におけるこの曖昧さは、死の起源の曖昧さにもつながる。死は私たちが今日考えるように、いつも創造秩序の一部か。あるいは死は、創造に何らかの欠陥や瑕疵があることを意味するか。これらの問題の曖昧さは、原初のアダム物語から直接的に派生したパウロの神学にも見え隠れする。

パウロが創世記物語（創1–3章）から直接の影響を受けているとすると、教会が派生する以前の長いユダヤ教の神学的伝統からもパウロが影響を受け

---

13) Tennant, *Fall*, 12–13; Lyonnet, 'Sin' (§5 n.1), 5–6.

14) これが初期ユダヤ教での創2–3章の理解であることは、エゼ28章がこの物語を想起させることから分かる。ティルス王は自らと神の知恵を比べ、自分に神的知恵があると豪語したので（エゼ28.2–10)、エデンから追放された (28.13, 16)。同様にヨセフスも創 2.17 を「善悪を区別する知恵 (φρόνησις)」と説明する（『古誌』1.37)。『タルグム・ネオフィティ』も「知識の木の実を食べる者が善悪の区別を知る」と訳す。G.J. Wenham, *Genesis 1–15* (WBC 1; Waco: Word, 1987), 63–64 を見よ。

ている様子を知ることができるか。キリスト教神学と図像学との「堕落」なる主題の中心には創1-3章がある。一方でヘブライ語聖書では、アダム物語にほとんど関心が向けられず、ただそれを示唆する表現が散見され[15]、普遍的罪という概念がたしかに存在するという程度だ[16]。聖典における「堕落」に関する伝統を語り得ないことは、パウロ神学の源泉を特定する際に留意すべき点だ。しかしこの事態は、いわゆる第二神殿期ユダヤ教文献において一変する。

§4.3. ユダヤ教伝統におけるアダム（第二神殿期以降）

第二聖典と位置づけられるこのユダヤ教文献のうち、最も重視されるシラ書での状況はヘブライ語聖書とあまり変わらず、表面的には堕落に近い概念を見出すことがほとんどできない。シラ15.14は「（神が）初めに人を造られ、その意図（διαβουλίου）に自らを委ねられた」と記す。しかし創6.5, 8.21と異なり、シラ15.15はこの「意図／判断 (יֵצֶר)」を悪と見なさない[17]。シラ17.1は「土地の塵から」の人間創造に触れて「人はそこに還る」という創3.19の表現を想起させるが、これが本来処罰の言葉だったことに言及しない。シラ書はたんに、神が創造した命が期間限定的で（17.2）、「（神が）それらをご自身の似姿に造られた」(17.3)と繰り返すのみだ。むしろ「意図／判断」というギリシャ語には、肯定的なニュアンスがある。そして神自身が「善悪を彼らに示し」(17.7)、「彼らに知識を与え、命の律法を賜った。神は彼らと永遠の契約を結んだ」(17.11-12)。これは、シラ書が人の罪という概念を持たないことを意味しない。むしろ、人が罪深く朽ち行く運命にあると、後続箇所で述べる（17.25-18.14）。たんにこの人類の窮状を、原初的な不従順

---

15) 代上1.1, 申4.32, ヨブ31.33, エゼ28.12-15, ホセ6.7, トビ8.6. Tennant, *Fall*, 15-16 n.7も見よ。

16) 創6.5, 8.21. Tennant (*Fall*, 101-02) は以下の箇所にも言及する。王上8.46, 代下6.36, ヨブ4.17, 14.4, 25.4, 詩51.7, 130.3, 143.2, 箴20.9, コヘ7.20, エレ17.9. Fitzmyer, *Paul*, 71-72; Merklein, 'Paulus und die Sünde' (§5 n.1), 139-42 (n.46).

17) Tennant, *Fall*, 111-17; Levison, *Adam*, 34-35. これ以降の議論に関しては Levison, *Adam*, 35-48を見よ。

行為の罰と直結させないだけだ[18]。シラ40.1–11は創3.19を想起させるが、それはたんに労働と死という運命が全人類に共通することを示すのみだ。死はたんに「すべての肉に対する主の掟だ」(41.1–4)。

もっとも、上のような理解を示すシラ書には1つだけ例外がある。シラ25.24は「1人の女から罪が始まり、彼女のせいで我々はみな死ぬ」と記す[19]。これが知2.23–24 (のちに引用)[20]、Ⅱコリ11.3、Ⅰテモ2.14 (上で言及)を想起させることが偶然とはおおよそ考えられない[21]。シラ書は、死が最初の罪の結果だという伝統を知っている。あるいは少なくともそれに言及している[22]。

この点で知恵の書はより重要だ。とくに私たちにとっては、パウロがこの書を意識しており、ローマ書開始部で示される人類への告発 (ロマ1.19–2.6) がその内容を示唆しているという点で、その重要性は格別だ[23]。知恵の書には、地の塵から最初の人が創造されたこと (知7.1)、その人に被造物を管理する役割が与えられたこと (9.2–3)、そして最初の人がこの世界の違反 (παράπτωμα) の父であること (10.1) が示されている。そして知15.8と

---

18) シラ24.28, 33.10–13, 49.16も見よ。最後のテクストでは、アダムの栄化というのちに重要となる主題が現れる。

19) ヘブライ語では「彼女のせいで私たちは——יחד——死ぬ」。יחדは「共通に」を意味し得る。したがって死は皆に共通する運命だ。

20) 『アダ・エバ』44、『モーセ黙』14, 32、『スラ・エノ』30.17 を見よ。

21) J.R. Levison, 'Is Eve to Blame? A Contextual Analysis of Sir. 25.24', *CBQ* 47 (1985), 617–23; *Adam* (§4 n.1), 155の異なる見解も見よ Stowers (*Rereading*, 89, 92) はLevisonを無批判に受け入れ、知2.23–24に言及しない。これはP.W. Skehan and A.A. Di Lella (*The Wisdom of Ben Sira* [AB 39; New York: Doubleday, 1987], 348–49) によって論破されている。

22) Tennant, *Fall*, 119–21, 244.

23) とくにH. Daxer, *Römer 1.18–2.10 im Verhältnis zu spätjüdischen Lehrauffassung* (Naumburg: Pätz'sche, 1914); C. Bussmann, *Themen der paulinischen Missionspredigt auf dem Hintergrund der spätjüdisch-hellenistischen Missionsliteratur* (Bern / Frankfurt: Lang, 1975), 108–22; Sanday and Headlam, *Romans*, 51–52を見よ。ロマ2.4での知15.1–4の共鳴はDunn, *Romans*, 82–83を見よ。この証拠はソロモンの知恵の執筆年代が前220年から後50年と幅が広いことに鑑みても興味深い。D. Winston (*ABD* 6.122–23) はその執筆時期をカリグラ帝 (後37–41年治世) とする。執筆時期が遅ければ遅いほど、執筆地がアレクサンドリアである蓋然性が高くなり、パウロがこれを知っていた点がより驚くべきこととなる。これは、ソロモンの知恵がディアスポラのユダヤ人会堂で広く知られていたか、改宗後のパウロがユダヤ教伝統の再考を行う際にこれに出くわしたかのいずれかだろうと考えられる。

第 4 章　アダム

15.11 の告発——「(塵から造られた人は) 彼を造られ……魂を吹き込まれ……霊を注がれた方を知らない」(ロマ 1.19–21[24])——は創 3.19 を想起させる。知 2.23–24 はとくに注目に値する。

> 神は人類を不滅のためにお造りになり、
> 　ご自身の永遠性の似姿として創造された。
> しかし悪魔の妬みを通して死がこの世に入り、
> 　それに属する者は死を味わう。

ここに見られる語彙と思想は、パウロの神学的主張において共鳴している[25]。すなわち、パウロはこのような神学的考察があったことを知っており、おそらくその影響を受けていると言えよう[26]。

他の第二神殿期文献も、パウロの時代に、アダムの不従順が人類の窮状を説明する役割を担っていたことを教える。『ヨベ』3.17–25 がその代表例だ。そこでは不従順なアダムの物語が、印象的で特徴的な詳細 (3.26–31) と共に語り直されている[27]。蛇は人と共通の言語を語ることを止め、アダムと共に追放される[28]。しかしアダムのみが「その恥を覆われる」(創 2.25, 3.10–11, 21 参照)。したがって律法を行う者は、「異邦人のようでなく、恥を覆わなけれ

---

24)　同様に知 15.1–4 はロマ 2.4 に共鳴する。また知 15.7 とロマ 9.21 とは陶器師という語を用い、イメージを共有する。Levison (*Adam*, 53) が述べるとおり知 15.11 の人間観はヘブライ的というよりギリシャ的だ。塵からなる人が生きた魂になるのでなく、魂が塵からなる人に吹き込まれるからだ (同様にフィロン『徳論』203–04, 『栽培』42：「精神は我々の内の真なる人だ」)。

25)　「不滅 (ἀφθαρσία)」(ロマ 2.7, Ⅰコリ 15.42, 50, 53–54)、「似姿 (εἰκών)」(ロマ 1.23, Ⅰコリ 11.7, 15.49, Ⅱコリ 3.18, 4.4, コロ 1.15, 3.10)、「永遠性 (ἀϊδιότης)」(ロマ 1.20, ἀΐδιος)、「死がこの世に入った」はロマ 5.12 で同じ言語表現で繰り返される。

26)　Levison (*Adam*, 51–52) は知 2.24 がカインへの言及と考える。しかし「悪魔 (διάβολος)」はすでに天における神の敵対者と見なされていた。これは LXX で一般にサタン (天の「告発者」) として理解され (代下 21.1, ヨブ 1–2 章, ゼカ 3.1–2)、ギリシャ語断片の『ヨベ』10.8 では神に敵対する「諸霊の長なるマステマ」として現れる。妬みの主題は『モーセ黙』18.4 にあるように蛇の誘惑と理解され、この妬みがヨセフス『古誌』1.41 によると蛇の悪意だ。この死が永遠の死なら (Tennant, *Fall*, 124–26; Levison)、それはカインによるアベルの殺害というより、創 3 章での園からの追放とより符合しよう。

27)　『ヨベル書』は一般に前 2 世紀中頃の執筆とされる。

28)　この主題はフィロン『混乱』6–8,『創問答』1.32, ヨセフス『古誌』1.41 でも取り上げられる。

ばならない」(『ヨベ』3.31)。それは異邦人の性的乱れを示唆しており、これがロマ 1.24–27 に反映されている。しかしこれは、たんに『ヨベル書』の思想というに止まらず、より広いユダヤ教伝統[29]を反映していよう。

フィロンは人類の堕落が人の成り立ちの結果として不可避的だと考えたようだ。2 つの創造物語は「2 つの種類の人間（について語っており）、一方は神の息吹である理性によって生き、他方は血と肉の喜びによって生きる。後者は地の塵から象(かたど)られ、前者は神の姿を忠実に刻んでいる」(『相続』56–57)。しかし、第 2 の創造物語（創 2.7）を 2 度にわたって引き合いに出すことで、フィロンは 1 人の人の二面性について語っているようだ (『寓意』1.31–32)。その結果、「感覚による認識 (αἴσθησις)」と感覚の喜びが理性を隷属化する (『創造』165–66)。これが、女を通した誘惑に関するフィロンの解釈だ。つまり、理性が男に相当すれば、感性が女に相当する (165)。したがって、「女は人にとって非難に値する生き方」を意味し、「肉体的快楽 (τὴν τῶν σωμάτων ἡδονήν) は悪行と律法違反の始まり」(151–52) だ[30]。その結果、神の姿が汚される (『徳論』205)。裸であるという知識が与えられたことは、人類にとって「悪の始まり」(『創問答』1.40) だ。快楽への熱望は霊的死をもたらす。それは地から生まれた人を地へと戻すことで、すなわち魂である天に背を向け、身体的死である地に引き戻すことになる (1.51)[31]。

『アダムとエバの生涯』はパウロよりも少しあとに執筆されただろうが[32]、パウロと驚くほどの類似性が見られる。とくに類似性が著しい箇所が、ここ

---

29)　さらに §5.5 を見よ。
30)　「欲望 (ἐπιθυμία)」(フィロン『十戒総』142, 150, 153, 173, 『十戒各』4.84–85)。フィロンは『相続』294–95 において、まだ形をとらない子供の魂が「柔らかい蝋と非常に似ており、善悪の形がいまだ刻み込まれていない」とする。同様に『賞罰』62 においてフィロンは「すべての人は、その理性が育成しきる以前は、徳と悪徳との境でいずれの側への偏向もなく横たわっている」と記す。
31)　フィロンによる創 1–3 章資料の再使用は当然より複雑だ (Levison, *Adam*, 63–88)。ここではその重要な箇所のみを扱う。
32)　この文献はギリシャ語 (*Apoc. Mos.*) とラテン語 (*Vita Adae et Evae*) の 2 つの校訂本として存在する。これらは本来のヘブライ語テクストから派生している。原本の執筆年代は前 200 から後 100 年と幅が広く、パウロ以前の版があっただろうとも思われる。諷喩的と言うよりミドラシュ的な解釈方法から、この文献の本来の出処はイスラエルとされる (M.D. Johnson, *OTP*, 2.252)。したがって、現存するこの文献に反映されているアダムとエバに関する伝統と解釈は、パウロの知るところでもあっただろう。*OTP* 2.252 (M.D. Johnson)。

で扱う主題に見られる[33]。サタンが最も輝ける天使へと変容すること[34]、パラダイスが第三の天に置かれること[35]、「欲望（ἐπιθυμία）」がすべての罪の根源と特定されること[36]、アダムとエバの違反の結果として「死が私たちの全種族を支配した」という主題だ[37]。神の理解がパラダイスからの追放によって影響を受けないという点も、同様に関連性が高い[38]。その一方でアダムは、「私に着せられた栄光から引き離された」（『モーセ黙』20.2, 21.6）ことを嘆く。上の創2–3章の考察との関係では、『モーセの黙示録』によると「神の座は命の木があるところに置かれ」（22.4）、復活と命の木に再び繋がることが従順なアダムへの約束であり[39]、そして「あなたは永遠に不滅となる」（28.4）と言われる[40]。

ユダヤ教の黙示文学の代表といえば『ラテン語エズラ記』と『シリア語バルクの黙示録』だが、これらは後70年のエルサレム崩壊に続く時期、パウロの死後1世代後あたりに執筆された。これまで確認した主題との関連性の程度に鑑みると、これらの文献がパウロの時代のユダヤ教神学——ここで扱う主題に関して——を反映していると考えてよかろう。したがって、『エズ・ラ』3.7–10とロマ5.12–14とには普遍的な死の原因に関して同様の曖昧さが見られる。アダムは命令に違反し、「すぐさまあなた（神）は彼と彼の子孫を死に定めた」（『エズ・ラ』3.7）。しかしそれに続く洪水とそれによる破壊は、その当時の世界の住民の不敬虔と不従順の結果だ（3.8–10）。

驚くべきことに、『ラテン語エズラ記』はアダムの罪の責任を彼の「邪悪な心」に置く（3.21–26）。

---

33) *OTP* 2.255 (M.D. Johnson).
34) 『アダ・エバ』9.1＝『モーセ黙』17.1, Ⅱコリ11.14. Ⅱコリ11.13が蛇の誘惑を意識しつつ「誘惑」という主題を強調する点に注意せよ（ロマ7.11）。
35) 『モーセ黙』37.5, Ⅱコリ12.2–4.『アダ・エバ』25.1–3では、アダムも天のパラダイスへと引き上げられる。ギリシャ語において「エデンの園」を表す語としてπαράδεισοςが定着した（創2.8–10, 15–16, 3.1–3, 8, 10, 23–24. BDAG, παράδεισος）。
36) 『モーセ黙』19.3, ロマ7.7. さらに§4.7, 5.5を見よ。
37) 『モーセ黙』14, ロマ5.12, 14, 7.9–11. さらに§4.6を見よ。
38) 『モーセ黙』10.3, 12.1–2, 33.5, 35.2,『アダ・エバ』37.3, 39.2–3.
39) 『モーセ黙』28.2によると、アダムは追放される前に命の木から食べることの許しを乞う。
40) 「終わりの日の死者の復活は繰り返し教えられた」(Johnson, *OTP*, II.254)。

第1のアダムは、邪悪な心に燃え、違反をして屈したが、彼の子孫もすべてそのようになった。こうして病が蔓延した。律法は人々の心にあったが、邪悪な根もそこにあった。善は去り、悪が留まった。……都（エルサレム）の住民は違反し、アダムとその子孫と同様のことをすべてにおいて行った。彼らが邪悪な心を持っていたがためだ。

ここにも同様の曖昧さが見られる。「原罪」と呼べるものはないが、説明が付加されない「邪悪な心」が人の一部として設定されている。もし非難すべき者があるとすれば、それは邪悪な心を取り除かない神だ（3.20）[41]。同時に御使いウリエルは「邪悪な種が初めからアダムの心に蒔かれていた。これまでにどれだけの悪を収穫したことか。また脱穀の時までにどれほどの悪を収穫することか」（4.30）と語る[42]。「邪悪な心」と「邪悪な種」はともに創6.5、8.21の「意図／判断」でありラビの「（悪の）衝動（יֵצֶר）」である[43]。

最も印象的なのはエズラの嘆きだ。「ああ、アダムよ。何ということをしたか。罪を犯したのがあなただとしても、堕落はあなただけのものでなく、あなたの子孫である私たちのものでもある」（『エズ・ラ』7.118）。これはエズラ自身の理解として提示されるが、御使いウリエルは人の責任を認めてこれを修正する（7.127–31）[44]。エズラとウリエルとの議論によって明らかとなるのは、人に負うべき責任があるということだ。

『シリア語バルクの黙示録』も、後70年のエルサレム陥落の責任に関して同様に嘆く。アダムはその意識的な違反ゆえに罪を免れない（4.3）[45]。「アダ

---

41) Levison, *Adam*, 117–18.

42) さらにA.L. Thompson, *Responsibility for Evil in the Theodicy of IV Ezra* (SBLDS 29; Missoula: Scholars, 1977); M.E. Stone, 'Excursus on Adam's Sin', in *Fourth Ezra* (Hermeneia; Minneapolis: Fortress, 1990), 63–67 を見よ。『ラテン語エズラ記』でのアダムに関する他の言及は、7.11–14（アダムの違反の結果としての身体的苦悩）や、7.62–74, 8.44–45（人はそれでも神の似姿と呼び得る）。

43) とくに全人類の本質を決する2つの例に関する、今では有名になった箇所（1QS 4.15–26）を参照。O.J.F. Seitz, 'The Two Spirits in Man: An Essay in Biblical Exegesis', *NTS* 6 (1959–60), 82–95 も見よ。

44) 『ラテン語エズラ記』では誰が語り手かに注意せねばならない。文章全体がエズラとウリエルとの議論というスタイルで進められ、ウリエルの視点により重きがある。Levison, *Adam*, 123–24 を見よ。

45) Levison, *Adam*, 130–31.『シリ・バル』14.17–19 も見よ。

ムの暗部」(18.2) は短命と死とを、彼の子孫に残した (17.3)。最初の日から「死は違反者に対して宣告される」(19.8) が、すなわちそれは「すべて生まれ落ちたる者」(23.4) への宣告だ[46]。「彼 (アダム) が違反した時、予期せぬ死が訪れた」(56.6)。ここで責任の所在が確認される。「ああ、アダムよ、あなたのあとに生まれる者へ何ということをしたか。蛇にしたがった最初のエバに何と言おうか。そのためにこれほど多くの者が堕落へと向かうことになったのだ」(48.42–43)。しかしその応答として、人はそれぞれ自分の違反の償いをするのだと言われる (48.47)[47]。この点は『シリ・バル』54.14, 19 が明示する。

> アダムが最初に罪を犯し、彼よりあとの時代のすべての者に死をもたらした。しかし彼から生まれた者はそれぞれ、来たるべき苦しみを自ら備えた。……したがってアダムは自分自身にとっての原因であるが、我々は自分自身のアダムとなった。

アダムであろうと人類一般であろうとその瑕疵(かし)は、律法違反 (48.47)、律法を愛することを怠ること (54.14)、創造主としての神を認めることを怠ること (54.18) に分類される。

　新約聖書への影響を考察するのに適切か否かで意見が分かれるラビ文献にまで考察の範囲を広げる必要はなかろう[48]。これまでの分析で、アダム伝承に関する考察が第二神殿期ユダヤ教の異なる集団によって十分になされていたことは明らかだ。これらの考察のあいだには、2 つの視点に関して驚くほどの一致が見られる。第 1 に、創 1–3 章が人名としてのアダムと人を意味する「アダム」との関連性を厳密に捉えるよう促している点だ。そして第 2 に、人の死という現実について創 2–3 章がある種の説明を提供している点だ[49]。

---

46) しかし「希望の内に眠りに就くすべての者」(30.1) に復活があるという希望がある。
47) Levison, *Adam*, 135–36.
48) しかし Scroggs, *Adam*, 32–58 を見よ。偽フィロン『古誌』に関しては C.T.R. Hayward, 'The Figure of Adam in Pseudo-Philo's Biblical Antiquities', *JSJ* 23 (1992), 1–20 を見よ。
49) さらに Scroggs, *Adam*, 19 を見よ。

それ以外では、アダム伝承に関する論考は開かれており、その解釈に見解の一致はない。例えば、死はたんに人が地の塵からなるという事情に起因するか、創造の予期せぬ結果（それゆえ復活が必要となる）か、アダムの違反が彼の子孫の違反を誘発させたか、あるいは、各人が自分の罪に対して責任を持つべきか[50]。アダムの違反の性質について議論される場合もある。フィロンはそれを快楽、『モーセの黙示録』は欲望、『ヨベ』3.31は性的な意味での情欲、『シリア語バルクの黙示録』は神を創造主として認めないこととする。これらの考察から明らかなことは、パウロがすでに熟した議論へと参入しており、彼の理解がそれ以前の解釈者の影響を十分に受けているということだ。

§4.4. パウロ神学におけるアダム（1）（ロマ 1.18–32）

ここでも、パウロの思考の流れを順に追っていくのが良かろう。なぜなら、人類の窮状を説明するに際して創1–3章に繰り返し立ち戻ることがローマ書におけるパウロの特徴となっているからだ。

パウロはローマ書の開始部で人類への告発を始めるにあたり、創造主と被造物との関係に言及する。ここで彼は、それ以前の伝統からほとんど外れない。まず神が自分を知らしめた、あるいは被造物を通して神の認識が可能だという公理を提示する（ロマ 1.19）。これは知 13.1–9 を強く想起させる。被造物から創造神の本質を知りうる（1.20）という理解は、当時の宗教的原則に共通している[51]。しかし人類は、この神に栄光を帰すことを怠り、感謝しなかった（1.21）。パウロはここで、創造主に対する被造物のあるべき姿勢が礼拝と感謝だという前提に立っている。神の威光（栄光）の真の意味、その永遠の力と神性（1.20）とが、被造物としての人の脆弱さと腐敗とを明らかにする。これは非常にユダヤ教的な理解だ[52]。「自らを知ることにつながらな

---

50) M. de Boer, 'Paul and Jewish Apocalyptic Eschatology', in Marcus and Soards (eds.), *Apocalyptic* (§12 n.1), 169–90（とくに pp.177–80）も見よ。

51) §2.6 を見よ。さらに Dunn, *Romans*, 57–58 を見よ。

52) 例えば出 24.15–17, 20.18–20, イザ 6.1–5, エゼ 1 章。さらに G. von Rad, δόξα, *TDNT* 2.238–42 を見よ。

第4章　アダム

い神に関する知識は虚偽だ[53]」。したがって知13.8–9にあるとおり、被造物である人に弁解の余地がない（1.20）[54]。その結果、思いは虚しくなり、愚かな心が暗くなる（ロマ1.21）、と知13.1は述べる。私がローマ書註解に記したとおり、「パウロが示唆する内容は明らかだ。命を神からの賜物として体験するのでなければ、人はその命の現実に盲目となり虚しさへと突き進む。……とくに理性的な存在として応答し機能する人の能力が損なわれる。神を正しく理解することから始まる洞察なしに、人は方角を見失って暗闇の中でうごめき、その存在の中核部分を本質的に些末な事柄のために浪費するのみだ」[55]。

　この人間観の背後には、神のただ1つの命令にしたがうことを拒み（創2.17）、神を敬うことを意識的に拒絶した人類の原型としてのアダムの姿が見え隠れする[56]。ロマ1.22ではアダム物語との関連がより明らかとなる。自分の賢さを主張することがかえって愚かさへ向かう様子は、善悪の知識の木を想起させる[57]。知恵を羨望し神に依り頼まないことは、それ自体が神のようになる誘惑で（創3.5–6）、アダムが命から閉め出されることを意味する。これは自分自身を超えたものを求めて自滅をもたらすティルス王の体験と重なる（エゼ28章）。マクベスの言葉を借りるなら「ただ飛び越える野心があるだけだ、それが逸って、飛び越えて落馬する[58]」。人は本来、神の知恵に依り頼む。もし自らを知恵ある者と誇り、自らの内から知恵を導き出そうとすれば、それは愚かさであり、盲目の助言によってただ破滅へとつながる[59]。この誘惑は神のようになることだ。その結果、人は人としてさえ適切に機能できなくなる。「成熟」に至って神をもはや要しないと主張すると、人は神のようになって超越するどころか、かえって虚しくなり暗闇を迷う。神から離れ

---

53) Bultmann, *Theology*, 1.213.
54) とくに『エズ・ラ』7.22–24, 8.60 を見よ。
55) Dunn, *Romans*, 60.
56) Hooker, 'Adam', 300–01; Wedderburn, 'Adam', 413–19. この理解は広い支持を得てはいない。Fitzmyer, *Romans*, 274 を見よ。
57) §4 n.14 を見よ。
58) シェイクスピア『マクベス』第1幕、第7場。
59) Scroggs (*Adam*, 8) は「人にとって今の苦境の主原因は、……自分が神の導きの下に留まることを拒んだことだ」と述べる。

た人類の悲劇は、自らを正しく知りその本質を認めることができなくなることだ。神のようだと考える人は、神がその息を吹きかけた地の塵に過ぎないという現実を受け止めることができない。

パウロは続けて、神の代わりに人が手に入れた愚かさを列挙する。それは人が作った偶像であり[60]、人の心の欲望であり、性的不道徳だ（ロマ 1.23–24）。「彼らは神の真理を虚偽と交換し、創造主でなく被造物を拝み仕えました」（1.25）。ここには当時すでに周知されていたユダヤ教の神学的考察が明らかに共鳴している。それはとくに、知 11–15 章における偶像崇拝への強い敵対姿勢、原初の罪の背後にある「欲望」[61]、そして異邦人の性的乱れに対するユダヤ人特有の嫌悪だ[62]。さらに、罪の起源を説明するために創 6.1–4（「神の子ら」が地上の女たちと交わるという罪）を引き合いに出すユダヤ教伝統があることを忘れてはならない[63]。人は何にせよ「神」を必要とする。被造物としての達成感を得るために、人は誰かに（何かに）頼らねばならない。それが創造神でなければ、何かまったく劣ったものを「神」とせずにいられない。神から離れた人間は、彼らの欲望に仕える。人が「神のよう」であるのは、神との関係を保ってその姿を反映させるからだ。そうでなければ、人は神の代用や複写と戯れるのみだ。

パウロの人類告発を特徴づける重要な側面として、荒野で金の仔牛を拝む偶像崇拝とそれに伴う堕落をイスラエル自身が告発する伝承が挙げられる[64]。人の虚しさに対する批判（ロマ 1.21）は、エレ 2.5–6 に依拠する。つまり、荒野の先祖らは「私から遠く離れ、価値なきものを追い求め、価値の

---

[60] ロマ 1.23 が創 1.20–25 の影響下にあることは、本節最後の 3 単語（鳥 [πετεινόν]、四つ脚の獣 [τετράπους]、は虫類 [ἑρπετόν]）の選択から伺える。N. Hyldahl, 'A Reminiscence of the Old Testament at Romans 1.23', *NTS* 2 (1955–56), 285–88.

[61] ロマ 7.7 に関しては §4.7 を見よ。

[62] 詳細は Dunn, *Romans*, 61, 65–66 を見よ。Stowers (*Rereading*, 92–97) は異邦人への敵対姿勢という要素を認めるが、知 11–15 章との関係性に十分な注意を払っていない。しかしこの関連は過去 100 年にわたる解釈において一般に支持されてきた。§4 n.23, §5.4–5 を見よ。

[63] 例えば『ヨベ』4.22, 5.1–10, 7.21,『エチ・エノ』6–11, 86,『ルベ遺』5,『ナフ遺』3.5,『ダマ』2.18–21, CD 2.18–21.

[64] 出 32.25–28, 申 9.13–21, 王上 12.28–30, ネヘ 9.18, 詩 106.19–23, 使 7.39–41.

ない者となった[65]」。ロマ 1.23 の言語表現はおおよそ詩 106.20 に依拠する。金の仔牛を造ることで「彼らは神の栄光を草を食む牡牛の像と取り替えた[66]」。このような伝承の融合は偶然でなくパウロと同時代には確立していただろうが、のちのラビ文献において初めて明記されたようだ。ラビ伝承では、シナイ山における律法授与が新たな創造、金の仔牛事件が新たな堕落と見なされた[67]。それならパウロの告発はすでに2つの方向性を持っていたことになる。一方では異邦人の宗教と性行為に対するユダヤ人に典型的な批判、他方ではイスラエル自身が同じ告発の下に置かれていることの確認だ。それゆえパウロの告発は普遍的な様相を示しており、その対象は「人類すべての不敬虔と不義」(ロマ 1.18) また「ユダヤ人をはじめ異邦人も」(2.9–10) である。

§4.5. パウロ神学におけるアダム (2)(ロマ 3.23)

ロマ 3.23 についても短く触れておこう。パウロは、神の義がなぜ区別なくすべての人へ向けられるかを説明する。その理由はやはり格言めいており、弁護や正当化を要しない。「すなわち、すべての人が罪を犯し、神の栄光から外れている」からだ。この格言はアダムに関するユダヤ教の神学的考察の方向性と同じだ。人類はすべて罪と死とにつながっている。この思想には 2 つの側面がある。第 1 に、アダムの罪が彼を神の栄光から引き離すという理解は、すでに『モーセ黙』20.2, 21.6 に見られる[68]。これに対応し、来たるべき世への希望は本来の栄光の回復として表現される(『モーセ黙』39.2–3)[69]。第 2 に、この栄光が失われたものか到達し得なかったものか曖昧なのは[70]、エデンの園にある命の木の役割が曖昧なためだろう。原初の人は

---

65) 「虚しくなった (ἐματαιώθησαν)」という語が両方のテクストで用いられる。
66) そして「私の民は彼らの栄光を益にならないものと取り換えた」(エレ 2.11)。
67) 詳細は Wedderburn, 'Adam', 414–15 を見よ。
68) §4.3 を見よ。さらに Scroggs, *Adam*, 26, 48–49, 73–74 を見よ。
69) さらに『エズ・ラ』7.122–25,『シリ・バル』51.1, 3, 54.15, 21 を見よ。他の出典は Dunn, *Romans*, 168 を見よ。
70) 「外れる、欠ける (ὑστερέω)」は両方の意味で用いられる。

すでに持っていたものを失ったか（創 2.16）、永遠の命を得る機会を奪われたか（3.22）、明らかでない。いずれにせよ、人類は神の栄光をつかもうとし、その神のようになるというその試みにおいて、本来与えられていた栄光の分け前をも失ってしまった。

§4.6. パウロ神学におけるアダム（3）（ロマ 5.12–21）

ローマ書第 1 部の終結部分に至って初めて[71]、パウロはアダムについて明言する。この終結部に至るまでの議論がほとんど狭い範囲に集中しているからか、ここでは意識的に普遍的視点から俯瞰して要約する。こうして終結部は、やはり普遍的な視点で書かれた開始部（ロマ 1.18–32）と共に第 1 部の両枠を構成する。したがって私たちは、パウロが「アダム（אָדָם）」によって「人類」という意味をも意識しているとすぐさま気付く。それはこのペリコペにおいて、全人類の歴史が 2 人の原型となる人物によって封印されているからだ（ロマ 5.18 では「すべて」が繰り返される）。すなわち、福音が人類に対して提示する 2 つの生き方を体現するアダムとキリストだ[72]。これはある意味で、申命記的契約のクライマックスとして提示された死と命とのあいだの選択（申 30.15–20）に関するパウロの語り直しだ。後述するように、パウロに特徴的な付加があるにせよ、ここに見られる思想は上述したユダヤ教伝統と多くの点で符合する[73]。

パウロがアダムを歴史的な人物、その行為を歴史上の不従順な行為として捉えたかは不明だ。私たちが想定する以上に古代人が多様な文書形態の機能を意識しそれに気を配っていたことは、フィロンが教えるとおりだ[74]。パ

---

71) ローマ書におけるロマ 5.12–21 の役割に関しては Dunn, *Romans*, 242–44 を見よ。

72) この点は I コリ 15.21–22 においてより明白だ。「1 人の人を通して死が訪れた。……アダムにおいてみなが死ぬ」。この箇所をここで詳説する必要はなかろう。

73) これと対照的に、Strecker（*Theologie*, 68）は「パウロの人間論は純粋なユダヤ教というよりも、おそらくグノーシス的二元論に近い」と述べる。しかし、のちのグノーシス的体系とは、パウロが罪と死とを不完全な意味での宇宙的力と説明する点、また罪に関する人の責任を強調する点において異なる。Wedderburn, 'Romans 5.12', 342–44, 348–49; §5 を見よ。

74) §4.3 を見よ。

第4章　アダム

ウロがつぎにアダム物語を登場させる場合は（ロマ 7.7–11）、『シリ・バル』54.19 がアダムを「すべての人」の原型として扱う仕方と驚くほど似ている。するとパウロが創 1–3 章を用いる仕方は、ユダヤ教伝承において罪と死とを説明するために創世記物語が用いられる際のアダムに関する神学的論考と符合している。そしてパウロの教えは、歴史と神話とのあいだの緊張関係を解決しようとしない[75]。

> [12] したがって 1 人の人を通して罪がこの世に入り、罪によって死が入ったように、そのように死がすべての人に入り、すべての人が罪を犯しました。[13] なぜなら、律法以前にも罪はこの世にありましたが、律法の不在において罪は認められませんでした。[14] しかし死はアダムからモーセまでを、アダムの違反と同じ仕方で罪を犯さなかった者をも、その支配下に置きました。このアダムは、来たるべき方の予型です（ロマ 5.12–14）。

ここに創 3 章が示唆されていることは明らかで、とくに知 2.23–24（§4.3）との類似性が認められる。この主題は上での議論を繰り返す。すなわち〈なぜ死が不可避的な人類の運命となったか〉だ。パウロは創 2–3 章にある知識の木の機能から明らかな適用——死は創造における神本来の意図でなかった——を導き出している。本来この世に属さなかった「死」が「世に入った」。しかしここにも曖昧さが残っており、この議論へのパウロ独自の貢献はこの曖昧さの一部のみを明らかにし、残りの曖昧さがむしろ浮き彫りとなる。それでもパウロ独自の思想は 5 つの点で明らかだ。

　第 1 にパウロは、死が創造本来の当然の結果でないことを明らかにする。それはむしろ罪の結果だ。死が「罪を通して」この世に入った（ロマ 5.12）。「死がすべての人に入り、すべての人が罪を犯しました」（5.12）。「罪が死において支配しました」（5.21）。パウロが罪と死とのあいだの強いつながりを認めるので、私たちはこの点をのち（§5.7）に異なる視点からもう一度考察する必要がある。

75）「罪の介入は人の住む世界の秩序、人が経験する世への介入であり、創造へでない。これは普遍的経験を表現する言語であり、宇宙論的な思索でない」(Dunn, *Romans*, 272)。

第 2 に、人は自分の死に責任があるか。一方でアダムの子孫すべてにとって、死はアダムの違反の結果だ。他方で、みなが罪を犯し、その結果として死がある (5.12)[76]。死はアダム以来支配的で、それはアダムのような罪を犯さなかった者をも支配する (5.14)。換言すると、アダムの違反を通して「多くの者が罪人とされた」(5.19)。しかし「された (κατεστάθησαν)」という語によって示唆される因果関係は非常に曖昧で、これは「なった (ἐγένοντο)」ほどの意味だ[77]。すなわちパウロは、アダムから今日に至る命と死の連続性を自明のことと想定する。この連続性を最初に確立したのが何かは不明なままだが、それがアダムによって開始したことは明らかだ。そして、人が罪を犯し続けることによってこの連続性が維持されることも明らかだ。

　第 3 に、したがってパウロは死の二重の概念を想定していることが明らかになる。アダムの最初の違反の産物としての人類の死と、自分自身の違反の結果あるいは罰としての死とが区別される。おそらくこれは、（フィロンに見られる？）自然死と霊的死との区別と関係しよう。換言すると、普遍的な必滅の運命と善悪を知る木の実を食べた結果としての死（創 2.17, 3.3）とを関連させる試みにおいて、このような区別が意識されることは避けられない。

　第 4 に、パウロは罪の概念を非常に複雑に捉えている。彼は罪 (ἁμαρτία) を人格化された力として提示する。したがって、「罪が世に入った」(ロマ 5.12)、また「罪が死を支配した」(5.21)。「罪」は実質的に蛇／サタンの役割を担う。もっとも、蛇よりも明らかに重要な存在だ。一方で「罪」には認められる（算入される）という側面もあり、それは品質や統計値のようだ (5.13)[78]。罪が増したり拡大したりする場合 (ἐπλεόνασεν, 5.20)、それは果実のようだ（フィリ 4.17 参照）[79]。同じ文脈では、これに相応する動詞

---

76)　「すべての人が罪を犯しました」(5.12) を前文と結ぶ前置詞＋関係代名詞 (ἐφ' ᾧ) は一般に「なぜなら」と訳される。とくに Cranfield, *Romans*, 274–81 を見よ。しかし Ridderbos (*Paul*, 96–99) は「共有的意味」と理解し、Fitzmyer (*Romans*, 413–17) は結果を示すと理解する（「その結果〜」)。Ladd (*Theology*, 443) も同様だ。

77)　A. Oepke, καθίστημι, *TDNT* 3.445; Dunn, *Romans*, 284 を見よ。

78)　パウロは人の行動が記される天の書物を想定するが、これは同時代のユダヤ教思想に倣っている（ダニ 7.10, 『ヨベ』30.17–23, 『エチ・エノ』89.61–64, 70–71, 104.7, 108.7, 『シリ・バル』24.1)。さらに Dunn, *Colossians*, 164 (コロ 2.14) を見よ。

79)　これはシラ 23.3 の言説と関連するかも知れない。その場合は複数の諸罪過として「私の諸罪

(ἁμαρτάνω) が具体的な罪の行為に対して用いられる (5.12, 14, 16)。この複雑な罪概念に関してはさらに第5章で考察しよう。

　第5に、パウロはアダムの罪に関して3つの語を用いる。すなわち「違反／範囲を越えること (παράβασις)」(ロマ5.14)、「違反／誤った道に進むこと (παράπτωμα)」(5.15–20に6回)、「不従順 (παρακοή)」(5.19) だ。これらはみな過ちとしての「罪 (ἁμαρτία)」よりも語気が強い。「罪」は律法が存在するところでたんに罪と認められるが (5.13)、「違反」は周知の律法を意識的に破ることを意味する。したがってアダムの違反は、創造主による明確な命令に逆らうことだ (創2.17, 3.1–6)。すなわち、「違反」という行為に対して「罪」という認識が持たれる。したがって神の命令を意識的に破る「違反」にのみ罪責感という概念があてはまる。それでも違和感が残る。なぜ「罪」を犯すだけで「違反」をしない者が死ぬか。ロマ5.14, 16で「違反 (παράβασις, παράπτωμα)」に対して「罪を犯す (ἁμαρτάνω)」という動詞が用いられても、それが直接の問題解決にはつながらない。

　パウロが言わんとするところは以下のようだ。(1) すべての人は罪と死に対して従属するという性質を持っている。たんに自然の肉としての死すべき性質でない。罪と深く結びついて、神の最善の意図に到達し得ない。死は創造秩序が崩壊する1つの結果だ。(2) この状況には二面性がある。つまり、社会の構造としての罪と個人の責任による罪だ[80]。これら2つの混合が責任の厳格なすみ分けを困難にするが、それは今日の社会でも同様だ。(3) これは全体として、人が神を認めることを拒むこと、被造物が創造主を排除することの結果だ。人類が神からの独立を宣言することは、肉の脆弱さを利用する罪を克服する力、すなわち死を克服する力を手放すことを意味する。(4) しかし、罪の意識は個人の違反を認める際に入り込む[81]。人は自分が生まれた状態について責任を持たないが、この時点から個人の責任が始まる[82]。つ

過が増し加わらないように (μὴ... πλεονάσωσιν)」。

80) Bultmann (*Theology*, 1.252–53) でのロマ5.13–14の解釈を参照。

81) Whiteley (*Theology*, 51) は「聖パウロは原初の罪（原罪）を信じないが、原初の罪意識を想定する」と述べる。

82) これを理解する助けになる例として、ローデシアが1970年代に英国領からの「独立宣言」を提示したことが挙げられよう。これは英国植民地の英国に対する「謀反」を意味した。当時ローデ

まりパウロの分析には、初期ユダヤ教神学での同じ主題に共通する曖昧さがある。そうは言っても、それは人の罪と死という厳しい現実を理解しようとする果敢な試みに違いない。

　パウロはここでもロマ 1.18–32 と同様に、人類の普遍的な経験にイスラエル特有の経験を重ね合わせている。なぜなら律法の導入によって、罪責意識のない罪が意識的な違反へと変容するからだ（ロマ 5.13）。この場合の「律法」とは、パウロにとってモーセ律法を指す。したがって彼は、アダムからモーセに至る律法のない期間を想定できる（5.14）[83]。そして、「到来した」（5.20）ところの「律法」は当然モーセ律法だが、これが普遍的に罪人を世に登場させ（5.19,「多くの者」）、罪の支配の開始を知らせた（5.21）。人類史のドラマにおけるもう 1 つの要素として律法がここに登場するが、その複雑な役割に関しては第 6 章で考察しよう。ここでは、人類全体が直面する現実にイスラエルの罪と死の体験とが重ね合わせられていることを確認するに留めておこう。

§4.7.　パウロ神学におけるアダム（4）（ロマ 7.7–13）

　パウロはまた、律法が重要な役割を担うもう 1 つの箇所でアダム物語に立ち帰る。じつにこの箇所の目的は、死という経験の主たる責任を律法が負うという理解に対して、律法を擁護することにある[84]。上の議論では、律法の登場以前に死がすでに存在していた（5.13–14）。ここでパウロは、人類が死の支配下にある責任を罪の力に負わせる。

> ⁷ それでは何と言いましょうか。律法は罪でしょうか。決してそうではありません。しかし私は、律法を通してでなければ罪を知ることがありませんでした。なぜなら、律法が「貪るな」と言わなかったなら、私は貪りを知らなかったか

シア（現ジンバブエ）に生まれた子供は、当然この「謀反」の責任を問われないが、謀反の状態が続いていたとすれば、その子が成長した段階で「謀反」を維持するか終結させるかを決める個人的な責任をある程度負わされたことだろう。

83)　§4 n.89 を見よ。
84)　ロマ 7.7–25 を弁論として理解する立場に関しては §6.7 を見よ。

らです。⁸ しかし罪は戒めを通して機会を得、私の内にあらゆる貪りを生じさせました。なぜなら、律法がなければ罪は死んでいるからです。⁹ そして私は、かつて律法によらないで生きていました。しかし戒めが到来すると、罪が甦り、¹⁰ 私は死にました。そして命のために意図された戒めが、死のためだったと私は知りました。¹¹ なぜなら罪は、戒めを通して機会を得、私を欺き、それを通して私を殺したからです。¹² したがって、律法は聖く、戒めは聖く正しく善いのです。¹³ それでは、善いものが私にとって死となったのでしょうか。決してそうではありません。むしろ罪は、罪として現れるために、善いものを通して私に対して死を生じさせました。そうして罪は戒めを通して著しく罪深くなりました。

アダムへの言及はそれほど明確でない。しかしアダムとの関連を見出す鍵は、上で行ったアダムの不従順に関するユダヤ教の神学的考察においてすでに提示されている。すなわち誤った願望、情欲、欲望（ἐπιθυμία）がすべての罪の根源であるとしてすでに広く認められている、という認識だ。この点はフィロン[85]、またとくに『モーセ黙』19.3 の「欲望があらゆる罪の起源だ」という思想において確認した[86]。そして新約聖書において最もユダヤ教的な文献であるヤコブ書も、同じように証言する。「欲望（ἐπιθυμία）が罪を孕んでこれを生み出す」（ヤコ 1.15）。パウロが十戒の第十戒——「欲してはならない（οὐκ ἐπιθυμήσεις）」（出 20.17, 申 5.21）[87]——に焦点を置くゆえんだ。換言すると、誤った願望こそが原初的な罪であり、「あなたは神のようになる」（創 3.5）という園における蛇の言葉がアダムをこの欲望へと誘った、という一般的な思想をパウロは共有していた[88]。

---

85) §4 n.30 を見よ。
86) 『アブ黙』24.9 を見よ。
87) これが性欲を示唆しているという見方は可能で、『ヨベル書』とフィロンが示すとおり、裸とその結果としての恥に関する言説（創 2.25, 3.7, 10）から自然に導き出される。R.H. Gundry, 'The Moral Frustration of Paul before His Conversion: Sexual Lust in Romans 7.7–25', in Hagner and Harris (eds.), *Pauline Studies*, 80–94; Boyarin, *Radical Jew*, ch.7 を見よ。しかしパウロの主たる強調点は神とアダムとの間の乖離だ（『モーセ黙』19–21 章）。J.A. Ziesler, 'The Role of the Tenth Commandment in Romans 7', *JSNT* 33 (1988), 41–56 を見よ。
88) 「欲望」と一般に訳される ἐπιθυμία を「律法遵守への熱心」（Bultmann, *Theology*, 1.265）ある

この点を理解すると、ロマ 7.7–11 における創 2–3 章の半諷喩的解釈が明らかになる。善悪の知識の木の実を食べることの禁止（創 2.17）は、「欲してはならない」という特徴的な命令表現に見られる[89]。蛇は「罪」と同視される。そして「私」は、アダム、「人（אָדָם）」、人類一般（『シリ・バル』54.19）と実存的に同視される[90]。するとパウロの物語解釈は、明らかに心理学的に鋭い洞察を提示する[91]。律法が適用される必要がない時、人類社会はすべてが良い。人はその暮らしを楽しみ（創 2.7、ロマ 7.9）、罪は効力を発揮せず無力だ（νεκρά、ロマ 7.8）。しかし罪は律法がもたらした機会を捉え、掟が禁ずる内容へと人の好奇心を誘う。こうして禁止事項への欲望がかき立てられ、飽くなき力となり、それが人を死へと導く。「それを食べた日にあなたは死ぬ」（創 2.17）という神の掟と「あなたは死なない」（3.4）という蛇の反論を受けて、「蛇が私を欺き、私は食べた」（3.13）という女の弁明が「罪が……私を欺き、それ（掟）を通して私を殺した」（ロマ 7.11）という説明と共鳴する[92]。人を導くはずの掟（創 2.16–17）は、こうして死の手段と化した（ロマ 7.10, 13）。

人類一般の窮状について語るために、パウロがアダム物語を用いたことに疑いの余地はない。しかし同時に、パウロがここでもイスラエルの物語を意識的に編み込んでいる点も忘れてはならない。なぜならロマ 7 章の「私」にイスラエルが反映しているからだ[93]。モーセを通して律法が与えられたのが

いは「自らの義を求める熱心」（Bornkamm, 'Sin', 90; Hübner, *Law* [§6 n.1], 72）と理解することは、偏向的な解釈でありテクストからの支持を得ない。Ridderbos, *Paul*, 145–46; Theissen, *Psychological Aspects* [§18 n.1], 208; H. Räisänen, 'The Use of *epithymia* and *epithymein* in Paul', in *Jesus, Paul and Torah*, 95–111 を見よ。

89) 後期ラビ伝承では、アダムの時代に律法が効力を発揮していたという理解が一般的だった。すでに『エズ・ラ』7.11 で、アダムが神の掟（複数）に違反したとされる。パウロは「律法」と「掟」とを同視している（ロマ 7.8, 9, 12）。さらに Dunn, *Romans*, 379 を見よ。

90) 「私」の意義に関する議論は Dunn, *Romans*, 381–83; Fitzmyer, *Romans*, 462–65; J. Lambrecht, *The Wretched 'I' and Its Liberation: Paul in Romans 7 and 8* (Louvain: Peeters / Grand Rapids: Eerdmans, 1992) とそこにある二次文献リストを見よ。

91) これ以降では私は現在時制を用いるが、歴史的時制が用いられたとしても意味は変わらない。〔訳註　すなわち、ここで現在時制を用いても、それは原罪の教義を支持していることを意味しない。〕

92) さらに II コリ 11.3、I テモ 2.14 参照。ここでの「私」はエバの言葉と共鳴している。

93) とくに D.J. Moo, 'Israel and Paul in Romans 7.7–12', *NTS* 32 (1986), 122–35; Wright, *Climax*,

のちのことだという理解は[94]、シナイ山で与えられた掟を通して罪が欲望をイスラエルの内にかき立てたことと切り離せない[95]。つまり、シナイ山の麓で偶像崇拝へと堕落し、解き放たれた欲望に身を任せたイスラエルの姿が念頭にある。これに続く死あるいは虐殺の様子は、イスラエルの民話的記憶として焼き付いた[96]。このようにしてパウロは、ユダヤ人の読者やユダヤ教の影響を受けた読者が、イスラエルも人類の脆弱さと過ちとを共有しており、異邦人と同様に罪と死とに深く結びついていることを忘れさせない。

§4.8. パウロ神学におけるアダム（5）（ロマ 8.19–22）

完全を期すために、創 3 章へのローマ書での最後の言及にも触れよう。これは、パウロが最終的な救いの完成の希望へと目を向ける箇所に見られる。興味深いことに、パウロはこの希望に創造を含める。「被造物は虚無に（ματαιότητι）服しました」（ロマ 8.20）。「虚無（ματαιότης）」は、あるものが意図された機能を果たさない様子、より厳密には、あるものが本来の意図とは異なる役割を与えられている様子を指す。これは明らかに創 3.17–18 を示唆している。ロマ 1.22 ではこれに相当する動詞が用いられ、神を認めないことに起因する思考の空虚さが表現されている。人類が他の被造物との関係において、創造主と被造物との関係を想定するなら（「あなたは神のようになる」）、それは被造物のみならず人類をも虚無に陥らせる。したがって人を含めた被造世界は不調和に陥っている（8.22–23）[97]。しかし被造世界が人類の虚無を共有するなら、人類の「堕落への隷属」（8.21）からの解放をも共有す

---

197 を見よ。この点に関して私は、以前（Dunn, *Romans*, 383）以上に共感している。
94） ロマ 5.13–14, 20, ガラ 3.17–19.
95） ロマ 5.13–14 と 7.9 との間の不調和をことさら強調することは（Räisänen, *Law* [§6 n.1], 147; Wedderburn, 'Adam', 424）、必要以上に衒学的だ。
96） 出 32.25–28. ペオルのバアルに対する偶像崇拝に関する結果は民 25.1–9, Ⅰコリ 10.7–10 を見よ。Ⅰコリ 10.6 は悪しき欲望に対する災難について語る。
97） この描写は印象的だ。創造世界が手負いの獣のように呻き、新たな創造を産む身重の女のように喘ぐ。このような自然界の印象的な擬人化は詩的な傾向があるユダヤ教文学の一部に典型的だ。これに相当する古典文学は、ウェルギリウス著『詩選』4.50–52 に見られる。Dunn, *Romans*, 470–73 を見よ。

ることになる。

　ここで指摘されるべきは、人類がその他の被造物と連帯関係にあることだ。それは「アダム（אָדָם）」がその起源なる「塵（アダマー אֲדָמָה）」と一帯であることと関連する[98]。この確信は、創 2–3 章から直接導き出される。一見するとこれは、人が復活という変容を遂げると教えるⅠコリ 15.42, 50 以上の思想のように見受けられる。しかし私たちはここで、環境に適した体現である「体（σῶμα）」の意義について思い起こす必要がある。人類の有体性という性質を認めるなら、それは来たるべき時代の体現に相応しい環境を神が提供するという希望へと私たちを導く。

§4.9.　要約

　人類はたんに脆弱で破滅に向かっているだけでない。罪、過ち、違反が不可避的に備わっている。人は神と関係を持つように創造されており、その関係は人類にとっての本質だ。それは（神との関係においての）被造物として、また（その他の被造世界との関係における）人としてのあり方に満足を与える。しかし人類は、神との関係性から離れることで、この世界とより満足できる関係性を築き得るとの誤った考えに陥った。そして人は、神に背を向けてこの世界に焦点を移し、被造物としての役割に反抗して創造者としての役割を演じようとした。その結果、人類は高みに至るつもりが堕落に陥り、賢者でなくかえって愚者となり、崇高にならずに卑しくなった。神の似姿を否定して、獣や事物の像を選んだ（§4.4）。神の栄光を手放し、そのあるべき姿にまったく至ることができないでいる（§4.5）。永遠の命を享受するのでなく、死に支配され（§4.6）、罪の「カモ（対象）」となった（§4.7）。人類は、支配的な機能不全、葛藤、そして虚無を、残りの被造世界と共有している（§4.8）。

　パウロはこのようにロマ 1.18 以降で人類への告発を始め、続いてローマ書の前半でこれを詳述する。この告発は創 2–3 章に刺激されており、彼が生

---

98)　W. Schmithals（*Die theologische Anthropologie des Paulus: Auslegung von Röm 7.17–8.39* [Stuttgart: Kohlhammer, 1980], 158）は、創造世界からの離脱でなくそれと共に喘ぐ様子は、パウロが二元論的世界観を想定していないことを示すと指摘する。

きた時代の経験にも依拠している。その言語やイメージは現代人に奇異であっても、「あなたは神のようになる」とのささやきに耳を傾ける世の中に対して警鐘を鳴らし続けている。

第5章　罪と死[1]

§5.1. 悪の力

　人類に巣くう病は、第4章で述べた第1のアダムの在り様以外からも分析できる。パウロにしばしば見られる否定的な人類の兆候（§4.1）は、その原因を他にも求めることができる。キャシアス（カッシウス）なら「ブルータスよ、こうなった責任は我々の星（運命）にあるのでなく、我々自身にある」との考えに固執しただろう[2]。しかしシェイクスピアは、社会に蔓延る悪の原因が個人の内のみに見出されることを示唆していない。人間関係、富と貧困、社会成員同士の力関係等が、すべて原因となっている。同時に、どの時代で

1）　第5章の文献リスト
　Barrett, *Paul*, 56–64; **Beker**, *Paul*, 213–34; **H. Bietenhard**, *Die himmlische Welt im Urchristentum und Spätjudentum* (WUNT 2; Tübingen: Mohr, 1951); **C.C. Black**, 'Pauline Perspectives on Death in Romans 5–8', *JBL* 103 (1984), 418–33; **Bultmann**, *Theology*, 1.246–59; **G.B. Caird**, *Principalities and Powers: A Study in Pauline Theology* (Oxford: Clarendon, 1956); **W. Carr**, *Angels and Principalities: The Background, Meaning and Development of the Pauline Phrase* HAI ARCHAI KAI HAI EXOUSIAI (SNTSMS 42; Cambridge: CUP, 1981); **Conzelmann**, *Outline*, 192–98; **Eichholz**, *Theologie*, 63–100; **Elliott**, *Rhetoric*, 167–223; **Gnilka**, *Theologie*, 62–69; *Paulus*, 220–23; **T. Ling**, *The Significance of Satan* (London: SPCK / New York: AMS, 1961); **S. Lyonnet**, 'The Notion of Sin', in S. Lyonnet and L. Sabourin, *Sin, Redemption, and Sacrifice: A Biblical and Patristic Study* (AnBib 48; Rome: Biblical Institute, 1970), 3–57; **G.H.C. MacGregor**, 'Principalities and Powers: The Cosmic Background of Paul's Thought', *NTS* 1 (1954–55), 17–28; **H. Merklein**, 'Paulus und die Sünde', in H. Frankemölle (ed.), *Sünde und Erlösung im Neuen Testament* (Freiburg: Herder, 1991), 123–63; **G. Röhser**, *Metaphorik und Personifikation der Sünde. Antike Sündenvorstellungen und paulinische Hamartia* (WUNT 2.25; Tübingen: Mohr, 1987); **H. Schlier**, *Principalities and Powers in the New Testament* (Herder: Freiburg, 1961); *Grundzüge*, 64–77, 107–21; **Strecker**, *Theologie*, 136–42; **W. Wink**, *The Powers* 1: *Naming the Powers: The Language of Power in the New Testament* (Philadelphia: Fortress, 1984); 2: *Unmasking the Powers: The Invisible Forces That Determine Human Existence* (Philadelphia: Fortress, 1986); 3: *Engaging the Powers: Discernment and Resistance in a World of Domination* (Minneapolis: Fortress, 1992).

2）　シェイクスピア『ジュリアス・シーザー』第1幕第2場。

第5章　罪と死

も星の位置が関わっているとの疑念や悪夢はつきものだ。それが星の運行でなければ、何らかの超常的な力に目が向けられがちだ。

　私たちは世代を超えて、人類史の荒波に漂う藻屑となることが何を意味するか心得ている。多くのジャン・バルジャンや数え切れないドクトル・ジバゴに遭遇してきた[3]。そしてポスト宗教といわれる時代になっても、人知を超えた怨恨や蠱惑的な力に溢れる悪の現実に遭遇すると、人は無意識のうちに宗教的な言語表現に頼るものだ。1940年代のホロコーストを前文明的な野蛮への忌まわしい一時的逆行であることを願った20世紀は、それから50年後にボスニアやルワンダで起こった大量殺人（「民族粛正」）に愕然とした。これらの事件について、国粋主義や部族優越主義という悪魔の力が放たれたと評したところで、誰もそれを過激な表現と批判しない。暴行や拷問や殺人へと、見るからに、ためらいなく多くの者を突き動かす力を理解することが困難で、他に表現方法が見当たらないからだ。1996年、スコットランドのダンブレーンにある小学校に侵入した男が銃を乱射し、16人の児童と教員を殺害した。校長はこれを「悪の訪問」と述べたが、この表現の適切性を誰が否定できようか。

　古代世界はこのような状況を扱う言語表現に事足りていた。古い神話では、神々が地上の生き物と同様に悪意に満ち、好き勝手を繰り返した。非常に早い時代から、あらゆる災難の究極の原因として、詩人、劇作家、哲学者らが「運命（εἱμαρμένη）」に言及した[4]。これは、いずれの行動にもその結果が不可避的であると合理化し[5]、行動とその道徳的結果との関係性にある種の答えを提供した[6]。より曖昧な表現が好まれる場合、人は「ダイモーン（δαίμων）」を持ち出した。これは正体の分からない超人的な存在で、とくに不運や災難といった運命の決定要因と見なされた[7]。すでにヘシオドスの時

---

[3] ヴィクトル・ユゴー『レ・ミゼラブル』とボリス・パステルナーク『ドクトル・ジバゴ』の主人公。
[4] *OCD*, 430–32 (Long / Sedley, 'fate') を見よ。
[5] キケロ『予言について』1.125–26を見よ (Long / Sedley, 337)。
[6] ディオゲネス・ラエルティウス7.23はこの古典的な例だ。「物語によると、ゼノンが奴隷を盗みの廉で鞭で打っていると、奴隷は『私が盗むことは運命だった』と言った。ゼノンはそれに応えて、『そして鞭で打たれることも（運命だ）』と言った」(Long / Sedley, 389)。
[7] W. Foerster, δαίμων, *TDNT* 2.1–6. ここではサタンの支配下にある悪霊というユダヤ教とキリ

代には、黄金時代に死んだ人の魂が「ダイモネス（δαίμονες）」と表現されたが[8]、のちにこれは体を離れた魂一般を指す語となった[9]。パウロの時代には、「ダイモネス」を神々に劣る霊的で半神的な存在、とくに悪霊と理解することが一般だった。食事のあとには、「守護神（ἀγαθὸς δαίμων）」へ乾杯を捧げることが慣例だった[10]。また「白魔術」と「黒魔術」の両方[11]が流行していたことは、呪文や護符などで邪悪な力を回避したり、神秘的な力から身を守ったりする必要を抱いている人が多かったことを示す[12]。使19.18–19の記事は、パウロが一度ならず遭遇した類の魔術行為が人心を捕らえていたことを指し示す[13]。

　一見するとロマ1.18–3.20における告発で、パウロは人類の失敗と違反の説明に上のような議論を持ち込んでいないかのように思われる。しかしその最終段階では、ユダヤ人とギリシャ人の両方への告発を要約するにあたり、彼らがみな同じように「罪の下にある」（3.9）とされる。これがローマ書で最初の罪への言及だ。罪という力の「下に」全人類が苦悩する。既述のとおりロマ5.12と7.8–9では、人格化された「罪」が舞台の袖から登場し、この世と人類を混乱に陥れる。さらに§2.3.3では、とくにコリント2書において、パウロが他の神々（Ⅰコリ8.5–6）、人に影響を及ぼす悪霊（δαιμόνιον）、「非信者の心を暗くするこの世の神」（Ⅱコリ4.4）ついて語り得る点を確認した。ロマ8.38–39は、神の愛からキリスト者を引き離そうとするさまざまな霊的存在に言及する。人類の窮状に関するパウロの分析において、この側面をも看過するわけにはいかない。

スト教的な概念である「悪魔（διάβολος）」でなく、初期のギリシャ的概念であるより広い意味を持つ「ダイモーン」を用いることが良かろう。
 8) 『労働と日々』122（LSJ δαίμων II; OCD, 310）.
 9) Foerster, *TDNT* 2.6–8. §2 n.41を見よ。ユダヤ教の悪魔観に関してはLing, *Satan*, 3–11を見よ。
 10) LSJ, δαίμων.
 11) これらの用語が現代では一般に否定的に捉えられがちだ。フィロンは「神の魔術は……敬意と探究との対象として相応しい」（『十戒各』3.100）と述べる。
 12) *OCD*, 637–38.
 13) H.D. Betz（*The Greek Magical Papyri in Translation*［Chicago: Univ. of Chicago, 1986］）は、パウロよりのちの時期の例を多く紹介するが、これらの魔術行為と魔術信仰とがパウロの時代にもあったことに疑いの余地はない。またArnold, *Colossian Syncretism*（§2 n.29）, Part 1を見よ。

§5.2. 天の諸力

　パウロが想定した、キリスト者を脅威に晒す天の諸力とは何か。まず最初に、彼が実際に用いる語の意味を確認するのが良かろう。パウロ文書には、§2.3.3 に挙げた箇所以外でもそのような「力」が列挙されている。一般にパウロ書簡として認められている手紙には、2 箇所にそのようなリストが見られる（ロマ 8.38–39、Ⅰコリ 15.24）。その他のリスト（コロサイ書、エフェソ書）の用語も、その多くがパウロ書簡の用語と重なっているので、これらを含めて考察したとしてもパウロ自身の理解を誤って伝えることにはならない[14]。

- 私は確信します。死も命も御使いも支配力も、今あるものも来たるべきものも力も、高みも深みも、あるいはいかなる被造物も、私たちの主キリスト・イエ

---

[14] 以下の表を参照。

	ロマ	Ⅰコリ	フィリ	コロ	エフェ	Ⅰペト
御使い ἄγγελοι	8.38					3.22
支配力 ἀρχαί	8.38	15.24		1.16, 2.10, 15	1.21, 3.10, 6.12	
支配者 ἄρχων		2.6, 8			2.2	
深み βάθος	8.39			3.18 参照		
力 δύναμις	8.38	15.24			1.21	3.22
今あるもの ἐνεστῶτα	8.38	3.22			1.21 参照	
権威 ἐξουσία	13.1	15.24		1.16, 2.10, 15	1.21, 2.2, 3.10, 6.12	
命 ζωή	8.38	3.22	1.20			
死 θάνατος	8.38	3.22	1.20			
天的力 κοσμοκράτωρ					6.12	
被造物 κτίσις	8.39			1.16 参照		
主権 κυριότης				1.12	1.21	
来たるべきもの μέλλοντα	8.38	3.22			1.21 参照	
霊的力 πνευματικά					6.12	
高み ὕψωμα	8.39				3.18 参照	

- スにある神の愛から私たちを引き離すものは何もありません（ロマ 8.38–39）。
- そして終わりが来ます。彼（キリスト）はすべての支配力と権威と力とを討ち滅ぼしたのち、父なる神に御国を引き渡します（Ⅰコリ 15.24）。
- 彼（キリスト）において、見えるものと見えざるもの、王座であれ主権であれ支配力であれ権威であれ、天と地のあらゆるものが創造されたからです（コロ 1.16）。
- 神は彼（キリスト）を死者のあいだから起こし、この世のみならず来たるべき世においても、いかなる支配力や権威や力や主権や名にも優る、天にある右の座に座らせたからです（エフェ 1.20–21）。
- 私たちの格闘は肉と血に対するものでなく、支配者や権威、この闇の天的力や天の邪悪な霊的力に対するものです（エフェ 6.12）。

これらの表現が示唆していただろう内容は、神の計画と神の民に対して敵対する天的な存在が、神とキリストとの関係において下位にありながら、神と被造物との関係に介入していたことだ[15]。その中で「支配力と権威（ἀρχαὶ καὶ ἐξουσίαι）」は最も広範の意味を持つ。これらが用いられる文脈から、超常的な力が意識されていることは明らかだ[16]。ロマ 8.38 はまた「天使（ἄγγελοι）」にも言及するが、これは明らかに天と地のあいだを往き来する使者あるいは仲介者を意味する[17]。これらが神と人との関係を阻害しないよう望まれ約束されていることから、ここでは邪悪な天使が意識されている[18]。

---

15) コロ 1.6 に関しては後続する 2.15 に言及すれば十分だろう（§9.8 を見よ）。Carr (*Angels*) はパウロがこれらの諸力を邪悪なものと捉えなかったという解釈を繰り返すが、同意する者はほとんどいない。彼の解釈はロマ 8.38–39 (pp.112–14) の誤解に起因する。彼はエフェ 6.12 の問題を、それが 2 世紀前半に付加されたという仕方で処理している (pp.104–10)。

16) Ⅰコリ 15.24, コロ 1.16, 2.10, 15, エフェ 1.21, 3.10, 6.12. Ⅰコリ 2.6, 8 が言及する ἄρχων (ἄρχοντα) が何を意味するかに関しては意見が分かれる。天の支配者か、地の支配者か。例えば Wink, *Naming*, 40–45 を見よ。天的力を意味する ἐξουσία の用法はキリスト教以前にない (Wink, *Naming*, 157–58)。しかし「支配力 (ἀρχαί, ἀρχή)」については『エチ・エノ』6.8,『ヨブ遺』49.2,『アブ遺』13.10 に例がある。

17) Bietenhard, *Welt*, ch.5 を見よ。

18) 典型的な例は創 6.1–4 だ。『エチ・エノ』6–8 章、『ヨベ』5.1,『ルベ遺』5.6 を見よ。さらに BDAG, ἄγγελος; Wink, *Naming*, 23–26; §4.4 n.63 を見よ。パウロに関してはⅠコリ 6.3, 11.10, Ⅱコリ 2.14, コロ 2.18 を見よ。ガラ 3.19 については §6.4 を見よ。

3箇所の「諸力」リストに「力（δύναμις）」が挙げられているが、これもまたギリシャ文献とユダヤ教聖典に頻出する[19]。Iコリ15.24はキリストの主権に焦点があり、「あらゆる支配力、権威、力」を滅ぼすので、この場合の力も神に敵対的な力が念頭にある。

ロマ8.38–39における最も興味深い特徴は、「高みも深みも」という表現だ。これらの語は天文学用語と考えられる。「高み（ὕψωμα）」は恒星が天高く輝く遠地点を意味し、天的な存在が達する最も高い地位を指す[20]。「深み（βάθος）」は一般に「高み」の反語でないが[21]、地平線より下に位置する宇宙を指し、そこから星々が昇る[22]。天的な存在が人の活動に影響を与える、あるいは星々の運行を司る力が人の運命にも影響を与える、という思想と何らかの関連があろう。

ロマ8.38–39の脅威と見なされる諸力のリストは「死と命」で始まる。「死」が敵対する力を指すことはのちに（§5.7）明らかとなるが、これが「死と命」という一対の表現で用いられるのは、人類のあらゆる状況が念頭にあるからだろう（フィリ1.20参照）。何ものも神の愛から信仰者を引き離し得ない。これには、「今あるもの」と「来たるべきもの」（8.38）の両方が含まれよう。いかなる出来事やその結末も神の愛から信仰者を引き離し得ない。造られしものは何であれ（「いかなる被造物も」）とあるのは、すなわちすべてがここに当てはまるからだ。

コロサイ書のリストの「王座」と「権威」とは「見えるもの」（1.16）に相当し、すなわち地上の支配者を指すと解釈される場合がある[23]。これは誤り

---

19) BDAG, δύναμις 5, 6. Iペト3.22を見よ。天の存在を力との関連で理解するのは自然だ（例えばLXX王下17.16,『IVマカ』5.13, フィロン『混乱』171,『十戒各』1.209, マタ24.29, マコ14.62, 使8.10）。LXXはしばしば「万軍の主（Lord of hosts）」を「諸力の主（Lord of powers）」と訳す。さらにWink, *Naming*, 159–60を見よ。Wink (*Naming*, 162) は『エチ・エノ』20.1のみを「力（δύναμις）」が悪しき力を意味する例とする。A.-M. Denis and Y. Janssens, *Concordance grecque des pseudépigraphes d'Ancien Testament* (Louvain-la-Neuve: Université Catholique de Louvain, 1987) は『エチ・エノ』18.14をもこの例として挙げる。

20) W.L. Knox, *Gentiles*, 106–07; G. Bertram, *TDNT* 8.613.

21) すなわち恒星の運行軌道の最低地点（ταπείνωμα）だ（LSJ, ταπείνωμα）。

22) Lietzmann, *Römer*, 88–91; BDAG, βάθος. Wink (*Naming*, 49–50) はこれら2語が天の基礎を支える柱の上部と底部だと考える。

23) E. Bammel, 'Versuch zu Kol. 1.15–20', *ZNW* 52 (1961), 88–95. Wink (*Naming*, 11) によると、

だろう。ここに想定されているのは天的諸力の序列で、その頂点に「王座」があろう²⁴⁾。これが、ユダヤ教とキリスト教の黙示伝承に精通する者にとって、最も自然な理解だ。例えば『レビ遺』3.8で、「王座」は「権威」と共に第7の天に位置する²⁵⁾。同様にエフェ1.21の並行箇所に鑑みると、「支配」も天的諸力を指す²⁶⁾。「天的力」、「霊的力」、そして「天の邪悪な霊的諸力」（エフェ6.12）に関しては、解説の必要がなかろう²⁷⁾。

　天的諸力に関する最も興味深い名は、ガラテヤ書とコロサイ書に見られる「諸元素／諸霊（στοιχεία）」だろう。パウロは「この世の諸元素の下」（ガラ4.3）での隷属状態に言及し、また「脆弱で貧弱な諸元素」（4.9）への隷属状態へと立ち戻ることがないよう忠告する。コロサイ書も同様に、「この世の諸元素／諸霊にしたがった……哲学や空疎な虚偽」（コロ2.8）に対する警告を発し、コロサイのキリスト者らが「この世の諸元素から離れて²⁸⁾キリストと共に死んだ」（2.20）ことを確認する。「諸元素」と訳されるこの語が何を意味するかに関する長いあいだの議論には決着がついたようだ。すなわちこれは、宇宙を構成すると考えられた主要な元素（土、水、空気、火）を指す²⁹⁾。これらの諸元素は一般に神格化（神話化あるいは人格化）され、神的な霊や神々と見なされた³⁰⁾。例えばフィロンは、4つの元素（στοιχεία）が超越的な力

ここでの並行記述は「地上と天上、可視的と非可視的」の両方を含意する。
24) とくに Lightfoot, *Colossians*, 151–52; Wink, *Naming*, 19.
25) 『スラ・エノ』20.1（やはり第7の天への言及）と『エリ黙』1.10–11（信仰者に敵対する「死の王座」）を見よ（黙13.2参照）。これらはおそらく黙4.4にも影響を与えているダニ7.9の幻に依拠していよう。Bietenhard, *Welt*, ch.4を見よ。
26) また『エチ・エノ』61.10、『スラ・エノ』20.1を見よ。もっとも、これらがキリスト教以前の証拠とは言えない。
27) 例えばA.T. Lincoln, *Ephesians* (WBC 42; Dallas: Word, 1990), 444–45を見よ。
28) 「～から離れて」と訳した前置詞（ἀπό）は、死がキリスト者をこれらから解放したことを意味しよう（ロマ9.3. BDF §211参照）。
29) これがパウロ以前の最も一般的な用法だ。さらに J. Blinzler, 'Lexikalisches zu dem Terminus *ta stoicheia tou kosmou* bei Paulus', in *SPCIC*, 2.429–43; E. Schweizer, 'Die "Elemente der Welt". Gal. 4.3, 9; Kol. 2.8, 20', in O. Böcher and K. Haacker (eds.), *Verborum Veritas* (G. Stählin FS; Wuppertal: Brockhaus, 1970), 245–59 (= Schweizer, *Beiträge*, 147–63); D. Rusam, 'Neue Belege zu den *stoicheia tou kosmou* (Gal. 4.3, 9; Kol. 2.8, 20)', *ZNW* 83 (1992), 119–25を見よ。Dunn, *Colossians*, 149–50を見よ。
30) 「諸元素の神格化はギリシャ・ローマ世界において広く見られた」（Wink, *Naming*, 74）。しかしWink (*Naming*, 76–77) はコロ2.20とガラ4.3, 9がこれに当てはまらず、異教における活動や

第 5 章　罪と死

を持っており（『不滅』107）、これらを神々として崇拝する者がいると述べる（『観想』3）[31]。そしてガラ 4.3, 8–9 は、「諸元素」への隷属が神々（でないもの）への隷属だと教える。

　こうして、パウロの世界観は明らかになる。彼は複数の天が存在するという当時の理解を共有していた[32]。彼自身が第 3 の天（パラダイス）への旅を体験した（Ⅱコリ 12.2–4）[33]。さらにパウロは、低い天[34]には敵対する諸力が満ち、それがより高みにある天への道を塞いでいる（Ⅱコリ 12.3）、との世界観を持っていた。それなら天の諸力は神へ到達することを阻んでいることになり、これは重大な問題だった[35]。

　しかしここでの疑問は、パウロが天の諸力についてほとんど語らないことだ。真正パウロ 7 書簡では 2 回言及されるが（ロマ 8.38–39、Ⅰコリ 15.24）、これらは修辞的効果として付加されたようにさえ見える。また諸力の表現はさまざまで、「支配力と権威と力」のみが繰り返し用いられる。すると、パウロ自身はこれらの存在に強い確信――少なくとも非常に明らかな確信――を持っていなかったかも知れない、との疑惑が生じる[36]。人を超え社会を超えた霊的な現実や確かな力の存在が人の行動や社会の出来事に影響を与えていたことを、パウロは疑わない。しかしこれらの力に関して、その詳細を表すことを必要と感じていなかった。

　換言すると、これはパウロが神々の存在を信じていたかという問題を扱う場合（§2.3.3）と同様だ。より頻繁に言及される「サタン」（とそれに準ずる表現）に関して[37]、彼がその概念をいかに把握していたか、詳しく分析するほど

信仰を指していると考える。Wink, *Unmasking*, 133–34, 148–49 を見よ。

[31] 「土、水、空気、火という諸元素（στοιχεία）を拝む人たちを、輝くという理由で火をヘーパイストスと、あるいは立ち上るという理由で空気をヘラなどと異なる名で呼ぶ人たちと比べられるか」（『観想』3）。

[32] H. Traub, οὐρανός, *TDNT* 5.511–12; Bietenhard, *Welt*, 8–10, 14, 37–42, 96, 215–19.

[33] これがパウロ自身の体験であることは多くの註解者が同意している（Ⅱコリ 12.7a）。

[34] エフェソ書で複数の「天」に言及があるのは、低い天（3.10, 6.12）と高い天（1.3, 20, 2.6）とが意識されている。

[35] それゆえ天も新たにされる必要がある（黙 21.1）。

[36] Schlier, *Principalities*, 13–14.

[37] §2 n.45 を見よ。

に霞んでくる。既述のとおり（§2.3.3）パウロが「サタン」という名詞に定冠詞を用いることは、神の僕を試して告発する霊的力なる「そ・の・サタン」という概念を継承しているからだろう[38]。さらに「悪」と「邪悪な者」という概念が互いに融合する様子は[39]、実存的に確かな力が 1 箇所に集中されることで悪の体験が邪悪な個人として概念化されることを示す。さらに「空中の権威（ἐξουσία）の支配者」（エフェ 2.2）は概念的に「暗闇の権威（ἐξουσία）」（コロ 1.13）あるいは「この世の霊」（Ⅰコリ 2.12）から遠くなく、「この時代の霊」というより一般的な表現とも距離が遠くない[40]。

　パウロはこれらの表現を用いて神の目的に反対する天的存在に言及しているようだが、それらの存在を明らかにイメージしてはいないようだ。むしろ、人を超え社会を超えた邪悪な力が確かに働いていることをパウロ自身が確信しており、これに対して何らかの用語が必要なので、広く認められている語を採用したようだ。すなわち、パウロの用法は理性というより感情に訴えたもので、そのような天的諸力に恐れを感ずる者に対して安心と保証とを与えることが目的だ。それゆえ「諸元素」などという曖昧な表現が用いられる。これは名もない諸力、闇夜で人を怯えさせる気配などに言及するのに都合が良い語だ（「運命」や邪悪な「ダイモーン」も同様）。もはや克服されてその効力を失ったが、いまだキリスト者が体験し恐れを抱く諸力だ。ロマ 8.38–39 のリストの最後に挙げられた項目のように、パウロはあらゆる可能性を想定して全網羅的に記す。いかなる出来事も、いかなる現実の事態も、いかなる被造物も、どの天に属するものでも、いかに力強いものでも、キリストにある神の計画を阻止することはできない。

　パウロによる天の諸力の概念化の重要性を計る際に、上で述べたことを留意する必要がある。なぜなら、これまでのおおよそ 200 年間、古代世界観のこの領域は、「神話」という主題の好例と見なされてきたからだ。そしてブ

---

[38]　Caird (*Principalities*, 41–43) は、しばしばパウロ書簡において「律法が他所でサタンに帰される機能を負っている」と述べるが、この点に関しては第 6 章を見よ。

[39]　ロマ 12.9, Ⅰコリ 5.13, Ⅱテサ 3.3, エフェ 6.16.

[40]　Ling, *Satan*, 48, 51–53, 60–61, 78–84.

ルトマン以来、これは非神話化という作業の主要な対象だったからだ [41]。しかし、パウロ自身がこの領域に格別な関心を示さなかったこと、あるいはこれを緊急の問題として捉えなかったことは、ブルトマンが想定するほど現代とパウロとの「神話的ギャップ」が広くなかったことを示す。あるいは、パウロ自身がある種の非神話化を行ったと言うことさえできよう。なぜなら、パウロが霊的な諸力の存在を認識し、この問題と正面から向き合ったことは確かだが [42]、彼がその神学と牧会において取り上げた霊的な諸力は「(天の)支配者や権威」でなく罪と死の力だからだ [43]。これらは存在論的というより実存論的な現実であり、人の経験において著しく現実的な力の人格化、具現化、いやむしろ認識と言うべきだろう [44]。

§5.3. 罪

「罪」に関しては第4章でほとんど扱った。しかし、ローマ書でのパウロ神学の展開においてこの語が持つ重要性を考えると、上の項で述べた事柄を

---

[41] Bultmann, 'New Testament and Mythology', in H.W. Bartsch (ed.), *Kerygma and Myth* (London: SPCK, 1953), 1–44.

[42] Wink (*Naming*, 5. 10, 100–01, 109, 118, 139–40, 146 参照) は、「権威と力」を「力の内的な顕現と外的な顕現」と敢えて訳す。すなわち「内的顕現とは体制の霊性を指す。それは組織構造や系統の内面であり、力構造という外的組織の内面的エッセンスだ。外的顕現とは政治的組織、任命された役人、組織の役職、法律、すなわち力の具現化だ」。したがって「支配者 (ἀρχή)」は「体制化と、役職や地位を通した力の継承とを示す前社会学的表現」(Wink, *Naming*, 13)、「権威 (ἐξουσία)」は「力の日常的な体験を補強する合法化、拘束力、許可」(p.17)、「サタンは社会がそれ自体の拡張を最善のこととして偶像的に追究する社会の内実」(*Unmasking*, 25) だ。Wink が用語の真意を突き詰め過ぎているにせよ、彼の解釈には十分に注意を払う必要がある。Ling, *Satan*, 89–92; Schlier, *Principalities*, 19–20, 25–27, 30–33.

[43] Wink (*Naming*, 62–63) は Beker に倣って、パウロが諸力を律法や知恵という語によって非神話化していると考える。「知恵と律法は、この世における行動規範とその価値の構造として、異邦人とユダヤ人の両方の存在を制御する力だ」。これと異なる視点から「時」が扱われる。それは、復活や新たな創造や最後の審判などの概念を狭い範囲に閉じ込めようとする試みへの批判を可能とする「力」だ。

[44] Wink (*Naming*) は「人格化」という語の不用意な使用を警告する。「体制の霊的部分」は現実のもので (p.105)、「人格化は幻想だ」(p.136)。同様に Wink は神話が解読され尽くすという理解へも警告を発する。「我々が行うすべての『解読』には時間的制限があり、すぐに忘れ去られる。しかし神話は生き続け、時代ごとにそれが示す『真理』との相互作用によってその命をつなぐ」(pp.142–43)。「我々はこれ以外にこの領域とつながる術を持たない」(p.145)。

考慮に入れつつ単独の項で考察するのが良かろう。パウロはロマ5.12で初めて「罪」を議論の前面に押し出すが、それ以前に創1–3章をもとにしつつ人類の状況に関して分析する場面で、罪の概念をすでに重要な要素として扱った。また、アダム物語が明らかに意識されている2つの箇所（ロマ5.12–14, 7.7–13）で「罪」が重要な役割を果たすことに鑑みると、ロマ1.18–32でこの語が用いられないことはそれほど問題でない。ロマ1章に「罪」が不在なのは、各箇所でごく少数の主題に集中するというパウロらしい議論の進め方を反映しているだけだ。さらに既述のとおり（§5.1）、ローマ書開始部の告発部（1.18–3.20）の最後で、パウロは「私たちはユダヤ人とギリシャ人の両方をすべて罪の下にあるとして告発しました」（3.9）と述べている。すなわち「罪の力の下にある」ということだ。したがってパウロは、ロマ1.18から始まる告発の内容1つ1つが罪の力の下にあるゆえの問題だと述べている。

「罪」という語自体に注目すると、2つの驚くべき事柄に気がつく。第1に、この語はローマ書に頻出する。パウロ文書において64回登場する中、その4分の3がローマ書に集中する。換言すると、ローマ書だけで残りのパウロ文書における「罪（ἁμαρτία）」の頻度の3倍だ。さらに、ローマ書で48回登場する「罪」のうちの41回はロマ5.12–8.3に集中しており、その密集具合は注目に値する。第2に、ローマ書における「罪」の驚くべき人格化は、もっぱら「罪」という名詞を複数（諸罪過）で用いるパウロ文書の他所に例を見ない[45]。ローマ書以外でこのような罪に関する表現が用いられるのは、Iコリ15.56の警句的な文言（「死の棘は罪、罪の力は律法」）とガラ2.17, 3.22のみだ。Iコリ15.56に関しては、その前半を§5.7で、後半を第6章で扱う。ガラテヤ書の2箇所——キリストが「罪の給仕」であること（2.17）と、すべてが「罪の下」に置かれていること（3.22）——は、ローマ書における罪の人格化へと繋がる伏線を敷いている。これらの箇所は、ローマ書に特有な罪描写があったにせよ、それが他書に見られるパウロ神学と矛盾しないこと

---

45) 「諸罪過」（ロマ3.25, 4.7［引用］, 7.5, 11.27［引用］, Iコリ15.3, 17, ガラ1.4, エフェ2.1, コロ1.14, Iテサ2.16, Iテモ5.22, 24, IIテモ3.6）。これと関連するヘブライ語とLXXの用法や概念はLyonnet, *Sin*, 12–19, 24–26を見よ。

第5章　罪と死

を示している。

　さてロマ 5.12–8.3 において、「罪」は繰り返し人格化された力として表される[46]。罪は「1人の人」（ロマ 5.12）を通してこの世に入り、死を介して支配する（5.21）。人をその力の下で支配する（6.12, 14）。ロマ 6.16–23 では隷属のメタファが主要となり、罪が報酬を与える主人となる（6.23）。ロマ 7.8–11 で罪は生き物（創3章の蛇）となり、また機会をねらって脆弱な人類の内に橋頭堡を築く巧妙な敵になぞらえられる[47]。そしてロマ 7.14 の「私」は「肉に属し罪の下に売られた」者として嘆くが、それは戦いに敗れた民が奴隷として売られるかのようだ[48]。罪をこれほど人格化する当時の例を私たちは他に見ない。創 1–3 章の主題を頻繁に用いていることに鑑みると、これと密接に関連する創 4.7 の謎めいた人格化――罪がカインの戸口に（野生の獣のように）身を低く待ち伏せる（シラ 27.10 参照）――を念頭に置いているかも知れない[49]。同様の表現がギリシャ語の用法にも認められる[50]。それでもローマ書における表現は、基本的にパウロ独自のものだろう。したがってこれらの罪に関する表現は、罪が人類一般と自らに及ぶ力だとの印象をパウロが持っていたことを示す。

　上の考察をもとに、パウロが「罪」を何らかの力と理解していたと要約できよう。パウロは「罪」という語を、人が自分の内あるいは社会において一般に体験する[51]、強要したり制限したりする力として用いる。その強制力は本人の意志に必ずしも属さない。パウロがこの語の語源に何らかの意味を見出しているとすれば、「罪（ἁμαρτία）」は人を最善のあり方から引き離し、目

---

46)　ロマ 5.12–8.3 での 41 回のうち、明らかに罪深い行いに言及する箇所はわずかだ（5.13b, 7.5, 13b, 8.3b）。§4.6 を見よ。
47)　BDAG, ἀφορμή; Dunn, *Romans*, 380 を見よ。
48)　ロマ 6.6, 7.23, 25, 8.3, 10 を見よ。
49)　Lyonnet (*Sin*, 27–28) はユダヤ教の内に「罪に関して……人を支配して行動を促す力」と見なす傾向があると述べる。そして「罪」（単数か?）が「暗闇の御使い」として性格づけられていることを示す (1QS 3.17–23)。
50)　BDAG, ἁμαρτία 3.
51)　パウロは「みなが罪を犯した」（ロマ 3.23）、「みなが罪の下いる」（3.9）等の一般化が可能だと知っていた。

指すべき的を見失うように誘う力となろうか ⁵²⁾。とくに罪は、人が神に依拠する被造物であることを忘れさせ、ア̇ダ̇ム̇がア̇ダ̇マ̇ー̇（塵）であることを忘れて神のようになる願望を抱かせる力だ。それは、人の関心を自らへと向け、肉の欲望を満たし、肉としての弱さを埋め合わせるよう促す ⁵³⁾。数え切れないほどの人を、その良き思いと決意にもかかわらず、「どうにも我慢できなかった」、「魔が差した」と言わしめる力だ。

　パウロは罪の起源──〈この力がどこから来たか？〉──に関心を示さない。この問題はギリシャ人とユダヤ人の道徳論者らのあいだで広く議論された ⁵⁴⁾。パウロの関心は、ロマ 7.7–25 での「私」の心情の吐露が明らかにするように ⁵⁵⁾、人の経験という現実にある。「罪」は「この世に入り」（ロマ 5.12）、「命を得た」（7.9）。パウロはこの説明でよしとした ⁵⁶⁾。彼は個人の責任を扱うため、肉なる「私」を完全に支配する力として「罪」を描きつつも（7.14）、個人が行う悪に関する「私」の責任を否定せず、また正しい行いができない責任を看過することもない（7.14–23）⁵⁷⁾。そして自責の念に関しては、律法との関連で解決を試みる。罪の力は人の思いと行動を一定の方向へ導くが、人は掟を知った時初めて意識的な違反について罪責感を抱く（5.13, 7.9）。

　パウロが罪の力を個人的なレベルで考えていると思ってはいけない。ロマ 1.18–32 における人類の告発は、すべてが関係性の問題だった。Ⅰコリ 15.56 での罪の力に関する言説は、社会的制約や状況という現実こそがⅠコ

---

52) Schlier, *Grundzüge*, 64–65. アリストテレスは「罪（ἁμαρτία）」を「徳や望まれる目標を、弱さとか偶発とか知識の欠如によって見逃すこと」（『ニコマコス倫理学』1106b）とする（G. Stählin, *TDNT* 1.294 参照）。

53) Ling（*Satan*, 40–42）はⅠコリ 5.5 とⅡコリ 12.7 で「サタンが機能する領域が肉（σάρξ）だ」と述べる。

54) §5 n.5, §4.3 のシラ書と『ラテン語エズラ記』を見よ。

55) ロマ 7.7 では「罪を知る」が「罪を体験する」という意味で語られる（Dunn, *Romans*, 378）。

56) Bultmann（*Theology*, 1.251）は、「罪を犯すことでこの世に罪が入った」（Conzelmann, *Outline*, 195）と「彼の内に微睡む罪を呼び起こす」という 2 つのイメージを融合しようと試みる。パウロによる罪の人格化表現をたんなる「人間の過失のエッセンス」（Röhser, *Metaphorik*, 177）として片付けることができようか。

57) Stuhlmacher（*Theologie*, 279）は「罪は自責の念であり同時に運命だ」と述べる。エフェ 2.3 はすでにより存在論的な視点から「私たちはみなと同様に、生まれながらに怒りの子です」と述べる。

リ 1–14 章で扱われた問題の重大な要因だと要約している。パウロは、現代的な「制度的罪（institutional sin）」——社会の諸制度に組み込まれた罪（不平等、搾取）——なる概念を持たないが[58]、そのような社会状況を認識し得た。じつに彼は I コリ 1.26–29 でこれを意識して、この世が神を認めない社会的価値により構成された体制であるとする[59]。彼は I コリ 5–6 章や 8–11 章で、当時の社会的慣行や実践に抵抗していた。それゆえパウロは、I コリント書では他所で言及した天的諸力を無視し、罪を 1 つの絶大な力として扱っているのだろう。パウロは流動的で無形なイメージを用いつつ、目に見えない（霊的な）力学が社会的営みを条件づけ、制限し、支配する様子を意識しつつ、罪の問題を扱っている[60]。

要約しよう。この主題に関してパウロは経験と実践から語っている。彼が「罪」を他所で力として言及することがほとんどないことから、どのような名称でこれを呼ぶか、固執していなかったと思われる。パウロの関心は、個人と社会の営みに介入し、無慈悲な奴隷所有者のように個人や共同体を支配して操作し、人々やその環境に触手を伸ばして死へと引き込む悪が、まさに現実の問題であることだ。パウロが罪の力を劇的で赤裸々な仕方で人格化するのは、福音の内にこれに対処する術があると確信していたからだ。

§5.4. 罪の影響（1）——宗教の倒錯

パウロは、人が神の力からの独立を宣言しながら、実際には罪の力の下へ身を置いたに過ぎないと告発する。彼にとってこの力は、3 つの特徴的な仕方で顕現する。これらは、神を神として認めない過ちの結果として人類が陥った状況を述べるロマ 1.18–32 で、すでに知らされている。

その第 1 は宗教の倒錯だ。パウロは明らかに皮肉を込めつつ、神礼拝を拒

---

58) R. Niebuhr, *Moral Man and Immoral Society: A Study in Ethics and Politics* (New York: Scribner, 1932).〔訳註　したがって福音宣教はガルトゥングが述べる構造的暴力に応答する。ヨハン・ガルトゥング『構造的暴力と平和』中央大学出版部、1991 年参照。〕

59)「世（κόσμος）」（I コリ 3.19, 4.9, 13, 5.10, 7.31–34, 11.32）と「諸元素（στοιχεία）」（§5.2）を見よ。Bultmann, *Theology*, 1.254–57; Ladd, *Theology*, 437–39 参照。

60) §5 n.42 を見よ。

絶した第 1 の結果（ロマ 1.21）が人や獣をかたどった像の崇拝（1.23, 25）だと述べる[61]。神に対する当然の敬意の代用が宗教であるという洞察は興味深い[62]。すなわち、神の創造力に全幅の信頼を置くという被造物の基本的な本能は、完全に抑制されずに歪曲されるのみだ。神は、人が意匠を凝らした神々によってすり替えられる。神へ全幅の信頼を示す代わりに、より定義しやすく、獲得しやすく、管理しやすい対象へその信頼を向けようとする。神のようになるという誘惑（創 3.5）に起因する願望は、自らに栄光を帰す手段としての宗教をその手中で支配するという仕方で満たされる。神のようになるという願いは力の追求であり、それは自らの命を形づくり運命を決定する力だ。人が他者を自らの影響力の下に置きたいという基本的な願望は、神を認めて依り頼むという被造物の基本的な本能の歪んだ姿だ[63]。

パウロが父祖の宗教をも同じ告発に晒していることは目を見張る。偶像崇拝への堕落は、異教を偶像崇拝とするユダヤ教的批判のたんなる繰り返しでない。なぜならイスラエルさえも、この同じ罠に幾度となく陥ったからだ[64]。パウロはロマ 2.1–3.19 を費やして、自らの同胞もこの告発の例外でないことを示す。その意図はロマ 2 章の議論の流れから明らかだ。ここで彼はその手厳しい表現に上乗せする仕方で、神によって保証された特別な立場ゆえに自らの罪深い行動が裁きの対象から外れるというユダヤ人の典型的な確信（とパウロが考えたもの）を批判する[65]。すなわちパウロは、自らの宗教に依拠した誤った確信に注目している。パウロがこの点をかなりのスペースを費やして批判していることから、これが彼にとって重要であることが分か

---

61) 他所での偶像崇拝に対するパウロの嫌悪に関しては §2 n.20 を見よ。
62) Karl Barth（*Church Dogmatics* 1.2 [Edinburgh: Clark, 1956], 297–325）による「不信仰としての宗教」という批判は有名だ。「啓示の観点からすると、明らかに宗教は神がその啓示によって意図し確実に成す事柄を先取りしよとする人の試みだ。それは神の手を人の手で代用する試みだ」（p.302, ロマ 1.18–32 に関しては pp.206–07）。
63) また Eichholz, *Theologie*, 70–76 を見よ。Ling（*Satan*, 42）は「パウロのこれらの言説から導き出されるサタンという概念は、支配力と自己の増強に対する無尽蔵の欲望を意味する」。
64) §4.4 を見よ。
65) Beker（*Paul*, 80）は「ユダヤ人と異邦人との罪の下での平等が告げられる。その前提は異邦人が罪の下にあることだ」とする。

る。したがってここでは、パウロの告発内容を詳しく追ってみよう[66]。

（1）パウロはまず1人の対論者を想定して告発を開始する。「あなたには弁解の余地がありません。判事のように振る舞うあなたが誰であろうと」（2.1）。この対論者が「ユダヤ人」（2.17）を自称する人物であることに疑いの余地はない[67]。異邦人の宗教を罵倒する知11–15章の批判内容がロマ1.18–32で繰り返されていることを知る者は[68]、パウロの告発が異邦人の宗教に対するディアスポラ・ユダヤ人の道徳的優越感を反映している点を見逃さない。すなわち裁く対論者は、ある意味で知恵の書において語る「ユダヤ人」だ[69]。

（2）ロマ2.1–6が明らかにすることは、対論者が自分に罪がないと考えているということでない。むしろパウロの対論者に対する批判の内容は、異邦人が犯すあらゆる罪を自分でも犯しながら、自分自身は「神の裁きを受けない」（2.3）と考える点だ。自分自身に、深い悔い改めが必要なことを認めない（2.4–5）。しかしこのような姿勢は、当時のユダヤ教文献に見られるもの

---

66) この告発に関する詳細はDunn, *Romans*, 76–160 を見よ。Elliott（*Rhetoric*）は私の釈義の全体に対して異論を唱える。(1) Elliott はロマ 1.18–3.20 が告発であることを示すヒントをパウロが示しておらず、これが明らかとなるのはロマ 3.9, 20 だとしつつ（pp.106–07）、1.18 以降の箇所に対して非常に不可解な解釈を施す。(2) Elliott はロマ 1.18–32 がヘレニズム・ユダヤ教のプロパガンダ的表現で「とくに異邦人世界を対象としている」ことを認めつつも（pp.173–74）、ロマ 1.18–32 の告発に同意するロマ 2.1 以降の対論者がこのプロパガンダの主であることが想定されていることに関して（§5 n.67 を見よ）、それは「断言できない」（pp.125–26）とする。(3) Elliott はロマ 2 章が扱う問題が非ユダヤ人に対する「ユダヤ人の優位性」（3.1）であることを看過し、これがロマ 2.17–29 だけでなくロマ 2.1–16 でも問題となっている点を見誤っている。ロマ 2.17 で「新たな対話相手へと明らかにシフトしている」（p.127. pp.174–90, 284 参照）と言うことはできない。さらに §5 nn.75, 79 を見よ。Elliot の釈義は修辞理論に都合良く合わせた釈義だ。

67) この点に関しては現代の研究者らのあいだで見解の一致がある。例えばEichholz, *Theologie*, 83–85; Ziesler, *Romans*, 81; G.P. Carras, 'Romans 2.1–29: A Dialogue on Jewish Ideals', *Bib* 73 (1992), 183–207; Fitzmyer, *Romans*, 297; Stuhlmacher, *Romans*, 39–40; Boyarin, *Radical Jew*, 86–95; Thielman, *Paul* (§6 n.1), 168–70; その他は Elliott, *Rhetoric*, 174–75 を見よ。Stower（*Rereading*）はロマ 2.1–16 をこれ見よがしの異邦人を対象としていると理解するが、これはときとして修辞的戦略に依拠しており（pp.13, 101）、これ以前の箇所が異邦人の偶像崇拝や性的行動に対するユダヤ人の典型的な批判である点を看過しており、この点が重要な箇所で完全に看過されている（pp.27–29, 100–04）。§24.3 を見よ。

68) §2.4, §4.3 n.23、また（2）を見よ。

69) Laato, *Paulus*, 109–12, 118–19 を見よ。

だ。『ソロモンの詩編』は、「不法を行う者が[70]主の裁きを逃れられない」(ロマ 2.3 と同様の言い回し) ことを確信している。同時に、彼ら (ユダヤ人) 自信の罪は贖われ (『ソロ詩』3.8)、彼らは赦され (9.6–7)、主が聖なる者を容赦し (13.10)、神が彼らを支えて憐れみを示す (16.11–15) ことを疑わない。知 15.1–4 とロマ 2.4 との関連も見逃せない。

> しかし私たちの神、あなたは慈しみ深く真実で、忍耐に富み (ロマ 2.4 参照) ……。私たちが罪を犯しても、私たちはあなたの力を知っており、私たちはあなたのものです (ロマ 1.19–20 参照)。しかしあなたが私たちをあなたのものと認められるので、私たちは罪を犯しません。あなたを知ることがまったき義であり (ロマ 1.17 参照)、あなたの力を知ることが不滅の源だからです (ロマ 1.19–20 参照)。人間の芸術の悪しき意図も画家の無駄な苦労も私たちを惑わさないからです (これは偶像崇拝への布石――ロマ 1.23–25 参照)。

ロマ 1–2 章と知 11–15 章とが頻繁に呼応することに鑑みると、パウロがロマ 2.4 で批判する姿勢こそが知恵の書に見られる姿勢そのものだと気付く。ここでも、パウロの対論者は知恵の書の語り手である「ユダヤ人」だ。『ソロモンの詩編』と知恵の書に共通する思想は、イスラエルと「罪人」に対する神の扱いが明らかに異なることだ。イスラエルは訓育され、その他の者は断罪される。イスラエルは試練を受け、その他の者は鞭打たれる。イスラエルは試され、不敬虔者は裁かれる。イスラエルは神の憐れみを期待し、その敵は怒りを待つのみだ[71]。

(3) 同様の自信は、以下の 2 つの段落でより明らかに批判される。神の裁きはまったく公平で (ロマ 2.6–11)、「ユダヤ人から始まり異邦人にも (及ぶの) です。神には分け隔てがありません」(2.9–11)。ロマ 2.12–16 も同様だ。

---

70) 文字どおりには「不法 (ἀνομία) を行う者」。「不法 (を行う者)」は敵対する異邦人、また彼らに荷担し彼らのように生きるユダヤ人に対する呼び名だ (『ソロ詩』1.8, 2.3, 12, 15.8, 10, 17.11, 18)。これと対照的に『ソロモンの詩編』の背後にある集団は、自らを「罪人」に対する「義人」と見なす (1.1–3, 2.1–2, 16, 34–35, 3.3–12)。

71) 『ソロ詩』3.4–12, 7.1–10, 8.23–34, 13.5–12, 知 11.9–10, 12.22, 16.9–10.

第 5 章　罪と死

最後の審判に関して重要なのは「律法を持たない (ἀνόμως)」か「律法の内にある (ἐν νόμῳ)」(2.12) か、あるいは「律法を持たない異邦人」と律法を持つユダヤ人 (2.14) の違いでない。いずれに対しても裁きの基準は同じだ。それは律法の要求を行ったか否かだ (2.13-14)[72]。

(4) この同じ自信は、最後の 2 つの段落 (ロマ 2.17-24, 25-29) で最も明らかに示される。「ユダヤ人」は律法に依拠し神を誇る (2.17)。彼は、律法を持ち律法に導かれることが、諸国民に対する宗教的優位性の保証だと理解する (2.18-20)。割礼は、深刻な罪から彼を遠ざける護符と見なされる。この肉体の傷は、選びの民への所属と神の好意を保証すると考えられる (2.25, 28)[73]。一方でパウロは、ユダヤ人の律法違反を深刻な問題とし (2.21-24)[74]、無割礼の異邦人による律法の遂行を有効とする (2.26-29)。

(5) この解釈が適切なことは直後の文言から明らかだ。「それではユダヤ人の優位性は何でしょう、割礼の価値は何でしょう」(ロマ 3.1)[75]。パウロのロマ 2.1-29 での告発は、彼の父祖の宗教——つまり彼と同時代の同胞らの宗教的アイデンティティへの過信、この宗教の実践への過度な依存が原因と

---

[72] §6.3 を見よ。

[73] 「(ユダヤ人ら) は選び、割礼、イスラエルに対する神の啓示が、事実上彼らを律法不履行の結果から守ると考える」(Schlier, *Grundzüge*, 76)。「パウロが言及し攻撃するユダヤ人は律法を完全に守りえず、ユダヤ人に対する神の恵みに頼り、神が最後の審判でユダヤ人を救うと信じている。パウロの批判の対象は善行でなく契約の恵みだ」(Boyarin, *Radical Jew*, 211. 傍点は Boyarin の強調)。割礼の重要性に関しては Dunn, 'What Was the Issue between Paul and "Those of the Circumcision"?', in Hengel and Heckel (eds.), *Paulus und das antike Judentum*, 295-313 (とくに pp.306-21); §14.4 を見よ。

[74] パウロが「『ユダヤ教全体と例外なくすべてのユダヤ人』に当てはまることを語るふりをする」ことは「プロパガンダ的な誹謗中傷」だ (Räisänen, *Law* [§6 n.1], 100-101) という解釈は、粗悪な誇張だ。パウロは同時代のストア派やユダヤ教の文献で頻繁に用いられる修辞的な批判と奨励とに倣っている。ユダヤ人による律法違反が異邦人による違反と同様か、より深刻な結果をもたらすことを警告する周知の例を仄めかしている (Dunn, *Romans*, 113-15)。

[75] この疑問は明らかに先行するパウロの議論から生じるもので、したがってこれは修辞的にパウロに向けられている。しかし Elliot (*Rhetoric*, 139-41) はロマ 3.1-8 をパウロによる対論者への問いかけだとの受け入れがたい解釈を展開する。すると、非常にパウロ的な「決してそうではない (μὴ γένοιτο)」(ロマ 3.4, 6. また 3.31, 6.2, 15, 7.7, 13, 9.14, 11.1, 11, Ⅰ コリ 6.15, ガラ 2.17, 3.21) という言い回しは、対論者の反応か。Stower (*Rereading*, ch.5) の部分的には受け入れられる解釈に関しては Penna (*Paul*, 1.111-16) を見よ。「決してそうでない」というパウロに特徴的な定型句がいかにパウロ的かという議論は Malherbe, 'Mê Genoito in the Diatribe and Paul', *Paul and the Popular Philosophers*, 25-33 を見よ。

なった律法への誤った信頼——に対するものだ。パウロの同胞が自らの違反を見過ごして、神に選ばれた者としての立場に過信する姿勢は[76]、ユダヤ人がギリシャ人と共に「皆同様に罪の下にある」(3.9) ことを示す十分な証拠だ[77]。

(6) 最後の一連のテクスト（ロマ 3.10–18）は人の倒錯した宗教観についてより強い印象を与える。なぜなら、ここで引用された詩編の全箇所が義なる者（契約の民の誠実な成員）と不義なる者との対比を前提とするからだ[78]。パウロはまず、異邦人に対するイスラエルの特異性とイスラエル特有の特権を強調するテクストを持ち出す。しかし彼は、神の好意に関するユダヤ人の過信を、すでに切り崩してしまっている。結果としてこれらのテクストは、全人類を断罪する機能を果たす。ロマ 3.19 においてパウロの意図が明らかになる。律法は「律法を持つ」者——律法を持っていることで他民族でなく自分たちが神の好意を受けていると誇る者——に対して語る。これらのテクストがユダヤ人をも視野に入れていることに気がつくなら、彼らをも含めたあらゆる口が閉じられ、全世界が神の裁きの下に留まることになる (3.19)[79]。

したがってパウロにとって、罪の力は宗教の倒錯という文脈で明らかに示された。この倒錯には、異邦人による偶像崇拝のみならず、ユダヤ人が神から与えられた宗教と神との関係性について偶像崇拝的な過信を抱いたという事実も含まれている。この点は容易に誤解されるので、慎重な説明が必要だ[80]。パウロが宗教的「奢り」を罪の主要な側面と理解したというブルトマ

---

76) ユダヤ人の「不誠実」はロマ 2 章の告発を視野に入れている。ここでの議論はキリストを信仰しないことを述べていない。C.H. Cosgrove, 'What If Some Have Not Believed? The Occasion and Trust of Romans 3.1–8', *ZNW* 78 (1987), 90–105 は意見が異なる。

77) ロマ 3.9 の要約がギリシャ人（ロマ 1.18–32）とユダヤ人（2.1–3.8）に焦点をあてた告発を示唆していることは、十分に認められている。例えば Beker, *Paul*, 79; Fitzmyer, *Romans*, 270–71 を見よ。

78) 詩 14.1–3, 53.3–4, 5.10, 140.2–8, 10.7, 35.2. Dunn, *Romans*, 150–51 を見よ。

79) Merklein, 'Paulus und die Sünde', 129 参照。Elliot (*Rhetoric*, 145) はここでもロマ 3.19 のニュアンスを誤解する。この告発は、パウロの同胞のみならずユダヤ人一般を含み (3.19a)、それゆえすべてが神の裁きの下に留まるため (3.19b) とする。

80)「ユダヤ人パウロはユダヤ宗教の根本に虚偽があると考えた」(Caird, *Theology*, 91) とは言い過ぎだ。

第 5 章　罪と死

ンの見解は、20世紀における最も有名な解釈の1つと見なされよう。しかし彼はロマ 2.17, 23 の奢りに関して、「罪深い自己依存という……極端な姿勢81)」だとさらに述べた。宗教に対するパウロの批判を自己依存に対する批判へ変更したブルトマンの解釈は、パウロの議論のほんの一部しか把握していない。そしてこの部分は、ユダヤ人の宗教的自己理解に対するパウロの批判というよりも、むしろ異邦人の偶像崇拝に対する批判を述べている82)。なぜなら、ロマ 2.17, 23 で「奢り」なる言語表現が用いられる文脈では、自己依存という姿勢にほとんど言及がないからだ。むしろパウロは民族的な依存に言及しており、神に対するイスラエルの信頼が、律法の所持によって保証され割礼によって表象される他民族に対する優位性へと歪められていると批判する83)。これらの問題に関してはのちに論ずる (§6.5)。

§5.5.　罪の影響（2）——放縦

人が神から離れて独自の道を進むプロセスが偶像崇拝から始まり、汚れて歪んだ性行為における「彼らの心の望み」（ロマ 1.23–24, 25–27）へと進むことは、偶然でない。偶像崇拝と性的放縦とを結ぶ傾向は、ユダヤ教の民俗伝承84)や弁証的テクスト85)でしっかり定着し、これがキリスト教文献に引き継がれた86)。この批判には鋭い心理学的洞察がある。自分自身よりも大きい存

---

81) Bultmann, *Theology*, 1.242. Eichholz, *Theologie*, 90, 116; Ladd, *Theology*, 444–45; Schlier, *Grundzüge*, 76–77; Hübner, *Law* (§6 n.1), 113–16; Westerholm, *Law* (§6 n.1), 170 (しかし §5 n.73 を見よ) 参照。

82) ここで提案する解釈はギリシャ人の知恵への奢り（Ⅰコリ 1.29, 31）に対するパウロの警告とも符合する。したがって、コリント人に対して「主を誇る」（Ⅰコリ 1.31）ことが勧められることは、ユダヤ人に対して「神を神として讃え、感謝を捧げる」（ロマ 1.21）ことが勧められることと対応する。

83) 同様のことは適切な「誇り」と改宗以前の「肉に対する奢り」との比較（フィリ 3.3）や、反対者らによるガラテヤ信徒らの「肉に対する誇り」（ガラ 6.12–13）を批判する様子についても言える。さらに §§3.3.2, 14.5.5 を見よ。

84) 黄金の仔牛やバアル・ペオルにまつわる罪を容易に想起させる（§4.4, 4.7）。

85) とくに知 14.12–27 を見よ。またホセ 4.12–18、エレ手 43、『スラ・エノ』10.4–6、『ベニ遺』10.10 を見よ。

86) Ⅰコリ 5.11, 6.9、ガラ 5.20、コロ 3.5、Ⅰペト 4.3、黙 21.8, 22.15、『ディダ』5.1。

在（あるいは大義）に仕えようとする本能は人の魂に深く根づいており、生殖本能も人の根本に関わるからだ。一方が誤った（と考えられる）方向に進むなら、もう一方も同様だ。本能が根源的であればあるだけ、その歪曲は著しい。性に対する強い執着は現代社会の特徴であり、それが文学や芸術の根幹に関わることは、パウロやそれ以前のユダヤ教における洞察の正しさを裏づける。神から離れることは人をすぐさま放縦へと向け、それは放縦への隷属につながる（ロマ 6.15–23 参照）。

しかし私たちは、パウロの説明を誇張しないよう注意すべきだ。パウロは罪の顕現の最も顕著な例として「欲望（ἐπιθυμία）」（ロマ 1.24）なる語を用いる。この語については第 4 章で幾度となく触れた[87]。この ἐπιθυμία という語は本来中立的な「願望」を意味し、肯定的にも用いられる。したがってパウロは、他所で「あなた方の顔を直接みたいと願望する」（Ⅰテサ 2.17）、「死んでキリストと共にいることを願望する」（フィリ 1.23）と述べる。しかし彼はより頻繁にこの語を否定的に用い、「肉欲」や「強欲」等の禁止事項への強い願望を示す傾向がある。これが以下の 2 つの箇所で、パウロが罪の影響として教える内容だ。すなわち、罪は肉の体の願望を刺激し（6.12）、強欲につながる羨望を罪が煽動する（7.7–8）。おそらくロマ 1.24 では、詩 78.29（「神は彼らに ἐπιθυμία を与えた、彼らが渇望したものを」）が意識されていよう。これは神が荒野でウズラを与える物語を示唆すると思われる（民 11.31–35）[88]。パウロは他所でも、しばしば「肉の欲望」という否定的な仕方でこの語を用いる[89]。すなわち、自然の動物的な欲望を満たすことを究極の目的とする生き方だ。キリスト者の「自由」は、自らの欲求を思いのままに満たす放縦にすり替わる（ガラ 5.13, 16）[90]。のちのパウロ文書は、「古い自己が欲望によって堕落し欺かれる」（エフェ 4.22）様子、また「虚無で有害な欲望が人々を破滅へと突き落とす」（Ⅰテモ 6.9）状況、また情欲や快楽への隷属（テト

---

87) とくに §4.7 を見よ。
88) 詩 106.14–15（「彼らは荒野で欲望に燃え、砂漠で神を試みた。神は彼らにその望むところを与え、破滅に至る病を送った」）を見よ。
89) ロマ 13.14, ガラ 5.16, 24. エフェ 2.3 を見よ。ロマ 6.12（「朽ち行く体の欲望」）を見よ。
90) 「肉にしたがって歩む」を参照。§3.3 とフィリ 3.19（「彼らの腹が神です」）を見よ。

3.3）について警告する[91]。すなわち罪とは、中立的で肯定的でさえある「願望（ἐπιθυμία）」を有害な「欲望」へと変容させる力だ。罪は願望を破壊的な放縦へと変える力を持つ[92]。

放縦の最も典型的な例は性行動だ[93]。ロマ 1.24 が「神は彼らをその心の願望において、彼らのあいだでその体を辱める汚れへと引き渡された」と述べるのは、まさにこのことだ。「汚れ、不浄（ἀκαθαρσία）」は一般に性的不道徳を指す[94]。同様に「彼らのあいだでその体を辱める」ことも、相手への敬意が欠如した仕方で性的行為が行われることを指すようだ。一方で、Ⅰテサ 4.5 とコロ 3.5 とで「欲望（ἐπιθυμία）」と「熱情（πάθος）」とが結びつくことから、「願望」が性的情欲という意味で用いられることは明らかだ。いずれの箇所でも、特定されない何らかの性的放縦が語られている。そしてこれは、パウロ（とユダヤ教）的な「性的不道徳（πορνεία）」への嫌悪と結びつくが、おそらくあらゆる不法な性的交渉をも指すと思われる[95]。パウロの宣教による改宗者らの多くが絶えず性的不道徳の危険に晒されていたことは、「性的不道徳から逃げよ」（Ⅰコリ 6.18）のような注意喚起が繰り返されることから分かる[96]。

繰り返しになるが、これはパウロがあらゆる種類の性行為に対して嫌悪を感じていたことを意味しない。むしろ彼は性的欲求の強さを現実的に捉え、「情欲に焼かれるより結婚した方が良い」（Ⅰコリ 7.9）と述べる。夫婦間の性生活における互いの責任を述べることは（7.3–4）、当時の世界にあって非常

---

91) Ⅱテモ 2.22, 3.6, 4.3, テト 2.12 を見よ。
92) 既述のとおり（§4.3）パウロはここでユダヤ教の古い伝統に依拠している。
93) 「願望」を「欲望」と理解することは古代世界で一般的だった。プルタルコス『モラリア』525AB、ダニエル書補遺（スザンナ）のテオドシオス版 8, 11, 14, 20, 56、ヨセフス『古誌』4.130, 132.
94) BDAG, ἀκαθαρσία（例えば『エチ・エノ』10.11、『ユダ遺』14–15、『ヨセ遺』4.6）。新約聖書での ἀκαθαρσία の用例はほぼパウロに限られる（パウロ文書に 9 回）。そのうちいくつかは性的不道徳（πορνεία）と結びつく（Ⅱコリ 12.21、ガラ 5.19、エフェ 5.3、コロ 3.5）。
95) BDAG, πορνεία; §24.4, §24 n.74 を見よ。これに関するギリシャ社会でのより緩やかな理解に関しては §24 n.80 を見よ。
96) またⅠコリ 5.1, 6.13, 7.2、Ⅱコリ 12.21、ガラ 5.19、コロ 3.5、エフェ 5.3 を見よ。使 15.20 の最初の「使徒教令」で偶像崇拝と性的不道徳とが結びついている点に注目せよ。ユダヤ教とキリスト者によるこの主題に関する配慮は『十二族長の遺訓』（とくに『ルベ遺』と『ユダ遺』）にも見られる。

に進歩的なことだった。とくにIコリ7.5で注目すべきは、サタンの誘惑が入り込む隙が性生活の悦びでなく強制的な禁欲にある[97]、と述べられている点だ。それでもパウロは性的欲望の強さを十分に認識し、それが適切な発露を見出さなければ、早々に「賢い」と自認する者の評判を落とし、関係性や仕事に悪影響を及ぼすと警告している。

ロマ1章で人が神から離れることの影響を述べたあと、パウロは特定の性的「変則性」——男女両性における同性愛[98]——を「恥ずべき熱情」（ロマ1.26–27）として扱う[99]。この点でユダヤ教と初期のキリスト教伝統は同時代のギリシャ・ローマ文化と一線を画す。後者では同性愛的行為は広く受け入れられ、一般に好意的に見なされた[100]。これと反対にユダヤ教では、とくに異邦人の習俗を熟知するディアスポラのユダヤ人のあいだでは[101]、同性愛を一貫して異邦人の倒錯した行為と考えた[102]。これに対するパウロの理解は、Iコリ6.9が示すとおり、ユダヤ教伝統に深く根ざしていた[103]。彼に

---

97) Ling, *Satan*, 38, 61–62; Wink, *Unmasking*, 20.
98) 私の同僚のMark Bonningtonは、パウロが男性と女性の同性愛行為について同じ言語表現を用いることが非常に一般的でないことを指摘する。
99) パウロはここで同性愛行為のみに言及しており（ロマ1.24, 26, 27）、同性愛的傾向事態に関しては述べていない。
100) とくにプラトン著『饗宴』とプルタルコス著『英雄伝』（リュクルゴス）を見よ。Fitzmyer, *Romans*, 275と§24 nn.80, 89を見よ。しかし同性愛行為に関するギリシャ・ローマの理解は一貫して是認的ではなかった。D.F. Greenberg, *The Construction of Homosexuality* (Chicago: Univ. of Chicago, 1988), 141–60, 202–10を見よ。
101) 知14.26,『アリ手』152,『アブ』135–37,『十戒各』3.37–42,『シビュ』3.184–86, 764,『フォキュ』3, 190–92, 213–14,『アピ』2.273–75.
102) とくにレビ18.22, 20.13. さらにDunn, *Romans*, 65を見よ。
103) Iコリ6.9では許容できない生活スタイルとして3つの語が用いられる。すなわち「姦淫する者、同性愛行為の相手（μαλακοί）、同性愛行為者（ἀρσενοκοῖται）」だ。「同性愛者の相手」は本来「柔らかい」を意味し、おそらく同性愛行為の受け身を引き受けるパートナーを指す（フィロン『十戒各』3.37–42.『夢』1.122–23, 2.9参照）。D.B. Martin, 'Arsenokoitēs and *Malakos*: Meanings and Consequences', in R.L. Brawley (ed.), *Biblical Ethics and Homosexuality: Listening to Scripture* (Louisville: WJKP, 1996), 117–36（とくにpp.124–28）.「同性愛行為者」と訳されるἀρσενοκοῖτες（Iテモ1.10にも）は現時点で意味が不確定で、（パウロによる？）造語の可能性もある。もしそうなら、それは明らかにLXXレビ20.13に依拠している（「女との床に男と伏せる [μετὰ ἄρσενος κοίτην γυναικός]」）。D.F. Wright, 'Homosexual or Prostitutes? The Meaning of *Arsenokoitai* (1 Cor. 6.9; 1 Tim. 1.10)', *VC* 38 (1984), 125–53. Martin, '*Arsenokoitēs*', 118–23とは意見が異なる。ここではとくに小児愛行為（少年との同性愛行為）が意識されていたかも知れない。『十戒各』3.39参照。とくにR. Scroggs, *The New Testament and Homosexuality* (Philadelphia: Fortress, 1983), 106–08;

とって同性愛は「自然に反し」(ロマ 1.26) [104]、神から離れた生き方の結果だ (1.27) [105]。これは「神の怒り」の結果であり、神が人にその欲望するがままをさせ、放縦の実を与えた末路だ [106]。

したがってパウロは、罪の影響を一般に人間の主要な 2 つの本能的願望の歪曲と理解していることになる。本項が扱った放縦に関わる性的願望が最も根本的というのでない。しかし、この性的願望が方向を変えて他のはけ口を見出すように、より偉大な者に自分を明け渡すという本能的欲求も方向を変えて他のはけ口を見出すことになる。こうして人が後者において神の真理から離れると、それらは創造的でなく、かえって破壊的な力となる。そしてそれが新たな命を創造するという前者の本能的欲求と結びつくと、命を歪曲させ社会を堕落させる力にほとんど抑制が効かなくなる、とパウロは考えた。

§5.6. 罪の影響 (3)——諸罪過

パウロがローマ書で (複数の) 罪 (諸罪過) に言及することは稀(まれ)だが [107]、罪 (の力) が (個人の) 諸罪過の背後にあってこれらを表出させると考えるのが最も自然だ [108]。ロマ 1 章に「諸罪過」という表現が見当たらないにしても、

Furnish, *Moral Teaching* (§24 n.1), 69–70 を見よ。しかしパウロが具体的に小児愛行為を意図していたなら「小児愛者 (παιδεραστής)」という周知の専門用語が用いられただろう。あるいは I コリ 6.9 にあるリストは、どの項目がどの項目と対になっているということではない。Scroggs (p.117) はパウロのロマ 1.26–27 での批判を小児愛行為に限定するが、これは男性同士が共有する願望 (ロマ 1.27) が述べられていること、またレスビアンの関係性について (1.26) も含まれていることを看過している。B.J. Brooten, *Love between Women: Early Christian Responses to Female Homoeroticism* (Chicago: Univ. of Chicago, 1996), 239–66 を見よ。

104) これは典型的なストア派的概念だ (§2.6)。同じ表現 (παρὰ φύσιν) はプラトン『国家』5.13,『法律』6.26b–c, フィロン『十戒各』3.39 にある。さらに R.B. Hays, 'Relations Natural and Unnatural: A Response to John Boswell's Exegesis of Romans 1', *Journal of Religious Ethics* 14 (1989), 184–215; *Moral Vision* (§23 n.1), ch.16 を見よ。

105) おそらく知 12.23–24 が示唆されている。

106) §2.4 の「神の怒り」を見よ。

107) §5 n.45 を見よ。ほとんどの箇所は救済的定型句を反映する。「違反 (παράβασις)」: ロマ 2.23, 4.15, 5.14, ガラ 3.19, I テモ 2.14.「違反 (παράπτωμα)」: ロマ 4.25, 5.15–20 (6 回), 11.11–12, II コリ 5.19, ガラ 6.1, エフェ 1.7, 2.1, 5, コロ 2.12.

108) とくに Schlier, *Grundzüge*, 67–69 を見よ。

罪が諸罪過を生み、それらがまた諸罪過を生み出す（「神は彼らを引き渡された」）という因果的連鎖がロマ1章の最後まで続くとの解釈がパウロの思想を歪めはしまい。人の知的作業の対象として神を相応しくないと判断する結果は、人が知り理解し分析する器官自体をその作業に相応しくないとするのみだ（ロマ1.28）[109]。神から「自由」になった人の理知は、選択のための洞察力と判断力をもはや適切に稼働させ得ない。その結果として人は、「相応しくない[110]」判断を下すことになる。パウロはこの影響をロマ1.29–31において悪徳のリストとして挙げる。

> [29] 不公正、よこしま、貪り、悪意、嫉妬、殺人、対立、虚偽、悪知恵、悪口者、[30] 中傷者、神を憎む者、奢る者、高ぶる者、自慢する者、悪事を練る者、親には向かう者、[31] 愚か、不誠実、冷酷、無慈悲。

このような悪徳リストは古代に共通する倫理観だった。これらの項目はとくにストア派のあいだで広く用いられたが、ユダヤ教においても一般的な内容だった。パウロはこの悪徳に関する一般常識を、その書簡群で幾度か繰り返している[111]。例えば、

- 性的不品行、貪欲、強盗、偶像崇拝者、中傷者、酔っ払い（Ⅰコリ5.10–11）
- 性的不品行、偶像崇拝者、姦淫者、同性愛行為の相手、同性愛者、盗人、貪欲、酔っ払い、中傷者（Ⅰコリ6.9–10）
- 性的不品行、汚れ、放縦、偶像崇拝、魔術、敵意、争い、妬み、怒り、利己心、内輪もめ、分派、嫉妬、酩酊、狂宴（ガラ5.19–21）

---

[109] ここでは同根語が意識的に用いられる。「彼らは神を意識することを相応しい（ἐδοκίμασαν）と考えなかったので、神は彼らを相応しくない（ἀδόκιμον）思いへと引き渡された」。動詞形のδοκιμάζω には「試す、調査する、試験によって証明する、証明されたとして受け入れる」という意味がある。すなわちロマ1.28は〈彼らが神を相応しくないと判断したその判断力自体が、思考する生き物として彼らが機能し得るかの試験に不合格と宣言した〉という意味だ。

[110] §2 n.101 を見よ。

[111] さらに§23.7.2を見よ。

これらのリストに統一性が欠けていることから、パウロが既存のリストを単純に転用したのでなく、少なくとも手紙が宛てられた共同体の特徴的な問題に直接応える仕方で変更を加えたことが分かる[112]。この悪徳リストを詳述する必要はなかろうが、2つの特徴のみを明記しよう。1つに、リストに挙げられている悪徳の多くは社会的なものだ。罪の影響が最も顕著な部分は、秘密裏に個人で行う悪でなく、人間関係の瓦解だ。もう1つに、多くの悪徳は軽微だ。妬みや虚偽、嫉妬や自尊心、噂話や陰口、強欲や遺恨、無慈悲や冷酷な態度など取るに足らない悪行だ。しかしこれらつまらない悪行が信頼の共同体を根こそぎにし、社会を毒する。パウロは「神は彼らを引き渡された」（ロマ 1.24, 26, 28）という句を繰り返して、人間の内に罪が築いた要塞がそのたびに強固になる様子を強調する。それなら、パウロにとって罪の最も甚大な影響は、偶像崇拝や性的放埓などでなく、関係性の一致や融和が歪められる軽微な悪意の積み重ねだろう。

§5.7. 死

パウロの死に関する概念については、すでに詳しく述べた（§4）。ここではすでに論じてきた内容を総合して、死が人を抑圧する力としての罪の側面を再確認しよう。それは福音が解放を約束する隷属状態を指す。

第1に、パウロが「死」なる語を用いる場合、「肉」の場合と同様に広い領域を意識していることを念頭に置かねばならない。より「中立的」な側では、死がある程度の平常心をもって言及される[113]。しかし大方の用法（ローマ書においてはほぼすべて）は否定的で、罰として（ロマ 1.32 は 1.29–31 に見られるような罪に対する罰）、命の喪失として（7.10）、おおやけの処分として（Ⅱコリ 1.9 の ἀπόκριμα）死が語られる[114]。

---

112) Ⅰコリント書のリスト参照。ガラ5章のリストも「反対者ら」がもたらした党派的問題を反映していよう。Dunn, *Galatians*, 302, 304–06. ロマ 1.29–31 では悪徳リストがより洗練され、最初の4項目は -ία で終わる語（ἀδικία, πονηρία, πλεονεξία, κακία）、最後の4項目は ἀ- で始まる語（ἀσυνέτους, ἀσυνθέτους, ἀστόργους, ἀνελεήμονας）で統一されている。

113) ロマ 14.8, Ⅰコリ 3.22, 9.15, 15.31–32, Ⅱコリ 6.9, 11.23, フィリ 1.20–21.

114) Lyonnet (*Sin*, 7) はアウグスティヌスを引用する。「神はどのような死をもって最初の人を

とくに死は、罪深い欲望の影響下にある「肉における」生き方の結果であり（ロマ7.5）、肉の「思い」の結果であり（8.6）、「肉にしたがった（κατὰ σάρκα）」生き方の結果だ（8.13）[115]。パウロは死を自然の成り行きとして静観し得るが、「肉」に関する議論において一般にそうであるように[116]、そこには破壊する力というニュアンスが支配的だ。したがって死は腐敗のプロセスの行き着く先であり、堕落の最終段階にある破滅だ（Ⅰコリ15.42, 50）。肉の完全なる消滅こそが、自らの欲望を満足させる生き様を待ち受ける未来だ。「自分の肉に対して種を蒔く者は肉から滅びを刈り取る」（ガラ6.8）[117]。

さらに印象的なのは罪と死との深い関係だ[118]。「罪」の場合と同様に、「死」に関する議論もローマ書では5.12–8.2 に集中している（18回）。死は罪を通してこの世に入った（ロマ5.12）。「1人の違反によって多くの人が死んだ」（5.15）。「罪は死において支配する」（5.21）。死は最終結果（τέλος）であり、罪の最終表現であり、完成だ（6.16, 21）[119]。「罪の報酬は死だ」（6.23）。罪深い熱情の実は死だ（7.5）。罪の命は人の死だ（7.9–10）。罪は死を生じさせる（7.13）。キリスト者は「罪と死の律法から自由にされる」（8.2）[120]。換言すると、罪の最後で最悪な結果が死だ。これと同じことがアダムと死との関係性にも伺える。すなわち、アダムの子孫にとっての運命が死である[121]。

これは第4章（§4.6）で論じた内容を支持する。すなわちパウロにとって、死は本来人類に訪れるものでない。それは罪の結果だ。この時代に属する命は、肉を回避することができないと同様に死を避け得ない。これらの重なり合う諸要素の影響はあらゆる場で見られる。上（§5.6）に挙げた悪徳を避け

警告したか——魂の死か、体の死か、全人的な死か——と尋ねられたら、その答えは『そのすべて』だ」（『神の国』13.12）。

[115] さらにⅡコリ2.16, 3.7, 7.10 を見よ。
[116] §3.3 を見よ。
[117] 「束の間の浮世から命の支えを得る者は、束の間の消えゆくがごとくに消える」（Bultmann, *Theology*, 1.247）。
[118] とくに Schlier, *Grundzüge*, 108–11 参照。
[119] 結果として「死んだ者は罪から自由であると宣言され」（ロマ6.7）、「彼（キリスト）が死んだ死とは、1度だけの罪に対する死です」（ロマ6.10）。
[120] この段落における万華鏡的なメタファ使用はパウロの特徴であり（§13.4を見よ）、メタファ群に一貫性が見出せないことがパウロ批判につながらない（Bultmann, *Theology*, 1.249 参照）。
[121] ロマ5.12, 15, 17, Ⅰコリ15.21, フィリ2.8。

ようと努める人でさえ、総体的な「肉」とも称することができる「罪」の構造からいまだ抜け出られない[122]。脱出の道は死以外にない。すなわち「1人の人（キリスト）」の死以外にない。これは「多くの人々」が共有し得る死だ。ちょうど彼らが、罪と死に対するアダムの無防備さを共有するように[123]。これは「死の棘（κέντρον）」（Ⅰコリ15.56）とパウロが言うところのものに違いない。罪は毒薬であり、これが最後に死をもたらす。罪は刺し棒であり、それゆえ死には大きな痛みが伴う。もし罪がなければ死はないか、痛みをともなわない死があるのみか。パウロはこの問題に触れない。彼にとっては、この命の終わりに避けて通ることのできない死が待ち受けているという存在論的現実こそが重要だった。

同様の理由から、パウロは死を罪と同じように支配的な力と理解した。死は王のように支配権を行使する（ロマ5.14, 17）。死は生ける者らをその統治下に置く（6.9）。死は、神とその愛する者らとのあいだに分けて入ろうとする力だ（8.38）。それはまた「最後の敵」（Ⅰコリ15.26）だ。愛する者の棺を前にして、誰もがある種の敗北感――取り返しのつかない喪失感――を禁じ得ないだろう。どれほど不屈な道徳観を持てば、「誰がこの死の体から私を救うのでしょう」（ロマ7.24）という痛々しい叫びを避け得るか。宇宙自体が、最終的な死にもはや支配されることがない存在を切望する（8.20–21）。

要約しよう。パウロの神学の強みは、それが死という現実を真っ向から見据えている点だ。既述のとおり、ここでも特定のイメージやメタファをことさら取り上げ、その意義や実効性（説得性）に心を奪われる必要はない。命が死によって終わるという事実は受け入れられるべきであり、また希望を与える神学を通して考察されるべき体験だ。パウロの神学がまさにこれを行っている。その過程でパウロ神学は重要な実存論的問いを投げかける。死は肉

---

[122] Paul Achtemeier は私との個人的な会話の中で、これこそが「罪の体」（ロマ6.6）および「死の体」（7.24）などの表現を用いた時パウロの念頭にあった考えだ、と提案した。したがってこれは、異なる社会的また道徳的力が稼働する新たな共同体を指す「キリストの体」である教会と対極をなす。

[123] ロマ5.6–10, 6.2–10, 7.6, Ⅱコリ4.11, 5.15, コロ2.20, 3.3, フィリ3.10. Cranfield (*Romans*, 299–300) による、パウロの死に関する言説の4つの意味を参照せよ。Fitzmyer, *Romans*, 432–33; Black, 'Pauline Perspectives' を見よ。

と罪からの解放か、あるいはこれらに対する勝利か。

§5.8. 要約

　パウロの霊的諸力に関する言説をいかに理解しようと、以下の点は明らかで、また特筆に値する。(1) いかように概念化しようと、この世には邪悪な事象を生じさせる実際の力が存在する。(2) これらはたんに、人間の意志や個人の利己心に還元されるべきでない。(3)「罪」の力という語で表現される人の状況とは何か、この力は何を個人や社会にもたらすか、それはいかに死とともなって死に否定的でおぞましい性格を付与したか、これらの問いは個人の霊性を高めるために今日的意義があるのみならず、共同体の確立と成長のための施策を考察するための助けとなり得る。(4) そしてとくにパウロの神学にとって重要な点は、キリストにおいて個人と共同体を支配する諸力が決定的に破壊されたということだ。この点に関しては後述しよう (§9.8)。

第6章　律法 [1]

---

1) 第 6 章の文献リスト
Barrett, *Paul*, 74–87; **Becker**, *Paul*, 392–98; **Beker**, *Paul*, 235–54; **P. Benoit**, 'The Law and the Cross according to St Paul: Romans 7.7–8.4', *Jesus and the Gospel* II (London: Darton, Longman, and Todd, 1974), 11–39; **Bornkamm**, *Paul*, 120–29; **Boyarin**, *Radical Jew*, ch.6; **Bultmann**, *Theology*, 1.259–69; **Conzelmann**, *Outline*, 220–35; **Cranfield**, *Romans*, 845–62; **W.D. Davies**, 'Paul and the Law: Reflections of Pitfalls in Interpretation', *Jewish and Pauline Studies*, 91–122; **C.H. Dodd**, 'The Law', *Bible*, 25–41; **A. van Dülmen**, *Die Theologie des Gesetzes bei Paulus* (Stuttgart: Katholisches Bibelwerk, 1968); **J.D.G. Dunn**, 'Was Paul against the Law? The Law in Galatians and Romans: A Test-Case of Text in Context', in T. Fornberg and D. Hellholm (eds.), *Texts and Contexts: Biblical Texts in Their Textual and Situational Contexts* (L. Hartman FS; Oslo: Scandinavian Univ., 1995), 455–75; **J.D.G. Dunn** (ed.), *Paul and the Mosaic Law* (WUNT 89; Tübingen: Mohr, 1996); **Finsterbusch**, *Thora* (§23 n.1), 39–55; **Fitzmyer**, 'Paul and the Law', *To Advance the Gospel*, 186–201; *Paul*, 75–82; **L. Gaston**, *Paul and the Torah* (Vancouver: Univ. of British Columbia, 1987); **Gnilka**, *Theologie*, 69–77; *Paulus*, 224–28; **K. Haacker**, 'Der "Antinomismus" des Paulus in Kontext antiker Gesetzestheorie', in Cancik, et al. (eds.), *Geschichte Band III Frühes Christentum*, 387–404; **S.J. Hafemann**, *Paul, Moses, and the History of Israel* (WUNT 81; Tübingen: Mohr, 1995); **F. Hahn**, 'Das Gesetzesverständnis im Römerbrief und Galaterbrief', *ZNW* 67 (1976), 29–63; **L.-G. Hong**, *The Law in Galatians* (JSNTS 81; Sheffield: Sheffield Academic, 1993); **Howard**, *Paul*, ch.4; **H. Hübner**, *Law in Paul's Thought* (Edinburgh: Clark, 1984); **K. Kertelge** (ed.), *Das Gesetz im Neuen Testament* (Freiburg: Herder, 1986); **Kümmel**, *Theology*, 181–85; **Ladd**, *Theology*, 538–54; **Merklein**, 'Paulus und die Sünde' (§5 n.1); 'Der (neue) Bund' (§19 n.1); **H. Räisänen**, *Paul and the Law* (WUNT 29; Tübingen: Mohr, 1983); *Jesus, Paul and Torah: Collected Essays* (JSNTS 43; Sheffield: Sheffield Academic, 1992); **P. Richardson and S. Westerholm**, *Law in Religious Communities in the Roman World: The Debate over Torah and Nomos in Post-Biblical Judaism and Early Christianity* (Waterloo: Wilfrid Laurier Univ., 1991); **Ridderbos**, *Paul*, 130–58; **E.P. Sanders**, *Paul, the Law and the Jewish People* (Philadelphia: Fortress, 1983); **Schlier**, *Grundzüge*, 77–97; **Schoeps**, *Paul*, 168–218; **T.R. Schreiner**, *The Law and Its Fulfillment: A Pauline Theology of Law* (Grand Rapids: Baker, 1993); **R.B. Sloan**, 'Paul and the Law: Why the Law Cannot Save', *NovT* 33 (1991), 35–60; **Strecker**, *Theologie*, 150–56; **Stuhlmacher**, *Theologie*, 253–68; **F. Theilman**, *Paul and the Law: A Contextual Approach* (Downers Grove: InterVarsity, 1994); **S. Westerholm**, *Israel's Law and the Church's Faith: Paul and His Recent Interpreters* (Grand Rapids: Eerdmans, 1988), ch.9; **Whiteley**, *Theology*, 76–86; **U. Wilckens**, 'Zur Entwicklung des paulinischen Gesetzesverständnisses', *NTS* 28 (1982), 154–90; **M. Winger**, *By What Law? The Meaning of Nomos in the Letters of Paul* (SBLDS 128; Atlanta: Scholars, 1992); **Ziesler**, *Pauline Christianity*, 107–15.

§6.1. 罪、死、律法

人類は罪に仕えて生きつつ、その報いとして死を迎える（ロマ 6.23）[2]、とパウロは分析する。他のメタファを用いれば、罪はその糸に人を絡め取る蜘蛛のようだ。Ⅰコリ 15.56 は罪についてさらに鮮烈なメタファを用い、人を狂暴なタランチュラの群れに追い落とす棘針だとする。しかしこの構図には、昆虫を蜘蛛の巣へと誘うというもう１つの作用——死の舞踏のパートナー——がありはしないか。パウロは、「律法がなければ、私は罪を知りませんでした」（ロマ 7.7）と述べる。また、「律法のないところで罪は死んでいます。また律法のないところで私はかつて生きていました。しかし律法の規定が到来すると、罪が息を吹き返し、私は死にました」（7.8–10）と記す。他所では、罪と死が律法をパートナーと認め、あたかも律法がこれらと共に恐怖政治を敷く三執政として力を発揮するかのようだ。すなわち、「律法が来ると違反が増加し……罪が増加し……死において支配します」（5.20–21）[3]、「死の棘は罪で、罪の力は律法です」（Ⅰコリ 15.56）。そしてロマ 7.5 は、これらの要素をすべて動員し、人が堕落する様子を描いている。「私たちが肉の内にあった時、律法を通して働く罪の欲望が私たちのあり方と行動において[4]、死の実を結びました」。

パウロは上の論理が示唆することを十分に理解して、１つの問いを投げかける。「それでは何と言いましょう、律法は罪でしょうか」（ロマ 7.7）。当然これは修辞疑問であり、パウロは架空の対論者を設定して自らに質問をぶつけさせ、あるいは想定する群衆からの野次を自らに向けて飛ばし、そうやって自分の議論を前進させている[5]。もっとも、この問いの意味が明らかでなけ

---

2) 「あなたがあくせく働いてその人生に積み上げているのは死だ」（モンテーニュ）。
3) ここにガラ 3.19 を加える者もいるが、その解釈については §6.4 を見よ。
4) 文字どおりには「私たちの各部分において」あるいは「私たちの各構成部分において」だ。しかし「部分」は体を構成している（ロマ 12.4–5, Ⅰコリ 12.12, 14, 27, エフェ 4.25）ので、「私たちの体において」（REB）とも訳し得る。また同章の後半では「私たちの各部分において」（ロマ 7.23）が「私において」と同義だ。§3.2 を見よ。
5) パウロの「ディアトリベー」形式に関しては S.K. Stowers, *The Diatribe and Paul's Letter to the*

第 6 章　律法

れば、修辞疑問として成り立たない。パウロ自身が上の疑問（ロマ 7.7）に読者の注意を向けた。パウロの議論自体が、律法を罪と結びつけ、律法が罪と同様に恐ろしい力ではないかとの疑念を読者に抱かせている。

同時にパウロの註解者らは、彼が律法に対して頻繁に否定的な姿勢を示すことを見逃さない。例えばパウロは、ロマ 1.18–3.20 における人類への告発のまとめとして、「律法の行いによっては、誰一人彼（神）の前で義と認められません」（3.20）と述べる。前出の箇所では、「今は律法から解放されたので、私たちがかつて縛られていたものに対して死にました[6]」（7.6）と続ける。また「キリストは、信じる者すべてに義をもたらすための、律法の終着（τέλος）[7]です」（10.4）と言う。さらに II コリ 3.6–9 では、モーセの「旧い契約」（3.14–15）に言及しつつ、それを「死の務め」あるいは「断罪の務め」と見なす。そしてパウロは、自らの改宗について以下のように評する。「律法を通して私は律法に対して死にました。それは私が神に対して生きるためです」（ガラ 2.19）。またガラ 3.10–13 は、キリストの贖いを「律法の呪い」からの解放と教える。そしてガラ 4.8–10 では、律法の遵守をこの世の諸霊（στοιχεῖα）の支配下に入ることと同視する[8]。さらにガラ 5.4 は、「律法において義とされようとするなら、すでにキリストから切り離され、恵みから落ちたのです」と断言する。

宗教改革の神学における福音と律法との根本的な対立——アンチテーゼ的な関係性——は、じつにこのような議論に依拠している。現代の註解者らの中には、律法を神に敵対する悪魔的力、また罪のような暴君として、サタンと同様の役割を持っているとパウロが考えた、と論ずる者もいる[9]。あるいは、パウロにとっての律法は救済の過程に何ら肯定的な役割を演じない、との理解が一般だ。それどころか、律法によって人類は罪へと追い立てられ

Romans (SBLDS 57; Chico; Scholars, 1981) を見よ。

6)　数件の異本（D, F, G, it vg^{cl}, Or^{mss}, Ambst）は、「今では私たちは、私たちが捕らわれていた死の律法から解放されました」。

7)　「終着（τέλος）」の具体的な意味に関しては §14.6.2, 14 n.143 を見よ。

8)　コロ 2.8, 20–21 も同様。στοιχεῖα については §5.2 を見よ。

9)　Caird, *Principalities* (§5 n.1), 4–53; Hübner, *Law*, 26–36.

る[10]、と言われる。

　一方で、パウロがとくにローマ書において、律法を肯定的に語る点を看過するわけにいかない。救済における神の義は[11]、預言者と律法によって立証されている（ロマ3.21）。「信仰を通して律法が無効となるか」との問いかけには、「決してそうではありません」（3.31）と応ずる。さらに述べる。「律法は聖く、戒めは聖く正しく善い……。律法は霊的です」（7.12, 14）。「神はご自身の御子を罪深い肉と同じ姿で送ることで……律法の義の要求が、肉にしたがわず御霊にしたがって歩む私たちの内に満たされるのです」（8.3–4）。「誰に対しても、互いを愛すること以外で、借りがあってはいけません。なぜなら、他者を愛する者は律法を全うするからです」（13.8）。これらの教えをもとに他の註解者らは強い確信をもって、パウロは律法を肯定的に捉え、キリストによって律法が破棄されたと考えない、との立場を主張する[12]。

　このように極端に異なったパウロの律法観をどう理解すべきか。ガラテヤ書執筆からローマ書執筆までのあいだで、パウロの律法理解が変化したか[13]。この解釈は不可能でないが、両書の執筆時期にそれほどの差はない[14]。また、ガラ5.14の隣人愛による律法成就はロマ13.8–10の教えとほぼ同じだ[15]。あるいは、この問題がパウロの一貫性の欠如に起因すると考える者もいる[16]。したがって、矛盾する教えのあいだに折り合いをつけることは不可能ということになる。

---

10)　Bultmann, *Theology*, 1.264; Conzelmann, *Outline*, 226–27; Kümmel, *Theology*, 184; Westerholm, *Law*, 196.

11)　この表現に関しては§14.2を見よ。

12)　とくにCranfield, *Romans*, 852–61; Finsterbusch, *Thora*, ch.5.

13)　Drane, *Paul*, 61–77, 132–36; Hübner, *Law*, 55–57, 63–65, 136–37. Beker（*Paul*, ch.6）の「偶発性（contingency）」と「一貫性（coherency）」を見よ。〔訳註　「一貫性」とはパウロに一貫した神学を指し、「偶発性」とはそれぞれの教会の事情に合わせた、一定の条件下での神学的表現の柔軟性を指す。〕

14)　一般にローマ書は後55–58年に執筆されたとされる（Dunn, *Romans*, xliii–xliv 参照）。一方ガラテヤ書の執筆は48–49年から50年代中盤までとされ、私見では50年後半から51年半ばだ（Dunn, *Galatians*, 8, 19を見よ）。

15)　§23.5を見よ。

16)　とくにSanders, *Law*, 35–36, 68–69, 77–81, 86, 123, 138, 144–48; Räisänen, *Law*, 9, 11–15等。「議論の矛盾と摩擦は、律法に関するパウロ神学の一貫した特徴として受け入れられなければならない」（Räisänen, *Law*, 11）。

この問題は非常に重要で、慎重な解釈を要する[17]。パウロがローマ書を執筆した当時の神学を分析しようとすれば、その中心に福音と律法との相剋という問題があることを看過できない。律法（νόμος）はローマ書神学の重要な主題であり、最も重要な脇役と言えよう[18]。この語はじつに、ロマ 2.12 から 8.7 のあいだで 66 回も用いられている。この主題の重要性、神学における歴史的意義、また律法に関するパウロ神学への理解が多様であることに鑑みると、注意深い考察を避けて通ることはできない。これは 3 つの部分に分けて論考するのが良いと思われるが[19]、まずはいくつかの準備作業から始めよう。

§6.2. トーラー、ノモス（νόμος）、そのノモス（ὁ νόμος）

第 1 に、ヘブライ語の「律法（トーラー）」がギリシャ語の「律法（ノモス）」よりも広い意味を持っており、（LXX にしたがい）ギリシャ語によってヘブライ語の概念を表現しようとしてユダヤ教のトーラー理解を歪曲させたパウロが、ユダヤ教を律法主義的宗教と批判する不当な根拠を与えてしまった、という旧来の議論[20]に注目しよう。トーラーがノモスよりも広い意味範囲を持っていることは間違いないが[21]、両語の意味領域の重なりは大きい。「契約」という語に「命令」の意味を持たせる傾向は出 24.7 に遡るが、そこ

---

[17] 私が「慎重な解釈を要する」と言う場合、とくに 2 つの点を念頭に置いている。1 つは、ユダヤ教を律法主義的な宗教と理解しがちなキリスト教の伝統的誤解に関する。もう 1 つは、この誤解を指摘する際に教会のあいだである種の抵抗感が生じることだ。これはおそらく、律法と福音との相剋という問題がパウロ神学の他の部分以上に、キリスト者の個人的信仰に影響を及ぼすと考えられるからだろう。

[18] パウロ文書に 119 回登場する νόμος は、ローマ書で 72 回、ガラテヤ書で 32 回見られる。

[19] §§14.5, 23.3–5 を見よ。

[20] S. Schechter, *Aspects of Rabbinic Theology* (1909; New York: Schocken, 1961), 117; R.T. Herford, *Judaism in the New Testament Period* (London: Lindsey, 1928), 30–32; Dodd, 'The Law', 25–41. Schoeps, *Paul*, 216–18 も見よ。

[21] パウロもこの広い意味領域を理解しており、ギリシャ語のノモス（νόμος）を用いて「聖典」を指すことがある（ロマ 3.19 では詩編を、I コリ 14.21 ではイザ 14.34 を引用しつつノモスと言う）。より一般的な意味で用いる場合は（ロマ 4.15b, 5.13, 7.1a, ガラ 5.23; Fitzmyer, *Paul*, 75）、だいたいにおいて限定的にモーセ五書を指す（ロマ 8.15 参照）。

では「契約の書」(24.7) という表現が基本的に規定集 (20.1–23.33) を指している。したがって出 34.28 では、「契約の言葉」が「十戒」を指す[22]。申命記では、トーラーが規定、命令、掟を収集したものと理解され、これらはイスラエルの契約における責務だ――「このすべてのトーラー」(4.8)、「このトーラーのすべての言葉」(32.46)――。そして申 30.10 では、「このトーラーの書」もまた基本的にその書にある命令や掟を指す。さらにエズラ記のアラム語部分では、ヘブライ語のトーラーがアラム語のダート (דָּת [律法]、7.12, 14, 21, 26) となる。そして他の第二神殿期ユダヤ教文献では、トーラーもノモスも「守る」べき神からの命令を指す[23]。これらの資料から、ノモス＝律法主義という定式を支持する証拠は見つからない。一方でパウロが、モーセによって提示されたイスラエルの契約規定（モーセ律法）を指す語としてノモスを用いること自体は、ユダヤ教の伝統的理解の歪曲と言えない。

第 2 に、冠詞の有無が意味に変化を与えるかという問題がある。冠詞がある時のみ、ユダヤ律法という意味で「そのノモス／律法 (the law)」と訳すべきか[24]。そして冠詞がない場合、少なくともその一部は、律法一般やある法律原則という意味で「あるノモス／法律 (a law)」と訳すべきか。この点に関しては前世代の学者らが十分に討議しており、新たに何か加える余地がほとんどない[25]。すなわち、厳密な法則をこの問題に当てはめられないとの、おおよその合意ができている[26]。その場合は文脈が重要となる。例えば、ローマ書でパウロが初めて律法に言及する際（ロマ 2.17, 23a, 25）には無冠詞のノモスが用いられるが、これらがモーセ律法を指していることは明白だ。直前

---

[22] Schoeps, *Paul*, 214.

[23] Westerholm ('Torah, *Nomos* and Law', in Richardson and Westerholm, *Law*, 45–56) は、1QS 8.15, 21–22、『ソロ詩』14.1–2、シラ 45.5、バル 4.1、Ⅰマカ 2.67–68、Ⅱマカ 7.30 (48–49) を挙げる。S. Westerholm, 'Torah, Nomos and Law: A Question of "Meaning"', *Studies in Religion* 15 (1986), 327–36; *Law*, 136–40; A.F. Segal, 'Torah and *nomos* in Recent Scholarly Discussion', *Studies in Religion* 13 (1984), 19–28; Urbach, *Sages*, 288–90 も見よ。

[24] オリゲネスは有冠詞の場合のみモーセ律法を意味するという規則を示した (Sanday, and Headlam, *Romans*, 58)。

[25] Sanday and Headlam, *Romans*, 58; Burton, *Galatians*, 447–60; BDF §258 (2); Moule, *Idiom-Book*, 113; Moulton, *Grammar*, 3.177; Räisänen, *Law*, 17; Winger, *Law*, 44–46, 67–68, 76–77; Schreiner, *Law*, 33–34.

[26] 例えばガラテヤ書では有冠詞が 10 回で無冠詞が 22 回だ。

のロマ 2.12–14 も同様だが、そこで無冠詞のノモスが用いられるのは、神がトーラーにおいて示した内容を律法を持たない異邦人が十分に知っている状況が意識されているとも考え得る[27]。同様にロマ 5.13 で無冠詞のノモスが用いられる場合、その適用はイスラエルを含めより広い人類（アダム的人類）に及ぶが、これがモーセ律法を指すことは直後のロマ 5.14 から明白だ。ロマ 7.7–12 では冠詞つきのノモスと無冠詞のノモスが交互に登場するが、いずれもモーセの「聖い律法」を指す。Ⅰコリ 9.20–21 は「律法の下にいる者（οἱ ὑπὸ νόμον）」と「律法のない者（οἱ ἄνομοι）」とを対比するが、前者の無冠詞のノモスはトーラーを指し、ここではユダヤ人と異邦人とが比較されている[28]。すなわち、パウロは明らかにモーセ律法としてのトーラーを念頭に置きつつも、それによって普遍的な主張を行う場合がある。一般的な原則としては、パウロがノモスを用いる場合、有冠詞でも無冠詞でも、それはトーラーを指す。

最後の問題は後述するが、完全をきすためにここでも短く言及しよう。それはすなわち、パウロがノモスを用いる場合[29]、場合によって「秩序」や「原理」を意味するか、という問題だ[30]。これは、福音やキリスト者の生き方において、パウロが律法を肯定的に捉えているか、という問題と関わる[31]。しかしそれは、パウロの人類への告発において律法が否定的な要素であるかという現行の議論を左右することにならない。

§6.3. 神の要求と裁きの基準

パウロの律法観の論考には、いくつかの切り口が考え得る。もっとも、ローマ書を念頭に置くと、罪と違反を定義し測る律法の機能がとくに重要だと

---

27) §6.3 を見よ。
28) さらにガラ 3.27（§6.4）とガラ 4.4 も見よ。
29) ロマ 3.27, 7.23 は無冠詞、7.21, 8.2 は有冠詞。
30) 大半の研究者がそう理解する。とくに Räisänen ('Paul's Word-Play on *nomos*: A Linguistic Study', *Jesus, Paul and Torah*, 69–94）は、ギリシャ語文献の分析からこのような意味の領域をノモスにあてる。その他 Winger, *Law*、また Winger への批判として Schreiner, *Law*, 37–38 を見よ。
31) §23.3–5 を見よ。ロマ 7.23 に関しては §18.3, §18 n.58, §23.4, §23 n.102 を見よ。

分かる。この役割が最初に明言されるのは、人類への告発部の最後で、その後の4章にわたって3回この役割が示唆される。

- 律法を通して罪の知識が来たのです（3.20）。
- 律法がないところに違反はありません（4.15）。
- 律法がなければ罪は認められません（5.13）。
- 罪は、罪として現れるために、善いもの（律法）を通して私に対して死を生じさせました。そうして罪は戒めを通して著しく罪深くなりました（7.13）。

　これらに関してはとくに2つの特徴が際立つ。第1に、パウロはローマ書と同様に律法の議論が集中するガラテヤ書で、上に挙げた律法の機能に言及しない[32]。しかしこの機能について、パウロがガラテヤ書執筆からローマ書執筆までの期間に思いついたとは考え難い。おそらく律法に対してより厳しい表現が用いられるガラテヤ書でもこの機能は前提にあったが、それを明記する機会がなかったのだろう。一方、パウロがローマ書で福音を体系的に提示する場合、この機能は避けられない基本的な事柄だったのだろう。この点は、もう1つの特徴から立証される。ロマ3.20――そして4.15と5.13においても――で、読者は「当然だ」と応答することが期待されている。これらの箇所では、律法のこの役割が自明のこととして記されている。そしてこれを前提としつつ、他の議論がなされ、結論が導き出される。

　律法に、違反を定義し、人々に違反を意識させる機能があることを、パウロがどこで学んだかは明白だ。それは律法規定全体に示唆されており、とくに意識的罪への警告と、無意識の罪に対する償いとにおいて明らかだ[33]。詩編著者が記す律法への喜びと罪への悔悛にも示唆されている[34]。これは、新たに発見された律法の書が読まれるのを聞いたヨシヤ王が悔いた様子（王下 22.3–23.25）から、また捕囚からの帰還を果たした民が律法の書を聞いて

---

32) ガラ 2.16–5.4 で 27 回 νόμος が用いられるのは、ロマ 2.12–8.7 で 66 回用いられるのとほぼ同等の頻度だ。
33) 例えば R.C. Cover, 'Sin, Sinners (OT)', *ABD*, 6.34–38 を見よ。
34) とくに詩 19, 32, 51, 119 編を見よ。

それに応答した様子（ネヘ 8–10 章）から知り得る。パウロは当然、これらの伝統を幼少時の律法教育において、またファリサイ人としての訓練を通して[35]、繰り返し学んだことだろう。

　強調すべきは、パウロがこの機能を問題視し、破棄しようとしていないことだ。イエスをメシアとして受け入れたパウロにとって、これは自明の理だった[36]。これはキリスト者であろうとなかろうと、パウロと同胞のユダヤ人とのあいだで問題視される事柄でない。罪を定義し、それを人に意識させるという律法の機能について疑いを挟む者はいなかった。

　律法のこの機能を確認することは、もう 1 つの重要な機能へと読者の注意を向けることに繋がる。それは、律法が神の裁きの基準として機能するということだ[37]。パウロにとってこの機能も自明だった。この機能と上の機能とのつながりは明らかだ。律法を通して罪の意識を持つということは、世界全体が神の裁きから逃れられないことを意味する（ロマ 3.19–20）。「律法は怒りをもたらし、また律法のないところには違反はない」（したがって怒りもない。ロマ 4.15）。死の裁きは、罪が律法によって違反と定義されることと繋がっている（5.13–14, 7.13）。ローマ書における律法（νόμος）への最初の言及は、このような理解に立っている。

> 律法を持たずに罪を犯した者は誰でも律法を持たずに滅び、律法を持っていて罪を犯した者は律法によって裁かれます。律法を聞く者が神の前で義なのでなく、律法を行う者が義と認められるからです（2.12–13）。

パウロ自身は、ローマ書での論考において十戒を神の要求の基準として繰り返し用いている[38]。換言すると、パウロ自身は、律法は従うべきもので、律法

---

35) ガラ 1.13–14, フィリ 3.5–6.
36) van Dülmen (*Theologie*, 218) は「律法が神意を表現する限り（パウロにとって）律法の正しさに制限はない」と説明する。
37) しかし O. Hofius が E. Jüngel と U. Wilckens に対して反論している内容 ('Die Adam-Christus-Antithese und das Gesetz: Erwägungen zu Röm.5.12–21', in Dunn [ed.], *Paul and the Mosaic Law*, 192–99) を見よ。
38) ロマ 2.21–22, 7.7–8, 13.9.

への従順を神が期待している、と理解していた（8.7）。

この理解も、パウロは律法教育の教科書であるトーラーから得ていた。神の命令を怠る者へ呪いが下るとの理解が、神との契約関係にあった。すなわち、「律法の書に行うよう記されているすべての事柄を守り通さない人はみな呪われている」（ガラ 3.10, 申 27.26）[39]。バビロン捕囚とその後のユダヤ人大多数の離散状態は、神の怒りが継続していることを示す[40]。最後の審判は律法にしたがって下されることが前提となっている[41]。また、律法を行うことの重要性は歴史上のユダヤ教の特徴であり[42]、ロマ 2.13 の教えに呼応する内容は同時代のユダヤ教文献に見られる[43]。この点で、パウロの教えはイスラエルの預言者らによるさまざまな戒めと実質的に同じだ。

ここでとくに興味を惹くのは、パウロが律法を普遍的な審判の基準と見なしていたことだ。異邦人も同じ基準による裁きの下にある。これは、人類が神の知識と認識から離れて堕落する様子を批判するロマ 1 章の後半部に要約されている。すなわち、「神の正しい掟（δικαίωμα）を知っているから、それら（掟に反すること）をする者は死に値します。彼らはそれらをするのみか、それらを行う者らを承認しています」（1.32）[44]。既述のとおりこの批判は、ディアスポラ・ユダヤ人による異邦人の偶像崇拝と性的乱れに対する批判に倣っている[45]。したがってここでの前提は、人類には神について何らかの知識がある（1.19, 21）のみならず、人として何が適切で何が不適切かを知る霊的かつ道徳的意識があるということだ[46]。神が「各人の行いにしたがって報い」

---

39) この引用に関しては Dunn, *Galatians*, 170; §14.5.3 を見よ。
40) Thielman (*Paul*, 51–55) は、ヨセフスが律法違反に対する神の報復という主題を頻用する様子に注目する。
41) Stuhlmacher, *Theologie*, 260. 裁きに関しては §2.4 を見よ。
42) 例えば申 4.1, 5–6, 13–14, 30.11–14, Ⅰ マカ 2.67, 13.48.
43) 例えばフィロン『教育』70, 『賞罰』79, ヨセフス『古誌』20.44, 『M アヴォ』1.17, 5.14. Dunn, *Romans*, 97 を見よ。
44) Thielman (*Paul*, 169) は δικαίωμα が命令や規定という意味で用いられる場合、他所では必ずモーセ五書を指すと説明する（ルカ 1.6, ロマ 2.26, 8.4, ヘブ 9.1, 10）。
45) §5 n.68 を見よ。ロマ 4.15 の「律法は怒りをもたらす」という場合の怒りはロマ 1.18 以降の怒りでもあろう。
46) したがって、「自然の」（1.26–28, §2 n.101 も見よ）とストア派的な「自然のあり方にしたがって」という表現とを関連づけることには、ある程度の説得性がある。パウロはこのような道徳法

第6章　律法

（2.6）、しかも差別なしにそうする（2.11）という場合も、人類に関する同様の前提がある[47]。

　そして何よりも、異邦人には「律法がない」（2.12）、あるいは彼らは「律法を持たない」が、彼ら自身が「自らにとっての律法」（2.14）となる。この結論は、異邦人が「自然のあり方にしたがって律法の要求を行い……彼らの心に刻まれている律法を行う」（2.14–15）という理解に立っている。彼らの（とくに自らの過ちに心を騒がせる）良心も[48]、より普遍的な道徳的感性の論拠となる（2.15）。これらのテクストによってパウロが何を意味したか、多くの議論が交わされている[49]。しかしその要点は明らかだ。すなわち、異邦人は神が人類に対して何を期待するか、ある程度の知識を持っている。つまり、律法が（ユダヤ人一般にとって）神の意志の最も明白な表現なので、異邦人は律法に関してある程度の知識があることになる[50]。したがって律法は、全人類に対する神の裁きの基準であり要求だ、と言い得る（2.16, 3.6）[51]。こうしてパウロは、人類への告発を以下のように表現する。律法を前にして誰も言い訳はできず、全世界が神の裁きに対して責任を持つ（3.19）、ユダヤ人をはじめ異邦人さえも。

　したがってこれが、ローマ書から導き出される律法の第1の機能だ。律法は罪を定義し、罪を違反として意識するよう促し、そのような違反に対する

への一般的意識を「神の掟」として前提としているので、神の怒りについても語り得る（§2.4）。Dunn, *Romans*, 69; §23.7.2 を見よ。

47) §2.4 nn.74, 75 を見よ。

48) 「良心」に関しては§3 n.16 を見よ。

49) さらに Dunn, *Romans*, 98–102; Fitzmyer, *Romans*, 309–11 を見よ。

50) ユダヤ教の知恵文学著者とフィロンもほぼ同様の議論をする。善意あるすべての人が求める天の知恵の多くは、トーラーに見出される（とくにシラ 24.1–23、バル 3.9–4.4. 詩 19 にもすでに示唆されている）。フィロンは、「正しい理性（ロゴス）」が人の生き方を定め（『創造』143,『寓意』1.46, 93)、神的ロゴスと律法は同一だとする（『移住』130)。その後ラビらはしばしば、義なる異邦人という可能性について議論した（例えば Moore, *Judaism*, 1.278–79, 2.385–86 を見よ)。また Stowers, *Rereading*, 113–17, 120–21 を見よ。J.C. Poirier ('Romans 5.13–14 and the Universality of Law', *NovT* 38 [1996], 344–58) は、ロマ 5.13–14 をもこの議論に含める。§2 n.86 を見よ。またロマ 7.7–11 については§4 n.89 を見よ。

51) パウロにとって救済が律法への従順を前提とするかは§18.6 参照。もしそうなら、ロマ 2 章は「パウロが他所で律法を否定的に表現することと折り合いをつけることができない」(Sanders, *Law*, 123, 132)。

神の裁きの基準としての役割を果たす。

§6.4. 律法の下のイスラエル

　パウロはローマ書で律法を非常に広義の意味に捉えてはいるが、それでも律法は彼にとって何よりもユダヤ教の律法でありモーセ律法だ。パウロが初めてノモスに言及する箇所でも、「律法の外にある者」と「律法の内にいる者」（2.12）、すなわち「律法を持たない異邦人」（2.14）と律法を持つユダヤ人とを対比する。私たちはすでに、ロマ2章全体がユダヤ人の異邦人に対する特権意識、すなわち律法を持つという点をほぼ唯一の根拠とする優位性（2.18–20, 23）への反論だと確認した。そしてこの批判の終結部（3.19）が明示するように、その批判はとくに「律法の内にいる者」へ向けられる[52]。後述するように[53]、ローマ書の以下の部分もこの特権意識に言及する。パウロはローマ書でこれ以上は律法の機能について述べないが、幸いにも、ガラテヤ書ですでにこの点について述べている。したがって私たちは、律法という主題について多くを語るガラテヤ書から、何がローマ書で前提となっているかを知ることができる。

　パウロはじつにガラテヤ書で以下のように問う。「なぜ律法が与えられたのでしょう」（3.19）。この答えは、パウロの律法観を知る上で非常に重要だ。この問いはガラテヤ書の主要な論考が頂点に達したあたりに位置するが、この問いによって開始される段落はそれ以前の文脈からかなり独立しているので、この時点からの議論に集中してもパウロの意図を曲解することにならない。ここで重要なのは、アブラハムへ与えられた祝福の約束と430年後に明示された律法とを[54]、パウロが対比させていることだ。パウロは、のちに与えられた律法がそれに先行する約束を反故にすることはないと主張する（3.15–18）。「もし相続が律法を拠りどころとするなら、それはもはや約束を

---

52)　§5.4.6 を見よ。
53)　§14.5.5, 14.6.2 を見よ。
54)　430年という数字は、ヨセフス『古誌』2.318 もそうだが、イスラエルの民がエジプトに滞在した期間として出 12.40 が伝える年数に依拠しているようだ。

第6章　律法

拠りどころとしないのです。しかし神は、約束に基づいてアブラハムに相続を与えました」。パウロは以下のように続ける。

> ¹⁹ それでは、なぜ律法なのでしょう。それは、約束を授けられている子孫が来るまでのあいだ違反のためにつけ加えられたもので、御使いらを通して仲介者の手によって定められました。²⁰ 仲介者と言うからには一方だけでは成り立ちませんが、神はお一方です。²¹ それでは、律法は神の約束に反するでしょうか。決してそのようなことはありません。もし命を与えることのできる律法が与えられていたとすれば、義はたしかに律法によってもたらされたことでしょう。²² しかし聖典は、すべてのものを罪のもとに閉じ込めました。それはイエス・キリストへの信仰を拠りどころとする約束が、信頼する人々に与えられるためなのです。²³ この信仰が訪れるまで、私たちは律法の下に拘留され、その来るべき信仰が啓示されるまでのあいだ閉じ込められていました。²⁴ こうして律法は、私たちをキリストに導く養育係となりました。それは、私たちが信仰によって義とされるためです。

この箇所には非常に困難な表現がいくつかあり、いかにパウロが上の問いに応答しているか、議論が分かれる。それでも、アブラハムへの約束とモーセを通して与えられた律法との対比を、詳細に語っていることは確かだ[55]。もっとも、パウロは律法に対してどれほど否定的だろうか[56]。上の問いに対するパウロの応答の重要な部分を取り上げて、その答えを探ろう。

「（律法は）違反のためにつけ加えられました」（3.19）。これは何を意味するか。ほとんどの註解者は、これとの並行箇所と思しきロマ 5.20 へ即座に目を移す。「律法が来たのは違反を増加させるためです」。すなわち、律法がもたらされた理由は、違反を生み出し、より多くの不義を引き起こすため、

---

[55] G.N. Stanton, 'The Law of Moses and the Law of Christ: Galatians 3.1–6.2', in Dunn (ed.), *Paul and the Mosaic Law*, 113.

[56] Eckstein (*Verheißung*, 255) は、約束との関連においてのみ律法の「劣性」について語ることができる、と結論する。

となる[57]。しかし、これら2つのテクストの共通性は非常に表面的で、その意味するところは著しく異なる。ガラ3.19でパウロは、律法が「違反のためにつけ加えられた」と述べる。「～のために (χάριν)」は「恵み (χάρις)」から派生した特別な前置詞で、ロマ5.20の場合と比べて非常に肯定的な表現だ[58]。律法が「違反のためにつけ加えられた」なら、それは違反に対処する目的で付与されたと考えるのが最も自然だろう[59]。すなわち、律法を与えられた者が違反したことによって引き起こされる問題を解決する目的だ。ここでパウロが意識しているのは、律法が供儀を制定するということだろう。罪の排除に不可欠な血 (ヘブ9.22) を意味する犠牲が、イスラエル宗教の中心にあった。これはロマ5.20が述べる律法の役割より肯定的だ。数年後に執筆されたローマ書の知識がないガラテヤ人読者がガラ3.19を目にしても、これを律法への批判とは思わなかっただろう。

また律法は、「御使いらを通して仲介者の手によって定められました」(3.19)。この仲介者とは当然モーセのことだ[60]。これは一般に、神自身が直接アブラハムへ与えた約束と対比して、律法が間接的に与えられたという否定的表現と理解されがちだ[61]。しかし、「御使いらを通して」律法が与えられたとは、何を意味するか。ここでもまた、〈トーラーの神的起源の決定的な否

---

57) Lietzmann, *Galater*, 21; Bultmann, *Theology*, 1.265; Schlier, *Galater*, 152–54; Conzelmann, *Outline*, 227; van Dülmen, *Theologie*, 42; Ridderbos, *Paul*, 150; Betz, *Galatians*, 165–67 (「のちのユダヤ教における堕落ゆえ……完全に否定的だ」); Beker, *Paul*, 56; Hübner, *Theology*, 2.83 (「律法に依拠する者にとり律法は抹殺する力」); Räisänen, *Law*, 144–45; Bruce, *Galatians*, 175–76; Westerholm, *Law*, 178, 185–86; Hong, *Law*, 150–52; Barrett, *Paul*, 81. Hübner (*Law*, 26. 80も見よ) は、「非常に皮肉に満ちた表現」と評する。

58) LSJ, χάρις, VI.1を見よ。

59) Sanders (*Law*, 66) も同意する。Keck, *Paul*, 74; Finsterbusch, *Thora*, 40. Cranfield (*Romans*, 857) はロマ5.13と関連させ「人の悪行を自覚的な不従順と性格付けるため」とする。Merklein, 'Paulus und die Sünde', 135; Wilckens, *Römer*, 177. Schreiner (*Law*, 74–77, 127) は、違反を促すのでなく違反を制御するためと考える。いずれもギリシャ語からは導き出しかねる。

60) これに関してほぼ異論はない。とくにLongenecker, *Galatians*, 140–43を見よ。Gaston (*Paul*, 43) は「70の仲介者 (諸国の御使い) それぞれの手によって」と解釈する。

61) これに続くガラ3.20は多くの解釈をもたらし、Lightfoot (*Galatians*, 146) は1865年の時点で250から300の解釈があったと記している。それでも基本的な対比は明白だ。

第 6 章　律法　　213

定 [62]〉と理解する註解者もおり、律法が〈悪魔的力の所産 [63]〉と見なされる場合がある。しかしこのような解釈は、シナイ山において神が御使いらを伴ったという周知の伝承を完全に無視している。この伝承は LXX 申 33.2 においてすでに見られ、シナイ山では「彼（神）の右の座に、御使いらがともに」いる。他の同時代のユダヤ人著作家 [64] や新約聖書 [65] にもこの点が示唆されている。ここで用いられる言語は、主権者が法律を制定する際に大勢の従者をしたがえてその威光を示す様子を描写している [66]。おそらくパウロはこの伝統を継承している [67]。したがってこの律法に関する表現においても、パウロは一般に考えられるよりも肯定的なようだ。

「（私たちは）来たるべき信仰が啓示されるまでのあいだ閉じ込められていました」（ガラ 3.23）[68]。これも律法に関する否定的表現と捉えられがちだ。すなわち、律法は獄吏や看守のような監視機能を持っている [69]。ここで「律法の下」という句がパウロ文書で初めて用いられる [70]。これは、パウロにと

---

62) Drane, *Paul*, 34, 113; Zahn, *Galater*, 171; Lagrange, *Galates*, 83; Hays, *Faith*, 227; Sanders, *Law*, 68; Räisänen, *Law*, 130–31. この視点は、Stuhlmacher (*Theologie*, 265) や Eckstein (*Verheißung*, 200–02) らによって適切に反論されていた。

63) Hübner, *Law*, 26, 29–31. この解釈は『バル手』9.4 まで遡り得る。「彼ら（ユダヤ教徒）は邪悪な御使いに惑わされたがゆえに過ちを犯した」。その他「御使いらによる律法授与というグノーシス的な神話」（Bultmann, *Theology*, 1.268）、「グノーシス的律法理解へとつながる思想」（Schlier, *Galater*, 158）、「信仰の敵たる……律法の完全なる否定」（Beker, *Paul*, 53–54, 57）。Sloan ('Paul and the Law', 55–56, 59) はガラ 3.19 を「罪の諸力による猛攻撃」を促したイスラエルの律法に対する熱心と関連させる。

64) 『ヨベ』1.29–2.1, フィロン『夢』1.143,『モーセ黙』序, ヨセフス『古誌』15.136. その他の文献は T. Callan, 'Pauline Midrash: The Exegetical Background of Gal. 3.19b', *JBL* 99 (1980), 549–67 を見よ。

65) 使 7.38, 53, ヘブ 2.2.

66) §2.3.2 を見よ。

67) Gaston (*Paul*, 35–57) は、この伝承に御使いが介入する律法授与への言及がないことからパウロとの関連を否定するが、フィロン（『夢』1.141–43）は御使いらによって「父の命令が子らにもたらされる」と述べ、しかもこれらの御使いは「仲介者」ともされる。また「御使いらを通して」という句はヨセフス『古誌』15.136 とヘブ 2.2 でも用いられる。

68) ガラ 3.21 に関しては §6.6 を見よ。

69) 「私たちは収監者のように律法に捕らわれ閉じ込められている」（NIV）。Thielman (*Paul*, 132) は「2 つの節（ガラ 3.22, 23）は包囲という概念にメタファを用い、律法が下した裁きからの回避が不可能なことを強調してる」と述べる。

70) Gaston (*Paul*, 29–30) や Stowers (*Rereading*, 112) は異邦人が「律法の下（ὑπὸ νόμον）」にあるとパウロが述べているとするが、これは議論は説得性に欠ける（Howard, Sanders, Hübner に依拠

って律法が何らかの力――ちょうど罪の力のように――であることを示唆している[71]。しかし、「拘留する（φρουρέω）」という語はむしろ「保護鑑査」と理解すべきだろう[72]。ガラ 3.23 のニュアンスは抑圧や支配でなく、むしろ保護のための取締まりだ。そして「閉じ込める（συγκλείω）」という語は、制限の理由と期間（来たるべき信仰が啓示されるまで）を示している[73]。

後続する節で用いられる「養育係（παιδαγωγός）」という語には、肯定的と否定的の両方のニュアンスが含まれている。「律法は私たちの養育係」（3.24）だ。周知のとおり、「養育係」は主人の子弟の通学に付きそう奴隷を指す。註解者らは、この養育係に対する古代著作家の否定的な表現に注目する。彼らは、養育係が貪欲で気短で粗野だという印象を与えがちだ。したがってこれが律法のメタファとして用いられる場合、律法が敵対的に表現されていると理解される[74]。しかし、ギリシャ・ローマ古典著作家が幼少時に心に刻んだ苦い思い出を無批判に受け入れることには問題がある。ヴィクトリア時代の貴族の子弟らの多くは自分の家庭教師をひどく嫌ったが、それを根拠に家庭教師の役割が否定的で抑圧的だったと評価されるべきでない。子供の躾を任される人物に関するのちの記憶は、おうおうにして否定的だ。実際に粗悪な家庭教師や養育係もいただろう。しかしその役割自体は良いもので、正しい振る舞いを教え、悪い行動を正し、必要に応じて保護する[75]。ガラ 3 章にお

する。§4.4 も見よ）。異邦人が律法によって裁かれるという特異な理解（Räisänen, *Law*, 18–23）は、ロマ 2.12–16 に依拠する（§6.3 を見よ）。その場合、異邦人が律法の教えに対して責任があることは、「律法を持っている」また「律法の内にある」こととは異なる。

[71] 「罪の下」（3.22）と「律法の下」（3.23）が並列的であることは重要だ。Hong, *Law*, 156–58.

[72] この語の最も重要な意味は、要塞の守備隊のように「守る／見守る」ことだ（Ⅱコリ 11.32. BDAG, φρουρέω を見よ）。あるいは「保護／保持する」ことで、新約聖書ではフィリ 4.7（「すべての理解を超える神の平和が……キリスト・イエスの内に守ります」）；Ⅰペト 1.5（「神の力によって、信仰を通して救いのために守られており」）。Oepke, *Galater*, 120; Bonnard, *Galates*, 75; Borse, *Galater*, 137 を見よ。

[73] パウロは他所でこの語を 2 度のみ、おそらく同じ意味で用いる（ガラ 3.22. しかしロマ 11.32 を見よ）。『アリ手』139, 142（§14.3）を見よ。

[74] Schlier, *Galater*, 168–70; van Dülmen, *Theologie*, 47–48.「養育係は……醜い」あるいは「律法のイメージを著しく貶める」（Betz, *Galatians*, 177–78）。「不愉快な支配の期間」（Westerholm, *Law*, 196）。「律法による隷属化」（Hong, *Law*, 160）。

[75] D.J. Lull, '"The Law was our Pedagogue": A Study in Galatians 3.19–25', *JBL* 105 (1986), 481–98; N.H. Young, '*Paidagōgos*: The Social Setting of a Pauline Metaphor', *NovT* 29 (1987),

第 6 章　律法

いて、イスラエルは邪悪な世界（ガラ 1.4 参照）で成長し成熟するまでのあいだ、指導と保護を必要とする子供のように描かれる。そして律法は、養育係のように指導と保護の役割を負っている。

したがって、この重要な箇所でパウロは律法の役割が何かを提示するが、その意味するところは明らかだ。イスラエルの歴史を通して[76]、律法はイスラエルを導くために神が示した寛大さの証しであり、それはおそらくイスラエルの罪に対処する手段である。たしかに行動の制限は規定するが、それでも民を守り、導き、成長のために厳しく指導する。この律法のイメージはガラ 4 章にも引き継がれている[77]。ここではイスラエルが未成年者と比較され、保護者や管財人による保護と管理の下にあることが教えられる（4.1–2）。ここでもその役割は、いかに子供にとって厳しかろうとも建設的だ[78]。これもまた、律法の役割を示すメタファだ（4.4 参照）。パウロが律法を説明するために動員するイメージは、他のユダヤ人著作家もその有用性を認めている[79]。これが、ロマ 2 章においてパウロが前提としている律法とイスラエルとの関係性である。

この第 2 の律法の機能はイスラエルを覆う力であり、したがってイスラエルは「律法の下」にあると言える。パウロは、神が諸国を治めるためにそれぞれに御使いを遣わしながら、イスラエルは神自身の嗣業としてその手許に置いた[80]、というユダヤ人の強い確信を念頭に置きつつ、このような表現を

150–76; T.D. Gordon, 'A Note on *PAIDAGŌGOS* in Galatians 3.24–25', *NTS* 35（1989）, 150–54; Longenecker, *Galatians*, 146–48 を見よ。

[76]　文脈からガラ 3.23–25 の「私たち」はユダヤ人一般かユダヤ人キリスト者を指す。ガラ 3.26–29 で「あなた方」と変更されるのは、焦点がユダヤ人から異邦人へと移ったことを示す。Ramsay, *Galatians*, 381; T.L. Donaldson, 'The "Curse of the Law" and the Inclusion of the Gentiles: Galatians 3.13–14', *NTS* 32（1986）, 94–112（とくに p.98）。パウロがこの後、ユダヤ人と異邦人とを同じ運命の下に置くので（3.13–14, 4.3–6）、ここでの議論の主語が誰か分かりづらい。

[77]　ガラ 4.1–7 は 3.23–29 の議論の言い換えとして機能している。Dunn, *Galatians*, 210 を見よ。

[78]　パウロはローマ法の家父長権（*patria potestas*）を念頭に語っている。家父長の権威は絶対で、子の法的立場は奴隷とほとんど変わらない（*OCD*, 'patria potestas'）。それでも子は相続人だ。このメタファはユダヤ人の立場を異邦人やキリスト者の立場と比較して卑しめはしない（4.5–6）。後者がいまだ、キリストが形成される母の胎（4.19）にいるからだ。相続の完成は両者にとって著しく重要だ（4.1–2, 5.21）。

[79]　律法の保護的役割に関しては『アリ手』139–42（§14.3 参照）を見よ。

[80]　申 32.8–9, シラ 17.17,『ヨベ』15.30–32. Howard, *Paul*, ch.4 を見よ。§2 n.32 も見よ。

あえて用いているとも考え得る。それならば、神は律法を守護天使のようなものとしてイスラエルに与えたことになる。もしそうなら、イスラエルが律法の下にあることを、異邦人が神でない諸霊（στοιχεῖα）の下で隷属状態にあることと比較するという（4.1–5, 8–10）、やや不可解な説明も納得できる。さらに守護天使のような律法という説明から、パウロはイスラエルと律法との関係性に関するより重要な批判へと論を進める。

§6.5. 過去を生きる者の関係性

もし§6.4での議論がすべてなら、私たちは律法の第2の機能に関していまだ謎に包まれている。なぜなら、パウロは律法を「病弱で貧弱な諸霊」と同列に扱うからだ。また、イスラエルと律法との関係性をある種の隷属状態と説明してもいる（4.3–5）。そして、異邦人がこの関係性に入ることに強く反対する（4.8–11）。ローマ書においても、パウロは読者が「律法の下」にあることに断固反対し（6.14–15）、彼らが律法から解き放たれていると述べる（7.1–6）。このように、律法とイスラエルとの特別な関係性に否定的な側面があることは確かだ。この律法に関する否定的な言説はガラテヤ書で明らかだが、それはさらにローマ書での議論の筋道を立てている。

（1）ガラ3–4章でパウロが述べるイスラエルと律法との特別な関係性については、その一過性に注目すべきだ[81]。守護天使的な律法の役割は、約束授与とその成就とのあいだのある種の空白期間を埋める（3.16–25）。律法は未成年期にあるイスラエルのための摂政のようだ（4.1–5）。しかしそれは、「信仰」の到来（3.23–25）によって、つまり約束された子孫の到来（3.16）――神の子の派遣（4.4）――によって[82]、この期間が終了することを意味する。ここにパウロの根本的な視点が明らかな仕方で表現されている。すなわち、キリストの到来は神の救済計画全体のクライマックスであり完成の時だ。キリストが約束された子孫であり、神がアブラハムと結んだ約束を完成させる

---

[81] Schreiner, *Law*, 77–80; D. Boyarin, 'Was Paul an "Anti-Semite"?: A Reading of Galatians 3–4', *USQR* 47（1993）, 47–80.

[82] ここでの有冠詞の「信仰」は既述の「キリストへの信仰」（3.22）だ。§14.8.2を見よ。

新たな段階へと突入した。神の子の派遣は、待望された神の意図が定められた時（4.2, 4）に[83]成就することを意味する。

この議論が示唆するところは明白だ。約束の成就は、イスラエルがもはや律法の特別な保護を必要とせず、律法がもはや守護天使としての役割を終えたことを意味する。約束の授与者と受容者とが、律法なる仲介なしに（3.19–24）直接の関係を構築する時が再び訪れた（3.6–9, 15–18, 25–29）。相続者は、隷属状態と同様の未成年の時期を終えて適齢に達した（4.1–7）。一方で律法への固執は、特権に与っていない状態に固執することを意味する。そして異邦人キリスト者に律法遵守を促すことは、彼らを拘置状態に誘い込むことと同じだ。それは異邦人キリスト者にとって、神でない諸霊の下に自らを置くことと同じだ（4.8–10）[84]。

(2) 第2の点は、終末論的時間軸における律法への批判だ。これは、アブラハムへの神の約束と比較される。律法は少なくとも二義的な保護の役割をイスラエルへ向けるが、約束は異邦人に対しても向けられる。パウロはこの点を異なった側面から、アブラハムの約束に関する重要な解釈（ロマ4章、ガラ3章）によって議論する。ガラ3章の主題は以下のように表現できよう。約束は土地（ロマ4.13参照）と子孫（ロマ4章とガラ3章）のみに限られない。それは、アブラハムを通して異邦人へ向けられる祝福をも含む。「あなた（アブラハム）にあって諸国民／異邦人すべてが祝福される」（ガラ3.8）からだ[85]。約束に関する第3の要素——諸国民への祝福——をパウロはアブラハムへの約束の重要な特徴として強く意識している（3.14）[86]。

パウロは、異邦人の祝福というこの約束の第3要素が約束された子孫（キ

---

[83] さらに§7.5, 18.1を見よ。終末的な完成への期待は、最初期のキリスト教（マコ1.15, エフェ1.10, ヘブ1.2; G. Delling, *TDNT* 6.305）とクムラン共同体（とくに1QpHab 7.2）に明らかに見られた。

[84] ガラ4.10がユダヤ教の安息日とその他の祭日とを示唆していることは明らかだ。Dunn, *Galatians*, 227–29を見よ。ユダヤ人の祭日は好意的異邦人（Gentile Sympathizers）の関心を引いた（『モーセ』2.21,『アピ』2.282, ユウェナリス『風刺』14.96）。Dunn, 'Two Covenants or One? The Interdependence of Jewish and Christian Identity', in Cancik, et al. (eds.), *Geschichte Band III Frühes Christentum*, 97–107（とくにpp.99–107）。

[85] 創12.3, 7, 13.15–16, 15.5, 18, 17.7–8, 19, 18.18, 22.17–18, 26.4, 28.14.

[86] 議論が分かれるロマ3.10–14に関しては後述する。§14.5.3を見よ。

リスト）と共に到来したことを、同胞が理解しなかった点を批判する。彼らは律法自体へ意識を向け過ぎていた。それは、後発の律法がそれに先んずる約束を反故にすると考えるに等しい（ガラ 3.17）。彼らは、律法の下で自らの特権を維持することに没頭した。彼らはイエスを約束の成就であること、それによって残りの約束が成就する時が来たことを見逃した。それゆえ彼らは終末的時間軸の後方に取り残されている。

（3）ロマ 2–3 章でパウロがイスラエルと律法とを批判する背景には、上の状況がある（§5.4 参照）[87]。ガラ 3–4 章の理解を通して、ロマ 2–3 章でパウロが何を前提としているかが明らかになる。後者におけるパウロの厳しい批判の中心は、イスラエルが今でも神の好意を占有していると考える点だ[88]。パウロが設定しているユダヤ人の対論者は、律法が神との特権的関係性を保証するしるしだと考え（ロマ 2.17–20）、律法の所有を誇る（2.23）。イスラエルは律法を所有することで、自民族が他民族に優っているとの誤った誇りを抱き、諸国民に対して自らを「律法の内に知識と真理の体現を有しているので、盲人の導き手、暗闇にいる者への光、愚者の指導者、未成年の教師」と理解した（2.19–20）[89]。このような特権的地位を想定してその上に胡座をかき、特権的地位の肉における表面的で可視的なしるしに固執した[90]。しかし、約束された御霊の到来は、これらの理解と姿勢がことごとく時代遅れであることを明示した（ロマ 2.28–29, ガラ 3.1–5, 14）。

したがってローマ書でも、律法に関する最初の批判は律法自体に向けられない。その批判は、メシアが到来したにもかかわらず、律法を所有することによる特権的な地位を前提とするユダヤ人同胞に向けられる。したがってこれは終末論的な批判だ。パウロはその特権を認める（ロマ 3.1–2, 9.4）。しかしそれが過ぎ去った時代に属するとし、いまだその特権に固執する同胞を批

---

87) 一方で Fitzmyer（*Paul*, 78–79）は、ガラテヤ書での議論が不十分だと判断したパウロがローマ書において異なる説明を試みたと理解する。§6.5.4 を見よ。
88) §5.4 を見よ。
89) これらの姿勢はパウロと同時代のユダヤ教文献に散見される。Dunn, *Romans*, 112 を見よ。
90) §3.3.2 を見よ。N.T. Wright, 'The Law in Romans 2', in Dunn (ed.), *Paul and the Mosaic Law*, 131–50 参照。もっとも、Wright は「捕囚のイスラエル」なる特徴的な固定観念でその解釈を歪めている（p.142 を見よ）。

判する。彼らはこの過ちに異邦人をも導き入れようとするので、事態はさらに悪化する。約束された祝福が律法の外でより自由に享受される時代が訪れたにもかかわらず、彼らは異邦人をイスラエルの保護領域へと閉じ込めようとしている[91]。

(4) 私たちはここで、キリストの到来が終末的時間に区切りをつけたというパウロの視点を看過してはならない。もし神の計画における新たな(パウロとしては最後の)段階が訪れたなら、イスラエルに関わる律法の役割は古い過ぎ去った段階に属する。この終末的区切りを印象的に示すため、パウロは律法に関して非常に否定的で、ときには敵対的な言語さえ用いる。このような表現がパウロの3つの主要な書簡に見られることから、終末的視点に立った律法の評価がパウロ神学において重要であることが分かる。

ローマ書では、モーセとキリストという時代区分が、アダムとキリストというより普遍的な時代区分(5.12–21)の影に隠れている。既述のとおり、パウロは律法を罪と死の力と結びつける。人類の惨劇の中で罪と死とがアダムと共にこの世に「入り込んだ」(5.12)時からしばらくして、モーセと共に(5.13–14)律法が「忍び込んだ」(5.20)[92]。「律法が来ると違反が増えた」が、それは死によって罪の影響が増したことだ(5.20–21)[93]。この律法は、ガラ3章のようにアブラハムとキリストのあいだへの挿入でない。ロマ5章は、神の計画がアダムからキリストまで——創造から救済までの期間——を一気に概観する。この場合、イスラエルを保護する律法の役割には関心が向けられない。アダムからキリストに至る時代区分に、モーセからキリストに至る神の計画が配置される時、イスラエルに対する律法の肯定的な役割が背後に退く。アダムとキリストという2つの時代が対比される時、罪との関係でより否定的な律法の役割に注意が向けられる。この際にパウロがいかに律法を評するかについては後述しよう(§6.7)。

---

[91] ロマ10.4に関しては§14.6.2を見よ。律法の排除的壁は「取り除かれた(καταργέω)」(エフェ2.14–15)も見よ。

[92] 「忍び込んだ(παρεισῆλθεν)」というより否定的な語の選択は意識的かも知れない。新約聖書では他にガラ2.4のみが用いる。

[93] §5.7を見よ。

ローマ書以前のパウロ書簡では、ロマ 5 章と比べてキリスト前後の時代がいっそう明確に対比されている。パウロはガラ 4.21–31 で、約束と律法という時代的区分について 2 つの契約という黙示的な表現を用いる (4.24)[94]。一方はアブラハムの女奴隷ハガルとその息子イシュマエルによって象徴され、他方はアブラハムの妻で自由な身分の女サラとその息子イサクによって象徴される (4.22)[95]。前者はシナイ山、すなわち律法や現在のエルサレムを象徴し、肉による子らの隷属状態を意味する (4.23, 25)。後者は上のエルサレムを象徴し、約束の子らの自由を示唆する (4.23, 26)。地上と天上のエルサレムという黙示思想に特徴的な比較は、2 つの異なる時代という単純な対比へと容易に押し込められない[96]。しかし、その示唆するところはほぼ同じだ。すなわち、アブラハムに対する神の約束と天上のエルサレムに象徴される神の意図は、現在のエルサレムとその民によって達成されていない。ガラ 4.1 に始まる隷属主題は約束が成就するまでの時代を象徴する[97]。しかし状況は一変し[98]、新たな時代においてイスラエルは（約束の子としての）イサクでなく、むしろ（奴隷の息子）イシュマエルのようだ。すなわち律法は過ぎ去った時代に属する[99]。より具体的には、ガラテヤ信徒の一部がその身を置こうとした律法は、より劣った時代区分に属する。律法の下に身を置こうと願うことは、神の目的が不完全に理解された段階へと引き返すこと、「霊にしたがった (κατὰ πνεῦμα)」子でなく「肉にしたがった (κατὰ σάρκα)」子となるよ

---

94)　これらは「旧い契約」と「新たな契約」という区分では考えられない（Ⅰコリ 11.25, Ⅱコリ 3.6 参照）。ここには子孫に関するアブラハムへの約束が 1 つあるだけだ。ハガルはこの契約を誤解し、自由な女だけが約束の契約を代表することになった。Dunn, *Galatians*, 249–50 を見よ。

95)　創 16.15, 21.2. 約束に関しては創 15.5, 17.15–19 を見よ。

96)　エルサレムの天的目的の黙示的理解は『シリ・バル』4.2–6,『エズ・ラ』7.26, 13.36 を見よ。Dunn, *Galatians*, 253–54 参照。

97)　この隷属主題は「奴隷として仕える (δουλεύω)」(4.25)、「奴隷制 (δουλεία)」(4.24)、「奴隷女 (παιδίσκη)」(4.22, 23, 26, 30–31) に顕著だ。これと対照的な表現に「自由な (ἐλεύθερος)」がある。

98)　C.K. Barrett ('The Allegory of Abraham, Sarah, and Hagar in the Argument of Galatians', in *Essays*, 118–31) は、パウロの特徴的な解釈の背景に、反対者らによるこの物語に依拠した主張——アブラハムの子孫となるには、イサクのように割礼を受ける必要がある——があったと説明した。これは多くの学者らが支持している。

99)　特徴的な時代対比の仕方（ガラ 4.25）は、とくに J.L. Martyn, 'Apocalyptic Antinomies in Paul's Letter to the Galatians', *NTS* 31 (1985), 410–24; Dunn, *Galatians*, 252 を見よ。

う欲することだ[100]。

　パウロはIIコリ 3.1–18 において、2 つの時代をさらに明確に対比する。すなわち古い時代と新たな時代だ（3.6, 14）。古い時代とは明らかにシナイ山の「石の板」（3.3）を指し[101]、これが「新たな契約」（3.6）と比較される。新たな契約がシナイ山での契約（3.3）と比較されているので[102]、パウロがエレ 31.31 を意識していることは明らかだ[103]。彼は「文字（γράμμα）は殺す」（3.6）という著しく否定的な表現を用いて旧い契約に言及する[104]。この場合の「文字」は、新たな契約と比較した旧い契約の務めだ。「石（の板）」と「文字」とは、「死の務め」（3.7）あるいは「断罪の務め」（3.9）に仕える。これらの否定的な表現は、パウロの重要な主張を支持している。すなわち、旧い契約は過ぎ去り、さらに良いものがこれに代わったということだ。換言すると、IIコリ 3.7–18 に見られる出 34.29–35 のミドラシュ的解釈は[105]、〈神の目的における終末的で新たな時代をキリストの到来が開始した〉というパウロの確信を反映している。このミドラシュにおいて、モーセの顔を照らす栄光は旧い務めを象徴する（3.7, 出 34.29–30）。パウロはこの栄光が「色あせる（καταργουμένην）[106]」と考え[107]、その色あせる様子を今の時代が過ぎ去り（3.11, τὸ καταργούμενον）[108]、終わりを迎えつつある（3.13, τὸ τέλος τοῦ

---

100)　アブラハムとの関係が「肉」によって表現されることの重要性は §3.3.2 を見よ。
101)　出 31.18, 32.15（申 9.10–11 参照）が示唆されていることはほぼ間違いない。
102)　「生きた／命を与える霊」は「石の板」と対比される（3.3, 6）。
103)　Cranfield, *Romans*, 854; Furnish, *2 Corinthians*, 183; Wright, *Climax*, 176; Thielman, *Paul*, 110–11; Hafemann, *Paul*, 120, 122, 127–48. パウロの「肉的」は一般に否定的表現なので、「肉の心の板」の肯定的な意味はエゼ 11.19, 36.26 によって決定される。
104)　「旧い契約」に関しては Furnish, *2 Corinthians*, 208–09 を見よ。
105)　Windisch, *2 Korinther*, 115; J.D.G. Dunn, '2 Corinthians 3.17 —— "The Lord is the Spirit"', *JTS* 21 (1970), 309–20. その他は L.L. Belleville, *Reflections of Glory: Paul's Polemical Use of the Moses-Doxa Tradition in 2 Corinthians 3.1–18* (JSNTS 52; Sheffield: Sheffield Academic, 1991), 172 n.1（「ミドラシュ」という語の用法への批判は p.172 n.2）を見よ。
106)　これがパウロによる出エジプト記の解説だ。Belleville (n.105に上掲) は 1QH 5.32 (46–47)、フィロン『モーセ』2.271, 280 (33)、偽フィロン『古誌』19.16 (41)、またカバラ伝承 (67, 75) は栄光が不完全で朽ち行く性質を反映していると考える。この反論として Hafemann, *Paul*, 287–98.
107)　ここで繰り返される καταργούμενος という語の意味は Hafemann, *Paul*, 301–09 を見よ。
108)　パウロに特徴的な語（新約 27 回／パウロ 25 回）。一般的な意味は何かが効果を失い、終了することだ（BDAG, καταργέω）。

καταργουμένου）ことのしるしと捉えた [109]。

　同時に、Ⅱコリ 3.7–18 におけるパウロのミドラシュ的分析はいくつかの確認事項を提示している。(a) この対比は基本的にモーセとパウロの働きに焦点を置く [110]。(b) パウロは、モーセの務めを劣った栄光として退けながら、それを「栄光」(3.7–11) と認め [111]、モーセが主の前に出ること（出 34.34）をキリスト者の改宗の型と見なす（Ⅱコリ 3.16）[112]。(c) 厳密には、パウロは旧い契約の終わりをイスラエルが気づかないことを非難しない。ただ「彼らの心が頑なにされ」(3.14)、「目をふさがれ」(4.3–4) [113] ている。彼らはたんにキリストが時代の転換をもたらしたことに気がついていないだけだ (3.14)。(d) とくに重要な点は、ここで「律法 (νόμος)」という語が 1 度も用いられていないことだ。過ぎ去ったものとしてパウロが挙げるのは「文字 (γράμμα)」だ (3.6–7)。「文字」は単純に「律法」と同義でない [114]。「文字」は記述された律法という点に焦点を置いており、その可視性が意識される。これは、イスラエルがモーセを適切に理解し得ないこと、すなわち、モーセが提示する時代が一時的なことに考えが及ばない点と結びつく (3.15–16) [115]。この不理解が「文字」に「殺す」という性格を与え、それは御

---

109) 中性形を用いるのは「モーセに象徴される旧い契約の務め全体」を示すためだ（Furnish, *2 Corinthians*, 205; Thielman, *Paul*, 113, 115, 117）。

110) 「務め (διακονία)」はⅡコリ 3 章 (3.3, 6, 7–9) において理解の鍵となる語で、その文脈 (4.1.2.14–17 参照) との結びつきを明らかにする。さらに K. Kertelge, 'Buchstabe und Geist nach 2 Kor 3', in Dunn (ed.), *Paul and the Mosaic Law*, 118–30; Hafemann, *Paul*, part 1 を見よ。

111) 一方では殺し、一方では栄光に満ちる時代を、Sanders (*Law*, 138) はパウロ神学における解決不能な齟齬と見なすが、この対比を絶対的でなく相対的と理解することによって解決を見出すことができよう。

112) Wright (*Climax*, 180) は、「じつにモーセはここで、新たな契約に属する人々 (3.18) の先駆者として理解されるべきだ。それは彼のみがイスラエルの民の中で、覆いを通さずに神の栄光を見た人物だからだ」と述べる。

113) この考えはロマ 11.7 と符合する。ここでもパウロは「頑なにする」という動詞を用いて神の介入に言及する。これに続く旧約聖書の引用を参照 (11.8–10. 11.25, 32 参照)。しかしさらに Hafemann, *Paul*, 365–81 を見よ。

114) この点は Schreiner, *Law*, 81–83, 130; Thielman, *Paul*, 110–12 の理解と異なる。さらに Kertelge (§6 n.110) を見よ。

115) パウロが意識するのは、解釈上の不理解というよりも終末論上の不理解だ。霊／文字の対比は異なる時代に関するもので、聖典の「霊的」解釈と「文字どおりの」解釈の違いでない（Furnish, *2 Corinthians*, 199–200 を見よ）。それでも新たな解釈上の原則が出現することに違いはない。

霊が人の心に記すことと対比される（3.3, 6-7）。この理解はロマ 2.28-29 と密接に関係している。この後者の箇所では、肉において可視的なしるしによって決定されるユダヤ民族アイデンティティと文字が結びつく。ロマ 7.6 では「文字の古さ」と「霊の新しさ」とが対比されるが、この新旧の対比はⅡコリ 3.6, 14 と同様だ。さらに私たちは、エレ 31.33 の契約の約束が、「彼らの心に書かれた」律法だということを想起すべきだ。すなわち、文字が石の板に書かれた律法だということが明らかになれば、心に書かれた律法との対比がより明らかとなる[116]。

　Ⅱコリ 3 章における文字としての律法は、ガラ 4 章における奴隷制としてのシナイ山、あるいはロマ 5 章における罪と連携する律法に相当する。いずれの場合も、モーセからキリストまでの時代に観察される律法の役割の否定的な部分に焦点を置いている。いずれもこの時代が終わりを迎えたことを強調する。同じ主題についての他所での解説（§6.5.1-3）も、律法が象徴するイスラエルの特権的立場がすでに過去のものになったにもかかわらず、イスラエルの民がいまだそれに固執しているという点が批判される。しかし 2 つの時代に関するより大胆な解説では、イスラエルの特権という主題さえ見られない（§6.5.4）。パウロが終末に約束された御霊の体験を通して過去をふり返った時[117]、古い時代は御霊の自由に相反する隷属状態、また目に見える肉へと過度に固執する時代として、最も衝撃的に映った。

　律法に関するこの第 2 の機能は、イスラエルとの特別な関係性において理解されるもので、パウロ神学において非常に複雑な要素だ。律法に関する議論は、その最も難解な部分、すなわち律法と罪および死の力との関係性へと移らねばならない。ここではまず後者の死の力に関して考察しよう。これは、

Hafemann, *Paul*; Hays, *Echoes*, ch.4; Boyarin, *Radical Jew*, 97-105. また Räisänen (*Law*, 45) が正しく指摘するとおり γράμμα は律法主義を意味しない。

116) したがって Cranfield (*Romans*, 855-56) は「律法が破棄されたことを支持する証拠はない」と述べる。さらに Hafemann (*Paul*, 156-73) は「文字／霊の対比は、シナイ契約においてシナイの民の大部分が経験していた（いる、3.14-15）霊を介さない律法自体と、キリストにおける新たな契約の内にいる者が経験する霊を介した律法との比較だ」と述べる。Merklein, 'Der neue Bund', 293-99 も見よ。

117) この御霊との比較が、じつに上で取り上げたテクスト（ガラ 4.29, Ⅱコリ 3.3, 6, 8, 16-18. ロマ 7.4-6 参照）における否定的な表現を方向づけている。

上で議論してこなかった律法のもう1つの機能との緊張関係において理解されるべきだ。

§6.6. 命に通ずる律法、死に通ずる律法

　律法が罪と死と一緒にパウロ神学のトリオを形成していることに注目する註解者らは、律法と命と死というもう1つのトリオを看過しがちだ。後者のトリオは律法とイスラエルとの関係性を理解する際に不可欠だ。パウロはその議論において、前者と同様に後者にもしばしば立ち返る。とくに「命のために意図された戒めが、死のためだったと私は知りました」（ロマ7.10）という言説は注目に値する。また、上で考察したⅡコリ3.6, 7も看過できない。「文字は殺し……石に文字で刻まれた死の務め……」。律法と命との関係を明らかに否定するテクストはガラテヤ書に見られる。パウロは自分の体験から「私は神に対して生きるために、律法の基準にしたがって律法に対して死にました」（ガラ2.19）と述べ、さらに「命を与えることのできる律法が与えられていたとすれば」（3.21）という仮定法において、その可能性を否定する。また、パウロは律法の機能について、レビ18.5を引用しつつガラ3.12とロマ10.5で述べる。すなわち、「それら（律法の諸規定）を行う者はそれらによって生きます」。パウロはこれらの箇所で、律法の機能と信仰の機能とを対比する。したがって「律法は信仰に依拠しません」（ガラ3.12）。レビ18.5は「律法に依拠する義」に言及するが、ロマ10.5–6は「信仰に依拠する義」を語る。同時に、パウロは「命の御霊のノモス（νόμος）」と言いながら、「死と罪の律法」とも言い得る（ロマ8.2）。この「律法－命－死」の関係性は、パウロの律法観においていかに説明すべきか。

　この問題ではロマ7.10が議論の起点となろう。既述のとおり[118]、ここには創2–3章が示唆されている。善悪の知識の木から実を採って食べてはいけないという掟には、園におけるアダムの生き方を規定する意図があった（創2.17）。換言すると、この掟はアダムが命の木に達することを保証するも

---

118)　§§4.7, 5.3を見よ。

第6章　律法

のだった。掟への従順は命の木への到達を保証するが、不従順は即座に死を意味し（2.17）、すなわち命の木から引き離された（3.22）。二重の死（命の源からの隔離と結果としての身体的な死）は[119]、二重の命に対応する。命の木へのアクセスは、従順なアダムにとって日々の生活の一部だった。同時に、命の木から実を採って食べることは永遠に生きることを意味した（3.22）。

しかし既述のとおり、パウロがアダム物語を用いる場合、それはイスラエルの体験を示唆している[120]。ここで即座に思い当たるのは、申命記に記された契約の条件、とくにそのクライマックスにあたる申30章の終盤だ。

> [15] 見よ、私は今日、命と幸い、死と災いとをあなたの前に置く。[16] 私が今日命じるとおり、あなたの神、主を愛し、その道にしたがって歩み、その戒めと掟と法とを守るなら、あなたは命を得、かつ増える。あなたの神、主は、あなたが入って行って得る土地であなたを祝福される。[17] もしあなたが心変わりして聞き従わず、惑わされて他の神々にひれ伏し仕えるなら、[18] 私は今日、あなた方に宣言する。あなた方は必ず滅びる。ヨルダン川を渡り、入って行って得る土地で長く生きることはない。[19] 私は今日、天と地をあなた方に対する証人として呼び出し、生と死、祝福と呪いとをあなたの前に置く。あなたは命を選び、あなたもあなたの子孫も命を得るようにし、[20] あなたの神、主を愛し、御声を聞き、主に付き従いなさい。それがまさしくあなたの命であり、あなたは長く生きて、主があなたの先祖アブラハム、イサク、ヤコブに与えると誓われた土地に住むことができる。

ここでの約束された命とは、約束の地における世代を経たイスラエルの民の命の日々を指している[121]。同時に不従順は死を意味し、それは違反者の身体的な死と土地からの追放を指す[122]。創3章における身体的な死と園からの追

---

119)　§5.7を見よ。
120)　§4.4, 6, 7を見よ。
121)　また申4.1, 6.24, 8.1, 11.8（LXX）, 16.20, 30.6を見よ。12.1, 31.13参照。
122)　この二重の警告は、申命記に前出する警告を反映する。すなわち、土地での呪われた者としての存在（28.15–62, 29.20–27）、また土地からの追放（28.63–68, 29.28）だ。

放とがこれに符合することは偶然でない。

　契約神学の枠組みの中で、神によってすでに選ばれている民に告げられたレビ 18.5 の意味が明らかとなる。「私の掟と法とを守りなさい。それらを行えば、人はそれらにおいて（בָּהֶם）生きます」、あるいは「私の命令と規定のすべてを守り行いなさい。それらを行えば、人はそれらにおいて（ἐν αὐτοῖς）生きます」(LXX)。ここでの焦点は、契約の民がその契約共同体の中でいかに生きるかだ。創 2–3 章と申 30 章にあるように、律法（命令）は神によって選ばれた者の生き方を規定する基準だ。ここには将来の世代をも含む視野が示唆されていよう。個人の永遠の命がここで語られているかは明確でない。ただ、従順によって命を獲得するとか、これまで経験しなかった命を得るとかの思想がないことは明らかだ[123]。命令の遵守を怠れば、結果として命を失う。それでも命は賜物であり、基本的に律法は契約に相応しい生き方を示していると考えられた。

　レビ 18.5 に関するこの理解は、その最初の註解であろうエゼ 20.5–26 によって支持される。神はイスラエルに掟と戒めを与えたが、「それらを行うことで、人はそれらの中で（בָּהֶם）生きる」(20.11, 13, 21)[124]。ここでも、イスラエルの民が神の主導によって選ばれたことは明らかだ (20.5–6, 9–10)。同様に明らかなことは、神がイスラエルに与えた掟が生きるための掟だということである。ここでもまた、従順によって命を得ることが教えられておらず、律法は神が与えた契約においていかに生きるかの指針だ。のちには、来たるべき世での命に与るという思想の方がより重要となるが[125]、それでもレビ 18.5 が命を獲得するための律法でなく、与えられた命をいかに生きるか

---

[123]　これに対してロマ 10.5 の伝統的な解釈は、例えば Bultmann (*Theology*, 1.262) の「それ（法）を守ることによって命が授けられる」との言説に見られる。Westerholm, *Israel's Law*, 147; Schreiner, *Law*, 111; Stuhlmacher, *Romans*, 156; Fitzmyer, *Romans*, 589; *Paul*, 76 も見よ。Stuhlmacher (*Theologie*, 260) は「トーラーはイスラエルに与えられるが、それによって民は神の前で命を保つ (am Leben)」と言うが、これは比較的適切な表現だ。

[124]　レビ 18.5 の表現は繰り返される。「私も良からぬ掟と、それによって生きられない定めを与えた」(エゼ 20.25) も見よ。捕囚以前の宗教をエゼ 20.25–26 が批判していても (Stuhlmacher, *Theologie*, 256)、ここでの議論に影響を与えない。

[125]　「永遠の命」という概念はのちのユダヤ教文献においてのみ明らかとなる（ダニ 12.2, Ⅱマカ 7.9, 1QS 4.7,『Ⅳマカ』15.3）。

第6章　律法　　227

の指針だという理解に変わりはない [126]。

　この背景に照らし合わせると、パウロがレビ 18.5 をいかに用いているかが明らかとなる [127]。またガラ 3.21 での律法に対する否定的と思われがちな表現への理解が深まる。もし律法が本来的に神の民のあいだでいかに生きるかを規定するために与えられたなら、その役割はたしかに二義的だ。一義的なのは契約を確立することであり、これは神の主導によってなされた。それは神によるアブラハムへの約束授与（パウロの表現）と、エジプトからのイスラエルの救出（申命記、レビ記、エゼキエル書）によって明らかだ。神が示すこの主導に対し、人は信仰——アダムが示しえず [128]、アブラハムがその最たる模範を示した信頼（ガラ 3.6–9, ロマ 4 章）——によって応答する。厳密には、「律法は信仰によらない」（ガラ 3.12）。律法の役割は、神によってすでに選ばれている者の生き方を規定するという意味で、二義的だ（ガラ 3.12 = レビ 18.5）。パウロは、ユダヤ人の同胞がこの二義的役割に過度な拘りを示すことを問題視している（ロマ 10.5）。しかしそれ自体は、律法に対する批判でない。「律法は信仰によらない」という表現も、律法に対する批判でなく、神が定めた恵みの時代において、これら 2 つ（律法と信仰）が異なった役割を持っていることを示すのみだ。これら 2 つは伝統的に対立関係に置かれてきたが、レビ 18.5 を正しく理解するなら、これらの役割は相互に補完的だ [129]。

---

126)　例えば箴 3.1–2, 6.23, ネヘ 9.29, バル 4.1, 1QS 4.1, 1QS 4.6–8,『ソロ詩』14.2–3,『アリ手』127, フィロン『教育』86–87 を見よ。フィロンはレビ 18.5 について「神の裁きと掟の中を歩む者の命が真の命だ。不敬虔者の行いは死だ」と述べる。したがって律法は「命の法」（シラ 17.17)、「命の掟」（バル 3.9）だ。この点を Ladd (*Theology*, 540 n.3) は認める。Lichtenberger はクムラン文献のトーラー神学を「命に至る掟であり命の掟」と述べる。Lichtenberger, 'Das Tora-Verständnis im Judentum zur Zeit des Paulus', in Dunn (ed.), *Paul and the Mosaic Law*, 7–23（とくに p.11). F. Avemarie, *Tora und Leben. Untersuchungen zur Heilsbedeutung der Tora in der frühen rabbinischen Literatur* (Tübingen: Mohr, 1996) も見よ。G.E. Howard, 'Christ the End of the Law: The Meaning of Romans 10.4ff.', *JBL* 88 (1969), 331–37 参照。Howard は「タンナイーム時代のユダヤ教がレビ 18.5 を解釈する際に、ヤハウェの律法を人の生き方における最重要な側面として捉えた」と述べる (p.334)。

127)　私は普段、ガラ 3.12 とロマ 10.5 とをその文脈から切り離して議論することを望まないが、ここでの問題は広い文脈の議論から独立したものとして扱うことも可能だ。

128)　§4.4 を見よ。

129)　さらに Dunn, *Romans*, 601; *Galatians*, 175–76 を見よ。この主題にはのちにもう一度触れる必要がある（§§14.7.2, 23.4)。しかしこの批判は §6.5 において十分に明確になっている。

同様の説明はガラ 3.21 にも当てはまる。ここでパウロは、「人を生かすために律法が与えられている」ことを否定する。しかしこれは律法への批判でなく、たんに異なる役割を明らかにしているだけだ。聖書的な意味では、「生かす／命を与える」ことは神[130]また神の霊[131]にほぼ限定される役割だ。既述のとおり、律法の役割はすでに与えられた命の生き方を規定することで、命のないところに命を生み出すことでない[132]。したがって、律法は約束に反しない（ガラ 3.21）。約束とは、神が主導する神との関係性の確立を指す。とくにここでの約束とは、アブラハムに子孫を与えるという意味での命を与える神の行為を指す（ロマ 4.17）。この神の約束への唯一の応答は信頼だ（4.16–21）[133]。そしてそれに続く段階として律法が与えられた。ガラテヤ地方における反対者が、命を与える律法との律法理解を持っていたことをパウロが示唆しているかは不明だ[134]。しかしそうだとしても、パウロは律法自体でなく、律法の役割に関する誤解を批判している。

　これを私たちは、律法の（§6.3, 6.4 での議論に続く）第 3 の役割として定めよう。それは、神に選ばれた民の命を導き豊かにすることだ[135]。この律法の役割も、神との特別な関係が律法によって保証されるというイスラエルの誤解によって歪められた（§6.5）。パウロが神のために生きるという目的で律法に対して死ぬ必要を感じたのは、そのためだろう（ガラ 2.19）。しかしこの第 3 の役割は、罪を定義しそれによって裁くという第 1 の役割（§6.3）とつながっている。それは、神が何を期待するかの基準が人の生き方を規定するからだ。それではこの第 3 の役割は、イスラエルを守り指導するという第 2 の役割（§6.4）と同義か。その役割はイスラエルに限定されるか。あるい

---

130) 王下 5.7、ネヘ 9.6、ヨブ 36.6、詩 71.20、『アセ』8.3, 9, 12.1, 22.7、『アリ手』16、ヨハ 5.21、ロマ 4.17、Ⅰコリ 15.22。
131) とくに新約聖書で強調される（ヨハ 6.63、ロマ 8.11、Ⅰコリ 15.45、Ⅱコリ 3.6、Ⅰペト 3.18）。
132) これは、「律法に決して救済目的がない」とパウロが考えた（Räisänen, *Law*, 150）というのとは異なる。それはパウロが律法を軽視していたという、正当化できない結論に至るからだ。
133) ロマ 4 章でのガラ 3.21 との並行箇所は「アブラハムに対する約束は律法でなく……信仰の義を通して」（4.13）だ。
134) このような律法観を持つユダヤ人がパウロの時代にいたことを支持する文献は見当たらない。
135) パウロのこの律法理解を認識することで、「（パウロがトーラーを）完全に戯画化した」というSchoeps（*Paul*, 200）の批判にある程度応答できよう。

は、イスラエルの神との特別な関係が終了しても、律法のこの役割は継続するか。この点に関しては後述しよう[136]。

ここで重要なのは、第3の律法の役割が第1と第2の役割と深く関連するので、パウロはその体験から、律法が命のためでなく死のためだと分かる（ロマ7.10）、と述べていることだ。律法がいかに罪と死と関わるかについて、パウロの理解を以下で考察しよう。

§6.7. 律法は罪か？

ここまでの律法に対する批判は比較的穏やかだった。ロマ1.18–3.20でのパウロの訴えは、律法とそれに付随する特権をユダヤ人が占有しているとの異邦人に対する優越感に対するものだった（§6.4）。この特権意識に対処するため、パウロは律法の根本的な役割を指摘した。すなわち、罪を定義し違反を明らかにして、それを裁く役割だ（§6.3）。律法によってイスラエルと神との特別な関係が保証されているとの認識ゆえに、ロマ2.7の「ユダヤ人」は、律法のこの役割に十分な意識を向けない。したがって、律法を守らない者（2.21–27）にとって、「律法の内に」いることが「神の裁きの下にある」ことを意味する（2.12, 3.19）と気がつかなかった。これが、ローマ書冒頭におけるパウロの訴えの結論だ[137]。しかし既述のとおり、ロマ5.20には律法によって違反が増すことが述べられている。これは本章のこれまでの議論と比べ、律法の役割へのはるかに厳しい批判だ[138]。律法と恵みとをアンチテーゼ的に対比するロマ6.14–15は、律法がイスラエルを守り、契約の民としてのイスラエルのあり方を規定するために恵みとして与えられた、という理解と

---

[136] §23を見よ。

[137] ロマ3.20も「律法の行いによる義」への批判に言及するが、これは後に展開するローマ書の神学的論考の一部だ（§14.5を見よ）。後に展開する主題を前の部分で紹介するのは、パウロに特徴的な文章構成だ。Dunn, *Romans*, 271を見よ。

[138] しかし違反の増加は、律法主義、自己義認、律法主義的熱意、利己的欲望の追求の増加を意味する（Bultmann, *Theology*, 1.265; Cranfield, *Romans*, 293–94, 847–48）との考えは、ロマ7.8の場合と同様に支持されない。この見方はWilckens（*Römer*, 329 n.1104）; Räisänen（*Law*, 144 n.81）; Merklein（'Paulus und die Sünde', 125–26, 160–61）が十分に反論している。

矛盾するように見受けられる [139]。律法が罪と死との同盟関係にあることは、より厳しい律法への批判と理解されるべきか [140]。

パウロはロマ 7 章に至ると、これらの問題を本格的に扱う [141]。一見すると、結婚の類例（7.1–4）はキリストによってもたらされた時代の移行に関するさらなる論考のようだ。「律法は、人が生きているあいだ、その人に対して主権を保っている」（7.1）。これは、律法が力を持っていることを教えているかのように読み得る [142]。しかしこの類例の焦点は、律法の主権に関する制限だ。既婚女性は夫の律法の下におり、夫と婚姻規定でつながれている。夫が死んだ時にのみ、妻は再婚が可能となる。その時「夫の律法から解放される」（7.2）[143]。「律法によって縛られる」とか「律法から解放される」という表現はあるが、最初の 3 節には律法に対する批判が述べられているのでない。婚姻関係を規定する律法が不公平だとか厳しいとかの非難は向けられていない。パウロは、不公平な束縛として、姦淫を禁ずる基本法の廃止を望んでいるのでない。むしろ彼はこの婚姻規定に保護の役割を認めている [144]。ここでの焦点は、死の介入が状況を一変させることだ [145]。律法は変わらない。しかし、寡婦となった女性に対して、生前の夫に関する律法の主権は無効となる。こうして寡婦となった女性は、この律法から解放される。

しかし、より否定的な言説がロマ 7.4–6 に見られる。結婚は「肉の中での」生き方と同様で、罪深い情欲が律法を通して稼働し、死をもたらす（7.5）[146]。

---

139) 註解者によっては、ロマ 5.20 の「（罪が増した）ところ」を「イスラエル」と特定する。Cranfield, *Romans*, 293; Thielman, *Paul*, 192; とくに Wright, *Climax*, 39.

140) とくに Hofius, 202–3（§6 n.37）.

141) ロマ 7 章のみで「律法（νόμος）」が 23 度用いられる。

142) ロマ 6–7 章で「主権を持つ（κυριεύω）」という動詞が、ロマ 6.9（死）、6.14（罪）、7.1（律法）で 3 度用いられる。

143) 「解放される（καταργέω）」という語はロマ 7.6 での適用にも用いられる。

144) パウロはこの類例を「律法を知る者」（7.1）を意識して用いている。この類例は婚姻に関するユダヤ律法を前提としており、ローマ法との関連はそこまで強くない（Dunn, *Romans*, 359–60）。したがって、夫の律法の下にいる女性とトーラーの下にいるイスラエルとが並列的に描かれていると言えよう（§6.4–5）。結婚が律法によって制限を受けているという考えは、ガラ 3.23–25, 4.1–3 とも通ずる。

145) もっとも、ロマ 7.1–3 における死は夫の死だが、その適用においては読者の死が想定され、それによってキリストとの「再婚」が可能となる（7.4–6）。

146) ロマ 7.5 において、肉、罪、律法、そして死の役割が最も明確に結びつく（§6.1）。

第 6 章　律法

この古い生き方から、パウロをはじめ彼の読者らも解放され、罪によって用いられた律法の支配から自由となった（7.6）。この議論の流れに沿って、パウロは以下のように問う。「それでは何と言いましょう。律法は罪でしょうか」(7.7)。本章の冒頭で指摘したとおり、律法が罪であるという推定は、パウロ自身の議論から派生している。

しかしロマ7.7の問いは、パウロが律法の擁護を試みる箇所（7.7–8.4）を導入する修辞疑問だ[147]。この擁護における最初で最大の主張は、人類の失敗が律法の瑕疵によらないことだ。実際の主犯は罪だ。律法はたんに罪に機会を提供する。この機会を通して攻撃し、人の肉にまとわりつくのは罪だ（7.7–13）[148]。「違反を増す」(5.20) ために律法が来たとは、この事態を意味していよう。なぜなら、この分析によると、律法の到来が掟の違反にきっかけを与えているからだ（7.7–8）[149]。しかし、律法規定にはある種の隠された意図がある。それは罪を明るみに出し、その正体を暴露することだ（7.13）。この意味で律法は「違反を増す[150]」。パウロの律法擁護の第1段階と照らし合わせると、ロマ5.20でさえ、律法への否定的ニュアンスが薄れ、罪との関わりにおける複合的な役割を指摘しているように見受けられる[151]。

律法の擁護はロマ7.14–25でさらに展開する。ここでは、罪、死、律法以外に「私」という要素が加わる。この「私」は肉に属し（7.14）、脆弱で朽ちる運命にあり、罪の誘惑に影響されやすい[152]。したがって、死をもたらす罪の性質に関しては解釈に慎重を要する。まずパウロは、罪の力に遭遇する人が2つの性質に分断されているように表現する。「私」は、正しいことを望

---

147)　Kümmel, *Römer 7* (§3 n.80), 9–10; Stendahl, *Paul*, 92; Beker, *Paul*, 105.

148)　§4.7, §5.3 も見よ。

149)　Räisänen (*Law*, 147. §6 n.16) は、ロマ5.13–14と7.8との関係をパウロの矛盾の1つとする。しかしここでは多様なメタファが用いられているだけで、各メタファのあいだに整合性を追求するのは衒学的な試みだ。§6 n.152 と比較せよ。

150)　註解者によっては、罪を違反と定める役割が律法にあるとの考えをロマ5.20に見出す。Whiteley, *Theology*, 80; Bornkamm, *Paul*, 125; Cranfield, *Romans*, 293; Thielman, *Law*, 192, 199. また Merklein ('Paulus und die Sünde', 135–37) の慎重な言説を見よ。

151)　Hofius (205–06. §6 n.140) と比較せよ。ロマ5.20に関しては、後続する議論を看過して重大な結論を導き出し得ない。

152)　Sanders (*Law*, 77–78) が指摘する律法の実行可能性に関する矛盾は、ロマ7章が人の肉としての性質に焦点を置いていることから説明できる。ロマ8章は異なる視点からの議論だ。

む「私」と正しいことができない「私」とのあいだで引き裂かれている。「私」は悪を避けたいが、「私」はそれを行う。この分断された2極のどちらにも「私」はいる。ここでもまた、真犯人は私の肉的な弱さを利用する罪の力だ（7.14–17）。

これは律法の擁護につながるか。じつはこの後半部分（7.18–23）には、十分な注意が払われてこなかった。パウロは、律法も「私」と同じ苦境に立たされていると考える[153]。「私」が分断されているように、律法も分断されている[154]。「私」は「神の律法」を喜び（7.22）、罪が人の弱さにつけ込んで阻止しようとも、心でこの律法に仕えようとする（7.23, 25）。一方で律法は罪に利用され（7.7–13）、「私」を死と結ぶ。これがパウロの言う「罪の律法」（7.23, 25）であり、「罪と死の律法」（8.2）だ[155]。肉の弱さの結果、律法はそれ自体で罪の力に抗することができない（8.3）[156]。

したがって、パウロに律法擁護の意図は明確で、律法に瑕疵はない。罪を定義し罪を明らかにする機能は変わらない。イスラエルを保護しその生き方を規定する役割、またイスラエルによってその役割が誤解され誤用されたことは、この箇所で問題となっていない。さらに、分断された律法のもう1つ

---

153) ロマ 7.15, 19 での反復は、7.17, 20 の議論を強調するのみならず、7.21–23 の議論の展開を促す。§18.3 も見よ。

154) Hahn, 'Gesetzesverständnis', 46; Wright, *Climax*, 197; Boers, *Justification* (§14 n.1), 87–88, 93–94, 120–32（さらに §18.3 n.58, §23.4 を見よ）. Fitzmyer, *Paul*, 75; Thielman, *Paul*, 200, n.23 はこの点を看過する。

155) もしパウロがロマ 7.7–13 において、「罪と死の律法（νόμος）」を罪によって利用され死をもたらす νόμος だと読者が理解することを想定していなければ、パウロの表現は奇異なものだ（異論はとくに Räisänen [§6 n.30] 参照）。ロマ 7.23 で νόμος を「原則」と理解する註解者には Ziesler (*Romans*, 197–98); Moo (*Romans*, 462–65); Stuhlmacher (*Theologie*, 262); Fitzmyer (*Romans*, 131); Schreiner (*Law*, 34–35) 等がいる。しかし Dunn (*Romans*, 392–95, 416–18); Schlier (*Grundzüge*, 84–85); Wright (*Climax*, 198) の解説を見よ。Winger (*Paul*, 91) は「ユダヤ律法を『神の律法』と『罪と死の律法』とに分けるという理解を支持するテクストが見当たらない」と述べ、結果としてロマ 7.23 に4つのノモス（νόμοι）を見出す (pp.185–89)。しかしパウロは、罪が律法を搾取するという点を強調している。パウロが「律法（νόμος）」という語を用いて「法律、原則」を連想させていることは確かだろうが、「罪によって曲げられて死をもたらす律法」は「罪の律法」や「罪と死と律法」とほとんど異ならない。

156) これは律法の提供する贖罪（悔い改めと犠牲、ガラ 3.19、§6.4 を見よ）を批判するものでなく、律法が禁ずる欲望を刺激する罪の力を抑える能力が律法自体にないことを指摘しているに過ぎない。

の側面をより注意深く分析し、パウロがそれを継続する役割と考えたかどうかを判断する必要がある[157]。律法が罪や死といかに関連するかに関する弁明は十分で、パウロはこの点において決して律法を断罪しない。彼はこの関連を罪の力による不可抗力と捉え、この力の下にある「私」と律法とはこれに抗うことができない。その場合、脆弱な肉が罪の力に対してあまりにも無防備ゆえに、律法はなすすべなく罪によって利用される。

　ある意味で律法の問題点は、神の意志の測りとなり裁きの起点となる律法の役割と、不可避的に表裏一体の関係にあると言えよう。なぜなら、人の弱さに鑑みると、禁止事項を明示することはいつもそれに対する反抗心を刺激することになるからだ。人のあり方を導き、建設的な共同体を形成する法律があるなら、その一方で法律に対する違反が存在することは避けられない。そのような律法は失効と見なされるか。罪に利用され人の弱さに裏切られる律法は、それ自体が罪か。パウロは「決してそうでない」（7.7）と応答する。罪の力に用いられたとしても、律法は聖い。神の掟は、「聖く、正しく、良い」（7.12）。

　ここで、神学的な論考を一段階先に進めよう[158]。律法は、罪と死とを結びつける帯のようだ（Ⅰコリ15.56）。死は（棘を持ち）痛ましいが、それは罪（の罰）だからだ。しかし、死を痛ましくする力を罪に与えるのは律法だ。なぜなら律法こそが、罪を死によって裁くからだ。したがって律法は、罪に死以外の結末がないことを教える神の明らかな意志を示している。「私」が「罪深い肉」である限り、神の裁きは「私」の死だ。肉における罪の力を破壊する神の目的は、罪深い肉の破壊を通して達成される[159]。したがって律法は、神の想定内のリスクと言える。それが人を死に導くなら、それはまたキリスト者を罪の力と肉の弱さから解き放つ。それはまた、肉によってのみ生きることを選ぶ者の完全なる破壊（死）を早める。神以外を信頼する者は、その

---

157)　§23を見よ。
158)　この考察はBultmann（*Theology*, 1.267）に起因するが、結論は異なる。Westerholm（*Law*, 189–92）参照。ロマ7.10, 13, 14–25の背景に潜んでいる神への批判を見出すSanders（*Law*, 73–75, 79）と比較せよ。
159)　この理解はロマ8.3での解説の伏線だ（§9.3）。

信頼する対象と共に滅びる。自己陶酔する者は、その陶酔する対象と共に滅びる。一方で神を信頼する者は、死を通して、死を越えて、創造主がその似姿に自らを変えることを待ち望む。しかしこれは、のちの主題を先取りし過ぎているので、本章はここで閉じよう。

§6.8. 結論

人類の弱さと違反とを糾弾する文脈で、パウロが律法の役割をいかに捉えているかが明らかになった[160]。

(1) 律法は罪を定義し、それを人に違反として意識させ、違反を断罪する役割を持つ。律法は異邦人にも――より暗示的な仕方であれ――、神とその意志に関する知識について、良心を通して同様の役割を演じる。この律法の役割は、律法に関する他の機能についての議論からほとんど影響を受けない[161]。この律法の機能が、ロマ 1.18–3.20 におけるパウロの最初の論考の基礎となっている。異邦人のみならずユダヤ人も、人類はすべて神の前で有罪だ。人はすべて、人類への神の求めから大きく外れ、神の命令に背いたからだ。

(2) 律法はイスラエルと特別な関係を持ち、モーセからキリストまでの時代にこの民を保護し指導する役割を有した。しかしそれは一時的な役割だった。もっとも、律法の役割をこれだけに限定することはできない。したがって、キリストの到来が律法の廃棄を意味しない[162]。

(3) イスラエルは上の役割の一時性を認めず、神との特権的な関係が継続していると理解するが、その根拠を律法授与に見出す。この誤った特権意識ゆえに、イスラエルはロマ 1.18–3.20 で神の糾弾を受ける。キリストの到来

---

160) したがってここでは Sanders や Räisänen (§6 n.16) が主張するような矛盾でなく、むしろかなり一貫した律法理解を提案する。彼らはパウロの重要な言説を表面的に分析するのみだ。Stuhlmacher (*Theologie*, 262) は「彼 (パウロ) の思想の驚くべき一貫性と調和」を指摘する。Sanders と Räisänen への批判は Schreiner, *Law*, 87–90, 136–37 を見よ。

161) Bultmann (*Theology*, 1.262) は「キリスト者に対して示された神の意図は律法の要求と同一だ」と述べる。van Dülmen, *Theologie*, 85–230; Hahn, 'Gesetzesverständnis', 60–62 参照。

162) Räisänen (*Law*, 56–57), Becker (*Paul*, 395), Thielman (*Paul*, 134) 等は律法の廃棄を想定しているようだ。

によって神の目的が成就したことで、イスラエルは実質的に「時代遅れ」の状態にある。律法の意義をイスラエルの特権的地位の保証と捉えたからだ。これは後述する「律法の行い」と深く関連する。

（4）律法がイスラエルに与えられた主たる目的は、契約の民としてのイスラエルがいかにあるべきかを明示することだ。この律法の機能は、イスラエルを保護する律法の機能と同一か、イスラエルに特有な機能とは別か、いまのところ不明だ。同様に、命を与える律法が死をもたらす律法として機能すること——律法が文字となること——と、終末的な時代の移行をイスラエルが認めないことへのパウロの批判とが、どの程度関連しているかも不明だ[163]。

（5）律法は罪の力に利用され、肉によって弱くなっている人を罠にはめる。これはイスラエルによる律法の誤解（3）とも結びつく。パウロにとって、イスラエルが律法の保証する特権的地位に固執すること自体、罪が律法を利用して肉の脆弱さにつけ込み、人を罪と死の下に拘束することの好例だからだ[164]。罪が「望み」を「欲望」へと変容させる時、イスラエルに対して律法を「文字（γράμμα）」へと変容させる。肉の割礼を要求することに焦点を置いた律法が罪に機会を与え、罪はイスラエルを肉的な思いによって拘束する。

（6）罪と死の力とある種の同盟関係にある律法自体を、宇宙的な力と考えるべきでない。律法はむしろ、罪を罪として暴露するという神の目的を遂行する手段だ。律法授与において、神は律法を罪と死の力へと引き渡したように見受けられる。しかしより深い神の計画は、罪を死によって拘束し、死において罪の力を無力化することだ。罪と罪人を裁いて死をもたらすことは、律法にとっての悲劇とも見受けられる。しかしそれは律法の勝利でもある。罪人の最後の審判としての死を、罪の最終的破滅とするからだ。

---

[163] §§14, 23 を見よ。
[164] ロマ 7.14–25 の「私」が 7.7–12 の「私」＝イスラエルなら（§4.7）、パウロはイスラエルの肉に対する固執（ロマ 2.28, 3.20, ガラ 2.16, 6.12–13, フィリ 3.3–4）を、罪が旧い時代の考えに民を拘束する機会と捉えていることになろう。

第3部
イエス・キリストの福音

第7章 福音 [1]

1) 第7章の文献リスト

§7.1 — **J.A. Fitzmyer**, 'The Gospel in the Theology of Paul', *To Advance the Gospel*, 149–61; **Goppelt**, *Theology*, 2.110–18; **L.A. Jervis and P. Richardson** (eds.), *Gospel in Paul: Studies on Corinthians, Galatians and Romans* (R.N. Longenecker FS; JSNTS 108; Sheffield: Sheffield Academic, 1994); **E. Lohse**, '*Euangelion Theou:* Paul's Interpretation of the Gospel in His Epistle to the Romans', *Bib* 76 (1995), 127–40; **Merklein**, 'Zum Verständnis des paulinischen Begriffs "Evangelium"', *Studien*, 279–95; **P.T. O'Brien**, *Gospel and Mission in the Writings of Paul* (Carlisle: Paternoster, 1995); **Penna**, 'The Gospel as "Power of God" according to 1 Corinthians 1.18–25', *Paul*, 1.169–80; **Strecker**, 'Das Evangelium Jesu Christi', in *Eschaton*, 183–228; **P. Stuhlmacher**, *Das paulinische Evangelium* (Göttingen: Vandenhoeck, 1968); 'The Pauline Gospel', in Stuhlmacher (ed.), *The Gospel and the Gospels* (Grand Rapids: Eerdmans, 1991), 149–72; *Theologie*, 311–26.

§7.2 — **J.W. Aageson**, *Written Also for Our Sake: Paul and the Art of Biblical Interpretation* (Louisville: WJKP, 1993); **Dunn**, *Unity*, ch.5; **E.E. Ellis**, *Paul's Use of the Old Testament* (Grand Rapids: Eerdmans, 1957); **C.A. Evans and J.A. Sanders** (eds.), *Paul and the Scriptures of Israel* (JSNTS 83; Sheffield: JSOT, 1993); **A.T. Hanson**, *Studies in Paul's Technique and Theology* (London: SPCK / Grand Rapids: Eerdmans, 1974); **Hays**, *Echoes of Scripture*; **M.D. Hooker**, 'Beyond the Things That Are Written? St Paul's Use of Scripture', *Adam*, 139–54; **D. Juel**, *Messianic Exegesis: Christological Interpretation of the Old Testament in Early Christianity* (Philadelphia: Fortress, 1988); **D.-A. Koch**, *Die Schrift als Zeuge des Evangeliums* (Tübingen: Mohr, 1986); **B. Lindars**, *New Testament Apologetic* (London: SCM, 1961); **H.-J. van der Minde**, *Schrift und Tradition bei Paulus* (Paderborn: Schöningh, 1976); **Penna**, 'Paul's Attitude toward the Old Testament', *Paul*, 2.61–91; **D.M. Smith**, 'The Pauline Literature', in D.A. Carson and H.G.M. Williamson (eds.), *It Is Written: Scripture Citing Scripture* (B. Lindars FS; Cambridge: CUP, 1988), 265–91; **C.D. Stanley**, *Paul and the Language of Scripture: Citation Techniques in the Pauline Epistles and Contemporary Literature* (SNTSMS 74; Cambridge: CUP, 1992).

§7.3 — **Dunn**, *Unity*, ch.4; **Gnilka**, *Theologie*, 16–30; *Paulus*, 229–37; **A.M. Hunter**, *Paul and His Predecessors* (London: SCM / Philadelphia: Westminster, rev. edn, 1961); **W. Kramer**, *Christ, Lord, Son of God* (London: SCM / Naperville: Allenson, 1966); **V.H. Neufeld**, *The Earliest Christian Confessions* (NTTS 5; Grand Rapids: Eerdmans, 1963); **Schlier**, *Grundzüge*, 122–28; **P. Stuhlmacher**, 'Recent Exegesis on Romans 3.24–26', *Reconciliation*, 94–109; *Theologie*, 168–75, 179–96; **K. Wengst**, *Christologische Formeln und Lieder des Urchristentums* (Gütersloh: Gütersloher, 1972).

§7.4–5 — **C. Dietzfelbinger**, *Die Berufung des Paulus als Ursprung seiner Theologie* (WMANT 58; Neukirchen: Neukirchener, 1985); **J.D.G. Dunn**, '"A Light to the Gentiles", or "The End of the Law"? The Significance of the Damascus Road Christophany for Paul', *Jesus, Paul and the Law*, 89–107; 'Paul's Conversion — A Light to Twentieth-Century Disputes', in Ådna, et al. (eds.), *Evangelium*, 77–93; **P. Fredriksen**, 'Paul and Augustine: Conversion Narratives, Orthodox Traditions, and the Retrospective Self', *JTS* 37 (1986), 3–34; **J. Jeremias**, *Der Schlüssel zur Theologie des Apostels Paulus* (Stuttgart: Cal-

§7.1. 福音（εὐαγγέλιον）

　パウロは非常に手厳しい告発を行う。〈人類はすべて罪の力の下でこの地上に生きている。人はみな原初的な本能によって、あるいは自己破壊的な意志によって、それが良いことであるかどうかを見極めることなしに、あるいは見極めてもなお、肉欲を満たすことに引きつけられ、結果として神を見放す。人類はユダヤ人と異邦人の分け隔てなく、みな神の律法によって罪の宣告を受けている〉と。パウロはこの現状をロマ 1.18–3.20 において詳らかにするものの、それは彼が人類の未来に対して悲観しているからでない。パウロの「悲観論」を批判する者を彼は正す。現実的なだけだ、と。現実をしっかりと見据えることなしに、理想論やユートピア思想の類はすべて致命的な過ちに陥る。「人間の人間に対する非人間的な行為」と被造物の濫用を繰り返す歴史に鑑みるなら、誰がパウロを批判できようか。もっとも、パウロが人類に対してあそこまで手厳しい告発を行い得るのは、その告発に対する適切な応答があると確信するからだ。応答であって、反論でない。それは、罪の告発を完全に対処し得る恵みの応答だ。すなわち、「罪が死において支配したように、恵みも義を通して支配し、永遠の命へと至る」（ロマ 5.21）。

　パウロはこの応答を、「福音（εὐαγγέλιον）」という 1 語で要約する。この語もまた、新約聖書において非常にパウロ的な表現だ（76 回中 60 回がパウロの名を冠するパウロ文書に見られる）[2]。パウロはこの語の重要性を、ローマ書

---

wer, 1971); **S. Kim**, *The Origin of Paul's Gospel* (WUNT 2.4; Tübingen: Mohr, 1981 / Grand Rapids: Eerdmans, 1982); **H. Räisänen**, 'Paul's Call Experience and His Later View of the Law', *Jesus, Paul and Torah*, 15–47; **Segal**, *Paul the Convert*; **P. Stuhlmacher**, '"The End of the Law": On the Origin and Beginnings of Pauline Theology', *Reconciliation*, 134–54; **U. Wilckens**, 'Die Bekehrung des Paulus als religionsgeschichtliches Problem', *Rechtfertigung*, 11–32.

2)「福音（εὐαγγέλιον）」──マタ（4 回）、マコ（8 回）、使（2 回）、ロマ（9 回）、Ⅰコリ（8 回）、Ⅱコリ（8 回）、ガラ（7 回）、エフェ（4 回）、フィリ（9 回）、コロ（2 回）、Ⅰテサ（6 回）、Ⅱテサ（2 回）、Ⅰテモ（1 回）、Ⅱテモ（3 回）、フィレ（1 回）、Ⅰペト（1 回）、黙（1 回）。「福音を宣べる（εὐαγγελίζομαι）」（54 回中 21 回がパウロ文書に見られる）──マタ（1 回）、ルカ（10 回）、使（15 回）、ロマ（3 回）、Ⅰコリ（6 回）、Ⅱコリ（2 回）、ガラ（7 回）、エフェ（2 回）、Ⅰテサ（1 回）、ヘブ（2 回）、Ⅰペト（3 回）、黙（2 回）。「宣教（κήρυγμα）」（8 回中 6 回がパウロ文書に見られる）──ロマ 16.25、Ⅰコリ 1.21, 2.4, 15.14、Ⅱテモ 4.17、テト 1.3。「十字架の言葉」（Ⅰコリ 1.18）と「和解の

第 7 章 福音

冒頭において彼の神学を提示する際に示唆している。自らを「使徒として召命され、神の福音のために聖別された」(ロマ 1.1) と紹介するからだ。ローマ書執筆における目的の 1 つは、「ローマにいるあなた方にも福音を宣べる」(1.15) ことだが、これは「異邦人への使徒」(11.13) としての召命と符合する。もっともこれは、「キリストの名がいまだ語られていない所で福音を宣べる」(15.20) というパウロの希望にそぐわないようにも考えられ得る[3]。「福音」は、パウロがローマ書において説明を試みる主題の 1 つであり、冒頭では「私は福音を恥としない。なぜなら福音は救いをもたらす神の力……」(1.16) と述べられている。またロマ 2.16 では、最後の審判が「キリスト・イエスにしたがう私の福音による」とある。人類への告発に応答する福音が、律法を基にした神の裁きと相反するものでないことは注目に値する (2.12–15)。

初期の書簡においても、パウロが「福音」に対して同じように重きを置いている様子が伺える。I コリント書の冒頭でも、パウロはその使命がバプテスマを授けることでなく、福音を宣べることだと記している (1.17)。パウロは「福音を通して」コリント信徒らの「父となった」(4.15)。また、「私が福音を述べないならば、私は呪われるべきだ」(9.16) と述べる。いかに福音を効果的に伝えるか、パウロは心を砕いた (9.23)[4]。ガラテヤ書が執筆されたきっかけは、ガラテヤ信徒らが福音に背を向け、福音が何か他のものに変えられてしまうことに対する危機感である (1.6–9)。パウロはダマスコ途上でキリストの啓示を体験したが、その目的は「私が異邦人に対して福音を述べるため」(1.16) だった。パウロにとって最大の関心事は「福音の真実」(2.5,

---

言葉」(II コリ 5.19) に関しては Stuhlmacher, *Theologie*, 318–26 参照。

[3] この齟齬に関しては議論し尽くされた感がある。Elliott (*Rhetoric*) はロマ 1.15 に、Klein はロマ 15.20 に偏った重きを置く。G. Klein, 'Paul's Purpose in Writing the Epistle to the Romans', in Donfried (ed.), *Romans Debate*, 29–43. ローマ書の挨拶部には、牧会的配慮 (1.11)、予期される誤解に対する配慮 (1.12)、不十分な言い訳 (1.13)、そして訪問の熱望 (1.13, 15) 等が含まれているが、ここからは状況を手探りしながら執筆しているパウロの様子がうかがわれ、現代の註解者はただ一点を根拠にして何かを断言することを避けるべきだろう。Dunn, *Romans*, 33–34, 865 参照。また §7.4 で後述。ロマ 15.20 に見られる原則に関しては II コリ 10.13–16 がより詳しく述べている (§21.2.4 参照)。

[4] コリント教会に宛てた書簡においては、この主題が繰り返される (I コリ 9.12–18, II コリ 11.7–11)。

14) [5)] だった。福音に対するパウロの強い思いは彼の書簡群を通して——おそらく最初の書簡[6)] から最後の獄中書簡[7)] まで——一貫している。

コリント2書では、福音が救いをもたらす神の力だという主題が豊かに表現されている。当然この力は復活において顕著に表される[8)]。しかしパウロは、今の時代において、十字架と宣教の業に表される弱さと愚かしさの内にこそ、この力が最も特徴的に示されると繰り返し述べることで、福音が神の力であることの意味を印象づけている[9)]。

パウロは福音について語るとき、「神の福音」[10)] という表現を用いることがあるが、その場合には「キリストの福音」[11)] という表現とほぼ同じ重要性が込められている。興味深いことに、彼はローマ書で福音について解説する際、その冒頭を「神の福音」(1.1) という表現によって開始しながらも、直後では「彼（神）の子の福音」(1.9) という表現でバランスをとっている。これは、ローマ書の開始部においてパウロが示唆する二者の関係性を反映しており、彼のキリスト観と「キリストの福音」に関する理解が、彼の神理解と整合性を保っていることを示している。これはロマ2.16でも同様で、裁きは神によってなされるが、その裁きは「私の福音にあるように[12)]」、また「キリスト・イエスを通して[13)]」なされる。したがってパウロは、全人類への告発に対する応答の中核にキリスト・イエスを据えているが、それは神がすべてにおいて主導権を持つという考えと完全に符合する (3.21–26)[14)]。じつに

---

5) コロ1.5 も見よ。
6) Ⅰテサ1.5, 2.2, 4, 8, 9, 3.2.
7) フィリ1.5, 7, 12, 16, 27 (2回), 2.22, 4.3, 15.
8) Ⅰコリ6.14, 15.43, Ⅱコリ13.4. Ⅰコリ4.20 参照。
9) Ⅰコリ1.18, 24, 2.4–5, Ⅱコリ1.8, 4.7, 6.4–10, 12.9, 13.4. Penna, *Paul*, 1.169–80 参照。
10) ロマ1.1, 15.16, Ⅱコリ11.7, Ⅰテサ2.2, 8, 9.
11) ロマ15.19, Ⅰコリ9.12, Ⅱコリ2.12, 9.13, 10.14, ガラ1.7, フィリ1.27, Ⅰテサ3.2. また、「彼（神）の子の福音」(ロマ1.9)、「私たちの主イエスの福音」(Ⅱテサ1.8) もある。
12) 「(私の福音) にあるように (κατά)」という前置詞は、神の裁きが下るというパウロの主張が「私の福音に則っている」とも理解できるし、神の裁きが「私の福音に則って」下されるとも理解できる。あるいはその両方を含むとも考え得る。§21.2.1 を見よ。
13) 多くの註解者は、「キリスト・イエスを通して」という表現が「裁く」という動詞を修飾していると考える〔訳註 「キリスト・イエスを通して与えられた私の福音」と読めなくもないが、おそらく「キリスト・イエスを通して裁く」がより確からしい〕。§12.2–3 参照。

第 7 章 福音

キリストの福音は、神の（正）義を支持する [15]。

　「福音」という語がパウロにとって重要であることが分かったところで、この語の起源がどこにあるかを明らかにする必要があろう。LXX では、この語が単数名詞として用いられておらず、ヘブライ語聖書にもそれに対応する語はない。また同時代のギリシャ語文献にも、この語が単数形で用いられることは稀だ [16]。したがって、新約聖書における「福音」は新造語、あるいは少なくとも新たな意味づけによる表現だろう。註解者によっては [17]、パウロあるいはパウロ以前のギリシャ語を話すユダヤ人キリスト者が、より一般的な「好ましい諸報告」という複数名詞表現を単数名詞の「良き知らせ（福音）」と変更して用い始めた、そしてそれは皇帝崇拝における「好ましい諸報告」〔訳註　皇帝の即位や皇帝嫡子の誕生等の知らせ〕に慣れ親しんでいる聴衆にとって理解しやすい表現だった [18]、と説明する。しかし「神の福音」という表現の背景としては、「神からの良き知らせ」や「神に関する良き知らせ」が宣べられる際に、LXX が用いる動詞形の語「宣べ伝える（εὐαγγελίζομαι）」がより有力な候補と考えられる [19]。

　ここでとくに興味深いのは、イザヤ書において繰り返される励ましの言葉だ [20]。イザ 40.9 は、ユダの町々に対して「あなた方の神を見よ」と告げ

---

14)　以下の表を参照。

ロマ 3.21–26	
神の義は啓示された……神の義	キリスト・イエスへの信仰を通して
彼（神）の恵みにより彼らは義とされた	キリスト・イエスの内にある贖いを通して
神はこの方（キリスト）を宥めとして捧げ	彼（キリスト）の血の内に、信仰を通して
神の義を示すため……神の忍耐の内に、神の義を示すため……彼（神）が正しくまた裁く方であることを（示すため）	イエスを信じる者を。

15)　§2.5, §19 を見よ。
16)　使者に与えられる「好ましい報告に対する褒美」という意味合いで用いられるケースが少数だが存在する。LSJ, εὐαγγέλιον.
17)　とくに、Strecker, *Eschaton*, 183–228; *EDNT* 2.71; *Theologie*, 355–57.
18)　LSJ, εὐαγγέλιον. *NDIEC*, 3.12–15 参照。
19)　詩 40.10, 68.12, 96.2, イザ 40.9, 52.7, 60.6, 61.1, ヨエ 2.32, ナホ 1.15.
20)　いずれの場合も MT と LXX とでは表現がやや異なるが、本項での議論には影響を及ぼさない。

るよう、「良き知らせを知らせる者[21]」に命じる。イザ52.7は「平和の良き知らせを伝える者（εὐαγγελιζομένου）、良き事柄に関して良き知らせを伝える者（εὐαγγελιζόμενος）、救い（σωτηρία）を報告する者、『あなたの神が統べ治める』と言う者」を誉める。イザ60.6では、捕囚からの帰還者らが「主の救い（σωτήριον）」に関して良き知らせを伝える（εὐαγγελιοῦνται）。そして最も顕著な例として、イザ61.1–2が挙げられる。

> 神の霊が私の上にある、
> 　主が私に油を注いだからだ、
> 彼は、貧しい者に良き知らせを伝えるために（εὐαγγελίσασθαι）私を遣わした、
> 　心を打ち砕かれた者を癒すために、
> 捕らわれている者に解放を、
> 　また盲人に開眼を告げるために（κηρύξαι）、
> 主の好意の年を宣言するために……

このイザヤ的主題は、イエスと同時代のユダヤ教における神学的考察に影響を与えた。『ソロ詩』11.1はイザ52.7に倣って、「シオンで聖所の合図ラッパを吹き、エルサレムで良き知らせを伝える者（εὐαγγελιζομένου）の声を告げよ（κηρύξατε）」と記す。クムラン文書にもイザ61.1への言及が見られる。11QMelch 2.15–24はイザ52.7と61.1–3を共同体の状況に合わせて註解している[22]。

したがって、イエスがイザ61.1–2を自らの活動のための青写真としていることを示す伝承が存在することは、驚くに足らない[23]。また福音の内容を

---

21) シオン自体か、あるいは「シオンへ」告げ知らせる者。
22) 1QH 18.14, 4Q521, CD 2.12参照。Collins, *Scepter*, 132 n.89（§8 n.1）は、1QH 18.14の著者がイザ61章の預言を自らに当てはめている、と考える。4Q521に関してはCollins, *Scepter*, 117あるいはGarcía Martínez, 394を見よ。Collins（*Scepter*, 11）はCD 2.12でなくCD 2.9を挙げる。
23) マタ11.5（/ルカ7.22）、ルカ4.16–21、ルカ6.20（/マタ5.3）参照。マタ11.5（/ルカ7.22）と4Q521との類似は著しい。「彼は負傷者を癒し、死者に命を与え、貧者に良き知らせを宣べる」（4Q521 12）/「歩行障害者は歩き、皮膚患者は浄められ、聴覚障害者は聞き、死者は甦らされ、貧者には良き知らせが宣べられる」（マタ11.5//ルカ7.22）。

イザ 52.7 と 61.1 によって説明する伝統は、どうやら原始キリスト教会において早い時期に整いつつあったようで [24]、これはパウロがロマ 10.15 でイザ 52.7 を引用する様子からも分かる。

したがって、「福音（εὐαγγέλιον）」という語をパウロが用いることになった背景に、以下の事情が想定される。すなわち、初期の異邦人宣教において、イエスが告げた良き知らせ、あるいはイエスに関する良き知らせについて語る際、その知らせと既出のイザヤ書テクストとの関連を示すため、「福音」という単数名詞が導入された [25]。より具体的に、パウロ自身がその宣教において「福音」を専門用語として用い始めたことは、十分に可能なシナリオだ [26]。既知の語彙に、豊かで新たな意味合いを与えつつ用いることは、パウロがしばしば行うことである [27]。そうすると、マルコ福音書が「福音」という語を用いる場合 [28]、そこにパウロの影響があるとも推測し得る [29]。そして「福音」は、記述されたイエス物語としての「福音書（εὐαγγέλιον）」を指し示す語として用いられるようになった [30]。いずれにせよ私たちが知る限り、パウロこそがキリスト者宣教の内容を「福音」と要約して用い始めた最初の人物だろう。そしてパウロが使用したことによって、キリスト教神学における「福音」の重要性と中心的価値が確立されることとなった [31]。したがって、パウ

---

[24] 使 4.27, 10.36, 38 はイザ 52.7 と 61.1 を続けて用いる。おそらくエフェ 2.17, 6.15, 黙 1.6, 5.10 はイザ 61.6 と共鳴する。使徒言行録におけるイザヤ書の使用に関しては、おそらくルカが古い伝承に依存していると説明できよう。

[25] Stuhlmacher, *Evangelium*; 'Gospel', 149–72; Goppelt, *Theology*, 2.111–12; Wilckens, *Römer*, 1.74–75. O'Brien, *Gospel*, 77–81 参照。

[26] ロマ 1.16 において福音に言及する際（「私は福音を恥と思わない」）、パウロはマコ 8.38（/ルカ 9.26）に保存されているイエス自身の言葉を意識しているとも考えられる。C.K. Barrett, 'I Am Not Ashamed of the Gospel', *New Testament Essays* (London: SPCK, 1972), 116–43 参照。

[27] 顕著な例は「恵み（χάρις）」あるいは「愛（ἀγάπη）」である。§13.2 を見よ。

[28] マコ 1.1, 14, 15, 8.35, 10.29, 13.10, 14.9.

[29] マタ 24.14 と 26.13 で 4 回用いられる「福音」はマルコ伝承から直接取り入れられたもので、マタ 4.23 と 9.35 はマコ 1.14–15 の模倣だろう。

[30] マコ 1.1 においてこの経過がある程度見てとれる。R.A. Guelich, 'The Gospel Genre', in Stuhlmacher (ed.), *Gospel*, 173–208. §9.9.6 を見よ。

[31] Goppelt (*Theology*, 2.114) は言う、「ユダヤ社会とヘレニズム社会の影響下で生じた混乱に対して意識的に抵抗し、キリストの言葉を神学的により厳密に 1 つの福音として確立させることにおいて、パウロ以上に貢献した新約聖書中の証言者はいない」と。

ロの「福音」理解に関する考察は重要となる。

§7.2.　「聖典（Scriptures）にしたがって」

　イエス・キリストの福音に関するパウロの教えの2つ目の顕著な特徴は、これが何か神の計画における予期せぬ出来事ではないと強調することだ。むしろローマ書冒頭の言説はこのような理解に真っ向から反対し、「神の福音」を「聖典において彼（神）の預言者らを通してあらかじめ約束されていた」(1.1) ものと定義する。ローマ書の主題——つまり「ユダヤ人にはじまりギリシャ人にも、信じるすべての者に救いをもたらす神の力である。なぜなら神の（正）義が、信仰にはじまり信仰に至るまで、そこに啓示されているからです」(1.16–17) と説明される福音——が提示される際、パウロはすぐに「書いてあるように」とつけ加えて聖典の権威（ハバ 2.4）に依拠する[32]。そして人類への告発（1.18–3.20）に対する福音という応答——「しかし今律法とは別に、神の義が啓示されました」(3.21)——が示される際にも、パウロは「律法と預言書によって示されているとおり」とつけ加えている。ローマ書における議論がさらに進むと、創 15.6 を註解するかたちで福音が提示される（ロマ 4 章）。同書の神学的頂点において、パウロは神の言葉が無駄にならないことを前提としている (9.6)[33]。そして、彼がローマ書の終結部においてユダヤ教聖典を註解するのは (15.9–12)、それが自らの議論全体を総括するのに最も相応しい仕方だと考えたからだろう。

　じつに、パウロにとって聖典がいかに重要かを明確に示す言葉がガラテヤ書にある。「聖典はアブラハムに前もって福音を宣べた」（ガラ 3.8）。ローマ書とガラテヤ書での福音の解説において、パウロは創 15.6、レビ 18.5、ハバ

---

[32]　ハバ 2.4 は、ローマ書がそれを全体にわたって註解するという意味での「テクスト」でない。「書かれてあるように（καθὼς γέγραπται）」という表現には、正当化の定型句としての意味合いがある (n.43 参照)。

[33]　ロマ 9–11 章における聖典の重要性に関しては H. Hübner, *Gottes Ich und Israel. Zum Schriftgebrauch des Paulus in Römer 9–11*' (Göttingen: Vandenhoeck, 1984); J.W. Aageson, 'Scripture and Structure in the Development of the Argument in Romans 9–11', *CBQ* 48 (1986), 265–89; 'Typology, Correspondence and the Application of Scripture in Romans 9–11', *JSNT* 31 (1987), 51–72 参照。

2.4 の 3 つのテクストを重視する³⁴⁾。また、彼がコリント教会に宛てた手紙で宣べた福音の中心的主張は、「聖典にしたがっている」（Ⅰコリ 15.3-4）。「聖典にしたがって」という表現をたんなる慣例的な定型句として見過ごすわけにはいかない。

ここで 2 つの特徴について述べよう。第 1 についてはすでに多少言及しているが、パウロが彼の福音（と神学）の基盤としてイスラエルの民の聖典を重視し必要と考えた程度についてだ。パウロ書簡群にはおおよそ 100 からなる明らかな引用がある³⁵⁾。その内の 90 ％以上がローマ書、Ⅰ-Ⅱコリント書、ガラテヤ書に集中しているが、パウロの神学的議論がこれらの書に集中していることに鑑みれば驚くべきことでなかろう。これにユダヤ教聖典への間接的な示唆をも加えるなら、パウロ書簡全体がバランスよく聖典に依拠していることが分かる³⁶⁾。換言すると、パウロが用いる神学的言語は、聖典の言語だ。すなわちユダヤ教聖典は、「パウロ神学の下部構造³⁷⁾」を形成している。

パウロが心を配る神学的な論理も明らかだ。これらのテクストは「聖典（Scripture）」³⁸⁾、「聖なる書（holy Scripture）」（ロマ 1.2）³⁹⁾、「神の託宣（仰せ）

---

34) 創 15.6（ロマ 4.3-23, ガラ 3.6-9）、レビ 18.5（ロマ 10.5, ガラ 3.12）、ハバ 2.4（ロマ 1.17, ガラ 3.11）。パウロがローマ書とガラテヤ書においてユダヤ教の文脈との関連で福音を定義する際、これらのユダヤ教聖典テクストのみが両書に用いられていることは注目に値する。ハバ 2.4 と創 15.6 に関するパウロの註解は §14.7、レビ 18.5 に関しては §6.6 を見よ。

35) Koch, *Schrift*, 21-24 と Smith, 'Pauline Literature', 268-72 にこのリストがある。

36) これらの示唆部分については Aland²⁶ 参照。Ellis（*Paul's Use*, 153-54）のリストは比較的控えめである。Dunn, 'Deutero-Pauline Letters', in J. Barclay and J. Sweet (eds.), *Early Christian Thought in Its Jewish Context* (Cambridge: CUP, 1996), 130-44 と比較せよ。Hays（*Echoes*）は、パウロ理解においてこれらの示唆に注目することがいかに重要かを論じている。

37) これは C.H. Dodd, *According to the Scriptures: The Substructure of New Testament Theology* (London: Nisbet, 1952 / New York: Scribner, 1953) の副題を意識している。Ellis（*Paul's Use*, 116）は、パウロによる神学的議論の多くの部分が旧約聖書テクストの特徴的用法と結びついていると述べる。Koch, *Schrift*, 285-99 も同様。Hanson（*Studies*, 167）は、パウロがロマ 6.7, 8.19-21, 33-34, 34-39, 11.17-24、Ⅰコリ 5.6-8, 10.14-21、Ⅱコリ 4.13-15, 5.19-6.2, ガラ 3.18-20, コロ 2.14-15 等において、ユダヤ教のミドラシュを行っていると考える。彼はミドラシュを、「聖典の重要な箇所において意図されている意味を余すところなく引き出すために行われる記述的黙想」と定義する（*Studies*, 205）。Aageson, *Written Also for Our Sake* と Hübner, *Theologie*, Band 2 も参照。

38) 単数名詞の「聖典（Scripture）」はパウロ書簡群に 8 回登場する（§7 nn.42, 44 参照）。また他所でもすでに、聖典テクスト群の集合体を指す語として用いられている（フィロン『モーセ』2.84,『アリ手』155, 168）。

39) フィロン『逃亡』4,『十戒各』1.214,『相続』106, 159 参照。

（oracles）」（3.2）である⁴⁰⁾。これらのテクストは、すでに神からの権威を付与された言説や託宣であり⁴¹⁾、パウロはそのような理解を前提としている。したがってパウロは「聖典⁴²⁾」に依拠し、「（聖典に）書かれているように⁴³⁾」という定型句を用い、そして聖典が生きた神の言葉であることを示唆する⁴⁴⁾。パウロ神学に対する理解を深めようとするなら、彼の改宗がこのような前提を少しも変化させなかったことを知っておくべきだ。むしろパウロにとって、彼の福音を「聖典にしたがって（いる）」と言うことは、福音の重要性を高めることだ。

もう1つの特徴は、最初の特徴とある種の緊張関係にある。すなわち、パウロが聖典を引用する際の柔軟さだ。パウロは、現代の読者に無理やりなこじつけと見なされかねない仕方で聖典を用いる。これには、2つの特記すべき点がある。

その1つは、パウロの手許にあったテクスト（底本）がどのようなものだったかが不確かだという点だ⁴⁵⁾。しかし近年、この問題に特化したスタンレーの研究によって、幾つかの点が明らかになった。パウロがテクストに対して意識的に手を加えていたことは以前から分かっていたが⁴⁶⁾、どのような仕方で手が加えられたかが明らかになってきた⁴⁷⁾。スタンレーは、これらのパ

---

40) パウロはここでLXXを意識している（民24.4 [B]、24.16、申33.9、詩12.7 [LXX11.7]、18.31 [LXX17.31]、107 [LXX106].11、119 [LXX118].11、103、148、知16.11）。Dunn, *Romans*, 131 参照。

41) ここで「聖典」と表現される文書群は旧約聖書とほぼ重なるが（シラ書序説、ヨセフス『アピ』1.37–42、『エズ・ラ』14.37–48 参照）、LXX に含まれる諸文書が示すとおり、閉じられた正典という概念はいまだ明らかでない。いずれにしても、パウロが言及する聖典の 80 ％は、モーセ五書、イザヤ書、詩編に見られる（Smith, 'Pauline Literature', 273）。

42) ロマ4.3、ガラ4.30。

43) ロマ1.17、2.24、3.4、10–12、4.17、8.36、9.13、33、10.15、11.8、26–27、12.19、14.11、15.3、9、21、Ⅰコリ1.19、31、2.9、3.19、9.9、10.7、14.21、15.45、Ⅱコリ4.13、8.15、9.9、ガラ3.10、13、4.27。もっとも、パウロは他の定型句も用いる（Smith, 'Pauline Literature', 268–72）。

44) ロマ9.17、10.11、11.2、ガラ3.8、22、Ⅰテモ5.18参照。その他の箇所では、神が聖典テクストを語る（ロマ9.25、Ⅱコリ6.2、16）。Koch, *Schrift*, 258–73 の「聖典引用部の弁証的機能」を参照。

45) パウロが最重視したであろうテクストは LXX だ。Smith, 'Pauline Literature', 272–73。

46) Ellis, *Paul's Use* 参照。

47) Stanley（*Paul*, 259）によると、112 のケースについては「パウロが聖典テクストに手を加えたとかなりの自信をもって言える」。手の加え方には 6 通りある（pp.260–61）。すなわち、(a) 語順の変化（17 回）、(b) 構文の変更（16 回）、(c) 語句の削除（46 回）、(d) 語句の付加（11 回）、(e) 語句の変更（22 回）、(f) 限定的な選択（9 回）である。Koch, *Schrift*, 186–90 も同様の分類を

第7章　福音

ウロによる編集のほとんどが、本来のテクストの意味に影響を与えることがほぼないと述べる。これらの編集は、たんに引用先であるパウロ書簡の文脈に適合させるための構文上あるいは修辞上の調整だ [48]。同時に彼は、このような引用の仕方が、パウロと同時代においては一般的だったことも明らかにしている。ヘレニズム・ローマ資料とユダヤ資料の両方は、著者の議論を円滑に進めるため引用するテクストに著者の解釈を導入することが一般的な文化的・文学的風潮だったことを示す明らかな証拠を示している [49]。

　他の特記すべき点は、パウロが引用するテクストからどのような意味を引き出すかという聖典解釈の問題である。引用されるテクストがパウロの議論における鍵となっている箇所で、パウロのテクスト解釈が当時の聴衆にとって奇異に聞こえただろうと思われるものが散見できる。その内のいくつかは、読者に著しい違和感を与えただろうし、聖典テクストの誤用と理解されたとも思われる [50]。他の引用においては、解釈の手法はよく知られたものであっても、その結論が確実に物議を醸しただろうことが予想される [51]。この例として、創 15.6 とハバ 2.4 に関するパウロの解釈があるが、これらについては後述する [52]。ロマ 3.10–18 における聖典テクスト解釈のパウロ的な方向転換に関しては、すでに述べた [53]。これと同様の解釈傾向はローマ書の後半にも見られる。顕著な例としては、ロマ 9.25–26（イスラエルの復興に関するテクストの異邦人への適用）、10.6–8（律法の実効性に関するテクストの「信仰の

している。

48) Stanley, *Paul*, 262–63, 342–46. Stanley はまた、パウロがこのような編集を聖典テクストに施していることを隠蔽しようとする様子がないと言う。例えばロマ 10.11 はイザ 28.16 を引用するが、直前のロマ 9.33 で同テクストを引用する場合とは異なった表現になっている（pp.264, 346–48）。

49) Stanley, *Paul*, 337. Stanley の結論（pp.291, 337）と 'Form and Freedom'（pp.350–60）も参照。例えば、「『解釈的言及』は記述テクストをおおやけに提示する際に必要欠くべからざる要素だった」（p.352）、また Shemaryahu Talmon の結論である「テクストの多様性に関する制御された自由裁量」への賛同（p.354）を見よ。これは初期の論考（例えば Hanson, *Studies*, 145–49）を蛇足的な議論とする。

50) 例えば、ロマ 10.18, 11.8–10, 12.19, Ⅰコリ 9.9（Ⅰテモ 5.18）、Ⅰコリ 14.21, Ⅱコリ 8.15, ガラ 4.27. Ⅰコリ 10.4, 15.45, エフェ 4.8–10 も参照。

51) 当然、パウロがユダヤ教伝統の継承に関して議論するガラテヤ書とローマ書において顕著だ。

52) §14.7 を見よ。しかし、レビ 18.5 に関するパウロの比較的保守的な理解と対比して考える必要がある（§6.6 参照）。

53) §5.4.6 を見よ。

言葉」への適用)、そして 10.13(ヨエル書においてイスラエルの残りの者が呼ぶ「主」をキリストと理解すること)がある[54]。同様の解釈傾向はガラ 3.8, 10, 16 にも見られる[55]。そして最も著しい例はガラ 4.21–30 の寓喩だ[56]。ここではハガルとイシュマエルを追放せよとのサラによる指示(創 21.10)が、ガラテヤ信徒を困惑させる反対者を追放せよとの指示として理解される[57]。

　この現象を分析するには、パウロの解釈上の原則と、その解釈のための釈義手法とを区別しなければならない。釈義手法に関して言えば、すべての点において彼の時代の一般的な仕方に則っていた[58]。解釈上の原則は、「イエスはキリストなり」という確信につきる。すなわち、メシアであるイエスの内に神の目的が明らかにされている、この確信がパウロのテクスト解釈の鍵を握っている[59]。この原則は、ロマ 9.33, 10.13, 15.3, Ⅰコリ 10.4, ガラ 3.16 等において十分に示されている。そして唯一Ⅱコリ 3.7–18 において、この原則が明示されている。「今日に至るまで、旧い契約の読みを覆うベールが取り除かれないままです。なぜならキリストにおいて(のみ)それは取り除かれるからです」(3.14)。「取り除かれる」のが「旧い契約」か「ベール」かに関して議論は分かれるが[60]、実質的な意味は同じだ。すなわち、キリストによってのみ、旧い契約としての古い業(モーセの業)に関する適切な理解を妨げる障害が取り除かれる[61]。

　これは気まぐれに選択された原則でもなければ、この原則が気まぐれな解釈を促すのでもないことは当然だ[62]。ここまで私たちは、パウロによるテクストの引用法が、当時の慣習にしたがっていたことをすでに確認した。同

---

54) §23.3, 10.4.4 を見よ。
55) とくにガラ 3.10 に関しては §14.5.3 を見よ。
56) パウロの「寓喩」(ガラ 4.24)という語の用法とそのフィロンとの比較に関しては Dunn, *Galatians*, 247–48 を見よ。寓喩と予型論との関係に関しては Dunn, *Unity*, 85–87, 89–91 を見よ。
57) §6.5.4 を見よ。また Dunn, *Galatians*, 256–59 も参照。
58) Stanley, *Paul*, 291.
59) Hooker, 'Beyond', 151 参照。
60) この議論に関しては Furnish, *2 Corinthians*, 210 と Hafemann, *Paul* (§6 n.1), 380–81 を見よ。
61) Koch, *Schrift*, 335–41, 344–53; Hays, *Echoes*, 140–49; Hanson, *Studies*, ch.11 (「キリストの先在性」の教理に関しては偏りが見られるが); Aageson, *Written*.
62) Dunn, *Unity*, 93–102 参照。

時に、パウロが彼に特有な解釈の視点を持っていると考えることは、注意深く意識的な読者の1人として彼を認めることを意味する。したがって、前述の結論は成立する。すなわち、メシアであるイエスを信じる者として、パウロはユダヤ教聖典を神の言葉として敬いつつこれを用い続けた。また、彼が適用した解釈上の原則（テクストを読むためのレンズ）を反ユダヤ的と表現することはできない[63]。1人のユダヤ人があるユダヤ人をメシアと認識し、その理解に立ってユダヤ教聖典を解釈することが、反ユダヤ主義になろうはずがない。しかしここでもまた、当面の主題から逸れてより広範の問題へと移り始めたので、これに関しては後述することにしよう[64]。

§7.3. 使信的あるいは告白的な定型句

ローマ書導入部においてパウロが福音に言及する際のもう1つ顕著な特徴は、パウロ以前の教会伝承が用いられていることだ。ロマ 1.1–4 では、大多数の研究者が前パウロ的（パウロ以前の）定型句と理解する表現が、手紙における通常の挨拶形式を乱すような仕方（下線部）で挿入されている[65]。

> ² （この福音は）聖典において預言者らを通してあらかじめ約束された神の約束であり、³ 御子に関するものです。
>
> （御子は）肉によるとダビデの子孫から生まれ、⁴ 聖霊によると死者からの復活によって力ある神の子として定められました。

そして、人類に対する告発（ロマ 1.18–3.20）への応答として福音が提示される際にも、同様の特徴が見られる。パウロはおおよそ本能的に、あるいはそ

---

[63] R. Ruether, *Faith and Fratricide: The Theological Roots of Anti–Semitism* (NY: Seabury, 1974) は頻繁に引用されるが、反ユダヤ主義は古典的キリスト論のダークサイドであるというその結論は、教会史においてその批判がある程度正当化されたとしても、初代のキリスト者に対してはおおよそあてはまらない。

[64] §§14, 19, 23 を見よ。

[65] 前パウロ伝承をパウロ書簡群に見出すことは広く認められる作業だが、具体的な内容や言い回しがどうだったかに関しては議論が分かれる。Dunn, *Romans*, 5–6, Fitzmyer, *Romans*, 229–30 参照。

う見えるように、読者が何らかの定型句と気がついて認めるような書き方をしている（3.21–26）[66]。

> [21] 律法と預言者らによって述べられているように、神の義が啓示されています。……[24] キリスト・イエスにある贖いを通して彼（神）の恵みによって、賜物として（彼らは）義とされています。
> [25] 神は（この方を）その血による（信仰を通した）償いとして提示されました。これまで犯されてきた罪を見過ごすことによって彼（神）の義を明らかとするためです。[26] それは神の忍耐により……

前パウロ伝承に関する研究が1960年代から70年代初期にかけて集中的に行われた結果、その結論は現在に至るまで広く支持されている[67]。定型句と目される表現の文体が安定的に（ほぼ変更なしに）維持されていること、また頻繁に繰り返されることを根拠として、いくつかの定型句が教示内容の要約だったり礼拝における応答文だったと考えられる[68]。すなわち、(1) 復活定型句――「神は彼を死者のあいだから甦らせた」[69]、(2)「～のために死んだ」定型句――「キリストは私たちのために死んだ」[70]、(3)「引き渡された（παραδίδωμι）」定型句――「（私たちの罪のために）彼は引き渡された（彼は自分を引き渡した）」[71]、(4) 混合定型句――「キリストは死んで甦らされた」[72]、

---

[66] この部分にも前パウロ伝承が一般に認められるが（3.25–26a）、24節を伝承と捉えるかどうか議論が分かれる。Stuhlmacher, *Reconciliation*, 96–97 を見よ。Dunn, *Romans*, 163–64; Kraus, *Tod Jesu* (§9 n.1), 15–20; Fitzmyer, *Romans*, 342–43; Campbell, *Rhetoric*, 37–57.

[67] Kramer, *Christ*, 19–44; Neufeld, *Confessions*, 42–68; Wengst, *Formeln*, 27–48, 55–104. より早い時代の研究としては A. Seeberg, *Der Katechismus der Urchristenheit* (Leipzig, 1903. reprinted Munich: Kaiser, 1966); Hunter, *Paul*, 15–35 がある。

[68] さらにⅡコリ5.19が前パウロ定型句を含んでいると考えられる場合がある。§9 n.125参照。

[69] ロマ4.24–25, 7.4, 8.11, 10.9, Ⅰコリ6.14, 15.4, 12, 20, Ⅱコリ4.14, ガラ1.1, コロ2.12, Ⅰテサ1.10, エフェ1.20, Ⅱテモ2.8, Ⅰペト1.21, 使3.15, 4.10, 5.30, 10.40, 13.30, 37.

[70] ロマ5.6, 8, 14.15, Ⅰコリ8.11, 15.3, Ⅱコリ5.14–15, Ⅰテサ5.10,『イグ・トラ』2.1.

[71] ロマ4.25, 8.32, Ⅰコリ11.23, ガラ1.4, 2.20, エフェ5.2, 25, Ⅰテモ2.6, テト2.14,『Ⅰクレ』16.7. Wengst, *Formeln*, 55–77; V.P. Furnish, '"He Gave Himself (Was Given) Up . . .": Paul's Use of a Christological Assertion', in A.J. Malherbe and W.A. Meeks (eds.), *The Future of Christology* (L.E. Keck FS; Minneapolis: Fortress, 1993), 109–21 参照。

[72] ロマ4.25, 8.34 (14.9), Ⅰコリ15.3–4, Ⅱコリ5.15, 13.4, Ⅰテサ4.14. Ⅰテサ4.14のみが「イ

(5) 告白定型句――「イエスは主です」[73)] である。

このような定型句の存在に関しては異論もある。実際に、これらの特徴的な表現を定型句と断言できない。たんに著者の特徴的な言い回しというだけかも知れない。しかし、以下の3点に鑑みるなら、ある種の定型句をパウロが意識しつつ執筆していると考えることが、より確からしいと思われる。第1に、最初期の教会が説教や教理の教示や礼拝という文脈において、上のような要約表現を生み出すことは避けられない当然のことだった。説教術や教授法や典礼の実践において、このような傾向はほぼ普遍的に見られることだからだ。したがって私たちは、例えばロマ 10.9 をバプテスマにおける告白文だと容易に推測する。「あなたが『イエスは主である』と口で告白し、神が彼（イエス）を死者のあいだから甦らせたと心で信じるなら、あなたは救われる[74)]」。この節では、「神が彼を死者のあいだから甦らせた」も容易に定型句として捉えられる。とくに定型句と思しき表現が、礼拝（Ⅰコリ 12.3）や伝道（Ⅱコリ 4.5）や信仰の実践（コロ 2.6）という文脈に組み込まれている場合には、上のような期待がより高まる。また、牧会書簡に見られる「信実の言葉[75)]」や黙示録に見られる典礼的な詠唱[76)] も、同様の期待を高める文脈だ。

既存の定型句をパウロが用いただろうとの推測を支持する第2の点は、すでに述べたとおり、これらの定型句と思しきものが、パウロ文書のみならずより広範にわたって頻繁に出現するという事実だ。この現象は、教会において同じ信仰表現が共有されていたという期待を高める。

エスは甦った」と記すが、その他は受動態によって復活が神の業であることを示している。
73) ロマ 10.9, Ⅰコリ 8.6, 12.3, Ⅱコリ 4.5, フィリ 2.11, コロ 2.6, エフェ 4.5, 使 2.36, 10.36, ヨハ 20.28.
74) これが初代教会の告白文であることは広く認められている。Neufeld, *Confessions*, chs.4–7; Dunn, *Romans*, 607–08. 他にも告白文と認められるものはあるが、いわゆる真正パウロ書簡では断定できるものが少ない。
75) 使信的伝承（Ⅰテモ 1.15, Ⅱテモ 2.11, テト 3.5–8）、教会伝承（Ⅰテモ 3.1 [テト 1.9 参照]）、倫理的指導伝承（Ⅰテモ 4.8–9, Ⅱテモ 2.11–13）。
76) 黙 4.8, 11, 5.9–10, 12, 13, 7.10, 12, 11.15, 17–18, 15.3–4. ルカ 1–2 章に含まれる教会初期の賛歌（1.46–55, 68–79, 2.14, 29–32）や、パウロ文書に見られる賛歌（フィリ 2.6–11, コロ 1.15–20, Ⅰテモ 3.16）にも言及すべきだろう。もっとも、後者に関しては、これらが賛歌でないとしてもその内に定型句が含まれることは十分に推測可能だ。

第3の点は、私たちの注意をもう一度ローマ書の解釈へと引き戻す。すなわち私たちは、神学的中核をなす箇所（ロマ 3.21–26）がかえって簡潔に記されている点に注目しなければならない。人類に対する告発に関してあれほど饒舌（冗長）であったパウロが（1.18–3.3.20 参照）、その応答として福音を提示する際に6節しか費やしていないことは、驚くべきことだ。その理由として当然考えられることは、パウロが読者の慣れ親しんでいる要約文を引用して済ませているということだ。罪を解決する神の救済的な義を指し示すのにイエスの死が有効だ。そのことを教える定型文としてすでに広く認められている言い回しを用いつつ語ることで、パウロは自らの議論を非常に簡潔にそして有効に進めることができた。この点は、パウロがいまだ訪問したことのないローマの諸教会に宛ててこの手紙を書いていることに鑑みるなら、いっそう意義深いものとなる。つまり、パウロはここで用いた定型句を、遠隔地にいる見知らぬキリスト者が容易に同意できるものであることを前提としているのだ。それならば、パウロが既存の定型句に大幅な変更を加えるとはおおよそ考え難い[77]。もし変更を加えたとすれば、読者が同意することを容易に前提とし得ず、パウロはより多くの説明を加える必要を感じたことだろう。

　ここまでの議論が示すことは、パウロの福音におけるキリスト論的に重要な主張と、彼の改宗以前にすでに宣べ伝えられていた福音とのあいだに一貫性があることを、パウロ自身が確信していたということだ。パウロは、これらの定型句に含まれる主張をただたんに言い放ったのでない。彼はこれらの定型句によって要約される内容が、彼が手紙を書き送ったすべての共同体において共有され同意されていることを前提とし得た。パウロはこの点を、Ⅰコリ 15.1–3 において明らかにしている。

77）Dunn, *Romans*, 163–64 を見よ。「信仰を通して」（ロマ 3.25）はパウロによる定型句の変更箇所か。あるいは26節に登場する神の義は、本来は過去と現在のイスラエル民族に対するものと考えられたところを、パウロはイエスを信仰するすべての者への義というより広範な対象へと変更しただろうか（Stuhlmacher, *Reconciliation*, 103–05; Martin, *Reconciliation*, 85–88）。この点に関しては Fitzmyer, *Romans*, 342–43 を見よ。また §9.2.1 も参照。

私があなた方に宣べ伝えた（εὐηγγελισάμην）福音は、あなた方も受け取り（παρελάβετε）、あなた方もまたその内に立っており（ἑστήκατε）、あなた方もまたそれを通して救われました……。……それを私もまた受け取りました（παρέλαβον）……。

パウロが福音の権威とその継続性を主張するとき、彼はユダヤ教聖典にのみ依拠するのでなく、キリストに対する共通の信仰を表現した最初期の定型文をも基盤としている。この教会内の継続性が、それ以前のイエス自身の宣言との継続性を意味するかに関しては、第8章で扱うことにしよう。

§7.4. イエス・キリストの啓示

§7.1–3 で扱われた事柄が重要であることは、パウロがローマ書の挨拶部前半（1.1–4）を執筆する仕方と、福音の中核（3.21–26）を述べる仕方とを並行して考察することによって確認された。それらはすなわち、（1）福音への言及（1.1, 3.21–22）、（2）ユダヤ教聖典による支持や権威づけ（1.2, 3.21）、また（3）既存する教会伝承の使用（1.3–4, 3.25–26）、である。第3の点は、パウロ書簡群の中で最も論争の意図が顕著なガラテヤ書の言説とある程度の緊張関係にあるので、読む者によってはこれを「相互矛盾」と考えるだろう。ガラテヤ書においてパウロは、「私が宣べ伝えた福音は人から出たものでないからです。なぜならこの私は、それを人から受けたのでもなければ、教えられたわけでもないからです。むしろイエス・キリストの啓示（ἀποκάλυψις）を通して（受け教えられたの）です」（ガラ 1.11–12）と主張している。いかにしてパウロは、一方で福音を人を介して受けていないと述べておきながら、他方でその福音が彼の受け取った伝承にしたがっていると語り得るか。

パウロは自分の主義主張を変更することに関して呆れるほど無節操だ、という結論で満足するのでなければ——誰にであれこのような評価を下すことに私たちは非常に慎重であるべきだが——、上の疑問に対する応答として以下のようなシナリオが考えられる。パウロが受け取り、宣べ伝え、手紙において言及する内容は、じつにキリスト者が共有する確信、すなわち「キ

リストが（私たちのために）死に、（死者のあいだから）甦らされた」ということだった。これが最初期のキリスト者共同体で共有された確信であり、それぞれの共同体が多様性を有していても、この確信によって連帯を保っていた。しかし、パウロがダマスコ途上で受け取った確信は、たんにこの告白文でなく、異邦人のあいだでこの告白の中心にあるイエスが宣べ伝えられなければならないという強い思いだった。そしてこの後半部分こそが、パウロ自身の描く改宗体験における最大の関心事だった。すなわち、「（神は）その御子を私の内に啓示して下さったのですが、それは私が異邦人に対してこの方を宣べ伝える（εὐαγγελίζομαι）ためです」（ガラ 1.15–16）[78]。この大義はまた、パウロが他所で自らの活動を弁明する際の中心に置かれている（Ⅰコリ 9.1, 15.8–11）。そしてこれは、使徒言行録におけるパウロの改宗報告でも同じように強調されている[79]。

　パウロは初代教会と福音を共有したが、その福音の解釈において、遂行すべき独自の使命を読み取った。すなわち、復活したキリストが彼を使徒として任命したことである（Ⅰコリ 9.1, 15.8）。これは一般的な使徒職への任命でなく、より具体的な「異邦人への使徒」としての任命だ（ロマ 11.13）。つまり異邦人への使徒として宣べ伝えるべき福音を、パウロはイエス・キリストを通して神から直接受け取った（ガラ 1.1）。この福音理解が、人を介さない神による直接の啓示だ。このようにして受け取り、また理解した福音の純粋性を、パウロは力強く弁護した（ガラ 1.16–22, 2.3–6）。一方でこの福音はエルサレムの使徒たちと共有されるべきものであり、パウロは改宗後２度目のエルサレム訪問の際に、この福音に関する彼らとの同意を強く望んだ（2.1–2）[80]。ロマ 1.15から受ける違和感は[81]、この独自性と共有性との緊張関

---

[78] したがって註解者によっては、この体験を「改宗」ではなく、むしろ「召命」と表現することを選ぶ（とくに Stendahl, *Paul*, 7–23）。この視点によると、ガラ 1.15–16 においてエレミヤとヤハウェの使者とに対する預言者としての召命が明らかな仕方で意識されている（イザ 49.1, 6、エレ 1.5）。§14.3.4 も見よ。

[79] 使 9.15, 22.15, 26.16–18.

[80] Dunn, 'The Relationship between Paul and Jerusalem according to Galatians 1 and 2', in *Jesus, Paul and the Law*, 108–28 を見よ。

[81] 「ローマにいるあなた方にも福音を宣べ伝えたいと切に願っています」というパウロの思いは、一見するとロマ 15.20 と矛盾するように感じられる。

係によって説明ができる。すなわちパウロは、ローマのキリスト者たちに対し、〈福音は異邦人にも語られるべき〉という福音の中心的内容を伝えたかった。それゆえ彼は、「福音を恥と思いません。なぜならそれはユダ人をはじめとし、また異邦人に対しても、すべての信じる者に救いをもたらす神の力です」（ロマ 1.16）と語る[82]。

ガラ 1 章と I コリ 15.1–7 のあいだに見受けられる緊張感に対しては上のように解決したが、このことはかえって、異邦人への使徒として派遣されたというパウロの自己認識が、当初より彼の福音理解において不可欠な特徴であることを明らかにした。この視点は、ダマスコ途上で起こったパウロ神学上の革新的変化がより直接的に律法を意識していたと推論する研究者には[83]、なかなか受け入れられない。彼らの神学的論理は以下のごとくだ。「律法はもはや救いの手段でないから、福音が異邦人へ無償で提供されるべきである」。しかしパウロは、そのような言い方をまったくしない。かえってこれとは異なる論理が、以下の 3 点によって支持される。すなわち、(1)「異邦人へ」の預言者的派遣をパウロ自らが強調したこと[84]、(2) 改宗前のパウロの「熱心」は異邦人にイエスを宣べ伝える（ギリシャ語を話す）ユダヤ人の迫害へと向けられていたが、改宗後には以前の迫害対象者の活動を継承する熱意に変わったこと[85]、(3) 命を与える律法という認識が、神の民の生き様を導く律法という認識に変わったこと、である[86]。この 3 つの要素に鑑みると、パウロの神学的論理は以下のごとくだろう。「もし福音が異邦人のためならば、異邦人をも含めた神の民にとって律法の継続的な役割とは何か」。パウロの神学的転換が改宗と共にすぐ起こったにしても、あるいは時間をか

---

82) S. Mason, '"For I Am Not Ashamed of the Gospel" (Rom. 1.16): The Gospel and the First Readers of Romans', in Jervis and Richardson (eds.), *Gospel*, 254–87 参照。Mason (p.287) は、「福音」という語をパウロが最初に用い始めたと考え、またそこには異邦人宣教が意識されていたと述べる。

83) 例えば Wilckens, 'Bekehrung', 15, 18, 23–25; Stuhlmacher, 'The End of the Law', in *Reconciliation*, 139–41; 'The Law as a Topic of Biblical Theology', in *Reconciliation*, 110–33（とくに p.124）; *Theologie*, 285, 313; Kim, *Origin*, 3–4, その他の諸所; Dietzfelbinger, *Berufung*, 90, 105–06, 115, 118, 125, 144–45 を参照。

84) n.78 を見よ。

85) §14.3.3 を見よ。

86) §6.6 を見よ。

けて徐々に起こったにしても、この改宗がパウロの律法理解に対して新たな光を照らす機会となったことに違いはない[87]。

ここでの議論にとってより重要なことは、パウロの改宗が神学者としてのパウロの改宗だったということだ。これは他の宗教への鞍替えという意味での改宗でない。彼はユダヤ人であり続け、イスラエル民族であり続けた。彼の改宗はファリサイ派からナザレ派へという、同じ宗教内における宗派の移行だ[88]。それでもこの改宗体験が、パウロの神学全体を転換させる起点であることに間違いない。そしてじつにこの起点は、復活したキリストと遭遇したというパウロの確信によって形成されている。この確信が、イスラエルの意義に関するユダヤ人一般の神学的基本原理と、神が偽メシアであるイエスを退けたという改宗前の確信とを転換させ、神学の再構築へとパウロを導いた。パウロの福音が具体的に述べられるⅡコリ 4.4–6 やフィリ 3.7–8 には、この点が示唆されている。この再構築が改宗体験のあとすぐに起こったかどうか、あるいは再構築のどれだけの部分が改宗体験を直接の原因としているか、ここでは議論を深めないでおこう[89]。

もっとも、キリスト者であり使徒であるパウロの神学再構築において、彼自身の体験が重要な役割を担っていることを示す証拠から、私たちは目を背けるわけにはいかない。パウロの神学は、純粋な思惟的作業から生じて、そこに留まっているものでない。それは彼自身が直接関わった恵みの体験に起因している[90]。

§7.5. 終末的「現在」

パウロの改宗体験は、広大な平地における方向転換というよりも、むしろまったく異なる次元への移行だった。それは１つの時代から他の時代への

---

87) §14 を見よ。
88) Segal, *Paul*, xii–xiv, 6–7, 11, 117.
89) Kim（*Origin*）はこの点に関して早急性と直接性を誇張し過ぎている。Räiänen, 'Call Experience'; Dunn, 'Light', 95–100 参照。
90) ロマ 1.5, 3.24, 5.2, 15, 17, 20–21, Ⅰコリ 3.10, 15.10, ガラ 1.15, 2.9, 21.

突入、ある意味で「この邪悪な時代からの救い」（ガラ 1.4）だった。それはパウロにとって、「新たな創造」[91]の開始だった。過去との訣別はパウロに大きな傷跡を刻んだ。彼はその体験を、新たな命への不自然な早産として語る（Ⅰコリ 15.8）[92]。パウロが以前に重要視したことがらはすべて糞土と化した（フィリ 3.7–8）[93]。彼はロマ 3.21 において福音の説明を開始する際に「しかし今」と述べるが、ここにも同様の終末的変化が読み取られる。ローマ書においても他書においても、終末的「今」はパウロに特徴的な表現だ[94]。また、「啓示」に関する用語がローマ書の福音提示において用いられることにも注目すべきである[95]。

　このような終末的な言語によって、私たちは改宗者の声を聞くことになる。それは改宗体験によって新たにもたらされた、白黒の区別を明確につける視点だ。それは暗闇に隠れる古い先入観を白日の下にさらす[96]。知的洞察であれ宗教的洞察であれ、何らかの飛躍的前進を体験してそれを「啓示」と呼ぶことのできる者なら、パウロの体験についてある程度の理解を示し得るし、パウロが「啓示」という語を選んでその体験を表現しようとした気持ちを汲むこともできよう。パウロの啓示表現における誇張法を、パウロ神学における他の特徴を考慮することなく額面どおりに受け取ることは、神学的洗練さを欠き、また修辞的未熟さを露呈することになる。しかし、パウロが再構築した神学を自ら擁護し続ける原動力としての終末的視点が欠かせないこ

---

91)　Ⅱコリ 5.17, ガラ 6.15.
92)　§13 n.87 を見よ。
93)　これもまたパウロが用いる誇張という修辞法の 1 つだろう。すなわち、現行の議論を支持するために用いる強調表現だ。イエスの弟子に対する召命においても同様の修辞法は用いられた（ルカ 9.59–62, 14.26）。
94)　ロマ 3.26, 6.22, 7.6, 11.30, Ⅰコリ 15.20, Ⅱコリ 5.16, エフェ 2.13, コロ 1.22, 26, 3.8, Ⅱテモ 1.10 参照。その他、たんに「今」という表現も見られる（ロマ 5.9–11, 8.1, 11.30–31, 13.11, Ⅱコリ 6.2, ガラ 2.20, 4.9, エフェ 3.5, 10, 5.8）。
95)　ロマ 1.17, 18（ἀποκαλύπτεται）, 3.21（πεφανέρωται）. K. Snodgrass ('The Gospel in Romans: A Theology of Revelation', in Jervis and Richardson [eds.], *Gospel*, 288–314) は啓示に関する用語を全網羅的に挙げており（pp.291–92）、「啓示はたんに福音をもたらすのではなく、福音がじつに啓示である」(p.314) と結論づける。
96)　また、啓示によって生じた非連続的な裂け目は、それでも厳然と存在し続ける連続性と絡み合う。この連続性に関しては §§2, 3, 4–6 において十分に語った。

とを認識し、この終末的視点を現代的感性がより把握しやすい他の神学的確信に対する二義的存在へと貶めないことは重要だ。なぜならこの終末に関する「啓示」こそが、パウロが聖典を読むための新たな視点を形成したからだ[97]。そしてこの新たな視点が、宣教を成功へと導き、同時代のユダヤ人キリスト者を刺激するのに十分な鋭利さを彼の神学にもたらした。

当然の結果として、パウロは自らのファリサイ派としての過去を、冷静に（もちろん好意的にも）語ることができなくなった。これが、しばしば論じられるように、パウロのユダヤ教観の変化を意味するかどうかに関しては、のちに譲るとしよう[98]。それでも確かなことは、パウロがある限定的な意味において自らの神学を「解決から窮状へ（from solution to plight）[99]」という思考パターンによって再構築したということだ。すなわち、パウロはその改宗体験以来、ダマスコ途上で受け取った「イエス・キリストの啓示」という根本的な確信をもとに神学作業を行った[100]。しかしそれは、サンダースが誤って述べるように、パウロが行き着いた解決を正当化するため、人類の窮状をでっち上げるということを意味しない[101]。むしろそれは、メシアであるイエスを信仰するパウロが、以前の神学の内に致命的な誤りを見出したこと、つまりイエス・キリストの福音が以前抱いていた「祖先の伝承への熱心」（ガラ1.14）の破綻を告げたことを意味している。第4部の議論が進むにつれ、これらの点が明らかになろう。

結論として強調すべきは、神による宣告に対する神による応答としての福音の中心にイエス・キリストがいる、ということだ。ダマスコ途上における

---

97) §7.2を見よ。

98) とくに§19を見よ。

99) Sanders, *Paul*, 442–43〔訳註 「解決から窮状へ」とは、人は罪という問題とそれゆえに置かれた自らの窮状に苦しむが、その解決を追い求めた結果としてキリストに至る、という「窮状から解決」という神学の方向性ではなく、キリストという解決法が啓示されたが、それでは一体そもそもの問題（窮状）は何か、という神学の方向性を指す。サンダース（Sanders, *Paul*）は、パウロによる議論の進め方が「解決から窮状へ」という方向性を示しているとする〕。

100) Segal, *Paul*, 28–30, 79, 117–18 参照。

101) Sanders, *Law* (§6 n.1), 68. F. Theilman, *From Plight to Solution: A Jewish Framework for Understanding Paul's View of the Law in Romans and Galatians* (NovTSup 61; Leiden: Brill, 1989) は、サンダースの議論の論破を試みている。ロマ2章の議論は、ユダヤ人も改宗以前のパウロと同様に、まったき悔い改めの必要を認めなければならないことを前提としている。

キリストとの遭遇が、パウロの信仰と生き様を変革させた。人類に対する神の目的を知る上で、また神自身を知る上で、キリストが鍵となる。キリストが、パウロの内にある暗闇を取り除き、ユダヤ教聖典に光をあてた。キリストとの遭遇によって、パウロの価値観は完全に転換し、キリストを知ることにその熱意を向けることとなった（フィリ 3.10）。それでは、パウロの福音におけるキリストとは何であり、彼の神学におけるキリスト論の中身は何だろうか。

第8章 人としてのイエス [1]

---

1) 第8章の文献リスト

R. Bultmann, 'The Significance of the Historical Jesus for the Theology of Paul', in *Faith and Understanding: Collected Essays* (London: SCM / New York: Harper and Row, 1969), 220–46; **J.D.G. Dunn**, 'Jesus Tradition in Paul', in B. Chilton and C.A. Evans (eds.), *Studying the Historical Jesus: Evaluation of the State of Current Research* (Leiden: Brill, 1994), 155–78; **J.W. Fraser**, *Jesus and Paul* (Abingdon: Marcham Manor, 1974); **V.P. Furnish**, *Jesus According to Paul* (Cambridge: CUP, 1993); **E. Jüngel**, *Paulus und Jesus. Eine Untersuchung zur Präzisierung der Frage nach dem Ursprung der Christologie* (Tübingen: Mohr, ³1967); **J. Klausner**, *From Jesus to Paul* (London: Allen and Unwin, 1943); **H.-W. Kuhn**, 'Der irdische Jesus bei Paulus als traditionsgeschichtliches Problem', *ZTK* 67 (1970), 295–320; **Kümmel**, 'Jesus und Paulus', in *Heilsgeschehen*, 439–56; **Ladd**, *Theology*, 448–55; **O. Michel**, 'Der Christus des Paulus', *ZNW* 32 (1933), 6–31; **E. Reinmuth**, 'Narratio und argumentatio — zur Auslegung der Jesus–Christus-Geschichte im ersten Korintherbrief. Ein Beitrag zur mimetischen Kompetenz des Paulus', *ZTK* 92 (1995), 13–27; **R. Riesner**, 'Paulus und die Jesus–Überlieferung', in Ådna, et al. (eds.), *Evangelium*, 347–65; **Strecker**, *Theologie*, 102–12; **P. Stuhlmacher**, 'Jesustradition im Römerbrief', *Theologische Beiträge* 14 (1983), 240–50; *Theologie*, 300–05; **M. Thompson**, *Clothed with Christ: The Example and Teaching of Jesus in Romans 12.1–15.13* (JSNTS 59; Sheffield: Sheffield Academic, 1991); **A.J.M. Wedderburn** (ed.), *Paul and Jesus: Collected Essays* (JSNTS 37; Sheffield: Sheffield Academic, 1989); **D. Wenham**, *Paul: Follower of Jesus or Founder of Christianity?* (Grand Rapids: Eerdmans, 1995); **S.G. Wilson**, 'From Jesus to Paul: The Contours and Consequences of a Debate', in Richardson and Hurd (eds.), *From Jesus to Paul*, 1–21.

§8.4–5 — **J.H. Charlesworth** (ed.), *The Messiah: Developments in Earliest Judaism and Christianity* (Minneapolis: Fortress, 1992); **J.J. Collins**, *The Scepter and the Star: The Messiahs of the Dead Sea Scrolls and Other Ancient Literature* (New York: Doubleday, 1995); **N.A. Dahl**, 'The Messiahship of Jesus in Paul' and 'The Crucified Messiah', in *Jesus the Christ: The Historical Origins of Christological Doctrine* (Minneapolis: Fortress, 1991), 15–25, 27–47; **J.A. Fitzmyer**, 'The Christology of the Epistle to the Romans', in A.J. Malherbe and W.A. Meeks (eds.), *The Future of Christology* (L.E. Keck FS; Minneapolis: Fortress, 1993), 81–90; **I. Gruenwald**, et al. (eds.), *Messiah and Christos: Studies in the Jewish Origins of Christianity* (D. Flusser FS; Tübingen: Mohr, 1992); **F. Hahn**, *Christologische Hoheitstitel* (Göttingen: Vandenhoeck, ⁵1995); earlier ET, *The Titles of Jesus in Christology* (London: Lutterworth, 1969), 136–239; **M. Hengel**, '"Christos" in Paul', in *Between Jesus and Paul*, 65–77, 179–88; **M. Karrer**, *Der Gesalbte, Die Grundlagen des Christustitels* (FRLANT 151; Göttingen: Vandenhoeck, 1991); **J.E. Keck**, '"Jesus" in Romans', *JBL* 108 (1989), 443–60; **S.V. McCasland**, '"Christ Jesus"', *JBL* 65 (1946), 377–83; **J. Neusner**, et al. (eds.), *Judaisms and Their Messiahs at the Turn of the Christian Era* (Cambridge: CUP, 1987); **Wright**, *Climax*, 41–55.

第 8 章 人としてのイエス

§8.1. パウロは生前のイエスに関心があったか？

パウロにとっての福音は、何をおいてもまずキリストの福音だ[2]。それはパウロにとって何を意味するか。その最も明らかな答えは、キリストの死こそがキリストに関する告知に「福音」という性格を付与した、ということだと言えよう。パウロはロマ 1.18–3.20 において人類への告発を記すが（§7.1 参照）、直後にその応答としてイエスの犠牲死を挙げる（3.24–25）。人類の弱さ、過失、反抗に対する神の取り扱いに関しても同様だ（5.6–10）。キリストの従順、すなわちその死において明らかになった従順（フィリ 2.7 参照）こそが、アダムの死に至る不従順に対しての応答だ（ロマ 5.18–19）。恵みは、バプテスマを通してキリストの死とつながったキリスト者に対して有効となった（6.3–4）。神は罪の問題と罪の力とに対処するため、キリストの死において肉による罪を断罪した（8.3）。同時に、「すべての者のための」キリストの死は、和解の務めのための動機づけと和解の務めの内容を提供した（Ⅱコリ 5.14–15, 18–21）。そしてパウロがしばしば引用する定型句（§7.3）は、すべてイエスの死と復活に焦点を置いている。

多くの者がこれらの点に鑑みて、イエスの史的活動においてその死（そして復活）のみが、パウロの神学にとって重要だと推論する[3]。パウロの福音は救済をもたらす福音である。したがって、イエスの十字架における救済行為、そして救い主としてのイエスのみが、パウロの神学にとって重要だった、と理解されがちだ。

パウロが他所に記す言説もこの推論を指示するように見受けられる。実際に、パウロがイエスの活動に関してほとんど述べないことに、私たちは驚かされる。パウロは、イエスが「女から生まれた」（ガラ 4.4）とするが、これはたんに「人間」を表す典型的なユダヤ的表現だ[4]。パウロはまた同じ文脈で、イエスが「律法の下へ」（ガラ 4.4）生まれたと述べる。これは、イエスがユ

---

[2] §7 n.11 を見よ。
[3] §23 n.114 を見よ。
[4] ヨブ 14.1, 15.14, 25.4, 1QS 11.20–21, 1QH 13.14, 18.12–13, 16, マタ 11.11.

ダヤ人だったことを意味する。これは、ローマ書冒頭の告白定型句、すなわち「肉によればダビデの子孫として生まれました」(1.3–4) と符合する。ちなみにこの定型句は、「神の真実のゆえに、キリストは割礼者らに仕える者となりました」(15.8) とインクルーシオ構造を成している。また、イエスには兄弟がいた[5]。しかし、これ以上の情報をパウロから引き出すことはできない。キリストの「柔和さと従順さ」(Ⅱコリ 10.1)、「憐れみ」(フィリ 1.8)、また「キリストが自分の満足を求めなかった」(ロマ 15.3) 等の表現も、受難を示唆するとも考えられよう。主の晩餐の制定（Ⅰコリ 11.23–26）という伝承は、すでにキリストの受難の一部となっており、それはキリストの死に焦点を置いている。

　すなわち、イエスの生涯の決定的な最終部（十字架と復活）以外に、パウロがイエスの生涯とその活動について語ることはほとんどない。もし私たちがパウロの書簡群しか持ち合わせなければ、私たちはナザレのイエスに関してほとんど語ることができず、ましてやイエスの生涯を再構築することは不可能だ。パウロは、イエスがユダヤ人であることを教えており、それは確かに非常に重要だ。しかしそれ以上の情報となると、イエスの死という重要な出来事の前提として言及されており、独立した主題として語られることがない。パウロの福音と神学とを理解しようとするとき、私たちはこの事実をいかに捉えるべきか。

　パウロはⅡコリ 5.16 において、「私たちがキリストを肉によって知っていたとしても、いまやそのようにこの方を知ることはありません」と述べるが、かつてこの言説は以下のように理解された。すなわち、パウロは（迫害者としてか？）地上のイエスについて知っており、面識さえあったかも知れない。しかしパウロはそのような知識をすべて捨て去った。なぜなら、地上のキリストはもはや彼にとって重要でなくなったからだ。キリスト者パウロの神学におけるキリストは、死者のあいだから甦ったキリストだからだ、と[6]。しか

---

[5] Ⅰコリ 9.5, ガラ 1.19.
[6] 例えば J. Weiss, *Paul and Jesus* (London: Harper, 1909), 41–53; Bousset, *Kyrios*, 169. 後者は、「霊を重んじる者として、使徒は重荷となるすべての歴史的なつながりを大胆に放棄し、エルサレム使徒の権威を拒絶し、もはや肉によってイエスを（イェースー・カタ・サルカ）知ることをしないと

第 8 章　人としてのイエス

し、このような解釈を支持する者はもはやほとんどいない。Ⅱコリ 5.16 にある「肉にしたがって（κατὰ σάρκα）」は、名詞の「キリスト」でなく動詞の「知る」を修飾しており、したがってこの箇所は、「かつて人間的な視点からキリストを評価していたが」（NRSV）となる[7]。しかしそうだったとしても、キリストに関するパウロの評価が（改宗前後で）著しい変容を遂げたことは確かだ。新たな評価がキリストの死に焦点を置いているとすれば（5.14-15）、古い評価の方はイエスの地上における生涯に関心を向けていた、と言えよう。パウロは他所で「肉によればキリストは彼らから出た」（ロマ 9.5）と述べ、これをイスラエルの視点から捉えた祝福の 1 つに挙げている。したがってⅡコリ 5.16 は、イエスに対する古い評価から「キリスト」としての新たな評価への移行を指していると言えよう[8]。パウロがこのように古い評価から新たな評価へと移行してしまったので、イエスの生涯について関心が薄いのだ、と説明することもあるいはできよう[9]。

　しかし、このような結論は非常に奇異だ。パウロは本当に、イエスの地上における生涯に関心を抱かなかったか。地上のイエスと高挙の主とのあいだにこのような明確な区別をもうけることは、なるほど 19 世紀の自由主義神学が教えられていたヨーロッパの講義場には相応しかろう。じつにイエスの生涯に関する 19 世紀の研究は、（パウロが教える）「信仰のキリスト」に対す

決めた」と述べる。Bultmann（*2 Corinthians*, 155-56）は、「肉によるキリスト（クリストス・カタ・サルカ）とはこの世における死と復活以前のキリストについての知識であり、キリストはもはやそのようには知られるべきでない……」（Bultmann, *Theology*, 1.238-39 参照）。これらの見解の要約に関しては Fraser, *Jesus*, 46-48, 51-55; C. Wolff, 'True Apostolic Knowledge of Christ: Exegetical Reflections on 2 Corinthians 5.14ff', in Wedderburn (ed.), *Paul*, 81-98 を参照。

　7)　例えば Fraser, *Jesus*, 48-50; Furnish, *2 Corinthians*, 312-13, 330; Wolff, 'True Apostolic Knowledge', 87-91, Thrall, *2 Corinthians*, 412-20. Stuhlmacher（*Theologie*, 301）は「Ⅱコリ 5.16 は使徒自身のキリスト理解における転換点に言及している」と説明する〔訳註　新共同訳は「肉にしたがってキリストを知っていた」〕。

　8)　ここでは、ロマ 1.3 との比較がある示唆を与える。パウロに特徴的な解釈（「霊にしたがって」）と比べると、「肉にしたがって」という限定的表現は、ダビデ王の子孫としてのイエス理解に対してある程度の躊躇を表しているかも知れない。王としてのメシアを宣べ伝えることは、受難のメシアを宣べ伝えること以上に物議をかもし出し、政治的に危険な行為だった（Dunn, *Romans*, 13 参照）。ここでの議論は、このような政治的な読みに頼る必要はないが。政治的解釈に関しては Furnish, *2 Corinthians*, 330 参照。

　9)　しかし、§8.5 を見よ。

る抵抗感と史的イエスに対する高い関心によって支えられていた[10]。この近代的な感性を、パウロのイエスに関する沈黙に読み込むことには、危険が伴わないか。語るまでもない当然の事柄としてパウロが沈黙している部分を私たちが深読みし、その沈黙を無知だとか無関心だとかと理解することに不都合はないか。「語るまでもない」は、「語る価値がない」あるいは「語り得ない」とは意味が違う。

§8.2. いくつかの前提事項

　イエス・キリストとして知られる人物をその中心に位置づけ、その名によるバプテスマを通してアイデンティティを明確にし、その名によって自らを「キリスト者」と呼ぶようになった共同体が[11]、イエスについて関心がないとなれば、これほど奇異なことはなかろう。非常に儀礼的な密儀宗教に慣れ親しんでいた者がキリスト教へ改宗したとしても、Ⅰコリ15.3–4に見られる「主は甦った」等の簡素な使信的文言だけで満足したとは考え難い〔訳註　より日常に近いイエスの実際の生活等に関心があったはずだ〕。ましてや密儀宗教とその通過儀礼は、通常キリスト教において見られる儀礼よりもかなり手が込んでいる[12]。それなら、そこから改宗した最初期のキリスト者たちが、§7.3で述べたような儀礼的定型句を繰り返すだけで、情緒的な、また霊的な満足感を得ることができたなどと想定できようか。

　さらに、原始教会のイエスに関する使信を密儀宗教の神話と同列視し得るかはさておき、福音の中心にいるイエスは第一世代の改宗者たちのあいだで数年にわたって実際に生き、活動していたことは動かしがたい事実だ。歴史

---

10)　A. Harnack, *What Is Christianity?* (New York: Putnam / London: Williams and Norgate, 1901) 参照。

11)　教会初期の時代から、彼らは「キリスト者」と呼ばれていたようだ（使11.26, 26.28, Ⅰペト4.16参照）。

12)　例えばこれは、ポンペイのヴィッラ・ディ・ミステリにある壁画を見れば明らかだ。密儀宗教における「秘儀」には、一般に行列のようなおおやけな儀式と、入会者限定の秘密の儀式がある。アプレイウス『黄金のロバ』11と§17.1を参照。また、Wedderburn, *Baptism*, 98; 'Paul and the Story of Jesus', in *Paul*, 161–89参照。

的に重要な人物あるいは英雄に対して人が関心を示すことは、誇張するまでもなく古今東西を問わず一般的に知られた傾向である[13]。したがって、キリストに対する信仰を表明した者たちが、この人物の生前の生き方と教えに関心を示さないとはとうてい考え難い。

　この点に関しては、さらに以下のような考察も肝要だろう[14]。社会学的な視点に立つと、新たな宗派や宗教共同体が発生する際には、それを明らかに定義し、それと同類の共同体との差別化を図るため、事実上の聖なる伝統を形成して維持することが必要となる。イエスの死と復活に関する使信は、確かにこのような伝統の中核をなそう。しかし、最初期のキリスト者を定義し、そのアイデンティティを明らかとするテクスト（口述であれ記述であれ）がイエスの生前の様子を教える伝統を含まないとなれば、それは著しく奇異なことだ。そのような伝統は、共同体の集まりにおいて繰り返し語られ、礼拝において取り上げられ、日々の倫理的・神学的問題に知恵や知識を提供し、新たな改宗者の指導において伝達され、外部者に対する唱道や弁護や反論において用いられることが容易に想像される。

　このような前提は、私たちの手許にある証拠と符合する。ここで私が念頭に置いている証拠とは、とくにパウロ書簡群における教示内容と伝統への強調表現である。ユダヤ人会堂やコレギア等の任意団体や密儀宗教と自らを区別するアイデンティティ形成に欠かせない伝統（παράδοσις）を、パウロが新たに設立した教会へ継承することを使徒としての役割と理解していたことは、いくつもの聖書箇所から明らかだ[15]。

　パウロとのつながりを持つ教会教師の中心的な役割に鑑みるならば[16]、私たちはやはり同様の結論に至る。したがって、最初期のキリスト者共同体は、彼らの特徴を示す伝統を継続して継承することが、自らの使命と認識してい

---

13) 例えば、ディオゲネスの生涯と教えに関するディオン・クリュソストモスの伝記的記述にそのような関心が伺える。あるいは預言者エレミヤへの関心は、彼の弟子たちが継承した「エレミヤの言葉」（エレ 1.1 参照）に表れている。

14) Dunn, 'Jesus Tradition', 156–59 参照。

15) Ⅰテサ 4.1, Ⅱテサ 3.6, Ⅰコリ 11.2, 15.3, コロ 2.6. これらの箇所では、伝統の継承と受容を示唆する用語（παραδίδωμι, παραλαμβάνω）が用いられている。

16) 使 13.1, Ⅰコリ 12.28, ガラ 6.6.

たと考えられる。いったいこの役割を看過して、教師はその使命を遂行できるか。口述共同体においては、聖なる伝統という宝物を、共同体のために管理して開陳する才能と責任感に長けた者に託す必要があった。

　この伝統の存在を示す証拠を見出すことは困難でない。私たちには共観福音書がある。福音書自体がイエスに関する伝記的関心を示しているということは、近年より明らかに認識され始めている。福音書が「伝記」という範疇に入れられることは間違いない。もっとも、現代的な伝記とは区別され、古代の伝記的関心によって評価されるべきだろう[17]。すなわち共観福音書は、主人公が何をして何を述べたかを再現することによって、その人物の性格を描くという教示のスタイルをとっている[18]。例えばルカは、祈り深い生き方の模範を示すという明らかに啓発的な意図でイエスを描いている[19]。マタイは、例えば多くの資料を山上の説教に持ち込むが（マタ 5–7 章）、そこには明らかな教示的・教理教育的目的があった。そして使徒言行録は（少なくとも現在のテクストにおいて）、最初期の宣教と教示の内容にイエスの地上における活動が含まれていたことを示している（使 10.36–39）[20]。

　もちろんパウロが書簡を執筆していた時期に、福音書はまだ書かれていない。しかし、マルコや他の執筆者が福音書を書き表す際に依拠した資料はどこにあったか。例えば、マルコが偶然再発見するまで、目撃者の意識下に固く閉じ込められていたとか、倉の片隅でかびに覆われて朽ちかけていたなどとは、まったく考えられない。福音書の様式史批評学の論旨は、このような

---

[17]　ブルトマンは正典福音書を、個人の内面や成長という現代の伝記的関心事によって判断するという過ちを犯している〔訳註　すなわち、ブルトマンはこれらの伝記的関心が見られない共観福音書を、伝記ではなく物語られる神学であると評価した。Bultmann, *The History of the Synoptic Tradition* (trans. J. Marsh; Oxford: Blackwell, 1963), 372–73〕。

[18]　D.E. Aune, *The New Testament in Its Literary Environment* (Philadelphia: Westminster, 1987); R.A. Burridge, *What Are the Gospels? A Comparison with Graeco–Roman Biography* (SNTSMS 70; Cambridge CUP, 1992) 参照。

[19]　ルカ 3.21, 5.16, 6.12, 9.18, 28–29, 11.1, 22.41–45. B.E. Beck, *Christian Character in the Gospel of Luke* (London: Epworth, 1989) 参照。

[20]　G.N. Stanton, *Jesus of Nazareth in New Testament Preaching* (SNTSMS 27; Cambridge: CUP, 1974), ch.3. Wenham (*Paul*, 388–72, 338–91) は Hays (*Faith*, 85–137, 257) の提案を受けて、パウロがイエス物語の概要を知っていたという議論をさらに発展させる。

第 8 章　人としてのイエス

想定を真っ向から否定する[21]。もし様式史批評学が想定する過程（イエス伝承様式の継承、集積、解釈）が、イスラエルの地にあった教会に属する少数のキリスト者に限定されていたと想定するなら、それはあまりにも思惟的な設定だ。そして、マルコ福音書の写本を手に入れるまで、パウロが設立した教会のキリスト者たちがそのようなイエス伝承に関してまったく無知であったなどという想定は、甚だもって不自然である。すなわち、パウロが手紙を書き送った会衆がイエス伝承を持っていなかったとはとうてい考えられず、またそのような伝承をパウロ自身が彼らに教え伝えただろうことが十分に想定される。

　それでは、パウロはいったいどこでそのような伝承を手に入れたか。この点に関しては、パウロ自身が答えている。まず改宗前のパウロは、敵対者の情報としてイエスに関する伝承をある程度入手していただろう。新人のファリサイ派として「父祖の伝承」（ガラ 1.13–14）に精通しようとすれば、パウロは当然エルサレムを目指しただろう[22]。もちろん、パウロがどの時期にエルサレムに滞在していたかを確定することはできない。しかし、タルソ出身のサウロ（パウロ）のエルサレムにおけるファリサイ派教育の期間と、イエスの公的活動期間とが重なっていたことは、十分に想定し得る[23]。このような推測にばかり頼ることができないとするなら、ダマスコ途上での改宗体験の直後に、パウロがダマスコのキリスト者らから何らかの教えを受けた可能性も考慮に入れることができる（Ⅰコリ 15.1 参照）。そしてパウロ自身が、ケファを訪ねてエルサレムに 2 週間滞在したと証言している（ガラ 1.18）。これはパウロの改宗から 2–3 年後のことで[24]、イエス自身の公的活動が終了し

---

[21]　様式史批評学は、福音書が最終的に構築されるまでの過程となる各文章様式が形成される歴史を確定する作業である。

[22]　ファリサイ派がユダヤ地方を越えて、ガリラヤにおいても活動していたという証拠はほとんどない。パウロがタルソでファリサイ派教育を受けたとは考えられない。パウロがファリサイ派としての野心を満足させようとすれば、当然エルサレムを目指しただろう。ガラ 1.22 の曖昧な表現は、この想定を覆すことにならない。Hengel, *Pre–Christian Paul*, ch.2（とくに p.27）; Murphy–O'Connor, *Paul*, 52–62 参照。

[23]　G. Theissen, *Shadow of the Galilean* (London: SCM / Philadelphia: Fortress, 1987) は、このような敵対者としての情報からイエスの姿（影）を描き出す様子を、かなりの説得性をもって示している。

[24]　「3 年後」（ガラ 1.18）とあるが、時間の推移を計算する場合に、1 年目のどこではじまり、3 年

てから5年ほどしか経っていない。パウロのケファ訪問において、二人の会話が生前のイエスの活動に、まったくあるいはほとんど触れないなどとは想像しがたい[25]。むしろこのケファ訪問における「ケファと知り合う」という目的には、ガリラヤでの活動においてイエスの中心的な弟子だったペトロの役割を知るということが含まれていたはずだ[26]。もしパウロがそれ以前にイエスに関する何らかの情報を得ていたとすれば、最も信頼の置ける情報源であるペトロの証言と自らの知識とをつき合わせただろう[27]。

　上の議論から、パウロは「引き渡され」て死に至る以前のイエスの活動について知識があり、また関心を持っていたことはほぼ間違いない。上の議論の多くが状況証拠であるとはいえ、それは非常に決定的な状況証拠だ。そうだとしても、パウロが生前のイエスについての関心と知識を持っていたことを示す他の証拠をも、さらにパウロ書簡群の中に探し求めることが肝要だろう。

§8.3. パウロ書簡群に共鳴するイエス伝承

　パウロ書簡群からパウロの神学を導き出そうとするとき、2つの重要な注意点があることを私たちは留意すべきだ[28]。その1つは、パウロと手紙の宛先の人たちとは、多くの事柄——ここではイエスに関する情報や教示内容

目のどこで終わるかが分からないので、2年以上3年以下となる〔訳註　つまり「3年目」という訳がより適切だろう〕。

　25）　ドッドは英国人特有のユーモアを交えながら、「彼らがそのあいだずっと天気の話しかしなかったとは考えがたい」という非常に適切な意見を述べていることはよく知られている。C.H. Dodd, *The Apostolic Preaching and its Developments* (London: Hodder & Stoughton, 1936), 16.

　26）　この点に関しては Dunn, 'Relationship', 'Once More — Gal. 1.18: *historēsai Kēphan*', in *Jesus, Paul and the Law* を参照。これは Hofius, 'Gal. 1.18: *historēsai Kēphan*', *ZNW* 75 (1984), 73–85 = *Paulusstudien*, 255–67 への反論である〔訳註　ガラ1.18を文字どおりに訳すと、「それから3年目に私はケファを知るために (ἱστορῆσαι Κηφᾶν) エルサレムに上り、15日間彼のもとに留まった」となる〕。

　27）　ペトロの情報に依拠したというこの想定と、パウロが神からの直接啓示にこだわる様子（ガラ 1.11–12）とは矛盾しない（§7.4参照）。パウロがエルサレム教会に歓迎されない様子を描く使 9.26–30 は、パウロの反対者らが描いたパウロのエルサレム訪問の様子に基づくだろう。

　28）　§1.3 を見よ。

第 8 章 人としてのイエス

——をすでに共有していただろうことだ。この点に関しては、教会伝承の共有として、上で言及したばかりである[29]。パウロは、自ら設立しなかった教会に関しても、このような知識の受容と共有を前提としていたようだ。

もう1つは、パウロは手紙執筆のたびに、議論を一から積み上げるような回りくどいことをしなかったということだ。つまり手紙を書くたびに、神学的議論を網羅する必要を感じなかった。むしろパウロが書く手紙は、ローマ書をも含めて、個別の教会の具体的な状況に合わせたものだった。それが現代の註解者にとってきわめて悩ましいことであっても、当事者のあいだでは容易にその行間を読むことができ、パウロ神学を再構築することに支障はなかっただろう。換言すれば、パウロの目的は、イエス伝承を網羅的に教会へ伝えることでなかった。もしそのような伝承がすでに教会に伝えられていたとすれば、パウロはわざわざそれを繰り返す必要がなかった。またそのようなイエス伝承に何ら問題がなければ、パウロは自分の手紙においてそれを取り上げて論ずる必要はなかった[30]。

パウロ書簡群の一義的な読者らにとっては、パウロが取り上げる議論はすでにしばらくのあいだ継続されてきているものなので、パウロが外部者のために議論を最初から書き始めるようなことを期待できない。現代の読者がパウロ書簡を読むのは、映画を途中から観るようなもので、見逃した部分に関しては、いま目の前で起こっている会話の言い回し等から推測し、その推論に立って物語展開に理解を深めるしか方法がない。パウロ書簡群に関しても、このような言い回しを見つけ出すことは可能だ。もっとも、前半を見逃した映画と同様に、これらの言い回しが、パウロの議論全体にとってどれほどの重要性を持っているかを判断することは難しい。ここでは、いくつかのこのような「言い回し」を考察しよう。

（1）§7.1ですでに取り上げたように、パウロは「福音」に言及している。

---

29) §23.5 を見よ。
30) 詳しくは §23.5 で述べるが、パウロがイエスの言葉に直接言及するのは3度のみであり（Ⅰコリ 7.10–11, 9.14, 11.23–25)、いずれの場合も何らかの論争の結果である。すなわち、パウロがイエスの判断を拡大解釈する場合（Ⅰコリ 7.12–15)、パウロがイエスの提案にしたがわない場合（9.15–18)、そしてコリント教会における主の晩餐が混乱する場合（11.17–22）である。Thompson, *Clothed*, 70–76 はパウロがイエス伝承にほとんど言及しないさまざまな理由を要約している。

単数名詞の「福音」が独特の用法であり、したがっておそらくパウロの造語であり、「私は福音を恥とは思いません」（ロマ 1.16）という表現の背景にイエスの言葉があるという可能性はすでに紹介した[31]。ここには、イエスが平和の良き知らせを伝える者（εὐαγγελιζομένου, イザ 52.7）、貧者に良き知らせを伝えるべく（εὐαγγελίσασθαι）遣わされた者（イザ 61.1）だという記憶があり、それをパウロは意識していると考えられる（ロマ 1.16）。

（2）2つ目の例は、（神の）王国に関する言及である。神の王国がイエスの教えの中心にあったことは広く知られている[32]。イエスの活動について関心を示す者が、この点を知らないとは考えられない。しかし、パウロは王国についてほとんど言及しない。そしてパウロが王国に言及する場合は、「王国を継ぐ」という定型句的な表現が用いられたり[33]、終末的表現と共に用いられたりする[34]。これは、「神の王国」という表現が初期のキリスト者によって共有されていただろうことを示す。したがってパウロは、必要とされる際に、既知の表現としてこれを用いることがあった。一方でイエスと対比すると、パウロは「義」という語をはるかに頻繁に用いる。じつに、「王国」と「義」の使用頻度が、イエスとパウロとのあいだで反比例的な関係にあることから[35]、研究者によっては[36]、イエスが強調する神の国をパウロが意識的に義という概念に置き換えたと論ずる[37]。

---

31) §7.1 と n.26 を見よ。

32) G.R. Beasley-Murray, *Jesus and the Kingdom of God* (Grand Rapids: Eerdmans / Exeter: Paternoster, 1986) 参照。

33) Ⅰコリ 6.9–10, 15.50, ガラ 5.21. エフェ 5.5 参照。イエス伝承に関しては、とくにマタ 5.5, 19.29 参照。

34) Ⅰテサ 2.12, Ⅱテサ 1.5, コロ 4.11, Ⅱテモ 4.1, 18 参照。イエスの終末的かつ現在的な支配に関してはⅠコリ 15.24. コロ 1.13 参照。

35) 以下の表を参照。

	イエス（共観福音書）	パウロ文書
王国	約 105 回	14 回
義	7 回	57 回

36) Jüngel, *Paulus*, 266–67. A.J.M. Wedderburn, 'Paul and Jesus: The Problem of Continuity', in Wedderburn (ed.), *Paul*, 99–115 参照。

37) パウロが「神の王国」という表現を避けたのは、ローマ皇帝に代わる「王」を崇めることを促す教えが、政治的に危険だったからだろうか。イエス自身が「ユダヤ人の王」を名乗ったという

第 8 章　人としてのイエス　　273

　もっとも、より反比例的な関係が顕著なのは、王国と霊だ[38]。パウロは王国について、それが現在に関わるものであり、また聖霊によって啓示されると語る。すなわち、「神の王国は飲み食いによらず、聖霊における義と平和と喜びによる」(ロマ 14.17)[39]。このような王国理解は、神の終末的な支配が、今日においてとくに聖霊を通して顕著だ[40]、というイエス伝承が強調するところと符合する。いずれの場合も、聖霊の力強い活動こそが神の最終的支配の具現化だという立場である。したがってパウロは、聖霊授与を王国相続という出来事の最初の段階と見なす[41]。イエスとパウロの両者にとって、霊こそがやがて完全なかたちで現れる王国の臨在なのだ[42]。イエスとパウロの両方が、王国が今ここにありながら将来到来するという「現在」と「未来」の緊張関係を強く意識し、この緊張関係の解決として聖霊の体験を捉えている。これをたんなる偶然として片付けるわけにいかない。これは、パウロがイエス伝承を意識し、それに影響されていることを示していると理解すべきだろう[43]。

　(3) 同じロマ 14.17 に関しては、他のイエス伝承の影響も考え得る。すなわち、イエスとパウロの両者が抵抗を示したユダヤ教の限定的／差別的食事規定への言及だ。イエスはファリサイ派の厳格な食事規定を批判する際に神

理由で処刑され、パウロがローマ帝国の主要都市において宣教を展開していたことに鑑みると (使 17.6–7, マコ 15.26 参照)、その蓋然性は看過できない。Wenham, *Paul*, 78–79 参照。

38) 以下の表を参照。

	イエス (共観福音書)	パウロ文書
王国	約 105 回	14 回
霊	13 回	110 回 +

39) また I コリ 4.20 では、「神の王国は、言葉によらず力による」と述べる。
40) マタ 12.28 // ルカ 11.20.
41) I コリ 6.9–11, ガラ 4.6–7. エフェ 1.13–14 参照。さらに §18.2 を見よ。
42) Dunn, 'Spirit and Kingdom'; *Unity*, 213–14; Thompson, *Clothed*, 206 を見よ。この点を以下の二者は十分に考慮していない。G. Haufe, 'Reich Gottes bei Paulus und in der Jesustradition', *NTS* 31 (1985), 467–72; N. Walter, 'Paul and the Early Christian Jesus–Tradition', in Wedderburn (ed.), *Paul*, 51–80 (とくに p.63).
43) Kümmel, 'Jesus und Paulus', *Heilsgeschehen*, 439–56 (とくに pp.448–49); G. Johnston, '"Kingdom of God" Sayings in Paul's Letters', in Richardson and Hurd (eds.), *From Jesus to Paul*, 143–56 (とくに pp.152–55); Witherington, *End*, 74; Wenham, *Paul*, 71–78 参照。とくに Wenham は、王国主題に関わるイエスとパウロの他の一致点をも大胆に論じている。

の王国のあり方を引き合いに出すが[44]、パウロも浄・不浄に対する過度な配慮によって規定される食卓を、同様の仕方で非難する[45]。このように、王国、霊、食事規定が両者において関連していることは注目に値する[46]。

　食事規定に関してはさらなる共通点が見られる。イエスの活動が最も激しい非難を浴びた理由の1つは、彼があえて「罪人」との会食を選んだことだ[47]。そして、パウロが初期宣教活動においてペトロと対峙した理由は、ペトロが「罪人の異邦人」との食卓から距離を置いたことだ（ガラ2.12, 14–15）。イエスが浄・不浄の規定を無視したという伝承（マコ7.15）をパウロが知っていたとすれば、彼の憤りへの理解もより深まる。この伝承の適用に関しては、人によってその強調の度合いが異なったようである[48]。ただパウロに関しては、ユダヤ規定の違反者を指す「罪人」という語を、この文脈において唐突に、しかも繰り返し持ち出しているように見受けられる（ガラ2.15, 17）。したがって、パウロはおそらくイエスが「罪人」と共に食卓を囲

---

[44]　ルカ14.12–24 // マタ22.1–10.「ファリサイ」という呼称は、一般に「分かたれた者」を意味するあだ名として理解されている（Schürer, *History*, 2.395–400）。ファリサイ派が「分かたれた者」として知られるのは、彼らが食事と食卓に関して浄・不浄という問題に著しく気を遣ったからだ。Dunn, *Partings*, 41–42, 107–11, §14 n.100 も参照。ルカ福音書によると、ファリサイ派のあいだでも清浄規定の厳格さに関して立場の違いがあったようだ（7.36, 11.37, 14.1）。

[45]　ロマ14.14, 20 では κοινός（汚れた、俗的な）と καθαρός（聖い）という形容詞が用いられるので、ロマ14章での躊躇はユダヤ教の規定に関するものだと判断できる。前者（κοινός）は一般的なギリシャ語では「共通した」を意味する。ヘブライ語（חל, מְמֵא）との関連でのみマカバイ期や後マカバイ期（Ⅰマカ1.47, 62, マコ7.2, 5, 使10.14, 11.8）に、κοινός が「汚れた、俗的な」という意味を持つようになった。Dunn, *Romans*, 818–19, 825–26, §§20.3, 24 n.45 参照。

[46]　Stuhlmacher, 'Jesustradition', 246 は、ルカ15.2 もロマ14.1, 3, 15.7 に見られる他者の受容の勧めと共鳴すると論ずる。ここでは用語上の共通点はないが、食事規定とイエスの仕える姿とが重ね合わさっていることに注目すべきだ（ロマ15.8. マコ10.42–45 // ルカ22.25–27 参照）。Thompson, *Clothed*, 231–33 参照。

[47]　マコ2.15–17 // マタ11.19 // ルカ7.34, ルカ7.39, 15.1–2, 19.7.「罪人」という語の重要性に関しては§14.5.1 と n.101 を見よ。

[48]　ロマ14.14 から察するに、パウロはマルコ福音書に反映されているより極端な伝承を知っていたようで、「したがってすべての食べ物を浄いと宣言した」（マコ7.19）というマルコの註解にも賛同したことだろう。一方でマタイ福音書の場合は、この問題が著しく穏便に扱われている（マタ15.11, 17–18）。Dunn, 'Jesus and Ritual Purity: A Study of the Tradition–History of Mark 7.15', in *Jesus, Paul and the Law*, 37–60 を見よ。マタイ福音書の姿勢とアンティオキアにおけるペトロの態度（ガラ2.12）は、使徒言行録が描くペトロの姿と符合する。彼は弟子集団の中心にいたが、「浄くないもの、汚れたものを口にしなかった」（使10.14, 11.8）。Thompson, *Clothed*, 185–99; Wenham, *Paul*, 92–97 参照。

んだという伝承を知っていたので、食卓の文脈でこの語を持ち出し、ペトロにイエス伝承を想起させつつ反省を促そうとしたことが推測される[49]。

これらの点を考慮に入れるなら、「罪人」との食卓にこそ神の王国の前兆が見られると教えるイエスをパウロは知っており、またそれに著しく影響を受けた、という推測がより現実味を帯びてくる。

(4) 次の例に関しては、とくに十分な注目が向けられていない。ロマ 8.15–17 とガラ 4.6–7 にはほぼ同じ表現が見られるが、これは霊がキリスト者を通して「アッバ、父よ」と叫ぶという初代教会に共通した体験にパウロが言及しているからだろう。この共有体験には2つの重要な点が認められる。第1に、この体験はキリスト者が神の子供であることを証言する。さらにこれは、キリストの霊すなわち神の子の霊にまつわる体験であり（ガラ 4.6）、キリスト者はある意味においてキリストが有する子としての立場を共有することになる。まさに、「キリストと共に相続者です」（ロマ 8.17）。

パウロは、「アッバへの祈り」という体験と実践を、初代のキリスト者に特有のものとして捉えていたのだろう。もしこの祈りが、イスラエルの地であれどこであれ、敬虔なユダヤ人たちのあいだで共通に見られたものだったなら、その祈りからここまで画期的な結論——「キリストと共に相続者です」——が導き出されることはなかった[50]。このような結論にパウロを導いたのは何か。アッバへの祈りがイエス自身の特徴的な祈りとしてキリスト者たちのあいだで記憶されていたこと、それが何よりも大きな要因だっただろう。これは、イエスがその祈りにおいて神をアッバと呼ぶ習慣があった、という現代のイエス伝承研究で最も広く受け入れられている結論と符合する[51]。以上の考察を総合すると、最初期の教会がアッバへの祈りを実践していたこと、そしてその祈りの起源がイエスにあったことをパウロが知っていた、という結論に至ることが最も自然だ[52]。

---

49) Dunn, 'Jesus Tradition', 171; A.J.M. Wedderburn, 'Paul and Jesus: Similarity and Continuity', in Wedderburn (ed.), *Paul*, 117–43（とくに pp.124, 130–43）.
50) この点は、イエス自身の祈りの実践に関する福音書伝承の歴史性を評価する際に、ほとんど勘案されていない。
51) Dunn, *Christology*, 26–28; *Romans*, 453–54.
52) Wenham (*Paul*, 277–80) は、ロマ 8 章における「アッバ」の用法を根拠に、パウロがゲツセ

(5) 他にもイエスの教えと共鳴する表現はパウロ書簡群に見つかるが、これらに関してはのちに機会を譲る[53]。それでも、すでに十分な証拠が提示されたので、パウロが間接的な表現を用いる箇所についても、イエスの記憶が示唆されている蓋然性を考慮に入れることの必要性が十分に示されたことだろう。もしパウロと彼の教会とのあいだの対話において、イエスの活動に関するかなりの知識が前提となっているならば、本章の冒頭に挙げたⅡコリ10.1[54]やフィリ1.8[55]のようなテクストは、たんにイエス自身の献身的な死を述べているのでなく、むしろ彼の活動全体の有様を示唆していると考えられよう[56]。

もしパウロの教えにおける「キリストの模範（*imitatio Christi*）」という主題を通常以上の範囲で適用するならば、この最後の点の意義はいっそう深まろう。ここで「主イエス・キリストを身に着けなさい」（ロマ13.14）という表現に注目しよう。これはバプテスマにおいて衣を変えるという一回性の行為を指しているだけでない[57]。なぜならこのパウロの勧めは、バプテスマを受けてからすでに時間が経った者に向けられているからだ。むしろこの勧めは、継続すべき事柄だ。ここで意識されているのはバプテスマの儀礼でなく、演劇の舞台である。ある人物を演ずる役者は、その人物を「身に着け」、その役を公演のあいだ演じ続ける[58]。すなわちパウロは、ちょうど「役を生き抜

マネの祈りを知っていたと論ずる。それなら、ロマ8.15–17における霊と子としての立場との関係性に鑑みると、イエスのバプテスマと霊の注ぎに関する伝承をパウロが知っていたとも考え得る（マコ1.10–11と並行記事参照）。

53) §23.5を見よ。

54) とくに、C. Wolff, 'Humility and Self–Denial in Jesus' Life and Message and in the Apostolic Existence of Paul', in Wedderburn (ed.), *Paul*, 145–60 参照。

55) 「キリスト・イエスの心にある深い愛情（σπλάγχνοις Χριστοῦ Ἰησοῦ）」（フィリ1.8）という表現は、イエスの活動において散見される感情的な応答を表す語「憐れむ（σπλαγχνίζομαι）」と共鳴していると思われる（マコ1.41, 6.34 // マタ14.14, マコ8.2 // マタ15.32, マコ9.22, マタ9.36, 20.34, ルカ7.13. またマタ18.27, ルカ10.33, 15.20 も参照）。

56) ロマ15.3に関してはさらに§23.5を参照。同様の議論はⅡコリ8.9とフィリ2.5についてもなされようが、これらに関しては後述する議論に依拠する（§11.4, 11.5.3）。

57) じつにガラ3.27では、バプテスマにおける「衣替え」が念頭にあるだろう。§17.2 参照。

58) ハリカルナッソスのディオニュシオス（11.5）は前1世紀に、「タルクイニウス王を着る」という表現を、このローマ最後の王の役を演ずるという意味で用いた。LSJ, ἐνδύω; A. Oepke, *TDNT* 2.320.

く」という表現が示す役者の真剣さで、キリスト者がキリストの生き様を生きる（ガラ 2.20 参照）ように促しいている[59]。

さらに「キリストの模範」という主題は、「（私たちは）自分の満足を求めるのでなく……、それはキリストも自分の満足を求めず……、キリスト・イエスにしたがって（κατὰ Χριστὸν Ἰησοῦν）あなた方のあいだで調和を保ちなさい」（ロマ 15.1–5）という勧めにも見られる。ここではイエスの受難がまず念頭にある（15.3）。しかし、共同体における交わりという文脈においてキリストが言及され（15.3）[60]、またキリストが「割礼者に仕える者」（15.8）であると述べられていることに鑑みると、イエスの死のみに焦点が置かれているとは考え難い[61]。パウロは他所（Ⅰコリ 11.1, フィリ 2.5）でも、共同体における不和の解消法としてイエスに言及する[62]。パウロ書簡の受信者らがこのような勧めを耳にしたとき、イエスの生涯とその教えを思い起こしつつ適用を促されたと想定することは、十分に適切なテクスト解釈だ[63]。

それならば、ロマ 6.17 もこれまで考えられてきた以上に重要性が増すことになろう。パウロはローマ教会に対して、「あなた方は罪の奴隷でしたが、あなた方が引き渡される（παρεδόθητε）こととなった教えの規範（τύπον διδαχῆς）に心から従いました」と述べる。これは不自然な構文だが、その大意は容易につかめる。ただ、「教えの規範」が具体的に何を指すか、議論が分かれる。一般には、パウロがさらなる説明を加える必要がないほど広く知られていた教理的な定型句を指すと考えられる[64]。しかし、パウロ文書において τύπος（/ τύπον）が用いられるほとんどの場合、模範的行動を示す

---

59) Thompson, *Clothed*, 149–58 参照。コロ 3.10–11 にも同様の意味が込められていよう（ガラ 3.27–28 も参照）。Dunn, *Colossians*, 220–23 を見よ（エフェ 4.24 参照）。

60) 上の §8.3.2 と §8.3.3 とを見よ。

61) Dunn, *Romans*, 838, 840; Thompson, *Clothed*, 221–25, 228–29 参照。

62) いずれの場合も、共同体の調和という勧め（Ⅰコリ 10.31–11.1, フィリ 2.1–5）の頂点にイエスが位置している。フィリ 2.5–11 におけるキリスト論に関しては議論が絶えないが、少なくともこのキリスト賛歌の一部は、人としてのイエスに言及しており、その死に至る従順はイエスの死のみならず全生涯を性格づけている。フィリ 2.5 に関しては §11.4 n.66 参照。

63) 「主の模範者」（Ⅰテサ 1.6）は、イエスの受難にのみ焦点を置いている。

64) 例えば Käsemann, *Romans*, 181; Moo, *Romans*, 400–02; Fitzmyer, *Romans*, 449–50. Nanos (*Mystery*, 212–18) はこれを使徒教令（使 15.29）と考える。

人物を指す[65]。それらのうちの2例は、ロマ6.17と同様の同格構文(「規範であるところの～」)を用いてさえいる[66]。パウロが「引き渡す(παραδίδωμι / παρεδόθητε)」という動詞を用いる場合、ある人を他の権威や力ある人に渡す、というニュアンスが最も一般的だ[67]。また、バプテスマを受ける前提条件となる教理的教示がすでに確立されていたことを示す証拠が見当たらない[68]。当該箇所に最も近い表現はコロ2.6に見られる。すなわち、「キリスト・イエスを主とする伝統を受けた(παραλαμβάνω)のですから、彼の内にあって歩みなさい」。この場合も、改宗者に継承されるイエスの伝承に倣ったキリスト者の行動が述べられている[69]。

要約しよう。パウロと彼が手紙を書き送った教会とのあいだでイエスに関する伝承がかなり共有されていただろうことを前提とするなら、それらの伝承は示唆するだけで十分に伝わる内容なので、パウロがこのような伝承を詳しく説明することなしに、曖昧にあるいは間接的に言及したことは十分に考え得る。パウロが文章として記した神学からはほんの小声でしか聞こえないにしても、イエスの生涯とその活動に関して、パウロは十分な知識と高い関心を持っており、それがパウロ神学の不可欠な要素だったという結論には十分な説得力がある。

§8.4. イエス

一見すると、「イエス」という固有名詞を使用することは、パウロがナザレ出身のイエスという歴史上の人物へ関心を示していることを支持する証拠となりそうに思われる。パウロがその書簡群においてイエスに言及する際、

---

65) ロマ5.14、フィリ3.17、Ⅰテサ1.7、Ⅱテサ3.9、Ⅰテモ4.12、テト2.7、Ⅰペト5.3、『イグ・マグ』6.2参照。例外として、Ⅰコリ10.6がある。
66) フィリ3.17、Ⅱテサ3.9(規範としての私たち/私たち自身)。
67) ロマ1.24, 26, 28、Ⅰコリ5.5, 13.3, 15.24、Ⅱコリ4.11。イエスが「引き渡される」ことに関しては§7 n.71を見よ。同語は伝承の継承を表す専門用語でもあるが(Ⅰコリ11.2, 23, 15.3)、ここでのニュアンスは奴隷が新たな主人へと引き渡されることであり、教理的な規範へと(あなた方が)引き渡されると理解することには無理がある。
68) §17.2参照。
69) Dunn, *Colossians*, 138–41.

「イエス・キリスト」、「キリスト・イエス」、「主イエス」あるいはこれらの混合形を用いるが[70]、その中にあってたんに「イエス」と記される場合は、「キリスト」や「主」という称号の背後にいる人物としてのイエスに関心が向けられているのでなかろうか。ところがこの視点は、ほとんど実のある議論に至らない。

パウロ文書においては、16回「イエス」という名が独立して用いられている[71]。そしてこれらの多くは、イエスの死と復活に関する記述だ[72]。Ⅰコリ12.3では、「イエスは呪われている」という表現が「イエスは主である」という表現のアンチテーゼとして記されている。前者では、地上のイエスが罵られた体験が含意されているという見方を完全に否定できないものの[73]、すべての蔑視表現の背景には高挙された主（イエス）が語られるという文脈がある〔訳註　したがって「イエス」という呼称が単独で用いられていても、パウロの焦点は復活したイエスであって地上のイエスでない〕。同様に、Ⅱコリ11.4に登場する「他のイエス」は、イエス伝承に関する異なる解釈と理解される場合もあるが、大半の註解者はこの「他のイエス」を、「偽使徒」（11.13）の「栄光の神学」が反映されている高挙されたイエスであると理解する[74]。パウロはⅡコリ4.5で、「私たちはイエス・キリストを主として宣べ伝え、私たち自身をイエスのゆえにあなた方に仕える奴隷として捧げています」と述べる。「イエスのゆえ」という珍しい表現においては、このイエスが地上のイエスを指すとも考えられようが、パウロは一般に地上のイエスと高挙されたイエスをともに「イエス」と呼んでおり、どちらかに区分することは困難だ。そしてフィリ2.10の「イエス」の名に対してはすべてが膝をかがめるので、

---

70)　エフェソ書と牧会書簡を除くパウロ文書では、「イエス・キリスト」（23回）、「キリスト・イエス」（48回）、「主イエス」（27回）、「主イエス・キリスト」（52回）が見られる。もっとも、ここで挙げた頻度は、異読テクストによっては表現が異なるので、流動的だ。とくに「イエス・キリスト」と「キリスト・イエス」とは置き換えられやすい。

71)　ロマ 3.26, 8.11, Ⅰコリ 12.3, Ⅱコリ 4.5b, 10（2回）, 11（2回）, 14, 11.4, ガラ 6.17, フィリ 2.10, Ⅰテサ 1.10, 4.14（2回）、またエフェ 4.21。

72)　ロマ 8.11, Ⅱコリ 4.10–11, 14, ガラ 6.17, Ⅰテサ 1.10, 4.14。

73)　この議論に関しては Dunn, *Jesus and the Spirit*, 234–35, 420 n.177 を参照。

74)　したがってⅡコリント書において、パウロはキリストの受難に焦点を置いている。§18.5を見よ。

これは地上におけるイエスの生き様でなく、普遍的な敬意の対象としてのイエスを指していよう。

このような中でロマ 3.26 のみは、私たちの期待に応える可能性がある。パウロはここで、文字どおりには「イエスのピスティス（信仰／誠実さ）からの（ἐκ πίστεως Ἰησοῦ）人」に言及している。パウロが用いる「ピスティス」というギリシャ語に関しては、今では多くの人が「信仰」とも「誠実さ」とも訳し得ることを理解している。したがってこの句は、イエスが神に対する誠実さゆえに十字架における死に至るまで歩んだ生き様に倣い、その生き様を自らのアイデンティティとして捉える人を指す（「イエスの誠実さに属する人」）と理解することが可能である。もっとも、私自身はこのような解釈をとらない。ただ、直前でパウロが用いるピスティス（3.25）の用法に鑑みると、この解釈の可能性も否定しきれない〔訳註　ダンはロマ 3.25 の「ピスティス」が契約に対する神の誠実さを指すという議論を完全に否定していない（Dunn, *Romans*, 172–73）〕。いずれにしても、この件に関してはのちに詳述しよう[75]。このような解釈を採用しないとすれば、ロマ 3.26 は「イエス・キリストへの信仰」（3.22）を省略した表現ということになり、生前のイエスのあり方に対する関心を示していることにはならない。

§8.5.　メシア

もし「イエス」という呼称が本章における議論に重要な意義をもたらさないならば、「キリスト」はどうだろうか。「キリスト」を「呼称（名）」と表現すると、それはパウロ書簡群において「キリスト」という語がおおよそ固有名詞のように扱われているということを前提とする[76]。これ自体が驚くべ

---

[75]　§14.8 を見よ。
[76]　例えば Goppelt, *Theology*, 2.67; M. Hengel, 'Christos'; 'Christological Titles in Early Christianity', in Charlesworth (ed.), *Messiah*, 425–48（とくに p.444）を見よ。真正パウロ書簡（すなわち、エフェソ書と牧会書簡をのぞくパウロ文書）において、イエスはおおよそ 180 回にわたって冠詞の有無にかかわらず「キリスト」（Χριστός, ὁ Χριστός）と呼ばれる〔訳註　一般に「真正パウロ書簡」とはロマ、I–II コリ、ガラ、フィリ、フィレ、I テサの 7 書を指すが、ダンはこれにコロと II テサを含める〕。

第 8 章　人としてのイエス

き現象だ。なぜなら、パウロの時代にはイエスがメシア [77] であるという理解について、もはや疑いの余地がなかったことになるからである。イエスはじつに待望されたダビデ王の子孫としてのメシアだという理解を、パウロはもはや議論する必要がなかったのだ [78]。

　もちろん、「私たちは十字架につけられたキリストを宣べ伝えますが、これはユダヤ人にとって躓きです」（Ⅰコリ 1.23）とあるように [79]、十字架につけられたイエスがメシア／キリストであるという見方は、ユダヤ人の心を騒がせた。しかし、「躓き」という語のニュアンスは、特定の教理に対する敵意とか不服だけでない。「躓き（σκάνδαλον）」とは、文字どおり足をすくう何かの障害を意味する [80]。すなわちⅠコリ 1.23 が意味するのは、この十字架刑に処されたイエスを信じて身を捧げるように勧められたユダヤ人のほとんどが抱いただろう嫌悪感や違和感だ [81]。しかし大半のユダヤ人は、このイエスという人物を中心とする新たな宗派に対してそれほど注目したり、警戒したりしていたわけでない。だからこそ、ナザレ派のキリスト者たちは、周りのユダヤ人からほとんど邪魔されずにユダヤ地方に留まることができたのだろう（使 21.20 参照）。おそらくパウロも同じ理由で、近隣のユダヤ人会堂からの妨害にどう対処すべきかという指示を、彼の改宗者たちに書き送る必要がなかっただろう。

---

77)　もちろん「キリスト」を意味するギリシャ語（Χριστός）は、ヘブライ語の מָשִׁיחַ（メシア）の訳語である。

78)　パウロは、「ダビデの子孫からでた」（ロマ 1.3）という既存の定型句（§7.3 を見よ）を引用するが、これに関して議論する必要がなかった。ダビデ王の子孫としてのメシアを待ち望むというイスラエルに一般の待望があったこと、これが異なるメシア期待に共通する理解だったことは、The Messiah Symposium（メシア・シンポジウム、Charlesworth [ed.], *Messiah*, xv）と Collins, *Scepter* の議論によって明らかになった。この結論は、それ以前に発表された Dahl（'Crucified Messiah', 38–40）の理解を支持するものだ。Collins（*Scepter*, ch.7［とくに p.169］）は、メシアが特別な意味で「神の子」であるという理解がユダヤ教に依拠していると結論する（4Q174, 4Q246 参照）。

79)　同様に、ロマ 9.33（イザ 8.14 を引用）とガラ 5.11 も参照。ユスティノス『対話』（10.3. 90.1 参照）では、「十字架につけられた男にあなた方の希望を置くこと、この一点を私たちは理解しかねます」とユダヤ人のトリュフォンが述べる。Hengel, 'Titles', 426–27 参照。

80)　ロマ 14.13, 21（23 も参照）、Ⅰコリ 8.13（10–11 も参照）。

81)　Dunn, 'How Controversial Was Paul's Christology?', in M.C. de Boer (ed.), *From Jesus to John: Essays on Jesus and New Testament Christology* (M. de Jonge FS; JSNTS 84; Sheffield: Sheffield Academic, 1993), 148–67（とくに pp.154–55）を見よ。

パウロが「キリスト」という語をほとんど固有名詞として用いたなら、本章における議論にさらなる価値を持ち得ない。なぜならこのような固有名詞化は、イエスの活動期においてイエスのメシア性が意識されたり議論されたという記憶が薄れ、忘れ去られてしまったことを意味するからだ[82]。しかし、これだけがパウロの「キリスト」に関する用法でない。じつにパウロの記述において、「キリスト（Χριστός）」が未だ称号としてのニュアンスを維持しており、したがってむしろ「メシア」と訳されるべき箇所が散見される[83]。

ローマ書においては、9.3, 5がこれに該当する[84]。ユダヤ人のアイデンティティと特権とにパウロの関心が最も集中するこの場面は、以下のように訳すことが適切と考えられる。

> 私の兄弟、肉による同胞のために、私自身がメシア（τοῦ Χριστοῦ）から切り離されることさえ祈ります。……肉にしたがって言えば、父祖は彼らに属し、メシア（ὁ Χριστός）は彼らから出ているのです（9.3–5）。

パウロがここで、とくにメシアとの血縁的な関係について述べていることに鑑みると、このような解釈が適当と考えられよう。ロマ15.3, 7に関しても同様だろう。「私たちはそれぞれの隣人を喜ばせようではありませんか。……メシア（ὁ Χριστός）も自らを喜ばせることをしませんでした」（15.2–3）、「ですから、互いを受け入れ合いなさい。メシア（ὁ Χριστός）もあなた方を受け入れたのです」（15.7）。パウロが「隣人を（πλησίον）喜ばせる」という表現によって、「あなたの隣人を（πλησίον）愛せよ」（13.9, 10）という愛の掟を想起させているとすれば、この議論の蓋然性がより高まる[85]。なぜならこれ

---

[82] イエスの地上における活動期間に彼のメシア性が議論されたと私は考える。Dunn, 'Messianic Ideas and Their Influence on the Jesus of History', in Charlesworth (ed.), *Messiah*, 365–81を見よ。

[83] Dahl ('Messiahship', 17, 24 n.11) は、Ⅰコリ10.4, 15.22, Ⅱコリ5.10, 11.2–3, エフェ1.10, 12, 20, 5.14, フィリ1.15, 17, 3.7にメシア的な用法を見出す。これは「キリスト」という単語に冠詞が付いているかいないかだけの議論でない。冠詞と固有名詞との関係については、BDF §260を見よ。

[84] 一般には、ロマ9.5のみがメシア的称号として認められる例である。Dahl, 'Messiahship', 17; Fitzmyer, 'Christology', 83; *Romans*, 111.

[85] ガラ5.14以外では、真正パウロ書簡中でロマ15.2のみがπλησίονを用いる。

第 8 章　人としてのイエス

はイエス自身の教えと共鳴しており、とくにロマ 15.2–3 を念頭に置くなら、隣人愛の掟に関するイエス自身の適用（マコ 12.30–31 参照）とも共鳴しているからだ [86]〔訳註　すなわち、生前のイエスがメシアとして申 19.18 の適用を教えた伝承がパウロに受け継がれた〕。ロマ 15.9 も、「メシアの福音（the gospel of the Christ）」として理解され得る箇所の 1 つだ [87]、これらの箇所の重要性は既出の議論（§8.3.1）に照らして考えるとさらに際立つ [88]。そして、パウロが「キリスト・イエス」という二重表現を用いる場合（「イエス・キリスト」と対比して）、これを「メシア・キリスト」と訳す必要があるという議論も考慮しなければならないだろう [89]。

　ユダヤ人パウロが、イエスのメシア性について関心をまったく示さなかったとは考えがたい。パウロの時代までに、「キリスト」がほぼ固有名詞化していたことは驚くべき現象だが、上に挙げた箇所においてパウロはいまだイエスのメシア性を念頭に置いている。これらの箇所において、パウロが想起させるメシアの役割が十字架のみならず生前のイエスの活動をも含むなら、本章における議論にとってその重要性は見逃せない。さらに、パウロがイエスのユダヤ人としてのアイデンティティを重視していたという点も [90]、パウロが地上のイエスに関心を示していたことの証拠となろう。

---

[86]　さらに §23.5 を見よ。
[87]　その他に、ロマ 15.19、I コリ 9.12、II コリ 2.12, 9.13, 10.14、ガラ 1.7、フィリ 1.27、I テサ 3.2 が挙げられよう。
[88]　ローマ書他所において「キリスト」という語にメシア的称号のニュアンスがあると考えられるのは、ロマ 7.4, 8.35, 14.18, 16.16 だ。ガラテヤ書では、3.16, 5.2, 4（両者ともに無冠詞）, 24, 6.12 である。その他は、n.83 を見よ。「聖典によると」という強調表現に鑑みると、I コリ 15.3 もこれに含まれよう（Hengel, 'Titles', 444–45 [n.76 を見よ]）。Wright（*Climax*, 41–55）のみが、パウロ書簡群における「キリスト」は、その集合的な意味合いのゆえに、すべて「メシア」と理解すべきだと論ずる〔訳註　Χριστός をメシア的称号として捉える最近の研究に関しては（とくに N.T. Wright の議論を支持するものとしては）、M.V. Novenson, *Christ Among the Messiahs: Christ Language in Paul and Messiah Language in Ancient Judaism* (Oxford et al.: OUP, 2012) を参照〕。これに対する反論は、Hahn, *Titles*, 182, 186 を見よ。
[89]　McCasland, 'Christ Jesus', 382–83; Cranfield, *Romans*, 836–37. Dahl（'Messiahship', 16）は、イエスに関する呼称のうち「イエス」のみが固有名詞であることに鑑み、「告白文は、『イエスは主である』あるいは『イエス・キリストは主である』だが、『キリストは主である』ではない」と指摘する。
[90]　ロマ 1.3, 15.8、ガラ 4.4.

§8.6. アダム

　私たちはここまでで、パウロが十字架以前のイエスの生き様と活動についての知識と関心をどの程度持っていたかについて、かなり詳しく考察してきた。しかしその収穫は皆無でないとしても、「イエスの生涯」という収穫祭を祝うほどの豊作ではない。しかし、パウロのキリスト観を論ずる際に看過できないもう1つの側面に光をあてなければならない。これは、パウロ神学におけるイエスの代表的役割とも呼ぶことができよう。

　パウロ神学におけるこの側面は、いわゆるアダム・キリスト論においてこそ最も具体的に表される [91]。とくに2つの重要なテクストにおいて（ロマ 5.12–21, Ⅰコリ 15.20–22) [92]、パウロはイエスとアダムとを意識的に並列させるが、そこでは人類の窮状の原因となる最初の不従順をもたらしたアダムと、この窮状に対する喫緊の応答として到来が待ち望まれたイエスを対比している。

> [15] 恵みの賜物は違反と異なります。なぜなら、もし1人の人の違反によって多くの人が死んだなら、神の恵みと1人の人イエス・キリストの恵みによる賜物はなおさら多くの人を満たしたからです。……[17] なぜなら、1人の人の違反によって、その人を通して死が支配したなら、豊かな恵みと義の賜物とを受け取る者が、1人の人イエス・キリストを通して命において支配するのはなおさらのことです……（ロマ 5.15–19）。

> [21] なぜなら、死が1人の人によって来たのだから、死者の復活も1人の人を通して来たのです。[22] なぜなら、アダムにおいてすべての人が死んだように、キリストにおいてすべての人が生かされるのです（Ⅰコリ 15.21–22）。

まず確認すべきことは、アダムが何らかの代表的立場にあると明らかに理解

---

91)　本項における議論の詳細は、Dunn, *Christology*, 108–13 を見よ。
92)　もう1つの重要なテクストであるⅠコリ 15.45 に関しては §10.2 を見よ。

第 8 章　人としてのイエス

されている点だ。アダムは人でありながら、人類全体を代表する、あるいは体現する個人だ[93]。それなら、並列されたキリストも同様の立場を有することになる。アダムは「来たるべき方（キリスト）の（予）型（τύπος）」（ロマ 5.14）である。すなわちキリストは、原初的なアダムの終末的な対照者だ。アダムはキリストのひな型あるいは「原型（prototype）」であり[94]、それぞれが 1 つの時代を開始し、それぞれがその時代を方向づける。第 1 の時代に属する者が「アダムにおいて」存在するように、第 2 の時代に属する者は「キリストにおいて」（Ⅰコリ 15.22）存在する。

　キリストの時代を画する出来事とは十字架と復活であり、これはアダムの原初的な違反に対応する。これは、本章における関心に何らかの影響を与え得るだろうか。その答えは、アダム／人類に関わるもう 1 つのテクスト（詩 8.5–7）を初代教会がどのように用いたかを考察することによって明らかとなろう[95]。

> ⁵ あなたが心に留める人とは何者でしょう、
> 　　あなたが心を配る人の子とは。
> ⁶ あなたは彼を天使らにわずか劣る者として造り、
> 　　栄光と誉れの冠を授けられました。
> ⁷ あなたの御手の業を治めるよう、
> 　　すべてを彼の足下に置かれました。

私たちは、このテクストがパウロのみならず初代教会において考察の対象となっていたことを知っている。パウロ文書においては、3 度にわたって詩

---

[93] §4.2, 4.6 を見よ。
[94] Käsemann, *Romans*, 151.
[95] この詩編における代表的個人への言及、また「人の子」という句が示す効果を維持する目的で、ヘブライ語の אֱנוֹשׁ を「人」（LXX: ἄνθρωπος）、また בֶּן־אָדָם を「人の子」（LXX: υἱὸς ἀνθρώπου）という伝統的な訳にしたがった（BDB 参照）。NRSV は前者を「人類（human beings）」、後者を「死ぬべき者（mortal）」と訳しているが、これはヘブ 2.6–9 における議論の説得性を低めることとなり、福音書における「人の子（υἱὸς ἀνθρώπου）」の用法を理解する鍵となる並列的な表現（「人の子」＝「人」）を見失うこととなる。

8.7bが引用されるか示唆されている[96]。すなわち、パウロや他の著者たちは、詩8.7bをイエスの高挙を支持するのに適切なテクストであると見なしたようだ（とくにⅠコリ15.27）。

詩8.5–7を用いる際の論理は明快だ。この詩編著者は人類創造における神の目的を記している、と考えられた。神は被造物全体を治める権威を人類に与えようとした。最たる立証テクストは創1.28である。すなわち、神は天地創造の最後にあたり人類を男と女とに創造し、彼らに述べる、「実りをもたらし、増えよ。地を満たし、それを治めよ。海の魚と空の鳥と地を這うすべての生き物を支配せよ」と。そして詩8.7bがイエスと結びつけられたことから、キリストの高挙がこの神の目的の成就と見なされたことが分かる。神の右の座へと高く挙げられたことにより、キリストは人類の定めを達成した。ついにすべてが神の遣わした代表的人物の足下に置かれた。

もちろんこの場合、キリストの死と復活とに焦点が置かれている。それでも詩8.6に関するこの解釈が前提とするのは、イエスが人類のための神の計画を完全に成就した者である、ということだ。イエスの業は、詩8.7bを通してのみならず、詩8.5–10全体を通して理解されなければならない。詩8.7bを成就するために、イエスは詩8.5–7aを通らなければならなかった。パウロ文書における詩8編の用法にこのような論理は見られない。しかしヘブ2.5–9における詩8.5–7の用法においてはこの論理が明白だ。来たるべき世の支配は天使に任されない（ヘブ2.5）。この段階では、人にも任されない。すなわち、「すべての者が人類の支配下に置かれているのを、私たちはいまだ見ていません。しかし『天使らよりわずかのあいだ劣る者として[97]』造られたイエスが今『栄光と誉れの冠を』受けているのを、私たちは見ています」。換言すれば、人類のための神のプログラムは目的を達成しえなかった。人類は、神が意図した被造物の支配という役割を果たし得なかった。しかし神は、イエスにおいてこのプログラムをもう一度遂行し、イエスにおいてその目的が達成された。ついにすべてのものが、神の遣わした人物の足下に置かれた。

---

96) Ⅰコリ15.27, フィリ3.21, エフェ1.22.
97) ヘブ2.9は、LXXに依拠している。

第 8 章　人としてのイエス

　おそらく、ヘブライ書には初期教会における詩 8.5-7 の解釈が反映されており、パウロもこの解釈に準拠しつつ詩 8 編を書簡中に仄めかしている。それなら、パウロのアダム・キリスト論はイエスの死と復活のみを意識しているのでないと言うことができよう。それはイエスの生き様全体を視野に入れている。すなわち、イエスの死と復活に代表的価値が見出されるというだけでなく、その死は代表的人物の死であり、代表的人生の終わりを意味した。換言するなら、イエスはまず第 1 のアダムの実際の運命（死）を共有し、そのあとアダムのための本来の意図（すべてのものの支配）に到達したのだ。この高度に象徴的なキリスト論において、イエスはまず古いアダムを代表し、そのあと最後のアダムとなった（Ⅰコリ 15.45）[98]。

　もっとも、この神学的考察はパウロ自身の記述に十分に依拠しておらず、推論的な面が否めない。そうではあっても、イエスが人類の否定的側面、すなわち罪と死の力の下（また「律法の下」）にあるという状況を共有したという理解は、パウロ書簡の他所からも明らかだ。

　最も顕著な例はロマ 8.3 である。すなわちパウロはキリストに関して、「肉によって弱くなった律法にできなかったことを、神はご自身の御子を罪深い肉と同じ姿で送ることによって成し遂げられました。（御子を）罪過の献げ物としてその肉において罪を裁きました」と語る。これは私たちが繰り返し訪ねなければならないテクストだ[99]。ここで問題となるのは、「罪深い肉と同じ姿で（ἐν ὁμοιώματι σαρκὸς ἁμαρτίας）」という表現である。Ὁμοίωμα (/ὁμοιώματι) の具体的な意味に関しては議論が分かれる。おそらくこれは、現実を可能な限り体現する同様性であり、一般的な表現を用いるならば、「鏡に映る姿（mirror image）」あるいは「写し（replica）」である[100]。ここでは何が同様か。同様性の対象は「罪深い肉」だが、それは肉自体が罪深いというのでなく、弱さと崩壊に晒され、その結果として罪の力に支配されている肉の状態を指す[101]。「罪深い肉」とは（結果的に）罪を犯す人類を指し、人の欲

---

98)　さらに §§9.1, 10.2 を見よ。
99)　§§9.2.2, 9.3, 11.3.1 を見よ。
100)　Dunn, *Romans*, 316–17; 'Paul's Understanding', 37–38 参照。
101)　§§3.3, 5.3–5, 6.7 を見よ。

望によって隷属状態にあり、死へと向かっている。したがって「罪深い肉と同じ姿で」という句は、罪の力が容赦なく搾取を続けて死に至る人類の状況とアイデンティティを共有するという緊密さを強調する表現でありながら、しかもイエス自身が実際にその力に屈服することを前提としない（Ⅱコリ5.21参照）[102]。ここで神学的な前提となる論理は以下のとおりだ。神が「罪深い肉」の問題を対処しようとすれば、死と罪の力の下にある人類の実存と完全に同化し連帯した姿で実子を遣わさなければならない[103]。

同様の議論はガラ4.4-5にも見られる。「神はその御子を遣わしました。この方は、女から生まれ、律法の下へ生まれました。それはこの方が律法の下にある者を買い取るためで、私たちが養子としての身分を受け取るためでした」。上述のとおり、「女から生まれ」という句は、たんにイエスが「人として生まれ」ることを指し[104]、「律法の下へ生まれ」という句は、ユダヤ人として、律法の監督下にあることを意味する（4.1-3）[105]。すなわち、イエスはその誕生の時から代表的役割を担っており、一般には人類を代表し、とりわけ同胞のユダヤ人を代表する[106]。パウロは、イエスのみをアブラハムの子孫とするが（ガラ3.16）、これは神の約束を限定的に狭めることでなく、この代表的なイエスにおいて、イエスを通して、すべてがアブラハムの遺産を継ぐ者となることを意味している（3.28-29）。キリストがこの代表的役割を満たすかぎりにおいて、「律法の下にある」者を贖い出し、人類に対して実質的に神の子としての立場をもたらすことになる[107]。

フィリ2.6-8をもこの考察に加えよう。キリスト賛歌（2.6-11）にはアダ

---

[102] 私たちは、パウロの死に関する概念――人類の状態の結果としての死と違反の裁きとしての死――が曖昧であること、また「罪」と「違反」との違いを思い出す必要がある（§§4.6, 5.7を見よ）。

[103] この表現は繊細なニュアンスを含んでおり、どこに重きが置かれるか、いつも議論が分かれる。最近の議論に関しては V.P. Branick, 'The Sinful Flesh of the Son of God (Rom. 8.3): A Key Image of Pauline Theology', *CBQ* 47 (1985), 246-62; F.M. Gillman, 'Another Look at Romans 8.3: "In the Likeness of Sinful Flesh"', *CBQ* 49 (1987), 597-604. さらに Dunn, *Romans*, 421-22 参照。

[104] §8 n.4 を見よ。

[105] §6.4 を見よ。

[106] イエス自身において人類の物語とイスラエルの物語とが融合している様子に注目せよ（§4.4, 6, 7を見よ）。さらに Dunn, *Galatians*, 215-17 参照。

[107] §9.3 を見よ。

ム・キリスト論が染み込んでいるように見受けられる[108]。ここでは7節後半部に注目しよう。「人と同じ姿になり（ἐν ὁμοιώματι ἀνθρώπων）……人の様子で（ὡς ἄνθρωπος）現れ……」。ここには、ロマ 8.3 との類似性が顕著だ。厳密な意味が何であれ、キリストがその死に至る生前の状態において、人類を代表する者と見なされたことを意味しているようである。それゆえに、キリストの死は重要となる。なぜならその死が、人類のために罪と死の力を打ち破ったからだ。

要約しよう。第1世代のキリスト者のあいだで、かなり洗練されたアダム・キリスト論がすでに広く知れ渡っていたようだ。このキリスト論の焦点は、キリストの死（と復活）のみならず、死に至る生涯にも置かれている。そしてその生涯は、アダムの状況を呈している。すなわち、アダム・キリスト論の第1段階において、イエスは人類に対する神の第1の計画を生き抜いた。イエスが代表的な役割を担っているということは、罪の下での弱さと死の支配にある人類の状態を担うことであり、また律法の制限下にあるイスラエルを代表することでもある。イエスの代表的役割は、まず第1に死に向かうアダムとの連帯にある。このキリスト論のための神学的論理は、ナジアンゾスのグレゴリオスによる古典的な言説に示されている。すなわち、「担うことができなければ、癒すことはできない」（『書簡』101.7）。あるいは「キリストが我々のようになったのは、我々が彼のようになるためだ」（エイレナイオス『異端反駁』5序）また「彼は人となった、それは神となるためだ」（アタナシウス『ロゴスの受肉』54）に見られよう。

§8.7. 受肉した子？

後述する議論を視野に入れるなら（§11）、受肉という概念がパウロのキリスト論において少なくとも示唆されていると考えることができるかも知れない。とくに、もし神がその御子を遣わす（ガラ 4.4, ロマ 8.3）という表現の背景に知恵キリスト論が意識されているとすれば、この派遣は天からの派遣で

---

[108] もっとも、この私見には反対も多い。§11.4 を見よ。

あり、派遣された御子の使命はその誕生から始まることとなる[109]。

これらのテクストが受肉の概念を示唆しているとすれば、パウロの生前最後に著されたと考えられるパウロ文書の知恵キリスト論には、より明らかな仕方で受肉が語られている（コロ 1.15–20）。なぜなら、コロ 1.15–20 における卓越した知恵キリスト論において、あるいはより限定的にその後半において（1.18b–20）[110]、「彼の内に（神的存在の／神的性質の）すべてが御心のままに満ちて宿る」（1.19）。ここで重要となる語は、「満ちて」と訳される名詞で〔訳註　文字どおりには「充満（πλήρωμα, fullness）」〕、完全性／完結性が強調されている[111]。これが何に言及するかに関しては議論が続いているが、それでも多くの研究者は、神の力と臨在とが宇宙を満たすという確信を表現していると理解する。この思想は初期のユダヤ教伝承においてしばしば見られる[112]。また、人間に神的な存在が「宿る（κατοικῆσαι）」（同一動詞）という思想も、ユダヤ文書に存在する[113]。同様に、神を主体としてその喜びを意味する「御心のままに」〔訳註　文字どおりには「喜んだ（εὐδόκησεν, was pleased）」〕という表現も、LXX にしばしば見られる[114]。したがって、このやや不明瞭な表現の背後には、神の完全なる臨在がキリストの内に、神の御心によって（神が喜ぶままに）宿るという確信があろう[115]。

この理解は、コロ 2.9 において繰り返される。すなわち、「身体として彼（キリスト）の内にすべての神性が満ちて宿っている」。ここには、コロ 1.19 で用いられる 2 つの重要語（「満ちて（πλήρωμα）」と「宿っている（κατοικεῖ）」）が繰り返されている。この 2 つの箇所において、同語が異なる意味で用いられると考える理由はない。また下で触れる他の 2 つの語がここで議論されている思想をより明確にしているが、これら両語とも聖書においてここにし

---

109)　この議論に対する躊躇の声をも含めて、§11.3 を見よ。
110)　§11 n.41 を見よ。
111)　したがって一般的なギリシャ語では、船の乗組員の完全補充を指す。LSJ, πλήρωμα.
112)　例えば、エレ 23.24, 知 1.6–7,『アリ手』132, フィロン『寓意』3.4,『巨人』47,『混乱』136,『モーセ』2.238.
113)　知 1.4,『ゼブ遺』8.2,『ベニ遺』6.4,『エチ・エノ』49.3.
114)　例えば、「神は御心のままにそれ（シオン）に宿る」（詩 68.16）、また Ⅲ マカ 2.16. 他の例は、G. Schrenk, *TDNT* 2.738 を見よ。
115)　より詳しい議論は、Dunn, *Colossians*, 99–102 を見よ。

か登場しない語（ハパクス・レゴメノン）だ。

その1つが「身体として（σωματικῶς）」という副詞である。既述のとおり、σῶμα は人の身体性を指す語で、それは他の身体を持つ存在との遭遇を可能とする（つまり、目に見える）[116]。したがって σωματικῶς という語は、キリストに神聖が宿る現実が目に見える様子を強調する。したがってこの語は、神的顕現に対する接近／遭遇しやすさをここで語っている[117]。そして、ここで語られている神的顕現との接近あるいは遭遇の機会とは、たとえこの主題がのちにキリストの死へと焦点を移すにしても（2.11–15）、イエスの地上における生涯、あるいは少なくともその活動である[118]。ここにおいても受肉に関する思想は、ガラ 4.4–5 とロマ 8.3 に見られるアダム神学と密接につながっている。「宿っている」という現在形動詞は、その状態が継続していることを示しており、地上に生きるイエスの役割が継続的であることを教えている。すなわち、歴史において身体をもって生きたキリストこそが、神性を最も完全な形で示す。

2つ目は「神性（θεότης）」だ。この語は、神の性質（nature）あるいは本質（essence）を指す語として用いられていたようで、したがってそれは神を構成するものだ[119]。これはコロ 1.19 のより曖昧な表現で表されている思想と一致する。コロ 1.19 の訳としては、おそらく「神的性質のすべてが満ちて（all fullness of divine nature）」が「（神的）存在のすべてが満ちて（all the [divine] fullness）」よりもより適切だろう[120]。1つだけ明らかな点は、いずれのテクストにおいても「神のすべてが満ちている（all the fullness of God）」とは言われていないことである。コロ 1.19 は「すべてが満ち」という不特定表現が訳

---

[116] §3.2 を見よ。
[117] より詳しい議論は、Dunn, *Colossians*, 152 を見よ。
[118] コロ 1.19 と詩 139.7 と知 1.7 との関連性、またマコ 1.11 におけるイエスのバプテスマを考慮に入れると、ヨルダン川での聖霊降臨伝承が意識されているのかも知れない。そうであれば、σωματικῶς は復活の身体のみを視野に入れているという限定的な理解は否定される〔訳註　すなわち、神の霊が宿るイエスの地上における生き様に接触した者は、そこに神性のすべてが満ちている様子を見ることができたのであり、復活の身体との遭遇においてのみ神性のすべてが満ちる様子を見ることができたのではない〕。この論争に関わる資料は、Dunn, *Colossians*, 102 n.42 参照。
[119] BDAG, θεότης.
[120] 詳しくは、Dunn, *Colossians*, 151 を見よ。

としてはより適切で、コロ 2.9 は「神性」が「神」よりも訳としてはより適切だ。

　いずれにしても、受肉という概念が、この段階ですでに明らかに意識されていたと言えないまでも、とくにコロ 2.9 の表現はかぎりなくそれに近い。非常に頻度が少ない語が動員される様子は、まさに前例のない主張を提示する際の苦労を示していることだろう。もう 1 つの重要な点は、この項で扱った 4 つのテクストのうちの 3 つで[121]、神の「子」が主題となっていることだ。この点と、コロ 2.9 において「神性」という語が用いられているという点が重なって、その後のキリスト論の発展の布石となっている。

§8.8. 結論

　受難と復活以前のイエスの地上における活動に関してパウロが知識と関心を持っていたことは、かなりの確実性をもって結論づけることができる。パウロはイエス伝承の重要な部分を意識していた。その神学的形成と活動は、イエス伝承から影響を受けていた。イエスのユダヤ人としてのアイデンティティとメシア性は、パウロがキリスト論を形成するにあたっての重要な要素だった。イエスの代表的役割は、パウロの歴史観と救済観の根底をなした。そして、地上のイエスに神の本質的な臨在（神性）があるという理解は、パウロの円熟した神学においてより明らかな表現をとることになった。

　最後に、これらの考察の神学的重要性に言及しておこう。（1）パウロは、イエスの教えとパウロ自身の福音とのあいだに、本質的な継続性と一貫性を見出している。パウロは自分の神学が、イエスの死と復活をもとにした使信のみから開始しながら、独特な仕方でそこから離脱した教えとは考えない[122]。パウロは、イエスの歴史的活動と十字架における「イエスの事実（daß）[123]」を教えることのみに満足してはいない。あるいは、パウロの福音

---

121) ロマ 8.3, ガラ 4.4, コロ 1.13.
122) §8.1 を見よ。
123) とくに Bultmann, 'Historical Jesus', 237–38 参照〔訳註　イエスの生き様の内容は何か（Was）、それはいかなる様子か（Wie）は重要でなく、それが神学的に何を意味するか（daß）が重

理解がイエス自身の教えからの離脱、あるいは曲解であるという評価[124]を許容しない。

（2）イエスの教えとパウロ神学との継続性において、イエスのユダヤ性は前提として好意的に受け入れられ記念されるものであり、イエスがメシアに対するイスラエルの民の期待を成就したという主張は忘れられるべきでない。これは第一級の継続性であり、「メシア」という概念自体は大胆に再解釈されつつも、その重要性に変わりはない。ユダヤ人でありメシアであるイエスを媒体として、旧いイスラエルと新たな共同体との継続性が保たれ、この共同体は継続性の媒体であるメシアの名を自らに冠する。

（3）同時に、イエスが体現した媒体とは、神とイスラエルとを結ぶのみならず、神と全人類（アダム）とを結ぶ。したがって、このイエスに焦点を置いた福音は、旧いイスラエルに対して語られるのではなく、全世界に語られる。これはパウロにとって、救済が創造の目的の成就であることを意味する。この目的を達成するために、罪と死の力の下で無力な人類の深みまで神は達し、イエスという人において前例のない（受肉という？）仕方でそこに身を置いた。

要だという姿勢を、著者は牽制している]。

[124] ここでは、Reimarus から Harnack に至るイエスの生涯に関する研究を念頭に置いている。§8.1 を見よ。

第9章　十字架のキリスト [1]

---

[1]　第9章の文献リスト

G. Aulén, *Christus Victor: An Historical Study of the Three Main Types of the Idea of Atonement* (London: SPCK, 1931, new edn, 1970)〔G. アウレン『勝利者キリスト——贖罪思想の主要な三類型の歴史的研究』（佐藤敏夫訳、教文館、1982 年）〕; **Barrett**, *Paul*, 114–19; **G. Barth**, *Der Tod Jesu Christus im Verständnis des Neuen Testaments* (Neukirchen–Vluyn: Neukirchener, 1992); **M. Barth**, *Was Christ's Death a Sacrifice?* (Edinburgh: Oliver and Boyd, 1961); **Becker**, *Paul*, 399–411; **Beker**, *Paul*, 182–212; **C. Breytenbach**, *Versöhnung. Eine Studie zur paulinischen Soteriologie* (WMANT 60; Neukirchen–Vluyn: Neukirchener, 1989); 'Versöhnung, Stellvertretung und Sühne. Semantische und traditionsgeschichtliche Bemerkungen am Beispiel der paulinischen Briefe', *NTS* 39 (1993), 59–79; **Bultmann**, *Theology*, 1.292–306; **D.A. Campbell**, *The Rhetoric of Righteousness in Romans 3.21–26* (JSNTS 65; Sheffield: Sheffield Academic, 1992); **J.T. Carroll and J.B. Green**, *The Death of Jesus in Early Christianity* (Peabody: Hendrickson, 1995), 113–32; **Cerfaux**, *Christ* (§10 n.1), 118–60; **C.B. Cousar**, *A Theology of the Cross: The Death of Jesus in the Pauline Letters* (Minneapolis: Fortress, 1990); **R.J. Daly**, *Christian Sacrifice* (Washington: Catholic Univ. of America, 1978); **Davies**, *Paul*, ch.9; **G. Delling**, 'Der Tod Jesu in der Verkündigung des Paulus', *Studien zum Neuen Testament und zum hellenistischen Judentum* (Göttingen: Vandenhoeck, 1970), 336–46; **Dodd**, 'Atonement', *Bible*, 82–95; **J.D.G. Dunn**, 'Paul's Understanding of the Death of Jesus as Sacrifice', in S.W. Sykes (ed.), *Sacrifice and Redemption: Durham Essays in Theology* (Cambridge / New York: CUP, 1991), 35–56; **J.A. Fitzmyer**, 'Reconciliation in Pauline Theology', *To Advance the Gospel*, 162–85; *Paul*, 54–55, 62–66; **G. Friedrich**, *Die Verkündigung des Todes Jesu im Neuen Testament* (Neukirchen–Vluyn: Neukirchener, 1982); **Gese**, 'Atonement', *Biblical Theology*, 93–116; **Goppelt**, *Theology* II, 90–98; **K. Graystone**, *Dying, We Live: A New Inquiry into the Death of Christ in the New Testament* (London: Darton / New York: OUP, 1990); **R.G. Hamerton–Kelly**, *Sacred Violence: Paul's Hermeneutic of the Cross* (Minneapolis: Fortress, 1992); **M. Hengel**, *The Atonement: The Origins of the Doctrine of Atonement in the New Testament* (London: SCM / Philadelphia: Fortress, 1981); **D. Hill**, *Greek Words and Hebrew Meanings: Studies in the Semantics of Soteriological Terms* (London: CUP, 1967), 23–81; **Hofius**, 'Sühne und Versöhnung. Zum paulinischen Verständnis des Kreuzestodes Jesu', *Paulusstudien*, 33–49; **M.D. Hooker**, 'Interchange in Christ' and 'Interchange and Atonement', *Adam*, 13–25, 26–41; *Not Ashamed of the Gospel: New Testament Interpretations of the Death of Christ* (Carlisle: Paternoster / Grand Rapids: Eerdmans, 1994), 20–46; **A.J. Hultgren**, *Christ and His Benefits: Christology and Redemption in the New Testament* (Philadelphia: Fortress, 1987); *Paul's Gospel*, 47–81; **B. Janowski**, *Sühne als Heilsgeschehen* (Neukirchen–Vluyn: Neukirchener, 1982); **Käsemann**, 'The Saving Significance of the Death of Jesus in Paul', *Perspectives*, 32–59; **K. Kertelge**, 'Das Verständnis des Todes Jesu bei Paulus', in Kertelge (ed.), *Der Tod Jesu. Deutungen im Neuen Testament* (Freiburg: Herder, 1976), 114–36; **W. Kraus**, *Der Tod Jesu als Heiligtumsweihe. Eine Untersuchung zum Umfeld der Sühnevorstellung in Römer 3.25–26a* (WMANT 66; Neukirchen–Vluyn: Neukirchener, 1991); **Ladd**, *Theology*, 464–77; **J.D. Levenson**, *The Death and Resurrection of the Beloved Son* (New Haven:

§9.1. 死んだ者として

パウロ神学の中心をどこに据えるべきか、おおよそ疑いの余地はない。それはイエスの死と復活だ。既述のとおり、パウロはローマ書において人類に対する告発を終えると（1.18–3.20）、イエスの生涯やその教えへと主題を移すのではなく、現在と過去の罪に対する「償い」として神に遣わされたイエスの役割に言及する（3.25）[2]。ガラテヤ書では、十字架上で呪われたキリストがこの役割を担い、アブラハムの祝福がいかにして異邦人へ及ぶかという問題の決定的な解決となる（3.13–14）。その後、コロサイ書における神学的議論の中心（2.6–23）において、キリストの死の効果がさまざまなメタファによってより詳細に述べられる（2.11–15）。すなわち、割礼（2.11）、埋葬と

YUP, 1993); **E. Lohse**, *Martyrer und Gottesknecht* (Göttingen: Vandenhoeck, ²1963); **S. Lyonnet and L. Sabourin**, *Sin Redemption, and Sacrifice* (AnBib 48; Rome: Biblical Institute, 1970), 61–296; **B.H. McLean**, *The Cursed Christ: Mediterranean Expulsion Rituals and Pauline Soteriology* (JSNTS 126; Sheffield: Sheffield Academic, 1996); **I.H. Marshall**, 'The Development of the Concept of Redemption in the New Testament' (1974) and 'The Meaning of "Reconciliation"' (1978), *Jesus the Saviour: Studies in New Testament Theology* (London: SPCK, 1990), 239–57, 258–74; **R.P. Martin**, *Reconciliation: A Study of Paul's Theology* (London: Marshall, Morgan and Scott / Atlanta: John Knox, 1981) Part II; **Merklein**, *Studien*, 15–39; **L. Morris**, *The Apostolic Preaching of the Cross* (Grand Rapids: Eerdmans / London: Tyndale, 3rd edn, 1965); *The Cross in the New Testament* (Exeter: Paternoster / Grand Rapids: Eerdmans, 1965); *Theology*, 66–74; **Moule**, *Origin* (§10 n.1), 111–26; **Penna**, 'The Blood of Christ in the Pauline Letters', *Paul*, 2.22–44; **S.E. Porter**, Katallassō *in Ancient Greek Literature, with Reference to the Pauline Writings* (Córdoba: Ediciónes El Almendro, 1994); **Ridderbos**, *Paul*, 182–97; **Schlier**, *Grundzüge*, 128–40; **D. Seeley**, *The Noble Death: Graeco–Roman Martyrology and Paul's Concept of Salvation* (JSNTS 28; Sheffield: JSOT, 1990); **G.S. Sloyan**, *The Crucifixion of Jesus: History, Myth, Faith* (Minneapolis: Fortress, 1995); **Strecker**, *Theologie*, 112–18; **P. Stuhlmacher**, 'Eighteen Theses on Paul's Theology of the Cross', *Reconciliation*, 155–68; 'Sühne oder Versöhnung', in U. Luz and H. Weder (eds.), *Die Mitte des Neuen Testaments* (E. Schweizer FS; Göttingen: Vandenhoeck, 1983), 291–316; *Theologie*, 294–300; **V. Taylor**, *The Atonement in New Testament Teaching* (London: Epworth, ³1958); **R. de Vaux**, *Studies in Old Testament Sacrifice* (Cardiff: Univ. of Wales, 1964), **H. Weder**, *Das Kreuz Jesu bei Paulus. Ein Versuch, über den Geschichtsbezug des christlichen Glaubens nachzudenken* (FRLANT 125; Göttingen: Vandenhoeck, 1981); **Whiteley**, *Theology*, 130–51; **S. K. Williams**, *Jesus' Death as Saving Event: The Background and Origin of a Concept* (Missoula: Scholars, 1975); **Witherington**, *Narrative*, 160–68; **F.M. Young**, *Sacrifice and the Death of Christ* (London: SPCK / Philadelphia: Westminster, 1975); **Ziesler**, *Pauline Christianity*, 91–95.

2) §8.1 を参照。

復活 (2.12)、死と（新たな）命 (2.13)、証書の破棄 (2.14)、支配解除と勝利の行進 (2.15) 等によって[3]。

　前章（第8章）で明らかになったとおり、パウロ神学は受難以前のイエスを大切にしている。しかし、パウロの福音とその神学において、十字架が中心にあることは明らかだ。パウロのキリスト論的議論がイエスの全生涯を視野に入れている場合でも、イエスの全生涯の意義深さは、究極的には、十字架と復活という救済的出来事の重要性を引き出すことにあると言えよう。

　イエスのメシア性についても同様だ。教師であり預言者であるイエスがメシアだったという主張は、パウロと同時代のユダヤ人のあいだで問題とならなかったわけではない。もっとも、ナザレのイエスが復活したという主張は、パウロの同胞らのあいだでそれほどの神学的問題を引き起こさなかったかも知れない。むしろ彼らにとって問題なのは、イエスがメシアとして十字架につけられた[4]、十字架刑がメシアとしての役割の中心であり頂点であるという主張だ（Ⅰコリ 1.23）。ユダヤ社会の分派的論争において、〈十字架につけられた者は神に呪われた者だ〉という非難が常套句だったかも知れない。「木に架けられた者は誰でも呪われよ」という申 21.23 の言葉は、この極刑の犠牲者に向けられていた[5]。ガラ 3.13 の十字架につけられたイエスという表現の背景にも、ナザレ派に対する初期の批判において同じ申命記テクストが用いられたという事情があったのかも知れない。これは教会迫害者としてのパウロ自身が以前用いた手法でもあろうか。ほとんどのユダヤ人にとっ

---

　3) Dunn, *Colossians*, 146 を見よ。
　4) 使 2.36 の示唆によると、Hahn, *Titles*, 161–62 の議論にもかかわらず、イエスは十字架刑のあと初めてメシアとして認識されたという議論はまったく受け入れられない。Dahl ('Crucified Messiah', 39–40) は以下のように結論づける。「『メシア』という称号がイエスに付されたことは、イエスがメシア偽証者として断罪され十字架刑に処されたことと直接結びついている」。
　5) 4QpNah 1.7–8 は、明らかに反対派のファリサイ人ら（「なめらかな物を求める者ら」）がハスモン朝の王アレクサンドロス・ヤンナイオス（前 104–78）によって十字架刑に処された事件（「生きたまま木に付けられた」、申 21.22–23）に言及している（ヨセフス『古誌』13.380–81 参照）。11QT 64.2–31 は申 21.18–23 を言い直し詳説するが、「木に架ける」ことを処刑の方法（十字架刑）と特定している。さらに J.A. Fitzmyer, 'Crucifixion in Ancient Palestine, Qumran Literature and the New Testament', *CBQ* 40 (1978), 493–513 を見よ。McLean (*Cursed*, 133) は、クムラン文書が十字架刑に言及することはないと論ずるが、使 5.30, 10.39 を考慮すべきである。

て、「十字架につけられて呪われたメシア」は自己矛盾だった[6]。十字架につけられた男を宣教の中心主題に位置づけることは（ガラ3.1参照）、異邦人の感性からしても愚かしいことだった（Ⅰコリ1.23）。なぜなら、十字架はローマ人が提供し得る処刑方法の中で、最も人の尊厳を傷つけ辱めるものとして一般に認識されていたからだ[7]。これに対して初期のキリスト者たちは、イエスのメシア性を十字架抜きに語ろうとはしなかった[8]。パウロにとって、メシアとは十字架につけられた者であり、そうでなければメシアであり得ない。パウロがその念頭に置く唯一のキリストは、「十字架につけられたキリスト」（Ⅰコリ1.23, 2.2）だ。

同様のことは、上述したアダム・キリスト論についても言える（§8.6）。御子が「まさに罪深い肉と同じかたちで」（ロマ8.3）遣わされたこと自体、それ以降の出来事——すなわち十字架——から離れては、重要な出来事と見なされない。イエスが遣わされたのは罪の問題を対処するためで、それは彼の死を通してなされた[9]。これと思想的に並行するガラテヤ書のテクストでも、「女から生まれ、律法の下へ生まれました。それはこの方が律法の下にある者を買い取るため」（4.4–5）であり、ここでもイエスの死が焦点となっている[10]。フィリピ書のケノーシス賛歌においても、「人となる」というキリストの役割は、アダムの不従順への応答としての従順であり、それは「十字架の死」（2.7–8）を意味する[11]。アダムとキリストとの対比は死と命との対比（Ⅰコリ15.22）、より厳密には、死に至る命と、死んでもその死を復活の命が克服する生き様との対比だ。ヘブ2.5–9に関しても、これをパウロが詩8.5–7を用いつつ意識しているアダム・キリスト論をより詳細に描いたもの

---

[6] トリュフォンはユスティノスに対して以下のように述べる。「彼（メシア）が十字架につけられ、屈辱と不名誉の死を迎えなければならなかった理由を説明せよ。我々はそのような事態を考えることさえできない」（『対話』90.1）。

[7] M. Hengel, *Crucifixion* (London: SCM / Philadelphia: Fortress, 1977).

[8] 初期教会の護教的表現は、おそらく以下のようなテクストに見られる。ルカ24.25–27, 46, 使8.32–35, 17.2–3, Ⅰコリ15.3, Ⅰペト1.11.

[9] §9.2.2を見よ。

[10] §9.3.3を見よ。

[11] この賛歌の「十字架の死」という部分が本来の賛歌に属することはHofius (*Christushymnus*) (§11 n.1), 7–12, 63–67において十分に議論されている。

と考えるなら[12]、「天使らにわずかに劣る者として造られた」という派遣主題と、「すべてを彼の足下に置かれました」というアダム本来の目的成就とを結ぶ出来事は、死の苦しみである。キリストはアダムの歩みを繰り返すが、それは「神の恵みによって彼（キリスト）がすべての者のために死を味わうためである」（ヘブ 2.8–9）。

　この主題に関して最も印象的なパウロの言説は、Ⅱコリ 5.14 だろう。すなわち、「キリストの愛が私たちを突き動かすのです。それは、1 人の方がすべての者のために（ὑπὲρ πάντων）死に、その結果すべての者が死んだ、と私たちは確信するからです」。おうおうにしてこのような警句には謎めいた部分があり、その効果は厳密な意味よりも印象に依拠する場合が多い。しかしいずれにしても、「1 人の方がすべての者のために死に、その結果すべての者が死んだ」という警句はアダム・キリスト論的な表現であり[13]、上で述べた仲介的役割が示唆されている。ここでも「キリスト」は代表的な人物だ。「アダムにおいて皆が死ぬ」（Ⅰコリ 15.22）ことに呼応して、イエスはここで全人類の死を引き受けて死ぬ。

　パウロは何を言おうとしているか。これを論理的（時間的）推移として片付けてしまうと、この警句の効果が薄れてしまう。このような警句を適切に解釈しようとすれば、その驚くべき展望に見合うだけの潔さと覚悟が必要となろう[14]。パウロは、以下のような方向性で神学を試みるよう読者を招いているようだ。すなわち、イエスが死ぬのなら、すべての者が死ぬ。キリストが死ぬのなら、誰も死を免れない。パウロが「1 人の人（終末のアダム的人物）」が死んだというとき、それは人類にとって他の終わり方があり得ないことを意味する。全人類は、彼が肉として死ぬように、罪深い肉としての終わり

---

12) §8.6 を見よ。

13) Windisch, *2 Korintherbrief*, 182–83; Kertelge, 'Verständnis', 121–22 参照。この警句に関する異なる解釈は、Thrall, *2 Corinthians*, 409–11 を見よ。

14) 以下の解釈を、Hamerton–Kelly (*Sacred Violence*, 70) の典型的な理解と対比せよ。すなわち、「1 人の人がすべての者を代表して死んだと結論づけるなら、それはすべての者が死んだことを意味する。なぜなら、彼らはこの 1 人の人の死の内に自らの競合的な擬態行動の影響を見出し、犠牲となった者が示すところの、要求しない欲求を模倣する道を選ぶことによって、自らの競合的行動を打ち捨てるからだ。したがって、『情欲と欲望と共に肉を十字架につけた』」。

第9章 十字架のキリスト

である死を迎える（ロマ 8.3）。罪深い肉が、堕落へと向かう力を克服して、罪の力への従属から解放される道が他にあるなら、神が遣わした代表的役割を果たす人物が死ぬ必要はなく、じつに死ななかっただろう。死ぬこと以外の方法で、罪深い肉を克服する道を人類に示せばよかった。しかしキリスト――この「1人の人」――は死んだ。それは、人類にとって他に道がないからだ。この1人の人が死んだことは、弱く堕落した肉にとって、死以外に道がないこと、死によって肉を滅ぼさなければ、その肉において働く罪の力に抗することができないことを意味する。「人はその絶滅を通してでなければ助かる道がない」とカール・バルトが述べるとおりだ[15]。

この考察をさらに進めるなら、それは全人類へと適用される。神を認めようと（ロマ 1.21）認めまいと、神（あるいはキリスト）を意識しつつ生きることを選ぶか否かにかかわらず、人はみな死ぬ。人は自らの死を個人に限定された（自分だけの）死と捉えるが、じつはすべての人が体験する死である。あの「1人の人」の死とはすべての人の死だ[16]。パウロの福音は、死によってすべてが終わるか、という問題に応答している。パウロの答えは否である。キリストを信仰し、キリストを自らのアイデンティティとする者は、キリストの死にさらなる意義を見出す。しかし今のところ、キリストが人類と同じ姿をとったということは、彼の死がすべての人の死を明るみに出したことである、という点までで議論をとどめておこう。1人の人がすべての人と同化しそれを代表するとき、1人の人の死はすべての人の死である。すべての人がこの1人の人の死と自らを同視するとき、福音の物語は前進し始める[17]。

パウロによる十字架の神学には、ある程度謎めいた部分が残されている。ここには、イエスの死に関するパウロの思想が反映されているが、すでに観

---

[15] G. C. Berkouwer, *The Triumph of Grace in the Theology of Karl Barth* (Grand Rapids: Eerdmans, 1956), 135 参照。

[16] Ⅱコリ 5.14 における「みな」をキリスト者のみに適応することは誤りだろう。Martin, *Reconciliation*, 100–01; *2 Corinthians*, 131. 復活前のキリストの代表的役割（「罪深い肉」、ロマ 8.3）と復活後のそれ（Ⅰコリ 15.45, §10.6 参照）とは本質的に異なる。Furnish, *2 Corinthians*, 327 参照。

[17] この視点は、エイレナイオスが「再統合（recapitulation）」という概念によって展開した議論に依拠している。J.N.D. Kelly, *Early Christian Doctrines* (London: Black, ³1960), 170–74.

察したとおり[18]、パウロは十字架につけられたキリストに関する自らの神学を詳細に述べる必要を感じていなかった。パウロが十字架の神学に言及する際、それは教理的教示や使信の定型句だったり、簡潔な仄めかし程度のものである[19]。これは、十字架の神学に関して、パウロと一義的な読者とのあいだで理解の共有があったからだと思われる。定型句や簡潔な仄めかしは、彼らのあいだで共有されている信仰の中心的主題を想起させるに十分だった[20]。しかし、このように簡潔な表現は、今を生きる私たちが理解することを困難にしている。もっとも、これらの表現を含む箇所で語られる神学の解釈がさまざまな議論を引き起こしているとしても、実際に用いられるメタファはある程度具体的なイメージを提供している。

§9.2. 罪の犠牲

キリストの死が示す重要性を、パウロは非常に印象深いイメージを用いて説明する。すなわちそれは儀礼的な犠牲であり、より具体的には、個人や集団がエルサレムで献げる「罪のための献げ物（贖罪の献げ物）」（レビ4章）や、毎年行われる贖いの日の献げ物（レビ16.11–19）だ。もっともこれは、現代の読者にとって、パウロ（と初期キリスト者）の神学における最も不快な要素でもある。血まみれの犠牲自体、またそれによって神と人との関係が保たれるという発想は、啓蒙主義以降の感性からすると忌まわしく、原始的で粗野な神観を反映していると評価されがちだ。その結果、パウロによる犠牲への言及がほとんど定型句や短い表現に限られていることを根拠として、犠牲というイメージはパウロ自身に特徴的な神学を反映しない、という議論を展開する研究者もいる[21]。しかし、この蓋然性は低い。他の研究者はより根本的

---

18) §7.3 を見よ。
19) もっとも、Ⅱコリント書における受難（とくに使徒としてのパウロ自身の受難）に関するパウロの神学は、十字架の神学の延長として見なされるべきだろう。§18.5 参照。
20) このような定型句が存在したことは、そこに述べられている主題が重要であり、新たな教会が設立されるたびに繰り返し教えられた内容であることを物語っている。この理解は、パウロが簡潔な表現で語る主題が彼にとって重要でないという解釈（Seeley, *Noble Death* 参照）を、根底から覆す。
21) 例えば、「犠牲的死という概念があったとしても、それは背後に追いやられている」（Käse-

な解決を試み、暴力や贖罪的な痛みを基礎とする神学はすべて誤ったテクスト解釈の結果だと結論づける²²⁾。しかし、パウロが犠牲的イメージを用いたこと、また彼の福音の中心にこのイメージがあることは、それらがいくら簡潔な表現だとはいえ否定しようがない。パウロが犠牲的イメージを用いたという事実をいかに評価するか、それはパウロが実際にこのイメージをいかに用いたかを明らかにしてから考慮すべき問題だ。

（1）ローマ書 3 章 25 節：まず注目すべきは、パウロがロマ 1.18–3.20 において人類への告発を行ったあと、すぐさまその応答として解決を提示する箇所だ（3.21–26）。「神の義」（3.21–22）という鍵となる句を繰り返し説明したあと、パウロはもう一度前の告発を要約して告げる（3.22–23）²³⁾。すなわち、「そこに区別はありません、なぜならみなが罪を犯したからです……」と。パウロはこれに続いて、彼自身がその思想の中心に据え、また広く共有されている福音の内容を記す（3.24–26）²⁴⁾。

> ²⁴ 彼らは、彼（神）の恵みによる賜物として、キリスト・イエスにある贖罪（身代金による解放）を通して、義とされました。²⁵ 神はこの方をその血による（信仰を通した）贖い（ヒラステーリオン ἱλαστήριον）として提示し、過ぎ去った時代に犯された罪を放免すること（πάρεσιν）によってご自身の義を示されました。²⁶ この神の忍耐によってこの時代にご自身の義を示されたのは、ご自身が義であり、イエスを信じる者を義とする方であることを示すためです。

mann, *Perspectives*, 42–45）、「この儀礼的言語にパウロはもはや関心を持っていない」（Hengel, *Atonement*, 45）などがある。Friedrich（*Verkündigung*, 42, 66, 70–71, 75, 77）は、主要な箇所におけるすべての犠牲的重要性を否定している。一方で Käsemann と Friedrich に対する反論はそれぞれ、Cousar, *Theology*, 16–18; Stuhlmacher, 'Sühne', とくに 297–304 を見よ。エフェ 5.2 は犠牲のイメージをより鮮明に表現している。「キリストは私たちを愛し、私たちのために、神への香り高い生け贄（προσφοράν）や犠牲（θυσίαν）としてご自身を捧げられました」。

22) とくに Hamerton-Kelly（*Sacred Violence*）は、ジラールの議論に依拠している。René Girard, *Violence and the Sacred* (Baltimore: Johns Hopkins Univ., 1977); *The Scapegoat* (Baltimore: Johns Hopkins Univ., 1986). Hamerton-Kelly のガラ 3.13 に関する解釈を見よ（§9 n.107）。Sloyan, *Crucifixion*, 190–92 に挙げられている文献を見よ。

23) §14.2 を見よ。

24) ロマ 3.24–26 が前パウロ定型句を含んでいるという議論に関しては §7.3 と §7 n.66 を見よ。Hultgren（*Paul's Gospel*, 71）はロマ 3.21–25 を「パウロの福音の縮図」と表現する。

この箇所で最も注目される語は「ヒラステーリオン」だ。この語には犠牲のニュアンスがある。なぜなら、LXX においてこの語は、ほぼ限定的に契約（掟）の箱の蓋──「慈悲（贖い）の座」──を指す用語として用いられているからだ[25]。これは贖いの日に、聖所とイスラエルの会衆全体のための贖いを行う場である（レビ 16.16–17）。このメタファに関してはさまざまな解釈が施されてきた。ここでの議論に影響を与えはしないが[26]、それでも以下の 3 つの疑問（a–c）にまず言及しておこう。(a) ヒラステーリオンは、贖いの場として理解すべきか、あるいは贖いの手段として理解すべきか。前者（場）を支持するに足る議論は十分にされてきている[27]。これが後者（手段）の意味へと容易に移行する様子は、この語ののちの用法から明らかだ[28]。

(b) この語は「贖い（expiation）」と訳されるべきか、あるいは「宥め（propitiation）」と訳されるべきか[29]。後者の訳を選択することの問題は、それが〈神をなだめすかす〉というニュアンスを不可避的に含んでいることだ。一方でロマ 3.25 では、神自身がヒラステーリオンを提供する。この点で、一般的なギリシャ語の用法とヘブライ語の用法とは異なる。一般にギリシャ語の用法では、人間が主体となり神が客体となる。すなわち、人の行為が怒る神を鎮

---

[25] とくに出 25.6–21（7 回）とレビ 16.2, 13–15（7 回）では כַּפֹּרֶת の訳として、またエゼ 43.14, 17, 20（5 回）では עֲזָרָה の訳として用いられる（またアモ 9.1 も参照）。新約聖書では、ロマ 3.25 以外ではヘブ 9.5 のみで ἱλαστήριον が用いられる。McLean (*Cursed*, 43–46) は、LXX において ἱλαστήριον が כַּפֹּרֶת の訳として用いられていることを看過しているようだ。フィロン『ケル』25、『相続』166、『逃亡』100, 101、『モーセ』2.95, 97 も見よ。Kraus, *Tod Jesu*, 21–32 参照。

[26] Kraus, *Tod Jesu*, 4–6 に挙げられた文献を参照。

[27] とくに、Davies, *Paul*, 237–41; Stuhlmacher, *Reconciliation*, 96–103; *Theologie*, 194; Lyonnet and Sabourin, *Sin*, 155–66; Janowski, *Sühne*, 350–54; Hultgren, *Paul's Gospel*, 55–60. Hultgren (pp.62–64) はロマ 3.23–26a を、パウロによるエフェソのユダヤ人会堂における贖いの日の説教の結末部ではないかと推論する。

[28] IV マカ 17.22、ヨセフス『古誌』16.182. L. Morris, 'The Meaning of *hilastērion* in Romans 3.25', *NTS* 2 (1955–56), 33–43; Cranfield, *Romans*, 214–17; Williams, *Jesus' Death*, 39–40; Fitzmyer, *Paul*, 64; Cousar, *Theology*, 63–64; Campbell, *Rhetoric*, 107–13, 130–33; Hooker, *Not Ashamed*, 43–44. 1996 年にアバディーンで開催された英国新約聖書学会において、D. Bailey は、二重対格構文における同格目的語（ここでは「この方を……宥めとして」）は聖書ギリシャ語（とフィロンとヨセフス）において、必ずと言ってよいほど無冠詞であると指摘した。Seeley, *Noble Death*, 20–21 参照。

[29] 英語圏におけるこの古典的な議論は、Dodd による ἱλάσκεσθαι 動詞群に関する研究（'Atonement'）によって始まり、これに Morris が応答した（*Apostolic Preaching*, chs.5–6）。Hill, *Greek Words*, 23–36; Ladd, *Theology*, 470–74 を見よ。

める³⁰⁾。しかしヘブライ語の動詞（כִּפֶּר）では、神が目的語となることは決してない。イスラエルの宗教において、神が「宥め」や「賺し」の対象とならない。贖いの日の行為の目的は、むしろ人や物の汚れや罪の除去／清浄だ。贖いは、人のためあるいは「罪のため」になされる³¹⁾。また、これを神の行為、すなわち神が罪の（ための）贖いをなす、と言うこともできる³²⁾。もちろん贖いは、神の怒りをもたらす罪を除去する行為だが³³⁾、それは罪に対する働きかけであり、神に対する働きかけでない³⁴⁾。したがって、ここで引き合いに出されているイメージは、金属に腐食をもたらす錆びの除去や、人に病気をもたらすウィルスの中和であり、体罰による怒りの宥めではない³⁵⁾。

　（c）この語の背景に、儀礼よりも殉教神学が意識されているか。この問題は、殉教者の死に贖罪的な価値があるという思想を表現するために『IVマカ』17.21–22でヒラステーリオンが用いられている、という議論によって注目を集めた³⁶⁾。しかしこの議論もヒラステーリオンの理解を深めない。殉教神学は、犠牲メタファのたんなる適用だ（LXXダニ3.40も見よ）³⁷⁾。いずれにせよ、神がキリストをヒラステーリオンとして遣わしたという理解は、犠牲宗教に依拠している。犠牲宗教はトーラーを通して神によって制定されたが、そのような理解はユダヤ教の殉教神学自体にはない³⁸⁾。

30）「罪を贖う」を意味するヘブライ語 כִּפֶּר のLXXにおける一般的な訳語ἐξιλάσκομαιが、「宥める、好意を懇願する（חלה）」という意味で用いられるのは、ゼカ7.2, 8.22, マラ1.9の3回のみである。

31）出32.30, レビ4.35, 5.26, エゼ45.17. さらにLyonnet, *Sin*, 124–46を見よ。

32）例えば、「主があなたの僕の（ための）償いをなさいますように」（王下5.18）、「私の罪の（ための）償いをなしてください」（LXX詩24.11）、「彼（神）は私の多くの罪の償いをなしてくださる」（シラ5.5–6）。Dodd, 'Atonement'; F. Büchsel, *TDNT* 3.315–17, 320–21; B. Lang, כִּפֶּר, *TDOT* 7.290–92を見よ。

33）民16.46, 25.11–13参照。

34）Witherington, *Narrative*, 163–64はこの点を看過している。

35）さらにDunn, 'Paul's Understanding', 48–50を見よ。Hamerton–Kelly（*Sacred Violence*, 80）の「宥められるべきは神でなく人である」という理解と比較せよ。

36）とくに、Hill, *Greek Words*, 41–45を見よ。Williams（*Jesus' Death*, 135）は、後70年以前のユダヤ教において殉教神学が確立していたという前提に反論する。しかし、Seeley, *Noble Death*, ch.5と§9 n.127を見よ。

37）H. Riesenfeld, *TDNT* 8.511. Lohse（*Martyrer*, 71）は、ディアスポラユダヤ教が殉教思想を育んだ理由は、それが遠く離れたエルサレムの犠牲宗教の代用として機能したからだ、と論ずる。同様の議論は、Kraus, *Tod Jesu*, 42–44にもある。

38）Kertelge, 'Verständnis', 118–19.

より重要な議論は、「過ぎ去った時代に犯された罪を放免すること」が何を意味するかだ。パウロがギリシャ語聖書の他所に見られない「放免すること（πάρεσιν）」という語を用いる場合、「裁かずに釈放する、罰を免除する」という法廷用語としての厳密な意味を意識しており、これには「見逃す、無視する」というニュアンスはない[39]。罰を差し控える行為（忍耐）は、契約における神の責任である[40]。そしてこの行為が義であることはヒラステーリオンによって示されている。すなわち犠牲の行為が、罰を放免するという神の決断を法的に正当化する。ここで疑問となることは、パウロが犠牲というシステムを正当化しているか、あるいはたんに暫定的な措置と考えているかという点だ。あるいは犠牲のシステムが、イエスの死を罰の放免に有効なヒラステーリオンだとしつつも、同時にイエスの死と復活がこのシステムより有効であることを示唆しているか、という点だ。パウロの短い表現から、これらの点について断言することはできない。この古い定型句が何を意識していたかは別として、パウロが重視するのはこの後半部、すなわち神が「この時代にご自身の義を示された」（3.26）ことだ[41]。

ロマ 3.24-26 に見られる著しく濃縮された贖罪の神学へ理解を深める前に[42]、パウロ書簡群に見られる他の犠牲に関するテクストも考察しよう。

(2) ローマ書 8 章 3 節——この節に関してはその一部、「神はご自身の御子を罪深い肉と同じ姿で送ることによって」という表現をすでに考察した[43]。ここでは、それに続く「（御子を）罪のための献げ物として（περὶ ἁμαρτίας）その肉において罪を裁きました」を考察しよう。この箇所に関しても、解釈はさまざまだ。περὶ ἁμαρτίας がより曖昧に「罪のために」と訳さ

---

39) BDAG, πάρεσις. W.G. Kümmel ('*Paresis* und *endeixis*', in *Heilsgeschehen*, 260–70) は、この語を「赦す」と訳しているが（pp.262–63）、これは訳し過ぎだ。Kraus, *Tod Jesu*, 95–104 を見よ。C.F.D. Moule は個人的な会話の中で、これを罪に関する「神的な見過ごしのように見えるもの」と述べた。

40) 「神の忍耐によって」という表現に関しては Kraus, *Tod Jesu*, 112–49 を見よ。神の義に関しては §14.2 を見よ。

41) Dunn, *Romans*, 173–74; Fitzmyer, *Romans*, 351–52 も参照。

42) §9.3 を見よ。ロマ 3.21–26 においても神の義は中心的主題なので、これに関しては §14.2 でもう一度扱う。

43) §8.6 を見よ。

れる場合もある⁴⁴⁾。しかし LXX では、「贖罪の献げ物として（לְחַטָּאת）」の訳に、このギリシャ語の句がしばしば用いられる⁴⁵⁾。ロマ 3.21–26 の福音内容における儀礼イメージの重要性に鑑みると、ここでも同様の意味が示唆されている蓋然性が高い⁴⁶⁾。この句が「その肉において罪を裁きました」という表現へと続くことを考えると、この句（περὶ ἁμαρτίας）がこの裁きの実行手段を指していると思われる。つまりロマ 3.25 と同様に、これは神が罪を対処するために提供した罪のための献げ物を指している。

（3）Ⅰコリント書 5 章 7 節——パウロは、「私たちの（ための）過越の小羊であるキリストが犠牲として捧げられました」と明言する。これは目を見はる表現だ。なぜなら、厳密に言えば過越の小羊は犠牲でないからだ⁴⁷⁾。ただエゼ 45.18–22 において、過越と贖罪とがすでに結びつけられている。過越と犠牲との関連性は、過越祭と最後の晩餐との関連、また過越祭と「多くの人のために血を注ぎ出した（ἐκχυννόμενον）」（マコ 14.24 と並行記事）というイエス伝承との関連によって、パウロ以前にすでに創出されていたものだろう。マルコはきわめて犠牲供儀的な表現を用い、贖罪を明らかに意識している⁴⁸⁾。異なるメタファとイエスの死に関する表現を併走させて古い儀礼の区別をぼやけさせることは、他所でも初期教会に見られる傾向だ⁴⁹⁾。パウロの神学的表現には、同様の進化したメタファがより洗練された仕方で現れている。

---

44) 例えば Lietzmann, *Römer*, 79; Barrett, *Romans*, 147; Cranfield, *Romans*, 382; Friedrich, *Verkündigung*, 68–71 を見よ。Grayston（*Dying*, 110）は、「罪に関する権威によって」と訳す。

45) 例えば、レビ 5.6–7, 11, 16.3, 5, 9, 民 6.16, 7.16, 代下 29.23–24, ネヘ 10.33（LXX Ⅱエス 20.34）、エゼ 42.13, 43.19. LXX イザ 53.10 では、この句が「償いの献げ物（אָשָׁם）」の訳として用いられている。חַטָּאת と אָשָׁם の違いに関しては D. Kellermann, אָשָׁם, *TDOT* 1.431–35 を見よ。

46) Wilckens, *Römer*, 2.127. Michel（*Römer*）は第 5 版において考えを変え、この解釈を指示している。また、Hengel, *Atonement*, 46; Kraus, *Tod Jesu*, 191–93; Becker, *Paul*, 410; Stuhlmacher, *Theologie*, 291; Wright, 'The Meaning of *peri hamartias* in Romans 8.3'; *Climax*, 220–25 を見よ。この場面で犠牲イメージが登場するのは唐突過ぎるとの議論に対しては、Campbell（*Rhetoric*, 18, 132）が、「ローマ書のテクストには、レビあるいは犠牲的イメージが一貫して見え隠れしている」という議論が、ある程度有効な応答と言えよう。

47) 「過越の献げ物は、罪のための献げ物でなければ、罪の償いや除去の手段でもない」。G.B. Gray, *Sacrifice in the Old Testament*（London: OUP, 1925）, 397.

48) Jeremias, *Eucharistic Words*（§22 n.1）, 222–26.

49) Ⅰペト 1.18–19, ヨハ 1.29.

（4）Ⅱコリント書5章21節――「罪を知らない方を、神は私たちのために罪とされました」という文言に明確に表されている浄・不浄の対比から、パウロが犠牲供儀に必要な汚れのない動物を意識していることは明らかだ[50]。ここで示唆されているのは、罪のための献げ物自体というよりも、この献げ物の機能なので、「罪とされました」であって「罪のため（の献げ物）（περὶ ἁμαρτίας）」（ロマ 8.3）ではない[51]。あるいは、贖罪の日に行われる、アザゼルのための山羊追放（レビ 16.21）が意識されているとも考え得る[52]。イザ 53.4–6 に登場する受難の僕が念頭にあるとも考え得る[53]。しかしイザ 53 章には、犠牲に関する用語やイメージが散りばめられており、『Ⅳマカ』の殉教神学と同様に、受難の僕に対して犠牲の神学を適用していると考えるべきだろう[54]。

（5）またパウロ文書には、「彼の血のゆえ／を通して」という表現が用いられている[55]。キリストの死を犠牲として捉えたという前提なしに、これを理解することは困難だ。血を強調する表現がイエスの死に関する伝承に依拠しているとは考えられない。なぜなら、イエスの死は特別に血なまぐさいものとして記憶されてはいなかったからだ。贖罪行為において犠牲の血に焦点が置かれていることに鑑みると[56]、イエスの血が強調される表現は、イエスの死を犠牲として捉えているからと考えるべきだろう。同様に、パウロがイエスの死を「罪のため」[57]あるいは「私たちのため」[58]と記す場合も、おそ

---

50) Stuhlmacher, *Reconciliation*, 59; *Theologie*, 195; Hengel, *Atonement*, 46; Daly, *Sacrifice*, 237, 239. これは少数派意見である。例えば Furnish, *2 Corinthians*, 340; Breytenbach, *Versöhnung*, 202–03; Thrall, *2 Corinthians*, 439–41 を見よ。しかし、§9 n.82 を見よ。

51) もっとも、LXX レビ 4.24 と 5.12 は「贖罪の献げ物（חַטָּאת）」を「罪（ἁμαρτία）」と訳している。Lyonnet and Sabourin, *Sin*, 248–53 と §9.3 を見よ。

52) Windisch, *2 Korintherbrief*, 198.

53) 例えば Cullmann, *Christology* (§10 n.1), 76; Martin, *2 Corinthians*, 140, 157. Thrall (*2 Corinthians*, 442) は、パウロがイザ 53 章を念頭に置いていたと述べ、Furnish (*2 Corinthians*, 351) は、イザ 53 章との関連でパウロの用語がより明らかになると述べる。

54) イザ 53.10 の περὶ ἁμαρτίας がその例だ。Taylor, *Atonement*, 190; M. Barth, *Sacrifice*, 9–10.

55) ロマ 3.25, 5.9, エフェ 1.7, 2.13, コロ 1.20.

56) レビ 4.5–7, 16–18, 25, 30, 34, 16.14–19. Davies, *Paul*, 232–37; Schweizer, *Erniedigung* (§10 n.1), 74; Lohse, *Martyrer*, 138–39; Penna, *Paul*, 2.24–44 を見よ。

57) ロマ 4.25, 8.3, Ⅰコリ 15.3, ガラ 1.4.

58) ロマ 5.6–8, 8.32, Ⅱコリ 5.14–15, 21, ガラ 2.20, 3.13, Ⅰテサ 5.9–10. エフェ 5.2, 25 も見よ。

らく犠牲が意識されていよう。もっとも、後者に関しては、殉教神学を通してパウロに辿り着いた表現かも知れない[59]。

§9.3. パウロの贖罪神学

パウロがイエスの死を贖罪の犠牲として捉えているなら、それはイエスの死に関するパウロの理解にどのような光をあてるか。イエスの死は、人類の肉の内に深く根ざす罪の力に対処するため、どのように「機能する」か。私たちは当然のごとくユダヤ教における犠牲の神学にその答えを見出そうとするだろうが、ユダヤ教聖典と第二神殿期ユダヤ文書には、犠牲に関する明確な論理が示されてない。もちろん、日々執り行われる焼き尽くす献げ物[60]や贖罪の日の犠牲が、敬虔なイスラエルの礼拝者にとって重要な意味を持っていたことは確かだ。しかし、いかに犠牲が贖罪を可能とするかに関しては、謎が多い[61]。

それでも、この議論の方向性に望みが皆無なわけではない。なぜなら、上（§9.2）で考察した箇所からは、パウロ自身が犠牲に関するかなりはっきりとした理論を持っていたことが分かるからだ。さらに言えば、ユダヤ人神学者がすでに罪の償いに関する他の手段を模索していたようであるのに対し[62]、パウロはイエスの死の効果を説明する際にいまだ贖罪の犠牲を重視することで満足していたようだ。したがって、パウロの用語と、罪のための犠牲に関して私たちが知っている内容とを関連づけると、パウロ自身の贖罪の神学がおのずから浮かび上がる。ここに推測が介入することは避けられないが、両者の関連性が明らかになる中で、ある程度の判断を下すことが可能となろ

---

[59] ロマ5.7の背景には、確かに殉教神学がある。*TDNT* 8.508–11; Schlier, *Grundzüge*, 134–35を見よ。

[60] 出29.38–46, 民28.1–8, ヨセフス『古誌』3.237. 詳細な規定は、『Mタミ』4.1–7.4を見よ。

[61] 「旧約聖書と『ユダヤ教』が、償いの犠牲にまつわる神秘について何を信じていたか、我々は知らないし理解しないと認める必要があるようだ」(Barth, *Sacrifice*, 13)。Davies (*Paul*, 235) はより懐疑的で、「後1世紀において犠牲の論理があったようには思えない」と述べる。Moore, *Judaism*, 1.500参照。

[62] Davies, *Paul*, 253–59; Lohse, *Martyrer*, 21–25. しかし§9 n.36も参照。

う[63]。

（1）初めに、罪のための犠牲が「罪のため（περὶ ἁμαρτίας）」だったこと、すなわち何らかの形で罪の問題を対処することを意図していた、という点を考察しよう。ロマ 8.3 の論理の流れからは、罪に対して効果的な判決を下すという意図が伺われる。犠牲の動物を殺す儀式は、何らかの作用で罪人から罪を取り除いた。当然罪のための犠牲は、偶発的で意図しない罪についての対処法だ[64]。意図的な罪、意図的で悔悛が伴わない契約の不履行に関して、正式には贖罪の余地がない。同時に、偶発的な罪の贖いにおいても（動物の）死が要求されることは、儀礼を中心とする共同体において、いかなる罪も厳しい扱いを免れなかったことを浮き彫りにする。その他の罪に関しては贖いの余地がない。厳密にはこれらの場合、罪人の契約における立場が剥奪される。これらの罪を贖うのに、他の命（死）は効果を持たない[65]。

とくに贖罪の日における儀礼の重要な目的は、祭壇と聖所の浄めだった[66]。しかし、これが罪のための犠牲の唯一、あるいは最大の目的だったという理解[67]には疑問がある。罪のための献げ物に関してより一般的に強調される目的は、罪の除去とその結果としての罪人の赦しだ[68]。そして、聖所の浄めのための儀礼がその目的を達成する「仕組み」についての一般的な議論は、本書が提案することよりもはるかに推論的であり、ほとんどテクストに依拠するものでない[69]。

---

63) 以下では、Dunn, 'Paul's Understanding' の重要な点を詳述する。
64) レビ 4.2, 22, 27, 5.15, 18, 民 15.24–29.
65) De Vaux, *Sacrifice*, 94–95; Lyonnet and Sabourin, *Sin*, 178. しかし、贖罪の日は「イスラエルの民のすべての不正とすべての違反とすべての罪」を対処する（レビ 16.21）。のちのラビ・ユダヤ教による規定に関しては『M ヨマ』8.8 を見よ。
66) レビ 8.15, 16.16, 18–20. Lang, *TDOT* 7.296 を見よ。
67) とくに、McLean, *Cursed*, 37–38. J. Milgrom ('Atonement' and 'Day of Atonement', in *IDBS*, 78–83) は、כפר を「除去、（儀礼上の）清浄」と訳す。同様に、Lyonnet and Sabourin, *Sin*, 175–80; Kraus, *Tod Jesu*, 45–70. Kraus の議論では、エゼ 43.13–27 が扱われる。その他は、McLean, *Cursed*, 37 n.50 参照。したがって McLean は、חטאת を「罪のための献げ物」ではなく「浄めのための献げ物」と訳す。
68) したがって、レビ 4–5 章において何度も繰り返される定型句は、「祭司は自らの（罪の）ために贖罪を行い、彼は赦される」（4.20, 26, 31, 35, 5.6, 10, 13, 16, 18）である。
69) Milgrom に対する Lang (*TDOT* 7.294) の反論を見よ。罪のための献げ物による血は決して人に振りかけられないという McLean (*Cursed*, 38) の視点は、彼の「浄めのための献げ物」という

(2) 第2に、上述したパウロのアダム・キリスト論（§9.1）との関連を考察しよう。イエスが肉において罪を取り扱うために「罪深い肉」を体現したとすれば（ロマ 8.3）、罪のための献げ物がそれを献げた者の罪を体現する（「罪とする」、II コリ 5.21）、とパウロが考えたと推論できる。罪のための献げ物においては、献げた者が犠牲の動物の頭に手を置くが、パウロはこの点を重視しているようだ。すなわちこの動作によって、献げ物をする罪人は犠牲となる動物と自らを同一視するか、あるいはその動物が何らかの仕方で彼を代表する[70]。つまり、動物は献げ物を行う罪人を代表する。そして、彼の罪は何らかの仕方で動物と一体化し、その動物の命が彼のために用いられる。キリストの場合との唯一の違いは、キリストを犠牲として捧げるのが神であり、罪人でないという点だ（ロマ 8.3, II コリ 5.21）。

もっとも、献げる者が犠牲の動物に手を置くことの意義をこのように解釈することが、広く受け入れられているわけではない。一般に、手を置く行為はこの儀礼の重要な部分と見なされず、誰の犠牲が献げられるかを示す程度のものと考えられがちだ[71]。しかし、レビ 4 章にある詳細な説明事項が示す重要性に鑑みると、このような解釈で十分だとはまったく考えられない。犠牲の所有者を示すだけの意味ならば、血を伴わない他の献げ物に手を置いても良さそうだが、この行為は血が伴う犠牲においてのみ求められる[72]。また、供儀以外の文脈で手を置く行為（供儀の場合と同じ動詞 סָמַךְ が用いられる）において、その行為の主要な意図は同一化と考えられる[73]。置く手が単数であ

解釈（§9 n.67）を指示するどころか、むしろそれを論破することになる。

70) H.H. Rowley, *Worship in Ancient Israel* (London: SPCK / Philadelphia: Fortress, 1967), 133; Gese, 'Atonement', 105–06. K. Koch (חָטָא, in *TDOT* 4.317) は、「動物は文字どおり罪となる。つまり、חַטָּאת の領域が動物に集中する。……手を置くことによって……転移の行為が明らかになる」と述べる。Lang, *TDOT* 7.294–95, 296–97 を見よ。

71) W. Eichrodt, *Theology of the Old Testament* (London: SCM / Philadelphia: Westminster, 1961), 1.165–66; de Vaux, *Sacrifice*, 28, 63; McLean, *Cursed*, 28（他の文献は n.23）, 79.

72) McLean (*Cursed*, 28–32) は、焼き尽くす献げ物に備わっている贖罪の価値を過小評価している。「彼は焼き尽くす献げ物の頭に手を置く。するとそれ（献げ物）は彼のための贖罪をなすものとして受け入れられる」（レビ 1.4）。

73) すなわち、「手を彼の上に置き」（民 27.18, 23, 申 34.9）ヨシュアはモーセのようになり、「イスラエルの人々はレビ人の上に手を置」（民 8.10）き、レビ人は民の代表となる。またレビ 24.14 参照。Daube, *Rabbinic Judaism*, 226–27.

ることと複数であることに、重要な違いは見出せない[74]。

　犠牲の動物に手を置く行為の重要性について、レビ 16.21 が唯一説明を加えている。贖罪の日の供儀に用いる 2 頭の山羊のうち、大祭司は第 2 の山羊の頭に両手を置き、「それら（告白された罪）を山羊の頭に置く」。実際には、第 2 の山羊でなく第 1 の山羊が罪のための献げ物であることは、それほど重要でない[75]〔訳註　第 2 の山羊はアザゼルのための山羊で、これは厳密には追放儀礼である〕。なぜなら、おそらく 2 頭の山羊は 1 つの現実を映す 2 つの側面であり、罪を具体的に共同体から運び出す山羊は、罪のための献げ物において意図される目的を象徴的に果たしているからだ[76]。じつにこのような理解——贖い／贖罪の言語と両方の山羊とが結びつけられる理解——は、パウロにより近い時代に見られるものだ[77]。ロマ 8.3 と II コリ 5.21 によると、パウロも犠牲としてのイエスの死について両方の山羊を思い描いていたようだ。

　また、罪を背負った山羊は浄くない（したがって供儀に相応しくない）、あるいは祭司らは罪のための献げ物の残りの部分を食べることができる[78]、ということが決定的な反論となり得ない〔訳註　つまり、罪を背負い追放されて食べられることがない第 2 の山羊は、定義上汚れているので犠牲ではないという反論〕。動物が聖く欠陥のないことが求められるのは、祭司と献げる者の両方が、汚れや欠陥のために動物が死ぬのではないことを確信するためだ。II コリ 5.21 は、罪のないもののみが罪人の贖罪をなすことができることを、明ら

---

74)　モーセが「ヨシュアにあなたの手（単数）を置く」（民 27.18）ように命じられると、モーセは「彼の上に手（複数）を置いた」（27.23）。民 8.10 とレビ 24.14（§9 n.73）の複数形の「手」は、複数の人が片手ずつを置いたことを意味するだろう。フィロン『十戒各』1.198、『M ムナ』9.7–8 参照。

75)　この点では、Janowski, *Sühne*, 219–20 と意見が異なる。

76)　Stuhlmacher, *Theologie*, 192–93.

77)　大祭司は、「集まったすべての人のためにそれ（罪のための供え物）によって償いをなし、彼らは赦される。……またイスラエルの子すべてのためにそれ（アザゼルのための山羊）によって（償いをなす）」（11QT 26–27）。「（至聖所）の中に撒かれた山羊の血がイスラエルの人々のための贖罪をなすように、雄牛の血は祭司らのための贖罪をなす。追放の山羊の上での罪の告白がイスラエルの人々のために贖罪をなすように、雄牛の上での罪の告白は祭司らのための贖罪をなす」（『M シュヴオ』1.7）。ここでは雄牛の上でも罪の告白がなされることが前提となっている（『M ヨマ』3.8 参照）。このテクストは、2 頭の山羊の役割のあいだに区別があったという Kraus（*Tod Jesu*, 45–59）の理解に疑問を投げかける。

78)　Eichrodt, *Theology*（§9 n.71）, 1.165 n.2; de Vaux, *Sacrifice*, 94; McLean, *Cursed*, 41, 80–81.

かにしている。また、犠牲の動物の肉がどうなるかはそれほど重要でない。なぜなら周知のとおり、動物の命はその血だからだ[79]。したがって、血がすべて用いきられることが供儀において重要となる。じつに、他の犠牲以上に罪のための献げ物においてこそ、血の役割が著しく重要だ[80]。また、「血こそが命であり、それが贖いをなす」（レビ 17.11）という考えがある。換言すれば、献げる者と献げられた動物の一体化は、動物の血においてなされるのであり、犠牲全体でない。犠牲の動物の贖罪的役割は、その血による儀礼において完成する。

　（3）第 3 に、ロマ 8.3 と II コリ 5.14, 21 から、さらなる推論が導き出される。パウロは、犠牲の動物の死を罪人の死と同視した。これはロマ 6.6 においてより明確に説明されている。すなわち、「私たちの古い性質は彼（キリスト）と共に十字架につけられているが、それは罪の身体が滅ぼされる（καταργηθῇ）ためです」。つまり、犠牲が罪を解消することは、罪を背負った犠牲の破壊によってなる。神が見ている前で犠牲の血を撒き、塗り、注ぐ行為は、犠牲の命が完全に破壊されたことを示すためで、それは罪人の罪の破壊を示す。

　ここには明らかに「犠牲の交差対句法（sacrificial chiasmus）」、あるいはモーナ・フッカーが言うところの「相互交換（interchange）」が見られる[81]。

　　犠牲を通して、罪人は浄くされ、その罪から自由となった。
　　犠牲を通して、浄い動物は死んだ。

2 行目の文章は、以下のように付加と変更ができよう。

79）　レビ 17.10–12, 申 12.23.
80）　Davies, *Paul*, 235–36, A. Büchler, *Studies in Sin and Atonement* (London: Jews' College, 1928), 418–19; R. de Vaux, *Ancient Israel* (London: Darton / New York: McGraw–Hill, 1961), 418; *Sacrifice*, 92; Daly, *Sacrifice*, 108.
81）　Hooker, *Adam*, 13–41. McLean (*Cursed*, 143) はこの表現をロマ 8.3 と II コリ 5.21, ガラ 3.13 にも用いている。

犠牲を通して、浄い動物は不浄とされ、その罪のために死んだ。

その死を通して、犠牲は罪を破壊する。罪が一方向へと移ることによって死が犠牲の動物へともたらされると、犠牲の動物の浄さと命は他方向へと移る。パウロは確かに、供儀をこのように捉えていたようだ。「犠牲の交差対句法／相互交換」はⅡコリ 5.21 において最も明らかだ [82]。

　私たちのために、神は罪のない方を罪とされました。
　それによって、この方の内において、私たちは神の義となります。

ロマ 8.3 も同様だ。

　（神は）その御子をまさに罪深い肉の姿で遣わし、（イエスの）肉の内において罪を裁かれました。それは、律法の正しい要求が私たちの内において成就するためです。

ガラ 4.4–5 も同様だ。

　神はその御子を遣わし、
　　女より生まれ、
　　　律法の下に生まれた。
　　　　それは彼（御子）が律法の下にある者を贖い、
　　　私たちが養子の立場を得るためです。

同様の神学はガラ 3.13 にも見られる。もっとも、この箇所では犠牲のメタファが直接的に表現されていない [83]。

---

82) ここに犠牲が示唆されているという理解に疑念を抱く者にとっても、罪深い人類とのアダム的連帯／同一化の代替としてのキリストは、説得性が高い対案である。Furnish, *2 Corinthians*, 340; Thrall, *2 Corinthians*, 441–42. §9.2.4 を見よ。

83) さらに §9.5 とⅡコリ 8.9（§11.5.3）を見よ。

第9章　十字架のキリスト

　キリストは私たちを律法の呪いから贖い、
　私たちのために呪いとなられました。

　パウロにとって、イエスがアダムに属する人類の代表として死んだことと、イエスが人類のための犠牲として死んだこととは、同じだ。この比較がヘブライ的な神学に厳密に依拠するかが不明だとしても、これは確かにパウロの神学的論理だ。イエスの死は罪と死の力の下にある人類の終わりであり、したがって罪人としての人類の最後である（ロマ7.4参照）。パウロに関して言えば、これこそが罪と死の力を神が対処する唯一の方法だった。人類の汚染された部分を死に定めることが、人類の残りの部分の命を保証する方法だった。

　これがパウロの福音における良き知らせだ。すなわち、キリストとその死において一体化した者は、罪への隷属がもたらす自らの死から解放される。キリストとその死において一体化することによって、彼らが体験する死はキリストの死となる。死はいまだ不可避的だ（Ⅱコリ5.14）。しかし、キリストの死を共有することによって、罪も死も最終的な支配の権威を及ぼすことはない。

　この神学的考察に関しては、のちにさらなる議論が必要だ[84]。ここでは、上の議論と関連する補足を加えておこう。それは、「代替／身代わり（substitution）」という概念が、これまで議論してきたパウロの思想を言い表すのに適切でない、ということだ。「身代わり」はこれまで広く用いられてきた概念だが[85]、パウロの思想を十分には説明しきれない。確かに、他者の代わりになることはイエスにおいて重要な要素であり、それゆえに犠牲のメタファが用いられる。しかしパウロは、キリストが他者の代役（身代わり）として死に、他者が死を避けるとは教えない[86]。むしろ、キリストが彼らの死を受けることにより、彼らがキリストの死を受けることが可能となる。もちろん、「代

---

84)　§18.5を見よ。
85)　「身代わり」を指示する二次文献（とくにⅡコリ5.21に関して）は、McLean, *Cursed*, 110–13 を見よ。また、Ridderbos, *Paul*, 188–91; Witherington, *Narrative*, 168 を見よ。
86)　例えば Ladd, *Theology*, 468–70 を見よ。

表 (representation)」[87] が十分に適切な語でもなければ、「参与 (participation)」や「参与の出来事 (participatory event)」でも十分でない[88]。しかし、少なくともこれらの語句は、キリストの死において、死を通して、死を超えて、キリストとの一体化を継続させるという理解を表現している。後述するように、これはパウロの救済観の基礎となる思想だ。

§9.4. 愛する子

犠牲という主題においては、それが愛する子の死である点も重要だ。パウロは「神の子」という表現をほとんど用いない[89]。そしてパウロがこの表現を用いる場合は、神の子としてのイエスと十字架での死とが結びついている。すなわち、「私たちは、彼（神）の子の死を通して、神に対して和解されています」（ロマ 5.10）、「神はその子を、罪のための献げ物として、まさに罪深い肉の姿で遣わされました」（ロマ 8.3）、「神の子……この方は、私を愛し、私のためにご自身を引き渡されました」（ガラ 2.20）、「神はその子を遣わされました。……それは律法の下にある者を買い取る（贖う）ためです」（ガラ 4.4–5）。

パウロ神学におけるこの特徴は、イエス自身に遡ることができる伝承、すなわちイエスと神の子とを結びつける伝承に依拠しているのかも知れない[90]。具体的には、ぶどう園の農夫の譬え（マコ 12.1–9 と並行記事）で「愛する息子」の死が印象的に語られている部分（マコ 12.6–8）を、パウロが意識しているとも考えられよう[91]。しかし同時に、アブラハムの愛する子イサクが犠牲として差し出された「父による子の捧げ物」（アケダー）[92] の伝承が（創

---

87) 例えば Taylor, *Atonement*, 85–90, 196–200, 206; Hooker, *Not Ashamed*, 30, 36. ドイツ語の Stellvertretung を「代表」と対比せよ（Merklein, 'Tod'; Strecker, *Theologie*, 114）。
88) Whiteley, *Theology*, 145, 147; Cousar, *Theology*, 74. Becker (*Paul*, 409–10) は、「包括的代替 (inclusive substitution)」あるいは「実質的融合と一体化 (substantial union and identification)」などと表現する。
89) パウロ文書において 17 回のみ登場する。
90) Dunn, *Christology*, 22–33 を見よ。§8.3.4 参照。
91) §11.3.1 を見よ。「愛する子」（マコ 1.11 と 9.7 の並行記事）を見よ。§8 n.52 参照。
92) 「イサクの縛め」（創 22.9）に関するユダヤ教的考察の伝承が「アケダー (*Aqedah*)」と呼ばれる。

22.1–19)、パウロの「愛する子」という表現に反映されているとも考えられる。パウロは確かに、ロマ 8.32 において創 22.16 を意識している。

> 彼（神）はご自身の子を惜しまれず（ロマ 8.32）
> あなた（アブラハム）は、自分のひとり子（LXX: 愛する子）を惜しまなかった（創 22.16）

パウロの時代にアケダー伝承がどれほど発展を遂げ、はたしてこれが代償的（vicarious）な意味において理解されていたか、議論が分かれる[93]。パウロの表現自体、「イサクの縛（いまし）め」がすでに代償的な意味で解釈されていたことを証言する、と言えないだろうか。少なくとも、この可能性は考慮すべきだろう[94]。

もっとも、パウロがアブラハム伝承と向かい合うとき、それはアケダー伝承と異なる適用へと向かったようだ。なぜなら、パウロ以前のユダヤ教的考察において、イサク奉献物語はアブラハムの誠実さを示すという点で重要だったからだ[95]。パウロがロマ 8.32 でアケダー伝承を意識しているとしても、それはイサク奉献の報いとしての贖罪を教えていない[96]。パウロがアケダー伝承を意識しつつ指摘しているのは、イサクの犠牲に見られるアブラハムの

---

[93] この見解に関しては議論が分かれる。一方では、P.R. Davies and B.D. Chilton, 'The *Aqedah*: A Revised Tradition History', *CBQ* 40 (1978), 514–46 を、他方では、R. Hayward, 'The Present State of Research into the Targumic Account of the Sacrifice of Isaac', *JSS* 32 (1981), 127–50; A.F. Segal, '"He Who Did Not Spare His Own Son. . .": Jesus, Paul and the *Adedah*', in Richardson and Hurd (eds.), *From Jesus to Paul*, 169–84 を見よ。この議論は、フィロン『アブ』172 の重要性、偽フィロン『古誌』(18.5, 32.2–4, 40.2 参照) やタルグムに見られる伝承の年代確定へと焦点が移っている。Penna, 'The Motif of the *Aqedah* Against the Background of Romans 8.32', *Paul*, 1.142–68 も見よ。

[94] 例えば Schoeps, *Paul*, 141–49; R. le Déaut, 'La présentation targumique du sacrifice d'Isaac et la sotériologie paulinienne', *SPCIC* 2.563–74; Hengel, *Atonement*, 61–63 を見よ。

[95] これはネヘ 9.8 とシラ 44.20 においてすでに示唆されており、I マカ 2.52 と『ヨベ』17.15–16 において確立された。ヤコ 2.23 に同様の解釈の伝統が見られる。過越と殉教神学との関連を視野に入れた、第二神殿期ユダヤ教資料とラビ文書における伝承発展に関しては Levenson, *Death*, 173–99 を見よ。§14.7.3 と §14 n.167 参照。

[96] もっとも、N.A. Dahl, 'The Atonement — An Adequate Reward for the *Adedah*? (Rom. 8.32)', in E.E. Ellis and M. Wilcox (eds.), *Neotestamentica et Semitica* (M. Black FS; Edinburgh: Clark, 1969), 15–29 を見よ。

誠実さでなく、キリストの犠牲に見られる神の誠実さだ[97]。いずれにしても、救済論的な意義は以下の文章に明らかだ。「彼（神）はご自身の子を惜しまれず、私たちすべてのために彼（御子）を引き渡されました」。

この父子モチーフの背景が何であれ、父がその子を犠牲として捧げるという印象的なイメージは、イエスの死に関するパウロ神学に特徴的な輪郭を刻んでいる。したがって愛する子の死という主題（とくにロマ8.32）は、イザ53章に見られる受難の僕や『IVマカ』17章に見られる殉教神学と同じように、犠牲というメタファの異なる側面を強調しつつ、キリストの死の意味を理解するためのツールを提供している。

§9.5. 律法の呪い

キリストの死の重要性を解説するために、パウロは犠牲というメタファのみを用いたのでない。もちろん、「私たちの罪のため」のキリストの血や死という表現を含む使信的定型句にパウロがしばしば言及することから、このメタファがパウロにとって最も重要だったことは確かだ[98]。しかし、パウロは他のメタファも用いているので、これらに関しても（多少なりとも）考察することなしに、パウロ神学を慎重に議論したことにはならない。その中でも、既述のガラ3.13は非常に印象深い。

> キリストは私たちのために呪いとなって、私たちを律法の呪いから買い取って（贖って）下さいました。「木にかけられた者はみな呪われている」（申21.23）と書かれているとおりです。

ここでパウロは、人類の窮状を、罪と死との下にある状態とはせず、「呪い」

---

[97] Levenson（*Death*, 222–23）は、パウロがアケダー伝承を意識しつつ、ロマ8.28における救いの確証を教えている、と述べる。アブラハムが誠実を尽くした結果としてイサクが生きたように、神もその誠実さによって子を引き渡したが、それは死に終わらず、死後の生をもたらす。§10.3を見よ。

[98] §9.2.5を見よ。

という語で表現している。しかし、その意味するところは同じだ。

　ここでの呪いには2つの側面がある。第1に、パウロは申21.23の言い回しを微調整し、ガラ3.10で引用されている第1の「呪いテクスト」——「律法の書で行うようにと記されているすべての事柄を守り通さない者はみな呪われている」(申27.26)——とのつながりを強めている[99]。したがって、呪いが降りかかるのは律法を行わない者[100]、すなわち（行うべき律法を持つ）ユダヤ人である。しかし、ここに異邦人も実質的には含まれていると考えるべきだろう。なぜなら、異邦人は定義上律法を持たない者であり、それゆえ律法を守らない者だからだ[101]。それでも、最大の焦点はユダヤ人の罪に対する呪いである[102]。

　焦点がユダヤ人にあることは、第2の「呪いテクスト」(申21.23)においてさらに明白となる。このテクストが念頭に置いているのは、違反のために死の罰を受けたイスラエル人だからだ(申21.22)[103]。彼の肉体は木に架けられて神に呪われるので、これはその土地に汚れをもたらす[104]。したがって彼は、時を経ずして取り除かれなければならない。これは、拒絶されて追放されるべき呪いという理解と符合し[105]、またとくに申命記的背景においては、契約不履行者に対する神の呪いへの警告と符合する。この契約不履行者は、契約によって相続が保証された土地から追放される（申29.27–28、30.1）[106]。

---

99)　パウロは、LXX 申21.23にはない「呪われている（ἐπικατάρατος）」を用いているが、これは申27.21–26, 28.16–19で繰り返される語である。McLean, *Cursed*, 134–36 も見よ。

100)　パウロがこれをもって誰を指しているかに関しては§14.5.3で考察する。

101)　Dunn, *Galatians*, 132–33 ('Gentile sinners') を見よ。§14 n.101 参照。

102)　パウロはこの論争に関してロマ2.7–16で触れている。§§5.4.3, 6.3 参照。

103)　この判決は、「わがままで、反抗」する息子に対するもので、「あなたの中から悪を取り除かねばならない」という理由で処刑される（申21.18–21）。

104)　ここでは土地の浄めの問題が配慮されている。「汚す、汚れをもたらす（טָמֵא、μιαίνω）」が用いられている。

105)　McLean (*Cursed*, 125) は、創3.16–19, 23–24, 4.11–14, 49.7, 申29.27–28, エレ17.5–6 に言及する。

106)　「申27.26の言葉は、契約刷新の儀式の最後において宣告され、すなわち契約不履行者を念頭に置いた特別な宣告である」(Bruce, *Galatians*, 164)。「死に至るまで木に架けられる処刑は、（クムラン文書の）神殿巻物においては、……契約を破るイスラエル人に対して履行された。旧約聖書の時代において、『白日の下に』晒されることは、契約不履行の罪を犯すイスラエルに対する適切な罰と見なされた」(Bruce, 'The Curse of the Law', in Hooker and Wilson [eds.], *Paul and Paulinism*,

すなわち、契約を破って呪われ、契約の土地から追放されたイスラエル人は、じつに契約から排除された者だ。それは、本来的に契約の外にいる異邦人と同様の立場になる。呪われたイスラエル人は、契約を持たない異邦人のようだ[107]。

したがってガラ 3.13 の神学的な論理は、呪われたキリスト[108]が結果的に契約から排除された、ということのようだ。その死によってキリストは[109]、罪を犯すユダヤ人や異邦人と同化する。こうしてキリストは、アブラハムの祝福を異邦人へともたらし、全人類が約束の聖霊を受ける可能性を開いた（ガラ 3.14）[110]。なぜなら「キリストにおいて」、もはや祝福は「律法の書で行うようにと記されているすべての事柄を守（る者）」（ガラ 3.10）に限定されないからだ[111]。もはや異邦人は、律法という壁に阻まれない。それゆえ福音は、異邦人にとっても[112]、契約規定に固執しないユダヤ人にとっても[113]、良き知らせだ。

---

31)。Grayston, *Dying*, 80 参照。

107) Eckstein, *Verheißung*, 152 参照。Hamerton–Kelly の理解と比較せよ。「（ガラ 3.13 の意味するところは）律法を基盤とした聖なる報復というシステムが覆された。なぜなら、呪いとは神による報復などではなく、むしろ神の報復という名で覆い隠された人による暴力だからである」（*Sacred Violence*, 79）。

108) 「呪いとなる」とは、「呪われる」ことをより印象的にした表現だ。Mussner (*Galater*, 223) は、エレ 24.9, 42.18, ゼカ 8.13 と比較する。これは「（神が）彼を罪とした」（Ⅱコリ 5.21）と同様の思想である。§9.3 を見よ。

109) 申 21.23 はすでに十字架と結びつけられている。§9 n.5 参照。

110) ガラ 3.13 における曖昧な「私たち」が何を指すかに関しては議論が分かれる（Dunn, *Galatians*, 176–77 参照）。しかしこれは、パウロがイスラエルの物語とアダムの物語とを融合させることと符合する（§4.4, 6, 7 を見よ）。

111) ここでは「身代わり」というニュアンスが強いように見受けられるが（McLean, *Cursed*, 126–27）、ガラ 3.14, 26–29 に見られる「キリストにある」という表現は、参与あるいは代表というニュアンスを強調していると思われる。

112) Levenson (*Death*, 210–13) はこの点をさらに深化させ、ガラ 3.16 においてキリストがイサクに取って代わったと理解する。これはアケダー伝承のさらなる適用だ（§9.4 参照）。イサク奉献の結果として諸国民への祝福という主題が繰り返されることが（創 22.18）、パウロの救済観とのつながりを指示するように見受けられる。

113) §§5.4, 14.4–5 を見よ。

§9.6. 贖い

「贖い（ἀπολύτρωσις）」も、パウロ文書においてキリストの死の価値を表現するメタファの1つで、頻度こそ低いが、パウロ神学の核となる言説に登場する。すなわち、「彼らは、彼（神）の恵みによる賜物として、キリスト・イエスにある贖罪（身代金による解放）を通して、義とされました」（ロマ 3.24）[114]。ここで意識されているのは、捕縛者や戦争捕虜を解放するための「身代金（λύτρον）」だ[115]。これはまた神殿儀礼による奴隷解放をも意味しており[116]、とくにロマ6章において繰り返される奴隷主題に鑑みると、その関連性は見逃せない[117]。しかし、この語が最も明らかに想起させるのは、イスラエルの民がエジプトにおける奴隷状態から解放された物語だ。これは、パウロがユダヤ教聖典（申命記、詩編、イザヤ書）において最も重視する主題の1つだ[118]。「代金を支払う」という意味が「贖い」という概念に含まれているかという古くからの議論は[119]、この語のニュアンス自体やパウロが示唆するユダヤ教聖典に起因するというよりも、むしろアンセルムスに始まる解釈によるところが大きい[120]。

動詞の「買う（ἀγοράζω）」または「買い取る／買い取り戻す（ἐξαγοράζω）」に同様の贖罪的意味合いがあるかは、それほど明らかでない[121]。これらの動詞

---

114) その他、Ⅰコリ 1.30, コロ 1.14 を見よ。また、エフェ 1.7（「彼の血を通して」）, 14, ロマ 8.23（「身体の贖い」）も参照。

115) 『アリ手』12, 33, フィロン『自由』114, ヨセフス『古誌』12.27. BDAG, ἀπολύτρωσις も見よ。

116) Deissmann, *Light*, 320–31. 儀礼における典型的な言い回しは、「デルフィのアポロン（神殿）に——ムナで売られた男奴隷——……の解放のため」（p.322）である。

117) Campbell（*Rhetoric*, 126–30）は、「奴隷の文脈」にとりわけ注目する。

118) 例えば、申 7.8, 9.26, 15.15, 詩 25.22, 31.6, イザ 43.1, 14, 44.22–24, 51.11, 52.3. 詳細は、Dunn, *Romans*, 169 を見よ。さらに Lyonnet and Sabourin, *Sin*, 105–15, Fitzmyer, *Paul*, 66–67 参照。

119) 例えば Morris, *Apostolic Preaching*, 41–46; Hill, *Greek Words*, 73–74; K. Kertlge, *EDNT* 1.138–40. Marshall（'Development', 251–52 n.4）は、「値段（price）」と「代償（cost）」の違いという有用な議論をしている。

120) Anselm, *Cur Deus Homo?*—— キリストは、神の義の要求を満たした（Aulén, *Christus Victor*, 84–92 を見よ）。しかし、「（キリストは）人の所有を主張する諸力——とくに律法——に対して、その手中に落ちた人の（ために）支払をした」（Bultmann, *Theology*, 1.297）を参照。

121) Ἀγοράζω（Ⅰコリ 6.20, 7.23）, ἐξαγοράζω（ガラ 3.13, 4.5）.

自体に贖罪的な意味がないことは明らかだが[122]、その文脈には贖罪的な含みが見て取れる。Iコリ 7.21–23 の全体が奴隷について語っている。すなわち、「あなた方は代価によって買い取られました。人の奴隷となってはいけません」(7.23)。ここで念頭にある代価とは、奴隷がある所有者から他の所有者へ移る際に支払われる金額で、奴隷はその代価によって自由とされる (7.22)[123]。そしてガラ 3.13(「私たちを律法の呪いから買い取って(贖って)下さいました」)の文脈では、「律法の下」で奴隷状態にあった者が念頭にある (4.1–3, 8–10)。奴隷制度が確立していた社会において、奴隷解放というメタファは福音宣教者にとって恰好の伝達ツールだったことに疑いの余地はない。

§9.7. 和解

「和解」は、新約聖書中でもパウロ文書のみが用いるイメージだ[124]。この語はとくに、IIコリ 5.18–20 の議論において鍵を握っている[125]。

> [18]……(神は)キリストを通して私たちをご自身と和解させ、私たちに和解の任務を与えられました。[19] じつに神は、キリストにおいて世をご自身へと和解されており、彼らの過ちを数えず、私たちに和解の言葉を託されています(文字どおりには、「私たちのあいだに置かれています」)。[20] したがって、神が私たちを通してそのご意志を伝えられるまま、私たちはキリストのために大使の務めを果たしています。キリストになり代わり、あなた方にお願いします。神との和解を受けなさい。

---

122) McLean, *Cursed*, 127–31.
123) この文脈において、私たちは「解放/自由」というイメージをも含めて考察すべきである。ロマ 6.18–22, 8.2, Iコリ 7.22, ガラ 5.1, §§14.9.4, 16.5.1, 23.6 参照。
124) καταλλάσσω (ロマ 5.10, IIコリ 5.18–20 [3回], Iコリ 7.11)、καταλλαγή (ロマ 5.11, 11.15, IIコリ 5.18–19)、ἀποκαταλλάσσω (コロ 1.20, 22, エフェ 2.16). Porter (*Katallassō*) によると、神を主語とし、罪人を目的語とする καταλλάσσω とその同語源語の用法は、パウロ以前に見られない。
125) いかに 19 節冒頭の ὡς ὅτι を訳すべきかに関しては Furnish, *2 Corinthians*, 317–18; Thrall, *2 Corinthians*, 431–32 を見よ。Thrall は 20 節の ὡς を「〜という確信のもとに」(p.437) と訳す。Furnish は少なくとも 19 節に関して、伝統的な訳を踏襲し、「神はキリストにおいて……彼らに対する違反を……」(pp.334–35, 351) と訳す。Martin, *Reconciliation*, 93–97 も参照。

ここで扱われるイメージは明らかだ。ここでは、神と人類とのあいだの疎遠さが前提となっている[126]。そして死が和解をもたらすという思想自体は、殉教思想を想起させる（ロマ 5.7 でも示唆されているとおり）[127]。

このテクストに関してはいくつか注目すべき点がある。(1) 第 1 に、和解が神と世とのあいだにあることが強調されている点だ[128]。ここで回復されるのは、創造主と被造物との根本的な関係性である。キリストは和解の仲介者であり、和解される対象ではない[129]。(2) 第 2 に、「キリストを通して」(18 節) あるいは「キリストにおいて」(19 節)、神自身が和解という行為に関与していることが強調されている。この強調点は、ロマ 3.25 や II コリ 5.21 とも通ずる。すなわち、ここに示されるイメージは、怒れる敵対者が宥めすかされて丸め込まれるのでなく、むしろ被害者でありながら和解に積極的な関与を示す神だ[130]。(3) 同様に印象的な表現として、「彼らの過ちを数えず」という派生的なメタファが用いられている[131]。意識的な敵意を赦したり看過したりするイメージは、罪のための犠牲と同様に読者に強い印象を与える効果がある。(4) ここには、とくに十字架に焦点をおいた和解の言葉 (5.21) が福音の中心にある。キリストが神の代表として和解を成立させるなら (「神はキリストにおいて」)、使徒たちは神の代表として和解の言葉を宣べ伝える (神が私たちを通してその意志を伝える)。

キリストを通して神が世を和解させるという思想が、コロ 1.20 においてさらに深化していることに注目しよう。「彼 (キリスト) を通して (神は) すべて——地にあるものも天にあるものも——を、ご自身に対して和解させ、彼 (キリスト) の十字架の血を通して (また彼を通して) 平和を造られ

---

126) とくに、ロマ 5.10、コロ 1.21、エフェ 2.16 において明確である。
127) とくに、II マカバイ書において殉教神学という文脈が明らかな箇所 (5.20, 7.33–38, 8.3–5) での、「和解」という語の用法を見よ (1.5, 5.20, 7.33, 8.29)。もっともこれらの場合、和解されるのは神である (『I クレ』48.1 参照)。Breytenbach (*Versöhnung*) によると、聖書的伝統において和解と贖罪とは場所を共有せず、前者は後者を含意しない (pp.215, 221 については条件付き)。
128) ロマ 11.15、コロ 1.20 でも同様。
129) 19 節の「和解されており」という迂説構文は、和解のプロセスが終末の完了まで完成しないことを表現している。ロマ 8.19–23、I コリ 15.26、コロ 1.22 参照。
130) Martin, *Reconciliation*, 99, 103–07 も見よ。
131) おそらくロマ 4.8 でもそうであるように、詩 32.2 を示唆しているのだろう。

ました」[132]。個々の人の和解（1.22）、またユダヤ人と異邦人との和解（エフェ 2.16）はともに、より広範な宇宙的和解の計画における1つの段階である。おそらくそれゆえに、両書簡において、教会は和解された世が実際に具現化される場（あるいはひな型）として機能するのだろう（コロ 1.18, エフェ 1.22–23）[133]。

§9.8. 諸力に対する勝利

パウロがキリストの死を説明する際に用いたイメージとして、少なくとももう1つ注目すべきものがある。これはとくに、のちに議論する「勝利者キリスト（*Christus Victor*）」[134]という神学主題において重要となる。この主題は、ロマ 8.31–39 に示唆されているが、そこでは最後の審判がなされる天の法廷がはっきりと意識されている（8.33–34）。そこでは、神の選民に対するいかなる告発も退けられる。なぜなら、キリストの死（8.32, 34）と復活（8.34）が十分な応答だからだ。じつに、彼らをキリストの愛（8.35）――キリストにある神の愛（8.39）――から引き離すものは何もない。キリストの死と復活によって、天の諸力はキリストに属する者に対して何の支配力も、将来に関する権威も持ち得ない。

同様の主題は、パウロが罪と死の力について前述した際にも示唆されている。キリストが死んだので、罪も死も彼に対する効力をもはや持ちようがない（ロマ 6.7–10）。当然の結果として、「キリストの内にある」者も罪と死との力から自由になる（6.11）。

真正パウロ書簡において「キリストの勝利」という主題が明示される場合（Ⅰコリ 15.24–28）、キリストの死よりもその高挙に焦点が置かれる（15.27）。そして死の克服という出来事自体は、すべてが完了するまで待たれる（15.26,

---

132) 被造物としての人類のみならず、宇宙規模の和解が視野にあることが、「すべて（τὰ πάντα）」によって示唆されている。ロマ 8.19–23, フィリ 2.10–11 参照。さらに Gnilka, *Kolosserbrief*, 74–76 を見よ。
133) Dunn, *Colossians*, 96, 103–04.
134) Aulén を参照。

28)。この過程がすでに始まっていながら、それがいまだ進行中だという状態は、後述するとおり著しく重要となる[135]。

ここでもコロサイ書に戻って、この主題がキリストの十字架に焦点をあてつつ、パウロ文書中最も鮮明なメタファによって描かれる様子に注目すべきだ。「彼（キリスト）は、支配者らと権威者らの武具を剝ぎ取り、彼らを公衆の面前で辱め、彼らを彼（キリスト）にある勝利行進の列にしたがえました」（コロ 2.15）。これは、戦いに勝利を収めた将軍とその軍隊が行う凱旋の隊列に、敗北した敵が捕虜として引き連れられる場面を描いている[136]。十字架を最も不名誉で恥ずべき死の象徴から[137]、戦争捕虜を鎖につないで引き連れる勝利の戦車のイメージへと焼き直すことは、考え得るかぎりで最も大胆な価値転換だ。このようなメタファが生まれた背景には、改宗したばかりのキリスト者が抑圧的力からの解放を大いに実感していたという現実があろう。

§9.9. 結論

（1）パウロは、キリストの死の重要性を明らかにするため、豊かで多様なメタファ（やイメージ）を用いている[138]。本章では、それらの中でもとくに重要と思われるメタファを扱った。すなわち、代表、犠牲、呪い、贖罪、和解、諸力に対する勝利だ。したがって、メタファの持つ性質を認識する必要がある。キリストの死は、メタファによってのみ、適切に表現し得る。これらは対象の意味や意義を表現する道具であって、対象自体でない。メタファは文字どおりに捉えるわけにいかない。例えば、キリストの死は、文字どおりに（祭司としての？）神によって提供された犠牲でなく、また天は文字どおりに

---

135) 〔訳註　すなわち、「すでに」と「いまだ」との間の終末的緊張関係を指す。〕§18を見よ。
136) Ⅱコリ 2.14 参照。もっとも、Ⅱコリント書では、使徒たちがキリストに拘束された者として描かれているようだ。Dunn, *Colossians*, 168–69 を見よ。
137) §9 n.7 を見よ。
138) Becker, *Paul*, 407–11; Carroll and Green, *Death*, 125–26.〔訳註　ダンはここで、メタファとイメージをほぼ同義語として捉えている。したがって、身体性のあるもの（犠牲など）や、そうでない概念（代表など）が、同列に置かれている〕

神殿でない[139)]。

(2) したがってパウロは、さまざまなメタファを躊躇なく併用する。贖罪と犠牲（ロマ3.25）、代表と和解と（会計上の）勘定と犠牲（Ⅱコリ5.14–21）、贖罪と呪い（ガラ3.13）、また多種多様なメタファ群（コロ2.11–15）がその一例だ。どのメタファをとっても、単独でキリストの死の意義を十全に伝達し得ない。また、併用されるメタファが互いにうまくかみ合わない場合もある（コロ2.11–15が顕著な例）。最も重要なメタファとして考えられる犠牲についても、それを規範となるメタファとして捉え、他のメタファをそれに合わせて無理やり型にはめるようなことはすべきでない[140)]。

(3) これらのメタファに共通しており、その中でも和解においてとくに強調されている主題は、神の第一義的な働きかけだ。したがってパウロは、「神は遣わされた」、「神は造られた」、「神は引き渡された」、「キリストにおける神」などの表現を用いる。イエスが神から離れて、あるいは神の思いに反して働くことはない。イエスの業は神の業だ。キリストの十字架は、それが民の罪に対する神の取り扱いの最終的な表現だとキリスト者が認識したとしても、イスラエルの宗教とは異なる宗教の基盤を与えているのでない[141)]。

(4) メタファの多様性は、十字架の宣教がパウロ自身と彼の福音に及ぼした影響力を物語る。これらのメタファが心の平安や自由や和解などの実体験に繋がるとき、生き生きとした実り多いメタファと言える。初めの日から、贖罪という教理は贖罪の体験と密接に結びついていたことだろう。初めの日から、キリスト理解は、キリストとの関係がもたらす幸いな体験と親しく結びついていたことだろう[142)]。

(5) これらすべてが、パウロの福音の中心にイエスの死が置かれている

---

139) この点でヘブライ書は、想像性豊かなメタファの発展形である。

140) Martin (*Reconciliation*) は、「和解」の説明においてこの過ちに陥りがちである。「パウロの思想は、『和解』という多目的言語によってこそ最も捉えやすい」(p.46)、「パウロが異邦人に福音を伝える際、『和解』という表現を用いた」(p.153)。

141) 〔訳註　つまり「イエスのキリスト教」対「ヤハウェのユダヤ教」という視点はパウロにない。〕Taylor, *Atonement*, 75–77. J. Moltmann, *Crucified God* (New York: Harper and Row / London: SCM, 1974) においては、「キリストにおける神」が中心主題である。

142) §3.1 のメランヒトンの引用を見よ。S.B. Marrow, 'Principles for Interpreting the New Testament Soteriological Terms', *NTS* 36 (1990), 268–80 も参照。

こと、パウロの言説からそれ以外の救済計画を導き出すことが叶わないことを教えている。パウロはイエスを、その知識と知恵によって人を生かす教師として提供していない。あるいはパウロは、イエスの受肉を救済の出来事と捉えて、御子が肉の身体をとることによって肉の身体を癒した、とも教えない[143]。受肉という神学が明らかなテクストにおいてさえ、救済的出来事の中心にはいつも十字架（と復活）がある[144]。

(6) したがって、福音の中心にイエスの死を置いて、福音に十字架を深く刻み込んだのはパウロだ、と言うこともできよう[145]。そして私たちは、このパウロの影響を受けたマルコが、その「福音書」（マコ 1.1）において十字架を頂点に据えたと推論する。マルコ福音書が「受難物語とそこに至る長大な導入部」と言われる所以だ[146]。そして、マタイとルカが他の伝承（Q）を用いつつマルコ福音書の枠組みにおいて福音書を綴ったことに鑑みるなら、キリスト教の「福音書」という特徴的な分類を最初に形づくったのは、パウロだと言うことができよう。

(7) 十字架こそがパウロの神学においてその全体的な視点を方向づける決定的要因となることを認識することが肝要だ。十字架は「福音」を名乗る他の教えを評価する計りであり、相反する諸神学に対して抗戦する拠点だ[147]。これは、例えば、Ⅰコリ 1.18–25, Ⅱコリ 12.1–10, ガラ 6.12–15 等において

---

143) Cerfaux (*Christ*, 171) は、教父たちが「2 つの救済理論（受肉による救いと復活による救い）を対比させた」ことを考慮しつつ、以下のように述べる。「パウロはその立場を一時も変えることがない。救済論の基本をなす死と復活、また肉としてのキリストという概念があるために、パウロは受肉自体を救済のための肯定的で効果的な出来事として捉えることをしない」。

144) ロマ 8.3, Ⅱコリ 5.19, ガラ 4.4–5, フィリ 2.6–8 参照。

145) §7.1 参照。これは、キリストの死と罪の犠牲とを最初に結びつけたのがパウロだ、ということを意味するのでない。Ⅰコリ 15.3 は前パウロ伝承にこのような理解があったことを示している。Hengel, *Atonement*, 33–75 を見よ。§7.3 参照。

146) この広く知られたマルコ福音書の評価に関しては M. Kähler, *The So-Called Historical Jesus and the Historic Biblical Christ* (1896; Philadelphia: Fortress, 1956), 80 n.11 を見よ。

147) とくに Käsemann ('Saving Significance') は、その典型的に痛烈な表現で、「十字架は英雄主義の幻想から被造物としての人類のあり方へと我々を引き戻す」(p.41)、「自らを卑しくする神の前で、自らを高くする者の終焉が訪れる」(pp.45–46)、「これ（十字架）がキリスト教神学の中心的で、ある意味において唯一の主題であることを認めなければ、我々は『十字架は我らの神学（*crux nostra theologia*）』（ルター）とは言えない」(p.48)、「十字架こそがキリスト論の基盤であり試金石である」(p.54) と述べる。Stuhlmacher, 'Eighteen Theses' 参照。

顕著である。そして、これらのテクストにおいて、神学的支点をなす救済的瞬間の中心が十字架であることを認識することが必要だ。

(8) 結果として、キリスト仮現説を信奉する者らが試みたように、キリストの死を神学から排除するなら、それをキリスト教神学と呼ぶことができるか疑わしい。同様に、「犠牲」などの鍵となるメタファを排除することができるとは考えられない。犠牲メタファがいかに大きな影響を殉教神学に与えたか、またそれが他者への奉仕をいかに動機づけたかを考慮するなら、このメタファの価値を看過することは困難だ。犠牲というメタファが持つ、罪の力の深刻さや差別社会における疎外感を暴露する効果はいまだ色あせていない[148]。神話と非神話化の議論が明らかにしたように、古びたメタファはたんに排除されるだけではいけない。パウロ（と最初期のキリスト者）にとっての福音の効果を現代のキリスト者のあいだでも維持するためには、新たなメタファが生み出されなければならない〔訳註　メタファの持つ物語性が命題的な教理に息を吹き込み、共有の可能性を広げる。David G. Horrell, *Solidarity and Difference: A Contemporary Reading of Paul's Ethics* (London & New York: T & T Clark Continuum, 2005), ch.9 参照〕。

(9) キリストに代わって神の大使を務めるパウロの言葉は厳格だ。キリストの死は、死とその棘である罪に対する効果的な応答を提案した。それ自体が死である。この応答を無視する者は、訪れる死を自らのみの死と見なし、そこで終了する。しかし、キリストの死の内に死と罪に対する応答を見出す者は、キリストとその死を自らのアイデンティティとするので、死を超越した復活をも、キリストと共有する希望を抱いている。

---

148) Young, *Sacrifice*, ch.6 を見よ。

第10章　復活の主 [1]

1) 第10章の文献リスト
Beker, *Paul*, 135–81; **W. Bousset**, *Kyrios Christos* (1921; Nashville: Abingdon, 1970), chs.3–4; **R.E. Brown**, *Introduction to New Testament Christology* (London: Chapman / New York: Paulist, 1994); **Bultmann**, *Theology*, 1.121–33; **D.B. Capes**, *Old Testament Yahweh Texts in Paul's Christology* (WUNT 2.47; Tübingen: Mohr, 1992); **P.M. Casey**, *From Jewish Prophet to Gentile God: The Origins and Development of New Testament Christology* (Cambridge: James Clarke / Louisville: WJKP, 1991); **L. Cerfaux**, *Christ in the Theology of St. Paul* (Freiburg: Herder, 1959); **O. Cullmann**, *The Christology of the New Testament* (London: SCM, 1959); **C.J. Davis**, *The Name and Way of the Lord: Old Testament Themes, New Testament Christology* (JSNTS 129; Sheffield: Sheffield Academic, 1996); **J.D.G. Dunn**, '1 Corinthians 15.45 — Last Adam, Life–Giving Spirit', in B. Lindars and S.S. Smalley (eds.), *Christ and Spirit in the New Testament* (C.F.D. Moule FS; Cambridge: CUP, 1973), 127–42; "Christology as an Aspect of Theology", in A.J. Malherbe and W.A. Meeks (eds.), *The Future of Christology* (L.E. Keck FS; Minneapolis: Fortress, 1993), 202–12; **G.D. Fee**, 'Christology and Pneumatology in Romans 8.9–11', in J.B. Green and M. Turner (eds.), *Jesus of Nazareth, Lord and Christ: Essays on the Historical Jesus and New Testament Christology* (I.H. Marshall FS; Grand Rapids: Eerdmans / Carlisle: Paternoster, 1994), 312–31; **J.A. Fitzmyer**, 'The Semitic Background of the New Testament *kyrios*–Title', *A Wandering Aramean: Collected Aramaic Essays* (Missoula: Scholars, 1979), 115–42; *Paul*, 51–58; **Goppelt**, *Theology*, 2.79–87; **Hahn**, *Titles* (§8 n.1), 68–135; **M.J. Harris**, *Jesus as God: The New Testament Use of Theos in Reference to Jesus* (Grand Rapids: Baker, 1992); **M. Hengel**, *The Son of God: The Origin of Christology and the History of Jewish–Hellenistic Religion* (London: SCM, 1976); *Studies in Early Christology* (Edinburgh: Clark, 1995); **I. Hermann**, *Kyrios und Pneuma. Studien zur Christologie der paulinischen Hauptbriefe* (Munich: Kösel, 1961); **L.W. Hurtado**, *One God, One Lord: Early Christian Devotion and Ancient Jewish Monotheism* (Philadelphia: Fortress, 1988); **K.T. Kleinknecht**, *Der leidende Gerechtfertigte. Die alttestamentlich–jüdische Tradition vom "leidenden Gerechten" und ihre Rezeption bei Paulus* (WUNT 2.13; Tübingen: Mohr, 1984); **L.J. Kreitzer**, *Jesus and God in Paul's Eschatology* (JSNTS 19; Sheffield: Sheffield Academic, 1987); **D.R. de Lacey**, '"One Lord" in Pauline Theology', in H.H. Rowdon (ed.), *Christ the Lord: Studies in Christology* (D. Guthrie FS; Leicester: Inter–Varsity, 1982), 191–203; **Morris**, *Theology*, 46–50; **C.F.D. Moule**, *The Origin of Christology* (Cambridge: CUP, 1977); **C.F.D. Moule** (ed.), *The Significance of the Resurrection for Faith in Jesus Christ* (London: SCM / Naperville: Allenson, 1968); **G.W.E. Nickelsburg**, *Resurrection, Immortality, and Eternal Life in Intertestamental Judaism* (Cambridge: HUP, 1972); **G. O'Collins**, *Christology: A Biblical, Historical and Systematic Study of Jesus* (London: OUP, 1995); **P. Pokorný**, *The Genesis of Christology: Foundations for a Theology of the New Testament* (Edinburgh: Clark, 1987); **K. Rahner and W. Thüsing**, *A New Christology* (London: Burns and Oates, 1980); **P.A. Rainbow**, 'Jewish Monotheism as the Matrix for New Testament Christology: A Review Article', *NovT* 33 (1991), 78–91; **N. Richardson**, *Paul's Language about God* (JSNTS 99; Sheffield: Sheffield Academic, 1994); **Schlier**, *Grundzüge*, 140–54; **E. Schweizer**, *Erniedrigung und Er-*

§10.1. 十字架と復活

イエスの十字架がパウロ神学の中心に位置するなら、その復活も同様だ。十字架に架けられたキリストは、同時に神が死者のあいだから甦らせた者である。そして、死と復活それぞれの重要性は、他方の重要性を看過して理解することができない。復活がなければ十字架は失望であり、十字架がなければ復活は現実逃避だ。1人の方がすべての者のために死んだのでなければ、すべての者が1人の方の復活を祝う理由は薄れ、ただ個人が受けた報いに拍手を送るのみである。

私たちは当然、人類に対する告発（ロマ 1.18–3.20）への応答として、パウロがキリストの死（3.21–26）を提供しつつも、ただちに復活に関して述べようとしない点を十分に考慮せねばならない。パウロがガラテヤ人らに対する福音提示を、十字架につけられたイエス・キリストの啓示として想起させようとした点も、当然のことながら看過できない（ガラ 3.1）。彼はじつに、人の知恵に対して手厳しい批判をする際、十字架の言葉の愚かさに注目している（Ⅰコリ 18–25）[2]。

しかし私たちは、パウロがローマ書の冒頭でイエスに言及する際、「（イエスは）死者のあいだからの復活により……神の子として分かたれました」（ロマ 1.4）と記していることを思い起こすべきだ。さらにパウロは、定型句的表現を用いつつキリストの復活を贖罪のプロセスの中心に位置づけている。すなわち、アブラハムは「死者に命を与える方」を信じ（4.17）[3]、初代のキ

---

höhung bei Jesus und seinen Nachfolgern (Zurich: Zwingli, ²1962), ET: *Lordship and Discipleship* (London: SCM / Naperville: Allenson, 1960); **D.M. Stanley**, *Christ's Resurrection in Pauline Soteriology* (AnBib 13; Rome: Pontifical Biblical Institute, 1961); **Strecker**, *Theologie*, 87–98, 118–24; **Stuhlmacher**, *Theologie*, 305–11; **V. Taylor**, 'Does the New Testament Call Jesus "God"?', *New Testament Essays* (London: Epworth, 1970), 83–89; **W. Thüsing**, *Per Christum in Deum. Studien zum Verhältnis von Christozentrik und Theozentrik in den paulinischen Hauptbriefen* (Münster: Aschendorff, 1965); **Whiteley**, *Theology*, 99–123; **Witherington**, *Narrative*, 169–85; **Wright**, 'Monotheism, Christology and Ethics: 1 Corinthians 8', *Climax*, 120–36; **Ziesler**, *Pauline Christianity*, 35–48.

2) §9.9 を見よ。
3) §2 nn.58, 59 を見よ。

リスト者らは「私たちの主イエスを死者のあいだから甦らせた方」を信じ、この主が「私たちの違反のために引き渡され、私たちを義となすために甦らされました」(4.24–25)。「私たちの違反のために (διά) 引き渡され」たと「私たちを義となすために (διά) 甦らされ」[4) たという2つの修辞的表現は、2つの異なる出来事がそれぞれ異なる審判をもたらしたことを意味しない[5)。ここでパウロは、キリストの犠牲死をそれ自体で救いの完結とは捉えない。前者には、後者による批准が必要となる。キリストが義とされることはまた、キリストが代表する人々が義とされることでもある。

ロマ 5.9–10 では、パウロが頻用する「なおさら (πολλῷ μᾶλλον)」という表現が繰り返され[6)、復活の重要性が強調されている。

> [9] 彼（キリスト）の血によって義とされた私たちが、彼を通して怒りから救われるのはなおさらのことです。[10] それは、敵であったときに御子の死を通して神と和解させられた私たちが、和解させられた今、御子の命の内に救われるのがなおさらのことだからです。

またロマ 6.3–11 において、死と復活との両方はキリストにとって決定的な体験であるだけでない (6.7, 9–10)。それは「彼（キリスト）と共にいる者」にとっても同様だ (6.3–6, 8, 11)。ロマ 7.1–4 に見られる既婚女性の類例においても、二段階の立場変更が語られている。死が寡婦という立場によって律法からの解放をもたらすが、それは「死者のあいだから甦らされた方にあなたが属するためです」(7.4)[7)。天の法廷における最後の審判の場面でも、

---

4) ここでパウロが用いる δικαίωσις という語は「正当化、義化、無罪放免」を意味するが、δικαι- 語群にあっては使用頻度が低い。パウロは他所で1度のみロマ 5.18 でこの語を用いるが、その場合、同語を繰り返すことを避ける目的で多様化を図っていると思われる (δικαιοσύνη, 5.17, 21; δικαίωμα, 5.16, 18)。Cranfield (*Romans*, 251–52) は、LXX イザ 53.11 が δικαιῶσαι を用いていることの影響ではないかと述べる。

5) Dunn, *Romans*, 224–25 を見よ。διά によって始まる前置詞句が2つ並列されていることは、これらが定型句的な表現であることを強調するが、その代わりに厳密な意味が曖昧となる危険性を犯している。

6) ロマ 5.9, 10, 15, 17. 他書では、Ⅰコリ 12.22, Ⅱコリ 3.9, 11, フィリ 1.23, 2.12.

7) この類例には多少無理なところもあるが、適用点は明白だ。Dunn, *Romans*, 361–62 参照。

すべての告発に対する応答の根拠はイエスの死と復活だ。「誰が（私たちを）罪に定めるでしょうか。死んで、さらに甦られたキリスト・イエスが……執り成しています」（8.34）。原始教会のバプテスマ定型句を意識したと思われる「イエスは主です」という告白でも、「神が彼（キリスト）を死者のあいだから甦らせた」という確信を表明する（10.9–10）[8]。

　他所でも、死と復活との関連は密接だ。パウロは自らが受け取った伝承として他者にも継承する福音を要約するにあたって、「聖典にあるようにキリストは私たちの罪のために死に、聖典にあるように葬られ、3日目に甦らされました」（Ⅰコリ15.3–4）と記す。パウロはこれに続けて、復活したキリストの顕現に焦点を置き（15.5–8）[9]、さらにキリストの復活を根拠として「死者の復活」を論ずる（15.13–20）[10]。彼は、「もしキリストが甦らされなかったなら、私たちの宣教は空虚で、私たちの信仰は虚しいのです」（Ⅰコリ15.14）、「そしてもしキリストが甦らされなかったなら、あなた方の信仰は虚しく、あなた方は今だ自分の罪の内にいるのです」（Ⅰコリ15.17）とさえ言う。福音に関して言えば、これほど明解な文章はない。すなわち、キリストの死のみでは福音とならない。第9章で示した犠牲の論理にしたがえば（§9.3）、復活を伴わないたんなる罪人の破滅は福音でない。あるいは、罪の力から解放された奴隷には、新たな主人が必要だ。そうでなければ、古い主人がその奴隷を再び支配する（ロマ6.12–23）。ロマ7.1–3の類例に登場する女性は、寡婦となるのみならず再婚しなければならない（7.4）。罪の力のみならず、死が克服される必要がある。ただ復活した者のみが（Ⅰコリ15.25–26）、そして復活のみが（15.51–57）それを可能とする。

　イエスの復活、すなわち神の行為としてのイエスの復活が[11]、パウロの思

---

[8]　§7.3を見よ。

[9]　Conzelmann（*Outline*, 204）がいかに反論しようとも、イエスの復活が出来事として起こったとパウロが信じていたことを疑いようがない。「歴史性」に関する議論はおうおうにして徒労に終わる。復活した者が時間の外に置かれたとしても、時間にまとわりつかれた者たちとキリストが関わりを持ったとパウロは考えていた。

[10]　§3.2を見よ。

[11]　また新約聖書神学全体としても（Stuhlmacher, *Theologie*, 169–75）。

想の中心にあることに疑いの余地はない[12]。これはたんに、パウロが復活主題に言及する頻度の問題でない[13]。より重要なことは、彼が復活主題に言及する箇所で、福音と信仰に関する根本的な議論がなされているという点だ[14]。復活の重要性はパウロに限定されない。これは初代キリスト者が共有する信仰の基盤をなしていた。神によるキリストの復活、それがすべての始まりだった[15]。

パウロの改宗以前に、「聖典にあるように（κατὰ τὰς γραφὰς）……3 日目に甦らされました」（Ⅰコリ 15.4）という主張が教義的真理として確立していた。この「聖典」がどの箇所を指すかに関しては、議論が分かれる。3 節の κατὰ τὰς γραφὰς は、4 節の κατὰ τὰς γραφὰς よりも、その指示する箇所を確定しやすい〔訳註　3 節の γραφάς はイザ 53.5, 8, 12 が念頭にあろう〕。後者の有力な候補としては、ホセ 6.1–2 とヨナ 2.1–2 が挙げられよう（マタイ 12.40 はヨナ書をとくに注目する）。

> さあ、主に立ち戻ろう。主は引き裂いたが、私たちを癒し、主は打ち倒したが、私たちを建て上げる。2 日後に主は私たちを甦らせ、3 日目に立ち上がらせる（LXX では ἀναστησόμεθα）、私たちが主の御前で生きるため（ホセ 6.1–2）。

> ヨナは 3 日 3 晩魚の腹の中にいた。魚の腹の中でヨナの神、主に祈った。「苦難の中で主を呼び求めると、主は私に答えてくださった。陰府の底から叫ぶと、あなたは私の声を聞かれた」（ヨナ 2.1–2）。

いずれのテクストもメシア的な解釈を促すものでない。したがって、「3 日目に」（Ⅰコリ 15.4）という表現はキリスト者の証言（復活の第 1 目撃者）に

---

12) Schlier, *Grundzüge*, 142–43.
13) 「キリストの復活（Ἀνάστασις）」——ロマ 1.4, 6.5, Ⅰコリ 15.21, フィリ 3.10;「起き上がる、甦る（ἀνίστημι）」——Ⅰテサ 4.14;「起き上がる（ἐγείρω）」——ロマ 4.24, 25, 6.4, 9, 7.4, 8.11（2 回）, 34, 10.9, Ⅰコリ 6.14, 15.4, 12, 13, 14, 15（2 回）, 16, 17, 20, Ⅱコリ 4.14, 5.15, ガラ 1.1, エフェ 1.20, コロ 2.12, Ⅰテサ 1.10, Ⅱテモ 2.8.
14) Stanley, *Christ's Resurrection*.
15) とくに Pokorný, *Genesis*.

依拠しており[16]、この「3日目に」という記憶が鍵となって、ホセア書とヨナ書に注目が向けられたのだろう[17]。さらに、これらのテクストには、苦難に遭う義人への報いという聖典中に広く見られる重要な主題が見られる[18]。換言するなら、十字架と復活の両方に強調点を置くパウロの神学は、十字架につけられたメシアと報いを受ける義人という2つの主題を初代のキリスト者が融合させたことに起因している。メシアの処刑と報いとしての復活という予期せぬ2つの出来事への言及は、原始教会の神学を支えた原動力がユダヤ教伝統の期待によったのでなく、受難日と復活日を根拠とした新たな伝承によって始まったことを証明している。しかしこのキリスト教信仰における原初的な証言は、早々にさまざまな聖典テクストを引き寄せて、新たなキリスト教的弁証と使信を建て上げる結果となった。

既述の教義的定型文（§7.3）も、パウロが最初に手紙を書くよりもかなり前に、ナザレ派の人たちのあいだでキリストの復活が彼らを特徴づける信条であったことを示している。私たちが推測するところでは、パウロ自身のダマスコ途上での体験と、彼が教わった教義的な証言内容との摺り合わせが、パウロ独自の神学を形成するにあたって重要な役割を果たした[19]。パウロ自身が、「私たちは、キリストが死んでさらに甦ったことを信じます」（Ⅰテサ4.14）と証言したことに注目すべきだ。なぜなら、これがおそらくパウロが記した最初の信仰告白であり、彼の読者も周知しているであろう告白文とし

---

[16] 例えばLindars, *Apologetic* (§7 n.1), 59–63; Hahn, *Titles*, 180を見よ。共観福音書において、「3日の後に」（マコ 8.31, 9.31, 10.34）という曖昧な表現から、「3日目に」（マタ 16.21 // ルカ 9.22, マタ 17.23, マタ 20.19 // ルカ 18.33）というより厳密な表現へと伝承の過程で変化しているように見受けられるが、これは出来事がさまざまに記憶されていたことによるのかも知れない。

[17] これと異なるシナリオは、Fee, *1 Corinthians*, 727–28を見よ。Pokorný, *Genesis*, 145–46と比較せよ。

[18] とくに、ヨブ記、詩 18 編、30 編、イザ 53 章、ダニ 7 章、知 1–5 章、Ⅱマカ 7 章。Nickelsburg, *Resurrection*, Kleinknecht, *Gerechtfertigte* を見よ。使 2.23–24, 3.13–14, 4.10, 5.30, 8.32–35, 13.27–30 も参照。

[19] 「そして最後に……彼（キリスト）は私にも現れました」（Ⅰコリ 15.8）という付加が、パウロに伝えられた証言の延長上に、しかも同じ言語表現（「彼は……現されました（ὤφθη）」）で記されていることは、パウロ以前の改宗者が容認できることであっただろう。そうでなければ、ガラ 2.7–9（Ⅰコリ 15.9–11）における同意は不可能だったと思われる。『偽クレメンス』17.18–19 以前に、パウロの証言（パウロがキリストの復活を、あるいはむしろ復活のキリストを目撃したということ）に疑念が示されたことを証言する記録がない。

てそれを提示しているからである。

　パウロがこの主題に関して議論を進める場合、十字架につけられた方の復活は信仰の対象となる事実と見なされている。とくにⅠコリ15章において明らかなように、それを前提として議論が組み立てられている。したがって、復活は可能か、いかにして復活が起こるか、といった議論をパウロの手紙に見出すことはできない。これは、当時の文化社会において、そのような議論がなかったことを意味しない。ニュートン物理学における因果関係の領域が神の領域から遮断されているように、プラトン哲学においても現象（phenomenon）と本体（noumenon）とのあいだには距離があったからだ。しかしパウロと初代のキリスト者にとって、霊的な存在と身体的な存在とのあいだには交流があった。それゆえ死はすべての終了を意味せず、人間としての存在を継続するためには肉体が必要だった[20]。したがって彼らにとって、キリストの復活は受け入れられない事柄ではなかった。

　しかし「キリストの復活」は、パウロに（また彼の先人にも）啓示という印象的な仕方でもたらされた[21]。パウロの改宗体験の中心にあるキリストの復活という出来事は、彼の言語をすべて再定義した。イエスの死を中心とする地上での活動すべては、十字架につけられた方の復活がもたらした価値変革によって再解釈が求められた。十字架につけられた方の復活が（一方的に）もたらされたという事件を看過しては、パウロの福音もその神学も適切に評価することはできない。

　最も驚くべきことは、パウロにとって（また彼の先人にも）、イエスの復活は新たな時代、あるいは最後の日の到来を意味したことだ[22]。ロマ1.4でパウロが引用する定型句は、「死者の復活」であって「死者のあいだからの復

20）§3.2 参照。
21）§7.4 参照。おそらく幻視を体験する者と同様に（Ⅱコリ12.7）、パウロはダマスコ途上での顕現を通常とは異なる体験として考えて、「最後に」（Ⅰコリ15.8）と述べただろう。「顕された／見られた（ὤφθη）」という受動態表現は、そこに見るべき対象があり、その光景が（一方的に）与えられたことを示す。
22）使2.17、ヘブ1.2、ヤコ5.3、Ⅰヨハ2.18参照。パウロにおいては、他書ほど表現が明確でない。しかしⅠコリ4.9（使徒らが野外劇場での最後の舞台演目）、10.11（「この時代の終わり」）、15.45（§10.2 参照）、Ⅰテサ2.16（「最後に」？）を参照。§§12.4, 18.1 も見よ。

活」でない[23]。またⅠコリ15.20, 23において、イエスの復活は人類一般の復活の「初穂」、すなわち、死んだ人々のあいだで行われる「収穫」の最初の一束である（15.22）[24]。この終末的な表現は、「終わりの日」が近いことを前提としない[25]。重要なことは、「終わりの日」が開始したことだ。しかしそれが重要なのは、たんに飛躍的な前進が期待されるからでなく、神の計画の全貌が開示される最終的な局面へと突入したことを知らせるからだ[26]。このような信仰が、2000年を越えて現代を生きる私たちにどのように関わるか、本書を通してその考察を継続しよう。なぜなら、これについてはキリスト論という観点からのみで捉えるべきことでなく、救済論と教会論をも視野に入れつつ議論することが肝要だからだ[27]。

　キリストの復活という支点となる出来事の神学的重要性は、パウロに2つの問いを投げかけた。第1に、復活はキリスト自身について何を教えるか、という問いだ。復活は、何をおいてもイエスの復活であり、イエスに起こった出来事だ[28]。第2に、復活はキリストを信仰する者にとって何を意味するか、と言う問いだ。この2つは織物の縦糸と横糸のように絡み合っているが[29]、まずは前者の問いに焦点をあてよう。

---

23) この理解に対してFitzmyer (*Romans*, 236–37) が疑念を示している。しかし、パウロは他所でキリストの復活を一貫して「死者のあいだから」としている（ロマ4.24, 6.4, 9, 7.4, 8.11 [2回], 34, 10.7, 9, ガラ1.1, コロ1.18, 2.12, Ⅰテサ1.10, エフェ1.20, Ⅱテモ2.8）。そしてⅠコリ15章では、キリストの復活を「死者のあいだからの復活」(15.12, 20) として、人類一般の復活を表す「死者の復活」(15.12, 13, 21, 42) と明らかに区別している。

24) 「初穂」のメタファに関しては§13.4 n.68を見よ。使4.2も参照。

25) §12.4を見よ。キリストの死と復活から20年ほどが過ぎていても、「初穂」というメタファはいまだ生き生きとした表現として用いられていたようだ。

26) とくにBeker, *Paul*を参照。「十字架は……歴史の黙示的転換点である」(p.205)、「この黙示的背景におけるキリストの死と復活は、パウロの思想に一貫する核をなす」(p.207)、「パウロによれば、キリストの死と復活の宇宙的価値は、それが神が十字架において世を裁くこと、そして復活において新時代に完成を見る被造物の存在論的刷新が開始されたことを教えることである」(p.211)。§§2.4, 18.6を見よ。

27) §§12.5, 18を見よ。

28) O'Collins, *Christology*, 87–90はこの点を適切に強調している。

29) とくに§18を見よ。

§10.2. 最後のアダム

イエスの復活に関するキリスト論的意義を考察するにあたって、まずパウロのアダム・キリスト論から始めよう。これに関してはすでに§8.6と§9.1で論じた。これを簡潔に言い表すなら、復活の内に、そして復活によって、キリストは「最後のアダム」となった、ということだ。§8.6で示したとおり、アダム・キリスト論は、イエスの全生涯を視野に入れている。それでもアダム・キリスト論が最も注目するのは、キリストの死と復活である。ロマ5章におけるこの神学的主題の説明がキリストの死に中心を置いているとすれば (5.15–19) [30]、Ⅰコリ15章における説明はキリストの復活に焦点をあてている。アダムが死を象徴すれば、キリストは復活を象徴する（Ⅰコリ15.21–22）。

> [21] 死が人を通してであれば、死者の復活もまた人を通してです。[22] なぜなら、アダムの内に皆が死んだように、キリストの内に皆が生かされるからです。

ここでは、死と復活とが難なく結びつく。すなわち、アダムが命から死に至るまで人を代表するように、キリストは死から命に至るまで人を代表する。

これは、Ⅰコリ15.27における（詩8.5–7を用いた）アダム・キリスト論のさらなる解説においても同様だ。神は「すべてをその足下にしたがわせた」（詩8.7）。初代教会は詩8.5–6をキリストの全生涯を視野に入れて用いたかも知れないが（ヘブ2.6–9にあるように）[31]、Ⅰコリ15.27は復活したキリストの高挙に限定した表現である。復活し高挙されたキリストこそが、人類に対する神の計画——被造世界を治めるという人類の責任——を成就し完成させる。

Ⅰコリ15.45における3度のアダム・キリスト論への言及は非常に特徴的

---

30) ロマ8.3, ガラ4.4–5も見よ。
31) §8.6を見よ。ヘブ2.6–9では、イエスの受難が代表あるいは「先駆者」として、多くの子らを解放に至る死を通して栄光へと導く、というアダム・キリスト論が展開されている。

だ [32]。

　　 [44] 魂としての自然な体があるならば、霊の体もあります。[45] それゆえ、「第1の人アダムは生きた魂となった」とも書かれています。最後のアダムは命を与える霊（となりました）。

ここで引用されているテクストは創 2.7 である。すなわち、「主である神は地の塵から人を造られ、その鼻腔から命の息を吹き込まれた。そして人は生きる魂となりました」[33]。パウロは、復活の体に関する議論において、また現在の身体と死後の復活の体との差異に関する議論において（Ⅰコリ 15.35–50）、このテクストを引用している。前者は魂（ψυχή）によって動かされ定義される体であり、それは「魂として（自然な）（ψυχικός, soulish）」と表現される。後者は霊（πνεῦμα）によって動かされ定義される体であり、それは「霊の（πνευματικός）」と表現される。アダムは、死によって終了する人類を代表している。彼は変容を通してでなければ、死を超えることができない体を象徴する。キリストは、死者の復活によって開始する人類を代表している。彼は復活の体を象徴する。地に落ちて死ぬ種子と春に命を育む植物とのあいだに隔たりがあるように（15.36）、ここではロマ 5 章以上にアダムとキリストのあいだに隔絶感がある。第1のアダムは天地創造から死に至るまでの人類を代表するが、最後のアダムは復活以降の新たな創造における命、すなわち終末的人類を代表する [34]。厳密には、第1のアダムが天地創造と共に始まったように（創 2.7）、「最後のアダム」はイエスの復活と共に始まった [35]。

---

[32]　以下の翻訳では、ψυχικός を「魂として（の自然な）(soulish)」として、創 2.7 との関連を明らかとする（「生きた魂（ψυχή）となった」）。また、ἄνθρωπος を「人」と訳したが、それはアダムとキリストが人を代表すると考えられるからだ。

[33]　パウロが「第1の」と「アダム」とを創 2.7 に付加したかどうかは重要でない。それらはたんなる説明であり、キリストが「最後」であろうとなかろうと、アダムは「第1の」人である。また、Ⅰコリ 15.45b が引用の一部分かパウロによる付加かも重要でない。この議論に関しては Koch, *Schrift*, 134–37; Stanley, *Paul*, 207–09（§7 n.1）を見よ。

[34]　さらに Scroggs, *Adam*（§4 n.1）, 82–100 を見よ。

[35]　§§11.4–5, 10.6 を見よ。

したがってキリストの復活は、アダムが代表する実体験と対比されるべき、まったく新しい実存の可能性を切り開いた。そこに至るまでのあいだ、アダムに属する体験は罪と死によって支配されていた。一方で、復活したキリストによって体現される実存は、死からその棘を抜き去った（Ⅰコリ15.54–57）。アダムとキリストのあいだで、歴史を初め（「第1」）から終わり（「最後」）まで見渡すならば、前者が普遍的な死によってその影響力を及ぼしたのに対し、後者はその復活によって影響力を及ぼす。この著しく神話的で象徴的な言語表現が具体的に何を示すか、それは後述することとしよう[36]。

§10.3. 力ある神の子

既述のとおり、パウロがイエスを「神の子」と表現することは稀だ[37]。ここでは、パウロがこの表現を用いる際、復活して高挙されたキリストについて語っている場合がある点を指摘しておこう。

これはローマ書における最初のキリスト論的言説において顕著だ。神の福音は、「肉によると、ダビデの子孫として生まれた彼（神）の子、聖なる霊によると、死者の復活によって力ある神の子として任命された者に関する」（ロマ1.3–4）ものだ。少なくともパウロが用いた定型句は、イエスの全生涯を包摂する神の子としての立場（またダビデの子としての立場）でありながら、復活によってより高く引き上げられた子としての立場（「力の内に神の子として定められた」）を想定している[38]。これを「養子論」的キリスト論と理解するわけにはいかない。なぜなら「養子論（adoptionism）」は、「子」でなか

---

36) §§12.5, 15.5 を見よ。
37) §9.4 を見よ。
38) 「力の内に」という句がパウロによる後付けだという議論は容易に論破できる。このような議論は、ダビデの子孫から出るメシアが神の子とは見なされていなかったという理解によるが、これは死海文書の証言によって完全に否定された（§8 n.78 を見よ）。またこの議論は、パウロが訪れたことのない教会に対して「体面」を保つために、定着している定型句を著しく変更した、という想定の不自然さを看過している。「力の内に」が目的語でなく動詞にかかるという立場は（「死者のあいだから甦ったことにより、神の子として力強く宣言された」NIV）、ギリシャ語構文法を歪めている。Fitzmyer, *Romans*, 235 参照。

った者に子の立場が与えられることを意味するからだ³⁹⁾。キリストの復活がキリスト論的に重要な出来事である点を見逃すことはできない。じつにこのテクストは、新たに力を与えられた神の子としての立場(「力ある」)のみを語っている。もっとも、ここでは「任命された」という行為が語られており⁴⁰⁾、これはそれ以前に持たなかった立場や役割をイエスが受け取ったことを意味している。

ここには、イエスの復活の衝撃が反映されていよう⁴¹⁾。イエスは、死んで終わりとならなかった。再び甦らされた。いまだかつてなかったことが起こった。イエスの弟子たちだけでなく、イエス自身が新たな章、新たな時代、新たな実存へと突入した。これは、新たな立場や役割としてでなく、どのように表現し得ようか。

このような視点は、パウロが自らの改宗体験を語る際に「子」という語を用いる仕方を理解する助けとなる。彼の改宗は「啓示」だが、それはまた神の子の啓示だ(ガラ1.16)。世界観の著しい変更は、キリストを神の子として理解することと結びつく。一般にⅠテサ1.9–10 は、パウロの異邦人宣教における説教内容の要約として理解されるが⁴²⁾、そこにおける主たるメッセージは、神の子が死者のあいだから神によって甦らされ、この御子を信じる者は御子が天から来ることを待ち望む、というものだ。

キリストが子として天における支配権を持つという考えは(Ⅰコリ15.28)、上の言説と焦点の置き方が異なる。この文脈においても、キリスト

---

39) 「子」という語の重要性が軽視される場合がある(例えば Gaston, *Paul* [§6 n.1], 113; Gnilka, *Theologie*, 25)。「御子に関しては」という表現にパウロが設ける制限は、前パウロ伝承においても同様に限定的だ。ここでの議論で、キリストの先在性を前提とする必要はない。Dunn, *Christology*, 34–35; *Romans*, 6, 14.

40) 分詞「任命された(ὁρισθέντος)」(パウロはこの動詞をここで1回のみ用いている)は、しばしば「宣言される(declared, proclaimed)」と訳されるが(それぞれ NRSV, REB 訳)、イエスをその立場(「力ある神の子」)へと導くという意味合いを最も良く表す訳語は「任命する」だろう。註解者らはこの後者の訳を支持する。Dunn, *Romans*, 13 にある註解書を見よ。また、Fitzmyer, *Romans*, 235; Moo, *Romans*, 47–48 も見よ〔訳註 日本語訳では、口語訳、新共同訳、岩波訳が一様に「定められた」、新改訳の「示された」がやや曖昧な表現となっている〕。

41) Hengel (*Son*, 66) は、「なによりも『神の子』という告白は、イエスの高挙を具体的に告げる表現だ」と述べる。

42) 例えば Bruce, *1 and 2 Thessalonians*, 18 を見よ。

の復活によって始まる立場や役割が想定されている（15.25）。しかしこの役割は、他とは違い一時的なもので、子が神に服従することによって完了する。それは、「神がすべてにおいてすべてとなるため」（15.28）だ。これは、コロサイ書に反映されていると見なされる彼の神学ともある程度において符合する。すなわち、神は「私たちを愛する子の王国へと移されました」（コロ1.13）。ここでも、焦点は愛する子に置かれている[43]。じつに復活は、王という立場へキリストを任命する出来事と理解されるが、「愛する子」というモチーフは復活よりもキリストの死[44]と結びつけられることが多い。

「神の子」に関する考察は、ひとまずここで終えよう。この主題に関する考察は、キリストを信仰する者が共有した子としての立場に関する議論へと広がるが[45]、それに関しては後述する[46]。ここでは、イエスの子としての立場が、彼の復活に依拠する役割であることを理解すれば十分だろう。

§10.4. 主

パウロにとって、キリスト論的に最も重要なキリストの呼称は「主（キュリオス κύριος）」である[47]。この語はその大半がキリストを指し、そこには主

---

43) 文字どおりには「彼（神）の愛の子」であるが、これは「愛する子」を意味するセム語的表現として一般に理解される（BDF §165 参照）。
44) §9.4 を見よ。
45) ロマ 8.29, ガラ 4.6–7, コロ 1.18b, ヘブ 2.10–17 も参照。
46) §§16.5.3, 18.2 を見よ。
47) 真正パウロ書簡（エフェソ書と牧会書簡をのぞく）において、κύριος はイエスに対して 200 回ほど用いられている。以下の分布は、本文上の異読による流動性と、κύριος が神を指すかキリストを指すか不明なことにより、やや正確性を欠く部分もある。

主イエス・キリスト（主キリスト・イエスなど順番の入れ替えも）	55 回
主イエス	21 回
主イエスにあって	2 回
主キリスト	2 回
主	82 回
主キリストにあって	33 回
κύριος＝神（旧約聖書の引用）	19 回
κύριος＝神？ イエス？	6 回

権神学（theology of lordship）が示唆されている。そして、「主」が「イエス・キリスト」にしばしば付加され、とくに手紙の開始部と終了部の定型部分において見られることから、κύριοςという称号は主イエス・キリストの特別な立場と尊厳を確認する機会を提供している[48]。同様に、しばしばパウロがキリストをたんに「主」と呼ぶことから[49]、パウロを含めたキリスト者すべてにとって高挙されたキリストを単純に「主人」と見なす姿勢が、すでに深く根付いていたと考え得る。

イエスの主権がパウロとその福音にとって重要なことは、さまざまな箇所から十分に支持される。例えば、パウロはその福音を、「イエス・キリストを主として宣べ伝える」（Ⅱコリ4.5）ことだと教える[50]。また、福音宣教が回想される場面では、「あなた方がキリスト・イエスを主とする伝統を受け取ったように」（コロ2.6）とあり[51]、「イエスは主である」（Ⅰコリ12.3）という告白が伴うかどうかによって、啓示の正当性（聖霊からのものかどうか）が計られる[52]。

イエスの主権に関わる神学が明示される箇所では、イエスが主となることに復活が決定的な出来事として関わっている[53]。主権に至る高挙は、「力ある」神の子としての立場への任命（ロマ1.4）と表裏一体の関係にあると言えよう[54]。したがって、「イエスは主です」（ロマ10.9）という告白は、「神が

κύριοςが神を指すかキリストを指すか曖昧な最後の6回のケース（ロマ10.12–13, Ⅰコリ1.31, 2.16, Ⅱコリ10.17–18）については後述する。

48) 例えば、ロマ1.4, 7, 16.20, Ⅰコリ1.2, 3, Ⅱコリ1.2, 3, 13.13, ガラ1.3, 6.18.

49) この用法は、コリント書とテサロニケ書において顕著で、82回中67回がこれら4書に見られる。これと比べると、ローマ書で5回、ガラテヤ書で1回、フィリピ書で2回、フィレモン書で0回である。この現象の理由は謎だが、解釈に大きな影響はない。同様に、パウロはイエスをたんに「キリスト（Christ）」（あるいは「（あの）キリスト（the Christ）」）と呼ぶことの方が多く（§8 n.76）、また「キリストにおいて」や「キリスト・イエスにおいて」と表現することを、「主において」という言い回しより多く用いている（§15 nn.29, 37 を見よ）。

50) 例えば Furnish, *2 Corinthians*, 223 を見よ。

51) Dunn, *Colossians*, 139–40 を見よ。

52) §§16.4, 21.6.1 を見よ。

53) 地上のイエスが「主」と呼ばれることは（Ⅰコリ9.14, 11.23）、ここでの主張への反論とならない。現在において周知の称号を用いて過去を語ることはしばしばある。英国では、女王の幼少期を語る際にも、「女王」という称号を用いる。

54) したがって、パウロがロマ1.4で定型句を用いる際、それを「私たちの主イエス・キリスト」

イエスを死者のあいだから甦らされた」というおおやけの信仰表明と言えよう。死者のあいだからの復活により、「イエスは主です」。これは、「キリストが死んだ者にとっても生きている者にとっても主となるという、この目的のために、死んでまた生きたのです (ἔζησεν)」(ロマ14.9) と言われるゆえんだ。

最も顕著な例は、パウロ以前の賛歌として知られるフィリ2.6–11の終結部だ。

> ⁹それゆえ神は彼を高め、あらゆる名に優る名を授けた。¹⁰それは、天上と地上と地下のあらゆる膝がイエスの名に対してかがみ、¹¹すべての舌が父なる神の栄光のため、「イエス・キリストは主である」と公言するためだ。

神が授けた「(呼び) 名」は「主」だろう。なぜなら、最後の告白文において、イエス・キリストの主権が表明されているからである[55]。ここに復活は言及されていないが、高挙は復活を前提としており、十字架に対する神の応答は復活だ (フィリ2.8)。したがって、パウロはこの箇所でも同じ思考を根拠としている。すなわち、キリストはその誠実な死に続いて、その報いとして「主」という立場を示す称号を神から授けられた。少なくともこれは、受難の義人への報いに関する1つの描写で、アダム・キリスト論の第3段階に関する1つの描写だ (§10.1)。この後者に関しては、さらに考察が必要となる[56]。

イエスの主権を認めることは、最初期のキリスト者らによるキリストの復活への考察にまでその起源が遡る[57]。初代のキリスト者らにとって最も示唆に富むユダヤ教聖典テクストの1つは、明らかに詩110.1だった。すなわ

と結んでいる。

55) 例えば Hawthorne, *Philippians*, 91–92 を見よ。Moule ('Further Reflexions' [§11 n.1]) は、この「名」を「イエス」だとする (p.270)。しかしイエスという名が高挙において「与えられる」とはどのような意味か。O'Brien (*Philippians*, 237–38) は、これを「ヤハウェ」とするが、「父なる神の栄光のため」からこれを導き出すことは困難だ。また、パウロ書簡群において、イエスと神との関係は「主」と「神」としてしばしば表現される (§10.5.1 参照)。

56) §11.4 を見よ。

57) Ⅰコリ16.22 に関する議論 (§10 n.66) を見よ。

ち、「主は私の主に言われた、『私があなたの敵をあなたの足台とするまで、私の右（手）に座っていなさい』と」。初代のキリスト者らは、主なる神が語りかける「私の主」が誰かを知っていた。それはメシアとしてのイエスでしかあり得ない[58]。キリストは今や「神の副執政」である[59]。このテクストは、パウロ書簡群のいくつかの箇所で明らかに意識されている[60]。これらの箇所において、主権の付与はキリストの復活と同時か、その直後に続く。すなわち、「それは、死んで、むしろ甦らされ、また神の右におられるキリストです」（ロマ 8.34）。明らかに復活は（Ⅰコリ 15.23）、主としてのキリスト支配の開始だ（Ⅰコリ 15.24–25）。復活は、甦って神の右に座ることを意味する（コロ 3.1）。神は「彼（キリスト）を死者のあいだから甦らせ、天においてご自分の右に座らせられました」（エフェ 1.20）。

復活のキリストへ主権を帰することの重要性も明らかだ。もっとも、これは誇張される場合があるが。（1）少なくとも、キュリオスは優位な者が劣位な者に対して行使することが認められる支配力を意味する。すなわちそれは、奴隷に対する主人、臣民に対する王、そしてその延長には、礼拝者に対する神という関係性においてだ[61]。誰かを自分の「主」と呼ぶということは、そのように呼ばれた者に対する従属を表明することになる[62]。そしてこの語を用いた告白がバプテスマにおいて用いられる場合（ロマ 10.9 はバプテスマ定型句だろうか）、忠誠を示す対象の移行、所有の移行をも意味する。したがって、少なくとも、イエスを主として認める告白は、彼に仕える生き方への献身を意味する。

---

58) 詩 110.1 の用法に関して、それをイエスに適用する最初の試みを含んだ議論は、D.M. Hay, *Glory at the Right Hand: Psalm 110 in Early Christianity* (SBLMS 18; Nashville: Abingdon, 1973); M. Gourgues, *À la droite de Dieu. Résurrection de Jésus et actualisation du Psaume 110.1 dans le Nouveau Testament* (ÉB; Paris: Gabalda, 1978); M. Hengel, '"Sit at My Right Hand!" The Enthronement of Christ at the Right Hand of God and Psalm 110.1', *Studies*, 119–225.

59) Cerfaux (*Christ*, 466) は、「右（手）は力を意味する（例えば、出 15.6, 12, 申 33.2, ヨブ 40.9, 詩 17.7, 18.36 等）」と述べる。すなわち、右手にある座（右の座）は特別な栄誉ある座席を指す（王上 2.19, 詩 45.10）。

60) ロマ 8.34, Ⅰコリ 15.25, コロ 3.1. またエフェ 1.20. パウロ書簡以外では、マコ 12.36 と並行記事, 14.62 と並行記事, 使 2.34–35, ヘブ 1.3, 13, 8.1, 10.12, 12.2, Ⅰペト 3.22.

61) BDAG, κύριος; Lietzmann, *Römer*, 97–101; W. Foerster, *TDNT* 3.1041–58; Hahn, *Titles*, 68–70.

62) パウロはロマ 14.4–8 において、この意味で重要な発言をしている。

(2) キュリオス（κύριος）という称号が特定の宗教における神——とくに（イシス神に代表される）エジプトやその他東方の神々——に対して用いられていた証拠は十分にある。また、神格化されたエジプトの支配者、例えばプトレマイオス 14 世やクレオパトラに対しても用いられた。ローマ皇帝もまた主（κύριοι）と呼ばれた [63]。もっとも、ローマ皇帝の場合、どれほどの神格化がこの語から汲み取られるかは不明だ。この時期、皇帝崇拝はいまだ東方からのみ徐々に帝国内に広がりつつあり、それさえも宗教的でなく、おもに政治的な機能を果たしていた [64]。「カエサルは主である」という告白に対して「キリストは主である」という告白が強いアンチテーゼとして提示されたのは『ポリュ殉』8.2 の執筆時期（160 年頃）のことで、パウロの時代にはこのような意識がまだ明らかでない。

いずれにしても、パウロは当時の社会において、多くの宗教が多くの「主」を祀り上げていたことを認識していた（I コリ 8.5）[65]。また、イエスに対して主という称号が付されたことに、ヘレニズム的文化背景がないことも明らかだ。少なくとも I コリ 16.22 は、イエスがすでにアラム語で「主（マル מָרְ）」と呼ばれていたことを明らかに示している [66]。そして、このアラム語の表現がギリシャ語を話す教会のあいだで大切にされたということは、ギリシャ語を話す教会においてこの語のアラム語起源が十分に認知されていたことを示す [67]。さらに、パウロはヘレニズム的な多神教崇拝に真っ向から対立して、

---

63) LSJ, κύριος B; BDAG, κύριος 2cg; *NDIEC*, 3.33, 35–36 を見よ。使 25.26 では、ローマ皇帝がたんに「主」と呼ばれる。

64) Κύριος という称号がイエスに用いられたのは皇帝崇拝に対抗するためだ、とする古い理解に反対する立場は、Cullmann, *Christology*, 215, 220; Hahn, *Titles*, 111–12; Moule, *Origin*, 35–43 を見よ。

65) I コリ 8.5 の文脈は明らかに宗教的な礼拝である。古代コリント市からは、アポロン、アテナイ、アフロディテー、アスクレピオスなどの神殿跡が見つかっている。Murphy–O'Connor, *Corinth* (§22 n.8).

66) 「マラナタ（μαράνα θά = מָרָנָא תָה）」という表現がギリシャ語を話す教会で用いられていたという事実は、ヘレニズム社会の教会からのみ「主」という称号が用い始められたという Bousset (*Kyrios Christos*) の主張（Bultmann, *Theology*, 1.124–25 に依拠する）のアキレス腱だ。Fitzmyer (*According to Paul*, 89–105) は、フィリ 2.6–11 のキリスト賛歌が本来アラム語だったと主張する。ロマ 10.9 における告白が「イエス・キリストは主である」ではなく「イエスは主である」だということは、この称号が示す主権が「イエス・キリスト」という呼び方の確立以前に、歴史的に記憶されている個人としてのイエスにまず付されたという可能性を示している。

67) 上述した詩 110.1 の使用も参照。

「しかし私たちにとって……イエス・キリストが唯一の主です」（Ⅰコリ 8.6）と述べる。なぜならパウロとって復活のキリストは、「この主（*the* Lord）」という単独の句で表現できる存在だからだ。そしてこのキリストの主権がやがてすべての人によって認められると確信していた[68]。Ⅰコリ 8.5-6 が示唆するように、この確信は他宗教に対する不寛容というよりも[69]、むしろ（復活の結果としての）キリストの独自性に対する信仰であり、それはまたユダヤ教の唯一神信仰とつながっている。神が唯一なように、あるいは唯一だからこそ、イエスも唯一の主である。この確信が、主イエスへの宗教的・典礼的な尊崇とどのように関わるか、については後述する[70]。

　（3）興味深いことに、詩 110.1 がイエスの復活との関連で用いられる際には、詩 8.7 も念頭に置かれる。これらの詩編がいかに用いられるかに関しては既述のとおりだ[71]。すなわち、「私があなたの敵をあなたの足台とするまで」（詩 110.1b）と「すべてを彼の足下に置かれた」（詩 8.7b）との融合が起こっている（Ⅰコリ 15.25-27 参照）[72]。あるいは詩 110.1 が詩 8.7 の影響で編集されているように見受けられる[73]。これが意識的に行われたか無意識かはそれほど問題でない。いずれにせよ、キリストの主権がアダム／人類の創造における神の本来的な目的の成就として理解されていたことが重要だ。主としてのイエスはすなわち最後のアダムである。キリストの主権が他の「多くの主」との関連において絶対的である一方（Ⅰコリ 8.5-6）、その主権は創造主である神との関連において制限がかかる。これは、パウロがキリストの主権に関してその詳細な説明をする際に（Ⅰコリ 15.24-28）、主が自らを唯一の神にしたがわせる（15.28）という思想をもって閉じることと符合する[74]。

---

[68]　Ⅰコリ 15.24-27, フィリ 2.9-11.
[69]　パウロは、他宗教の神々や諸主の立場に関して意識的に曖昧な表現を用いている（§2.3.3 を見よ）。
[70]　§10.5.3 を見よ。
[71]　詩 110.1 に関しては §10 n.60, 詩 8.5-7 に関しては §8 n.96 を見よ。
[72]　Ⅰコリ 15.25-27, エフェ 1.20-22, ヘブ 1.13-2.8.
[73]　マコ 12.36 // マタ 22.44, Ⅰペト 3.22. 詩 110.2 と詩 8.7 との融合という現象が新約聖書において広く見られることから、これがパウロ自身による編集というよりも、むしろ初代キリスト者の弁証方法としてすでに確立していたものをパウロが用いたと考えられる。Dunn, *Christology*, 109.
[74]　Kreitzer (*Jesus*, 152-53) は、神がすべてを従属させるⅠコリ 15.27-28 と、キリストがすべて

（4）パウロがイエスに対して「主」という語を用いることの最も重要な意義は、これがユダヤ人のあいだで神に対して用いられる呼び名であることだ。これはパウロ以前の 200 年にわたるアラム語の用法から明らかだ[75]。この点は、ギリシャ語訳のユダヤ教聖典においては不確かである。なぜなら、ヘブライ語の「ヤハウェ」がキュリオスと訳されるようになるのは、LXX がキリスト者によって転写されるようになってからのことだからだ。LXX テクストをキリスト者が用いるようになる前は、神聖四文字（テトラグラマトン）がそのままヘブライ語で書き写されたり、たんにギリシャ文字へ字訳されている[76]。しかし、そのようなテクストがディアスポラのユダヤ人会堂で読まれる場合、キュリオスと発音されたことは疑いようがない。それは、パウロがユダヤ教聖典を引用する際にキュリオスを用いていることのみならず[77]、フィロンやヨセフスの用法からも支持される[78]。

パウロのいわゆる「キュリオス・キリスト論」において注目すべき点は、「キュリオス＝ヤハウェ」を含むユダヤ教聖典テクストを、（κύριος としての）イエスに対して用いていることだ。ロマ 10.9–13 における議論の流れはとくに注目に値する。

> [9]「イエスは主です」と口で告白し、神が彼（イエス）を死者のあいだから甦らせたと心で信じるなら、あなたは救われます。……[11] なぜなら、「彼を信じる者は誰も辱められない」（イザ 28.16）と聖典にあるからです。なぜなら、ユ

を従属させるフィリ 3.21 とを比較して、そこには「大きな飛躍がある」と評する（p.153）。しかし I コリ 15.25 においては、キリストが神の役割を損なうことなしにすべてを自らに従属させている（詩 110.2）。またここで、「暫定的王国」を想定したり、神の王国とキリストの王国とを区別したりすべきでない。神はその王としての支配をキリストと共有しており、そのキリストは最後の日に、「神の王国を父に引き渡す」（I コリ 15.24）。

75) Fitzmyer, 'Semitic Background', 119–23; *EDNT* 2.330; *Romans*, 112–13 を見よ。
76) とくに、G. Howard, 'The Tetragram and the New Testament', *JBL* 96 (1977), 63–83 を見よ。
77) ロマ 4.8, 9.28, 29, 10.16, 11.3, 34, 12.19, 14.11, 15.11, I コリ 3.20, 10.26, 14.21, II コリ 3.16, 17（2 回）, 18（2 回）, 6.17, 18. II コリ 3.16–18 に関しては §16.3 と §16 n.51 を見よ。
78) フィロン『寓意』1.48, 53, 88, 90, 95–96, 2.1, 47, 51–53, 71, 78, 88, 94, 101, 106 等。ヨセフス『古誌』13.68.『古誌』5.121 においてヨセフスは、「ヘブライ語のアドナイは主（κύριος）を意味する」と記している。Moule, *Origin*, 39–41; de Lacey, 'One Lord', 191–95; Capes, *Yahweh Texts*, 39–43 も見よ。

ダヤ人とギリシャ人のあいだになんの区別もなく、同じ方がすべての者の主であり、この方を呼び求める者すべてに対して豊かだからです。¹³ それは、「主の名を呼び求める者は誰でも救われる」(LXX ヨエ 2.32) からです。

ロマ 10.9 で「イエスは主です」と述べたあとで、読者が 12–13 節の「主」をイエスだと思わないなどと、パウロが想定するとは考え難い。「彼を信じる」(10.11) は明らかに「この方を呼び求める」(10.12) と同義だ[79]。したがって、ロマ 10.13 で呼び求められる主が主イエス以外であろうはずがない。ロマ 10.13 に引用されているヨエ 2.32 (ヘブライ語聖書では 3.5) は、イスラエルの残りの者が神を呼び求めることを想定している[80]。すなわちここでは、主であるイエスが主である神の役割を果たすことが想定されている[81]。要約すると、終末的救済における神の役割を復活したイエスに移行させることに、パウロは何の躊躇もなかったようだ[82]。

パウロは他所でも同様の読み直しをしている[83]。Ⅰコリ 2.16 は、「『誰が主の思いを知り、彼 (主) を教えるか』(イザ 40.13)。しかし私たちはキリストの思いを持っています」と記す。引用文とそれに対するパウロの応答が具体的に何を意図しているかはっきりしない。「キリストの心」は「主の心」であるとも理解し得るが[84]、「キリストの心」は「主の心」に対する次善の策だ、とも理解し得る。イザヤの問いに対する答えは、「誰もない」である。しか

---

[79] 理由を示す「なぜなら」(11 節) に注目せよ。「彼を」がヘブライ語のイザ 28.16 になく、LXX イザ 28.16 にあることから、これがパウロによる付加でないことは明らかだ。Dunn, *Romans*, 583; Stanley, *Paul* [§7 n.1], 124 を見よ。

[80] LXX ヨエ 2.32 は、初期キリスト者の自己理解を示すために広く用いられた。この場合、キリスト論的な修正が加えられたもの (Ⅰコリ 1.2, 使 9.14, 21, 22.16) と、そうでないもの (使 2.17–21, 39. その他、ロマ 5.5, テト 3.6, マコ 13.24 と並行記事、黙 6.12 参照) とがある。

[81] Fitzmyer (*Romans*, 593) は、「すべての者の主」(10.12) がユダヤ教的定型句であり、1QapGen 20.13 と 4Q409 1.6 においてはヤハウェを指すと述べる。ヨセフス『古誌』20.90 参照。

[82] このような聖典テクストの読み直しから、パウロが「イエスをヤハウェと同視した」という結論 (Capes, *Yahweh Texts*, 123) を導き出すことは、パウロの聖書解釈を単純化し過ぎている。§10.5 を見よ。

[83] 以下で議論される箇所以外にも、Capes (*Yahweh Texts*, 140–49) は、Ⅰコリ 10.26 とⅡテモ 2.19 を挙げる。Whiteley, *Theology*, 107–08 も参照。

[84] Kreitzer, *Jesus*, 19, 224 n.68 参照〔訳註 ここでダンは英国人に典型的な控えめな言い方をするが、Kreitzer に反対して後者の立場に立っている〕。

しキリストの思いは、神の思いに対して何にも優る洞察を提供し得る（フィリ 2.5 参照）。これは、霊が「神の深み」を知らしめる役割を持つことを教える直前の文脈（Ⅰコリ 2.9–12）と符合し[85]、コリント 2 書において十字架と復活のキリストが啓示的役割を持つという思想とも合致する[86]。パウロが聖典を引用する場合にキュリオスが一般に神を意味すること、またロマ 11.34 でイザ 40.13 が再び引用される場合には確かに神が想定されていることに鑑みると、Ⅰコリ 2.16 にそれ以上の意義を読み込むことは避けるべきだろう。

同様に、Ⅱコリ 10.17–18 もその意味が曖昧だ。「誇る者には、主を誇らせよ」（Ⅱコリ 10.17）は、ヘブライ語聖書と LXX の両方（エレ 9.24 [LXX エレ 9.23]）に編集を加えた結果である[87]。それ以外の点では、一般の規則——引用文における κύριος は神を意味する——が素直にあてはまろう。しかしパウロは、「なぜなら、自らを推薦する者でなく、主が推薦する者が認められるからです」と続ける。そして一般の規則では、聖典の引用以外でのキュリオスはキリストを意味する。パウロは、この曖昧さをそのままにしておくことに問題を感じなかったようだ。それゆえ、Ⅰコリ 1.31 で彼が引用する同じテクストがキリストを想定しているかに関しても、意見は分かれる[88]。

最も注目すべきテクストは、既出のフィリ 2.9–11 である。「あらゆる膝がイエスの名に対してかがみ、すべての舌が……『イエス・キリストは主である』と告白する」（2.10–11）。聖書に親しむ者は、ここにイザ 45.23 が仄めかされてあることに気づく。すなわち、「あらゆる膝が私に対してかがみ、すべての舌が告白する」[89]。そして驚くべきことに、イザヤ書のこの言葉は神自身が語っており、しかもこれは聖書全体で唯一的な思想が最も明らかな箇所だ。

---

85) MT イザ 40.13 は「主の霊（רוּחַ）」だが、LXX イザ 40.13 では「主の思い（νοῦν）」である。
86) Ⅰコリ 1.23–24, 30, Ⅱコリ 4.4–6. Capes (*Yahweh Texts*, 134–35, 138–40) は、キリストが「神の知恵」（Ⅰコリ 1.24）であれば、同様にキリストは、「（主の）思い」であって「主（の思い）」(2.16a) でないとする。
87) 「これを」が「主を」へと変更されている。Stanley (*Paul* [§7 n.1], 187–88) は、この変更をパウロ自身によると考える。
88) Bousset, *Kyrios Christos*, 149; Furnish, *2 Corinthians*, 474; Fee, *1 Corinthians*, 87; Capes, *Yahweh Texts*, 134–36.
89) この表現は、LXX と完全に一致する。LXX は「神に（τῷ θεῷ）」を付加。

²¹ 私以外に神はいない、
　　正しい神であり救い主、
　　私以外にはいない。
²² 私に向き、救われよ、
　　地の果てに住まう者よ、
　　私が神であり、私以外にはいないからだ。
²³ 私は自らに誓った、
　　私の口から義をもって出た言葉は取り消されない。
　　「あらゆる膝が私に対してかがみ、すべての舌が（神に）告白する」。

少なくともフィリ2章の賛歌は、イザヤ書において神のみが受ける喝采と畏敬の表現に倣って、それをキリストに向けている。ユダヤ人がこのように礼拝における焦点を移行させることは、驚くべきことだ[90]。

しかし同時に、この賛歌が、「父なる神の栄光のために、『イエス・キリストは主である』と告白する」(2.11) と結んでいる点にも注目すべきだ。すなわち、主としてのイエス・キリストへの称賛は、天における神の立場をキリストが取って代わったことを意味しない。それどころか、イエスへの告白を通して栄光を受けるのは神である。しかもそれは、前者が後者と同視されたからでない。イエスが主であるのに対し、神は父とされている。それはむしろ、（イザ45章の）唯一の神が高挙されたキリストと自らの主権を共有することを選んだからだ。私たちは、ここでまたIコリ15.24–28の前提に引き戻される。すなわち、イエス・キリストの普遍的な主権は神によって定められており、最終的な栄光は神のみに帰される[91]。

イエスの復活が主権への高挙をもたらしたことを、フィリ2.10–11ほど明らかで豊かに表現するテクストはない。一方このテクストは、復活のキリストが神とされたことをパウロが前提としているか、あるいは復活のキリストが神としてすでに認められていたか、を考察する機会を私たちに提供する。

---

90) 近年の研究に関しては Kreitzer, *Jesus*, 116; Capes, *Yahweh Texts*, 159 を見よ。
91) Thüsing, *Per Christum*, 46–60 参照。

§10.5. 神としてのイエス？

本項での問いは、以下の3つの点を中心に考察しよう。すなわち、(a) 唯一神信仰とキリストの主権の意義は何か[92]、(b) パウロはイエスを θεός（神）として語ったか、(c) 高挙されたキリストに対する畏敬は何を意味するか、である。第4の問題であるキリストの先在性に関しては、第11章で個別に扱うことにしよう。

(1) 唯一神信仰の文脈におけるキリストの主権の意義：ユダヤ教伝承において、英雄の高挙はしばしば登場する。例えばエノクやエリヤは生きたまま天に導き入れられる[93]。知5章の義なる殉教者は、神の子ら／御使いら（5.5, 15–16）のあいだに数えられることが期待された。パウロから1世代のちには、エズラとバルクの「高挙」が記される[94]。シラ45.2によると、神はモーセに「聖なる者ら（御使いら）と等しい栄光」を与える[95]。このような高挙された人物は、ときとして、とくに裁きにおける神の機能を共有する。最後の審判におけるエノクの役割は、ユダヤ人のあいだで議論されてきた[96]。『アブラハムの遺訓（A）』において、アダムは栄光の座に就いており（11章）、アベルは全知の裁きを行う（13.2–3）[97]。そして著名なラビ・アキバ（パウロの2世代後）が、（ダニ7.9の複数形が示唆する神以外のための）もう1つの御座はメシアのためだと論じた、とのラビ伝承がある[98]。

---

[92] この問題は、「神の子」というキリスト理解において、それがイエスと神との親密な関係を示す表現だったとしても、問題とならない（Hengel, *Son*, 10, 63）。

[93] 創5.24, 王下2.11.

[94] 『エズ・ラ』14.9,『シリ・バル』13.3 等。

[95] ヨセフスもまた、モーセが「神」としての立場へ引き上げられた（戻された）かという考察を行う。『古誌』3.96–97, 4.326. フィロン『供物』8–11 章,『モーセ』2.290 参照。

[96] 『ヨベ』4.22–23,『エチ・エノ』12–16 章,『アブ遺（B）』11 章。『エチ・エノ』49.4, 61.9（譬え）では人の子が「隠された事柄を裁く」が、これはのちにエノクだと示唆されている（71.14）。

[97] 『アブラハムの遺訓』の長い校訂本（A）に対して、校訂本（B）では、アベルのみが登場する（『アブ遺』11 章）。11QMelch（§10 n.120）が言及する謎めいたメルキゼデクの役割を参照。

[98] 『BT ハギ』14a,『BT サン』38b. Dunn, *Partings*, 186–87, 224; Casey, *Jewish Prophet*, 81–82; Hurtado, *One God*, ch.3 を見よ。Rainbow ('Jewish Monotheism', 90) の Hurtado に対する批判は、イエス自身が弟子たちに「メシアとしての自分は無比の神の立場に参与することになる」と確信さ

これらの資料を提示した目的は、ユダヤ教伝統にキリストの高挙と同様の思想があったとか、キリストの高挙という思想の背景となるユダヤ教伝承があったとかいうことを証明することでない。ただ、ユダヤ教の唯一神信仰は、高挙された人物の存在を認めることができ、それが唯一神信仰の再考を促すようなものでなかった、ということを教えている[99]。

　この事実は、パウロがキリストの主権と唯一神との両方に同時に言及することを躊躇しなかったことと符合する。それはⅠコリ 8.5–6 に顕著だ。

> [5] 神々と呼ばれるものが天や地にいるとしても――じつに神々は多く、主は多いのですが――、
> 　[6] しかし私たちにとって父なる神は唯一であり、すべてのものはこの方から出で、私たちはこの方へと戻ります。
> 　そして主イエス・キリストは唯一であり、すべてのものはこの方を通してあり、私たちもこの方を通してあります。

「シェマア（שְׁמַע）」（申 6.4）の驚くべき再解釈によって[100]、パウロは上のように唯一神の主権をイエス・キリストに帰している。それでもパウロは、神の唯一性を唱える。明らかにキリストの主権は、神の権威を揺るがすものとも、それにとって代わるものとも考えられず、むしろ神の権威を示す表現方法の1つだった。唯一の主が唯一神を立証する。これは、フィリ 2.10–11 において、イエスの主権が父なる神の栄光と直接つながるという思想と符合する。

　また、パウロ文書において、「私たちの主イエス・キリストの神そして

せたという議論に立ち戻る。もっとも、§11 n.34 を見よ。

　99）　神が唯一であるという基本的確信に対する危機感は、ヨハネ伝承（ヨハ 5.18, 10.30–33）といわゆる「二大勢力」の異端において初めて明らかとなる。A.F. Segal, *Two Powers in Heaven: Early Rabbinic Reports about Christianity and Gnosticism* (Leiden: Brill, 1977); Dunn, *Partings*, 215–29.

　100）　Dunn, *Christology*, 180; *Partings*, 180, 182; Wright, *Climax*, 121, 128–32 ('christological monotheism', pp.114–18). Rainbow ('Jewish Monotheism', 83) は、ユダヤ人が「唯一」定型句を神以外に用いるという大胆な躍進と述べる。しかし、「パウロにとって、イエスの主権は父の神としての立場を脅かしかねない」（de Lacey, 'One Lord', 200–01）という表現は正しいだろうか。ユダヤ教の唯一神主義に関しては §2.2–3 を見よ。

第 10 章　復活の主

父」[101] という定型表現が繰り返されることも注目に値する。パウロはここで、神をたんにキリストの神とするのでなく、「主イエス・キリストの神」と表現している。主であるイエスが、その父を神とする。すなわち、キュリオスという語はイエスを神と同視するのでなく、むしろイエスを神と区別するために用いられている。その他にも、「あなた方はキリストのものであり、キリストは神のものです」（Ⅰコリ 3.23）、「キリストのかしらは神です」（11.3）と記されている[102]。また、Ⅰコリ 15.24–28 では、すべての主が神によって主権を授けられる（ロマ 10.12 参照）[103]。この主権は、人類に被造物を治めさせるという神の目的を果たすためのものだ[104]。そしてこの主権は、最終的に神の下に置かれる。

　イエスを主と言い表すことによって生ずる違和感を解決するには、ヤハウェに言及するテクストを主としてのイエスに帰するパウロの論理を理解する必要がある（§10.4.4）。すなわちそれは、イエスの主権が神によって与えられた立場であり、それによってイエスが神の業を共有する、という理解だ。これは、神がその地位をイエスに明け渡したことを意味しない。むしろ、神がその主権をキリストと共有することであり、主権が神のみのものでなくなることを意味しない[105]。

　この理解によれば、パウロが一方で「神の裁きの座」（ロマ 14.10）と述べ、他方で「キリストの裁きの座」（Ⅱコリ 5.10）と記すことは不思議でなくなる。キリストは、神の代表として活動することが想定されている[106]。終わりの日に、神は「キリスト・イエス」を通して、人類の隠された部分を裁く（ロマ

---

101) ロマ 15.6, Ⅱコリ 1.3, 11.31, コロ 1.3, エフェ 1.3, 17. Ⅰペト 1.3 参照。
102) Ⅰコリ 3.23 と 11.3 に関しては Thüsing, *Per Christum*, 10–29 を見よ。
103) §10 n.81 を見よ。
104) §10.4.3 を見よ。
105) パウロによると、霊を与えるのはいつも神だ（Ⅰコリ 2.12, Ⅱコリ 1.21–22, 5.5, ガラ 3.5, 4.6, Ⅰテサ 4.8, エフェ 1.17. ロマ 5.5, Ⅰコリ 12.13 の神的受動態も見よ）。使 2.33 とバプテスマのヨハネの本来的な理解（マコ 1.8）とを比較せよ。Turner (*Holy Spirit* [16 n.1], 174–78) はこの点を看過している。
106) これは、上述したエノクやアベルに与えられる機能と比べると、著しく大きな権威だ。同時に、聖徒も最後の審判において役割が与えられるという伝統にも目を向けなければならない（マタ 19.28 // ルカ 22.30, Ⅰコリ 6.2–3）。

2.16)。パウロは他所でこれを換言し、主がその訪れの時に「闇に隠された事柄を光の内に出し、心の思いを露わに」するが、それは神からの推薦を受けるためだ（Ⅰコリ4.5)、と述べる[107]。同様に、パウロが「主の日」という表現を用いる場合、これも伝統的な終末表現に則っている[108]。しかしこの場合、焦点はキリストにあり、「主イエス・キリストの日」、「主の日」、「イエス・キリストの日」、「キリストの日」などさまざまに表現される[109]。キリストにおいて、神の計画が成就される[110]。同様にロマ11.26では、最後の解放者に対する希望（イザ59.20）が、ヤハウェからキリストへと移されながらも、同主題の残りの箇所において焦点は神に置かれている（ロマ11.28–36）[111]。伝統的な唯一神的終末論をキリスト論との兼ね合いにおいて論ずるパウロ神学は、一般に神論において用いられる「神言語（God–language）」にキリスト論的な意味合いを持たせながらも[112]、キリスト論が神中心主義から離れることを意味しない[113]という点を示す好例と言えよう。

上述した議論から、神の計画と啓示に関するパウロの理解は劇的な変化を

---

107) Ⅱテサ1.7–10, Ⅱテモ4.1. §12.2–3も参照。
108) アモ5.18–20, ヨエ2.1–2, 11, 31, ゼファ1.7, 14, 18等。
109) 以下の表を参照。

私たちの主イエス（・キリスト）の日	Ⅰコリ1.8, Ⅱコリ1.14
主の日	Ⅰコリ5.5, Ⅰテサ5.2, Ⅱテサ2.2
イエス・キリストの日	フィリ1.6
キリストの日	フィリ1.10, 2.16
その日	ロマ2.5, 16, Ⅰコリ3.13, Ⅰテサ5.4, Ⅱテサ1.10, Ⅱテモ1.12, 18, 4.8

110) Kreitzer (*Jesus*, ch.2) はパルーシア（主の再来）と最後の審判に注目しつつ、「最後の審判の実行に関しては神とキリストとのあいだに概念的な重なり」(pp.93, 111) が見られる、と論ずる。Kreitzerはそこで、Ⅰテサ3.13, 4.14, Ⅱテサ1.7–10がゼカ14.5に、Ⅱテサ1.6–12がイザ66.4–6, 15に、Ⅱテサ1.9がイザ2.10にそれぞれ依拠しているとする (pp.117–22)。§12.2も参照。
111) のちのラビ伝承において、このイザ59章の箇所をメシアと結びつけている点も注目に値する（『BTサン』98a)。§19 n.140参照。
112) これは、Richardsonの中心的な論点だ。Richardson (*Paul's Language*, 304–05) はまた、「パウロの『〈キリスト〉言語』が文法的に『〈神〉言語』に対して従属的だ」と述べ、さらに「もしパウロが〈神〉言語を用いてキリストを解釈し定義するなら、キリストに関する言語もまた神の実体を再定義することになる」(p.307) と記す。
113) Thüsing (*Per Christum*, 258) は、「パウロのキリスト中心主義は本来的に神へと方向づけられているが、それはパウロのキリスト論がすでに神中心主義的だからだ」と述べる。

第 10 章　復活の主

遂げたが、神の唯一性と最終的な主権が揺るがないことが分かった。主であるイエスは神の主権を共有し、少なくとも部分的にそれを行使する。高挙されたキリストが神の副執政として理解される所以だ。

（2）パウロはイエスを「神」として語るか？：この疑問は、とくにロマ9.5を中心に議論される。イスラエルに授けられる神の祝福（9.4-5）が、「このキリスト」において頂点に達する。

> ⁴ 養子縁組、栄光、契約、律法付与、礼拝、約束は彼らに属し、⁵ 父祖も彼らのもの、またキリストは肉によれば彼らから出ています。すべての上におられる神が永遠に褒め称えられますように、アーメン。

ここで問題となるのは、この箇所の最後の部分が「またキリストは肉によれば彼らから出ており、この方がすべての上におられます。神は永遠に褒め称えられます。アーメン」（NRSV）と訳されるべきか否かだ [114]〔訳註「……肉によればキリストも彼らから出られたのです。キリストは、万物の上におられる、永遠にほめたたえられる神、アーメン」（新共同訳）〕。これが構文上、最も自然な訳であり [115]、また他所におけるパウロの文章表現とも一貫している [116]。また、これを独立した神への頌栄と考えるなら、「褒め称えられるべき（εὐλογητός）」という語が文節の初めに置かれることが期待される [117]。

一方で、これがメシアに対する頌栄だとすると、文脈に注意する読者に違

114）NRSV は RSV の改訂版である。NIV と NJB も同様の理解に立つ。とくに Cranfield, *Romans*, 464–70; B.M. Metzger, 'The Punctuation of Rom. 9.5', in B. Lindars and S.S. Smalley (eds.), *Christ and Spirit in the New Testament* (C.F.D. Moule FS; Cambridge: CUP, 1973), 95–112; Harris, *Jesus as God*, 143–72 を見よ。異読には「肉によるキリスト……。すべての上にある神、彼が永遠に讃えられますように」（写本 A, B, C）がある。この点に関して REB は NEB に改訂を加えない。また Kuss, *Römer*, 678–96; Dunn, *Romans*, 528–29; O'Collins, *Christology*, 144 を見よ。Fitzmyer のリストによるとこの点の解釈は半々に分かれている。〔訳註 聖書協会共同訳の変更を参照。〕

115）先行詞（キリスト）と同格構文を成す冠詞（ὁ）とのあいだに τὸ κατὰ σάρκα（肉によると）という句が挿入されていることよりも、新たな文章を関係代名詞によって始めることの方が問題だ。

116）ロマ 1.25, IIコリ 11.31, ガラ 1.5. IIテモ 4.18 も参照。IIコリ 11.31 の「この方が永遠に讃えられますように」もやはり、その文脈とうまく合っていない。

117）IIコリ 1.3, エフェ 1.3, Iペト 1.3, ルカ 1.68 を見よ。しかし LXX 詩 67.19 はそのかぎりでない。しかし、Fitzmyer, *Romans*, 549 参照。

和感を与える。この箇所ではイスラエルの祝福が列挙されており、神への頌栄によって閉じられることが最も自然だ（ロマ 1.25 参照）。これはちょうど、ロマ 9–11 章全体の議論が神のみへの頌栄によって閉じられる（11.33–36）ことと呼応している。また、「このキリスト」と「万物の上におられる……神」とが並列に置かれていることから、これらが指す同一人物の異なる立場を指すというよりも、異なる対象であると理解する方がより自然だ[118]。もちろんパウロは、「すべての主」（10.21）という表現を直後に用いている。しかし「主」は、既述のとおり、無条件に「神」と同視されるわけでない。また、他のパウロ的な頌栄においては、「私たちの主イエス（・キリスト）の父である神」が讃えられる[119]。

ロマ 9.5 においてパウロがキリストを「神」として讃えているとすれば、他所で彼が高挙されたキリストを語る際に特徴的に示す保留のニュアンスをここでは放棄したことになる。そうだとすれば、これは容易に看過されるべきことでない。このような理解は、神がその主権をキリストと共有するという上述の表現が示唆する保留的な意義がもはや成り立たなくなるからだ。なぜなら、「キリストは万物の上におられる神」という表現は、キリストを唯一の神、創造神[120]にほかならないとすることになる。しかしパウロは他所（頌栄）で、この唯一神を「私たちの主イエス・キリストの父である神」と表現している。パウロの表現は確かに曖昧で、これをキリストへの頌栄と解釈する余地は残されている。あるいは、パウロが他所で示す保留のニュアンスがここでは欠け落ちたと考えることさえ不可能でない。しかしもしそうな

---

118) Kümmel, *Theology*, 164. もし κατὰ σάρκα が対比を想定しているなら——そうと限らないが（ロマ 4.1, 9.3, Ⅰコリ 1.26, 10.18 参照）——、κατὰ σάρκα よりも対比に相応しい κατὰ πνεῦμα が用いられることが予測される。Ⅱコリ 10.3–4 (οὐ σαρκικὰ ἀλλὰ δυνατὰ τῷ θεῷ) を参照。

119) Ⅱコリ 1.3, 11.31. エフェ 1.3, Ⅰペト 1.3 も参照。

120) とくにエフェ 4.6 参照。あるいは、無冠詞 (θεός であって ὁ θεός でない) であれば、唯一神 (God) でなく神々の中の一神 (god) となろう。この場合は、天使キリスト論を示唆することになろう。すなわち、メシアは高挙された至高の天使となる。とくに 11QMelch（メルキゼデクがエロヒムとして描かれている）と、具体的には歴史上のヤコブ／イスラエルを「神の天使」、「万物の初穂」、「主の力の大天使で神の子らの大指導者」、「神のみ顔の前にいる第一使者」とする『ヨセフの祈り』を参照。しかし後者はほぼ間違いなくパウロよりも時代があとの文書だ。Dunn, *Christology*, 21 を見よ。使 8.9–10 では、サマリア人がシモンを「偉大なる力」とし、神的なあるいは至高天使的な力の顕現と見なした。もっとも、ロマ 9.5 との関係は不確かだ。

ら、この頌栄はパウロ神学の慎重を期した表現というより、むしろイスラエルの祝福に対する歓喜の表現と理解すべきだろう。

パウロ文書における他の箇所を議論する必要はなかろう。これらの議論は証拠を欠いたり[121]、パウロよりものちの時代を反映しているからだ[122]。本主題はロマ 9.5 の解釈にかかっていると言えよう。

(3) 高挙されたキリストに与えられる尊崇の念の意義：キリストに対して「主 (κύριος)」という語が用いられていること自体、高挙された主に対する崇敬の念が最初期の教会礼拝において共有されていたことを示す[123]。キリスト者の礼拝と祈りにおいて、イエスが呼び求められたことを示す証拠は確かにある[124]。教会の最初期以来、キリスト者には「主 (イエス・キリスト) の名を呼び求める者」という自己認識があった (Ⅰコリ 1.2, ロマ 10.13)[125]。既述のとおり、Ⅰコリ 16.22 は「マラナタ (我らの主よ、来たれ)」というアラム語表現を含む、すでに確立した祈りの定型句だ[126]。そしてパウロ自身が、肉体の棘が取り除かれるようにと「3 度主に祈り求めた」(Ⅱコリ 12.8)。これは、パウロの個人的状況に対し、高挙された主が何らかの変化を及ぼす効果があると考えられたことを示す。また、「私たちの父なる神と主イエス・キリスト」というパウロの通常の挨拶表現は、キリストを恵みと平和とを授

---

121) ガラ 2.20, コロ 2.2, Ⅱテサ 1.12. Cullmann, *Christology*, 313; Brown, *Introduction*, 177, 179–80; Harris, *Jesus as God*, 259–68 を見よ。

122) とくに、「私たちの偉大なる神、また救い主であるイエス・キリストの栄光の祝福に満ちた希望と到来を待ち望み」(テト 2.13)。これが最も蓋然性の高い訳だろうが、他の可能性もある。例えば Cullmann, *Christology*, 313–14; Harris, *Jesus*, 185; Brown, *Introduction*, 181–82; J. D. Quinn, *The Letter to Titus* (AB 35; New York: Doubleday, 1990), 155–57 を見よ。あるいは、「イエス・キリスト」は「私たちの偉大な神また救い主」の同格語だろうか、あるいは「私たちの偉大な神また救い主の栄光」の同格語だろうか [訳註　後者であれば、キリストは神でなく、神を示す栄光である]。

123) Hahn (*Titles*) は、「イエスを主と呼ぶことは……この宗教共同体の生活の座を示している」(p.102)、「(フィリ 2.9–11) はイエスの礼拝について語ることを要請する」(p.110) と述べる。Hurtado (*One God*, 11, 123–24) は、「神的人物としてのイエスに対する宗教的尊崇の念」(と宗教体験) はユダヤ教唯一神信仰が変異する契機となった、と述べる。

124) Hurtado (*One God*, 104–08) は、「そのような祈りにおいてキリストが持つ意義は、他のユダヤ教集団において例を見ない」(p.107) と述べる。

125) Davis, *Name*, 129–39 (106 も見よ); Strecker, *Theologie*, 94–95. しかし、「〜の名により」という表現は高められた者の権威を意味するとは限らない (Ⅰコリ 1.13, 15 参照)。

126) §10 n.66 を見よ。

ける共同行為者と見なしている[127]。書簡終結部の頌栄も、キリストを共同権威者と見なしている。この点でⅠテサ 3.11–13 は顕著だ。すなわち、「私たちの父なる神自身が、そして私たちの主イエスが、私たちをあなた方へと導き、主があなた方の互いの愛を満ち溢れさせますよう……」[128]。少なくともこれらは、高挙された主としてのイエスに関する高いキリスト論と符合する。

　上記の (1) と (2) におけると同様の注意がここでも必要となる。すなわち私たちは、ここでパウロが通常の礼拝用語を用いる場合のこだわりに注目すべきだ。パウロの感謝（εὐχαριστεῖν, εὐχαριστία）は必ず神を対象としており、キリストや「主」でない[129]。これは、パウロがたんに前パウロ的な定型句を用いているからでない。なぜなら、パウロはときとして「イエス・キリストを通して」あるいは「彼を通して」を付加することによって、この定型表現に変更を加えているからだ[130]。したがって、キリストは感謝の内容でもなければ[131]、感謝を受ける対象でもない。キリストはその高挙された立場において、神への賛美を仲介する立場として見なされている。同様に、通常の祈禱用語（δέομαι, δέησις）が神を対象としており、決してキリストが対象でない点も注目すべきだ[132]。「栄光を帰す（δοξάζω）」も同様だ[133]。パウロにとって、厳密には神のみが栄光を受ける[134]。また、「礼拝する／仕える

---

127) ロマ 1.7, Ⅰコリ 1.3, Ⅱコリ 1.2, ガラ 1.3, エフェ 1.2, フィリ 1.2, Ⅱテサ 1.2, フィレ 3.
128) 人の生き方を導くことは神的大権である。Bruce, *1 and 2 Thessalonians*, 71（詩 32.8, 37.23, 箴 3.6b, 16.9 に関して）. また、「私たちの主イエス・キリストの恵み、神の愛、聖霊の交わりが、あなた方みなにあるよう」（Ⅱコリ 13.14）とⅡテサ 2.16 も見よ。Davis (*Name*, 153) は、「このような二神論的表現はキリスト教以前の一神教信仰にはない」と述べる。
129) Εὐχαριστέω——ロマ 1.8, 7.25, 14.6, Ⅰコリ 1.4 (1.14), 14.18, フィリ 1.3, コロ 1.3, 12, 3.17, Ⅰテサ 1.2, 2.13, Ⅱテサ 1.3, 2.13, フィレ 4; εὐχαριστία——Ⅰコリ 14.16, Ⅱコリ 4.15, 9.11, 12, フィリ 4.6, Ⅰテサ 3.9. Ⅰテモ 2.1–3, 4.3–5 参照。
130) ロマ 1.8, 7.25, コロ 3.17〔訳註　すなわち、前パウロ的定型句に付加を施すことができるパウロは、当然キリストを感謝の対象とする表現を加えることもできただろうが、そうしなかった〕.
131) 前置詞の διά が用いられる場合、属格名詞と結びついて「～を通して」となっており、対格名詞と結びついて「～のために」となっていない。
132) Δέομαι——ロマ 1.10, Ⅰテサ 3.10; δέησις——ロマ 10.1, Ⅱコリ 1.11, 9.13–14, フィリ 1.4, 19, 4.6. エフェ 6.18, Ⅰテモ 2.1, 5.5, Ⅱテモ 1.3 参照。
133) ロマ 1.21, 3.7, 4.20, 11.36, 15.6, 7, 9, Ⅰコリ 6.20, 10.31, Ⅱコリ 1.20, 4.15, 9.13, ガラ 1.5, 24, フィリ 1.11, 2.11, 4.20, エフェ 1.6, 3.21, Ⅰテモ 1.17.「神の似姿であるキリストの栄光」（Ⅱコリ 4.4）と「主の栄光」（Ⅱコリ 8.9）、またエフェ 1.12, 14, Ⅱテモ 4.18 も参照。
134) Beker (*Paul*, 362–63) が指摘するように、パウロ書簡における δόξα の言及は圧倒的に神に対

第 10 章　復活の主

(λατρεύω)」、「礼拝／奉仕 (λατρεία)」、「礼拝する／尊崇する (προσκυνέω)」も同様だ（Ⅰコリ 14.25）[135]。同時に、話題がパウロの教会における礼拝に及ぶとき、キリストが言及されない点も見逃せない。例えばⅠコリ 14 章において、異言は「神へ」語られ（14.2, 28）、感謝は神に向けられ（14.18）、礼拝は神を対象とする（14.25）。これらの礼拝に関する用語についてパウロが示す一貫性を考慮に入れるなら、パウロがキリストを「礼拝した」との判断を下すことに躊躇せざるを得ない。

　他所では、礼拝の内容としてイエスが登場する。フィリ 2.6–11 やコロ 1.15–20 で、賛歌はキリストに関するものだが、その賛美は神へ捧げられる[136]。主の晩餐におけるイエスの死という主題も同様の扱いだ（Ⅰコリ 11.26）。パウロはまた、神の子の福音宣教を通して神に仕える（ロマ 1.9）。キリストの福音を受け入れることは、神に栄光を帰すことだ（Ⅱコリ 9.13）。イエス・キリストを主と告白することは、父なる神へ栄光を帰すこととなる（フィリ 2.11）。「イエス・キリストにある（神の）豊かさ」は、「私たちの父なる神に、永遠に栄光がありますように」（フィリ 4.19–20）という頌栄へとキリスト者を導く。コロ 3.16–17 において、「キリストの言葉」は礼拝の内容であり、礼拝は「主イエスの名において」なされるが、感謝の対象は神である[137]。ロマ 14.6 では、食事を主のために行うが、その感謝の対象は神だ。ロマ 15.5–6 では、最終的な栄光が「私たちの主イエス・キリストの父なる神」に向けられる。そしてそれは「キリスト・イエスにしたがって」神に帰する栄光だが、キリストが栄光を共有するのではない[138]。

する栄光に関するものだ（ロマ 1.23, 3.23, 5.2, 6.4, 9.23, 15.7 等）。「キリストの栄光」という表現は比較的少ないが（Ⅰコリ 2.8、Ⅱコリ 4.4、Ⅱコリ 3.18, 8.19, 23、Ⅱテサ 2.14 参照）、この場合は、神の最終的栄光への期待として、あるいはキリストを通して人に見える形での神の姿（テト 2.13, §10 n.122）と理解される。例えば、「私たちは神の栄光に対してこの方（イエス・キリスト）を通して『アーメン』と言うのです」（Ⅱコリ 1.20. フィリ 1.11, ロマ 16.27 参照）。

135)　λατρεύω──ロマ 1.9, フィリ 3.3, Ⅱテモ 1.3; λατερία──ロマ 12.1.
136)　コロサイ書の賛歌（1.15–20）は、1.12 に始まる父への感謝の延長である。Hengel ('Hymns and Christology', in *Between Jesus and Paul*, 78–96) は不用意に「キリストへの賛歌」と言う〔訳註 邦訳にヘンゲル『イエスとパウロの間』土岐健治訳、教文館、2005 年がある〕。
137)　もっとも、コロ 3.16–17 は、のちに「あなた方の心の中で、主に向かって歌をうたい音楽を奏でなさい」（エフェ 5.19–20）と変更される（黙示録の賛歌も参照）。Hurtado, *One God*, 102–03.
138)　これらの箇所の終結の仕方にも注目せよ（14.10–12, 15.9–13）。Thüsing, *Per Christum*,

上での分析に鑑みると、最初期の教会におけるイエスへの宗教的尊崇がどのようなものだったか、私たちはより注意深く考察すべきだろう。「礼拝（worship）」と「尊崇（veneration）」とを区別する古代人の感性を考慮に入れるなら[139]、キリストへの尊崇を認めつつも、それが完全な意味での礼拝でないと理解しなければならない。あるいは「礼拝（worship）」と「崇拝（adoration）」なる区別を設定するなら[140]、キリストが礼拝されたとしても、崇拝の対象は神のみとなる[141]。いずれにしても、パウロによるこのように慎重な表現上の区別は、早々に消えてしまった[142]。パウロはイエスに関する理解の変化が教会の内にすでに起こっていることに気づいていただろうか。そうだとすると、パウロはそれを容認していただろうか。私たちは知らない。ただ結論として言えることは、上述の（1）と（2）とに関してより慎重な考察が必要だということだ。当然のことながら、パウロのキリスト論もこの点で慎重に表現されねばならない〔訳註　初代教会においてキリストが礼拝の対象でなかったという自身の結論に関して、ダンはここで非常に慎重な姿勢で提示している。より詳細な分析は J.D.G. Dunn, *Did the First Christians Worship Jesus: The New Testament Evidence* (London: SPCK / Louisville: WJKP, 2010) 参照〕。

§10.6.　命を与える御霊

パウロの復活キリスト論（resurrection christology）における最後の特徴を、Ⅰコリ15.45において観察しよう。

30–45を見よ。フィリ2.11とⅠコリ15.24–28も参照。

139)　第二ニカイア公会議（787年）では、「礼拝（λατρεία, adoratio）」は神のみに捧げられるものと判断された。聖徒に対しては「崇敬（δουλεία, veneratio）」が向けられる。マリア信仰については、ὑπερδουλεία（ラテン語訳なし）が用いられるようになった。K. Hausberger, 'Heilige / Heiligenverehrung', *TRE* 14.651.

140)　Dunn, *Partings*, 318 n.69を見よ〔訳註　ダンは *Partings* で、ローマ滞在時のカトリック信者との対話から学んだ、神崇拝とマリア信仰の違いを引き合いにだしている〕。

141)　Harris (*Jesus as God*, 171) はこの点で無制約的に、パウロ文書においてイエスは「人の信仰と崇拝の対象である」と述べる。

142)　ヨハ20.28. プリニウス『書簡』10.96.7参照。

「最初の人アダムは生きる魂となった」（創 2.7）と書かれていますが、最後のアダムは命を与える霊となりました。

この箇所の後半（45b）は明らかに、パウロのアダム・キリスト論的表現、あるいはそれへの補足的表現だ。終末における復活のキリストは、地上のアダムと対置される[143]。ここでパウロは、創 2.7 にある「生きる魂」との対比として、予想外の表現を用いている。この文脈からは、「霊的からだ（σῶμα πνευματικόν）」が期待されるところだ。なぜなら、44 節と 46 節においてこの主題が繰り返されているからである。あるいは、45 節 a との対比としてより自然な「生きる霊（πνεῦμα ζῶν）」が期待されよう。しかしパウロは、「命を与える霊（πνεῦμα ζῳοποιοῦν）」と述べる。

この句は何を意味するか。既述のとおり（§6.6）、ユダヤ教の伝統において「命を与える」行為を引き受けるのは神または神の御霊に限定されている[144]。同様にパウロも、ユダヤ教聖典の知識を持つ読者が命を与える力として神以外を考えることを想定していない。ここでは、実存の模範としての最後のアダムが命を与えるなら、これを「初穂」（Ⅰコリ 15.23）とするすべての「霊的な体」もまた命を与える存在だ、ということを言っているのでない。むしろここでは、最後のアダムが新たな種類の人類——復活した人類——の創始である。したがって「命を与える」とは、創始としての復活のキリストにおける無比の役割だ。

それでは、この「命を与える霊」は「命を与える御霊」と訳すべきか。この句自体（πνεῦμα ζῳοποιοῦν）はそのような理解を可能とする。なぜなら、神の御霊が命を与える神の力を顕在化するからだ。ユダヤ教聖典において「命を与える（ζῳοποιέω）」という動詞が霊に対して用いられることはないが、「（神の）御霊」と「命」との関連性はこの語を連想させる。ヘブライ語の霊（ル

---

143) 補足されている「となった」は創 2.7 の引用によって示唆されているが（Fee, 'Christology', 321）、おそらくこの「なる」という行為は復活／高挙における出来事だろう（§10.3–4）。§11.5.1 も見よ。

144) §6 nn.130, 131 を見よ。Penna, 'Adamic Christology and Anthropological Optimism in 1 Corinthians 15.45–49', in *Paul*, 1.206–31（とくに pp.218–22）も参照。

ーアハ רוּחַ）は、ギリシャ語のプネウマ（πνεῦμα）と同様に、生命に関わる「息」を意味する。創 2.7 は「アダム（人）の鼻腔に神は命の息を吹き込んだ」と記す。そして他所ではこの関連がより鮮明となる。すなわち「神の御霊が私を造り、全能者の息が私に命を与えた」（ヨブ 33.4）、「あなたが彼らの息を取られると、彼らは死んで塵に戻る。あなたがあなたの御霊を送られると彼らは造られる」（詩 104.29–30）、そしてエゼ 37 章の幻では、殺された者（イスラエル）に御霊（ルーアハ）が吹きかけられて「彼らが生きる」（37.9–10）。パウロ自身もロマ 8.11 と II コリ 3.6 において、御霊に命を与える（ζῳοποιέω）役割があると述べ、ロマ 8.2 において御霊は「命の御霊」である[145]。

すなわちパウロは、復活のキリストが命を与える神の御霊の役割を引き受けるか、キリストをこの御霊と同視することを意図している[146]。これは、それほど予想外の結論でない。パウロは他所で、「栄光」や「知恵」という神の積極的な自己啓示の手段をキリストと同視している[147]。また私たちはすでに、最初期のキリスト者たちのあいだで、神はいかに世に関わるかに関する理解が復活の出来事によって著しく再定義されたことを確認した。そして、この関わりにおいて最も重要な役割を果たすのが御霊である。したがって、神の自己啓示の手段としてのキリストを強調するパウロが、このような御霊の役割とキリストとを結びつけることは、いたって自然なことである。

もっとも、I コリ 15.45 がパウロ文書において非常に独特であることは確かだ[148]。もしロマ 9.5 の頌栄における「すべての上におられる神」がキリストだとすれば（§10.5.2）、I コリ 15.45 はこれと同じほどに独特な教えであり、したがってこの解釈は慎重を要する。

キリストの復活と御霊との関係を語るとき、パウロ自身はある程度の躊躇

---

145) したがって、聖書伝統とパウロの用法とを知る読者が、πνεῦμα ζῳοποιοῦν を神の御霊への言及か、少なくともそれを示唆する句として理解しないわけがない。しかし Fee ('Christology', 321) は異なる意見であり、彼の議論は「キリストの霊」と「神の御霊」とを論理的に区別することになる。
146) Dunn, '1 Corinthians 15.45' のより「大胆な」議論を見よ。
147) 「栄光」（I コリ 2.8、II コリ 4.4, 6、コロ 1.27）、「知恵」（§11.2 を見よ）。
148) この点で、Hermann, *Kyrios*; Strecker, *Theologie*, 97 等とは意見が異なる。私は II コリ 3.17 とこの節とを同類とは考えない。Dunn, '2 Corinthians 3.17 — "The Lord is the Spirit"', *JTS* 21 (1970), 309–20, §16.3 を見よ。

を示している。一方で将来における体の復活と神の御霊とを結びつけることに関して、パウロは何の問題も感じない。したがって、神は「あなた方の内に宿る彼（神）の御霊を通して、あなた方の朽ちるべき体に命を与える」（ロマ 8.11）[149]。しかしパウロは同じ箇所で、御霊がイエスを死者のあいだから甦らせたという表現をあえて避けている[150]。最後のアダムが単純に霊的な体、あるいは生きる霊と理解されないように、イエスの復活の命は、単純に御霊の創造とは考えられていない。これは、もう 1 つの関連する事情と結びつけて考えられるべきだろう。すなわち、キリストと神の知恵との同一化をパウロは永遠の過去からの真実と捉えるが[151]、Ⅰコリ 15.45 に見られる御霊との同一化に関しては、復活をその契機として捉えている。したがって復活という救済史上の転換となる事件は、神の天における支配のみならず、この世への関わりに対しても、ある種の変更をもたらすこととなった。

　もう 1 つの関連する事情は、パウロ神学における御霊が、キリストとの関係において理解される、あるいはキリストによって定義されるように見受けられることだ。御霊の顕在は「アッバ、父よ」という叫びによって示されるが、これはイエスの祈りを連想させるものであり、（このように叫ぶ者が）彼の子としての立場を共有することを示唆する（ロマ 8.14–17）[152]。霊感の真偽は「イエスは主である」という告白によって計られる（Ⅰコリ 12.3）。御霊の業は、キリスト者を神の似姿へと近づけることであり（Ⅱコリ 3.18）、その似姿はキリストの内に見られる（4.4）[153]。したがって御霊は、「キリストの霊」（ロマ 8.9）、「（神の）子の霊」（ガラ 4.6）、「イエス・キリストの霊」（フィ

---

149) Fee (*Empowering Presence* [§16 n.1], 543) は、「あなた方の内に宿る彼の霊のゆえに」と訳す。しかしパウロは、御霊を救済における理由というよりも手段とみなしている。

150) ロマ 8.11 は非常にゴツゴツした構造になっている。「あなた方の内に宿る霊がイエスに命を与えたなら、その霊はあなた方にも命を与える」という風にストレートには言わない〔訳註　むしろここでは、「イエスを甦らせたのは神だが、この神の御霊があなた方の内に住むなら……」というニュアンスである〕。Dunn, *Christology*, 144 では、ロマ 1.4, 6.4, Ⅰコリ 6.14, Ⅱコリ 13.4 をも扱っている。

151) §11.1–2 を見よ。

152) §8.3.4 を見よ。

153) §18.2 を見よ。

リ 1.19）として知られる[154]。これは、神の御霊という従来の曖昧な表現が、今ではキリストとの関連によって理解されるようになった、ということを意味していよう。つまり、イエス・キリストが御霊の定義として見なされるようになった。パウロはイエスの復活を御霊の業に帰することを非常に躊躇するので、キリストの霊は（復活のみならず）イエスの業全体を特徴づけるものとして見なされるようになった。換言するなら、イエスの業の特質が、御霊の特質を定義することとなった。霊感を神の御霊の業に帰することに慎重な伝統において、これは非常に価値のある基準を提示した。すなわち、イエスの特質を顕す力のみが神の御霊として認められた[155]。

その他としては、神、キリスト、御霊が協働するように述べられる、あるいは共に恵みの源として語られる、いわゆる「三者テクスト（triadic text）」にも注目すべきだろう[156]。御霊を通して、あるいは御霊として、神がその民のあいだに内在するという伝統的概念にキリストが含まれるようになったことは、復活がパウロ（と初期キリスト者）の神学へもたらした影響の大きさを示す[157]。

ここまでの議論をもとに、Ⅰコリ 15.45 がパウロ神学の理解にもたらす影響をもう少し明らかにできそうだ。人類に対する神の意図全体とそれを実行する手段が、十字架につけられた者の復活に集中し、十字架につけられた者の復活によって意味づけられる、とパウロは考えた。これは著しく重要な点だ。神の意図するアダムが復活のキリストなので、パウロは御霊の命を与える力の焦点をもこのアダムに向ける。そうすることによって、神の意図は最後のアダムによって代表されるすべての者をも包み込むこととなる。したがって、命を与えるという業に関して言えば、キリストは御霊と別々に行動し

---

154) これはパウロだけに限らない。使 16.7, Ⅰペト 1.11 も見よ。
155) §§16.4, 21.6 を見よ。
156) とくに、ロマ 8.9–11, Ⅰコリ 12.4–6, Ⅱコリ 1.21–22, 13.13, ガラ 4.6, Ⅱテサ 2.13. Ⅰコリ 1.4–7, エフェ 4.4–6 も参照。
157) Schlier (*Grundzüge*, 181–83) は、「（御霊は）イエス・キリストの内にある神の自己表現の力」と述べる。Fee ('Christology', 330–31) は、自信をもってパウロを「三一信仰を前提としている（presuppositionally trinitarian）」と述べ、「3 つの神格それぞれの特徴的な役割に……区別を」明らかにもうけるが、教父たちが数世紀の議論を通して形成した洗練された分析上の範疇をテクストに読み込んでいる。

ていると見なされない。それどころか、キリストは命を与える御霊を通して、あるいはこの御霊として体験される。またパウロにとって、キリストの霊以外の霊体験は、神の御霊の体験であり得ない。他のイメージを用いるなら、互いの献身によって結婚する男女が1つの体となるように、互いの献身によって融合するキリスト者と主とは1つの霊となる（Ⅰコリ6.17）。御霊は、キリストと彼に属する者との融合において仲介となる[158]。ここでもまた、本項における主題から離れ始めているので、焦点を戻そう。

本章を結ぶ前に、1つの興味深い想定を提示しておこう。上での考察は、初期のキリスト者の体験が三位一体的な神の概念の展開に著しく寄与した可能性を示す。なぜなら、霊によってキリスト者は「アッバ、父よ」（ロマ8.15）と叫び、同じ霊によって「イエスは主である」（Ⅰコリ12.3）と告白するからだ。他言すれば、パウロの教会のキリスト者は、父なる神と主なるイエスという両者につながる礼拝を、この御霊に依拠して体験していた。

復活の主と神との関係に関するパウロの謎めいた表現（密接につながりながらも別の存在）と、復活のキリストと御霊との関係に関する同様に謎めいた概念（密接に同視されながらも、完全同化でない）とに、上のような礼拝体験が重なり、動的な概念化プロセスと礼拝（あるいは礼拝における概念化プロセス）を通して、のちの教会に大きな影響をもたらす三一信仰的な神理解の表

---

158) 創2.24の型（「1つの体」、「1つの霊」）によってこの表現がいかように決定されようとも、パウロは「信者と主とを結ぶ関係性を御霊がもたらす」（Fee, 'Christology', 322）という以上のことを述べているようだ。パウロが信者に対する御霊の「内在」と「御霊にある信者」の両方を述べることができるならば（§15.4.5参照）、私自身が想定する関係性に問題があると思えない。

現が生まれることになるだろう [159]。

§10.7. 結論

より完成した結論は第11章の終結を待たねばならないが、ここではいくつかの暫定的な結論を提示し、上での議論を統合してみよう。

(1) パウロ神学におけるイエスの立場とその位置関係については、イエスの復活が絶対的な決定要因だ。復活を通して、また復活によって、キリストは最後のアダム、力ある神の子、主、神とともなる尊崇の対象、命を与える御霊となった。

(2) パウロの思想において、イエスの復活とその高挙とを実質的に区別することは困難だ [160]。復活自体が、イエスを新たな立場へと据える高挙である。この理解は、新約聖書において共有されており、使1章のみが異なる図式を提供する。

(3) パウロは、のちに確立される古典的なキリスト論に見られる二面性をすでに確立している。一方で、復活のキリストは最後のアダム、神の新たな人類創造における原型であり、これは原初的な神の計画（青写真）にしたがっている。他方で、キリストは神の側におり、神と共同執政にあたり、御霊と共に命を授与する。この両立場のあいだにあって、キリストは神の子、その子としての立場を信仰者と共有する新たな家族の長子、死者のあいだからの初穂だ。しかし同時に、力ある神の子でもある。キリストはまた主でもあり、その主権はアダムの支配を完成させ、神的大権を発揮する。

(4) 象徴的なイメージ群が渦巻き、用語の変容が繰り返され、伝統概念が限界まで引き延ばされ、幻が最大化されて鮮明な色彩が与えられる中で、この神学作業がたんなる知的創造性のみならず実体験の衝撃に依拠していることを見逃してはならない。この体験とは、なによりも復活したキリストの体験であり、それはパウロにとって劇的で決定的な事件だった。同時にこの体験は、礼拝において継続される主との関係性を意味する。御霊の内に、御霊

---

[159] Fee, *Empowering Presence*（§16 n.1）, 841–45 参照。
[160] 例えば Schlier, *Grundzüge*, 144–47.

を通して、日々持続されるこの体験は、キリスト者の生き様の基盤を提供する。

（5）同時に、パウロ神学に特徴的なキリスト論的考察は、パウロが継承した唯一神信仰の枠内でなされる。イエスが主であるという告白は、唯一神信仰を侵害しておらず、高挙されたキリストに対する最大の賛辞でさえ、「父なる神の栄光のため」である。

（6）これらすべての要素を考慮に入れると、なぜパウロがその神表現において前例のない言語を用いたか、また驚くべき連想を展開したかを理解することが可能となる。少なくともここには復活の衝撃が明らかであり、それは神学の古い構造を突き破りつつ、新たな表象を造り上げていく原動力となっている。

第11章　知恵としてのキリストと先在性 1)

1)　第11章の文献リスト
Barrett, *Paul*, 105–14; **Cerfaux**, *Christ* (§10 n.1), 247–74; 419–38; **F.B. Craddock**, *The Pre-Existence of Christ in the New Testament* (Nashville: Abingdon, 1968); **C.E.B. Cranfield**, 'Some Comments on Professor J.D.G. Dunn's *Christology in the Making*', in L.D. Hurst and N.T. Wright (eds.), *The Glory of Christ in the New Testament* (G.B. Caird FS; Oxford: Clarendon, 1987), 267–80; **Davies**, *Paul*, ch.7; **J.D.G. Dunn**, *Christology*; 'Pauline Christology: Shaping the Fundamental Structures', in R.F. Berkey and S.A. Edwards (eds.), *Christology in Dialogue* (Cleveland: Pilgrim, 1993), 96–107; 'Why "Incarnation"? A Review of Recent New Testament Scholarship', in S.E. Porter, et al. (eds.), *Crossing the Boundaries: Essays in Biblical Interpretation* (M.D. Goulder FS; Leiden: Brill, 1994), 235–56; **Eichholz**, *Theologie*, 132–63; **A. Feuillet**, *Le Christ sagesse de Dieu d'apres les épîtres Pauliniennes* (ÉB; Paris: Gabalda, 1966); **S.E. Fowl**, *The Story of Christ in the Ethics of Paul: An Analysis of the Function of the Hymnic Material in the Pauline Corpus* (JSNTS 36; Sheffield: Sheffield Academic, 1990); **R.H. Fuller**, *The Foundations of New Testament Christology* (London: Lutterworth / New York: Scribner, 1965); **D. Georgi**, 'Der vorpaulinische Hymnus Phil. 2.6–11', in E. Dinkler (ed.), *Zeit und Geschichte* (R. Bultmann FS; Tübingen: Mohr, 1964), 263–93; **Goppelt**, *Theology*, 2.72–79; **J. Habermann**, *Präexistenzaussagen im Neuen Testament* (Frankfurt: Lang, 1990); **R.G. Hamerton-Kelly**, *Pre-Existence, Wisdom, and the Son of Man: A Study of the Idea of Pre-Existence in the New Testament* (SNTSMS 21; Cambridge: CUP, 1973); **A.T. Hanson**, *The Image of the Invisible God* (London: SCM, 1982); **O. Hofius**, *Der Christushymnus Philipper 2.6–11* (Tübingen: Mohr, 1976, ²1991); **M.D. Hooker**, 'Philippians 2.6–11', *Adam*, 88–100; **M. de Jonge**, *Christology in Context: The Earliest Response to Jesus* (Philadelphia: Westminster, 1988); **J. Knox**, *The Humanity and Divinity of Christ* (Cambridge: CUP, 1967); **Kümmel**, *Theology*, 151–72; **K.-J. Kuschel**, *Born before All Time? The Dispute over Christ's Origin* (London: SCM, 1992); **Ladd**, *Theology*, 457–63; **E. Larsson**, *Christus als Vorbild. Eine Untersuchung zu den paulinischen Tauf- und Eikontexten* (Uppsala: Almqvist and Wiksells, 1962), 2. Teil; **H. von Lips**, *Weisheitliche Traditionen im Neuen Testament* (WMANT 64; Neukirchen–Vluyn: Neukirchener, 1990); **J. Macquarrie**, *Jesus Christ in Modern Thought* (London: SCM / Philadelphia: TPI, 1990), 48–68; **I.H. Marshall**, 'Incarnational Christology in the New Testament', *Jesus the Saviour: Studies in New Testament Theology* (London: SPCK, 1990), 165–80; **R.P. Martin**, *Carmen Christi: Philippians 2.5–11 in Recent Interpretation and in the Setting of Early Christian Worship* (SNTSMS 4; Cambridge: CUP, 1967); **Merklein**, 'Zur Entstehung der urchristlichen Aussage vom präexistenten Sohn Gottes', *Studien*, 247–76; **Morris**, *Theology*, 42–46; **C.F.D. Moule**, 'Further Reflexions on Philippians 2.5–11', in W.W. Gasque and R.P. Martin, *Apostolic History and the Gospel* (F.F. Bruce FS; Exeter: Paternoster / Grand Rapids: Eerdmans, 1970), 264–76; **J. Murphy-O'Connor**, 'Christological Anthropology in Phil. 2.6–11', *RB* 83 (1976), 25–50; '1 Cor. 8.6: Cosmology or Soteriology?' *RB* 85 (1978), 253–67; **C.C. Newman**, *Paul's Glory-Christology: Tradition and Rhetoric* (NovTSup 69; Leiden: Brill, 1992); **O'Collins**, *Christology* (§10 n.1); **J.A.T. Robinson**, *The Human Face of God* (London: SCM / Philadelphia: Westminster, 1973); **J.T. Sanders**, *The New Testament Christologi-*

§11.1. 神の知恵

「キリストの先在性」というキリスト論の側面は、単独の章で扱うことにしよう。それは、この神学テーマが復活という主題の傘下に部分的にしか収まらず、さらにこのテーマがパウロ神学の基盤と見なされるローマ書に言及されているか不明だからだ。後者の問題にそれほど気を取られる必要はないものの、パウロが福音を最も注意深く論考するローマ書に登場するか否かは、神学的テーマの重要性を計る１つの目安とはなる。他の主題と緊張関係にある主題ならなおさらだ。

パウロ書簡群のいくつかの箇所で、先在性に関するある種の言及は見てとれる。とくにⅠコリ 8.6 とコロ 1.15–20 はキリストの先在性を明示する。

> 私たちには唯一の父なる神がおられ、すべてのものがこの方に起源し、私たちはこの方へと向かう。また唯一の主イエス・キリストがおられ、すべてのものがこの方を通してあり、私たちもこの方を通してある（Ⅰコリ 8.6）。

この節に関しては他所でもすでに論じた[2]。ここではとくにその後半部に注目しよう。この部分が創造に言及していることに疑いの余地はない。「すべてのもの（τὰ πάντα）」とは、「全宇宙、被造物の総体」を指す一般的な表現だ[3]。「〜を起源とする」、「〜へと向かう」、「〜を通して」という一連の前置

---

cal Hymns: Their Historical Religious Background (SNTSMS 15; Cambridge: CUP, 1971); **E.J. Schnabel**, Law and Wisdom from Ben Sirach to Paul (WUNT 2.16; Tübingen: Mohr, 1985); **E. Schweizer**, 'Zum religionsgeschichtlichen Hintergrund der "Sendungsformel" Gal. 4.4f., Röm. 8.3f., John 3.16f., 1 John 4.9', ZNW 57 (1966), 199–210 = Beiträge, 83–95; **Stuhlmacher**, Theologie, 287–93; **C.A. Wanamaker**, 'Philippians 2.6–11: Son of God or Adamic Christology?', NTS 33 (1987), 179–93; **B. Witherington**, Jesus the Sage: The Pilgrimage of Wisdom (Minneapolis: Fortress / Edinburgh: Clark, 1994); Narrative, 94–128; **N.T. Wright**, 'Jesus Christ Is Lord: Philippians 2.5–11', and 'Poetry and Theology in Colossians 1.15–20', Climax, 56–98, 99–119.

2) §§2.3, 10.5.1 を見よ。
3) BDAG, πᾶς, 2ad, 2bb を見よ。新約聖書では、Ⅰコリ 15.27–28, エフェ 3.9, ヨハ 1.3 がある。

詞もまた、神と宇宙に関する議論において一般的な表現と言える⁴⁾。したがってパウロの読者は、パウロが創造における何らかの役割を「唯一の主イエス・キリスト」に帰している、と理解したことだろう⁵⁾。注目すべきは、一連の前置詞が唯一の神と唯一の主とを分けていることだ。パウロが、実質的にシェマアを唯一の神と唯一の主とのあいだで二分したように⁶⁾、神の創造神としての役割も同様の仕方で父とイエス・キリストとに二分している。「唯一の主イエス・キリストがおられ、すべてものがこの方を通してあり」という文言は、キリストが「すべてのもの（τὰ πάντα）」の創造以前に存在していたことを明示する。

コロ 1.15–20 ではこの点がより明らかとなる。この手紙はパウロ書簡群の最後に執筆されたが⁷⁾、この箇所は著者が既存の賛歌を編集し引用したものだ⁸⁾。Ⅰコリ 8.6 の主題がこの箇所にも繰り返される。賛歌形態をなすこの部分は関係代名詞「この方」で始まるが、その先行詞は「彼（神）の愛する子」（1.13）だ⁹⁾。

> ¹⁵ この方は見えない神の姿あらゆる被造物に先んじて生まれました ¹⁶ 彼にあってすべてが創造されました天においても地においても見えるものも見えないもの……すべては彼を通して彼のために（彼へと）創造されました ¹⁷ 彼はすべてに先んじすべては彼にあってともに立つ……。

ここでも「すべてのもの（τὰ πάντα）」という句が用いられ、「彼にあって」、

---

4) 偽アリストテレス『世界論』6, セネカ『書簡』65.8, マルクス・アウレリウス『自省論』4.23, フィロン『ケル』125–26 を見よ。パウロに関してはロマ 11.36 とコロ 1.16 を見よ。ヘブ 2.10 も参照。

5) 異論は Murphy-O'Connor, '1 Cor. 8.6'; Kuschel, *Born*, 285–91 参照。彼らはここに新たな創造のみを読み取ろうとする。イエス・キリストを栄光の主と告白しているとしても、この告白文の内容に変わりはない。

6) §10.5.1 を見よ。

7) 例えば Dunn, *Colossians*, 35–39 を見よ。Käsemann ('Kolosserbrief', *RGG*³, 1728) は「この書簡の執筆時期は2通り考えられる。もし真正パウロ書簡ならその内容と形式から考えて最も遅い時期、もし真正書簡でなければパウロ以降最も早い時期だ」。

8) これに関する議論の概要と二次文献は Dunn, *Colossians*, 83–86 を見よ。

9) 賛歌の後半は、キリストの復活（1.18）と和解をもたらす十字架死（1.20）に言及する。

第 11 章　知恵としてのキリストと先在性

「彼を通して」、「彼のために（彼へと）」という同様の前置詞句が連続する。さらにここでは創造が明言されている（1.16）。「あらゆる被造物に先んじて生まれ」（1.15）た「この方」を最初の被造物と理解することは不可能でないが、創造に先立つというニュアンスが文脈から明らかだ。「すべてに先んじ」という表現は、すべてが彼にあって、また彼を通して創造されたことを意味する[10]。この賛歌が高挙されたキリストを賛美する内容であることに疑いの余地はない。その神学的論理の流れは、最後から最初へ、すなわち救いから創造へと遡る[11]。全宇宙の原初的創造における役割が神の子キリスト・イエスに与えられていることにも疑念を挟む余地はない。

私たちはこれをいかに理解すべきか。なぜパウロはこのような表現でキリストを語るか。これはいかなるキリスト論か。同ペリコペ内で、パウロはこの問いにある程度答える。これら 2 つのテクストの言語とイメージの源泉については、学者らのあいだでほとんど見解が一致している[12]。彼らはこれらが、初期ユダヤ教における神の知恵に関する論考に由来すると考える。最初期のキリスト者がこの言語を好んで用いたのは、それが人格化された天的知恵を指すのに広く用いられていたからだ。換言すると、これらの箇所には知恵キリスト論の典型的な表現が見られる[13]。

この点を端的に述べよう。知恵は「神の姿」だ[14]。見えない神がその知恵の内に、あるいは知恵を通して自らを示した（コロ 1.15）。知恵は神を通してすべてに「先んじて生まれ[15]」。神は「知恵によってすべてを創造し[16]」、

---

10)　これに関する議論と二次文献は Dunn, *Colossians*, 90, 93 n.24 を見よ。
11)　例えば Kuschel, *Born*, 331, 335、また Dunn, *Colossians*, 879 n.16 に挙げた文献を見よ。Habermann (*Präexistenzaussagen*, 260, 421) はこの点を繰り返し主張する。
12)　Habermann, *Präexistenzaussagen*, 86–87, 169–71, 240–51; von Lips, *Traditionen*, 295–97, 299–301, 306–07; Kuschel, *Born*, 291, 331–33.
13)　新約聖書では他にヘブ 1.1–4、ヨハ 1.1–18 が含まれる。§11.3 を見よ。
14)　知 7.26、フィロン『寓意』1.43. フィロンも好んで神的ロゴスに言及する。Dunn, *Colossians*, 88 を見よ。
15)　箴 8.22, 25、フィロン『酔い』30–31、『創問答』4.97.
16)　詩 104.24、箴 3.19、知 9.2.「すべてのもの（τὰ πάντα）を生じさせる知恵」（知 8.5）。知 9.1–2 では知恵と言葉が、詩 33.6（LXX 詩 32.6）では神の言葉と神の霊／息とが同視される。「彼にあって」（コロ 1.6）は、ロゴスを全世界が存在する「場」と捉えるヘレニズム・ユダヤ教の思想を反映していよう（フィロン『夢』1.62–64）。Dunn, *Colossians*, 91 n.20 を見よ。

「知恵を通して全宇宙は完成した[17]」。知恵は「すべてに先んじ[18]」、「すべてがこれによってともに立つ[19]」。この思想的な一致を偶然とすることはできない。より簡潔なⅠコリ8.6でも、「〜によって／〜から／〜を通して」という前置詞から、神の起源としての役割（〜によって）、究極的原因としての神（〜から）、ロゴスの手段としての役割（〜を通して）というフィロン的な役割分担が読み取れる（『ケル』125–27）。したがって、このような言語を用いた者とそれを聞く者の多くが、その言語表現の起源を意識していただろうことに、私たちはかなりの自信を持ち得る。これら2箇所での表現は、神がその知恵と言葉という手段を通して創造の業を行うというユダヤ教的考察の伝統に依拠している。

　すると、以前は神の知恵に与えられていた役割を、パウロがキリストに与えたことになる。じつにこれらの資料は、パウロが暗示的にキリストと知恵とを同列に置いていることを示す。すなわち先在する知恵を語る時、パウロはキリストを意識している。上の言語をキリストに対して用いることのキリスト論的な意義を考える前に、神的知恵が何かを明らかにする必要がある[20]。

　残念ながら、この点に関しては研究者のあいだで意見が分かれる。立場はおおよそ3つある[21]。第1に、当該言語は文字どおりに捉えられるべきで、シェマアや第2イザヤが示すような厳格な唯一神主義へ限定されない信仰があることを示している、という立場だ。しかしこの理解はすでに論破された[22]。同じ言語が用いられても、その意味と機能は唯一神的体制と多神教的体制とで異なる。多神教的体制では、神の知恵が神的存在と見なされ、敬神の対象となる。しかしユダヤ教の場合、知恵は神殿や祭司を持たない。多神

---

17) フィロン『悪』54,『相続』199,『逃亡』109.
18) シラ1.4, エウセビオス『福音の備え』13.12.11のアリストブロス（前2世紀）。
19) 知1.6–7. また神的言葉（シラ43.26）とロゴス（フィロン『相続』23, 188,『逃亡』112,『モーセ』2.133,『出問答』2.118）。
20) このような疑問への欠如がHabermann (*Präexistenzaussagen*, 87–89, 178–80, 219, 420–21) の議論の大きな問題だ。新約聖書の当該箇所が知恵の先在性という性質をまったく考慮しないと論ずることは、問題に目を向けないだけだ。
21) ここからの議論ではDunn, *Christology*, 168–76, 230–39; *Partings*, 197–99を要約した。
22) §2.3.2を見よ。

第 11 章　知恵としてのキリストと先在性

教と宗教融合的圧力の下でさえ、知恵への言及がイスラエルの唯一神信仰を揺るがす脅威と考えられた様子はない[23]。

上と対極にある第 2 の立場は、神がこの世とその民へ関与する様子を描写するメタファや擬人化表現として知恵を理解する[24]。メタファや擬人化については、「義と平和とが口づけし」（詩 85.11）、主の腕に「奮い立て、力をまとえ」（イザ 51.9）と呼びかけたり、悔い改めが「いと高き方の娘、……すべての処女の守り、……美しく清らかでつつましく心優しい乙女」（『アセ』15.7–8）とされる例がある。したがって知恵は、被造物とイスラエルに対する神の計らいがすべて賢明であることを強調する表現とされる。これはとくに知 10–11 章に顕著だ。ここでは、イスラエルに対する神の守りが知恵として繰り返され、それゆえ神のみが誉められる（10.20, 11.10, 13, 17, 21–26）。さらに、神の「手」と「霊」とが知恵に代わるものとして登場する（11.17, 12.1）。

このようなイメージの交換は他所にも見られる。神の知恵が、神の言葉、神の霊、神の栄光、また神の名と同様の機能を果たすからだ[25]。これらはすべて、絶対他者でありながら人に寄り添う神について語る手段だ。初期ユダヤ教では、神の超越性と内在性との均衡を維持するため、後者の表現としてこのような言い方が選ばれたようだ。したがって神の言葉とは、神が人に関わる際の合理性とも言うべき概念を指し、神の知恵はそのような介入の賢明さを強調する。神の霊はその臨在の動的活力を指し、神の栄光は人の目に可視的に認識できる神の領域だ。要するに神の知恵とは、ほかならぬ神のことで、知恵に富む神を指す[26]。

この第 2 の立場への主要な代案として、知恵を神的品性の「実体化（hy-

---

[23]　この立場が近年最も支持されないゆえんだ。Casey, *Jewish Prophet* (§10 n.1), 88–90; Hurtado, *One God* (§10 n.1), 42–50; Kuschel, *Born*, 20–27 を見よ。§2.3.2 も見よ。

[24]　例えば、B.L. Mack and R.E. Murphy, 'Wisdom Literature', in R.A. Kraft and G.W.E. Nickelsburg (eds.), *Early Judaism and Its Modern Interpreters* (Atlanta: Scholars, 1986), 377 を見よ（「神の親密な関与と個人的促しを示す詩的人格化表現」）。また J. Marböck, *Weisheit im Wandel. Untersuchungen zur Weisheitstheologie bei Ben Sira* (Bonn: Hanstein, 1971); Dunn, *Christology*, 326 n.22 を見よ。

[25]　例えば知 18.15, 詩 139.7,『エチ・エノ』39.7, 9, 13,『M アヴォ』3.2. 神の栄光に関しては Dunn, *Christology*, 315 n.10, 神の名に関しては Davis, *Name* (§10 n.1) を見よ。

[26]　例えば箴 2.6, シラ 1.1, 知 7.15.

postatization)」と捉える第3の立場がある。すなわち、「人格と抽象的存在との中間の位置」を占めるもの、あるいは人格と擬人化との中間に位置するものを指す[27]。この立場は、知恵などに帰される事柄に関心を示しつつも、「擬人化」という概念でこれを説明することに違和感を抱く者にとって、受け入れやすい[28]。「擬人化」は、イスラエルの詩とイメージ表現の躍動感を十分に説明し得ない。しかし「実体化」は後3–4世紀になってようやく専門的な神学的意味を得、またキリスト教特有のジレンマを解消するという目的においてのみ用いられた[29]。このような概念を本主題に持ち込むことは時代錯誤的であり、後1世紀のユダヤ人らが想定しなかった微妙な差異を読み込むことになりかねない。

　もっとも、専門用語がなかったにせよ、ユダヤ人の知恵に関する議論をいわゆる「実体化」という概念で把握することができるか。そうかも知れない[30]。しかし、ユダヤ教文献においてメタファが頻用されること、また知恵がメタファの延長として機能していること——多くのユダヤ人らが「神の栄光」や「神の知恵」を「神の内在」と理解することに抵抗がなかったこと[31]——に鑑みるなら、私たちは実体化などの語に依存する必要があるか。「擬人化」という表現が不十分なら、たんに「メタファ」として知恵を捉えるこ

---

27)　「実体化」の伝統的な定義はW.O.E. Oesterley and G.H. Box, *The Religion and Worship of the Synagogue* (London: Pitman, ²1911), 195に依拠している。

28)　例えばCraddock, *Pre-existence*, 32–33; Gese, *Biblical Theology*, 192–93; Hengel, *Judaism*, 1.153–55, 2.98 n.294を見よ。その他はDunn, *Christology*, 325 n.21を見よ。

29)　この点ではG.F. Moore, 'Intermediaries in Jewish Theology', *HTR* 15 (1922), 41–85 (とくにp.55); G.L. Prestige, *God in Patristic Thought* (London: SPCK, ²1952, 1964), xxviiiに同意する。Marböck, *Weisheit im Wandel* (§11 n.24), 129–30; Kuschel, *Born*, 195–96も見よ。〔訳註　「キリスト教特有のジレンマ」の解消とは、三一論の形成を指す。〕

30)　Witherington (*Sage*, 38–43, 92–93) は箴言とベン・シラの思想が人格化を決して越えていない点を指摘しながら、知恵の書に関しては、「神の品性の人格化を越えた実体化への展開を模索する様子が見受けられる」(p.109) と述べる。Whiteley, *Theology* も見よ。Von Lips (*Traditionen*, 153–66) は人格化と実体化の両方を含めた議論をするが、実体化が適切な語かに関する議論をしない。例えば「悔悛」や「知恵」が女性に喩えられることの意義を考察しない。

31)　とりわけDunn, *Christology*, 315 n.10, 326–27 nn.22, 37–41の二次文献、またde Jonge, *Christology*, 197; Kuschel, *Born*, 192–99, 205–07を見よ。Kuschel (*Born*, 207) は「人格化と先在性とは、形のないものに形を与え、実体のないものに実体を与え、像のないものを具象するための詩的で様式的な手段、人類のための神自身の啓示」と要約する。

ともできよう。いずれの表現にせよ、現存する資料から導き出される結論は明らかだ。すなわち、初期ユダヤ教において、知恵とは神の知恵であり、被造物と人類とに賢く関わる神の知恵を指す。

前置きはこの程度にして、ここで再び当初の問いを提示しよう。上で見たような知恵に関する言語をキリストに対して用いることの、キリスト論的意義は何か。イエスを知恵と同視することの意義は何か。

§11.2. 知恵としてのイエス

パウロにとってイエスが知恵だとは何を意味するか。何かの意味があるとすれば、それは上に引用した2つの箇所（Ⅰコリ8.6, コロ1.15–17）に見出されよう。

(1) Ⅰコリ8.6：パウロは明らかに、十字架につけられたキリストがすべての始まりにおいて、またすべての始まりの時から神と共にいたことを想定している。ユダヤ思想はのちにメシアの先在性について語るが、その兆しを示すテクストはすでにパウロの時代にあった[32]。しかし本節のキリスト理解は、たんに〈歴史上のイエスの歴史上の役割が神によって予め定められていたので、黙示的な意味においてイエスが神と共に先在したと解釈し得る〉というのでない[33]。おそらくこのようにして、理想としての先在性から実際の先在性へと概念的な展開を遂げただろう[34]。しかし本節でキリストは創造の業へ参加しており、また神的知恵と同視されている。神の創造の業を知恵と呼ぶこと、すなわち知恵によって神が創造を行ったという考えはユダヤ教の

---

32) Dunn, *Christology*, 70–72 を見よ。
33) この考えの明らかなモデルは出25.40に見られる。
34) 理想的な先在性はJ. Klausner, *The Messianic Idea in Israel* (New York: Macmillan, 1955), 460を見よ。「メシアが創造以前に存在したという理解はタンナ文献に見当たらない。……『メシアの名』はメシアという概念、厳密にはメシアを通した贖いという概念だ。これが創造に先んじる」。ラビ・ユダヤ教における「世界の創造に先んじて創造された」7つの内の1つがメシアの名だからだ。『BTプサ』54a;『BTネダ』39b;『タルグム・偽ヨナ・ゼカ』4.7を見よ。Stuhlmacher (*Theologie*, 187) は、『Ⅰエノク書』の「喩え」がすでに周知されていたという前提で、神の子／メシアの先在性という概念がすでに確立していたとするが、これは誤りだろう。さらにDavies, *Paul*, 158–63; Dunn, *Christology*, 69–81, 294 n.37, 296 n.64 を見よ。

知恵神学において十分に理解可能だが、メシアの先在性に関する初期の表現がすでにそこまで確立していたかは大いに疑問だ。

より重要なのは、神の知恵が律法と同視されていたことだ。これはすでに、シラ 24.23 とバル 4.1 が明示している。知恵に関するベン・シラの重要な賛歌（シラ 24.1–22）は、ユダヤ教の知恵神学を代表する古典的表現で、知恵に関して豊かな視覚効果を用いている[35]。そしてベン・シラにとって、知恵への賛歌は律法との同視によってその頂点に達する。

> これらすべて（知恵に関する多様な表現）はいと高き神の契約の書、モーセが守るように命じた律法であり、ヤコブの諸会堂が受け継いだものだ。律法は、ピション川のように、初物の季節のティグリス川のように、知恵で溢れている（24.23–25）。

バル 3.9–37 も同様で、知恵が地上に顕現し律法と同視される。「その後、知恵は地上に現れ、人々のあいだに住んだ。知恵は神の命令の書、永遠に続く律法だ……」（バル 3.38–4.1）[36]。

これら 2 箇所が律法の先在性に言及しているという理解は、実際多くの研究者によって支持されている[37]。しかしこれをより正確に言い直すと、〈神の隠された知恵が律法の内に、あるいは律法を通してイスラエルに伝えられた〉となろう。イスラエルは今、原初からの神のあり方を示す知恵（シラ 24.9）、正しく生きる秘訣である知恵（バル 3.14, 4.4）を手に入れた。それは律法の内に見出される。すなわちそれは、先在の知恵が律法として認識されたのであり、律法自体に先在性があるというのでない。

---

[35] 知恵は樹木や香辛料、甘い蜜や清涼飲料に喩えられる（シラ 24.13–21）。

[36] さらに Schnabel, *Law and Wisdom*, 69–92（シラ）、98–99（バル）、109–12（『エチ・エノ』）、117–18（『ソロ詩』）、122–24（『アリ』）、127–28（『シビュ』3）、132–34（知）、136–38（『IV マカ』）、149–51（『エズ・ラ』）、158–61（『シリ・バル』、206–26 [DSS]）。

[37] ラビ・ユダヤ教伝承は、ラビ・アキバが創造におけるトーラーの役割を認識していたとする。これはパウロの直後の世代にあたる。しかしこの理解はラビによって重要でなく、神がトーラーの役割をあらかじめ定めていたこと以上の意味では捉えられなかった（Craddock, *Pre-existence*, 47–53）。

第 11 章　知恵としてのキリストと先在性

　じつにパウロと他の初期キリスト者らは、この知恵と律法との「方程式」の律法の部分をキリストに置き換えた。この場合の論理も上と同じだ。ナザレのイエスなるキリスト自身が先在したというより、先在の知恵が今キリストの内に、あるいはキリストとして認識されるということだ。この認識が、唯一神の全能性と深く関わる「主権 (lordship)」という主題とつながると、その神学的意義は伝統的な範疇をはるかに超える。

　ここで私たちは、パウロがすでにキリストと神の知恵とを同視していることを思い起こす必要がある。すなわち、「キリストは神の力であり神の知恵です」（Ⅰコリ 1.24）、「この方（キリスト）は私たちのために神からの知恵、義、浄さ、贖いとなられました」（1.30）。この文脈では、人の知恵と神の知恵とが対比されている（1.7–31）。キリストが十字架につけられたという宣言の愚かさこそが神の知恵だ、という驚くべき主張がなされる（1.21–25）。おそらくこの理解はベン・シラやバルクのそれとよく似ており、Ⅰコリ 8.6 にも示唆されている。すなわち、イエス・キリストが神的知恵の最も明らかな体現で、十字架こそがその頂点にある。この知恵によって宇宙は創造され、人は正しい生き方へと導かれる[38]。既述のとおり（§10.6）、パウロは御霊に関しても同様のことを言っている（Ⅰコリ 15.45）。命を与える御霊は、最後のアダムなる復活のキリストと同視されることで、最も明らかな仕方で理解される。同様に創造に携わる神の知恵は、十字架につけられたキリストと同視されることで、最も明らかに理解される。

　それではⅠコリ 8.6（さらに 1.24, 30）に先在という考えはあるか。当然ある。しかしその先在は神の知恵の先在性、すなわち神の先在性だ。それではここで、神的知恵がキリストの内に「受肉」したと語るべきか。パウロはそう言わない。のちに提示されたヨハ 1.14 の知恵の受肉主題は、パウロ神学から導き出される適切な適用と理解できよう。しかしパウロの微かな神学的

---

[38] Von Lips (*Traditionen*, 349–50) はⅠコリ 8.6 の知恵を理解する際に「実体化」に捕らわれ過ぎており、Ⅰコリ 1.24, 30 と 8.6 との違いを強調し過ぎる。Ⅰコリ 8.6 にキリストと知恵との関連を見出した読者が、それを 1.24 と 30 での十字架のキリストと神の知恵との関連と結びつける可能性を無視している。

仄めかしを「キリストの先在性」[39]と無制限に断言することはできない。この表現の適切性とその神学的適用とに関する議論は尽きないが、上で述べた主要な点がそれによって曖昧にはならない。つまりパウロの知恵キリスト論は神が唯一だ（Ⅰコリ 8.6）との信仰告白と矛盾せず、神の知恵の奥義はキリストとその十字架において最も明らかに示されている（Ⅰコリ 1.24）。

（2）コロ 1.15–20：ほぼ同様のことは、コロ 1.15–17 の創造に関する明かな表現においても言える[40]。この二連構造の賛歌では、その前半部と後半部（1.15–18a, 18b–20）とが密接に関わる。後半部は前半部の並行表現となっており[41]、古い創造と新たな創造とがバランスを保っている。最初の創造においてキリストが「神の姿」なら、キリストはまた新たな創造の「開始」だ（1.15, 18）。キリストが「すべての被造物に先んじ」て生まれれば、「死者の中から先んじて」生まれた（1.15, 18）。「彼にあって」すべてが創造されれば、「彼にあって」神の豊かさすべてが宿る（1.16, 19）。「すべてが彼を通して彼のために（彼へと）創造され」れば、「すべて」が「彼を通して……彼へと和解」される（1.16, 20）。これはⅠコリ 15.45 で、第1のアダムと第2のアダムとが関連する仕方を想起させる。すなわちそこでのアダム・キリスト論は、原初の人と対応する終末の人がもたらされる手段を明らかにしている。したがって知恵キリスト論は、神が十字架と復活とによってもたらした新たな創造を通して、古い創造が和解へと導かれる手段を提示している。

---

[39] Schnabel, *Law and Wisdom*, 258. 私はパウロとその読者の「限定的な地平」と「概念化の段階性」を述べたが（Dunn, *Christology*, xi–xxxix, とくに xiv–xvi）、この点は十分に注目されていない。

[40] ここでの釈義は、コロサイ信徒にとっての問題とパウロが考える「哲学」(2.8) をいかに理解するかと関係がない。コロサイ教会の「哲学」に関しては Dunn, 'Colossian Philosophy' (§2 n.37); *Colossians*, 23–35 を見よ。

[41] 以下の表を参照。

1.15	「すべてに先んじて」	1.18b
1.16	「彼ゆえに」	1.19
1.16	「すべてのもの、彼を通して、彼のため（彼へと）」	1.20

同時に、「すべてのもの」という主題が繰り返され（16, 17 節に各 2 回、18, 20 節に各 1 回）、また「天と地のすべてのもの」(1.16) の創造から「地にあるものと天にあるもの」(1.20) とが和解することによって頂点に達するという流れにも注目せよ。ここでの議論では、賛歌の後半部が後の付加か本来の賛歌の一部かは関係ない。

第 11 章　知恵としてのキリストと先在性

　この箇所で注目すべき点は、復活に関わるキリストの役割に、創造に関わる先在の代行者（agent）としての役割と同等の重要性が置かれていることだ。キリストが「始まり」だとは、復活という新たな開始を意味する。キリストが「死者のあいだから先んじて生まれた」とは、キリストが新たな秩序における最初であるだけでなく、「すべてにおいて第一人者となる」（コロ 1.18）ことを意味する。この重要性はさらに、「この方において神の豊かさすべてが宿る」（1.19）ためと説明される。すべての第一人者となる過程は、地上のイエスに神の豊かさが余すところなく宿る（「身体的に［σωματικῶς］」、2.9）ことによって始まる[42]。換言すると、復活後の第一人者なる立場を得るには、神的知恵としての第一人者というだけでなく、第 2 の誕生と表現し得る復活を経なければならない。すなわちキリストが第一人者であることには、2 つの第一人者となる段階が関わる[43]。均整のとれたこの二連構造の賛歌において、2 つの段階のいずれがより重要だとは言えない。第 1 の段階が天地創造に必要だったように、第 2 の段階は第一人者としての完成、また和解の業（1.20）に欠かせない。

　ここでも、既述のアダム・キリスト論と知恵キリスト論とが重なる。両者がキリストにおいて体現された神の創造の目的を表現するからだ。前者は神が創造した人類に、後者は創造における計画と力に焦点を置いている。それぞれがキリストの内に実現された目的と、キリストの死と復活を通して実現された目的を強調する。そしてこの死と復活はキリストにとって決定的に新たな時だが、キリストが代表する新たな人類にとっても決定的に新たな時だ。

　この二連構成の賛歌における 2 つの強調点を相対するものとして捉える試みは、衒学的で正当化されない。これら二連はそれぞれが異なるメタファを採用しており、一方を犠牲にして他方をより強調することはできない[44]。

42）コロ 1.19, 2.9 に関しては§8.7 を見よ。ここには「受肉」につながる概念が見られる。しかしそれは「神のまったき豊かさ」の「受肉」、「神性のまったき豊かさ」（2.9）であって、独立した「存在」でない。

43）§8 n.118 を見よ。〔訳註　Dunn は他所（*Colossians*, 98）で、この賛歌の第 1 連が原始的第一人者――時に先んじた誕生――を述べ、第 2 連が復活の結果としてのすべてに優る第一人者――時を超えた誕生――を述べている、と説明する。〕

44）このような姿勢が、「すべての創造に先んじて生まれた」（コロ 1.15）のアリウス派的な解釈

概念化が困難な主題では、異なるメタファを並列させることで摩擦が生じることを避け得ない。メタファやイメージが実際の現象や出来事と完全に符合しないことは、メタファの機能に当然織り込まれている。文学的仄めかしや連想を促すために構成され、心地よさをもたらす修辞的並行表現が意図された賛歌を、教義や約款のように扱うことは誤りだ。神学に象徴的な表現が用いられるべきでないとも言えない。

この箇所にキリストの先在性が語られていることを見逃すことはできない[45]。しかしそれは神の先在性であり、神が世界を創造し支える知恵の先在性だ[46]。これは神的完全の先在性で、それにより神の臨在は宇宙を満たし、それが今キリストにおいて——とくにその十字架と復活において——体現されて（受肉して）いる。

§11.3. 知恵に関するその他の箇所

パウロ書簡群の他所にも、キリストが神的知恵と見なされ得る箇所がある。これらはその主題を示唆するだけで、上で扱った2箇所の解釈に新たな情報を加えないが、少なくともパウロの知恵キリスト論が上の2箇所にのみ限定されないことを教えている。以下では、これらの箇所の証言の意義を評価しよう。

（1）ガラ 4.4 ／ロマ 8.3：エドゥアルト・シュヴァイツァーによる研究の結果、「神はその子を遣わした」という短い文章は知恵キリスト論的表現として理解されてきた[47]。この解釈が支持される主な理由は、ガラ 4.4 の神による子の派遣（ἐξαπέστειλεν）が神による子の霊の派遣（ἐξαπέστειλεν, ガラ 4.6）

や、コロ 1.18–19 の養子論的あるいはネストリウス派的解釈につながる。

45）　しかし Stuhlmacher (*Theologie*, 288) が主張するように、パウロは「イエスの先在性」について語るか。Kümmel (*Theology*, 155) は「パウロが先在する者について語る場合、『イエス』という名を用いないことは偶然でない。イエスの歴史的具体性がその名を先在的存在へつなげることを禁ずる点をパウロが厳格に捉えていたからだ」とする。O'Collins (*Christology*, 238–43) の注意深い考察も見よ。Dunn (*Christology*) の初期分析は Hanson (*Image*, 74–75) が言う敵対的な解釈でない。

46）　「語の明らかな意味」(Morris, *Theology*, 45 n.24) は、用いられるイメージが伝える意味によって異なる。

47）　E. Schweizer, 'Hintergrund.'

第 11 章　知恵としてのキリストと先在性

と並列に置かれていることだ。このような二重派遣主題は、知 9.10, 17 にも見られる。

> ¹⁰ 聖なる天から彼女（知恵）を遣わし（ἐξαπόστειλον）、あなたの栄光の座から送ってください（πέμψον）。

> ¹⁷ あなたが知恵を与えず、天の高みから聖霊を送ら（ἔπεμψας）なかったら、誰がその思いを知るでしょう。

ロマ 8.3 でも同様に子が遣わされる（πέμπω）が、御霊の 2 度目の派遣には言及がない。しかしこれもガラテヤ書の表現に類似しており、定型表現とも考え得る[48]。したがって、行間から読み取られる神学も同様だと推測される。

この言語表現とヨハネ文書における同様の主題の相関性に注目すると[49]、「神がその子を遣わした」という言説が初期キリスト教において急速に定着したという推論が説得性を持つ。ヨハネ文書における派遣主題は明らかに天からの派遣を意識しているので、知 9.10 の並行箇所と同様に、初期のパウロの表現も天からの派遣という思想を反映していたと推測される[50]。

もっとも、これほど短い句を手がかりにして深読みすること、子のイメージに女性として表現される知恵を容易く結びつけること[51]、また 50 年近くあとに執筆されたヨハネ文書の非常に確立された神学をパウロに読み込むことには、解釈上の問題がある。さらに、知恵の派遣（知 9.10）という 1 回のみ用いられる表現よりも、預言者の派遣というより一般に知られていた主題

---

48)　ガラ 4.5-7 とロマ 8.14-17 との密接な並行表現を見よ。
49)　とくに同様の言語表現はヨハ 3.16-17, I ヨハ 4.9, 10, 14 に見られる。
50)　ガラ 4.4 とロマ 8.3 に先在性を認める者として以下が挙げられる。Fuller, *Foundations*, 231; Conzelmann, *Outline*, 200; Goppelt, *Theology*, 2.74; Hengel, *Son* (§10 n.1), 10–11; Hanson, *Image*, 59–62; Cranfield, 'Comments', 271; Longenecker, *Galatians*, 167–70; Stuhlmacher, *Theologie*, 289–90; Fitzmyer, *Romans*, 484–85; Gnilka, *Theologie*, 24–25; O'Collins, *Christology*, 127–28.
51)　しかしコロ 1.13, 15-17 を見よ（§8.7）。

を考慮に入れる必要もあろう[52]。イエス自身もこの主題を用いる[53]。とくに神による派遣という主題の前例については、イエス自身の派遣に関する喩えが最も明らかな例だ（マコ 12.1–9 と並行記事）[54]。この喩えでは神がその子を遣わすが（マコ 12.6）、それは預言者らの派遣（12.2–5）の「最後に」（ガラ 4.4）あたり、その目的は遺産を相続することだ（ガラ 4.1, 7 参照）[55]。

　この短い句の意味を、1 回だけ用いられる主題や、確立された後の神学との関連のみで断定することは、賢い判断と思われない。もちろん知恵の派遣という主題がこの句の背景にある可能性を否定するのでないが、神の子イエスを含む人的な代行者の派遣という主題も無視できない。いずれにせよ、先在的な知恵キリスト論がこの段階ですでに確立されていたか（§11.2）に関する判断は、この段階で出来かねる。

　(2) Ⅰコリ 10.4：パウロはⅠコリ 10.1–4 で、読者への警告にアレゴリーを用いる。イスラエルの民の荒野体験では、海を渡ることがある種のバプテスマだ（10.1–2）。マナとウズラ（出 16.13–15）と岩から湧き出た水（17.6）は、ある種の霊的飲食だ。パウロはこの岩が「彼らについて来ました」と述べ、「この岩はキリストでした」（Ⅰコリ 10.4）と告げる。彼はこの解釈の適用を導く際に、「これらは前例（型）です」（10.6）と説明する。これらの祝福に反して、イスラエルの民は荒野で神に拒まれた（10.5）。したがってキリストに属する真のバプテスマを授けられた者（12.13）、主の晩餐で霊的飲食を与

---

[52] モーセ（出 3.12–15［A］、詩 105.26、ミカ 6.4）、ギデオン（士 6.14）、他の預言者派遣主題（士 6.8、代下 36.15、エレ 1.7, 7.25、エゼ 2.3, 3.5–6、ミカ 6.4、オバ 1、ハガ 1.12、マラ 3.1、ルカ 4.26, 20.13）、パウロの派遣（使 22.21）。しかし同時に、天使の派遣（創 24.40, LXX 詩 151.4、使 12.11)、霊／御霊の派遣（士 9.23、ゼカ 7.12、知 9.17、ルカ 24.49）も見よ。

[53] マコ 9.37 // ルカ 9.48 (ἀποστέλω)、マコ 12.2–5 (ἀποστέλω を 3 回、ルカ は πέμπω を 2 回)、マタ 15.24、ルカ 4.18, 10.16. J.A. Bühner (*Der Gesandte und sein Weg im 4. Evangelium* [Tübingen: Mohr, 1977]) は、ヨハネ文書の派遣キリスト論を神が預言者を遣わしたという主題から発展したものとする。

[54] Cerfaux, *Christ*, 447; R.H. Fuller and P. Perkins, *Who Is This Christ? Gospel Christology and Contemporary Faith* (Philadelphia: Fortress, 1983), 46–47; de Jonge, *Christology*, 43, 190–91. Ziesler, *Pauline Christianity*, 43; Kuschel, *Born*, 274–76, 300–01, 305 も見よ。

[55] Dunn, *Christology*, 38–44 も見よ。しかし Marshall ('Incarnational Christology', 171) は、「女から生まれ」と「罪ある肉そのままの姿で」という表現がキリスト派遣を修飾することから、これを異なる意味の領域にある主題と考える（de Jonge, *Christology* も見よ）。当然その異なる意味領域がアダム・キリスト論である可能性は探るべきだ（§§8.6, 11.4 を見よ）。

った者（10.16）は、この前例に耳を傾けねばならない。

　Ⅰコリ 10.4 と同様の解釈は同時代のユダヤ教にも例がある。パウロはそれを意識していただろう。偽フィロンは、荒野の水の水源が「40 年の荒野時代に彼ら（イスラエルの民）のあとを追った」とする[56]。知 11.4 は「硬い岩から湧き出る水」が、荒野のイスラエルを保護する知恵だと理解した[57]。フィロンはさらに、知恵の書が示唆する内容を受けて、この岩をアレゴリーによって知恵と断定する[58]。

　パウロはこれと同様のことを言っていよう。「この岩はキリストでした」と述べることで、パウロはこの物語（とそこから派生する伝統）を解釈する鍵を提供する。「モーセに属するバプテスマ」は「キリストに属するバプテスマ」を明らかに示唆している。「霊的な飲食」も同様だ。しかし、岩に関してはいかに解釈すべきか。パウロはこれをキリストと断定する。彼は「この岩はキリストです」でなく「この岩はキリストでした」と過去時制で表現しているので、予型論でなく歴史的解説としてこれを提供しようとしたかも知れない[59]。この場合、その論理は同じ手紙の前の部分（Ⅰコリ 8.6）とほぼ変

---

56) 偽フィロン『古誌』11.15（おそらく後 1 世紀）。これはマラの水（出 15.25）への言及だ。しかし民 21.17–18 は神による水供給の起源に関する考察を促した（CD 6.3–11 参照）。ラビ・ユダヤ教のアッガダーの伝統は Fee, *1 Corinthians*, 448 n.34 を見よ。

57) Ⅰコリ 10.1–2 における知 10.17–18, 19.7–8 の示唆も見よ。Habermann, *Präexistenzaussagen*, 206–07.

58) とくに「固い岩は神の知恵……。神を愛する物の乾いた喉をこれによって潤す」（フィロン『寓意』2.86）。

59) この理解は一般に、この箇所の説明として予型論的なつながりで十分だという私の以前の議論（Dunn, *Christology*, 330 n.78）を論破すると考えられる。とくに、Hanson (*Image*, 72) はその詳細な議論において、キリストが「父なる神の側での永遠の存在」だったとする。キリストは「古のイスラエルに対して神が知られる形……人の形」（81–82）であり、キリストは新約聖書において一般に認められる以上に、そのような仕方――例えば雲の柱（Ⅰコリ 10.1–2）――で言及されている (Hanson, *Jesus Christ in the Old Testament* [London: SPCK, 1965])。それは現在のキリストがその超常的な力を及ぼすための手段だ (Hanson, *Image*, 71, 86. Wolff, *1 Korinther 8–16*, 42–43; Habermann, *Präexistenzaussagen*, 213; Fee, *1 Corinthians*, 448 n.36; Witherington, *Sage*, 317–18)。これに対して、Hays (*Echoes*, 91) は「パウロのメタファを突き詰め過ぎてはいけない。彼は文字どおりの意味でモーセがバプテスマを認めているとか、キリストは火を放つか、形を変えるか、沈降物かなどと神学者らが議論することを促しているのでない」とする。予型論的関連を支持する者には E. Schweizer, 'Jesus Christ', *TRE* 16.687; Kuschel, *Born*, 280–85; E.E. Ellis, '*Christos* in 1 Corinthians 10.4, 9', in M.C. De Boer (ed.), *From Jesus to John: Essays on Jesus and New Testament Christology* (M. de Jonge FS; JSNTS 84; Sheffield: Sheffield Academic, 1993), 168–73 がいる。§22.5, 22.7 を見よ。

わらない。おそらくフィロンと同様に知11.4に依拠しつつ、たんに知恵に関する言説をキリストへと移行させている。創造の背後にある神の知恵が今はキリストの内に、あるいはキリストとしてあるように、荒野にてイスラエルを覆った神の知恵が、今は同様にキリストの内に、あるいはキリストとして認められる。

(3) ロマ10.6–8：パウロは申30.12–14を引用しその解釈を提示する。

> あなたの心の中で言ってはいけません、「誰が天に上るか」と。それはキリストを引き降ろすことです。あるいは「誰が地の底に下るか」と。それはキリストを死者の中から引き上げることです。

「(天から) キリストを引き降ろす」という表現は、受肉への言及と理解されがちだが[60]、この箇所が本章の主題と関連すると思われるのは、バル3.29–30が同じ申30.12–14を知恵に対する賛歌の中で用いるからだ[61]。ローマ書の引用意図は、〈救済における重要な出来事（受肉、復活）が繰り返される必要はなく、それらが一度起きたら、その効果は「信仰の言葉」（ロマ10.8）において今体現されている〉ということだ。しかしパウロの焦点は復活にあり（10.9–10）、高挙されたすべてのものの主にある（10.12–13）。むしろこれとバル3章との関連から言えることは、キリスト（知恵）が「信仰の言葉」（バル4.1ではトーラー）に表れているから、彼を天に追い求める必要がないということだ。この箇所に言及される出来事の順番がこの解釈に影響を与えることはない。なぜならその順番は申30.12–14ですでに定まっているからだ[62]。いずれにせよ、この箇所に先在する知恵への言及があるとしても、それをさらに発展させるような表現はない。

上の箇所から、パウロが同時代の知恵キリスト論に依拠していたと結論できよう。しかし、これらの箇所が用いる表現が仄めかし程度なこと、またそこに予型論的な解釈も含まれていることから、これらが反映しているとおぼ

---

60) 例えばHanson, *Image*, 73–74; Cranfield, 'Comments', 273–74; Fitzmyer, *Romans*, 590.
61) Dunn, *Romans*, 603–05を見よ。さらに§§19.4.2, 23.3を見よ。
62) Dunn, *Christology*, 184–86を見よ。

第 11 章　知恵としてのキリストと先在性

しき神学の重要性は明らかでない。これらは §11.2 の結論を支持するかも知れないが、それをさらに発展させはしない。パウロの知恵キリスト論は、基本的にⅠコリ 1.24, 8.6, コロ 1.15–20 に依拠している [63]。

§11.4.　フィリ 2 章 6–11 節

キリストの先在性を議論する際に不可欠なもう 1 つのテクストはフィリ 2.6–11 だが、これはパウロが既存の賛歌を引用したものと一般に考えられている [64]。この賛歌の重要性は十分に言い尽くし得ない。とくにマルティン・ヘンゲルはこの箇所を、キリスト論的に最も重要な展開が教会開始 20 年以内にすでに起こっていたことを示す証拠と考える [65]。

ここでも文脈が重要となる。パウロはフィリピ信徒らに、調和と他者への配慮を訴え（フィリ 2.1–4）、「キリスト・イエスにもある」あり方を身につけるよう促す（2.5）[66]。そして、以下のように続ける。

> [6] この方は、神のかたちでありながら神と等しいことを獲得すべきものと考えず、[7] むしろ僕のかたちをとり、人と同じ姿になり、自らを無にされた。人の様子で現れ、[8] 死に至るまで、じつに十字架の死に至るまで従順になり、自らを低めた。[9] それゆえ神は彼を高め、あらゆる名に優る名を授けた。[10] それは、天上

---

63)　ここではエフェ 1.3–14, 4.8–10 へまで考察の範囲を広げる必要はなかろう。Dunn, *Christology*, 186–87, 234–39 を見よ。

64)　現在は一般にフィリ 2.6–11 は前パウロ的賛歌と理解される。これには説得性があるが、ここでの解釈に影響を与えない。パウロがこれを自分の神学的表現に有効と考えるからだ。大半の研究者は「十字架の死」（2.8c）がパウロによる付加と考える。Hofius, *Christushymnus* (§9 n.11) はそう考えない。賛歌の構造とその起源に関する議論は Martin, *Carmen*, 24–62; O'Brien, *Philippians*, 188–93, 198–202 を見よ。

65)　Hengel, *Son* (§10 n.1), 1–2; 'Hymns' (§10 n.136), 94–95; 'Christological Titles in Early Christianity', in Charlesworth (ed.), *Messiah* (§8 n.1), 425–48 (とくに pp.440–44).

66)　この翻訳に関しては Martin, *Carmen*, 84–88; Moule, 'Further Reflexions', 265–66; O'Brien, *Philippians*, 205; Hawthorne, *Philippians*, 79–81; Fee, *Philippians*, 200–01 を見よ。Fowl (*Story*, 89–101) は「キリストの領域において」と訳しながら、「2.6–11 がパウロの議論における手本として機能する」(p.92) とする。また L.W. Hurtado, 'Jesus as Lordly Example in Philippians 2.5–11', in Richardson and Hurd (eds.), *From Jesus to Paul*, 113–26 (とくに pp.120–25) を見よ。

と地上と地下のあらゆる膝がイエスの名に対してかがみ、11 すべての舌が父なる神の栄光のために、「イエス・キリストは主」と公言するためだ。

このペリコペの構造に関する議論は現在も継続しているが 67)、この賛歌がアダムへの示唆を含んでいる、あるいはアダム・キリスト論の枠組みに則って構成されているという理解は今でも説得性が高い 68)。

　上の主張を説明し、それに対する反論へ応答する前に、1つ重要な前提を明らかにしよう。それは「示唆」の性質に関するものだ。なぜなら、このテクストの解釈者の多くが文学性の稚拙さを露呈しているからだ。本書でたびたび確認したとおり 69)、示唆内容とは当然その定義上、明示されない。すると、すべての示唆内容を指摘せずにいられない文芸評論家らは、彼らより思慮深い読者から、啓示の瞬間（発見のスリル）を奪い取ることになりかねない。読者の文学的想像性は評論家が提供する拙い「カンニング・ペーパー」によって萎えてしまう。例えば、ブラームスの交響曲第1番の最終楽章で、ブラームス自身がベートーベンの交響曲第九番を仄めかしつつ、自らがベートーベンの継承者だと主張していることはほぼ確かだ。ドボルザークの交響曲第九番『新世界より』に何かの明示がなくても、米国の民俗音楽が鳴り響

67）　Hawthorne（*Philippians*, 71–75）と O'Brien（*Philippians*, 186–88）はこの議論に関する二次文献を各 170 件と 100 件ほど挙げる。

68）　この示唆の背後に関しては他の提案もある。とくに 2.7ab へはイザ 53 章の僕（J. Jeremias, 'Zu Phil. 2.7: HEAUTON EKENŌSEN', *NovT* 6 [1963], 182–88; M. Rissi, 'Der Christushymnus In Phil. 2.6–11', *ANRW* 2.25.4 [1987], 3314–26）、殉教神学（Schweizer, *Erneidrigung* [§10 n.1], 93–99; Martin, *Carmen*, 191–96; Fowl, *Story*, 73–75）、知恵神学（Georgi, 'Hymnus'; Kuschel, *Born*, 255–66; Witherington, *Sage*, 261–63）、神の子キリスト論（Wanamaker, 'Philippians 2.6–11'）。私たちはすでに、パウロがロマ 8.3 やガラ 4.4–7 で、多様なイメージを動員している様子を確認した（Hofius, *Christushymnus*, 67–74）。しかしⅠコリ 8.6 とコロ 1.15–17 での知恵の示唆と異なり、この箇所から知恵を聞き取ることは困難だ。神の子への示唆はさらに困難だ（Larsson, *Christus*, 237–42, 247–49; Dunn, *Christology*, 312 nn.86–87）。キリスト教以前のグノーシス的救済者神話を見出す作業は、他所同様にこの箇所でも徒労に終わった（Hengel, *Son* [§10 n.1], 25–41 [§20 n.97]; Dunn, *Christology*, ch.4; E. Schweizer, 'Paul's Christology and Gnosticism', in Hooker and Wilson [eds.], *Paul and Paulinism*, 115–23; Kuschel, *Born*, 248–50; O'Brien, *Philippians*, 193–94. 異論は Bultmann, *Theology*, 1.131, 298; E. Käsemann, 'A Critical Analysis of Philippians 2.5–11' *JTC* 5 [1968], 45–88）。Käsemann のテーゼへの固執は Sanders（*Hymns*）と Hamerton-Kelly（*Pre-Existence*）の意義を看過することにつながる。

69）　とくに §§1.3, 23.5 を見よ。

第 11 章　知恵としてのキリストと先在性

いていることを聞き逃し得ない。あるいはジョン・ミルトンやT.S.エリオット等の詩人の作品が示唆に満ちていることに疑いの余地はないし[70]、ジョン・ウェスレー等の賛美歌作家の作詞に聖書箇所の示唆が溢れていることを理解せずにその価値は判断できない。新約聖書ギリシャ語の背景に、直接引用よりもはるかに多くの（ユダヤ教）聖典への示唆が含まれていることを今更指摘する必要はあるまい[71]。

　私たちは、パウロの言説がイエス伝承を示唆していると確認した（§8.3）[72]。そしてロマ 1.18–25, 7.7–13 がアダムを意識していることを示した[73]。パウロのキリスト論に関するこれまでの論考が正しいなら、パウロの神学作業の背後にアダム主題は確かに存在する[74]。このような示唆表現を認識する作業が個々の語の厳密な意味確定に依拠するなら、それは示唆という文学表現の意義に相反する。むしろ語の意味が曖昧で、メタファがさまざまな顔を持っていることによって、ある概念と他の概念の新たな連関や想像的飛躍[75]という示唆の効果が発揮される。この点の重要性は繰り返し過ぎるということがない。特定の語句理解において、唯一の意味に固執し他の可能性を排除することはしばしば誤った解釈を生む。それは、必要以上に意味を限定して「あれかこれか」という偏った解釈を生じさせ、著者が示唆に富む語を用いて他の意味との関連性を仄めかそうとする実際の意図を汲み取ろうとする読者の作業を阻むことになりかねない[76]。このような解釈上の留意点は、とくに詩や賛歌を含むテクストで十分に意識される必要がある。この点は、以下でフィリ 2 章の賛歌に関する論考を進める過程でさらに明らかとなろう。

---

70) Hays (*Echoes*, 18–21) はとくに J. Hollander, *The Figure of Echo: A Mode of Allusion in Milton and After* (Berkeley: Univ. of California, 1981) に言及している。私の後期課程の学生 Stephen Wright が H. Bloom, *A Map of Misreading* (New York: OUP, 1975) の価値を指摘してくれた。

71) §1.3, §7 n.36 も見よ。

72) §23.5 も見よ。

73) §4.4, 7 も見よ。

74) §8.6, §9.1, §10.2 も見よ。

75) この飛躍を指す専門用語は「転義（trope）」で、これをクインティリアヌスは、〈語や句の適正な意味を他の意味へと芸術的な仕方で変更すること〉と定義する（クウィンティリアヌス『弁論術教程』8.6.1）。

76) Hays, *Echoes*, 20 を見よ。

フィリ 2.6–11 を理解する際、いくつかのアダム伝承やアダム・キリスト論との接点が容易に見出される [77]。

- 神のかたちに（2.6a）[78]
- 神と等しいこと（2.6bc）[79]
- 僕のかたちをとった（堕落と罪）（2.7）[80]
- 死に至る従順（2.8）[81]
- 高挙と栄光（2.9–11）[82]

しかし、以下の4つの点がこの解釈への反論として挙げられる。

第1に、この賛歌は「かたち（μορφή）」という語を用いるが、創 1.27 では「姿（εἰκών）」だ。しかし示唆という観点からこの差異は問題でない。これら2語はほぼ同義語で [83]、作者は「僕のかたち」という表現との対比として「神のかたち」を用いただろう [84]。このような語の二重機能は、詩的様式にありがちだ [85]。

第2に、フィリ 2.6c の「獲得すべきもの（ἁρπαγμός）」を、〈獲得してとどめ利用するという、より厳密な意味と理解すべき〉との提案の説得性が高ま

---

[77] 私はアダムとの関連以上にフィリ 2.6–11 を上手く説明する枠組みを知らない（異論は Rissi, 'Christushymnus' [§11 n.68]）。ここでは Dunn, *Christology*, xviii–xix, 114–21 で扱った内容を網羅せず、上の議論に関連する点に焦点を置いている。

[78] 創 1.27（「神の姿に」）参照。

[79] 創 3.5（「あなたは神のようになる」）参照。

[80] 知 2.23, ロマ 8.3, 18–21, Ⅰコリ 15.42, 47–49, ガラ 4.3–4, ヘブ 2.7a, 9a, 15 参照。

[81] 創 2.17, 3.22–24, 知 2.24, ロマ 5.12–21, 7.7–11, Ⅰコリ 15.21–22 参照。

[82] 詩 8.6b–7, Ⅰコリ 15.27, 45, ヘブ 2.7b–8, 9b 参照。

[83] Martin, *Carmen*, 102–19; Kim, *Origin* (§7 n.1), 200–04. O'Brien (*Philippians*, 263) が指摘するとおり「註解者のほとんどはこれら2語の意味の領域がおおいに重なると理解する」。この意味の重なりこそが示唆において期待される。

[84] 「神のかたち」なる表現の意義深い説明のためには、「僕のかたち」なる表現との関連を上手く説明すべきだ」(Habermann, *Präexistenzaussagen*, 110, 113–16; Wanamaker, 'Philippians 2.6–11', 181–83)。しかしこれら2人の研究者は「あれかこれか」の議論をしており、ガラ 4.4–5 とロマ 8.3 がアダムとの相互交換という主題を含んでいることを看過している（§9.3を見よ）。

[85] Cullmann (*Christology* [§10 n.1], 177) は、「2人のアダムに関するパウロの教義がなければ、これらの2語を理解することはできず、われわれは初期キリスト教において意識されない二義的な神学的思索に没頭することとなる」と述べる。

った 86)。しかしここでも、語意を厳密に「あれかこれか」とする議論は詩的表現を理解する妨げになりかねない。じつにこの語に「とどめる」というニュアンスがあると断言する決定的証拠はない 87)。したがって ἁρπαγμός は、より曖昧な「奪取／獲得する 88)」という動詞から派生した表現で、「(何か) 獲得すべきもの」と訳せよう。この獲得すべき対象の「神と等しいあり方」は創 3.8 を明らかに意識している 89)。したがってパウロのアダム神学を知る者の多くは、アダムが神のようになろうとした行為 90) とキリストのあり方とが、ここで対比されていることを見逃さない 91)。

この賛歌がアダム物語を示唆しているという解釈への第 3 の反論は、それがアダムの背きとその結果という一連の流れを 2 段階の物語に分断しているように見受けられることだ。まず、神と等しいことを獲得すべき (2.6) という態度は、「自らを無にする」(⇔「獲得する」) 92)、「僕のかたちをとる」(⇔「神のかたちをとる」)、そして「人と同じ姿になる」(⇔「あなたは神のようになる」

---

86) とくに Habermann, *Präexistenzaussagen*, 118–27; Wright, *Climax*, 77–83. 初期の議論は Martin, *Carmen*, 134–53 を見よ。

87) Moule, 'Further Reflexions', 266–68, 271–76; J.C. O'Neill, 'Hoover on *Harpagmos* Reviewed, with a Modest Proposal Concerning Philippians 2.6', *HTR* 81 (1988), 445–49. 例えばエウセビオス『教会史』5.2.2–4 と 8.12.1–2 (前者はフィリ 2.6 を引用) では、死は将来の殉教者がとどめ利用するものでなく、積極的に求めるものとして教えられる (異論は Wright, *Climax*, 85 参照)。

88) LSJ, ἁρπαγμός; BDAG, ἁρπαγμός.

89) ヘブライ語の「神のよう (כֵּאלֹהִים)」は、「神と等しい (ἴσα θεῷ)」(フィリ 2.6) とも「神のよう (ὡς θεοί)」(LXX 創 3.5) とも訳し得る。ヘブライ語の「〜のよう (כְּ)」は LXX で ἴσα と訳される場合がある (ヨブ 5.14, 10.10, 13.28 等。イザ 51.23, 申 13.6, 知 7.3 参照)。冠詞つきの繋辞の不定法 (τὸ εἶναι) は既述あるいは周知の事柄を指す。「神のようになる (τὸ εἶναι ἴσα θεῷ)」ことへのアダムの誘惑は、ユダヤ教と初期キリスト教において周知の主題だった (§4.2–7)。Barrett (*Paul*, 108) が述べるとおり「神のようになるという表現はアダムの物語を想起させるよう意図されている。またアダムが堕ちた誘惑を明確に連想させる」。

90) アダム・キリスト論がアンチテーゼ的な並行法で表現されていることはロマ 5.15–19 から明らかだ。

91) 「神のかたち」と「神のようなあり方」とのあいだの曖昧な関係性は、「神の姿」(創 1.27) と「神のよう」(3.5) との関係性に倣っている。

92) とくに Moule, 'Further Reflections', 272 参照。「無にする (ἐκένωσεν)」という動詞の重要性が語られることも、この賛歌を教義的宣言 (「無にした内容とは何か」という問いに関するさまざまな可能性に関しては Hawthorne, *Philippians*, 85 を見よ) として理解する危険性を反映している。この動詞の機能は無の定義をするというより、その姿勢を表現することだ。Fee (*Philippians*, 210) は適切に「これは純粋で単純なメタファだ」と述べている。

という蛇の誘惑か）(2.7) という姿勢と相対する。つぎに、「死に至るまで従順になって」(2.8) という行動は、罪と死とをもたらした不従順（ロマ 5.19 参照）と相対する。しかし、むしろこの構造は、アダム物語がイエスの死に至るまでの公生涯全体と対比されており、その死のみに焦点が置かれているのでない（ロマ 5.15–19 参照）ことを示している。

第 4 の反論は、キリストの高挙を描く賛歌の後半部（フィリ 2.9–11）がアダム・キリスト論と符合しない点だ[93]。しかしこの批判は、フィリ 2.10–11 と I コリ 15.24–28 との明らかな並行関係を看過している。後者はアダムとキリストとを直接対比させる I コリ 15.21–22 と直結しており、I コリ 15.27 は詩 8.7 を明らかに示唆している。またこの反論は、アダムが天へ挙げられて栄光を受けるという理解がユダヤ教伝承にすでに存在していた点をも看過している[94]。

要約しよう。フィリ 2.6–11 がアダムとキリストとを対比させているとの解釈は説得性が高い[95]。アダムを連想させる表現が連続することに鑑みると[96]、この賛歌はヘブ 2.5–9 に次いで、新約聖書においてアダム・キリスト論を最も豊かに提示している箇所と言えよう。

上の議論は、キリストの先在性といかに関連するか。繰り返すが、フィリピ書の賛歌がアダム・キリスト論を反映していることとキリストの先在性とは議論が異なる[97]。上で述べたアダムとの 2 段階の対比を前提とするなら、

---

93) Kreitzer (*Jesus* [§10 n.1], 224 n.72) は「（フィリ 2.9–11 が）いかなるアダム主題をも崩壊させる」と述べる。Witherington, *Sage*, 590.

94) 『アダ・エバ』25 = 『モーセ黙』37, 『アブ遺 (A)』11. ラビ文献におけるアダムの高挙に関しては Scroggs, *Adam* (§4 n.1), 38–58 を見よ。

95) C.H. Talbert, 'The Problem of Pre-Existence in Philippians 2.6–11', *JBL* 86 (1967), 141–53; Ladd, *Theology*, 460–61; Hooker, 'Philippians 2.6–11'; Murphy-O'Connor, 'Anthropology'; G. Howard, 'Phil. 2:6–11 and the Human Christ', *CBQ* 40 (1978), 368–87; H. Wansbrough in NJB; Macquarrie, *Jesus Christ*, 56–59; Ziesler, *Pauline Christianity*, 45; Barrett, *Paul*, 107–09. これらより初期の文献は Martin, *Carmen*, 161–64 を見よ。私の議論に対する L.D. Hurst ('Re-Enter the Pre-Existent Christ in Philippians 2.5–11', *NTS* [1986], 449–57) の反論は、示唆がいかに機能するかに関する理解の欠如を示す好例だ。これは古い喩えとアレゴリーとの混同にも相当しよう。

96) Wright (*Climax*, 58) は間テクスト的反響の複合と表現する。

97) 私は初期の議論においてもこの点を明示したつもりだが (Dunn, *Christology*, 119–20)、この点を看過した批判が向けられている。Kuschel, *Born*, 262–63; Wright, *Climax*, 91–92, 95–97 を見よ。

第1段階では先在から存在へ（2.6–7）、そして第2段階では存在から死へ（2.8）という流れが明らかだ。フィリ2.7の言語とアオリスト（過去）時制動詞を考慮に入れるなら、この流れがより明白になる[98]。「自らを無にし、僕のかたちをとった」（2.7ab）は、イエスの生涯におけるある種の謙り(へりくだ)として理解されよう[99]。しかし、「人と同じ姿になり」（2.7c）という表現は、誕生への言及（「人と同じ姿へと生まれ」）と理解することがより自然だ[100]。

これとは別に、この第1段階を神話的前史（創5.1–5参照）とする解釈がある。つまりアダム自身が、人類の代表（5.1–2）からセトとその子孫の創始へと移行する（5.3–4）[101]。あるいは死に関する2つの概念を動員すべきか。神と等しくなることを獲得しようとするアダムは2つの死を体験した。第1の死は神の臨在から引き離されること（2.17）[102]、第2の死は堕落とその結果としての身体的死だ（5.5）[103]。それならこの賛歌は、アダムの2段階の堕落を意識していよう。すなわちアダムとしてのキリストは、自らの意志でアダムの罪が人類へもたらした結果を自らに負ったが、それは神と等しくなることを獲得しようとする罪とそれ以降の不従順だ。キリストが自ら罪と死との奴隷である人の運命を負ったのは、アダムが神と等しくなるという願望の結果だ[104]。そして人の死をその身に負ったのは、アダムの不従順の結果だ。アダムの2つの死を引き受けた結果、キリストは本来アダムのために意図さ

---

98) 例えばHanson, *Image*, 65; Marshall, 'Incarnational Christology', 170; Morris, *Theology*, 44; Habermann, *Präexistenzaussagen*, 147; O'Brien, *Philippians*, 223–37, 267; Fee, *Philippians*, 203 n.41 ［O'BrienとFeeは二次文献リストを挙げている］; Witherington, *Sage*, 261; O'Collins, *Christology*, 35–36.

99) 受難の僕あるいは受難の義人への示唆としてイエスの死を捉えることに関してはRissi, 'Christushymnus' (§11 n.68), 3319–21; O'Brien, *Philippians*, 220–24.

100) 「人の姿に生まれた」（NRSV）、「人の姿に造られた」（NIV）。しかし「人類のようになった」（REB）。これと「肉と同じ姿で」（ロマ8.3）との類似性は看過できない。Witherington (*Sage*, 263; *Narrative*, 102–03) での私への批判はロマ8.3とガラ4.4の重要性を看過している。

101) §4.2を見よ。少なくとも創5.1–5は、創造史から人類史への何らかの移行を意識していよう（§4 n.10も見よ）。

102) §4.2を見よ。

103) 同様の2つの表現が「罪深い肉と同じ姿で、罪過の献げ物として」（ロマ8.3）、また「律法の下に生まれ、それは律法の下にいる者を贖うため」（ガラ4.4–5）に見られる。

104) Hooker, 'Philippians 2.6–11', 98–99参照。

れた地位と役割へ高く引き上げられた（詩編8.6–7）[105]。

じつに上のような連想を刺激することが、示唆表現に富む詩文の機能の1つだ。しかし同時に、この表現がキリストの先在性という理解を促したことも事実だ。註解者はその一方を取って他方を看過すべきでない。問題は、先在性なる主題をいかに肉付けするかだ。キリスト・イエスが永遠のある「時点」で人となる選択をしたとする理解は、ほぼ避けがたい推論だ[106]。その際に留意すべきことは、これがメタファを突き詰めた推論だということである。同様の知恵キリスト論で、キリストはたんに神の子キリストでなく、知恵としてのキリストだ。したがってこの賛歌の場合も、キリストはたんに賛歌が語るキリスト・イエスでなく、神が意図した姿のアダムの役におけるキリスト・イエスだ。したがって、アダムの前史に関する驚くべき言語表現がキリストを語る際に用いられる。この場合の危険は、メタファを歴史的事実に関する言説ととり違えることだ。メタファを誤解してその表面上の意味に固執するなら、私たちは真意を見失う。

しかしメタファが示すイメージの範囲が何にせよ、この賛歌の基本的教訓は十分に明らかだ。フィリ 2.1–4 の戒めの延長にあるこの賛歌は、その地位の上に胡座をかくのでなく自分自身を無にする者として、獲得する者でなく仕える者として、死を通してのみ高められる道を選ぶ者として、キリストを描いている。

§11.5. アダムの先在性に関する他の箇所

この項では3つの箇所をキリストの先在性との関連で考察しよう。

（1）Ⅰコリ 15.44–49：この箇所ではとくに、「第2の人は天から」、「天からの者」（15.47–49）に焦点を置く。パウロは復活の身体に関して、「私たち

---

[105] 高挙あるいはさらなる高挙（ὑπερύψωσεν, フィリ 2.9）をフィリ 2.6 でキリストが以前体験していた神としての存在へと戻ること（「先在なる者はすでに主」、Fuller, *Foundations*, 230）と理解することは、アダム主題を看過することだ（詩 8.6–7）。また、「主」という立場がイエスの高挙において一貫して強調されていることや（§10.4）、さらなる高挙という語の意義（O'Brien, *Philippians*, 236）をも看過することになる。

[106] とくに Wright, *Climax*, 90–98 を見よ。

は天からの者の姿を身にまとう」(15.49) と述べる。しかし、なぜこの箇所が註解者らの注目を集めたか理解しかねる。おそらく、コリントにおけるパウロの反対者がグノーシス的思想の持ち主だったとの (1950–70 年代にかけて流行った) 解釈のせいで、前キリスト教的グノーシス救済者という概念をこのテクストに見出そうとしたからだろう。それゆえ、「天からの者」という句は先在する「人」と解釈されてしまった。フィロンが創 1–2 章にある 2 つの創造物語を「2 つの人類の型、一方は天からの人 (ἐπουράνιος)、一方は地の人」(『寓意』1.31) と解釈したことから、パウロの「天からの者 (τοῦ ἐπουρανίου)」はフィロンの理解に通ずる先在する人への言及だとの理解が支持された [107]。

しかしこのような解釈は、この箇所の中心主題と真っ向から対立する。パウロの焦点は、復活における霊的身体だ。古い創造の身体と復活の霊的体とを対比し、パウロは身体的な状態が先であり霊的な状態が先でないと明言する (15.46)。これは「生きた命 (ψυχήν)」なる第 1 のアダムと終末的人である最後のアダムとを対比させる I コリ 15.45 の解説だ。したがって「天からの人」は明らかに復活したキリストを指す [108]。地上の人類が地上のアダムに倣っているように (創 2.7)、復活する人々は復活したキリストに倣う (I コリ 15.21–22)。「私たちは地上の人の姿をまとったように、天の人の姿をも身にまとう」(15.49)。すなわちアダム・キリスト論の観点に立つと、これは第 3 段階のキリスト (復活、最後のアダム) であり、地上のアダムに先行するそれ以前の段階でない。フィリ 2.6–7 を先在するアダムとしてのキリストと理解する解釈者でも、「天からの第 2 の人」の場合は、これを先在するキリストと理解しない者が多い [109]。

(2) II コリ 4.4–6：これは、知恵という視点からキリストを神の姿として理解する箇所とも理解し得る (コロ 1.15 参照)。

---

107) Bousset, *Kyrios Christos*, 195–98; Hanson, *Image*, 63–64, 80; R.P. Martin, *The Spirit and the Congregation: Studies in 1 Corinthians 12–15* (Grand Rapids: Eerdmans, 1984), 153–54. しかし、フィロンにとっての「天からの人」は「イメージ、型、証印、(たんなる) 思想の具現化、実体のないもの……」(『創造』134) である。

108) §10.6 を見よ。

109) 例えば Ladd, *Theology*, 462–63; Macquarrie, *Jesus Christ*, 62–63; Fee, *1 Corinthians*, 792–93.

> ⁴キリストの栄光の福音の光……、この方が神の姿です。⁶……なぜなら「光を闇から出でさせよ」と言い、私たちの心の内に輝き、イエス・キリストの顔に（映る）神の栄光の知恵の光を与える方は神です。

「光あれ」（創 1.3）を彷彿とさせる文言が、創造における知恵の役割への示唆だという印象を読者に与える（Ⅰコリ 8.6）。パウロがダマスコ途上でのキリストの顕現体験を念頭に置いているなら、彼を地に打ち倒した天からの光[110]はこの神の栄光と同視されよう。すなわちパウロはこの栄光に満ちた天的人物をキリストと理解しており、のちの知恵キリスト論の基礎があると言える[111]。

　この箇所にパウロの改宗体験が示唆されている蓋然性は高いが[112]、ここに描かれたキリスト理解がすべて最初からパウロにとって明白だったことをテクストが支持するとは考え難い[113]。この箇所の構成に鑑みると、パウロは知恵キリスト論というよりアダム・キリスト論を念頭に置いていると思われる。パウロは福音とイエスの生涯と死について記すが（Ⅱコリ 4.10–11）、これは知恵キリスト論に特徴的な創造の文脈より、むしろ復活したキリストを示唆しているようだ[114]。「御霊」としての「主」（3.16–18）[115]から「主としてのイエス・キリスト」（4.5）への移行は、「命を与える御霊」としての復活の主（Ⅰコリ 15.45）という理解に近い[116]。そしてこの箇所は、キリスト者が栄光の姿へ変わるという主題の内に置かれているが（3.18, 4.17）、それはパウロにとってアダム・キリスト論の主題だ[117]。したがってⅠコリ 15.47–49 の

---

110) 使 9.3–4, 22.6–7, 11, 26.13–14 参照。
111) とくに Kim, *Origin*, ch.6. Segal, *Paul*, ch.2; Newman, *Paul's Glory-Christology* 参照。
112) ガラ 1.16 の「私の内に」とこの箇所の「私たちの心の中に」との関連が認められる。
113) 「キリストの栄光の福音」は、福音という概念が高度に神学化したパウロ後期の思想を反映していると思われる。
114) §7.3, §9.1, §10.1 を見よ。
115) §16.3 を見よ。
116) §10.4, 6 を見よ。
117) ロマ 8.29–30, Ⅰコリ 15.49, フィリ 3.21, コロ 3.9–10, エフェ 4.22–24. 一方 Hamerton-Kelly（*Pre-Existence*, 147. 155 も見よ）は「（Ⅱコリ）3.18–4.18 に示唆される救済論は神の先在的な姿であるキリストという理解に依拠している」と述べる。

場合と同様に、ここでの栄光と神の姿は、復活によって人類への神の計画を成就したキリストの栄光と姿を指す。そして人は、神の似姿に造られてその栄光を共有する[118]。

(3) IIコリ8.9：考察すべき第3の箇所は、エルサレムの貧しいキリスト者に対して義援金を集めて送るようコリント信徒へパウロが嘆願するくだりだ。彼はキリストの模範に目を向けるよう促す。

> なぜならあなた方は、富んでいたにもかかわらずあなた方のために貧しくなり、その貧しさゆえにあなた方を富むようにされた、私たちの主イエス・キリストの恵みを知っているからです。

この箇所はしばしばフィリ2.6–11と主題を共有していると考えられる。すなわち、先在するキリストの受肉による謙り（へりくだり）という主題だ[119]。もっとも、他の箇所がすべて著しくメタファに富み暗示的（知恵としてのイエス、アダムとしてのイエス）なのに対し、本節がメタファを介さず、かなり直接的な表現に終始している点が違和感を与える。

さらに、本節が謙り（へりくだ）主題を1段階のみで描くことにも注目すべきだ。他所で第1段階の描写がなされる場合、その焦点は十字架と復活に置かれる。上（§11.2–3）で考察した箇所でも、その中心は十字架に至る誠実さ（フィリ2.9）、贖いの業（ガラ4.5）、そして肉において罪を断罪する犠牲だった（ロマ8.3）。したがって本節の1段階描写においても、パウロは十字架と復活との「相互交換」（§9.3）という主題について、富者が貧者になるという表現を用いたのだろう。

この解釈は、パウロがキリストの「恵み」について他所で語る場合にも、キリストの死と復活を念頭に置いていることによって支持される[120]。また

---

118) Kuschel, *Born*, 294. アダムの栄光喪失に関しては§4.5を見よ。
119) 例えばA. Oepke (*TDNT* 3.661) は、「(フィリ2.6–7) の最善の註解はIIコリ8.9に見出される」と述べる。Craddock, *Pre-Existence*, 100–06; Furnish, *2 Corinthians*, 417; O'Collins, *Christology*, 127も見よ。
120) とくにロマ5.15, 21, ガラ2.20–21, エフェ1.6–7を見よ。

他所で「相互交換」に言及する際も、パウロはキリストの死に注意を向ける[121]。また他所で富と貧しさとが対比される場合も、それは霊的豊かさと物質的（身体的）貧しさとの対比である[122]。この対比主題は他の重要な募金に関する勧め（ロマ 15.27）においても顕著だ。さらにこの主題はイエス伝承とも符合する。すなわち、イエスの霊的豊かさはその公生涯における貧しさと対比され[123]、神の子としての認識（「アッバ」、マコ 14.36）は十字架における絶望の叫び（マコ 15.34）と対比される[124]。

換言すると、Ⅱコリ 8.9 において最も明白に描かれているのは、イエスに見られる献身の姿、とくにその命を自ら捧げる姿勢だ。自らを貧しくするというこの姿勢の結果、原始教会は神の恵みの豊かさを体験した。先在のキリストが受肉により謙るという主題を本節から読み取ることは適切と言い難い。

§11.6. 結論

（1）パウロには先在するキリストという概念がある。しかしそれは、先在の知恵が今キリストとして認識されたということだ。アダムの先史的存在がこの概念の土台であり、明確なアダム・キリスト論がそこから導き出され始める。明確なキリストの先在性は、知恵やアダムというイメージから独立した仕方で存在しない。これは、キリストの先在性に関するのちの言説の意義を評価するための重要なファクタだ[125]。

（2）「最後のアダム（キリスト）」を御霊とみなすⅠコリ 15.45 をも考慮に

---

121) Ⅱコリ 5.21, ガラ 3.13. §9.3 を見よ。
122) トビ 4.21, Ⅰコリ 6.10, ヤコ 2.5, 黙 2.9. Ⅰコリ 1.5, 4.8, Ⅱコリ 9.11 参照。Kuschel, *Born*, 296–97 参照。
123) マコ 10.28–30, マタ 8.20 // ルカ 9.58.
124) Hanson (*Image*, 65–66) はこの点を看過している。
125) 「先在性」という結論で安易に満足して、それがパウロとその同時代人にとって何を意味したかを考慮しない場合が多い。例えば Marshall, 'Incarnational Christology'; Habermann, *Präexistenzaussagen*; Witherington, *Sage*, 270. Craddock や Hamerton-Kelly 等の学者らがこの点を指摘している。Hengel (*Son* [§10 n.1], 72) は「『先在性』の問題は必然的に歴史と時間と創造に関するユダヤ的思想の融合として、同時にメシアであるナザレのキリストの内に神が自らを完全に顕したという強い確信から生じた。……このようにしてのみ神の啓示の卓越性と究極性がナザレのイエスの内に卓越した究極的な仕方で表現された」と述べる。

第11章　知恵としてのキリストと先在性　395

入れると、ここに驚くべき連関が浮かび上がる。知恵と御霊は、この世と人類へ神が介入することを表現する際の最も重要なイメージだ。そして、この役割をキリストが徹底して「引き受ける」様子は印象的だ。キリストがその生き様と死に様と復活とによって知恵や御霊との一体化を印象づけたことが、どれほどの衝撃を与えたことか。

　(3) この連関はキリストの復活自体にどれほど直接的に依拠するか。私たちは、キリストを終末的なアダムと理解する思想から、どれほどのアダム・キリスト論が導き出せるかを考察した（§8.6）。高挙された主がⅠコリ8.9で知恵の役割との関連で描写され、高挙されたキリストがコロ1.15–20で賛美されたことの重要性も看過できない。そこにキリストの先在性という理解があったにせよ、キリスト論的に最も重要な出来事としてキリストの死と復活とに焦点が置かれ続けていることの意義から目を離すことは出来ない。

　(4) このように高挙されたキリストと神との関係性へ考察をさらに深めると、興味深い特徴が浮かび上がる。パウロは救済論について語る場合、恵みの起源が神かキリストか御霊のいずれかと、厳密に区分する必要を感じていないようだ。しかし神とキリストとの関係について語る場合、すなわちキリスト論や神論を扱う場合、パウロはかなり明らかにキリスト論を神論の枠内、すなわちキリストを唯一神信仰という枠組みの中で語る。父なる神がもはや神の子イエスを抜きにして語れなくなっているとしても、神は唯一神であり、「私たちの主イエス・キリストの父なる神」だ。これを機能的キリスト論と呼ぶなら、そこから推論されるべき存在論的キリスト論とは何か、いまだ明確でない。パウロのキリスト論を評価し、それを基にした神学を確定しようとする作業では、1つの事実がその中心で浮き彫りになる。それは、パウロのキリスト論が同時代のユダヤ人によって継承されたイスラエルの唯一神信仰を脅かさなかった、ということだ[126]。キリスト教が唯一神信仰を告白し続けること自体がこれを支持する。歴史的ユダヤ教とキリスト教との和解は、この事実に立った時その可能性が見えてくる。

　(5) アダム・キリスト論と知恵キリスト論との重複という側面を持つパ

---

126)　この意味で Wright (*Climax*, 177) の「キリスト論的唯一神主義」はユダヤ教的な「創造論的唯一神主義」という枠組みの中で修正を受ける。§2 n.6 を見よ。

ウロのキリスト論は、イエスを人としてまた神としていかに捉えるかという重大な神学的苦悩へと、のちのキリスト教神学者を導いた。キリストにおいて、神が本来意図した人類の姿が具体的なかたちをとった。キリストにおいて、神の創造性である知恵の「姿」と創造された人類の「姿」――刻むべき刻印と刻まれた刻印――のあいだに横たわる永遠の淵に橋が架けられた。この点に関しては、他の啓示による洞察の場合と同様に、いわゆる「定義価値逓減の法則（the law of diminishing definition）」の制限を受ける。すなわち、神学者らがこの驚くべき洞察を概念化しようとすればするだけ、その果てしない試みによってこの洞察への畏怖の念が失われていく。

第12章　再臨の待望[1]

§12.1. キリストの再臨（パルーシア）

前章はローマ書におけるパウロ自身の議論から多少横道にそれた。しかしそれは、パウロが一貫したキリスト観を維持しているという明確な印象を確認するために必要だった。ここまで述べてきたことのほとんどは、ローマ書を執筆するパウロの脳裏に刻まれていた。このことからも、パウロが明示する必要を感じないほど周知の事柄を確認して補足するために、彼の用いる示

---

[1]　第12章の文献リスト

W. Baird, 'Pauline Eschatology in Hermeneutic Perspective', *NTS* 17 (1970–71), 314–27; **J. Baumgarten**, *Paulus und die Apokalyptik* (WMANT 44; Neukirchen-Vluyn: Neukirchener, 1975); **J.C. Beker**, *Paul*, 135–81; *Paul's Apocalyptic Gospel: The Coming Triumph of God* (Philadelphia: Fortress, 1982); **V.P. Branick**, 'Apocalyptic Paul?' *CBQ* 47 (1985); 664–75; **Cerfaux**, *Christ* (§10 n.1), 31–68; **C.H. Dodd**, 'The Mind of Paul', in *New Testament Studies* (Manchester: Manchester Univ., 1953), 67–128; **J.D.G. Dunn**, 'He Will Come Again', *Int* 51 (1997), 42–56; **W. Harnisch**, *Eschatologische Existenz. Ein exegetischer Beitrag zum Sachanliegen von 1 Thessalonischer 4.13–5.11* (FRLANT 110; Göttingen: Vandenhoeck, 1973); **R. Jewett**, *The Thessalonian Correspondence: Paul's Rhetoric and Millenarian Piety* (Philadelphia: Fortress, 1986); **E. Käsemann**, 'The Beginnings of Christian Theology' (1960) in *New Testament Questions*, ch.4; **L.E. Keck**, 'Paul and Apocalyptic Theology', *Int* 38 (1984), 229–41; **R.N. Longenecker**, 'The Nature of Paul's Early Eschatology', *NTS* 31 (1985), 85–95; **J. Marcus and M.L. Soards** (eds.), *Apocalyptic and the New Testament* (JSNTS 24; J.L. Martyn FS; Sheffield: Sheffield Academic, 1989); **A.L. Moore**, *The Parousia in the New Testament* (NovTSup 13; Leiden: Brill, 1966); **C.F.D. Moule**, 'The Influence of Circumstances on the Use of Eschatological Terms', *Essays*, 184–99; **J. Plevnik**, *Paul and the Parousia: An Exegetical and Theological Investigation* (Peabody: Hendrickson, 1996); **Ridderbos**, *Paul*, 486–537; **J.A.T. Robinson**, *Jesus and His Coming: The Emergence of a Doctrine* (London: SCM / New York: Abingdon, 1957; Philadelphia: Westminster, ²1979); **T.E. Schmidt and M. Silva** (eds.), *To Tell the Mystery: Essays in New Testament Eschatology* (JSNTS 100; R.H. Gundry FS; Sheffield: Sheffield Academic, 1994); **Schweitzer**, *Paul and His Interpreters*; **G. Vos**, *The Pauline Eschatology* (Grand Rapids: Eerdmans, 1961); **Ben Witherington**, *Jesus, Paul and the End of the World: A Comparative Study of New Testament Eschatology* (Exeter: Paternoster / Downers Grove: InterVarsity, 1992); *Narrative*, 186–204.

唆表現が重要であることが分かる²⁾。

　キリスト論に関しては、パウロがローマ書で展開した議論の範囲を越えた部分がもう1つある。それは高挙されたキリストが（再び）到来するという考えだ。この点を看過することは、パウロのキリスト論をバランス良く把握する機会を逸することに繋がる。とくにイエスの復活とキリストの先在性の重要性を論じたところでキリスト論の考察を終了してしまうことは、神学的に不完全さを残すこととなる。なぜなら、キリストが（再び）到来することは、復活と先在性の両方に応答し、これらを完成するからだ。イエスの復活が新たな時代と新たな人類の開始を宣言したように、再来はその時に開始した救いの業を完成させる³⁾。さらに、キリストの先在性を主張することがキリストの神が創造の神であることの言い換えであるように、キリストの再来を主張することはキリストの神が最後の審判の神であることの言い換えだ。したがって、創造と救済の頂点に神がいる。復活は創造の開始と創造の性格に光をあてるのみならず、終末的未来をも照らす。パウロ神学において、キリストがこの両方を知る鍵を握っている。

　キリストの再来という初期キリスト者に特徴的な確信を過小評価するわけにはいかない。エリヤが地上に再来する期待はすでに確立されていた⁴⁾。そしておそらくエノクは、この役割においてエリヤと関連づけられていた⁵⁾。しかし彼らが死ななかったことに鑑みると、この再来期待は驚くに足らない。彼らは死なずに天へと移され⁶⁾、ある意味で終わりの時までそこに留め置かれた。また、地上における苦しみと死とを経た義人が天において報いを受け

　2）　ロマ 4.24–25, 5.14, 19, 6.9–10, 7.4, 8.3, 9–11, 32–34, 39, 9.5, 33, 10.9–13, 14.9, 15.8.
　3）　Iコリ 15.23, フィリ 1.6. Cerfaux (*Christ*) は「キリスト教思想では再臨がつねに復活によって始まった運動全体の方向性を定める」(p.85)、「再臨はキリストの復活に予示され、復活と再臨はその死に示唆されている」(p.152) と述べる。
　4）　マラ 3.1–3, 4.5, シラ 48.10–11, マコ 6.15, 8.28, 9.11–12 とそれぞれの並行記事, ヨハ 1.21.『シビュ』2.187–89, ユスティノス『対話』49 も見よ。偽フィロン『古誌』48.1 ではエリヤがピネハスと同視されて、エリヤとして下るまで「ダナベンに」留め置かれる。R. Hayward, 'Phinehas —— the Same Is Elijah: The Origin of a Rabbinic Tradition', *JJS* 29 (1978), 22–38 を見よ。
　5）　『エチ・エノ』90.31, 黙 11.3,『エズ・ラ』6.26,『エリ黙』4.7. Dunn, *Christology*, 92–94 も見よ。
　6）　創 5.24, 王下 2.11.

第 12 章　再臨の待望　　　399

るという強い期待があった⁷⁾。しかしこの義人の報いは、地上の人間が幻を通して、あるいは天への旅を通して確認することで⁸⁾、私たちの知るかぎりでは、報いを受けた義人が勝利の内に地上を訪れたり、その報いが地上に及ぶという思想でない。それなら復活直後の原始教会⁹⁾、あるいはダニ7章の「人の子」に関するイエス自身の解釈と譬え話に起因するキリストの再臨は¹⁰⁾、概念の著しい進展と言える。イエスの「復活」を報いと捉えることがキリスト者の神学作業での驚くべき出来事だったなら、この報いを受けたメシアが（地上に）再来するという主張も、第二神殿期ユダヤ教においてそれまで誰も耳にしたことがない神学的理解だった¹¹⁾。一方で、英雄が再来する期待はユダヤ人のあいだで認められていた¹²⁾。したがって、キリストの再来への期待がユダヤ人会堂（や他所）においてほとんど物議を醸さなかったことは、驚くに足らない。むしろこの原始教会初期の神学的考察は、第二神殿期ユダヤ教での神学的発展の一部であり、またそこへの貢献として理解できよう¹³⁾。

　この主題が新たな神学的出発点だったことに鑑みると、キリストの来訪（パルーシア、παρουσία）がここ数十年のあいだ新約聖書学者らの注目を集めなかったことは、ある意味で驚きだ。これは、本書がこれまでで扱った他の主題（9–11章）と比較しても特異なケースだ。20世紀の終わりに、世間一般の「終末」への関心が高まる傾向と逆行してさえいる。またこれは、20世紀初頭にアルベルト・シュヴァイツァーが黙示的預言者としてのイエス

---

7)　例えば Dunn, *Partings*, 185–87 を見よ。
8)　ダニ 7.21–22,『アブ遺』11, 黙 6.9–11.
9)　J.A.T. Robinson, 'The Most Primitive Christology of All?' *Twelve New Testament Studies* (SBT; London: SCM / Naperville: Allenson, 1962), 139–53 を見よ。
10)　「再訪」なる主題はイエスの譬え話に頻出する（例えばマタ 25.1–12, マコ 13.34–36, ルカ 19.12–27）。また人の子の「到来（ἐρχόμενος）」(マコ 13.26, 14.62) を見よ。これらの教えなしに（救済プロセスを完成させるのに必ずしも必要のない）キリストの再来なる思想がなぜ生じたか、理解が困難だ。Robison (*Coming*, ch.7) は、再臨信仰がイエスの教えから生じたのでなく、「あのキリストが来たか否か」という不安に応答するためイエスの教えが編集されたと考える。
11)　これは「パルーシア（来訪）」なる語自体にも当てはまる。これは新約聖書において、Ⅱペト 1.16 を例外として、イエスの最初の（地上への）到来に関して用いられることがないからだ。またこの語自体に「戻る」という意味はない。
12)　§12 n.4 を見よ。
13)　P.G. Davis ('Divine Agents, Mediators and New Testament Christology', *JTS* 45 [1994], 479–503) は、介入の異なる様相が存在することが新約聖書のキリスト論の特徴となっていると論ずる。

像を提唱したことの余波が、その半世紀後にも感じられていたことと対照的だ。原始教会派生と後1世紀におけるその発展を注目する者にとって、「パルーシアの遅延」は原始教会のあらゆる特徴を説明するための鍵を握っている。とくにパウロと初期キリスト者の神学的発展を辿る作業において「初期カトリシズム」の開始を説明する際、また後1世紀終盤に教会文献（とくにさまざまな福音書）の執筆が爆発的に増えたことの理由を探るのに有用だ[14]。これらの問題に対する関心は一時休止の状態に陥っているようだ。

とくにパウロのキリスト観との関連で、終末論は適切な発展プロセスを提供した。キリスト論的称号への関心が高まると、最初期のパウロ書簡と見なされるテサロニケ2書の2つの重要な特徴に注目が集まった。その1つは、再来の文脈において「神の子」という特徴的な表現が用いられることで（Iテサ 1.10）、これは天から神の子の訪れを待つことがテサロニケの改宗者らを特徴づける。もう1つは、終末論的な教えが濃厚なテサロニケ2書で、「主（κύριος）」が称号として重要なことだ[15]。この事実は最初期のキリスト論が未来志向だったとの理解をもたらした[16]。

シュヴァイツァーが扱った問題への関心が20世紀後半に失せてしまったとは言えない。とくに「黙示」という表現は、その定義と用法が不明瞭のままにもかかわらず[17]、繰り返し議論の中心に引き戻されてきた。エルンスト・ケーゼマンは、シュヴァイツァー[18]に対するブルトマンの巧妙な取り扱いへの反論として、「黙示がキリスト教神学全体の母だった」と主張し[19]、黙示的

---

14) M. Werner (*The Formation of Christian Dogma* [1941; London: Black / New York: Harper, 1957]) は、これらに関して最も体系的に論じている。

15) 「主」はIテサロニケ書で24回、IIテサロニケ書で22回用いられて、これは他のパウロ書簡での頻度を上回る。

16) とくに Hahn, *Titles* (§10 n.1), 89–103（Iコリ 16.22 を強調）, 284–88.

17) 例えば R.E. Sturm, 'Defining the Word "Apocalyptic": A Problem in Biblical Criticism', in Marcus and Soards (eds.), *Apocalyptic*, 17–48; R.B. Matlock, *Unveiling the Apocalyptic Paul: Paul's Interpreters and the Rhetoric of Criticism* (JSNTS 127; Sheffield: Sheffield Academic, 1996) を見よ。

18) Baumgarten (*Paulus*) はパウロが黙示的伝統を「非終末化した」と議論するが、これは受け入れがたい。

19) Käsemann, 'Beginnings', 102.〔訳註　ブルトマンはユダヤ教の未来志向とパウロの現在志向とを対比する。Bultmann, *Theology*, 1.274–79 参照。〕

議論を再燃させた[20]。そして「黙示」は、J.L. マーティンと J.C. ベカーがパウロ理解に不可欠な視点と枠組みを提供するための非常に重要な用語および概念となった。マーティンは十字架に[21]、ベカーはパルーシアに焦点を置くが、いずれの場合も「黙示」が釈義上の鍵を提供しており、パルーシア自体に注目することを要請していない[22]。したがってキリストの（再）到来という主題は、パウロに関する学術的論考においてほとんど目を向けられていない。おそらくその理由として、終末の緊急性という誤解と、来臨に関する文字どおりの理解（Ⅰテサ 4.16）へのきまり悪さが、キリスト教学会を悩まし続けていることが考えられる。

　パウロ自身の神学において、キリストの来臨は何を意味するか。ここではおもに、キリストのパルーシアとそれに付随する要素に注目しよう。

§12.2.　テサロニケ 2 書における再臨の希望

　既述のとおり、私たちの試みは、パウロ書簡群すべてからそれぞれの主張を公平に引き出して、それぞれの主題にパウロが費やす紙面の割合を計算した上でパウロ神学を構築することでない。むしろ私たちの関心は、パウロの最も熟成した神学を反映するローマ書が執筆された段階で、彼がいかなる神学を持っていたかを把握することだ。もっとも、本章の主題については、一般にパウロの最初期の書簡と見なされる[23] Ⅰ–Ⅱテサロニケ書から始めるの

---

20)　§12 n.17 を見よ。
21)　Martyn ('Apocalyptic Antinomies' [§6 n.99], 420) は「パウロの黙示的焦点はキリストのパルーシアでなく、その死にある」と述べる。
22)　Martyn, 'Epistemology at the Turn of the Ages: 2 Corinthians 5.16' in W.R. Farmer, et al. (eds.), *Christian History and Interpretation* (J. Knox FS; Cambridge: CUP, 1967), 269–87 を見よ。ここで Martyn は「終末論と認知論との密接な関係性」(p.272) を見出し、「黙示」を「肉による（κατὰ σάρκα）」視点でなく「十字架による（κατὰ σταυρόν）」新たな視点として再定義する。これに対して Beker (*Paul*, 143, 176–81) は、神の差し迫った勝利という黙示的主題のみがパウロ神学に根本的な一貫性を提供すると主張する。§18 n.18 を見よ。
23)　Ⅰテサロニケ書はパウロの手による最初の手紙として広く認められている（例えば Kümmel, *Introduction*, 257）。Ⅱテサロニケ書の著者性に関しては議論が分かれる。これがパウロによるかパウロの弟子が執筆したか、学者のあいだで意見が分かれる（例えば Kümmel, 264–69 と Koester, *Introduction*, 2.242–46 を対比せよ）。私自身の理解では、のちのパウロ文書に見られるような執筆

が良かろう。それは、パルーシアという主題が書簡全体において支配的だという、他のパウロ書簡に見られない傾向がこの2書にあるからだ。その場合、この特徴的な神学は特定の状況や問題への神学的考察に過ぎなくはないかとの疑問が生じよう。換言すると、パウロ初期の神学的主題が後期の書簡の主題を理解する妨げとならないか、という問題だ。テサロニケ2書が執筆されたあと、パウロ神学がその強調点を他に移したり、さらに発展させたという想定も不可能でないことを知っておく必要がある。願わくは、論考を進めるにつれてこれらの問題がより明らかになるように。

　テサロニケ2書がパルーシア期待で占められている様子は印象的だ。この主題はIテサロニケ書の前半ですでに強調されている。パウロはテサロニケ人に対して「あなた方は偶像から神に向き、生きた真なる神に仕え、その御子が天から来るのを待っています。この方を神は死者のあいだから甦らせました。それは、来たるべき怒りから私たちを救出するイエスです」（Iテサ1.9–10）と記す [24]。続いて彼は「あなた方をご自身の王国と栄光の内へと召された神に相応しく生きなさい」（2.12）と奨励する。彼ら自身がパウロにとって「私たちの主イエスの御前でその来訪（παρουσία）の時の望み、悦び、誇らしい冠」（2.19）である。そしてパウロは彼らの心が「主イエスとすべての御使いらの来訪（παρουσία）において、私たちの父である神の御前で、あなた方の心を聖さによって非のうちどころがないものとして強められますように」（3.13）と祈る [25]。

スタイルや神学的強調点の違いはこの2書のあいだに見られない。とくにI–IIテサロニケ書のあいだでの差異は、1つの議論の内に見られる論述戦略の変更や強調点の移行以上でない。パウロを神学的一貫性という秤で評価してはならない。状況が刻々と変化する中で、異なる意見を持つ者をまともに相手にする著者は、それぞれの言説での強調点が異なることを避け得ない。

24）Iテサ2.16も見よ。「怒りが彼ら（とくにユダヤ地方のユダヤ人）に全面的に（εἰς τέλος）訪れた」。Bruce, *1 and 2 Thessalonians*, 48; §2 n.83 も見よ。さらに J.M. Court, 'Paul and the Apocalyptic Pattern', in Hooker (ed.), *Paul and Paulinism*, 57–66 を見よ。これを反ユダヤ的言説として特別視することは「神を知らず私たちの主イエスの福音にしたがわない者の上に（つまり異邦人とユダヤ人）」というIIテサ1.8–9での厳しい裁きへの心備えを無視することだ。§2.5, §2 n.87 を見よ。Wanamaker, *1 and 2 Thessalonians*, 227–28; C.J. Schlueter, *Filling Up the Measure: Polemical Hyperbole in 1 Thessalonians 2.14–16* (JSNTS 98; Sheffield: Sheffield Academic, 1994), chs.8, 9 を見よ。

25）「来訪（παρουσία）」はこの文脈で、支配者や高官がその側近を連れて市を訪問する様子を伝えていよう。市の名士らが城門の外まで出迎え、訪問者らを市内へ迎え入れる。A. Oepke, *TDNT*

第 12 章　再臨の待望

またＩテサ 4.13–5.11 の内容が、この書簡が執筆の主たる理由だ。ここには、おそらくパウロがテサロニケを離れた直後に起こった重大な問題への言及がある。テサロニケ信徒の幾人かが亡くなった。彼らは、亡くなった者らがパルーシアに与れないと心配したようだ (4.15) [26]。これに対するパウロの応答には、彼のパルーシア理解が最も明らかな仕方で示されている。

> [13] 私はあなた方が、眠っている者らについて無知であって欲しくありません。あなた方が望みを持たない他の者らのように悲しむことがないためです。[14] もしイエスが死んで甦ったと信じるなら、神はすでにイエスを通して眠っている者らを、彼と共にもたらすことになるからです。[15] この点を主の言葉によって告げます。すなわち、生きて主の来訪 (παρουσίαν) まで残されている私たちが、眠ってしまっている者らに先んじることは決してありません。[16] なぜなら、号令によって、大天使らの呼び声と共に、そして神のラッパの音と共に、主自身が天から降って来るからです。すると死んだ者らはキリストにあってまず甦ります。[17] そして生きて残されている私たちが彼らと共に、空中で主を出迎えるため雲の中に引き上げられます。[18] ですから、これらの言葉によって互いに慰め合いなさい。

主が天から降って、復活した聖徒ら [27] や生きている聖徒らと（途中で）出会

5.859–60; Bruce, *1 and 2 Thessalonians*, 57. §12 n.53 も見よ。Plevnik (*Parousia*, 6–10) はこれを否定し、このメタファが読者にいかなるイメージを与えたかを述べない。

26)　これ以上に詳しく述べることは困難だ。多様な解釈については、Wanamaker, *1 and 2 Thessalonians*, 164–66 を見よ。パウロが実現された終末観をかつて教え、その「今の栄光という高挙神学」を修正する必要に迫られたことが原因の一部となっている、との理解を支持する証拠はない。異論として C.L. Mearns, 'Early Eschatological Development in Paul: The Evidence of 1 and 2 Thessalonians', *NTS* 27 (1980–81), 137–57（とくに p.141）参照。

27)　「甦る (ἀναστήσονται)」(Ⅰテサ 4.16) という能動態はⅠテサ 4.14 での「イエスは甦った (ἀνέστη)」という一般的でない能動態表現とリンクする。より一般には受動態（甦らされた [ἐγέρθη]、§7 n.72) が用いられる。ロマ 14.9 は例外。

い、「空中で……雲の中に²⁸⁾引き上げられ²⁹⁾」、そして地上へと主を迎え入れる³⁰⁾という生き生きとした描写は、今日に至るまでキリスト者の想像力を刺激してきた。しかし、この直前の情景描写には十分な注意が払われていない。すなわち、中心的な動作主である神が「眠っている者らをイエスを通して、彼（イエス）と共にもたらす³¹⁾」。これら前後する2つの情景がいかに関連するかが不確かなままだ³²⁾。

「主の言葉」は容易に³³⁾「主の日は夜中の盗人のように来ます」（Ⅰテサ5.2, 4）というイエス伝承を想起させ³⁴⁾、さらに「目覚めていよ」との準備を促すイエスの喩えを連想させる主題が続く³⁵⁾。出産の苦しみ、光／闇の子、眠っている／起きている、日／夜、酔っていない／酔っている（5.3–8）など、伝統的な預言書のイメージや黙示的対比が、終末主題をさらに際立たせる³⁶⁾。そ

---

28) 雲が天への移動手段あるいは勝利の凱旋を示す例は、イザ19.1、エゼ1.4–28、ダニ7.13、マコ13.26（と並行記事）、14.62（と並行記事）、使1.9, 11、黙1.7 を見よ。Plevnik (*Parousia*, 60–63) は、雲は復活した聖徒と生きている聖徒の移動手段だが、この場合イエスの移動手段としては想定されていない、と述べる。他の描写（号令、大天使の呼び声、ラッパ）に関しては Plevnik (45–60, 84–88) を見よ。

29) 「引き上げる (ἁρπάζω)」は一般に大きな力がかかる動作（引っ張り上げる）を示唆するが（BDAG, ἁρπάζω）、ユダヤ教文献（LXX 創 5.24,『モーセ黙』37.3,『アセ』12.8,『ギ・エズ黙』5.7、Ⅱコリ 12.2, 4、黙 12.5. 使 8.39 参照。さらに A.W. Zwiep, *The Ascension of the Messiah in Lukan Christology* [NovTSup 87; Leiden: Brill], ch.2) においても、ギリシャ文献においても（BDAG, ἁρπάζω 2b, νεφέλη)、天へ引き上げられるというニュアンスで用いられるようになったようだ。

30) Bruce, *1 and 2 Thessalonians*, 102–03; §12 n.25 を見よ。

31) 「彼と共に」と「イエスを通して」という2つの句の両方を「もたらす」という動詞の修飾句と見なすことはできない（NRSV, REB はそのようにするが）。Bruce, *1 and 2 Thessalonians*, 97–98; Best, *1 and 2 Thessalonians*, 188–89 を見よ。（キリストにあって死ぬでなく）「キリストを通して（死ぬ）」が具体的に何を意味するか不明だ。§15.4.3 を見よ。

32) 黙示的思考の背景にある同様の対立関係については A.F.J. Klijin, '1 Thessalonians 4.13–18 and Its Background in Apocalyptic Literature', in Hooker (ed.), *Paul and Paulinism*, 67–73（とくに p.69) を見よ。

33) 「〜に関しては (περὶ δέ)」（Ⅰテサ5.1）という接続句は、関連主題についてさらに述べることを意味する。それはおそらく、テサロニケ信徒によって説明が求められた主題だろう（4.9, 13）。

34) これはパウロが教会設立にあたって勧告伝承を用いたことを示す好例だ。イエスの喩え（マタ24.43 // ルカ12.39）を想起させるパウロの教えは、基本的なイエス伝承としてイエスの喩えを繰り返していたことを容易に推測させる。さらに §§8.3, 23.5 を見よ。

35) マタ24.42–43, 25.13、マコ13.34–37、ルカ12.37. さらにマコ14.34–38（と並行記事）を見よ。

36) これらの象徴表現に関しては Plevnik, *Parousia*, 105–06, 108–10; Dunn, *Romans*, 786–88（ロマ13.11–12 との対比を見よ）。

してこの主題は、「神は私たちを怒りへと定めず、私たちのために死んだ主イエス・キリストを通した救いに至らせます。それは私たちが起きていても眠っていても彼と共に生きるためです」(5.9–10) という約束により頂点に達する。また、Ⅰテサロニケ書の強調点を読者に印象づけるため、頌栄が以下のように手紙を結ぶ。「平和の神ご自身があなた方を完全に浄め、私たちの主イエス・キリストの来訪の時にあなた方の霊と魂と体とが完全で非のうちどころがないものとして守られますように。あなた方を呼ばれた方は誠実であり、このことを成し遂げて下さいます」(5.23–24)。

Ⅱテサロニケ書も、この段階でのパウロの神学作業におけるパルーシア・キリスト論の重要性を支持する。Ⅰテサロニケ書よりも早い段階で、この主題が最も力強い仕方で提示される（Ⅱテサ 1.7–10）。テサロニケ信徒らへは、現在の苦しみからの解放が約束される。

> ⁷主イエスは力強い天使をともなって、燃えさかる火の中で天から啓示（ἀποκαλύψει）されます。⁸彼は神を知らない者ら、私たちの主イエスの福音にしたがわない者らに罰を与え、⁹彼らは永遠に破滅し、主の臨在とその力ある栄光から排除されます。¹⁰その日に彼（主イエス）が来る時、彼は聖徒らのあいだで栄光を受け、信じる者らのあいだで恐れられます。それは私たちの証言をあなた方が信じたからです。

Ⅰテサロニケ書と同様にⅡテサロニケ書も特定の危機に際して執筆された。ここで問題視されるのは、パルーシアに先立つ不測の出来事に関連する。テサロニケ信徒らは「主の日がすでに来てしまった」、それは今ここにある（Ⅱテサ 2.2）と信じ込まされていたようだ[37]。パウロはこれに応えて、最後の時が来る前に起こるべき出来事がまだあることを強調しつつ、熱狂主義の火

---

37) 「霊（に動かされた言説）や言葉や手紙を通して……」(2.2) という表現から、教会に混乱をもたらすさまざまな人物との接触がいまだ続いていることが見てとれる。この困難なテクストに関してとくに Jewett, *Thessalonian Correspondence*, 97–100 を見よ。Jewett はテサロニケ教会に対する「熱狂的急進主義」という彼の初期の描写を撤回し、「千年王国的急進主義」と表現した（pp.142–47, 161–78）。おそらく「主の日」は、キリストの来訪によって頂点に達する最後の短い時期を指しており、それゆえ迫り来る期待という要素がそこにまだ見られる。

消しに努めた (2.3–12)。

> ³ まず反逆が起こり、不法の者——破滅の子——が啓示される (ἀποκαλυφθῇ) まで、その日は来ません。⁴ その者は、あらゆる神や崇拝の対象に対抗して自らを高め、神の神殿に着座し、自らを神として示します……。⁶ 今この者が自らの時に啓示される (ἀποκαλυφθῆναι) まで、抑えているものが何かをあなた方は知っています。⁷ なぜなら、不法の奥義が今稼働しているからですが、それは抑えているものが取り除かれるまでです。⁸ そして不法の者が啓示されると、主イエスがその口から吐く息でその者を排斥し、その来訪 (παρουσίας) が明かされる時に滅ぼします。⁹ この者 (不法の者) の来訪 (παρουσία) はサタンの活動により、あらゆる偽りの奇跡やしるしや驚くべき業をなし、¹⁰ 滅びに向かう者らをあらゆる不正によって欺きます。それは彼らが救われるために真理の愛を受け取らなかったからです。¹¹ したがって神は大きな惑わしを送り、彼らは虚偽を信頼します。¹² それは、真理を信じず不正を喜んだすべての者が罪に定められるためです。

この力強い描写に続く部分を境にしてこの手紙は尻すぼみしてしまい、（Ⅰテサロニケ書と異なり）同主題に戻ることもなく無関係の主題を散りばめて終了する。上の引用部に展開する終末論とその特徴的な描写は多くの問題を提示するが、ここではキリスト論にまつわる事柄に焦点を置こう。

　第1に、上述した証言から明らかな推論が導き出される。すなわち、パウロはテサロニケでの宣教においてキリストのパルーシアという主題を強調した（Ⅰテサ1.10）。最初の手紙で、パウロはこの点を躊躇せずに繰り返し、さらに第2の手紙でこれを詳しく述べた。これは、パウロの初期宣教活動で終末主題が支配的だったことを示すか。そうとは限らない。ガラテヤ書はテサロニケでの宣教に先立つ説教内容に言及する。迫り来るパルーシアという主題は、ガラテヤ諸教会をパウロの教えに引きつけるのに効果的だったろうが、ガラテヤ書におけるこの主題への関心はほぼ皆無だ。一方で、テサロニケと地理的に近い都市に宛てられた手紙には、Ⅰテサロニケ書が強調する主題と同様の教えがある。Ⅰテサロニケ書とフィリピ書はともに、「主の日」

第 12 章　再臨の待望　　407

に言及し[38]、「天からの」イエスの再来を「待つ／期待する[39]」。それ以外ではIコリント書が、パウロ神学における同主題の重要性を証言する。そしてIIテサ 2.9–12 の著しく悲観的な状況を想起させる数少ない教えとして、心に掛けられた覆いと天的存在によって真理が見えない「滅び行く者」への言及（IIコリ 3.14–15, 4.3–4）が考えられる[40]。

　それなら、パウロのエーゲ海沿岸宣教の初期段階において、キリストの再来という主題が 1 つの重要な説教主題だった可能性がある。この主題はフィリピ信徒らにとって格別な関心だったというより、テサロニケでの出来事（パウロ宣教の改宗者の予期せぬ死）がこの主題に光をあてる契機になったということだろう。パウロはこれに対して、以前の教えを撤回したり限定することなく応答した。Iテサロニケ書は切迫した終末期待の火に油を注ぐことになった[41]。IIテサロニケ書では主の日の到来に関してそのタイミングを限定しながらも、明確な終末期待が提示された。テサロニケ 2 書はおそらくパウロがコリントに滞在していた初期に書かれたので、とくにIコリント書にこの期待がある程度反映されていることは理解できる。

　第 2 に私たちは、テサロニケ 2 書の非常に特徴的な点を看過できない。Iテサロニケ書では、「主の言葉」（4.15）という句が印象的だ。じつにこの句はこの書簡の中心部で重要な役割を担っている。今でも多くの註解者はこれが何かのイエス伝承を指すと考えるが[42]、この解釈がすべての解決になるとは考えられない。この言語表現自体は、キリストが「主」として高挙されることに関する初期キリスト者の終末的考察を特徴づける[43]。そしてこの「言葉」は、テサロニケにおける心配——死んだ者がパルーシアの際に取り残さ

---

38) Iテサ 5.2, フィリ 1.6, 10, 2.16.
39) Iテサ 1.10, フィリ 3.20.
40) しかしロマ 9.19–23, 11.7–10 参照。
41) §12 n.37 を見よ。
42) 例えば Wanamaker, *1 and 2 Thessalonians*, 170 の参照箇所を見よ。
43) 「主の来訪」に関しては§12 n.57 を見よ。死んだ者を「眠っている」と表現することはユダヤ教思想とギリシャ思想とに共通して見られる（例えば *TDNT* 3.14 n.60 を見よ）。新約聖書ではIコリ 7.39, 11.30, 15.6, 18, 20, 51, マタ 27.52, 使 7.60, 13.36 に見られる。しかし新約聖書ではこのイメージをイエスの死に関して用いない。

れる [44]——と直接的に関連する。それなら「主の言葉」とは、パウロがもたらした預言あるいは霊の言葉（個人的にか集会においてか、初期のイエス伝承に依拠する仕方でか）であり、テサロニケ信徒らの心配に関してパウロが祈り深く黙想する中で受けた言葉と考えられよう [45]。Ⅰテサ 4.16–17 がこの預言の言葉の一部とも考えられる。彼は続けてテサロニケ信徒が抱く不安に言及し（4.17a）、高挙の様子（「雲の中に引き上げられ」、4.17b）という視覚的刺激に富む描写によって応答する。Ⅰテサ 4.18 の奨励は、直前の 4.15–17 が描く内容によって互いを励まし合うことだ [46]。それなら、パウロがここで「主の言葉」を解説せずたんに伝達していることは興味深い。これとある程度対照的に、パウロは「夜中の盗人のように」（5.2, 周知のイエス伝承に依拠していよう）という主の日のイメージによって、後続する（5.1–11）奨励部を導き出しているようだ [47]。

いずれにせよ、「主の言葉」とはテサロニケ教会の具体的な問題に対する非常に具体的な応答だ。パウロがこの教えをのちの手紙において繰り返したり示唆する様子がないことは [48]、これがテサロニケ教会にのみ当てはまる教

---

44) ここにイエス伝承を認める初期の学者の 1 人に私もはいっているが、この言語表現がイエス伝承よりもテサロニケの具体的な状況をより反映している点を重視する必要がある。もちろん預言の言葉が、一般的で具体性に欠けるイエス伝承を継承し、それを具体化する可能性はあろう。§12 n.47 を見よ。

45) 例えば Best, *Thessalonians*, 189–93; Plevnik, *Parousia*, 78–81, 90–94, Dunn, *Jesus and the Spirit*, 418 n.154; Wanamaker, *1 and 2 Thessalonians*, 170 を見よ。註解者らが霊に導かれた預言という可能性にあまり目を向けないのは、彼らがこの現象に不慣れだからかも知れない。しかしパウロにしてもテサロニケ人にしても預言という体験に不慣れでなかった（とくにⅠテサ 5.19–22, §21.5.3 を見よ）。また知恵の言葉や預言を含む御霊の顕現が通常の礼拝の一部となっていたコリント教会でⅠテサロニケ書が書かれただろうことを忘れてはならない（Ⅰコリ 12.8–10, 14 章）。Ⅰコリ 1.7 では、霊の賜物が主イエス・キリストの啓示の切望と結びついている。

46) あるいはⅠテサ 4.16–17 が霊感による言葉に対するパウロ自身の説明かも知れない。もしその言葉全体がコリント教会の礼拝で述べられたとすると、どの部分が霊感による言葉で、どの部分がのちの解説かの区別は付けがたい。

47) D. Wenham（*Gospel Perspectives 4: The Rediscovery of Jesus' Eschatological Discourse* [Sheffield: JSOT, 1984]）は共観福音書以前の終末的言説が初期教会にあり、パウロがこれを用いたと議論する。Wenham（*Paul* [§8 n.1], 305–28 [328 n.89]）はより慎重な議論を展開する。

48) Ⅰコリ 15.52 のラッパがこれを示唆している可能性はある。しかし神の顕現と終結の宣言におけるラッパの音はユダヤ教の象徴言語として確立されている。とくに G. Friedrich, *TDNT* 7.80, 84, 86–88 を見よ。

第 12 章　再臨の待望

えだからとも考え得る。

　第 3 に、Ⅱテサロニケ書における 2 つの主要な箇所に見られる特徴は、神による裁きが非常に視覚的で厳格な調子で描かれていることだ[49]。パウロ書簡群に、これほど黙示文学というジャンルに近い箇所は他にあるまい[50]。黙示文学の特徴として、それが危機や迫害に促されて書かれていること[51]、希望や恐れ、怒りや敵対心が誇張され象徴的に語られていること、さらに神の報いと裁きとが確かなことを明示することが挙げられる。したがってこの手紙では「啓示」という語が繰り返され（1.7, 2.3, 6）、「秘密」（2.7）への言及があり[52]、主が御使いらと共に到来し[53]、最後の艱難と反抗が 1 人の力強い者によって体現され[54]、そして結末として信徒に相応しい報いと、敵に相応しい報復とがある[55]。

　換言すると、パウロはⅡテサロニケ書で黙示的幻視者としての声を発して

---

[49] 神の「裁き（報復）」はユダヤ教の終末論における確立された思想だ。イザ 59.17–18, Dunn, *Romans*, 749–50 を見よ。

[50] Jewett, *Thessalonian Correspondence*, 168; Krentz, 'Through a Lens'（§1 n.64）参照。

[51] 例えば J.J. Collins, *The Apocalyptic Imagination*（New York: Crossroad, 1984）, 31; L.L. Thompson, *The Book of Revelation: Apocalypse and Empire*（New York / Oxford: OUP, 1990）, 25–26 を見よ。もっとも Thompson は自らの一般化傾向を躊躇する（pp.175–76）。ここで私は「黙示」と「終末」とを同視しようとしていない。

[52] 「秘密」の露呈という主題は黙示文学における特徴の 1 つで、ダニエル書以降の視点として知られる（ダニ 2.18–19, 27–30. 1QS 3.23, 4.18, 1QpHab 7.5, 1Q27, 『エチ・エノ』103.2, 106.19, 『スラ・エノ』24.3, 『エズ・ラ』10.38, 14.5, 黙 10.7 も見よ）。さらに R.E. Brown, *The Semitic Background of the Term 'Mystery' in the New Testament*（Philadelphia: Fortress, 1968）; §19 n.132 を見よ。「不法の者の秘密」（Ⅱテサ 2.7）に関してはとくに LXX 詩 88.23（「不法の子」）、1Q27 1.2（この断片が「罪の秘密」という表現を含む）、1QpHab 2.1–2, 5.11（「虚偽の者」）を見よ。

[53] 顕現における天からの随行者に関しては申 33.2, 詩 68.18, ダニ 7.10, 『エチ・エノ』1.9（ユダ 14–15 で引用）を見よ。LXX ゼカ 14.5 の呼応が意図されているか。§12 n.25 も見よ。

[54] この個人に関してはさまざまな推測がされる。アンティオコス 4 世（Ⅱテサ 2.4a はダニ 11.36–37 を彷彿とさせる）、ティルス王（2.4b はエゼ 28.2 を連想させる）、バビロン王（イザ 14.4–20）、前 63 年にユダヤ地方を攻略した将軍ポンペイウス（『ソロ詩』17.11 の「不法の者」）等だ。エルサレム神殿に自らの彫像を設置しようとしたカリグラ帝も読者の記憶に新しい（Bruce, *1 and 2 Thessalonians*, 168–69）。この反キリスト的な人物の惑わしは初期キリスト者の終末論の主題となった（マコ 13.22 // マタ 24.24, 黙 13 章、とくに 13–14 節）。Vos, *Eschatology*, ch.5 を見よ。

[55] 激しい動乱期には裁きへの熱烈な待望が特徴的となる。例えば詩 79.6, イザ 2.19–21, マタ 25.41, 46. イザ 66.15–16（「燃えさかる炎と共に」執行される裁き）はⅡテサ 1.8 と呼応しているかも知れない。Ⅱテサ 2.8 はたしかにイザ 11.4（「その唇にある息をもって彼［ダビデの子孫としてのメシア］は邪悪な者を取り除く」）と呼応する。

いる。その言語は誇張表現に満ち、それは強い感情を導き促す。これは先人らが体験した葛藤や渇望と共鳴する。多くの黙示的情景がそうであるように、パウロの描写にはヒエロニムス・ボス（初期フランドル派、15–16世紀）の絵画を彷彿とさせる部分がある。このような評価は、これらの箇所が看過されてもよいことを意味しない。むしろ、このような言語表現の性質に気付いて、その文学的媒体としての効果が、発進されるメッセージにいかなる影響を及ぼしているか留意しなければならないことを述べている[56]。しかし同時に、これらの箇所をパウロ神学全体に統合することの難しさは、ヨハネの黙示録を新約聖書神学全体に統合することの困難さに等しい。また、パウロがのちに執筆する書簡でこれらの描写に立ち帰ることがないのは、彼がそのような言語表現を時として用いたとしても、それがパウロの福音と神学における中心的な主題でなかったことを意味しよう。

§12.3. 後期パウロ書簡におけるキリストと終末

テサロニケ 2 書と対照的に、他のパウロ書簡はキリストが（再び）来訪することをほとんど明言しない。パウロはキリストのパルーシア（来訪）に 7 回言及するが、その内 6 回がテサロニケ 2 書にある[57]。残りの 1 回は復活の順序について述べており、「初穂であるキリスト、そしてキリストのパルーシアの時に彼に属する者が」（Ⅰコリ 15.23）続くことを教えるのみだ。

もっとも、テサロニケ 2 書以外で唯一キリストの再来という主題が突出するⅠコリント書は、4 箇所でこの主題に言及する。手紙開始部の感謝において、パウロはコリント信徒らに対し霊的な分与の豊かさに触れるが、その際に「あなた方は、私たちの主イエス・キリストの啓示（ἀποκάλυψιν）を熱心に待っています。この方はあなた方を私たちの主イエス・キリストの日に非難の余地がない者として最後まで支えられます」（Ⅰコリ 1.7–8）と述べる。またパウロは、差し迫る裁きに関して明言する（4.4–5）。

---

56) Ridderbos, *Paul*, 520–21 参照。この描写に鑑みるとパウロが「不法の者」に焦点を置く（pp.515–19）か疑わしい。

57) Ⅰテサ 2.19, 3.13, 4.15, 5.23, Ⅱテサ 2.1, 8.

第 12 章　再臨の待望

> ⁴ 私を裁かれるのは主です。⁵ その時が来るまで、暗闇の隠された行いに光をもたらし、心の思いを露わにする主が来られるまで、何をも裁いてはいけません。その時、それぞれに神から称賛が与えられることでしょう。

またⅠコリ 11.26 では、主の晩餐に関する描写の内に再来主題が見られる。「このパンを食べ杯から飲む時はいつも、主が来られるまでその死を告げ知らせなさい」。そして手紙の終了部では「マラナタ（私たちの主よ、来てください）」（Ⅰコリ 16.22）との祈祷が捧げられる。

他所に再来主題はほとんど見られない。パウロ神学が詳述されるローマ書さえ、1 回のみパルーシアを明言する。しかもこの主題はパウロがキリスト者としての確信を述べる箇所（ロマ 8.31–39）の中心に位置しない。この箇所での焦点は、キリストが天において信徒のために執り成しを続けることだ（8.34）。もっとも、イスラエルの救いに対してパウロがその望みを語る場面（11.26–27）では、以下のように語られる [58]。

> ²⁶ そして、すべてのイスラエルが救われます。「シオンから解放者が来られる。彼はヤコブから不敬虔を取り除く。²⁷ これは、私が彼らの罪を取り除く時、彼らに対する私の契約となる」。

イザ 59 章の引用にわずかな編集（「シオンから [59]」）が施されているのは、エルサレムが終末的頂点だとの前提を継承しているからだろう（Ⅱテサ 2.4, 8 参照）。しかし、パウロは天のエルサレムを念頭に置いていたと思われる（ガラ 4.26 参照）。すなわち、エルサレムを通してというより天からの直接介入だ（Ⅰテサ 4.16）。

Ⅱコリント書とガラテヤ書は、パルーシアに直接言及しない。しかしフィリピ書ではパルーシアの異なる側面が述べられている（フィリ 3.20–21）。

---

[58] この引用はイザ 59.20–21（26 節）とイザ 27.9（27 節）の複合と考えられる。しかし他の箇所との呼応、とくにエレ 31.33–34 も考え得る。Dunn, *Romans*, 682–84 を見よ。§19 nn.138, 140 を見よ。

[59] MT は「シオンへ」、LXX は「シオンのために」。

²⁰ 私たちの国は天にあります。そこから、救い主である主イエス・キリストが来られることを私たちは待ち望んでいます。²¹ この方は、万物をご自身の支配下に置くことさえできる力で、私たちの卑しい体を、ご自身の栄光の体と同じ姿に変えてくださいます。

この手紙でのみパウロは、3つの主題——再来、キリストの復活に倣った最後の復活、キリスト自身の栄光ある支配 60)——を相互に関連させている。

最後にコロサイ書においても、キリストの（最後の）「啓示」が栄光ある啓示という特徴的な仕方で紹介される。「あなた方の命はキリストと共に神の内に隠されてしまっています（κέκρυπται）。私たちの命であるキリストが顕される（啓示される、φανερωθήσεσθε）時に、あなた方もまた彼と共に栄光において顕されます」（コロ 3.3–4) 61)。今まで隠されていたものが今露わにされるという伝統的な黙示的対比がここで効果的に挿入されている。これは「時代と世代とを越えて隠されてきた奥義が……今聖徒らに対して啓示されました（ἐφανερώθη）……それはあなた方の内のキリスト、栄光の望みです」（コロ 1.26–27）という黙示描写と符合する。コロサイ書に将来の終末論が欠損しているという一般的な理解 62) に反して、これら2つのコロサイ書の箇所はパウロ書簡の他所以上に、将来の再来が最初の到来の重要性に匹敵し、さらにそれを完成させることを教えている。パウロが第1のアドベント（古(いにしえ)の奥義の啓示 63)）と明らかに区別する第2のアドベント——キリストの再臨——が完成をもたらす 64)。

当然この分析は、パルーシアあるいは「顕現」を直接明言する箇所のみに

---

60) 新約聖書においてフィリ 3.21 のみが詩 110.1 でなく詩 8.7 に言及する（§10.4.3 を見よ）。
61) パウロは最後の「啓示」に ἀποκαλύπτω（啓示する、ロマ 8.18、Ⅰコリ 3.13、Ⅱテサ 2.3, 6, 8)、ἀποκάλυψις（啓示、ロマ 2.5, 8.19、Ⅰコリ 1.7、Ⅱテサ 1.7) を用いる。しかし初期教会伝承で用いられる（Ⅰペト 5.4、Ⅰヨハ 2.28, 3.2) ほぼ同義語の φανερόω をも用いる。この動詞の名詞形は φανέρωσις でなく ἐπιφάνεια だ。Dunn, *Colossians*, 207–08 を見よ。
62) Dunn, *Colossians*, 201 n.1 の参照箇所を見よ。
63) パウロにとってキリストが明かした奥義とは、神の救済計画においてユダヤ人と同様に異邦人が救いに与ることだ。Dunn, *Colossians*, 121–23 を見よ。§12 n.52 も見よ。
64) この後牧会書簡においては、第2のパルーシアよりも最後の「顕現（ἐπιφάνεια）」という概念が優勢となる（Ⅰテモ 6.14、Ⅱテモ 1.10, 4.1, 8、テト 2.13、すでにⅡテサ 2.8 で用いられている）。

焦点を置かない。パルーシアには多くの主題が含まれており、その1つに言及するとそれは他の主題をも連想させる[65]。とくにローマ書では、「キリスト・イエスを通した」裁き（ロマ 2.16）という教えにパルーシアへの期待が示唆されている。また「～なおさらです」が特徴的な2つの表現にもパルーシアが見え隠れする。すなわち、「彼（キリスト）の血を通して義とされたなら、私たちが彼を通して怒りから救われることはなおさらです。……（御子の死を通して神に対して）和解されたなら、彼の命によって救われるのはなおさらです」(5.9–10)。「神の子らの啓示」と「神の子らの栄光ある自由へと」解放される将来にパウロが言及するロマ 8.19–21 にも、パルーシアへの期待は明らかだ（8.29–30 参照）。また、「私たちの救いは信じた時よりも近くにある」(13.11)、およびそれに付随する「暗闇の行いを脱ぎ捨て……主イエス・キリストを着なさい」(13.12–14) という奨励についても同様だ。そして、「平和の神があなた方の足の下ですみやかにサタンを打ち砕くでしょう」(16.20) に関しても同じことが言える[66]。パウロが「主の日」という表現を「ヤハウェの日」から導き出し、神が裁きの座を主イエスと共有することをよしとしたという理解に至ったことも忘れてはならない[67]。

しかしパウロに特徴的なことは、終末期待の異なる諸相を、あまり関連づけずにおくことをよしとした点だ。ローマ書では最後の裁きに関する言説にキリストが登場するが、それは神による裁きが「キリスト・イエスを通した福音にしたがう」（ロマ 2.16）という謎めいた仕方による[68]。ロマ 8 章にいたっては、救済プロセスの重要な頂点でキリストのパルーシアに言及がない点で謎めいている。そしてキリストが執り成すという教え（ロマ 8.34）が、御使い／霊による執り成しというユダヤ教的思想への任意の言及か（8.26 参照)[69]、あるいは新約聖書他所ではヘブル書のみで表面化する大きな主題

---

65) Ⅰコリ 11.26（また 16.22）によると、主の到来は礼拝で繰り返される主題だった。
66) Ⅱテサ 2.8 参照。最終的な悪の敗北と捕縛はユダヤ教の終末期待における重要な主題だ（例えば『ヨベ』5.6, 10.7, 11, 23.29,『エチ・エノ』10.4, 11–12, 13.1–2 等を見よ）。Dunn, *Romans*, 905 参照。
67) Vos, *Eschatology*, 79–80 を見よ。§10.5.1 も見よ。
68) §10.5.1 を見よ。
69) 例えばヨブ 33.23–26, トビ 12.15,『エチ・エノ』9.3, 15.2, 99.3, 104.1,『レビ遺』3.5, 5.6–7,『ダ

Ⅰコリ 4.4–5 は再臨と最後の審判とを関連づける。しかしⅠコリ 15 章では、たんに最後の復活のひな型としてキリストの復活が扱われる。死なる最後の敵への勝利と神への従属の表明に先立つ出来事と考えられるパルーシアが、Ⅰコリ 15.24–28 のシナリオのどこに位置づけられるかの説明はない。最終的変容における最後のアダムの役割が何かの説明もない（15.47–57）。「命を与える御霊」（Ⅰコリ 15.45）がその役割を示唆するか[71]、「最後のラッパ」がこれを想起させるか（Ⅰテサ 4.16 参照）、「私たちの主イエス・キリストを通して私たちに勝利を与えられた神へ」（15.57）の最後の感謝に含まれているか、と想像する以外にない。

Ⅱコリント書では、主要な終末に関する記述において（Ⅱコリ 4.7–5.10）救済／変容のプロセスが描写されるが、そこに 2 つの興味深い点が見られる（4.14, 5.10）。Ⅱコリ 4.14 には「主イエスを甦らせた方がイエスと共に私たちをも甦らせ、私たちをあなた方と共に立たせられます」とある。ここでもキリスト者がキリストの復活を共有するという将来の出来事が、キリスト自身の復活によって始まった出来事を完成させる。しかし、それ以外の仕方でキリストはこの終末のプロセスに関わるか。「立たせられる」という表現を根拠に、キリストの法廷／裁きの座（5.10）に引き出されることが述べられている、とも理解される。それはパウロ神学において他に見られない要素だが、それでも神がすべての事柄をキリストの支配の下に置くという思想と符合する[72]。もっとも、この描写は、神が復活によって完成した勝利の戦利品を自らの宮廷に持ち込むという情景をイメージしているとも考え得る[73]。

ガラテヤ書では、とくに「今の邪悪な時代から」の救出という黙示的表現

ン遺』6.2. J. Behm, *TDNT* 5.810–11; Dunn, *Romans*, 478 も見よ。

70) ヘブ 7.25（同語の使用）。ヘブ 4.16, 6.20, 7.19, 9.24, 10.19–22 も見よ。

71) Fee, *1 Corinthians*, 789 参照。ロマ 8.11 とフィリ 3.21 とを対比せよ。

72) 詩 110.1, 8.6, コロ 2.15 の用法に関しては§10.4.3 を見よ。

73) Furnish, *2 Corinthians*, 259.「立たせる」という語は曖昧だ。ロマ 14.10 では裁きの座の前に「立たせられる」。Ⅱコリ 11.2 では「（改宗者を）処女としてキリストに引き渡す」。コロ 1.22 は文法構造が難解だが、エフェ 1.4 の並行箇所がキリスト自身の前に引き出す様子を描く（エフェ 5.27 参照）。コロ 1.28 では宣教者らが改宗者をキリストに引き渡す。

（ガラ 1.4)、「新たな創造」への言及 (6.15)、そして終末的な報いに関する警告 (6.7-9) が、キリストの来訪と裁きとを十分に予測させるのに、この主題がまったく扱われていない点に驚きを禁じ得ない。フィリピ書では、より直接的な仕方で「キリストの日」に言及しながら[74]、突然「主は近い」(4.5) という謎めいた仕方で要約にとりかかる。これが時間的な近さか空間的な近さか、あるいはその両方が意識されているか計りかねる。

　パウロの主要な手紙から読み取られる終末の様相は断片的と言わざるを得ない。その中で最も明らかな主題は、復活と高挙の結果としてのキリストの支配だ[75]。キリストによる執り成しという概念は、ただ 1 箇所のみに見られる（ロマ 8.34)。キリストの主権が完成するまでその支配（と執り成し）は続くようだ。死はいまだ最後の敗北の時を待つ（Ⅰコリ 15.26)。サタンにも、いまだ（最後の）撲滅が控えている（ロマ 16.20)。キリスト者はこれから「神の王国を引き継ぎ[76]」、最終的にその宮廷に「立たされる[77]」。全被造物はこれからイエスを主として公言する（フィリ 2.11)。「主の日」というある時点で、キリストは再来する[78]。解放者として——それが何からの解放であっても——「ヤコブから不敬虔を取り除く」(ロマ 11.26)。キリスト者の体をキリスト自身の体に倣って変容させる（フィリ 3.20-21)。最後の審判を下す[79]。そして最後に、キリストは王国を神へと引き渡し、自分自身が神の下に服し、こうして神がすべてにおいてすべてとなる（Ⅰコリ 15.24, 28)。

　したがってパウロの希望と期待の主要素は十分に明白だ。問題はそれらの要素がいかに結びつくかだ。なぜテサロニケ 2 書の黙示的記述には他の書簡の描写と距離感があるか。なぜパウロは再来の主題について後期の書簡——とくに慎重に構成されているローマ書——で、より均性のとれた議論をしないか。キリストの再来に関するパウロの熟成した神学とは何か。これらの疑

---

74)　フィリ 1.6, 2.16, 3.20-21.
75)　§10.4.1 を見よ。
76)　Ⅰコリ 6.9-10, 15.50, ガラ 5.21. Ⅰテサ 2.12, Ⅱテサ 1.5, エフェ 5.5, Ⅱテモ 4.1, 8 参照。
77)　ロマ 14.10, Ⅱコリ 4.14, 11.2, コロ 1.22, 28, エフェ 5.27.
78)　ロマ 2.16, Ⅰコリ 1.8, 5.5, Ⅱコリ 1.14, フィリ 1.6, 10, 2.16, Ⅰテサ 5.2, Ⅱテサ 2.2. Plevnik, *Parousia*, 11-39 を見よ。
79)　Ⅰコリ 4.4-5, Ⅱコリ 5.10.

問は、古くからの謎であるパルーシアの遅延に私たちの関心を向ける。はたしてパウロは時を経てその神学をじっさいに修正したのか。

§12.4. 来訪（パルーシア）の遅延

パルーシアの遅延がパウロ神学の展開に大きな影響を及ぼしたとの理解は、かなり蓋然性が高いと考えられる。それは、上で確認した傾向——初期の書簡（Ⅰ–Ⅱテサロニケ書）が主の切迫した再来を強調していながら、後続する書簡群がパルーシアにほとんど言及しない——と符合するからだ。テサロニケ信徒への教えに端を発する混乱や不安を勘案したパウロは、この主題について発言を控えることにしたか。同時に、パウロの個人的期待に何らかの変容が生じたか。Ⅰテサ 4.15 で「（今）生きている私たち」と述べるパウロは[80]、フィリ 1.19–23 では死を匂わせる[81]。パウロ自身が年を重ね、また自らの過酷な生き方（Ⅱコリ 11.23–27 参照）を振り返り、自分の死が主の到来に先んずるという見通しが増したか。

しかしこの理解には大きな問題がある。これはテサロニケ 2 書におけるパルーシアへの期待を特別視するのみならず、その後のパウロ書簡においてパルーシアへの言及が減ることの意義を過度に強調しているのではないか。換言するとこのような視点は、各書簡の受信者らの状況が内容を大きく左右する点に十分な注意を払っていないように思われる[82]。上述のとおり、テサロニケ信徒らがパウロの説教内容であるパルーシアへ誤って応答したこと、信徒の予期せぬ死への大きな悲しみ、そしてパルーシアへの過剰な期待、これらがⅠ–Ⅱテサロニケ書におけるパルーシア主題の強調につながった。その後のパウロが同主題にほとんど言及しないのは、他教会には他に対処すべ

---

80) Ⅰコリ 15.51–52 も見よ。

81) C.H. Dodd ('Mind of Paul', 109–18) はⅠコリント書とⅡコリント書の執筆のあいだに体験した大きな危機がパウロの考えを変えたとの仮説を唱えた。Buck and Taylor, *Saint Paul*, ch.14 も見よ。例えばⅡコリ 4.14 でパウロは、最後に死んでしまった者が甦る集団に自らを含めているようだ。しかし「私」という表現をそこまで厳密に捉える必要はない。パウロは死んでしまった者の一部に自ら置くと同様に、いまだ生きている者の一部として自らを数えることもできる。

82) とくに Moule, 'Influence of Circumstance' を見よ。§1 n.69 も見よ。

き問題があったからでないか。初期の手紙か後期の手紙のいずれかが、パウロの一般的な終末理解を適切に反映しているのでない。一方の手紙の内容はその受信者の状況を鑑みて割り引かれねばならず、他の手紙の内容はその受信者の状況に鑑みて補強されねばならないこともあり得る[83]。

　じつにパウロ書簡には、一貫して切迫した終末への期待を読み取ることができる[84]。初期の手紙に見られるこの時代の終局に対するパウロの「切望（ἀπεκδέχομαι）」は、後期の手紙でも色あせることがない[85]。パウロはⅠコリント書の終結部で「私たちの主よ、来てください」（Ⅰコリ16.22）というアラム語の成句を記すが、これは彼が設立したギリシャ語を話す教会でこの期待が深く浸透していたことを示す[86]。パウロは同じ手紙で、「時が迫っている[87]」および「この世のかたちは過ぎ去ろうとしている」（7.29, 31）というやや謎めいた表現を用いつつ同じ期待を言い換えている。もしまだ終わりの時までに十分な余裕があると考えられていたなら、この世の事柄にかかずらうべきでないことを教える文脈（7.29–31）で、このようにパウロが教えることはなかろう[88]。ロマ13.11–12も同様だ。「私たちの救いは、私たちが（最初に）信じた時よりも近づいている」、および「夜は深まり夜明けが近い」という表現の切迫した終末期待を看過できない。「〜よりも近い」（13.11）という比較級と「深まり（／深まった）」というアオリスト（過去）時制がこの点を強調する[89]。「平和の神が速やかに（ἐν τάχει）あなたの足下でサタンを打ち砕きます」（16.20）という表現の緊急性も無視できない[90]。パウロはまた、「主が近い」（フィリ4.5）と述べつつ堂々とした振る舞いを促すが、この場合も時

---

83) 同時に、切迫した期待と遅延への対応との緊張関係が聖書的な終末観の特徴だという点にも注意を向ける必要がある。C.L. Holman, *Till Jesus Comes: Origins of Christian Apocalyptic Expectation* (Peabody: Hendrickson, 1996) 参照。

84) さらに Plevnik, *Parousia*, 158–60, 276–81 を見よ。

85) ガラ5.5、Ⅰコリ1.7、ロマ8.19, 23, 25、フィリ3.20。

86) 黙22.20と『ディダ』10.6でこの表現が繰り返される。

87) §24 n.95 を見よ。

88) §24.5 を見よ。

89) G. Stählin, *TDNT* 6.716 n.85 参照。「夜はもはや明けようとしている」（NJB）。

90) 「速やかに（ἐν τάχει）」（ルカ18.8、黙1.1, 22.6–7 参照）。

間的な意味での主の到来の近さを軽視できない[91]。

　また、主の到来の日の前にさまざまな出来事が起こらねばならないことをパウロが想定している、としばしば考えられる。IIテサ2.5ではパウロの終末期待に関する描写がほとんど抑制されていないにもかかわらず、主の日以前の出来事が並び立てられている[92]。また、キリスト者の仲間が「眠りについた」ことに驚いたのはテサロニケ信徒であってパウロでない。しかし他方で、パウロが想定した主の再来までの時間をことさら長く捉えるべきでない。「世の和解」（ロマ11.15）やパウロ自身のスペイン宣教が、ときとして終末の期待と関連付けられる（15.24, 28）[93]。しかし、パウロが自分の使徒としての働きを終末論的に捉えている点を忘れてはいけない。彼は自らと同労者らを、御使いや人々が見守る闘技場での最後の出し物のように描く（Iコリ4.9）。パウロは異邦人の使徒としての役目（ロマ11.13）を、救われるべき異邦人の数が満たされるための決定的な要因と捉えているようだ（11.25）。異邦人の救いがユダヤ人のあいだにもたらす妬み（11.14）は「死から命へ」の移行であり、これは最後の復活につながる（11.15）。すなわち、歴史の終焉は彼の宣教活動と隣り合わせだ[94]。コロ1.24においてさえ、パウロは自分の宣教の苦しみが「キリストの体のためにキリストの苦しみの欠けを私の肉において満たす」ように捉えている。すなわち、彼の宣教における艱難が、新たな時代の完全な到来以前に期待される終末的艱難を指すことを示唆している[95]。

　したがって、パルーシアへの多様な関心を示すパウロ書簡群を総合して分かることは、パウロの神学が目に見える形で変化したわけでないということ

---

[91] 異論はMoore, *Parousia*, 124参照。Iコリ16.22, 黙22.20参照。ロマ13.11–14でも切迫した終末期待が行動の動機となるが、ここでも時間的な近さが言及されている。O'Brien, *Philippians*, 488–90の議論を見よ。

[92] 「彼を抑えている者（不法の者）」(2.6)や「彼を抑える者」(2.7)が何を指すかに関する議論は尽きない。Wanamaker, *1 and 2 Thessalonians*, 250–52を見よ。黙示的描写ではこのような謎めいた人物の登場が期待される。

[93] 例えばVos, *Eschatology*, 87–91; Witherington, *End*, 19, 32, 47–48を見よ。

[94] さらにDunn, *Romans*, 657–58; Munck, *Paul*, 303–04; Aus, 'Paul's Travel Plans' (§24 n.1, §19 n.153)を見よ。

[95] Dunn, *Colossians*, 114–17, §18.5を見よ。

だ。パウロの最後の手紙と見なされるコロサイ書においてさえ、キリストの最終的な顕現に関する信頼は揺るがない（コロ 3.4）。さらに、パルーシアの遅延によって生じ得る危機にパウロは言及しない。これらの証拠から分かることは、「パルーシアの遅延」という想定は完全に否定されており、それがパウロ自身の神学における展開を説明する要因にならないということだ。

§12.5. 結論

（1）パウロ神学において、キリストの再来が初期の書簡から後期の書簡に至るまで確固とした主題だったことを、私たちは自信をもって主張できる。パルーシアが迫っているというパウロの確信が、時の経過と時代の移り変わりによって揺らぐことはなかった[96]。

（2）テサロニケ2書の教えは、パウロ神学の熟成過程における初期の表現と見なすことも可能だが、この時点ですでに15年ほど宣教と教育に努めていたことも忘れてはならない。むしろテサロニケ2書から分かることは、パウロが適切な場面では伝統的な黙示的シンボルを用いつつ幻視的な表現を用いる用意があるということだ[97]。現実的な情報を提供するよりも超常的シンボルを用いて読者を確信に導くという、黙示的言語の有用性を看過してはならない[98]。パウロ書簡群におけるテサロニケ2書の特記すべき特徴にも、ある程度の注意を向けるべきだ。Ⅰテサ 4.15 (–17) の「主の言葉」とは、混乱し悲しみに苛まれたテサロニケ信徒らへ限定された教えと見なすべきか。Ⅱテサ 1–2 に見られるより極端な黙示的描写はテサロニケ教会の危機によって刺激されたものか、また彼らの確信を揺るがす危機を克服するという目

---

[96] Schweitzer (*Mysticism* [§15 n.1], 52) は「パウロはその最初の手紙から最後の手紙に至るまで、いつも一貫してイエスの再来が迫っているという期待に支配されていた」（傍点は本書著者による）と述べるが、これは極論だ。よりバランスのとれた理解は Ridderbos, *Paul*, 487–92; Beker, *Apocalyptic Gospel*, 48–49; Witherington, *End*, 34–35 を見よ。

[97] 後期書簡においては一貫して「奥義（μυστήριον）」という主題が繰り返される（Ⅰコリ 2.1, 7, 4.1, 15.51, ロマ 11.25, コロ 1.26–27, 2.2, 4.3, Ⅱテサ 2.7 参照）。

[98] 黙示録の解釈史が示すとおり、黙示文献を厳密な預言や解読すべき時間軸と捉えることは、人を解釈学的な（牧会的とは言わないが）破綻へ導きかねない。

的に限定された教えか。同時に私たちは、ユダヤ教とキリスト教の伝統において、預言はそれが語られた文脈と不可分であること、そしてそのような預言がのちに聖典としての立場を得ることになるという点も見逃せない。

（3）キリストに関するパウロの期待を概観すると、パルーシアの望みが彼の神学の不可欠な部分であり、イエスの死と復活という決定的な出来事がその向こうに見据える終着点であることが分かる。しかしこれは、パウロのキリスト観の中心点でない。パルーシアへの期待は、十字架と復活のような信仰告白の要件としての立場を得ることがなかった[99]。さらにパルーシアの期待は、詳細に述べられたり、その詳細が一貫性のある体系へと形成されることなく、そうすることが必要とも考えられなかった。この期待が黙示的な色彩で描かれることはあっても、パウロ神学の中核を占めなかった。特定の仕方でこの期待が成就されること、あるいはそれが具体的にいつ成就するかは、パルーシア期待の関心事でない。パルーシアがパウロの存命中に起こらないという見通しが彼を困惑させた様子はない。パウロ神学においてキリストの死と復活が中心的な位置を占めているのと異なり、キリストの再来への希望は比較的曖昧なままだった[100]。

（4）最後に、本章での分析を先行する論考と重ね合わせるとき、パウロ神学に見られるキリストの概念について何を語ることができるか。そこには驚くほどのイメージの広がりがある。最も明らかなイメージは、神の右に座して王としての支配を共有するイエスの姿だ。天における執り成し、敵の従属（破壊？）——復活による死への勝利——[101]、王としての地上へのパルーシア（着座前か後か？　どこか？）、裁き（「主の日」）、そして神への最終的な明け渡し[102]、これらはすべて神の右への着座というイメージと容易に重なる。しかしパウロはまた、高挙されたキリストを最後のアダムというイメージで捉え

---

99) 異論はGnilka, *Theologie*, 21–22. Ⅰテサ4.15はこの文脈で取り上げるべきでない。§12.2, §12 n.45を見よ。
100) 救済論的な視点からの復活と裁きにまつわる疑問に関しては後述する。§18.6を見よ。
101) Plevnik, *Parousia*, 256–59.
102) キリストの支配はパルーシアに先行する。パウロはパルーシアに後続する千年王国支配を意識しておらず（Plevnik, *Parousia*, 129）、キリストの王国と神の王国とを区別してもいない（§10 n.74）。

ており、これは復活した人類の原型、新たな家族の長子、死からの甦りの初穂である[103]。後述するように[104]、このアダムというイメージはパウロの救済論における「キリスト（の内）にある／における」という「神秘主義」とつながり、それはキリスト者が所属すべき集団的人（corporate person）としてのキリストを想定している。より統合が複雑なのは、パウロのキリスト論における知恵というイメージだ。なぜなら先在する知恵は、人というよりもむしろ神の普遍的な自己表現だからだ。そして高挙されたキリストを類例的に把握しようとすると[105]、さまざまなイメージを集結させて概念化することがいっそう困難になる。最後のアダムを、命を与える御霊（Ⅰコリ15.45）と同視すること、あるいはキリスト者に内在するキリストと同視すること[106]も同様に困難だ。

　上の考察から明らかな結論は、異なるイメージが決して一貫した関連を示しておらず、これらを統合して1つの肖像を無理やり描こうとすると、それは概念上の破綻につながりかねないということだ。したがって、これらがすべてイメージであることを認識し、1つのメタファを他のメタファより強調したり、1つのメタファが他のメタファを排除しないよう留意せねばならない。大切なのは、すべてのイメージが指し示す共通の主題——現在と将来における神の救済意図がキリストを焦点とし、キリストによって示されていること——である。この主題から派生する問い——パウロのパルーシアに対する期待をいかに現代的な言語表現で言い直すか——には、いまだ十分な論考がなされていない[107]。

103）　§10.2 を見よ。
104）　とくに §15.2 を見よ。
105）　エフェ 1.23 参照。
106）　ロマ 8.10, ガラ 2.20 にあるように。
107）　さらに Dunn, 'He Will Come Again' と §15.5 を見よ。

第4部
救いの開始

第13章　転換点 [1]

§13.1. 新たな時代

　ここまでのところ、パウロ神学の構造はかなり明白だった。人類の状況を正しく理解する鍵は、それが唯一の創造神による被造物だと認めることだ。しかし肉に属する人の性質は不可避的に脆弱だ。人類が自然の願いを充足させようとする思いは、それが被造物として創造神へ依存することにつながるなら強みとなろう。しかし全人類は神に背を向け、自らの知恵に依り頼む生き方を選んだ。その結果、強みとなるべきものは人類を隷属させる手段となった。神を忘却させる力（「罪」）こそが、人類の典型的な体験となった。人類は自分の望みを最終目的とし、宗教さえ神の代替とした。神の前で生きることが意図された人の命は、死の力からの逃避という叶いようのない不安な試みに変わった。罪と死という二重の力の下で、神の律法さえ誤用され、その結果として人の関係性は隷属、分派、敵意に満ちた。

　これに対するパウロの解決はイエス・キリストの福音だった。その福音はキリストの死と復活とに焦点を置く。ある意味でイエスはこれまでの人類の

---

1) 第13章の文献リスト
　Barrett, *Paul*, 87–91; **Bultmann**, *Theology*, 1.288–92; **D.J. Doughty**, 'The Priority of *CHARIS*', *NTS* 19 (1972–73), 163–80; **B.R. Gaventa**, *From Darkness to Light: Aspects of Conversion in the New Testament* (Philadelphia: Fortress, 1986); **Gnilka**, *Paulus*, 248–55; M. Goodman, *Mission and Conversion: Proselytizing in the Religious History of the Roman Empire* (Oxford: Clarendon, 1994); **J.R. Harrison**, 'Paul's Language of Grace (*charis*) in Its Graeco-Roman Context', Macquarie Univ. Ph.D. thesis, 1996; **S. McKnight**, *A Light among the Gentiles: Jewish Missionary Activity in the Second Temple Period* (Minneapolis: Fortress, 1991); **W. Manson**, 'Grace in the New Testament', in W.T. Whiteley (ed.), *The Doctrine of Grace* (London: Hodder and Stoughton, 1932), 33–60; **J. Moffatt**, *Grace in the New Testament* (London: Hodder and Stoughton, 1931); **A.D. Nock**, *Conversion* (London: OUP, 1933); **M. Theobald**, *Die überströmende Gnade. Studien zu einen paulinischen Motivfeld* (Würzburg: Echter, 1982); **G.P. Wetter**, *Charis: Ein Beitrag zur Geschichte des ältesten Christentums* (Leipzig: Brandsetter, 1913).

あり方を生きて、そこから訣別する道に進んだ。罪深い肉との訣別は、それを殺すことによってのみ達成できる。罪の力は死においてのみ終わらせられる。イエスの死はこれを体現し実行に移した。イエスの復活は新たな始まりだった。その命は罪の下になく、死の影が及ばない。それが福音という良き知らせだ。これがイエスにおける出来事なら、人類においても起こり得るからだ。それでは、個々の人はいかにしてこの新たな人類の一部となるか。他言すると、人はいかにして罪と死の力を回避できるか。本著の残りの部分では、この疑問の答えを明らかにしていこう。

最初に3つの側面に言及しよう。第1に、パウロ（と初代のキリスト者ら）の主張に時代の幕開けなる性格があったと理解する必要がある。キリストを通して、人類は決定的な転機をもたらす可能性に直面した。罪と死の力が特徴的な時代は、恵みと信仰を特徴とする時代に取って替わられた。律法に依拠したユダヤ民族的特権と保護の時代は、ユダヤ人のみならず異邦人が神の前で新たな円熟に達するという約束の成就に到達した。人はイエス・キリストの福音に応答することで、嫉妬や虚偽や不正や不敬虔を特徴とする時代を去り、命を与える神を信頼する被造物の姿へと立ち返る新たな可能性を手にした。人類史の流れは、1つの時代から他の時代へと移行するという表現で説明されがちだ。石器時代、中世、帝国期があり、核の時代、電子の時代がある、云々。しかしパウロが想定した転換は、紀元前から紀元後というだけでなく、他の転換の基準となる何にもまして徹底的な転換、あらゆる時代に影響を及ぼし人類すべてを変容する転換だ。

第2は福音の中心的主題だ。最初のアダムから最後のアダムへの移行――死から命への移行――が個人の内に起こらねばならない。キリスト自身がもたらした移行がキリスト者個人（とその共同体）の内で繰り返されねばならない。例えばローマ書は、この個人的な移行を明らかなアンチテーゼとして描く。それはアダムの時代がキリストの時代に取って替わった（ロマ5.12–21）だけでなく、死が命に取って替わった（6.3–4）という個人的体験だ。寡婦が新たに夫を得る（7.1–4）ことであり、夜が終わって新たな日が始まる（13.11–13）ことでもある。ガラテヤ書では「邪悪な時代から」（ガラ1.4）の解放、「啓示」（1.12, 16）としての改宗、「新たな創造」（6.15）として語られ

第 13 章　転換点

る。私たちはすでに、「終末的な今」がパウロにとって重要であることを確認した[2]。確かにこれは、神に関する新たな認識（Ⅰコリ 14.25）というまったく新しい視点であり、覆いが取りのぞかれ（Ⅱコリ 3.14–18）、すべての価値観と優先順位が再構築される（フィリ 3.7–11）体験だ[3]。さらに、不道徳な生き方をしていた者が確かな倫理と他者への責任感によって新たな生き方を始めることを意味する（例えばⅠコリ 6.9–11）[4]。そしてこれは、社会的アイデンティティと共同体の変容（バプテスマ、キリストの体）をもたらす[5]。これらはすべて、本書後半で詳らかになる。

　第 3 に、ある時代から他の時代への転換は、パウロにとって 2 つの意味がある。それは 1 回の体験でなく、2 段階の出来事だった。この様子はパウロが用いるギリシャ語動詞の 2 つの時制に表れている。過去の一回性の出来事を示すアオリスト（過去）時制と継続性を示す現在時制だ。私たちは、誤解を与えかねない古典的な神学用語によって、これを「義認」（一回性）と「聖化」（継続性）として区別してきた[6]。パウロ神学により忠実な表現を用いるなら、キリスト者は「救われつつあるプロセス[7]」にあり、救いとは「変容されつつあるプロセス[8]」だ。これは儀礼に反映される。バプテスマという一回性の儀礼と主の晩餐という継続的儀礼とが二大典礼として重視される。いかに表現されようとも、これら 2 つの側面が同様に基礎をなしていると認めることが、パウロ神学を理解するうえで重要だ。パウロにとってイエス・キリストが福音であることを理解しようとすれば、これら 2 つの時制を重視し自らの体験とする必要がある。第 4 部では「救いの開始」というアオリスト（過去）時制の部分に焦点を置き、「救いのプロセス」という現在時制の部分は第 5 部で扱う。

---

2)　§7.5 を見よ。
3)　§§14, 16 を見よ。
4)　§23 を見よ。
5)　§§17, 20 を見よ。
6)　§§14, 18 を見よ。
7)　Ⅰコリ 1.18, 15.2, Ⅱコリ 2.15.
8)　ロマ 12.2, Ⅱコリ 3.18. Ⅱコリ 4.16, コロ 3.16 も見よ。§18.2 を見よ。

§13.2. 出来事としての恵み（カリス χάρις）[9]

何よりもまず、救いの全プロセスの背景に神自身の働きかけがある、というパウロの理解を認識することが重要だ。これを表現するのに「恵み（χάρις）」ほどに相応しい語は他にない[10]。それは「恵み」が新たな時代をもたらしたキリスト自身の出来事（「私たちの主イエス・キリストの恵み」）[11]であるのみならず、個人の体験に重要な転換をもたらした恵み（「受け取った」、「与えられた」恵み）[12]をも要約するからだ。それは信仰の生き方に対する神の介入の歴史のみならず、神的促しという今継続する体験（「この恵みの内に立つ」、「恵みの下にある」、十分な恵み」）[13]、また特定の任命やそのための力の付与（「恵みと使徒職」、「恵みにしたがって私たちに与えられた異なる賜物」）[14]の性質をも規定する。すなわち、「恵み」は「愛（ἀγάπη）」と共にパウロの福音の中核に位置している[15]。「恵み」と「愛」とは他の何にも優って、パウロ神学全体を明らかに特徴づけている。

なぜ「恵み」が用いられるか。その答えの一部は旧約聖書の背景に見出さ

---

9) ここでは Bultmann の項目タイトルを借用した。
10) Doughty, 'Priority of *CHARIS*'; Barrett, *Paul*, 87–91 を見よ。「恵み」がパウロ文書で100回用いられるのに対し、新約聖書他所では55回用いられるのみだ。
11) Ⅱコリ 8.9. ロマ 5.15, ガラ 2.21, エフェ 1.6–7 参照。
12) ロマ 3.24, 5.15, 17, 20, Ⅰコリ 1.4–5, 15.10, Ⅱコリ 6.1, ガラ 1.6, 15, 2.21, エフェ 2.5, 8.
13) ロマ 5.2, 21, 6.14, 15, Ⅱコリ 1.12, 8.1, 9.8, 14, 12.9, ガラ 5.4, コロ 3.16, エフェ 1.7–8. したがってパウロ書簡群での標準的な挨拶は「私たちの父なる神と私たちの主イエス・キリストからの恵みと平和があなた方にありますように」（ロマ 1.3, Ⅰコリ 1.3, Ⅱコリ 1.2, ガラ 1.3–4 等）であり、最後の頌栄は「私たちの主イエス・キリストの恵みがあなた方すべてと共にありますように」（ロマ 16.20, Ⅰコリ 16.23, Ⅱコリ 13.13, ガラ 6.18 等）だ。
14) ロマ 1.5, 12.3, 6, 15.15, Ⅰコリ 3.10, ガラ 2.9, エフェ 3.2, 7–8. あるいは恵みの具体的な体現としての恵み深い行為に関しては、Ⅰコリ 16.3, Ⅱコリ 1.15, 8.1, 4, 6–7, 19, エフェ 4.29.
15) 神の愛（ロマ 5.5, 8, 8.37, 39, Ⅱコリ 13.13, Ⅱテサ 2.16, 3.5) またキリストの愛（ロマ 8.35, ガラ 2.20, Ⅱコリ 5.14, エフェ 3.19, 5.2, 25）に関するパウロの強調に注目せよ。「愛」も「福音」と同様に、パウロと初期教会とが新たな意味づけをした語で、キリスト者が神の受容を体験するその豊かさと力とを表現する。後2–3世紀以前の非正典テクストでは、この語が例外的にしか用いられない。LXXで20回用いられるが、そのほとんどは夫婦間の性行為を指す（例外として知 3.9)。一方で新約聖書では116回用いられ、その内75回がパウロ文書に見られる。Dunn, *Romans*, 739 を見よ。

れよう。これに応答するヘブライ語が2つある。一方が「ヘン」(חֵן 恵み)、他方が「ヘセド」(חֶסֶד 恵み深い好意、愛情、契約の愛)だ[16]。両者とも、優位な者が劣位な者に示す寛容な行為を指す。ただ前者はより一方的で、特定の状況に限定的で、一方的に撤回され得る[17]。後者は両者の関係に基づく傾向がより強い。一般的にはある程度の互恵的なニュアンスが含まれ、ヘセドを受ける者は同様のヘセドを返す[18]。しかし宗教的な用法では、この語は神の一方的で永遠の誠実さに深く根ざし、同様の見返りが期待されない[19]。

LXXでのこれらのヘブライ語の訳語とパウロの「恵み(カリス)」の用法を比較すると、興味深い特徴が浮かび上がる。ヘンにはほぼ必ずカリスという訳語が充てられ[20]、より意味の豊かなヘセドにはエレオス(ἔλεος 憐れみ)が用いられる。パウロ書簡群ではエレオスが4回のみ用いられる[21]。パウロは、「恵み」という概念に対してカリスを用いることで、2つのヘブライ語の好ましい特徴を融合して用いようとしたのだろう。すなわち一方的な恵みの性格を示すヘンと、永遠の誠実さを示すヘセドだ。

パウロがカリス(χάρις)という訳語を選んだもう1つの理由として、この語が同時代のギリシャ語表現として一般的だったことが挙げられる。この語は「美」、「善意」、「好意」、「感謝」、「喜び」等の一般的な意味で広く用いられていたが、宗教的・神学的な意味で用いられていなかった[22]。また、〈神々や個人が都市や組織に対して授けたり、その返礼として受けたりする好意

---

16) חֵן は67回、חֶסֶד は245回用いられる。

17) H.-J. Fabry, *TDOT* 5.24–25.「〜の目に好意を見出す(〜の好意を得る)」という表現で頻繁に用いられる (BDB, חֵן)。

18) Zobel, *TDOT* 5.47–50. 例えば創 21.23, ヨシュ 2.12, 14, サム下 2.5–6.

19) Zobel, *TDOT* 5.62–63. とくに、しばしば用いられる告白表現においてこのニュアンスが顕著だ。すなわち「憐れみと恵みに富み、怒るに遅く愛と誠実に満ちる神」(出 34.6, 民 14.18, ネヘ 9.17, 詩 86.15, 103.8)。Zimmerli, *TDNT* 9.376–87 も見よ。Doughty ('Priority of *CHARIS*', 170) の「恵み(χάρις)はユダヤ教文献においてほぼ全く知られていなかった」というのは安易な結論だ。K. Berger, *EDNT* 3.457–58 と比較せよ。フィロン『不動』104–08 の議論を見よ。

20) エス 2.9, 17 のみで חֶסֶד が χάρις と訳される。

21) ロマ 9.23, 11.31, 15.9, ガラ 6.16.「憐れみ(ἔλεος)」に契約の愛というニュアンスが色濃いことをパウロが認識していることは、ロマ 9.15–18, 11.30–32 でこの語の動詞形の ἐλεέω が繰り返し用いられることから分かる。

22) LSJ, χάρις; H. Conzelmann, *TDNT* 9.373–76.

（おうおうにして複数）[23]〉というこの語のニュアンスに、これまで十分な注意が向けられなかった。パウロとその読者らはこの用法に慣れ親しんでおり、ギリシャの都市を飾るさまざまな碑文がその後援者を記念したり讃えたりする様子を日々目にしていた。したがって、パウロの読者が「カリス」という語を目にしたとき、後援者（支援者）による施しというニュアンスが最も自然な意味だったろう。

　この２つの背景に照らし合わせると、パウロの恵みに関する神学のいくつかの特徴が浮かび上がる。（1）上に挙げた特徴に一貫することは、自発的な善意や物惜しみのない施しだ。古代イスラエルのヘセド（חֶסֶד）に関する神学と同様に、神と人との関係性にまつわるパウロの理解は、神の人に対する計画が最初から最後まで寛容な自発性と誠実さに基づくとの確信に深く根ざしていた。したがってパウロのカリスに関する用法は、「ドーレア」（δωρεά「贈り物」）と「ドーレアン」（δωρεάν「贈り物とし」、「無償で」）なる２語と密接に繋がっている[24]。神の恵みはいつも贈り物だ。つまり恵みに関する表現は一般に「（神によって）与．え．られた恵み」だ[25]。

　（2）恵みに関するもう１つの特徴は、それが何らかの行．動．をイメージさせることだ。たんなる姿勢や思考でなく、体現される行為を指す[26]。讃辞を刻んだ碑文によって記念されるのは、支援者が実際にもたらす恩恵だ。パウロの場合も「恵み」は動的な概念であり、それは神の力強い行動を指す[27]。そしてそれは、「力」や「御霊」という概念とその用法において重なっている[28]。既出の出典箇所が示すように、「恵み」は神によって捕らえられるとい

---

[23] とくに Harrison (*Paul's Language of Grace*) は、Wetter の研究以降、このニュアンスがまったく顧みられることがなかったと述べる。Harrison (§2.5) と Wetter (*Charis*, 15–19) は、カエサルの神的 χάρις を授ける役割にとくに注目する。『神アウグストゥスの業績録 (*Res Gestae Divi Augusti*)』15–24 は、アウグスティヌスの贈り物の豪華さを記録しており、少なくともローマ市にいるパウロの読者らはこのことを知っていた (Harrison, §6.1.2.4)。

[24] 「贈り物 (δωρεά)」はすべて恵みとつながっており（ロマ 5.15, 17, Ⅱコリ 9.15, エフェ 3.7, 4.7）、「贈り物として、無償の (δωρεάν)」は４回中の２回つながっている（ロマ 3.24, ガラ 2.21）。

[25] ロマ 12.3, 6, 15.15, Ⅰコリ 1.4, 3.10, ガラ 2.9, エフェ 3.8, 4.7, Ⅱテモ 1.9.

[26] さらに Wetter, *Charis*, 37–94; Moffatt, *Grace*, 25–29; Zobel, *TDOT* 5.51 を見よ。

[27] Bultmann (*Theology*, 1.289) は「恵みは神の終末的行為だ」と述べた。

[28] さらに Wetter, *Charis*, 40–41, 71–72, 96–97, 104–05; Bultmann, *Theology*, 1.290–91; Dunn, *Jesus and the Spirit*, 202–05 を見よ。

第 13 章　転換点

う動的な体験を描写する語だ。したがってパウロは、「私の恵みはあなたに十分です。私の力は弱さにおいて完成する」（Ⅱコリ 12.9）と述べる。

(3) しかしパウロの用法の幾つかの点は、同時代の他の用法と明らかに異なる。後者において「恵み」は一般に複数形で用いられ、それは付与された恩恵の具体的な事柄や物を指した。しかしパウロの場合は一貫して単数の「恵み」を用い、「恵み」の単一性がパウロ神学の重要な特徴となっている。これは部分的にヘブライ語的概念の影響を受けている。旧約聖書で「ヘン（חֵן）」はいつも単数形で、「ヘセド（חֶסֶד）」が複数で用いられることも稀だ[29]。同時に、恵みの唯一の起源が神であること、またそれが1つの目的——キリストの贖罪的行為——に焦点を置いていることも、パウロの特徴的な用法に反映されていよう。すべての恵みが、神の恵みを反映している。すべての恵みに富む行為は、それがキリストにおいて神の恵みを反映しているからこそ、恵み深い行為だ。

(4) パウロ書簡群では恵みが一方的だという点が強調される。旧約聖書で人間同士のヘセドに見られる相互性、またヘレニズム・ローマ世界の慈善思想の中心的特徴である互恵主義は、神のヘセドに関する旧約聖書的概念以上に、パウロによって背後へ追いやられてしまった。したがってパウロ神学における恵みは、「満ち溢れる（περισσεύω）」、「有り余る（πλεονάζω）」、「並外れる（ὑπερβάλλω）」、「豊かな（πλοῦτος）[30]」、「有り余って溢れ出る（ὑπερπερισσεύω）」（ロマ 5.20）などの語と共に用いられる。ここに、恵みを受ける人がその恵みに相当するだけのお返しが可能だという考えが生じる余地はない[31]。「恵み」を享受する者はたしかにその「恵み」のお返しを求められるが、それはいつも「感謝」という仕方によってであり[32]、決して互恵的な

---

[29] Fabry, *TDOT* 5.24. Zobel (*TDOT* 5.45) は חֶסֶד が 245 回中 18 回のみ複数であると指摘する。死海文書では複数の用法がより一般となる（Zobel, 5.64）。フィロンでも χάρις の複数形がより一般的だ（Conzelmann, *TDNT* 9.389–90）。

[30] 「満ち溢れる（περισσεύω / περισσεία）」（ロマ 5.15, 17, Ⅱコリ 4.15, 8.7, 9.8）、「有り余る（πλεονάζω）」（ロマ 6.1, Ⅱコリ 4.15）、「並外れる（ὑπερβάλλω）」（Ⅱコリ 9.14, エフェ 2.7）、「豊かな（πλοῦτος）」（エフェ 1.7, 2.7, Ⅱコリ 8.9, コロ 3.16, エフェ 3.8 参照）。Theobald, *Gnade* を見よ。

[31] Harrison (*Language*, §13.1) は、慈善思想の「返報（ἀμοιβή）」や「償う（ἀποδίδωμι）」がパウロに欠けていると述べる。

[32] 「神に感謝します」（ロマ 6.17, 7.25, Ⅰコリ 15.57, Ⅱコリ 2.14, 8.16, 9.15）。

意味でのお返しでない。「恵み」は始めから終わりまで、神のまったき寛容による無償の行為だ。

（5）またパウロにおいて、恵みは恵みを生じさせる。後述するとおり、与えられた「恵み（χάρις）」は「賜物（χάρισμα）」によって具現化する[33]。キリストにおける神の恵みの受容は、恵みに富む行為を生じさせるが、それはエルサレム教会への募金を奨励するという仕方で最も印象的に示された[34]。すなわちパウロは恵みに富む行為を、恵みの互恵的やり取りという観点でのみ捉えておらず、また「感謝」という恵みのお返しがパウロ的な恵みの循環を完成させるとも考えない。恵みは賜物というかたちで共同体へ与えられる（Ⅰコリ12.7）。キリストにある神の恵みの性格は、それを享受する者が他者へ同じ恵みの媒介者となることで、初めて正しく理解され応答される（Ⅱコリ8-9章）。神の恵みは個人の救いにおいてのみならず、共同体形成においてその特徴が余すところなく表現される。

§13.3. 新たな始まり

パウロは、無意識あるいは無意図のキリスト者を想定しなかった。彼は人が否応なしに「キリストの内に」あるという状況を考えなかった。人類の所与の状況はアダムへの所属であり、アダムの人間性の共有であり、それは罪の力の下で死へと向かっている。しかし最後のアダムへの所属、つまりキリストにおける復活した人間性の共有による罪と死の力からの解放は同じ仕方で与えられない。そこには終わりと始まり、深淵の乗り越え、新たな地平への跳躍、新たな命の享受という、意図的な移行の体験がある。後述するように、アダムの最初の被造物としての信仰が回復され、それが人間の側から表現される必要があった。神によって新たに御霊が与えられなければならず、それは地の塵が人となった最初の出来事と同様に決定的な開始だ（創2.7）。

もちろんパウロは、神学者としてだけでなく、使徒また宣教者として語っている。彼の宣教はたんに情報（「知識」）の伝達でないからだ。彼の聴衆が

---

[33] §20.5を見よ。
[34] §24.8.1を見よ。

第 13 章　転換点

霊的な存在で、自分の命運を確かなものとする事実を知るだけで十分と考えなかったからだ。パウロは、「信仰の従順のため」（ロマ 1.5）の決断をするよう求めた。彼は一度ならず、自らが理解する通常のプロセスを語る。すなわち、福音は「信じる者すべての救いのための神の力」（1.6）であり、聞く者が信じるために説教者が遣わされねばならず（10.14–17）、説教の愚かしさが信じる者を救い（Ⅰコリ 1.21）、「私たちが語り、あなた方が信じた」（15.11）。また、福音の大使はキリストに代わって「神との和解を受けよ」（Ⅱコリ 5.20）と促し、信仰によって聞くことで御霊を受け（ガラ 3.2）、「私たちから聞いた福音を、あなた方は受け入れました」（Ⅰテサ 2.13）。信仰を促すことは、パウロの福音の根源に関わる[35]。神の「召し」は応答を要求する[36]。救いのプロセスの開始には、神がキリストを通して提供した事柄を人が受容する必要がある[37]。パウロ神学を適切に表現しようとすれば、この点を十分に強調せねばならない。

　読者の救いの開始時点――聞くという決定的な出来事、献身という行為、そして恵みの体験――へ頻繁に注意を向けることが、パウロ書簡群での印象的な特徴だ。パウロはアオリスト（過去）時制を繰り返し用いて読者にこの時点を想起させ、それが継続する弟子としての歩みを決定づける出来事だったことを思い起こさせる。

〈ローマ書〉
- キリスト・イエスへとバプテスマを受けた者はみな彼（キリスト）の死へとバプテスマを受けたのだと、あなた方は知らないのですか。したがって、私たちはバプテスマを通して彼（キリスト）と共に死へと葬られました。それはキリ

---

35) 「信じる（πιστεύω）」のアオリスト（過去）時制（ロマ 10.9, 14, 16, 13.11, Ⅰコリ 3.5, 15.2, 11, Ⅱコリ 4.13, ガラ 2.16, エフェ 1.13, Ⅱテサ 1.10, Ⅰテモ 3.16）、現在時制（ロマ 1.16, 3.22, 4.5, 11, 24, 9.33, 10.4, 10, 11, 15.13, Ⅰコリ 1.21, 14.22, Ⅱコリ 4.13, ガラ 3.22, エフェ 1.19, フィリ 1.29, Ⅰテサ 1.7, 2.10, 13, 4.14, Ⅰテモ 1.16）、完了時制（Ⅱテモ 1.2, テト 3.8）。

36) パウロ文書における重要な主題である召命を意味する「呼ぶ（καλέω）」（ロマ 4.17, 8.30, 9.11, 24, Ⅰコリ 1.9, 7.15–24, ガラ 1.6, 15, 5.8, 13, エフェ 4.1, 4, コロ 3.15, Ⅰテサ 2.12, 4.7, 5.24, Ⅱテサ 2.14, Ⅰテモ 6.12, Ⅱテモ 1.9）。

37) 「受ける（δέχομαι）」（Ⅱコリ 6.1, 11.4, Ⅰテサ 1.6, 2.13）、「受ける、（伝承を）継承する（παραλαμβάνομαι）」（Ⅰコリ 15.1, 3, ガラ 1.9, フィリ 4.9, コロ 2.6, Ⅰテサ 2.13）。

ストが死者のあいだから甦らされたように……私たちも命の新しさの内に歩むためです（6.3–4）。
- 神に感謝します。なぜなら、かつて罪の奴隷だったあなた方が、あなた方に委ねられた教えのあり方に心から従っており、罪から解放されたあなた方が、義の奴隷とされたからです（6.17–18）。
- 今は律法から解放され、拘束されていたものに対して死にました。それは私たちが文字の古さではなく御霊の新しさによって仕えるためでした（7.4, 6）。
- あなた方は恐れへと再び引き込む奴隷の霊を受けたのでなく、養子縁組のための霊を受けたのです（8.15）。
- 私たちの救いは、信じたときよりも近いのです（13.11）。

〈Ⅰコリント書〉
- 私は、キリスト・イエスにおいてあなた方に与えられた神の恵みのゆえに、あなた方のためにいつも神に感謝しています。あなた方が彼においてあらゆる言葉と知識において豊かにされたからです（1.4–5）。
- 私たちはこの世の霊でなく、神からの御霊を受けました。それは、私たちが神によって何を賜ったかを知るためです（2.12）。
- あなた方は、主イエス・キリストの名において、また私たちの神の御霊において、浄められ、聖なる者とされ、義とされました（6.11）。
- 私たちは1つの御霊において1つの体へと属するバプテスマを受けました。……1つの御霊をみなが飲まされました（12.13）。
- もしあなた方が無駄に信じたのでなく、私があなた方に宣べ伝えた言葉をかたく保つなら、あなた方はこの福音を信じ、そこに立ち、それによって救われました（15.1–2）。

〈Ⅱコリント書〉
- 神は私たちに油を注ぎ、私たちに証印を捺し、保証として私たちの心に御霊を与えられました（1.21–22）。
- あなた方は自らを、私たちからもたらされたキリストの手紙として示しました。それはインクでなく生ける神の御霊によって書かれ……（3.3）。

- 「光を闇から出でさせよ」と言い、私たちの心の内に輝き、イエス・キリストの顔に（映る）神の栄光の知恵の光を与える方は神です（4.6）。

〈ガラテヤ書〉
- 私は、あなた方がこんなにも早く、あなた方をキリストの恵みによって召して下さった方から離れて、異なる福音へと向かっていることに驚いているのです（1.6）。
- 私たちもキリスト・イエスを信じたのです。それは律法の行いでなく、キリストへの信仰によって義とされるためです……（2.16）。
- あなた方にこの1点だけ教えてもらいたい。あなた方が御霊を受けたのは、律法の行いによるのですか、あるいは信仰によって聞いたからですか。あなた方は、それほどまでに愚かなのですか。御霊によって始めておきながら、今は肉によって完成しようとするのですか（3.2–3）。
- まさにこの自由のため、キリストは私たちを自由にされました。だからしっかり立ち続け、奴隷の軛に二度と捕らわれないようにしなさい。……あなた方のほうは、自由のために召されたのです。ただその自由を、肉を通して満足を得る機会として誤用せず、むしろ愛を通して互いに仕え会いなさい（5.1, 13）。

ここに挙げたテクストですべてが網羅されたのでなく、他のパウロ文書にも例はある。しかし、十分にパウロの意図は伝わっただろう。これらはすべてある出来事を想定しており、それは将来を決する、すべての関係性を変容させる移行だ。パウロにとって、救済のプロセスには開始が欠かせない。意識的な献身がなければ、このプロセスは前に進まない。

この不可欠な開始部は「改宗（conversion）」と呼ばれるべきか。古い帰属から新しい帰属へ移行するという概念にいかなる表現が用いられようと、それは古代世界で周知されていた[38]。そして「改宗」は、パウロが宣教を通し

---

38) この点は過度に強調すべきでない。多神教的な文脈において、一般に宗教への帰属は他の帰属を排除することを意味しなかったからだ。しかし排他的な改宗体験は古典文献にも見られる。典型的な例は、アピュレイウス著『変身物語』に登場するルキアノスだ。ルキアノスの改宗に関する研究は Nock, *Conversion*, ch.9 が有名だ。異邦人が改宗者となることに多大な転換の体験と立場の移行が関わることがある。その中で教会なる新たなユダヤ教宗派は、その宣教的な意識が特徴的だ

て(とくに異邦人に)期待した出来事、またパウロ自身の体験を描写するのに適した表現だ[39]。しかし「改宗」という語を用いることの適切性に関して、留意すべき点が2つある。

第1に、パウロは「ふり返る、方向を変える (ἐπιστρέφω)」という動詞を上の意味で用いる。Ⅰテサ1.9では、テサロニケ人が「偶像から神へと方向を変え、生ける真の神に仕えた」という周知の出来事を想起させる。同様の方向転換はガラ4.9にも見られる。パウロはここで、ガラテヤ人が「再び病弱で貧弱な神々に逆戻り」しないかとの懸念を示す。もっとも彼は、この語をあと1度だけしか用いない。Ⅱコリ3.16では出34.34が編集されて、「主に立ち帰る」と表現される[40]。つまりパウロは、彼の読者が信仰に至る体験に、この言語表現を頻用するわけでない。異邦人が偶像から離れて方向を変えるという体験にこの語を用いることは適切だが、神へ繰り返し立ち帰るというニュアンスで用いられがちなこの語[41]を一回性の改宗の出来事に用いることに違和感がないわけでない[42]。

第2に、パウロはまた「悔い改め」や「赦し」といった明らかに関連する語を用いることをも躊躇した。「悔い改め」に関する名詞と動詞は共観福音書と使徒言行録に頻出するが[43]、パウロはこれを改宗という文脈において1

った。McKnight, *Light*; Goodman, *Mission*, ch.4; Hengel and Schwemer, *Paul between Damascus and Antioch*, 75–76.

39) §7.4–5, §14.3を見よ。〔訳註 conversionの訳語に関しては、浅野『NTJ新約聖書注解 ガラテヤ書簡』52–54頁を参照。〕

40) 「モーセが主の前に出た (εἰσεπορεύετο) ときはいつも、覆いを取り除いた (περιῃρεῖτο)」(LXX出34.34)/「モーセが主をふり返った (ἐπιστρέψῃ) ときはいつも、覆いは取りのぞかれた (περιαιρεῖται)」(Ⅱコリ3.16)。「主をふり返る/主に立ち帰る」は申4.30、サム上7.3、王上8.33、代下24.19, 30.9、詩22.28 (LXX詩21.27)、イザ6.10, 19.22、エレ24.7、ヨエ2.12–14、ゼカ1.3、トビ14.6、シラ5.7, 17.25にある。Furnish, *2 Corinthians*, 211; Gaventa, *Darkness*, 50 n.58を見よ。

41) BDB, שׁוּב 6c, d; G. Bertram, *TDNT* 7.724–25を見よ。ヤハウェに関しても「立ち帰る、ふり返る」という同じ語が用いられるので、この用法の問題がより複雑になっている。出32.12、申13.18、ヨシュ7.26、王下23.26、ヨナ3.9 (BDB, שׁוּב 6f)。

42) ここでもバプテスマと同様に、洗礼者ヨハネに関する記憶の影響を考慮に入れるべきだろう。ユダヤ教伝統にはない仕方で、ヨハネの「悔い改め/改宗」への勧告と一回性のバプテスマが結びついた(マコ1.4と並行記事)。

43) 「悔い改める」(マタ5回、マコ2回、ルカ9回、使5回)、「悔い改め」(マタ2回、マコ1回、ルカ5回、使6回)、「赦し」(マタ1回、マコ2回、ルカ5回、使5回)。ヨハネ福音書がこれらを用いない点も注目すべきだろう。

度用いるのみだ（ロマ 2.4）[44]。「赦し」に関しては、主要なパウロ書簡に旧約聖書の引用として 1 回用いられるのみで [45]、それ以外では唯一コロ 1.14 が「この方の内に贖いと罪の赦しがあります」と記す [46]。パウロがこれらの語を回避しているのは明らかだが、その理由を特定することはできない [47]。これらの語が以前のパウロの神学と実践を反映するからかも知れない [48]。パウロはこの体験を異なる視点から強調し、肯定的な奨励として用いたかっただろう。そしてパウロは、信仰への召しという表現をその神学と福音宣教において主要な主題とした。彼は「〜から離れ去る」という否定的なニュアンスを避けて、「〜へ献身する」という肯定的な決断を促したのだろう。これは今日の福音宣教と神学作業において、十分に考慮すべきことだ [49]。

しかしパウロ神学において「改宗」という語を用いることに関するその他の問題が何であれ、彼にとってキリスト者の歩みには明らかな開始点がある。自らが設立した教会とそうでない教会にパウロが宛てた手紙で、彼はその読者が重要な移行の体験をしている個々人からなっていることを前提とする。彼らはパウロ（とその同労者）の説教に応答し、イエスを主とする何らかの告白を伴う献身を表明し、イエスの名においてバプテスマを受けている。彼らは神の恵みを体験してキリスト者共同体に属すが、この共同体では互いに信頼して共存する生き方が特徴的だ。パウロの第一義的な読者らが、

---

44) Ⅱコリ 7.9–10 は読者の悔い改め、12.21 は反対者の悔い改めが念頭にある（Ⅱテモ 2.25 参照）。同様にパウロ書簡には（罪への）確信という概念がほぼ完全に欠損している（Ⅰコリ 14.24, エフェ 5.11, 13, Ⅰテモ 5.20, Ⅱテモ 4.2, テト 1.9, 13, 2.15）。

45) ロマ 4.7 が詩 32.1 を引用する。

46) パウロ書簡におけるコロサイ書の性格から、これがパウロ自身による語の選択かは不明だ。このコロ 1.14 に倣ってエフェ 1.7 は記されている。Dunn, *Colossians*, 35–39, 81 を見よ。「赦す」という意味で χαρίζομαι も用いられ（Ⅱコリ 2.7–10）、同語は神の赦しという意味でコロ 2.13, 3.13 に登場する（エフェ 4.32 参照）。

47) 使徒言行録におけるパウロのスピーチはこの点で異なる（使 13.38, 17.30, 20.21, 26.18, 20）。

48) 伝統的なキリスト教側からの初期ユダヤ教理解（誤解）では、洗礼者ヨハネとイエスによる悔い改めの促しと赦しの提供は新たな教えだった。この理解は、パウロの福音と神学において聖典の重要な主題が看過されていることと共に、初期ユダヤ教の研究者を困惑させた。Moore, *Judaism*, 3.151; Sanders, *Paul*, 1–12, 33–59 を見よ。

49) Gaventa (*Darkness*, 44) は、「改宗」と「悔い改め」が神との関係性を修復するための人の側の行動に注目するが、パウロ書簡群では神が行動する。キリスト者が立ち帰るのでなく、神がキリスト者を立ち帰らせる。

〈私がキリスト者となった日〉を思い浮かべることができたことに、疑念を挟むことはおおよそできない。

§13.4. 救いのメタファ

　決定的な移行期と新たな始まりに関するパウロの教えは、非常に多様なメタファによってその重要性が表現されている。ここでは、これらのメタファを分類して考察しよう。

　パウロはこれらのメタファを当時の社会制度から導き出している。「義認」とは法的メタファで、義とされるとは無罪放免にされることを意味する[50]。これに伴い、有罪判決や借財の証書が破棄されるという表現も用いられる（コロ 2.14）[51]。「贖い」についてはすでに述べたが、本来これは奴隷や戦争捕虜を買い戻すことを意味する[52]。「解放」や「自由」に関してはさらに後述するが、パウロとその改宗者らにとって重要な体験だ[53]。「和解」についてもすでに述べたが、敵対者同士を新たな平和と協力の関係へと移行させることを意味する[54]。共同体成員としての市民権の享受も1つのメタファだが（フィリ 3.20）、これは外社会と関係を持ちながらも独立した存在を指す[55]。コロ 1.13 では他の王国へ移されるというイメージ言語が用いられるが、これはおそらく小アジアにおけるユダヤ人共同体の起源を念頭に置いているだろう。大アンティオコスは 2000 戸のユダヤ人家族をリディアとフリギアに定住させて、この地域の安定性をねらった[56]。

　パウロは日常生活からもメタファを導き出す。彼が好んで用いる語に「救

---

[50] §14.2 も見よ。

[51] さらに Dunn, *Colossians*, 164–66 を見よ。

[52] §9.6 を見よ。

[53] 「自由（ἐλευθερία）」（ロマ 8.21, Ⅱコリ 3.17, ガラ 2.4, 5.1, 13）、「自由にする（ἐλευθερόω）」（ロマ 6.18, 22. 8.2, 21, ガラ 5.1)、「自由な（ἐλεύθερος）」（ロマ 7.3, 9.1, ガラ 4.31）。

[54] §9.7 を見よ。

[55] Schürer, *History*, 3.88–89 を見よ。フィリピ市は植民市として独自の憲法を持っており、あたかもイタリア本土のように統治され、周辺地域にはない特権を享受していた。

[56] 『古誌』 12.147–53. Dunn, *Colossians*, 77 も見よ。

い」がある57)。これは神学用語として確立されてしまっており、そのメタファとしての性格が看過されがちだ。「救い（σωτηρία）」という語は、「救出する、安全に運ぶ、安全な場所へ運ぶ」という意味で用いられた。ユダヤ教の文脈において、この語はとくに出エジプトやバビロン捕囚からの帰還を想起させる58)。しかしパウロの異邦人読者にとっても、「身体的健康、安全」という日常の意味で馴染みがあった。同時代のパピルス書簡からは、筆者がその子供や友人のσωτηρίαをしきりにうかがう様子が見てとれる59)。パウロにとって「救い」は、健全な人の十全を意味した。パウロにとってもう1つの重要なメタファは「相続」だ60)。さらに日常的なメタファとして、目を覚ます61)、日が暮れる62)、（武具をも含めた）衣服の着脱63)、招待を受ける64)、そして手紙を書くこと65)等がある。

　農耕作業のメタファもある。種蒔きや水やり（Ⅰコリ3.6–8）、灌漑（12.13c66)）や水瓶から注ぐこと（ロマ5.5）、接ぎ木（11.17–24）67)、収穫（8.2368)）だ。同様に、商工業用語もメタファとして動員される。物に捺される「証印」は所有権を明示する69)。「手付け金、前金（ἀρραβών）」はのちに完済を保証し、の

---

57) ロマ1.16, 10.1, 10, 11.11, 13.11, Ⅱコリ1.6, 6.2, 7.10, フィリ1.19, 28, 2.12, Ⅰテサ5.8, 9, Ⅱテサ2.13. エフェ1.13, Ⅱテモ2.10, 3.15.
58) 例えば出14.13, 15.2, イザ46.13, 52.7, 10.
59) MM, σωτηρία. しばしば福音書において癒しが行われると、「あなたの信仰があなたを癒した」と言われる（とくに、ルカ8.48, 17.19, 18.42. しかし7.50も見よ）。このメタファの広い意味が利用されている例として、使4.9–12を見よ。
60) 「相続（κληρονομία）」(ガラ3.18, コロ3.24, エフェ1.14, 18, 5.5)、「相続する（κληρονομέω）」（Ⅰコリ6.9–10, 15.50, ガラ5.21)、「相続者（κληρονόμος）」(ロマ4.13–14, 8.17, ガラ3.29, 4.1, 7, テト3.7)。
61) ロマ13.11, エフェ5.14.
62) ロマ13.12. Ⅰテサ5.5–8 参照。
63) ロマ13.12, 14, コロ3.8, 12, Ⅰテサ5.8, エフェ4.22, 25, 6.11, 14–17. 最後の3例に関してはDunn, Romans, 785–88を見よ。
64) 「招待する（καλέω）」は§13 n.22を見よ。
65) Ⅱコリ3.3.
66) さらに§16 n.27を見よ。
67) これと類似する表現として、骨折した骨の両端を接合するという医学用語の「同一化した（σύμφυτος）」がある。
68) 「初穂（ἀπαρχή）」はぶどう酒や穀物の収穫の初物を指す語として頻用される（出22.29, 23.19, レビ2.12, 23.10, 民15.20, 18.12, 30, 申26.2等）。さらにDunn, Romans, 473を見よ。
69) Ⅱコリ1.22, エフェ1.13, 4.30. ロマ4.11, 15.28参照。MM, σφραγίζω, σφραγίς.

ちに起こることの確かな約束のしるしだ[70]。バプテスマに関して用いられる「〜の名において」（Ⅰコリ1.13–15）という句は、当時のパピルスに記された商売の記録にしばしば見られるが、これは所有の移行を意味する。現代の例としては、小切手が受取人の名前における口座へ支払者の口座から払われるべき金額が移行することだ[71]。証書による財産譲渡を意味するβεβαιόωは「確証する」という意味で用いられる[72]。錬金術のメタファとしての「精製された（δόκιμος）」という表現は、「試練の結果としてその質が保証されている」ことを意味する[73]。建設のメタファも用いられる（Ⅰコリ3.10–12）。

　パウロは宗教のイメージをも動員する。彼は教会の成員に向かって、好んで「聖徒（ἅγιοι）」と呼びかける[74]。これは、神の業のために聖別され捧げられた者を指す。同根語の名詞「聖化（ἁγιασμός）」が救いのプロセスを指すのに対し[75]、パウロは動詞形の「聖別する（ἁγιάζω）」をキリスト者が主の弟子として分かたれる開始を指す語として用いる[76]。またこれと関連するイメージとして、「油を注ぐ」という語が用いられる（Ⅰコリ1.21）。パウロにとって、イエスの死を理解するために犠牲のメタファが重要なことは既述のとおりだ（§9.2–3）。彼はまた、自らの活動[77]およびすキリスト者すべての献身と福音宣教の業に関して[78]、祭司の努めというイメージを用いる。義と認められた者すべてに対し、神殿の「聖所」へ道が開かれる（ロマ5.2）。彼らの身体は、神の臨在が宿る神殿だ[79]。それでもパウロが、神の業をなす者を「祭司」と呼ばない点は留意する必要がある[80]。異邦人に割礼を施すことに対して強

---

70) Ⅱコリ1.22, 5.5, エフェ1.14. MM, ἀρραβών; A.J. Kerr ('*ARRABÔN*', *JTS* 39 [1988], 92–97) はこの意味を「初回の月賦払い」に限定する。§18 n.43 も見よ。

71) MM, ὄνομα (5).

72) Ⅰコリ1.6, 8, Ⅱコリ1.21, コロ2.7. 形容詞のβέβαιος（ロマ4.16, Ⅱコリ1.7）は財産所有権が確実に法的に移行することを示す専門用語だ。

73) ロマ14.18, 16.10, Ⅰコリ11.19, Ⅱコリ10.18, 13.7, Ⅱテモ2.15.

74) 「聖徒（ἅγιοι）」はパウロ書簡で39回用いられる。この例は§2 n.90を見よ。

75) ロマ6.19, 22, Ⅰコリ1.30, Ⅰテサ4.3, 4, 7, Ⅱテサ2.13, Ⅰテモ2.15.

76) ロマ15.16, Ⅰコリ1.2, 6.11, エフェ5.26, Ⅱテモ2.21.

77) ロマ1.9, 15.16, フィリ2.17.

78) ロマ12.1, 15.27, Ⅱコリ9.12, フィリ2.25, 30. さらに§20.3を見よ。

79) Ⅰコリ3.16–17, 6.19, Ⅱコリ6.16. エフェ2.21 参照。

80) Ⅰペト2.5, 9, 黙1.6, 5.10, 20.6と比較せよ。しかしこれらの箇所は信徒すべてに言及している。

第 13 章　転換点

い反対姿勢を示すパウロは、しかし十字架の出来事とその結果とに対して「割礼」というイメージを重ねる[81]。ユダヤ教伝統における儀礼的浄めの重要性に鑑みると[82]、パウロが洗い浄めのイメージを用いることは自然だろう[83]。このユダヤ教的清浄儀礼を取り入れて始まったキリスト教的な儀礼（バプテスマ）は、人が水面下に沈んでそこから新たな命と共に現れるという意味を込めた、印象的な行為として用いられたと思われるが[84]、このようなメタファの解釈が実際にされたかに関しては議論が分かれる[85]。また、「新たな創造」という力強いイメージを忘れてはならない[86]。

パウロはまた、人生の重要な出来事をもメタファとして用いる。したがって彼の改宗は「堕胎」（Ⅰコリ 15.8）と表現される[87]。また「福音を通してあなた方（コリント信徒）の父となった」（Ⅰコリ 4.15）。パウロはガラテヤ信徒らを産んだ（ガラ 4.19）。彼らは「御霊にしたがって生まれた」（4.29）。改宗はまた、養子縁組[88]、キリストとの婚約（Ⅱコリ 11.2）、キリストとの婚姻（Ⅰコリ 6.17）に準えられる。さらに、改宗には死のイメージも動員され、その決定的な移行は十字架刑にも準えられる[89]。

このように多彩なメタファの動員から 2 つの点が分かる。1 点は、パウロにとって新たな始まりという体験の実感が、メタファによって導き出される

---

81)　フィリ 3.3, コロ 2.11. しかし後者に関する議論は Dunn, *Colossians*, 154–58 を見よ。
82)　例えば Dunn, *Partings*, 38–42; E.P. Sanders, *Jewish Law from Jesus to the Mishnah* (London: SCM / Philadelphia: TPI, 1990), 29–42, 184–236 を見よ。
83)　とくに Ⅰコリ 6.11, エフェ 5.26 を見よ。テト 3.5 参照。
84)　ロマ 6.3, Ⅰコリ 10.2, 12.13, ガラ 3.27.
85)　§17.2 を見よ。
86)　Ⅱコリ 5.17, ガラ 6.15. ロマ 8.19–23, コロ 3.10, エフェ 2.10, 15, 4.24 参照。
87)　「堕胎（ἔκτρωμα）」は早産という意味でも用いられる。このような誕生にはしばしば特異形が伴うので、これはパウロの反対者によるパウロ批判の言葉（「怪物、奇形」）としてまず用いられたと考えられる。パウロはおそらくこれを逆手にとり、そのキリスト者としての誕生が早められたが、それは使徒の人員が満たされる前に使徒となるためだったと述べていよう。Dunn, *Jesus and the Spirit*, 101–02; Fee, *1 Corinthians*, 732–34; §21 n.31. H.W. Hollander and G.E. van der Hout ('The Apostle Paul Calling Himself an Abortion: 1 Cor. 15:8 within the Context of 1 Cor. 15:8–10', *NovT* 38 [1996], 224–36) は、パウロ自身の不十分さの自覚として理解する。私の同僚の Loren Stuckenbruck は、死海文書の『巨人の書』が創 6.4 の נפילים を「堕胎」と理解した可能性を指摘する（4Q530 2.6, 4Q531 5.2）。
88)　ロマ 8.15, 23, ガラ 4.5, エフェ 1.5.
89)　ロマ 6.3–6, 7.4, 6, ガラ 2.19, コロ 2.20, 3.3.

ことだ。パウロの読者は、メタファが描写する体験によって改宗の実感を共有する。彼らの人生において何か非常に重要なことが起こった。転換期となる重要な出来事が、これらのメタファの背後に隠れている。誕生や結婚や死等のイメージは日常の出来事を表すのに用いられない。むしろ文字どおりに人生を変革するような出来事について、これらのイメージは用いられた。

　この意義は十分に考察すべきだ。すなわちパウロの一義的読者は、福音の体験を受容、解放、救出、浄め、新たな献身、古い生活に対して死んで新しい生活を始めることと捉えた。一方で、パウロが罪の確信や罪責感を誘うような説教をしたという証拠はほとんどない。それでも多くの改宗者にとって、福音は謎の解明として、自己の窮状の解決として受け入れられた[90]。すなわちパウロの福音は、読者や聴衆が感じた実際の必要に応えた。

　第2に、パウロが多様なメタファを用いるのは、現実の体験を可能なかぎり豊かに表現するためで、それが単純で画一的な理解へと押し込まれないようにするためだ。パウロの福音がもたらした改宗にまつわるさまざまな体験はじつに豊かなので、彼はこれらの体験を描写するために可能なかぎりの言語表現を動員する必要を感じた。その体験の生命力ゆえに、それが可能なかぎり適切な言葉によって表現され、他者に意味のある仕方で伝達されるために、新たなメタファが必要となった。

　この事態にはいくつかの興味深い事柄が関連してくる。メタファの多様性が、体験の多様性を反映しているからだ。この多様性を重視するなら、パウロが用いるメタファのどれか1つにことさら注目して優位の地位を与え、他のメタファをすべてその主要なメタファの型に無理やりはめ込むような解釈姿勢は誤りだ。じつにこのような神学作業が、古典的なプロテスタント神学における義認のメタファにおいてなされた。また大衆伝道において、救いや新生といったメタファがこのように扱われることがある。この場合の危険性

---

[90] Sandersによると、パウロは「解決」を啓示によって先に受け、それでは「窮状」とは何かと考えたことになる。§1 nn.77, 101を見よ。〔訳註　どうやらDunnはここで、パウロの論理がSandersの言うとおり「解決から窮状へ（solution to plight）」だとしても、聴衆には確かに窮状の自覚があり、福音はそれに対して解決を提示しただろう、したがって改宗者にとって福音は「窮状から解決」という論理の流れでもある、と言いたいようだ。〕

第 13 章 転換点

は明白だ。信仰における新たな始まりに関して、人を同じパターンへと押し込めてしまうことになりかねない。同じメタファや言語表現が用いられなければならないという前提が、人々の体験を画一化してしまいかねない。その結果は、標準的な改宗体験の大量再生産だ[91]。これはパウロの意図と異なる。彼にとってこの重要な転換点は多くの側面を持つ。2つとして同じ体験はない。その体験の豊かさと多様性を表現するために、多くの異なるメタファや他の言語表現を動員しなければならなかった。

メタファに関するこれら2つの考察の背景には、より重要で基本的な事柄が横たわっている。すなわちそれは、改宗を表現するためにメタファの使用が不可避的だという点だ。私たちは、審美的な、あるいは深く心を動かす体験の真の姿に迫るのに、合理的な表現が不十分なことを知っている。例えば、ある楽曲の与える感動やさまざまなワインが醸し出す独特の風味は著しく主観的で、論理的言語にのみに頼ることはできない。ならば人の人生を変革させるような体験はなおさらだ。メタファを排除して、その詩的描写を客観的分析に終始する散文に代用させるような試みは、神学作業が信仰へもたらし得る最大の弊害と言えよう[92]。

この重要な転換点を語るために、いくつかの側面に格別の注意を払う必要がある。それは、これらがパウロにとっての新たな始まりの中心的な体験であり、キリスト教神学の歴史において重要な事柄だからだ。後続する章で、これら——信仰による義認（§14）、キリストへの参与（§15）、賜物としての御霊（§16）——を1つ1つ取り上げて考察しよう[93]。

---

[91] 例えば、パウロの神学的論考においては悔い改めと赦しがほとんど登場しないが、伝統的な福音説教においてこれが中心的な教えとなっている点に注目すべきだろう。

[92] Fitzmyer (*Paul*, 65–66) は Richardson (*Introduction*, 222–23) を引用して以下のように述べる。「（パウロが提供するのは）理論でなく生き生きとしたメタファだ。私たちの想像性に対してメタファが働きかけることを拒まなければ、キリストが私たちのためにその命を捧げることによってもたらした贖いの真実を実感することができるだろう。……メタファ理解はそこから理論を抽出することに限られるとの考えは、学問的洗練さの不幸な過ちだ」。

[93] Cerfaux, (*Christian* [§14 n.1], Part III) はこれら3つの側面を逆の順番で論ずる。もしバプテスマ（§17）をもここに含めるなら、4つの側面だ。

第14章　信仰による義認 [1]

1) 第14章の文献リスト

Barrett, *Paul*, 91–103; Becker, *Paul*, 279–304, 356–72; Beker, *Paul*, 255–71; Berger, *Theologiegeschichte*, 491–97; H. Boers, *The Justification of the Gentiles: Paul's Letters to the Galatians and Romans* (Peabody: Hendrickson, 1994); Bornkamm, *Paul*, 135–56; Bultmann, *Theology*, 1.270–87; L. Cerfaux, *The Christian in the Theology of St. Paul* (London: Chapman, 1967), 373–466; Conzelmann, *Outline* 171–73, 213–20; H. Cremer, *Die paulinische Rechtfertigungslehre im Zusammenhange ihrer geschichtlichen Voraussetzungen* (Gütersloh: Bertelsmann, ²1900); A. von Dobbeler, *Glaube als Teilhabe. Historische und semantische Grundlagen der paulinischen Theologie und Ekklesiologie des Glaubens* (WUNT 2.22; Tübingen: Mohr, 1987); van Dülmen, *Theologie* (§6 n.1); J.D.G. Dunn, 'The Justice of God: A Renewed Perspective on Justification by Faith', *JTS* 43 (1992), 1–22; 'Paul and Justification by Faith', in R.N. Longenecker (ed.), *The Road from Damascus: The Impact of Paul's Conversion on His Life, Thought and Ministry* (Grand Rapids: Eerdmans, 1997), 85–101; Eckstein, *Verheißung*; Fitzmyer, *Paul*, 59–61; Gnilka, *Theologie*, 78–96; *Paulus*, 237–47; Goppelt, *Theology*, 2.124–41; F. Hahn, 'Gibt es eine Entwicklung in den Aussagen über die Rechtfertigung bei Paulus?' *EvT* 53 (1993), 342–66; Howard, *Paul*, ch.3; E. Käsemann, '"The Righteousness of God" in Paul', *New Testament Questions*, 168–82; *Perspectives*, 60–101; K. Kertelge, *'Rechtfertigung' bei Paulus* (Münster: Aschendorff, 1967, ²1971); Kümmel, *Theology*, 193–203; R. Liebers, *Das Gesetz als Evangelium. Untersuchungen zur Gesetzeskritik des Paulus* (Zürich: Theolgischer, 1989); E. Lohse, 'Die Gerechtigkeit Gottes in der paulinischen Theologie, wieder abgedruckt', *Einheit*, 209–27; *Paulus*, 199–214; Martin, *Reconciliation* (§9 n.1), 127–54; A.E. McGrath, *Iustitia Dei: A History of the Christian Doctrine of Justification* (2 vols.; Cambridge: CUP, 1986); Merklein, *Studien*, 39–64; C. Müller, *Gottes Gerechtigkeit und Gottes Volk. Eine Untersuchung zu Römer 9–11* (Göttingen: Vandenhoeck, 1964); Penna, 'The Problem of the Law in Paul's Letters', *Paul*, 2.115–34; J. Reumann, *Righteousness in the New Testament* (Philadelphia: Fortress / New York: Paulist, 1982); Ridderbos, *Paul*, 159–81; Sanders, *Paul, the Law and the Jewish People* (§6 n.1); Schlier, *Grundzüge*, 48–50, 158–73; M.A. Seifrid, *Justification by Faith: The Origin and Development of a Central Pauline Theme* (NovTSup 68; Leiden: Brill, 1992); K.R. Snodgrass, 'Justification by Grace — to the Doers: An Analysis of the Place of Romans 2 in the Theology of Paul', *NTS* 32 (1986), 72–93; K. Stendahl, 'The Apostle Paul and the Introspective Conscience of the West', *HTR* 56 (1963), 199–215 = *Paul among Jews and Gentiles* (London: SCM / Philadelphia: Fortress, 1977), 78–96; Strecker, 'Befreiung und Rechtfertigung', *Eschaton*, 229–59; *Theologie*, 147–66; P. Stuhlmacher, *Gerechtigkeit Gottes bei Paulus* (Göttingen: Vandenhoeck, 1965); 'The Apostle Paul's View of Righteousness', *Reconciliation*, 68–93; *Theologie*, 326–48; Whiteley, *Theology*, 156–65; S.K. Williams, 'The "Righteousness of God" in Romans', *JBL* 99 (1980), 241–90; M. Winninge, *Sinners and the Righteous: A Comparative Study of the Psalms of Solomon and Paul's Letters* (ConB New Testament Series 26; Stockholm: Almqvist and Wiksell, 1995); Witherington, *Narrative*, 245–72; M. Wolter, *Rechtfertigung und zukünftiges Heil. Untersuchungen zu Röm. 5.1–11* (BZNW 43; Berlin: de Gruyter, 1978); J.A. Ziesler, *The Meaning of Righteousness in*

§14.1. パウロに関する新たな視点

「ルターとそれ以降のプロテスタント教会に属するキリスト者らにとって、キリストの福音とは何か[2]」という問いに対し、パトリック・コリンソンは以下のように答える。

Paul: A Linguistic and Theological Inquiry (SNTSMS 20; Cambridge: CUP, 1972); *Pauline Christianity*, 87–91, 103–07.

§14.3 — §7.4–5 (§7 n.1) の参照文献を見よ。

§14.4–5 — **M. Bachmann**, *Sünder oder Übertreter. Studien zur Argumentation in Gal. 2.15ff.* (WUNT 59; Tübingen: Mohr, 1992); 'Rechtfertigung und Gesetzeswerke bei Paulus', *TZ* 49 (1993), 1–33; **C. Burchard**, 'Nicht aus Werken des Gesetzes gerecht, sondern aus Glauben an Jesus Christus — seit wann?', in Cancik, et al. (eds.), *Geschichte Band III Frühes Christentum*, 405–15; **C.E.B. Cranfield**, '"The Works of the Law" in the Epistle to the Romans', *JSNT* 43 (1991), 89–101; **M. Cranford**, 'Abraham in Romans 4: The Father of All Who Believe', *NTS* 41 (1995), 71–88; **J.D.G. Dunn**, 'Works of the Law and the Curse of the Law (Gal. 3.10–14)', *Jesus, Paul and the Law*, 215–41; 'Yet Once More — "The Works of the Law": A Response', *JSNT* 46 (1992), 99–117; '4QMMT and Galatians', *NTS* 43 (1997), 147–53; **Finsterbusch**, *Thora* (§23 n.1), ch.4; **D. Flusser**, 'Die Gesetzes werke in Qumran und bei Paulus', in Cancik, et al. (eds.), *Geschicht Band I Judentum*, 395–403; **Hahn**, 'Gesetzesverständnis' (§6 n.1); **C. Heil**, *Die Ablehnung der Speisegebote durch Paulus* (Weinheim: Beltz Athenäum, 1994); **R. Heiligenthal**, *Werke als Zeichen* (WUNT 2.9; Tübingen: Mohr, 1983); **Hübner**, *Law* (§6 n.1); **C.G. Kruse**, *Paul, the Law and Justification* (Leicester: Apollos, 1996); **D.J. Moo**, '"Law", "Works of the Law", and Legalism in Paul', *WTJ* 45 (1983), 73–100; **Räisänen**, *Paul* (§6 n.1) とくに ch.5; **Sanders**, *Law* (§6 n.1); **Schreiner**, *Law* (§6 n.1), chs.2, 4; **Thielman**, *Paul* (§6 n.1); **Westerholm**, *Israel's Law* (§6 n.1) とくに ch.8.

§14.8 — **J.D.G. Dunn**, 'Once More, *PISTIS CHRISTOU*', in D.M. Hay and E.E. Johnson (eds.), *Pauline Theology* 4 (Atlanta: Scholars, 1997), 61–81; **R.A. Harrisville**, '*PISTIS CHRISTOU*: Witness of the Fathers', *NovT* 36 (1994), 233–41; **R. Hays**, *Faith of Jesus Christ*; '*PISTIS* and Pauline Christology: What Is at Stake?' in D.M. Hay and E.E. Johnson (eds.), *Pauline Theology* 4 (Atlanta: Scholars, 1997), 35–60; **M.D. Hooker**, '*Pistis Christou*', *Adam*, 165–86; G. Howard, 'On the "Faith of Christ"', *HTR* 60 (1967), 459–65; **A. Hultgren**, 'The *Pistis Christou* Formulations in Paul', *NovT* 22 (1980), 248–63; **L.T. Johnson**, 'Romans 3.21–26 and the Faith of Jesus', *CBQ* 44 (1982), 77–90; **I.G. Wallis**, *The Faith of Jesus Christ in Early Christian Traditions* (SNTSMS 84; Cambridge: CUP, 1995); **S.K. Williams**, 'Again *Pistis Christou*', *CBQ* 49 (1987), 431–47.

2) P. Collinson, 'The Late Medieval Church and Its Reformation (1400–1600)', in J. McManners, *The Oxford Illustrated History of Christianity* (New York: Oxford, 1990), 258–59. McGrath (*Iustitia Dei*, 1–2) はこの件を典型的なプロテスタント的な表現で、「義認という教理は……キリスト教会神学大系の中核をなす。……義認の教理なしに真の教会はなかったし、決してあり得ない。……これが『教会が立つか倒れるかを決する条項 (*articulus stantis et cadentis ecclesiae*)』だ」と述べている。

人は「義認」という神の受容に与る。それは救いの始まりであり終わりである。それはいかなる程度においても人の道徳的努力を通さず、キリストの業と十字架における贖いの死によって提示された神の慈愛を通してのみ与えられる。これは漸増的な道徳的改善でなく、瞬時にして起こる移行だ。それは結婚のようだ。花婿なるキリストが卑しく貧しい遊女を迎え入れ、キリストにあるすべての豊かさを彼女に注ぐ。この移行の鍵となるのが信仰だ。それは神に対する自己のまったき献身と定義できよう。そしてこの献身自体も人の業でなく、神の純粋な賜物だ。「信仰は聞くことにより（*fides ex auditu*）、聞くことは神の言葉から来る」。

ルターによる信仰義認の再発見は大事件だった。その影響は神学と教会に留まらず、社会的で政治的な決断や、文芸的で文化的な表現にまで及ぶ。もっとも、それ以来現在に至るすべての人が、義認を「キリスト教の中心教理[3]」と認めているわけではない。とはいえ20世紀において、この主題がパウロ神学の中心に位置したことに疑いの余地はない。そしてその地位は、最も重要な2人のプロテスタント新約聖書学者がこの主題により豊かな意義を付加したことで不動となった。ブルトマンの場合、義認は聖書から神話的要素を排除する作業（非神話化）に根拠を与えた[4]。エルンスト・ケーゼマンにとっては、「信仰義認」が正典の中核部分（「正典の中の正典」）をなし、これがある意味で「霊の見極め」をなし、今日における神の言葉を認識する重要な鍵となった[5]。少なくとも聖書学においては、信仰義認の重要性がプロテスタントとカトリックとの両者によってどれほど共有されるかが、20世紀後半のエキュメニカルな和解の進展を示す指標となった[6]。

---

[3] *Apology of the Augsburg Confession*（アウグスブルク信仰告白の弁証）(1531), 4.2. Reumann, *Righteousness*, 3 に引用がある。
[4] R. Bultmann, in H.W. Bartsch (ed.), *Kerygma and Myth* (London: SPCK, 1957), 210–11; Bultmann, *Jesus Christ and Mythology* (New York: Scribner, 1958 = London: SCM, 1960), 70.
[5] E. Käsemann, *Das Neue Testament als Kanon* (Göttingen: Vandenhoeck, 1970), 405.
[6] 例えば H. Küng, *Justification* (London: Burns and Oates, 1964); Kertelge, '*Rechtfertigung*'; Reumann, *Righteousness*. また、*Justification by Faith* (Minneapolis: Augsburg, 1985) における、ルーテル教会とローマ・カトリック教会1983年協議会合意文、さらに *Salvation and the Church* (Anglican Consultative Council and the Secretariat for Promoting Christian Unity, 1987) における、第2回英国

第 14 章　信仰による義認

　もっとも、信仰義認が強調されるにあたっては、それが反ユダヤ主義という不幸なねじれを生じさせたという否定的な側面もある。義認というパウロの教えは、ユダヤ教に対する抵抗と理解された。ルターが善行と功徳による救いを提示する中世の教会を拒絶した時、それはパウロのユダヤ教との関係性と同様だと見なされた[7]。ユダヤ教は原始教会に対するアンチテーゼと見なされた。パウロがあれ程に激しく非難したからには、ユダヤ教は退廃した律法主義的な宗教で、救いが人の努力で決定され、それゆえ自己依存と自己満足を促すに違いない、というのだ。近代の新約聖書学においては、ユダヤ教をキリスト教のアンチテーゼとしてより先鋭化することにより、上のようなユダヤ教理解がいっそう強化された。F.C. バウルはそのガラテヤ書註解において、「キリスト教の中心的原理は当初ユダヤ教との闘争を通して確固たる地位を得た[8]」と評した。そして 20 世紀に入っても、ユダヤ教は一般にパウロの建設的な神学を引き立てる「ヒール」の役を引き受けた。ブルトマンは「奢り」に対するパウロの批判的な姿勢を、自分自身とその功績とを過信するユダヤ人への批判として描いたが[9]、これはその後 2 世代にわたるパウロ研究（と説教）に影響を与え続けた[10]。

　現代に至るキリスト教神学での信仰義認の議論は、宗教改革が発端となったカトリック教会とプロテスタント教会とのあいだの論争によって、方向性がおおかた定められている。そこでの釈義上の眼目は、以下の 3 点にある。すなわち、「義認（義とする）」と一般に訳される「ディカイオオー（δικαιόω）」

国教会とローマ・カトリック教会国際委員会合意宣言がある。

　7)　ルターはこの 2 つを明確に結びつけた。すなわち、教会は「ユダヤ教的律法主義」によって色あせた、「（カトリック教会の）規律と制限は私にユダヤ人を思い起こさせ、じつにユダヤ人から借用している部分が大きい」、信仰と行いに関して言えば、教会の教理はたんなる行いが神の好意を勝ち取ることができるというユダヤ人的誤りの一種だ。M. Saperstein, *Moments of Crisis in Jewish-Christian Relations* (London: SCM / Philadelphia: TPI, 1989), 30.

　8)　Baur, *Paul*, 1.267.

　9)　Bultmann, *Theology*, 1.243; 'Romans 7 and the Anthropology of Paul' (1932), in *Existence and Faith* (New York: Meridian, 1960 = London: Collins, 1964), 173–85. Seifrid (*Justification*, 33) によるブルトマンの立場の説明を参照。

　10)　例えば Dunn, *Romans*, 185 に挙げた研究を参照。それ以外にも G.F. Moore, 'Christian Writers on Judaism' *HTR* 14 (1922), 197–254; C. Klein, *Anti-Judaism in Christian Theology* (London: SPCK / Philadelphia: Fortress, 1978); Boyarin, *Radical Jew*, 209–19.

が「義と成す」(カトリック)ことか、「義とみなす」(プロテスタント)ことか。「義とされる」とは変容か立場(移行)か[11]。そして、「神の義」が主語属格(神の行為としての義、「神が義をなす」)か、目的語属格(神によって付与された賜物としての義、「神に属する義」)か[12]。さらにカトリック・プロテスタント間の議論の背後には、キリスト教とユダヤ教との関係という、より根本的な問題がある——この議論によって義認理解が不明瞭になった部分もある。すなわち、パウロの福音と神学が彼の父祖の宗教といかに関わるかという部分だ。しかし、この状況に2つの方向から歯止めがかかった。その1つは第2バチカン公会議だ。これによって旧態依然としたカトリック・プロテスタント間の問題はほとんど解消された。もう1つはナチスによるユダヤ人大虐殺(ホロコースト)だ。これは今もキリスト教神学に衝撃を与え続けている。もし第2バチカン公会議後の神学が、もはや伝統的な仕方でカトリック・プロテスタント論争を繰り返させないなら、ホロコースト後の神学も、義認なるキリスト教教理にまとわりつく、「月の暗部」とでも喩えられよう歴史的ユダヤ教への侮辱的表現をやり過ごすことはできない。

そして1977年を境に状況は一変し、波間に浮遊していたパウロ研究は方向性を得た。この変化は E.P. サンダースによってもたらされ、のちに「新たな視点」と呼ばれ始めた[13]。サンダースはそれ以前の誰よりも効果的に、第二神殿期ユダヤ教に対するプロテスタント的理解が、たんなる「風刺画」であることを暴露してみせた[14]。彼はユダヤ教が、いつもまず恵みの宗教であ

---

11) 例えば Fitzmyer, *Romans*, 61 参照。Ziesler (*Meaning*) の議論はこの問題を中心としている。

12) この議論は教派越境的だ。Reumann, *Righteousness*, 66; Fitzmyer, *Romans*, 258–63 参照。Fitzmyer (*Romans*, 105–07) 自身は主語属格を支持する。現代では目的語属格——神からもたらされる義(ロマ 10.3、フィリ 3.9)——がより多くの支持を得ている。例えば Bultmann, *Theology*, 1.285; Ridderbos, *Paul*, 163; Cranfield, *Romans*, 96–99; Strecker, *Theologie*, 160–63 参照。Käsemann ('Righteousness', 170, 174) による「神の義」の再解釈は大きな影響力を及ぼしたが、それはこの義を「力という性質」を持つ賜物として理解する(「義務と奉仕能力を提供しない神の賜物……そしていつ何時も提供者から切り離される賜物をパウロは知らない」)。これは不毛となった議論を超越する大胆な試みだ。この理解は例えば Bornkamm, *Paul*, 147; Kümmel, *Theology*, 197–98; Hübner, *Law*, 130–34 が支持する。

13) Sanders, *Paul and Palestinian Judaism*. Dunn, 'The New Perspective on Paul' (Manson Memorial Lecture, 1982), in *Jesus, Paul and the Law*, ch.7 参照。

14) 残念なことに Sanders の過度に攻撃的な議論は、読者の多くが彼の議論に耳を傾ける障害とな

第 14 章　信仰による義認

ることを論証し、人の従順はこの恵みに対する応答だという理解を示した。契約は神の主導権によって提供され、律法はこの契約の内に生きるための枠組みとして与えられた。律法を守ることはこの契約の内に留まることで、契約に加入することを意味しない。サンダースはユダヤ教の「宗教様態」を表現する重要語句として「契約維持のための律法体制（covenantal nomism）」を提唱した。彼はこの体制を以下のように定義する [15]。

> 契約維持のための律法体制とは、神の計画における人の立ち位置が契約を基礎として確立されるというもので、この契約は命令規定に対する人の従順を、契約に対する適切な応答として要求する。そして規定違反に対しては、償いの方法が提供されている。……従順は契約内での人の立場を保証するが、それは神の恵みを功徳によって獲得することでない。……ユダヤ教における義とは、選ばれた者らの集団における地位の維持を示唆する表現だ。

このサンダースの著書は、根本的問題であるキリスト教とユダヤ教との関係、またパウロ神学とそのユダヤ教的遺産との関係を、パウロ研究の表舞台へ再登場させたという点でその意義は著しい。プロテスタント的なパウロは、パウロに対して真摯に向かい合おうとするユダヤ人学者 [16] とユダヤ教伝統に精通したキリスト者の研究者にとって、いつも謎だった [17]。新約聖書学がパウロ神学の引き立て役として構築したユダヤ教観は、彼らが知り得る限り、歴史上のユダヤ教と異なっていたからだ。したがって彼らが思いつく最善の解決策は、パウロ書簡群のみに形跡を残すユダヤ教の一形態をパウロが

った。

15) Sanders, *Paul and Palestinian Judaism*, 75, 420, 544. J. Neusner ('Comparing Judaisms', *History of Religions* 18 [1978–79], 177–91) は Sanders の方法論に関しては非常に批判的だが、ユダヤ教を「契約維持のための律法体制」と理解する点では評価する。そして Sanders (*Judaism*, 262–78, 377–78, 415–17) も、さまざまな批判を受けながらも「契約維持のための律法体制」という表現がユダヤ教の契約神学を要約するのに適当であると考える。

16) 例えば S. Schechter, Schoeps, S. Sandmel だ。Sanders, *Paul and Palestinian Judaism*, 4–8 参照。

17) とくに以下の研究者が挙げられよう。Moore, *Judaism*, 3. 151; R.T. Herford, *Judaism in the New Testament Period* (London: Lindsey, 1928); J. Parkes, *The Conflict of the Church and the Synagogue: A Study in the Origins of Antisemitism* (London: Soncino, 1934).

批判した、というものだ。そしてその形態を、パレスチナ・ユダヤ教と異なる「ディアスポラ・ユダヤ教」と定めた[18]。この推論的な解決策——すなわち、善行による義認を教えるユダヤ教一派をパウロが批判したとの仮定——は表現を変えつつ、パウロの批判的言説を説明できない学者らによって提案され続けている[19]。残念なことに、サンダース自身はこの点に解決を提供し得ない。なぜなら彼は、パウロの議論には一貫性がないという単純な結論にしか至れなかったからだ[20]。

　パウロによるテーゼの他の側面に修正を加える者たちは、これと異なる解決策を提案した。この対立姿勢は、キリスト教形成の過程に生じたユダヤ人キリスト者と異邦人キリスト者との(教会内部の)摩擦を反映している。とくにガラテヤ書の釈義においてこの点が繰り返されてきた。つまり、パウロはユダヤ人およびユダヤ教に反対したのでなく、他のユダヤ人・キリスト教宣教師に反対している[21]。もっとも、根底にある関心は同じで、連続性と非連続性という観点から福音がイスラエルの伝統といかに関わるかを問題としている。しかし、この議論の観点とその適用は著しく異なる。

　この問題は信仰義認といかに関わるか。信仰義認という教理が初期の異邦人宣教において——またその結果として——形成されたという観点は、20世紀を通して少数派ではありながらも絶えず支持者を得てきた。それは、〈律法から自由で割礼を要求しない宣教に対するユダヤ人キリスト者からの

---

18) この点に関しては以下の2人が異なる視点から議論している。Montefiore, *Judaism and St. Paul*, 81–82, 92–100; Schoeps, *Paul*, 27–32, 213. これらの議論に関しては Westerholm, *Israel's Law*, 34–46 に優れた要約が見られる。

19) 例えば Westerholm, *Israel's Law*, ch.8 (とくに p.148) を見よ。Räisänen (*Paul*, 167–68, 188, 168 n.39) は、「パウロの時代のユダヤ教が曲解された人間的な律法主義だったという考えは、著しく風刺的表現だ」と述べる。Laato (*Paulus*, ch.5) はユダヤ教的楽観主義とパウロ的悲観主義を誇張している。Schreiner (*Law*, ch.4) は「律法の行いという表現は律法主義を意味しないが、パウロが義は律法の行いによらないという場合、パウロは律法主義を批判している」と論ずる。これに対して Beker (*Paul*, 268) は「神の好意を得ようとして不安に苛まれ功徳を積もうとするユダヤ人という姿は単純に誤りだ。なぜなら、忠実な行動に対する神の認証と、利己的な努力ならびに神とその義に関する誤った概念とのあいだに混乱をきたすからだ」と述べる。

20) これは著者による初期の Sanders 批判だ。Dunn, 'New Perspective', in *Jesus, Paul and the Law*, 202.

21) Dunn (ed.), *Paul and the Mosaic Law*, 310.

批判に晒されながら形を得た論争的な教理だ〉と論ずる。「信仰義認」とは、いかにして異邦人がユダヤ人と同様に神に受け入れられるか、という問題に対するパウロの応答だ[22]。「パウロに関する新たな視点」は、パウロが何に反論しているかという問いの再検討を研究者らに強いることで、議論に弾みをつけることとなった。パウロと「割礼の者」とのあいだに、いかなる問題があったか。私たちは今でも、ユダヤ教を自己努力による功徳への奢りと理解し続けて良いか。パウロが厳しく批判する「律法の行い」とは何か[23]。

私たちはこれから、現代の新約聖書研究において最も熱を帯びた議論が交わされている分野に突入する。この議論が非常に意義深いのは、それが福音の形成において、神学の吟味において、キリスト教が継承したユダヤ教的遺産の再評価において中心的な役割を演じているからだ。信仰義認という教理は、過去4世紀に及ぶプロテスタント神学でとくに脚光を浴びてきたが、パウロ神学に対する今日の（そして疑いなく未来の）再評価にも新鮮な視点を提供する可能性を有している。

§14.2. 神の義

とくにローマ書からパウロ神学を理解しようとするなら、「神の義」なる句は適切な出発点だろう。なぜならこの句こそが、ロマ 1.16–17 においてパウロの福音を定義する主題の焦点だからだ。

> [16] 私は福音を恥としません。福音は、ユダヤ人をはじめ、ギリシャ人にも、信じる者すべてに救いをもたらす神の力だからです。[17] 福音には、神の義が啓示されていますが、それは、始めから終わりまで信仰を通して実現されるのです。「義なる者は信仰によって生きる」と書いてあるとおりです。

---

22) とくに Wrede, *Paul*, 122–28; Stendahl, *Paul*, 1–7; Howard, *Paul*, ch.3.
23) これらの問題は、近年の議論に対する著者の貢献の中心部をなす。とくに Dunn, 'Works'; 'Yet Once More'; 'Justice' 参照。「新たな視点」によって引き起こされた議論の評価に関しては Thielman, *Paul*, ch.1 参照。

パウロがここで「神の義」という句を用いることは偶然でない。なぜなら、ロマ 3.21–26 における重要な議論全体を通してこの主題が繰り返されるからだ。パウロは自分の解釈が佳境にさしかかると、この主題を前面に押し出す。「ところが今や、律法によらず……神の義が示されました」(3.21)。神の義という主題はこのペリコペにおいて支配的だ (3.22, 25, 26)。パウロは他所でこの句をそれほど頻繁に用いない。それでも自らの福音を語る際には要所要所でこの句を用いることから、それがパウロ神学において重要だと確認できる[24]。そして、パウロ書簡群において「義（ディカイオシュネー δικαιοσύνη）」そして「義とする／と認める（ディカイオオー δικαιόω）」という語が広範にわたって用いられることは、この概念がパウロの思想の中心にあることを示す[25]。それでは「義（righteousness）」と「義認（justification）」とのあいだにいかなる関係があるか。

周知のとおり、この主題に関する議論には用語上の問題がある。英語では同根語のギリシャ語（ディカイオオーとディカイオシュネー）に、それぞれ justify（義とする）と righteousness（義）という異根語の訳をあてるので、英語で考える者にある程度の混乱は避けられない[26]。「義」は、その意味がギリシャ語よりもヘブライ語の背景によって決定される良例だ。両方の語の背景にあるヘブライ的思想はギリシャ的思想と異なっている。

典型的なギリシャ的世界観において、「義」は個人や個人の行動を判断する計りとなる理想形だ。現代的な英語話者はこの古代の語感を反映し、「正

---

24) ロマ 10.3, II コリ 5.21, フィリ 3.9.
25) 以下の表を参照。

	パウロ	ローマ書	新約聖書
δικαιοσύνη	57	33	91
δικαιόω	27	15	39
δικαίωμα（要求、正しい行い）	5	5	10
δικαίωσις（義認）	2	2	2
δικαιοκρισία（正しい裁き）	1	1	1

26) この点は Sanders (*Paul*, 44–47) が的確に指摘している。Fitzmyer, *Romans*, 258 も見よ。〔訳註　日本語では「δικαιο- 用語」に「義」という言葉をあてることによって、同根語であることを示す。本書では、δικαιοσύνη が英語で righteousness である場合は「義」、justify（義とする）の名詞形 justification である場合は「義認」と訳す。〕

義は満たされなければならない（justice must be satisfied）」などと言う。これと対称的に、ヘブライ的思想では「義」の関係性に注目する。すなわち「義」は、個人が所属する関係性から要求される義務の遂行と関わる[27]。古典的な例としてサム上 24.17 が挙げられよう。サウル王は臣民に対する王としての義務を果たさなかったので不義、ダビデは主に油注がれた者に対して暴力の手を挙げることを拒んだので義だった。すなわち、両者互いの義務において、ダビデはサウルよりも義と認められた。なぜなら、ダビデはサウルに対する義務を果たしたが、サウルはダビデに対する義務を果たさなかったからだ[28]。「義」という語に表される思想世界が一貫してヘブライ的／聖書的／ユダヤ教的であることを認めることは、パウロの義認に関する教えを確実に捉える鍵となり得る。しかしながら、「義」がヘブライ的な関係性を示す語であると認識された今でも、この視点はパウロ神学の議論において十分に評価されてない。

ロマ 1.16–17 での義認に関する主題設定を思い起こすなら、上述の考察の適切性が明らかになり始める。「福音には、神の義が啓示されていますが、それは、始めから終わりまで信仰を通して実現されるのです」。上述の義理解に沿って神の義を考えると、それは神自身が人類を創造し、とくにアブラハムを召命し、イスラエルをその民として選ぶという行為において自らに課した義務の遂行を指す。したがって神の義という概念を理解するには、創造と選びにおいて神の主導権を認めることが不可欠だ[29]。申命記が繰り返し指摘するように、神がその民として選び契約に迎え入れる動機や根拠となり得る行為や状態を、イスラエル自身は何一つ示さなかった[30]。神自身が彼らを愛

---

27) Schrenk, *TDNT* 2.195; G. von Rad, *Old Testament Theology* 1 (Edinburgh: Oliver and Boyd, 1962), 370–76; Bultmann, *Theology*, 1.272, 277; Conzelmann, *Outline*, 216; E.R. Achtemeier, 'Righteousness in the OT', *IDB*, 4.80–85; Kertelge, 'Rechtfertigung', 38–43; Ziesler, *Righteousness*, 34–43; Goppelt, *Theology*, 2.138; McGrath, *Iustitia Dei*, 8.「義」に関する議論をヘブライ的背景と関係性の強調に引き戻すことに貢献したのは Cremer, Rechtfertigungslehre だ。著者は P. Achtemeier, 'Righteousness in the NT', *IDB*, 4.91–99 を読むことで、最初にこの点について納得した。

28) ユダのタマルとの関係に関する彼の判断も同様だ（創 38.26）。

29) 創造者としての神の義を強調する点に関しては Müller, *Gerechtigkeit*; Stuhlmacher, *Gerechtigkeit*, 228–36, Reumann, *Righteousness*, 13–14, 20 参照。

30) 申 4.32–40, 6.10–12, 20–23, 7.6–8 等。

し、彼らの父祖に対する約束に忠実だったに過ぎない（申 4.32–40, 6.10–12, 20–23, 7.6–8）。なぜ神の義が民への誠実さとして理解されるかも、同様に明白だ[31]。なぜなら神の義は、イスラエルの不誠実にもかかわらず彼らを救出し、擁護することによって契約義務を遂行することだからだ[32]。クムラン契約者はこの恵みに対する個人的な意識について印象的に述べるが、それがパウロの思考に共鳴することに疑いの余地はない（1QS 11.11–15）。

> 私に関して言えば、私が倒れた時、神の慈悲が私にとっての永遠の救いだ。私が肉の罪ゆえによろめくなら、私の義認（משפט）は代々変わりない神の義による。……神は私をその恵みにより傍らへと導き、その慈悲ゆえに私に義認（משפט）をもたらす。神はその真実なる義によって私を裁き、偉大なる善意によって私のすべての罪を赦す（יכפר）。神はその義によって、人の不義と人の子らの罪による不義から私を浄める（ヴェルメシュ訳）。

この義に関する理解は、パウロの用法に直接的な影響を与えていよう。これによって、なぜパウロがその主題を「神の義の啓示」（ロマ 1.16–17）として難なく宣言できたか、容易に理解できる。パウロは「神の義」が「救いに関する神の力」の前提だと考えた。そしてパウロを知らない教会までもが、この関連性をさらなる説明なしに受け入れることができた。そうでなければ、ローマの読者にとってディカイオシュネー（δικαιοσύνη）は純粋に「公正」という法律用語に過ぎない[33]。それゆえパウロは、「神の義」と「神の怒り」

---

31) §2.5 と 2 段落後を見よ。
32) とくに詩編（51.16, 65.6, 71.15）と第二イザヤ（46.13, 51.5–8, 62.1–2）を見よ。NRSV の詩 51.16 と 65.6 では צדקה（ツェダカー）が「救出（deliverance）」と訳される。上記箇所の他所では、神の「義」は「救い」と同義だ。そして NRSV のイザ 62.2 は צדקה を「擁護（vindication）」と訳す。他所では、例えばミカ 6.5 と 7.9（NRSV）は神の צדקה を神の「救済行為」あるいは神の「擁護」と訳している。BDB, צדקה, 2, 6a を見よ。Stuhlmacher（*Theologie*, 331）はとくにホセ 11.8–9 に注目する。Ridderbos, *Paul*, 164 と対比せよ。Ridderbos は「パウロとユダヤ人会堂において義認の教理は完全に相反する」と述べる。ユダヤ人会堂において義は終末的要素でしかないのに対し、パウロはキリストにおいてすでに実現した現実と理解する。
33) LSJ, δικαιοσύνη. この語の法廷的あるいは法廷的終末論的意味を強調するならば（とくに Bultmann, *Theology*, 1.273, 276 または Ridderbos, *Paul*, 163）、神の義という概念が用いられる契約的文脈がより強調されねばならない。

(ロマ 1.18) を対比させることができた [34]。それゆえ彼は、ロマ 3.21–26 で神の義を簡潔に神の「忍耐」と言い換え、神を「公正」なだけでなく、「イエスを信じる者を義と認める方」(3.26) として提示できた。ここで神の義が (Ⅱコリ 5.21 と同様に) 罪のための犠牲の提供をも意味することさえ、当然のこととして述べられた [35]。なぜならパウロは、ローマ教会のユダヤ人のみならず異邦人に対しても、「神の義」が人類のための神の救済行為として理解されることを前提として語ることができたからだ。こうしてパウロは、イスラエルの契約における信仰をキリスト教へ遺産として直接的に取り込んだ。

この義の理解によって、ローマ書におけるもう 1 つの重要な主題が浮かび上がる。先に記したとおり、パウロはこの書簡で神の義を説明し擁護することに心を砕いている [36]。しかし既述のとおり、「神の義」は神のイスラエルに対する誠実さと重なる。すなわち義とは、神がその民として選んだイスラエルへの義務に誠実であることを意味する。したがって、ロマ 3.3–7 における神の「誠実」、神の「真実」、そして神の「義」のあいだには深い関係がある。この主題はロマ 9–11 章の中心的テーゼとしてロマ 9.30–10.13 で繰り返されるが、それは神がイスラエルに関する (11.25–32) 約束を違わない (9.6) ということだ。パウロの義認に関する神学の中心には、「神の義」が誠実な者すべてに対する救済行為だという点と、「神の義」が選びの民イスラエルへの誠実さだという点との、動的な相互作用がある。

パウロが義認を関係性という視点で理解することは、宗教改革以降の伝統的神学議論に直接の影響を及ぼす。じつにこの義認理解は、伝統的議論におけるほとんどの論争が無意味であることを示すからだ。「神の義」が主語属格か目的語属格か、すなわち「神の行為」か「神が与える賜物」かという議

---

[34]　厳密には「神の義」に「神の怒り」が含まれる。なぜなら怒りは、人類の誤りに対する神の適切な応答だからだ (§§2.4, 4.4 参照)。しかし旧約聖書において、神の義はおおよそこのように用いられない (Stuhlmacher, *Theologie*, 327–29)。そして神の「救いの義」こそが神の義の性質として強調される (ロマ 1.17)。Reumann, *Righteousness*, 68.

[35]　ロマ 3.25–26 は、イエスの犠牲死が神の公正と義の両方を立証することを示す。公正とは犠牲という罪を体現する命の破壊によって罪を対処すること、義とは神が罪人を義と認めることだ。§9.2, 3 参照。法と犠牲という隠喩の統合に注目。

[36]　§2.5 参照。

論は、「あれかこれか」的な釈義に陥りがちだ[37]。関係性における動的な相互作用という観点は、そのような分析を無効にする。パウロはこれと対称的に、神の義を、関係性へと人をいざない留める神の行為と理解する。すなわちそれは、「救いのための神の力」だ。

もう1つの議論は、ディカイオオー（δικαιόω）という動詞が「義と・する・」を意味するか「義と・認める（み・なす・）」を意味するかというものだ。しかしこの場合も、パウロが前提とする基本的な考えは関係性であり、それは神がイスラエルを呼んで契約の内に留めるという、パートナーとしての人のための神の行為だ。したがってここでも、答えは「あれかこれか」ではなく両方だ。神はその契約において、契約のパートナーの不誠実にもかかわらず、契約関係を維持する。しかし契約のパートナーは、命を与える神との生きた関係性において、ほとんど変容せずにいられない[38]。

本項では、義に関する伝統的な議論を相対化したが、それは義に関するより重要な問題に表舞台の光をあてるためだ。すなわち、義認なるパウロ神学がユダヤ教の決定的な反駁あるいは関係否定を意味するかという問題だ。この問題に関する上の議論は、以下の3点に要約できよう。第1にパウロの義認に関する教えが、神の義に関する聖典的理解から直接導き出されることだ。ローマ書で用いられる言語表現は旧約聖書に依拠しており、それに対する批判でない[39]。第2に神の前でのイスラエルの立場は、恵みという神の主導権に完全に依拠することだ。これはユダヤ民族の自己理解と契約神学の根底にあるに思想だ。この点は、悔い改めと犠牲を通して罪の赦しが提供される契約制度においても明らかだ。これは現行のパウロ研究において支持を得始めているが、いまだ完全に受容されたわけでない[40]。第3に恵みという神の主導権が、ファリサイ派としての過去の経験への自己反省や、「ユダヤ教

---

37) §14 n.12を見よ。「主体的属格（genitive of authorship）」なる中間的な提案にも注目すべきだ。これは「神から派生する義」を意味する。Reumann, *Righteousness*, 66. Seifrid (*Justification*, 214–18) の議論はやや混乱をきたしている。Stuhlmacher (*Theologie*, 337) はフィリ 3.9 の「神からの義」を的確に捉え、「神の義の救済行使が神から派生する」と述べる。

38) Barrett, *Paul*, 99; Strecker, *Theologie*, 164–66 参照。§24.8 も見よ。

39) 最近の研究としてはとくに Williams, 'Righteousness', 260–63; Dunn, *Romans*, 40–42 を見よ。

40) ユダヤ教における「功徳の勘定」という古い視点に関しては Whiteley, *Theology*, 163–64 を見よ。

第 14 章　信仰による義認

化」を目指す反対者への抵抗から生まれたのでないということだ。むしろ基本的には、父祖の信仰の第一原理をたんに言い換えたに過ぎない。この第 3 の点に関しては議論が分かれる。

　本項の議論を通して、回答が切望される問いが浮かび上がる。すなわち、もし義認に関するパウロ神学がヘブライ的な性格を有するならパウロが敵対しているのは何か、である。私たちがパウロの義認理解とユダヤ教的遺産とのあいだに連続性を見出せば見出すほど、これは喫緊の課題となる。なぜパウロは、「信仰による義認」を支持するために、「行いによる義認」に対する反証をしたか。パウロは、ローマ市とガラテヤ地方に宛てた手紙の重要箇所において、以下のように自らの福音を要約している。

> 律法を行うことによっては、誰 1 人神の前で義とされないからです。律法によっては、罪の自覚しか生じません。……なぜなら私たちは、人は律法の行いなしに信仰によって義とされると考えるからです（ロマ 3.20, 28）。

> 人は律法の行いでなく、ただイエス・キリストへの信仰によって義とされると知って、私たちもキリスト・イエスを信じました。これは、律法の行いでなく、キリストへの信仰によって義としていただくためでした。なぜなら、律法の行いによっては、誰 1 人として義とされないからです（ガラ 2.16）。

これらの箇所で、私たちはもう 1 度、パウロと律法の問題に直面する[41]。多くの人がこの問題の答えをパウロの改宗と関連づけるので、改宗という文脈において議論を続けることにしよう[42]。パウロは自らの福音を擁護する際に、2 度にわたって自分の改宗に言及する必要を感じている[43]。

---

41)　§6 参照。
42)　とくに Kim, *Origin* (§7 n. 1); Seifrid, *Justification*, ch.3.
43)　ガラ 1.13–16, フィリ 3.3–9.

§14.3. パウロの改宗がもたらした影響

　パウロの改宗に関する最も影響力のある解釈は、それがパウロのイエス理解を変えたのみならず、律法理解をも変えてしまったというものだ。パウロは熱心な律法遵守の立場から、異邦人改宗者を律法から解放することに熱意を燃やす立場へと移行した（ガラ 5.1–12）。これを証明しようとするなら、パウロの改宗に関する以下の描写を思い起こせばよい。すなわち、「先祖からの伝承を守るのに人一倍熱心で」（ガラ 1.14）、「律法の義については非のうちどころのない者で」（フィリ 3.6）でありながら、「私にとって有利であったこれらのことを、キリストのゆえに損失と見なすようになった」（フィリ 3.7）。また、「私は神に対して生きるために、律法に対しては律法によって死んだのです」（ガラ 2.19）。上の解釈を要約する単一のテクストがあるとすれば、それはロマ 10.4 だ。パウロはダマスコ途上での遭遇の結果、「キリストは律法の終わり」と論じた[44]。

　この解釈において、改宗以前のパウロが、律法をすでに放棄していたギリシャ語を話すユダヤ人キリスト者を迫害した点は注目に値する。パウロの迫害の矛先は、彼と同じギリシャ語を話すディアスポラ・ユダヤ人であり、彼らはメシアであるイエスの弟子として洗礼を受け、ステファノの指導の下にあったと考えられる[45]。私自身もこの点には同意する。釈義上の根拠としては、「熱心さの点では教会の迫害者」（フィリ 3.6）という表現が挙げられる。この「熱心」は、「律法に対する熱心」と考えるのが最も自然だからだ[46]。ここから議論は円滑に展開するかに見える。すなわち、パウロは彼自身が迫害

---

44) §7 n.83 を見よ。〔訳註　聖書協会共同訳は「キリストは律法の終わりであります」と訳し、註に別様として「目標」を挙げる。§14.6.2 の「終着」を参照。〕

45) ギリシャ語を話すユダヤ人キリスト者については C.C. Hill（*Hellenists and Hebrews: Reappraising Divisions within the Earliest Church* [Minneapolis: Fortress, 1992]）がこの理解に反対するが、多くの証拠を無視するか軽視している。これと対比して S.G. Wilson, *The Gentiles and the Gentile Mission in Luke–Acts* (SNTSMS 23; Cambridge: CUP, 1973), ch.5 を見よ。

46) 「先祖からの伝承を守るのに人一倍熱心で」（ガラ 1.14）;「みな熱心に律法を守っています」（使 21.20）を参照。O'Brien, *Philippians*, 375–76 とそこに挙げられた文献を見よ。

していた立場へと改宗した。彼が迫害していた者らと同様にパウロも律法を放棄した。パウロなりの道理は容易に推測できる。つまり、律法はイエスの死罪を承認した。しかしダマスコ途上での遭遇は、神がイエスを報いたことをパウロに示した。したがって律法は愚かで[47]、今や破棄されるべきだ[48]。それゆえ、「キリストは律法の終わりです」。

　この解釈は多くの支持を得ており、その詳細をすべて議論する必要はない。ただ、ギリシャ語を話すユダヤ人キリスト者についてはほとんど知られてないが、彼らが律法を放棄したことは立証できるか[49]。パウロがキリストを「律法の終わり」と見なしたという理解は、パウロ書簡群が律法に対してかなり肯定的な表現を用いていることを説明し得るか[50]。そしてより重要な問題は、上の解釈が、改宗前後の状況についてパウロ自身が証言する他のテクスト(ガラ 1.13–16) を十分に説明し得るかということだ(フィリ 3.3–6 と詳細において一致している)。ガラ 1.13–16 について 4 点に注目しよう[51]。

(1) パウロは自らの改宗を、「かつてのユダヤ教における生き方」(1.13) からの転換と見なした。ここで用いられる「ユダヤ教」(また 1.14) という語が非常に特徴的であることに、十分な注意が払われてこなかった。ガラテヤ書以前にこの語が用いられた例はごくわずかで、新約聖書ではガラ 1.13–14 に 2 回のみ登場する。最初にこの語が用いられるのはⅡマカバイ記で、ここではユダヤ民族の宗教を指す。そしてその背景には、シリアの圧政に対して契約の民という民族アイデンティティを固守する闘いがある[52]。すなわち「ユダヤ教(Judaism)」という語は「ヘレニズム(Hellenism)」に対抗するた

---

47) 「法律は間抜けで大ばか者(The law is an ass ── an idiot)」(『オリバー・ツイスト』のバンブル氏) を引用してみたが、意味をとり違えられかねないので、「愚か (a fool)」とした。〔訳註　本来は劇作家ジョージ・チャップマン作 *Revenge for Honour* (名誉の復讐、1653 年) での台詞。〕
48) 例えば Räisänen, *Paul*, 249 n.112; Eckstein, *Verheißung*, 162–63 を見よ。
49) 例えば Räisänen, 'The "Hellenists": A Bridge between Jesus and Paul?', in *Jesus, Paul and Torah*, 177; C.K. Barrett, *Acts 1–14* (ICC; Edinburgh: Clark, 1994), 337–38 を見よ。
50) 例えばロマ 3.31, 8.4, Ⅰコリ 7.19, ガラ 5.14. その他 §23.3–5 を見よ。
51) 以下の点は Dunn, 'Paul's Conversion' (§7 n.1) から引いている。
52) 「ユダヤ人の宗教を守るため勇敢に戦った」(2.21)、「ユダヤ人の生き方を貫いた者らを仲間に加え」(8.1)、「(ラジスは)ユダヤ教ゆえに身に裁きを招いたが、身も心も捧げて熱心にユダヤ教を守った」(14.38)。『Ⅳマカ』4.26 参照。S.J.D. Cohen, '*Ioudaios*: "Judean" and "Jew" in Susanna, First Maccabees, and Second Maccabees', in Cancik, et al. (eds.), *Geschichte Band I Judentum*, 211–20.

めの造語だ（Ⅱマカ 4.13）[53]。

　換言すると「ユダヤ教」という語は、先祖伝来の宗教がユダヤ人に与えた独特の民族アイデンティティを擁護するマカバイ期の「愛国者」たちによる決意を象徴している。それは今日的な感性による、「ユダヤ人の宗教」という中立的表現でない[54]。それは造語当初から、迫害という災禍によって錬られた宗教アイデンティティの色彩に染まっており、そこには他の民族や宗教から距離をおいて独自性を維持し、堕落から逃れようとする明らかな決意が込められている。ユダヤ教とヘレニズムとの衝突は、とくにユダヤ律法とユダヤ伝統という2つの側面にあらわれた。シリアはこれらを抑圧したが、ユダヤ人愛国者らはこれらを勢力巻き返しの象徴、勝敗を占う正念場と捉えた。Ⅱマカ6章での葛藤は、神殿を中心とした伝統的祭儀、割礼、豚肉摂食拒否という順序で展開する[55]。

　ここから重要な点が浮上する。すなわち「ユダヤ教」とは、ヘレニズム・ユダヤ教も含むより広い外世界を占めるヘレニズムへの抵抗表現だ。複数のテクストの〈ユダヤ教の内にある〉という意識には、外部から保護された領域、内から眺めた外という独特のニュアンスがある。これは、イスラエルにおける律法の役割に関する既述の議論（§6.4）と直結している。この自己認識は、『アリ手』139, 142 のそれにかなり近い。

> 賢くあった律法付与者は……堅固な柵と鉄の壁をもってわれわれを囲み、われわれが他の異邦人と決して交わらず……何ものにも汚されず、悪しきものと交わり、曲がることのないように、われわれの四囲を、食物、飲みもの……に関する潔めの律法で囲んだ。

---

[53]　パウロと同時代の「ユダヤ教」という表現は墳墓碑文（イタリア出土）に見られる。ある女性が「ユダヤ教において（EN TΩ IOYΔAIΣMΩ）慈愛に満ちて生きた」（*CIJ* 537）。同表現（ἐν τῷ Ἰουδαϊσμῷ）をⅡマカ 8.1 とガラ 1.13–14 に見よ。

[54]　私は他所で社会学的表現の「ユダヤ教」と後1世紀の表現を関連させることの困難さを述べた。Dunn, 'Judaism in the Land of Israel in the First Century', in J. Neusner (ed.), *Judaism in Late Antiquity, Part 2: Historical Syntheses* (Leiden: Brill, 1995), 229–61.

[55]　Ⅰマカ 1.60–63 参照。§14.4 において引用。

第 14 章　信仰による義認

すなわち、私たちがテクストの内に見出す「ユダヤ教」は、広範囲の外世界から自らを分離し、少なくとも部分的にトーラーをこの分離を強化するための保証として見なす。もしパウロがユダヤ教から改宗したという表現が適切なら、パウロの体験はこの意味での「ユダヤ教」からの改宗だった。

フィリ 3.3–6 において同様に強調されるのは、改宗以前の「肉に関する誇り」、ユダヤ人としての身体的特徴また民族アイデンティティだ。パウロはこのアイデンティティを、8 日目の割礼、イスラエル人としての民族性、ベニヤミン族出身者としての部族的誇り、ギリシャ語を話すディアスポラで生まれ育ちながらもヘブライ文化（アラム語）を意識的に保った事実（3.5）によって具体的に示す。パウロが改宗以前に価値を見出していたこれら 4 つの点は、キリストに関する新たな知識との比較において価値を失った（3.7–8）。

(2)　パウロの「ユダヤ教における生き方」に関する描写も印象的だ。「私はユダヤ教に関して同世代の多くの同胞らに優っており、父祖の伝承についてはきわめて熱心でした」（ガラ 1.14）。フィリ 3.5–6 の 5 番目の自己認識――「律法に関してはファリサイ派の一員、……律法の義については非のうちどころのない者でした」――を勘案するなら、上の描写から第二神殿期ユダヤ教における党派主義の気配を感じずにはいられない。マカバイ戦争以降ハスモン家の子孫らによる激しい闘争が続き、それはトーラーの適切な理解に始まり浄めの規定や祝日の規定を含む論争を生んだ。この時期にファリサイ派やエッセネ派が登場し、それぞれトーラーに対する誠実を訴えつつ他宗派への激しい批判を繰り返した[56]。とくにファリサイ派は、トーラーへの忠実さで劣る他の宗派から距離を置く姿勢が顕著で[57]、律法を徹底的な厳密さ（ἀκρίβεια）で遵守しようとした[58]。

---

[56]　Dunn, 'Pharisees, Sinners and Jesus', *Jesus, Paul and the Law*, 61–88; 'Jesus and Factionalism in Early Judaism', in J.H. Charlesworth (ed.), *Jesus and Hillel* (Minneapolis: Fortress, 1997); 本書 §14.4–5 参照。『エチ・エノ』1–5、『ダマ』、1QpHab、『ヨベ』、『ソロ詩』、『モーセ遺』も見よ。

[57]　一般的に「ファリサイ派」という名称は、「分離派」を意味する別称として始まったと理解される。§8 n.44 と §14.4–5 参照。Winninge (*Sinners*, 170–80) は『ソロ詩』がファリサイ派の文書だとする。

[58]　この語はヨセフスと使徒言行録でファリサイ派を描写する際に用いられる。『戦記』1.108–09, 2.162、『自伝』191、『古誌』20.200–01, 使 22.3, 26.5.

同様に、パウロが非のうちどころのない自分の義について語る場合（フィリ 3.6）、彼は神とイスラエルの契約における自分の生き様を想起している。ここで用いられる ἄμεμπτος（「非のうちどころのない」）」という語の意味は曖昧だ。パウロがまったく律法に違反したことがないとは考え難い[59]。この語の用法を検証するなら、ヨブのように神に対して誠実を尽くしたとか[60]、周りの邪悪な状態から距離を置いたとか[61]、（神に対して）誠実な者らと交流を維持したとか[62]、あるいは「主の掟と定めをすべて守り、非のうちどころがなかった」（使 1.6）等と比較できよう。当然この契約における生き方には、悔悛と犠牲を通した罪の贖いが前提となる[63]。このような限定があったにせよ、ファリサイ派成員としてのパウロは、律法遵守において他のイスラエル人とは比較にならないほど厳格だった。この義に対する特別な厳格さが、契約の要求（義）において「非のうちどころがない」とパウロに言わせた。

したがってここでも、パウロが何から改宗したかをある程度理解できる。それはシナイ契約に特有な義の評価からの改宗であり、トーラー遵守の程度と質において他のユダヤ人に抜きんでようとするユダヤ教内の競合的関係からの改宗だ。注目すべきは、パウロが一方では他の民族からユダヤ教が分離していることを、他方ではユダヤ教内で他のユダヤ人から分離していることを、同時に意識していることだ（ガラ 1.13–14）。

（3）パウロの改宗に関する 2 つの告白で用いられる「熱心」という語の重要性は、看過されるべきでない。パウロは改宗以前に、「先祖からの伝承を守るのに人一倍熱心で（ζηλωτής）……」（ガラ 1.14）、「律法に関してはファリサイ派の一員、熱心さ（ζῆλος）の点では教会の迫害者……」（フィリ 3.6）だった[64]。パウロが「熱心」という語を繰り返すのはたんなる偶然でない。この「熱心」は明らかに、「ユダヤ教の内にいる」こと、マカバイ期以降の第二神殿期ユダヤ教を象徴する競合的党派主義、またフィリ 3.4–6 が示すユ

---

[59] O'Brien, *Philippians*, 380; Seifrid, *Justification*, 174; Thielman, *Paul*, 154–55.
[60] ヨブ 1.1, 8, 2.3.
[61] 知 10.5, 15, 18.21.
[62] 詩 1.1, 101.2.
[63] Howard, *Paul*, 53. §14.5.3.
[64] ロマ 10.2 も参照。§14.6.2 を見よ。

第14章　信仰による義認

ダヤ民族アイデンティティへの誇りと関わる。

　この意味でユダヤ教的熱心は、神の熱心への応答あるいは共鳴として捉えることができよう。なぜならイスラエル人にとって、神自身が「熱心者（ζηλωτής）」だという認識が、彼らの選民意識と深くつながっているからだ。ヤハウェが「熱情の神」だということは、「あなた方は他の神々を拝んではならない。なぜならあなた方の神、主である私は熱情の神だから[65]」という典型的な表現で、イスラエル民族確立の礎となる文書に明示されている。その要点は、イスラエルの民が他の神々を求めて偶像崇拝の罪を犯してはならないことだ。神の「熱心」はイスラエルをその民とした行為に明らかで、その当然の応答として、イスラエルはヤハウェへの排他的献身を維持し、他民族や他宗教の中にあっても自らの独自性を保つことが期待される。ヤハウェとトーラーに対するイスラエルの「熱心」は、ヤハウェのイスラエルに対する熱心を反映したものだ。

　これは具体的に何を意味するか。イスラエルの「熱心」は、「熱心たる英雄」と表現すべき一連の民間記憶として深く刻まれる。シメオンとレビは、ハモル家のシケムによって強姦された妹ディナの復讐を果たしたが、シケムの町の男たちが割礼を受けたにもかかわらず彼らを殺すことでイスラエルの尊厳を守り通した（創34）[66]。「熱心たる英雄」の最たる例はピネハスだ（民25.6–13）。彼はあるイスラエル人がミデアン人の女を天幕に引き入れるのを見ると、槍をとって両者を刺し通した。その結果ピネハスの行為は「神への熱心」と記憶され、イスラエルへの贖いと見なされた（民25.13）[67]。エリヤもその熱心さで知られている。それは彼が、アハブとイザベルとが促す宗教融合的行為にイスラエルの民が傾倒するのをカルメル山での勝利によって阻

---

[65]　出20.5, 34.14, 申4.24, 5.9, 6.15.「熱心」と「妬み」はヘブライ語でもギリシャ語でも同語だ。M. Hengel, *The Zealots: Investigations into the Jewish Freedom Movement in the Period from Herod I until 70 A.D.* (Edinburgh: Clark, 1989), 146–228.〔訳註　「熱情の神」は「ねたむ神」とも訳される。〕

[66]　この物語は士9.2–4に再出する。シメオンとレビは「あなた（ヤハウェ）への熱心に燃え、彼らの血による汚れを憎んだ」と言う。『ヨベ』30章は、イスラエルは主に対して清く、イスラエルの娘が異邦人に与えられることは恥であり汚れだ、との教えを導き出す（30.8–14）。

[67]　ピネハスはシラ45.23–24, Ⅰマカ2.54,『Ⅳマカ』18.12, 偽フィロン『古誌』46–48で称えられる。Hengel (*Zealots*, 149–77) の議論はピネハスに焦点を置く。

止しただけでなく（王上18）、その最終場面で450人ものバアルの預言者をキション川で殺したためだ（18.40）[68]。サマリアでアハブの子孫を根絶やしにしたイエフも「主への熱心」で知られる（王下10.16–17, 30）。マカバイ戦争でのハスモン家の抵抗運動が、この熱心を示す出来事として覚えられていることも重要だ。この運動は、シリア人と棄教したユダヤ人をマタティアが斬り殺した行為に始まるが（Ⅰマカ2.23–26）、それがピネハスと同様の熱心と記されている（2.27, 49–68）[69]。

したがって、「熱心」には3つの重要な要素がある。第1に「熱心」は、イスラエルの独自性を維持し、神に対して聖別された契約の純粋性が汚されることを防ぎ、宗教的で民族的な境界線を保持するための無条件な献身を指す。第2に、これを達成するため力を行使する用意があることを指す。イスラエルに特有の契約を危険にさらす者を根絶やしにするという徹底的な献身が、「熱心」という語によって表されている。第3にこの熱心は、イスラエルの境界線を冒す者、異邦人のみならず同胞のユダヤ人にも向けられる。

パウロが自らを「熱心」と表現し、彼の「熱心」と教会の迫害とを結びつける場合（ガラ1.13–14, フィリ3.6）、上述の意味での「熱心」が念頭にあったことに疑いの余地はない[70]。第1に、父祖の伝承に対するパウロの熱心（ガラ1.14）は、迫害者としての熱心（フィリ3.6）と表裏一体だ[71]。パウロは彼の熱心を神の熱心の反映として理解しただろう。まさにこの熱心が、神に対するイスラエルの特別な立場を保証すると考えられた。第2に、この熱心は身体的暴力をともなった。パウロの迫害したギリシャ語を話すキリスト者が殺害されたかは不明だが、パウロがこの迫害を過激な扱いと認識し、「破壊しようとした[72]」（ガラ1.13）と表現していることは重要だ。第3に、パウロ

---

[68] シラ48.2–3, Ⅰマカ2.58. Hengel, *Zealots*, 148 も見よ。

[69] ここでは「熱意を示す（ζηλόω）」という語が用いられる（Ⅰマカ2.24, 26, 27, 50, 54, 58. Ⅱマカ4.2, ヨセフス『古誌』12.271参照）。

[70] Hengel（*Zealots*, 180; *Pre-Christian Paul*, 84）の議論は、パウロのこの語の用法の重要性を十分に引き出してない。T.L. Donaldson, 'Zealot and Convert: The Origin of Paul's Christ-Torah Antithesis', *CBQ* 51（1989）, 655–82 も同様。

[71] パウロの「熱心」が彼のファリサイ派帰属と結びつくかは問題でない。むしろパウロのファリサイ派帰属と迫害に至る熱心はともに契約に対する忠誠の表れだ。

[72] ここで用いられる「破壊する（πορθεῖν）」という語は、他所では一般に物理的な襲撃によって

第 14 章　信仰による義認　　465

の迫害の対象は基本的にギリシャ語を話すユダヤ人キリスト者に限定されていたようだ。迫害者パウロは自らをピネハスやマカバイ抵抗者の「熱心」に倣う者と考えていた。

　この視点に立つと、迫害者パウロの動機が驚くほど明確に浮かび上がる。しかしこの点は、パウロの改宗に関する今日における議論でほとんど注意が払われない。パウロは彼以前の「熱心たる英雄」と動機を共有した。その熱心はギリシャ語を話すキリスト者に向けられた。なぜなら彼らはイスラエルの独自性と境界線を冒す者だったからだ。この迫害は、彼らが異邦人へイエスなるメシアを宣べ伝えたことと深く関わっていよう[73]。彼らがユダヤ教とその伝統を異邦人に提示することで、イスラエルの統一性と純粋性が曖昧となる危険があった。マカバイ抵抗者が「ユダヤ教」を擁護するために死守した割礼やその他の契約規定を異邦人に求めないことは、民族アイデンティティの境界線を排除し、モーセがイスラエルを囲んだ鉄の壁を取り崩す行為と見なされた[74]。パウロはこの熱心とそれを要求する「ユダヤ教」から、ダマスコ途上で改宗した。

　(4) 最後の要素についてはすでに述べたので (§7.4)、簡潔に記そう。これは、パウロがその改宗を「異邦人のあいだで彼 (神の子) を宣べ伝える」(ガラ 1.16) という大義と結びつけたことと関連する。上では彼が何から改宗したかを明らかにしたので、ここで何へ改宗したかがいっそう重要となる。パウロが以前迫害した信仰へ改宗したことは明らかだ。パウロがそれを「破壊」しようとしたのは、教会がユダヤ教のメシアを異邦人へ宣べ伝え、その結果ユダヤ民族アイデンティティとその契約の独自性を危険に晒したからだ。ダ

町々や領土を破壊することを意味する。Hengel, *Pre-Christian Paul*, 71–72.

73)　この結論と使 8.1–3 の記事とにはある程度の齟齬が見られる。しかしこの迫害はユダヤ地方出身の「ナザレ人」を対象としていないだろう。使 21.20 でのエルサレム教会の描写、とくにこの教会が迫害にもかかわらず以前と同様に存続していることは大きな謎だ。Seifrid (*Justification*, 159, n. 98) はこの点を看過している。ダマスコ訪問 (使 9 章。II コリ 11.32 も示唆する) はこの迫害の異なる側面を示し、離散したギリシャ語を話すキリスト者が迫害の対象であることを強く示唆する。ルカが 2 つの重要な出来事 (パウロの改宗とペトロによるコルネリウスの受容、使 9.1–11.18) を、ステファノの死に起因するギリシャ語を話すキリスト者の宣教 (8.4–40, 11.19–26) の間に挿入していることに疑いの余地はない。

74)　『アリ手』139–42 参照。

マスコ途上の体験が具体的に何だったにせよ、パウロは自らの「迫害」行為を誤りだったと認識した。そして、パウロが誤って迫害していた者らの行動に倣うことになった。同胞のユダヤ人（キリスト者）の手からもぎ取ろうとしていた旗を、自らが高く掲げずにいられなくなった。彼が激しく閉じようとしていた門戸を、広く開け放たなければならなくなった。

　これはパウロ神学の展開に対して興味深い問題を投げかける。例えば、パウロは瞬時にして上のような結論に至ったか[75]。彼はアラビアにおいて早速異邦人宣教を開始したか（ガラ 1.17）[76]。これらの議論は他所に譲ろう。しかしパウロの熟成した神学において、結論は明らかだ。パウロは自らの改宗をユダヤ教からの改宗、しかも異邦人のみならず他のユダヤ人からも距離を置くファリサイ派ユダヤ教からの改宗と捉えた。そしてパウロの回顧する改宗は、イスラエルの独自性を守り維持するために与えられたトーラーの周りの柵、あるいは鉄壁を崩す要因になるものに対する熱心で暴力的な敵対心からの改宗だ。

　要約しよう。信仰義認の宣言においてパウロが何に反論したかが明らかになった。彼は以前の律法に対する熱心に反論したが、それは一般に理解される律法への反論とは異なる。私たちは、律法がパウロにとっての懸念材料になったことを認めるが、それは本来的にユダヤ人を異邦人から分離する境界線の役割を果たす律法の一側面に過ぎない。また、信仰義認がいかにパウロ神学において生じたかがより明らかとなった。すなわちパウロは、異邦人がなぜ、そしていかに神に受容されるか、その結果として彼らはなぜ、そしていかにユダヤ人によっても受け入れられるかを説明しようとした。しかし私たちの考察はいまだ完結していない。キリスト者パウロの反論を象徴する語句を熟考しなければならない。それは、律法の行いによる義認だ。

---

75) この点に関して著者の理解は Räisänen ('Call Experience' [§7 n.1]) に近い。
76) このように理解する者として以下を見よ。Bornkamm, *Paul*, 27; Betz, *Galatians*, 73–74; Hengel and Schwemer, *Paul between Damascus and Antioch*, 109–20.

§14.4. ユダヤ教における律法の行い

すでに§14.2の最後の部分で、パウロ理解の鍵となるテクストを紹介した。信仰義認を論証するため、パウロは「律法の行いによる（ἐξ ἔργον νόμου）」と義認とを対極に置いた。プロテスタント神学の伝統的理解によると、前者は義を獲得するための善行を指す。この解釈はとくにロマ4.4–5から十分に可能だ。その場合「行い」(4.2)は、「(行いでなくたんに) 信じること」のアンチテーゼとしての「報酬のための行い」と説明される[77]。エフェ2.8–9はこの解釈を反映しているようだ。「あなた方は、恵みにより、信仰によって救われました。このことは、自らの力によらず、神の賜物です。行いによりません。それは、誰も誇ることがないためです」(Ⅱテモ1.9、テト3.5参照)。

しかしこの伝統的理解の問題点が、「新たな視点」から浮上した。既述のとおり、ユダヤ教が律法遵守による義の獲得を教えるという理解は「契約維持のための律法体制」への根本的な誤解だ[78]。改宗以前のファリサイ派パウロに関する私たちの考察によると、彼はイスラエルの契約による義が自らの献身と誠実さとによって獲得されるのでなく、すでに保証されていると考えていたようだ。義の獲得と義の維持の区別を明らかにすることは、旧い視点と新たな視点との論争の解決に繋がろうが、いまだそこに至っていない。ここでは、「律法の行いによる」という重要語句に焦点を置こう。

「律法の行い」とは、律法が要求する事柄、律法が義務と定める「行い[79]」

---

[77] Hübner, *Law*, 121–22; Westerholm, *Israel's Law*, 113–14, 116–17, 119, 120. とくに後者は、このテクストを他のすべての解釈が破綻する堅固な岩として捉えている。

[78] この点はM. Limbeck (*Die Ordnung des Heils. Untersuchungen zum Gesetzverständnis des Frühjudentums* [Düsseldorf: Patmos, 1971], 29–35) が指摘する。「たんに応答であって、獲得 (手段) でない」(p.173)。Ziesler (*Righteousness*, 95) は「律法維持のための義」なる語を用いる。D.B. Garlington ('*The Obedience of Faith': A Pauline Phrase in Historical Context* [WUNT 2.38; Tübingen: Mohr, 1991]) は、旧約聖書続編に「契約維持のための律法体制」というパターンが一貫して見られると述べる。

[79] ヘブライ語のמַעֲשֶׂה、ギリシャ語のἔργον。「律法の行いは個々の規程を成就するというより、救済の道として律法を授与することだ」というvan Dülmen (*Theologie*, 135) と比較せよ。

だ。しかし「律法の行い」は、すべての規定を無差別に指すのでない[80]。この点が非常に重要だ。これこそが伝統的な誤解だ。伝統的な理解によると、〈パウロは人が努力や功徳によって神に受容されるという考えを排除した〉となる。しかしパウロが問題にしているのはトーラーというユダヤ律法で、一般的な人の努力でない。より厳密に「律法の行い」を定義すると、それは神の民としてのイスラエルに律法が要求する事柄だ。換言すると、「律法の行い」はイスラエルの義を規定する。すなわち、神がイスラエルを特別な民として最初に選んで結んだ契約の内の、イスラエルが果たすべき責任の部分を指す。「律法の行い」は神の恩寵に対するイスラエルの応答、神がその民に求めた従順だ。それは神の民としてイスラエルが選ぶべき生き方だ（レビ18.5）[81]。すなわち「律法の行い」は、「契約維持のための律法体制[82]」をパウロ的に言い直した表現だ。これは契約と深く関わる律法規定だ。契約という関係性において機能する律法であり、契約を言い表し契約を保証する律法だ。それは、神の恩寵によって結ばれた契約のうち、イスラエルが守るべき部分を示す。

　しかし上で述べた幾つかの点はこれまで看過されてきた。すなわちこのように理解された律法は、イスラエル民族の特権的立場（§6.4）という意識を強化し、イスラエルの民を神へ聖別された者（§14.3.2）として他民族から分離する手段となった。神がイスラエルを選んだという認識が、神の救いに至る義をイスラエルが占有しているという理解へと導き、律法がイスラエル民族の聖さを定義するという認識が、イスラエルを他民族から分離するとの理解を導き出した。本来「律法の行い」は、パウロが言う「信仰による従順」に相当する肯定的な意味を有した。しかしイスラエルの誤解によって「律法の行い」が民族的特権の表象となったので、パウロはこれを否定した。「律法の行い」がイスラエルの契約維持を保証するのみならず、民族の特権的優越性を証明するしるしとなったので、パウロはこれを拒否した。

---

80)　しかし Bultmann (*Theology*, 1.283) は「『律法の行い』……は行い一般を指し、行いすべてが報酬のための行い」と述べる。
81)　§6.6 参照。
82)　§14.1 を見よ。

第 14 章　信仰による義認

　ちなみに、偶像崇拝の回避は「律法の行い」の最たる例と言えよう[83]。偶像崇拝がイスラエル民族の特権的立場を崩壊させるという理由から、その脅威はイスラエルの心理に深く根を下ろすこととなった。パウロは偶像崇拝の回避を「律法の行い」の一要素として挙げないが[84]、改宗前のパウロの民族的熱心と直結する「律法の行い」への「熱心」は、彼の教会迫害に見られる熱心を焚きつけていた[85]。

　「律法の行い」は、早い時期からイスラエル民族の選びと他民族からの分離を象徴する他の規程を含んでいた。その 1 つが割礼だ。アブラハムが割礼を要求されたので、割礼は契約の民の根本的なアイデンティティの表象となった（創 17.9–14）。男児の割礼を怠ることは、契約と契約の民からの除外を意味した[86]。パウロの時代に、ユダヤ人と異邦人とが「割礼」と「無割礼」という語で区分されたのも当然だ[87]。安息日の遵守も契約の民のアイデンティティと誠実さを象徴する重要なしるしとなった（出 31.12–17）[88]。安息日規定の不履行は極刑を意味した。イザ 56.6 によると、異邦人が契約に属するためのしるしは安息日の遵守だ。

　浄／不浄に関する規程は、ある意味で神の民を他民族から分離する典型的な規定と言える。これはたんに鳥や獣が聖いか否かを定めるのみならず、イスラエルを他民族から区別する規定として機能した（レビ 20.22–26）[89]。使

---

83)　出 20.3–6, 申 5.7–10。

84)　しかしパウロの偶像礼拝への嫌悪はユダヤ人の誰にも負けないほど執拗なものだ。§2.2, §24.7 参照。

85)　§14.3 を見よ。

86)　「あなた方の男子はすべて、割礼を受ける。……それによって、私の契約はあなたの体に記されて永遠の契約となる。包皮の部分を切り取らない無割礼の男がいたなら、その人は民の間から断たれる。私の契約を破ったからだ」（創 17.10, 13–14）。Hengel and Schwemer (*Paul between Damascus and Antioch*, 71) は「とくにマカバイ期以降、子供に割礼を施さないユダヤ人は棄教者と見なされた」と述べる。

87)　ロマ 2.25–27, 3.30, 4.9–12, ガラ 2.7–8, コロ 3.11。

88)　「あなた方は、私の安息日を守らねばならない。それは、代々にわたって私とあなた方との間のしるし、私があなた方を聖別する主であることを知るためのものだ。……それを汚す者は必ず死刑に処せられる。誰でもこの日に仕事をする者は、民の中から断たれる。……それを代々にわたって永遠の契約としなさい」（出 31.13–14, 16）。

89)　「あなた方は、清い動物と汚れた動物、清い鳥と汚れた鳥を区別せねばならない。動物、鳥、すべて地上を這うものによって、自らを憎むべきものにしてはならない。これらは、私が汚れたもの

徒言行録では、ペトロがコルネリウスと遭遇した時、汚れた食物や民族との接触が始めて教会で問題となった[90]。この傾向はバラムの託宣の内に見られる。「これ（イスラエル）は独り離れて住む民、自分を諸国の民の内に数えない」（民 23.9）。フィロンはこのテクストを敷衍し以下のように付加する。「彼ら特有の慣習ゆえに、彼らの祖先の道から外れないよう他の民族と関係を持たない」（『モーセ』1.278）[91]。

「ユダヤ教」という句の議論（§14.3.1）ですでに明らかになったとおり、マカバイ期の危機に遭遇したイスラエル民族は、その民族的独自性に関する意識を高め、選民としてのイスラエルを定義し擁護する要となる規定を模索し始めた。じつにセレウコス朝シリアが排除しようと試みたのは、イスラエル宗教のこの民族限定的な要素だった。衰退の一途を辿るセレウコス朝は、こうしてユダヤ人をヘレニズム的な宗教融合の下に置き、セレウコス王朝の一致を維持しようとした。そしてマカバイ期の文献が強調するように、とくに割礼と浄／不浄に関する規定こそが衝突の原因となった。割礼に固執するユダヤ人は極刑に処せられ、嬰児は母親の首から吊り下げられて高所から突き落とされた（Ⅰマカ 1.60–61）。

そして、豚肉を食べるよう強要されても、「イスラエル人の多くはそれにも屈せず、断固として不浄のものを口にしなかった。彼らは、食物によって身を汚して聖なる契約に背くより、死を選んで死んでいった」（Ⅰマカ 1.62–63）。

として、あなた方に区別することを教えたものだ。あなた方は私のものとなり、聖なる者となりなさい。主なる私は聖なる者だからだ。私はあなた方を私のものとするため諸国の民から区別した」（レビ 20.25–26）。また Heil, *Ablehnung*, Teil. 3 を見よ。

90) 使 10.10–16, 28, 11.3–12, 18, 15.8–9。

91) 『アリ手』139, 142 も見よ（§14.3.1 参照）。他民族から分離するイスラエルの伝統に関しては P. Ackroyd, *Exile and Restoration: A Study of Hebrew Thought of the Sixth Century BC* (London: SCM, 1968), 235–37; J. Neusner, *Self-Fulfilling Prophecy: Exile and Return in the History of Judaism* (Atlanta: Scholars, 1990), 36 参照。これら「特有の慣習」のうち最も重要なのが、割礼、食事規程、安息日であることは広く知られている。Meeks, *First Urban Christians*, 97; Räisänen, *Paul*, 167. 『ヨベ』22.16 にはこの姿勢の最も過激な表現が見られる。「異教徒らとはきっぱりと手を切り、彼らと食卓を囲んだり、……彼らの行いは汚れており、彼らの道はことごとく汚れ、下品で……」。

第 14 章 信仰による義認

最近まで、「律法の行い」という句はパウロ以前に存在せず、パウロが自ら創出した仮想敵と戦っているのでないかと註解者らは訝しがっていた。しかし、クムラン教団がこの句を用いていたという推論が支持され始める中で[92]、重要な死海文書の刊行がこの見解の信憑性を著しく高めた。『ミクツァト・マアセー・ハ−トーラー[93]』(4QMMT) という文書は、クムラン教団の指導者の 1 人、あるいは代表的指導者による書簡で、敵対する他宗派に対し独自の律法解釈（ハラハー）を提示している。つまりこの書簡は、契約の内にあるイスラエルが遂行すべき律法規定に関する教団の解釈だ。その関心は、神殿、祭司職、犠牲、清浄にある。書簡はその後半部で、これらの関心事を「律法の幾つかの行い（ミクツァト・マアセー・ハ−トーラー）」と称する[94]。さらに驚くべきことに、これらの「律法の行い」ゆえに、教団が他宗派と袂を分かったことがこの書簡に明言されている[95]。これらの「律法の行い」によって、彼らは独自性を維持した[96]。

要約しよう。当然「律法の行い」は律法全体の要求、すなわち契約維持のための律法体制全体を指す。しかしイスラエルと他民族との関係性という文脈では、ある律法規定が他の律法規定より重要性を帯びる。私たちは、割礼と食事規定を特記した[97]。クムラン教団における問題の焦点はユダヤ人と異

---

[92] 4QFlor. 1.1–7, 1QS 5.20–24, 6.18. パウロ研究でのクムラン資料の重要性に注目した人物として Moo ('Law') が挙げられる。

[93] E. Qimron and J. Strugnell, *Miqsat Ma'ase Ha-Torah* (DJD 10.5; Oxford: Clarendon, 1994). 本文と翻訳は *BAR* 20.6 (1994), 56–61 所収。

[94] キムロン (Qimron) の序数による C27 = García Martínez の 113。この文書は、この語句からその名前がとられている。Martínez によって最初に訳され、キムロンも採用する翻訳（「トーラーの規定」）ではこの関連が曖昧だ。しかし 1994 年シカゴで開催された聖書文献学会 (SBL) で Martínez は自らの訳が不十分だと認め、「マアセー」を「〜の行い」と訳すべきとし、死海文書翻訳第 2 版 (García Martínez, 1996) でそのように訂正した。Dunn, '4QMMT', 150–51 参照。

[95] Qimron, C7 = García Martínez, 92.

[96] Dunn, '4QMMT', 147–48 を見よ。驚くべきことに Eckstein (*Verheißung*, 21–26) は「律法の行い」に関する議論で 4QMMT の存在を見過ごしている。

[97] この点に関して私の議論は繰り返し誤解されてきた。例えば Bachmann, *Sünder*, 92; Stuhlmacher, *Theologie*, 264. 私は「律法の行い」が割礼、食事規定、安息日のみに限定されると述べたことはない。私の議論 ('New Perspective') を注意深く読むなら、ガラ 2 章が示すとおり、これらの規定が律法体制において一般に特別の意味を持つことは明白だ。Dunn, 'Yet Once More'; Heiligenthal, *Werke*, 133; Heil, *Ablehnung*, 166–68 を見よ。以下は私の見解を十分に把握している。Boyarin, *Radical Jew*, 53, 119–20, 210; Nanos, *Mystery*, 9–10, 177–78, 343–44.

邦人の関係でなく、ユダヤ人同士の関係であり、犠牲や清浄に関する宗教内論争だ。同年代の他のユダヤ教文献では、祭事の期日をいかに算出すべきか——太陽暦か太陰暦か——に関して激しい議論が交わされている。この議論は激しさを極め、互いに他宗派の祭事慣例をイスラエルの祭儀でない異邦人の祭儀だと罵った[98]。同様の問題をキリスト教史の内に見出そうとすれば、信者／幼児洗礼、異言、などが挙げられようか。今日においては、堕胎、女性教職、正典の無誤謬性、教皇の不可謬性、聖餐などが考えられよう。これらの問題で他者を批判する者が、それ自体を自分の信仰の中心に置いてるとは限らない。しかしこれらの問題が議論の焦点として注目されるがゆえに、反対者の信仰告白全体に対して疑念が向けられる結果となる。

§14.5. 行いによらず

上の考察をもとに、私たちはパウロが用いる「律法の行い」という表現を最も適切に理解することができる。ガラテヤ書とローマ書の重要箇所を順番に考察しよう。

（1）パウロがこの句をガラ 2.16 で初めて用いた背景には、上で述べたような状況がある。すなわち、彼は直前の箇所（ガラ 2.1–15）に見られる他者の姿勢に抵抗するためこの語句を用いた。異邦人テトスに割礼を要求する「偽兄弟」(2.4) は律法の行いに執着した。彼らにとってキリストへの信仰では不十分だった[99]。異邦人から「距離を置いた」ペトロと他のユダヤ人キリスト者も、同様に律法の行いに固執したが、彼らの場合は食事の諸規定によってイスラエルの民族性が守られることを重視したからだろう (2.12)[100]。パウロの言葉によれば、彼らは「生まれながらのユダヤ人」として行動し、

---

[98] 『ヨベ』6.32–35,『エチ・エノ』82.4–7. Dunn, *Partings*, 104 を見よ。§14.3.2 も見よ。

[99] パウロの「偽兄弟」という表現にもかかわらず、彼らがイエスをメシアとして告白しバプテスマを受けた者だとの見解が一般だ。Longenecker, *Galatians*, 50–51 参照。

[100] この意味での「分離する／距離を置く（פרשׁ）」は 4QMMT (Qimron C7 = García Martínez 92) で最初に見出される。この語とファリサイ派を定義する特徴（「分離した者」、§8 n.44 を見よ）との共鳴をパウロが意識していることは間違いなかろう。Dunn, '4QMMT', 147–48 参照。

「異邦人のような罪人」から距離を置いた（2.15）[101]。パウロの視点からは、彼らもまた律法の行いに固執しており、信仰のみでは不十分だった。したがって彼は、「誰も律法の行いによっては義と認められず、ただイエス・キリストへの信仰によって認められる」と述べた。それゆえパウロはガラ 2.16 で、キリストの内に受容される唯一の根拠は「律法の行い」でなく信仰であると述べ、キリストにある者同士の相互受容の根拠もこの信仰であることを繰り返し強調する。

なぜこの問題がアンティオキアで初めて浮上したか、この原則がダマスコ途上の啓示体験においてすでに明示されていたか、パウロはこのような表現で福音をすでに形成してしまっていたかについて、私たちはここで議論する必要はない[102]。より重要な点は、アンティオキア事件が、パウロ神学およびキリスト教神学を定義する重要な機会を提供したということだ。なぜならこの事件は、パウロ神学における最も印象深い原則となるべきもの——誰も律法の行いでなくキリストへの信仰を通して義と認められる（2.16）——を提示することにつながったからだ[103]。しかしパウロの念頭にある「行い」とは、義を獲得するための善行努力ではなく、異邦人から離れて契約の義を維持するための律法の規定を指す[104]。

---

101) 「罪人」は、マカバイ期後の宗派論争での批判表現だ。Dunn, *Galatians*, 132–33; 'Echoes of Intra-Jewish Polemic in Paul's Letter to Galatians', *JBL* 112 (1993), 459–77. ガラ 2.15–18 の詳細な議論は Winninge, *Sinners*, 246–50 を見よ。

102) Dunn, *Galatians*, 119–24; 'Paul and Justification by Faith' を見よ。

103) 私たちがガラ 2.15–21 と 2.11–14 との関係をいかに捉えようと、すなわちここでガラテヤ諸教会における新たな危機を念頭におきながら、パウロが実際にペトロに言ったことを記していようと、ペトロに言うべきであったことを記していようと、この理解が揺るぐことはない。

104) 私の 'New Perspective' が出版された同年に、Heiligenthal（*Werke*, 127–34）もガラ 2 章における「律法」が社会的限定化の機能を果たしていることに言及した。「メンバーシップのしるしとしての律法の行い」。Boers, *Justification*, 75–76, 91, 105 も見よ。Schreiner（*Law*, 51–57）はガラ 2.16 が記された文脈を看過している。パウロが律法の行いに抵抗した背景に、他のユダヤ人キリスト者が異邦人キリスト者に対して割礼を強要し、彼らとの会食を制限したことがあることは否定できない。Bachmann, *Sünder*, 100; van Dülmen, *Theologie*, 24 参照。Heiligenthal（*Werke*, 133）は「パウロが『律法の行い』と言う場合、それが食事規定と割礼を指していることは明らかだ」と述べる。Heiligenthal, 'Soziologische Implikationen der paulinischen Rechtfertigungslehre im Galaterbrief am Beispiel der "Werke des Gesetzes"; Beobachtungen zur Identitätsfindung einer frühchristlichen Gemeinde', *Kairos* 26 (1984), 38–53 も見よ。ガラ 2.15–21 の詳細な釈義は、E. Kok, 'The Truth of the Gospel': A Study of Galatians 2.15–21, Durham University Ph.D. thesis, 1993 参照。

（2）アンティオキア事件の報告に始まる議論で「律法の行い」が2度用いられるが、これらに関してパウロの姿勢は一貫している。彼は「律法の行いによって御霊を受けましたか、あるいは信仰を通して聞いたことによってですか」、「あなた方に御霊を賜り、あなた方のあいだで奇跡を行った方は、律法の行いの結果ですか、信仰によって聞いた結果ですか」と問う（ガラ3.2, 5）。ここでも、賜物としての御霊は行いの報酬でない[105]。問題は、（信仰によって聞くことで）御霊を授けられている異邦人が「ユダヤ人化する」（2.14）必要があったか、とくに割礼、食事規定、安息日なる明確にユダヤ的生活習慣が必要だったか、という点だ[106]。パウロの答えは明らかだ。「信仰によって聞くこと[107]」の効果は、ユダヤ人の契約における生活習慣（「律法の行い」）を完全に不必要なものにする。

（3）ガラ3.10はより論争的だ。「誰でも律法の行いに頼る者は呪いの下にあります。なぜなら、『律法の書に行うようにと書かれていることすべてにしたがわない者は誰でも呪われている』（申27.26）と書かれてあるからです」。本項が扱う問題に関して、これほど混乱をもたらした箇所は少ない。第1にこの混乱は、パウロにとっての前提事項が明言されてないことによって引き起こされた。多くの研究者は背後に隠れた前提を以下のように理解する。〈律法は完全な遵守を要求する（「律法の書に……書かれてあることすべて」）が、それは実行不可能なので、すべての者が律法の呪いの下にある[108]〉。しかしそのような理解は、現存する資料によって支持されない。ま

---

[105] ガラ3.6–14の議論の流れから、「アブラハムの祝福」が義（3.6–9）あるいは「約束された御霊」（3.14）と表現されることは明らかだ。とくにS.K. Williams, 'Justification and the Spirit in Galatians', *JSNT* 29（1987）, 91–100参照。

[106] ガラ4.10から明白なように、安息日を含む祭日の採用はガラテヤ人の心を惹いた。§6 n.84も見よ。

[107] この句を「福音のメッセージを聞く」でなく、このように理解すべきとの立場はS.K. Williams, 'The Hearing of Faith: *AKOĒ PISTEŌS* in Galatians 3', *NTS* 35（1989）, 82–93; Dunn, *Galatians*, 154–55 を見よ。ロマ1.5──「信仰の従順（ὑπακοὴν πίστεως）」──も参照。ギリシャ語の ἀκοή も ὑπακοή も、ヘブライ語の「応答を伴う傾聴（שָׁמַע）」を反映する。§23.3参照。

[108] 例えばHübner, *Law*, 18–20; Becker, *Galater*, 36; Räisänen, *Paul*, 94–96, 109（パウロはその厳格さにおいてユニークだった、119–20）; Schreiner, *Law*, ch.2; Thielman, *Paul*, 124–26, 129–30; Eckstein, *Verheißung*, 131–33, 146–47. 例外としてSanders, *Law*, 23. 「律法の書に……書かれていることすべて」の「すべて」という語がLXX申27.26とほんの少数のヘブライ語写本に見られるこ

ず、律法が「完全」を要求するとの理解を示す証拠はない[109]。律法の書が求める従順は契約という文脈にあり、そこには違反に対処する方法も提供されている。この従順は実践可能と考えられた[110]。そして、ファリサイ派サウロと使徒パウロの両方が、この点に関して同意している[111]。

　第2に、なぜパウロが「律法の行いに頼る者」と対象を特定するか説明できない。本節は「(例外なく)すべての者が呪いの下にある」と教えるからだ[112]。ただ「律法の行い」という句の付加から、この句が初出するガラ2.16とその直前で非難される者がパウロの念頭にあると分かる。すなわち、「律法の行い」が根本的にイスラエルの契約への所属に不可欠で、アブラハムの遺産相続の条件だと考える人々を、パウロは呪いの対象と考えた。彼らの前提と行動は、異邦人キリスト者をも含む異邦人を「閉め出す」結果となる(4.17)[113]。

　このガラ3.6–14の解釈の方が、従来の理解よりも混乱を解決しやすい。パウロはこの箇所で、「祝福と呪い」という伝統的主題を意識している。これは、イスラエル確立における約束と申命記の基礎をなし[114]、イスラエルの契約神学の中心的主題だ[115]。パウロはガラ3.6–9で、この主題のうち最も看過されがちな第3の約束——諸民族への祝福——に焦点をあてる[116]。申命記

との重要性は明白でない。Stanley, 239 n.196参照。§14.3.2参照。

109)　Sanders, *Paul, the Law and the Jewish People*, 28; Räisänen, *Paul*, 120–27, 178–79; Stowers, *Rereading*, 141; M. Cranford, 'The Possibility of Perfect Obedience: Paul and an Implied Premise in Galatians 3.10 and 5.3', *NovT* 36 (1994), 242–58. これは拙著における統一見解の1つだ。Dunn (ed.), *Paul and the Mosaic Law*, 312.

110)　この意味での従順に関しては(「……それを行うことができる」申30.11–14)、将来と希望として取り上げられている(「私の霊をお前たちの中に置き、私の掟にしたがって歩ませ、私の裁きを守り行わせる」。エゼ36.26–27)。

111)　フィリ3.6、ロマ8.4、13.8–10(すべての掟)、ガラ5.14(「律法全体」)。

112)　Van Dülmen (*Theologie*, 32) は「ユダヤ人だけでなく、救いの外に立つ……すべての人がキリストによって来る」と述べる。

113)　Eckstein (*Verheißung*, 122–31)はガラ3.10を2.15, 17の光に当てて解釈する。つまりトーラー遵守によって救済を獲得しようとする者は、異邦人と同様の罪人と見なされる。すなわち、律法の違反者としてだ。しかし彼は「罪人」という語の意味を理解していない。それは異邦人の義を拒絶するユダヤ人の表現だ。Dunn, *Galatians*, 237–38.

114)　創9.24–27, 12.3, 27.29、民23.7–8, 24.9.

115)　申27–30章。

116)　§6.5.2を見よ。

は、神の明示した意志に対する応答を誤る者が災難を招くと教える。祝福の反対は呪いだ。パウロは、それが律法に固執する者（「律法の行いに頼る者すべて」）に起こった悲劇と考える[117]。イスラエルの特権と他民族からの分離を強調し続けることで、彼らは福音の内に示された神の意志に抗った結果、律法理解とその実践を誤った。真摯な意図にかかわらず、彼らは「律法の書に行うようにと書かれていることすべてにしたがわない者」となり、申 27.26 にある呪いの下に置かれた[118]。すなわちガラ 3.10 は、§14.4–5 がここまでで明らかにしたイスラエルの状況に実質的な変更を加えない。

（4）ローマ書には、ガラテヤ書の議論を補完する同様の議論が見られる。ロマ 3.20 はガラ 2.16 に相当するが、ここでパウロは「ユダヤ人に始まり異邦人に至る」告発を要約する[119]。すなわち、「律法の行いによっては誰 1 人として神の前で義と認められません」。この告発（1.18–3.20）の重要な点は、ロマ 2.17–20 でパウロが「ユダヤ人」という語の示唆する特権と差別を批判していることだ。ここでは「律法の行い」という句がこの告発を要約していよう。それは、同じ句が割礼とユダヤ化（ガラ 2.1–16）に対するパウロの告発を要約するのと同様だ。パウロが最終的結論を要約する場面で「律法の行い」という句を導入し、「自己努力による義」という異なる問題を唐突に提示したとは考えられない。

（5）ロマ 3.20 に関するこの解釈が正しいことは、パウロがいかに神の義が有効か（3.21–26）を述べたあと、もう一度、誇り（奢り）という問題に議論を戻すことから分かる（3.27–30）。

---

117) イスラエル全体がいまだ申命記的呪いを経験していたという一般的な意識にパウロが言及しているとする近年の視点（すなわち、民全体がいまだ「捕囚」状態にあるという理解。とくに、J.M. Scott, 'For as Many as Are of Works of the Law Are Under a Curse [Galatians 3.10]' in Evans and Sanders [eds.], *Paul and the Scriptures of Israel*, 187–221; Wright, *Climax*, ch.7）はなぜ「律法の行いに頼るすべての者」と特定するかを説明できない。あるいは、そのように理解するなら、なぜイスラエルの地で、改宗前のパウロをも含めて、自らを「義」（『ソロモンの詩篇』）あるいは「非のうちどころがない」（フィリ 3.6）と考える者がいたかを説明できない。

118) Dunn, *Galatians*, 170–74 を見よ。§14.5.7 も見よ。

119) ロマ 2–3 章に関する §5.4 での議論を見よ。

²⁷ 誇りはどこにあるでしょう。それは排除されました。どのような法則によってでしょう。行いの法則によってでしょうか。いいえ、そうでなく信仰の法則によってです。²⁸ なぜなら私たちは、人が律法の行いでなく、信仰によって義と認められると知っているからです。²⁹ あるいは神はユダヤ人のみの神でしょうか。異邦人の神でもないでしょうか。そうです、異邦人の神でもあります。³⁰ それはじつに、信仰によって割礼者を義とし、信仰によって無割礼者を義とする神がお一方だからです。

　これがロマ2.17–24の告発を繰り返していることは明らかだ。パウロがその箇所でのみ「奢り」について語っているからだ（2.17, 23）。この奢りは明らかに「律法の行い」と関連する。「律法の行い」は奢りを排除しない。むしろ「律法の行い」が奢りを助長しかねない（4.2参照）。ここでも、「行い」と関連する奢りは自己努力による義への奢りでない[120]。むしろそれは、イスラエルの特権と独自性に対する奢りだ（2.17–20）。

　私たちの理解が正しいことは、この箇所の議論の流れから明らかだ。ロマ3.28–29の論理は以下のとおりだ。行いによる義を認めることは、「神はユダヤ人のみの神」と言うのと同じだ。「律法の行い」はユダヤ人を異邦人から分離する[121]。律法の行いによる義認を主張することは、義認がユダヤ人のみに当てはまると主張することだ。また、異邦人キリスト者にユダヤ人らしく振る舞い、その慣習を継承することを要求することにつながる。しかし「神がお一方」（申6.4）なら、義認が律法の行いによるとし、ユダヤ人独自の生き方を採用することを前提とすることはできない[122]。ユダヤ人を異邦人から

---

[120] Käsemann（*Romans*, 102）, Cranfield（*Romans*, 165, 170, 219）, Hübner（*Law*, 115–17）等の研究者がみな Bultmann（*Theology*, 1.281）に同意し、ロマ3.27における「奢り」が明らかに「行いに依拠して神に対し要求を突きつける行為、神に対して負債を押しつける行為」（Cranfield, *Romans*, 165）と理解し、ロマ2.17, 23の明確な意味を看過することは、不思議としか言えない。Seifrid（*Justification*, 35–36）によるブルトマン批判も見よ。

[121] Räisänen, *Paul*, 170–72; Nanos, *Mystery*, 179–201も参照。Heiligenthal（*Werke*, 296–311）は初期の洞察をこの箇所において継続しておらず、ロマ3.29–30を無視している。Schreiner（*Law*, 95–103）はロマ3.27–28の釈義を行うが、そこでは奢りについて前出する箇所（2.17, 23）とロマ3.27–30における議論の流れを無視している。§23.3も参照。

[122] Seifrid（*Justification*, 64）は「普遍性（パウロ）と排他性（ユダヤ教）という誤った二律背反

分離する行い——ユダヤ人が異邦人からの独自性を守るために遵守する行い——に、義認が依拠するというわけにはいかない。

(6) パウロはロマ4章初頭でもこの主題に触れる。「もし、彼（アブラハム）が行いによって義とされたなら誇ってもよいが、神の前でそれはできません」(4.2)。「誇り」と「行い」が繰り返し連関することから、ここでもロマ3.27に始まる思考が継続していると分かる。アブラハムの時点で律法がまだ与えられてないとの理由で、パウロが「律法の行い」とアブラハムとを関連づけない、ということはない[123]。なぜなら彼は、アブラハムが「義と認められた」理由として割礼の有効性を否定しようとしているからだ（ロマ4.9–11）[124]。

ロマ4.6も同様だ。「ダビデは行いによらず神が義と認めた人の祝福について」語っている。ダビデの義は、割礼や他の律法の行いを実行することによらず、罪が赦されたことを意味する（ロマ4.7–8）[125]。

いずれの場合も、（律法の）行いによる義の否定は、ユダヤ人のみならず異邦人も約束に預かり、その約束が律法に依拠しないという建設的な表現に発展する（ロマ4.13–17）[126]。「律法の行い」を方程式から外すことは、律法により定義されたイスラエルの境界線を越えて福音が宣べ伝えられることを阻む障壁を除去することになる。

(7) ロマ9.11, 11.6はそれ以前に確立された主題に読者を引き戻す[127]。ロマ9.30–32は実質的にロマ3.27–31の議論を繰り返す。

を提唱したとして私を批判するが、私自身もこの危険性を警告している（Dunn, *Romans*, 188）。§2.5も参照。キリストへの信仰を主張することがやはり1つの排他性であることを忘れてはならない。Räisänen (*Paul*, 186, n.119) は、「ラビ・ユダヤ教においてもパウロ書簡においても、独自の集団に所属することはその行動規範が条件となる」と述べる。

123) パウロは同様に、アダムが命令を破ったことを取り上げることもできた（ロマ7.7–11, §4.7）。そしてヤコブの選びが「行い」の結果であることを否定することもできた（ロマ9.11, §19.3.1）。

124) Cranford, 'Abraham' を見よ。§14.7も見よ。

125) この表現が通常でないことは§13.3とDunn, *Romans*, 206–07を見よ。

126) §14.7を見よ。

127) ロマ9–11章の議論を概観する際に（§19.3.1, 19.5.1）、もう一度とりあげる。

第 14 章　信仰による義認

> ³⁰ それでは何と言いましょう。義を求めない異邦人が、義、しかも信仰からの義を得ました。³¹ しかし、イスラエルは義の律法を求めているのに、その律法に達しませんでした。³² なぜでしょう。イスラエルは、信仰からではなく、行いからであるように（振る舞ったからです）。

同様の混乱がここに明示されている。イスラエルは神が要求した義を、行いによってのみ理解した。その結果、彼らは律法が設定した基準に達することができなかった [128]。その基準は信仰によってのみ達することができるからだ。これはガラ 3.10 に関する私たちの解釈と符合する。すなわち、行いという意味において律法の要求を実践することは、じつに律法を守ることの失敗につながる。換言すると、「律法の行い」はユダヤ人を異邦人キリスト者から区別するというユダヤ人特有の問題だ。

　(8)　パウロの「行い」理解に関するもう 1 つの特徴にも注目しよう。それは、「善行」は望ましいことで、神の審判は「行い」によるというものだ [129]。パウロの主要な論点が善行による義認だったとすると、彼は安易に善行を促しはしなかっただろう。つまり、「信仰の行い」あるいは「信仰の従順」などを口にすることはなかっただろう [130]。パウロが「律法の行い」と「善行」を結びつけなかったことは明らかだ。これら 2 つの句は、パウロの頭の中で異なる基礎構造の上に成り立っていた。「善行」を勧める一方で「律法の行い」を批判することは、パウロにとって自己矛盾でなかった。

　ここで 1 つの重要な推論が浮上する。「律法の行い」は「（善い）行い」と同じでないという視点は、行いにしたがった審判（ロマ 2.6–11）と信仰義認

---

[128]　ロマ 9.31 の目標が「義の律法」であることを認めるにもかかわらず、Westerholm（*Israel's Law*, 127–29, 145）は要点を曖昧にし、「イスラエルは『律法に依拠した義』を求める」（p.145）と述べる。こうして Westerholm は、パウロが律法を信仰の著しいアンチテーゼとして捉えているかの印象を与える目的を達成している。しかしこのテクストにおいて対極に置かれるのは、「律法の行い」と信仰だ（「信仰によってではなく、行いによって達せられるかのように」）。

[129]　ロマ 2.6–7, Ⅰコリ 3.13–15, Ⅱコリ 9.8, 11.15, ガラ 6.4, コロ 1.10, Ⅱテサ 2.17, エフェ 2.10, Ⅱテモ 4.14. ロマ 13.12, Ⅰコリ 15.58, ガラ 5.19, コロ 1.21, エフェ 5.11, Ⅱテモ 4.18 も参照。「善い行い」が望まれる点は、とくに牧会書簡で強調される（Ⅰテモ 2.10, 3.1, 5.10, 25, 6.18, Ⅱテモ 2.21, 3.17, テト 1.16, 2.7, 14, 3.1, 8, 14）。

[130]　Ⅰテサ 1.3, Ⅱテサ 1.11, ロマ 1.5。

との関係についての長きにわたった議論に決着をつけることになる。これらのあいだに矛盾はない。なぜなら、「律法の行い」とは究極的に、ユダヤ人をイスラエルの民として諸民族から分離するという、彼らの存在意義に関わる律法への従順を指すからだ。一方で、善行を行うべきということに関しては誰も異論を挟まない[131]。

　要約しよう。パウロが非難し続けた「行い」とは、契約律法の要求に対するイスラエルの誤解だ。この誤解の結果、ユダヤ人は異邦人と一線を画する独自の契約を維持することを試みたし、ユダヤ人キリスト者はそのような独自の契約に異邦人キリスト者が同化するよう要求した。それは、諸民族をも祝福するという神の約束（契約）とこの契約の神とを誤解することだ。

§14.6. 義の自己獲得？

　私たちはここで初めて、パウロの義認理解に関する伝統的解釈の中心的テクストを精査する準備が整った。

(1) ロマ 4.4–5
　[4] 働く者にとって報酬は恵みでなく責任として見なされています。[5] しかし、働かずに、不信心な者を義とする方を信じる人は、彼の信仰が「義と認められます」（創 15.6）。

ロマ 3.27–31 に関して、あるいはロマ 3.27 と 4.1 との関連について何が議論されてきたにせよ[132]、上のテクストの意味は明白だ。人間はその努力によって義を獲得し得ない。むしろ義認の教えは以下のとおりだ。神は働かない不敬虔な者、好意を得る価値がなく、すべての面で断罪されるべき者を義と

---

[131] Snodgrass, 'Justification'.
[132] とくに C.T. Rhyne, *Faith Establishes the Law* (SBLDS 55; Chico: Scholars, 1981); R.B. Hays, 'Have We Found Abraham to Be Our Forefather according to the Flesh? A Reconsideration of Rom. 4.1', *NovT* 27 (1985), 76–98 参照。

認める¹³³⁾。

　このように表現すれば信仰義認の原則は明白で、その重要性が疑問視されることはない。しかし、パウロはここで行為義認への反論を行っているのでない。上のテクストは何かに反論してはおらず、ただ原理原則を述べている。人間同士の契約原理と神の驚くべき行動規範とが対比され、神が不敬虔な者を義と認めることを強調しているに過ぎない。

　さらに「神の義」に関する私たちの議論（§14.2）を考慮に入れると、1つの重要な問題が浮かび上がる。ロマ 4.4–5 は、神のイスラエルに対する基本的姿勢として、ユダヤ人も認める原則でないか。神的契約と人的契約とを区別するこの表現は、同胞のユダヤ人にとって著しく革新的か。おそらく前者に対しては「是」であり、後者に対しては「否」だろう。だからこそパウロは、議論することなしにたんに基本となる前提を述べた。典型的なユダヤ人読者がこれに反論するなどと、パウロは考えなかったからだ。パウロはロマ 4.4–5 において神学上の所説を言い直しただけだ。パウロがこう述べるのは、他のユダヤ人（キリスト者）に反論されたからでなく、神の人類に対する基本的姿勢を読者に想起させようとしたからだろう¹³⁴⁾。

　パウロは、直前の段落で用いた論法をたんに繰り返しているのかも知れない。彼はロマ 3.30 で、信仰と律法の行いに関する難題を、「神は唯一」という根源的な前提に注意を向けることで解決した。この一般的でユダヤ人ならみな同意する原則に基づき、神がユダヤ人のみならず異邦人の神でもあるという結果を導き出した。したがってパウロは、ロマ 4.4–5 でも神が人類を恵

---

133) とくに Westerholm, *Israel's Law*, 170 参照。
134) 「不敬虔な者を義と認める」ことは契約律法の根本的原則を破ることだ（出 23.7, 箴 17.15, 24.24, イザ 5.23, シラ 42.2, CD 1.19）。しかしイスラエルは、神の契約における義務が恵みによってのみ維持されていることも知っていた。詩編記者はへりくだって述べる、「主よ、あなたが罪をすべて心に留められるなら、主よ、誰が耐え得ましょう」（詩 130.3）と。ロマ 4.6–8 における詩 32 編の重要性にも注目せねばならない。Bultmann (*Theology*, 1.282) は、「『恵み』における逆説は、それが違反者、罪人に適用されるという点だ」と述べる。しかしロマ 11.32 によると、それは旧約聖書の「憐れみ」（ギリシャ語の ἔλεος、ヘブライ語の חֶסֶד）という概念だ。しかし Hübner (*Law*, 119, 121–22) はここに、「新たな思想、ユダヤ思想にとっての革命」を見出す。また Martin (*Reconciliation*, §9 n.1) は「悔い改める以前の罪人に出会い、追い求め、思いやり、赦す神の姿は、ユダヤ教には例を見ない」と評する。

み豊かに取り扱うという、誰もが同意する原則を述べ、それを起点として信仰のみが義と認められるという結論を導き出した。

すなわち、宗教改革の重大な原理である義認をロマ 4.4–5 から直接的に導き出すことは誤りでない。しかしより重要な問題は、これがパウロの反対者であるユダヤ人キリスト者への反論として提示されたかどうかだ。ここまでの議論では、「律法の行い」が行為義認について述べているかが明白でない。「行い（ἔργα）」と「働く者／働かない者（ἐργαζομένῳ）」とのあいだに何らかの言葉遊び的な関係性はあろうが、これらがどう関係するか不明だ。伝統的な理解を支持する者は、この関連が直接的だと考える。すなわち、パウロがロマ 4.4–5 で否定する内容を反対者は支持している。しかしロマ 4.4–5（3.27–30 をも）では、パウロが論争の的となる問題（律法の行い）の背後で、まず反対者との基本的な合意点に立ち、そこから争点に向けて持論を展開させているとも考え得る[135]。

(2) ロマ 10.2–4
> ² 彼らについて証言しますが、彼らは神への熱心を抱いています、しかし知識によりません。³ なぜなら神の義を知らずに、自らの（義）を確立させようと試みて、神の義にしたがわなかったからです。⁴ それはキリストが、信じる者すべてを義へ向かわせるための律法の終（着）だからです。

このテクストは、しばしば義認の解説において特別な役を演ずる。一般には、「自分の義を求めようと」する、すなわち「自分の」義を自らの努力で得ることが出来ると考えるイスラエルへの痛烈な批判と説明される[136]。しかしその理解は適切でない。その理由の 1 つは、「自らの」と訳されるギリシャの ἰδίαν が、厳密には自分に属し他者に属さないという意味での「自らの」であり、自分の努力によって獲得されるという意味での「自らの」でないこ

---

135) とくに Cranford, 'Abraham', 79–83.
136) 「『律法の行い』を成就することで人が力を尽くして獲得する義」（Bultmann, *Theology*, 1.285）；「自らの行いの権利としての義なる立場」（Cranfield, *Romans*, 515）。Hübner, *Law*, 121, 128–29 参照。その他の例は Dunn, *Romans*, 587 参照。

第 14 章　信仰による義認

とだ[137]。この理解は直前の議論（ロマ 9.30–33）と符合する。すなわち、「義」は他民族でなく自民族に与えられた特権だというイスラエルの認識（10.3）が、義の律法を行いによって得られるという誤解（9.32）と符合する[138]。

　もう 1 つの理由は、「熱心」というイスラエルが誇る伝統への喚起と関連する[139]。「熱心」なる概念が重要なことは、まずこの語が明示されていることから分かる（10.2）。さらに、自分であって他者に属さない義を「確立させる（στῆσαι）」という表現にも、「熱心」という概念が示唆されている。なぜなら στῆσαι という動詞が、おそらくヘブライ語のヘキーム（הקים）の意味を反映しており、これがとくに契約との関連で用いられるからだ[140]。Ⅰマカ 2.27 でマタティアは契約を守り抜くよう説き、「律法に情熱を燃やす者、契約を確立させる者（ἰστῶν）は私に続け」と述べる[141]。パウロはこのような熱心と契約への忠義を念頭に置いていただろう。繰り返すが、熱心とはイスラエルの特権的立場を維持しようとの決意だった[142]。このような理解と決意がじつに神の義に対する誤解だ。創造主が求めるのは被造物の従順であり、特権的立場を死守する熱心でない。

　上述の議論の結果は、ロマ 10.4 の理解を促す。なぜなら、もし私たちの理解どおりにロマ 10.4 が律法の「終（着）」に言及しているなら[143]、その終わ

---

137)　BDAG は ἴδιος を「私の、私に特有の」とする。「異邦人を除外した集団的な義」（G.E. Howard, 'Christ the End of the Law: The Meaning of Romans 10.4', *JBL* 88 [1969], 331–37 [ここでは 336]; Sanders, *Paul, the Law and the Jewish People*, 38, 140 等）。

138)　§14.5.7 を見よ。

139)　例えば Westerholm, *Israel's Law*, 114–15. また Schreiner（*Law*, 106–08）は、ἰδίαν と「熱心」の重要性を看過する。

140)　一般には、神が契約を「確立する」（創 6.18, 17.7, 19, 21, 申 8.18, 29.13）が、契約におけるイスラエルの責任（とくにエレ 34.18）にも用いられる。Dunn, *Romans*, 588.

141)　στῆσαι（ロマ 10.3）と ἰστῶν（Ⅰマカ 2.27）はともに ἵστημι という動詞の変化形だ。

142)　「正しい認識に基づくものではありません」（ロマ 10.2）とはおそらく、神の御前におけるイスラエルの特権的立場は過去のものであるというパウロの理解を表現しているだろう（ガラ 3.19–4.7）。§6.5 を見よ。

143)　本節のギリシャ語 τέλος を「終わり」と訳すべきか「目標」と訳すべきかに関しての議論は尽きない。R. Badenas, *Christ the End of the Law: Romans 10.4 in Pauline Perspective* (JSNTS 10; Sheffield: JSOT, 1985); Dunn, *Romans*, 589–91. おうおうにして忘れられがちなのは、「目標」に到達することは「終わり」に至るということだ。ロマ 9.30–32 に見られる競争のイメージがロマ 10.4 に持ち込まれているかという問題がここには含まれている。すなわち、τέλος とは「ゴールライン（最終地点）」かどうかだ。Thielman（*Paul*, 205–08）はイスラエルがこのゴールを走り越したと述べる

りが何を意味するかより明確になるからだ。パウロはロマ 10.4 を 9.30–10.4 の結論と据えるので、ここでの律法は「行いによって達せられるかのように」（9.32）誤解された律法だろう。すなわち、熱心なる英雄らが守る律法（§14.3.3）、ユダヤ人を守って異邦人を排除する律法だ（10.2–3）[144]。ガラ 3–4 章と同様に、律法の一時的な役割がキリストの到来によって──ユダヤ人のみならず異邦人でもキリストを信じることが可能になったことで──今その終わりを迎えた。したがってこの結論でパウロが強調する点は、「キリストが信じる者すべてを義に向かわせるための、律法の終着」だ。

(3) フィリ 3.7–9

⁷ しかし、私にとって益であったこれらのことを、キリストゆえに損失と考えるようになりました。⁸ それどころか、私の主イエス・キリストを知ることがあまりにも素晴らしいため、すべてのことを損失と考えています。この方ゆえに私はすべてを失いましたが、それらを今は汚物と見なしています。それは、私がキリストを得、⁹ またこの方の内に私が見出されるためです。それも、律法による私自らの義でなく、キリストへの信仰による義、すなわち信仰に基づいた神の義を持つことによって見出されるためです。

ロマ 10.3 と同様の問題がここにも見られる。パウロがここで「私自らの義」と言う場合、それは彼が努力によって獲得した義か。もしそうなら [145]、同じ問題が指摘されねばならない。すなわち、自らが義を獲得して契約に入る必要があるとユダヤ教は教えない。むしろ義は契約内にいる者が実践する敬虔だ。「私自らの」という表現は、「私が獲得したもの」と理解されがちだが、それは既述のとおり誤りだ。「肉の誇り」リストの後半部──「律法に関してはファリサイ派の一員、熱心さの点では教会の迫害者、律法の義については非のうちどころのない者」──については、相続した事柄というよりも自

が、それはここでのイメージを解釈に無理やり押しつけていると思われる。
144) Schlier, *Grundzüge*, 92–93.
145) Hawthorne, *Philippians*, 141; O'Brien, *Philippians*, 394–96.

ら選びとったものと理解することも、あるいはできよう[146]。しかしこの解釈は疑わしい。「私自らの」を「私が獲得した」と理解するなら、それはキリスト・イエスをパウロが「私の主」と呼ぶ場合（フィリ3.8）、パウロが主従関係を自分の努力で獲得したと理解するようなものだ。ここでの「私自らの」を「（他者のでなく）私自身の」と捉えず、「私が獲得した」と理解するなら、それは神の恵みを忘れ去ることだ。しかしフィリ3.9で対比されるのもまた、「律法から生じる義」と「キリストへの信仰による義、神から与えられる義」である[147]。したがって本箇所は、ガラ2.16やロマ3.28に見られる対比とほぼ同一だ。

私たちは、フィリ3.5–6の「肉の誇り」リストの前半と後半とに質の違いが見られる点にも注意を向けねばならない。パウロのファリサイ派としての立場、迫害者としての熱心、そして非のうちどころがない義を「自ら選んだ」事柄と理解することは可能だ。しかしこれらはたんに、リスト全体（3.4）を要約し性格づける「肉の誇り」を強調するに過ぎない[148]。それらに自らの選択が関わっていたとしても、「自ら獲得した」事柄と理解されない。むしろ上述したように、義はイスラエルに属し、契約に忠実なユダヤ人のみによって実践され、それゆえイスラエルに特有であり続ける、という確信を示している[149]。パウロが「私自らの義」と言う場合、このような理解に立つファリサイ人として語っており、「熱心」者として語っており、「非のうちどころがない」ユダヤ人として語っている。

これらの考察に鑑みると、パウロが「自己努力によって獲得する義」に反

---

146) Thielman, *Paul*, 153–54; Seifrid, *Justification*, 34, 173–74. Seifridは「神の契約における慈愛に対する必要な補完として従順を捉えるユダヤ教に対して、パウロは異なる考えを持った」と主張する（p.71）。彼は、キリスト者の信仰が行いによって具現化することとこれがどのように異なるかを説明しない。Schreiner（*Law*, 112–13）はたんに「肉の誇りは自らの努力に頼って奢ることだ」と決めつける。

147)「律法から生じる（τὴν ἐκ νόμου）」は構造的に「神から与えられる（τὴν ἐκ θεοῦ）／信仰を通して（τὴν διὰ πίστεως）」と並行する。Reumann（*Righteousness*, 62）が提唱するフィリ3.9–11におけるABBA, CDDCという構成も可能だろう。

148) フィリ3.3が完了時制を用いている点は重要だ。パウロはもはや以前に肉において抱いていた誇り（πεποιθότες）を持っていない。したがってフィリ3.3は3.7–8とインクルーシオを形成している。これが、彼の改宗の直接的結果として、彼が手放したものだ。§3.3.2参照。

149) Sanders, *Paul, the Law and the Jewish People*, 43–45; Burchard, 'Nicht aus Werken', 409–10参照。

論していたという主張を支持することは困難だ。もっとも、それが不可能というのでない。異邦人の改宗を視野に入れつつイスラエルによる律法の行いの問題を指摘するテクストが、人類一般をいかに神が受容するかという普遍的問題へと移された可能性は否定できない。エフェ 2.8–9 ではこの転換がすでに起こっていよう[150]。しかし真正パウロ書簡のテクストがユダヤ教母体から派生したパウロ型宣教の文脈で読まれる時、その意味は異なる。この文脈では、パウロが改宗以前の前提に対し激しく抵抗する様子を明らかに見ることが出来る。その前提とは、神の義がイスラエルのみのもので、この義に異邦人が与ろうとすれば、彼らはユダヤ人となって神によるイスラエルとの契約における具体的な規定遵守の義務を守らねばならぬ、というものだ。

したがって、私たちが神学的により普遍的な原則をパウロ書簡群から構築する場合でも、パウロ自身が注意を向ける具体的な問題から目を離してはいけない。パウロが具体的に直面していた問題は、民族アイデンティティが神の慈悲深い招きよりも重要となり、この民族意識が神の召しを定義する危険性だ[151]。この議論の背後には、パウロの福音とイスラエル——あるいはイスラエルに与えられた契約の約束——との関係がある。キリスト教の自己理解にとってこれは基本的な問題だ。これを看過してきた結果、キリスト教神学とその宣教は大きな犠牲を払ってきた。

§14.7. 信仰のみによって

パウロが具体的に何に反論したにせよ、何を肯定したかは明らかだ。個人が福音に応答し、そこで提供される祝福を体験する手段は「信仰／信頼 (πίστις)」だ。「律法の行い」に反論する必要がない場合も（テサロニケ 2 書）、それはすでに基本的な要素だった。これらの書簡において、パウロはことあ

---

150) この「行い」という概念の移行に加え、「救い」がすでに起こったというパウロ的でない表現のため、エフェソ書がパウロ派（パウロの弟子）によってパウロの死後執筆されたという見解が研究者らのあいだで一般となっている。I.H. Marshall, 'Salvation, Grace and Works in the Later Writings in the Pauline Corpus', *NTS* 42 (1996), 339–58 参照。

151) パウロは実際にロマ 9.6–13 でこのように言い換えている。§19.3.1 参照。

第 14 章　信仰による義認

るごとに読者の信仰をとりあげ、それを奨励している[152]。

しかしその後、福音がいかにして異邦人に提供されるかに関する意見が教会内で割れた時、「律法の行い」の問題が表面化した。この議論において典型的なアンチテーゼ——「誰も律法の行いでなく、イエス・キリストへの信仰のみを通して義とされる」(ガラ 2.16)——が形成された。疑いの余地も与えないように、パウロは 2 度この点を繰り返す。「……私たちもキリスト・イエスを信じました。これは、律法の行いでなく、キリストへの信仰によって義とされるためでした」(2.16)。ここで繰り返し強調される主題は、「信仰のみによる義認」だ。これは、後続するガラ 3 章において最も明らかに提示される。パウロにとって非常に重要なこの主題は、彼がその福音を詳述するロマ 3–4 章でさらに注意深くまた完全な仕方で繰り返される[153]。

私たちにとってとくに興味深い点は、パウロが信仰による義認について論ずる場合、異邦人が受容される条件を語るのみならず、いかに人類が神へ依存するかという根本的な問題への答えを提供していることだ。

(1) 上の解釈が正しければ、パウロが信仰を強調する理由は、律法の行いが示唆する限定性に反論することだと言える。これはとくにローマ書において明白で、私たちはロマ 3.27–31 でこの点をすでに確認した。行いを誇ることは、神がユダヤ人のみの神だとの主張と同等だ。これに対して信仰を強調することは、信仰によって義とする神はユダヤ人のみならず異邦人の神でもあると主張することだ (3.28, 30)。ロマ 9.30–32 もこの点を繰り返す。律法の行いは義の律法というイスラエルに限定的な概念を言い表しており、この誤解が結果的にイスラエルによる義の獲得を阻む。

しかし「信じる者すべて」を強調することで上の議論はより深化する。福

---

152)　「信仰 (πίστις)」(Ⅰテサ 1.3, 8, 3.2, 5–7, 10, 5.8, Ⅱテサ 1.3–4, 11, 2.13)、「信じる (πιστεύω)」(Ⅰテサ 1.7, 2.10, 13, 4.14, Ⅱテサ 1.10)。

153)　ガラ 3 章では「πίστις」が 15 回 (「πιστεύω」が 2 回)、ロマ 3.22–5.2 では「πίστις」が 20 回 (「πιστεύω」が 7 回) 用いられる。この頻度は他書をはるかに凌駕。Ⅰコリでは 7 回、Ⅱコリでは 7 回、エフェでは 8 回、フィリでは 5 回、コロでは 5 回、Ⅰテサでは 8 回、Ⅱテサでは 2 回。Goppelt (*Theology*, 2.126) は、ローマ書で「信仰」という語が用いられる 35 箇所の内 27 箇所において、またガラテヤ書で 21 箇所の内 18 箇所において、義認の問題が扱われていると指摘する。「福音を義認として解釈する際に、パウロは信仰という語に特別な強調を置く」。

音は「信じる者すべて」のものだ（ロマ 1.16）。神の義は「信じる者すべて」へ向けられる（3.22）。アブラハムは「信じる者すべて」の父だ（4.11）。「キリストが、信じる者すべてを義へ向かわせるための律法の終（着）だからです」(10.4)。「すべて」はローマ書を理解する鍵の1つだ [154]。これらのテクストを文脈に沿って読むと、「すべて」が一貫して異邦人のみならずユダヤ人も、ユダヤ人のみならず異邦人も、を意味すると分かる [155]。この点を強調するため、パウロは同胞のユダヤ人が前提とする信念を崩そうとしただろう。それは、ユダヤ人が神に対して特権的な立場にあり、イスラエルが神の恵みを占有しているので他民族は排除される、という前提だ。

　この同じ点は、パウロが重要な立証テクストと考えるハバ 2.4 と創 15.6 の解釈に表れている。信仰義認を定義し弁護するローマ書とガラテヤ書がこれらのテクストに焦点を置くことから、その重要性が伝わる [156]。私たちは、パウロと同時代のユダヤ人がこれらのテクストをいかに理解したかを知っているので、これらのテクストがパウロの議論においていかに機能したかを容易に推測できる。すなわち、パウロが何を提唱しているかのみならず、何に反論しているかを知り得る。当然この後者は前者の理解の助けとなる。

　(2) ヘブライ語聖書、LXX、パウロのあいだで、ハバ 2.4 の読みが異なることは興味深い [157]。

　　　ヘブライ語聖書：　彼の信仰／誠実さによって義なる者は生きる
　　　　　　　LXX：　私の信仰／誠実さによって義なる者は生きる
　　　　　　パウロ：　信仰（誠実さ？）によって義なる者は生きる

---

154)　ロマで「すべて」という語は71回登場する。

155)　「すべての民族」（ロマ 1.5）、「ユダヤ人を始め異邦人をも」(1.16)、「ユダヤ人を始め異邦人をも」(2.9)、「ユダヤ人を始め異邦人をも」(2.10)、「ユダヤ人と異邦人ともに」(3.9)、「全世界」(3.19)、「すべての肉」(3.20)、「隔たりはない」(3.22)、「すべての子孫へ」、「われわれすべての父」(4.16) 等。

156)　ハバ 2.4（ロマ 1.17, ガラ 3.11）、創 15.6（ロマ 4.3, ガラ 3.6）。パウロは詩 143.2 をもロマ 3.20 とガラ 2.16 において暗示するが、彼は「律法の行い」という句を挿入することによってこのテクストを彼の議論のためにより明確に用いている。Dunn, *Galatians*, 140 参照。§14.8 も参照。

157)　ヘブ 10.38 にはさらに異なる表現が見られる。「信仰（誠実さ？）による私の義なる者は生きる」。このテクスト構成に関しては J.A. Fitzmyer, 'Habakkuk 2:3–4 and the New Testament', *To Advance the Gospel*, 236–46 を見よ。

ヘブライ語聖書と LXX では信仰／誠実さの前に所有代名詞が置かれており、ハバ 2.4 の「信仰」が意味するものがパウロの場合と異なることが分かる。ヘブライ語聖書の場合は、レビ 18.5 (「それらを行う者はそれらのゆえに生きる」) の言い直しで、契約維持のための律法体制を示す典型的な声明と考えられる [158]。すなわちこれは、契約内に生きる者の義が何かを示している。「彼の信仰」——律法に対する彼の誠実さ [159] ——によって彼は生きる。クムラン文書のハバクク書註解はこれをまさにそう理解し、以下のように記す。「その解釈は律法を守る者に関わる [160]」。これに対し LXX は、契約に関する神の誠実さに焦点を置く。この場合、契約の内にいる者の命は、イスラエルに対する神の変わらぬ誠実さによって保たれる。神の義という主題に関する 1 つの理解が、ここに提供されている [161]。

　パウロの場合は、ロマ 1.17 でもガラ 3.11 でも、「彼の」や「私の」といった所有代名詞を省いている。したがってパウロはテクストの多様な理解を許容しており、ヘブライ語テクストが示すような限定的な読み方を避けている。こう表現したパウロの意図に関しては議論が分かれる。この議論はしばしば「あれかこれか」という主張に終始する。「信仰によって」は「義なる者」か「生きる」かのいずれかにかかり、パウロはこれらの内の片方だけを意図している、と考えられがちだ [162]。もしそうなら、パウロの表現はかなり大雑把だ。この表現がいかようにも読めることは、研究者らが認めるところだからだ。むしろパウロが、どちらとも読める開かれた表現を意図的に用いたと考えるのが適切だろう。パウロの意図は、人の義が始めから終わりまで「信仰／誠実さ (ピスティス πίστις)」によることを強調することだ。このピスティスの説明はロマ 4 章になると明らかになる。それまでのところ、このテクストを LXX 風に理解する読者が神の誠実さを感謝することを阻まない。「信仰から信仰へ」(ロマ 1.17) もおそらく開かれた表現だろう。それは「信仰で

---

158) §6.6 を見よ。
159) じつにこれが、ヘブライ語の אֱמוּנָה (LXX の πίστις) の最も自然な意味だ。すなわち「堅固さ、忠実さ」を表す (*BDB*, אֱמוּנָה; A. Jepsen, *TDOT* 1.316–19)。
160) 1QpHab 7.10–11, 8.1–3. Dunn, *Romans*, 45–46 を見よ。
161) §14.2 を見よ。
162) このような議論を進める例については Dunn, *Romans*, 45–46 を見よ。

あって信仰以外であり得ない」、「神の信仰／誠実さから人の（応答としての）信仰へ」、あるいはその両方となろうか 163)。

　ある意味でパウロの意図はガラ 3.11 でも同じだが、ガラテヤ書ではより大胆な議論展開が見られる。なぜならパウロは、ここでハバ 2.4 をレビ 18.5 と並行させるからだ（3.12）。既述のとおり両テクストは、契約内のイスラエルに与えられた責任について述べる。ハバ 2.4 をより一般的な「信仰」という意味で提示することで、パウロはこれをレビ 18.5 と区別する。この論理の流れはガラ 3.12a においてほぼ明らかだ。すなわち、「律法は『信仰によって』でない」。つまり、ハバ 2.4 は契約における義が基礎となる条件（神の誠実さと人の信仰、あるいは神の誠実さか人の信仰）を定義しているものと理解できる。一方でレビ 18.5 は、律法であって信仰でないということなので、その義をいかに生きるかに関してのみ言及していると理解できる 164)。

　ジグソーパズルの最後の片が埋まったので、私たちはガラ 3.10–14 の論理展開を見極める準備ができた 165)。約束された祝福（3.8）を律法の行いの厳守に固執する人々へ限定する者はじつに約束された祝福の条件を破棄しており、結果として呪いの中へ自らを落としめる（3.10）、とパウロは主張する。なぜならこの約束とは義に関する約束であり、それは信仰によってもたらされるからだ（3.11）。律法は一般に、約束が有効となったあと人はいかに生きるべきかを教える（3.12）。一方で、律法の呪いはキリストによって引き受けられた（3.13）ので取り除かれている。そして呪いと共に、律法の役割に関する誤解と、その結果として異邦人が約束から除外されるという事態は、無効だと宣言された。こうして今、約束された祝福は異邦人に対して無償で提供されている（3.14）。

　（3）創 15.6 は、義認なるパウロ神学にとってより根本的だ。「アブラハムは主を信じた。それは彼にとって義と認められた」。この引用がガラ 3.6 に始まる議論の起点となっており、またこの箇所の解釈のためにパウロはロマ

---

163) この議論に関しては Dunn, *Romans*, 43–44 を見よ。
164) §6.6 を見よ。
165) ガラ 3.10–14 の分析は必要だが、残念なことに各所に分散している。3.10 は §14.5.3 に、3.11 は §14.7 に、3.12 は §6.6 に、3.13 は §9.5 に。3.14 については §14.5.2 と §16.3 を見よ。

4章全体を費やしている。

　私たちは、このテクストがパウロと同時代のユダヤ人によっていかに受容されたか、その典型的な理解に関してかなりの知識を持っている。じつにIマカ 2.52 は創 15.6 の一解釈だ。「アブラハムは試練を通してその誠実さが認められ、それが彼にとって義と見なされたではなかったか [166]」。この場合の試練とはイサクの奉献だ。アブラハムはこの試練において神に誠実さを示した（創 22 章）。これは第二神殿期ユダヤ教において非常に好まれた主題であり [167]、「（イサクの）縛め」を意味するアケダーがこの時代の神学作業として重要だったことは既述のとおりだ [168]。ヤコ 2.21–23 が証言するように、創 15.6 を後続する物語によって解釈することが標準的な手続きだったようだ [169]。すなわち、創 22 章はアブラハムの「信じる」という行為が何を意味するかを示す。アブラハムのピスティス（πίστις）は試練の下での「誠実さ」だった。神の命令に対して疑いを挟まない従順だった。

　ここで I マカ 2.52 が、マタティアによる熱心たる英雄のリストの一部であることを忘れてはならない。これらの英雄の熱心がマカバイ戦争で求められた（2.49–68）。もう 1 人の熱心で偉大な英雄へ向けられる称賛の言葉が、創 15.6 をそのまま繰り返している点をも看過すべきでない。詩 106.30–31 はイスラエルの危機に対するピネハスの介入を褒め讃え [170]、「それは彼にとって義と認められた」とつけ加えている。同様に『ヨベ』30.17 はシケム人の殺害というシメオンとレビの熱心な行為を指し [171]、「それは彼らにとって義と認められた」と記している [172]。創 15.6 は明らかに、「熱心」というイス

---

166)　I マカ 2.52 の後半部は LXX 創 15.6 と一語一句一致している。
167)　ユディ 8.26, シラ 44.19–21,『ヨベ』17.15–18, 18.16, 19.8,『M アヴォ』5.3. フィロン『アブ』192, ヨセフス『古誌』1.223–25, 偽フィロン『古誌』40.2, 5,『IV マカ』14.20 も見よ。
168)　§9.4 を見よ。
169)　「神が私たちの父アブラハムを義とされたのは、息子イサクを祭壇で捧げる行為によってでなかったですか。アブラハムの信仰が行いと共に働き、信仰が行いによって完成されたことが、これで分かるでしょう。『アブラハムは神を信じた。それが彼の義と認められた』という聖書の言葉が実現し、彼は神の友と呼ばれたのです」（ヤコ 2.21–23）。
170)　詩 106.30a の「ピネハスは……とりなした（וַיְפַלֵּל）」が LXX105.30a では「……贖った（ἐξιλάσατο）」と訳されている。
171)　§14 n.66 を見よ。
172)　『ヨベ』14.7 は創 15.6 をほぼ文字通りに繰り返すので、創 15.6 が『ヨベ』30.17 で意識され

ラエルの伝統に沿って理解されていた。この熱心はイスラエル特有の契約に対する誠実さを意味し、神はこの誠実さを義とする。「熱心派[173]」だったパウロ自身は、この伝統を見過ごさなかった。パウロは創 15.6 を用いる際に、この伝統を言外の意味（subtext）として意識していただろう。

興味深いことに同様の表現は死海文書の 4QMMT（ミクツァト・マアセ・ハートーラー）にも見られる。この手紙形態の文書で、著者は「終わりの時に、私たちの言葉／実践のいくらかが正しいことを知ってあなたは喜ぶでしょう。そして彼の前で正しく良い業を行うことがあなたにとっての義と認められるでしょう」と述べる（Qimron and Strugnell C30–31 = García Martínez 116–17）。ここでの焦点は実践であり、直前で言及されている「トーラーの行い」（Qimron and Strugnell C27 = García Martínez 113）だ[174]。イスラエル族長時代の重要なテクスト（創 15.6）がここでも意識されている。ここでも、クムラン共同体のハラハー（律法各規定の具体的な実行）を特徴づける律法の行いに誠実であることが義と認められる[175]。

パウロは創 15.6 を 2 箇所で扱うが、ロマ 4 章がとくに印象的だ。ガラ 3.6 も創 15.6 に言及するが、パウロはそこに長く留まらず、神が義と認める方法としてアブラハムが信じたという行為に焦点を置くのみだ（「信仰によって」ガラ 3.7）。そしてすぐに、創世記のもう 1 つの重要な主題[176]——「祝福」（3.9, 14）、その反義語である「呪い」（3.10, 13）、そして「約束」（3.14–29）——へと移る[177]。

パウロはこの初期の手紙における義の福音の説明に創 15.6 を十分に生かし切っていないと感じたか、この聖書箇所にロマ 4 章で立ち戻る。ここにはパウロによる旧約聖書解釈の真骨頂が見られる。最初にテクストが提示され、つづいて 2 つの部分がそれぞれ解説され、最後にテクストへ戻る。

ていることは偶然の一致とおおよそ言えない。
173) §14.3.3 参照。
174) §14.4 参照。
175) Dunn, '4QMMT', 150–52 を見よ。
176) 「あなたのゆえに異邦人は皆祝福される」（ガラ 3.8）は創 12.3 と 18.8 の混合だ。そして約束主題は族長物語で何度も繰り返される（創 22.17–18, 26.4, 28.14）。§20 n.8 も見よ。
177) 「約束」に関する名詞と動詞はガラ 3.14–29 に 9 回登場する。

4.3 「アブラハムは神を信じた。それが彼にとって義と認められた」。
　4.3–12 「認められた」の解説
　4.13–21 「信じた」の解説
4.22 したがって「それが彼にとって義と認められた」。

　最初の解説では、当時の創 15.6 理解への反論が試みられる。「認める」という語は会計勘定のメタファだ。パウロは読者に対して、神の「会計勘定」が人間的な契約と同一でないと言う（4.4–5）[178]。むしろ創 15.6 は詩 32.1–2 の並行箇所によって適切に説明される（4.7–8）。つまり、「罪があると認められない」ことが「義と認められる」ことと同じだ（4.6）。換言すると、神の勘定計算は神的恵みであり、それは不敬虔な者を義とし、罪を赦す。
　しかし重要なのは、この祝福が規則を遵守するアブラハムについて認められるのかという問題だ（4.9–10）。パウロはアブラハムによる遵法の問題を彼の割礼行為において考える。この従順な行為（創 17.23）はアブラハムが義と認められたのちの出来事なので（15.6）、さらにのちのイサク奉納（22 章）と同じ問題を持っている。アブラハムは彼の信仰ゆえに、つまり彼の家の者すべてに割礼を施せと言う神の命令に忠実だったので義と認められたか。パウロにとっては出来事の順番が解釈の鍵となる。アブラハムは割礼より前に「義と認められた」。アブラハムの割礼は、すでに信仰を通して享受していた義なる関係性の象徴であり証印だ（4.10–11）。これらの行為以前の信仰が義の関係性の基本なので、また彼の信仰は無数の子孫を与えるという神の約束に対する応答なので（創 15.5–6）、信仰（のみ）が父としての立場をアブラハムに得させる根拠となる（4.12）。では、この信仰とは何か。創 15.6 後半部の解釈は非常に重要なので、個別に扱おう。
　（4）創 15.6 後半部の解説において（ロマ 4.13–22）、パウロはその「信仰（πίστις）」理解を最も鮮明で印象的に提示する。
　第 1 に、パウロは問題を割礼という特殊事例から律法一般へと拡大する（4.13–16）。ここで彼は、ガラ 3.19–29 で先に展開した議論を基本的に繰り

---

178) §14.6.1 を見よ。

返して深化させる。すなわち、律法が異なる役割を持っているという議論だ。既述のとおりその役割とは、契約における生活規定であり、人を生かすというより根本的な役割でない（ガラ3.21）[179]。パウロはロマ10.5でも、レビ18.5に言及しつつこの役割を再確認する。しかしここでは、違反に対する神的審判という、律法のより普遍的役割について述べている（4.15）[180]。そして何よりも、誰がアブラハムの子孫として認められるかを決定する役割が律法にないと明言する（4.13）。そのような律法の役割を創15.6に読み取ることはできない。むしろそれは初めの約束（創15.5）を無効にし、アブラハム自身が約束を受けとった時の信仰を無効とする（4.14）。したがって約束は信仰からでなければならない。なぜならその時、神が人と関わる際の最も根本的な原則──「信仰を通して恵みによって」──が明示されるからだ。その時、アブラハムの子孫すべてに対して約束が成就する。それは律法に属しアブラハム同様に律法を守る者だけでなく、律法とは関係なくアブラハムと信仰を共有する者をも含む（4.16）[181]。

　この解釈の最終段階（4.17–21）ではもう1つのテクスト、「私はあなたを多くの民の父と定めた」（4.17）が導入される。このテクストは創17.5（割礼に関する箇所）からやや強引に持ち込まれている。しかしロマ4.18が示すとおり、アブラハムが諸国民の父となるという創17.5の約束は最初の約束（「あなたの子孫はこのようになる」、創15.5）の言い換えなので、その導入はパウロにとって正当なものとなる。注目すべきは、創17.5の約束が示す神的主権（「私があなたを〜にする／任ずる」）に焦点をあてる点だ。これは創造神──「死者に命を与え、存在していない者を呼び出して存在させる神」（4.17）──による約束だ[182]。この神の前で、人は信仰、すなわち純粋な信頼以外に

---

[179] §6.6を見よ。
[180] §6.3を見よ。
[181] パウロはここで譲歩を示しつつ、アブラハムにおけるイスラエルの相続を肯定する（これがロマ9–11章の主題）。パウロはこの相続が非常に限定的に理解される点を批判する。彼はたんに、ユダヤ教の限定性をキリスト教の限定性によって取り替えているのでない。すなわち、「律法ではなく信仰のみ」とは言わず、「律法のみではなく信仰によっても」と言う。これは、ロマ3.28やガラ2.16に見られるパウロの関心と表裏をなすことを教える。このようなパウロの表現はしばしば看過される。Cranfield（*Romans*, 242–43）はこの点を曲解する。
[182] 「死者に命を与え」（4.17）という表現は、サラの不妊の胎へ命を吹き込む神の行為（4.19）と

応答する術を持たない。

　この信仰の意味は、約束とその成就という文脈でより明らかとなる（4.18-19）。アブラハムの高齢とサラの不妊に鑑みると、通常の仕方で約束が成就することはほとんど期待できなかった。しかしアブラハムは大きな期待をもって信じた。これが彼の信仰の特徴だ。律法の実施に依拠するのでなく、ただ神に頼る信仰だ[183]。これはアダムが示しえなかった創造神への信頼である。アブラハムは神に栄光を帰したが（4.20）、人類はこれを拒んだ（1.21）。これはアブラハムがのちに示す誠実さよりも本質的な信仰の特徴で、契約の神とイスラエルとの関係よりも本質的だ。つまり、神の約束に確信を抱き完全に信頼する被造物の信仰だ。この信仰の根拠は、神が約束したという事実に尽きる（4.21）。

　この信仰が「彼について義と認められた」（4.22）とパウロは論ずる。彼はアブラハムに関する解説のまとめとして、福音において求められる信仰もこれと同様だとする。その信仰とは、「私たちの主イエスを甦らせた」（4.23–24）命を与える神への信仰だ。

　これこそが、「信仰のみによる義認」という句によってパウロが意味するところだ。これは神と人類との関係を定義する重要な概念である。そしてこの関係性は、完全で無条件の信頼によって成り立つ。神的恵みへの人類の信頼が無条件でないかぎり、それはアブラハムの信仰と異なる。この信仰を通して、神はその業をなす。それゆえパウロは、「律法の行い」という信仰への付加を要求するあらゆる姿勢に対して強く抵抗した。神への信頼以外の策を講じようとする者を、神は義と認め関係性を保つことができない。義認は信仰により、それは信仰のみによる。

§14.8. キリストへの信仰

　私たちはすでに十分な議論を重ねてきたが、ここで終了とはいかない。近年議論を沸かせているある問題について言及せずにはいられないからだ。そ

イエスを死者の内から甦らせる行為（4.24）とを意図的に結びつけている。Dunn, *Romans*, 217–18.
183) この箇所に対するKäsemann（*Perspectives*, 92–93）の説得力ある考察を見よ。

れは、上で論じた「ピスティス（πίστις）」という語がいつも福音に対して人類が信じる行為を指すか、という問題だ。とくに脚注 184 に示した 7 つの属格句におけるピスティス（つまり「キリストのピスティス［πίστις Χριστοῦ］」）が何を意味するか、にこの議論の焦点がある[184]。人が信じる信仰という理解に反して、ある学者らはこの表現をキリスト自身のピスティス、すなわち十字架上で自らを捧げることでキリストが示した神への誠実さ、と理解する[185]。

　（1）ある者は、属格構造自体がこの理解を決定づけると考える。とくに「アブラハムの信仰（ピスティス）」（ロマ 4.16）との比較でこれが明らかとなる[186]。「アブラハムの信仰」がアブラハムが示す信仰を意味するならば、「キリストのピスティス」はキリストが示すピスティス（信仰／誠実さ）を意味しなくてはならない、と。

　しかし実際には、この構造自体は意味を決定しない。ギリシャ語における属格構造は、英語のそれ以上に意味の幅が広い[187]。私たちはすでに第 14 章（§14.2）で、δικαιοσύνη θεοῦ（ロマ 1.17）を「神の義」と訳すことの問題に触れた。同様の問題は「神の愛」（ロマ 5.5）でも起こる。これはおそらく「神の愛」だろうが、「神に対する愛」という訳は成り立たないか[188]。目的語を示す属格（目的語属格）に関して、私たちはすでに ζῆλος θεοῦ（ロマ 10.2）を例に挙げた。表面的には「神の熱心」だが、文脈から判断すると明らかに「神

---

184) 以下の表を参照。

「イエス・キリストのピスティス」	ロマ 3.22, ガラ 3.22
「イエスのピスティス」	ロマ 3.26
「キリスト・イエスのピスティス」	ガラ 2.16
「キリストのピスティス」	ガラ 2.16, フィリ 3.9
「神の子のピスティス」	ガラ 2.20

185) とくに、Hays, *Faith*, 139–91; '*PISTIS*'; Hooker, 'Pistis Christou'; Wallis, *Faith*; Stowers, *Rereading*, ch.7. その他の支持者に関しては Hays, '*PISTIS*', 35–36 を見よ。

186) 「キリストのピスティス」（ロマ 3.26）と「アブラハムのピスティス」（4.16）という並列関係は、'Ἰησοῦ を目的語とする属格（イエスへの信仰）と理解する解釈者にとって悩ましい問題だ。Hays, '*PISTIS*', 47; Stowers, *Rereading*, 201–02. しかし、Harrisville, '*PISTIS CHRISTOU*', 241 を見よ。

187) 例えば BDF §§162–68 によると属格構文には、起源や関係性の属格、目的語を示す属格、部分を示す属格、質を示す属格、方向性や目的を示す属格、内容を示す属格、同格属格、異なる意味の連鎖による属格などがある。

188) Dunn, *Romans*, 252 を見よ。

に対する熱心」を意味する（「神が熱心さを示す」〈主語属格〉でなく、「我々が神への熱心さを示す」〈目的語属格〉）。パウロはまた、「キリストの証言」（Ⅰコリ 1.6）という表現を用いるが、研究者らはこれを「キリストに対する証言」と訳すことで同意している。そしてフィリ 3.8 の「キリスト・イエスの知識」は、キリストを目的語／対象とする知識と理解される[189]。

したがって、属格構造自体が属格の意味を決定づけない。かえって文脈が属格構造の意味を決定する。既述のとおりロマ 1.2, 9 で、パウロは「神の福音」と「御子の福音」という表現を並列させる。ローマ書の文脈（1.2–3）から、前者を神が福音の背後にある源泉と権威（主語属格）、後者を御子が福音の内容（目的語属格）──「御子に関する」（1.3）──だと分かる。パウロ書簡以外でも、πίστιν θεοῦ（マコ 11.22）はその文脈から「神へのピスティス（誠実さ）」と理解されるべきだろう[190]。したがって πίστις Χριστοῦ を理解しようとするなら、私たちはパウロの用法の背後にある文脈に留意せねばならない。

文法的考察から離れる前に、この用法でのピスティスが無冠詞である点──すなわち「キリストのそのピスティス（ἡ πίστις Χριστοῦ）」でなく「キリストのピスティス（πίστις Χριστοῦ）」──にも注目しよう。主語属格の場合、一般に冠詞が付される。したがって「キリストが行使するそのピスティス」である。明らかな例としてロマ 3.3 がある。ここで「神のそのピスティス（τὴν πίστιν τοῦ θεοῦ）」とは「神が示すその誠実さ」だ。しかしこれは普遍的な規則でない。これに当てはまらない例としてロマ 4.16 がある。ここで「アブラハムのそのピスティス」とは「アブラハムが行使する信仰」だ（4.5 では「彼のその信仰」）。しかしロマ 4.16 の場合は、頻出する「ピスティスから（ἐκ πίστεως）」という表現を指しているのかも知れない[191]。「キリストのピス

---

[189] この問題は英語の用法にもある。「天の希望（hope of heaven）」という場合、おそらく天が希望を持つのでなく、人が天上の存在や「天国」へ行くという救済を希望の対象とする──人が天を望む──ことを意味する。

[190] 教会教父らはこの表現を一貫して目的語属格と理解している。Harrisville, 'PISTIS CHRISTOU'.

[191] 「信仰から（ἐκ πίστεως）」は、ロマ 1.17（2 回）, 3.26, 30, 4.16（2 回）, 5.1, 9.30, 32, 10.6, 14.23（2 回）で用いられる。

ティス（πίστις Χριστοῦ）」が一貫して無冠詞である点に関しては、十分な考察が必要と思われる[192]。

　（2）文脈に注目すると、問題はより明らかとなる。この表現が4回繰り返されるガラ2–3章では、キリストへの信仰以外がピスティスによって意図されているとは考えがたい。パウロはガラ2.16で「ピスティス」に言及し始める。「キリストが行使する誠実さ」という理解を支持する者は、そうでなければ「キリストを信じる」を意味する語句が不自然に重複するという点を指摘する。人を主体とする「信じる」という表現がすでに動詞で述べられている（「私たちはキリスト・イエスを信じました」）。それならこれを挟み込む2つのピスティスという名詞には異なる意味――「キリストの誠実さ」――がなかろうか[193]。

　しかし2つの点からこの理解は論破される。第1にこの理解は、ガラ2.16が3度繰り返す「律法の行い」に対して、「信仰（πίστεως, ἐπιστεύσαμεν）」がそのアンチテーゼとして3度繰り返されている点を見逃している。すなわちパウロは、自分の述べるところが間違いなく明らかになるよう、意識的に同じ概念を繰り返している。〈「律法の行い」のアンチテーゼは信仰だ、信じることであり信仰だ〉と。キリストを信じる者が、律法の行いを不必要とするキリストへの信仰（πίστις Χριστοῦ）の原理を実行し確立する。

律法の行いによらず　　　ただ πίστεως イエス・キリストを通して
　　　　　　　　　　　　私たちはキリスト・イエスを ἐπιστεύσαμεν
　　　　　　　　　　　　πίστεως キリストによって義とされるために
　それは律法の行いに
　　　よるのではありません
　なぜなら律法の行いに
　　　よっては誰も義と認め
　　　られないからです。

---

192) Dunn, 'PISTIS CHRISTOU', 66–67.
193) 例えば Longenecker, *Galatians*, 88; Hooker, 'Pistis', 166, 173; Wallis, *Faith*, 71.

第 14 章　信仰による義認

　第 2 に、パウロが πίστις Χριστοῦ を「キリストが行使する誠実さ」と理解するなら、その意味を明示するため言い直して説明しない点が不可解だ。ガラ 2.16 はガラテヤ書全体の中心的議論の核だ。「キリストの誠実さ」がガラ 2.16 でのパウロの中心的主題なら、決して誤解が起こらないようにこの謎めいた表現に明確な補足説明をするだろう。つまり、この「キリストのピスティス」とは何か、キリストはアブラハムが信じたように信じたか[194]、を説明する必要があろう。

　しかし既述のとおり、ガラ 3 章の中心的主題はきわめて明らかだ。それは、ピスティスを律法の行いのアンチテーゼとして据え (3.2, 5, 10–11)、律法とピスティスとの異なる役割を明確に対比することだ (3.10–26)。これらのピスティスをキリストが示す誠実さと理解することがまったく不可能というのでない。じつに、「ピスティス（誠実さ）の到来」(3.23) と「子孫（キリスト）の到来」(3.19) という類似した表現が、この理解をある程度支持するだろう。しかしそれなら、ピスティスがすべて同じ意味で用いられなくてはならない[195]。なぜならば、パウロは「ピスティスから (ἐκ πίστεως)」を繰り返し用いながら、これが異なる意味で用いられていることを読者に示すヒントを与えないからだ[196]。そうなると、律法遵守の教えに反対するパウロの議論は、「キリストのピスティス」という謎めいた表現に依存することになる。かろうじて、「信じる」という明確な行為の必要性に 2 度のみ (2.16, 3.22)、動詞を用いて触れているだけになる。

　むしろ、創 15.6 からの引用──「アブラハムは神を信じた。それが彼に対して義と認められた」（ガラ 3.6）──が後続する議論の中心主題を提示している、というガラ 3 章の理解がより適切である。これは、ロマ 4.3 以降の並行する議論が支持する。後者に関しては、頻出する「ピスティス／ピステウオー (πίστις / πιστεύω)」が人の行為としての信仰を指すことを疑う者はい

---

[194]　ガラ 3.13 でパウロは、キリストの呪いとキリストのピスティスとを結びつけない。3.23, 25 の「ピスティスの到来」も「キリストのピスティス」と同様に謎めいている。§6 n.82, Dunn, 'PISTIS CHRISTOU', 69–71 を見よ。

[195]　Hays ('PISTIS', 40) はそのように議論する。Dunn, 'PISTIS CHRISTOU', 68–70 を見よ。

[196]　「信仰による (ἐκ πίστεως)」はガラ 2.16, 3.7, 8, 9, 11, 12, 22, 24, 5.5 に見られる。

ない。ガラ3章においては、のちに執筆されたロマ4章と同じ仕方で創15.6を扱っていないが、創15.6の引用はたしかにガラ3.6–9に続出する「ピスティスから（ἐκ πίστεως）」の意味を確定している。ここに見られる対比が、アブラハムの信じる行為と（キリストによる）誠実さであるとは考えがたい[197]。「信仰による人々」は「アブラハムの子」(3.7) と言われるが、それは彼らが「(彼の) 信仰につらなる」、すなわちアブラハムの信仰を継承する者だからだ[198]。神は信じたアブラハムを義としたように、「ピスティスから＝信仰による」異邦人を義とする (3.8)。「信仰による人々は、誠実なアブラハムと共に祝福されています」(3.9)[199]。この論理の流れによれば、後続する「信仰による（ἐκ πίστεως）」（そして「信仰を通して」）という表現における「ピスティス」は、アブラハム自身が祝福を受けとった手段である信じる行為を指すとしか考えられない (3.14)。それなら、ガラ3.22の「ピスティスから」と「信じる者」という表現の重複は、ガラ2.16における意識的な3度の重複を意識していると考えられる[200]。

(3) もっとも、ロマ3.21–26は、「キリストのピスティス」が「キリストが示す誠実さ」を指すという理解をより強く支持するように見受けられる。この箇所の焦点がキリストの贖いの行為にあるからだ。したがって、「キリストのピスティス」という表現が十字架の出来事を強調している[201]、という理解の蓋然性が増す。

しかし、上に挙げたと同様の問題が残る。何よりも、この表現 (3.22) は

---

[197] したがってWallis (*Faith*, 115) の解釈は受け入れがたい。すなわち、「アブラハムは信仰を持っており神からの約束を獲得した。『信仰による者（οἱ ἐκ πίστεως）』は祝福されるが、それはたんに彼らが信じるからでなく、信じることによって彼らが約束が与えられた方の信仰に参加するからだ (3.6–9)」。

[198] ロマ4.11–12, 16は、たんにガラ3.7が示唆するところをより明確にしているだけだ。

[199] パウロは躊躇することなく「信仰深い（πιστός）アブラハム」(3.9) と述べるが、同様の表現がキリストに対して用いられることはない。

[200] それなら、この議論がキリストにアブラハムの信仰を倣うよう求めていることにならない（異論はHooker, '*Pistis*', 172参照）。Dunn, '*PISTIS CHRISTOU*', 71–72を見よ。Hooker ('*Pistis*') の意見に反して、アダムや相互交換主題は、このπίστιςの議論とは関係ない。アダムの主題で強調されるのは、キリストの信仰でなく誠実さだ（ロマ5.19, フィリ2.8）。

[201] B.N. Longenecker '*Pistis* in Romans 3.25: Neglected Evidence for the "Faithfulness of Christ"?' *NTS* 39 (1993), 478–80を見よ。

第 14 章　信仰による義認

読者にとって唐突だ。この句を「キリストの誠実さ」と理解する立場は、キリストの誠実な行為が周知の主題であることを前提とし、この語句がローマの読者にキリストの誠実さに関する主題を自然に想起せると理解する[202]。しかし、これが最初期のキリスト教において周知の主題だということと、文法的表現のあいだには齟齬がある。この主題が確立された周知の主題であれば、「その（周知の）キリストの誠実さ」となる[203]。

むしろ、ロマ 1.16–17 で提示された主題をここでもう一度提示し直していると考える方がより適切だろう。すなわち、「……信じる者すべてに対して救いをもたらす神の力……信仰から信仰に至る神の義です。それは『義なる者は信仰によって生きる』とあるように」。ここでもパウロは、信仰主題（πίστις / πιστεύω）を 4 度繰り返している[204]。ローマ書でもやはり重複主題は繰り返され、「（具体的にキリストへの信仰と示された）信仰を通しての神の義が信じる者すべてに」（ロマ 3.22）と強調される[205]。この繰り返しによって、「すべて」という強調点にも再び焦点が置かれる。「信仰を通して……信じる者すべてへ[206]」。

ロマ 3.27 からピスティス主題が展開されると、これを人の行為としての信仰と理解する以外の解釈の余地は残されない[207]。「信仰の律法」（3.27）は、

---

202) Hays (*Faith*, ch.4) は、「パウロの福音の物語的構造」なる解釈方法に依拠し、それはキリスト物語全体をこの語句が指すという前提に立つ。彼の議論では、πίστις という語から読者がキリストの物語全体を想起することが期待される。

203) ロマ 3.25 における「信仰を通して」という表現は前出の表現（§7.3）から逸脱するが、おそらく神の誠実さを指していると思われる。Dunn, *Romans*, 172–73; 'PISTIS CHRISTOU', 76–77; §14.2 を見よ。Williams, 'Righteousness', 268–89 参照。

204) Hays (*Faith*, 150–57; '"The Righteous One" as Eschatological Deliverer: A Case Study in Paul's Apocalyptic Hermeneutic', in J.M. Marcus and M.L. Soards [eds.], *Apocalyptic and the New Testament* [§12 n.1], 191–215; 'PISTIS', 42–44) は、ハバ 2.4 がメシア預言なので、神の子の誠実さが予見されていると論ずる。これを以下が支持する。D.A. Campbell, 'Romans 1.17 — A *Crux Interpretum* for the *Pistis Christou Debate*', *JBL* 113 (1994), 265–71, 85; Stowers, *Rereading*, 200; Wallis, *Faith*, 81–82. これより先行する支持者は、Campbell, 281 n.47 を見よ。

205) Hays ('PISTIS', 46) はそのように議論する。Dunn, 'PISTIS CHRISTOU', 68–70 を見よ。

206) したがってこれは「奇妙な重複」でない（異論は Hays, 'PISTIS', 46 参照）。Dunn, 'PISTIS CHRISTOU', 74–75 を見よ。

207) キリストの誠実さという主題はイサクを捧げるアブラハムの誠実さを想起させる。これが当時の最も自然な解釈だった。しかし、パウロの解釈はこれと真っ向から反対する（§14.7; 'PISTIS CHRISTOU', 75–77）。これを Wallis (*Faith*, 88–90) のロマ 3.27–31 における「信仰」に関する無

個人が「律法の行いでなく信仰によって義とされる」(3.28) ことと説明される。これはまた、「信仰から」や「信仰を通して」(3.30-31) と表現される。そしてこのピスティスは、ロマ 4.3-22 においてアブラハムの信じるという行為 (4.3)、彼のピスティス (4.9, 11-12) と説明される。動詞と名詞との相互交換によって、ピスティスがアブラハムの信じるという行為であることはさらに支持される[208]。

これ以上の議論は必要なかろう。「キリストの誠実さ」へ安易な支持が集中し過ぎる傾向があるが、この議論は木を見て森を見ない類の解釈に依拠している[209]。また、この語句の背後にキリストの誠実さという物語があるという前提も、上記の7つの曖昧なテクストに依拠している。しかしこれらのテクストが、ガラテヤ書とローマ書における主要な議論の流れに沿って読まれるなら、「キリストへの信仰」という福音に対する適切な応答としての「信仰」がパウロの議論の中心にあることを見逃されることはない[210]。

この論争からどのような結果がもたらされようと、パウロにおける2つの中心主題が曖昧になることがあってはならない。第1に、福音はキリストの死と復活がその中心にあり、これを通して神の義が明らかに示されている。第2に、救いに至る神の義を受け取る手段は（最も効果的に、と補足すべきか）、

理のある解釈と比較せよ。

208) πιστεύω (4.3, 5, 11, 17, 18, 24); πίστις (4.5, 9, 11, 12, 13, 14, 16 [2回], 19, 20). 10.4, 6, 9–10 参照。これは Stowers, *Rereading*, 310–11 の議論に反する。

209) 唯一、森を無視して木を見つめるような釈義が正当化されるかも知れないテクストは、フィリ 3.9 である。しかしこの場合も、パウロが繰り返す信仰の主題の一表現として理解すべきだ。そしてこのテクストの場合、肉に対する信頼への対比として信仰が述べられている (Reumann, *Righteousness*, 62 n.72 を見よ)。また「キリストの信仰」という解釈は、その信仰は何かという問題を投げかける。これに対して、パウロの読者には十分な伝承が与えられていない (V. Koperski, 'The Meaning of *pistis Christou* in Philippians 3.9', *Louvain Studies* 18 [1993], 198–216 を見よ)。キリストの πίστις は現代神学において適切な主題ではあるが（例えば O'Collins, *Christology* [§10 n.1], 250–68 を見よ）、この主題が原始教会のイエス伝承の焦点だったとは考え難い。パウロがこの主題に言及する際は、「忠実 (ὑπομονή)」という語を用いる（ロマ 5.19, フィリ 2.8）。Dunn, '*PISTIS CHRISTOU*', 78–79 を見よ。

210) 福音を受け入れて日々福音を生き抜くことにおける信仰の重要性ゆえに (§23.3)、この議論に関して、私は「あれもこれも」（例えば Witherington, *Narrative*, 270) という議論を拒む。［訳註 §14.8 での議論には πίστις の最も自然で本来的な意味が「信仰すること」だとの前提があるようだが、この点に関しては T. Morgan, *Roman Faith and Christian Faith: Pistis and Fides in the Early Roman Empire and Early Churches* (Oxford: OUP, 2015) の異論を見よ。］

このキリストを信仰することだ。

§14.9. 義認の祝福

最後に、キリスト者が享受する義認の結果について触れておこう。もっとも、以下の結果が義認なる主題とのみ関係し、その範疇でしか理解できないというのでない。ただパウロは、彼の福音におけるいくつかの要素を具体的に義認と関連させている。

（1）ロマ 1.16–4.25 におけるパウロの解説の中心には、義認が神による受容だとの理解がある。すなわち、神がアブラハムをその信仰ゆえに義としたように、不敬虔な者をその信仰ゆえに義とする（4.5）[211]。ここでは、「義」に関するギリシャ語的感覚とヘブライ語的感覚の違い（§14.2）が重要となる。じつにこの時点で、法廷メタファは崩壊している。厳密には法廷に赦しはなく、法律の手順が粛粛と執行されるのみだ。しかしパートナー同士の関係性における責務に関しては、加害者が信頼を損ねたことを理由に被害者は関係性を破棄するか、持続させるかを決定する。神が恵みによって罪人を義とする決断は、この後者である。

キリストの死を通して罪に対する神の判決が下るという理解（§9）では、「擬制（legal fiction）」のメタファも崩壊する。贖いに関するパウロの教えが代理という概念（キリストが死んで罪人が放免される）に則っていれば、擬制におけるみなしが当てはまる〔訳註 「法的擬制」とは実際には異なる事実を法的に同一のものと見なして、一方の事実の法的効果と同一の効果を他方にも適用することで、例えば失踪宣告を受けた者は死亡者でないが、法的に死亡者と見なす措置をとることである。義認の文脈では、キリストの代理死によってあたかも罪人自身がその罪に対して死んだかのように見なされる措置を念頭に置いている〕。しかし既述のとおり、パウロの贖罪論においてキリストの死は代表的死であり、すべての肉なる者の死を意味する。パウロの福音によると、信じる罪人は死を免れるのでなくキリストの死を共有する。人の体に巣くう罪という癌は、

---

[211] Bornkamm（*Paul*, 138）はここで、「擬制（legal fiction）」の問題をとりあげる。

癌に冒された肉の破壊によって滅ぼされる。これについては救済の継続的側面として、のちに詳しく考察しよう（§18）。

また、ロマ5.1のアオリスト（過去）時制から無理やり意義を引き出すべきでない——「信仰によって義とされたので……」。なぜならこれは、救済プロセスの開始を強調しているに過ぎないからだ。神の義という概念全体を眺めるなら、義認が1回きりの神の業でないことが分かる。むしろそれは、回復された関係性における最初の受容行為だ。しかしこの関係性は、最終的な裁きと判決を視野に入れた正しい神の継続した義認行為なくして、持続させることができない[212]。換言すると、義とされた者から罪が消えるのでない。彼らは罪を犯し続ける。したがって、神の継続的な義認行為なしに、救済プロセスは頓挫する。ルターの古典的な表現を用いれば、「義人にして同時に罪人（*simul peccator et justus*）」だ。この人生において、人はいつも不敬虔な者を義とする神に頼らざるを得ない。この事実の意義に関しては、第18章で述べよう。

（2）ここまでの福音提示のまとめとして（ロマ5.1）、パウロはいくつかの結論を導き出す。

> ¹ したがって、信仰によって義とされたので、私たちは私たちの主イエス・キリストを通して神に対して平和を持っています[213]。² この方を通して（信仰により）私たちが立ち、また神の栄光への希望を誇る（ことができる）この恵みへの道筋を持っています（5.1–2）。

神が罪人を受容することが義認なら（5.8）、それは以前の敵に対して神が平和の祝福を与えることをも意味する（5.10）。「平和」は、ギリシャ語的な感性における戦争のない状態、あるいはたんなる霊的な意味での内的安寧に

---

212) ロマ5.1, 9のアオリスト（過去）時制を強調するなら、ロマ2.13, 3.20, 30の未来時制も強調すべきとなる（§18.1–2を見よ）。ロマ8.30のアオリスト（過去）時制（「栄光を受けた」、「呼ばれた」、「義とされた」）は最終時点から過去をふり返って完成した救済プロセスを眺めた結果だ。§14 n.150参照。

213) 重要な異読は「平和を持とう」とする。Dunn, *Romans*, 245. Fee（*Empowering Presence*［§16 n.1］, 495–96）はこちらを支持する。

第14章　信仰による義認

限定されない。それはより豊かなシャロームというヘブライ語的感性を含み、その根底には社会的調和や共同体的善良さを含む「健全さ（well-being）」がある[214]。神との健全な関係性こそが、人のすべての実りある関係性の基礎となる。この神との関係なしに、人の共同体は真の豊かさを体験しない。

義認はまた、神への「道筋（access）」を与える。このメタファは部分的に儀礼と関係する。敬虔な礼拝者にとって、宗教の中核にある神の直接的な臨在へ無制限につながる道筋ほど力強いイメージはない[215]。またこのメタファは、宮廷侍従を通して王の臨在へとつながる特権をも意味する[216]。

さらに重要な点として、義認は「神の栄光への希望」（5.2）を誇ることを可能とする。これは上の2つと密接に関連している。希望とは[217]、人に欠損している栄光が回復されることへの望みだ（3.23）[218]。すなわち、義とし義とされる関係性は、創造神と被造物との本来意図された関係性への回復だ。これは他を排除する特権的意識と空疎な安心感に依拠するイスラエルの誤った奢りと対照的だ[219]。

パウロはこの議論を結ぶにあたって、「義認」と「和解」との関係を明らかにする（5.9–10）。

> ⁹ 彼（キリスト）の血によって義とされた私たちが、
> 　彼を通して怒りから救われるのはなおさらのことです。
> ¹⁰ それは、敵であった時に御子の死を通して神と和解させられた私たちが、和解させられた今、御子の命の内に救われるのはなおさらのことだからです。

---

214) 例えば申 23.6, 王上 5.12, 詩 72.3, 7, 85.1–14, 147.14, イザ 48.18, 55.12, ゼカ 6.13, 8.12 を見よ。さらに W. Foerster and G. von Rad, *TDNT* 2.400–20 を見よ。

215) 1QS 11.13–15 はこのイメージを反映している（§14.2 参照）。Wolter, *Rechtfertigung*, 107–20, §20 n.73 も参照。

216) Dunn, *Romans*, 278–48 を見よ。

217) ここでもヘブライ語的意味がギリシャ語の意味に優先する。なぜなら、ギリシャ語の「希望」にはある程度の不確実性がある（例：「あなたに会えるよう望むが、会えないかも知れない」）。一方でヘブライ語の「希望」は信頼に近く（ロマ 4.18）、神への確信へとつながる。R. Bultmann, *TDNT* 2.519–23; Plevnik, *Parousia* (§12 n.1), ch.8 を見よ。「希望」はローマ書の重要な主題だ（5.2, 4, 5, 8.20, 24–25, 12.12, 15.4, 12–13）。§16 n.129, §18.6 も見よ。

218) §4.5 を見よ。

219) ロマ 2.17, 23, 3.27. Ⅰコリ 1.31 も見よ。§§5.4.4, 6.5.3, 14.5.5 を見よ。

これらの2節で「救い」は完成したプロセスを意味するが、その際に「義認」と「和解」はともにその開始を示す。ここでも2つのメタファは補完的で[220]、相反するものでない[221]。

(3) 義認の第3の結果はロマ4章とガラ3章に明示されている。義認とは、神との関係性へと迎え入れられることだ。これはイスラエルの契約における恵みによって特徴づけられる。信仰義認とは、異邦人がイスラエルの相続に与り、アブラハムへの祝福を体験することだ。アブラハムは信じる者すべての父だ（ロマ4.11–12）。アブラハムの祝福は、ユダヤ人のみならず異邦人へも至る（ガラ3.8–9, 14）。異邦人がイスラエルの「相続」に参与することは、これらの箇所の重要な特徴だ[222]。この点ものちに考察すべき項目だが（§20）、それはとくにローマ書の頂点（9–11章）を見据えた議論展開に神学的問題を投げかけることになる[223]。

(4) 義認の結果をもう1つ挙げておこう。それはパウロがガラテヤ書において強調する点だ。すなわち、信仰義認は自由、しかも律法からの解放を意味する。パウロが宣べ伝える義認の福音は、反対者が提供した福音、つまり律法という文脈に限定された神の義——律法の行いを厳守する者に与えられる神の義——と、アンチテーゼの関係にある。したがってパウロは、割礼の強要に屈するガラテヤ人キリスト者の自由が失われることを危惧した（ガラ2.4）。その結果ガラ4.21–31では、約束と御霊によって生まれる者が自由の子だとされる。さらにガラ3–4章の結論として、非常に強い語気の勧告が提示される。「まさにこの自由のため、キリストは私たちを自由にされました。だからしっかりと立って、奴隷の軛に二度と拘繋されないようにしなさい」（5.1）。そして、信仰と行いとの対比が、自由と割礼との対比としてもう一度強調される。

パウロ自身が、キリストへの信仰を自由として体験した。律法の実行は以

---

[220] §13.4を見よ。

[221] Martin（*Reconciliation*［§9 n.1］, 153–54）はそのように理解しがちだが。Dunn, *Romans*, 259–60; Wolter, *Rechtfertigung* を見よ。

[222] ロマ4.13–14, ガラ3.18, 29, 4.1, 7, 30.

[223] §19を見よ。

前のパウロにとって喜びだったが、今はそれを霊的に未熟な者が拘束されるある種の奴隷制と捉える（4.1–3）。これはもちろん、回顧的な言語による表現だ。しかし、この言語表現がガラテヤ信徒の体験とある程度呼応するなら、彼らの義認体験は少なくともその始まりにおいて「自由」と呼べるものだったろう。パウロはロマ 6.16–23 においても、奴隷制とその解放というメタファを繰り返し、ガラ 5.1 の勧告とつうずる宣言をロマ 8.1 において発している。パウロが信仰義認の重要性を強調する理由は、それが恐怖による支配を動機とする（ロマ 8.15）奴隷制からの解放を意味するからだ[224]。パウロにとって、神の驚くべき豊かさにつうずる解放の道筋こそが信仰義認の最たる祝福であり、それゆえこれは容易に妥協できない事柄だ。

---

[224] Bultmann (*Theology*, 1.243) は、「『奢り』と『肉への信頼』の影」に恐怖があるという重要な洞察を提供している。根源主義や狭い教条主義を脱却した者は、この点に共感するだろう。

第15章　キリストへの参与[1]

§15.1.　キリスト神秘主義

第14章で明らかになったように、パウロの救済論の伝統的分析においては「義認」というメタファが重要な位置を占めてきた。しかしこのメタファの法廷的性格にさほど心を惹かれない者にとっては、他の選択もある。それはキリストへの参与という概念だ。じつはこの方が、より自然なパウロ的キリスト論の展開と言えよう。なぜならパウロにとっては、キリストを通して遂行される神の救済計画が意味をなすための前提として、アダム・キリスト論が欠かせないからだ。もちろん彼は、神の義と犠牲としてのキリストの

---

1) 第15章の文献リスト

Bousset, *Kyrios Christos* (§10 n.1), 153–210; **M. Bouttier**, *En Christ. Étude d'exégèse et de théologie paulinienne* (Paris: Presses Universitaires de France, 1962); *Christianity according to Paul*; **F. Büchsel**, '"In Christus" bei Paulus', *ZNW* 42 (1949), 141–58; **Cerfaux**, *Christian* (§14 n.1), 312–72; **Conzelmann**, *Outline*, 208–12; **Davies**, *Paul*, 13–15; 86–110; **A. Deissmann**, *Die neutestamentliche Formel 'in Christo Jesu'* (Marburg: Elwert, 1892); *Paul*, 135–57; **M. Dibelius**, 'Paulus und die Mystik', *Botschaft und Geschichte: Gesammelte Aufsätze* II (Tübingen: Mohr, 1956), 134–59; = Rengstorf (ed.), *Paulusbild*, 447–74; **J. Dupont**, *SYN CHRISTO. L'union avec le Christ suivant saint Paul* (Bruges: Nauwelaerts, 1952); **Fitzmyer**, *Paul*, 88–90; **Gnilka**, *Theologie*, 96–101; *Paulus*, 255–60; **O. Kuss**, 'Mit Christus', *Römerbrief*, 319–81; **E. Lohmeyer**, '"Syn Christō"', in *Festgabe für Adolf Deissmann* (Tübingen: Mohr, 1927), 218–57; **B. McGinn**, *The Presence of God: A History of Western Christian Mysticism* 1: *The Foundations of Mysticism: Origins to the Fifth Century* (London: SCM / New York: Crossroad, 1991); **Moule**, *Origin* (§10 n.1), ch.2; **F. Neugebauer**, 'Das Paulinische "in Christō"', *NTS* 4 (1957–58), 124–38; *In Christus: En Christō. Eine Untersuchung zum paulinischen Glaubensverständnis* (Göttingen: Vandenhoeck, 1961); **Penna**, 'Problems and Nature of Pauline Mysticism', *Paul*, 2.235–73; **Ridderbos**, *Paul*, 57–64; **Schlier**, *Grundzüge*, 173–77; **A. Schweitzer**, *The Mysticism of Paul the Apostle* (London: Black, 1931); **G. Sellin**, 'Die religionsgeschichtlichen Hintergründe der paulinischen "Christusmystik"', *TQ* 176 (1996), 7–27; **Strecker**, *Theologie*, 125–32; **A.J.M. Wedderburn**, 'Some Observations on Paul's Use of the Phrases "in Christ" and "with Christ"', *JSNT* 25 (1985), 83–97; **A. Wikenhauser**, *Pauline Mysticism: Christ in the Mystical Teaching of St. Paul* (Freiburg: Herder / Edinburgh: Nelson, 1960); **Ziesler**, *Pauline Christianity*, 49–72.

第15章 キリストへの参与

死とを結びつけた[2]。しかし、既述したパウロの犠牲神学の原理が正しければ（§9.3）、その適用として、罪人がキリストの死（と復活）を共有すると言い表す方が、キリストの犠牲死を根拠とした法的評決と表現するより的確だ。さらに後述するとおり、パウロ書簡群においては「キリストにおいて」なる表現の方が「神の義」より、はるかに頻用されている。

20世紀になると、このようにパウロの救済神学を理解する方法が重視された。パウロの教えの社会的あるいは「宗教史的」文脈への関心が高まると、教義から体験へとその焦点が移っていった。とくにアドルフ・ダイスマンとヴィルヘルム・ブセットの貢献が大きい。ダイスマンは、「キリストにおいて」という定型句を表舞台に登場させた人物だ[3]。「キリスト者が体験できる、生ける霊的キリストとの最も親密な交わり」という表現によって、ある意味でキリストは、キリスト者が生きる場として捉えられた[4]。これを「神秘主義」と呼ぶこと自体は適切だ。なぜならそれは、「理知の介在によらず、内的体験を通して直接神を見出す宗教的傾向」だからだ[5]。

同様にブセットは、パウロにおけるキリスト的敬虔の内に新たな力強い傾向を察知した。すなわち、「高挙された主と個人的で霊的につながっているという強い感情」だ[6]。ブセットもまた、このような宗教性に焦点を置く体験に「キリスト神秘主義」という表現を用いた。「パウロにとって、キリストは彼の全人生を支えて満たす超現世的な力となった」、「（キリストは）キリスト者の新たな命の原則であるプネウマ（霊）という抽象的存在へと昇華された」、「『キリストの内にある（ἐν Χριστῷ εἶναι）』というパウロの神秘主義の背景には、共同体の礼拝と実践的活動におけるキュリオス・クリストスの生きた体験がある」、パウロの手紙には「宗教的神秘主義から発展した個人的神秘主義が見られる[7]」。

---

2) とくにロマ 3.21–26, II コリ 5.21.
3) Deissmann, *'In Christo.'*
4) 「我々が呼吸する息が、我々の『内に』あり我々を満たしながら、同時に我々はその中で生きて呼吸するのと、使徒パウロが述べるキリストの親密性は同様だ」（Deissmann, *Paul*, 140）。
5) Deissmann, *Paul*, 149.
6) Bousset, *Kyrios Christos*, 153.
7) Bousset, *Kyrios Christos*, 154–57.

パウロを理解するために提唱されたこの新たなアプローチを最も力強く推し進めたのは、アルベルト・シュヴァイツァーだ。シュヴァイツァーはそのパウロ研究の冒頭で、彼自身の定義を明らかにした[8]。

> 外見上はこの地上に立ち、時間的に制限されながらも、地上と天上との、また一時的時間と永遠との境界線を見つめつつ、それを超越する者としての自分を経験する時、人はいつも神秘主義の中にある。

しかし、シュヴァイツァーの研究において最も特徴的なのは、彼がパウロのイエス神秘主義に関して論ずる時に、それをメタファ的表現を超えた仕方で表現することだ[9]。

> キリストと共に死んで生きるとは、彼（パウロ）にとってたんなるメタファでない。そうであれば、その体験を他のメタファでも言い表すことができただろう。むしろそれは単純な現実で……。彼の理解では、キリスト者はキリストの死と生き返りを実際の体験として、何かの代用による模倣でなく、繰り返す。

パウロにとって終末的贖いという概念はバプテスマの「効果的な行為」においてすでに完成している、とシュヴァイツァーは述べる[10]。

> パウロの理解によると、キリスト者は神秘的な仕方でキリストの死と復活を共有し、このようにして自らの日常的な存在の様態から取り去られ、人類の特別なカテゴリを形成する。……したがってパウロの神秘主義の独自かつ中心的な理解によると、選びの者が互いにあるいはキリストと、死と復活の力が及ぶ身体を共有しており、その結果、死者一般の復活が起こる前に復活の状態としての実在を獲得することができる。……キリストの身体へと接ぎ木されることで、（バプテスマを受けた）人は創造における個人的存在と生まれつきの個性

---

[8] Schweitzer, *Mysticism*, 1.
[9] Schweitzer, *Mysticism*, 15–16.
[10] Schweitzer, *Mysticism*, 96–97, 115–16, 125, 127.

とを喪失する。こうして人は、ただイエス・キリストの個性を体現する身体であり、キリストの個性がその身体を支配する。……したがって、パウロにとってキリストの神秘的身体とは、絵画的表現でない現実の有り様だ。……パウロの神秘主義が想定しているのがキリストと選びの者との実際の身体的結合である、ということは、「キリストにおいて」という状態が「肉において」という状態に対応し、それにとって変わるという事実によって証明される。

しばしば引用されるシュヴァイツァーの言説は、非常に独特な仕方で信仰義認に代わるパウロ神学の主題を提供する。「信仰義認という教義は二義的なクレーター（主題）であり、それは主要なクレーター、すなわち『キリストの内にある』ことによって成立する神秘主義的な贖いの教義の端に位置するに過ぎない[11]」。

私が上でシュヴァイツァーから引用したのは、彼がいかに極端な表現を用いて神秘主義を語ったかを示すためだ。じつにそのことが、パウロ研究の新たな可能性に富むアプローチを20世紀中半にして早くも衰退させる大きな原因の1つとなった[12]。第二次大戦以前の神秘主義に対する関心は[13]、心理学的批判[14]と第一次大戦の恐怖とに直面して減退し始めていた[15]。プロテスタントの側では、新約聖書学における神秘主義への関心が前キリスト教的グノーシス主義の探究へと逸れ、前キリスト教的グノーシス主義の救済者神話

---

11) Schweitzer, *Mysticism*, 225.

12) 例えばW. Elliger（*EDNT* 1.448）は「キリストにおいて」という表現について述べる際、「ἐν Χριστῷ はキリストにある神秘的な生き方を意味しない。むしろそれは ἐν πίστει（信仰において）という定型句と同様に、個人の存在の領域を特徴づける表現だ。これはしばしば、この世的な領域（ἐν σαρκί）と対比される（フィリ 3.3, 1.21–22, ロマ 8.8–9, Ⅰテモ 3.16, フィレ 16）」。もっとも、ἐν πίστει はパウロを特徴づける主題と言い難い。

13) W.R. Inge, *Christian Mysticism* (London: Methuen, 1899); R.M. Jones, *Studies in Mystical Religion* (London: Macmillan, 1909); E. Underhill, *Mysticism* (London: Methuen, 1911). そしてとくに、R. Otto, *The Idea of the Holy* (London: OUP, 1923) 参照。しかし20世紀のカトリック教会では神秘主義への関心が広く維持された。McGinn, *Foundations of Mysticism*, 276–91.

14) とくにW. James, *The Varieties of Religious Experience* (1903; London: Fontana, 1960); J. H. Leuba, *The Psychology of Religious Mysticism* (1929; London: Routledge and Kegan Paul, 1972). さらにMcGinn, *Foundations of Mysticism*, 291–343 を見よ。

15) 戦後のトラウマに苦しむ学界では、むしろ実存主義がより力強い仕方で新たな思想体系を提示した。

を追い求めるあてのない議論の犠牲となった¹⁶⁾。20世紀の学術的文脈において、他者と繋がるというパウロのイメージを意味深い言語表現へと置き換えることの困難さがますます顕著となった¹⁷⁾。神秘主義がもたらした神学的洞察は、バプテスマと体に関するキリストの礼典上の神学的議論へと取りこまれていった¹⁸⁾。そして20世紀後半において、宗教体験への関心は御霊の体験へと視点を逸らせた¹⁹⁾。

　結果として、パウロ研究におけるキリストへの参与という主題の考察は、まとまりのない断片的なものとなった。パウロ研究におけるバプテスマとキリストの体理解への考察が止むことはない。しかし近年では、研究者の関心がこれらの神学と概念の起源から、それらの社会学的機能へと移行してきている²⁰⁾。また西洋社会と第三世界のキリスト教会におけるカリスマ運動の増大する影響力によって、パウロの聖霊論への関心が徐々に高まりつつある²¹⁾。そのような中で、「キリスト神秘主義」はかなり時代遅れという印象を与え、密儀的な響きを備えるこの用語²²⁾に明確な説得性のある定義を充てることができないことも、この主題への注目を妨げている。キリスト教神秘主

---

16)　Sellin ('Hintergründe', 7–11) がこの様子を簡潔にまとめている。Sellin は同様の状況をフィロンのヘレニズム・ユダヤ教に見出す（p.12–27）。しかし私たちは、パウロの「キリストにおいて」あるいは「私の内のキリスト」がとりわけ陶酔的だと考えない。パウロの陶酔はむしろ、黙示的（Ⅱコリ12.1–7）あるいは霊的（Ⅰコリ14.18）だ。

17)　例えばMoule (*Origin*, 48–51) はこの点を 'The Corporate Christ'（結合したキリスト）において述べている。20世紀にはヨハネ福音書研究において、「神秘主義」という範疇からのより明らかな逃避が見てとれる。

18)　とくにWikenhauser, *Pauline Mysticism*; Strecker, *Theologie*, 217を見よ。バプテスマを通してキリストとの神秘的同一化に達するとの考えが密儀から導入されたという初期の推論も、激しい批判に晒される以前に撤回された（§17.1参照）。

19)　一般に「参与」に焦点を再び当てた人物とされるSanders (*Paul*, 502–08. *Paul, the Law and the Jewish People* [§14 n.1], 5–10; *Paul*, 74–79; またWinninge, *Sinners* [§14 n.1], 218–20) は、この点に関して何の展開も示さない。キリストの体と御霊へと関心が転換したのは、パウロが「キリストの体への参与」（Ⅰコリ10.16）と「御霊への参与」（Ⅱコリ13.13、フィリ2.1）とを語っていることによって正当化される。§20.6, §22.6を見よ。

20)　§§17, 20を見よ。

21)　§16を見よ。

22)　Deissmannが用いた用語――「信仰神秘主義」、「希望神秘主義」、「歴史神秘主義」、「終末的神秘主義」、あるいはより適切な「受難神秘主義」――はどれも広く定着することがなかった。詳しくは、Sellin, 'Hintergründe', 9を見よ。

義の歴史や²³⁾、クムラン共同体に代表される第二神殿期後期のユダヤ教神秘主義への新たな関心が見られないのではない²⁴⁾。これらの関心は、パウロ書簡²⁵⁾において伝統的に認められてきた「神秘主義的」言説へも注意を促した。それでも「キリストの内に」という主題は、視野の片隅に置かれたままだ。信仰義認に関する非常に熱をおびた議論が同時代に繰り広げられる様子と対照的に、「キリストの内に」また「キリストと共に」という表現に関する議論は、それが一貫して明らかにパウロ的主題であるにもかかわらず控えめで、パウロ研究の周縁に押しやられている²⁶⁾。

　私たちは本章で、この状況への改善を試みたい。すなわち、「キリストへの参与」という神の救済活動に関するパウロの理解の、もう１つの側面に光

---

23) A. Louth, *The Origins of the Christian Mystical Tradition: From Plato to Denys* (Oxford: Clarendon, 1981); 'Mystik II', *TRE* 23.547-80; McGinn, *Foundations of Mysticism* を見よ。「神秘主義」の定義には問題が残る。Louth (*Origins*, xv) は「神との親密性の体験を探究すること」と定義する。McGinn (*Foundations*, xvii) は「キリスト教の神秘主義的要素（を）、直接的な神の臨在と表現できるものへの備えと認識と応答に関わる信仰と実践」とする。Nicholas Lash ('Creation, Courtesy and Contemplation', in *The Beginning and the End of 'Religion'* [Cambridge: CUP, 1996], 164-82, とくに p.171) は神秘主義をキリスト教信仰と実践のたんなる一側面と見なすことに反論し、「『神秘的生』はキリスト者としての生を最大限の熱情で生きること以下であり得ない」と述べる。パウロ自身は、彼の最も非日常的な体験の価値を控えめに語る（Ⅱコリ 12.1–10）。おそらく「神秘主義／神秘的」という用語が適切に指すのは、(非日常的体験に限定されない)「キリスト者の生」の一側面としての神の臨在への即時的で直接的な意識や認識だ。Penna, *Paul*, 2.271 と対比せよ。

24) とくに4Q400–405を見よ。C. Newsom, *Songs of the Sabbath Sacrifice: A Critical Edition* (Atlanta: Scholars, 1985)。ユダヤ教神秘主義への新たな関心は G. Scholem, *Major Trends in Jewish Mysticism* (New York: Schocken, 1946) によって始まった。第二神殿期の神秘主義がヨハネ福音書理解へ及ぼす貢献に関しては J.J. Kanagaraj, *'Mysticism' in the Gospel of John: An Inquiry into the Background of John in Jewish Mysticism* (Durham University Ph.D. thesis, 1995) を見よ。

25) とくにⅡコリ 3.17–18, 4.4–6, 12.1–4. McGinn, *Foundations of Mysticism*, 69–74; Segal, *Paul*, ch.2; C.R.A. Morray-Jones, 'Paradise Revisited (2 Cor. 12.1–12): The Jewish Mystical Background of Paul's Apostolate', *HTR* 86 (1993), 177–217, 265–92 を見よ。§2 nn.109, 111 も見よ。コロ 2.18 への関心も再び高まりつつある。McGinn (*Foundations*, 74) は「当然、異邦人の使徒の体験を後期古典的な意味での神秘主義と見なすことには、ある程度の時代錯誤が否めない。しかしこのような見方は、彼（パウロ）を律法と福音との対比に関する説教者と見なすこと以上に時代錯誤ではない」と評する。McGinn は直前でⅠコリ 6.16–17 について、「パウロが神秘的結合を意図せずに『主と１つの霊になる』という定型表現を用いることは、個人的な意思疎通という側面を強調しつつ同一化とか没個性とかを回避した神秘主義の理解に対して、最も頻繁に用いられる論証テクストだろう」(p.74) と解説する。

26) この利点は、本主題に関する二次文献への考察にさほど時間がかからず、迅速な議論展開が望めることだ。

をあてる。ここで重視されるのは、キリスト神秘主義（と呼ぶにしろ呼ばないにしろ[27]）と御霊の体験とをパウロ神学全体へ再び統合することだ。さらにバプテスマとキリストの体に関するパウロの簡潔な論考を、これらの主題と結ぶ仕方を模索することだ。まずは、本章でのやや簡潔な論考と、信仰義認に関する詳しい議論（第14章）とを比較して、そのページ数のみで重要性を判断することが誤りだと指摘しておこう。実際には、キリストへの参与に関する論考の方が、義認論よりもはるかに直接的な仕方でパウロ神学の残りの部分と繋がっている。賜物としての御霊（第16章）や救いのプロセス（第18章）に関する議論、また上述したバプテスマ（第17章）やキリストの体（第20章）に関するパウロの神学は、キリストへの参与に関する彼の理解と密接に繋がっている。

同時に私たちは、パウロ神学の一側面を犠牲にして他の側面を強調することへの誘惑に注意せねばならない。私たちはケーゼマンように、パウロ神学の共同体性を強調するため個への関心を軽視したり、神の救済に関わる義が「我々の外にある (*extra nos*)」ことを盾にとって神秘主義や宗教体験を看過する傾向へ、容易に陥りがちだ[28]。ここでも、私たちは「あれかこれか」という解釈傾向に陥らないよう注意しよう。むしろ、パウロ神学に見られる多様な側面を統合するように試みるべきだ。あるいは統合とまでいかなくとも、パウロがいかにこれらの諸側面のあいだで調和を保とうとしたかに注目すべきだ。

本章では、「キリストの内に」、「キリストと共に」、「キリストの中へ」、「キリストを通して」等の重要語句を1つずつ取り上げて考察する。「キリ

---

[27] 私が「神秘主義」という語を用いる場合、より一般的に認知されている意味（神との結合）を利用しようとしているのでなく、また救済に関するパウロの理解が一義的に関係的であるという考えから離れようとしているのでない（Strecker, *Theologie* と比べよ）。ここで私が用いる「神秘主義」という句は、パウロが用いる「キリストの内に」、「キリストと共に」、「私の内のキリスト」等の表現が持つ特徴的な性質を（明示するというよりも）醸し出すためのたんなる試みだ。この問題の結論へと先走るのでなく、「キリストの内に」というパウロの表現とそれと関連する主題の意味がこの用語を形成する様子を観察すべきだ。

[28] Käsemann (*Perspectives*) は、「義認に関するパウロの教義は、律法体制のみならず、熱狂主義や神秘主義に対する防禦だ」(pp.73–74)、また「信仰は繰り返し注目される宗教体験という側面から救出されねばならない」(pp.82–83) と述べる。Deissmann (*Paul*, 177) の初期の弁護と比較せよ。

第 15 章　キリストへの参与

ストの体」なる概念は、これらの句との関連が明確だ。今日これらの句がもたらす因果的連鎖の重要性が十分に理解されないのは、これらの句への注目度が低いことに起因する。これらの句は、パウロの救済論のみならずキリスト論を理解する手がかりを提供している。

§15.2.　「キリストの内に（あって）」、「主の内に（あって）」

パウロ文書には、「キリストの内に（ἐν Χριστῷ）」という句が 83 回（エフェソ書と牧会書簡を除くパウロ書簡群に 61 回）登場する [29]。この場合、「彼の内」等の代名詞や関係代名詞を用いた同様の句は算入されていない [30]。この場合の基本形は、「キリストの内に」あるいは「キリスト・イエスの内に」だ。テサロニケ両書においてのみ「主イエス・キリストの内に」という表現があるが [31]、これはおそらく最初期のやや格式張った言い回しだろう。牧会書簡では、「キリスト・イエスの内に」という表現のみが用いられる [32]。それ以外では、パウロ文書においてこれらの句がほぼ均等に現れる [33]。

注目すべきは、この句が非常にパウロ的な表現だということだ。新約聖書において、パウロ文書以外ではⅠペトロ書でのみ用いられており、しかもこの書は非パウロ文書中最もパウロ的な手紙だ [34]。新約聖書に続く使徒教父文書にこの句が見られるのは、パウロ文書からの影響だろう [35]。

この句の変形である「主の内に（ἐν κυρίῳ）」という、やはりパウロ的な表

---

[29] 以下の表を参照。

	ロマ	Ⅰコリ	Ⅱコリ	ガラ	エフェ	フィリ	コロ	Ⅰテサ	Ⅱテサ	フィレ	牧会
ἐν Χριστῷ	13	12	7	7	13	10	3	4	2	3	9

[30] とくにコロ 1–2 章では 1.14–19, 2.3–15 に「彼の内に」という表現が 12 回登場する。
[31] Ⅰテサ 1.1, Ⅱテサ 1.1, 3.12. C.F.D. Moule は私との個人的なやりとりで、これらの書においてのみ「神において」（Ⅰテサ 1.1, 2.2, Ⅱテサ 1.1）という表現が用いられていることを指摘してくれた。
[32] Ⅰテモ 1.14, 3.13, Ⅱテモ 1.1, 9, 13, 2.1, 10, 3.12, 15.
[33] もっとも、フィリピ書とエフェソ書での頻度が他の書簡と比べるとかなり高い。
[34] Ⅰペト 3.16, 5.10, 14.
[35] 例えば『Ⅰクレ』32.4, 38.1,『イグ・エフェ』1.1,『イグ・トラ』9.2.

現は（ときとして「主イエスの内に」[36]）47回見られる（エフェソ書をのぞくと39回）[37]。この表現が牧会書簡にまったく現れないことも、興味深い特徴だ。

現状では、これらパウロ独特の表現が十分に考察されてない。しかしこの非常にパウロ的な句は、私たちがパウロ神学の特徴的な部分へ達する近道となり得る。

真正パウロ書簡に見られるこれらの表現は、3つの方向から分析が可能だ。そして2つめと3つめの分析では、とくに「キリストの内に」と「主の内に」という句が関わる[38]。ここで3つの方向性という場合、それらには連続性があり完全に個別の範疇でない。これらの表現の特徴は、異なる文脈における用法が互いに融合し（以下に詳述）、また「キリストと共に」、「キリストの内に」、「キリストを通して」などの句とも結びつく点だ。これらが総合して1つの視点を形成し、そこからパウロはキリスト者のアイデンティティや日々の生活の多様な側面を眺めている。

第1はより客観的な用法だ。パウロはとくにキリストの贖罪的活動に言及する際、それが「キリストの内に」起こった、あるいはキリストの将来の業に依拠していると述べる[39]。したがって、例えば「キリスト・イエスの内にある贖いを通して……彼らは義とされ」（ロマ3.24）、「神の恵み深い賜物は、私たちの主キリスト・イエスの内にある永遠の命」（6.23）、「キリスト・イエスの内にある命の御霊の律法があなた方を自由にしました」（8.2）、「死も命も……キリスト・イエスの内にある神の愛から私たちを引き離すことは

---

36) 「主イエス・キリストの内に」というテサロニケ両書の表現はこれに勘定されていない。その他「私たちの主キリスト・イエスに内に」という表現も見られる（ロマ6.23, 8.39, Ｉコリ15.31）。

37) 以下の表を参照。

	ロマ	Ｉコリ	Ⅱコリ	ガラ	エフェ	フィリ	コロ	Ｉテサ	Ⅱテサ	フィレ	牧会
ἐν κυρίῳ	8	9	2	1	8	9	4	3	1	2	0

38) パウロのキリスト論における特徴は、彼がキリストの救済的活動を「主の内に」なされたとは言わない点だ。また、復活して高挙された主によって、キリスト者のアイデンティティが決定され、その主の下で生きることが、パウロのキリスト論的特徴である。

39) ロマ3.24, 6.23, 8.2, 39, 15.17, Ｉコリ1.4, 15.19, 22, 31, Ⅱコリ2.14, 3.14, 5.19, ガラ2.17, 3.14, 5.6, フィリ1.26, 2.5, 3.3, 9, 14, 4.19, コロ1.28, 2.3, 9, 15, Ｉテサ5.18, エフェ1.20, 2.13, 4.21, 32. これらを「客観的」という場合、神秘的要素はこの用法にあまり見られないか。Wikenhauser, *Pauline Mysticism*, 23–25と比較せよ。しかし「客観的」用法は現在と未来との救済的活動を含有しており、過去の側面はのちに考察する「〜と共に」によって表現される（§15.3）。

第 15 章　キリストへの参与

できません」(8.39)、「キリスト・イエスの内にあるあなた方へ与えられた神の恵み」(Ⅰコリ 1.4)、「キリストの内にあってすべての者が命を与えられる」(15.22)、「キリストの内にあってそれ（覆い）が取り除かれ」(Ⅱコリ 3.14)、「神はキリストの内にあって世を和解させられ」(5.19)、「キリストの内にあって義とされることを求め」(ガラ 2.17)、「異邦人に対しては、アブラハムの祝福がキリスト・イエスの内にあって与えられ」(3.14)、「キリスト・イエスの内にあって割礼にも無割礼にも何の意味もない」(5.6)、「キリスト・イエスの内にもあったこの思いがあなた方の内にもありますように[40]」(フィリ 2.5)、「キリスト・イエスの内にある栄光の豊かさ」(4.19)、「キリスト・イエスの内にある神の意志[41]」(Ⅰテサ 5.18)などがある。

　第 2 は、より主観的な用法だ。パウロは繰り返し、キリスト者が「キリストの内に[42]」あるいは「主の内に[43]」あると述べる。したがって例えば、「あなた方はじつに罪に対して死んでおり、キリストの内にあって神に対して生きていると認識すべきです」(ロマ 6.11)、「今ではキリスト・イエスの内にある者に対して罪の裁きはありません」(8.1)、「キリストの内にあって私たちはみな 1 つの体です」(12.5)、「プリスカとアクラ、キリスト・イエスの内にある私の同労者」(16.3)、「キリスト・イエスの内にあって聖別された者」(Ⅰコリ 1.2)、「あなた方はキリスト・イエスの内にある」(1.30)、「キリストの内にあって眠りについた者」(15.18)、「キリストの内にある者は、新たな創造です」(Ⅱコリ 5.17)、「キリストの内にあるユダヤ地方の諸教会」(ガラ 1.22)、「私たちがキリスト・イエスの内に抱いている自由」(2.4)、「あなた方はみなキリスト・イエスの内にあって 1 人です」(3.28)などがある。

　「主の内に」という句についても同様だ。パウロはたびたび、「主の内に」ある個人へ挨拶を送る (ロマ 16.8–13)。テモテは「主の内にある愛する忠実

---

40)　もっとも、この用法は他と異なる（§11 n.66 を見よ）。
41)　この句の意味と最も近い意味を持つ句：「主の内に」はⅠコリ 1.31、Ⅱコリ 10.17 に見られるが、これらはともにエレ 9.23 の引用だ。
42)　「主観的」用法としては、ロマ 6.11, 8.1, 12.5, 16.3, 7, 9, 10、Ⅰコリ 1.2, 30, 4.10, 15.18、Ⅱコリ 5.17, 12.2、ガラ 1.22, 2.4, 3.26, 28、フィリ 1.1, 2.1, 4.7, 21、コロ 1.2, 4、Ⅰテサ 1.1, 2.14, 4.16、Ⅱテサ 1.1、フィレ 23 がある。さらに Wikenhauser, *Pauline Mysticism*, 30–31 を見よ。
43)　ロマ 16.2, 8, 11, 12（2 回）, 13, 22、Ⅰコリ 4.17, 16.19、コロ 4.7、フィレ 16、エフェ 4.1.

な子」（Ⅰコリ4.17）だ。パウロはコリント信徒を「主の内にある働きの結果」（Ⅰコリ9.1）と表現する。オネシモは「肉の内にあり、また主の内にある」愛する兄弟だ（フィレ16）。

　第3は、パウロが自分自身の活動を意識しつつ、キリスト者へ特定の姿勢や行動を促す際に「キリストの内に[44]」と「主の内に[45]」という句を用いる場合だ。例えば、パウロは「キリストの内にあって真実を語る」（ロマ9.1）。キリスト・イエスの内にあってコリント信徒らの父となる（Ⅰコリ4.15）。コリント信徒らへキリストの内にある自分のあり方を想起させる（4.17）。キリスト・イエスの内にある彼ら一同に自らの愛が留まることを祈る（16.24）。キリストの内にあって神の前で語る（Ⅱコリ2.17, 12.19）。牢での振る舞いによって、パウロはそれがキリストの内にある投獄であることを明らかにする（フィリ1.13）。主イエスの内にあって命じる（Ⅱテサ3.12）。フィレモンに対して、キリストの内にあって心を新たにするよう促す（フィレ20）。

　「主の内に」という句によって、権威的な語気がパウロの命令やその他の言説に加わる[46]。パウロは「主イエスの内にあって本質的に汚れているものは何もない」ので、自由に肉を食することを勧める（ロマ14.14）。「主の内にあって呼ばれた」奴隷は、むしろ自由であって、そのように認識すべきだ（Ⅰコリ7.22）。「主の内にある」者は、男性も女性も互いの性なしに存在し得ないので、その事実が他の性への姿勢を決定する（11.11）。「主の内にある」働きが無駄に終わることはない（15.58）。フィリピ信徒は「主の内にあって確信を得、神の言葉を語る」（1.14）。将来の活動に関して、パウロは「主の内にあって望み」、「主の内にあって信じる」（2.19, 24）。「主の内にあってすべての喜びをもって」エパフロディトを受け入れるように促す（2.29）。「主の内にあって喜べ」（3.1）、「主の内にあって堅く立て」（4.1）、「主の内にあって同じ思いを抱け」（4.2）、「主の内にあっていつも喜べ」（4.4）と命ずる。

　当該語句が用いられるこれらの箇所を列挙したのは、「キリスト／主の内

---

[44] ロマ9.1, 16.3, 9, Ⅰコリ4.15, 17, 16.24, Ⅱコリ2.6, 17, 12.19, フィリ1.13, 4.13.

[45] ロマ14.14, 16.12, Ⅰコリ7.22, 39, 9.1–2, 11.11, 15.58, Ⅱコリ2.12, ガラ5.10, フィリ1.14, 2.19, 24, 3.1, 4.1–2, 4, 10, コロ3.18, 20, 4.17, Ⅰテサ3.8, 5.12, Ⅱテサ3.4, エフェ6.10, 21.

[46] Bouttier, *En Christ*, 55; Moule, *Origin*, 59–60.

第 15 章　キリストへの参与　　519

に」という句がパウロの思想やスピーチにおいていかに根本的な要素かを明示するためだ。パウロのキリスト者としての全人生、その源泉、アイデンティティ、また責任のすべてが、これらの句によって要約される。もちろんここに挙げた箇所のいくつかは、熟慮されず反射的に文章後尾へ付加されたことだろう。しかしそれは、これらの句とそれに付随する視点が、パウロの神学のみならず、彼自身の生き方と人との関わりにおける本質と切り離すことができないものであることを示している。

　私たちは、パウロ神学のどの側面とこれらの句が呼応するかを見定める必要がある。これらが、キリストによる救いの業という客観的な側面に言及していることの重要性は著しい[47]。しかしそれだけに注目し、他の側面に二義的な価値しか与えないのではいけない。同時にこれらの句に、たんに「キリスト者」とか「キリストを信じる共同体の構成員」とかの意味しか見出さないのではいけない[48]。「キリストの内に」という句は、たんに無味乾燥な標語として捉えられない。「義認」という法廷イメージと結びつく力をこの句に見出しながら、主権の移行や新たな実存への参与という意味を看過することはできない[49]。

　ダイスマンとブセットによる初期の研究が正しく強調したように、この主題の中核にはたんなるキリストに関する信仰だけでなく、甦って生きている

---

[47]　とくに Neugebauer, *In Christus* を見よ。過去の議論においてパウロの「神秘主義」が積極的に語られる際に意識されていたのは、この客観的側面だ。例えば Ridderbos (*Paul*, 59) は、「『キリストの内にある』、『彼と共に十字架につけられ、死に、甦り、天に着座した』という表現は、ある特別な瞬間に体験される真実でなく、キリスト者の生き方全体に決定的な影響を与える事実だ。……特別な体験でなく、救済という教会の『客観的』状態を指す」とする。Conzelmann (*Outline*, 210) も同様に、「テクストの証拠は我々を客観的な救済の業へと導く。……したがって『キリストの内に』は、救いが私の内でなくキリストの内に起こったことを意味する」と述べる。Schlier (*Grundzüge*, 175) は、「キリストの内に」と「アダムの内に」とを類例的に結びつける (Ziesler, *Pauline Christianity*, 54 も見よ)。Wedderburn ('Observation', 88–91) は、パウロの「キリストの内に」と「キリストと共に」は、ガラ 3.8–9 にある「アブラハムの内に」と「（誠実な）アブラハムと共に」という句に起因する蓋然性を主張する。

[48]　Bultmann, *Theology*, 1.328–29. BDAG, ἐν I.5.d は ἐν Χριστῷ を「キリスト者」と定義し、参照箇所としてロマ 16.10, 13, IIコリ 12.2, ガラ 1.22, Iテサ 2.14, 4.16, エフェ 4.1, 6.21 を挙げる。「主の内に」も同様だ（ロマ 16.11, Iコリ 7.39, Iテサ 5.12）。Moule (*Origin*, 54) はIコリ 3.1 とロマ 9.1 をこの例として挙げ、前置詞 ἐν の多様な用法に読者の注意を向ける (pp.54–56)。

[49]　Schlier, *Grundzüge*, 174–76 と比較せよ。

と理解されるキリストとの体験がある。例えば、パウロはこの主題を、改宗へと人を導く感情的な体験を語る際に（Ⅰコリ4.15）、説教者としての責任への自覚に言及する際に（Ⅱコリ2.17）、改宗者への信頼を表現する際に（ガラ5.10）、自らの状況を報告する際に（フィリ1.14）、励ましとなる体験を共有していることを読者に想起させる際に（2.1）、将来への望みを告げる際に（2.19, 24）、そして神の助けが確かなことを約束する際に（4.13）用いている。パウロはこの主題と共に感情的な表現を躊躇することなく用い、「キリストの内にあって私の心（σπλάγχνα[50]）に元気を与えてください」（フィレ20）、あるいは「キリストの内にあって……深い思慕（σπλάγχνα）と憐れみとがあるなら」（フィリ2.1）と述べる。また「主の内にある」挨拶を送る際は、過去に共有した記憶を想起させて読者への親しい思いを伝える。したがってパウロはフィリピ信徒に対し、主の内にあってすべての喜びをもってエパフロディトを迎え入れるように促す（フィリ2.29）。

パウロは、「キリストの内に」引き込まれて、キリストによって導かれるという感覚を抱いていたようだ。それはある意味で、自らの存在とすべての活動とにおいてキリストを体験していたことになる。少なくともいくつかのテクストでは、「〜内に」という前置詞が場所的なニュアンスで用いられている[51]。これがパウロのキリスト論にいかなる影響を与えるかに関しては後述しよう。ここでは、キリストの臨在という明らかな感覚を絶えず持ち続けたパウロが、あらゆる活動を遂行する力とその他の資源を意識的にも無意識の内にも、この臨在の内から引き出していたことに注目しよう。

同時にいくつかのテクストでは、信仰者に内在する[52]、内なる命の源泉としてのキリストが描かれる際に、その補完としてこの主題が用いられる。とくに顕著な例としてガラ2.19-20が挙げられよう。「私はキリストと共に十字架につけられてしまっているのです。もはや私が生きているのでなく、私

---

50) Σπλάγχνα は「五臓六腑」であり感情の場を指す。
51) Moule, *Origin*, 62–63.
52) ロマ8.10, Ⅱコリ13.5, ガラ2.20, コロ1.27. ガラ1.16, Ⅱコリ4.6参照。Moule, *Origin*, 56–58.

の内にキリストが生きているのです⁵³⁾」。同書簡では、パウロ自身がガラテヤ信徒の内にキリストを出産するという奇異な表現も用いられる (4.19)⁵⁴⁾。今の事実と未来の完成とのあいだの緊張関係は、後期のパウロ文書に受け継がれている。コロ 1.27 では「あなた方の内のキリスト」が「栄光の望み」であり、エフェ 3.17 では「信仰を通してあなた方の心にキリストが宿るように」との祈りがある。このような表現からも、テクストが文字どおりの情景を報告しているのでなく、キリストの内にあって体験する内なる現実と変容を表現する情緒的なイメージを描き出していることが分かる。

　これらの表現を総合すると、神との関係にあってキリスト者を確立し導くキリストの神的臨在が内と外を満たすという、神秘的な感覚を語ることを避けて通ることができない。同様に、キリストの共同体を語る場合にも、宣教によってもたらされ福音によって定義された共同体というだけに止まらず、キリスト者ら⁵⁵⁾を1人の人として結びつけるキリストの体験を共有する共同体として語らざるを得ない。

§15.3. 「キリストと共に」

「キリストと共に」という主題もまた、パウロ神学の顕著な特徴だ。この表現が頻出しないこと、また「主と共に (σὺν Χριστῷ)」という並行表現がないとの理由で、この主題の重要性は看過されがちだ。さらにいくつかのテクストでは、この表現がたんに「〜を同伴して」という意味で用いられ、「キリストの内に」ある神秘的で礼典的で救済史的な参与という概念が視野に入れられない。とくにこの傾向は、(天において) キリストと共にいる⁵⁶⁾、あるいは、パルーシアにおいて栄光の内にキリストと一緒に現れる⁵⁷⁾、という将

---

53) のちに但し書きを添えるが (§15 n.47)、Conzelmann (*Outline*, 209) は「我々はここに『熱狂主義』的な言語を見出す」と述べる。

54) B.R. Gaventa, 'The Maternity of Paul: An Exegetical Study of Galatians 4:19', in Fortna and Gaventa (eds.), *The Conversation Continues*, 189–201; Dunn, *Galatians*, 239–41.

55) 個と集団の両方を強調する視点に関しては Davies, *Paul*, 86–90 と対比せよ。

56) フィリ 1.23, Ⅰテサ 4.17, 5.10. コロ 3.3 と対比せよ。

57) コロ 3.4, Ⅰテサ 4.14. Lohmeyer ('Syn Christō') と Dupont (*SYN CHRISTŌ*) の両者は、この将

来的な言説において明らかだ。キリスト者が「キリストと共に」死んだと表現されるのは2箇所のみだ[58]。IIコリ4.14は、未来に「キリストと共に」甦らされることを述べる[59]。IIコリ13.4はキリストの十字架上での弱さと「神の力による」命が、パウロ自身の「彼の内にある」現在の弱さと「神の力によって彼と共にあなた方のために[60]」生きることの模範となる。コロ2.13でのみ、キリスト者がすでに「キリストと共に」命を与えられたと述べられる。

もっとも、「キリスト／彼と共に」という句のみを考察の対象にするわけにはいかない。なぜなら、約40の「～ともに」という接頭辞による複合語が、「キリストと共に」という主題と関連しているからだ[61]。パウロはこれらの複合語を、キリスト者が共有する特権、体験、実行すべき業[62]、そしてキリ

主題の未来の側面に焦点を置いている。Conzelmann (*Outline*, 211) は「～の内に」を現在、「～ともに」を未来と説明するが、この理解は単純過ぎる。

58) ロマ6.8, コロ2.20, ロマ8.32, コロ3.3参照。Fitzmyer (*Paul*, 89) は「σύν がキリスト者の体験の2極、つまりその開始におけるキリストとの同一化、またその終わりにおけるキリストとの関係性、ἐν がその中間のプロセスを語る」とする。

59) Holleman (*Resurrection* [§18 n.1], 191–94) がIIコリ4.14に終末的な復活が示唆されていると考えないのは驚きだ。彼はパルーシアにおけるキリストとの関係性とキリストにある復活とが、それぞれ独自の発展を遂げた思想だと考える。

60) 「あなた方のために」が具体的に何を指すかは不明だ。しかし、おそらくパウロは、キリストと共に甦る彼の将来の復活を可能にする力が、次回のコリント訪問の内に明らかになる、あるいは、パウロの内に宿り、パウロと共に生きることになるキリストが、その復活の命の力を、コリント訪問に際してパウロを通して明らかにすることを意味している。しかしMartin, *2 Corinthians*, 477 も見よ。

61) 40の複合動詞の内の半数は、新約聖書内でパウロのみが用いる。

62) 多くは複合名詞で：「ともに労苦する（συναγονίζομαι）」（ロマ15.30）、「ともに労苦する（συναθλέω）」（フィリ1.27, 4.3）、「囚人仲間（συναιχμάλωτος）」（ロマ16.7, コロ4.10, フィレ23）、「ともに休息する（συναναπαύομαι）」（ロマ15.32）、「ともに死ぬ（συναποθνῄσκω）」（IIコリ7.3）、「ともに支配する（συνβασιλεύω）」（Iコリ4.8）、「ともに編み込む（συμβιβάζω）」（エフェ4.16, コロ2.2, 19）、「結束（σύνδεσμος）」（エフェ4.3, コロ2.19, 3.14）、「奴隷仲間（σύνδουλος）」（コロ1.7, 4.7）、「ともに働く（συνεργέω）」（Iコリ16.16, IIコリ6.1）、「同労者（συνεργός）」（全12回）、「ともに生きる（συζάω）」（IIコリ7.3）、「同志（σύζυγος）」（フィリ4.3）、「共同相続人（συγκληρονόμος）」（エフェ3.6）、「共同参加する（συνκοινωνέω）」（エフェ5.11, フィリ4.14）、「共同参加者、賛同者（συγκοινωνός）」（ロマ11.17, Iコリ9.23, フィリ1.7）、「ともに倣う者（συμμιμητής）」（フィリ3.17）、「ともに建てる（συνοικοδομέω）」（エフェ2.22）、「励まし合う（συμπαρακαλέω）」（ロマ1.12）、「ともに苦しむ（συμπάσχω）」（Iコリ12.26）、「市民同士（συμπολίτης）」（エフェ2.19）、「ともに呻く（συστενάζω）」（ロマ8.22）、「戦友（συστρατιώτης）」（フィリ2.25, フィレ2）、「ともに助ける（συνυπουργέω）」（IIコリ1.11）、「ともに喜ぶ（συγχαίρω）」（Iコリ12.26, 13.6, フィリ2.17–18）、「心が一つになった（σύμψυχος）」（フィリ2.2）、「ともに喘ぐ

第 15 章　キリストへの参与

ストの死と命を分かち合うという意味で用いる[63]。これらの句と複合語は、「キリストの内に」という主題の場合と同様に、キリストへの参与という共通する経験に依拠したキリスト者の共同体体験を表現している。

これらの複合語がとくに集中するのは、ロマ 6.4–8 と 8.16–29 だ[64]。

> 6.4 したがって、私たちは彼（キリスト）と共に死へと葬られ……。5 なぜなら、もし私たちが彼の死と同じ姿において共に結ばれてしまっているなら、私たちはたしかにまた彼の復活（と同じ姿においても共に結ばれていること）でしょう。6 私たちの古い性質が彼と共に十字架につけられたので……。8 しかし、もし私たちがキリストと共に死んだなら、私たちはまた彼と共に生きると私たちは信じます。

> 8.16 私たちが神の子らであることは、御霊ご自身が私たちの霊と共に証言します。17 もし子であれば、相続者——神の相続者、キリストとの共同相続者——でもあります。それはもし、私たちがこの方（キリスト）と共に苦しみ……。22 なぜなら、全被造物が今に至るまでともに呻き、出産の苦しみをともに苦しんでいることを私たちが知っているからです。……26 同様に、霊は私たちの弱さに対してともなって助けとなります。……29 神があらかじめ知っていた者を、神はまたあらかじめ定めて、その子の姿と同じ姿にされるのです。

死と復活という主題が顕著な文脈においてこれらの複合語を繰り返し、キ

---

[63] 多くは複合動詞で：「同じかたちになる（συμμορφίζομαι）」（フィリ 3.10）、「同じかたちの（σύμμορφος）」（ロマ 8.29, フィリ 3.21）、「同じような（σύμφυτος）」（ロマ 6.5）、「ともに死ぬ（συναποθνήσκω）」（Ⅱテモ 2.11）、「ともに支配する（συμβασιλεύω）」（Ⅱテモ 2.12）、「ともに栄光を受ける（συνδοξάζομαι）」（ロマ 8.17）、「ともに甦る（συνεγείρω）」（エフェ 2.6, コロ 2.12, 3.1）、「ともに生きる（συζάω）」（ロマ 6.8, Ⅱテモ 2.11）、「ともに生き返らせる（συζωοποιέω）」（エフェ 2.5, コロ 2.13）、「ともに葬られる（συνθάπτομαι）」（ロマ 6.4, コロ 2.12）、「ともに座る（συγκαθίζω）」（エフェ 2.6）、「共同相続人（συγκληρονόμος）」（ロマ 8.17）、「ともに苦しむ（συμπάσχω）」（ロマ 8.17）、「ともに十字架につけられる（συσταυρόομαι）」（ロマ 6.6, ガラ 2.19）。また「ともに証言する（συμμαρτυρέω）」（ロマ 8.16）、「ともに引き受ける（συναντιλαμβάνομαι）」（ロマ 8.26）」（συνωδίνω）」（ロマ 8.22）。

[64] さらにコロ 2.12–13, エフェ 2.5–6, Ⅱテモ 2.11–12 も見よ。

リストとキリスト者とを結びつける仕方は、パウロの特徴的な教えだ。パウロは、救いのプロセスが開始する様子を描く際に、たんに死のメタファが適切であると主張しているのでない。むしろ、キリストの死と共にこの時代が過ぎ去り、まったく新たな時代が始まったという終末的な主張がなされている。換言すると、キリストの受難と復活が新たな時代の完成まで、キリスト者の内で繰り返し再体験されている。さらにこのプロセスは、定義上たんに個人に関することでなく、個人主義的でもない。むしろ本来的に、被造物全体を含む共同の体験だ。「キリストと共に」という概念は、「他者と共に」また「被造物と共に」との概念なくして完全には成り立たない。この理解は、救いのプロセスやキリストの体に関する私たちの考察に重要な示唆を与える（第18章参照）。

　ここでは、パウロの言語に著しい「連帯性」が含意されていることを強調しておこう。「キリストと共に」という句は、たんなるパウロによる修辞法の一部でない。とくにキリストの死と復活という決定的な救済の出来事において、より神秘的な側面がこの主題によって浮き彫りとなっている。それはまた、典礼としてのバプテスマや、キリスト者の共同体参入に関する表現へと限定されるべきでもない。この表現には、キリストを中心とし御霊が促す全宇宙的な神の業という文脈でキリスト者が他者と連帯するという、参与の非常に深い意味合いが込められている。したがって「神秘主義」という語は、この深遠な概念を表現しようとする試みだ。

§15.4. その他の表現

　パウロは上の句以外にも、いくつかの表現でこの神秘的な意味でのキリストとの繋がりを表現している。
　(1)「キリストの中へ」：パウロはいくつかの箇所で、キリスト者が「キリストの中へ（εἰς Χριστόν）」導かれると述べる。「キリストの中へ（と）バプテスマを授けられました[65]」という表現が示す移行が2箇所で語られるが、こ

---

65) ロマ6.3, ガラ3.27. Iコリ12.13も見よ。Iコリ10.2に関しては§17 n.34を見よ。

第15章　キリストへの参与

れらは格別に注目されている。いずれの場合も、前置詞の「〜中へ (εἰς)」が、ある場へと向かう移動を示すと考えられる[66]。この意味はロマ 6.3 で顕著だ。それは、直前でイエスが第2のアダムとして描かれているからだ。この文脈で「(この) キリストの中へ (の) バプテスマを授けられる」という句には、キリスト (の中) へ参与するという意味が込められている。パウロがこのような意味でこの句を捉えていることは、「1つの体の中へ (の) バプテスマを授けられる」(Iコリ 12.13) という類似する表現からも伺える。この場合の最も明らかな意味は、ここに言及されているキリスト者がみなバプテスマを通してキリストの体の一部分となった、ということだ (12.14–27)[67]。同様にガラ 3.27 も、これに続く「キリストを着る」というメタファとの関連で理解せねばならない[68]。キリストの中へとバプテスマを授けられるとは、キリストのペルソナを帯びることと同等か、あるいはそれを補完する意味合いを持つ[69]。いずれの場合も、ある種の同一化、連帯性というニュアンスが読み取れる。

その他の箇所では、同じ前置詞が幾分具体性に欠ける「〜へ向かって、〜に関して、〜のために」という意味で用いられる[70]。したがって、エパイネトは「アジア州におけるキリストに関する (εἰς Χριστόν) 初穂」(ロマ 16.5) である。この場合、キリストの福音の宣教が文脈にある。「(神が) あなた方と共に私たちをキリストに向かって (εἰς Χριστόν) 建て上げます」(IIコリ 1.21) には、継続した成長という文脈がある[71]。「律法はキリストに向かう (εἰς Χριστόν) 養育係」(ガラ 3.24) であり、「キリストの中へ」私たちを導く[72]。パウロは、「あなた方の信仰の交わりが、私たちのあいだでキリストに

---

66)　Fitzmyer (*Paul*, 89) は「εἰς Χριστόν が所属／参加のための移行を意味する」と述べる。
67)　§17.2 も見よ。
68)　この表現はロマ 13.14 の奨励においても用いられる。コロ 3.9–10, エフェ 4.22–24 を見よ。§17.2, 17 n.63 も見よ。
69)　§8 n.58 を見よ。
70)　ロマ 16.5, IIコリ 1.21, 11.3, ガラ 3.24, フィレ 6. しかし Iコリ 8.12 では「〜に反して」を意味する。
71)　ガラ 4.19, エフェ 3.17 を見よ。
72)　より時間的な意味で「〜の時まで」と理解される傾向があるが、ガラ 3.27 を考慮しなければならない。

向かう（εἰς Χριστόν）すべての良いことを知って、活発になるように」（フィレ 6）とフィレモンのために祈る。これは、キリストと「私たち」との関係性がより親密になる「すべての良いこと」を意味しているだろう[73]。また、パウロが滅多に用いない「キリストの中へ（εἰς Χριστόν）信仰を置く」という表現においても、同様の意味合いがあると思われる[74]。パウロが周知の慣用句を用いていたとしても、キリストへの献身という意味合い以外に、キリストと繋がり、キリストによって定義される、という意味を意識しているという可能性は看過できない。

(2)「キリストの体」：この主題については第 20 章で詳細に述べるが、本章で扱う主題と関連するので、ここでも少しばかり言及しよう[75]。このイメージにはとくに 2 つの側面がある。その 1 つは、互いの関係性によって自らのアイデンティティを理解するという側面だ。彼らは「互いに属する個々の部分です」（ロマ 12.5）。すなわち、1 つの体につながる手足や臓器といった個々の部分だ。第 2 に、その体はキリストと比較され、あるいはキリストと同一視される[76]。この体の部分はキリストの部分でもある。ここには、伝統的あるいは後期中世の神秘主義的実践に見られるような、個人主義的な敬虔という概念はない。パウロがキリストの体について語る場合、それはキリストに属すること、また他者と共にキリストに属することを意味する。他者を考慮に入れない個人の敬虔は、共同体全体をバランスの欠けた不健康な体とする[77]。

(3)「キリストを通して」：「キリストを通して（διὰ Χριστοῦ）」という表現も、

---

73) Moule, *Colossians and Philemon*, 142; Dunn, *Colossians*, 320.
74) ロマ 10.14, ガラ 2.16, フィリ 1.29, コロ 2.5.
75) ロマ 12.3–8, Ⅰコリ 12.12–27.
76)「キリストの体」という表現の影に隠れて、その表現の豊かさに注目されない傾向がある。「私たちは多いが、キリストの内にあって 1 つの体です」（ロマ 12.5）、「体が 1 つでも多くの部分があるように、体の部分は多くても、それは 1 つの体です。それはキリストについても同じです」（Ⅰコリ 12.12）、「あなた方はキリストの体です。そして個々がその部分です」（12.27）、「キリストは体の頭」（コロ 1.18, 2.19, エフェ 4.15–16）。さらに、「私たちが割くパンは、キリストの 1 つの体への参加ではないですか。1 つのパンがあるので、私たちは多いが 1 つの体です。それは私たちがこの 1 つのパンを分かち合うからです」（Ⅰコリ 10.16–17）。
77) ロマ 12.3, Ⅰコリ 12.14–26, コロ 2.19, エフェ 4.13–16.

「キリストの内に」や「キリストと共に」という句と緊密に関係する。とくに神の救済の業、派遣の業、あるいは最終的な業が「キリストを通して」なされる、という表現が頻繁に登場する[78]。しかし既述のとおり、パウロはまた「キリストを通して」神に感謝し、「キリストを通して」得られる神との関係性への確信によって支えられている[79]。そしてロマ15.30では、「私たちの主イエス・キリストを通して」ローマの聴衆に訴える[80]。

　パウロが前置詞の διά を用いる場合、属格の「キリスト（Χριστοῦ）」をともなって「キリストを通して」という意味を伝える特徴があり、対格の「キリスト（Χριστόν）」をとって「キリストゆえに」という意味を伝えることをほとんどしない[81]。これらの用法の違いは、私たちのパウロ神学理解に示唆を与える。彼の改宗と宣教活動は、過去にイエスが何をして何を語ったかという英雄伝から動機付けを得ているのでない。パウロは「ナザレ人イエスを偲ぶ会」を主催しているのでない。むしろ彼は、キリストを神とその民とを繋ぐ開かれたチャンネルとして捉えている。生きた媒介者なるキリストを通して神は働きかけ、その民は神に近づく。このような理解は、一般的な神秘主義のイメージからすでに距離をおき始めている。しかし、上に挙げた2つの句との連続性と重複は明らかだ。

　(4)「キリストの／キリストに属する」：最後に、属格の「キリスト（Χριστοῦ）」がそのまま用いられて「キリストの、キリストに属する」を意味する場合を考察しよう[82]。ほとんどの場合、称号として機能する「キリスト」以上の内

---

78) ロマ2.16（キリストを通した最後の審判）、3.24（キリストの内にある贖いを通して）、5.17, 21（キリストを通して恵みと命が支配する）、7.4（キリストの体を通してあなたは死んだ）、Ⅰコリ15.57（キリストを通して与えられる勝利）、Ⅱコリ1.5（キリストを通した励まし）、5.18（キリストを通して神が和解する）、ガラ1.1（キリストを通した使徒）、フィリ1.11（キリストを通した義の実）、Ⅰテサ5.9（キリストを通した救い）、エフェ1.5（キリストを通した養子縁組）、テト3.6（キリストを通して聖霊が注がれる）。

79) ロマ1.8（キリストを通して神に感謝を捧げる）、5.1（キリストを通した神との平和）、5.11（キリストを通して神を誇る）、7.25（キリストを通した神への感謝）、16.27（キリストを通した頌栄）、Ⅱコリ3.4（キリストを通した神への信頼）、コロ3.17（キリストを通して神に感謝を捧げる）。さらに§10.5.1を見よ。

80) Ⅰコリ1.10では同様の意味で「私たちの主イエス・キリストの名を通して」パウロが述べる。

81) 例外としてⅠコリ4.10、フィリ3.8を見よ。

82) ロマ8.9, 14.8, Ⅰコリ1.12, 3.23, 15.23, Ⅱコリ10.7, ガラ3.29, 5.24。

容を、その文脈は示唆している。ロマ 8.9 では、御霊を持っていることに関する 1 つの表現としてこの主題が登場する。御霊の内在はキリストの内在であり、「キリストの霊を持たない者がいれば、彼は彼（キリスト）に属しません」（文字どおりには、「彼は彼のでない」）。Ⅰコリ 15.23 では、「キリストに属する者」の復活がキリストの復活のパターンに倣う者と理解され、これはアダム・キリスト論に深くつながっている。ガラ 3.29 の「あなた方はキリストに属しています」という言説は、直前の「あなた方はみなキリスト・イエスの内にあって 1 人です」。「キリストの内に」あることは、キリストの一部であり、キリストに所属することだ。この文脈にある救済史を俯瞰すると、異邦人キリスト者がアブラハムの 1 人の子孫 (3.16) なるキリストの内に編入されることで (3.27) アブラハムの子孫としての立場を得る (3.29)、という理解がある。そしてガラ 5.24 では、「キリスト・イエスに属する者」が「その肉を十字架につけた」者として定義される。すなわち、キリスト者はキリストの十字架というアイデンティティを有していることになる (2.19)。なぜならキリストの十字架を通してのみ、「世界は私に対して、私は世界に対して、十字架につけられている」(6.14) という体験が意味をなすからだ。

　より直接的なスローガンとしての用法さえも、「私はキリスト者である」という告白へとたんに限定されることはない[83]。例えばⅠコリ 1.12 において、「私はキリストに属する」という句は、「私はパウロに属する」、「私はアポロに属する」、「私はケファに属する」という他のスローガンと並列関係にあるからだ。このような同一化は、同時代の指導者に対する感情的な連帯性を示しており、過去の英雄に関するたんなる回想でない。この連帯感は、主人とその奴隷、あるいは政治指導者とその支持者のあいだに見られるものだ。この点は、Ⅰコリ 3.21–23 に見られる宇宙論的表現に顕著だ。「すべてがあなた方のものです。パウロも、アポロも、ケファも、世界も、死も、現在も、未来も、すべてがあなた方のもので、あなた方はキリストのものです」。パウロはロマ 14.8 でも同様に述べる。「私たちが生きるのは、主のために生きるのであり、私たちが死ぬのも、主のために死ぬのです。したがって、生

---

83) ロマ 14.8, Ⅰコリ 1.12, 3.23, Ⅱコリ 10.7.

きるにしても死ぬにしても、私たちは主のものです[84]」。また、「キリストの愛が私たちに迫ります」（Ⅱコリ5.14）も同様の主題を伝えている[85]。

(e)「キリストと御霊」：これらの主題に加え、さらなるイメージ——キリストと御霊との重複——にも目を留めよう。このイメージの一側面に関しては第10章ですでに確認しており（§10.6）、第16章でもう一度考察する。ここでは、パウロが記した最も興味深い箇所の1つを考察しよう。

> [9] しかし、もしあなた方の内に神の霊が宿っているなら、あなた方は……御霊の内にいます。キリストの霊を持たない者は彼（キリスト）に属していません。[10] キリストがあなた方の内にいるなら……。

「御霊の内に」、「御霊を持つ」、「キリストがあなた方の内に」という表現がキリスト者を定義する句として補完的に機能している場合、御霊の体験とキリストの体験とを明確に判別することは不可能だ。あえてそれを行おうとしても、キリストを文脈、御霊を力として把握するほどのことしかできない[86]。

要約しよう。メタファの多様性に関する以前の考察と同様に[87]、本章でもまた、同一化体験に関する言語は、「神秘主義」とも「非神秘主義」とも限定し得ない。もしパウロの言語が彼に独特な体験以上のことを表現しているなら、パウロとその改宗者はキリストを生き生きとした臨在と意識しており、それは共同体での生活と個人の日常生活との両方を満たすものだっただろう。またそれは、神の恵みに対する彼らの姿勢を形成するものだった。

---

84) Schlier, *Grundzüge*, 174 はとくにロマ14.7ff を挙げつつ、「キリストの内に」と「キリストの」という定型句に「キリストのため」をも加える。

85) ここで用いられている動詞（συνέχω）は、おそらく行動へと促す内なる強制力を指している。Furnish, *2 Corinthians*, 309–10 を見よ。Deissmann（*Paul*, 161–64）は「神秘的属格」というより一般的な表現を用いる。さらに Wikenhauser, *Pauline Mysticism*, 33–40 を見よ。「キリストの力」（Ⅱコリ12.9）というパウロの体験と、「キリストの恵み」（ガラ1.6）という改宗者の体験とにも注意を向ける必要がある。

86) Wikenhauser, *Pauline Mysticism*, 53–58 と対比せよ。また Bouttier, *En Christ*, 61–69; Moule, *Origin*, 58–62; Ziesler, *Pauline Christianity*, 63–65 を見よ。

87) §13.4 を見よ。

§15.5. 集合体としてのキリスト

　これらの考察を総合すると、さらなるキリスト論的議論は避けられない。パウロのキリスト論における神秘主義的側面がより一般的に認められていた時期には、この議論がより広く共有されていた[88]。しかしこの議論も、原初的な人や宇宙論的身体（μακροάνθρωπος）に関する神秘主義的空想へと逸れていった。そして同時代の資料による裏付けがほとんどできないこのような空想は、しだいに忘れられていった。その結果、今日パウロや他の第一世代のキリスト者らがいかに高挙されたキリストを実際に概念化したかを議論する新約聖書学者はほとんどいない[89]。

　私たちはこの問題を、再臨に関する論考においてすでに述べた[90]。メシアであるイエスを、アダム、復活した者の家族の長子、神の知恵、命を与える霊、神の副執政、来たるべき主など、多様な役割を果たす者として理解しようとすると、それは結果的に混乱を招く。本章ではこれらに加えて、改宗者が「編入」され自己を発見する「場」、キリスト者の内にある臨在、キリスト者が同一化されるすべき神の救済活動、神が恵みを注ぎキリスト者が神に近づくた

---

88) Weissは以下のように述べる。「キリストはたんに1人の人の内にあるのでなく、すべての信仰者の内にあり、同時にすべての信仰者がキリストの内にある、と理解される。この理解は、キリストという概念を曖昧にし、その姿を汎神的に解消する時に可能となる。これはキリストを霊と表現することによって描写される」(*1 Korintherbrief*, 303)。さらに、「パウロ書簡群において、『キリストの内にある』とは天界な主と神秘的な融合を完全に遂げることを意味し、人はその個人性を失い、すべてを満たすキリストの思いがそれにとって代わる。パウロの目には、人としてのキリストは形而上学的に非人格的な霊と同一化される。パウロにおいてこれが可能なのは、彼がその時代の教育を受けたからだ。すなわち、抽象と人格のあいだには明確な境界線が引かれていなかった。さらに福音伝承は、それが私たちに及ぼしているほどの影響をパウロに及ぼさなかった」('Die Bedeutung des Paulus für den modernen Christ', *ZNW* 19 [1919/20], 127–42 [ここでは 139–40])。Wikenhauser, *Pauline Mysticism*, 81 参照。

89) 例外としてMoule (*Origin*, ch.2) が「集合体としてのキリスト」に言及する。「集合的人格」という概念（例えばBest, *One Body* [§20 n.1]; Ridderbos, *Paul*, 61–62) はもはや用いられるべきでない。それは、この概念が前キリスト教的グノーシス主義の救済者神話の「神的人（*divine man*）」と同様に、当時の多様な思想を融合した今日的な概念だからだ。とくに J.W. Rogerson, 'The Hebrew Conception of Corporate Personality: A Re-Examination', *JTS* 21 (1970), 1–16 を見よ。

90) §12.5.4 を見よ。

第 15 章　キリストへの参与　　531

めの媒体、キリスト者がその一部をなす体、キリスト者が賛同して同一化されるべき大義の指導者、そして神の霊と同等の力強い臨在として、キリストが提示された。

　パウロはこのイエスをどのように視覚化したか。明らかに今日的な人格に関する概念は、このように多様なイメージを扱うに不十分だ。私たちはいかに、キリストを人々によって構成される体、あるいは宇宙の「頭(かしら)[91]」としてと述べ得るか。いかにしてキリストを個人の「内側」にある者としながら、人の姿をし、さらにその姿で雲に乗って再来する様子を把握できようか。これらの疑問の解決を試みる際に、1つの答えのみに到達することを想定すると、それは失望に終わる。復活したキリストに関してパウロが1つの概念のみを持っていたか、疑念を挟む余地が十分にある。

　パウロは救済の開始とそのプロセスを多様なメタファで表現したが（§13.4）、キリストを概念化する際にも多様な表現を用いたと考えるべきだろう。いずれの場合も、さまざまなメタファを通して到達し得る霊的現実があると言えよう。それなら、パウロにとってキリストという霊的現実は、個人の信仰体験にも有形の教会にも還元し得ない。キリストは1つの実在としての人格を有した。それはナザレのイエスと直接つながり、現在と未来における救済的恩寵が体験される場である。この場合の「人格」は人の「人格」と同じでないが、神が「人格的（personal）」であることよりも明確に人として意識される[92]。

　これ以上のことを述べようとすると、人間の想像力と言語能力の壁に突き当たる。ここでもまた、他の多様なメタファと同様に、パウロの言語表現を1つのメタファへと集約し、他のメタファをそれに対する二義的なものと理解することの危険性を忘れてはならない[93]。しかしより危険なことは、人

---

91) コロ 1.18.「教会」という語の付加によって、宇宙の頭としてのキリストという理解が排除されたとは考えられない。なぜならこの概念がコロ 2.10 で繰り返されているからだ。さらに Dunn, *Colossians*, 94–96 を見よ。
92) パウロはまた、神がその民の内に宿ることについて語る（Ⅱコリ 6.16）。これは LXX のレビ 26.12 とエゼ 37.27 との融合のようだ。Wikenhauser（*Pauline Mysticism*, 75–79）は現代の霊感体験について言及する。
93) Robinson（*Body* [§3 n.1]）はこの点で批判の的となる。

間の分析における還元主義的な傾向と教義形成における過度な定義化が、多様なメタファによる表現力を排除することだ。この場合、パウロが描く異なるイメージの不整合性を平(なら)してしまうことは、私たちにとって損失であっても、決して益とならない。幻の持つ豊かな創造性——その詩的な協和性——によって私たちの心と霊とが捉えられることがよりより良い選択だろう。それによって概念の明確さが幾分損なわれたとしてもだ。

§15.6. キリストへの参与がもたらす結果

義認に関する議論でもそうしたように（§14.9）、パウロがとくに参与主題とリンクさせる救済プロセスにおける要素をも考察しよう。もちろん、パウロの詳細な議論が少数の箇所に集中する義認主題と比べると、「キリストの内に」という主題は書簡群全体に拡散しているので、「キリスト神秘主義」と直接的に関連する救済論の要素を見出すことの意義が薄れる。それでも、いくつかの要素については関連性が明らかだ。

（1）キリストと繋がっているという認識は、2つの救済論的出来事に注意を向けさせる。第1にキリストの死と復活だ。もう1つは個人の生き方にこの出来事が影響を与える開始点だ。「キリストの内に」あるという状況は、「キリストの中へ」導かれて、「キリストと共に」あることだ。このような表現言語は、継続するプロセスの確固とした開始点が存在することを前提とする。ある体験から他の体験へと決定的に移行する時点があり、それは新たな視点と可能性を提供する[94]。同時に、これら2つの救済論的出来事を認識することは重要だ。パウロ神学においてこれらは密接に結びついており、パウロにとってキリストへの改宗が十字架と切り離されることはない。キリストへの参与はいつもその死への参与を含意している。

（2）より重要な点は連帯性だ。ローマ書でパウロが最初に参与主題を展開するのが（6.3–8）、アダム・キリスト論においてキリストを救済論的にアダムと対比させる部分（5.12–21）の直後であることは、たんなる偶然でな

---

94) §20.4 も見よ。

い。あるいは、「〜の中へ」という表現がキリストの体（Ⅰコリ 12.13）と関連することも必然だ。個人的な意味での参与という概念も当然ある（ガラ 2.19–20, フィリ 3.8–11）。しかし、「〜と共に」なる言語表現が「キリストと共に」という主題で他のキリスト者をも見据えていることは、キリストへの参与が共同体的な連帯を含意していることを示す。これはキリスト論的考察に依拠している（§15.5）。もしキリストをその体について語ることなしに完全に概念化し得なければ、キリストへの参与なる主題も多くの部分からなる体を抜きにして語り得ない[95]。

（3）さらにパウロはロマ 6 章において、「キリストの内に」あることと直結する倫理的適用を導き出している。「キリストと共に」という主題を解説する段落（6.1–11）の結論として、パウロは「そのようにあなた方も自分自身をじつにキリスト・イエスの内にあって罪に対して死んでおり、神に対して生きている者とわきまえなさい」（6.11）と述べる。さらにその適用が直後に続く（6.12–14）。

> [12] あなたの死ぬべき体において罪の支配を許し、その欲望にしたがってはいけません。[13] あなた方自身とあなた方の行いを罪に支配させ、不義の道具として用いさせてはいけません。むしろ神にあなた方自身を死から命へと導き出された者として捧げ、あなた方自身とあなた方の行いを義の道具として神に捧げなさい。[14] なぜなら、罪があなた方に対する支配権を行使することはないからです。というのも、あなた方は律法の下におらず、恵みの下にいるからです。

換言すると、キリストの内にいることは、日々体験するこの世での現実からある種の神秘的な離脱を意味するのでない。むしろそれは、まったく異なった仕方で動機付けされ導かれる命の開始点であり拠点となる。アダムへの参与が直接的な結果（罪と死とによって支配された命）をもたらしたように、キリストへの参与も直接的な結果（恵みにより可能となり深まった誠実さ）をもたらした。キリストへの参与は、主権の移行を意味する。それは（罪によっ

---

[95] Elliger（§15 n.12）による「キリストの内に」と「肉の内に」の比較がこの議論において重要となる。Wikenhauser, *Pauline Mysticism*, 51–52, 63–64.

て誤用された）律法の主権から、（キリストの内に体現された）恵みの主権への移行である。すなわち、パウロにとって神秘的キリストは、倫理的営みを継続するための資源であり導きだ。

　（4）私たちは、キリストへの参与という主題の終末的および宇宙的側面にも注目すべきだ。既述のとおり、ロマ6章以外にも8.16–29（§15.3）に、「〜と共に」という表現が集中している。この箇所では、個人の救済が宇宙的救済の一部として描かれている。Ⅱコリ5.17とガラ6.14–15では、それぞれ「キリストの内に」あること、「キリストと共に」十字架につけられることとが、「新たな創造」と直結している。この創造はたんなる「新時代」でない。すなわち、現在の被造世界の延長でない。「新たな創造」では、混乱して秩序を失った被造世界が前提となっている。「新たな創造」はたんなる「新時代」でない。なぜなら前者は十字架によって開始されるからだ。新たな創造は、私が世界に対して、また世界が私に対して十字架につけられることなしに始まらない（ガラ6.14–15）。ここでもまた、キリストへの参与という主題が明らかだが、この場合の参与は十字架につけられたキリストへの参与だ。

第16章 賜物としての御霊[1]

1) 第16章の文献リスト
L.L. Belleville, 'Paul's Polemic and Theology of the Spirit in Second Corinthians', *CBQ* 58 (1996), 281–304; **H. Bertrams**, *Das Wesen des Geistes nach der Anschauung des Apostels Paulus* (Münster: Aschendorff, 1913); **F. Büchsel**, *Der Geist Gottes im Neuen Testament* (Gütersloh: Bertelsmann, 1926); **Bultmann**, *Theology*, 1.153–64; **B. Byrne**, *'Sons of God' — 'Seed of Abraham'* (AnBib 83; Rome: Biblical Institute, 1979); **Cerfaux**, *Christian* (§14 n.1), 239–311; **Y. Congar**, *I Believe in the Holy Spirit* 1: *The Experience of the Spirit*, 2: *Lord and Giver of Life*, 3: *The River of Life Flows in the East and in the West* (New York: Seabury / London: Chapman, 1983); **J.D.G. Dunn**, *Baptism in the Holy Spirit: A Re-Examination of the New Testament Teaching on the Gift of the Spirit in Relation to Pentecostalism Today* (London: SCM / Naperville: Allenson, 1970); '2 Corinthians 3.17 — "The Lord is the Spirit"', *JTS* 21 (1970), 309–20; **G.D. Fee**, *God's Empowering Presence: The Holy Spirit in the Letters of Paul* (Peabody: Hendrickson, 1994); **Gnilka**, *Theologie*, 101–08; *Paulus*, 260–66; **Goppelt**, *Theology*, 2.118–24; **H. Gunkel**, *Die Wirkungen des Heiligen Geistes nach der populären Anschauung der apostolischen Zeit und der Lehre des Apostels Paulus* (Göttingen: Vandenhoeck, 1888); **A. Heron**, *The Holy Spirit* (London: Marshall, 1983); **F.W. Horn**, *Das Angeld des Geistes: Studien zur paulinischen Pneumatologie* (FRLANT 154; Göttingen: Vandenhoeck, 1992); **M.E. Isaacs**, *The Concept of the Spirit: A Study of Pneuma in Hellenistic Judaism and Its Bearing on the New Testament* (London: Heythrop College, 1976); **F.S. Jones**, *'Freiheit' in den Briefen des Apostels Paulus* (Göttingen: Vandenhoeck, 1987); **O. Knoch**, *Der Geist Gottes und der neue Mensch. Der Heilige Geist als Grundkraft und Norm des christlichen Lebens in Kirche und Welt nach dem Zeugnis des Apostels Paulus* (Stuttgart: KBW, 1975); **D.J. Lull**, *The Spirit in Galatia: Paul's Interpretation of* Pneuma *as Divine Power* (SBLDS 49; Chico: Scholars, 1980); **J. Moltmann**, *The Spirit of Life: A Universal Affirmation* (Minneapolis: Fortress, 1992); **G.T. Montague**, *The Holy Spirit: Growth of a Biblical Tradition* (New York: Paulist, 1976); **C.F.D. Moule**, *The Holy Spirit* (London; Mowbrays, 1978 = Grand Rapids: Eerdmans, 1979); **P. von der Osten-Sacken**, *Römer 8 als Beispiel paulinischer Soteriologie* (FRLANT 112; Göttingen: Vandenhoeck, 1975); **Ridderbos**, *Paul*, 197–204, 214–23; **Schlier**, *Grundzüge*, 179–85; **K.L. Schmidt**, *Das Pneuma Hagion bei Paulus als Person und als Charisma* (Eranos Jahrbuch 13; Zürich: Rhein, 1945); **E. Schweizer**, *The Holy Spirit* (Philadelphia: Fortress, 1980); **E.F. Scott**, *The Spirit in the New Testament* (London: Hodder and Stoughton, 1923); **J.M. Scott**, *Adoption as Sons of God: An Exegetical Investigation into the Background of* HUIOTHESIA *in the Pauline Corpus* (WUNT 2.48; Tübingen: Mohr, 1992); **M. Turner**, *The Holy Spirit and Spiritual Gifts Then and Now* (Carlisle: Paternoster, 1996), とくに 103–35; **H. Weinel**, *Die Wirkungen des Geistes und der Geister im nachapostolischen Zeitalter bis auf Irenäus* (Tübingen: Mohr, 1899); **M. Welker**, *God the Spirit* (Minneapolis: Fortress, 1994); **Whiteley**, *Theology*, 124–29.

§16.1. 第3の要素

　パウロが重要な（救済論的）転換点について述べる第3の表現は、神の賜物としての御霊だ。彼は、改宗者がキリスト者として歩み始める時点を、個人的に御霊を受ける時とする。これは第14–15章で考察した主題と相反するものでなく、むしろ補完的だ。例えば、既述のとおり、パウロがアブラハムの祝福を義認と御霊の受容として捉えることは、ガラ3.14とその文脈から明らかだ[2]。また、キリスト神秘主義と御霊の受容体験のあいだにも重なりがある。ロマ8.9–10では、これら2つが同時進行する様子が見られる。「キリストの内にある」ことと御霊の内在は、表裏一体だ[3]。義認と「キリストの内にあること」は新たな文脈を提供し、それによって改宗者は彼ら自身と彼らが属する新しい現実とを「知る」ことが可能となる。それと呼応して、賜物としての御霊は、その現実を生きることを可能にする動機づけと力とを提供する。修復された立場、キリストへの参与、神的な力という3つのイメージは、統合的で相互補完的な基盤を作り上げるが、これは神学者、宣教者、そして牧会者としてのパウロにとって喜ばしいものだっただろう。なぜならこの基盤は、知的説得性、受容体験、そして倫理的動機を組み合わせて提供し得るからだ[4]。それはあらゆる民族や社会階層に属する人々に対して、魅力的で納得のできる宗教の提供を可能とした。

　キリスト者としての始まりに関するこの第3の要素にまつわる過去100年間の注目度をふり返ると、そこには学術的な好奇心、大衆レベルの熱狂、そして教会組織の留保的態度が、興味深く混ざり合っている。この分野への現代の学術的考察は、ヘルマン・グンケルの著名な研究書によって始まった[5]。この初版の最も目を惹く特徴は、「使徒時代に関する一般的理解」への

---

[2] §14 n.105を見よ。
[3] §15.4.5を見よ。
[4] ここで個人的な現実に注目するのは、教会という社会的共同体が改宗者を愛して受け入れるという衝撃を看過しない。この点に関してはすでに§15.4.2, 15.6.2で述べており、また§20でさらに考察する。
[5] Gunkel, *Wirkungen*.

関心だ[6]。これはまた、御霊の顕現と見なされる現象[7]の体験的側面の意義を認めることを意味した。これは、御霊をおもに資料分析あるいは神学的考察の対象とし、教会の管理下に置こうとする伝統的な学術的また教会組織的な試みに対抗する、より自由主義的な反応だったとも言えよう[8]。霊体験としての御霊に関する新約聖書の関心は、20世紀初期のいくつかの研究における特徴だった[9]。20世紀中盤においてこの関心が古い教義的関心へと引き戻されそうになると[10]、カリスマ運動の広範な展開が御霊に対する新たな関心の波を生み出した[11]。パウロの「キリスト神秘主義」への現代人の関心が薄れたのに対し、キリスト者の始まりに関するこの第3の要素への関心は、近年発刊された3冊の代表的研究書――フランス人のコンガール、ドイツ人のホルン、アメリカ人のフィーによる各著――が示すところだ[12]。

体制としての教会がある種の躊躇を示すことは驚くに足らない。「神秘主義」には著しい個人への関心、あるいは神的体験への一意専心というニュアンスがつきまとい、キリスト教の共同体的・社会的性格を重視する者はこれに嫌疑を向けた。霊体験への関心はまた、熱狂的宗派による伝統的権威への否認、また典礼（秘跡）の排除という破壊的な記憶をすぐさま呼び起こした[13]。古典的な宗教改革の神学とその教会論が、中世カトリック主義への反

---

6) Gunkelは一般に宗教史学的視点からの考察をするように考えられるが、この視点は第2版で初めて取り入れられる。

7) 「偉大なる使徒の神学は、彼の経験の表現であって、その教養の表現でない。パウロは神の霊を信じたが、それは彼が御霊を体験したからであり……」（Gunkel, Wirkungen, 86）。

8) 「聖霊にとっても私たちにとっても適切と思われた」（使15.28）という表現が皮肉を込めて繰り返された。§17.1を見よ。Congar, Believe, 2.127–28 参照。

9) 英語圏での研究としてはScott, Spirit; H.W. Robinson, The Christian Experience of the Holy Spirit (London: Nisbet, 1928) に言及する必要があろう。これに対して、Büchsel (Geist, 429–36) はその長い研究活動の最後において、この問題を扱い始めた。

10) 私自身の体験として言えば、1960年代にEncyclopedia Britannica (1959) の「聖霊」に関する項目を開いて驚いたことがある。そこには、聖霊の神性、聖霊の発出（procession）、聖霊の位格という3つの項目しか設けられていなかった（11.684–86）。

11) 例えばDunn, Baptism; Knoch, Geist; A. Bittlinger (ed.), The Church Is Charismatic: The World Council of Churches and the Charismatic Renewal (Geneva: WCC, 1981); Welker, God, 7–15.

12) Congar, I Believe; Horn, Angeld; Fee, Empowering Presence. Conzelmann, Outlineに聖霊に関する項がないことと対照的だ。

13) ルターによるアナバプテスト派に対する警戒はこの好例だろう。彼らが安易に「御霊、御霊、御霊」と叫び、「その聖霊がもたらされる橋、すなわちバプテスマという身体的な印や神の言葉

論であるばかりか、「霊的熱狂集団」や宗教改革の過激な分派に対する反論でもあったことを、私たちは忘れるべきでない[14]。安全策として教会が選んだ道は、神秘主義を教会論へ（キリストの内にある＝教会の内にある）、また賜物としての霊をバプテスマ典礼の正しい施行へと従属させることだった。しかし西洋社会のキリスト教においてこの第3の要素は、覆われてもすぐさま表面から首を出し、その現象はペンテコステ派や各種のカリスマ運動として表出した[15]。グンケルが予示したように、第3の要素に関するパウロの教えは、その魅力を失うことがない。

これに補足するなら、キリスト者の開始に関する3要素は、西洋社会のキリスト教の3つの流れに対して魅力的に訴えかけた。すなわち、プロテスタント主義に対しては義認、カトリック主義に対しては教会的／秘跡的な神秘主義、霊的／カリスマ運動に対しては霊の受容だ[16]。このような分類はカリカチュア（誇張表現）に陥りがちだが、誇張は時として重要な要素や傾向に光をあてる助けともなる。これらの要素をなんとか融合させようとする試みは、20世紀後半におけるエキュメニカル運動の重要な要件だった。しかし、とくに救済の開始に関するパウロ神学の第2と第3の要素については、学術的な貢献がいまだ十分でない。したがって、この第3の要素に関して、それがいかに他の2つの要素と統合されるかを分析する必要がある。もしパウロがこれらの異なる側面に関してバランスを保つことができたなら、彼の書

宣教といった神の定めによる行いを、蹴散らしている」と批判する。G. Williams, *The Radical Reformation* (London: Weidenfeld and Nicholson / Philadelphia: Westminster, 1962), 822 所収。

14) Käsemannによる熱狂主義に対する応答 (§15 n.28) は、ルターによる過激な宗教改革者の「狂信（Schwärmerei）」に対する反応に呼応する。

15) この現象に関する古典的な研究としては N. Cohn, *The Pursuit of the Millennium* (London: Secker and Warburg / Fair Lawn: Essential, 1957) と R.A. Knox, *Enthusiasm: A Chapter in the History of Religions* (Oxford: Clarendon, 1950) がある。もっとも、Knox はペンテコステ派の台頭について言及しない。ペンテコステ派に関する標準的な書としては W. Hollenweger, *The Pentecostals* (London: SCM / Minneapolis: Augsburg, 1972) がある。この重要な書は以下の最近の研究によって補完されるべきだ。P. Hocken, *Streams of Renewal: The Origins and Early Development of the Charismatic Movement in Great Britain* (Exeter: Paternoster / Washington: Word Among Us, 1986); A. Walker, *Restoring the Kingdom: The Radical Christianity of the House Church Movement* (London: Hodder and Stoughton, ^{2}1988).

16) 東方正教会の霊性の豊かさに関しては、角度を変えた分析が必要となる。

簡群は現代のエキュメニカル運動に対して重要な資料を提供しえよう。

§16.2. 終末的な御霊

賜物としての霊に関するパウロの教えには、義認やキリスト神秘主義の場合と著しく異なる点が1つある。すなわち、後者がパウロ神学独自の際立った特徴として認識されているのに対し、御霊の受容と賜物に関する教えは、少なくとも新約聖書が記す初期教会においてかなり一般的な要素だった。新約聖書において神の恵みの宣教が語られるとき、「御霊の授与」と「御霊の受容」という2つの表現がほとんど専門用語としての地位を得ている様子から、そのことは明らかだ[17]。換言すると、ナザレ派の人々は、神の霊を新しく例外的な仕方で受けることを主張するという点で、1世紀のユダヤ教において他と一線を画していた。

パウロ神学における御霊を理解するために、重要な背景となる要素が2点ある。第1点は、御霊の授与と受容には終末的な側面がある、ということだ。第二神殿期ユダヤ教においては、預言を促す御霊がイスラエルに不在だったという理解が一般的だったようだ[18]。当時の様子を反映する記事がⅠマカ4.46にある。偶像を打ち倒して神殿を浄めるユダ・マカバイとその兄弟らは、打ち崩された石をどうして良いか分からなかった。そこでその石を神殿の適当な場所に積み上げ、「それをどうすれば良いか指示を与える預言があるまで」放置した[19]。またシラ書の序言は、新たな霊感が期待される時代から、過

[17) 「御霊を与える（δίδοναι πνεῦμα）」はルカ 11.13, 使 5.32, 8.18, 11.17, 15.8, ロマ 5.5, Ⅱコリ 1.22, 5.5, Ⅰテサ 4.8, Ⅱテモ 1.7, Ⅰヨハ 3.24, 4.13 に見られ、旧約聖書の用語を反映していることはほぼ間違いない（LXX エゼ 36.27, 37.14. 1QH 12.12 も参照）。「神の賜物（ἡ δωραία τοῦ θεοῦ）」はヨハ 4.10, 使 2.38, 8.20, 10.45, 11.17, エフェ 4.7, ヘブ 6.4 に、「御霊を受ける（λαμβάνειν πνεῦμα）」はヨハ 7.39, 14.17, 20.22, 使 1.8, 2.33, 38, 8.15, 17, 19, 10.47, 19.2, ロマ 8.15, Ⅰコリ 2.12, Ⅱコリ 11.4, ガラ 3.2, 14, Ⅰヨハ 2.27 に見られる。

18) 例えば Horn, *Angeld*, 26–36 の文献を見よ。しかし、J.R. Levison ('Did the Spirit Withdraw from Israel? An Evaluation of the Earliest Jewish Data', *NTS* 43 [1997], 35–57) は、この見解を誇張だと述べる。

19) Ⅰマカ 9.27, 14.41. 詩 74.9 は一般にマカバイ期に執筆されたと考えられる。テオドシウス訳ダニ 3.38 も参照。ゼカ 13.2–6 も挙げられることが多いが、これは異なる機能を持っている。『シリ・バル』85.1–3 は後 70 年のエルサレム神殿崩落への失望を反映しているだろう。

去に執筆された聖典を註解する時代へと移ったことを示唆する[20]。もっとも、これらの点が強調され過ぎてはいけない。少なくともヨセフスは、エッセネ派のあいだで預言的活動があったことを記している[21]。また死海文書は、クムラン共同体における御霊の体験について語る[22]。ただ洗礼者ヨハネの登場が与えた衝撃は、当時のユダヤ社会における預言者活動の不在感を際立たせる[23]。初代教会の主張にも、同様の示唆が伺われる。

　この不在感を裏返せば、来たるべき時代は躍動する新たな命と御霊の到来の時だ、という期待があったとも考え得る[24]。御霊の一般的イメージは、土砂降りの雨が干上がった土地を潤すように高きから注がれるというものだろう[25]。ペンテコステに関するキリスト教の伝統は、御霊が老若男女、奴隷や自由な身分へと広く授与されることへの強い期待（ヨエ 2.28–29）と繋がっている。パウロ書簡群においてもこの伝統は見られる[26]。Ⅰコリ 12.13c において、パウロは「（食物に）水をやる／灌漑する（ποτίζω）」という動詞を御霊に充てる[27]。

　したがって初代のキリスト者たちは、御霊が約束どおり分与されたと主張した。御霊の干ばつ状態は止んだ。待ち焦がれた時代が到来した。終末的な観点から、この御霊の体験はイエスの復活と同様に、キリスト者の自己理解にとって決定的な出来事だ。復活が終わりの日の到来（死者の復活の開始）という確信を与える一方で、賜物としての御霊は内なる実存的な確証（新たな心）をもたらした[28]。神の新たな日に関するこの確証なしには、パルーシア

---

20) Horn, *Angeld*, 31.
21) 『古誌』13.311–13, 15.373–79, 17.345–48.
22) 例えば、1QS 4.2–8, 20–26, 1QH 12.11–12. §14 n.43 参照。
23) とくに、マコ 6.14 と並行記事、マタ 11.9 // ルカ 7.26. 『古誌』18.116–19 も参照。
24) とくに、エゼ 11.19, 36.25–27, 37.1–14 を見よ。
25) イザ 32.15, 44.3, エゼ 39.29, ヨエ 2.28.
26) とくに、ロマ 5.5, テト 3.6. §16 n.58 も参照。
27) Ποτίζω というギリシャ語は聖書であまり用いられない（創 13.10, イザ 29.10, エゼ 32.6）。それでもこれは一般的な農耕用語で（MM 参照）、霊を土砂降りの雨にたとえるのと同質の意味を持つ。
28) これは、これ以前のイエスの復活に関する確信（使 1 章）が最初の弟子たちを御霊の働き（使 2 章）に対して心理的に敏感にさせたという理解につながるかも知れない。来たるべき方が御霊によってバプテスマを授けるという洗礼者ヨハネの預言伝承の内に宿る期待（使 1.5 において強化される。§17.2 参照）は、ヨハ 7.39 においてより鋭角な表現へと移る（「御霊はまだです、なぜならイ

第 16 章　賜物としての御霊

の遅延が大きな問題となったことだろう[29]。しかし賜物としての御霊は、復活し主となったイエスへの確信と共に、終末の到来に関する確信を強めた。こうしてイースターとペンテコステのメッセージが宣教の大きな原動力となった。

　パウロの聖霊理解に関する 2 点目は、御霊が異邦人へ無償で与えられることだ。これは、ルカによる教会開始に関する記事で、とくに強調されている[30]。この点はガラテヤ書も認める。異邦人に対して神の恵みが及んだという事実が明白となったので、エルサレム教会の柱なる使徒たちは割礼なしに異邦人を受け入れなくてはならなくなった〔訳註　著者は、神がペトロとパウロへ宣教の「力を与えた」（ガラ 2.8）という表現に、御霊の働きが関わっていることを想定している。Dunn, *The Epistle to the Galatians* (BNTC; Hendrickson, 1993), 106–07〕。なぜなら、神が異邦人をすでに受け入れたからだ（ガラ 2.8–9）。そして、パウロのガラテヤ信徒に対する注意喚起も、彼らの霊体験に依拠している（3.1–5）。この点に関しても、キリスト教会の始まりと異邦人宣教の展開とを歴史的に再構築する試みにおいて十分な考察がなされていない[31]。福音を聞いた異邦人に何かが起こった。それは彼らが直接福音を聞いたときかも知れないし、ディアスポラのユダヤ人会堂においてナザレ派の宣教師らが語るのを間接的に聞いたときかも知れない。その「何か」の顕現を目の当たりにした宣教者らは、「賜物としての御霊が異邦人の上にも注がれた」（使 10.45）と結論づけずにいられなかった。そして、彼らの証言を聞いたエルサレム教会の指導者らは、神が異邦人を受け入れたので、彼らに関しては割礼が必要ない、という見解に至るほかなかった[32]。終末的な御霊はじつに「す・べ・て・の・肉」に注がれた[33]。このようにして、アブラハムが諸国民の祝福とな

エスがまだ栄光を受けていないからです」）。

29)　§12.4 を見よ。
30)　使 10.44–48, 11.15–18, 15.8–9。
31)　使 11.20–21 が報告するナザレ派の宣教者らによる活動について十分な考察が行われていない点は、使徒言行録に関するほとんどの註解書と原始教会の歴史的再構築を試みる専門研究に共通する特徴だ。
32)　神の恵みの顕現については、ガラ 2.8–9, 使 11.23, 15.11, 神の霊の顕現については、ガラ 3.2–5, 14, 4.1–7, 使 10.44–47, 11.15–18, 15.8–11 を見よ。
33)　ヨエ 2.28, 使 2.17。

るという約束はついに成就した（ガラ 3.8, 14）。

§16.3. 御霊を受ける

　パウロにとって、御霊が人の内に注がれるという体験は、キリスト者としての始まりに関する非常に重要な事柄なので、彼はこれを看過できない。改宗という転換期に関わるさまざまな要素のうち、パウロは御霊の受容にこそ最も頻繁に言及している。この点を強調することは、パウロ書簡群において一貫した特徴となっている。これは義認と異なり、特定の教会の特定の問題に対処するために持ち出される教義でない。むしろキリスト者の始まりにおいて、またその弟子としての歩み（discipleship）において、御霊の受容をその中心に置くことが、宣教者、神学者、そして牧会者としてのパウロにとっての根本的な原則だった。私たちは十分に時間をかけてこの事実を脳裏に刻むことが肝要だ。

　パウロは I テサロニケ書において、改宗者がいかに宣教の言葉を「聖霊の喜びをもって」（1.6）受け止めたかを想起させる。この手紙でパウロは、神を「聖霊をあなた方に与えた方」（4.8）と表現する[34]。神観と、神と人との関係性に関する理解とを決定づける表現が、最初期のパウロ書簡に記されていることから、これがパウロ書簡群に一貫した主題であることが予想される[35]。この同じ手紙の終結部において、パウロは礼拝を霊に導かれた体験として特徴づける。したがって、救済に関わる御霊は、同時に預言を導く御霊でもある。「御霊の火を消してはいけません。預言の言葉を軽んじてはいけません」（5.19–20）とあるとおりだ[36]。興味深いことに、パルーシアが近いと

---

[34]　現在形の「与える者（διδόντα）」は、(*ABD*, 3.271 で Horn が示唆するように）同一人物に何度も繰り返し「与える」ことを意味せず、むしろ神が本来的に「聖霊の授与者である」ことを教えている。また、一般に言われるように、「あなた方の中へ（εἰς ὑμᾶς）」という通常でない表現は、霊的刷新に関する預言者エゼキエルの非常に印象深い表現（37.6, 14）の影響を受けている。

[35]　Turner（*Holy Spirit*, 103–13）が述べるとおり、I テサ 4.8 は Horn（*Angeld*, 119–57, *ABD*, 3.271–72）の発展仮説——賜物としての御霊が救いに必要であるという理解はパウロがその後期に展開した神学だという仮説——を論駁している。

[36]　R.P. Menzies, *The Development of Early Christian Pneumatology with Special Reference to Luke–Acts* (JSNTS 54; Sheffield: Sheffield Academic, 1991) は、ルカの「預言的」聖霊論とパウロの「救済的」

いう強い終末的期待を抱くテサロニケの教会に対して、パウロは御霊の働きを鎮火しないようにと注意している[37]。

ガラテヤ書の中心となる議論は、パウロとガラテヤ信徒の両方がはっきりと記憶している御霊の受容体験から始まる（ガラ 3.1–5）[38]。この体験によってすべてが決定した。パウロの実質的な問いは、〈あなた方は御霊の体験を忘れていないはずだ。あれはどのようにして起こったか。あなた方はどのようにして御霊を受けたか〉である。御霊によって、ガラテヤ人はキリストに属するというアイデンティティを獲得した。御霊は、ガラテヤ人が異邦人のままですでに享受しているアブラハムの祝福を指す（3.14）。神の子の派遣と共に新たな時代がはじまったように（4.3）、神の子の霊が彼らの心に派遣されたことによって新たな時代の体験へと彼らは導き入れられた（4.6）[39]。異邦人である彼らがアブラハムの子孫として認められたが、それはちょうどイサクのように、彼らも「御霊にしたがって」生まれたからだ（4.29）。彼らは今、御霊において来たるべき時を待ち望み、御霊によって歩み、御霊の実を宿し、御霊に対して種を蒔く[40]。

Ⅰコリント書において、パウロは彼自身の拙い語りにもかかわらずコリント人が確信を得たのは、御霊の力によると述べる（2.4）[41]。彼らが受けた御霊が、彼らの霊性の中心にある。御霊を持つことによって、人は「霊的」（2.11–14）となる。神の霊が今彼らの内に宿っている（3.16, 6.19）。彼らは神の霊によって洗い浄められて、義とされ（6.11）、今は１つの霊（ἐν πνεῦμα）としてキリストへとつながっている（6.17）[42]。Ⅰテサロニケ書の場合以上に、御霊は彼らの礼拝の中心にある（12–14 章）。彼らは１つの御霊において

聖霊論とを区別するが、これは根拠を欠く。

[37] Jewett, *Thessalonian Correspondence* (§12 n.1), 100–104, 142–47 と比べよ。§12 n.37 も参照。
[38] Cosgrove は、ガラ 3.1–5 を「『ガラテヤ問題』に関するパウロの視点を理解する決定的な鍵」と適切に述べる。C.H. Cosgrove, *The Cross and the Spirit: A Study in the Argument and Theology of Galatians* (Macon: Mercer Univ., 1988), 2. Lull, *Spirit* も参照。
[39] §16 n.121 を見よ。
[40] ガラ 5.5, 16, 18, 22, 25, 6.8.
[41] §16 n.102 を見よ。
[42] §§10.6, 16 n.158 を見よ。

バプテスマを受けて1つの体となり、御霊によって滋養を受ける (12.13)[43]。すなわち御霊を受けることによって、彼らはキリストの体の構成員としての立場を確立させる[44]。

パウロはIIコリント書で、さまざまなイメージを用いつつ、キリストにおける立場が御霊によって確立することを述べる。すなわち、彼らは御霊によって油注がれ、御霊の証印を受け、御霊の保証を心の中に与えられる (1.21–22)[45]。じつに御霊は「保証金／手付け金（ἀρραβών）」であり、それは救済プロセスの開始を示す[46]。IIコリ5.5でも、御霊はἀρραβώνと表現される。すなわちそれは、キリスト者の内に変容がはじまったことを示し、そのプロセスは復活の体へと変えられることをもって完成する (4.16–5.5)。このプロセスにおいてパウロは、コリントの改宗者こそが使徒に必要な推薦の手紙 (ἐπιστολή = letter) であり、それが改宗者の心に御霊が書く手紙であると述べる (3.3)。またそれは、死をもたらす律法 (γράμμα = letter) と対比される (3.6)。これらのテクストに預言的な期待があることは、既述のとおりだ[47]。

パウロは出34.29–35のミドラシュによって、改宗体験を印象的に語っている (IIコリ3.7–18)。パウロにとって、モーセに任された働きと彼自身に任された働きとの対比が明らかになるのは、出34.34だ。「モーセが主の前に入って語るときはいつでも、出てくるまで覆いを外していた」。既述のとおり、パウロはこの覆いを、旧い契約の消えゆく栄光を現在のイスラエルから隠すためのものと解釈する[48]。しかし、出34.34は、覆いが取り除かれることを述べている。したがってパウロは、この箇所を敷衍(ふえん)して改宗の予型としている。すなわち、「誰でも主に向き合うならば、覆いは取り除かれる」（IIコ

---

43) §16 n.27を見よ。
44) ここでのニュアンスは明らかに共同体的で、神の側の働きかけが強調されている (Dunn, *Baptism*, 127–29)。ここでの表現は、「キリスト・イエスへとバプテスマを受けた」（ロマ6.4）という表現と同様だ。したがって、「1つの体へと (εἰς ἓν σῶμα)」（Iコリ12.13）と言う場合の前置詞「～の中へ (εἰς)」が、1つの体を形成するためのバプテスマを意味するか、すでに1つである体に属することを意味するか、と言う議論はたんに事態をより混乱させるだけだ。§17.2を見よ。
45) さらに§17.2を見よ。
46) §13 n.70を見よ。
47) IIコリ3.3, 6. エゼ11.19, エレ31.33と比較せよ。§6.5.4を参照。
48) §6.5.4を見よ。

リ3.16)。この敷衍が示唆するところは明らかだ[49]。主の前に行き覆いを取り除くというモーセの行為は、主に立ち返る者の覆いが取り除かれることを意味する[50]。ここで注目すべき点は、「主は霊です」(3.17) という説明が付加されていることだ。おそらくこの「主」はキリストでなく、敷衍されたテクストの「主」であろう[51]。すなわちパウロは、この改宗を御霊への回心と考えたのだろう[52]。これは、覆いが取り除かれるという体験としての回心であり、それは開眼することだ[53]。

パウロはローマ書の前半部においてすでに、真のユダヤ人を心に──「文字でなく御霊による」(2.29)──割礼を受けた者、と述べる。すなわち、パウロはユダヤ人一般が聞き慣れている「御霊による割礼」の必要性について意識的に言及するが[54]、そこには成就が待たれる終末的期待がある[55]。そしてパウロは、この期待がじつにユダヤ人のみならず異邦人の改宗において成就したと主張する。したがって、彼らの改宗は御霊による心の割礼と表現される[56]。同様の主張はロマ7.6にも見られる。律法からの解放、拘束するものに対する死、「新たな御霊における」奉仕(「古い文字」との対比)といったメタファは、すべて同じ新たな開始、すなわち自由と動機と力とを与える御霊の受容体験を意味している[57]。ロマ5.5も賜物としての御霊に言及するが、

---

49) (1) 主語が明言されておらず、誰でも当てはまるが、ここではユダヤ人が第一義的な主語だ。(2)「入る (εἰσπορεύομαι)」という語が、改宗について用いられる「振り向く (ἐπιστρέφω)」へと修正されている (§13.3 を見よ)。(3) 能動態の「取り除く」が、受動態の「取り除かれる」へと修正されている。その示唆するところは一般に認められている。Thrall, *2 Corinthians 1–7*, 268–69.

50) Ⅱコリ3.16にて誰が「立ち返る」かに関する議論は、Thrall, *2 Corinthians 1–7*, 269–71 を見よ。Thrall はエレ4.1 への示唆をも指摘する。

51) さらに Dunn, '2 Corinthians 3.17' (とくに Hermann [§10 n.1] への反論); C.F.D. Moule, '2 Cor. 3.18b, *kathaper apo kyriou pneumatos*', *Essays*, 227–34; Thrall, *2 Corinthians 1–7*, 271–74 を見よ。Horn (*Angeld*, 331) はこれらの点を完全に看過している。

52) この概念の不自然性は、そのミドラシュ的解釈と関係がある。これと相反する姿勢である、霊に抵抗すること、怒らせること、また悲しませることと符合する (使7.51、エフェ4.30、イザ63.10)。

53) さらに Belleville, 'Paul's Polemic'; Turner, *Holy Spirit*, 116–19.

54) 申10.16、エレ4.4, 9.25–26、エゼ44.9、フィロン『十戒各』1.305. 同じ主題は死海文書においても頻出する (1QpHab 11.13, 1QS 5.5, 1QH 2.18, 18.20)。

55) 申30.6、『ヨベ』1.23.

56) さらに Dunn, *Romans*, 124; Fee, *Empowering Presence*, 492 を見よ。

57) Ⅱコリ3.6、ロマ2.28–29, 7.6、フィリ3.3で同じ表現が繰り返されることから、異なる文脈に

それは神の愛が注がれ[58]、弟子として歩む際に直面する困難を乗り越えるための確固とした基盤が示される体験だ。

　パウロはロマ 1–7 章で、キリスト者としての新たな立場を確立させる御霊の重要な機能について簡潔な表現を用いるのみで、御霊について本格的に語ることがない。パウロの意図に気がつくまで、読者はこれを奇妙に感ずることだろう。彼は 1–7 章において彼の福音のさまざまな要素を説明するが、御霊に関してはあたかもトランプ・ゲームの切り札のように出し惜しみして、その解説をしないままでいる。それでも 1–7 章ものあいだ我慢しきれないパウロは、上のように少しだけ手の内を見せている。そしてロマ 6–7 章では、驚くべき抑制力を発揮して、罪、死、（罪に利用される）律法という「悪名高き三人組」について語りつつも、御霊に関してはロマ 7.6 で 1 度言及するのみだ。しかし 7.7–25 における苦悶に満ちた証言が終わるやいなや、洪水をせき止めていた堤防が決壊するかのように、キリスト者の生き様を定義し方向づける決定的な御霊の役割に関するパウロの確信に満ちた表現がいっきに解き放たれる。ロマ 8.1–27 は、パウロの聖霊観を最も明らかな仕方で示すペリコペだ[59]。

　パウロはこのペリコペを勝利宣言によって開始する。「今やキリスト・イエスにある者に裁きはありません。それは、キリスト・イエスにある命の御霊の律法が罪と死との律法からあなたを解放したからです」(8.1–2)。「命の御霊の律法」が何を意味しようとも[60]、それが神の霊であることは明らかだ。同様に明らかなことは、罪に利用された律法がもたらす死に対抗するために、御霊が決定的な変革をもたらした（アオリスト［過去］時制）という点だ[61]。これに続く段落において、ローマ教会のキリスト者は、「御霊と共に歩む」者としての認識を持つように促される。彼らの実存は御霊との関係

においてパウロの思想が一貫していることが読み取れる。いずれの文脈でも、パウロが聖霊を意識していることが分かる。Fitzmyer, *Romans*, 323, 460; Fee, *Empowering Presence*, 491–92.

58）　ここにはペンテコステ伝承との関連も考えられよう（§16 n.26 参照）。
59）　ロマ 8.1–27 では「霊（πνεῦμα）」という語が 21 回用いられ、その内 19 回は「聖霊」を指している。これはパウロ書簡群において、御霊が最も注目される箇所である。
60）　§23.4 を見よ。
61）　「罪と死の律法」に関しては §6.7 を見よ。

第 16 章　賜物としての御霊

性において成り立ち、したがって彼らは御霊が示す道にしたがって思考する (8.4–6)。

パウロはロマ 8.9 において直截(ちょくせつ)な言い回しで、御霊がキリスト者を定義づける印だと述べる。すなわち、「もし神の霊があなた方の内に宿っているなら (εἴπερ) [62]、あなた方は肉の内におらず、御霊の内にいます。キリストの霊を持たないなら、その人は彼（キリスト）に属しません」。この箇所でパウロは、いわゆるキリスト者の定義を提示している。そしてこの定義は、御霊と直接関わっている。「御霊を持つ」かどうかによって、「キリストに属する」かが決定される。御霊が不在なキリスト者とは、パウロにとって自己矛盾だ。すなわち、パウロの理解によれば、御霊を受けることを通して、人はキリスト者となる。

ロマ 8.10 も同様だ。御霊はキリスト者の命であり、それはキリスト者の内に宿る神の命だ [63]。キリスト者の新たにされた霊的な命は、命を与える御霊を受け、その御霊が内在していることの直接的な結果だ。こうして、体の復活によって完成するプロセスが始まる。復活とはすなわち、命を与える御霊の救済的活動の頂点だ (8.11)。賜物としての御霊は完全なる救いの「初穂」に過ぎず、それはやがて完成することを保証し、その開始を知らせる (8.23)。ここでは、収穫のメタファが商業のメタファとしての「保証金／手付け金 (ἀρραβών)」と同様の意味で、御霊の機能を説明する [64]。すなわち、救いには決定的な開始部があり、それがこれから起こるべきことを指し示し、その完成を保証する。

上の 2 つの箇所 (8.9, 10) は、ロマ 8.14–16 に示される救いのプロセスの枠組みをなす。ここでもロマ 8.9 と同様に、神の家族員は御霊との関係において、「神の霊によって導かれる者は、誰でも神の子らです」(8.14) と定義

---

62) 「もし〜ならば (εἴπερ)」という従属接続詞は、主節の正しさを決定するために必要な条件を示す。Dunn, *Romans*, 428 を見よ。

63) REB は「霊はあなたの命です」。NRSV は RSV を改善し、「諸霊 (spirits)」でなく「御霊 (The Spirit)」と訳している。NIV と Fitzmyer (*Romans*, 490–91) は「霊 (spirit)」に固執する。もっとも、Fee (*Empowering Presence*, 550–51) は、ほとんどの註解者が「御霊 (The Spirit)」を採用していることを指摘する。

64) §13 n.70 を見よ。

される[65]。ここでは聖霊授与の意味が明示される。すなわち、「あなた方が養子となる御霊（子の霊）を受けた」ので、今や神の子だ[66]。ファリサイ派パウロが、律法を受け入れてそれにしたがって生きる者をユダヤ教への改宗者としてかつて認めたのに対し、使徒パウロは、霊を受け入れてそれにしたがって生きる者をキリスト者として認めた。神の家族員は、もはや「バル・ミツヴァー（掟の息子）」となることではなく、神の子の霊を共有することによって神に養子としての立場が与えられた者だ。この養子縁組には、御霊の臨在と証言によって実存的なリアリティが与えられる（8.16）。

後期のパウロ書簡に関しては、キリストにある命の基盤となる「御霊の交わり／共有体験（κοινωνία）」について、フィリ 2.1 が述べている点を留意するに留めよう[67]。そして、フィリ 3.3 がロマ 2.28–29 と同様の主題を取り上げ、「割礼」に驚くべき再解釈を施している点も見逃してはならない。「割礼」はもはや、イスラエルの民、あるいは民族的ユダヤ人を規定する印でない。「割礼」――すなわち肉の割礼が本来指し示している「心の割礼」を体験した者――は、「神の霊によって礼拝を捧げ、キリスト・イエスにおいて誇り、肉における誇りに固執しない者」だ[68]。

コロサイ書も、御霊に関するパウロの特徴的な理解を示唆しており、「彼において、あなた方もまた割礼を受けており……」（コロ 1.11）と記す。御霊についてはあまり言及がないにせよ、その教えがパウロの特徴から外れることはない[69]。一方で、のちに書かれたエフェソ書には、パウロの聖霊観が正しく継承されている。つまり、キリスト者に救いの証印を与え、約束された相続の完成を保証する御霊というイメージが採用されている（エフェ 1.13–14）。この証印は、信仰によって忠誠を表明する者に対して与えられる。キリ

---

65) Dunn, *Romans*, 450.「これらは神の子供である。ガラ 3.1–5 と同様に、御霊のみが新たな契約のもとで神の民が誰かを明らかにする」（Fee, *Empowering Presence*, 564）。

66) ロマ 8.14 では、家族関係における立場を示す「(息)子 (υἱός)」が用いられる。これは神の(息)子の霊との関係で述べられるからだ（ガラ 4.6 参照）。パウロはのちに、中性名詞の「子 (τέκνον)」へと移行する（ロマ 8.16–17）。

67) Κοινωνία に関しては §20.6 を見よ。

68) さらに §14.4 を見よ。「割礼」＝ユダヤ民族という概念に関しては §14 n.87 を見よ。

69) コロ 1.8–9, 3.16. この点を Fee（*Empowering Presence*, 638–40, 643–44）は強調する。

第 16 章　賜物としての御霊

ストの主権の下に移された者に対して刻まれる、神の所有権を示す印だ[70]。同様にエフェ 2.18 と 2.22 において、御霊は神の臨在につながる仲介であり、新たな神殿を建て上げるレンガのつなぎに用いられるモルタルだ。霊は一致の絆であり（4.3–4）、キリスト者を 1 つの体として結びつける（Ⅰコリ 12.13 参照）。

　ここでの考察を要約しよう。キリスト者としての開始に関するこの 3 つ目の要素は、じつにパウロにとって 3 つの内で最も重要な要素だ。確かに義認は重要であり、その重要性が強調され過ぎることはない。しかし義認に関しては、それがユダヤ人キリスト者の多くの反論に対する応答として重要である点を考慮しなければならない。したがって義認に関する議論は、パウロが自身の異邦人宣教を弁明しなければならない手紙（おもにガラテヤ書とローマ書）にほぼ限定されている。一方で賜物としての御霊については、パウロに弁護する必要があったわけでない。パウロが個人的に手紙を書き送った共同体において、賜物としての御霊が論争点になったようには見受けられない。したがって、御霊に関する教えはパウロの異邦人宣教で広く共有されていた。すなわち御霊の受容は、改宗という立場移行の重要な体験における決定的な要素だ。また御霊の内在は、神による所有が宣言された者を他者から区別するための特徴である。

　同様に御霊の受容は、救いの開始に関するパウロ神学において、「キリストにある」という参与主題よりも重要だ。「キリストにある」という参与主題はパウロ書簡に広く見られるが、それは「キリストにある（ἐν Χριστῷ / in Christ）」という確立された立場を教えており、「キリストの中へ（εἰς Χριστόν / into Christ）」という実際の参与行動が語られることは稀だ。一方で御霊に関しては、御霊の授与と受容という出来事と共に、その結果としての御霊の働きも注目される。すなわち、御霊の授与と受容とが「キリスト者」としての命と生き様とを決定する[71]。

---

70)　「霊の証印」に関しては §17.2, 17 n.59 を見よ。
71)　「すべてのキリスト者に御霊が与えられているという教えは、聖パウロが御霊に関して教える他の教えすべての基礎となっている」(Whiteley, *Theology*, 125)。「神の霊に参与することは、キリスト者としての第一の特徴である」(Cerfaux, *Christian*, 310)。

しかし、パウロが賜物としての御霊、あるいは御霊の受容という表現を用いる時、実際に何を意識していたか。パウロは「御霊」をどのように理解していたか。

§16.4. 御霊を体験する

パウロはいかに御霊とその働きを概念化したか。この疑問に関する議論は古くからある。例えば、ブルトマンはアニミズムをダイナミズム（力本説）から区別するが、この議論をグンケルがすでに用いていると述べつつ、それが究極的には御霊の神格に関する教父らの議論にまで遡ると指摘する[72]。

> アニミズム的な考えによると、霊（πνεῦμα）は独立した作用者またはその力であり、悪魔のように人に取り憑き支配することによって、その人に力ある業を行う能力を与えたり強いたりする。一方でダイナミズム的な理解によると、霊は人格を持たない力であり、これがいわば液体のように人を満たす。

エドゥアルト・シュヴァイツァーは、この霊が「天的な領域、あるいはその実体[73]」を指すとの理解を一般化した。より最近ではホルンが6通りの概念的区分を提供している。すなわち、「機能的（functional）」、「実体的（substantial）」、「物質的（material）」、「本質的（hypostatic）」、「規範的（normative）」、「人間論的（anthropological）」である[74]。

このようなアプローチには2つの危険性がある。第1に、上のようにきわ

---

72) Bultmann, *Theology*, 1.155. Bultmann はここで、アニミズム的概念（ロマ 8.16、Ⅰコリ 2.10–16, 14.14）とダイナミズム的概念、つまり霊が「与えられる」とか「注がれる」とかの表現に反映されるより一般的な概念とを指摘する（*Theology*, 1.155–56）。Horn（*Angeld*, 16–17）は、この分類が E.B. Tylor, *Primitive Culture*（1871）によってはじまる社会人類学まで遡ると指摘する。Bertrams, *Wesen*; Schmidt, *Pneuma Hagion* も参照。

73) Schweizer, πνεῦμα, *TDNT* 6.416（ロマ 1.3–4 に言及する）。

74) Horn, *Angeld*, 60. 例えば、「機能的」はガラ 5.22、Ⅰコリ 12.11, 14.2、Ⅰテサ 1.5–6、「実体的」はⅠコリ 3.16, 6.19、ロマ 8.9, 11、Ⅰテサ 4.8、「物質的」はロマ 5.5、Ⅰコリ 1.21–22, 10.4, 12.13, 15.43、Ⅱコリ 3.8、「本質的」はロマ 5.5, 8.26–27、Ⅰコリ 2.10、「規範的」はロマ 8.4, 15.30、Ⅰコリ 4.21、ガラ 5.25, 6.1、「人間論的」はロマ 1.9、Ⅰコリ 6.20（異読）、16.18 である。

めて詳細な分類は、既述のとおり霊に対して用いられている表現がメタファや表象（イメージ）である点を見失いがちだ[75]。すなわち、多様なイメージを用いることによって、統一的で一貫性のある叙述に当てはまらない現実が表現される。したがって、1つのイメージと他のイメージとを対立的に捉える（AならばBでない）ことは誤りだ。これによって、パウロ（と他の新約聖書記者）の言説を一貫性の欠如あるいは自己矛盾と批判することも不適切だ。むしろイメージの多様化（と分析上の混乱と困難）は、霊との関連で語られる経験がいかに幅広いか、またいかに初代のキリスト者がこれらの経験を適切な概念として提示することに苦労したかを示す、と捉えるべきだ。

第2の点はすでに示唆されていることだが、これらの表現や概念は、初期のキリスト者が霊的体験であると見なした経験によって裏打ちされている。シュヴァイツァーが *TDNT* における霊に関する周知の論文で指摘するとおり（もっとも、これはグンケル以降の総意をまとめたものだが）、「御霊は教理主題となるはるか以前に、共同体の体験だった」[76]。最近の最も詳細な研究書もその冒頭で、「パウロにとって、御霊は経験されたリアリティだった」、「経験された命に満ちたリアリティである御霊は、初めから終わりまでキリスト者の生き様に関わる絶対的で決定的な事柄だった」と述べている[77]。

このように体験を重視する姿勢は、さまざまな批判を招く。第1に、「経験」自体が広範な事柄を含む語なので、分析のためにはより具体的な範疇——意識、感情、五感、気分、認識等の状態——へと区分する必要がある[78]。また、経験を強調する姿勢は、西洋の啓蒙主義とロマン派復興との均衡と緊張関係を意識しつつ、経験が合理性と相反するものと安易に決めつけられた

---

75) §13.4を見よ。ここで「メタファ」とは「非現実」と同じでない。

76) Schweizer, *TDNT* 6.396. 同様に、Goppelt, *Theology*, 2.120参照。Keck (*Paul*, 99) は、「聖霊論は、神の体験に関する最も本質的で、ときとして熱のこもった議論だ」と述べる。

77) Fee, *Empowering Presence*, xxi, 1. Congar (*Believe*, 1.xvii) もその考察を、「『経験』に関する一考察」という項目から始めなければならなかった。Moltmann (*Spirit*, x) はその著で、「『聖霊の働きを最後に関知したのはいつか』という質問は我々の居心地を悪くする」と始める。Welker (*God*, ix–xi) もその著の冒頭で、「神の霊の体験に関する広範な側面」、「聖霊の豊かなリアリティと躍動性」、「人生という構造的様態に対する神のリアリティと力との顕現」を重視しする。

78) さらにD. Gelpi, *Charism and Sacrament* (New York: Paulist / London: SPCK, 1976), ch.1; *Experiencing God: A Theology of Human Emergence* (New York: Paulist, 1978) を参照。

り、「宗教体験」が超常的範疇に限定されないように留意しなければならない[79]。そして何より、経験が完全に「未処理」の中立的な事実でないことを忘れてはならない。すべての経験は、受容者の身体的特徴、歴史的蓄積、養育環境、社会的条件等によっておおよそ形成され決定される[80]。いかなる経験であれ、それを「把握する」ことは不可避的にある種の概念化を内包するので、「ある事柄の経験には、いつもその認識と解釈が補完し合う[81]」。

しかし同時に、経験によっては「所与」の——概念化以前の、あるいは言語表現の範囲に留まらない——ものもある。乳幼児は言葉を発する以前に親の愛を体験する。思春期を迎える若者は、知らずしてオルガズムを体験することもあろう。偉大な芸術に触れるとき、言葉にならない審美的感情の高まりを体験することもあろう。身体的あるいは精神的病の訪れは、当事者にとって説明できない自覚症状ゆえに、恐怖を与え得る。インタビューを交えたアンケート実施の結果、相当数の英国市民が何らかの「宗教体験」を持ちながら、それを適切な語彙によって表現できないことが判明した[82]。

これらの類例は、最初に抱くかも知れない印象以上に本主題との関わりが大きい。第1に、本格的な異邦人宣教の開始時期に、異邦人当事者には予期不能な体験があった——もっとも、それは宣教者にとって改宗と認識できる性質を備えた体験だったが。第2に、パウロや他の初代改宗者らは、自らの改宗体験を概念化する際に、それを伝統的な言語表現の内に収めきれなかった。パウロが用いる多様性に満ちた言語表現は、この体験が何か新たなものであり、その言語化に苦心したことを示す。彼らの体験を把握するのに、「(御霊の)注ぎ」などの伝統的イメージが役立ったことは事実だろうが、新たな言語表現を生み出す機会ともなった。したがって、「福音」、「恵み」、

---

79) とくにWilliam Jamesの批判（N. Lash, *Easter in Ordinary: Reflections on Human Experience and the Knowledge of God* [London: SCM, 1988]）を見よ。LashのMcGinnに対する批判は、§15 n.23を見よ。Lashの研究に関しては同僚のWalter Moberlyによる指摘に負うところが大きい。§3.5参照。
80) C. F. Davis, *The Evidential Force of Religious Experience* (Oxford: Clarendon, 1989), 145–55を見よ。
81) この点でHorn (*Angeld*, 14–15, 20) はGunkelを繰り返し批判する。
82) この調査は、ノッティンガム大学にいる私の同僚であるHay博士によって実施された。David Hay, *Religious Experience Today* (London: Mowbray, 1990) を見よ。

第 16 章　賜物としての御霊　　553

「愛」などの語彙は、パウロによって特徴的な意味づけが施され、彼独自の言語となった。これらの語彙は、パウロ自身（また他の改宗者）の経験の内容を具体的に示すものだ。同時にパウロは、これらの語彙が読者にもある程度同意できると考えたのであり、それはすなわち、初代のキリスト者による御霊に関する表現が広く共有されるものだったことを示す。

　ここで私たちは、「霊」が体験的言語だということを忘れてはならない。すなわち、ヘブライ語の「ルーアハ（רוח）」はそれ自身が、いわゆる活力や生命力に関する基本的体験を表現するために作られた語だ。既述のとおりルーアハは、神から出る命の息、生命力を意味する[83]。それは、大風の力を類例とする、あるいはそれと連続性のある活力として捉えられる語で[84]、人に活気や刺激を与える力である[85]。これらの用法の背景には、目に見えない神秘的で畏怖をもたらす感覚が共通してある。このルーアハという語自体は擬音語で、風の音に由来している。こうしてルーアハは、神秘的な、別次元の、超常的な質の体験を示す際の標準言語となった[86]。

　この経験的感覚は、ルーアハに対応するギリシャ語の「プネウマ（πνεῦμα）」のキリスト者的な用法にも継承された。この用法が最も顕著なのは、ヨハ 3.8 あるいは「ヨハネ的ペンテコステ」（20.22）でのプネウマに関する「風」と「霊」との言葉遊びだろう[87]。パウロについては、コリント信徒の「御霊に対する熱心」（Ⅰコリ 14.12）[88]、あるいは神の霊と人の霊との相互作用に関

---

83) §§3.6, 10.6 を見よ。Congar, *Believe*, 1.5–14 ('The Action of the Breath of Yahweh') も参照。
84) 例えば、出 10.13, 19, 14.21, 王上 19.11, イザ 7.2, エゼ 27.26, ホセ 13.15。
85) 士 3.10, 6.34, 11.29, 14.6, 19, 15.14–15, サム上 10.6, 創 45.27, 士 15.19 参照。
86) 「神の霊は本来、民の内的崩壊を克服する力として体験された」と Welker (*God*, 108) が論ずる際、その偏向的な図式化は、רוח のより根本的な意味を看過している。
87) 「風（πνεῦμα）は思うままに吹き、あなた方はその音を聞くが、それがどこから来るか、どこへ行くか分からない。霊（πνεῦμα）から生まれた者はみなこれと同じだ」（ヨハ 3.8）、「（イエスが）彼ら（弟子たち）の上に息を吹きかけて言った、『聖霊を受け取りなさい』」（20.22）。後者の「息を吹きかけた（ἐνεφύσησεν）」という表現は、明らかに創 2.7, エゼ 37.9 における同語の用法を連想するように意図されている。Dunn, *Baptism*, 180 参照。
88) これを「御霊の賜物への熱心」とする翻訳が横行するが、これは誤りである。これはより具体的な霊感、とくに異言を熱望する姿勢を示す（必ずしも異言に限定されない）。Dunn, *Jesus and the Spirit*, 233–34; Fee, *Empowering Presence*, 227。

して[89]）、彼がやや曖昧な表現を残していることに注目すべきだ。前者に関しては、別次元の神的力に対する過度な感受性が意識されている。後者に関しては、内面に働きかけるプネウマの体験——すなわち神の霊と人の霊との厳密な概念的区分が必要でなくなる体験——を、読者は聞き取ることだろう[90]。パウロにとって、御霊はとくに「命の御霊」であり、「命を与える御霊」だ[91]。

　このような聖書的「霊」理解の基本的特徴は、伝統的な聖霊論において十分に語られてこなかった。キリスト教の伝統においては、賜物としての御霊が、適切な告白や適切に実行される典礼（秘跡）から演繹的に導き出される結論として捉えられがちだ。換言すると、教会への新たな参入者は、以下のような教えを受けがちだ。〈あなたは正しい教えを受け入れました（あるいは、バプテスマ／按手を正しく受けました）。ですからあなたが認識しようとしまいと御霊を受けたのです〉と。パウロはこのような言い方をしない。〈どのようにバプテスマを受けたか〉、〈どのように教理を告白したか〉ではなく、「あなた方が御霊を受けたとき、どうなりましたか」（ガラ 3.2）と尋ねている。パウロにとって御霊の受容とは、直接に関知するもので、他の要件から間接的に推論するものでない[92]。

---

89)　この曖昧さはとくに、Iコリ 5.3–4, 6.17, 14.14–15, コロ 2.5 において著しい。§3 n.16 も参照。Fee（*Empowering Presence*, 24–26, 123–27, 229–30, 462, 645）はこのニュアンスを伝えるために「神／人霊（S/spirit）」という表現を用いる。

90)　これは、御霊を「神に対する意識（God-consciousness）」へと還元することでない。Büchsel（*Geist*, 436–38）は、パウロの御霊に関する教えを、この意識として理解すべきと述べるが、パウロは神の霊の賜物としての性格を強調している。彼は πνεῦμα を 146 回用いるが、神の霊と人の霊の割合は 6 対 1 である。

91)　§6 n.131, §10.6 を参照。

92)　ガラ 3.2 は、パウロがエフェソにおいて「ある弟子ら」に尋ねた内容——「あなた方が信じたとき、御霊を受けましたか」（使 19.2）——と類似が著しい。この後者に関しては L. Newbigin（*The Household of God* [London: SCM, 1953 / New York: Friendship, 1954], 95）の周知のコメントが印象的だ。「使徒は、アポロを通して改宗した者らに 1 つのことを尋ねました。すなわち『あなた方が信じたとき、霊を受けたか？』そしてこれに対しては、『いいえ』という単純明快な答えが返ってきました。一方で現代の宣教者らは、『私たちが教えるそのとおりに信じたか？』あるいは『誰によって按手を受けたか？』と尋ね、その答えが満足できるものなら、相手が知ろうと知るまいと、御霊を受けたことを確証します。これら 2 つの姿勢のあいだには、果てしなく大きな隔たりがあります」。

同様の点は、ロマ 8.9, 14 の「キリスト者の定義」にも言える。ここでパウロは、〈あなたがキリストに属するなら、御霊を持っています／あなた方が神の子らなので、御霊に導かれています〉とは言わない。いずれの場合も、論理が逆転している。すなわち、〈あなたが御霊を持っているなら、キリストに属しています／あなた方が御霊に導かれているなら、神の子らです〉である。彼らがキリストに属するかどうかは、バプテスマや信仰告白によっては容易に立証しかねる。したがって、そこから推論して、御霊を持っているかどうかを判断するわけにいかない。かえって確かめることができるのは、彼らが御霊を持っているかどうかだ。そこから彼らのキリストとの関係性を演繹的に推論する。彼らのキリスト者としての立場は、キリストの代理者の存在が彼らの生き様の内に見られるかどうかにかかっている。

それでは、弟子として歩み出す最初の輝きを思い起こすよう読者を促すとき、パウロはどのような御霊の「（内在の）証拠」あるいは「宗教的親愛の情（religious affection）」[93]を意識したか。幸いなことに、パウロはこれに関して十分な示唆を与えているので、それらに関する幅広い体験群を列挙することが可能だ。もっとも、これらをきちんと分類することは困難で、各経験のあいだには重なる部分もある。

この経験群の連続線の一端にはさまざまな忘我的現象（ecstatic phenomena）がある。例えばパウロは、コリントの改宗者らの信仰の始まりについて、「あなた方は彼（キリスト）において、あらゆる言葉とあらゆる知識によって豊かにされており……、賜物（χαρίσματι）に欠けることがありません」（Ⅰコリ 1.5, 7）と述べており、この忘我的な霊性（Ⅰコリ 14 章）が信仰の開始時から彼らの特徴だったことを十分に示した[94]。同様にガラテヤ信徒に対しても、その信仰の開始時に「奇跡の業」（ガラ 3.5）と共に「御霊の授与」があったことを想起させた（3.1–5）。また彼は、その宣教における成功を、「しるしや

---

[93] これらは伝統的に用いられる表現だが、パウロ自身は「御霊の顕現（manifestation）」（Ⅰコリ 12.7）と述べる。

[94] Fee（*Empowering Presence*, 92）は、コリントにおける賜物としての御霊は異言によって明らかになったという「ペンテコステ派的結論（Pentecostal conclusion）」を導き出している。

奇跡の力、神の霊の力による」（ロマ 15.19）と述べている[95]。

連続線上を進むと、強い感情に支えられた経験が賜物としての御霊に伴う様子が見られる。あたかも水差しを傾けたように、「神の愛があなた方の心に注がれました」（ロマ 5.5）。心待ちにした雨期の始まりのように、「1つの御霊の内にみなが潤されて浸される」（Ⅰコリ 12.13c 参照）[96]。御霊は「聖霊の喜びによって」（Ⅰテサ 1.6）受け入れられた[97]。パウロはまた、「アッバ、父よ」という特徴的な呼びかけを、強い感情（「呼び叫ぶ [κράζειν]」）を伴うものと認識している[98]。これは子が親にするひそひそ話のような、心の奥底にあるささやきの類でない[99]。新鮮な爽快さを伴う解放体験については後述する（§16.5.1）。

上記の出来事は、強い確信をもたらす体験と密接に関連する。したがって、「私たちの福音は、……力と御霊とまったき確信（πληροφορίᾳ）[100]によって（あなた方に）もたらされました」（Ⅰテサ 1.5）。また、「私の宣言は……御霊と力の提示（ἀποδείξει）です」（Ⅰコリ 2.4）[101]。

さらに連続線上を進むと、知的啓蒙体験がある。すでに本章（§16.3）で述べたⅡコリ 3.12–16 のミドラシュがこれにあたろう。パウロはここで改宗体験を、覆いが取り除かれること、目が開かれることとして捉えている。大学教員ならば、また願わくは大学生も含めて、このような経験を体感していることだろう。パウロは、御霊の体験と啓示や知識とを結びつける傾向があ

---

95) 使 19.6 には、霊感を受けた語りによる顕現（異言と預言）という生き生きとした報告がある。使 2.4, 8.18–19（魔術師シモンに強い印象を与える霊の顕現）, 10.44–46 参照。§20.5 も見よ。
96) §16 n.27 を見よ。
97) Fee, *Empowering Presence*, 46–47 参照。
98) ロマ 8.15–16, ガラ 4.6.「呼び叫ぶ（κράζειν）」という表現に非常に強い感情を読み取らないわけにいかない。Dunn, *Jesus and Spirit*, 240; *Romans*, 453; Horn, *Angeld*, 411. 典型的な伝統的解釈では、「典礼的な宣言」と見なされがちだ。Montague, *Holy Spirit*, 197.
99) この点では、伝統的な証言（*testimonium*）、とくにカルヴァンの「御霊の秘めたる証し」（Calvin, *Institutes*, 1.7.4）は、釈義的に根拠が欠損している。
100) 「まったき確信、保証」を意味する。他所では、コロ 2.2, ヘブ 6.11, 10.22 で用いられる。
101) Ἀπόδειξις「証拠、立証」を意味する。新約聖書におけるハパクス・レゴメノン。おおよそ修辞学における専門用語で、認められた前提から導き出される説得性の高い結論を指す。Weiss, *1 Korinther*, 50–51; L. Hartman, 'Some Remarks on 1 Cor. 2.1–5', *SEÅ* 39 (1974), 109–20.

第 16 章　賜物としての御霊

る[102]。これはⅠコリ 2.12 において顕著だ。すなわち、「私たちは……神からの霊を受けました。それは神から何が与えられているかを私たちが知るためです」。補足すれば、パウロが礼拝のための集まりにおいて異言よりも預言を重視する理由は、それが（人の）霊のみならず知的にも有益だからである（Ⅰコリ 14.14–15）。

そしてこの連続線における他の端には、御霊の道徳的影響がある。この点で最も重要となるテクストはⅠコリ 6.9–11 である。

> [9]不正を働く者が神の王国を受け継ぐことはないと知らないのですか。思い違いはいけません。みだらな者、偶像礼拝をする者、姦通する者、男娼、男色する者、[10]盗む者、強欲な者、酩酊する者、他人を悪く言う者、詐欺を働く者が、神の国を受け継ぐことはありません。[11]あなた方の内にもこのような者がいました。しかし、あなた方は浄められました。しかし、あなた方は聖なる者とされました。しかし、あなた方は義とされました。主イエス・キリストの名において、また私たちの神の霊においてです。

パウロが挙げた不道徳行為のリストを現代的にどう評価すべきかは別として[103]、重要なことは、改宗時に受けた御霊によって、以前の生き様から完全なる変容を遂げていることが述べられている点だ。御霊がもたらす変革の力を現代社会に当てはめるなら、アルコール依存症患者の更正だったり、家庭の建て直しだったりするだろうか。パウロが道徳的更正について語る場合、おうおうにして劇的な変化を指す。彼が「御霊によって体の行いを殺しなさい」（ロマ 8.13）と言う場合、同様の変化が念頭にあると思われる。これは「主イエス・キリストを身につける」（ロマ 13.13–14）ことによってもたらされる社会的風潮と生活様式の変化だ。これはまた、御霊が手付け金（ἀρραβών）として将来に保証を与える個人的な変化であり、それは復活の際に完成する（Ⅱコリ 4.16–5.5）。

このような宗教的体験を受け入れること、そしてじつに個人の生き様に

---

102)　とくに、Ⅰコリ 2.10–15, 12.8, コロ 1.9, エフェ 1.17, 3.5.
103)　とくに、§5 n.102 を見よ。

おいて、神の業に依り頼むことには、ある種の不安がつきまとうことだろう[104]。(他の宗教や思想でも同様に)キリスト教における「熱狂主義的」な分派の歴史に通ずる者は、そこに危険信号を読み取る。宗教的体験への依存は、容易に特定の体験を理想化する傾向に陥る[105]。個人的体験に依存することは、歴史で繰り返される教訓に無知な指導者を生み出し、そのような指導者に無批判となる危険性がある。個人的体験を重視する傾向は、内向きなエリート主義的派閥を容易に生み出し、共同体の調和を乱しがちだ。幸いなことに、パウロはそのような危険性に気づいており、後述するとおり、その実践神学においては霊的現象に対する「チェック機能」が備わっている[106]。

　上で議論した霊的経験に関する最も重要な点は、第10章 (§10.6) ですでに論じた。それはすなわち、御霊をキリストの霊として厳密に再定義することだ。じつにこれは、聖書神学において、あるいはユダヤ教とキリスト教の聖典を枠組みとして捉えるあらゆる神学において、パウロがもたらした最も重要な貢献の1つと言えよう。なぜなら、御霊をキリストの霊として語る場合、それは定義に乏しく曖昧な御霊の概念に、神学的考察を向けることだからだ。御霊が明らかな仕方で概念化されてこなかった理由は、それが著しく多様で幅広い体験と実存的現象を内包していたからだ。パウロの定義は、そこに欠けている鋭い明確さを提供した[107]。パウロは自分自身とその宣教における改宗者が体験した霊的経験を、すべて無批判に受け入れてはいない。むしろ「キリストの霊」という概念が、あらゆる体験を評価してその真価をはかる批判的ツールとして用いられ、キリストの霊として顕現する御霊の体験のみが歓迎された[108]。

---

104)　したがって、「(『御霊の内にある』)」が意味するところは、意識の主観的状態ではなく、存在の『客観的』状態である」と Ridderbos (*Paul*, 221) が言う場合、それは「霊的なもの」への警戒に基づく過度な反応であろう。

105)　これは、特定のメタファを具体化することの危険性ともつながる。§13.4 参照。

106)　§21.6 を見よ。

107)　パウロによるこの概念化プロセスに先んじるものとして Isaacs (*Concept*, 143) は、LXX がヘブライ語の רוח の翻訳としてギリシャ語の πνεῦμα を用いる判断をしたことに対して、「ユダヤ教の神学的理解に異教のギリシャ的概念である πνεῦμα を導入し、... πνεῦμα が πνεῦμα θεοῦ (神の霊) として理解されるプロセスを開始した」と評価している。

108)　ルカにはそのような慎重さと差別化が欠けている。Dunn, *Unity*, 180–84 参照。

これが何を意味するか、既述のテクストがすでに明らかにしている。ある「霊感」が御霊による啓示かは、「キリストは主です」という告白が伴うかどうかにかかり（Ⅰコリ12.3）、イエス自身の子としての祈りである「アッバ、父よ」を共有するかによって計られ（ロマ8.15–16）[109]、キリストに示される神の似姿へと変えられる長いプロセスを導くかが鍵となる（Ⅱコリ3.18）[110]。これらと共に、「御霊の実」（ガラ5.22–23）と霊性に関する至高のしるしとして愛が強調される点（Ⅰコリ13章）をも忘れてはならない。最後の2つのテクストがキリストの「性格描写」[111]であるという理解には、それがパウロ自身の言葉でないにせよ、パウロ自身が心から賛同するだろう。

要約しよう。パウロは御霊を御霊の体験として捉えることに躊躇しなかった。これは彼自身と、彼の教会の霊性にとって、最も基礎的な部分だった。「御霊を受ける」という実存的リアリティは、キリストの弟子となるという立場移行において、看過できない中心的な出来事だった[112]。しかし一方で、パウロは十分に先を見通しており、霊的体験を批判的に評価する術をも提供した。すなわち、御霊を体験したという主張に対して、キリストとキリストの生き様に関する記憶とがそれらを計る規範とならなければならない[113]。

§16.5. 御霊の祝福

キリスト者としてのはじまりに関する他の2つの面と同様に、ここでは新たな命の開始において、あるいはその開始として与えられる御霊によって形成されるキリスト者の生き様について、少なくとも簡潔に述べておくことが肝要だろう。ここでもまた、ある祝福を、キリスト者の歩みにおける特定の側面へと、単純に当てはめるのではいけない。それは衒学的で非現実的で著しい誤解を与えかねない。ここでもまた、パウロが意識していたものが包

---

109) §8.3.4 参照。
110) §18.5, 18.7 参照。
111) Dunn, *Galatians*, 309–10 参照。
112) Fee（*Empowering Presence*, 854）も同様の結論である。
113) とくに、§§18.7, 21.6, 23.4, 8 参照。

括的であり、救済の始まりが統合的性質を持っていたことを思い起こすべきだ。そうは言っても、特定の御霊の働きが与えられ、それが受け入れられたという出来事に注意を向けることには、ある程度の価値がある。それはキリスト者としての始まりにおけるこの側面の重要性に焦点をあて、キリスト者の霊性とその活動に関するパウロの理解の中心に御霊があることを確認する機会となるからだ。

　まず初めに、すでに指摘した点を簡潔に再確認することから始めよう。パウロとパウロ以前の人々にとって、御霊に関する基本的体験と顕現とは、その命を与える息としての活動だ。御霊とその顕現における特徴的な役割は、それがイエスの性格を映し出すことであり、したがってそれはイエスの霊である。厳密に言えば、これらは御霊の定義であり、御霊の祝福の1つとして数えられるものでない。パウロの聖霊観の中心的特徴が明らかになったところで、御霊が人の命に何をもたらすかを最も明らかに教えるロマ8章を中心に、御霊の祝福について考察しよう。

　(1) 自由：これに関してはすでに触れたが（§14.9.4）、本項でもう一度述べておこう。ロマ7.7–25に記される厳しい現実描写から主題が移行する際に、パウロは「キリスト・イエスにある命の御霊の律法は、罪と死の律法からあなた方を自由にしました」（ロマ8.2）と記している[114]。律法の誤用と旧い契約に関する誤解という、これと同様の文脈においても、パウロは自分の改宗体験に関する描写に、興味深い補足をしている。すなわち、「主の霊（があるところ）に、自由（がある）」（Ⅱコリ3.17）[115]。御霊が自由を得させる力として体験されることを、これ以上明らかに教える箇所はない。ファリサイ派としてのパウロが、トーラーと伝統的ハラハーへの献身をどのような体験だと考えていたにせよ、改宗者としてのパウロは新たに見出した信仰が自由を与えることを体験しており、その鮮明な解放的体験が御霊から直接もたらされると理解した[116]。

---

114) ロマ7.2, 6では「～から解放される、～の影響領域から取り去られる」を意味するκαταργέομαιというあまり一般的でない語が繰り返されて、ロマ8.2の伏線として機能している。
115) ここでの「主の霊」の「主」は出34.34の「主」であり、すなわちこれは神の霊を指す。
116) これが、多くのキリスト者にとっても刷新経験である点を忘れてはならない。「会衆の自由

第 16 章　賜物としての御霊

　同様のことはガラテヤ書についても言える。パウロにとって御霊の体験は、律法の隷属化に対するアンチテーゼとしての解放体験だ[117]。それゆえにパウロは、ガラテヤ教会の現状（ガラ 1.6, 3.3）を認めるわけにいかなかった。「御霊にしたがって生まれた」者は自由だ（4.28–31）。彼らはその自由を捨てて、律法（5.1）や、あるいは無責任な生き方（5.13）へと服するべきでない。ただ御霊に促されて力を与えられる生き方のみが、肉の思いを満足させる衝動に対して抵抗し（5.16–18, 25）、自由を維持し得る。他所では、この自由が御霊の救済的活動の頂点として捉えられる（ロマ 8.21–23）。

　(2) キリスト者の行動：これも「自由」と同様に御霊の働きとして捉えられる（ロマ 8.4–6, 13–14）。しかしこの点に関しては、他の項（§23.4）で述べるべきだろう。ここではたんに、キリスト者の日々の生き様をいわゆる「御霊の促しに依拠した（charismatic）」生き様と表現することに、パウロが躊躇しなかった点を確認しておこう。したがって、キリスト者の行動はたんに御霊のあり方に則っているというのでなく[118]、御霊の導きにしたがう生き方だ[119]。パウロは同時に、自由が誤用されることの危険性に注意を喚起している[120]。

　(3) 子としての立場／養子縁組：これは、御霊を受けることの結果として、パウロがとくに重要と考える側面だ。ロマ 8.15 では、御霊を「養子縁組の（養子とする）霊」と表現する。同様の内容を伝えるガラ 4.5–6 では、心の中へ御霊を派遣することが養子縁組の行為かどうか明確でないが、パウロはおそらく、ガラ 4.4–6 にある 2 つの派遣を意識的に並列させているだろう。

は、歴史的・文化的体制としての教会から開放された教会の自由となる」(Congar, *Believe*, 2.130)。

117)　（ユダヤ）律法からの自由がパウロの自由概念の中核にあるという大多数の視点に対する Jones (*Freiheit*) の反論は、著しく偏向的だ。

118)　ロマ 8.4, Ⅱコリ 12.18, ガラ 5.16. Ⅰコリ 3.1–3, Ⅱコリ 10.2–4, エフェ 2.2 も参照。

119)　ロマ 8.14 とガラ 5.18 において、パウロはⅠコリ 12.2 でディオニュシオス神崇拝を批判する際に用いると同様の ἄγομαι という語を用いているようだ。Käsemann (*Romans*, 226) は、ローマ書のこの箇所において、パウロが「熱狂的」言語を用いていることに注目する。一方で、Bultmann, *Theology*, 1.336; Pfister, *Leben* (§18 n.1), 76–77; Deidun, *New Covenant Morality* (§23 n.1), 79 (「自らが導かれることを許す」); Dunn, *Romans*, 450; Horn, *Angeld*, 397; Fee, *Empowering Presence*, 563 を参照。

120)　とくにガラ 5.13, ロマ 6.12–23.

⁴ 神はその御子を遣わしました……。
　⁵……私たちが養子としての身分を受け取るため（ὅτι）でした。
　⁶ あなた方が子らなので……
神の子の霊を私たちの心の中へ送って下さったのです。

　ロマ 8.15 を視野に入れて考えるなら、ここでパウロが、養子縁組を御霊の派遣以前の出来事として捉えているとは考え難い¹²¹⁾。

　養子縁組のメタファは注目に値する。これはユダヤ教伝統に特徴的な慣習でなく、新約聖書ではパウロ文書のみが扱う¹²²⁾。したがってこれは、パウロがヘレニズム・ローマ社会の法律と慣習を意思伝達に有用なツールとして用いた好例と言えよう¹²³⁾。しかし同時に、ガラ 3–4 章におけるパウロの議論に一貫性を見出すためには、彼が用いる養子縁組のメタファがユダヤ教の枠組みに置かれている点を確認する必要がある。すなわち、キリストにある子という立場は、「アブラハムの子」としての、また「神の子」としての立場であり、同時に異邦人もこの子としての立場に与ることが可能だ¹²⁴⁾。

　養子縁組に関連するいくつかの点に触れておこう。第 1 に、パウロにとって養子縁組は、新たな絆を意味する。それは、ここでの焦点が神の子としての立場に置かれているからだ。御霊が被造物とそれを構成する社会とにおいて命を創造する神の力として注がれるので、神の子としての新たな立場、すなわちこの新たな実存的関係性を御霊の業と捉えることは自然なことだ。第

　121）「〜のため、〜を示すため」という ὅτι の説明的な用法には異論も多少あるが、この点に関しては Dunn, *Baptism*, 113–15; *Galatians*, 219; Fee, *Empowering Presence*, 406–08 を参照。また、パウロはここで「私たち」と「あなた方」を併用するが、パウロがガラテヤ信徒と共有していると考える体験と、ガラテヤ信徒自身の体験とを区別している。
　122）ロマ 8.15, 23, 9.4, ガラ 4.5, エフェ 1.5.
　123）養子縁組が旧約聖書に見られず、初期ユダヤ教においてその慣習がなかったという一般の見方に対する別の視点をも含んだ、Scott（*Adoption*, 3–57）の全網羅的な研究を見よ。
　124）Byrne, *Sons*, とくに結論（p.220）を見よ。Scott（*Adoption*, ch.3, とくに p.178）は、より詳細な理論を構築しており、ガラ 4.1–2 の背景にイスラエルのエジプト滞在がとくに意識されていると考える。そしてエジプトからの解放が終末の贖いの予型となる（ガラ 4.3–7,「新たな第 2 の出エジプト」）。そして冠詞つきの υιοθεσία（ガラ 4.5）は、おそらくサム下 7.14 における神の養子縁組みの約束を、メシアに（4QFlor. 1.11）、イスラエルに（『ヨベ』1.24）、そしてメシアとイスラエルに（『ユダ遺』24.3）それぞれ適用させるというユダヤ教伝承における終末的期待への示唆である、と論ずる。

2に、既述のとおり、この子としての立場はキリストと共有される。したがってガラ4.6において、御霊は「彼（神）の子の霊」とされる[125]。またロマ8.17では、神の養子はキリストとの共同相続人だ。ここでは、父と子と御霊という三者関係がきわめて興味深い。すなわち、御子が御霊によって神の子となる者の先駆であり定義である。第3に、子としての立場の実存的な性格は、キリストが子であることに倣い、キリストと子としての立場を共有することだが、これはとくに「アッバ、父よ」という、御霊に促された祈りによって明らかとなる[126]。

パウロが2つの異なる教会（一方は未訪問教会）——ローマとガラテヤ——に同様の表現で書き送っていることから、子としての立場が「アッバへの祈り」の内に体験され、またこの祈禱を通して表現されるという理解が、ディアスポラの教会において広く共有されていたことが分かる。パウロと彼に連なる異邦人キリスト者らの神の子としての確信は、この祈りに深く根ざしている。「アッバ、父よ」という叫びは、「（御霊は私たちの霊に伴って）私たちが神の子らであることを証しします」（ロマ8.16）。もしパウロが救いの確信なる神学を提供しているとすれば、それはたんなる典礼への同意とかではなく、子としての体験に依拠する確信だ。

(4) 霊的渇望と希望：パウロは、キリスト者としての完成を保証する開始と、その完成という時間的ギャップが渇望を伴う緊張関係を生じさせることを包み隠さず述べる。すなわち、「御霊の初穂を持つ私たち自身が、また内においては呻き、養子縁組を、私たちの体の贖いを心から待ち望んでいます」（ロマ8.23）。同様に、「私たちは呻きつつ、天からの住まいを着ることを求めています」（Ⅱコリ5.2）。これらの言説は、「信仰から来る、御霊による義の望みを心から待ちわびています」（ガラ5.5）というパウロ初期の記述とも符合する。この点は、他の文脈でさらに考察を深めよう（§18）。

希望の体験も、これと関連する[127]。パウロはロマ8.24–25において、渇望

---

[125] さらに§10.6を見よ。
[126] さらに§16.3–4を見よ。
[127] 「希望とはある種の体験であり、理解である。それは、いまだ贖われていない世の体験と信仰とが交わり合う場である」（Welker, *God*, 245）。

を希望の体験として要約している。

> ²⁴ 希望に関して言えば、私たちは救われました。しかし、見える希望は希望ではありません。誰が見えるものに対して希望するでしょう。²⁵ ただ、私たちが見えないものを希望するなら、忍耐をもってそれを待ち望むのです。

パウロがしばしば御霊と希望との関連を繰り返すことから、希望を御霊の祝福の重要な要素として分類する必要があろう[128]。とくに注目すべきは、パウロがロマ 5.2–5 と 8.18–25 において、これを迫害と困難にもかかわらず体験される希望であると強調している点だ。確かにこの希望が支えとなって、パウロはその宣教活動を逆境にもめげずに継続できた。そしてパウロはこの体験を御霊に帰する。ここでは、希望に関するヘブライ的概念とギリシャ的概念の違いを意識する必要があろう。後者により不確定なニュアンスがあるとすれば、前者にはより確定的なニュアンスがある[129]。それゆえパウロはロマ 8 章において、御霊によって与えられた子としての立場が確定的であることを述べたあと、この希望を御霊に帰している。この議論において、反論が意識されていない点も看過してはいけない[130]。

(5) 祈り：パウロは、御霊について力説するロマ 8 章の後続箇所において (8.26–27)、祈りの効果を御霊に帰する。

> ²⁶ 同様に、御霊は私たちの弱さに対して助けとなります。私たちは何を祈るべきかを知りませんが、御霊は言葉にならない呻きによってそれを執り成します。²⁷ そして、心を探る方は御霊の思いを知っています。なぜなら御霊は、神

---

128) ロマ 5.2–5, 8.23–25, 15.13, ガラ 5.5, フィリ 1.19–20, エフェ 4.4（1つの希望が1つの体と1つの御霊とを結ぶ）．Ⅰコリ 13.7, 13, Ⅱコリ 3.12, エフェ 1.17–18 参照．

129) §14 n.217 を見よ。おそらくそれゆえに、ここでアオリスト（過去）時制（「救われました」）が用いられているだろう。後期のパウロ文書においてのみこれと同様の表現が見られる（エフェ 2.5, 8, Ⅱテモ 1.9, テト 3.5）。§14 n.150 も参照。ここでの用法は、のちの文章で説明されるように、希望という概念の性質を反映する。すなわち、約束された希望は完成した救いを確証する。ロマ 8.29–30 に見られるアオリスト（過去）時制も同様の確信を反映している。神の目的は、約束された完成の時の視点から見たかのように、必ず達成される。

130) Dunn, *Romans*, 475–76 も参照．

第 16 章　賜物としての御霊

（の意志）にしたがって聖徒のために執り成すからです。

　これは、パウロの聖霊観における驚くべき特徴だ。御霊は強さにおいてではなく、弱さにおいて体験される[131]。御霊は正確な言語によってでなく、「言葉にならない呻き」を通して体験される[132]。このような理解は、御霊や改宗に関するいかなる理論や純粋な教義的概念にも起因していない[133]。これは、個人的体験の深みからのみ導き出される。もっとも、これはキリストの天における執り成しの役割と連動していよう（8.34）[134]。ここでもまた、初代のキリスト者らが、御霊の体験とキリストへの信仰とを結びつけて理解していたことが分かる。

　次の点はのちほど詳しく扱うが、パウロは自らの身体的弱さを御霊の臨在との矛盾、あるいは拒絶と考えなかった。むしろ、彼はその弱さを、御霊が最も効果的に働くための条件と理解した。ここでパウロが、御霊と信仰とを補完的概念として捉えていることが見てとれる。パウロの理解によると、信仰とは恵み深い神に対する、弱さを特徴とする人類の依存であり、この恵みによって御霊は人の現状に最も効果的に関わるよう遣わされる。御霊の効果的な働きは、修辞表現として片付けられるべきものでない。むしろ御霊の働きは、まさに言葉で表現できない状況でこそ顕著となる。パウロの霊性の実

---

131) これは、「霊的」人物が力ある業によって評価されるという理解を意識して、それを暗に批判する目的で書かれたのかも知れない（Horn, *Angeld*, 413）。またここでの言説は、「パウロはしばしば本来的に勝利主義的な仕方で御霊について語り、それが十字架のキリストに見られる弱さと受難の教えとの統合を拒む」という Beker（*Paul*, 244）の評価に対する反論となりうる。§18.7 も参照。

132) ここでの「呻き」は、ロマ 8.23 での「呻き」と共鳴する。「言葉にならない（ἀλαλήτοις）」という語は、聖書ギリシャ語としてはこの 1 箇所にのみ見られる。これは「言葉を伴う（λαλητός）」（LXX ヨブ 38.14）との対比で用いられ、おそらく人と獣とを言語使用の有無で区別するというニュアンスがあるのだろう。パウロがこの「呻き」によって異言を意味しているという理解（Lietzmann, *Römer*, 86; Käsemann, *Perspectives*, 130; Gnilka, *Theologie*, 104; とくに Fee, *Empowering Presence*, 580–85）は、おそらく誤りだろう。なぜならパウロは、おそらく異言を天の言語として捉えていたからだ（§20 n.132 を見よ）。さらに Dunn, *Jesus and the Spirit*, 241–42; *Romans*, 478–79; Fitzmyer, *Romans*, 518–19 参照。Congar（*Believe*, 2.107）は適切に、「呻きは、文句をぶつけたり不平を漏らしたりすることとは異なる」と述べる。

133) 執り成し手としての御霊は、天使による執り成しという周知の主題が発展したものだろう（ヨブ 33.23–26, トビ 12.15）。さらに J. Behm, *TDNT* 5.810–11 を見よ。

134) Schlier, *Grundzüge*, 181 も見よ。

存的特徴と冷静なリアリズムが、ここに最も明らかな仕方で示されている。

（6）霊的洞察と霊的賜物：この主題の分析をさらに深める必要はないが、完全を期すために、Ⅰコリ 2.13–3.1 でパウロが「霊の人 πνευματικός」について、またⅠコリ 12–14 章で霊的賜物（πνευματικά）について論じていることを指摘しておこう。これらに関しては、他所で論ずる[135]。

（7）御霊の実：御霊に関する考察において、ガラ 5.22–23 に登場する「御霊の実」を看過することはできないが、これに関しては他所で論ずる[136]。

§16.6. 結論

第 14–16 章では、可能なかぎり釈義上の分析を加えつつ、救いの開始に関するパウロの理解を考察した。信仰による義認（14 章）、キリストへの参与（15 章）、そして賜物としての御霊（16 章）は、既述のとおり、完全に区別され、統合できない「類型」でない。これらは「キリスト者」という新たなアイデンティティを得るため、異質な人々をキリストの旗印の下へ集合させる、多様性豊かでありつつ相互に関連する確信と献身を語る 3 つの視点だ。

（1）これら 3 つの側面はすべて、神が人類を自らに引き戻すための業を理解するために不可欠だ。これら 3 つのどれ 1 つをとっても、それを無視したり軽視したりするなら、パウロ神学を歪めてしまう危険性がある。これらの側面が三者的（triadic）に関わり合う——神によって義とされ、キリストと絆を持ち、御霊を受ける——ことは、驚くにあたらない。この点でのパウロ神学は、唯一神という概念と神の業の異なる顕現とを包含している。救済に関するこの統合的性格を見誤ることは、パウロの神観を誤解することにつながりかねない[137]。

---

135) §§21.5, 20 n.127 を見よ。
136) §23.5–6 を見よ。さらに §§16.4 n.111, 21.6.2 も参照。
137) しかし、パウロの言語表現は、「1 つにして……各位格の秩序と性質により異なって認識される」（Congar, *Believe*, 2.89）神格の三位格という理解に直結するだろうか。Fee（*Empowering Presense*, 827–45）も同様に、「パウロは真に三一論的理解を有している」と断言するが、「位格」に関する明らかな定義を試みず、「経綸的（economic）」あるいは「本質論的（ontological）」三位一体論に関する伝統的な議論を考察することをしない。パウロ神学に対するリスペクトは、歴史的限定性と

(2) これらの異なる機能に関しては、やや荒削りな仕方で分類することができる。すなわち、義認が神の前での立場であれば、「キリストにあって」という参与はキリスト者が自らの生き様を眺める視点だ。そして御霊という賜物は、キリストを通して可能となる神との関係性——つまりキリストと神との二重の関係性——に動的な性格をもたらすが、これはパウロ自身の生き様において最も顕著に見られる。しかし私たちは、これら3側面の相互作用性（Ineinander）から目を逸らすわけにはいかない。

　(3) 神の恵みに応答する唯一の方法として信仰を強調することは、とくに義認の議論において重要だが、それは救いに関する他の側面においても前提となっている。パウロのキリスト神秘主義における「キリストと共に」という概念は、すでに過去となった決定的な出来事とこれから起こる事柄との緊張関係を生き生きとした仕方で表現する。パウロの霊に関する教えは、彼の福音が理論や原理に終わらず、実存的リアリティに関わるものであることを絶えず確認する機会を提供している。

　(4) これら3つの救済的側面と個別に関わる祝福は、また総合的に調和を保っている。すなわち、神との平和と神との繋がり、破壊的な過去からの解放、イスラエルの約束に連なることによって与えられる新たなアイデンティティ、罪と死の力に対する解決、継続する弱さと苦しみにもかかわらず揺るがない子としての立場と希望、キリストとのアイデンティティを共有する他者との連帯意識、責任感のある意義深い生き様を可能とする力の享受、などである。

未組織的性質とを十分に考慮するところから始まらねばならない。

第17章 バプテスマ[1]

§17.1. 伝統的理解

「重要な転換点」——救いの開始——に関するパウロ理解の分析について、いまだ触れてない問題がある。パウロの読者がキリスト者として歩み始める

---

[1] 第17章の文献リスト
 G.R. Beasley-Murray, *Baptism in the New Testament* (London: Macmillan / Grand Rapids: Eerdmans, 1963); **G. Braumann**, *Vorpaulinische christliche Taufverkündigung bei Paulus* (BWANT; Stuttgart: Kohlhammer, 1962); **R.D. Chesnut**, *From Death to Life: Conversion in Joseph and Asenath* (JSPS 16; Sheffield Academic, 1995); **E.J. Christiansen**, *The Covenant in Judaism and Paul: A Study of Ritual Boundaries as Identity Markers* (Leiden: Brill, 1995); Conzelmann, *Outline*, 271-73; **G. Delling**, *Die Zueignung des Heils in der Taufe. Eine Untersuchung zum neutestamentlichen 'Taufen auf den Namen'*, (Berlin: Evangelische, 1961); **E. Dinkler**, *Die Taufaussagen des Neuen Testaments*, in K. Viering (ed.), *Zu Karl Barths Lehre von der Taufe* (Gütersloh: Gütersloher, 1971), 60-153; **J.D.G. Dunn**, *Baptism* (§16 n.1); 'The Birth of a Metaphor — Baptized in Spirit', *ExpT* 89 (1977-78), 134-38, 173-75; **Fee**, *Empowering Presence* (§16 n.1); **A. George**, et al., *Baptism in the New Testament* (London: Chapman, 1964); **Gnilka**, *Theologie*, 115-20; *Paulus*, 272-77; **W. Heitmüller**, *Taufe und Abendmahl* (Göttingen: Vandenhoeck, 1903); **Hengel and Schwemer**, *Paul between Damascus and Antioch*, 291-300; **Horn**, *Angeld* (§16 n.1); Keck, *Paul*, 56-59; Kümmel, *Theology*, 207-16; **G.W.H. Lampe**, *The Seal of the Spirit* (London: SPCK, ²1967); **F. Lang**, 'Das Verständnis der Taufe bei Paulus', in Ådna, et al. (eds.), *Evangelium*, 255-68; Larsson, *Christus als Vorbild* (§11 n.1) 1. Teil: **E. Lohse**, 'Taufe und Rechtfertigung bei Paulus', *Einheit*, 228-44; **L. De Lorenzi** (ed.), *Battesimo e Giustizia in Rom. 6 e 8* (Roma: Abbazia S. Paolo, 1974); **K. McDonnell and G.T. Montague**, *Christian Initiation and Baptism in the Holy Spirit: Evidence from the First Eight Centuries* (Collegeville: Liturgical, 1991); **Penna**, 'Baptism and Participation in the Death of Christ in Rom. 6.1-11', in *Paul*, 1.124-41; **M. Pesce**, '"Christ Did Not Send Me to Baptize, but to Evangelise" (1 Cor. 1.17a)', in Lorenzi (ed.), *Paul de Tarse*, 339-63; **M. Quesnel**, *Baptisés dans l'Esprit* (Paris: Cerf, 1985); **Ridderbos**, *Paul*, 396-414; **R. Schnackenburg**, *Baptism in the Thought of St. Paul* (Oxford: Blackwell / New York: Herder and Herder, 1964); **U. Schnelle**, *Gerechtigkeit und Christusgegenwart. Vorpaulinische und paulinische Tauftheologie* (Göttingen: Vandenhoeck, 1983); **Stuhlmacher**, *Theologie*, 350-55; **G. Wagner**, *Pauline Baptism and the Pagan Mysteries* (Edinburgh: Oliver and Boyd, 1967); **A.J.M. Wedderburn**, *Baptism and Resurrection: Studies in Pauline Theology against Its Graeco-Roman Background* (WUNT 44; Tübingen: Mohr, 1987); **Whiteley**, *Theology*, 166-78.

決定的出来事（アオリスト［過去］時制）を、パウロはいかに表現するか。私たちはすでに、キリスト者としての開始とその結果に関するパウロの総合的な理解を、3つの側面から分析してきた。すなわち信仰義認、キリストへの参与、賜物としての御霊だ。しかしより伝統的には、この救いの開始に「バプテスマ」という表現が用いられてきた。したがってこの分野の研究者の大半は、パウロ自身がそのような意味でバプテスマを捉えていたと理解する。

他の主題と同様に、「バプテスマ」についてパウロがどれほど頻繁に明言したかは問題でない。彼が実際の動詞と名詞（バプテスマ、バプテスマを授ける）を用いる頻度は比較的に低い[2]。より重要なのは、改宗や編入への言及がすべてバプテスマ儀礼への言及と結びついているという前提だ。すなわち、アオリスト（過去）時制によってパウロはバプテスマを示唆しており、「洗い」や「塗油」や「証印／封印」や「着衣」等のメタファもバプテスマを指している、との理解[3]。これらの前提は広く受け入れられてきた。そしてテクストがこれらに言及する時、ほとんどの註解者はバプテスマ的アオリスト時制やバプテスマ神学などという表現を容易く用いつつも、これらの表現が適切かを説明する必要を感じない[4]。したがって上述の救いの各要素に関しても、義認はバプテスマの効果であり[5]、バプテスマはキリストへの参与の手段であり[6]、バプテスマにおいて御霊がもたらされ与えられる[7]、と説明され

---

2) 「バプテスマ（βάπτισμα）」はロマ 6.4, コロ 2.12, エフェ 4.5,「バプテスマを授ける（βαπτίζω）」はロマ 6.3（2回）, Ⅰコリ 1.13–17（6回）, 10.2, 12.13, 15.29（2回）, ガラ 3.27.

3) 例えば D. Mollat ('Baptismal Symbolism in St Paul', in George, et al., *Baptism*, 63–83) は、「バプテスマ的洗い」、「バプテスマ的割礼」、「バプテスマ的証印」、「バプテスマ的光」という順番で救いに言及する。これらのメタファの詳細は§13.4を見よ。〔訳註　ここでのアオリスト（過去）時制とは、救済に関わる一回性の過去を表す時制（信じた、義とされた等）で、これらを過去の1回の出来事として語る際にバプテスマの儀礼を意識している、という理解を指す。〕

4) 例えば Schlier (*Galater*) は、ガラ 3.27 だけでなく 3.2, 4.6, 5.24 等の箇所をバプテスマ儀礼への言及と考え、ガラ 5.24 を「典礼的意義」で捉える。

5) これは Schnelle (*Gerechtigkeit*, 52, 91) の主要なテーゼだ。Braumann (*Taufverkündigung*) は、義認を含めたパウロの数々の主題をバプテスマと結びつける。

6) Wikenhauser (*Pauline Mysticism* [§15 n.1], 109–32) は「この融合はバプテスマによってのみ可能」(p.132) と述べる。Schnelle, *Gerechtigkeit*, 106–22; Strecker, *Theologie*, 127. すでにこの理解は Heitmüller, *Taufe*, 11–12; Schweitzer, *Mysticism* (§15.1) にある。

7) 最近の例は Schnelle, *Gerechtigkeit*, 123–35; McDonnell and Montague, *Christian Initiation*, 50–51; Horn, *Angeld*, 400.

がちだ。

　したがって、このバプテスマ理解の基礎に立って、バプテスマ典礼文、教理問答文、バプテスマの際に歌う賛歌——あるいはこれらの断片——をテクストの内に見出すことが試みられる[8]。その際に前提となるのは、教会最初期の伝道、神学、また共同体生活においてバプテスマが非常に大きな影響を及ぼしたので、その重要性は初代教会の神学と営みに反映されている、との理解だ。したがって例えば、フィリピ書とコロサイ書にある重要なキリスト賛歌は「バプテスマ賛歌」と理解されてきた[9]。最近では、ガラ 3.26–28 の全体かその一部が前パウロ的なバプテスマ典礼文だとの理解が支持されている[10]。ロマ 6.1–14 の主題が「バプテスマ」だという認識も一般的だ。具体的にバプテスマに言及するのは、「罪に対して死んだ」（ロマ 6.2）という主題に続くロマ 6.3–4 のみだが[11]、それでも一般に「パウロ神学の全体がバプテスマに関する解説（Taufauslegung）と理解されてしかるべき[12]」との見方が支持されがちだ。

---

8)　例えば G. Friedrich ('Ein Tauflied hellenistischer Judenchristen 1 Thess. 1.9f, *TZ* 21 [1965], 502–16) は、I テサ 1.9–10 を「バプテスマ賛歌」と断定する。W. Harnisch (*Eschatologische Existenz* [§12 n.1], 23–24) は、I テサ 5.4–10 が「前パウロ的なバプテスマ伝承」を含んでいると考える。Schnelle (*Gerechtigkeit*, 114) は I テサ 4.16 の「キリストの内に」という表現を、バプテスマ儀礼において始まる本質的なキリストとの交わりと理解し得ると考える。後期パウロ文書についても、J.C. Kirby (*Ephesians: Baptism and Pentecost* [London: SPCK / Montreal: McGill Univ., 1968], 150) は「エフェソ書の書簡的定型文を除くと、そこには……バプテスマと直結する……礼拝における言語表現の完全な記録が見出される」と述べる。

9)　フィリ 2.6–11 に関しては Martin, *Carmen Christi* (§11 n.1), 81–82 を見よ。Käsemann ('A Primitive Christian Baptismal Liturgy', *Essays*, 149–68) はコロ 1.12–20 を「原始教会のバプテスマ典礼文」とする。

10)　とくに Betz, *Galatians*, 181–85; D.R. MacDonald, *There is No Male and Female: The Fate of a Dominical Saying in Paul and Gnosticism* (Philadelphia: Fortress, 1987), 4–9.

11)　さらに Dunn, *Baptism*, 140; *Romans*, 308 を見よ。Braumann (*Taufverkündigung*, 39) はロマ 6 章を「バプテスマに関する章」と見なす。Dinkler (*Taufaussagen*, 71) はロマ 6.1–14 をバプテスマと直結させることへの懸念を示した。これに対する Schnelle (*Gerechtigkeit*, 204 n.386) の応答は要を得ない。Penna ('Baptism', 137) はオリゲネスのロマ 6 章理解を紹介するが、そこではパウロの関心が「バプテスマの特徴でなくキリストの死の意義」を分析することと理解する。「彼（キリスト）と同じ（ὁμοιώματι）死」（ロマ 6.5a）がバプテスマであろうはずがない。なぜなら、ここで用いられる完了時制は継続する状態を示しており、誰も水に浸かったままではない。さらに Dunn, *Romans*, 317 と §18.5, 18 n.100 を見よ。コロ 2.8–15 については Dunn, *Colossians*, 159 n.24 を見よ。

12)　Lohse, 'Taufe', 238.

第 17 章　バプテスマ

　したがって多くの註解者らは、ある種の先入観を持ってテクストに向き合っており、バプテスマをテクストに読み込む傾向があるとも言えよう[13]。この先入観の形成には2つの要因がある。1つはキリスト教伝統における典礼（秘跡）神学（Sacrament Theology）の影響だ。多かれ少なかれ歴史上のキリスト教伝統において、典礼（秘跡）が霊的なものと物質的なものとの微妙な相互性を示すと理解される。つまり典礼とはたんなる外見上の儀礼でなく、内面性と外面性とが不可分につながっている。外面的な儀礼の内に霊的真実が象徴されている。教派等の違いによって理解に程度の差こそあれ、それはたんなる象徴でなく、なんらかの効果が儀礼によってもたらされると理解される。これが「バプテスマ」という語の意味だ。したがって、「バプテスマ」こそが救い全体を表すために最も有用な語と見なされる[14]。救い全体（第14–16章で考察した祝福）を包括するこの典礼が、その定義上キリスト者となることのメタファとして用いられることは当然だ。この不文律のロジックが働くので、パウロ文書中からバプテスマ神学や典礼文の断片が容易に掘り起こされると考えられるのだろう。多くの註解者は、〈何世紀にも及ぶキリスト教の典礼神学をパウロとその読者も共有していたはずだ〉との前提に立ってテクストを読む。

　私は以前、自著『バプテスマ』（*Baptism*）の中で、この傾向に関する1つの問題を提示した。それは、「バプテスマ」がキリスト者へ改宗することの表現として用いられる場合、それが「蛇腹的（concertina）」言語として用いられている点だ。すなわち、改宗に関する重要な出来事（義認、キリストとの融合、賜物としての御霊）をすべて包括するようにこの用語は引き延ばすことができる[15]。一方でこの語は、「浸水」という本来の限定的な儀礼自体の意味へと折りたたまれる傾向がある[16]。その場合、この儀礼が象徴する霊的真実が、

---

[13]　これは批判でない。註解者は何らかの先入観をテクストに持ち込むもので、これはその一例に過ぎない。

[14]　ここでの表現において、私はキリスト教典礼／バプテスマ神学に関して皆が共有する理解を提示しているに過ぎない。改革派伝統における簡潔な理解については Dunn, *Baptism*, 6 を見よ。

[15]　Dunn, *Baptism*, 5. 以下の論考ではこの著の出典を繰り返すことは控える。

[16]　LSJ, βαπτίζω では「浸ける、浸す」。受動態では、例えば船の沈没に伴って「溺れさせられる」。Ridderbos, *Paul*, 402 と比較せよ。

非常に限定された儀礼自体の意義へ閉じ込められてしまう危険がある。すると、厳密なバプテスマ神学において、恵みの授与や御霊の贈与が教会儀礼に対して二義的に位置づけられ、二義的に意義づけられかねない。教会による神の恵みと神の霊の管理／支配が正当化されるなら、それは由々しき問題だ[17]。少なくとも私たちがパウロのバプテスマに関する言及を分析する際には、その蛇腹的用法の問題を意識しているべきだ。

新約聖書学における——少なくとも20世紀の——先入観を形成するもう1つの要因は、20世紀初頭から続いてきた宗教史学的解釈の影響だ。この学派は、原始教会の典礼が同時代の密儀と類似しており、その儀礼に影響されている[18]、という特徴的な視点を持ち、〈死んで甦る神々を記念した通過儀礼に慣れ親しんでいる読者に向けて、パウロは同様の言語表現を用いて説明することができた〉と主張した。パウロが「キリスト・イエスへとバプテスマを授けられた者はすべて、彼の死へとバプテスマを授けられている」(ロマ6.3) と述べる時、彼の読者はその宗教的背景からこれを容易に理解できた、と言う。このテーゼは多くの手厳しい批判に晒されたが[19]、研究者らは初期のキリスト教が周囲の宗教文化や風潮からまったく隔絶されていたという理解に逆戻りすることには躊躇する。また、通過儀礼の機能と改宗／境界性の体験に関する社会人類学的視点は、キリスト教と他宗教との改宗に関する儀礼が類似しているとの見方を支持した[20]。

しかしここにも問題がある[21]。密儀宗教に関する私たちの知識が非常に限られているからだ。密儀宗教はその名に相応しく、その全貌がほぼ「秘密」のままだ。また頻繁に引用されるルキアノスの通過儀礼[22]には、儀礼自体に

---

17) 歴史的にこの危険は、聖職者権威主義者やスコラ派などの体制的伝統のみならず熱狂主義者らにも見られる。

18) Beasley-Murray, *Baptism*, 127 n.1 の出典を見よ。Bornkamm, *Paul*, 190; Kümmel, *Theology*, 213 も見よ。

19) とくに H.A.A. Kennedy, *St. Paul and the Mystery Religions* (London / New York: Hodder and Stoughton, 1914); Wagner, *Pauline Baptism* を見よ。

20) Meeks, *First Urban Christians*, 156–57 参照。

21) 以下では Dunn, *Romans*, 308–11 を要約している。さらに Wedderburn, *Baptism* を見よ。

22) アプレイウス『変身物語』11。例えば Schnelle, *Gerechtigkeit*, 77–78 を見よ。その他の出典は Dunn, *Romans*, 309 を見よ。

第 17 章　バプテスマ

水による洗いが関わっているか不明だ[23]。さらに、密儀宗教の通過儀礼では、一般に朗吟やその他の儀式が複雑に混在する[24]。儀礼における神々との神秘的融合もテクストの読み込みで、明示どころか暗示されてさえいない[25]。私は、パウロ的キリスト共同体を当時の文化背景から分離しようとしているのでない。例えばルキアノスとパウロは同様の劇的な改宗を体験しており、死と命という表現が両者に用いられている[26]。そうだとしても、互いがどれだけの依存関係にあるか不明だ。類例的比較〔訳註　異文化の類似事項との比較〕と系統的比較〔訳註　宗教母体であるユダヤ教の類似事項との比較〕とは本来異なる。ここで注視すべきは、パウロ的な理解がこの文化的背景とまったく異種でないにせよ、少なくとも固有のものかという点だ[27]。

これまでの議論は、パウロが用いるバプテスマに関する表現の釈義にいかなる外部要件が影響を与えてきたかを明らかにした。それでは、バプテスマに関わる用語を考察しよう。

§17.2.　釈義上の問題

（1）　パウロのバプテスマ神学に関する伝統的解釈は、のちの典礼（秘跡）神学をテクストに読み込んだだけでもなく、宗教史的な並行事例への過度な依存だけでもなく、十分に慎重な釈義的基礎の上に立っている。

第 1 に教会の開始以来、バプテスマが共同体にとって非常に重要だったことを認めるべきだ。改宗は一般に個人的な霊的体験でなかった。そこにバプテスマという儀礼が関わった。バプテスマが明示される箇所で[28]、パウロは

---

[23]　『変身物語』11.23.「洗いの慣習」は準備のための沐浴であり、神殿でなく浴場でなされる（Wagner, *Pauline Baptism*, 100–03）。Meeks, *First Urban Christians*, 152–53 も見よ。

[24]　*OCD*, 'Mysteries.'

[25]　異論は Schnelle, *Gerechtigkeit*, 310 参照。

[26]　ルキアノス自身が「献身の儀式自体は、自主的な死と恩寵によって得られる命として演じられる」と報告する（『変身物語』11.21）。*Apuleius of Madauros: The Isis-Book (Metamorphoses, Book XI)* (trans. J.G. Griffiths; Leiden: Brill, 1975), 52.

[27]　Chestnut (*Death to Life*, ch.7) の『ヨセフとアセナト』考と比較せよ。この問題は主の晩餐の論考で再び言及する（§22.2）。

[28]　ロマ 6.4 ($βάπτισμα$)、I コリ 1.13–17.

すべての読者（パウロが個人的に知らない者も含め）がバプテスマを受けていることを前提としている。Ⅰコリ 1.13–15 が示唆するのは、コリント信徒らがみな「キリストの名において」バプテスマを授けられていることだ。新約聖書では、イエス自身の弟子といくつかの特殊な例（使 19.1–7 のエフェソ等）以外で、イエスの名におけるバプテスマを受けていないキリスト者への言及はない。バプテスマは公的儀礼であり、そこにはおおやけの告白が含まれる（ロマ 10.9）。さらにそれは、文字どおりに「通過儀礼」だ。バプテスマを受けた者は古い生き方と訣別し、新たな生き方への献身を表明する。それゆえパウロは、この共通したバプテスマ理解を前提とすることができた。「したがって私たちも、命の新しさの内に歩むためです」。バプテスマがもたらす社会的変容はⅠコリント書における重要主題の 1 つで、これを根拠にパウロは党派主義の放棄を訴える[29]。さらに、ローマの知識階級のあいだで「ユダヤ的風習」を採用する者が侮蔑される傾向があったにもかかわらず、ユダヤ教メシア宗派といまだ見なされていた共同体へ多くの異なる民族出身者が帰属することを求めた[30]。したがって、パウロとその宣教活動の改宗者らにとってのバプテスマが、キリスト者としての開始と献身の思いを馳せる時に拠って立つ重要な出来事だったことは確かだ[31]。

第 2 にパウロは、「キリストへとバプテスマを授けられる」という表現とバプテスマ儀礼とを明確に関連させる。

> ³ キリスト・イエスへと（εἰς）バプテスマを授けられた者はみな彼（キリスト）の死へとバプテスマを授けられたのだと、あなた方は知らないのですか。⁴ したがって、私たちはバプテスマを通して彼（キリスト）と共に死へと葬られました。それはキリストが死者のあいだから甦らされたように……私たちも命の新しさの内に歩むためです（ロマ 6.3–4）。

ここで、「彼の死へとバプテスマを授けられる」ことと「バプテスマを通し

---

29) とくに Mitchell, *Paul and the Rhetoric of Reconciliation* を見よ。
30) 例えば Dunn, *Romans*, xlvi, xlviii, l–li を見よ。
31) 例えば Stuhlmacher, *Theologie*, 350 を見よ。

第 17 章　バプテスマ

て彼と共に死へと葬られる」こととが同じだとの理解が、難なく導き出される。すなわち、「キリストへ」の参与は「バプテスマを通して」可能となる[32]。

同様にⅠコリ 10.2 では、「すべての者が雲と海の中でモーセへと（εἰς）バプテスマを受けた」とある。紅海を渡るイメージ（「雲の下」と「海を通って」[33]）がバプテスマにおける水への浸しに対応する。モーセがキリストを象徴する（「モーセへと」は「キリストへと」に相当する[34]）なら、水の中でキリストへとバプテスマを授けられるという体験をパウロは念頭に置いていよう。

Ⅰコリ 10.2 に関するこの解釈は、主の晩餐についてのパウロの理解と符合する。とくに「1 つのパン」を共有することでキリストの体に参与すること（Ⅰコリ 10.16–17）、またパンと杯に相応しくない状態で参加することが死にさえ至る身体的結果をもたらす（11.28–30）という理解とが、上のバプテスマ理解と符合する（主の晩餐に関する論考は第 22 章に詳しい）。

これ以外の点では議論が分かれる。「キリストへとバプテスマを授けられる」とは「キリストの名へとバプテスマを授けられる」ことの省略形か。「洗われる」、「証印を捺される」、「着脱衣」等のメタファは、パウロの時代すでにバプテスマ儀礼を象徴していたか。上で達した結論によると、いずれについてもおおよそ、そうだと言えよう。

（2）もっとも、この点が強調され過ぎてもいけない。パウロの宣教活動期に、バプテスマがすでに確立された公的儀礼だったとは断定できない。新約

---

[32]　ガラ 3.27 も同様だろう。Dinkler（*Taufaussagen*, 86）は「神の子らとなることは、主観的には信仰を通して、客観的にはバプテスマを通して起こる」と述べる。

[33]　雲と海への言及は、とくに知 19.7 の影響かと考えられる。パウロが雲を御霊の象徴と考えた（McDonnell and Montague, *Christian Initiation*, 45）という理解には疑問があるが、この可能性について私は以前より説得性があると考えていた（Dunn, *Baptism*, 127 n.34）。「～の下」と「～を通って」という表現から、パウロが浸水によるバプテスマをイメージしていることが推測される。Fee, *1 Corinthians*, 445–46 を見よ。

[34]　Ⅰコリ 10.2 にある「モーセへのバプテスマ」は、明らかに「キリストへのバプテスマ」（ロマ 6.3–4、ガラ 3.27、Ⅰコリ 12.13）を意識している。より一般的なこの表現の意味を、モーセとイスラエルとの歴史的な関係性によって得られる意味から導き出そうとすること（Delling, *Zueignung*, 79–80; Wolff, *1 Korinther*, 41 n.231）は、釈義上問題がある。Ⅰコリ 10.1–4 でモーセは、紅海の通過と荒野での飲食と同じように、キリストの内に、キリストを通して体験される終末的真実の予型として機能している。

聖書の証拠から判断すると、後1世紀前半にバプテスマの儀礼はいまだ単純で不定期で自発的だったようだ。とくに使徒言行録の報告はこの結論を支持する。3000人がペトロの説教を聞いた直後にバプテスマを受け（使2.41）、エチオピアの宦官やリディアも福音を聞いたあと、その場でバプテスマを受けた[35]。フィリピの獄吏も、キリストを信じるとその夜の内にバプテスマを受けた（16.31–33）。同様のパターンはコリントでも繰り返され、パウロ自身の報告もこれを支持する[36]。ヨハネス・ムンクは、「使徒言行録では、新約聖書他所と同様に、バプテスマを授けることについて何の躊躇もないようだ。現代の儀礼のような形式はなく、形式に対してほとんど無頓着でさえあり、バプテスマを受けた者はそのまま我が道を行くようにさえ見受けられる[37]」。これは、後200年頃まで「洗礼志願者」への明確な言及が見当たらないことと符合する[38]。新しい改宗者に対する何らかの指導が存在したことは明らかだ[39]。しかし、その指導がバプテスマを受けるための準備だったとは考えられない。すると、〈はたしてバプテスマは新たな宗派への所属移行を表明する劇的で印象的な出来事だったか〉という疑問が生じる。

　これは、バプテスマに関してパウロが最も多く言及するⅠコリント書での、注意深い表現と符合する。パウロは、コリント教会の成員らが過度で誤った意義をバプテスマに付加することを明らかに懸念している。彼らの内に、他宗教での通過儀礼の意義をそのまま教会のバプテスマへと移行させた者がいたようだ。Ⅰコリ1.12–13によると、特定の人の手によるバプテスマがその人への帰属根拠となると考えた者がいたようだ。すなわち、パウロからバプテスマを受けたので「私はパウロに属する」。アポロからバプテスマを受けたので「私はアポロに属する」。換言すると、バプテスマはそれを授ける者と受ける者との間に神秘的絆を形成すると考えられた。Ⅰコリ

---

35) 使8.36, 38, 16.14–15. 西方テクストは使8.37に「私はイエス・キリストが神の子であると告白します」という宦官の信仰告白を付加するが、これはルカの報告に唐突感を与えている。
36) 使18.8, Ⅰコリ1.14.
37) Munck, *Paul*, 18 n.1.〔訳註　すなわち、受洗者へのフォローが見当たらない。〕
38) Dunn, *Unity*, 143–47を見よ。
39) とくにガラ6.6がそれを示唆しており、またパウロは伝承が新たに設立された教会に受け継がれる様子を述べている（§§7.3, 8.3, 21.3.2, 23.5）。

第 17 章　バプテスマ

10.1–12 では、バプテスマ（と主の晩餐）が神の拒絶からキリスト者を保護する予防接種のごとく考えられていたことが分かる。そして「死者のためのバプテスマ」（Ⅰコリ 15.29）という謎めいた儀礼では、ある人が受けたバプテスマが死んだ他者に対してそのような効果を発揮するよう考えられていたのだろう [40]。

　パウロは意識的に、バプテスマの意義が強調され過ぎないように心を配っている [41]。彼自身が、バプテスマと密儀の通過儀礼との類例的繋がりを認めようとしない。バプテスマはそれらと結びつかず、イエスの名とのみ繋がっている。パウロは、自らが多くの人にバプテスマ授けなかったことを喜んでさえいる。クリスポとガイオのみにバプテスマを授けたと回想し、ステファナの家の者らにバプテスマを授けたことを忘れかけてさえいる（Ⅰコリ 1.14–16）。したがってバプテスマは、パウロにとってそれほど印象深い出来事でなかった。彼の大義は宣教であってバプテスマでない（1.17）。この箇所での改宗と通過儀礼との関連において、パウロがバプテスマの役割と意義とを相対化している点は興味深い [42]。

　ロマ 6.3–4 と共にⅠコリ 12.13 も考察しよう。「バプテスマを授ける（βαπτίζω）」という語をパウロが用いる既述の箇所と異なり、これはⅠコリント書において無条件で肯定的にバプテスマが語られる唯一の箇所だ。

---

[40]　コリント教会でのバプテスマに関する理解（Ⅰコリ 1.12–13, 10.1–12, 15.29）の推論は、註解者らのあいだ一致している。

[41]　強調しないのであって、価値を低めるのでない。

[42]　Dunn, *Baptism*, 118–20 を見よ。「〜でなく〜だ（οὐκ...ἀλλά）」というパウロの構文は、一般に強いアンチテーゼ的な比較を示す（ロマ 1.21, 2.13, 28–29, 3.27, 4.4, 10, 13, 20 等）。パウロは、誤解されたバプテスマあるいは誰がバプテスマを授けるかに関する議論だけでなく、バプテスマ自体の意義を宣教よりも下に考えている（Lohse, 'Taufe', 240）。ロマ 6.3–4 等の一般的な解釈によるとバプテスマは救済と非常に深く関わるよう理解されるが、もしそうならパウロは上の誤りを正すこともできただろう。C.K. Barrett (*Church, Ministry and Sacraments in the New Testament* [Exeter: Paternoster / Grand Rapids: Eerdmans, 1985], 66) は「Ⅰコリ 1.14–17 においてパウロがバプテスマの意義をある程度低めていると理解せずにはいられない」と述べる。Hengel and Schwemer (*Paul between Damascus and Antioch*, 299–300) も「パウロがバプテスマに示すどっちつかずの姿勢」に言及する。Pesce, 'Christ' と対比せよ。

なぜなら１つの御霊の内で私たちは１つの体へとバプテスマを授けられました。ユダヤ人でもギリシャ人でも、奴隷でも自由の身分でも、すべてが１つの御霊を飲むように授けられました。

「御霊の中に(ἐν)バプテスマを授けられる[43]」という句の伝承史的分析はほとんど看過されてきたが[44]、洗礼者ヨハネの伝承──「私はあなた方に水によってバプテスマを授けているが、彼（来たるべき方）は聖霊（と火）によってバプテスマをあなた方に授けよう」──との関係性を見直す必要があろう。これは４福音書のすべてが言及している[45]。これは洗礼者の説教において例外的な特徴だ。したがって、この洗礼者伝承はそれを継承した共同体で非常に重んじられたものと考えられよう[46]。この伝承は、ペンテコステ（使1.5）と異邦人コルネリウスの改宗（11.16）という決定的な場面で再登場する[47]。パウロはこの伝承を知っており、これをⅠコリ12.13で意識的に用いたと考えるのが自然だろう。

「御霊の中にバプテスマを授けられる」というイメージの興味深い点は、それが水のバプテスマに依拠したメタファでありながら、この儀礼とほぼアンチテーゼ的な対称関係に置かれていることだ。福音書ではつねに、洗礼者ヨハネによる水の中でのバプテスマと来たるべき方による御霊の中でのバプテスマとが対比される。このメタファにおいて、御霊が水に取って代わ

---

43)「バプテスマを授ける」と「御霊」とを結ぶ前置詞がἐνであってὑπόでないことから、これが「御霊の中にバプテスマを受ける」のであって「御霊によってバプテスマを受ける」のでない点に注意する必要がある。

44) 例えばSchnackenburg, *Baptism*, 26–29; Ridderbos, *Paul*, 398; G. Haufe, 'Taufe und Heiliger Geist im Urchristentum', *TLZ* 101 (1976), 561–66; McDonnell and Montague, *Christian Initiation*, 42–43. Beasley-Murray, *Baptism*, 167–71 はこの関連に言及している。

45) マコ1.8, マタ3.11 // ルカ3.16, ヨハ1.33. 洗礼者は「私は水によって……彼は御霊によって」と対比し、イエスへの御霊授与を自分のバプテスマとしない（とくにルカ3.21–22, 使10.37–38, ヨハ1.32–34）。イエスのバプテスマを「水と御霊による」（Stuhlmacher, *Romans*, 98 参照）と理解する根拠があるか、問い直す必要がある。Dunn, *Baptism*, 32–37 を見よ。

46) ヨハネの特徴的な働きがβαπτίζωという語に「洗礼を授ける」という新たな意味を与えそれを根づかせたことを忘れてはならない。したがって彼は「洗礼者ヨハネ（Ἰωάννης ὁ βαπτίζων）」（マコ1.4, 6.14, 24）と呼ばれる。

47) これがイエスの言葉として使徒言行録に記されていることは、ルカがこの伝承を重視したことを支持する。

り、人はその中に浸される。バプテスマのメタファに編集が加えられた使徒言行録の2箇所では、御霊の授与がバプテスマとかなり異なる仕方で表現されている[48]。この主題（「御霊の中にバプテスマを授ける」）の伝承史に鑑みると、パウロはこの表現によって、コリント信徒らの御霊授与体験を語っていよう[49]。ここで強調されているのは、「1つの御霊」であり（2度繰り返される）、「バプテスマを授ける」という動詞でない。1つの御霊の中にバプテスマを受けたことによって、コリント信徒らは1つの体となった（Ⅰコリ12.13）[50]。

　ここでロマ6.3 での、キリストの死へとバプテスマを授けられるという言説にも触れておこう。これが他宗教の儀礼との比較を意識している、との解釈があることはすでに述べた。しかしこの場合にも、より確実な伝承史的つながりが見出される。共観福音書伝承によると、イエス自身が洗礼者ヨハネのメタファを用いた。すなわち、イエスは自らの死を自分が受けたバプテスマだと言う[51]。ならばここに、〈キリストの死へのバプテスマ〉というパウロ的表現の背景が見出されよう。イエスがバプテスマを授けられるというメタファを用いたとの記憶が教会にあったので、パウロはこれを容易に自分の神学へと持ち込むことができた。キリストが自分の死をバプテスマとして語ったので、パウロもまた救いの開始をキリストの死へのバプテスマと語り得た[52]。この場合、「バプテスマ」なるメタファ（死のメタファ）は、実際の水に浸すバプテスマの儀礼から距離があり[53]、直接的に関連していない。

　これはまた、「キリストへとバプテスマを授けられる」という表現が、「キリストの名へとバプテスマを授けられる」という長い表現の短縮形でないか

---

48) 使 2.1–4, 10.44–48.
49) さらに Dunn, *Baptism*, 129–30; Fee, *Empowering Presence*, 179–82, 860–63 を見よ。βαπτίζω という語が「バプテスマを授ける、浸す」（§17 n.16）をたんに意味し、「水の中でバプテスマを授ける」を意味しないことを再確認する必要はなかろう。ヨセフス（『戦記』4.137）は、人々が街の中へ「押し寄せる」ことを βαπτίζω という語で表す。
50) これはガラ 3.27–28 でも同様だ。バプテスマは「平等という救済論的原則」（Stuhlmacher, *Theologie*, 353）でなく、御霊を受けたという共通体験を根拠とした平等だ（3.2–5, 14）。
51) マコ 10.38–39 と並行記事。詳細は Dunn, 'Birth of a Metaphor' を見よ。
52) Wilckens, *Römer*, 2.60–61; Barrett, *Paul*, 129 参照。
53) さらに Dunn, *Baptism*, 139–41 を見よ。

との議論を解決する。既述のとおり、後者は商業慣例のメタファだ。この場合、実際のバプテスマが「キリストの勘定へ」の移行というメタファで説明されている[54]。この後者の表現では、「～の名へ（誰々の勘定へ）」という会計用語がメタファなのに対し、「バプテスマを授ける」という動詞はメタファでなく、実際の洗礼行為だ。これに対し前者の「キリストへとバプテスマを授けられる」という表現では、「バプテスマを授けられる」という動詞がメタファとして用いられているようだ。その結果は神秘的な――即座に公的でなく――キリストへの参与を示している。「キリストへとバプテスマを授けられる」という表現には、アダム・キリスト論が影を落としている（ロマ 6.3 は 5.12-21 を直接受けている）。そして「彼の死へとバプテスマを授けられる」という表現は、キリストの苦しみを共有するという重要な主題と直接的につながっている（§18.5）。つまり上の 2 つの句には異なるイメージが稼働している。救いに関する他のメタファと同様に、これらを同視することはそれぞれの異なるメッセージを混同することになりかねない[55]。

　第 3 に、私たちは賜物としての御霊の受容に関する §16.3-4 での議論を思い出す必要がある。そこでは 2 つのことが明らかとなった。すなわち、御霊の受容は一般にキリストへの献身の開始における明確な体験であり、そして救いにおける明確な移行時点なので、パウロがこの出来事に繰り返し言及することだ。これは、パウロ文書がバプテスマへ直接言及することが比較的稀であることと非常に対照的だ。改宗を記憶に留める中心的あるいは唯一の体験がバプテスマだと考える後世代のキリスト者は、キリスト者の開始がいつもそのようだと誤解しないよう注意すべきだ。パウロの証言はこれとまったく事態が異なる。パウロとその改宗者にとって、最も記憶に残る出来事は御霊の体験だった。したがってパウロのバプテスマへの言及が比較的稀なの

---

54) §13.4, §13 n.71 を見よ。

55) S.K. Stowers ('The Social Sciences and the Study of Early Christianity' in W.S. Green [ed.], *Approaches to Ancient Judaism 5: Studies in Judaism and Its Greco-Roman Context* [Atlanta: Scholars, 1985], 149-81) は、Meeks (*First Urban Christians*) を以下のように批判する。「ミークスの儀礼に関する議論はその大半は説得性に富むが、テクストから儀礼を読み取り過ぎるきらいがある。……メタファまでも儀礼となってしまう傾向がある」(p.174)。Horrell, *Social Ethos* (§24 n.1); Dunn, *Baptism*, 139-44 を見よ。

は、彼とその改宗者らにとって、バプテスマが改宗と編入における最も重要な出来事でなかったからだろう。御霊の受容こそが、改宗と編入における最も印象的な出来事だった56)。

この考察は、他のメタファを理解する際にも示唆を与える。とくに「御霊の証印57)」はのちにバプテスマと結びつけられたが58)、これはほぼ確実に御霊が個人に与える著しい影響を表現したものだ。賜物としての御霊を受けることは、新たな所有者の刻印を捺されて、自らが誰に所属するかが明らかな仕方で示されることだ59)。「注ぎ／塗油」も同様に、御霊との関連がより自然だ60)。パウロ書簡で唯一このメタファが用いられている箇所（Ⅱコリ1.21）の背景には、イエス自身が御霊を注いだという理解があるかも知れない61)。すなわちキリスト者は、油注がれた者の内に、油注がれて迎え入れられた62)。

「キリストを着る」というメタファも同様だ。衣服の着脱が初期のバプテスマ儀礼の一部だったとの証拠はない。既述のとおり、「キリストを着る」との表現は役者がその役柄を完全に演じきる際の表現だった63)。パウロはこの表現を、キリスト者となる一回性の出来事としても用いるが（ガラ3.27）、

---

56) これが私の *Baptism* に関する最も重要な結論だが、のちに著した *Jesus and the Spirit* ではより詳細に議論した。これに対して Lang ('Verständnis', 255) は、バプテスマを「救いの開始の中心的な基準」と捉え、キリスト者の存在の全体を決し、キリスト者のあり方が「バプテスマの想起（*reditus ad baptismum*）」によって決定されると述べる。彼の議論は Wilckens, *Römer*, 2.23; Stuhlmacher, *Romans*, 99 に依拠している。

57) Ⅱコリ 1.22, エフェ 1.13, 4.30.

58) とくに Lampe, *Seal*; Dinkler, *Taufaussagen*, 95–96; Fee, *Empowering Presence*, 294 n.38; Horn, *Angeld*, 391–93 を見よ。Schnelle (*Gerechtigkeit*, 125) は、Ⅱコリ 1.21–22 が「バプテスマと御霊とが不可避的につながっている」ことを明示すると理解する。

59) Dunn, *Baptism*, 133; Fee, *Empowering Presence*, 294–96 を見よ。

60) 後世代でこのメタファの意義が喪失したことが、メタファが塗油の儀礼を指していることの証拠だとの理解もある。

61) ルカ 4.18 の背景には明らかにイザ 61.1–2 があるが、ルカ 6.20 // マタ 5.3, ルカ 7.22 // マタ 11.5 でもこれが示唆されている（§7.1 を見よ）。ルカはまたイザ 61.1–2 を使 4.27, 10.38 でも仄めかしている。後者は初期の定型表現だろう。

62) 「神はキリストの中へ……、あなた方に油を注がれました (εἰς Χριστὸν καὶ χρίσας ἡμᾶς θεός)」（Ⅱコリ 1.21）。

63) §8 n.58. またこれは内的かつ霊的な変化を示し（イザ 61.10, ゼカ 3.3–5）、結果として御霊は人を「覆う」（士 6.34, 代上 12.18, 代下 24.20, ルカ 24.49,『ヘル喩』9.24.2. Dunn, *Baptism*, 110 参照）。Lietzmann (*Galater*, 23) は「キリストを着る」を「聖霊を受ける」ことと理解する。さらに Hengel and Schwemer, *Paul between Damascus and Antioch*, 294–97 を見よ。

のちにはキリスト者の自覚的な生き方にも用いる（ロマ 13.14）。すなわち、このメタファがバプテスマを指すとはかぎらない。ガラ 3.27 では、キリストを着ることとキリストの中へバプテスマを授けられることが併記されている。しかしこれは、キリストへ浸されるというメタファ表現が役に没頭する役者を連想させるからだろう。

「洗い」のイメージはバプテスマとより自然に結びつく[64]。しかしこれにしても、パウロが儀礼的浄めを著しく精神化している様子に注目すべきだ。信徒はみなまったき聖徒として、エルサレムの宗教から独立している[65]。彼らが留意すべき唯一の神殿は彼らの体だ[66]。すべては「聖い」と宣言されたが、それは神によって浄められたからで、ユダヤ教の伝統行為に依拠していない[67]。したがって、ここでの「洗い」は心や良心に注目しており、水によるバプテスマの儀礼を具体的に意識しつつこの儀礼に依拠しているのでない[68]。

最後に、この議論で看過されがちな点にも触れよう。パウロの福音において、バプテスマが割礼の代替としての役割を持っていると考えられがちだ。〈パウロは民族的に限定的（また律法主義的！）な割礼の代わりに、より普遍的に適用可能なバプテスマを採用した〉との理解が一般に受け入れられている[69]。しかしこのような理解をパウロ書簡に見出すことはできない。既述のとおり、律法の行いの主たる要求の 1 つの割礼とパウロが対比させるのは信仰だ（§14.5）。また、旧い契約を開始する割礼に対応するのは、新たな契約

---

64) Ⅰコリ 6.11, エフェ 5.26, テト 3.5. これらがバプテスマを示唆するとの見解は一般に受け入れられている。とくに使 22.16 参照。Schnackenburg (*Baptism*) はこれらのテクストに言及しつつ、「バプテスマはある種の沐浴」として議論を進める。Ridderbos (*Paul*, 397) は「『洗う』や『水での沐浴』がバプテスマを指すことに疑いの余地はない」と述べる。

65) §2 n.90, §13 n.74 を見よ。

66) Ⅰコリ 3.16–17, 6.19, Ⅱコリ 6.16.

67) 「聖い／浄める（καθαρός / καθαρίζω）」（ロマ 14.20, エフェ 5.26, Ⅰテモ 1.5, 3.9, Ⅱテモ 1.3, 2.22, テト 1.15）、「俗の、汚れた（κοινός）」（ロマ 14.14. Ⅰコリ 10.26 参照）。これら（§17 nn.65–67）に関してはさらに §20.3 を見よ。

68) Dunn, *Baptism*, 121–22; Quesnel, *Baptisés*, 165–66; Fee, *Empowering Presence*, 130–31 を見よ。〔訳註　パウロは 10 回 βαπτίζω という語を用いるが、その場合、1 度も浄めを意味せず、所属の移行の意義を語っている。浅野『ガラテヤ共同体のアイデンティティ形成』195 頁参照。〕

69) とくにコロ 2.11–12 はこう理解されがちだ。Pokorný (*Colossians*, 124) は「著者はバプテスマこそが神の割礼だと述べる」とし、Wolter (*Kolosser*, 130) は「割礼的バプテスマ (Taufbeschneidung)」と表現する。Dunn, *Colossians*, 157 n.18 を見よ。

を開始する賜物としての御霊だ[70]。キリスト者が体験する終末的刷新や新次元への移行は、信仰を通して御霊によって達成される。パウロはガラテヤ書で〈あなた方に割礼が不必要なのはあなた方が信じ、御霊を受け、キリストに属し、義とされたから[71]〉と述べるが、〈割礼が不必要なのはバプテスマを授けられたから〉と言わない。社会学的な視点からは、バプテスマが共同体アイデンティティ形成において割礼と同様に機能することは明らかだ。しかしパウロ神学において、割礼の要求に抗する唯一の応答は信仰を通した恵みという現実、キリスト者に内在する御霊を通したキリストの現実だ。

§17.3. 救いの順序（*Ordo Salutis*）?

バプテスマに関して、一見矛盾する表現をいかに理解すべきか。パウロはこれらの表現のあいだに、緊張関係を見出していたか。そうではあるまい。のちの註解者らが頭を悩ますことになる他の神学的問題と同様に、ここでもパウロは、自分の表現をのちの世代の読者が不明瞭と感ずることに思いが至らなかったか、そのことを心配していなかっただろう。彼は救済の開始を知らせる出来事を複合的に捉えていたようだ。救いの開始に関わる3つの要素（信仰による義認、キリストへの参与、賜物としての御霊）を考察する際に、パウロが同一の出来事の異なる側面を強調しているにもかかわらず、私たちはそれを3つの異なる出来事として誤って捉えてしまいがちだ。バプテスマについても、パウロ神学におけるその具体的な機能と位置づけを決定することでなく、救いという複合的な出来事の一部としての重要な役を演じている点を認識することが肝要だ。

パウロが改宗と編入という複合的出来事の各側面をいかに捉えていたかを確認しておこう[72]。これらをある種の時系列的な配置（救いの順序［*ordo Salu-*

---

70) §16.2–3 を見よ。
71) ガラ 3.1–5, 14, 4.6–7, 29, 5.2–6, 25, 6.13–15.
72) 私の著書 *Baptism* では、改宗と編入との違いを過度に注目する傾向を避けるため、あまり上手い表現ではないが「改宗-編入（conversion-initiation）」という造語を提案する。〔訳註　浅野『NTJ新約聖書注解　ガラテヤ書簡』50–54 頁。〕

tis]）として示すことも可能だろう（ロマ 10.14–17, ガラ 3.1–2）。

> ¹⁴ それなら彼らは、信じたことのない方をどうやって呼び求めるでしょう。聞いたことのない方をどうやって信じるでしょう。また誰かが宣べ伝えることなしにどうやって聞くでしょう。¹⁵ 遣わされなければどうやって宣べ伝えるでしょう……。¹⁷ ですから、信仰は聞くことから、また聞くことはキリストの言葉を通してです。

> ¹ ああ、愚かしいガラテヤの人々。あなた方に邪悪な視線を放って惑わしたのは誰ですか。あなた方の目の前に、イエス・キリストが十字架に付けられた姿ではっきりと示されたではありませんか。² あなた方にこの一点だけ教えてもらいたい。あなた方が御霊を受けたのは、律法の行いによるのですか、あるいは信仰によって聞いたからですか。

第 1 の要素は、キリストによって正式に派遣された者による宣教である。ここでは、福音を語られた者の心や良心に御霊があらかじめ働いたと述べられてない。パウロは、福音宣教が突然の開眼を促すという一般的な理解を持っていたようだ[73]。もっともこの箇所は、人を確信へと促す福音自体の力を述べているに過ぎない[74]。

第 2 の要素は、信仰——語られた福音に対する信仰による応答——である[75]。これには二重の意味がある。1 つは語られた内容を信じることであり[76]、もう 1 つはアブラハムが神を信頼したように宣教の内容である主へのまったき献身を示すことだ[77]。

第 3 の要素は、信仰によって聞く結果としての御霊が授与され、その結果として御霊が受容される（ガラ 3.2）[78]。すなわち、宣教者が派遣されて語り、

---

[73] とくにⅡコリ 2.14–4.6 におけるパウロ自身の働きに関する弁護を見よ。
[74] 例えばロマ 1.16, Ⅰコリ 1.21, 2.4–5, 4.15, 15.1–2, Ⅰテサ 1.5, 2.13 を見よ。さらに§7.1 を見よ。
[75] 「信仰を持って聞く」（ガラ 3.2）に関しては§14 n.107 を見よ。
[76] とくに、ロマ 10.9–10, Ⅰコリ 15.2 を見よ。
[77] ロマ 10.14 と、ガラ 3 章やロマ 4 章の議論において示唆されている。
[78] §16.3 を見よ。

信仰による応答があり、御霊はその信仰に応じて授与され（、信仰によって御霊が受容され）る。

前項（§17.2）の議論が示したとおり、この基本的な「救いの順序」においてバプテスマがどこに位置するか明確でない。一方で、バプテスマがこの第3の要素のいくつかの側面──「キリストの中へとバプテスマを授けられる」（§15）と「御霊の中にバプテスマを授けられる」（§16）──を説明するメタファとして機能していることは確かだ。他方で、バプテスマは信仰による応答をも指す[79]。授洗者はその身を捧げて、ある名前の下に属するからだ（Ⅰコリ 1.13）。それ以外でパウロは、信仰とバプテスマとのあいだの関係について何も明言しない。神による受容と御霊の授与に関する決定的な要素として信仰による応答を挙げる者にとって、この信仰とバプテスマとの曖昧な関係性は非常に興味深い。

パウロ神学が提供し得る最も明らかな答えは、バプテスマに関して用いられる前置詞が示している。救いの開始にまつわる出来事は、「バプテスマを通して」（ロマ 6.4）、また「バプテスマの内に」（コロ 2.12）に起こる。バプテスマはある意味で、神が授洗者をキリストの死と埋葬とに参与させるための手段だ。おそらくこの背後には、バプテスマの儀礼の際に水の中に体を沈めるという象徴的な行為があろう[80]。換言すると、バプテスマは救済の開始における出来事の要素すべてを包含する。したがって「（キリスト）の中へとバプテスマを授けられる」というイメージは、より深い意味を読者に放っている。

パウロの言説から導き出されるバプテスマの神学については、2つ点を注意すべきだ。第1に、それが救いの開始にまつわるすべての要素を含んでいるという点だ。そうでなければ、パウロの豊かで包括的な救いの概念を見失うことになる。第2に、パウロがそれぞれの文脈においてバプテスマの重要性を相対化している点だ。これは、ロマ 6.3–4 やコロ 2.11–12 等に依拠する

---

79) とくに、W. Mundle, *Der Glaubensbegriff des Paulus* (Leipzig: Heinsius, 1932), 124. Kertelge (*Rechtfertigung* [§14 n.1], 228–49) はこのバランスをとることに苦心している。

80) したがってバプテスマは、死よりも埋葬とより強くつながっていると思われる（ロマ 6.4, コロ 2.12）。

バプテスマの典礼神学を蔑ろにすることでない。しかしこの第2の視点は、パウロ書簡の注意深い分析なしにのちの神学的議論をパウロに帰するという時代錯誤を防ぐことになろう。

§17.4. 幼児洗礼

　パウロ神学は幼児洗礼についてほとんど、あるいはまったく言及しない。これはのちの伝統に対してパウロ神学が投げかける重要な課題だ。彼が宣教者であり教会設立者である点に鑑みると、これはある意味で不可避的な事態だ。彼にとってのバプテスマは宣教活動の一環であり、牧会的行為でない。パウロにとってのバプテスマは、新たに信仰を得た成人が新たに形成された教会へ編入することを意味した。

　一家を挙げたバプテスマの問題は曖昧さを残す。少なくともいくつかの家には、幼少の子らがいたことだろう。しかし「家」への言及は、そのような状況を示唆しない。一般に「家」には、奴隷や使用人の存在が示唆される[81]。パウロ書簡群における唯一の例――ステファナ一家（Ⅰコリ1.16）――について、パウロはこの家が「聖徒のための務めに（自ら）従事した」（16.15）と明言している[82]。

　この問題は、バプテスマ（新たな契約）が割礼（旧い契約）に取って代わった、という神学的視点からも考えられよう。しかしこの視点は、2つの契約の直接的な並列関係を想定することになる。パウロはむしろ新たな契約がまったく異なった次元で機能しているように語る。すなわち、割礼の霊的意義が賜物としての御霊の内に成就するので（§16.2–3）、神の共同体の成員である保証は出生でなく信仰に依拠する（§14.7）。さらに割礼は、人を契約の民に編入する手段として機能したのでない。契約の成員としての立場は出生によって決定されており、割礼はむしろ成員にとっての最初の遵法行為だ。Ⅰコリ7.14では、より遠回しの議論がなされている。

---

81)　例えばP. Weigandt, *EDNT* 2.502を見よ。
82)　Ridderbos（*Paul*）は、「家」のバプテスマに関する言及は「明らかに幼児洗礼を示唆している」（p.413）と考え、それが明言されないのは「自明だから」（p.414）とする。

第 17 章　バプテスマ

非信者の夫はその妻ゆえに聖くされ、非信者の妻はその兄弟[83]によって聖くされる。そうでなければあなた方の子らは汚れていることになるが、彼らはいま聖い。

これは、〈子供が信仰の家に属しているので（それが片方の親の信仰でも）、その子は親の信仰を根拠としてバプテスマを授けられるべきだ〉と解釈されがちだ。しかしこの解釈は齟齬をきたしている。一方では、バプテスマが割礼に取って代わった、との非パウロ的な理解を前提としている[84]。他方で、信仰の家における子供の立場を保証するために、その子のバプテスマが必要だとのさらなる前提が加わっている[85]。むしろこのテクストは、親の信仰によって子の立場がすでに保証されていることを示唆しているように思われる。

　Ⅰコリ7.14はむしろ、パウロが子の立場を保証するためにバプテスマが必要と考えていなかったことを示していよう。子はすでに聖い。家を挙げてのバプテスマについて言えば、おそらく成人の信仰による改宗とバプテスマの効果が、その家に属する幼少の子らに適用されたのだろう[86]。すなわち、キリスト者である親の信仰とバプテスマとが子の立場を保証する。つまり、家を挙げてのバプテスマの際には、子らにはバプテスマが授けられなかっただろうと思われる[87]。

　私たちの視点からは、子が成長して親の信仰から独立すると、彼ら自身の決断によって改宗し、その時点でバプテスマを受けることが当然のように思われる。しかし、それはパウロの関心事でない。これに関しては、パウロの

---

83)　この「兄弟」とはおそらく教会の成員を意味し、したがって妻の夫だろう。
84)　恵みの契約の継続性に関してはP.C. Marcel, *The Biblical Doctrine of Infant Baptism* (London: James Clarke, 1953) を見よ。
85)　非信者がその配偶者の信仰ゆえ「聖くされる」とは、ここでバプテスマが意識されているという理解につながらない。
86)　Beasley-Murray, *Baptism*, 192–99参照。幼児洗礼の開始に関してはJ. Jeremias, *Infant Baptism in the First Four Centuries* (London: SCM, 1960); *The Origins of Infant Baptism* (London: SCM / Naperville: Allenson, 1963); K. Aland, *Did the Early Church Baptize Infants?* (London: SCM, 1963); Beasley-Murray, *Baptism*, 306–86を見よ。
87)　Schmithals (*Theologiegeschichte des Urchristentums*, 198–205) は彼特有の極端な解釈を展開する。すなわち、上で述べたバプテスマ理解を突き詰めると、第一世代の家長のバプテスマがあれば、その後の世代の家の構成員はバプテスマを受ける必要がなかった。

典礼神学の他の側面と同様に、教会派生からの経過が短期間過ぎて、パウロの神学的考察の俎上に乗ることはなかった。

第5部
救いのプロセス

第18章　終末的緊張 [1]

§18.1.　時代の重なり

第4部の開始部（§13.1）では、パウロの救済観に2つの時制が関与していると述べた。アオリスト（過去）時制と現在時制だ。これらは開始と継続という救済に関わる2つの段階を表す文法的表現だ。開始段階については第4部で考察したので、第5部では救済の継続段階に注意を向けよう。パウロが救済に関するこのような概念を念頭に置いていたことは、初期の手紙と後期の手紙の両方から明らかだ。彼はガラテヤ信徒に対して、「御霊によって始めておきながら、今は肉によって完成しようとするのですか」（ガラ3.3）

---

1) 第18章の文献リスト
O. Cullmann, *Christ and Time: The Primitive Christian Conception of Time and History* (London: SCM / Philadelphia: Westminster, rev. edn, 1962); *Salvation in History* (London: SCM / New York: Harper and Row, 1967); **J.D.G. Dunn**, *Jesus and the Spirit*, ch.10; 'Rom. 7.14–25 in the Theology of Paul', *TZ* 31 (1975), 257–73; **Fee**, *Empowering Presence* (§16 n.1); **J.M. Gundry Volf**, *Paul and Perseverance: Staying In and Falling Away* (WUNT 2.37; Tübingen: Mohr, 1990); **N.Q. Hamilton**, *The Holy Spirit and Eschatology in Paul* (*SJT* Occasional Papers 6; Edinburgh: Oliver and Boyd, 1957); **M.J. Harris**, *Raised Immortal: Resurrection and Immortality in the New Testament* (London: Marshall, Morgan and Scott, 1983); **J. Holleman**, *Resurrection and Parousia: A Traditio-Historical Study of Paul's Eschatology in 1 Corinthians 15* (NovTSup 84; Leiden: Brill, 1996); **Keck**, *Paul*, 78–81; **L. De Lorenzi** (ed.), *The Law of the Spirit in Rom. 7 and 8* (Rome: St. Paul's Abbey, 1976); **I.H. Marshall**, *Kept by the Power of God: A Study of Perseverance and Falling Away* (London: Epworth, 1969 / Carlisle: Paternoster, ³1995); **C.M. Pate**, *The Glory of Adam and the Affliction of the Righteous: Pauline Suffering in Context* (Lewiston: Mellen, 1993); **W. Pfister**, *Das Leben im Geist nach Paulus. Der Geist als Anfang und Vollendung des christlichen Lebens* (Freiburg: Üniversitätsverlag, 1963); **E. Schweizer**, 'Dying and Rising with Christ', *NTS* 14 (1967–68), 1–14; **R.C. Tannehill**, *Dying and Rising with Christ: A Study in Pauline Theology* (Berlin: Töpelmann, 1967); **P. Tachau**, *'Einst' und 'Jetzt' im Neuen Testament* (FRLANT 105; Göttingen: Vandenhoeck, 1972); **G. Theissen**, *Psychological Aspects of Pauline Theology* (Philadelphia: Fortress / Edinburgh: Clark, 1987), 177–265; **S.H. Travis**, *Christ and the Judgment of God: Divine Retribution in the New Testament* (Basingstoke: Marshall, 1986); **Ziesler**, *Pauline Christianity*, 95–102.

と問う。一方でフィリピ信徒に対しては、「あなた方の内に良い業を始めた方は、キリスト・イエスの日までにそれを完成します」（フィリ 1.6）と述べる[2]。当然、開始と継続の2段階を厳密に区分することはできない。むしろガラテヤ書における強調点は、開始段階での特徴が継続段階の在り様を決定しなければならない、ということだ。したがって、第4部で考察した内容——とくに信仰義認、キリストへの参与、賜物としての御霊[3]——のほとんどが第5部に持ち込まれる。それでも継続段階には特有の配慮が必要なので、独立した主題として扱うのが良かろう。本章以降では、「救われている」というプロセスについてパウロが何を言わんとしているかを明らかにする。

まず、視点の矛先を定めるところから始めよう。既述のとおり、各パウロ書簡に見られる特徴的な事柄をその文脈において考察する時、これらの特徴に整合性が見えてくる。ここで言う文脈とは、各書簡がその一部を成すパウロとキリスト者との対話という文脈、およびパウロ自身が神学するプロセスという文脈だ。とくに救済のプロセスに関するパウロの思考の枠組みが重要となる。なぜならそれなしには、ここで考察する各特徴のあいだの結びつきがなくなり、全体の整合性が見失われてしまうからだ[4]。本章ではとくに、終末論的な枠組みが重要となる[5]。

上で見たとおり（§2.4）、ヘブライ的世界観において時間は1つの時代から他の時代への移り変わりの連続と捉えられる。歴史は、開始（創造）と終結（最後の審判）とがある未来へ向かった前進／発展で、繰り返される循環でない[6]。それは2つ（あるいはそれ以上）の時代に分けられ、神があらかじめ立てた計画によって進む。直線的な歴史の時間は、今の時代と来たるべき時代

---

2) 「始める」と「完成する」は両書簡で同じ語が用いられる（ἐνάρχομαι / ἐπιτελέω）。両語はともに儀礼的文脈で用いられるが（LSJ; BDAG）、より一般的な文脈でも用いられる（LSJ; G. Delling, *TDNT* 8.61）。

3) これを「バプテスマ的生き方（baptismal life）」と呼んでも同じ意味になろう。

4) とくにロマ 7.7–25, それにもましてロマ 9–11 章が手紙全体の論理的流れにおいてどのように機能しているかが問われなければならない。

5) Beker, *Paul*, 143–52 参照。

6) 「終末」がある意味で「原初的時間」へ戻る（パラダイスの回復）なら、それは1回のみの循環となろう。

第 18 章　終末的緊張

へと分けられる[7]。今の時代の過失と苦難は新たな時代の到来によって正される。すべてではないにせよいくつかのシナリオで、この転換がメシアの到来によって、あるいはその到来と同時にもたらされる[8]。これは多様な断片的資料をもとに単純化された終末のシナリオだが、それでも全体的な終末的視点がここに反映されている[9]。そしてパウロは、この一般的な終末的シナリオを共有していた。彼は今の時代が来たるべき時代に劣るものであり[10]、キリストの到来によって「時が満ちた」（ガラ 4.4）時に神の計画がその頂点を迎えると理解した。過去の時代には秘められていた神の奥義が、今キリストの内に、またキリストとして啓示された（コロ 1.26–27）。

　これは、キリストの到来が以前の秩序を中断させ、そこに修正の必要性を示したことを意味する[11]。なぜなら、じつにキリストの到来と復活が終末の頂点、つまり「時の満ち」（ガラ 4.4）および「死者の復活」の開始として理解されるからだ[12]。しかし終わりの時は到来しなかった。死者は復活しなかった。また最後の審判は起こらなかった。したがって、頂点を迎えるはずの終末は中途半端のままだ。神の目的が成就するためには、さらなる終末的出来事が起こらねばならない。すでに1度到来したキリストが、再び来なければならない。その時初めて、未だ起こっていない終末の出来事が完成する[13]。換言すると、1つの区切りによって今の時代と来たるべき時代とが隔てられた直線的な時間の連続線に、もう1つの区切りがもたらされた。歴史の

---

[7]　今の時代と来たるべき時代は、一回性の分岐点となる時という概念を軽視することなしに、連続した2つの時代と見なすことができる（§2.4を見よ）。

[8]　Schürer (*History*, 2.488–554) は残念にも、終末的期待なる主題全体を「メシア期待」の下に位置づけた。しかし既述のとおり（§8.5）、終末的期待の中心にメシア王の到来が置かれているという理解が一般的だろう。

[9]　例えば D.L. Petersen and G.W.E. Nickelsburg, 'Eschatology' (OT and Early Jewish), in *ABD*, 2.575–79, 579–94 を見よ。

[10]　§2.4を見よ。ロマ 12.2、Ⅰコリ 2.6、ガラ 1.4、ロマ 8.18、Ⅰコリ 1.20, 2.8, 3.18–19、Ⅱコリ 4.4、エフェ 2.2, 5.16 も参照。

[11]　この終末的シナリオ全体の理解には Cullmann (*Christ and Time*, ch.5) の貢献が大きい。それは 30 年前、パウロの救済論の終末的構成を理解するヒントを私に与えた。もっとも私は、しばしば批判されがちな「救済史」という語を用いない。

[12]　§10.1, §10 n.23 を見よ。

[13]　さらに §12 を見よ。

終わりを示すメシアの時が、同時に歴史の中間点を示すキリストの時となった[14]。

　このシナリオを、以下の図で単純化して示すことができよう。2つの終末的図式を対比することによって、パウロの救済観に対する理解が深まる。2つの縦線が示すキリストの2度の到来／来訪（パルーシア）のあいだの部分では、2つの時代が重なり合っている。すなわち、来たるべき時代の開始が、キリストの復活によって始まる地点まで引き戻されている。

　しかしその地点で今の時代は終わらず、今の時代はパルーシアまで続く。以下の図のとおりだ。

　これはパウロにとって、キリストを信じ御霊を受けた者が、中間点とパルーシアのあいだで、キリストの命を生きることを意味する。すなわち、これらの人は2つの「時代の重なり（between the times）」を生きる。アダムとキリストとの関係性によってこの図式を書き替えると、以下のようになる。

---

[14]　Beker (*Paul*, 160) は、「キリストの出来事によって、歴史は2つの中心点を持つ楕円形となった。それはすなわち、キリストの出来事と、神の勝利の時であるパルーシアだ」と述べる。

第 18 章　終末的緊張

修正された
終末的図式 3

　キリスト者は「アダムの内」にあり、そうあり続ける。彼らはいまだ死んではいない。さらに彼らは「キリストの内」にあり、新たな命を体験し始めている。しかし、キリストの復活を完全に体験しておらず、体の復活に至っていない。パウロはまた、宇宙的な視点から終末について語るが[15]、それを図式に反映させると以下のようになる。

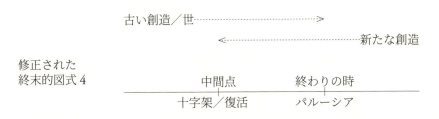

修正された
終末的図式 4

　したがって、救済プロセスに関するパウロの理解にとって重要なのは、キ・リ・スト者がいまだ到達しておらず、いまだ完全でなく、いつも途中であり、待ちの状態にあるということだ。これが、「終末的緊張[16]」なるプロセスにおける「救われている」という体験だ。終末的緊張とは、「始まった」がいまだ「完成」していないという緊張状態を指す。それは成就と完成とのあいだ、決定的な「すでに」と継続する「いまだ」が共存する期間だ。
　この重要な時間の概念に関して 2 点述べておこう。1 つに、パウロ神学の

---

15)　「創造 (κτίσις)」(ロマ 8.19–23, II コリ 5.17, ガラ 6.15, コロ 1.15, 18)、「世／宇宙 (κόσμος)」(とくに I コリ 1.20–21, 27–28, 2.12, 3.19, 7.31)。またパウロは「世」が和解させられたという表現を用いる (ロマ 11.15, II コリ 5.19, コロ 1.20)。

16)　この表現も Cullmann (*Salvation*, 202) に依拠する。「キリストの復活と再臨とのあいだにこの緊張によって決定づけられる中間点があるという理解が、新約聖書に一貫した救済史の特徴だ」。

特徴はその終末論にあるのでなく、むしろ修正された終末論がもたらした緊張にある。終末的期待は、パウロが他者と共有する宗教的遺産だが、決定的な「すでに」と継続する「いまだ」によって終末が区分けされるという考えは新たな展開だ[17]。したがって第2に、パウロの終末論は前傾姿勢と言うより、むしろ後ろ足に重心を置く回顧的姿勢だ。あるいは少なくとも、これら2つの姿勢が緊張関係にある。パウロの福音は終末的だが、それはこれから起こるべきことをいまだ待ち望むからでなく、すでに起こったことのゆえだ[18]。すでに起こったこと（イースターとペンテコステ）が終わりの時の性格をすでに決定しており、これらが終わりのあり方を示す。それはまた、今の待ちの時代の様相が「終末的」であることを、パルーシアのみが決定するのでもなければ、パルーシアの緊急性と遅れが決定するのでもない[19]。重要なことは、「来たるべき時代の力」（ヘブ 6.5）が人々と共同体とをすでに形成しており、彼らがしかるべき時に世界を形成する、ということだ。

§18.2. すでに／いまだ

パウロの救いの図式に示唆されている終末的緊張は、その救済論に一貫した特徴だ。もっとも、終末的緊張という主題の存在が広く支持されていることは確かだが、これがパウロの思想にいかに深く浸透しているかほとんど証拠が挙げられておらず[20]、その影響は十分に評価されていない。したがって、

---

[17] Cullmann, *Christ and Time*, 145, 154–55. さらに Cullmann (*Salvation*, 172) は「新約聖書における新たな要素はその終末論でなく、現在と未来とのあいだに横たわる、いわゆる『すでに成就した』と『いまだ完成しない』という緊張状態だ」と述べる。Beker (*Paul*, 159) に反して、クムランの終末観の重心は同じほどに「すでに」へとシフトしていない。イエスが神の国の到来を宣告する際に「すでに／いまだ」に言及したとしても（例えばマタ 6.10, 12.28）、それほど「すでに」へ重心を置いていない。少なくとも福音書では、受難というクライマックスに主眼がある。当然ユダヤ教神学においても、「すでに／いまだ」という要素は見られる（例えばゼカ 14.9）。

[18] Cullmann, *Christ and Time*, 88. Beker (*Paul*, 176–81) は将来の完成を強調するが、これはパウロの終末観のバランスを崩す危険性がある。Branick ('Apocalyptic Paul?' [§12 n.1]) の Beker への批判を見よ。

[19] さらに §12.5.3 を見よ。

[20] Cullmann の著 *Christ and Time* は 1970 年代以降ほぼ看過されてきた。Tachau (*Einst*) が例外的にこの問題を扱う。例えば Cerfaux, *Christian* (§14 n.1) と比較せよ。

第18章　終末的緊張

この状況を改善することから始めよう。この緊張は、一般にパウロ神学における「すでに／いまだ」として表現される[21]。「すでに／いまだ」は、何か決定的な出来事が改宗において・す・で・に起こったことと、神がその改宗者を自らの下へ回復する働きが・い・ま・だ完成していないという、2つの状態が共存する様子を指す。これがパウロの救済観における重要な主題であることは、第4部で考察したキリスト者の開始に関わる各側面において、「すでに」が「いまだ」によって制限される様子から明らかになった。

パウロの救済論における「すでに／いまだ」の緊張関係は、何よりも救いのメタファに表れている。例えば「贖罪」は、ある意味でパウロと読者がすでに「得ている」[22]。一方でそれはいまだ完成しておらず、「体の贖い」はいまだ待たれる[23]。同様に、「自由」はすでに享受されているが[24]、いまだ完全に体験されていない。なぜなら、被造物は「腐敗という隷属から、神の子らの栄光の自由へと解放される」ことを待っているからだ（ロマ 8.21）。遺産相続のメタファも同様に印象的だ。相続はすでに確約されていて、部分的には相続された状態にある（とくにガラ 4.1–7）。しかし、パウロはしばしば、相続としての神の国がいまだ未到来の状態にあると述べる[25]。また彼はⅡコリ 11.2 で、改宗を結婚よりむしろ婚約式のイメージと重ねている。他所では、改宗がパルーシアにおいて祝われる結婚式の準備段階である花嫁の祝宴に準えられる（エフェ 5.25–27）。また救いのプロセスを表す「聖化」自体が、「・す・で・に」と「・い・ま・だ」の緊張状態にある。名詞の「聖化（sanctification）」はいまだ継続するプロセスだが[26]、分詞形容詞の「聖別された（sanctified）」はすでに起こった変化だ[27]。

「信仰による義認」という重要なメタファにも、同様の図式が明らかだ。パウロはたしかに、アオリスト時制によって、神がすでに罪人をその罪にも

---

21) Keck (*Paul*, 81) は「参加と期待との（弁証法的）相剋」という表現を用いる。
22) ロマ 3.24, コロ 1.14, エフェ 1.7.
23) ロマ 8.23, エフェ 1.14, 4.30.
24) ロマ 6.18, 22, 8.2, ガラ 2.4, 5.1, 13.
25) Ⅰコリ 6.9–10, 15.50, ガラ 5.21, コロ 3.24, エフェ 1.14, 18, 5.5.
26) ロマ 6.19, 22, Ⅰコリ 1.30, Ⅰテサ 4.3, 4, 7, Ⅱテサ 2.13, Ⅰテモ 2.15.
27) ロマ 15.16, Ⅰコリ 1.2, 6.11, エフェ 5.26, Ⅱテモ 2.21.

かかわらず受け入れた決定的な出来事を語っている。ロマ5章で「したがって、信仰によって義とされたのですから」(5.1) と始まる勝利宣言において、この点は疑う余地がない[28]。しかし「神の義」に関してすでに考察したとおり、神の恵みによって始められたことは継続すべき関係性だという点を強調する必要がある。この関係性の中で罪人を支えるのは神の義だ[29]。この救いのプロセスでは、神が神に属する者を最終的に報いること、すなわち最後の審判における義認あるいは無罪判決という行為が、将来の決定的な出来事として見据えられている[30]。この期待はこれまで看過されがちだったが、最後の審判に言及する際に用いられる未来志向の動詞「義とする（δικαιόω）」において、十分に示唆されている[31]。「義の望み」（あるいは望まれた義）を「熱心に待ち望む」（ガラ5.5）という表現は頻出しないが、それでもパウロ神学に典型的な考え方だ。信仰義認における「いまだ」という要素を認めることは、ルターの「義人にして同時に罪人（simul peccator et iustus）」という表現を支持することでもある。

　同様のことは、キリストへの参与という概念についても言える。上述したように、「キリストの内に（ある）」という表現は典型的に現在の立場を指しており、それは救いをもたらす十字架の出来事に参加することを含意する。しかし、「キリストと共に」という主題は全体として過去と未来とを跨ぎ、死と埋葬において「キリストと共に」あり、天とパルーシアにおいて「キリストと共に」あることを意味する[32]。換言すると、パウロの救済論における「キリスト神秘主義」のこの要素もまた、「すでに」と「いまだ」とを覆いつくしており、どちらか片方を強調することはパウロの神学全体を歪めることに繋がる。メシアの1回の到来をキリストの2回の到来へと置き換えるこ

---

28) ロマ4.2, 5.9, Ⅰコリ6.11, テト3.7を見よ。
29) さらに§14.2を見よ。
30) Kertelge (*'Rechtfertigung'* [§14 n.1], 143–58) は初期の段階での議論で、典型的な理解から驚くほど意見を違えて、義の未来的性質を強調した。しかし彼の現在の理解はWinninge, *Sinners* (§14 n.1), 227–33を見よ。
31) ロマ2.13, 3.20, 30. また現在継続の時制においても示唆される（ロマ3.24, 26, 28, 4.5, 8.33, ガラ2.16, 3.8, 11, 5.4）。またアオリスト（過去）時制にも示唆されている（ロマ3.4, 8.30, ガラ2.16, 17, 3.24）。
32) 詳細は§15.3を見よ。

第 18 章　終末的緊張

とは、キリストに属する者の救いに不可避的な影響を及ぼす。キリストの死と復活は、救済的業の完成でない。キリストは再び来る必要がある。したがって、「キリストの内に」あり「キリストと共に」ある者は、いわば 2 つの到来のあいだを生きている。

　同様の図式は、パウロの救済プロセスにおける最も基本的な概念である個人の変容（μεταμόρφωσις）にも反映されており[33]、これはとくにキリストのように変えられることを意味する。この場合も動詞には継続的なプロセスを示す現在時制が用いられ[34]、目標にはいまだ到達していない[35]。この教えの重要な点は、「似姿」と「栄光」という語に表されている[36]。このプロセスでは、キリストの似姿への変容が 1 つのレベルの栄光から他のレベルの栄光へと移り（IIコリ 3.18）[37]、神の子の似姿――「彼の栄光の体」――へと変えられる[38]。ここでは、アダム・キリスト論が強く意識されている。パウロは、キリストを創造者の似姿――人類に対して神が意図した姿――として捉えている。救済とは本来の創造における目的が完成することだが、それはこの似姿を回復すること、すなわちアダムによって失われた神の栄光の豊かさへと人類を引き戻すことだ[39]。パウロが用いる他の表象も、この主題の言い換えと考えられよう。彼はキリスト者に対して、「主イエス・キリストを着る」（ロマ 13.14）ように促し[40]、また「外なる人が衰える」のに対し「内なる人が日々新たにされる」（IIコリ 4.16）と教える。コロ 3.10 では古い自分が脱ぎ去ら

---

33)　Segal（*Paul*, 58–71）はこの語が神秘主義言語に依拠すると考え、これを詳述する。Segal の索引の *metamorphosis* を見よ。

34)　ロマ 12.2, IIコリ 3.18 (μεταμορφόω)、フィリ 3.10 (συμμορφόω)。

35)　ロマ 8.29, フィリ 3.21 (σύμμορφος)。パウロ自身の発展過程（Iコリ 9.26–27, フィリ 3.12–14）も見よ。

36)　ロマ 8.29. Iコリ 15.49, IIコリ 3.18, 4.4, コロ 3.10（似姿 [εἰκών]）、ロマ 5.2, 8.18, 21, 9.23, Iコリ 2.7, 15.43, IIコリ 3.18, 4.17, フィリ 3.21, コロ 1.27, 3.4, Iテサ 2.12（栄光 [δόξα]）。

37)　本節での「主」は出 34.34 (3.16) の「主」を想起させよう（§16.3 を見よ）。しかし「神の似姿」はすぐさまキリストのことだと説明される (4.4)。幻を通した変容に関しては Thrall, *2 Corinthians*, 290–95 を見よ。

38)　Iコリ 15.49, フィリ 3.21。

39)　§4.5 を見よ。

40)　これは Iコリ 13 章とガラ 5.22–23 に匹敵するローマ書の奨励だ。したがって愛の賛歌と「御霊の実」とが、意識的にか無意識の内にか、キリストに関する記憶に依拠しているという議論がなされる（§16 n.11 を見よ）。

れ、「創造された方の似姿にしたがった知識において新たにされつつある」新たな自分を着る。パウロはまた、牧会の働きをガラテヤ信徒のあいだでキリストを出産することと述べる（ガラ 4.19）。つまり彼らの内に、キリストはいまだ完全に生まれてない[41]。これはパウロの論理の流れを決定するものなので、のちに詳しく考察しよう（§18.5）。

賜物としての御霊に関する教えでも、終末的緊張は明らかだ。パウロの福音の中心には、賜物としての御霊が救いのプロセスの開始を意味するという考えがある。御霊が賜物として与えられることこそが、終末的緊張という概念を理解する鍵となる。なぜなら、御霊の到来がこの緊張をもたらすからだ[42]。御霊は、現在と未来との架け橋のようで、そこに「すでに」と「いまだ」が混在する。この点は、3つのメタファによってさらに明らかとなる。

第1は、養子縁組のメタファだ。これは、ロマ8章でほんの数節を隔てて2度用いられ、一方は「すでに」で他方は「いまだ」の状態を指している。「すでに」とは御霊の受容だ。それによって「私たちは『アッバ、父よ』と叫びます」（8.15）。一方で「いまだ」は「体の贖い」（8.23）を指す。これもまた御霊の働きだ（8.11, 23）。パウロが同じ文脈で、同じメタファを異なる性質の現象として用いることが可能と考えたのは、救いのプロセスにおける2段階が救済という1つの総体の2側面だと理解するからだ。したがって養子縁組は、2つの段階によって実現する。

第2のメタファは「手付け金（ἀρραβών）」という商業用語である。パウロにとって御霊とは、救い全体の最終的成果を保証する最初の支払のようだ[43]。御霊がἀρραβώνであることと遺産相続のイメージとを結びつけることで、エフェ 1.13–14 ではそれまで示唆されるのみだった相続主題が明確に示された[44]。すなわち御霊は、神の国の完成を保証する当座の支払である[45]。

第3のメタファは「初穂（ἀπαρχή）」という農耕用語である。これは1年

---

41) §15.2, 15 n.54 を見よ。
42) 同様に Turner, *Holy Spirit* (§16 n.1), 127–30 を見よ。
43) Ⅱコリ 1.22。またⅡコリ 4.16–5.5 の描写の最後では 5.5 のメタファの意味がより明らかになる。現代ギリシャ語では、ο ἀρραβώνας が婚約（指輪）を指す。§13 n.70 も見よ。
44) ロマ 8.17–23, Ⅰコリ 6.9–11, 15.44–50, ガラ 5.21–23.
45) Dunn, 'Spirit and Kingdom', *ExpT* 82 (1970–71), 36–40.

間の収穫が見込まれる最初の摘み取りを意味する（ロマ 8.23）[46]。すなわち賜物としての御霊は、体の復活という収穫の第 1 の段階だ。ここでパウロは、「霊的な体（σῶμα πνευματικόν）」（Ⅰコリ 15.44–46）としての復活の身体に言及するが、これはもはや「自然（界）の体（σῶμα ψυχικόν）」あるいはさらに劣った肉によって支配されない、御霊によって生かされて導かれる体を指す。したがって終末的緊張は、人を全人格的に神の似姿へと回復するという神の最終的な目的が、御霊を通してすでに始まっていることによって生じている、とも言えよう[47]。

「賜物としての御霊」という場合、これは御霊自身が贈りものとして与えられたことを意味する。パウロと 1 世紀のキリスト者がこのように考えたことには、ほとんどの註解者が同意する。パウロは手付け金（ἀρραβών）や初穂（ἀπαρχή）を御霊の一部と考えていたのでない。あるいは、救いのプロセスをより多くの御霊を授けられることと理解していたのでない。御霊自身が手付け金であり初穂だ。そして最終的な「完済」あるいは「収穫」は、与えられた御霊が個人の内に、また個人を通してその業を完成させるという救い全体を指している[48]。

バプテスマ自体とバプテスマという表象に関しても同様のことが言える。パウロはロマ 6.3–4 において、彼がローマ信徒と共有している知識を繰り返すことを避けているようだ。彼はバプテスマをキリストと共に葬られることと表現するが（6.4）、このメタファをさらに展開しようとしない。つまりパウロは、〈バプテスマの内に、あるいはバプテスマを通して、あなた方はキリストと共に甦らされたのです〉とまでは言わない。ここでは、より限定的なバプテスマのイメージが想定されており、それは本来の動詞 βαπτίζω が「浸す、突っ込む」を意味することに起因する。おそらくこの単語は、水に沈んで再び上がるという一連の儀式所作を指す専門用語には、まだなってなかっ

---

[46] §13 n.68 を見よ。

[47] Hamilton, *Holy Spirit*, 26–40 ('The Spirit and the Eschatological Tension of Christian Life') を見よ。Hamilton は Cullmann に師事した。

[48] したがって、パウロがガラ 3.3 で示したガラテヤ信徒の姿勢と行動に対する憤りは当然のものだ。

ただろう。しかし次の節は、この復活の留保がたんに動詞の原意に依拠しているわけでないことを示している。なぜならここには、「すでに/いまだ」の緊張状態に関する非常に明解な表現があるからだ。「もし私たちが彼（キリスト）の死と同じ姿において共に結ばれてしまっているなら、私たちはたしかに彼の復活と同じ姿においても共に結ばれることでしょう」（ロマ6.5）。この節の後半は、時間的推移というよりも論理的推移を示す未来時制とも理解できよう。しかしロマ6.8でキリストと共に生きることが将来の時代を指すことに鑑みると[49]、時間的な未来と捉えるべきだろう[50]。すなわちパウロにとって、キリストの復活を共有するという体験はいまだ実現していない。キリスト者はバプテスマが象徴するとおり、すでにキリストの死を共有している。キリストの復活を共有する以前に、キリスト者が通らねばならない救いのプロセスがある。バプテスマは「すでに」の部分を指すが、「いまだ」の部分にはいまだ至ってない[51]。

　ここで、これまでほとんど考察されなかったローマ書でのパウロの解説の一側面に光をあてよう。ロマ5.1–11と6–8章との構成において、パウロは「すでに/いまだ」の現実と重要性とを際立たせるよう意識している[52]。ロマ5.1–5において神の義と神との平和という勝利宣言をする際、パウロは即座に「神の栄光（を授けられること）の望み」（5.2）といういまだ見ぬ将来について言及する。さらに、現行の苦難との関わりでこの望みが何を意味する

---

49) ロマ8.11, 23 でも将来の復活が語られている。
50) 最近の註解者のほとんどがこの理解を支持する。Stuhlmacher, *Romans*, 92; Barrett, *Romans*², 116; Moo, *Romans*, 370–31; Holleman, *Resurrection*, 169–71. これらに反する理解は Fitzmyer, *Romans*, 435–36 を見よ。
51) コロ2.12 の ἐν ᾧ καί は、「また彼（キリスト）において」とも「またそれ（バプテスマ）において」とも理解し得る。後者の場合バプテスマが、キリストの埋葬のみならず、キリストの復活の表象としても用いられることになる。英語聖書ではこの後者の理解が一般的だ。しかしここでの ἐν ᾧ καί は、コロサイ書のこの部分で繰り返される「彼の内において」という表現の1つと理解すべきだろう（コロ2.6, 7, 9, 10, 11, 12, 15 参照）。この議論に関しては Dunn, *Baptism* (§16 n.1), 154 n.7; *Colossians*, 160 を見よ。しかしコロ2.12と3.1 はキリストと共に復活することを、すでに起こったこととして語る。この点とロマ6.4b との対比を強調し過ぎてはならない。なぜなら、パウロはローマ信徒らがキリストの復活の命をある程度共有している様にも語っているからだ（ロマ6.4, 11）。いずれにせよ、ロマ6.4–5 における埋葬と復活の緊張関係は、ローマ書執筆時のパウロの救済観における「すでに/いまだ」の終末的緊張の一部だ。
52) Dunn, *Romans*, 302–03.

かに思いを寄せる（5.3–5）。ここでは、救済のプロセスが完全に「実現した」という観点から述べられていないことは明らかだ。さらに後続する段落では、「なおさら」という表現が繰り返される（5.9–10）。すでに義とされたが、「それならなおさら、彼（キリスト）を通して私たちは怒りから救われます」（5.9）。すでに和解されたが、「それならなおさら、彼の命によって私たちは救われます」（5.10）。すなわちパウロにとって、「救い」はいまだ将来のことであり、終末的な恩寵であり、待ちわびるものであり、その完成は「いまだ」の領域に属する[53]。

ロマ6章では、6.2–11におけるアオリスト時制に過度な焦点が置かれて、6.12–23における命令法が看過されがちだが、それは命令法が叙実法より神学的意義に欠けるかのようだ[54]。しかしパウロは、6章のこれら2つの部分を相互に関連させており、一方の理解が他方に依拠するよう意図して記している。ロマ6.2–6が描く鮮明な情景は、「すでに」の領域が開始した様子を印象的に教えている。しかしパウロは、これをもって「古い性質」（6.6）が完全に破壊され、罪がキリスト者に影響を及ぼすことがもはやあり得ず、古い時代が完全に過ぎ去った、と述べていない。上述したとおり、キリストの復活に与る（共有する）という未来時制の教えが、このような誤解を許さない。自らを罪へと引き渡さないようにとの勧告は（6.12–23）、「いまだ」が否定しようのない現実であり、救いのプロセスが長い道のりであることを知らせている。パウロが意識的にこの緊張関係を描き出していることは明らかだ。ロマ6.2–6のアオリスト（過去）時制に焦点を置きつつそれ以降を看過して、ロマ6.12–23の現実主義と相反する理想主義をパウロに当てはめるのではいけない。

ロマ7–8章でもパウロは同様のパターンを繰り返す。アオリスト（過去）時制が「すでに」の決定的な開始を印象づけつつも（7.4–6, 8.1–9）、「いまだ」を含む救いのプロセス全体の説明が続く。本章の主題においてこれらの箇所の意義は非常に大きく、また異なる議論が盛んになされているので、それぞ

---

[53]　とくにロマ11.26, 13.11, フィリ1.19, 2.12, Iテサ5.8–9を見よ。また現在時制ではIコリ1.18, 15.2, IIコリ2.15がある。
[54]　この傾向は§15.1で見たSchweitzer, *Mysticism*において最も顕著だ。

れに個別の項を設けて考察する必要があろう。

§18.3. 分断された「私」

ロマ7.7–25の役割に関する議論は、新約聖書学において論争が絶えない問題の代表格だ[55]。既述のとおり、パウロは本ペリコペで律法を弁護して、〈人類の罪と死への隷属化の原因は律法でなく、むしろ罪自体だ〉と教える（§6.7）。しかしそれは、パウロの救済論とどう関わるか。ほとんどの研究者は、関係なしと答える。じつに註解者のほとんどは、ロマ7.7–25を7.4–6の解説、すなわち「律法の下にある人」というキリスト者にとって、すでに過去の状態の説明と見なす[56]。とくに、ロマ7.7–25を7.5の、8.1–17を7.6の解説と理解することが最適の理解とされてきた[57]。ロマ7.7–25に関しては、このような判断に至る十分な理由が示されている。

    [5] 私たちが肉の内にいた時、律法による罪深い欲望が私たちの各部分において稼働しており、死に対して実を結ぶ結果となりましたが、[6] 今は律法から解放され、拘束されていたものに対して死にました。それは私たちが文字の古さでなく御霊の新しさによって仕えるためでした。
    [7] それでは何と言いましょうか。律法は罪でしょうか。決してそうではありません。しかし私は、律法を通してでなければ罪を知ることはありませんでした。なぜなら、律法が「貪るな」と言わなかったなら、私は貪りを知らなかったからです。[8] しかし罪は戒めを通して機会を得、私の内にあらゆる貪りを生じさせました。なぜなら、律法がなければ罪は死んでいるからです。[9] そして

---

55) このペリコペの機能は何か、それがここでの釈義の中心的関心だ。「私」の正体に関しては二義的な議論となる。多くの解釈者は「私」の正体に焦点をあてるので、より重要な問題を見逃しがちだ。以下の議論は、私の初期の研究に依拠している。Dunn, 'Rom. 7.14–25', *Jesus and the Spirit*, 313–16; *Romans*, 376–99 を見よ。

56) この理解はKümmelの歴史的著作（*Römer* [§3 n.80]）によって確立され、その微調整が多くの研究者によってなされてきた。最新の評価に関しては§4 n.90を見よ。

57) Theissen, *Psychological Aspects*, 182–83, 226, 256; Stuhlmacher, *Romans*, 104, 115; Witherington, *Narrative*, 23.

第18章　終末的緊張

私は、かつて律法によらないで生きていました。しかし戒めが到来すると罪が甦り、¹⁰ 私は死にました。そして命のために意図された戒めが、死のためだったと私は知りました。¹¹ なぜなら罪は戒めを通して機会を得、私を欺き、それを通して私を殺したからです。¹² したがって、律法は聖く、戒めは聖く正しく善いのです。¹³ それでは、善いものが私にとって死となったのでしょうか。決してそうではありません。むしろ罪は、罪として現れるために、善いものを通して私に対して死を生じさせました。そうして罪は戒めを通して著しく罪深くなりました。

¹⁴ なぜなら私たちは、律法が霊的であることを知っているからです。一方で私は肉的であり、死の下へと売られています。¹⁵ なぜなら私は何をすべきかを知らないからです。なぜなら、私が望むことを私は行わず、むしろ私が憎むことを私は行うからです。¹⁶ しかし私が行うことが私の望むことでないなら、私は律法が善いものであることを認めていることになります。¹⁷ しかし今では、これを行うのは私でなく、私の内に宿る罪です。

¹⁸ なぜなら、私の内に、つまり私の肉の内に、なにも善いものが宿っていないからです。なぜなら、（善行の）意志はあるのですが、善の行為がないからです。¹⁹ なぜなら私は、私が望むように善を行えず、私が望まない悪を行うからです。²⁰ しかし私が行いたくないことを私が行うなら、それはもはや私がしているのでなく、私の内に宿る罪です。

²¹ したがって私の場合は、善いことを行おうとする時に、悪が私と共にあるという律法を見出します。²² なぜなら私は、内なる人に関して言えば、神の律法を喜ぶからです。²³ しかし私をなす部分には他の律法があり、私の理知の律法と争い、私をなす部分にある罪の律法において私を捕虜としています。

²⁴ なんと私は惨めな人間でしょう。誰が私をこの死の体から解放するでしょう。²⁵ しかし、私たちの主イエス・キリストを通して神に感謝します。私自身は私の理知によって神の律法に仕え、私の肉によって死の律法に仕えます。

私が大半の研究者の支持を得るこの解釈に対して抱く疑問は、まずパウロがこの主題にこれほどの「紙面」を費やしているという点に起因する。もしロマ7.5の経験が改宗者にとって完全に過ぎ去ったことなら、なぜパウロは

キリスト者の特権と責務に関する重要な議論を途中で投げ出し、長い時間をかけて過去をふり返るか。もし律法がキリスト者にとってあまり関係ないなら、なぜこうまでして律法を弁護するのか。

さらに、このペリコペ後半部（ロマ 7.14–25）の、分断された「私」と分断された律法にも疑問がある。ここでパウロは、律法と「私」とを真犯人である罪から遠ざけつつ（7.14–17）、非常に複雑な現状を慎重に説明している。さらに「私」を分断し（7.18–20）、また律法を分断する（7.21–23）[58]。この「私」は善をなし悪を避けることを望む。しかし同じ「私」は善を行うことができずに悪を行う（7.18–19）。元凶は罪であり、それは肉なる「私」を隷属させ、善を望む「私」の思いの邪魔をする（7.20）。「私」の分断と対応するのが、「律法」の分断だ。善を望む「私」、すなわち理知としての内なる人は、律法を神の律法と認めている（7.21–22）。しかし罪に利用された律法（7.7–13 参照）は、「私」の一部をなす肉なる「私」の部分[59]を滋養として肥える。そして罪と律法と肉という複合体が、善を望む「私」の失敗を確証する（7.23）[60]。このような状況が、執筆者パウロにとって完全に過去の体験だとは言い難い。ロマ 7.14–24 での実存論的な葛藤は、パウロが身近に感じていた体験のように思われる[61]。

とくに本ペリコペの結語部（ロマ 7.25b）に注目すべきだ。「したがって、私自身は私の理知によって神の律法に仕えるが、肉によっては罪の律法に（仕えます）」。この告白がパウロにとって完全に過去の出来事なら、これがこの場所に記されていることは驚きで、読者を著しく混乱させる[62]。なぜなら

---

58) 分断された「私」（7.18–20）と分断された律法（7.21–23）が並列されているという構造がパウロを理解する鍵になることを、多くの註解者が看過している。しかしこの点に注目する者としては以下を見よ。Theissen, *Psychological Aspects*, 188–89; P.W. Meyer, 'The Worm at the Core of the Apple: Exegetical Reflections of Romans 7', in Fortna and Gaventa (eds.), *The Conversation Continues*, 62–84（とくに pp.76–80）。また §6 n.154, §23.4, §23 n.102 も見よ。

59) 「（各）部分（μέλη）」は身体の手足や内臓を指し、「朽ちゆく体」（ロマ 6.12）や「自己」（6.13）の各機能や部位に対応する語だ。Dunn, *Romans*, 337 を見よ。

60) 罪に利用された律法を意味する略語の「罪の律法」に関しては §6.7 を見よ。

61) Dahl ('The Missionary Theology in the Epistle to the Romans', *Studies*) は、「『私』句が修辞的手段であることに間違いないが、語り手と聴き手がこの典型的『私』の体験に共感できなければこの句はほとんど意味がない」（p.93）と述べる。

62) 多くの註解者がこれをのちの付加として理解するしかないことは、このためだろう。Dunn,

この告白が、ロマ 7.24 の葛藤に対する解決への勝利に満ちた喜びを記すロマ 7.25a の直後に置かれているからだ。

> ²⁴ なんと私は惨めな人間でしょう。誰がこの死の体から解放するでしょう。
> ²⁵ しかし、私たちの主イエス・キリストを通して神に感謝します。私自身は私の理知によって神の律法に仕え、私の肉によって死の律法に仕えます。

またここで用いられる現在時制は継続状態を意味する。すなわち〈私自身は私の理知によって神の律法に仕え続けていますが、肉によっては罪の律法に仕え続けています〉だ。イエス・キリストが解決をもたらしたことを知っている者は、この「私」が理知と肉とのあいだで分断され続けていることを冷静に観察している。ロマ 7.7–25 の結論として、7.25b を継続している状態、すなわち「私たちの主イエス・キリストを通して神に感謝します」と述べる「私」が、いまだ分断され続けていると理解するのが、最も自然だ。

したがってこの箇所も、終末的緊張という枠組みで解釈するのが適切だ。ロマ 7.7–25 の緊張関係は「すでに/いまだ」の緊張関係である。このペリコペに見られる葛藤は、キリスト者が 2 つの時代の重なり部分を生きており、同時に両者に属することによって生じる。この葛藤が終末的緊張なので、それは救いのプロセスの解説部分に置かれている。キリスト者はいまだ肉の領域から連れ出されておらず、いまだ肉なる存在だ。しかし同じキリスト者が、その内なる人の理知により、神の意志を遂行することを望む。肉なる「私」はいまだ罪の誘惑という力の下で隷属状態にあり (7.14)、罪に利用される律法につながれた囚人だ (7.23)。「私」はいまだこの死の体から解放されておらず (7.24)、体の復活、すなわち死に対する命の完全なる勝利、あるいはキリストの復活への完全なる参与を待ち望んでいる。この点は、上で提示した終末的図式に当てはめることができる。

Romans, 398–99 に挙げた二次文献を見よ。ドイツ圏の註解者にこの傾向が多いことには驚かされる。Stuhlmacher, *Romans*, 114–16 と比べよ。

　このように理解すれば、本ペリコペをロマ 6–8 章の内に適切に位置づけて解釈することが可能となる。じつにロマ 7.7–25 に関する多様な解釈は、それでも 1 点で共通する。それは、このペリコペが罪の力の下にある人類の状況を描いていることだ。したがって多くの註解者は、この状況を信仰以前の、あるいは信仰のない状態の描写と捉える。7.14 と 23 の描写は悲惨で、「すでに」の影さえ見当たらない。したがって多くの註解者は、これを非／未信者の状態として受け止める。それ以外に、罪によって奴隷とされ囚人とされた状態が過去時制によって表現されていることを (7.5)、どのように理解しようか [63]。

　多くの註解者と上述の私の解釈との違いは、ロマ 6 章と 7 章の開始部にある過去時制をどう捉えるかに関する。じつに「キリストにある」者は、罪と死の力から解放されてしまっている。重要な点は、パウロが今の時代から来たるべき時代への移行——アダムからキリストへの移行——を突然で断続的と考えたか、そこには時代の重なりがあるか、だ [64]。換言すると、この議論の中心には、「いまだ」がどれほど影響を及ぼしているかという問題がある。すなわちパウロは、キリスト者の「私」が、破局的に脆弱なアダム的「私」と善を望み葛藤する「私」とのあいだで分断され続けている [65]——キリスト

---

[63] Stuhlmacher (*Romans*) の典型的な理解は、「バプテスマに関する使徒の深い理解が、ロマ 7.14 のキリスト者をいまだ『罪の下に売られている』と表現することを拒む」(p.115) に表されている。

[64] 問題をこのように表現することは、他の著作家に見られる同様の道徳的葛藤に関する証言に耳を傾けることの価値を認めることになる。これらの証言に関しては H. Hommel, 'Das 7. Kapitel des Römerbriefs im Licht antiker Überlieferung', *ThViat* 8 (1961–62), 90–116 (とくに pp.106–13); Theissen, *Psychological Aspects*, 212–19; Stowers, *Rereading*, 260–63 を見よ。

[65] 「内なる人」(7.22) も同様だ。これはキリスト者のみを語るか (Cranfield, *Romans*, 363)、あるいは (Ⅱコリ 4.16, エフェ 3.16 に並行する表現があっても) これをキリスト者への言及と考えな

者はいまだ、肉として今の時代に属し、今でも死が権威をその手中に納めている――と考えているか、が問われる。ここでは、異なる分断が提案されているのでない。ロマ 7.7–25（あるいは 7.14–25）はキリスト者の体験であり、それ以外でない。「すでに／いまだ」というパウロの図式において、「私」が救いのプロセス全体を通して分断されている――体の復活に至るまで分断された「私」が癒される（救われる）ことはない――と捉えるか、これが問題の本質だ [66]。

　私自信は、この質問に対して「然り」と答えることがより良い選択だと考える。パウロが「すでに」の決定的影響を強調しつつも（ロマ 7.4–6）、「いまだ」という厳しい現実を認めざるを得ないと考えたと理解するなら、註解者はパウロの思いに最も近づこう。救いの開始が決定的だったにせよ、それ以前の生き方が不可避的に継続している [67]。今の時代が罪と死の下にあるので、その状態はこの時代が終わりを告げるまで続く。したがって、この時代にいかなる程度であれ繋がっている者は、罪と死と繋がっている [68]。

　ロマ 7.5 をたんに事実報告として取り扱い、ロマ 6–8 章の修辞的効果や弁証論的構造を看過するなら、それは理想的で非現実的な視点を生み出すのみだ。それはバプテスマ以降の罪を理論上不可能とし、キリスト者の実践を神学的にも牧会的にも破綻させてしまう。むしろ「すでに／いまだ」という緊張関係をパウロの言説に見出すなら、それは個人的にも社会的にも現実に応

いか（例えば Fitzmyer, *Romans*, 476）。パウロはこのような究極の選択の余地しか残していないだろうか。

66) パウロがこの箇所に残す釈義上の柔軟性（ロマ 7.7–25 における「罪の下にいる人類」という描写は狭義的に非キリスト者のみに当てはめられるべきか）に似た柔軟性はロマ 2 章にも見られる。ここでも、厳格な釈義上の選択を追求して他の可能性を残さないことは、パウロの意図に反することとなりかねない。

67) これが、ロマ 7.14 において過去時制から現在時制に移行する点――しばしば看過されがちな現象――を最も上手く説明する。現在時制はその後 7.25b まで続く。

68) ロマ 7.7–25 の「私」からキリスト者を除外することが不可能だと結論づける者の代表としては、アウグスティヌス、ルター、カルヴァン、また現代の学者では Nygren, Bruce, Cranfield, Lambrecht が挙げられる。Laato（*Paulus*, 163）は「ロマ 7 章は、キリスト者に適合しないことを何一つ含まない、あるいはロマ 7 章が述べることすべてがキリスト者のみに当てはまる」と述べて、ここにパウロの「悲観的な人間観」(p.183) がその跡を残していると言うが、私はこれを「現実的な人間観」と呼ぶ（§4.1 を見よ）。

答する神学であり、それは牧会カウンセリングに対してより健全な神学的基礎を提供し得る[69]。

§18.4. 肉と御霊

ロマ 8 章は、終末的緊張をもう 1 つの側面から提示している。すなわち、肉と御霊との関係においてだ。この関係においても終末的文脈を考慮する必要がある。パウロにとっての御霊と肉とのアンチテーゼ的な関係性は、人間論的概念[70]だけでなく終末論的概念としても理解すべきだ。つまり賜物としての御霊は、改宗以前の人間論的緊張状態の終焉というよりも、むしろ終末的緊張状態の開始をもたらす。

既述のとおり（§16.3）、ロマ 6–8 章にかけて、パウロはトランプのカードを注意深く選んで提示しているかのようだ。ここでのパウロの戦略は、各章において救済の議論を進めるのに最も効果的な「一手」を順番に出すことだ[71]。したがってロマ 6 章では、恵みと罪との対峙について述べ[72]、7 章では「私」を虜にするために罪が律法を搾取する様子を描いた[73]。そして 8 章前半部では、御霊と肉との対峙を描く[74]。パウロはこのように、注意深く主題を選びつつ議論を進めている。例えばロマ 6.15 以降に「恵み」への言及がないが、これはロマ 7–8 章での恵みの重要性が否定されることにつながらない。同様に、ロマ 6 章に御霊が登場しないからといって、ロマ 6.12–23 でのパウロの奨励において御霊の働く余地がないと考える必要もない。

さらに、御霊に関する詳細な説明をロマ 8 章に至るまでパウロが控えてい

---

69) Bruce (*Romans*) は、スコットランドの偉大な説教者 Alexander Whyte の愉快なコメントを紹介している。「書店の熱心な販売促進員がローマ書の新しい註解書を送ってくると、私はすぐさまロマ 7 章を開くことにしています。もしそこに『わら人形』が立っていようものなら、早々に註解書を返却して、『申し訳ないが、あんな男に汗水たらして稼いだ金を注ぎ込む気はないんだ』ということにしています」(p.151)。

70) §3.1, 3.3 を見よ。

71) Dunn, *Romans*, 301–02 を見よ。

72) 「恵み (χάρις)」(5.20–21, 6.1, 14–15) ／「罪 (ἁμαρτία)」(5.20–6.23 で 18 回)。

73) 「罪 (ἁμαρτία)」(7 章で 15 回) ／「律法 (νόμος)」(23 回)。

74) 「霊 (πνεῦμα)」(8.1–27 で 21 回) ／「肉 (σάρξ)」(8.1–13 で 11 回)。

第18章　終末的緊張

たことからは、むしろ救いのプロセスにおける御霊の決定的な重要性を印象的に読者へ伝えようとする意図がうかがえる。それは、この段階で初めて御霊が救いに関わるというのでなく、終末的緊張の最終的解決において御霊が決定的な鍵を握っていることを示している。したがってパウロは、御霊を説明するメタファとして「手付け金（ἀρραβών）」や「初穂（ἀπαρχή）」を用いる。ロマ 7.14–25 に描かれた終末的緊張状態が読者の心を重くさせるなら、御霊に関する説明をロマ 8 章まで控えていたことにはなおさら意味があるように思われる。終末における苦難は終わったのでなく、救いのプロセスが続いている。御霊から目を離さなければ、救いの完成は保証される（ガラ 3.3, フィリ 1.6）。

ロマ 8.2–9 では救いの開始が印象的に描かれている。

> ² キリスト・イエスにある命の御霊の律法が、罪と死の律法からあなたを自由にしました。……⁴ 律法の義の要求が、肉にしたがわず御霊にしたがって歩む私たちの内に満たされるのです。⁵ なぜなら、肉にしたがって生きる者は肉のことを思い、御霊にしたがって生きる者は御霊のことを思うからです。⁶ なぜなら、肉の思いは死であり、御霊の思いは命と平和だからです。⁷ したがって、肉の思いは神に敵対し、神の律法にしたがいません。じつにしたがえないのです。⁸ そして、肉にある者は神を喜ばすことが出来ません。⁹ しかし、もしあなた方の内に神の霊が宿っているなら、あなた方は肉でなく御霊の内にいます。キリストの霊を持たない者は、彼（キリスト）に属していません。

この箇所を単独で理解しようとすれば、肉に属する人と御霊に属する人という 2 通りの人がいる、との結論に至るのが自然だろう。とくに 9 節から推論されることは、キリスト者がもはや「肉の内」におらず、完全に「御霊の内」にいるということのようだ。つまり、キリスト者はバプテスマを通して肉から完全に分離され、「肉の内にいる」状態から「キリストの内／御霊の内」にいる状態へと完全に移行したと結論づけられそうだ [75]。

---

75) これが Schweitzer (*Mysticism*) の結論だ。§15 n.1 を見よ。

しかしパウロはこのような結論を受け入れるだろうか。私はそう思わない[76]。むしろ彼は、いわゆる「理想型 (ideal types)」を提示しているのだろう。すなわち、肉に属する人は神から完全に切り離される。なぜならそれが肉の性質だからだ。そして御霊に属する人は完全に神と一体となる。なぜならそれが御霊の性質だからだ。しかし実際に人は、これら2つの型の両方に程度の差こそあれ関わっている[77]。したがってパウロは、読者が前者でなく後者へ可能なかぎり移行するよう促している。彼らは「御霊にしたがって歩む」（ロマ8.4）よう促されているが、この勧告はガラ5.16にも見られる。御霊にしたがって生きるとは、御霊の思いにしたがうことだ（ロマ8.5）[78]。ガラ5.25もまた、この奨励と直接つながる。すなわち、「私たちが御霊によって生きるなら、御霊に足並みをそろえようではありませんか[79]」。彼らは御霊と共に考えることによって[80]、命と平和とを享受する（ロマ8.6）。これもまたガラ6.8の教えとある程度符合する。すなわち、「御霊に対して種を蒔く者は、御霊から永遠の命を収穫する」。

ロマ8.10–14へと進むと、移行が完全に実現した様子の描写としてロマ8.4–6を理解することが困難になる。

> [10] もしキリストがあなた方の内にいるなら、罪のゆえに体は死んでいますが、御霊は義のゆえに命なのです。[11] しかし、イエスを死者のあいだから甦らせた

---

76) これ以降の議論は Dunn, *Romans*, 363–64, 424–25 に依拠している。§23.4, §23 n.95 も見よ。

77) これはなにも現代的な「型」に関する社会学的分析というだけでない。1QS 4.23–25 は「今に至るまで、真実の霊と不義の霊とが人の心で争っており、人は知恵と愚かさの内を歩んでいる。真実につながる程度により、人は不義を嫌い、不義につながる程度により、人は邪悪となり真実を嫌う……」と述べる。Hommel, '7. Kapitel', 106–13; Theissen, *Psychological Aspects*, 212–19 (§18 n.64) を見よ。

78) 文字どおりには「御霊の事柄を考える (φρονοῦσιν)」だ。この動詞の意味するところは、たんに考えるのみならずある意見を持つこと、ある態度を保持することをも含む（とくにロマ14.6、Iコリ13.11、IIコリ13.11、フィリ2.2, 5, 3.19、コロ3.2）。この節全体の意味は「誰かの肩を持つ、誰かの大義を信奉する」だ。BDAG, φρονέω 2 を見よ。

79) RSV/NRSV は στοιχῶμεν を「歩む (walk)」と訳すが、本来の意味は「列になって進む」ことだ。Dunn, *Galatians*, 317 を見よ。

80) 文字どおりには「御霊の考え (φρόνημα)」だ。この語は新約聖書において、ロマ8.6, 7, 27 のみで用いられる。語尾が -μα で終わる名詞は同根語の動詞の動作の結果を表す。Fitzmyer (*Romans*, 489) は「御霊の思慮 (concern)」と訳す。

第 18 章　終末的緊張

方の霊があなた方の内に宿っているなら、キリストを死者のあいだから甦らせた方は、あなた方の内に宿っている彼（神）の霊を通してあなた方の朽ちるべき体にも命を与えます。12 したがって兄弟たちよ、私たちは肉に対して、肉にしたがって生きる義務を負っていません。13 なぜなら、あなた方が肉にしたがって生きるなら、あなた方は確かに死にますが、もし御霊によって体の行いを殺すなら、あなた方は生きます。14 神の御霊によって導かれる者は誰でも神の子らなのです。

とくに 10 節は注目に値する。第 1 に、終末的緊張の状態がここに明示されているからだ。キリスト者にとって御霊はじつに命だが[81]、同時に体は死んでいる。おそらくこの体は、ロマ 7.24 の「この死の体」と同じだろう。第 2 に、この緊張関係が続く理由が明らかに述べられているからだ。すなわち、「罪のゆえに体は死んでいますが、御霊は義のゆえに命なのです」。つまり、この体は「死の体」(7.24) というだけでなく、「罪の体」(6.6) でもある。第 3 に、これはロマ 6.3–6 と 7.4–6 のアオリスト時制が、完全に終わった出来事の描写として理解されないことを示すからだ[82]。ロマ 7.14–25 もまた、キリスト者にとって完全に過去の経験として理解されるべきでない。罪と死とは、体の内に、また体を通して稼働する現実だ。同様に上の箇所には、ロマ 6.13–20 で繰り返された「罪」と「義」との対比が再び見られる[83]。その意味は同じだ。すなわち、これら 2 つの力がキリスト者の現在の体（現）においてアンチテーゼ的に対峙している。

ロマ 8.11 はその理由を明らかにする。なぜなら、罪と死の体からの解放が体の復活において実現するからだ。つまり、御霊は命であり命を保証するが、一方で死はいまだ克服されていない。終末的緊張という視点で眺めると、これは「あれかこれか」でなく「あれもこれも」だ。神が「朽ちるべき体に

---

81) 聖霊としての πνεῦμα に関しては §16 n.63 を見よ。Fee (*Empowering Presence*, 551) は「パウロは人間の 2 つの部分について述べているのでなく、キリスト者の『すでに』と『いまだ』という存在に言及している」と述べる。

82) 後述するとおり、ロマ 6.5 の完了形が示す継続の意義が、周辺の過去時制動詞の意味を制限する (§18.5)。

83) 罪／義 (ロマ 6.13, 16, 18–20)。

も命を与え」(8.11) て救いのプロセスを完成させるまで、命も死も両方である (8.10)。

しかし、ロマ 8.10–11 が示唆するところは一般に看過されがちで、これは 8.12–13 についても同様だ。ただ、もし御霊と肉との対峙がキリスト者にとって過去のものなら（そのように 8.2–9 が理解される場合もある）、パウロが「肉に対して、肉にしたがって生きる義務を負っていません」(8.12) と読者に述べなければならない理由はない。なぜ、肉にしたがって生きれば死ぬなどと警告する必要があろうか (8.13)[84]。なぜ、体の行いを殺すことを促し、その結果としての命を約束するか (8.13)[85]。この理由として唯一考えられることは、御霊に属する人がいまだ肉にしたがう危険性があり、その脆弱さと欲望の影響を受ける恐れがあるということだ。キリスト者はいまだ理想的な霊的存在でなく、復活した体の終末的希望が実現していない[86]。時代の重なりにおいて、キリスト者は御霊との関係性を維持しつつ、肉の内にある罪の誘惑に抵抗せねばならない。

つまり、ロマ 7 章と 8 章とは一緒に考察する必要がある。ロマ 7.14–25 と 8.1–9 とは終末的緊張の両端をなすと言えよう。一方で肉に属する「私」は、罪と死の束縛に完全に呑み込まれる危険に侵されており、他方で命の実を結びつつある御霊が、いつも死に恐れ続けながらも従順なキリスト者に変容をもたらし続け、復活と救いの完成へと導いている。

ロマ 8.4–6 に示唆されているこの現実が、ガラ 5–6 章では明示されている。

> [16] むしろ私は言います。御霊によって歩みなさい。そうすれば、あなた方が肉の欲望を満足させることはありません。[17] なぜなら肉は御霊に反して、御霊は

---

[84] 「あなた方が肉にしたがって生きるなら、あなた方は確かに (μέλλετε) 死にます」。Μέλλετε は死の不可避性を強調している。ローマ書では、死を一般に罪の報い (6.23)、また肉の堕落の結果（ガラ 6.8, §5.7 を見よ）と捉える。

[85] ここでの議論は、パウロが「体」という語を最も否定的に用いる箇所であり、「肉」と大きく重なっている。§3.4 を見よ。

[86] Fee (*Empowering Presence*, 816–22) は、この点で混乱をきたしている。ロマ 8.4–6 では肉がキリスト者に関してはすでに過ぎ去っていると言いながら、キリスト者は肉にしたがうことがあると述べる (p.817)。また、「肉と御霊との対比は、キリスト者の生き方を問題とする時に決して取り上げられない」(p.821) と述べるが、この場合ロマ 8.12–13 の存在が忘れられているようだ。

肉に反して望むからです。なぜならこれらは互いに反対しているからで、それはあなた方が望むこれらのことを行わないようにすることです。

ここでは、キリスト者のあり方において、御霊と肉とが対峙する様子が明らかにされている。これら2つの要素が、救いのプロセスにおける緊張関係を生み出す主たる要因だ。この終末的緊張の時代に、キリスト者は今の時代と来たるべき時代のそれぞれの力が対峙する場である[87]。より厳密に述べるなら、キリスト者は宇宙的戦いの両者に関わっている。ロマ7–8章の表現を用いれば、肉としての「私」は御霊なる命を持つ「私」と相対している。すなわち、「私」が私自身に反している。これは、アダムにある「私」とキリストにある「私」との対峙だ。ここで注目すべきは、御霊が肉の欲望を阻止しようと積極的に働きかけると同様に、肉もまた御霊の思いを阻止しようと積極的に働きかけていることだ。その目的（ἵνα）は、「あなた方が望むこれらのことを行わないようにすることです」（5.17）[88]。すなわち、肉の側にいる者としての「私」は御霊に相対し、御霊の思いが達成されることを防ぐ。一方で御霊の側にいる者としての「私」は肉に相対し、肉の思いが達成されることを防ぐ。ここに終末的緊張という図式が最も明らかな仕方で示されており、またこれは心理学的な洞察をも含んでいる。

---

87) Schlier, *Galater*, 250.
88) ἵναという接続詞（それは〜のため）は一般に目的を表すが、ここでは結果を表す接続詞（その結果）として理解される場合もある（Lightfoot, *Galatians*, 210; Lagrange, *Galates*, 147–48, Oepke, *Galater*, 175）。結果を表す接続詞として捉えることももちろん可能だ（BDAG, ἵνα）。もっともここでは、肉と御霊との対峙の意図を説明するために、目的を表す接続詞として用いられていると考えられる。すなわち、肉と御霊両者の意図が述べられており、その対峙の結果ではない。Zahn, *Galater*, 263; Burton, *Galatians*, 301–02; Schlier, *Galater*, 249; Mussner, *Galater*, 377.〔訳註　もっとも、御霊によって歩む人が「肉の欲望を満足させることは決してありません」（5.16）というパウロの主張に鑑みると、17節の意味合いは非常に異なる可能性もある。ちなみにDunnは、16節の「決して（οὐ μή）」を訳し出さない。Barclay, *Obeying the Truth*, 113–19; 浅野『NTJ新約聖書注解　ガラテヤ書簡』2017, 415–16を見よ。〕

§18.5. キリストの苦しみを分かち合う

　終末的緊張に関するパウロの考えのさらなる深部に注意を向けよう[89]。ローマ 8.10 と 8.13 ですでに触れたが、救いのプロセスが継続的な体験だと言う場合、それは命のみならず死の体験でもある。聖化のプロセスは生きることと同時に死ぬことをも意味する。命と死とがキリスト者の内で稼働する。これはまた、キリスト者の分断された「私」が及ぼす結果でもある。すなわち、第1のアダムに属する者としてキリスト者はこの世に属し、死に向かっている。また最後のアダムに属する者としてキリスト者は来たるべき世に属し、命を与える御霊を体験している。

　パウロはことあるごとにこの主題へ立ち返るが、とくにIIコリント書においてそれは顕著だ。パウロは自らが死を覚悟せざるを得なかった体験（1.8–9）を通して、苦難の問題——すなわち救いのプロセスにおける苦しみと死の意義——に大きな関心を寄せたようだ[90]。そして、その両方が救いのプロセスにおいて不可欠だとの結論に達した。したがってパウロは言う、「私たちは土の器の中にこの宝を持っています[91]。それはその超越した力が神のもので、私たちから出たのでないこと（が明らかになるため）です」（4.7）と。神の力が一過性で崩壊に向かう人類の内に見出されること、これこそが終末的緊張の状態だ。これは、神の力が人の脆弱さを過去へ置き去って消滅させることでなく、神の力が人の脆弱さの内に宿ることだ。

　この主題は、同じ章の終結部でより明らかになる（4.11–12, 16–17）。

---

[89]　以下の論考に関しては Dunn, *Jesus and the Spirit*, 326–34 を見よ。ここでの議論は Tannehill, *Dying* Part II によってとくに刺激を受けた。

[90]　A.E. Harvey（*Renewal through Suffering: A Study of 2 Corinthians* [Edinburgh: Clark, 1996]）はこの箇所に依拠して議論を進める。「現存する手紙において初めて、またおそらく西洋の哲学的または宗教的文章において初めて、パウロは自らの過失によらずに強要された死に対して肯定的な意義を見出した」（p.31）。

[91]　このイメージの背景に関しては Furnish, *2 Corinthians*, 253–54; Thrall, *2 Corinthians*, 322–24 を見よ。

¹¹ なぜなら、私たちが生きているあいだに、私たちはキリストのゆえに死に引き渡されているからです。それは私たちの死ぬべき体の内にイエスの命が明らかにされるためです。¹² したがって、死は私たちの内で稼働しますが、命はあなた方の内に……¹⁶ したがって私たちは失望しません。私たちの外なる人が朽ちていこうと、私たちの内なる人は日々新たにされています。¹⁷ なぜなら、一時的な軽い艱難が計り知れない永遠の栄光の重みのために私たちを備えているからです。

朽ちゆく肉、あるいは「外なる人」としてのキリスト者は、死に向かっている（4.16）。現在の苦しみは将来の栄光のための供えだ（4.17–18）。死が堕落した体を呑み込んだその時、キリスト者は初めて死の縄目から解放される。身体的な「家」が復活によって新たにされる時（5.1–5）、救いのプロセスが完成する[92]。

パウロはまた、非常に個人的な体験を通して、同じ教訓をより明らかな仕方で学ぶことになる（Ⅱコリ 12.1–10）[93]。すなわち彼は、「肉体に棘が与えられました……それは私を苦しめるためのサタンの使いです」（12.7）と述べる[94]。パウロが3度解放を願ったところ（12.8）、Ⅱコリ 4.7 を想起させる以下の応答を神から得た（4.7 と 12.10 の両方）。

⁹……「私の恵みはあなたに対して十分です。私の力が弱さの内に完全となるからです」。したがって、私は私の弱さをむしろ誇ります。それはキリストの力が私の内に宿るためです。¹⁰ それゆえ私は、弱さ、侮辱、困難、迫害、災難を、キリストのために喜びます。なぜなら、私が弱い時、私は強いからです。

教訓は同じだ。キリスト者の弱さは神の力が働くことを妨げない。キリスト

---

92) さらに §18.6 を見よ。
93) ここでⅡコリ 1–7 章と 10–13 章との厳密な関係を明確にする必要はない。
94) 「体の棘」が何を意味するかに関する多様な意見に関しては、例えば Martin, *2 Corinthians*, 412–16 を見よ。ただここでは、それが苦痛であり邪悪でありつつも、神から与えられていることを知るべきだ。これは「すでに／いまだ」を独特な仕方で表現したものだ。§2.3 も見よ。

の力が稼働する前に、弱さが解決される必要はない。むしろパウロの「臨死体験」(12.1–6) の類こそが、神の力の稼働を妨げる。このような体験を重視することは、肉に対して奢る機会を人に与え、福音の重心が逸れる危険を招くからだ[95]。すなわち、パウロが恵みとして認識したのは、肉体の弱さを消し去る力の体験でなく、弱さの内に、弱さを通して働く力の体験だ。継続する人の脆弱さは、救いのプロセスにとって欠かせない部分だ。人の弱さは神の力の否定でなく、むしろ時代の重なりにおいて神の力を体験する機会だ[96]。

つまりパウロは、苦難を終末的緊張にとって重要な要素と見なした。Ⅱコリント書において、パウロは自分自身の使徒としての苦難を念頭に置いている。しかしⅡコリ 4.16–5.5 はより一般的な描写で、キリスト者すべてに該当する「すでに/いまだ」なる終末的緊張の体験を示している。これは、他所での苦難に関する描写からも支持される[97]。とくに御霊が「体の行いを殺す」(ロマ 8.13) ことで死のプロセスに関わることを忘れてはならない[98]。

パウロのこの終末理解には、さらに驚くべき要素がある。すなわち、キリスト者が経験する死と命とは、キリストの死と命だということだ。パウロが経験した抵抗と苦難と死と命は、キリストの死と復活の再体験だ。パウロはその注意深い解説において、この点を明らかに理解する鍵を与えている（ロマ 6.5)。そしてロマ 8 章では、ロマ 8.12–14 (§18.4 を見よ) での説明に続く箇所で、この点をさらに説明している。

ロマ 6.5 の注目すべき特徴は――註解者らは看過しがちだが――、完了時制が用いられている点だ。「もし私たちが彼（キリスト）の死と同じ姿（ὁμοιώματι）において共に結ばれて（σύμφυτοι）しまっているなら、私たちはたしかに彼の復活にもでしょう」(ロマ 6.5)。完了時制の意義は、過去の出来

---

[95] これがⅡコリ 10–13 章の中心主題だ。他の宣教者らは福音宣教の成功を力ある業 (12.11–12) や啓示等で測ったようだ。宣教者らの正体に関する議論は本項の論考を深めることにならないが Furnish, *2 Corinthians*, 48–54 を見よ。

[96] Dunn, *Jesus and the Spirit*, 449 n.136. さらに §21 n.72 を見よ。

[97] 「艱難 (θλῖψις)」: Ⅱコリ 1.4, 8, 2.4, 4.17, 6.4, 7.4, フィリ 1.17, 4.14, Ⅰテサ 3.7, エフェ 3.13. ロマ 5.3, Ⅱコリ 8.2, Ⅰテサ 1.6, 3.3, Ⅱテサ 1.4 も見よ。「苦しみ (πάθημα)」: フィリ 3.10, コロ 1.24, Ⅱテモ 3.11. ロマ 8.18, Ⅱコリ 1.6–7 も見よ。「苦しむ (πάσχω)」: Ⅱコリ 1.6, Ⅱテモ 1.12. フィリ 1.29, Ⅰテサ 2.14, Ⅱテサ 1.5 も見よ。Dunn, *Jesus and the Spirit*, 327 も見よ。

[98] Tannehill, *Dying*, 128; Dunn, *Jesus and the Spirit*, 337–38. §23.4 も見よ。

事の影響が現在に及んでいることだ[99]。したがってパウロの意味するところは、キリスト者がキリストの死と同じ形に見なされている状態であり、それが継続するということだ[100]。パウロがここで、たまたま完了時制を用いたのでないことは、同様の言説でも同時制が用いられることから分かる。「私はキリストと共に十字架につけられてしまっている」(ガラ2.19)や「この世は私に対して十字架につけられており、私はこの世に対して十字架につけられてしまっている」(6.4)等がある。すなわち、パウロはキリストと共に十字架につけられることを、過去に1回の出来事と考えない。あるいは、「私たち」がすでにキリストと共に十字架から降ろされ、キリストと共に復活した、と述べていない。むしろ「私はキリストと共に十字架につけられてしまっている」、つまり〈私はキリストと共に十字架に釘付けにされてしまっており、今でもその状態だ。私は今でもあの十字架にキリストと共に架けられたままだ。〉これが救いのプロセスに関して意味するところは明白だ。キリストと共に復活することは最終的な出来事なので、その意味で——救済論的効果という観点からは——キリストはパルーシアまでのあいだ十字架につけられている者となる。そして、キリストと共に十字架につけられている者は、時代の重なりのあいだはキリストと共に十字架につけられたままだ。

この点がロマ6.5で示唆されているだけというなら、ロマ8.17ではかなり明確に記されている。御霊を通して養子縁組が確証されることはこの箇所で明らかだ(ロマ8.14–17a)。しかしこれに続く箇所(ロマ8.17–18)では、Ⅱコリ4.16–17で強調された点が繰り返される。

---

99) BDF §340. 例えばギリシャ語で「私は立つ」を完了時制にすれば、その意味するところは「私は起立したが、今もその状態のまま立っている」となる。
100) 「ともに結ばれている (σύμφυτοι / σύμφυτος)」のイメージは §13 n.67 を見よ。「同じ姿 (ὁμοίωμα / ὁμοιώματι)」は、「人に知覚可能な様子で示された超越的現実」を意味する。したがってこれは、キリストの死自体とかバプテスマ自体とかを指しているのでなく、現在バプテスマを受ける者が経験できるキリストの死の現実と効果だ (詳細は Dunn, *Romans*, 316–18 を見よ)。ここで注目されているのはバプテスマ自体でなく、キリストの死につながるバプテスマを受けている状態だ (ロマ6.3)。とくに Tannehill, *Dying*, 32–43 を見よ。

> ¹⁷ もし子であれば、相続者——神の相続者、キリストとの共同相続者——でもあります。それはもし、私たちがこの方（キリスト）と共に苦しみ、この方と共に栄光を受けるならです。¹⁸ なぜならこの時代の苦しみは、私たちに明らかにされる来たるべき栄光と比べようもないから、と私は考えるからです。

この意味するところは上と同じだ。苦しみはたんに、不可避的な初期段階というのでない。ここでの苦しみは、具体的に「この方と共に」受ける苦しみだ。「この方と共に」葬られる体験（すでに）と「この方と共に」甦らされる体験（いまだ）とのあいだに、「この方と共に」苦しむ体験がある。これこそが、アジアで体験した危機からパウロが学び取ったことだ（Ⅱコリ 1.8）。すなわちパウロが体験した艱難は、「溢れ出る」キリストの苦しみと理解すべきであり（1.5a）、この理解がパウロにとっての力と動機付けとなる（1.5b）。

同様の理解は、Ⅱコリ 4.10 にも伺える。「どこへ行こうと、私たちはキリストの死／殺害（τὴν νέκρωσιν τοῦ Ἰησοῦ）を体にまとっているが、それはキリストの命がこの体を通して啓示されるためです」。「殺害（νέκρωσις）」は、殺される過程（殺害／殺人）、あるいは殺されてしまった状態（死）を意味する[101]。いずれにしても、死と命を体験し続けること、それもキリストの死と命を体験し続けることが、「すでに／いまだ」の緊張状態であることは明らかだ。同様の思想はⅡコリ 13.4 にも見られる。「この方（キリスト）は弱さの内に十字架につけられましたが、神の力によって生きます。なぜなら、私たちもこの方において弱いのですが、あなた方のために神の力によってこの方とともに生きるからです[102]」。

この主題に関して最も目を見はる箇所はコロ 1.24 だ。

> 私はあなた方のために苦しみを喜んでおり、私の肉において、キリストの体なる教会のための彼（キリスト）の苦しみに欠けるところを満たしているのです。

---

101) Dunn, *Jesus and the Spirit*, 450 n.159; Furnish, *2 Corinthians*, 255–56; Fitzgerald, *Cracks in an Earthen Vessel*（§23 n.180）, 177–78; Thrall, *2 Corinthians*, 331–32 を見よ。
102)「私たちは生きる」と「あなた方のために」に関する理解は§15 n.60 を見よ。

第 18 章　終末的緊張

この表現は世代を越えて翻訳者や註解者を悩ませ続けてきた[103]。しかしこれは、キリストの苦しみを共有するというパウロ的主題を[104]、やや詳しく言い換えただけだ。ただこの箇所には、キリストの苦しみに欠けがあり（ὑστερήματα 欠損）、それがパウロの肉によって補完されねばならない（ἀνταναπληρῶ 代わりに満たす）、という予期せぬ表現がある。これはロマ6.5とガラ2.19, 6.14（またⅡコリ4.10）の完了時制が示唆する内容を、たんに明示したと理解すべきだろう。すなわち、ある意味でキリストの受難は、それだけで完了しない。キリストの死が罪深い肉を殺す手段なら、それが内包するすべての完成までその苦しみは未完成のままだ。キリストの死によって死が克服されたが、最後の敵（Ⅰコリ15.26）が完全に破壊されるまでその受難は未完成のままだ。キリスト者がキリストの苦しみを共有するなら、最後のキリスト者の苦しみが完成するまでキリストの苦しみは未完成だ[105]。これは、終わりの日まで苦しみが蓄積する[106]——すなわちメシア時代の産みの苦しみ（パウロもすでにガラ4.19で示唆する）——という、のちの思想とも符合する[107]。古い時代から新たな時代へと移行するプロセスは長く、この移行期にあるキリスト者は「キリストと共に」時代の重なりでの苦しみを続ける。

コロサイ書の著者に関する異論もあろうので、フィリ3.10–11における同主題の言い直しにも注目しよう。この箇所は、パウロがキリスト者としての決定的な開始を描いた直後に位置し、一文章において改宗とその後が綴られているという意味で非常に興味深い。パウロの価値観が完全に逆転し（3.7–8）、今パウロが望むことは、ただ「キリストを得、その内に見出されることです」（3.8–9）。

---

103)　Dunn, *Colossians*, 114–15 を見よ。
104)　ロマ5.3, 8.18, Ⅱコリ1.5–7, 4.17–18, 7.4, Ⅰテサ1.6。
105)　受難の僕の役割を完成させるという意味でも、これはパウロに特有の思想だ。ロマ15.20–21（＝イザ52.15）、Ⅱコリ6.1–2（＝イザ49.8）、ガラ1.15–16（イザ49.1–6を連想）、フィリ2.16（イザ49.4参照）。この思想は使徒言行録のパウロに関する記事に影響を与えた。使13.47（＝イザ49.6）、26.16–18（イザ42.7参照）、18.9–10（イザ41.10, 43.5参照）。
106)　マコ13.8, ヨハ16.21, 黙6.9–11,『エズ・ラ』4.33–43. さらに R. Stuhlmann, *Das eschatologische Mass im Neuen Testament* (FRLANT 132; Göttingen: Vandenhoeck, 1983), 99–101 を見よ。
107)　さらに G. Bertram, ὠδίνω, *TDNT* 9.669–74 を見よ。

　　　　¹⁰ 私はキリストとその復活の力を知り、この方と苦しみをともにし、その死と
　　　　同じ姿になり、¹¹ なんとかして、死者からの復活に到達したいのです。

ここでも、上と同様の救いに関する2つの側面が見出される。それは、キリストの復活という力の体験とキリストの苦しみの共有だ。救いのプロセスには、キリストの死と復活両方への連帯が含まれる。ここでパウロが、キリストの復活について述べた・あと受難について語っている点を見逃してはならない。聖化のプロセスは、始めにキリストと共に死に、そのあとキリストの復活の力を体験するのでない。キリストの復活の力は、キリストの受難と不可分的に体験されるべきものだ。救いのプロセスは、日々ますますキリストの死に準拠するプロセスだ。このプロセスが（死によって）完了した時に、死者のあいだからの最終的な復活がもたらされる（体の復活）。キリスト者が完全にキリストとその死において1つとなる時に、キリスト者は初めてキリストとその復活において1つとなる。

　要約しよう。救いのプロセスは、単純に「キリストのようになる」と表現できる（§18.2）。このプロセスに欠かせないのは、上述のとおり、キリスト者がキリストの復活のみならずその死に対しても準拠することだ。キリスト者の変容は、キリストの復活だけでなくその死にも依拠している。キリストの姿に変容することは（Ⅱコリ3.18)、その死において同じ姿になることだ（フィリ3.10）。

§18.6.　救いのプロセスの完成

　救いのプロセスには目標があり終わりがある。パウロは循環的死生観において人の存在を捉えない。人生はその死において終結するが、それは罪と死に対する勝利か、敗北と破滅かのどちらかだ[108]。エノクやエリヤのような例外を除いて、このプロセスはすべての人に当てはまる。これはキリスト自身の死が明らかにしている。キリストが死ぬなら、誰も死を免れない[109]。イ

---

108) §5.7 を見よ。
109) §9.1 を見よ。

第 18 章 終末的緊張

エスの復活は福音の中心的主題だが、それは死に対する勝利の約束が良き知らせの一部だからだ[110]。この良き知らせには、救いの開始にまつわるその他の重要な事柄も含まれる[111]。義認は最終的な報いにおいて完成する。キリストへの参与は、キリストが示す神の似姿へとキリスト者が完全に変容することで達成される。御霊の働きは、不従順によって損なわれた栄光とあるべき姿が完全に回復されて終了する（Ⅱコリ 3.18, 4.4, 6）。救いは今のこの命においては完成し得ない[112]。希望の完成は今の存在の枠組みを超えたところにある。すなわち「もし私たちがこの命においてのみキリストに望みを置くなら、私たちは最も惨めな者です」（Ⅰコリ 15.19）[113]。キリスト者の望みはいまだ見えないものへ焦点を置く（ロマ 8.25）[114]。それは「あなた方のために天に蓄えられているのです」（コロ 1.5）[115]。

　これらすべての事柄を、すでに幾度にもわたって強調してきた。しかし私たちは、これらの事柄が救いの完成に対するパウロの期待と結びついていることを確認すべきだ。パルーシアに関するパウロの希望が明らかなように（§12）、これら 1 つ 1 つの事柄も明らかだが、これらの事柄がいかに連関するかについては曖昧な部分もある。

　§18.5 から導き出された最も明白な事柄は、体の復活に対する希望だ。この希望が重要なことは、パウロ神学の多くの要素がこの点に集結することから分かる。この希望は、キリストの十字架と復活の直接的な結果であり（Ⅰコリ 15 章）、福音と不可分の関係にあり（15.12–19）、死に対する勝利が福音の中心であることを確証する（15.21–22, 26, 54–57）。この希望が、肉と体との緊張関係を永遠に解消する（15.42–54）。この希望は、復活した人類が神の姿を回復することで、その創造における目的を達成する（15.45–49）。この希

---

110) §10.1 を見よ。
111) §18.2 を見よ。
112) §18.2, §18 n.53 を見よ。
113) Ⅰコリ 15.19 の表現には多少の曖昧さが残るが、その意味は以下のとおりだ。キリストの復活がなければ、死者のあいだからの復活という将来の希望はない。それなら希望は今のこの命に限られて、イエスの復活という良き知らせはたんなるぬか喜びに終わる。
114) §14 n.217, §16 n.129 も見よ。
115) 「望み」という語を用いた一般的でないパウロ的表現には、未来志向の望みという側面と、神の計画の確かさに対する安心感という側面の両方が備わっている。Dunn, *Colossians*, 59 を見よ。

望は、内なる人が新たにされ外なる人が朽ちゆくプロセスの最終段階だ（Ⅱコリ 4.16–5.5）。これはまた、被造物全体が新たにされることをも意味する（ロマ 8.19–23）。そしてこれらすべてが、「長子」また予型としてのキリストの復活——すなわち「キリストと共に」甦ること（Ⅱコリ 4.14）、キリストの栄光の体と同じようになる復活の身体 [116] ——により可能となった。これらすべてが、復活の身体という収穫を保証する初穂なる神の霊の活動により可能となった（ロマ 8.23）。

この主題に関して、最も興味深いパウロの言説はⅡコリ 5.1–5 だろう。

> [1] なぜなら、もし私たちの地上の幕屋の家が壊されれば、私たちには手によって造られていない神からの永遠の家があることを知っています。[2] なぜなら私たちは、この家において呻き、私たちの天の住まいを上に着ることを切に望んでいるからです。[3] 脱ぎ去ったとしても（あるいは「上に着れば」）、私たちは裸で見出されることはありません。[4] なぜなら私たちがこの幕屋にいるあいだ、脱がされずに上から着せられるようにと圧迫の下で呻くのですが、それは朽ちゆくものが命によって呑み込まれるためです。[5] そして、この目的のために私たちを造られたのは神です。この方が御霊という手付け金を私たちに賜りました。

この箇所は、長い解釈（Ⅱコリ 4.16–5.5）の集結部にあたろう [117]。ここには釈義上の未解決部分がある（とくに 5.2–4）[118]。それでも、この箇所の最も明らかな役割は、今の時代の朽ちゆくプロセス（「外なる人」）と新たにされるプロセス（「内なる人」）とが、体の復活に至る変容において終結するというパウロの確信を示すことだ（4.17–5.4）。そして、この復活の身体という未来の

---

116) ロマ 6.5, 8.11, フィリ 3.11, 21.
117) 章をまたいだ議論のつながりに関しては Furnish, *2 Corinthians*, 288 を見よ。
118) Furnish, *2 Corinthians*, 295–99; Martin, *2 Corinthians*, 97–101, 105–08; Thrall, *2 Corinthians*, 370–82 の議論を見よ。例えばⅡコリ 5.3 の開始部の εἴ γε は訳出すべきか（BDAG, γέ 3a）。同節の分詞は ἐκδυσάμενοι か（Aland26, NRSV）ἐνδυσάμενοι か（NIV, REB, NJB）。後者なら、それは初期の着衣行為（ガラ 3.27 のような、Furnish, 297）への言及か、天の幕屋を着ることか（Ⅱコリ 5.2, Thrall, 378–79）。

出来事を保証するいわゆる「手付け金」が御霊としてすでに与えられている（5.5）。ここに描かれている中心的な主題は、Ⅰコリ 15.53-54 の希望と同様だ。ただここでは、復活の希望がさらなる衣を着るというメタファで表現されている（Ⅱコリ 5.2, 4）[119]。パウロはここで「中間的状態」（死とパルーシアのあいだ）を想定するが、Ⅰコリ 15.51-52 ではパルーシアにおいて生きていることを述べている。これをパウロの思想の発展と言うべきかに関しては、議論の余地がある[120]。いずれにせよ彼は、何らかの中間的状態を想定しており（「裸」、「脱がされ」、5.3-4）、死を越えたパルーシアまでの期間に「すでに／いまだ」の緊張状態における呻きが続くと述べる（Ⅱコリ 5.2, 4）[121]。パウロにとって救いのプロセスは、復活の身体という新たな身体が与えられるまで、未完性の状態が続く[122]。

　パウロの終末期待におけるもう 1 つの明らかな特徴は、最後の審判だ。既述のとおり、これはパウロのユダヤ教的背景に起因した確信だ[123]。同時にキリストが最後の審判における神の役割（代理として？）を満たすという理解は、パウロの高いキリスト論に内包される[124]。また彼は、キリスト者が最後の審判を免れると考えていなかった。「私たちはみなキリストの裁きの座の前に出て、体を通してなした事柄（の報い）を受けなければなりません。各人がしたことに関して、それが善いことでも悪いことでも」（Ⅱコリ

---

119) N. Walter ('Hellenistische Eschatologie bei Paulus? Zu 2 Kor. 5.1-10', *ThQ* 176 [1996], 53-64) の議論に反して、Ⅱコリ 5.1-5 に「体（σῶμα）」への言及がないことは、ロマ 8.11, 23 に「体」への言及があるので問題とならない。Penna ('The Apostle's Suffering: Anthropology and Eschatology in 2 Corinthians 4.7-5.10', *Paul*, 1.232-58 [とくに pp.246-54]) は「魂」への言及がないことを指摘するが、これは二元論的なヘレニズム概念との近似性が非常に限定的なことを示している。§3.2 も見よ。

120) C.F.D. Moule, 'St Paul and Dualism: The Pauline Conception of Resurrection', *Essays*, 200-21; Martin, *2 Corinthians*, 97-101; J. Gillman, 'A Thematic Comparison: 1 Cor. 15.50-57 and 2 Cor. 5.1-5', *JBL* 107 (1988), 439-54; A. Lindemann, 'Paulus und die korinthische Eschatologie. Zur These von einer "Entwicklung" im paulinischen Denken', *NTS* 37 (1991), 373-99; Harris, *Raised Immortal*.

121) Cullmann, *Christ and Time*, 236-42.

122) したがってパウロの希望は、ギリシャ的な「魂の不死」と区別されねばならない。O. Cullmann, *Immortality of the Soul or Resurrection of the Dead? The Witness of the New Testament* (London: Epworth, 1958).

123) §2.4 を見よ。

124) §10.5.1 を見よ。

5.10)[125]。

　パウロはここで、神の救済に関わる義と怒りとの緊張関係、救いに関わる恩寵（信仰）と人の道徳的決断との緊張関係を認めているようだ。ロマ 1–3 章では、神の義（1.16–17）とユダヤ人／ギリシャ人を区別なく裁く公平さとが（2.1–16）、並べて述べられている。後者の裁きについては「私の福音」（2.16）が明らかにするが、いずれにしてもキリスト者は裁きを避けられない。それは「イエス・キリストを通して」なされるが、神が「すべての者の秘密を裁く」（2.16）[126]。神の「報復[127]」も、人のなした行為に対する当然の結果としてもたらされるが[128]、これはキリスト者にも当てはまる。人の行為に対する報いについても同様だ[129]。これらはすべて、人の行動の道徳的意義を認める表現だ。道徳的選択には道徳的結果がともない、一般にその結果に関して選択者は口を挟めない。キリスト者は、パウロによって批判されるイスラエル（ロマ 2 章）と同様の過ちを犯してはならない。キリスト者も、「救われる」というプロセスにあるからといって、自らの行為の道徳的結果から逃れられはしない。恵み深い神は、同様に公平な神だ。

　この緊張に対する解決に最も近いパウロの教えはⅠコリ 3.10–15 に見られる。

　　[10] 私に与えられた神の義によって、巧みな建築士のように私は基礎を据え、他の者がその上に（家を）建てています。各人がいかに建てるか、気をつけな

---

125) このあとに何が続くかに関しては §18.7.6 を見よ。さらに Travis, *Christ and the Judgment of God*; Plevnik, *Parousia* (§12 n.1), 227–43 を見よ。

126) とくにⅠコリ 4.4–5 を見よ。

127) ロマ 12.19, Ⅰテサ 4.6, Ⅱテサ 1.8. これは、預言者による神の「報復」がイスラエルの敵だけでなく、イスラエル自身にも及ぶことを反映している（例えばエレ 5.9, 23.2, ホセ 4.9, ヨエ 3.21, アモ 3.2, 14, ナホ 1.2）。

128) これはとくに「（賃金を）受け取る、取り戻す（κομίζομαι）」という動詞が示す（Ⅱコリ 5.10, コロ 3.25, エフェ 6.8）。「自分の計る計りによって自分も計られる」（マタ 7.1–2 と並行記事）はユダヤ教的な思想で、「同害報復の法（*ius talionis*）」（出 21.23–25, ガラ 6.7–8）や適切な刑罰（箴 22.8, Ⅰコリ 3.17）やタラントと利益（マタ 25.27, シラ 29.6）にも通ずる。さらに Dunn, *Galatians*, 329–30; *Colossians*, 258 を見よ。

129) パウロは、競走における最後の「褒賞（βραβεῖον）」というメタファを好んで用いる。Ⅰコリ 9.24–27, フィリ 3.12–14. コロ 2.18 参照。

さい。¹¹ なぜなら据えられている土台、すなわちイエス・キリスト以外に、誰も他の土台を据えることはできません。¹² そして、誰でもその土台の上に建てるなら、それが金であれ銀であれ宝石であれ木であれ干し草であれ藁であれ、¹³ 各人の働きが露わになります。その日が火によって明らかにするからです。その火はそれぞれの行いの真価を計るのです。¹⁴ 誰かのなした業が残れば、その人は報酬を受けます。¹⁵ 誰かのなした業が燃え尽きれば、その人は損失を被ります。彼自身は、火を通ったもののように救われます。

この意味は明らかだ¹³⁰⁾。キリストを自らの基礎とする者は救われるが、彼らが審判を免れることはない。信仰による義認は、律法と肉による行いに対しての審判を排除しない¹³¹⁾。彼らの人生の質は、それがキリスト者であっても、かろうじて救いを得る程度かも知れない。それならば、土台の上に建てたものはすべて焼け落ち、土台以外に何も残らないかも知れない¹³²⁾。パウロは「救い」のプロセスの緊張関係を示すためのたとえとして、過去の栄光のかけらも持たない手ぶらの状態で救われる人に言及している。

この教えを、肉の性質とイエスの死の意義に関してすでに考察した内容と照らし合わせるなら¹³³⁾、パウロが想定する最後の審判をある種の連続線として思い描くことが可能となろう。ただ肉にしたがって生きる者は、肉と共に滅びる。「もしあなたが肉にしたがって（κατὰ σάρκα）生きるなら、あなたはたしかに死にます」（ロマ8.13）とパウロが述べるゆえんだ¹³⁴⁾。しかし、キリ

---

130) Ⅰコリ3.10c の警告が、アポロや、パウロをコリントまで追った他の宣教者らに関するのでなく、直接コリント信徒へ向けられていることは明らかだ（Fee, *1 Corinthians*, 138–39）。この警告がより具体的な対象を想定していたとしても、先行する段落が示すとおり、それはパウロが一般に考える神の裁きという原則を反映している。

131) §§2.4, 6.3, 14.5 を見よ。

132) H.W. Hollander, 'The Testing by Fire of the Builders' Works: 1 Corinthians 3.10–15', *NTS* 40 (1994), 89–104 と比較せよ。後述するように（§18.7.6）、パウロは土台をも放棄する人も想定している。その場合、裁きの火はすべてを焼き尽くす。

133) §§3.3–4, 9.3 を見よ。

134) 「滅びる、滅ぼす（ἀπόλλυμι）」: ロマ 2.12, 14.15, Ⅰコリ 1.18, 8.11, 10.9–10, 15.18, Ⅱコリ 2.15, 4.3, Ⅱテサ 2.10. 「滅ぼす（καταλύω）」: ロマ 14.20, Ⅱコリ 5.1. これらの語の意味の領域に関してはBDAG を見よ。

ストあるいはそれに準ずるもの[135]を土台として据えている者は「救われ」、その際に彼らの行いは火によって試される（Ⅰコリ 3.15）。そして、「御霊にしたがって（κατὰ πνεῦμα）」歩み、その生き様と関係性において信仰を表現する者の行いは残る。

　もう1つ印象深いパウロの表現は、「王国を受け継ぐ」ことだ。これはしばしば否定形表現で表される。すなわち、王国を継がない者への言及がなされる場合が多い[136]。しかしこれは一連のイメージ——約束の地[137]、イエスの語る終末的な祝宴の喩え[138]、約束と立場の相続（ガラ 4.1-7）——を連想させつつ、力強い修辞的効果を発揮している。この場合、パウロは御霊を救済全体の保証である「内金」——完全な体の復活を保証する「手付け金（ἀρραβών）」、「初穂（ἀπαρχή）」——として捉えている。「内金」は全額の支払いを保証し、「初穂」は全収穫を保証する[139]。したがって彼は、パルーシアの場合と同様に、「王国を受け継ぐ」ことの具体的内容が分からずとも、不完全なりに体験している御霊の実と恵みという現実を通して、その基本的な性質を推しはかることができる、と述べているようだ。

　このような淡い輪郭を描く以上の具体的内容は、自信をもって語り得ない。パルーシアの場合と同様に、個々のイメージは鮮明だが、それらが組み合わさった総体が明確でない。「キリストと共に現れる」（Ⅰテサ 4.14）や「キリストと共に」（4.17）なる表現は[140]、復活の希望と上手く符合する（4.15-17）。しかし、異邦人の編入や「すべてのイスラエル」（ロマ 11.26-27）の救いはいかに当てはまるか。異なる報酬には、それぞれいかなる効果があるか。それはまた、「キリストの日に」あるいは「キリストにおいて」、「完

---

[135] パウロはキリストへの明確な信仰を救済の条件と理解したか（ロマ 10.9-17）。あるいは、「生まれつき律法が求めることを行い……彼らの心の中に書かれている律法の求めをなす……」（ロマ 2.14-15）異邦人を想定して、それに準ずる信仰をも視野に入れていたか。R.H. Bell, 'Extra Ecclesiam Nulla Salus? Is There a Salvation Other Than through Faith in Christ according to Romans 2:12-16?', in Ådna, et al. (eds.), *Evangelium*, 31-43.

[136] Ⅰコリ 6.9-10, 15.50, ガラ 5.21, エフェ 5.5.

[137] Dunn, *Romans*, 213, 455 を見よ。

[138] §8.3.2-3 を見よ。

[139] ロマ 8.9-23, Ⅰコリ 15.50, Ⅱコリ 4.16-5.5, エフェ 1.14.

[140] またⅠテサ 5.10, Ⅱコリ 5.8, フィリ 1.23 を見よ。

全」にされ「完成」するというイメージとどう繋がるか[141]。聖徒が世の裁きに参加する（Ⅰコリ6.2）ことは、上の総体のどの部分に当てはまるか。これらに加え、聖化との関連で述べられる最後のアダム、新たな人類の第一子、新たな家族の長子などのイメージ（とくにロマ8.29–30）はいかに統合されるか、容易に計りがたい。

おそらく、これらすべてのイメージを1つの総体へと一貫した仕方でつなぐことは、適切でなかろう。異なるメタファを融合させようと思えば、それぞれのメタファに特有で重要な要素が欠けてしまいがちだ。既述のとおり、とくに上で取り上げた長い引用箇所における考察が示すとおり、これらの主題に関するパウロの扱いには曖昧な点がある。しかしこれは、形を持たない概念について語る際に不可避的なことだ。このような場合、言葉によって表現しきれない事柄を言葉にすることの難しさを認めつつ、それでもパウロが用いるイメージによって明かされる断片的な洞察や原則──神が開始した事柄を完成させる誠実さ、人類や社会に内包された道徳秩序、人を含めた被造物全体に対する神の計画、神の恵み、人の責任──を慎重に受け止めて注意深く考察すべきである。

§18.7. 結論と推論

パウロが語る救いの福音が想定する範囲が明らかとなった。厳密で狭義の意味での「救済」は、救いのプロセスの最終的段階であり結果だ。このプロセスには決定的な開始の時がありながら、それはまた一生を掛けたプロセスだ。この緊張関係はさまざまな表現で説明される。

宇宙論的な表現を用いれば、救いのプロセスは最後のアダムであるキリストの死と復活によって開始した。キリストの従順は最初のアダムの不従順を帳消しにした。神の最後の目的である新たな時代、すなわち新たな創造はすでに開始しており、これには人類の回復と再生というプロセスがともなっている。しかし古い時代も同時に続く。アダムはいまだ生きている。アダムに

---

[141] ガラ3.3, フィリ1.6, 3.12, コロ1.28. また§18.7.2を見よ。

おいてすべての人が死ぬまで、「すべて」がキリストにあって完全に生きることはできない。

パウロのメタファに関して言えば、「すでに」に関するメタファは「いまだ」に関するメタファと緊張関係にある。パウロが用いるアオリスト時制は、彼の命令法とのバランス関係を保っている。

パウロが語る信仰義認に関して言えば、その決定的な開始は最後の無罪判決に向かっている。神との関係性は最後に至るまで神によって維持されねばならない。神による最終的な召喚の時まで、ルターが述べた「同時に義人であり罪人（simul iustus et peccator）」という状態は、同様に「つねに義人であり罪人（semper iustus et peccator）」という状態だ。

キリストへの参与なる視点から言えば、時代の重なりはキリストの死と復活のあいだに横たわる。決定的な開始は、十字架刑の弱さを復活の力が完全に排除したことを意味しない。パウロの救済神学はたんに「栄光の神学（theologia gloriae）」でなく、「十字架の神学（theolgia crucis）」でもある。復活の栄光に至る道には、十字架の受難がある。日々キリストの死と同じ姿になってゆくことが、「いまだ」を生きる者の道程だ。

賜物としての御霊なる視点から言えば、御霊とはキリストの霊だ。しかしそれは、十字架につけられたキリストの霊だ。御霊も救済プロセスにおける他の要素と同様に、十字架を飛び越える——キリストの受難の共有による変容プロセスが介入しない——ことを意味しない。救済プロセスを通して、御霊は「手付け金（ἀρραβών）」や「初穂（ἀπαρχή）」の性質を有し、最終的な復活における完全な相続を保証する。このプロセスを通じて、復活の力は絶えず肉の弱さにおいて体験される。命を与える御霊もまた、十字架の刻印を負っている。

これらから結果的に生じる適用は多岐にわたる。（1）パウロの聖霊論は、御霊が改宗後の第2段階であるさらなる献身の時まで与えられないなどという考えを支持しない[142]。パウロにとって、賜物としての御霊は救済プロセスの開始に不可欠な要素だ。ロマ 8.9 は〈御霊なくしてキリスト者ならず〉と

---

[142] この点に関する詳細は Dunn, *Baptism*（§16 n.1）を見よ。

要約できる。これはまた、特定のキリスト者のみが体験できる第2の賜物としての御霊という考えをも否定する。賜物である御霊は、パウロの救済論におけるすべての基礎であり開始部分だ。これは、改宗後の御霊の体験を否定しない。これは御霊の賜物に関するパウロの理解と符合している。私たちはこの点をのちに考察する[143]。

(2) したがって「霊的」や「成熟」に関するパウロの神学は、十分に注意深く語られねばならない[144]。パウロはとくにコリントのキリスト者らとの関わりを通して、これらの語を用いることに躊躇するようになった。ある者らが知恵や雄弁や異言を根拠として、自らを「霊的な」あるいは「成熟した」キリスト者だと主張したからだ[145]。このような主張が教会に分裂を促し（Ⅰコリ3.3–4）、他のキリスト者や非キリスト者を軽視する傾向を助長させることにつながった（14.16–25）。パウロにとって、それは受け入れがたいことだった。むしろ霊性と成熟のしるしは、Ⅰコリ13章が教える愛や、（パウロをも含む）他者の権威に対する敬意や（Ⅰコリ14.37）、牧会的配慮や（ガラ6.1）、自らの不完全性の自覚（フィリ3.15）にこそある[146]。換言すると、パウロにとって「霊的／成熟」なキリスト者とは、すでに賜っている御霊にしたがって生きる人であり、他人よりも多くの御霊や異なる御霊を受ける人のことでない。義認という理解について力強く弁護したパウロは、同様に教会を分かつ「我らvs彼ら」というエリート主義的な「霊性」に対しても容赦なく反論した。

(3) キリスト者は、時代の重なりにおいて、アダムとキリストのあいだの終末的緊張の中で、死と命のあいだで生きている。それはすなわち、肉と御霊との対立を経験する生き方だ。これはパウロ自身にも当てはまる。すなわ

---

143) §20.5を見よ。
144) 「霊的な（πνευματικός）」：Ⅰコリ2.13, 15, 3.1, 14.37, ガラ6.1.「成長した（τέλειος）」：Ⅰコリ2.6, 14.20, フィリ3.15, コロ1.28, 4.12.
145) Ⅰコリ2.12–3.4, 14.20, 37. フィリ3.12, 15と比較。のちに漸くτέλειοςが肯定的に用いられる（コロ1.28, 4.12）。Dunn, *Colossinas*, 125–26.
146) パウロはフィリ3.12でのみ、目標到達を意味する動詞τελειόωを用いる。しかしパウロは、生きている内に「完全」に達し得るとの考えが教会内にあったことを意識しつつこの語を用いたと思われる。「完成する（ἐπιτελέω）」の用法も見よ（ガラ3.3, フィリ1.6）。

ち、「私はなんと惨めなことでしょう。誰が私をこの死の体から解放するでしょう」（ロマ7.24）、「私たち自身も内において呻き、養子縁組を、私たちの体の贖いを親しく待ち望みます」（8.23）、「なぜなら私たちがこの幕屋にいるあいだ、脱がされずに上から着せられるようにと圧迫の下で呻くのですが、それは朽ちゆくものが命によって呑み込まれるためです」（Ⅱコリ5.4）。パウロがこう述べるのは、今の時代にこの緊張から抜け出られないことの意味を重く捉えているからだ。ロマ7.24の叫びとロマ8.23の呻きとは、生きているかぎり続く[147]。

　この点に関する牧会的適用は重要だ。長いキリスト教の歴史を通して、この終末的緊張を生・き・る・ことと避・け・る・こととが混同されてきた。初期のキリスト教史においては、神秘主義や禁欲主義、またある時は修道制度までがこの混乱によって誤解され誤用された[148]。より近年においては、聖化、第2の祝福、御霊のバプテスマといった概念が、このような混乱の中で注目を集めた。しかしパウロが正しければ、今の時代にこの緊張を避けることはできない。キリスト者は今もある意味で肉の内におり、罪と死の力から完全に解放されていない時代においてキリストの苦しみを共有し、死の内にあって死を通して生きることによってのみ、キリストの復活の力を体験することができる。

　一方で、肉と御霊とが対立する体験に対し過度に怖じ気づく必要はない。「私」はいまだ分断されたままだ。キリスト者の内には命のみならず死も稼働している。この対立における敗北さえ、敗北が葛藤の結果であるなら、それを失望の原因とする必要はない[149]。むしろ問題なのは、葛・藤・の・欠・如・だ。肉と御霊との対立があることは、御霊による道徳的な促しがあることを意味する。葛藤の欠如は御霊の働きの欠如だ[150]。この点は、牧会神学とカウンセリ

---

147) これはまた、これらの叫びと呻きとが失望でなく葛藤であることを示している。それは、朽ち行く体を通して肉の内に御霊の力を生きることによる葛藤だ。これをパルーシアの遅れの結果と理解すべきでない。§12.4を見よ。

148) 「肉において」生きる結果の雑事や誘惑から人を解放する非婚主義も、より優れた霊性と誤解された。

149) これは私の著 *Jesus and the Spirit*, 339 への D. Wenham ('The Christian Life: A Life of Tension?', in Hagner and Harris [eds.], *Pauline Studies*, 80–94 [とくに p.89]) による批判に応答した、より注意深い表現だ。

150) H. Berkhof (*The Doctrine of the Holy Spirit* [Richmond: John Knox, 1964 = London: Epworth,

ングに大きな示唆を与え得る。

　(4) 救済のプロセスに関するこのような理解は、痛みの神学に重要な基礎を与える。パウロ自身が、驚くべき困難と苦しみを経験した[151]。彼はその痛みの神学を、象牙の塔に籠もって構築しなかった。パウロはむしろ、彼自身の苦難を救済のプロセスにとって不可欠な要素と見なした。彼の経験した苦しみは、弱さと死を免れない現実に思い至るきっかけを与え、それはかえって神への信頼を深めた。パウロはそのプロセスで、自らの肉が堕落へと突き進み、罪が破壊的な誘惑の力をいまだ緩めないことを実感した。一方でそれは、キリストの死との一体感を日々深め、その向こう側にあるキリストの復活への参与をより強く確信させることとなった。もちろん、古い時代と来たるべき新たな時代との接点における摩擦として痛みを捉える神学は、死を通し死を超越する復活の命を見据える救済の神学というより広い文脈においてのみ理解が可能だ。

　(5) この意味での救済プロセスは、倫理体系の神学的基礎をも提供する。この点に関しては第23章で詳述しよう。ここでは、パウロの倫理が「すでに／いまだ」という視点から出発し、終末的緊張なる文脈において展開される、と述べるに留まろう[152]。一方でこれは、キリスト者の生き方が、絶えず神に対する信頼の思いを新たにするプロセスであることを意味する。肉と御霊との戦いにおける勝利の体験は、決して最終的ではなく完全でもない。明日には明日の葛藤があり、それは今日の葛藤の内容を引き継ぐことかも知れない。すべての道徳的選択において、肉につくか御霊につくかを決断せねばならない。この意味で、私たちは「改心(conversion)」を日々繰り返す。この点で実存主義的倫理は有用だ。他方で、「いまだ」という現状を十分に考慮しない理想論的構図は、絶えず「終末的留保(eschatological reservation)」という視点から批判を受ける。罪と死の力と肉の脆弱さとがいつも目の前にある

1965], 78)は「御霊の不在は戦いにおける敗北の結果でなく、戦いの放棄の結果だ」と言う。これを Fee (*Empowering Presence*, 817)の「パウロは、御霊にある生活が絶えず肉との戦いであるなどとどこにも言わない」と対比せよ。

　151)　とくにIIコリント書において、パウロはその苦難の様子を明示している（IIコリ1.8–9, 6.4–10, 11.23–29）。

　152)　Sampley, *Walking* (§23 n.1), 7–24 を見よ。

という認識が、人と人の手による制度（教会をも含めた）に対して何を期待すべきかに関する、パウロの倫理観を現実的なものとしている。

（6）もう1つの推論は、パウロにとって終末的緊張が続くあいだ、背教が現実の問題だということだ[153]。この点に関しては、すでに考察したいくつかのテクストを確認するだけで十分だろう。ロマ 8.13 はキリスト者が「肉にしたがって（κατὰ σάρκα）」生き続ける可能性を述べており、その結果は死である[154]。すなわち、キリスト者が葛藤を放棄し完全に肉としての生き方に戻るなら、完成へと向かって日々新たにされることはなく、死における肉の破滅へと向かって日々劣化する道を辿ろう[155]。キリスト者の内にある救いの業が「破壊される」可能性が想定されている様子は、他のテクストからも読み取られる[156]。パウロは自らの宣教活動が無駄に終わることを案じ[157]、改宗者が「キリストから引き離され、恵みから落ち」（ガラ 5.4）ることに注意を促す。ローマ教会の異邦人キリスト者に対しては、信仰のないイスラエルと同様に、易々とオリーブの木から切り離される危険性を喚起する（ロマ 11.20–22）。

私たちは同時に、パウロの約束が制限付きである様子を目の当たりにする。すなわち、「キリストと共に苦しみ、ともに栄光を受けるなら、私たちはキリストの共同相続人です」（ロマ 8.17）、「もし（福音を）かたく保つなら、あなた方は救われています」（Ⅰコリ 15.2）、「揺るぐことなく信仰にとどまり福音の望みから離れないなら」（コロ 1.22–23）、和解されて神の前で聖く傷のない者とされる。F.F. ブルースが述べたように、「新約聖書全体を通して、継続が本物を見抜く[158]」。したがって、注意深く[159]自己を吟味することが求め

---

153) Gundry Volf（*Paul*）の偏った解釈はパウロが繰り返す警告の重要性を看過している。Marshall（*Kept*, 99–125）はパウロの思想全体の「終末的留保」をより良く説明する。
154) 同様に「自らの肉に対して種を蒔く者は、破滅を刈り取る」（ガラ 6.8）。「彼らの行方は破滅です」（3.19）も参照。
155) 驚くべきことに Gundry Volf（*Paul*）はこのテクストを看過している。
156) ロマ 14.15, 20, Ⅰコリ 3.17, 8.11, 10.9–11, ガラ 2.18.
157) Ⅱコリ 6.1, ガラ 2.2, 4.11, フィリ 2.16, Ⅰテサ 3.5.
158) Bruce, *Romans*, 219.
159) Ⅰコリ 3.10, 8.9, 10.12, ガラ 5.15.

第 18 章　終末的緊張

られ[160]、レースを走り抜くために忍耐が強調される[161]。

　このような警告に鑑みると、信仰に妥協が生まれ、純粋な信頼が揺らぎ、献身の思いが希薄になることへの配慮が、パウロの牧会神学の一部を形成していることが分かる。終末的緊張における「緊張」が緩み、完全に「肉にしたがって」生きる道を選び、復活の命への希望を見失う危険性が、明らかに示されている。

　(7) しかしパウロは、ロマ 8 章で展開する救いのプロセスに関する力強い考察を、このように否定的な調子で終わらせない。ロマ 8.13 の警告、ロマ 8.17 の条件、未完性の救済プロセスにおいて継続する苦悩と葛藤 (8.18–23)、希望に関する「すでに／いまだ」(8.24–25)、弱さを通した信仰 (8.26–27)、これらはすべて揺るぎない信頼という高まる凱歌の声によってかき消される。神を愛する者は迷いなく神を信頼することができる。養子縁組の約束が揺るぐことはなく、初穂なる御霊は復活という収穫を保証する (8.14–27)。神を愛する者は神の計画の内にあり、無罪評決と栄光は確かだ (8.28–30)。最後の審判において訴えられることはない (8.31–34)。キリストにある神の愛から引き離すものは何もない (8.35–39)。すべてが明確にされたあと、福音は再びその最も基本となる真実へとたどり着く。すなわちそれは、神の愛と神への愛だ。

---

160)　Ⅰコリ 11.29–30, Ⅱコリ 13.5.
161)　Ⅰコリ 9.27, フィリ 3.12–14.

第19章　イスラエル [1]

---

1)　第19章の文献リスト

M. Barth, *The People of God* (JSNTS 5; Sheffield: JSOT, 1983); **Becker**, *Paul*, 457–72, **Beker**, *Paul*, 328–47; **R.H. Bell**, *Provoked to Jealousy: The Origin and Purpose of the Jealousy Motif in Romans 9–11* (WUNT 2.63; Tübingen: Mohr, 1994); **W.S. Campbell**, 'The Freedom and Faithfulness of God in Relation to Israel', *Paul's Gospel*, 43–59; **M. Cranford**, 'Election and Ethnicity: Paul's View of Israel in Romans 9.1–13', *JSNT* 50 (1993), 27–41; **N.A. Dahl**, 'The Future of Israel', *Studies*, 137–58; **W.D. Davies**, 'Paul and the People of Israel', *NTS* 24 (1977–78), 4–39 (= *Jewish and Pauline Studies*, 123–52); **E. Dinkler**, 'The Historical and Eschatological Israel in Romans 9–11: A Contribution to the Problem of Predestination and Individual Responsibility', *JR* 36 (1956), 109–27; **Eichholz**, *Theologie*, 284–301; **J.G. Gager**, *The Origins of Anti-Semitism* (New York; OUP, 1985); **Gaston**, *Paul* (§6 n.1), chs.5, 8, 9; **M.A. Getty**, 'Paul and the Salvation of Israel: A Perspective on Romans 9–11', *CBQ* 50 (1988), 456–69; **Gnilka**, *Theologie*, 124–32; *Paulus*, 281–89; **E. Grässer**, *Der Alte Bund im Neuen. Exegetische Studien zur Israelfrage im Neuen Testament* (Tübingen: Mohr, 1985); **D.J. Harrington**, *Paul on the Mystery of Israel* (Collegeville: Liturgical, 1992); **G. Harvey**, *The True Israel: Uses of the Names Jew, Hebrew and Israel in Ancient Jewish and Early Christian Literature* (Leiden: Brill, 1996); **O. Hofius**, 'Das Evangelium und Israel. Erwägungen zu Römer 9–11', *Paulusstudien*, 175–202; **E.E. Johnson**, *The Function of Apocalyptic and Wisdom Traditions in Romans 9–11* (Atlanta: Scholars, 1989); **B.W. Longenecker**, 'Different Answers to Different Issues: Israel, the Gentiles and Salvation History in Romans 9–11' *JSNT* 36 (1989), 95–123; *Eschatology and the Covenant: A Comparison of 4 Ezra and Romans 1–11* (JSNTS 57; Sheffield: Sheffield Academic, 1991); **L. de Lorenzi** (ed.), *Die Israelfrage nach Römer 9–11* (Rome: Abtei von St. Paul, 1977); **H.-H. Lübking**, *Paulus und Israel im Römerbrief. Eine Untersuchung zu Römer 9–11* (Frankfurt: Lang, 1986); **U. Luz**, *Das Geschichtsverständnis des Paulus* (Munich: Kaiser, 1968); **B. Mayer**, *Unter Gottes Heilsratschluss: Prädestinationsaussagen bei Paulus* (Würzburg: Echter, 1974); **H. Merklein**, 'Der (neue) Bund als Thema der paulinischen Theologie', *TQ* 176 (1966), 290–308; **J. Munck**, *Christ and Israel: An Interpretation of Romans 9–11* (Philadelphia: Fortress, 1967); **P. von der Osten-Sacken**, *Christian-Jewish Dialogue: Theological Foundations* (Philadelphia: Fortress, 1986), 19–40; **Penna**, 'The Evolution of Paul's Attitude toward the Jews', *Paul*, 1.290–321; **J. Piper**, *The Justification of God: An Exegetical and Theological Study of Romans 9.1–23* (Grand Rapids: Baker, 1983); **H. Räisänen**, 'Römer 9–11: Analyse eines geistigen Ringens', *ANRW* 2.25.4 (1987), 2891–2939; **F. Refoulé**, 'Cohérence ou incohérence de Paul en Romains 9–11', *RB* 98 (1991), 51–79; **P. Richardson**, *Israel in the Apostolic Church* (SNTSMS 10; Cambridge: CUP, 1969); **Ridderbos**, *Paul*, 327–61; **D. Sänger**, *Die Verkündigung des Gekreuzigten und Israel. Studien zum Verhältnis von Kirche und Israel bei Paulus und im frühen Christentum* (WUNT 75; Tübingen: Mohr, 1994); **R. Schmitt**, *Gottesgerechtigkeit-Heilsgeschichte: Israel in der Theologie des Paulus* (Frankfurt: Lang, 1984); **Schoeps**, *Paul*, 235–45; **Stowers**, *Rereading*, 285–316; **Strecker**, *Theologie*, 215–22; **P. Tomson**, 'The Names Israel and Jew in Ancient Judaism and in the New Testament', *Bijdragen* 47 (1986), 120–40, 266–89; **N. Walter**, 'Zur Interpretation von Römer 9–11', *ZTK* 81 (1984),

§19.1. 序（1）：神の言葉は倒潰したか（ロマ 9.1–5）

　パウロの神学作業の足跡を追ってきた私たちは、とうとうロマ 9–11 章にたどり着いた。ここで私たちはいったん立ち止まり、全体を眺める必要がある。なぜなら、ローマ書のみならずパウロ神学におけるロマ 9–11 章の役割に関して議論が分かれるからだ。なぜパウロは唐突に「肉による同族」（ロマ 9.3）に対する配慮を示したか。その直前（8.28–39）でキリスト者の希望に関する描写が頂点に達したので、後続するパウロの論調や語調が控えめになるのは避けられなかろう。しかしなぜ急に、「私はキリストにおいて真実を語り、虚偽を述べません。聖霊によって私の良心が証言します[2]。私の悲しみは大きく、その葛藤が絶えません」（9.1–2）と、実存論的苦悶を吐露する必要があるか。さらに、他のパウロ書簡に見られる傾向を知る者は（ローマ教会の読者もある程度含まれようが）、ロマ 8 章に続いて 12.1–2 に見られるような奨励部の導入を期待しよう。なぜ彼はこのごく自然な流れを破り、あらかじめ用意してあった挿入部のようにロマ 9–11 章を続けたか[3]。

　註解者らはロマ 9–11 章がここに位置することの神学的論理性を求め、これらの章の各部分の議論にその答えを見出そうとする。ルターやカルヴァンに代表される伝統的理解によると、ロマ 1–8 章で義認論の問題を扱ったパウロは、9–11 章で予定論（ロマ 8.29 が伏線を敷く）に焦点を移す。これはのちの教会の組織神学的関心を反映するのみならず、ロマ 9 章の中心部（9.14–23）にある神の主権に関する教え——神は望むとおりにある人を憐れみある人を頑なにする（9.18）——をうまく説明する。この箇所が一定の神学を構築しようとする者の注意を惹くことは避けがたい。一方では神の峻厳さ、他方では神の気まぐれとも見受けられるこの箇所に神学者は目を奪われる。したが

172–95; **Watson**, *Paul*, 160–73; **Zeller**, *Juden*, 108–37.

　2）　パウロとパウロの良心と聖霊という三つ巴の証言は、その重々しさを強調し、あたかも誓いの下での宣言のようだ。

　3）　ここでしばしば Dodd（*Romans*, 148, 149）が引用される。すなわち「一貫した思想が凝縮されたこの箇所は、この手紙の他の部分から独立したものとしても十分に理解可能だ」、また「この手紙はこの箇所が削除されたとしても、論旨にギャップが感じられないだろう」。

って予定論の問題に注目しつつ、他の神学的問題を隅へ追いやることを理解できないではない[4]。

他の註解者らは、ロマ 9.30–10.17 に解決を見出す。ここでパウロは、もう一度「義」と「信仰」という主題をふり返る[5]。パウロはローマ書前半の主題を後半でも継続している。したがって、これらの章における神学的関心も引き続き信仰義認に関する[6]、というわけだ。

しかし最も有力な解釈は、ロマ 9–11 章がそれ自体で完結した補遺でないという理解だ。むしろ、神の計画におけるユダヤ人と異邦人の立場を理解するパウロの試みがここで頂点を迎えていると考えられる。この理解は部分的に F.C. バウルに依拠するが、彼はパウロの関心が個人よりも共同体にあると考える[7]。この視点はロマ 9.14–23 の予定論の問題を解決しなかったが、この箇所の理解を決定的にシフトさせることに貢献した。またバウルのこの理解は部分的に、パウロの義認論の理解がシフトしたことに依拠している。つまり、パウロの義認に関する神学は、〈いかに個人が神との平和を見出すかでなく、いかに異邦人が異邦人のままでイスラエルの神に受け入れられるかを論ずる〉ことだ[8]。重要なのは、この議論において神自身の高潔性――神の誠実さ――が問われていることだ。すなわちパウロの議論の焦点は、〈神とイスラエルとの契約に疑念を挟むことなしに、いかに契約の義を無償で異邦人へもたらすか。イスラエルに対する神の目的が破綻したなら、それはキリスト者にいかなる希望を提供し得るか[9]〉だ。

ロマ 9–11 章の神学的論理と役割がパウロ神学の理解にとって非常に重要

---

4) Dinkler, 'Israel'; Mayer, *Heilsratschluss*; Piper, *Justification*. 死海文献の並行する思想がこの問題を再加熱させた。G. Maier, *Mensch und freier Wille nach den jüdischen Religionsparteien zwischen Ben Sira und Paulus* (WUNT 12; Tübingen: Mohr, 1971) を見よ。

5) 「義」(9.30, 31, 10.3–6, 10)、「信仰/信じる」(13 回使用)。

6) とくに Käsemann (*Perspectives*, 75) は「義認の教義はローマ書他所と同様にここでも支配的だ」と述べる (Bornkamm, *Paul*, 149 参照)。また Müller, *Gottes Gerechtigkeit* (§14 n.1), 107–08 と Stuhlmacher, *Gerechtigkeit* (§14 n.1), 91, 98 を引照する Bell (*Provoked*. 55) も見よ。

7) この引用は Bell, *Provoked*, 46–47 を見よ。

8) この議論における近年の中心的な貢献者は Stendahl (*Paul* [§14 n.1], 3–4) だ。§14.1 を見よ。

9) 例えば Davies, 'Paul and the People of Israel'; Cranfield, *Romans*, 446; Beker, *Paul*, 331–32; 'The Faithfulness of God and the Priority of Israel in Paul's Letter to the Romans', *HTR* 79 (1986), 10–16; Campbell, 'Freedom'.

なので、一般に認められているこの最後の解釈を支持する証拠を、少し詳しく述べることにしよう。

ロマ 9–11 章が提示する問題は、ロマ 9.6 と 11.1 で明示されている。一般にロマ 9.6 は、後続する議論の主題を提示していると理解される。すなわち、〈神の言葉は倒潰したか[10]〉だ。そしてロマ 11.1 はこの問題を、〈神はその民を拒絶したか〉と言い直す。しかしこの問題は、すでにローマ書冒頭の告発部で問われている。既述のとおり（§5.4）、この告発からはユダヤ人さえも免れないことが明言されている（2.1–29）。したがって「ユダヤ人に優れている点はあるか」（3.1）という疑問は避けられなかった。「不誠実な者がいたなら、その不誠実によって神の誠実さは無効とされるでしょうか」（3.3）。これはユダヤ人パウロにとって、手紙の初期段階で安易に応答できない問題だった[11]。しかしローマ書が後半にさしかかり、この問題はもはや回避不能となった。ユダヤ人が異邦人と同じように神の恵みを必要とするなら、それは神が当初イスラエルを選んだという事実について何を教えるか。イスラエルは今でも神の選びの民か。

ローマ書は神の義（1.17）について解説している。そして既述のとおり、神の義とは、契約の民として選ばれた民族への義務を果たす神の誠実さを意味する（§14.2）。換言すると、イスラエルに対する神の義とイスラエルに示す神の誠実さとは、概念的に重なる[12]。したがってパウロの福音が〈神とイスラエルとの特別な関係性が無効になった〉と述べるように見受けられる今、それはイスラエルに対する神の誠実さ——すなわち神の義——に疑念を挟みかねない。この問題が明らかな仕方で解決されねば、イスラエルの立場に疑問が残るのみならず、神の義を教えるパウロの福音が破綻することになる。ローマ書において慎重に体系的な神学を提供しようとするパウロにとって、この問題を解決することは避けがたい。

パウロはロマ 8 章後半で同書前半の議論の頂点となる部分を慎重に組み

---

10) Dunn, *Romans*, 539 を見よ。

11) 詳細は Dunn, *Romans*, 128–44.

12) ロマ 3.3–5 では、神の義、神の真実、神の誠実さが並列される。詳しくは Dunn, *Romans*, 132–34, また §14.2 を見よ。

立てつつ、〈それではイスラエルはどうなるか〉という後続する箇所での議論の伏線を敷いてきた。とくにロマ 8.27 以降で、パウロはキリスト者を描写するのにイスラエルの民に対して用いられてきた句を連発する。すなわち「聖徒」(8.27)、「神を愛する者」また「呼ばれた者」(8.28)、「神の選びの者」(8.33) だ [13]。これらの句をキリスト者に対して用いることには、重要な問いが示唆されている。つまり、〈これらの句が指し示した立場や特権は、今イスラエルの民からメシアであるイエスの信仰者へと移行したか〉だ。イサクの縛め (8.23) を彷彿とさせる表現も同様の問いを投げかける。あの非常に印象深い象徴的行為 [14] が示す意義は今イエスの死へと完全に取り込まれ、十字架につけられたキリストを主と告白する者にのみ益をもたらすか。

　パウロはロマ 9–11 章の開始部を、キリスト者が享受する特権に関する上の議論と明らかに結びつける。ここで彼は血縁による同族の祝福について語り始める。「彼らはイスラエル人です [15]。養子縁組、栄光、契約、律法、礼拝、約束は彼らのものです。父祖は彼らのものであり、肉においてキリストはそこから出ています」(ロマ 9.4–5) [16]。しかしパウロは、これらの祝福の幾つかを直前でキリスト者のものとして述べたことを十分に意識している。

　パウロは意識的に (1)「養子縁組」と (2)「栄光」から始めるが、それはこれらがロマ 8.15–23 の中心にあったからだ [17]。パウロは (3)「契約」という語を頻用しないが、申命記の契約神学と「神の義」は初期の議論の基盤と

---

13) 「聖徒 (ἅγιοι)」に関しては Dunn, *Romans*, 19–20; D.P. Wright, *ABD*, 3.238–39; §2 n.90 を見よ。「神を愛する者」に関しては Mayer, *Heilsratschluss*, 144–49, 152–54; Dunn, *Romans*, 481; §2 n.89 を見よ。「神の選びの者」に関しては G. Schrenk, *TDNT* 4.182–84; Dunn, *Romans*, 520; §2 n.91 を見よ。「呼ばれた者」は他の用語ほど一般的でないが、聖なる食卓としての「聖なる集会 (κλητὴ ἁγία)」という表現はレビ 23 章で用いられ、クムランの戦いの巻物における最終戦闘の光の子らは「神に呼ばれた者」と称される (1QM 3.2, 4.11)。

14) §9.4 を見よ。

15) 「彼らはイスラエル人です」であって「イスラエル人でした」でない (Osten-Sacken, *Dialogue*, 20; Fitzmyer, *Romans*, 545)。

16) この祝福のリストは注意深く構成されている。Dunn, *Romans*, 522 を見よ。

17) 「養子縁組」はロマ 8.15, 23, 9.4 (ガラ 4.5 参照)、「栄光」はロマ 8.30 を見よ。「養子縁組 (υἱοθεσία)」が繰り返されることは興味深い。この語自体はユダヤ的というのでないが、その思想——神によってイスラエルが子として選ばれる——は明らかだ (例えば申 14.1, イザ 43.6, エレ 31.9, ホセ 1.10, 知 9.7)。§16.5.3 も見よ。

第 19 章　イスラエル

なっている[18]。そして彼は、福音を「新たな契約」の福音と理解する[19]。パウロと律法との関係を扱う議論に鑑みると、彼が（4）「律法授与」をイスラエルの祝福と捉えることは興味深い。次の律法への言及が、イスラエルが逃して異邦人が到達した「律法の義」であることは偶然でなかろう（9.30–31）。(5)「礼拝（λατρεία）」は明らかに神殿宗教の礼拝を指している[20]。しかしこの点も、より霊的な（あるいは日常的な）仕方で読者が理解することをパウロは期待している（12.1）[21]。イスラエルとキリスト者との連続性は（6）「約束」において一層明らかだ。それは約束という主題が、いかに異邦人がアブラハムの特権と祝福とを共有するかという議論の中心にあるからだ[22]。すなわち、異邦人はイ・ス・ラ・エ・ル・の約束を共有する。(7)「父祖[23]」をも異邦人キリスト者が共有することは、「私たちの父アブラハム」（ロマ 4.1）、「私たちすべての父」あるいは「諸国民の父」（4.16–18）という表現に明らかだ[24]。そして（8）「キリスト」はイスラエルが待ち望むメシアであり、ユダヤ人と異邦人にとっての福音の焦点だ。

　イスラエルの祝福を数えるパウロの念頭には、〈これらがイスラエルの祝福なら、他者がその祝福を享受することは、イスラエルにどのような影響があるか〉という問いがあろう。この問いには、表裏一体のもう 1 つの問いがある。それは〈これらがイスラエルの祝福で、パウロの同胞なるイスラエルの民が「キリストから除外されている」（ロマ 9.3）[25] なら、今これらの祝福を

---

18)　§14.2 を見よ。
19)　Ⅰコリ 11.25, Ⅱコリ 3.6. ロマ 7.6, ガラ 3.15, 17 参照。「契約」という主題はこの箇所の議論の頂点（ロマ 11.27）でもう一度登場する。Merklein, 'Der (neue) Bund' を見よ。§6 n.94, §22.3 を見よ。
20)　ヨシュ 22.27, 代上 28.13, Ⅰマカ 2.22, フィロン『十戒総』158,『十戒各』2.167, ヨセフス『戦記』2.409, ヘブ 9.1, 6.
21)　パウロはこの語は 2 度のみ用いる（ロマ 9.4, 12.1）。動詞（λατρεύω）はロマ 1.9, フィリ 3.3 で用いる。§20.3 を見よ。
22)　「約束（ἐπαγγελία）」（ロマ 4.13, 14, 16, 20, 9.4, 8, 9, 15.8）。これらの語の配置は意図的で、とくにロマ 15.8 はパウロの神学議論の要約部にあたる。ガラ 3.14, 16–18, 21–22, 29, 4.23, 28 も見よ。
23)　G. Schrenk, *TDNT* 5.976–77; H. Ringgren, *TDOT* 1.10–12 を見よ。とくに「父祖の約束」（ロマ 15.8）を見よ。
24)　「根」（ロマ 11.16, 18）の意味も同じだ。§19.5.2 を見よ。
25)　ここでパウロはほぼ間違いなく出 32.32 を念頭に置いている。パウロはモーセの場合と同様に、イスラエルの拒絶——アカンのような「呪い」（ヨシュ 6.17–18, 7.1, 11–13, 22.20, 代上 2.7）

享受する異邦人とユダヤ人の立場は保証されるか〉だ。神の誠実さにもかかわらず、イスラエルの今の立場がパウロに深い悲しみをもたらすなら（9.2）、キリストに属する者に対する神の誠実さ（8.28-39）にどれほど信頼を置くことができるか。

　すなわちロマ9-11章にまつわる問題は、たんにローマ書全体との整合性とか議論の流れとかの構成や修辞に関するものでない。パウロにとってそれは何よりも神学的問題だ。それゆえ私たちは、パウロ神学を論ずるにあたってこの問題を十分に考察する必要がある。この問題の重要性は、それがローマ書全体の 1/5 を占め、また単一の主題を連続して扱う箇所としてはパウロが執筆するどの主題よりも長いことから明らかだ。したがって、この問題を単独の章として取り上げることは避けられない。

§19.2. 序（2）：イスラエルとは誰か？（ロマ 9.6）

　ロマ 9-11 章での根本的な問題は神の誠実さだ。「神の言葉は倒潰した」か（ロマ 9.6）。もっともパウロは、これを疑問として提示せず、この疑念を一刀両断に否定する。「それは、神の言葉が倒潰したというのでない」（9.6a）[26]。そして彼は、問題をイスラエルの定義へと移す。「なぜなら、イスラエルから出た者がすべてイスラエルではない」（9.6b）。パウロがイスラエルの定義を問題とする理由は明らかだ。神がイスラエルの神であるからには[27]、神の誠実さに関する問題は、誰がイスラエルかという問題に集約される。

　ここでパウロの語彙の変化に注目しよう。ローマ書前半では、「ユダヤ人／ギリシャ人」あるいは「ユダヤ人／異邦人」という語によって議論が展開

――という現実的な問題に直面した。同様の問題に直面したパウロは、同胞のために身を差し出すことを厭わないと述べる。Dunn, *Romans*, 524-25 を見よ。

26）　同様にロマ 3.3-5 を見よ。ロマ 9-11 章での聖典の問題は §7 n.33 を見よ。

27）　§2.5 を見よ。

第 19 章　イスラエル

した[28]。しかしロマ 9–11 章ではこれらの表現が失せ[29]、「イスラエル」という新たな表現が導入されて、これが主要な語彙となる[30]。パウロの視点の変化を知らせるこの語彙の移行は、一般に看過されがちだ。

「ユダヤ人（'Ιουδαῖος）」という語は、地理的／民族的アイデンティティを示す記号として始まった。「ユダヤ民族／ユダヤの人々（'Ιουδαῖοι）」は、「ユダヤ地方（'Ιουδαία）」出身の民を意味し[31]、「ユダヤ（人）の（'Ιουδαῖος）」はその形容詞だ[32]。したがって「ユダヤ人」というアイデンティティを指す記号は、他所出身の人々と「ユダヤ人」とを区別する[33]。「ユダヤ人」という語が用いられる場合、この区別が念頭にある。これはユダヤ人と非ユダヤ人の両者が用いる語で、ユダヤ人を他の民族集団と区別するための客観的表現だ。この用法自体には、否定的で嫌悪な感情は付随せず、差別でなくたんに区別のための言語表現だ[34]。

一方で「イスラエル」という語は内部者の視点を示す[35]。これは自己認識の記号であり、しかも契約という視点からの自己理解だ。この語は神による選び、イスラエルの子、父祖（ヤコブ／イスラエル）の子孫として自らを理解するための記号。要約すると、「ユダヤ人」とは究極的に地理的特徴や他の土地の人々との関係性を示し、「イスラエル」とは神との関係性を示す[36]。

---

28)　「ユダヤ人とギリシャ人」（ロマ 1.16, 2.9, 10, 3.9）、「ユダヤ人と異邦人」（3.29）、「ユダヤ人」（2.17, 28–29, 3.1）、「異邦人」（1.5, 13, 2.14, 24, 4.17–18）。

29)　「ユダヤ人とギリシャ人」（単数、10.12）、「ユダヤ人と異邦人」（複数、9.24）。

30)　「イスラエル」（9.6, 27 [2 回], 10.21, 11.2, 7, 26）、「イスラエルと異邦人」（9.30–31, 10.19, 11.11–12, 25）。

31)　BDAG, 'Ιουδαία; Harvey, *True Israel*, ch.2.

32)　マコ 1.5, ヨハ 3.22. この用法は捕囚後に発展した（ヨセフス『古誌』11.173 参照）。Cohen, 'Ioudaios' (§14 n.52) も見よ。

33)　例えばフィロンやヨセフスの用法を見よ（Harvey, *True Israel*, chs.4–5）。使 2.9–11 の諸国リストも参照。

34)　これは使徒言行録での「ユダヤ民族（'Ιουδαῖοι）」への言及でとくに誤解される。Dunn, *Partings*, 144–45, 149–50 を見よ。

35)　例えばシラ 17.17,『ヨベ』33.20,『ソロ詩』14.5 を見よ。また K.G. Kuhn, *TDNT* 3.359–65; Tomson, 'Names' を見よ。Harvey (*True Israel*, chs.4–5) は「イスラエル」が内部者の言語であることを否定するが、それでも神に選ばれた民の名でありならば、多くの民がその名の要件に合わないと述べる。Harvey が否定するのは血統的な意味でのイスラエルだが、内部者の視点はそこに限定されない。

36)　例えばイエスは福音書において「ユダヤ人の王」と称されるが、非ユダヤ人のみが彼をそう

したがって、パウロの語彙の変化に注目する必要がある。彼はユダヤ人と異邦人とを融合させない。厳密にはこれは不可能だ。民族アイデンティティを変更することは簡単でない。上述したように、「ユダヤ教」という語は民族的・宗教的独自性を強調するために用いられ始めた[37]。「ユダヤ教」は「ユダヤ人」に限定された宗教だ。異邦人の使徒へと召命されたと確信するユダヤ人パウロにとって、これこそが問題の根幹にあった。なぜなら、神の意図を「ユダヤ人」や「ユダヤ教」という表現によって理解するかぎり、異邦人宣教はユダヤ教への改宗によってのみ可能となるからだ[38]。

　「イスラエル」という表現へと移行することによって、パウロは新たな可能性を切り開いた。「イスラエル」という語が本質的に神との関係性や神の選びを意味し、他の民族や国との違いに焦点を置いていないなら、異邦人の編入に関する問題に異なった視点が向けられる。厳密には、「ギリシャ人」を「ユダヤ人」の内に含むことは出来ない。それは記号の混乱を招く。しかし、「異邦人」を「イスラエル」の内に含むことは可能だ[39]。これこそが、ロマ9–11章におけるパウロの試みだ[40]。

理解する。しかし祭司長らはイエスを「イスラエルの王」と称して嘲笑する（Tomson, 'Names', 280）。ラビらは自らを「ユダヤ人」と呼ばず、むしろ「イスラエル」と自称する（S. Zeitlin, *The Jews: Race, Nation, or Religion?* [Philadelphia: Dropsie College, 1936], 31–32）。さらに Dunn, 'Judaism in Israel in the First Century', in J. Neusner (ed.), *Judaism in Late Antiquity: Part 2: Historical Syntheses* (Leiden: Brill, 1995), 229–61 (とくに pp.232–36); 'Two Covenants or One?' (§6 n.84), 107–13 を見よ。Harvey (*True Israel*, 102) が挙げる 2, 3 の事例によって Tomson ('Names', 266–78) の議論が反証されることはない。

37)　§14.3.1 を見よ。

38)　この問題は今日にも当てはまる。「誰がユダヤ人か」という問題は現代のイスラエル国をも揺さぶる。どこに住もうとユダヤ人は実質的にイスラエルの市民か。現代的適用を視野に置いたこの古代の問題に関しては L.H. Schiffman, *Who Was a Jew? Rabbinic and Halakhic Perspectives on the Jewish-Christian Schism* (Hoboken: Ktav, 1985) を見よ。

39)　パウロは「ユダヤ人とギリシャ人」あるいは「ユダヤ人と異邦人」という対比をするが、「イスラエルと異邦人」と言わない。この例外とも思われるものがあるとすれば、それは基本的に不誠実なイスラエルと誠実な異邦人とを対比させる意図があるからだ（ロマ 9.30–31, 11.25）。

40)　ガラ 3–4 章でのアブラハムの子孫に関するパウロの論考から、彼がガラ 6.16 においてこのような神学的洞察を抱いていたことが推測される。Dunn, *Galatians*, 344–46 を見よ。Ⅰテサ 2.14–16 も本章が提案するイスラエルに関するパウロの神学と符合することは、このあと示される。なぜなら、パウロがイスラエルの過ち（ロマ 9.30–32, 10.2–3, 16, 21）、また現在イスラエルが「怒りの器」の役割を満たしていること（9.23, 11.7–11, 15, 20–22, 25, 28–32）について語り続けることが、彼の異邦人宣教理解を雄弁に語っているからだ（§2 n.83 も見よ）。Ⅱコリ 3.14 とロマ 11.7 における

第 19 章　イスラエル

　この議論は、誤解されがちなもう 1 つの問題にも焦点をあてる。それは、これら 3 章（ロマ 9–11 章）の主題が「教会とイスラエル[41]」でなく、「イスラエル」——「イスラエル」をいかに理解すべきか——だということだ。これは、パウロの新たな運動がいかに理解されるべきかという問題とつながる。それはいまだ「イスラエル」と区別される「教会」でなく、「真のイスラエル」でもなく、預言者ホセアが言う「私の民でない者」（ロマ 9.24–25）に含まれながらイスラエルという樹木に接ぎ木される枝（11.17–24）のことだ。パウロにとっての「イスラエル」とは、神の契約の祝福を享受する者を指す（9.4–5）。「イスラエル」とは神の救済計画がもたらされる手段だ。したがって、「イスラエル」とは誰で「イスラエル」をいかに定義するか、が最優先課題だ[42]。この答えが明らかになれば、「ユダヤ人」と「異邦人」の問題も明らかになる。

　パウロ神学のこの段階での関心は、イスラエルのアイデンティティのみならず、キリスト教のアイデンティティでもある。もし教会が、イスラエルとの対比によって定義されず、イスラエルの一部として、またイスラエルの祝福を共有する者と定義されるなら、キリスト教の自己理解が問題視されることになる。永きにわたり前提となってきた「キリスト教」対「ユダヤ教」という構図に馴れている者は、この視点に違和感を抱くだろうからだ[43]。パウロの神学作業に併走しようと試みる者にとって、この問題は避けられない。とくに、キリスト教がもう 1 つの世界宗教となったユダヤ教の聖典——タナハ（トーラー、預言書、諸書）——を自らの正典の一部（「旧約聖書」）として取

「頑迷」主題も見よ。Becker, *Paul*, 461–65, 469 と比較せよ。
　41)　このようにロマ 9–11 章の主題を理解する者として Eichholz, *Theologie*, ch.10; M. Theobald, 'Kirche und Israel nach Röm. 9–11', *Kairos* 29 (1987), 1–22; M. Rese, 'Israel und Kirche in Römer 9', *NTS* 34 (1988), 208–17; Strecker, *Theologie*, 215 が挙げられる。
　42)　Boyarin (*Radical Jew*) と対比せよ。Boyarin は「約束によるイスラエル」、「キリスト信仰者」(p.16)、「普遍的イスラエルの再創造」(p.48)、「霊によるイスラエル」(p.74)、「新たなイスラエル……究極的には教会」(p.75) という表現を用い、ロマ 11 章に関して「ユダヤ教内の議論でありユダヤ教内の論争」(p.205) と表現する。
　43)　§19 n.154 を見よ。この感性は、大半のユダヤ人と一部のキリスト者による「メシアニック・ジュー (Messianic Jews)」に対する敵対的姿勢において顕著だ。「メシアニック・ジュー」という現代的な表現は、ユダヤ人としてのアイデンティティを保持しつつ、イエスをメシアとして信仰する者を指す。

り込んだことの意義は、慎重に考察すべきだ。「イスラエル」という自己認識を持たないキリスト教は、イスラエルの聖典を自らの聖典とする意義を見失う。同様に、ユダヤ人とキリスト者との対話を「ユダヤ教」と「キリスト教」との対話と捉えるなら、パウロの議論に真の意味で取り組むことが不可能となる。なぜなら、イスラエル人パウロは（ロマ11.1）、自分の継承する遺産をイスラエルの民の遺産と理解し、異邦人をもこの遺産の継承に含めようとするからだ。彼はこの議論を正当化するため、契約の開始と契約継続のための責任という観点からイスラエルについて論じている。

この段階で、パウロがいかに自分の議論を支持しているかを分析することが必要となる。なぜならイスラエルという混乱を招きがちなアイデンティティが、既述の終末的緊張（§18）を言い表しているからだ。「救いのプロセス」（§18.6）の最終場面では「すべてのイスラエル」（ロマ11.26）の救いが述べられる。ロマ8章に至るまで、救済のプロセスにおける緊張状態は個人の観点で語られてきた。パウロはここにきて、「キリスト（の中）にあって」なる句と、改宗者を「イスラエル」なる語で呼ぶことで示唆するに留まっていた事柄を明示する。すなわち、キリスト者のアイデンティティはイスラエルのアイデンティティと不可分的に結びついている、ということだ。しかし今や、このイスラエルというアイデンティティさえも、2つの時代の重なりにおいて疑問視される。これは、「イスラエルから出た者すべてがイスラエルではない」（ロマ9.6）との言説において明らかだ。ロマ7.14–25の「私」（と律法）が分断されたように、今やイスラエルである「私」も分断される。この分断は、旧い契約のイスラエルと新たな契約の——誠実なユダヤ人と異邦人とを含む——イスラエルとを分ける[44]。しかし信仰が到来する以前のイスラエル（ガラ3.19–24）——その心がモーセの覆いに阻まれ（Ⅱコリ3.14）、神の前でその特権を誇る「ユダヤ人」（ロマ2.17–29, 3.27–29）——も、イスラエルという「私」だ。個人が体の復活において緊張状態を克服することを待つように、イスラエルはパルーシアと救済において緊張状態の解決を求める（11.26）。しかしその過程で、「神の選び」はユダヤ人とキリスト者とに

---

[44] これはパウロの議論を明確にするための私自身によるパウロの議論の言い換えだ。

分かれており、解放者であるメシアの来訪までこの分断は続く（11.27）。

　上のような表現はロマ 9–11 章の解釈の結果を先取りすることになろうが、この予備的概観はパウロが提示する神学的視点を明らかにする助けとなる。パウロは「イスラエル」のアイデンティティを定義しようと努めるが、そのためには（a）いかに福音を通して他の諸国民がイスラエルの遺産を共有するか、（b）なぜパウロの同胞の一部が福音を受け入れようとしないか、（c）パウロにとって不本意なこの状態はいかに解消されるか、が明らかにされねばならない。しかし彼はこれらの問題を一度に解決しようとしない[45]。パウロはロマ 9–11 章の冒頭で、彼の同胞がその遺産にもかかわらず由々しい状態にあると述べる（9.1–5）。しかしその由々しい問題が何かすぐに明らかにならず、ロマ 9.31–33 やロマ 10.21 でしだいに問題の形が見え始め、ロマ 11 章でやっと明示される。じつにロマ 9–11 章におけるパウロの議論は、ロマ 2 章での議論の進め方と似ている。パウロは同胞が共有し反論しない神学的立場をまず提示しておいて、徐々に問題となる議論を明らかにしつつ緊張を持続させ、最後に解決を提示する。

　このパウロの戦略を理解しない結果、多くの註解者は脇道に逸れて予定論に目を奪われたり[46]、ロマ 9 章と 11 章との関係性に混乱をきたす[47]。パウロ神学におけるこのような巧妙かつ曖昧な表現に光をあてて理解を深めるために、彼の論理の流れを精査する必要がある。

§19.3. 第1段階：イスラエルの選びとは何か？（ロマ9.7–29）

　パウロが最初に手がけるのは、神の計画におけるイスラエルのアイデンティティを明らかにすることだ。パウロは直前で、「イスラエルから出た者す

---

[45] Dunn, *Romans*, 519 を見よ。
[46] ロマ 9.1–23 に議論を限定するので、Piper（*Justification*）は本箇所の選びが個人とその永遠の運命とに関わるという議論を展開する。
[47] 以下の註解者らはロマ 9.6–13 と 11.1–32 とのあいだに決定的な矛盾を見出す。Dinkler, 'Historical and Eschatological Israel', 116; Walter, 'Interpretation', 173–76; Watson, *Paul*, 168–70; Räisänen, 'Römer 9–11', 2893, 2910–12, 1927–28, 2930–35. これらの箇所の整合性に関しては Lübking, *Paulus*, 135–56; Dunn, *Romans*, 540 を見よ。

べてがイスラエルではない」(ロマ9.6) という難題を提示した。この難題を即座に解決しようと試み、「旧いイスラエル」(ユダヤ人) と「新たなイスラエル」(異邦人) という区別を定める者は足をすくわれる[48]。あるいは、「残りの者」なる概念からこの難題が有効に解決されると考えられがちだ[49]。じつにパウロはのちにこの概念に言及する[50]。しかしいずれの解決策も、この難題の答えを徐々に明らかにするパウロの戦略を見逃す。イスラエルのアイデンティティは、ある意味で「すでに／いまだ」の緊張の内にある。終末的緊張状態を個人の霊性によって性急に解決することが混乱をもたらすように、「イスラエル」のアイデンティティの拙速に過ぎる解決はパウロの神学から目を逸らすことになりかねない。この点に関するパウロの神学を十分に理解するためには、彼自身の神学作業に歩調を合わせる必要がある。

(1) ロマ9.7–13：パウロの解説の第1段階 (9.7–29) における重要な語は「呼ぶ (καλέω)」だ[51]。とくにこの語は、ロマ9.7–9と9.10–13における重要な言説の中心となる。そしてこの語は、神の慈悲と怒り (9.14–23) に関する解釈をパウロの議論 (9.24–26) の中心部へと引き戻す役割を担っている。この箇所でパウロが強調する点は、「イスラエル」というアイデンティティが神の呼びかけによって決定されることだ。「イスラエル」は約束 (9.8) と選び (9.11) とによって定義される。イスラエルとは神に呼ばれた民だ。ここで重要なのは、パウロがイスラエルの選びを否定するのでなく[52]、それを定義していることだ。

パウロによる解説の第1段階の第1部では (9.7–9)、イスラエルの定義が2つ取り上げられ、それらがつぎつぎに否定される。第1に、イスラエルは身体的な子孫と定義されない。アブラハムの子孫すべてがアブラハムの「種 (seed)」ではない。むしろアブラハムの「種はイサクにおいて呼ばれるだろう」(創21.12)[53]。これは、イシュマエルが「種」でないことを示唆している。

---

48) §19 nn.41, 155を見よ。
49) Schoeps, *Paul*, 239; Fitzmyer, *Romans*, 560 ('Jewish Christians').
50) ロマ9.27, 11.3, 5.「残りの者」という概念は§19 nn.72, 110を見よ。
51) ロマ9.7, 11, 24, 25, 26.
52) Watson, *Paul*, 227 n.9; Räisänen, 'Römer 9–11', 2900.
53) LXX創21.12はパウロが注目するκαλέωに関する最初の出典だ。パウロはこの箇所の用法を、

すなわち、イシュマエルはアブラハムへ約束された祝福を萌芽させる種でない（9.7）。換言すると、神の子なる「イスラエル」とは、アブラハムの身体的子孫（「肉の子ら」）という立場に依拠して定義されない。むしろ「約束の子が種と認められる」(9.8) [54]。これは、サラが子を産むという約束を指している（9.9）[55]。

　第2の定義はロマ9.10–13で否定される。イシュマエルが約束された種でないように、エサウも種（選びの子）でない。この箇所では、エサウでなくヤコブこそ「選び」(9.11) であることが母の胎において決定されているという点が印象的だ。すなわち、この選びは彼らが生まれたのちの善行に依拠しない（9.11）。したがってパウロは、神の選びが神の裁きと同じ根拠を持たないと教える。裁きは「善悪」(2.9–10) の判断に依拠するが、神の選びは召命以前に認められた善性に依拠しない[56]。それは「行いから」でない（9.10）。すなわち選びは、契約への忠誠心（「律法の行い」）に依拠しない。これが、パウロによる義認の考えを示唆していることは明らかだ[57]。神の選びは、召命にのみ依拠している（9.12）。

　これら2つの短い箇所で、パウロはローマ書前半において解説した彼の福音を要約し、これにイスラエルのアイデンティティという新たな問題を関連させている。その意味は明らかだ。すなわち、もしイスラエルのアイデンティティが召命、約束、選びによって決定されるなら、民族アイデンティティという身体的繋がりや契約への忠義はイスラエルというアイデンティティに何らつけ加えるべきものを持たない[58]。じつにこれは、ロマ3–4章におけるパウロの議論を繰り返している。もっともここでは、イスラエルのアイデンティティと立場とに焦点が置かれている。私たちはここでパウロの微妙なニ

たんに「命名する」でなくそれ以上の意味で捉えている。
54) ロマ4章との関連に注目せよ。「約束」（ロマ4.13–14, 16, 20, 9.4, 8–9）、「認められる」(4.3–6, 8–11, 22–24, 9.8)、「種」(4.13, 16, 18, 9.7–8)。
55) ロマ9.9は創18.10, 18.14とを意識している。
56) 既述のとおり（§14.6.1でのロマ4.4–5の説明を見よ）、パウロはここでとくに申命記の契約神学を基本的に繰り返す。
57) §14.5.4–7を見よ。「行い」とはたんに「すべての善悪」と同義でないことは明らかだ。意味の重なりは当然あるが、ここでの用法は異なる視点から述べられている。§14.5を見よ。
58) とくに Cranford, 'Election and Ethnicity' 参照。

ュアンスに注目せねばならない。ロマ 9–11 章の解説がいかに展開するかを理解する者は、彼の論理の微妙な流れに気がつくだろう。

　第 1 に、この箇所はある種の役割転換を示唆し始めている。イサク−イシュマエル物語とヤコブ−エサウ物語の伝統的な理解によるなら、イスラエルの民はイサクとヤコブとを介したアブラハムの子孫と定義された。そしてのちには、契約に附帯する律法規定の行いによって定義された。しかし約束と選びという原則を突き詰めてこれらの物語を理解すると、イスラエルの再定義が余儀なくされた。この再定義では、歴史上のイスラエルはもはやイサクとヤコブの役割においてでなく、むしろイスラエルが神の選びによるという点を印象づける引き立て役としてのイシュマエルとエサウの役割において理解される。

　上で見たパウロの言説（ロマ 9.6）における 2 つのイスラエルは、この対比を述べている。歴史的イスラエルは否定され拒絶されてしまっていない。それはむしろ、イスラエルという分断された「私」の一部だ。民族的に定義され、契約への忠義によって象徴されるイスラエルも、イスラエルではある。しかしそれは、もはや神の選びのイスラエルではあり得ない。あるいは、いまだ神の選びのイスラエルとはなっていない、と言うべきだろう。イスラエルは、終末的緊張の内に位置づけられている。

　(2) ロマ 9.14–23：パウロによる解説の第 1 段階が第 2 部に移ると、すべての曖昧さが取り去られ、選びの神学の暗部に光があてられる。選びは不可避的に、選ばれないという事実の対極に置かれる。エサウと出エジプト物語におけるファラオはこの事実の予型だ。ヤコブを「愛する」（ヤコブに愛情を注ぐ）ことはエサウを「憎む」（エサウに同じ愛情を控える、ロマ 9.13）ことを意味する[59]。出エジプトの出来事が神の慈悲を示すなら、ファラオはその引き立て役として神の民に対抗する頑迷な敵を演じねばならない。そしてこれら 2 つの役割はともに、躊躇なしに神へ帰せられる（9.15, 17）[60]。したがっ

---

[59]　LXX マラ 1.2–3 の引用。Dunn, *Romans*, 544–45 を見よ。
[60]　ロマ 9.15（出 33.19）：「私は恵もうとする者を恵み、憐れみもうとする者を憐れむ」。神の憐れみと忍耐について語る出 34.6 が、ユダヤ教聖典やその他で最も引用され示唆されることをパウロは知っていただろう。Dunn, *Romans*, 552 を見よ。ロマ 9.17（出 9.16）：「あなたに私の力を示し私の

第 19 章　イスラエル

てパウロは、「このようにして、神は自分が望む者を憐れみ、望む者を頑なにされる」(9.18) と結論づける[61]。

パウロは自らの表現が、神の身勝手さとも読まれかねないことをわきまえている。「それでは何と言いましょう。神に不公平があるでしょうか」(ロマ 9.14)。「あなたは言うでしょう、『なぜそれでも（神は）責めるのか。誰が彼（神）の意志に抗うことができようか』と」(9.19)。これは修辞疑問であって、その答えは「決してそうではありません」(9.14)、「神に抗議するあなたは何者ですか」(9.20) だ。ここにこそ予定論者は支持を見出し、パウロ自身が予定論的方向性を示している、と理解する。陶芸家は自分が造った食器を自分でどうにでもする (9.21)[62]。しかしこの議論の方向性を突き詰め過ぎると、パウロの議論全体の行方が見失われる。

この難解な箇所から神とイスラエルに関するパウロの神学を明確にするため、以下の 3 点を考察しよう。

第 1 にパウロは、神の主権とその主権による主導権を強調する。これは彼にとってほぼ自明の理だ[63]。しかしこれは、たんなる教条的神学を押し付けることと異なる。この箇所には、直前で言及された神による取り扱いが神の主権を制限する議論に用いられることを牽制する目的がある。神がイスラエル（ヤコブ）を愛してエサウを憎むとは、神のイスラエルに対する働きかけに恩寵以外が関与していることを意味しない。神がイスラエルに憐れみを示しファラオを頑なにしたことは、「イスラエル」を神の憐れみの享受者と定めることで、イスラエルが神の憐れみに制限を設けることを意味しない。

したがって第 2 に、パウロは予定論神学の組み立てを試みているのでなく、予想される反論への応答を試みている[64]。しかしその過程でイスラエル

名を全地に語り告げさせるため、あなたを生かしておいた」。

[61] パウロは出エジプト記の言語（「頑なにする」）を意識している（出 4.21, 7.3, 22, 8.15, 9.12, 35, 10.1, 20, 27, 11.10, 13.15, 14.4, 8, 17）。ここでは自らの頑迷でなく、神がもたらす頑迷が述べられている。Dunn, *Romans*, 554–55 を見よ。

[62] 陶芸家とその作品は、ユダヤ教思想において神を語る際の一般的な表現だ（詩 2.9, イザ 29.16, 41.25, 45.9, エレ 18.1–6, シラ 33.13）。LXX 第 2 イザヤはイスラエルの選びについて「形づくる、こねる ($\pi\lambda\acute{\alpha}\sigma\sigma\omega$)」を用いる（イザ 43.1, 7, 44.2, 21, 24）。

[63] とくに §2.4 を見よ。

[64] Dunn, *Romans*, 545–46 を見よ。

のみを神の選びの対象とするので、あるいは読者に予定論という教義を想起させよう。この場合のイスラエルはアブラハム、イサク、ヤコブの子孫と定義され、モーセによってエジプトから解放された民を指す。この教義によると、エサウとファラオのみがイスラエルの選びを引き立てる非イスラエルとして、予定論の暗部に押し込められる。しかしパウロは、ここからこの教義の切り崩しにとりかかる。「イスラエル」の再定義によってパウロが開始する役割転換は、この教義のどんでん返しを敢行する。彼は「憐れみの器」が無条件でイスラエルを指し、「怒りの器」がエサウとファラオに象徴される非イスラエルを指すという、単純な構図を思い描いているか（ロマ 9.22–23）[65]。そうでなく、創造主である神の身勝手さと映る描写が、じつは被造物――とくにイスラエル――が神の主権に基づく選びの対象であるという以外、神に対して何の権利も主張できないことを強調している。

第3に、ロマ 9.14–23 が写し出す陰影が最も強調するのは神の憐れみだ[66]。すなわち、パウロは神の究極の目的が憐れみを示すことだと強く確信するので、被造物に対する神の主権について躊躇なく述べ得る[67]。この段階ではいまだ示唆する程度だが、彼はこの主題がのちに（ロマ 11.30–32）その頂点に達することを視野に置いている[68]。エサウ、ファラオ、怒りの器という否定的な表現は、より包括的な構図の中で理解すべきだ。神の終末論的「キアロスクーロ（明暗技法）」とも称される描写において、神の計画の暗部は神の計画の肯定的な側面をより明るい光の中へ放つ役割を担っている。ここでパウロは、イスラエルが「怒りの器」の役割を担い[69]、イスラエルが頑なファラオを演じる（11.7, 25）という役割転換を意識しつつ、その伏線を敷いている。ここでもまた予定論的思想はパウロの終末の緊張の中に取り込まれている。予定論の肯定的部分は神の究極的な憐れみにおける「すでに」へ、

---

[65] ロマ 9.22–23 の釈義上の困難な判断事項に関しては Dunn, *Romans*, 558–61 を見よ。
[66] 憐れみに関する動詞と名詞が 5 回（9.15 [2 回], 16, 18, 23）用いられている。
[67] とくに Cranfield, *Romans*, 483–84, 496–97.
[68] ここでも「憐れみ」を表す動詞と名詞が 5 回登場する（11.30, 31 [動詞が 2 回と名詞が 1 回], 32）。
[69] パウロはこれ以上「怒りの器」という表現を用いないが、その主題は多様な仕方で継続する。ロマ 11.8–10（申 29.4, 詩 69.23–24）、11.11–12（違反、失敗）、11.15（拒絶）、11.17（分離）。

否定的部分は「いまだ」へと配置されている。

　(3) ロマ 9.24–29：パウロによる解説の第 1 段階の最後（第 3 部）では、上の対比が何を指すかが明らかになり始める。まず彼は「憐れみの器」が何を指すかを明かす。「それはすなわち、ユダヤ人のみならず異邦人からも呼び出された私たちを指します」（ロマ 9.24）。パウロはロマ 1–4 章ですでに、「ユダヤ人のみならず異邦人も」という救いの主張を慎重に述べた[70]。ここでもう一度この定型句が「憐れみの器」を定義するために用いられ、神の約束と選びとしてのイスラエル──イサクとヤコブがその原型──がユダヤ人と異邦人の両者を含むことが強調される。

　そして、「イスラエル」が神の召命によって定義されるという重要な主題を強調するため、パウロはこのイスラエルの性質と構成とを 2 組のテクストの引用によって明らかにし始める。その第 1 はホセ 2.25 と 2.1（ロマ 9.25–26）だ。これらは神に呼ばれたイスラエルの性質を示す。イスラエルは「わが民でない」が「わが民」と呼ばれ、「愛されない」が愛された者と呼ばれ、「わが民でない」が「生ける神の子ら」と呼ばれる[71]。第 2 に、イスラエルの「残りの者」(9.27–29) という概念が導入される[72]。神の召命を受けたイスラエルには、歴史上のイスラエルの「残りの者」も含まれる。2 つのイスラエルの継続と重複──イスラエルという分断された「私」──がここに描かれている。なぜなら、イスラエルの定義を神の呼びかけという観点から再考することは歴史上のイスラエルを拒絶することにならず、むしろ歴史上のイスラエルがイスラエルとして呼ばれたという事実とその意義を再確認しているからだ。

---

70) ユダヤ人対異邦人という議論を意識的に持ち出すことで、この解説の前半段階を想起させている。§19 nn.28–30 を見よ。

71) ホセア書のテクストはイスラエルの回復を視野に入れ、神の召命という原則を強調する。ホセ 2.23 はパウロによって著しく編集されるが（「呼ぶ」という表現が 1 度増え、「憐れみ」が「愛」へと変えられる）、これが当該テクストを指すことは明らかだ。

72) ここで用いられるテクストはホセ 1.10 とイザ 10.22–23 だ。残りの者に関する肯定的な用法は創 45.7, 王下 19.31, エズ 9.8, エレ 6.9, 23.3, 24.8, エゼ 9.8, 11.13, ミカ 4.7, 5.7–8, シラ 44.17, 47.22, Ⅰマカ 3.35, CD 1.4–5, 1QM 13.8, 14.8–9, 1QH 6.8 を見よ。さらに V. Herntrich and G. Schrenk, *TDNT* 4.196–214; L.V. Meyer, *ABD*, 5.669–71 を見よ。

§19.4. 第2段階：召命を見誤るイスラエル（ロマ9.30–10.21）

パウロは上で基礎を据えた。すなわち、「イスラエル」が神の召命によって定義される時、「わが民でない」者——諸民族あるいは非ユダヤ人——は「憐れみの器」なる「イスラエル」に当然含まれる。ここでパウロは、この論理が歴史上のイスラエルにもたらす結果について述べる。律法の伝統的理解、すなわち律法によって自らが諸民族から聖別されるという理解に立つイスラエルは、それゆえ律法の役割を理解し損なう。彼らは、律法が信仰という視点において、またキリストとの関係において理解されるべきだと理解できなかった。彼らはその結果、福音に正しく応答できなかった。この第2段階でもパウロの議論は3つの部分からなる。

（1）ロマ9.30–10.4：この第1部の議論はすでにほぼ分析済みだ。この部分でパウロは、ローマ書の前半のみならずガラテヤ書でも見られたイスラエルに関する批判を要約する[73]。ここでは、この要約がロマ9–11章におけるパウロの議論全体でいかに機能しているかに注目しよう。彼はここで、律法の行いによってイスラエルを定義しようとする試み（ロマ9.31–32）が、ロマ9.12で明らかにされた「イスラエル」の誤解を繰り返すことに繋がる、と主張する。神の要求を「行いからのように」理解してそれを追求することは、エサウでなくヤコブが選ばれた根拠を見誤る。ここでパウロは、同胞に関する葛藤（9.2–3）がこの誤解に起因することを初めて明言する。そしてロマ9.7–23において示唆された役割転換を明らかにし始める。

これと逆に、「わが民でない」異邦人がかつて追い求めなかった義なる終着点にたどり着いたのは、彼らが信仰によってそれを求めたからだ（ロマ9.30）。異邦人はそれと知らずに、人が信仰を通して神の義に与るという福音の中心的真理を体現した。イスラエルはキリストを信ぜよとの招きに躓いた

---

73) とくに§14.5.7, 14.6.4を見よ。ローマ書前半で議論された内容を示す語（「信じる[πιστεύω]」9.33, 10.4, 9–11, 14, 16,「信仰[πίστις]」9.30, 32, 10.6, 8, 17,「義[δικαιοσύνη] 9.30–31, 10.3–6, 10]」）がここに急に集中し始める。

が（9.32–33）[74]、異邦人はキリストの福音への信仰が終着点——律法が導くはずだった終着点——へ導いたと理解した[75]。

　この点はロマ10.1–4で繰り返される。パウロはイスラエルがこの救済プロセスに含まれることを切望する（ロマ10.1）。しかし彼らの熱心はあらぬ方向へ向かった（10.2）。そして彼らに特有な義の追求の仕方は、いかに神がその義を行使するかを彼らが見誤っていることを示した（10.3）。そしてキリストが成した業は、もはや彼らの誤解に対して何の弁解の余地も与えない。なぜならキリストの福音がすべての信じる人々に神の義をもたらしたことの完全性は、イスラエルの古い自己理解が神の義の体現でなく妨げであることを十分に明らかにしたからだ（10.4）[76]。

　（2）ロマ10.5–13：この第2部のパウロの議論は誤解されがちだ。それはおもに、ここで律法と信仰とが直接対峙するかのように思われ、その対峙がレビ18.5（ロマ10.5）と申30.12–14（ロマ10.6–9）に要約されると誤解されるからだ[77]。しかし既述の議論とロマ9–11章の議論の流れを考慮に入れると、この部分の意味は明らかとなる。

　まず、パウロが律法に敵対していないことを思い起こさねばならない。彼の批判は、律法がイスラエルの守護天使として、所定の時期を過ぎても影響を及ぼしているかのように考えられた点（ガラ3.19–4.10）[78]、また律法が罪によって悪用され誤用されていることに限られる（ロマ7.7–25）[79]。同様の律法理解はこの部分にも伺える。パウロが用いる「義の律法」という表現は、イスラエルが求めるべき適正な終着点であり（9.31）、その追求が失敗に終わったのは律法が適切でなかったからでなく、イスラエルの追求の仕方が誤っていたからだ（9.32）。それは、「義の律法」を正しく追求する仕方、す

---

74) ここではイザ28.16, 8.14が引用されている。Dunn, *Romans*, 583–85を見よ。

75) ロマ9.31で律法は「義の律法」と表現され、それが肯定的な終着点を目指していることが分かる。§§14.5.7, 23.3を見よ。

76) §14.6.2を見よ。

77) この2つが対比されていることは明らかだが、この解釈が後の議論に引きずられてしまいがちだ。とくにKäsemann, *Romans*, 284–87を見よ。

78) パウロはガラ4.2で「定められた時（προθεσμία）」という語を用いている。

79) §6.7を見よ。

なわち「信仰によって」(9.32) 追求する仕方があったことを示唆する。ロマ 10.1–4 でも同様のことが言える。ロマ 10.2–3 が正しく理解されれば、「終わり」(10.4) を迎えたのはイスラエルの独自性と限定性を保証する律法の機能だと分かる [80]。

第 2 にロマ 10.5–13 に目を向けると、最初の引用がレビ 18.5 だと気づく。「なぜならモーセは律法による義に関して、『これと同じことをした者はそれらにおいて生きる』と書いている」(10.5)。このテクストもまた著しく誤解されてきた [81]。既述のとおり、律法は命を獲得する方法でない。それはむしろ、契約の民がいかに生きるかの指標だ [82]。信仰による義を第 1 の義と呼ぶなら、これは二義的な果実としての第 2 の義と呼べよう。イスラエルはこれら 2 つの義を混同し、第 2 の義により根本的な意義を付与し、これを第 1 の義と同様に異邦人へ要求した。

第 3 に、「信仰による義」と「律法による義」とを峻別するために（ロマ 10.6–9）パウロが解説を加えるテクストは申 30.12–14 である。このテクストが律法遵守を比較的容易なものとして描いていることに、パウロが気づかないはずはない（LXX 申 30.11–14）[83]。

> [11] なぜなら私が今日あなた方に命じるこの掟は度が過ぎたものでなく、あなた方から遠くない。[12] それは天にあって、「誰が天に上ってそれを私たちのために得るか。それを聞けば私たちはそれを行うだろう」と言うのでない。[13] それは海の向こうにあって、「誰が私たちのために海の向こうに渡り、それを私たちのために得るか。それを私たちのために聞こえるようにしてくれるなら、私たちはそれを行うだろう」と言うのでない。[14] むしろ言葉はあなたの近くにあ

---

80) §§6.5, 14.4–5, 14.6.2 を見よ。
81) これらの誤解ではとくに動詞の「行う」が強調される。例えば Käsemann (*Romans*, 284–87) は「達成の要求」という句を繰り返すが、これは律法を守ることによって救いを得ようとする努力自体が「すでに罪だ」という Bultmann (*Theology*, 1.264) の有名な解釈に依拠する。Schlier (*Galater*, 134–35) のガラ 3.12 に対する有名な解釈も見よ。この節をキリストへの言及と捉える Cranfield (*Romans*, 521–22) も真実からほど遠い。Dunn, *Romans*, 601 を見よ。
82) §6.6 を見よ。
83) MT テクストは §23.3 に引用してある。

り、あなたの口に、あなたの心に、あなたの手の中にあるので、それをあなたは行うことができる。

このテクストを引用して「信仰による義」を解説しようとするパウロが、律法を信仰のアンチテーゼとして両者を対極に据えているとは考え難い。モーセが律法について書いたこのテクストをパウロが引用していることを考慮に入れると、そのようなパウロの律法観は維持できない。それならばパウロが、イスラエルを特徴づける律法と、信仰によって理解されるべき律法（ロマ 9.31–32 参照）との違いを再びここで示しているとの見方の方が説得性が高い。

ここでパウロは、他のユダヤ教文献における申 30.11–14 に対する同様の解釈を視野に置いている。バルクはこのテクストを神の知恵として述べ（バル 3.29–30）[84]、それを律法と同視する（4.1）。フィロンはこのテクストを「善」との関連で用い[85]、トーラーが「善」の体現だとの理解を示す[86]。すなわち申 30.11–14 は律法諸規定を超越したものとして広く認められていたようだ。したがって、「信仰の言葉」（ロマ 10.8）との関連でパウロがこのテクストを解説することは、上のユダヤ教伝統と符合する[87]。換言すると、パウロはここで申 30.12–14 をより広い視野で捉えつつ、律法が指し示すものは信仰の対極にあるのでないと述べている。むしろ律法を正しく理解するなら、それは

---

84) 「誰が天に上ってそれ（知恵）を得、それを雲から降ろしたか。誰が海の向こうへと渡りそれを見出し、純金でそれを手に入れたか」（バル 3.29–30）。

85) ギリシャ哲学における「善」に関しては W. Grundmann, *TDNT* 1.11–13 を見よ。

86) 「彼が『隣接する』および『近く』と描写するのは善だ。なぜなら彼は『天へと飛んで』あるいは『海の向こうへ（渡り）』善なるものを求める必要がないと述べるからだ。それがあなた方に『隣接し』て『近い』からだ。……なぜなら彼が『それはあなた方の口、心、手の中にある』と言うからだ」（『子孫』84–85）。フィロンは同じテクストを『改名』236–37,『徳論』183,『賞罰』80 でも用い、『夢』2.180,『十戒各』1.301,『自由』68 でも示唆している。

87) 「あなたの心の中で『誰が天に上るか』と言ってはいけません。それはキリストを引き降ろすことです。あるいは『誰が地の淵へ下るか』と言ってはいけません。それはキリストを死者の中から引き上げることです。それでは何と言いましょうか。『言葉はあなたの近くに、あなたの口に、あなたの心にある』。すなわちそれは、私たちが宣べ伝える信仰の言葉です」（ロマ 10.6–8）。解説を加えながらテクストを引用する仕方は、クムラン文書の註解にも見られる。Dunn, *Romans*, 603 を見よ。

終始一貫してイスラエルと神との関係の基本となる信頼性を言い表すもので、イスラエルの義とはすなわち神の義である。これは、律法をたんにイスラエルにおける生活の規定――日々の生活における義――として理解することと大いに異なる。

　上で扱った第1部の2つの段落（ロマ 9.30–33, 10.1–4）と同様に、ここでパウロが述べる信仰は、神がイエスを死者のあいだから甦らせたことへの信仰、そしてその結果としてイエスを主とする告白への忠誠を指す（10.9）。それは信頼（「あなたの心[88]」）であり、忠誠（「あなたの口[89]」）であり、これらが義と救いとをもたらす（10.10）。イザ 28.16 ――「彼に信頼を置く者は誰も辱めを受けない」（ロマ 10.11）――を繰り返すことで、パウロはこの段落での議論をロマ 9.30–33 と繋げる。また「すべて[90]」という主題を繰り返すことで、「信じる者すべて」（10.4）と繋げる。

　同様に重要な点は、ロマ 9–11 章の主要テーマへもう一度立ち返っていることだ。ここで述べられていることの意義は、ユダヤ人とギリシャ人の歴史的差異がもはや意味をなさないことだ。「ユダヤ人とギリシャ人のあいだに何の違いもない」（ロマ 10.12）。決定的な事柄は「信じる者すべて」で、その信仰の対象は「この方を呼び求める者すべてを豊かにされる主」（10.12）だ。人類史におけるアダムの段階では、普遍的な罪の影響のためユダヤ人とギリシャ人との違いは取るに足らないものだった（3.22–23）[91]。それが今では、主としてのキリストと信じる者すべてに開かれた神の恵みとの影響により、ギリシャ人に対するイスラエルの歴史的優位性はユダヤ人に残されていない。キリストにあって「信じる者すべて」へ開かれた神概念は、神の召命という観点からのイスラエルの定義と符合する（9.7–13, 24–26）。このイスラエルの定義において、神の召命は民族的特徴や行いとは結びつかず、むしろ神のキリストへの信頼と繋がる。ここでもまた、「すべて」と「召命」とのあいだに終末的緊張という概念が浮かび上がる。

---

88) 「あなたの心」の意義に関しては§3.5を見よ。
89) 「イエスは主である」という告白に関しては§10.4を見よ。
90) 「すべて」はロマ 10.11–13 に4回登場する。
91) ロマ 3.22 と 10.12 では同じ「差異（διαστολή）」という語が用いられている。

(3) ロマ 10.14–21：ロマ 9–11 章の第 2 段階の第 3 部ではより直接的な表現が用いられているので、詳しい解説を必要としない。この部分の目的は、異邦人の信仰とイスラエルの過ちとの対比をより明らかとすることだ（ロマ 9.30–31）[92]。信仰する可能性はイスラエルに開かれていた。信仰をもたらす言葉（10.14, 17）[93] は広く宣べ伝えられていたが、「すべての者が福音にしたがったのでない」（10.16）[94]。イスラエルは福音をはっきり聞いた（10.8）。しかし、他の人々がそれを聞いて応答したのに対し（10.20 は 9.30 と深くつながる）、イスラエルは応答せず頑迷なままだった（10.21）[95]。

パウロはロマ 10.19 で微妙な表現の変化を示す。彼はすでに「彼ら（イスラエル）は聞かなかったでしょうか」と問うて、その問いをすぐさま否定した。そしてパウロは、「イスラエルは知らなかったでしょうか」（10.19）と言って同じ問いを繰り返しているようだが、同じ答えを繰り返さない。彼はここでモーセをまず引用し、「私は民でない者らによって、あなた方に妬みを起こさせ、愚かな民によってあなた方を怒らせる」（10.19）と記す[96]。イスラエルの「妬み」という主題を持ち出すことで、パウロはイスラエルの不信仰の問題に対する解決を示し始める。この解決の全容はロマ 11 章においてパウロの解説が頂点に達した時に明かされる（11.11, 14, 26）。この段階でパウロは、イスラエルが聞いて従わない、という単純な問題でないことを示すのみだ。じつに問題はより複雑だ。パウロ神学を考察する私たちの表現を用いるなら、〈イスラエルは 2 つの時代の狭間に立たされている〉という理解をパウロは持っている。神がすべての人を呼ぶという大いなる目的において、歴史的イスラエルはもはや単独の利益受容者であり得ない。この救済プロセスにおいて、イスラエルは終末的緊張の葛藤を体験しなければならない。

---

92) ここで用いられる文学的手法はインクルーシオ（／インクルジオ）と呼ばれる。
93) §17.3 を見よ。
94) パウロはここでも、従順という語を信仰とほぼ同義語として躊躇なく用いる。§23.3 n.44 を見よ。
95) ロマ 10.18–21 でパウロが用いる引用に関しては Dunn, *Romans*, 624–27 を見よ。
96) これは申 32.21 の引用だ。Bell（*Provoked*, ch.7）は、申 32.21 を引用することでパウロがモーセの歌（申 32.1–43）全体を視野に入れて論じており、それ故パウロの救済史（Heilgeschichte）はこの歌と申命記全体とに依拠していると述べる。

§19.5. 第3段階(1)：見捨てられないイスラエル（ロマ 11.1–24)

　パウロはここまで、より単純な解決を示すこともできたが、むしろ不安定な吊り橋を渡るように議論を展開してきた。すなわち、改宗前の立場――律法によって定義される民族的イスラエルとして召命されたイスラエル――を弁護することもせず、イスラエルをたんにキリスト者と再定義することもなかった。「イスラエル」がその歴史から完全に切り離されることは不可能だ。パウロはこの第3段階で初めて、イスラエルの全体像を示し始めることが可能だと考えたようだ。すなわち (1) 残りの者による継続性（ロマ 11.1–6)、(2) 神の摂理によるイスラエルの躓きが栄光の結末に繋がること (11.7–16)、(3) オリーブの木のメタファによる歴史上のイスラエルの希望と警告 (11.17–24)、そして最終的な決着 (11.25–36, §19.6) である。

　(1) ロマ 11.1–6：長い解説の過程で中心的主題を見失わないように、パウロは再び「したがって『神はその民を見放したでしょうか』と私は問います」(11.1) と述べ、「決してそうではありません」という常套句を付加する。彼のこの確信は、終末的緊張という文脈におけるイスラエルの理解に依拠している。

　第1に、この問いの言い回しはイスラエルの内部者による表現を想起させる。パウロは聖典の引用以外で、この「神の民」という表現をここでのみ用いる[97]。「神の民」はイスラエルの伝統的な自己理解を明示する[98]。パウロがこの段階でこのような表現を用いること自体、彼の議論が神の民としての真のアイデンティティとイスラエルとのあいだの緊張を意識していることを示す。同様に、非難や拒絶 (ἀπώσατο, ロマ 11.2) に関する表現も、神がその民

---

97) 引用としてはロマ 9.25–26, 10.21, 11.2, 15.10–11, Ⅰコリ 10.7, 14.21, Ⅱコリ 6.16 がある。しかしロマ 11.1 でパウロは、おそらく 11.2 に明らかな聖典の主題を意識しているだろう。§19 n.103 を見よ。

98) 例えば「あなたの民イスラエルのような者は他にいない、この地上で神が贖う民は……。あなたはあなたの民イスラエルを永遠にあなたの民とした。そして主よ、あなたは彼らの神となった」(代上 17.21–22)。H. Strathmann, *TDNT* 4.32–35 を見よ。

第 19 章　イスラエル

を拒絶することに関する預言[99]、疑問[100]、結論[101]といった聖典に典型的な用語を連想させる。パウロ自身の質問は、「否」という応答を導く。これはじつに、同じ問題に葛藤した父祖らの苦しみを想起させ[102]、神の拒絶が永続しないことの確証へつながる[103]。この緊張状態は今もまだ解消していない。

　第 2 に、パウロは「決してそうではありません」と述べて説明を続けるが、それは〈神は私を見捨てなかったのだからイスラエルをも拒絶しない〉という短絡的な議論でない[104]。むしろ彼は「イスラエル人、アブラハムの子孫、ベニヤミン族出身者」(ロマ 11.1) と言い、自らをイスラエルと意識的に結びつける。これは自らを「ユダヤ人」(他の諸民族と区別される歴史上のイスラエル) と区別して、ロマ 9.4 の「イスラエル」と同視することだ。彼はここで、「アブラハムの子孫」(4.13–18) という理解と、「イスラエル出身で、ベニヤミン族の出」(フィリ 3.5) という改宗前の自己理解とを融合させる。すなわち彼は「イスラエル」──「すでに／いまだ」の緊張状態にあるイスラエルという分断された「私」──の内側から語っている。

　第 3 に、この緊張状態の中から「否」の第 2 の根拠が提示される。「神はあらかじめ知っておられたその民を見捨てられません」(ロマ 11.2a)。神の民であるイスラエルの継続性が決して断たれることはない、とパウロは明言する。神に召命されるイスラエルは、今でも神が呼んだイスラエルだ。予知 (8.29) と召命 (8.30) という表現はローマ人キリスト者の確信を支えたが、神の民であるイスラエルにも同様の確証を与え続ける。

　最後に、ロマ 11.2b–6 の機能もこの観点から明らかとなる。それはたん

---

99) 王下 23.27, エレ 31.37, エゼ 5.11, ホセ 9.17.
100) 詩 60.12, 74.1, 108.12.
101) 士 6.13, 詩 44.10, 24, 60.3, 78.60, 67, エレ 7.29, 哀 2.7, 5.22, エゼ 11.16.
102) 例えば「主よ奮い立ってください。なぜ眠っておられるのですか。永久に我らを突き放しておくことなく、目覚めてください」(詩 44.24)、「神よ、あなたは我らを突き放し、怒って我らを散らされた。どうか立ち帰らせてください」(詩 60.3)、「主よ、御許に立ち帰らせてください。私たちは立ち帰ります。……あなたが激しく憤り、私たちをまったく見捨てられたのでなければ」(哀 5.21–22)。
103) 同様の表現を用いる例として、とくにサム上 12.22, 詩 94.14, 哀 3.31 を見よ。
104) Dunn, *Romans*, 635 を見よ。

に、「バアルに膝をかがめなかった7000人」(ロマ 11.4) [105] を手がかりとして、「残りの者」によってイスラエルの継続性を想定することでない。それは、信仰と背信、あるいは拒絶と回復とのあいだの緊張がイスラエル史を通して繰り返されたことを想起させることでもある[106]。7000人が「すでに」を体現し (11.5)、「いまだ」である残りの不敬度なイスラエルと対比される。これはまた、全民族であれ残りの者であれ、イスラエルがいつも「恵みによる選び」と定義されており、「もはや行いによらない」(11.5–6) ことを再度確認している。「恵み」という前出の重要な語を再び用いることで[107]、パウロは選びの性質を強調し、それが行為によって定義されるイスラエルと異なることを示している[108]。「7000人をご自身のために残された」(11.4) 神の恵みが、残りの段階にある現在のイスラエルを方向づける。

(2) ロマ 11.7–16：パウロはここに至ってようやくイスラエルの運命を定め、彼に葛藤を抱かせている終末的緊張の全貌を明らかにする。彼はこの緊張を「イスラエル」、「選びの者」、「他の者」(ロマ 11.7) という表現で言い換える。「イスラエルが求めたもの、それをイスラエルは得なかった」。これはじつにロマ 9.31 の言い直しだ。この事実の対極にある「しかし選びの者がそれを得た」という主張は、ロマ 9.30を想起させる[109]。ここでパウロは、「その他の者は頑なにされた」と述べる。それでは誰が「選びの者 ($\hat{\eta}$ ἐκλογή)」か。並行するロマ 9.30 からは「信じる異邦人」だと推定し得る。「他の者」との

---

[105] この引用は明らかに王上 19.18 を意識しているが、パウロは正確に引用することに気を遣っていない。

[106] この緊張状態は、第二神殿期ユダヤ教の分派傾向にも同様に見られる。この緊張において、「義人」とイスラエルとが区別される (『ソロ詩』と死海文書にあるように)。また「イスラエルのすべてが来たるべき世に与る」(『Mサン』10.1) という周知の約束には、その条件が続いている。この点に関する議論は Sanders, *Paul and Palestinian Judaism*, 147–50, 240–57, 361, 367–74, 378, 388–406, 408 を見よ。ロマ 11.2–3 ではエリヤがイスラエルを訴える。

[107] ロマ 3.24, 4.4, 16, 5.2, 15, 17, 20–21, 6.1, 14–15. §13.2 を見よ。

[108] これはロマ 9.11, 32 を想起させるのみならず、前半の 3.20, 3.27–4.6 をも想起させる。§14.5 を見よ。

[109] 以下の表を参照。

ロマ 9.30–31	ロマ 11.7
異邦人は義を得たが、義の律法を求めたイスラエルはそれに達しなかった。	イスラエルが求めたもの、それをイスラエルは得なかった。しかし選びの者はそれを得た。

対比からは「信じるユダヤ人」(つまり「残りの者」)だとも推定し得よう[110]。しかしこれは、終末的緊張の中にあるイスラエルだと理解するのがより適切だろう。なぜならこれら1つ1つの表現が、ある場合は重なり、ある場合は対比されるからだ[111]。そしてこれが、イスラエルという分断された「私」の性質を反映する。すなわち、現在は恵みを逃しているイスラエルでもあり、信仰を通してキリストの内に終末的恵みをすでに体験しているイスラエルでもある。

「他の者は頑なにされた」という文言は最終段階の開始を示しており、パウロはここでロマ9.14–23で展開した選びの神学を繙き始める。なぜなら、「頑なにされた」という句がロマ9.18の言語表現を想起させるからだ[112]。この箇所でパウロは、ファラオに対する神の取り扱いを前例とし、「(神は)頑なにしたいと思われる者を頑なにされる」と結論づけた。本ペリコペでは受動態表現が同様の教えを示す。すなわち、この頑迷は神によってもたらされた[113]。もっとも、頑なにされるのが、ここでは「残り(のイスラエル)」だという点が異なる。選びという神秘的な神の介入において、イスラエル自身が今選びの暗部を経験している。

この主張は、2つの印象的なテクストによって支持される[114]。パウロは箴29.4(ロマ11.8)を用いつつ、イスラエルが福音に応答しない現状を、荒野における彼らの愚鈍さに準えている。2つ目の引用はおおよそ詩69.23–24

---

110) 「残りの者」に関する議論はDunn, *Romans*, 640を見よ。

111) パウロは「選び(ἐκλογή)」という語を、Iテサ1.4以外ではロマ9–11章のみで用いる。それはイスラエルの定義の一部であり、ロマ11.28では「父祖のために愛される」歴史的イスラエルを示す。しかしロマ11.5では残りの者に言及し、ロマ11.7では「イスラエル」と「他の者」との対比として用いられる。しかし「他の者」はときとして残りの者に対して用いられる(MTエレ43.5 / LXXエレ50.5, 52.16)。

112) ロマ9.18は、出エジプト物語を想起させる「頑なにする(σκληρύνω)」という語を用いる(§11 n.61を見よ)。しかしここでは、ロマ11.25を視野において「頑なにする(πωρόω)」が用いられる。この後者の語は初期キリスト者がイスラエルの不信仰を語る場合に好んで用いるが(マコ4.12, マタ13.14–15, ヨハ12.40, 使28.26–27)、イザ6.10から影響を受けていようか。ヨハ12.40はπωρόωを用いたイザ6.10のテクストが知られていたことを示す。

113) とくにHofius, 'Evangelium', 303–04を見よ。

114) これらの引用に関する論考はDunn, *Romans*, 642–43を見よ。私はこの箇所で、初期キリスト者の弁証において、詩69編が頻繁に用いられることを指摘した。

からのものだが（ロマ 11.9–10）、ここでパウロはロマ 3.10–18 で行ったことを繰り返す。すなわち、本来ダビデ王が敵に対して発した呪いの言葉を、パウロはダビデの民に対して発している。これこそイスラエルが深みにはまった窮状だ。つまり、イスラエルがそのメシアに応答しなかったことはたんなる不従順でない（ロマ 10.16, 21）。それはまた、イスラエルの敵へのダビデの呪いに神が応答した結果でもある。

しかしロマ 10.21 に対するパウロ自身の応答（ロマ 11.1–6）の場合と同様に、パウロはこの窮状をもすぐさま神の大きな計画の内に位置づける。ロマ 11.1–6 で過去をふり返ったパウロは、今未来を見据えている。彼は 3 つの仕方でイスラエルの役割転換の意義をさらに明らかにする。

第 1 に、彼らの躓きは当初の印象ほど決定的でない。それは競走者がレースを棄権せざるを得ないほどの完全なる倒潰でない（ロマ 11.11）[115]。

第 2 に、「彼らの違反によって、救いが異邦人へ」（ロマ 11.11）もたらされた。すなわち、イスラエルは（少なくとも一時的に）レースから除かれねばならなかった[116]。それは異邦人が首尾よく完走するためだ。イスラエルの当初の選びは、義の追求（9.30）において歴史上のイスラエルを優位に立たせていたので、（キリストへの信仰による）新たな義の追求の段階にイスラエルがそのまま移行したなら、異邦人は完全に蚊帳の外に置かれるところだった、とも言えよう。イスラエルの失格（棄権）には、異邦人が義を追求する道を大きく開くという目的があった。

第 3 に、異邦人のあいだでの福音への応答は「イスラエルを妬みに向かわせる」（ロマ 11.11）。パウロはこの点をロマ 11.13 でさらに説明する。じつにこれこそが、イスラエル人としてのパウロが「異邦人への使徒」であることの目的だ[117]。パウロは諸国民のあいだで福音伝播の活動に従事するが、それは自分の民を見限ったからでは決してない。彼の究極の目的は、「私の同胞

---

115) 例えば W. Michaelis, *TDNT* 6.164; Cranfield, *Romans*, 555; Schlier, *Römer*, 327–28. Dunn, *Romans*, 652–53 も見よ。

116) パウロは競走のメタファをロマ 9–11 章で幾度も繰り返す（9.16, 31–32, 10.4, 11.11–12）。

117) パウロはこの点を「あなた方異邦人」に対して述べている。これがロマ 11.17–25 で詳述される警告への最初の指示だ。

を妬ませ」(11.14) て、幾人かを救いへと導くことだ[118]。ここでパウロは、使徒としての自己理解に関する特徴的な洞察を示している。すなわち、イスラエルとしての(「私の同胞」)、また「異邦人への使徒」としての自己認識を明示する。彼はイスラエルでない教会の設立を意図しておらず、むしろ恵みによるイスラエルという神の民の完成を目指している。両方向へ引き裂かれるパウロ自身の経験自体が、2つの時代の重なりに置かれたイスラエルの体験を指している。

　自らの民のアイデンティティと歴史を重視する者として、パウロはその行く末に望みを抱いている。その思いは甘美であり、彼はロマ 11.12, 15 でこれを繰り返すことを禁じ得ない。

> [12] もし彼らの違反が世の豊かさで、その過ちが異邦人の豊かさなら、彼らの(従順の) 完成はどれほど (素晴らしい) でしょう。……[15] 彼らの拒絶が世の和解なら、彼らの受容は死者のあいだからの命でなければ何でしょう。

ロマ 5.9–10 と同様に、「どれほど (素晴らしい) でしょう」という句は終末的緊張——現在の誤りと将来の完成とのあいだに置かれたイスラエル——を適切に表現している。パウロはここでギリシャ語の「完成 (πλήρωμα)」という語の一般的ニュアンス、すなわち船の乗組員の頭数が揃うような状況を想定しているかも知れない[119]。乗組員全員が揃わねば、イスラエルなる船は新たな時代へと漕ぎ出せない。また彼は、躊躇せずにこの見通しを宇宙的で終末論的な枠組みに組み込む。イスラエルの「すでに」である拒絶は「世の和解」を意味する[120]。イスラエルの「いまだ」である受容は「死者からの命」であり、それは最終的な復活を意味する[121]。死者からの復活によって神の最

---

[118] パウロは自分の宣教のみで十分だと考えなかった。幾人かを救おうとした彼が「イスラエルすべてが救われる」(ロマ 11.26) と記すからだ。

[119] LSJ, πλήρωμα 3.

[120] 終末的緊張の多様な表現を見よ。ここでは「イスラエル」と「世」だが、他所では「ユダヤ人」と「諸国」だ。

[121] おおかたの註解者らは「死者からの命」を最終的復活と考える (例外は Fitzmyer, *Romans*, 613)。Zeller (*Juden*, 242–43) は、ユダヤ教的期待において死者からの復活は一般にイスラエル復

終目的が頂点に達したことが知らされる時は、またイスラエルの帰還の時でもある。

　このペリコペ最後の節は後続するペリコペへの繋ぎだ。「もし初穂（の献げ物）が聖ければ、錬り粉全体が聖く[122]、根が聖ければ、枝も聖い」（ロマ11.16）。「初穂（の献げ物）」が父祖を指すか初期キリスト者を指すか意見が分かれることも、「あれかこれか」という釈義のアプローチであり、これによってイスラエルのアイデンティティにおける緊張が見逃されかねない。この曖昧さは、パウロが両方の意味を意識していることを示していよう。異邦人キリスト者をも含む初期の改宗者は[123]、イスラエル全体の収穫の完成における初穂だ。父祖への約束はいまだ救済計画全体の基礎にあり、民に対する神の誠実さを保証する（11.28–29）。

　しかし本節後半に注目すると、神がイスラエルを植えるというメタファが明らかだ[124]。「根」という表現は、パウロが父祖を意識していることを明示する。「枝」はイスラエルの子孫だ。パウロは次のペリコペで、このメタファに誰が関わっているかを教える。しかし彼の最初の強調点は、枝の聖さが根の聖さに依拠していることだ。もちろんこれは、父祖の血縁を根拠とした聖化の神学への後戻りでない。むしろこれは、イスラエルの聖さがイスラエルの完全性と深く結びついていることを教えている。すなわち、呼ばれた者すべてが（イスラエルに）含まれるまで、神の招きが完全な仕方で果たされることはあり得ない。

　（3）ロマ11.17–24：オリーブの木というイメージは、ロマ11.25–36における議論の頂点に至る準備をする。この比喩が明らかにイスラエルを指すからだ[125]。したがってここでのパウロの表現は、イスラエルに関する彼の神学

興の前提となると指摘する。パウロはここでも他所と同様にユダヤ教的な主題を編集して用いている。

　122)　本節での「初穂（ἀπαρχή）」の用法は、ロマ8.23、Ｉコリ15.20, 23での用法も意識して理解せねばならない。

　123)　Dunn, *Romans*, 659 を見よ。

　124)　詩92.14、エレ11.17、『エチ・エノ』84.6、『ソロ詩』14.3–4. Dunn, *Romans*, 659–60 を見よ。

　125)　オリーブの木とイスラエルとの関連は、聖典において稀だ（エレ11.16、ホセ14.6）。しかしパウロが用いるオリーブの木の比喩は、オリーブ栽培の文化において周知の知識に依拠している（*OCD*, 749–50）。そしてイスラエルを樹木に準えることはより広く知られている（Dunn, *Romans*,

を知るために非常に有用となる。

　第1に、パウロは本ペリコペにおいて一貫して一本の木について語る。この木が倒され、他の木に代わることはない。1つのイスラエルがあるのみだ。この木に付け木される異邦人の枝（ロマ 11.17）は、木から離れて成長しない。異邦人はイスラエルの一部となることでその立場を得る。

　第2に、パウロは基本的な差異に注意を向ける。イスラエルは栽培されたオリーブの木で、異邦人は野生のオリーブの木だ。そしてイスラエルのアイデンティティは、歴史的イスラエルが他の諸国民から区別されていたという基本から始まる。異邦人の枝は、イスラエルの木の根ゆえに育つ（ロマ 11.18）。すなわち異邦人の救いは、イスラエルに約束された祝福に依拠している。

　第3にこの比喩表現の中心的な目的は、役割転換によって異邦人が優勢になったという誤解への警告を与えることだ[126]。歴史上のイスラエルの枝が折り取られたのは、イスラエルの内に異邦人の場所を確保するためだ（ロマ 11.19-20）。しかしこれは、枝が歴史上の木の根に依拠するという関係性を崩さない（11.18）。

　第4に、枝がイスラエルに接ぎ木される根拠は信仰だ（ロマ 11.20）。しかしそれは、信仰のない異邦人の枝が再び取り去られ、新たに信じる本来の枝が接ぎ木し直されることを含意する（11.23–24）[127]。

　第5に、これらすべてのプロセスの背後には神の主権がある。自然の枝を切り落とすのも（ロマ 11.19–21）、「自然の性質に反して」野生のオリーブの木の枝を接ぎ木するのも（11.24）、接ぎ木された野生の枝を切り落とすのも（11.21）、本来の枝を接ぎ木し直すのも（11.23）神だ[128]。したがってオリーブの木は、「神の慈愛と厳しさを知りなさい。倒れた者の上には厳しさがあり

569–61 を見よ）。

　126）　パウロは、歴史的イスラエルの優越感を示す「奢る（καυχάομαι）」（ロマ 2.17, 23, 3.27–29）という語よりも強調した「高慢に振る舞う（κατακαυχάομαι）」をここで用いる。§14.5.5 を見よ。これはロマ 12.16 への伏線でもある。

　127）　この比喩では、枯れた枝が再び接ぎ木され、園芸の現実から乖離し始める。しかしこの比喩は、園芸の常識を突き詰めるのでなく、神学上の意図によって方向づけられている。

　128）　この思想はロマ 4.17 と同様だ。

ますが、あなた方の上には慈愛があります。しかしそれは、あなた方が神の慈愛に留まるならです」(11.22)という教訓を与える[129]。ここには、終末的緊張のもう1つの側面、すなわち(異邦人とその他の)信仰と(イスラエルの今の)不信仰とに応答する神の慈愛と厳しさがある。したがってここに、信仰のアンチテーゼである奢りの余地はない。あるのは神への畏怖の念のみだ[130]。

　要約しよう。パウロによってオリーブの木(ロマ11.17–24)は、イスラエルに関するパウロ神学を最も印象的で有効に説明するプロットとなった。すなわち、イスラエルは今でも神の救済計画における中心的主題であり、それは神の慈愛と厳しさによって表現される。恵みと信仰によって定義されるイスラエルのアイデンティティは、歴史的イスラエルと異邦人の両方を含む。この救済のプロセスは、「すでに／いまだ」の緊張と不確実性の内に置かれている。

§19.6. 第3段階(2)：全イスラエルの救い(ロマ11.25–36)

文学的にも神学的にも、最終的な解決はロマ11.25–27に置かれている。

> [25] 兄弟らよ、この奥義を知らずにいないでいただきたい。それは、あなた方自身で賢くならないためです。部分的な頑迷がイスラエルに生じましたが、それは異邦人(の数)が満ちること(時)が来るまでです。[26-27] すると全イスラエルが救われます。『シオンから救う者が来る。彼はヤコブから不信心を取り除く。私が彼らの罪を取り除く時、これこそが私の彼らとの契約だ』(イザ59.20–21)と書いてあるとおりです。

神の究極の目的に関する「奥義」の覆いが取りのぞかれる時に解決が訪れ

---

[129] 「慈愛 (χρηστότης)」についてはロマ2.4とBDAG, χρηστότης (峻厳、法的厳格)を見よ。Dunn, *Romans*, 664も見よ。

[130] 神に対する適切な応答としての畏怖は、伝統的なユダヤ教的知恵の特徴である(詩2.11, 34.10, 12, 111.10, 112.1, 箴1.7, 3.7, シラ1.11–14, 16, 18, 20, 26–27, 30, 2.7–10, 15–17)。これはパウロ書簡群の他所にも見られる(とくに、IIコリ5.11, 7.1, フィリ2.12, コロ3.22)。

る 131)。その目的には、異邦人を招き入れることがいつも含まれていた 132)。この確信はパウロの改宗に関わる啓示に依拠している。すなわちそれは、神の子が異邦人のあいだで宣べ伝えられねばならないという確信だ（ガラ 1.16）。パウロは確かに、「あなたを通してすべての国々は祝福されます」（ガラ 3.8）というアブラハムへの約束を意識している。しかしここでは、イスラエルの不信仰なる謎の解決という形をとる。すなわち、イスラエルは「部分的な頑迷」を経験しているが、それは「異邦人（の数）が満ちる」までだ。ここにも、イスラエルの躓きに対して異邦人が優越感や自己満足を抱く要因はない。すべてが神の当初からの究極的目的にしたがっている。

　ここで最終的に、イスラエルのアイデンティティと神の選びの者という問題が解決を迎える。ロマ 11.7 のイスラエル、選びの者、残りの者という区分に並行して、今度は「イスラエルの部分的な頑迷」、「異邦人の数の満たし」、「全イスラエル」が示された。第 1 の句は、部分的な盲目さが民全体を迷わせたことを示す 133)。第 2 の句では、最終的なすべてのイスラエルの受容（「彼らの満たし [πλήρωμα]」、11.12）と「異邦人の数の満たし（πλήρωμα）」とが意識的に並列されている 134)。そして第 3 の句は「全イスラエル」と、その範

---

131)　「奥義」に関しては §12 n.52 を見よ。
132)　信仰の従順へとあらゆる国々を導き入れることが神の目的だという「奥義」は、ロマ 16.25–26 の付加においてより明確に示されている。のちのエフェソ書では、ユダヤ人と異邦人とを「共同相続人、この体の共同成員、キリスト・イエスにある約束における共同参加者」としてともに導き入れることが、「キリストにおいてすべてが 1 つにまとめられる」（エフェ 1.9–10, 3.3–6）ための方法だ。Dunn, *Romans*, 678–79; *Colossians*, 119–23 を見よ。この「奥義」がダマスコ途上の啓示かその直後にパウロへ与えられたと議論する Kim ('The Mystery of Rom. 11:25–26 Once More', *NTS* 43 [1997], 412–29) は、ロマ 11.25–26 がこのセクションの開始部（ロマ 9.6）で示されたジレンマに対する最終的な解決として劇的に機能している点を看過している。すなわち、ロマ 11.25–26 が解決する問題は、イスラエルの大半が福音を聞いても信じて従わない（10.14–21）ことによって表面化したのだ。Sänger (*Verkündigung*, 181) は、この奥義の新たな要素が「『頑迷（πώρωσις）』の意味と機能によって制限されている」と述べる。
133)　「部分的な (ἀπὸ μέρους)」は副詞的に理解すべき句で、「部分的に頑なになる」であって (BDAG, μέρος 1c, REB)、「一部のイスラエル」でない (NRSV)。ロマ 15.15, II コリ 1.14, 2.5 を見よ。
134)　「満たし (πλήρωμα)」に関しては §19 n.119 を見よ。しかしこの語の意味は曖昧で、パウロの将来に関する理解の詳細は明かされない。明らかになるのは、以下の 2 点に関する強い確信だ。すなわち、神がその民に誠実であること、そして神の計画にはすべての国々が含まれることだ。Nanos (*Mystery*, ch.5 [とくに pp.272–73, 277, 287]) は「まずユダヤ人、そして異邦人も」という宣教方針を厳密に考え過ぎて、「異邦人の数の満たし」を異邦人宣教の開始部と理解する。

囲を可能なだけ広げている。ここでパウロが歴史上のイスラエルという名で規定される人々を念頭に置いている [135] ことは、ロマ 11.28–29 から明らかだ [136]。しかし今、イスラエルは第 1 に神の「選び」および「召命」によって定義される（11.28, 29）。これはロマ 9.11–12, 24 を想起させる。換言すると、イスラエルという「私」の分断が癒される時が来る。イスラエルと異邦人の「数の満たし」において、歴史上のイスラエルと神の選びの者との分断が消える。パウロは「イスラエル」なる語を歴史上のイスラエルに用い続けるが、もはやそれには排除の意味はない [137]。「全イスラエル」が救われる時、神の民の分断は癒され、終末的緊張は解消され、神のイスラエルは完全となる。

イスラエルに関するパウロの重要な論考のこの最終部分における特記すべき特徴は、キリスト者を特徴づける表現が皆無だという点だ。ここでパウロはイスラエル人として語っている。しかしそれは、パウロの異邦人に対する思いをいかほども弱めない。それでも彼は、一貫してユダヤ教的な特徴を持つイスラエルの最終的救済への希望を前面に押し出している。それでもパウロの焦点は、「シオンからの解放者」の到来（ロマ 11.26）やメシアの来訪にあり、トーラーにない [138]。また彼が、キリスト・イエスの再臨を意識してい

---

135) 「『すべてのイスラエル（πᾶς Ἰσραήλ）』という句……は旧約聖書で 148 回用いられるが、それは必ず歴史的で民族的なイスラエルを指す」（Fitzmyer, *Romans*, 623）。Refoulé ('Coherence') の「すべてのイスラエル＝残りの者」という議論への反論は Penna, *Paul*, 1.318 n.86 を見よ。〔訳註 著者はここで明言しないが、Dunn はその註解書で「すべてのイスラエル」に関して以下のように述べる。「『全イスラエル（πᾶς Ἰσραήλ）』はイスラエル全体を意味しなくてはならず、この場合、個人のユダヤ人の中にはいくらかの（あるいはじつに多くの）例外があったとしても、それがイスラエルの集団アイデンティティやその全体性を損ねることにならない、という見解の一致が今は見られる」。そしてこれを「霊的イスラエル」あるいは「残りの者」と理解する上記の Refoulé や H. Ponsot ('Et ainsi tout Israël sera sauvé', *RB* 89 [1982], 406–17) の見解を否定する。すなわち、パウロはイスラエルという神の民全体に救いが訪れるかを問題にしており、救われない例外的ユダヤ人がいることをその矛盾と考えない。Dunn, *Romans*, 681.〕

136) 「福音について言えば、彼らはあなた方ゆえに敵です。選びに関して言えば、彼らはその父祖ゆえに愛される者です。神の恵みと召命が破棄されることがないからです」（ロマ 11.28–29）。

137) パウロはもはや意味のない垣根を示すために、「異邦人」と区別される「イスラエル」という句を用い続ける。

138) パウロはイスラエルのために異なる救済の方法を考えていたという議論（とくに C. Plag, *Israels Wege zum Heil. Eine Untersuchung zu Römer 9 bis 11* [Stuttgart: Calwer, 1969], 49–61; F. Mussner, '"Ganz Israel wird gerettet werden" [Röm. 11.26]. Versuch einer Auslegung', *Kairos* 18 [1976], 245–53; Gaston, *Paul*, 148）は、彼が意識的に曖昧な表現を用いることの意図を見誤ってい

ることに疑いの余地はない 139)。しかし希望を表現する際にイザ 59.20–21 が引用されており、その意味が曖昧だ 140)。パウロはイスラエルに対する彼の希望を、これまでキリスト者的な（イエスの）告白によって不快な思いを持った彼の同胞に対して、より違和感がない仕方で言い換えようとしているようだ。じつにパウロは、同胞のイスラエル人を、メシアの到来を彼と共に待望することへと招いている。この共通の希望において、歴史上のイスラエルと、新たに招かれたユダヤ人と異邦人（9.24）とのあいだの緊張関係が超越される。

　この和解の希望は、偉大な交響曲とも言い得るこのペリコペの最終楽節（ロマ 11.28–32）と最終コーラス（11.33–36）によってさらに印象づけられる。それは、全能の神の目的が一貫した主題としてここに流れているからだ。その目的は初めから堅固で不変であり、「神の賜物と招きは覆されない」（11.29）141)。イスラエルの神はイスラエルに対して誠実であり続け、神の義は永遠に続く 142)。その目的には、憐れみによる受容（11.30–31）の備えとしての不従順という奥義も含まれている 143)。不従順の時代の当惑と苦悩が何であるにせよ、その最終目的は「彼（神）はすべての者へ憐れみを示す」（11.32）ことだ 144)。賛歌における最後の歓呼では、神のみに焦点が置かれ、キリスト

る。同様に神の契約へ言及する際にも、パウロは読者の一部に違和感を与えるほど広義に捉えている。Dunn, *Romans*, 683–84; Longenecker, 'Different Answers', 98–101; Fitzmyer, *Romans*, 619–20 を見よ。

139)　とくにⅠテサ 1.10 とロマ 7.24 を見よ。Dunn, *Romans*, 682. 異論は Becker, *Paul*, 471–72 参照。

140)　この引用の最終部はほぼ間違いなくイザヤ 27.9 に依拠している。§12 n.58 を見よ。この曖昧さによって「解放者」がヤハウェと理解される可能性もある。註解者によっては、パウロがそのように理解していると考える（例えば、C.D. Stanley, '"The Redeemer Will Come *ek Sion*": Romans 11.26–27', in Evans and Sanders [eds.], *Paul and the Scriptures of Israel* [§7 n.1], 118–42 [とくに pp.137–38] を見よ）。§19 n.138, 10 n.11 も見よ。

141)　「賜物」と「招き」とはロマ 9.4–5 の特権リストを想起させ、また「招き」はロマ 9.7–29 の中心主題でもある。

142)　§2.5, 14.2 を見よ。

143)　ロマ 11.30–31 の警句的表現に関しては Dunn, *Romans*, 687–88 を見よ。「かつて／今」のアンチテーゼ、「すでに／いまだ」という未来志向と対応する終末的「今」という過去への視野に注目せよ。

144)　ロマ 11.32 はガラ 3.22–23 の思想と同様だ。すなわち、今の「監視／拘束」の段階はのちの完成を視野に入れている。

への言及がない（11.33–36）。パウロが思い描く救済プロセスの頂点は、Ⅰコリ15.24–28におけるキリスト論の頂点に匹敵する。すなわち、「神がすべてにおいてすべてとなられるためです」。

§19.7. 終着地（ロマ15.7–13）

ローマ書とパウロ神学においてロマ9–11章がいかに機能するかを考察する際、これらの章で明らかになった主題を同書の最終段階（ロマ15.7–13）で、パウロが再び述べていることを忘れてはならない。

> ⁷したがって神の栄光のため、キリストがあなた方を受け入れたように、互いに受け入れなさい。⁸私は断言しますが、キリストは父祖への約束を確証するために神の真実のため割礼者に仕え、⁹神をその憐れみゆえに賛美するため異邦人に仕えました。「それゆえ私は、異邦人のあいだであなたを告白し、あなたの名を賛美します」（詩18.50）と書いてあるとおりです。¹⁰さらに、「異邦人よ、その（神の）民と共に喜べ」（LXX申32.43）とあります。¹¹また、「主を誉めよ、すべての異邦人よ、あらゆる諸民族よ、この方を誉めよ」（詩117.1）と。¹²またイザヤは、「エッサイの芽が現れ、異邦人らを治めるために立ち上がる。異邦人は彼に望みを置く」（イザ11.10）と言います。¹³あなた方が聖霊の力において希望に満ちることを信じることによって、希望の神があなた方をすべての喜びと平和で満たしますように。

本ペリコペに関して4つの特徴に言及しよう。まず、(1)直前の弱者と強者に対する勧め（14.1–15.6）との関連で登場する受容（受け入れる）という特徴だ。ロマ14.1–15.6では、もっぱら強者が弱者を「受け入れる」よう勧められたが（14.1, 15.1）、ここでは「（両者が）互いに受け入れなさい」（15.7）と勧められる。ロマ14.1–15.6の問題の中心がユダヤ人アイデンティティに対する配慮だったので[145]、ここでの互いの受容と敬意への勧めは重要な展開

---

[145] §24.3を見よ。

だ。パウロはキリスト者のユダヤ的アイデンティティが過度に強調されることを望まないと同様に、それを撤廃することを望まない。むしろ「1つの心と1つの声で、あなた方が主イエス・キリストの父なる神を褒め称える」(15.6) ことが望まれる。

(2) 歴史的イスラエルの過去に繋がるアイデンティティが一貫して強調されている。キリストは「父祖への約束を確証するために神の真実のため割礼者に仕え」る（ロマ 15.8）。ローマ書全体の執筆目的が神の誠実さ（真実）——本来の父祖への約束に対する割礼を通した誠実さ [146] ——の論証にあることは明らかだ [147]。ロマ 11 章または 9–11 章の議論はローマ書におけるパウロ神学の後付けでなく、むしろその中心に位置する。キリスト者とイスラエルとの連続性——それはイスラエルの連続性でもある——という主題が、パウロの福音の根幹にある。

(3) 同様に、異邦人と神の民との集成（integration）——同化（assimilation）や吸収（absorption）でなく——も中心的主題だ。どうやらパウロは、旧約聖書の引用と主題が頻出するロマ 9–11 章における解説で、神の目的が成就される希望を最も効果的に要約するテクスト群を、最後の切り札として手許に置いていたようだ。パウロの表現は巧妙だ。彼はヘブライ的な「憐れみと真(חֶסֶד וֶאֱמֶת)」（箴 3.3 参照）という二詞一意に立ち戻るが、これは選びの民イスラエルの自己理解の根拠だ [148]。しかし、Ⅰコリ 8.6 がシェマアを神と主とのあいだで分断したように、ここでも二詞一意を割礼者（ロマ 15.8）と異邦人（15.9）とに分け [149]、この両者がともに神の契約における憐れみの対象であることが強調される [150]。そしてロマ 15.10 では、本来はイスラエルの自己理解の礎である申 32 章（モーセの歌）のギリシャ語訳が、パウロの議論を支持するために用いられる。なぜなら LXX は、ヘブライ語の勝利主義的表現

---

146) 父祖への約束という主題はロマ 4, 9 章の解説に織り込まれている（4.13–14, 16, 20, 9.4, 8–9)。
147) §2.5, 14.2 を見よ。
148) BDB, חֶסֶד Ⅱ.2 を見よ。
149) §10.5.1 を見よ。
150) パウロはロマ 15.8 と 15.9–10 との関連を、私たちが望む以上に曖昧なままに留めている。Dunn, *Romans*, 847–48 を見よ。

（「諸国よ、神の民を讃えよ」、申 32.43）を「諸国よ、神の民と共に喜べ」へと変更しており、これがパウロが提示する集成主題と符合するからだ。

（4）最終部分に連なる引用は、礼拝と希望の共同体におけるユダヤ人と異邦人との包括というパウロの幻を要約する。「あらゆる諸国民よ、この方を誉めよ」（詩 117.1）における「あらゆる／すべての」という語は、そのローマ書における最も特徴的な役割を最後にもう一度果たす。すなわち、まずユダヤ人でありそして異邦人、あるいはユダヤ人のみならず異邦人も、を意味する[151]。「エッサイの芽」に「異邦人は……望みを置く」（ロマ 15.12）。パウロは「希望」を 3 度繰り返し、それが彼の神学の中心的主題であることを印象づける。

§19.8. 結論

パウロはロマ 9–11 章において、その思いの丈を書き記した。パウロ個人のアイデンティティと福音の論理とは、彼の召命および同胞の運命と密接に繋がっている[152]。その結果、ここに示されるパウロの神学は他所で見られないほど個人的で、ある意味で無防備だ。

より具体的には、イスラエルの将来に関するパウロの展望は、異邦人への使徒としての召命と密接に結びついている。彼はその宣教活動が終末的完成に重要な引き金となるという確信と希望を抱いている（ロマ 11.13–15）。スペイン宣教へのパウロの熱望（15.24, 28）は、世界宣教が完成までほど遠いとの見通しを示していない。むしろパウロは、創 10 章の諸民族目録とそれに沿った地理的理解に立って、スペイン宣教をヤペテの子らへの最終的な働きかけと捉えたことだろう[153]。この箇所に示されるパウロ神学が彼の宣教者なる自己理解とあまりにも不可分なので、のちの神学者はこの固結び(ひもと)を繙く

---

[151] §14.7.1 を見よ。
[152] ロマ 9.3, 10.1, 11.1–2.
[153] とくに W.P. Bowers, 'Jewish Communities in Spain in the Time of Paul the Apostle', *JTS* 26 (1975), 395–402; Aus, 'Paul's Travel Plans' (§24 n.1); J.M. Scott, *Paul and the Nations: The Old Testament and Jewish Background of Paul's Mission to the Nations* (WUNT 84; Tübingen: Mohr, 1995) を見よ。§12.4 も見よ。

ことに難儀する。この困難さの最も明らかな原因の1つに、パウロが「異邦人の数を満たす」という志を完遂し得なかったことが挙げられる。私たちが知る限り、パウロはスペインに到達しなかった〔訳註　Dunn, *Beginning from Jerusalem* (2009), 1052-57 参照〕。そしてキリスト教の世界宣教は終わっていない。それは、イスラエルとイスラエルの希望に関するパウロの神学にとって何を意味するか。

さらに、人類を分類するカテゴリーを再構成するパウロの試みも完成しなかった。彼自身は「ユダヤ人 vs 異邦人」という対立関係から、「イスラエル」へと議論を移行させた。その過程で、「イスラエル」を神に呼ばれた者と再定義しようとした。歴史上のイスラエルに対して「イスラエル」という語を用いる場合でも、この語をより広義の意味で捉えようと試みた。しかし彼の試みは継承されなかった。すでにイグナティウスにおいて、議論はユダヤ人／キリスト者、ユダヤ教／キリスト教という対立関係へと逆戻りした[154]。また「イスラエル」という語には、すでに『バルナバの手紙』やメリトンによって排他的で対立的なニュアンスが付加され、旧いイスラエルに取って代わる教会が「新たなイスラエル」と称された[155]。このような事態に陥ると、ロマ9-11章における神学的希望（また宣教の方策）の悲運が決定づけられ、ここでパウロが提供した神学は果てのない混乱と誤解との餌食となってしまった。

しかしまさにこの点で、パウロ神学の挑戦が再評価され再発見される必要がある。パウロは古（いにしえ）のエリヤのように、「イスラエルを煩わす者」（王上

---

154) じつにこの差別化という文脈において——ユダヤ教でないキリスト教、ユダヤ教として定義されないキリスト教——イグナティウスは初めて「キリスト教（Χριστιανισμός）」という語を用いる（『イグ・マグ』10.3,『イグ・フィラ』6.1）。K.-W. Niebuhr, '"Judentum" und "Christentum" bei Paulus und Ignatius von Antiochien', *ZNW* 85 (1994), 218-33 (とくに pp.224-33); Dunn, 'Two Covenants or One?' (§6 n.84).

155) 『バル手』4.6-8, 13-14, メリトン『過越しについて』72-99. Dunn, 'Two Covenants or One?' (§6 n.84), 111-13; Fitzmyer, *Romans*, 620 を見よ。現代の例としては Ridderbos (*Paul*, 333-34, しかし p.360 を見よ) が、「教会は歴史的な神の民としての役割を引き受けた」と述べる。Harrington (*Paul*, 90) は、第二ヴァティカン公会議における「キリスト教以外の諸宗教に対する教会の態度についての宣言（*Nostra Aetate*）」に「イスラエルに対する非常に肯定的な姿勢」が見られると評価しつつも、部分的には「『代替主義』とか『交換』とか、パウロ以外の新約聖書に見られる神学に寄り添うキリスト教伝統を反映している」と述べる。

18.17）であり続ける。一方でパウロは異邦人キリスト者に対し、イスラエルがいまだ神の目的において優先的な位置にあることを主張する。歴史的イスラエルはいまだ「イスラエル」であり、彼らこそイスラエル人だ（9.4）。同時に彼は、キリスト教をイスラエルとして理解せずには理解不能だと主張する。それは、2000年も前に1本のオリーブの木に神が接ぎ木してできた枝なのだ。他方でパウロはその同胞に対し、イスラエルは民族的血縁や「行い」でなく、神の召命と選びとによって理解されると主張する。すなわち「イスラエル」は神に呼ばれた者すべてにいつも開かれており、イスラエルに属するためには神の召命以外何の条件も付加されない。パウロの挑戦的な神学は、両方向へと刺激を与える。

　このようなパウロ神学の理解は、一般的に見られるパウロ理解と真っ向から衝突する。パウロは伝統的に「使徒そして背教者（apostle and apostate）」と理解されてきた[156]。しかしこれは、「ユダヤ人 vs 異邦人」という視点から見たパウロであり、「キリスト教 vs ユダヤ教」なる分離と対立という視点から見たパウロだ。ロマ9-11章のパウロは、「イスラエル」のパウロ、またイスラエル人としてのパウロであり、両者の関係を損ねるのでなくむしろその架け橋を築く可能性を秘めた神学を提供している。ここで重要となる問いは、第二神殿期ユダヤ教後期を生きたパウロが、1人のイスラエル人としてイスラエルの真の声を発していると認識し得るか、である。はたしてパウロは、歴史上のイスラエルの基礎となる約束（諸国民への祝福）と歴史上のイスラエルの預言者的大義（諸国民への光であること）を体現していると認識されるか、である。あるいは、パウロがイスラエルに対して抱いた希望（ロマ11.26）、すなわち神の民と共に異邦人が喜び、諸国民があまねく神を讃えることが（15.10–11）、イスラエル自体の希望として認識されるか、である。この問いに対して「是」と応答するなら、それはキリスト教神学にとって革新的な出来事となり、ユダヤ人とキリスト者との対話に新たな推進力を提供することとなる。

---

156) Segal, *Paul* の副題にこれが反映されている。

第6部
教会

第20章 キリストの体 [1]

1) 第20章の文献リスト
R. Banks, *Paul's Idea of Community: The Early House Churches in their Historical Setting* (Exeter: Paternoster / Grand Rapids: Eerdmans, 1980; Peabody: Hendrickson, ²1994); **S.C. Barton**, 'Christian Community in the Light of 1 Corinthians', *Studies in Christian Ethics* 10 (1997), 1–15; **Becker**, *Paul*, 420–30; **Beker**, *Paul*, 303–27; **E. Best**, *One Body in Christ: A Study of the Relationship of the Church to Christ in the Epistles of the Apostle Paul* (London: SPCK, 1955); **L. Cerfaux**, *The Church in the Theology of St. Paul* (New York: Herder, 1959); **Conzelmann**, *Outline*, 254–65; **N.A. Dahl**, *Das Volk Gottes. Eine Untersuchung zum Kirchenbewußtsein des Urchristentums* (1941; Darmstadt: Wissenschaftliche Buchgesellschaft, 1962), 209–78; **H. Doohan**, *Paul's Vision of Church* (Wilmington: Glazier, 1989); **Dunn**, *Jesus and the Spirit* (§18 n.1), ch.8; '"The Body of Christ" in Paul', in M.J. Wilkins and T. Paige, *Worship, Theology and Ministry in the Early Church* (R.P. Martin FS; JSNTS 87; Sheffield: Sheffield Academic, 1992), 146–62; **Fee**, *Empowering Presence* (§16 n.1), 146–261, 604–11; **Fitzmyer**, *Paul*, 90–93, 95–97; **B. Gärtner**, *The Temple and the Community in Qumran and the New Testament* (SNTSMS 1; Cambridge: CUP, 1965); **Gnilka**, *Theologie*, 108–15; *Paulus*, 266–72; **M. Goguel**, *The Primitive Church* (London: George Allen and Unwin, 1964), 51–64; **J. Hainz**, *Ekklesia. Strukturen paulinischer Gemeinde-Theologie und Gemeinde-Ordnung* (BU 9; Regensburg: Pustet, 1972); **F.J.A. Hort**, *The Christian Ecclesia* (London: Macmillan, 1897); **Jewett**, *Anthropological Terms* (§3 n.1), ch.5; **E. Käsemann**, *Leib und Leib Christi: Eine Untersuchung zur paulinischen Begrifflichkeit* (Tübingen: Mohr, 1933); 'The Theological Problem Presented by the Motif of the Body of Christ', *Perspectives*, 102–21; 'Worship in Everyday Life: A Note on Romans 12', *New Testament Questions*, 188–95; **Keck**, *Paul*, 59–61; **W. Klaiber**, *Rechtfertigung und Gemeinde. Eine Untersuchung zum paulinische Kirchenverständnis* (FRLANT 127; Göttingen: Vandenhoeck, 1982); **H.-J. Klauck**, *Hausgemeinde und Hauskirche im frühen Christentum* (SBS 103; Stuttgart: KBW, 1981); **W. Kraus**, *Das Volk Gottes: Zur Grundlegung der Ekklesiologie bei Paulus* (WUNT 85; Tübingen: Mohr, 1996); **A. Lindemann**, 'Die Kirche als Leib. Beobachtungen zur "demokratischen" Ekklesiologie bei Paulus', *ZTK* 92 (1995), 140–65; **R.J. McKelvey**, *The New Temple: The Church in the New Testament* (London: OUP, 1969); **Meeks**, *First Urban Christians*, 74–110; **Merklein**, 'Die Ekklesia Gottes. Der Kirchenbegriff bei Paulus und in Jerusalem' and 'Entstehung und Gehalt des paulinischen Leib-Christi-Gedankens', *Studien*, 296–318, 319–44; **J.J. Meuzelaar**, *Der Leib des Messias. Eine exegetische Studie über den Gedanken vom Leib Christi in den Paulusbriefen* (Kampen: Kok, 1979); **P.S. Minear**, *Images of the Church in the New Testament* (Philadelphia: Westminster, 1960); **E. Nardoni**, 'The Concept of Charism in Paul', *CBQ* 55 (1993), 68–80; **M. Newton**, *The Concept of Purity at Qumran and in the Letters of Paul* (SNTSMS 53; CUP, 1985); **A. Oepke**, *Das Neue Gottesvolk* (Gütersloh: Gütersloher, 1950); **Penna**, 'Christianity and Secularity / Laicity in Saint Paul: Remarks', *Paul*, 2.174–84; **E. Percy**, *Der Leib Christi (Sōma Christou) in den paulinischen Homologoumena und Antilegomena* (Lund: Gleerup, 1942); **Ridderbos**, *Paul*, 362–95; **Robinson**, *Body* (§3 n.1); **J. Roloff**, *Die Kirche im Neuen Testament* (Göttingen: Vandenhoeck, 1993); **J.P. Sampley**, *Pauline Partnership in Christ: Christian*

§20.1. 集団アイデンティティの再定義

　パウロの思考の流れは、ロマ9–11章の最終部で誤解されているのみならず、その冒頭でも正しく理解されていない。正しい理解のためには、これら3章においてパウロが実質的に神の民としての集団アイデンティティへと話題を移していることを確認する必要がある。キリスト者のアイデンティティが集団アイデンティティであることはロマ5–8章で示唆されている。ロマ5.12–21ではアダム・キリスト論が展開され、ロマ6章では「キリスト（の内）において」というイメージが提示され、ロマ8.27–33では「イスラエル」、「聖徒ら」あるいは「神を愛する者ら」という言語表現が、この集団性を前提としている[2]。しかし、ロマ4章でアブラハムが信仰の原型として提示されていることや、ロマ6–8章での奨励が直接的であることは、明らかに信仰が著しく個人（主義）的であるとの印象を与える。実際パウロにとっての信仰には、個人的な体験という側面がある。信仰がたんなる間接的継承内容でないことは、パウロの福音と神学にとって大きな意味がある。しかしそれは、パウロが自分の信仰をたんに個人的なことと理解したり、キリスト者が個々人で復活のキリストとの豊かな交わりを完結できると考えたりしていたことを意味しない。信仰体験は同時に集団的な体験だ。この点もパウロ神学の根源に関わる確信だ。

　それでは、福音が可能とする集団アイデンティティとは何か。ロマ5–8章

Community and Commitment in Light of Roman Law (Philadelphia: Fortress, 1980); **S. Schatzmann**, *A Pauline Theology of Charismata* (Peabody: Hendrickson, 1987); **S. Schulz**, 'Die Charismenlehre des Paulus. Bilanz der Probleme und Ergebnisse', in J. Friedrich, et al. (eds.), *Rechtfertigung* (E. Käsemann FS; Göttingen: Vandenhoeck, 1976), 443–60; **H. Schürmann**, 'Die geistlichen Gnadengaben in den paulinischen Gemeinden', *Ursprung und Gestalt* (Düsseldorf: Patmos, 1970), 236–67; **Schweizer**, 'Die Kirche als Leib Christi in den paulinischen Homologoumena', *Neotestamentica* 272–92; **Strecker**, *Theologie*, 190–98; **Stuhlmacher**, *Theologie*, 356–63; **Turner**, *The Holy Spirit* (16 n.1), 261–85; **A.J.M. Wedderburn**, 'The Body of Christ and Related Concepts in 1 Corinthians', *SJT* 24 (1971), 74–96; **Whiteley**, *Theology*, 186–204.

　2)　§19.1を見よ。

第20章　キリストの体

は「イスラエルに対する神の誠実さとは何か」と問うたが[3]、ロマ9–11章はこれに呼応する仕方でさらに重要な質問を投げかける。すなわち、もし神の選びにおける焦点がいまだイスラエルに置かれているとすると、しかし「イスラエル」がもはやたんに民族的なイスラエルでないとすると、ユダヤ人と異邦人とからなる「神に呼ばれた者」(9.24)の集団としてのあり方は何か、という問いだ。もはや神の民がアブラハム直系の子孫と定義されず(9.7–9)、またその業績によって所属が確定されないなら(9.10–12)、何をもって神の民となるか。キリストの民を定義する特徴とは何か。

ロマ9–11章から12章へと続く論理の流れから、2つの相反する集団をパウロが念頭に置いていると考えられがちだ。遅くともF.C. バウル以降の聖書学において、この対比は「国家的」対「普遍的」あるいは「排他的」対「内包的」と表現されてきた。バウルにとって、初期キリスト教の発展を方向づけたペトロ派とパウロ派との相剋は、個別主義的ユダヤ教と普遍主義的キリスト教との対立を象徴した。そしてユダヤ教の一宗派から教会を開放し、「その精神と目的とにおいて優勢な普遍主義」が解き放たれることに貢献したのがパウロだ[4]。このキリスト教史観にはその後修正が加えられたが、バウルはいまだ大きな影響を及ぼしている[5]。

私はこのような歴史観にまったく同意できない。第1に、イスラエルの創成に関わる信仰表明は同様に普遍主義的だった。パウロがロマ3.29–30で指摘するとおり、神の唯一性(シェマアの内容)は、唯一の神がユダヤ人のみならず諸民族の神でもあるという理解を含んでいる[6]。さらに歴史上のイスラエルは、外国人寄留者や改宗者や神を恐れる異邦人に対して門戸を開いていた[7]。アブラハムを通して諸国民へ神の祝福が及ぶという約束も忘れては

---

3) §19.1 を見よ。

4) F.C. Baur, *The Church History of the First Three Centuries* (1853; London: Williams and Norgate, 1878–79), 5–6, 9, 27–29, 33, 38–39, 43, 49–50 等。

5) とくに Ridderbos, *Paul*, 333–41 を見よ。

6) また §2.2, 2.5 を見よ。

7) 例えば Dunn, *Jesus, Paul and the Law*, 143–47 を見よ。ソロモンの祈りで神殿が異邦人に対して開かれている様子を見よ(王上 8.41–43, 代下 6.32–33)。さらに Kraus, *Volk Gottes*, 16–44.

ならない[8]。イスラエルは諸国民のための光だ[9]。諸国がシオンに集って主の礼拝に参加するという終末理解にユダヤ人は馴染んでいた[10]。一方で新たなキリスト教運動にも排他的な側面があった。ユダヤ教が改宗者に割礼と律法の諸規定を要求したように、キリスト教は改宗者にキリストへの信仰とキリストの名によるバプテスマを要求した。

　この議論は範疇の混乱に陥りがちだ。神学的レベルでは、信じる者すべてに提供される福音が、たんに唯一神信仰の告白以上の普遍性を含むかとの議論につながる。また、割礼の要求はバプテスマの要求よりも限定的か。社会学的には、規模の差異にかかわらず、ある集団に他の集団と区別される特徴があることは問題にならない。他者との判別が可能な境界線が存在してこそ、独自の集団の存在が認められる。これは社会学のイロハだ。例えば、頻繁に引用される以下のテクストで、この範疇の問題が認識される。「ユダヤ人もギリシャ人もありません、奴隷も自由の身分もありません、男と女ではありません[11]」。この言説は明らかに神学的な確証であって、社会学的な描写でない。この点に関しては後述しよう[12]。

　アイデンティティに関わる繊細な部分をいかに理解しようと、1つの重要な問いが私たちに突きつけられていることは確かだ。それは、〈神に呼ばれた者がたんにイスラエルでない――すなわち「イスラエルがすべてイスラエルでない」（ロマ9.6）――なら、神の民という範疇を示す集団アイデンティティは何か〉という問いだ。ポール・ミニアーはこれに応答し、「新約聖書における教会のイメージ」を95項目も提供している[13]。ここでは、4つの項

---

8) 創12.3, 18.18, 22.18, 26.4, 28.14に加えて、とくに詩72.17, エレ4.2, ゼカ8.13を見よ。
9) イザ49.6, 51.4.
10) 例えば詩22.28–32, 86.9, イザ2.2–3, 25.6–8, 56.3–8, 66.18–23, ミカ4.1–2, ゼファ3.9, ゼカ2.11, 14.16, トビ13.11, 14.6–7,『ソロ詩』17.34,『シビュ』3.710–20, 772–75. しかし王下6.17, 詩87.5–7, イザ19.18–25, ヨナ3.5–10, マラ1.11も見よ（国外における異邦人によるヤハウェ崇拝）。
11) ガラ3.28. 同様にIコリ12.13, コロ3.11も見よ。§17 n.10を見よ。
12) §21.1を見よ。
13) Minear, *Images*. 彼が列挙する項目（「教会のイメージ」と呼べないものもあるが）のうち、以下で扱うもの以外のパウロが用いる最も重要なメタファを挙げると（Minearの序列）、キリストからの手紙（IIコリ3.2–3）、オリーブの木（ロマ11.13–24）、神の植樹と建築（Iコリ3.9）、キリストの花嫁（IIコリ11.1–2）、市民（フィリ3.20*）、神の民（ロマ9.25–26）、イスラエル（ガラ6.16）、割礼（フィリ3.3）、アブラハムの子孫（ガラ3.29, ロマ4.16）、残りの者（ロマ9.27,

目についてのみ考察しよう 14)。

§20.2. 神の教会

　論考の起点としては、「教会」という呼称が最も良かろう。「教会（ἐκκλησία）」は、キリストの名によって集う者の集団を指すのに、パウロが最も頻繁に用いた語だ 15)。彼はその手紙で、「テサロニケ人の教会」、「コリントにある教会」、「ガラテヤの諸教会」と、具体的な受信先を明示する 16)。彼は自らの責任範囲にある集団に対し、しばしば諸教会あるいはより明らかに「すべて教会」という表現を用いる 17)。したがって、パウロがその異邦人宣教を通して改宗した者らの集団アイデンティティを概念化する語として、「教会」という語を最も頻繁に用いたことは明らかだ。

　パウロはなぜこの語を用いたか。以前にはこれに語源論的な説明が加えられた。「教会（エクレーシア ἐκκλησία）」は「外へ（ἐκ）」と「呼ぶ（καλέω）」からなる複合語で、その意味はまさに「呼び出された者ら」の集会だ 18)。キリ

11.5–7)、選びの者（ロマ 8.33*）、新たな創造（Ⅱコリ 5.17)、光（フィリ 2.15、Ⅰテサ 5.5)、奴隷（例えばガラ 5.13)、神の子ら（ロマ 8.14–17*）だ（アスタリスクは本書著者による出典箇所)。Kraus（*Volk Gottes*, 111–18）は 15 のイメージを提示する。興味深いことに Minear も Kraus も「家族」をそのリストに含めない。パウロが教会に手紙を宛てる際に、家族関係なるイメージを用いても（ガラ 4.19 の「出産」、Ⅰコリ 4.15, 17, フィリ 2.22、Ⅰテサ 2.11 の「父と子」、多所で「兄弟」)、キリスト者集団を家族のような構成（父、妻／母、子、奴隷）と見なさないからだろう。家族構成が教会構成の模範だとの理解は、キリスト者への奨励に家庭訓が用いられ始めたことが影響していよう（§23.7.3)。これが明らかなのは牧会書簡（Ⅰテモ 3.4–5、テト 1.6, 2.5）だ。

14)　「神の民」という表現をパウロが限定的に用いている点に鑑みると（ユダヤ教聖典の引用か連想かに限られる)、このイメージをパウロの教会論の中心に置く（最近では Kraus, *Volk Gottes*）ことが適切か疑問が残る。もっとも、イスラエルとの継続性を強調する際に有用ではあるが（ロマ 9.24–26、Ⅱコリ 6.16)。

15)　パウロ文書に 62 回登場し、Ⅰコリント書での頻度が最も高い。その他、使徒言行録に 23 回、黙示録に 20 回で、新約聖書全体では 114 回用いられている。不思議なことに Minear は彼のリストに ἐκκλησία を挙げない。

16)　Ⅰコリ 1.1、Ⅱコリ 1.1、ガラ 1.2、Ⅰテサ 1.1、Ⅱテサ 1.1。コロ 4.16 は「ラオディキアの教会」に言及する。

17)　ロマ 16.4, 16、Ⅰコリ 4.17, 7.17, 11.16, 14.33–34、Ⅱコリ 8.18, 19, 23–24、Ⅱコリ 11.8, 28, 12.13、フィリ 4.15。

18)　K.L. Schmidt, *TDNT* 3.501–36（とくに pp.530–31); Gnilka, *Theologie*, 111 を見よ。

スト者が「呼ばれた者[19]」であり「選ばれた者（ἐκλεκτός）」（ロマ 8.33）であることを考えると、言葉の連想としては有効だろうが、パウロがこのような言葉遊びを行わないことは分かっている。あるいは、選挙権を持つ市民の集会に同語のエクレーシアを用いる同時代の慣習にパウロが影響されたとの解釈もある[20]。しかしこの場合、パウロが共有するのはそれが集会だということであり、特定の目的——市民による投票——を意識していまい。

一方で、パウロがイスラエルのアイデンティティを意識して「教会（エクレーシア）」という語を用いたとの理解は、蓋然性が高い[21]。LXX は ἐκκλησία というこの語を約 100 回用いるが、この背景には「集会」を意味するヘブライ語の「カハル（קָהָל）」がある[22]。最も頻繁に用いられる成句は「ヤハウェの集会（קְהַל יְהוָה）」や「イスラエルの集会（קְהַל יִשְׂרָאֵל）」だ[23]。パウロが「神の教会[24]」なる表現を頻繁に用いることから、このユダヤ教的背景が彼の念頭にあったことは明らかだ。同様に、頻出しないが「教会全体[25]」というパウロの表現は、「イスラエルの全集会[26]」というユダヤ教聖典にしばしば登場する句を意識しているようだ。たしかに LXX は「ヤハウェの集会（קְהַל יְהוָה）」を「主の集会（ἐκκλησία κυρίου）」と訳しながらも[27]「集会（קָהָל）」に「会堂」を意味するシュナゴーゲー（συναγωγή）をも用いる[28]。さらにパウロは、自らの用法とユダヤ教聖典の用語とが直結するように示唆しない[29]。しかし「神の教会」はパウロの目的と非常に符合する表現だ。

---

19) §19.3.1 の主題を見よ。とくにロマ 8.30, 9.24.

20) 使 19.39. さらに LSJ と BDAG, ἐκκλησία 1 も見よ。この語はときとして任意団体の実務会議をも意味した（Meeks, *First Urban Christians*, 222 n.24）。

21) 例えば Bultmann, *Theology*, 1.94–98; Merklein, 'Ekklesia Gottes', 303–13 を見よ。

22) 使 7.38（「荒野の ἐκκλησία」）も見よ。

23) 「ヤハウェの集会（קְהַל יְהוָה）」（民 16.3, 20.4, 申 23.1–3, 8, 代上 28.8, ネヘ 13.1, ミカ 2.5.「神の民の集会」は哀 1.10, シラ 24.2, 士 20.2)。「イスラエルの集会（קְהַל יִשְׂרָאֵל）」（出 12.6, レビ 16.17, 民 14.5, 申 31.30, ヨシュ 8.35, 王上 8.14, 22, 55, 12.3, 代上 13.2, 代下 6.3, 12–13)。

24) 「神の教会」（I コリ 1.1, 10.32, 11.22, 15.9, II コリ 1.1, ガラ 1.13)、「神の諸教会」（I コリ 11.16, I テサ 2.14, II テサ 1.4)、「神にある教会」（I テサ 1.1, II テサ 1.1)。

25) ロマ 16.23, I コリ 14.23.

26) §20 n.23 のほとんどが「イスラエルの集会（קְהַל יִשְׂרָאֵל）」。

27) しかし 1QM 4.10 は אֵל קְהַל（「神の集会」）という句を用いる。

28) קָהָל が ἐκκλησία と訳されるのは 69 か 70 回、συναγωγή と訳されるのは 35 か 36 回。

29) J. Roloff, ἐκκλησία (*EDNT* 1.411).

第20章　キリストの体

　この句は「ヤハウェの集会」との連続性を保ちつつ、「主の集会」という句の「主」が誰かについて混乱を招かない[30]。パウロがこの定型句に「キリスト」を用いることはほとんどなく、例外は「キリストの諸教会」（ロマ16.16）のみだ。それ以外では「キリストにある諸教会」（ガラ1.22）あるいは「キリスト・イエスにある神の諸教会」（Ⅰテサ2.14）だ。パウロにとって「神の（諸）教会」という表現は非常に重要であり、これが意識的でなく場当たり的な用法とは考え難い。「教会（エクレーシア）」という語に「（ユダヤ人）会堂（シュナゴーゲー）」へ向けた何らかの抵抗意図があったことを示す証拠はない[31]。より一般的なギリシャ語の語感ではシュナゴーゲーはエクレーシアと同様に使用可能な語だが[32]、パウロはシュナゴーゲーを用いない。ガラ1.3やⅠテサ2.14での敵対的場面では、より直接的な表現が用いられる。したがって、パウロが「ユダヤ人会堂」の向こうを張って「教会」という語を用い始めたとの議論は、ひいき目に見ても論拠に乏しい。パウロが「神の（諸）教会」という句を容易く用いる様子から、むしろ彼に敵対的な意図がないことが推測される。同様に示唆に富む「神の義[33]」という表現と共に、この句はLXXを熟知する聴衆や手紙の受信者にとってその意味が十分に伝わるものだった。

　まとめると、パウロはキリスト者の小規模集団を、「ヤハウェの集会」や「イスラエルの集会」の体現あるいは直接の継承として捉え、そのように教えていたことに疑いの余地はない。

　この点に関してはより具体的な背景を想定できる。なぜなら、パウロが改宗以前に迫害者だったことを述べる場面で、必ず「神の教会を迫害した」者と自らを表現するからだ[34]。このことは、パウロ以前のキリスト者共同体が

---

30) パウロ書簡において κύριος は聖典の引用でないかぎり、いつもキリストを指す。§10.4, 10 n.47 を見よ。
31) Beker, *Paul*, 315–16 を見よ。これはとくに W. Schrage, 'Ekklesia und Synagoge', *ZTK* 60 (1963), 178–202 への反論。
32) LSJ, συναγωγή を見よ。
33) §14.2 を見よ。
34) Ⅰコリ15.9, ガラ1.13, フィリ3.6.

すでにこの句を用いていたか[35]、ダマスコ途上での啓示を機に、自分がじつに神の（終末的）集会を迫害していたと認識したことを意味する。いずれにせよ、この認識は彼の教会論全体の基礎をなす。なぜなら、これは一方で、エルサレム教会がヤハウェの集会およびイスラエルとの継続性を示す特別な場として見なされることを示唆するからだ[36]。また他方では、パウロの迫害がおもにエルサレム教会のギリシャ語を話すキリスト者らに向けられていたことから[37]、彼がこの早い段階において、「神の教会」が諸国の民に開かれていると認識していたことを意味するからだ[38]。

これらすべてを考慮すると、「神の教会」という概念をパウロがいかに用い、発展させたかが明らかになる。第1に、パウロはこの句をとくに異邦人中心の集会を指す語として用いた。この時点で「神の集会」は、ユダヤ人のみならず異邦人をも前提としていた。ユダヤ人がイスラエルの集会の（民族的）純粋性を強調する様子がさまざまなユダヤ教文献に見られることに鑑みると、これは重大な展開だ[39]。キリスト教を普遍主義とし、ユダヤ教を個別主義とする過度に単純化した視点は避けねばならないが、パウロにはイスラエルの遺産の後継者について、比較的包括的な理解があったことが分かる[40]。

もう1つの特徴は、LXX がほぼ一貫して単数の「神の集会」を用いるのに対し、パウロは「神の諸集会」という複数の表現も用いる点だ。彼は「神

---

[35] 異論は Becker, *Paul*, 427 参照。他所での用法はこの点をたんに示唆する。マタ 16.18, 18.17, 使 5.11, 8.1, 3, ヤコ 5.14 参照。

[36] これはエルサレム教会を「聖徒」と表現するパウロの用法にも示唆される（ロマ 15.25, 31, Ⅰコリ 16.1, Ⅱコリ 8.4, 9.1, 12）。エルサレムの貧しい聖徒らへの援助もこれを示唆する（ロマ 15.25–26, Ⅰコリ 16.1–4, Ⅱコリ 8–9 章）。イエスのメシア性と同様に（§8.5）、これは初期キリスト者らに既知のことで、聖典から論ずる必要がなかったのだろう。

[37] §14.3 を見よ。

[38] とくに Roloff, *EDNT* 1.412; Gnilka, *Theologie*, 109–11 を見よ。この強調はⅠテサロニケ書に十分に見られる（「教会」(1.1)、「愛する者」(1.4)、「選ばれた者」(1.4)、「呼ばれた者」(2.12, 4.7, 5.24)、Kraus, *Volk Gottes*, 122–30 を見よ）。この強調はパウロ書簡群の他所にも見られることから（この点は Kraus のⅠコリント書、ガラテヤ書、Ⅱコリ 1–8 章、ローマ書の分析が明示する）、Ⅰテサロニケ書の神学が特異というのでない（異論は Becker, *Paul* [§1.4] 参照）。

[39] ネヘ 13.1, 哀 1.10, 1QSa 2.3–4, CD 12.3–6.

[40] これは Kraus (*Volk Gottes*) の中心的主題だ。したがって例えばⅠコリント書の分析では、「『新たな契約』は『旧い契約』と相反するかのように見なされてはいけない。むしろ、異邦人をも含む刷新された契約である」(p.196) と結んでいる。

の集会」が同時に多数の場所に存在することを問題と感じなかったようで、それはユダヤの、ガラテヤの、アジアの、マケドニアの（神の）諸教会であり得た[41]。主イエスの名においてバプテスマを受けた人々の集まり1つ1つが、それぞれの集会の場所で「神の集会」だった[42]。またパウロは、「（誰々の）家の教会」——プリスキラとアキラの、ニンファの、フィレモンの家の教会[43]——という表現を用い得た。キリスト者らが礼拝と交流のために集まる場所は、イスラエルの集会と直結し、これらの場所が神の集会となる。上の事実から、以下のような重要な点が導き出される。

（1）「ヤハウェの集会」との継続性が意識されたとしても、パウロの教会概念は典型的に地域限定的で、1つの場所や地方の集会を指す。パウロは世界大あるいは普遍的教会を思い描いていなかったようだ[44]。

単数の「教会」（ガラ1.13参照）が、ときとして普遍的教会を指すと理解される。しかし既述のとおり、この箇所はエルサレム「教会」（単数）への迫害を述べている。それはイスラエルの集会に対する終末的関心がエルサレム教会に集中することを示唆しており、教会に対する世界大の迫害が意識されていない。エルサレムから散らされたギリシャ語を話すキリスト者らが集まる場合、それも神の教会だった。

「神が第1に使徒、第2に預言者、第3教師……を任命した」（Ⅰコリ12.28）という箇所が、普遍的教会なる概念を支持するテクストと考えられる場合がある[45]。しかしこの解釈は、「使徒」がすでに普遍的な職制だとの時代錯誤的認識に依拠している。むしろパウロは、地域限定的な宣教の働き（Ⅱコリ10.13–16）における使徒の任命（Ⅰコリ9.1–2）を考えていただろう。したがってそれぞれの教会には、預言者、教師、その他の霊的賜物である働き

---

41) Ⅰコリ16.1, 19, Ⅱコリ8.1, ガラ1.2, 22, Ⅰテサ2.14. 同様に使15.41, 16.5, 黙1–3章も見よ。
42) ロマ16.1, 23, Ⅰコリ1.2, 6.4, 12.28, 14.4, 5, 12, 23, Ⅱコリ1.1, コロ4.16, Ⅰテサ1.1, Ⅱテサ1.1.
43) ロマ16.5, Ⅰコリ16.19, コロ4.15, フィレ2.
44) Becker（*Paul*, 422–23）は「各教会で具現化される普遍的な要素は教会でなく、福音において稼働するキリストの臨在だ」と述べる。Ridderbos（*Paul*, 328–30）はこれに反論する。
45) Barrett（*Paul*, 121–22）は、ここに普遍的教会という概念の可能性を認めるが、その他の可能性も考慮する。

人に加えて、その教会の（設立時の）使徒がいたことになる[46]。パウロはⅠコリ 12.27–28 でコリント市にある教会を念頭に置いて語っている。「あなた方（コリントのキリスト者）は（コリント市における）キリストの体であり、各々がその一部です……[47]」。

同様のことはⅠコリ 10.32 についても言える――「ユダヤ人にもギリシャ人にも神の教会にも無礼であってはいけません」。話の流れから（Ⅰコリ 10.23–33）、この「神の教会」がコリント市にある教会であることは明らかだ[48]。「ユダヤ人とギリシャ人」とは、地域のキリスト者と交流を持ち影響を与え得る社会集団を漠然と指していると思われる。しかし他の「神の教会」の用法と同様に、ここでも市内で参集する地域集会が「神の教会」と呼ばれていよう。

パウロ文書でエクレーシアがより普遍的なニュアンスで用いられるのは、これより少しあとのことだ。コロ 1.18, 24 は、エフェソ書がこの語を一貫して普遍的教会という意味で用いるようになる移行過程を示す[49]。これをパウロ（伝統）におけるのちの展開として過度に強調することは避けよう。「神の教会」の起源に鑑み、パウロが「あらゆる教会」という表現を頻用したことを考慮すると、彼が設立した教会１つ１つが、それぞれ孤立して無関係だと考えられていたとは思えない。パウロがエフェソ書の普遍的用法を認めなかっただろうなどとは言えない。しかし彼は、個々の地域教会が教会たるために、何らかの普遍的な存在の一部と見なされねばならないと考えてはいなかっただろう。教会としての実存と活力は、キリストと設立者としての使徒を通して保証されているヤハウェの集会との直接的つながりの内に見出される。

(2) パウロの教会論における「家の教会」の重要性も看過できない。パウロは一堂に会する集会全体を「教会」と言い得るし、個々の家の集まりをも「教会」と言い得る（Ⅰコリ 1.1, 16.19）。一方が他方の存在によって立場を弱

---

[46] さらに §21.2 を見よ。
[47] Dunn, *Jesus and the Spirit*, 262–63; Hainz, *Ekklesia*, 251–54; Kertelge, 'Ort' (§21 n.1), 228–29.
[48] 異論は Roloff, *EDNT* 1.413 参照。
[49] エフェ 1.22, 3.10, 21, 5.23–25, 27, 29, 32.

められることはない。キリスト者が集まるところが「神の教会」だ。Ⅰコリ 14.23（「教会全体が一緒に集まり」）とⅠコリ 16.19（家の教会）との共存は、家々での集会がより頻繁に行われる中で、教会全体が例えば週一回とか月一回とかの頻度で集まっていたことを示唆していよう [50]。

また、コリント市の「教会全体」が1つの家に参集し得たことは（ロマ 16.23）[51]、パウロが設立した教会のサイズに関して示唆を与える。元老院の邸宅は別として、当時 40 人収容できればそれは大きい家だった [52]。コリント教会の多彩な構成員と党派的な傾向について考察する上で、これは重要な視点を与える。歴史的に、古代地中世界の北東部におけるキリスト教の伝播は、これら非常に小さな複数の集団によるものだったことが分かる。神学的には、「神の教会」の躍動に大きな集団を必要としなかったようだ。

（3）最後に、「教会」にとって重要なことは、それが「集会」だということだ。キリスト者が「教会に集う」ことにパウロが言及することの意義はここにあろう [53]。なぜなら、パウロは建物の中にいることと教会に集うこととを同視しないからだ。彼にとって、キリスト者が共に集まることが教会だった [54]。「神の教会」においてキリスト者が機能するためには、他と隔絶された個々の存在ではいけない。むしろ、礼拝と互助のために集まることによって

---

50) さらに Banks, *Paul's Idea*, 35–41.

51) ローマ書がコリント市において執筆されたことについては、おおかた見解が一致している。

52) さらに Gnilka, *Philemon*, 17–33（とくに pp.25–33）; Murphy-O'Connor, *St. Paul's Corinth* (§22 n.1), 164–66; B. Blue, 'Acts and the House Church', in D.W.J. Gill and C. Gempf (eds.), *Graeco-Roman Setting* (vol.2 of B. Winter, et al. [eds.], *The Book of Acts in Its First Century Setting* [Grand Rapids: Eerdmans / Carlisle: Paternoster, 1994]), 119–222. Blue は当時の大きな家で 100 人程度の集会が可能だったと述べるが（p.175）、彼は家の家具や調度品等が大きな場所を占めること、また複数の部屋を開放して1つの集会を持つことの困難さを考慮に入れてない。Robert Jewett ('Tenement Churches and Communal Meals in the Early Church: The Implications of a Form-Critical Analysis of 2 Thessalonians 3.10', *BibRes* 38 [1993], 23–43) は、都市の教会が借家で家の教会を開いていた可能性を指摘するが、その場合の収容人数はさらに限定される。

53) Ⅰコリ 11.18, 14.19, 28, 34–35. パウロが「ローマの教会」と述べないのはそれゆえか。1つの教会として一堂に会するには大き過ぎたかも知れない。ローマ市でのキリスト者は複数の家の教会を通して増えた。ロマ 16.5, 10, 11, 14, 15 の挨拶から5集会の存在が認められる（Dunn, *Romans*, 891）。「フィリピの教会」との表現が用いられない理由は不明だ。

54) この点はパウロの教会迫害の報告にも反映される。迫害はキリスト者らが集う場に集中した（Banks, *Paul's Idea*, 36–37）。

のみ、「神の集会」は機能した[55]。

しかし上の考察では、出生地や慣習によって定義される歴史上の民族としてのイスラエルに代わる集団アイデンティティが何かについて、これ以上の発展性を望めない。じつに「神の教会」という概念は、その歴史的断絶性でなく、歴史上のイスラエルとの継続性によって支えられている。このことゆえに、パウロはローマ書での論考において第16章に至るまで「教会」という概念をまったく展開することなく、とくにロマ11章から12章へ移行する際に「教会」という語を用いないのだろう。そしてロマ12章の開始部においては、この集団アイデンティティに関する議論が非常に異なる仕方で開始することになる。

§20.3. 非儀礼的な共同体

ロマ9–11章を注意深く読んだ読者は、ロマ12章の開始部に驚く。なぜなら、神殿と神殿礼拝とを中心とする宗教に典型的な供儀とその他の儀礼とを想起させる言語表現が、この部分で意識的に用いられるからだ。とくにパウロにとってそれは、限定的でないにせよ、エルサレム神殿での礼拝が念頭にあっただろう。それがユダヤ人としてのアイデンティティと直結するからだ。この点はユダヤ地方に実際に住むユダヤ人にも[56]、ディアスポラのユダヤ人にも当てはまる[57]。ロマ9–11章の解説を通して提示された新たな教会アイデンティティ（「イスラエル」）と、個々の教会を「神の集会」とする従

---

[55]　「キリスト者らが『教会として（ἐν ἐκκλησίᾳ）集まる』時はいつでもそれが教会だ（Ｉコリ11.18）。……礼拝のために集まることが教会にとっての中心的な行事であると同時に存在意義だった。この点で教会が『神の』教会であるかが決定される。コリント教会の愛餐で富者が貧者へ兄弟愛を逸した態度を示すことは『神の教会を辱める』（11.22）ことだった。ここで侮辱されたのは、教会に一致をもたらす主の晩餐の力であり、神の教会として一堂に会する行為だ」（Roloff, *EDNT* 1.413）。

[56]　ヘレニズム的地政学の観点からすると、ユダヤ地方は神殿領とも言うべき地区であり、それは世界的に著名な神殿を政治的および経済的に支えるために存在する領地だった。したがってローマの支配下では当然、大祭司に政治的権威が付与されていた。

[57]　一般にローマがユダヤ地方に対して好意を示したことは、20歳以上の外国に在住するユダヤ人男子から毎年半シェケルの神殿税が徴収され、それがエルサレムにもたらされることが許可されていたことから分かる。

来の慣習とに鑑みると、ロマ12.1-2での奨励は伝統的アイデンティティの表象を、思わぬ仕方で徹底的に再定義している。

> ¹したがって兄弟らよ、神の憐れみを通してあなた方に勧めます。あなた方の体を命ある聖い犠牲として神に受け入れられるよう捧げなさい。それが霊的な礼拝です。

「神の憐れみ」はロマ11.30-32での思考を継続している[58]。しかしこの奨励の最も印象的な部分は、これに続く犠牲言語だ[59]。「献げる／捧げる」という語自体が犠牲を連想させる。「犠牲（θυσία）」は一般に供儀の対象を指す語で、これにはトーラーの規定によって献げられる犠牲が含まれる[60]。そしてLXXで9回用いられる「礼拝（λατρεία）」という語は、その8回がユダヤ教の礼拝を指す[61]。ここでパウロは、古(いにしえ)のイスラエルがそうだったように、キリスト者は今も犠牲的な礼拝によってその存在が規定されることを示唆する。もっとも、この礼拝の焦点は以前と異なる。パウロはたんに、意義深い礼拝であるために霊的で精神的な側面が欠かせないよう教えているのでない。もちろんそれは「霊的な礼拝」という表現や犠牲のメタファによって示唆されていようが[62]、古(いにしえ)の預言者や詩編著者自身も儀礼の表面的な行為に依存することがないよう警告していた[63]。

むしろパウロの強調点は、犠牲のように捧げられる内容としての「あなた方の体」だ。パウロはもちろん、文字どおりの自己犠牲を勧めていない。この場合の「体」とは人の身体的存在という側面、人間社会の有体的性質、身

---

58) パウロがロマ12.1で用いる「憐れみ（οἰκτιρμός）」はロマ11.30-32で用いられる「憐れみ（ἔλεος）」と異なるが、両者のヘブライ語的背景は同じだ。Dunn, *Romans*, 709を見よ。

59) 「犠牲……（を）捧げる（παραστῆσαι...θυσίαν）」という表現はギリシャ語文献や碑文に頻出する用法だ。例えばMM; BDAG, παρίστημι 1d; Michel, *Römer*, 369; Cranfield, *Romans*, 598を見よ。

60) 例えばJ. Behm, *TDNT* 3.181-82を見よ。

61) H. Strathmann, *TDNT* 4.61.

62) 例えば『十戒各』1.201, 277; Dunn, *Romans*, 711を見よ。

63) 例えば詩50.14, 23, 51.18-19, 141.2, 箴16.6, イザ1.11-17, ミカ6.6-8, シラ35.1, トビ4.10-11, 1QS 9.3-5,『スラ・エノ』45.3. さらにBehm, *TDNT* 3.186-89を見よ。

体を持つ者同士がその意思疎通において媒介とする身体を指す[64]。パウロは身体を持つ者に可能な、日常的な関係性において自分自身を捧げることを教えている。換言すると、日常の営みからの聖別を表現する典型的な祭儀言語を用いながら、パウロは聖俗の関係性を逆転させている。犠牲獣等を献げる「聖なる場所」が[65]、自らを献身的に捧げる日常の場へと変えられている。その際にパウロは、毎日の活動を聖化することを通して、神殿を「俗化」している[66]。

ファリサイ派としてのパウロは、神殿の聖さをユダヤ人の土地全体へ及ぼすという発想に慣れていた。すなわち、神殿における聖さの規定を神殿外にも厳格に適用する運動に参加していた[67]。キリスト者としてのパウロは、神殿礼拝で用いられる「献身」という語を日常の関係性へ広げることで同じ目的を目指した。目的は似ているが、聖さの体現方法はまったく異なる。

このような論理は、ロマ 12.1 の意味を突き詰め過ぎるように見えなくもない。しかしそれは、キリスト者共同体がいかにあるべきかというパウロ書簡他所に見られる教会観と符合する。なぜなら、聖なる場と聖なる人という文脈から祭儀言語を借用して、福音の業に従事する「一般の」人々が果たす日常の責任を言い表すのに用いることが、パウロの教会観における一貫した特徴だからだ。

とくに、一般にエルサレム神殿を指す「神の宮（神殿）」という句に関するパウロの用法は特徴的だ[68]。キリスト者にとって「神の宮」とは何か。この問いについてパウロは明解に答える。「あなた方は神の宮です」（Ⅰコリ 3.16–17）、「あなた方の体は聖霊の神殿です」（Ⅰコリ 6.19）、「私たちは生ける神の宮です」（Ⅱコリ 6.16）。このような神殿理解は、とくに新しいものでない。フィロンは身体に関して「聖なる住居、あるいは理性的な魂の宮」（『創造』136–39）と述べる。また、民が神の宮だという理解は、少なくともクム

---

64) §3.2 を見よ。
65) 「共通の／不浄の（κοινός）」の意義に関しては §8 n.45 を見よ。
66) これはとくに Käsemann, 'Worship' に倣っている。他の文献は Dunn, *Romans*, 709 を見よ。
67) Dunn, *Partings*, 41–44, 109–11. さらに §8 n.44 を見よ。
68) マタ 26.61, ルカ 1.9, Ⅱテサ 2.4.「神殿（ναός）」がエルサレム神殿や他の神殿を指す語として広く用いられた例に関しては BDAG, ναός 1a, 1c を見よ。

ラン共同体に見られた[69]。じつに、これと同様の「(終末的な) 神の宮」という考えが、エルサレム教会の中心的指導者らを「柱」と呼ぶこと(ガラ 2.9、黙 3.12)、イエスが神殿の再建に言及するという伝承(マコ 14.58)において、すでに見られたとも考えられよう[70]。しかしパウロが神殿に言及する場合、個人や集団が直接的に神殿だというより、個人や集団の内に神が内在することを述べている(Ⅱコリ 6.16)[71]。神の内在する場が神殿だ。このような神の内在があれば、もはやエルサレム神殿への忠誠を継続する(異邦人キリスト者の場合は、開始する)必要がなくなる[72]。

この論理は、恩寵との無制限で自由なつながり(προσαγωγή, ロマ 5.2)という考えによっても支持される[73]。これは、王室の侍従や家令を通して王の前に出るというイメージを想起させる[74]。そして恩寵への無制限なつながりは、そのまま神殿を連想させる[75]。神の臨在への直接的つながりがあることは、その臨在とのつながりの象徴である神殿がもはや必要ないことを示す。

同様のことは、祭司に関するパウロの理解にも見られる。パウロが設立した教会で祭司への言及がないことは、パウロ書簡の重要な特徴だ。教会では「祭司」が果たすべき特有の機能がない。一方で、パウロは自らの福音宣教を祭司的な業と表現する。とくにロマ 15.16 は以下のように述べる。

> 異邦人のためにキリスト・イエスの祭司として仕える者(λειτουργόν)となり、異邦人の捧げ物(προσφορά)が聖霊によって清められ(ἡγιασμένη)、受け入れ

---

[69] Gärtner, *Temple*, 16–46; McKelvey, *New Temple*, 46–53.
[70] Dunn, *Galatians*, 109–10.
[71] 「〜の中／〜のあいだ(ἐν)」という前置詞がいかに理解されようと、パウロが直接的な臨在を意識していることは明らかだ。Ⅱコリ 6.16 は「私たちは生ける神の宮です。それは『私は彼らの内に住み、彼らのあいだに生きる』と神が言われるからです」とあるが、これは「私の住処は彼らのあいだにある」というエゼ 37.27 の言い換えだ。
[72] パウロは神殿税に言及しない。ユダヤ人キリスト者の多くは、ユダヤ人としてこの税を払い続けていただろう。しかし、異邦人キリスト者に対する神殿税の要求があったようには思われない。教会での募金がこれの代わりだとすれば、それは募金以上のものでない。さらに§24.8 も見よ。
[73] 新約聖書ではそれ以外エフェ 2.18, 3.12 があるのみだ。しかしⅠペト 3.18 とヘブ 10.19 (おおよそ同義語の εἴσοδος) も参照。
[74] Dunn, *Romans*, 247–48.
[75] §14 n.215 を見よ。

られる（εὐπρόσδεκτος）ものとなるため、神の福音に対して祭司として仕える（ἱερουργοῦντα）ためです。

これが祭司職を念頭に置いていることは明らかだ。「祭司（として仕える者）[76]」、「捧げ物」、「清められた」、「受け入れられた」、「祭司として仕える[77]」は、いずれも犠牲に関する専門用語だ[78]。しかし上の文言から、パウロが祭司という自己認識を持っていたと推論することはできない。彼は他のキリスト者から聖別されて（分け隔てられて）いたとも、祭司としての役割を使徒が引き受けたとも考えない。一方で、投獄時に世話をしてくれたエパフロディトをも「祭司として仕える者（λειτουργός）」と表現する（フィリ 2.25）[79]。同様に、エルサレムの貧しいキリスト者のために異邦人教会が義援金を集める働きにも、「祭司として働く（λειτουργεῖν）」（ロマ 15.27）あるいは「祭司の努め（λειτουργία）」（Ⅱコリ 9.12）という表現を用いる。これらの場合、異邦人がユダヤ人に対して（祭司としての）務めを果たす。また、すべてのキリスト者が仲介者を経ずに神に出会い（ロマ 5.2）、すべてのキリスト者が犠牲を捧げるという祭司の役割を果たす（12.1）という表現からも、結論は明白だ。パウロは福音のためのあらゆる業を祭司的な業と見なし、それが特別な集団に限定されないすべてのキリスト者に開かれた業と考えた[80]。

　同様のことは浄／不浄という祭儀的枠組みに関するパウロの表現にも見られる。浄と不浄（κοινός）に関する厳格な規定によって祭儀を日常的（κοινός）生活の場から切り離すことで儀礼の聖さを維持するという歴史的な要請を、パウロは乗り越えた。イエス伝承の視点から、パウロは「それ自体が浄くない（κοινός）というものはない」、「すべてが浄い（καθαρός）」（ロマ

76）　ネヘ 10.39、イザ 61.6、シラ 7.30、ヘブ 7.30、『Ⅰクレ』41.2.
77）　フィロンとヨセフスは一貫してこの語をこの意味で用いる。
78）　さらなる詳細は Dunn, *Romans*, 859–61 を見よ。
79）　同箇所でエパフロディトは「使徒」とも表現されるが、これはフィリピ教会からの「派遣者」ほどの意味だ（Ⅱコリ 8.23 参照）。
80）　パウロはまた「浄める（ἁγιάζω）」という語を救いのプロセスの開始部で用いたり、「聖い、聖徒（ἅγιος）」をキリスト者一般に対して用いたりする傾向がある。§13 nn.64–76 を見よ。

14.14, 20）とする。「地とそこにあるすべてが主のもの[81]」だから、聖と俗、浄と不浄の区別はもはや成立しない[82]。この議論は上述のロマ12.1を繰り返している。これは不浄がもはやないということでなく、聖所との繋がりを保証するための不浄の排除が、もはや儀礼的浄めによってもたらされないことを意味する。したがってパウロが考える浄化は、心と良心の浄化という直接的な作業を指すだろう[83]。使徒パウロはここでもまた、ファリサイ派パウロと同様に、神殿に象徴される浄めの適用を神の民へと拡張する。もっとも、ファリサイ派パウロが祭司に適用される厳格な浄めの規定を日常生活に持ち込んだのに対して[84]、使徒パウロは心の一新という仕方で浄めをキリスト者に浸透させ、さらなる浄めの規定の必要性を否定した。

結果としてパウロは、一貫性に富んだ絵図を提示している。彼はキリスト者の新たな共同体を、ヤハウェの集会の延長と捉えた。しかしその過程で、イスラエルの神殿宗教に特徴的な祭儀的要素を排除した。そして福音宣教という祭司的務めと機能的にまったく異なる神殿宗教における祭司を、新たな集団から排除した。こうしてパウロが設立した家の教会は、ローマ帝国の各都市で奇異と言わないまでも非常に独特な共同体となった。成員らは食事（主の晩餐[85]）をともにし、礼拝のために日常的に集った。彼らには、神殿や宗教的中心がなく、祭司もいなければ犠牲も献げない。彼らは法的な観点から何らかの任意団体やコレギアと見なされたか[86]、ユダヤ人会堂の延長と理解されただろう[87]。しかしそのような集団と異なり、彼らは神を安置した神

---

81) Ⅰコリ 10.25–26（詩 24.1 の引用）。
82) 上述（§8 n.45）のとおりギリシャ語の κοινός という語の一般的な意味は「一般、日常」だ。この語はユダヤ教的な「不浄、俗」という意味で用いられるようになった。パウロより 200 年ほど前にこのギリシャ語が、日常の目的から切り離されて宗教的目的で用いられるものを指すヘブライ語の חל、あるいは聖所に入ることができない者を指す טמא の訳語として用いられたからだ。
83) Ⅰコリ 6.11 の洗うイメージ（マコ 7.21–22、使 15.9、ヘブ 9.14 参照）、Ⅱコリ 7.1 とエフェ 5.26 の浄めのイメージ（Ⅰテモ 1.5, 3.9、Ⅱテモ 1.3, 2.22）を見よ。Dunn, *Baptism*, 120–23, 162–65 を見よ。また §17.2 を見よ。
84) §8 n.44 を見よ。
85) Ⅰコリ 10.14–22 の解説を見よ。§22 も見よ。
86) とくに商業ギルドや埋葬団体のような、共通目的や関心のために集まる正式に認められた集会。*OCD*, 254–56 を見よ。
87) ユダヤ人会堂はコレギアに関する規定の下で存在することができた。E.M. Smallwood（*The*

殿で集まることもせず、毎年の献げ物を送ってその神の聖地に忠誠を示すこともなかった。彼らの集会は祭司職を特定し、献酒のような祭司的行為を行うこともなかった。当時の感性からすると、宗教的中心を持たず、祭司も犠牲もない宗教的集団というのは、単純に自己矛盾だった。

　パウロは、彼が思い描く教会のあり方が一般的な期待を裏切るものだと知っていたに違いない。そしてパウロの言語表現からは、宗教的中心、祭司職、供儀の実践に依拠した宗教共同体の典型的な理解から、彼が意識的に距離を置こうとした様子が伝わる。もっとも、非儀礼的な宗教共同体が実際に持続可能かは別の議論だ。そしてその議論では、これが終末的共同体であり終末的緊張という状況に置かれていることを考慮に入れなければならない。

§20.4. キリストの体

　ロマ12章においてパウロが最初に取り組む大きな主題は、「キリストにおける1つの体」(ロマ12.5)というキリスト共同体について用いるメタファだ。この主題への移行は偶然であるまい。数節の内に、パウロは神の民という意味でのイスラエルなる範疇から再定義された犠牲のイメージへ(12.1)へと移り、そこから明らかに異なったイメージ——1つの体、しかもキリストとの関係性によって定義される体——へと焦点を移す。おそらく彼は、異邦人教会がイスラエルという自己認識を持つことの困難さを考え、キリストの体というより意義深く現実的なイメージを提供したのだろう。

　これはパウロの教会論における中心的な神学的イメージだ。ロマ12.4–5でパウロは早々とこのイメージへと読者の注意を向ける。Ⅰコリ10章では主の晩餐に関する誤解と誤用の問題に直面するなりこのイメージが用いられ、12章でコリント教会の礼拝に関する問題に対処する際にも用いられる[88]。そしてパウロ後期からパウロ以降に移る書簡群でもこのイメージが継承された[89]。注目すべきは、彼がこのイメージを用いる場合、一貫して「キリ

Jews under Roman Rule [Leiden: Brill, 1976], 134–36)の議論を見よ。

[88]　Ⅰコリ 10.16–17, 11.24, 27, 29, 12.12–13, 14–27。

[89]　コロ 1.18, 24, 2.19, 3.15(パウロ自身の用法に倣っている)。エフェ 1.22–23, 2.15–16, 4.4,

第 20 章 キリストの体

ストの体」という典型的な表現に固執しないことだ。その用法は流動的だ。「私たちが割くパンは……キリストの体への参加」（Ⅰコリ10.16）、「1つの体には多くの部分がありますが……キリストも同様」（12.12）、「あなた方はキリストの体であり、それぞれがその部分」（12.27）、「私たちはみなキリストにあって1つの体です」（ロマ12.5）。パウロの時代に、これはまだ定型表現として固定されてなかったようだ。

「教会」という語がそうだったように、「（キリストの）体」という語に関しても〈なぜパウロはこの語を選択したか〉、また〈パウロはこの語をどこから導入したか〉と問わねばならない。これらの疑問への解決は試みられてきたが、そのほとんどは的を射ていない。

この件に関して、パウロの思想の諸側面との関連が指摘されてきた[90]。例えば、アダム・キリスト論[91]、パウロの神秘主義における「キリストにおいて」なる表現[92]、「集団的人格」という概念[93]、メシアと神の民に関する概念の延長[94]等だ。これらはどれを取っても満足のいく説明でない。それは、なぜ「体」なるイメージが選択されたかを十分に説明できないからだ。同様に、パウロがダマスコ途上での啓示体験において得た言葉──「サウロ、サウロ、なぜあなたは私を迫害するのか。私はあなたが迫害しているイエスである[95]」──に依拠しているとの考えも説得性が低い。これは、パウロの思想にある種の有体的な特徴があることを否定するのでない。パウロの神学の諸相が統合的に関連していることを、私たちは前提としてきた。むしろ、これらの推論が必要でないほどの、明らかなイメージの源泉があると思われる。

12, 15–16（こちらもパウロの用法に倣う）。その他はエフェ5.23, 30. Dunn, 'Body'; 'The Body in Colossians'（§3 n.5）を見よ。

[90] 以下ではJewett（*Anthropological Terms*, 201–50）の「体（σῶμα）」概念の分析を参照せよ。

[91] Davies, *Paul*, 53–57; Stuhlmacher, *Theologie*, 358.

[92] とくにPercy, *Leib*.

[93] Best, *One Body*. Rogerson, 'Hebrew Conception'（§15 n.89）と比較せよ。

[94] Oepke, *Gottesvolk*; Meuzelaar, *Leib* 参照。

[95] 使9.4–5, 22.7–8, 26.14–15. Robinson（*Body*, 55–58）はパウロにとって教会が（十字架につけられて死に）復活したキリストの体と同一だとする。しかしこの議論はⅠコリ15.44–49とフィリ3.21を看過しており、十字架につけられたキリストの体を「肉の体」（コロ1.22, 2.17）とし、頭であるキリストと体である教会（1.18, 2.19）とを区別するコロサイ書の思想と相反する。さらにWhiteley（*Theology*, 194）の批判も見よ。

20世紀の中半に、グノーシス的な原初的人に関する神話——人々は原初的な天の人の体の一部——から、キリストの体なる概念をパウロが導き出したという推論が広まった[96]。しかし、キリスト教以前のグノーシス的な原初的人を模索する試みは、今ではほとんど完全に放棄されてしまった。フィロンに見られるようなキリスト教以前の思想をグノーシス的とは判断できず、これらの思想を前グノーシス的と表現することは、中世の教会を前宗教改革的と表現すると同じほどに意味がない[97]。

「体」というメタファをパウロが用いる理由として、2つの選択のみが現実的だ。1つはIコリ10–11章の聖餐に関する用法だ[98]。これらの2章で「体」に関する言語表現が用いられていることに鑑みると（Iコリ10.16–17, 11.24–29）、割かれたパン（キリストの体）と1つの体（教会）とをパウロが密接に関連させていたことは疑いようがない。しかし「体」というイメージがパンから共同体へと移行したことは、いかに説明できるか。Iコリ10.16–17におけるパウロの思考の流れは、「パン」→「キリストの体」→「（共同体という）体」でなく、「1つのパン、したがって1つの体」だ[99]。共同体の身体性は既知のことだったようだ。そして、Iコリ12章でのより詳細な体のイメージは（ロマ12章とエフェ4章でも）、礼拝する共同体における相互関係一般を想定しており、聖餐のみに焦点を置いているわけではないようだ。

より蓋然性が高い体のメタファの源泉は、パウロが頻繁にこのメタファを用いる仕方に示唆されている[100]。すなわち、多様な成員からなる共同体の一

---

96) とくにKäsemann（*Leib*）とJewett（*Anthropological Terms*, 231）とは、この推論の影響力の大きさを指摘している。この影響はKümmel, *Theology*, 210; Georgi, *Theocracy*（§24 n.1）, 60; Strecker, *Theologie*, 194–96にいまだ見られる。

97) Dunn, *Christology*, 98–100, 123–26, 229–30, 248, 252–53; M. Hengel, 'Die Ursprunge der Gnosis und das Urchristentum', in Ådna, et al. (eds.), *Evangelium*, 190–223を見よ。§11 n.68も見よ。

98) とくにCerfaux, *Church*, 262–82を見よ。Conzelmann（*Outline*, 262）によると「『キリストの体』の源泉はこの聖餐伝統にあろう。宗教史と概念史のどこにもこの源泉を見出すことができない」。Jewett（*Anthropological Terms*, 246–48）はこの解釈をRawlinsonのものとする。A.E.J. Rawlinson, 'Corpus Christi', in G.K.A. Bell and A. Deissmann (eds.), *Mysterium Christi* (London: Longmans, Green, 1930), 225–44を見よ。

99) §22.6を見よ。

100) とくにSchweizer, *TDNT* 7.1069; Fitzmyer, *Paul*, 91; Lindemann, 'Kirche als Leib'を見よ。

致を印象的に表現するために体なるメタファはすでに用いられていた[101]。都市や国を体と表現する仕方（政治体）は政治哲学においてすでに慣行となっていた[102]。メネニウス・アグリッパの有名な寓話がこの好例だ[103]。とくにIコリ 12.14–26 におけるパウロの議論は、この寓話を鮮明に想起させる。すなわち、国の調和は明らかに認知された多様な成員の相互依存によって成り立つ[104]。パウロは、この身体メタファによって共同体を説明する周知の物語を起源とし、キリストの体という表現を用い始めたとも考えられよう。キリスト者の集団は、外世界の政治体と同様に1つの体をなす。しかしその特徴的な違いは、それが・キ・リ・ス・ト・の・体だということだ[105]。

パウロはキリスト者共同体の集団的イメージを、歴史上のイスラエルという国から、政治体としての体のイメージへとシフトさせた。すなわち、民族的で伝統的な表象によって定義される共同体から、多様な民族や部族および

---

101) ロマ 12.4–5, Iコリ 12.14–26, コロ 2.19, エフェ 4.11–16.
102) Mitchell (*Paul and the Rhetoric of Reconciliation*, 155–62) によると「（体は）一致に関する古代文献の共通表現」(p.161) だ。
103) リウィウス『ローマ建国史』2.32, エピクテトス 2.10.4–5. その他の文献は、Lietzmann, *1 Korinther* (12.12 に関して); Schweizer, *TDNT* 7.1038–39 を見よ。
「現在の状況と同様に、あるとき人の（体）の各部分が互いに同調せず、それぞれがその思いを声にした。これらの部分は、腹にすべてを提供するため自分たちが心を配り苦労の内に労働することを不公平と考えた。腹は黙って何もせず、彼らがもたらす良いものを楽しんでいた。それで彼らは共謀し、手は口に食事を運ぶことを止め、口は運ばれてもそれを受け付けず、歯も口に入ったものを噛むことを拒んだ。彼らは怒りの心で腹を飢えさせて従わせようとしたが、これらの部分も体全体と共に衰弱した。したがって、腹自体も怠けていたのでなく、また各部分に栄養を与えた以上に栄養を得ていなかった。腹は消化した食物を血管ごとに平等に分け、私たちが生きて成長するのに必要な各部分へそれを送った——これが血である。彼（メネニウス・アグリッパ）はこの例を引き合いにだしつつ、父らに対して平民が怒りをぶつけて共同体成員が内乱を起こすことがいかにこれと同じかを示し、聴衆の心に訴えて説き伏せた」（『建国史』2.32.9–12)。
104) 近年の研究では、Iコリント書前半でパウロが用いる語彙も政治的修辞技法の言語表現と共通していることが指摘されている。とくに L.L. Welborn, 'On the Discord in Corinth: 1 Corinthians 1–4 and Ancient Politics', *JBL* 106 (1987), 85–111; Mitchell, *Paul and the Rhetoric of Reconciliation* を見よ。
105) Ridderbos (*Paul*, 376) は「キリスト者は相互間の成員という意味で1つの体をなすのでなく、キリストの成員、キリストにある体の各部分という意味で1つの体を成す（ロマ 12.5, Iコリ 6.15)」と説明する。Lindemann ('Kirche als Leib') はこの点を十分に考慮していない。〔訳註　メネニウスの説得は、強者である「腹」の都合を押しつける言説であるとして、むしろパウロはこれを新たに焼き直すような仕方でキリスト共同体の身体性を説明しているとの理解もある。浅野『ガラテヤ書註解』、304–05 参照。〕

社会的階層に所属する人々が成員となる共同体へと移行させた[106]。後者の共同体の成功は、成員同士の調和と協力姿勢に依拠する[107]。「体」としてのキリスト者共同体は、その地理的な特徴とか政治的傾向によって定義されず[108]、むしろキリストへの忠誠という共通姿勢によって定義される（その誠実さは、少なくともバプテスマとキリストの体に与る聖餐式において体現される）。この身体メタファの適用は明らかだ。すなわち、共通する忠誠心が相互関係において第一の要素となる時、現実にある差異は共に目指すべき善のための協力姿勢へと変容を遂げる。キリスト者が成員となる体では、キリストの恵みが反映される仕方で成員同士が互いに仕え合う。しかしこの集団にはさらなる内容がある。

§20.5. 賜物を授けられた（カリスマ的）共同体

キリストの体を、賜物を授けられた（カリスマ的な）共同体として捉えることは、パウロの教会理解における重要な特徴だ[109]。

> [4] ちょうど１つの体に私たちがさまざまな部分を持っているように、そしてすべての部分が同じ働きをしないように、[5] 私たちもキリストにおいて１人の人であり、それぞれが互いにその部分をなしています。[6] それは、私たちが与えられる恵みに応じて異なる賜物を持つことによるのです。ある者はその信仰に応じた預言が、[7] ある者は奉仕における奉仕が、教える者は教え、[8] 励ます者

---

106) パウロがこの点を意識して身体メタファを用いたことは、「ユダヤ人もギリシャ人もなく、奴隷も自由の身分もない」なる定型句をキリストの１つの体が何によって構成されるかの説明部（Ⅰコリ 12.12–13）に挿入することから明らかだ。

107) 身体と共同体との類似点は、パウロ書簡群で始めてこのメタファが用いられるⅠコリント書において顕著だ。Ⅰコリ 12 章ほどにはこのメタファを突き詰めないが、ロマ 14.1–15.6 でもこのメタファが適切に用いられる。

108) あるいは人種、社会的立場、性差（ガラ 3.28、Ⅰコリ 12.13、コロ 3.11）。

109) 「恵みの効果と賜物に関して語る文脈においてのみ、パウロは体とその多様な部分という古代世界の表現を用いる」（Bornkamm, *Paul*, 195）。Brockhaus（*Charisma* [§21 n.1], 141）は、パウロ神学において賜物（χαρίσματα）は中心的な概念でないと正しく理解するが、「キリストの体」という概念も同様だ。〔訳註　著者は「賜物（カリスマタ）が授けられた」という意味で「カリスマ的（charismatic）」という語を用いる。〕

第 20 章　キリストの体

は励まし、施す者は真摯な心、導く者は熱心さ、憐れむ者は明朗さです（ロマ 12.4–8）。

⁴賜物はさまざまですが、同じ御霊です。⁵奉仕はさまざまですが、同じ主です。⁶活動はさまざまですが、あらゆるものにおいてすべてを稼働させる同じ神です。⁷共通の善のために御霊の顕れが各人に与えられます。⁸ある者には御霊を通して知恵の言葉が、ある者には同じ御霊にしたがって知識の言葉が、⁹ある者には同じ御霊によって信仰が、ある者には1つの御霊において癒しの賜物が、¹⁰ある者には力ある業が、ある者には預言が、ある者には霊の峻別力が、ある者にはさまざまの異言が、ある者には異言の解釈が。¹¹1つの同じ御霊がこれらすべてを動かし、その意志に応じて各人に分配します。¹²ちょうど1つの体に多くの部分があり、すべてがこの体の部分であり、多くであっても1つの体であるのと、キリストは同じです。¹³なぜなら1つの御霊において私たちは1つの体へとバプテスマを授けられたからです。ユダヤ人であれギリシャ人であれ、奴隷であれ自由の身分であれ、みなが1つの御霊によって水を受けました。¹⁴なぜなら体は1つの部分でなく多くの部分を……（Ⅰコリ 12.4–27）。

⁷しかし、私たち各人はキリストの賜物の秤にしたがって恵みが与えられています。……⁸「彼は人々に賜物を与える」……¹¹そして彼はある者を使徒、ある者を預言者、ある者を宣教者、ある者を牧会者および教師として与え、¹²奉仕の働きのために、キリストの体が建て上げられるために、聖徒らに備えをしました……（エフェ 4.7–16）。

上の2つのパウロ書簡における重要な語は「賜物（χαρίσματα）」だ[110]。これは、パウロ以前にほとんどその重要性が認められなかったが、パウロがその意味を変容させて用いたことにより、キリスト教神学の専門用語としての地位を得た単語の1つだ[111]。じつにこの語は、他のパウロ的用語といわれる

---

[110] エフェ4章は同様のイメージを維持するが、そこでの語は引用箇所の詩68.19が用いる「貢ぎ物（δόματα）」だ。

[111] これはのちの読者が Max Weber の提示した社会学的な定義を無批判的に受容したことにより、看過されがちな点だ。

語以上にパウロ的な性格を持つ。パウロ以前の用例がほとんどなく、世俗的用法はすべてパウロ以降のものだ[112]。新約聖書では、パウロ文書以外での用例は1回のみだ[113]。そしてパウロ以降のキリスト教文献において、この語のパウロ（に特徴）的な性格は早々と後退してしまう[114]。すなわちキリスト教用語としての「カリスマ」は、その神学的概念を完全にパウロに負っていることになる。

　キリストの体というパウロ的概念に対してこの語が重要な意義を持っていることは、容易に示すことができる。賜物（カリスマ、χάρισμα）という語の語形（カリス・マ、χάρις-μα）が示すとおり、これは恵み深い授与という動作の結果を示す（χαρίζομαι は「恵みによって与える／無償で与える」）[115]。したがってカリスマは、カリス（恵み）の表現や効果の結果[116]、あるいは「神の恵みの明確な具現化[117]」を指す省略表現と言えよう。「カリスマ」とは、神の恵み深い業の結果と定義できよう。それは、神の恵みが言葉と業とにおいて効果を現すことだ。したがってパウロはこの語を用いることで、個々のキリスト者へ（あるいはキリスト者を通して）与えられる特定の祝福[118] のみならず、キリストが完成させた事柄[119] およびイスラエルに付与された多様な賜物[120] を表現する。しかし、最も一般的な用法は、集会のための賜物[121]、言葉と業と

112）　詳細は Dunn, *Jesus and the Spirit*, 206 を見よ。
113）　それはパウロ的な思想が見られる I ペト 4.10 だ。
114）　例えば Schweizer, *Church Order* (§21 n.1), nn.377, 519 を見よ。
115）　BDF §109 (2). I コリ 2.12 の τὰ χαρισθέντα（[私たちに] 与えられたもの）は τὰ χαρίσματα（賜物）の言い換えだ。
116）　これは M. Turner, 'Modern Linguistics and the New Testament', in J.B. Green (ed.), *Hearing the New Testament: Strategies for Interpretation* (Grand Rapids: Eerdmans / Carlisle: Paternoster, 1995), 156–59; *The Holy Spirit*, 262–67 への応答だ。パウロの賜物（カリスマ）の神学へのさらなる論考は、その語形と言うより用法に依拠している。彼の用法での「恵み」の動的性格（§13.2）と、パウロが恵み（χάρις）と賜物（χαρίσματα）とをほぼ同義語として用いる様子（§24.8.1）に注目せよ。
117）　Nardoni, 'Concept', 74.
118）　ロマ 1.11（ローマのキリスト者の益となる言葉や行い）、I コリ 1.7（I コリ 12 章に列挙されている賜物を指すと考えられる）、II コリ 1.11（大きな艱難からパウロが解放されたこと）。
119）　ロマ 5.15–16, 6.23.
120）　ロマ 11.29 はおそらくロマ 9.4–5 に列挙されているものを含む事柄に言及している。
121）　ロマ 12.6, I コリ 12.4, 31, 具体的には「癒しの賜物」（I コリ 12.9, 28, 30）。I ペト 4.10–11 は同じ概念を示し、言葉と業による賜物について述べる。I テモ 4.14 と II テモ 1.6 はテモテの派遣に言及し、この語の同じ意味をさらに深めている。

して顕れる賜物を指す[122]。

パウロはロマ 12.4–6 でこれと同義語の「機能、活動（πρᾶξις）」という語を用いる[123]。換言すると、カリスマとは体の各部分（手足や臓器）の機能を意味する。カリスマとは各自が全体に果たす貢献であり、体全体における各機能を指す。この意味で体はカリスマ的に機能する。

Ⅰコリ 12.4–6 ではさらなる同義語が並行法的な構造で挙げられる。「賜物の多様性」（Ⅰコリ 12.4）は「奉仕（διακονία）の業の多様性」（12.5）また「活動（ἐνέργημα）の多様性」（12.6）と言い換えられる。ここでは、他者への奉仕として、また神の力によって稼働する活動として賜物が性格づけられる[124]。

Ⅰコリ 12 章にはさらに 2 つの同義語がある。賜物とは「善のために御霊の顕れ（φανέρωσις）」（Ⅰコリ 12.7）を指す[125]。そして、賜物に関する議論が「霊に関する（賜物）」（12.1）という見出しで始まることから、賜物が「霊に関する事柄（πνευματικόν）[126]」と同義語だと分かる[127]。したがってパウロは「より重要な賜物を熱心に求めなさい」（12.31）と言いつつ、「御霊に属する事柄を熱心に求めなさい」（14.1）とも言い得る。

122）ロマ 12.6–8、Ⅰコリ 12.8–10。
123）全成員が「機能を持つ」（ロマ 12.4）ことは、キリストにある体の成員が「賜物を持つ」（12.6）ことと同じだ。
124）「活動（ἐνέργημα）」に関しては Dunn, *Jesus and the Spirit*, 209 を見よ。「たんに活動自体にというのでなく、活動によってもたらされる『効用』に焦点が置かれているようだ」（Fee, *Empowering Presence*, 161 n.279）。
125）新約聖書ではⅠコリ 12.7 とⅡコリ 4.2 のみで「顕現（φανέρωσις）」という語が用いられる。パウロはこの語によって、敵対勢力による隠れた巧妙さと、白昼の下で開示される真理とを対比する。
126）属格複数の語形（πνευματικῶν）からは、これを「霊的な人」と解釈することも可能だが、後続する議論の焦点は霊的賜物にあり、Ⅰコリ 14.1 では明らかに霊的賜物に言及している（中性複数名詞の πνευματικά）。
127）「霊に属するもの（πνευματικός）」：ロマ 1.11（「霊的賜物」）、15.27、Ⅰコリ 2.13、9.11、10.3–4、12.1、14.1、コロ 1.9、3.16（「霊の歌」＝エフェ 5.19）、エフェ 1.3、6.12. さらに、ロマ 7.14（「律法は霊的」）、Ⅰコリ 15.44、46（「霊的体」）、Ⅰコリ 2.13–15、3.1、14.37、ガラ 6.1（霊的人）。新約聖書ではそれ以外にⅠペト 2.5（2 回）のみで用いられ、副詞として黙 11.8 に 1 回登場する。Ⅰコリ 12–14 章での用法と、これがパウロの好んで用いる語であることをロマ 12.6 が示唆していることに鑑みると、「御霊に属する者」という語はコリント人らが好んで用いた語で（Ⅰコリ 12.1 はコリント人がパウロに宛てた手紙の主題を導入している。コリント人たちは「霊の賜物［πνεύματα］に熱心」［Ⅰコリ 14.12]）、パウロ自身が好んで用いた「賜物（χαρίσματα）」は贈り物の恩寵という性格を強調している。さらに§22.5 を見よ。

賜物が与えられた（カリスマ的）共同体という概念に関するパウロの議論を注意深く読み進めると、いくつか重要な特徴が見えてくる。その過程で、賜物なるイメージで共同体を捉えることの正当性が明らかとなる。このイメージは（成員の）多様性と（1つの体としての）一致とを、矛盾としてでなく合理性あるものとして説明する。このイメージの実践面に目を向けると、成員同士の信頼性なしに共同体に実質的な調和がもたらされないことを教える[128]。しかし、異なる事業や社会的集団の交流によって機能する「体」という概念イメージから、さまざまな賜物の相互作用を通して機能するというイメージへの移行によって、パウロはいくつかの重要な推論を提供する。

（1）多様な賜物はそれぞれ特徴を持っている。この多様性についてパウロはロマ 12.6–8 とⅠコリ 12.8–10, 28–30 で述べる。この賜物リストは、発語としての賜物と活動としての賜物に分類される。発語としての賜物には、預言、教え、励まし（ロマ 12.6–7）、「知恵の言葉」、「知識の言葉」、預言、異言（Ⅰコリ 12.8–10, 28–30）と、これらに付属する賜物（後続の（3）を見よ）がある。活動としての賜物には、奉仕、施し、世話（指導）[129]、慈善（ロマ 12.7–8）、癒しやその他の奇跡（Ⅰコリ 12.9–10, 28–30）、「助け（ἀντιλήψεις）」、「指導（κυβερνήσεις）」（Ⅰコリ 12.28）がある[130]。Ⅰペト 4.10–11 はこの基本的分類を支持して以下のように述べる。「それぞれが賜物を受けたのですから、それを互いに仕えるために用いなさい。……語る者は神の言葉を語る者とし

---

[128]「私たちはキリストにおいて 1 人の人であり、それぞれが互いにその部分をなしています」（ロマ 12.5）、1 つの体と多くの部分がそれぞれを必要としている（Ⅰコリ 12.12, 14）。Ⅰコリ 12.15–26、コロ 2.19、エフェ 4.16 参照。

[129] ロマ 12.8 の ὁ προϊστάμενος は「指導者」（NRSV, REB）とも「指導」（NIV）とも訳し得るし、大半はそのように理解する。しかしこの分詞句の動詞形は「心配する、世話をする、援助する」（Ⅰテモ 3.5、テト 3.8, 14）をも意味する。ここでは他の 2 つの分詞句がそれぞれ何らかの助けを提供することを意味するので、パウロはおそらくこの後者の意味で用いているのだろう。したがってこれら 3 つの分詞句は、初代教会の「福祉活動」を総じて指していよう。例えば Cranfield, *Romans*, 625–27; Schlier, *Römerbrief*, 372; Dunn, *Jesus and the Spirit*, 250–52; *Romans*, 731. 異論は Fitzmyer, *Romans*, 649 参照。これらの分詞句が何らかの奉仕活動を広く指すことは十分に考えられる。例えば食事や服を配布すること（μεταδιδούς）、周縁者の発言や行動を支持すること（προϊστάμενος）、経済的援助をすること（ἐλεῶν）だ。

[130] Ⅰコリ 12.28 の「助け（ἀντιλήψεις）」と「指導（κυβερνήσεις）」はやや曖昧だ。前者はたんに「助け、補助」を意味し、後者は「舵取り、方向づけ、監理」（操舵手のメタファ）を意味する。Dunn, *Jesus and the Spirit*, 252–53 を見よ。

第 20 章　キリストの体　　　705

て、仕える者は神が与えた力によってそうしなさい」。

　(2)　パウロは賜物を列挙する際に、目を見はるような預言や異言や奇跡のみならず、日常の奉仕や組織運営に関わる仕事をも意識的に加えている[131]。恵みとは与えることであり、顕著な仕方で目立つことでない。恵みによって与えられた賜物による奉仕は、人の目につく行為でない。

　(3)　またⅠコリ 12.8-10 の賜物リスト、とくに最後の 3 グループに関しては、賜物の相互依存という性質を印象づける意図が伺える。明らかな例は、「種々の異言[132]」と「異言の解釈[133]」(Ⅰコリ 12.10) との関係性だ。Ⅰコリ 14 章から明らかなとおり、パウロは「解釈」を「異言」に対するある種の監理や均衡維持と捉えている[134]。同様のことは、「預言」と「霊の見分け (διάκρισις)」(12.10) との関係性にも言える。パウロにとって預言は最も重要な賜物だった[135]。それでも、あるいはだからこそ、霊感を受けていない言葉の受容は避けねばならなかった。したがってそのような言葉は、その起源と価値とが試され「判断 (διακρίνω)」されねばならなかった[136]。同様の関

---

131)　Turner (*The Holy Spirit*, 270) は「『運営』にせよ『奉仕』にせよ、最もめざましい行為のみが賜物と呼ばれる」と私が考えているように述べるが、それは私を誤解している。

132)　パウロが言う「異言」は、おそらく人の言語でなく（それならⅠコリ 14.6-11 が意味不明だ。Turner, *The Holy Spirit*, 227-29 の反論参照）御使いの言語 (13.1) で、これを通して神へ語る (14.2)。霊感を受けた幻視者が御使いの言語を話すとの理解はユダヤ教文献にすでにある（『ヨブ遺』48-50、『アブ黙』17、『イザ殉』7.13-9.33、『ゼファ黙』8.3-4）。Dunn, *Jesus and the Spirit*, 242-46, n.304. この主題への関心の高まりについては Fee, *Empowering Presence*, 172 n.336 を見よ。

133)　「解釈 (ἑρμηνεία)」は聖書ギリシャ語では「翻訳」も意味する (LSJ, BDAG)。これは上の「異言」の理解と符合する。

134)　「誰か異言を訳す者がいて教会が啓発を受けるのでなければ、預言する者は異言を語る者より重要です」(Ⅰコリ 14.5)、「異言を語る者は、それを訳すことが出来るよう祈り求めなさい」(14.13)。Ⅰコリ 14.26-28 では異言に解釈がともなうよう求められる。そして解釈がない場合それ以上異言を語らない。さらに Dunn, *Jesus and the Spirit*, 246-48 を見よ。

135)　Ⅰコリ 14.1, 5, 12, 24 を見よ。それは、預言が教会を建て上げ、信徒に慰め (14.3-4) と「啓示」(14.6, 26, 30) とをもたらすからだ。「信徒のためのしるし」としての預言 (14.24-25) に関しては Dunn, *Jesus and the Spirit*, 230-32 を見よ。

136)　この霊的現象への配慮をパウロは繰り返す (Ⅰコリ 2.13-15、Ⅰテサ 5.20-21)。偽の預言はヘブライ語聖典ですでに問題視され、預言の吟味の必要性は初代教会で繰り返された (Ⅰヨハ 4.1-3、『ディダ』11-13、『ヘル戒』11)。パウロと初代教会でのこの問題の重要性は、Ⅰコリ 12.8-10 の解釈で看過されがちだ。さらに §21.6 と Dunn, *Jesus and the Spirit*, 233-36; 'Prophetic "I"-Sayings and the Jesus Tradition: The Importance of Testing Prophetic Utterances within Early Christianity', *NTS* 24 (1977-78), 175-98; 'Discernment of Spirits — A Neglected Gift', in W. Harrington

連は「信仰、癒しの賜物、奇跡」(12.9–10) のあいだにも見られよう。なぜなら「信仰」はパウロにとって最も基本的な要素であり、これがキリスト者の誠実さを方向づけ (ロマ 1.5)、共同体内のあらゆる関係性 (12.3) [137]と共同体成員に影響を及ぼすあらゆる活動を決定するからだ (14.23)。したがってパウロにとって、癒しや奇跡は神への真の信仰によってのみ可能となる (ガラ 3.5) [138]。

すなわちⅠコリ 12.8–10 の賜物リストは、相互依存を賜物が与えられた共同体の性格だと教えていることになる。異言を語る者はその解釈者なくして共同体に益とならず、共同体による吟味を経ない預言はあらゆる種類の誤りや過ちをもたらし、神への信仰を促さない癒しや奇跡もまた共同体を逸脱させる。

(4) これらの賜物に明確な定義が存在し、厳密に区分されていた様子は伝わらない。むしろいくつかの賜物に関する曖昧さ (「奉仕」、「知恵／知識の言葉」、「信仰」) や、他の賜物との重複 (預言／奨励、施し／世話／慈善) は、パウロが厳密な定義を意識していなかったこと、また広範の言葉や行動による奉仕を賜物と認める傾向があったことを示す。あるいはロマ 12 章とⅠコリ 12 章のリストが、賜物すべてを網羅しているのでもない [139]。むしろⅠコリ 12.6–8 のリストは、コリント共同体に特徴的な体験と関心を念頭に置いている [140]。また、コリント教会へパウロが宛てた手紙が、教会の体に関する彼のヴィジョンを反映していたとしても、コリント教会はおおよそキリスト者共

(ed.), *Witness to the Spirit* (Dublin: Irish Biblical Association / Manchester: Koinonia, 1979), 79–96; 'Responsible Congregation' (§21 n.1), 216–26 を見よ。§23.4 n.109 も見よ。

137)　パウロは「信仰の秤」なる表現で信仰の分配に言及していよう。同じ信仰だが、私たちは経験上みなが同程度の信仰を示すと知っている。Dunn, *Romans*, 721–22. 異論は Cranfield, *Romans*, 613–16 参照。同様に「(信仰に応じた) 預言」(ロマ 12.6) に関しては Dunn, *Romans*, 727–78 を見よ。

138)　パウロは使徒職の証明として「しるしと奇跡」に依拠することへ懸念を示す (Ⅱコリ 11–12 章、とくに 12.11–13)。

139)　伝統的ペンテコステ教派はこれらを全網羅的に捉える。より広義の賜物理解は Dunn, *Jesus and the Spirit*, 212–53 を見よ。

140)　「知恵」(Ⅰコリ 1.17, 19–22, 24, 30, 3.1, 4–7, 13, 19, 12.8) と「知識」(Ⅰコリ 1.5, 8.1, 7, 10–11, 12.8, 13.2, 8, 14.6) はⅠコリント書の重要な主題だ。その他「奇跡」(Ⅰコリ 12.10, 28–29, Ⅱコリ 12.12) と「預言」と「異言」(Ⅰコリ 14 章) も見よ。

同体の模範ではなかった。

(5) パウロが賜物について言及する仕方から、賜物をある種の「出来事」として理解していることが分かる。賜物とは、言葉が語られることであり、活動が行われることだ[141]。賜物は機能（πρᾶξις）、奉仕の業（διακονία）、活動（ἐνέργημα）、御霊の顕現（φανέρωσις）である。パウロは「賜物を持つ[142]」という言い方もするが、これはたんなる言葉の綾とも言えよう。いずれにせよⅠコリ 14.26–32 で共同体が機能する様子から分かることは、賜物が事前に準備された働きと任意の発言の複合だということである。いずれにせよ、賜物が神の恵み深い業（ロマ 12.6）の結果としての贈り物であることを忘れてはならない[143]。言葉の発信は合理的な思考の結果でなく霊感による言葉であり[144]、行動の賜物は「神から授けられた力による」（Ⅰペト 4.11）。上で挙げた 2 つの賜物リストは、賜物の出来事としての性質を異なった仕方で表現している。ロマ 12.6–8 では預言、奉仕の業、教える者、励ます者等[145]、Ⅰコリ 12.7 では個人でなく共同体の益となる賜物、Ⅰコリ 12.8–10 では「知恵／知識の言葉」（たんに知恵／知識でない）、奇跡、癒し等だ。同様に、Ⅰコリ 12.28 の第 2 のリストの後半が、「奇跡、癒しの賜物、奉仕の業、指導の業、種々の異言」であり、「奇跡を行う者や癒しの賜物を用いる者等」でないことも重要だ。賜物がどれほど「自然の能力」と重なったにせよ、パウロはそれを生得的なものと見なさない[146]。少なくともパウロは、賜物が個人の利益のみの

---

[141] Käsemann ('Ministry' [§21 n.1], 65) は「授けられた恵み深い力の顕現と具現化」として賜物を定義する。私もそうだが（Dunn, *Jesus and the Spirit*, 253–56）、Käsemann のこの理解は F. Grau の学位論文 Der neutestamentliche Begriff *charisma*, Tübingen University, 1946 の影響を受けている。

[142] ロマ 12.6、Ⅰコリ 7.7, 12.30, 14.26.

[143] また Dunn, *Romans*, 725–26 を見よ。

[144] 「預言」が「公告（説教や大胆で意識的な発言）」（とくに T.W. Gillespie, *The First Theologians: A Study in Early Christian Prophecy* [Grand Rapids: Eerdmans, 1994] 参照）か「予言（将来の出来事に関する発言）」かという古くからの議論は、ユダヤ教とキリスト教の伝統における霊感を受けた発言という預言のより基本的性格を見失いがちだ。近年の研究は D. Aune, *Prophecy in Early Christianity and the Ancient Mediterranean World* (Grand Rapids: Eerdmans, 1983); C. Forbes, *Prophecy and Inspired Speech in Early Christianity and Its Hellenistic Environment* (WUNT 2.75; Tübingen: Mohr, 1995) を見よ。Gillespie の議論への批判は Forbes, 227–29; Turner, *Holy Spirit*, 206–12 を見よ。

[145] 後半のリストでは現在時制の動詞が用いられるが、これは賜物の業が反復することを示すだろう。§21.3 を見よ。

[146] Hahn, 'Charisma' (§21 n.1), 216–17 参照。

ために所有されるという理解に疑問を抱いていた。異言を集会の場で語ることを禁ずるパウロの教えが示すとおり（Ⅰコリ 14.1–25）、賜物を受けたという意味でのカリスマ的共同体では、賜物が共同体全体へ利益をもたらすかによってその真価が問われる。

（6）上との関連で、賜物（χαρίσματα カリスマタ [複]）の神的「恵み（χάρις）」の体現という性質にも注目すべきだ。これこそがキリスト者共同体にキリストの体という性格づけをする。パウロにとって、十字架におけるキリストの恵み深い業こそが賜物の原型だ[147]。それゆえパウロは、多様性による一致というヴィジョンを表現するため政治的メタファである「体」を、キリストの体、すなわち賜物が与えられたカリスマ的共同体として変容させることができた。つまりロマ 12 章とⅠコリ 12–14 章で明らかにされたパウロのヴィジョンによると、キリストの体は十字架上で示されたキリストの恵みの業を体現するかぎりにおいて、その恵みの力によって促されつつ、利己的な目論見を伴わず、神と他者に仕えることによってのみその役割を果たし得る。同様の結論は、Ⅰコリ 12.4–11 でパウロが強調する賜物の理解、すなわち賜物が御霊によって与えられることからも導き出される。パウロにとって御霊とは「キリストの霊[148]」だからだ。

（7）さらに、身体に関する政治的メタファについてパウロが強調するのは、体の各部分が積極的に関与する活動的な成員だという点だ。体が多くの臓器からなり、それらに異なった機能（πρᾶξις）があるように、キリストの体も異なる賜物を持つ成員によって成り立つ（ロマ 12.4–6）。「共通の善のために御霊の顕れが各人に与えられます」（Ⅰコリ 12.7）。「1 つの同じ御霊がこれらすべてを動かし、その意志に応じて各人に分配されます」（12.11）。キリストの体の成員はたんなる個人でなく、機能する成員であり、各賜物を生かす成員だ。Ⅰコリ 12.14–26 でのパウロの印象的な解説がこの点を強調する。彼は体を機能する成員と機能しない成員とに分けず、奉仕する側と奉仕される側

---

[147] ロマ 5.15–16.「恵み（χάρις）」に関してはさらに§13.2 を見よ。
[148] §§10.6, 16.4 を見よ。キリストに関する告白により認識される霊感（Ⅰコリ 12.3）、唯一の御霊、唯一の主、唯一の神（12.4–6）、御霊によりキリストという体へとバプテスマを受ける（12.12–13）。

とに分断しない。いずれの成員も、自らの賜物が他より劣っていると考えるべきでなく、体における自らの役割を看過すべきでない（Ⅰコリ12.15–16）。他の成員の賜物を、取り換え可能だとか不要だとかと考えるべきでもない（12.21）。各賜物の機能は異なるが、互いに他の成員に対する敬意の念が育まれるべきだ（12.22–26）。

　とくに、共同体の働きが（「体」の定義上）一部の成員に限られるべきでないというパウロの強調点を見逃してはならない。これはコリント教会に周知させるべき事柄だった。パウロは1人の成員や賜物に体全体が依拠しないことを強調する（12.17–20）。この点を印象づけるため、彼はユーモアに満ちた戯画を描く。すなわち目だけの、あるいは耳だけの体を想像せよと言う（12.17）。それは体でない（12.19）。多種多様な臓器（成員）があって初めて体が成り立つのであり、そうでなければたんなる臓器だ（12.20）。もし教会の働きが少数の指導者に限定されれば、その体は著しく歪な姿であり、80–90％が麻痺状態にある。体が多様な部分の一致によってのみ円滑に機能し力を発揮するなら、働きが歪に集中したままでは効果は著しく限定的だ。

　(8) キリストの体の動的な性質は、1つの体へ1つの御霊により皆がバプテスマを授けられるというイメージで強化される（Ⅰコリ12.13）。パウロがいかにバプテスマ儀礼のイメージを用いると理解するにせよ、「1つの体へとバプテスマを授けられる」という意味での通過儀礼が念頭にあることは明らかだ[149]。パウロは御霊によるバプテスマというイメージを、賜物とキリストの体に関する議論の中核に据えている。これは明らかに、御霊によってバプテスマを授けられたことが、機能的な体の成員として参入させられたことを意味する。パウロにとって「御霊によるバプテスマ」はこの参入という通過点を指しており、賜物が与えられたカリスマ的な共同体へカリスマ的成員として参画し、賜物を用いることを意味する。パウロ自身がそうだったように、改宗は召命であり、参入は参画であり、御霊によるバプテスマは奉仕のための恵みが与えられることだ。

　生きた神の教会に関するパウロのイメージを完成させようとすれば、さら

149）§16 n.44を見よ。Ridderbos（*Paul*, 372–73）はこれをまったく逆の方向で捉え「御霊は……体への編入ゆえに与えられる賜物」と述べる。

につけ加えるべきことは多い¹⁵⁰⁾。しかしここでは、キリストの体が指すキリスト者の共同という基本的性格を把握する試みで十分だろう。そして改宗は何よりも、民族的および伝統的なアイデンティティの表象によって定義された共同体から、キリストと御霊とによって定義された共同体──キリストの恵みと御霊による賜物に特徴づけられる共同体──への移行だとの認識が重要である。

§20.6. 御霊の共通体験

もう1つの特徴は既述の内容においてすでに示唆されているが、ここであらためて述べる必要があろう。すなわち、御霊の共有体験から派生するものとしての神の教会という側面だ。パウロはローマ書でこれを明言しないが、他書ではこの点が強調されている。これを私たちは、救済の開始における第3の相関性と理解できよう。非祭儀的な共同体が信仰による義認（第14章）を想起させ、キリストの体がキリストへの参与（第15章）を表現するなら、御霊の共同体は賜物としての御霊（第16章）の明らかな具現化である¹⁵¹⁾。

この点は、「御霊への参加（κοινωνία τοῦ πνεύματος）」という既知の概念において最も直接的な仕方で表現されている¹⁵²⁾。この句は「御霊の交わり」（御霊によって生じた交わり）と誤って訳されがちだ。しかし近年の研究の結果、「御霊への参加」との訳がより適切であることが分かってきた¹⁵³⁾。つまりそ

---

150) §21.3–6 を見よ。

151) Goguel (*Primitive Church*, 53) は「パウロの教会理解はすべて御霊理解の延長上にあるといえよう」と述べる。

152) IIコリ 13.13、フィリ 2.1。「交わり／参加（κοινωνία）」は新約聖書で 19 回用いられるが、そのうち 13 回はパウロによる。したがってこれはほぼパウロ的語彙と言えよう。ロマ 15.26、Iコリ 1.9、10.16（2 回）、IIコリ 6.14、8.4、9.13、13.13、ガラ 2.9、フィリ 1.5、2.1、3.10、フィレ 6。

153) J.Y. Campbell, 'KOINŌNIA and Its Cognates in the New Testament', *JBL* 51 [1932] (*Three New Testament Studies* [Leiden: Brill, 1965], 1–28 で再版); F. Hauck, *TDNT* 3.804–08; J. Hainz, *EDNT* 2.203–05; *KOINŌNIA. 'Kirche' als Gemeinschaft bei Paulus* (BU 16; Regensburg: Pustet, 1982). この点は G. Panikulam (*Koinonia in the New Testament: A Dynamic Expression of Christian Life* [AnBib 85; Rome: Biblical Institute, 1979]) で議論がより混乱する。上の該当箇所のいずれにおいても、焦点は共有の活動や体験にあり、修飾する語によってつくられた活動や条件にない。例えば、主の晩餐を共有するという行為であり、主の晩餐を祝う共同体でない（Iコリ 10.16）。実際に募金に参加

の関心は、物質的な存在(集会のような)でなく、成員が共有すべき主観的な御霊の体験にある。したがってパウロは、集会の会員席(メンバーシップ)の共有でなく、御霊の体験の共有こそがキリスト者に連帯感を与えると考える。御霊の体験を他者と共有しているという認識が、共通理解や共感意識を生じさせる。

この点は、既述の賜物としての御霊に関する議論でも示唆されている。それはパウロにとって、キリスト者を定義する基本的なしるしだった(§16)。しかし本章ではとくにIコリ12.13でこの点が明示されている。1つの御霊においてバプテスマを受けるという共通した体験によって、キリスト者は1つの体を構成する。1つの御霊によって水(滋養)を得るという共通の体験によって、国民性や社会階層の差が無意味とされる[154]。

これと同じことが、のちに書かれたエフェソ書でも強調されている。エフェ4.3–4では、教会の一致とは御霊の一致の直接的な具現化だ。この点は著者による動詞の選択が示している。「平和の絆の内に御霊の一致を保つ(τηρεῖν)ようあらゆる努力をしなさい」(エフェ4.3)。一致の基礎となる御霊の一致は与えられるものであり、エフェソ信徒らが創り出すものでない。エフェソ教会のキリスト者らにできることは、与えられた一致を保つこと、あるいはそれを失うことだ。

実践神学の視点からこの主題について述べるなら、御霊の共同体は人によって造り出され得ない。パウロにとって、共同体は御霊の体験を共有することから生じる。あるいは、(一般的な意味での)交わりは、1つの御霊へともに参加することから生じる。そうでなければ、教会はキリストの体であり得ない。パウロにとってこれは理論上の言説でなく、彼が設立した多くの教会の体験によって裏打ちされた内容だ。フィリ2.1–4がこの点を最も印象的に語る。おそらくパウロは、この時点ですでに、キリスト者共同体とその一致を生じさせる源泉が党派的論争と自己追求によって塞がれる危険性を強く意

することであり、募金が促す姿勢でない(IIコリ8.4)。福音の伝播とキリストの苦しみを共有する体験であり、宣教集団の名称でない(フィリ1.5, 3.10)。

154) さらに Dunn, *Jesus and the Spirit*, 261–62 を見よ。「パウロは『1つのバプテスマ、したがって1つの体』と言わず、「1つの御霊、したがって1つの体」と述べる」(p.261)。

識していただろう。

§20.7. 多様性と一致のヴィジョン

　キリストの体に関するヴィジョンをロマ 12 章と I コリ 12 章とでパウロが詳細に語る背景に、これらの手紙が宛てられた教会での党派主義と分派の緊張があったことを忘れてはならない。パウロをたんなる夢想家や理想主義の提唱者と捉えるべきでない。彼はこれらの教会が、そのヴィジョンからいかに乖離していたかを痛感していた。おそらくパウロは、地中海世界に散在した小規模の家の教会の現実と照らし合わせ、自らの神学の実践が容易でないことを承知していた。個人の救済プロセス（§18）において終末的緊張――「いまだ」であり「すでに」という現実――を明確に意識していたパウロが、共同体における同様の現実を看過していたとは考え難い。教会自体が時代の狭間に置かれていた。個人がこの時代に属する身体の脆弱さから逃避できないと同様に、集団的存在である教会もこの時代に属する共同体という身体の脆弱さを捨て去ることはできなかった。

　同時に、パウロ自身の変革のヴィジョンもやがて変容をたどり、その特徴的な性質が過去へ置き去りにされた。地域教会で神の教会が完全に体現されるというパウロのヴィジョンは、普遍的教会（エフェソ書においてすでに）という思想に取って替わった[155]。祭司という特別な職制のない非儀礼的共同体なるヴィジョンも、『I クレメンス』ではすでに薄れ始めた[156]。賜物（カリスマタ）に関するパウロの理解も、牧会書簡において制限が加えられ、後 2 世紀には失せた[157]。御霊の体験を共有することへの強調は、教会の秩序への配慮という当然の問題意識の下に埋没し、よりセクト的関心として周縁へと追

---

[155] §20.2 を見よ。エフェソ書（4.7–16）は賜物が与えられた（カリスマ的）教会というパウロのヴィジョンが教会の普遍的概念へと容易に適用され得ることを示している。

[156] Dunn, *Partings*, 254–57; J.B. Lightfoot 'The Christian Ministry', *St Paul's Epistle to the Philippians* (London: Macmillan, 1868), 179–267 を見よ。紀元後の初めの何世紀かでは、第二神殿期ユダヤ教のもう 1 つの申し子であるラビ・ユダヤ教が、祭司でなくラビに焦点を置くという異なる体制として出現した。

[157] §20 n.114 を見よ。

第 20 章　キリストの体

いやられた [158]。

　しかしパウロは、彼の理解するキリスト者共同体の原則を提示することが必要だと感じた。彼は多くの自治体政府が学んだ教訓を生かして、それを神の教会のモデルへと変容させた [159]。そしてこれらの原則がパウロの設立した教会の問題に対して有効だったとすれば、それはのちの教会に対しても有効であり続けた。パウロが設立した諸教会は彼のヴィジョンに照らし合わせてそのあり方を評価するよう求められたが、のちの教会もパウロが提示した原則に照らし合わせて自らを評価することに意義を見出した。

　そして、「キリストの体」という概念自体に示唆されている神学的洞察の重大さは計り知れない。その「キリストへの参与」という表現との関連（§15）が、この世的でない神秘主義へと読者の意識を逸らす危険性は否めないが、「体」という語が指し示すより身体的な有体性というニュアンスを持つ関係性（§3.2）を意識するなら、この神学的概念が神秘主義とまったく異なることは明らかだ。人がその身体性ゆえに社会を構成することが可能なように、体としての教会はキリストが広い社会と具体的に関わることを可能とする。この点において、ロマ 12.1–2 の「体」とロマ 12.4–5 の「体」とのあいだに連続性が見出される。

　同様に重要な点は、賜物が与えられた（カリスマ的）キリストの体としての教会なる概念を提示することで、パウロがすべての時代の教会に対して、一致と多様性という決定的な模範を提供したことだ。キリストの体なるパウロのヴィジョンは、多様性によって構築される一致だ。この一致は多様性によって否定されず、むしろ一律性によって否定され得る一致だ。多様な成員がそれぞれの機能を果たす時に到達する一致だ。それは体の一致であり、その体はキリストの体だ。

---

158)　モンタノス派がこの好例だ。
159)　おそらくこれが、すべての共同体のあるべき姿を示すモデルだろう。この理解は、コロ 1.18 がさらに展開するイメージの背景にある。すなわち、教会は和解された被造物の初穂だ（コロ 1.20–22）。いずれにせよ Klaiber（*Rechtfertigung*, 9）が、パウロの教会観を「教会論的欠陥」と評するのは、パウロが明示する原則を適切に評価できていない結果だろう。

第21章 職務と権威 [1]

1) 第21章の文献リスト
Barrett, *Paul*, 119–27; **N. Baumert**, 'Charisma und Amt bei Paulus', in A. Vanhoye (ed.), *L'Apôtre Paul*, 203–28; *Woman and Man in Paul: Overcoming a Misunderstanding* (Collegeville: Liturgical / Glazier, 1996), 174–212; **A. Bittlinger**, *Gifts and Graces* (London: Hodder and Stoughton, 1967); *Gifts and Ministries* (Grand Rapids: Eerdmans, 1973); **U. Brockhaus**, *Charisma und Amt. Die paulinische Charismenlehre auf dem Hintergrund der frühchristlichen Gemeindefunktionen* (Wuppertal: Brockhaus, 1972); **J.T. Burtchaell**, *From Synagogue to Church: Public Services and Offices in the Earliest Christian Communities* (Cambridge: CUP, 1992); **R.A. Campbell**, *The Elders: Seniority within Earliest Christianity* (Edinburgh: Clark, 1994); **H. von Campenhausen**, *Ecclesiastical Authority and Spiritual Power in the Church of the First Three Centuries* (1953; London: Black, 1969); **H. Doohan**, *Leadership in Paul* (Wilmington: Glazier, 1984); **Dunn**, *Jesus and the Spirit* (§18 n.1), ch.9; 'The Responsible Congregation (1 Cor. 14.26–40),' in L. de Lorenzi (ed.), *Charisma und Agape (1 Kor. 12–14)* (Rome: Abbey of St. Paul, 1983), 201–36; **E.E. Ellis**, *Pauline Theology: Ministry and Society* (Grand Rapids: Eerdmans / Exeter: Paternoster, 1989); **E.S. Fiorenza**, *In Memory of Her: A Feminist Theological Reconstruction of Christian Origins* (London: SCM / New York: Crossroad, 1983); **G. Friedrich**, 'Das Amt im Neuen Testament', in J. Friedrich (ed.), *Auf das Wort kommt es an* (Göttingen: Vandenhoeck, 1978), 416–30; **H. Greeven**, 'Propheten, Lehrer, Vorsteher bei Paulus', *ZNW* 44 (1952–53), 1–43; **F. Hahn**, 'Charisma und Amt', *ZTK* 76 (1979), 419–49 = *Exegetische Beiträge zum ökumenischen Gespräch: Gesammelte Aufsätze* (Göttingen: Vandenhoeck, 1986), 201–31; **A. Harnack**, *The Constitution and Law of the Church in the First Two Centuries* (London: Williams and Norgate, 1910); **G. Hasenhüttl**, *Charisma. Ordnungsprinzip der Kirche* (Freiburg: Herder, 1969); **B. Holmberg**, *Paul and Power: The Structure of Authority in the Primitive Church as Reflected in the Pauline Epistles* (Lund: Gleerup, 1978 = Philadelphia: Fortress, 1980); **E. Käsemann**, 'Ministry and Community in the New Testament', *Essays*, 63–94; **Kertelge**, 'Der Ort des Amtes in der Ekklesiologie des Paulus', *Grundthemen*, 216–34; **K. Kertelge** (ed.), *Das Kirchliche Amt im Neuen Testament* (Darmstadt: Wissenshaftliche Buchgesellschaft, 1977); **H. Küng**, *The Church* (London: Burns and Oates / New York: Sheed and Ward, 1976); **T.M. Lindsay**, *The Church and the Ministry in the Early Centuries* (London: Hodder and Stoughton, 1902); **R.P. Martin**, *The Spirit and the Congregation* (Grand Rapids: Eerdmans, 1984); **M.Y. MacDonald**, *The Pauline Churches: A Socio-Historical Study of Institutionalization in the Pauline and Deutero-Pauline Writings* (SNTSMS 60; Cambridge: CUP, 1988); **Meeks**, *First Urban Christians*, 111–39; **P.-H. Menoud**, *L'Église et les ministères selon le Neuveau Testament* (Neuchâtel / Paris: Delachaux et Niestlé, 1949); **Ridderbos**, *Paul*, 429–86; **J.H. Schütz**, *Paul and the Anatomy of Apostolic Authority* (SNTSMS 26; Cambridge: CUP, 1975); **E. Schweizer**, *Church Order in the New Testament* (London: SCM / Naperville: Allenson, 1961); **G. Shaw**, *The Cost of Authority: Manipulation and Freedom in the New Testament* (London: SCM / Philadelphia: Fortress, 1983); **R. Sohm**, *Kirchenrecht* I (1982; Munich / Leipzig: Duncker und Humbolt, 1923); *Wesen und Ursprung des Katholizismus* (Leipzig / Berlin: Teubner, ²1912); **Strecker**, *Theologie*, 198–206; **Theissen**, *Social Set-*

§21.1. 賜物と職制

賜物を授けられたキリストの体という理解を明示するパウロが、使徒、預言者、教師などのより確立された職務をさほど重視しない様子には驚かされる。これらの職務はⅠコリント書の後半でやっと言及され（12.28–29）、預言者については異言と預言の包括的な貢献を議論する際に取り上げられるのみだ（14.29–32）。ロマ12.6–7では、預言者でなく「預言」、教師でなく「教える者」についての言及に留まる。のちの世代のキリスト者にすると偏った教会論とも捉えられかねないパウロのこの傾向は、パウロ神学に関する議論を巻き起こす1つの原因となっている。このパウロの傾向は、教会史における聖職者主義や教会権威主義に対して繰り返された抵抗運動の下地を敷き、原始教会のあり方へ回帰することを促してきた[2]。そしてパウロ書簡群に見られるこの特徴的な教会観が火種となって、賜物と職制（Charisma and Office）の関係にまつわる議論が約1世紀前から継続的に行われている[3]。

この問題の核心は、ルドルフ・ゾームとアドルフ・ハルナックのあいだで19世紀と20世紀をまたいで行われた議論で明らかになった。この議論以前のプロテスタント神学者らのあいだでは、初代教会の組織に関するおおまかな共通理解があった。このやや理想主義的な共通理解によると、各地域教会は独立自治を保ち、自由な連帯によって協働する個々の成員による「民主的」

---

ting; **W. Trilling**, 'Zum "Amt" im Neuen Testament. Eine methodologische Besinnung', in U. Luz and H. Weder (eds.), *Die Mitte des Neuen Testament. Einheit und Vielfalt neutestamentlicher Theologie* (E. Schweizer FS; Göttingen: Vandenhoeck, 1983), 319–44; **A.C. Wire**, *The Corinthian Women Prophets: A Reconstruction through Paul's Rhetoric* (Minneapolis: Fortress, 1990).

2) 例えば、E.H. Broadbent, *The Pilgrim Church* (London: Pickering and Inglis, 1931); F.H. Littell, *The Origins of Sectarian Protestantism* (New York: Macmillan, 1958) を見よ。

3) 後続する段落は、基本的にBrockhaus (*Charisma*, 7–25); O. Linton, *Das Problem der Urkirche in der neueren Forschung* (Uppsala: Almquist & Wiksells, 1932) の議論に依拠している。同時に、修士論文（C. Clausen, The Structure of the Pauline Churches: 'Charisma' and 'Office', Durham University 1991）をも参考にしている。Brockhaus (*Charisma*, 24 n.106) は、「職制」を確立させる要件として、(1) 期間、(2) 会衆による認証、(3) 権威や尊厳といった、会衆との関係における個人の特別な立場、(4) 按手のような秩序立った認証／派遣、(5) 当該機能の法的保証、を挙げる。Clausenはこれに、(6) 職制の引き継ぎの可能性を、正しく補足する。

な管理に委ねられていた。さらに使徒、預言者、および教師は、「職制」というよりも機能として理解されていた[4]。しかしゾームは、この理想の内に示唆されている異なる要素を互いのアンチテーゼとして明確に位置づけた。すなわち、カリスマと教会法（Kirchenrecht / canon law）だ。彼は、「教会法は教会の性質と相容れない」、あるいは「エクレーシアの設立に関わる使徒から継承した教えによると、キリスト教世界の組織化は法的（rechtliche）なものでなく、カリスマ的組織であらねばならぬ」。すなわち「キリスト教世界は霊的賜物の配分を通して組織されるべき[5]」だ。神によって与えられたカリスマ的組織が人間的な教会法に取って替わったという教会の堕落（Sündefall）は、ゾームによると『Ⅰクレメンス』において初めて表面化した[6]。

　ハルナックは幾つかの点でゾームの影響を受けた[7]。とくにハルナックは、最初期の教会が「霊的民主政」に基づくという点で同意した。しかし彼は同時に、当時の教会が純粋に霊的存在でなく、社会的で共同体的な側面を有していたと主張した。この意味でハルナックは、最初期の教会組織に御霊と職制とによる緊張があったという点でゾームに同意した。ハルナックがゾームと異なる点は、ハルナックがこの緊張を時間的推移——霊から職制へ——としてでなく、同時進行する現象——教会全体のカリスマ的職制と地域教会の実務的職制——として捉えたことだ。この異なる視点が上の議論を方向づけた。この議論の焦点は以下のような疑問文に言い換えられよう。〈カリスマ的共同体（御霊の力が賜物を通して稼働する共同体）というパウロのヴィジョンは、彼が牧会的活動において絶えず遭遇した現実（とくにコリント教会）によってどれほどの制限を受けたか。「体制」や「位階制」や「職制」はパウロの当初のヴィジョンにおいていかなる位置を占めたか。パウロのヴィジョンを実社会において体現するために、これらは不可避的と捉えられるか。〉

---

[4]　Brockhaus, *Charisma*, 8.
[5]　Sohm, *Kirchenrecht*, 1.1, 26（Brockhaus, *Charisma*, 15）.
[6]　Brockhaus, *Charisma*, 17. この議論は結果的に「カリスマ対職制」なる対比として要約されるが、Sohm はそう言わない（Brockhaus, *Charisma*, 18）。さらなる Harnack と Sohm の議論は Sohm, *Wesen* を見よ。
[7]　Harnack の立場が最も明らかに示すのは、彼の著書（*Constitution*, 176–258）だが、そこで彼は Sohm への批判を述べている。この議論の評は Ridderbos, *Paul*, 439–40 を見よ。

第 21 章 職務と権威

　この議論は 20 世紀中半に再燃した。ハンス・フォン・カンペンハウゼン、エルンスト・ケーゼマン、そしてエドゥアルト・シュヴァイツァーがその中心的役割を果たした[8]。カンペンハウゼンはゾームの主張を言い換え、パウロは教会が組織されるための原理として御霊を捉えたと主張した。彼はまた、「〔教会職務〕は厳密には人間的で体系的な計画によらず……御霊が授けた賜物の活用による」と述べた。パウロのヴィジョンによると、「教会共同体は自由な交流によって建て上げられ、霊的賜物と職務との生き生きとした相互作用を通して育まれるもので、公的権威や統括する『長老』に依拠しない」。ユダヤ人キリスト者共同体に存在していた長老制度がパウロの教会に導入されたのはのちのことだ[9]。ケーゼマンはこのアンチテーゼ的な構図をカンペンハウゼンよりも鋭く描き、カリスマと職制とを弁証論的な関係性として説明し直した[10]。そして「（パウロの）秩序に関する理論は、職制、体制、地位、威厳に依拠した静的なものでない」と強調した。彼の理解では、「権威は職務が果たされる具体的な活動の内にのみ発揮される」。同時に彼は、パウロのヴィジョンが「熱狂主義」の影響を受けやすいことを認めた[11]。シュヴァイツァーはより抑制された表現を用い、パウロが教える教会秩序には「地位を根本的な上下関係へと分けるような組織はないが、それは御霊がすべての教会成員に賜物として稼働するから」と説明した。また、「教会は、伝統でなく御霊の継続的な活動によって教会として機能」し、「あらゆる秩序は、神がすでに定めた道にしたがう試みの結果である[12]」と。

　これはプロテスタント教会に属する学者らによって議論され、その内容もプロテスタント的だった[13]。しかしそこで提唱された釈義上の問題は、より

---

[8]　3 人の研究者は、これらの問いに関する Dunn (*Jesus and the Spirit*, chs.8-9) の議論に少なからず影響を与えた。

[9]　Campenhausen, *Authority*, 68, 70–71, 76–123.

[10]　Käsemann ('Sentences of Holy Law in the New Testament', *New Testament Questions of Today*, 66–81) は I コリ 3.17 のような預言的言説（「誰かが神の神殿を破壊するなら、神はその者を滅ぼす」）を取り上げ、「御霊がそのような戒めを与え、それが教会における権威的行動や教会法形成を可能とする」と述べる。

[11]　Käsemann, 'Ministry', 83, 93.

[12]　Schweizer, *Church Order*, 99, 102.

[13]　Lindsay, *Church*; B.H. Streeter, *The Primitive Church* (London / New York: Macmillan, 1929) な

広いキリスト教の注目を得た。第2バチカン公会議を前後して議論のあり方が変わる。この対比は、公会議以前にルドルフ・シュナッケンブルクが執筆した著書と公会議が宣言した教会に関する教義（*Lumen Gentium*）を反映するハンス・キュングの著書において明らかだ[14]。シュナッケンブルクはそのパウロ論考で「職制」という語を躊躇せず用い、カリスマや御霊の自由などの概念よりも、位階や権威を強調する。彼はペトロの優位性を前提とし、パウロの使徒としての立場が公的認証を受けていることと、Ⅰコリ12.28に教会の位階が示唆されていることを強調する。その結果、彼が想定するパウロ的教会は、のちのカトリック教会の階層的構造に近いものとなる。

一方でキュングは、「継続するカリスマ的構造」を教会の「根本的構造」と捉える。彼はパウロのヴィジョンを厳密に捉え、「カリスマ（charism）は教会職制の下に置かれ得ず、むしろ職制がカリスマの下に置かれる。……教会のカリスマ的構造は教会の階層構造を含みそれを越える[15]」と論ずる。彼の分析は「教会の職制」という問題を突き詰め、「（信者）万人祭司」や「職務としての教会職制」という概念を強調した[16]。他方では、後期パウロ文書の「初期カトリシズム」をキリスト教正典の一部として強調し、パウロをこの傾向から遠ざけようとするゾームやケーゼマンの試みをある程度抑制した[17]。

この学術的議論と並行して、草の根レベルでの運動にも注目すべきだ。とくに英国のキリスト教同胞会（19世紀）と伝統的なペンテコステ主義（20世紀初期）は、この議論に欠かせない。多くの学者らがこれらの運動にまったくと言ってよいほど疎かったことは、驚くに足らない。1960年代以降のカ

どの英語圏での議論が看過される傾向にあった。

14) Schnackenburg, *Church*; Küng, *Church*.

15) Küng, *Church*, 187–88. Küngの「根本的教会構造」は、「第1に神の民としての教会、第2に御霊の創造としての教会（ここに継続するカリスマ的構造が含まれる）、第3にキリストの体としての教会」に焦点を置く。

16) これは世界教会協議会（WCC）の宣言（*Baptism, Eucharist and Ministry*［Geneva: World Council of Churches, 1982］）にも影響を与え、「あらゆる神の民への召命」という同様の主題を強調している。

17) H. Küng, *Structures of the Church* (New York: Nelson, 1964 = London: Burns and Oates, 1965), 135–51.

第 21 章　職務と権威

リスマ運動は比較的注目されたが、これがいくつかの聖書学的主題に新たな弾みを付けたことはあっても、上の議論に新たな方向づけをするに至らなかった[18]。「カリスマ vs 職制」という議論が後続する世代の実践レベルで（理論レベルでなく）繰り返されながらも、先行する世代の議論を十分に踏まえてないという事態が頻繁に起こっている。

　この議論は、コリント教会とコリント書簡とを社会学的視点から捉え直すことで生じる問題意識によって、新たな展開を見せ始めた。かつてマックス・ヴェーバーは、教会組織とその運営に関するパウロの神学を理解するために重要となり得るモデルを提供した。彼が提唱した「カリスマ的権威」は、預言者の超常的あるいは神聖な存在との直接的遭遇がもたらす権威と理解される。この権威は既存の日常や体制に革新的な激甚をもたらすが、時代を変えるその革新性が持続するためには、カリスマ的権威自体が日常化し体制化する必要がある。この社会変容モデルは、カリスマ／職制の議論への適用性が明らかに高い[19]。

　ション・シュルツは、パウロのカリスマ的権威を理解するためにヴェーバーを適用した最初期の人物として知られる。彼は力と権威と正統性（合法性）とを区別し、力を権威の源泉、権威を力の適用、正統性を権威の形式化と定義した[20]。ベンクト・ホーレンベルクはより徹底的な仕方でヴェーバーのモデルを適用した。彼はまず、パウロが書簡を宛てた諸教会における力の分配を分析し、ヴェーバーのモデルをパウロとエルサレム教会との関係性理解においてより直接的に適用した[21]。ウェイン・ミークスはその代表的著作で、とりわけ「家の教会（κατ' οἶκον ἐκκλησίαν）」をキリスト者運動の「基本単位」とし、「家（οἶκος）」が階位的構造を示していたと述べた[22]。マーガレット・

---

[18] とくに、Bittlinger, *Gifts*; Bittlinger (ed.), *The Church Is Charismatic* (§16 n.11); Dunn, 'Ministry and the Ministry: The Charismatic Renewal's Challenge to Traditional Ecclesiology', in C.M. Robeck (ed.), *Charismatic Experiences in History* (Peabody: Hendrickson, 1985), 81–101.

[19] Harnack に影響を与えたものの、その存在があまり知られない E. Hatch (*The Organization of the Early Churches* [London: Longmans, 1888]) は、キリスト教会組織の諸要素がすでに人間社会に存在していたと述べる。

[20] Schütz, *Paul*.

[21] Holmberg, *Paul*.

[22] Meeks, *Urban Christians*, 75–77.

マクドナルドは初期のパウロ派共同体のセクト的形成を分析したが、そこでの主要な関心事は教会の体制化プロセスだ。Ⅰコリ 12.28 と 16.15–18 における指導者体制の分析の結果、彼女はコリント教会で体制化がすでに進んでいたとするカンペンハウゼンの主張に反論した[23]。アンドリュー・クラークはコリント教会の社会階層を分析するため、より新しい社会学的モデルを適用し[24]、コリント教会に実際存在した指導体制が社会的立場や修辞的技量に依拠した不適切な指導者体制だったと論じた[25]。

旧来からの議論に新たな解釈の手法が用いられ始めたのは歓迎すべきことだ。第 20 章ではパウロの教会観を総括したが、カリスマ的共同体という教会理解をパウロの教会論のすべてとしたり、これがパウロ派教会の実像を網羅するとの単純化が誤解を招きやすい点を忘れてはならない[26]。これらの社会学的視点は、後 1 世紀のコリント市の現実にパウロがいかに直面したか、パウロが設立した教会がいかに機能し、コリント信徒らが教会設立に関わった使徒にいかに接したか、という問題に新たな光をあてた。教会とカリスマに関する論考から、いかなる職務がパウロによって想定され、（カリスマ的であるにせよそうでないにせよ）権威がいかに機能したかという議論へ関心がシフトしたことによって、パウロの神学的ヴィジョンがその実践的神学といかに関わるか、彼の神学が教会の実際においていかに適用され、またその適用の仕方に対してパウロがいかに反応したかを分析する機会を私たちは得た。何よりもこの点において[27]、パウロ神学が神学プロセスであることの意味、またパウロ神学における生きた対話が何を指すかを、私たちは垣間見ることになる。

以下では、使徒職に関するパウロの概念とその実践とに関する論考から始

---

23) MacDonald, *Pauline Churches*, 51–60.
24) 教会の社会的位置という社会学的観点を新約聖書学に紹介することに貢献したのはTheissen（*Social Setting*）だ。
25) A.D. Clarke, *Secular and Christian Leadership in Corinth: A Socio-Historical and Exegetical Study of 1 Corinthians 1–6* (Leiden: Brill, 1993); J.K. Chow, *Patronage and Power: A Study of Social Networks in Corinth* (JSNTS 75; Sheffield: JSOT, 1992).
26) Sohmと、ある程度においてCampenhausenとKäsemannも、この点において批判を受けてしかるべきだ。
27) §24 を見よ。

めよう。それに続いて、日常の職務を分析し、最後にパウロが教会全体に与えた権威について論じよう。

§21.2. パウロの使徒としての権威

パウロ神学とその実践——むしろ実践に移される神学——とを比較するのに、使徒としての権威という問題に注目するのが最も適切だろう[28]。それはパウロ自身が使徒だからだ。彼はこの点をガラテヤ書で強調し（ガラ1.1）[29]、彼自身の召命体験を他の使徒らの復活顕現体験（Ⅰコリ15.5–8）と同視することに躊躇しない[30]。一方、エルサレムを拠点とするキリスト者らがこれに抵抗したかは不明だ[31]。より重要な点は、神がパウロを使徒としたことの正当性を、教会設立活動の成功によって示したことだ。これらの教会にとって、パウロはたしかに使徒だ。彼は「他の人に対して使徒でなくとも、あなた方に対しては……そうです。あなた方が主にある私の使徒としての立場を証言する証印です」（Ⅰコリ9.2）と述べる[32]。彼は教会宛てに使徒として手紙を書いた。換言するとパウロ書簡群自体が使徒としての権威の行使だ。パウロが教会とその成員らにいかに接したかを考察することは、使徒職と使徒としての権威が彼にとって何を意味したかを知る助けとなる。

したがってこの主題論考のため、私たちはパウロ書簡群をほぼ全般にわた

---

[28] この問題に関する膨大な二次文献は J.-A. Bühner, ἀπόστολος, *EDNT* 1.142–46; H.D. Betz, 'Apostle', *ABD*, 1.309–11 を見よ。

[29] この主張はガラテヤ書で始まる。「使徒パウロ」なる表現はこれに先行するテサロニケ2書になく、ガラテヤ書以降で慣用表現となる。例外はフィリピ書とフィレモン書だ。その他パウロ文書においてもこの慣用表現が用いられる。

[30] しかしパウロは自分の任命を「最後に」（Ⅰコリ15.8）と言っており、彼以降に使徒として任命される者がいないことを想定しているようだ（したがって「私以前」ロマ16.7）。パルーシアの遅延がこれに関連するかは不明だ。

[31] この意味で「堕胎（ἔκτρωμα）」（Ⅰコリ15.8）はパウロに対する批判を反映しているとも考え得る。ἔκτρωμα は「月足らず（早産）」とも訳し得るが、それは語気を不必要に和らげる（§13 n.87）。エルサレム会議での合意（ガラ2.8b）に鑑みると、Betz（*Galatians*, 98）が考えるように、それ以前パウロに対して使徒職が認められていなかったか。

[32] Ⅰコリ4.14–15, Ⅱコリ3.2–3, 11.2, 12.14, Ⅰテサ2.11。パウロの使徒としての権威の源泉は第7章で十分に述べた。Dunn, *Jesus and the Spirit*, 276–77 を見よ。

って分析せねばならない。幸いにも、彼の使徒としての権威とその活動に関しては、ガラテヤ書、コリント2書、そしてフィレモン書が最も明らかに述べている。これらの書簡でパウロが神学するプロセスに焦点を合わせると、そこから使徒としての権威の実践に関する原則の幾つか（1–5）が見えてくる。

（1）ガラテヤ書の主要原則は福音の重要性だ。この点は、パウロの使徒としての権威、エルサレムの使徒らの権威、またガラテヤ信徒らへの配慮が、福音との関連で述べられている様子から分かる[33]。

この手紙は、パウロが使徒職を福音の務めの下部、あるいは福音の務めのための概念と捉えていることを教える。ガラ1.1を文脈から切り離して読むと、パウロの最大の関心が使徒としての立場を擁護することにあるという印象を与える。しかしガラ1–2章を読み進めると、パウロの最大の関心事が福音にあることが判明する[34]。御使いらの権威さえ福音に対して二義的だ（ガラ1.8）。「叙述（narratio）」部の前半（1.11–24）では、パウロの福音が神の権威によって直接与えられたと論じられている。ガラ2章は、福音の真理（2.4, 14）、福音の正当性（2.7–8）、この福音へのエルサレム教会による支持に焦点を置いている[35]。

エルサレムの使徒らに関しても、ガラ1–2章は興味深い示唆を与える。ここでパウロが、過去におけるエルサレムの使徒らの権威（「柱」ガラ2.9）を認めつつもその現在の権威を相対化するという、薄氷を履むような議論を展開するからだ[36]。一方でパウロは、エルサレムの使徒らと初期段階でほとん

---

33) パウロはガラテヤ書における「反対者」の権威を認めない。彼らは「掻き乱す者」（ガラ1.7, 5.10, 12）、「偽兄弟」（2.4）、「ヤコブからの派遣団」（2.12）だ。パウロの関心は、エルサレムの使徒らがパウロを支持するか否かだ。

34) 「福音（εὐαγγέλιον）」（ガラ1.6–7, 11, 2.2, 5, 7, 14）。

35) Schütz, *Paul*, 122–23, 155–58, 284–85を見よ。さらにG. Lyons, *Pauline Autobiography: Toward a New Understanding* (SBLDS 73; Atlanta: Scholars, 1985), 171; B.R. Gaventa, 'Galatians 1 and 2: Autobiography as Paradigm', *NovT* 28 (1986), 309–26を見よ。これはパウロの受難神学——使徒としての受難をも含む——の基礎をもなす。この点はKlaiber, *Rechtfertigung* (§20 n.1), 70–85 ('Gemeinde aus dem Evangelium')で強調されている。〔訳註　叙述（*Narratio*）は修辞的アウトラインによってガラテヤ書を区分けするH.D. Betz, *Galatians* に依拠している。日本語註解では原口『ガラテヤ書註解』参照。〕

36) Dunn, 'The Relationship between Paul and Jerusalem according to Galatians 1 and 2', in *Jesus, Paul and the Law*, 108–28. Holmberg (*Paul*, 15) は正しく「エルサレムの権威からの独立性とこの

ど接触がなかった点を強調する（1.17–2.1）。これは換言すると、接触が多ければより大きな影響を受けていたことを意味する。ガラ 2.2 の表現は曖昧だが、エルサレムの使徒らが示すパウロの福音への態度次第で、パウロの宣教が無駄骨に終わりかねないとの心配が読み取れる。結果的に、エルサレムの使徒らがパウロの福音を支持したことは重要だ。彼らはテトスに割礼を「要求」できたが、そうしなかった。パウロの福音に何かの付加を提案できたが（2.3, 6）、そうしなかった。むしろ彼らは、パウロとバルナバと友好の握手を交わした（2.9）。

一方でパウロは、「何者か重要と思しき人たち[37]」（ガラ 2.2, 6, 9）という距離を置く表現を 3 度繰り返す。これはエルサレムの使徒らへ他者が敬意を示すことを認めつつも、パウロ自身はその評価に積極的賛同を示さないというニュアンスを醸す。より興味深いのは、「彼らがそもそもどのような者であったか私には関係ありません。神は人を外見によって判断されない」という一文を挿入している点だ。この表現から、エルサレムの使徒らの権威を相対化する意図を疑いようがない。またガラ 2.11–16 におけるパウロのペトロ批判には容赦がない。ここでもまた、パウロは使徒としての権威が福音によって規定されると考えている。彼はユダヤ人のための福音のみならず、異邦人のための福音をも認めるという使徒としての正しい権威の行使を根拠とし、エルサレムの指導者らを使徒として認めていると言えよう。しかしその権威が「福音の真理」（2.14）と相反するなら、彼らを使徒として認める必要はない。Ⅱコリ 11–12 章では、彼らへの批判がより辛辣となる[38]。

ガラテヤ信徒に対するパウロ自身の権威に関して言えば、高圧的で厳格な面を覗かせている[39]。しかしこの手紙には命令口調が見られず、パウロに特

権威の承認との弁証論的関係性が、ガラ 2.1–10 を読み解く鍵」とする。しかし彼は、このエルサレム訪問での関係性が最後の訪問時でも変わらないと述べる（Holmberg, *Paul*, 56）。

37）　文字どおりには「影響力を持つ、何か（重要）と認められた、名声を持つ」を意味する。BDAG, δοκέω 2b.

38）　Ⅱコリ 11.5, 13, 12.11–12. Ⅱコリ 13.8 でも「（福音の）真理」の重要性が強調されている。§21 n.66 を見よ。

39）　とくにガラ 1.6–9, 5.2–12 を見よ。

徴的な「促す／奨励する（παρακαλέω）」という表現さえない[40]。このようなガラテヤ書における表現を脅迫と捉える者もいれば、甘言、あるいはたんなる警告や勧めと理解する者もいる。もっとも彼は、押しつけられた権威が跳ね返されることを十分に理解していた。パウロ書簡群の中で最も手厳しい表現が用いられるガラテヤ書でも [41]、彼は福音自体が読者に語りかけることこそが最も効果的だと認識していた（ガラ 3.1–5, 4.6–9）。それなしに彼の説得は虚しい。一方で福音による働きかけがある時、パウロの権威はそれを促すのに効果的に働く。

(2) パウロが実際に日々行使する使徒の権威に関して最も示唆に富むテクストはIコリント書にある。この書簡を分析する際には、それがコリント教会内の激しい論争の一方の側面を描いているということを忘れてはならない。最近の社会学的および修辞学的分析によって導き出される視点も、この書簡の解釈に有用な手がかりとなる。いかにパウロがその権威を行使してコリント教会の成員に責任ある行動を促したか、この分析が明らかにする。ここで第 2 の原則が浮上する。すなわち、使徒の権威はキリスト者共同体に対して行使されるというより、その共同体内で行使される。そしてこの権威は、（エフェソ書の表現を用いるなら）「キリストの体を建て上げるため、その職務遂行のために聖徒を備える」（エフェ 4.12）ために用いられる [42]。

パウロがコリント信徒らに対して使徒としての権威を行使しようとしたことは明らかだ。彼は使徒としての立場を強調したのち（Iコリ 9.1–2）、続けてその権威を強調する（ἐξουσία, 9.4–6, 12, 18）。党派主義を廃して一致をもたらすという書簡の主題を明らかにする際（1.10）、パウロは「奨める（παρακαλέω）」という動詞を用いるが、これは目上の者が何かを命じる際に

---

40) ロマ 12.1, 15.30, 16.17, Iコリ 1.10, 4.16, 16.12, 15, IIコリ 2.8, 5.20, 6.1, 9.5, 10.1, 12.18, フィリ 4.2, Iテサ 2.12, 4.1, 10, 5.14, IIテサ 3.12, フィレ 9–10. エフェ 4.1 参照。さらに §21 n.43 を見よ。

41) ガラ 1.6–9 の表現はIIコリ 11.13–15 で繰り返されるが、ガラ 5.12 の荒々しい表現は他に例がない。

42) 前置詞の変化は（πρό ... εἰς ... εἰς）3 つの前置詞句が並列でなく、1, 2 番目の句（建て上げるため、遂行するため）が 3 番目の句（整える）に関わることを示す。この議論の二次文献に関しては Lincoln (*Ephesians* [§5 n.27], 253–54) を見よ。

用いる語気の強い表現だ [43]。彼は自らの使命に繰り返し言及し [44]、御霊の力を行使する用意があると告げる [45]。パウロは霊的により成熟した者として、「肉に属する人々、キリストにある幼子」(2.6–3.2) に対して、その父として語り (4.15)、彼らが倣うべき模範を提供する立場にあることを示す (4.16–17, 11.1)。彼は修辞的技巧を十字架の愚かさと対比して退け (1.17–25)、性的不品行に対する不寛容を強調する (5–6章) [46]。そして何よりも、不調和を見過ごさない [47]。

　同時に、パウロが権威の行使にあたって著しく抑制的であることも見逃せない。彼は「命令」を「神／主の」ものとして限定的に用い [48]、これを彼自身の促しと区別する [49]。また、コリント信徒らに彼に対する「服従」を求めない [50]。彼はキリスト者が「人に対して隷属」(Ⅰコリ7.23) しないよう警告しており、それは彼自身にも当てはまる。カンペンハウゼンは、パウロが改宗者の自由ゆえに、注意深く彼自身の権威行使に制限をかける様子を明らかにした [51]。したがってパウロは、コリント信徒らのとるべき行動が明らかな場合でも、彼らが自らの責任で何をすべきか判断するよう促す [52]。彼は可能なかぎりの選択肢を提供し (7章)、彼自身が容認しない行動を正当化しがちな標語をも譲歩して用いる (8章)。パウロは使徒としての当然の権利を、使徒としての義務のために放棄する (9章)。彼は霊的賜物を注意深く判別するようコリント信徒に促し (14.29)、ある人に指導者としての賜物が認めら

---

43) この語は王の推奨という、外交的に友好的姿勢を保ちながらも強い圧力をかける際に用いられる。C.J. Bjerkelund, *Parakalô: Form, Funktion und Sinn der parakalô-Sätze in den paulinischen Briefen* (Oslo: Universitetsforlaget, 1967), 59–74.
44) Ⅰコリ 1.17, 3.5–10, 4.1.
45) Ⅰコリ 2.4–5, 5.4, 7.40.
46) Ⅰコリ 5–6章, 10.6–12.
47) Ⅰコリ 4.18–21, 11.16, 14.37–38.
48) 「戒め (ἐντολή)」(Ⅰコリ 7.19, 14.37. コロ 4.10 参照)、「命令 (ἐπιταγή)」(7.6, 25)。
49) 「譲歩としてであり、命令としてでない」(Ⅰコリ 7.6)、「私には主からの命令はなく、私の意見を述べます」(7.25)。「命令としてでなく」(Ⅱコリ参照)。
50) Ⅱコリ 7.15, 10.6 と対比せよ。
51) Campenhausen, *Authority*, 46–50.
52) Ⅰコリ 5.3–5 はコリント信徒らのあいだで必要な懲罰が与えられることを求め、Ⅰコリ 6.5 は当該の問題に関して裁判所に委ねずとも賢明な対処をすることができる者が教会内にいるだろうと指摘している。Ⅰコリ 7, 8章に関しては §24.5–7 を見よ。

れば、その権威を認めるよう指示する（16.15–18）。パウロが権威を抑制的に行使する姿勢が最も印象的なのは、死者からの復活という最重要な主題を誤解する考えを、たんに断罪して退けるのでなく、丁寧に議論する場面においてだろう（15章）。

もちろんこれらの箇所には異なる解釈もなされる。グラハム・ショウはパウロの権威行使を、権力によるあからさまな他者操作、また「悪意に満ちた懲罰的行為[53]」とまで言い切るが、これは「疑わしきを罰する」式の釈義がその留まるところを知らないことを示す好例だ。コリント書の修辞的傾向と外社会の諸事情に対して十分に注意を向ける解釈が求められる[54]。とくにコリント信徒らの言い分を知り得ない箇所で、どれほどの社会的事情――とくに保護者と庇護民との関係――が作用しているか知り得ない場合はなおさらだ[55]。

社会的立場が異なる成員のあいだを取り持つ際のパウロの配慮と技量は、最も短い手紙であるフィレモン書に顕著だ。パウロは、フィレモンがパウロに恩義があることと囚われの身であるパウロの現状を指摘しつつ（フィレ 1, 8–10, 13, 23）、フィレモンの貢献を十分に褒め（2, 4–7）、フィレモンの家で開かれている集会で当該書簡が読まれるよう期待するが（2）、これらすべての事情を総動員してフィレモンに圧力をかける[56]。またフィレモンの従順を勧めながら、その自発的な行動を促す（8–9, 14, 21）。フィレモンに対する損害補償をパウロ自身の主導で提案する様子からは（18）、主人と奴隷との関係において主人が主導権を握っていることを熟知した仲裁者の姿が浮かび上がる。パウロはその要請と嘆願とを混ぜつつ、しかしその願いに曖昧な部分を残すことで（14–16, 19–20）、フィレモンに威厳と寛大さとを示す余地を残す。結果としてフィレモンは、その面子を保つこととなる[57]。

---

53) Shaw, *Cost*.

54) 例えばE. Schüssler Fiorenza ('Rhetorical Situation and Historical Reconstruction in 1 Corinthians' *NTS* 33 [1987], 386–403); Mitchell, *Paul and the Rhetoric of Reconciliation* を見よ。

55) さらにChow; Clarke [§21 n.25] を見よ。

56) Hainz, *Ekklesia* (§20 n.1); Gnilka, *Philemon*, 13.

57) これらの箇所に関してはDunn, *Colossians and Philemon*; N.R. Petersen, *Rediscovering Paul: Philemon and the Sociology of Paul's Narrative World* (Philadelphia: Fortress, 1985) を見よ。

第 21 章 職務と権威

　(3) Ⅰコリント書は、パウロがその権威を行使する際の条件となるもう 1 つの原則を明示する。これは第 2 の原則と深くつながるが、ここでは独立した原則として扱うこととしよう。それは、適応／順応の原則と言える。Ⅰコリ 9.19–23 がこの点を明らかにする

> ¹⁹ 私は多くの人を獲得するために、すべての人から自由ですが、それは自らを隷属させたからです。²⁰ ユダヤ人を獲得するために、ユダヤ人に対してユダヤ人のようになりました。律法の下にいる者らに対しては律法の下にいる者のようになりました。私自身は律法の下にいませんが、律法の下にいる者を獲得するためです。²¹ 律法がない人に対しては神の律法がない者のようになりました。キリストの律法の内にいるのですが、律法がない人を獲得するためです。²² 弱い人を獲得するために、弱い人のために弱い者になりました。あらゆる手立てで幾人かでも救おうと、あらゆる人のためにあらゆる者となります。²³ 私はすべてのことを福音のために行いますが、それはその福音にともに与る者となるためです。

　この箇所は宣教の原理に関する教えと一般に考えられ、事実そのとおりだ。しかしこれがⅠコリ 9 章に置かれていることに鑑みると、パウロにとって牧会的な原則でもあることが分かる[58]。「獲得する」や「救う」という表現は、人を共同体に招き入れることのみならず、共同体内で彼らを建て上げて、キリストの 1 つの体として相応しい生き方ができるよう育むことをも意味する。

　これが何を示唆するかは、上ですでに述べたとおりだ。しかしⅠコリ 9 章には、パウロがその権威（ἐξουσία）をいかに理解したかについて、非常に慎重な議論が見られる[59]。とくにパウロが権威と自由との関連性をこの議論に持ち込んでいる点は興味深い（Ⅰコリ 9.1, 19）。ここでは、パウロが当然の権利として求めることができた経済的支援に言及している。何よりもパウ

---

[58] S.C. Barton, '"All Things to All People": Paul and the Law in the Light of 1 Corinthians 9.19–23', in Dunn (ed.), *Paul and the Mosaic Law* (§6 n.1), 271–85.

[59] 「権威／権利（ἐξουσία）」という語は、Ⅰコリ 9 章においてパウロ文書中最も頻用される（Ⅰコリ 9.4–6, 12, 18）。

ロは、コリント信徒らにとっての使徒である。彼らが福音に触れる機会を得たのは、パウロの活動の結果だ（9.1–2）。彼らからパウロが支援を受けることには、十分な正当性がある（9.3–7）。そしてその権利は聖典によって支持され（9.8–12）、主自身の命令に依拠する（9.13–14）。それ以外にも、社会的慣習という言外のしくみ——とくに支援者（パトロン）への不当な取り扱いや経理上の不正への対処法——も示唆されている可能性がある[60]。しかしパウロは、経済的支援の問題をこれらの慣習によって対処するのでなく、キリスト者としてのあり方は何かという問題へ移行させる。彼はまず、使徒としての権利（ἐξουσία）を明らかにし、その上で福音の自由（9.18–19）や自制（9.24–27）を根拠にして、これらの権利を主張することを拒む。パウロが持つ使徒の自由は、期待される手段や行動を特定の状況に適合させる自由で、それは聖典や主の命令への当然の応答と見なされる事柄に反する場合もあり得る。

　ヘンリー・チャドウィックはその著名な論考において、パウロが「風見鶏」（日和見主義者）だとの批判に反論した。彼はむしろ技量に長けた雄弁家のように、「一般に認められる以上の、繊細で思慮深い対処が必要な状況で驚くほどの柔軟な思考能力[61]」を発揮している、と論ずる。パウロが神学的および修辞的に高度な能力を兼ね備えた配慮に富む牧会者であることは上で述べたとおりだが、これは既述のグラハム・ショウの悪意に満ちた支配者としてのパウロよりも[62]、Ⅰコリント書でのパウロの姿と符合すると思われる。言うに及ばないことだが、非常に多様な問題に対処し、非常に困難な板挟み状態での行動原理を説明しようとするパウロは（9.19–23）、誤解の危険に晒さ

---

60) P. Marshall, *Enmity in Corinth: Social Conventions in Paul's Relations with the Corinthians* (WUNT 2.23; Tübingen: Mohr, 1987) 参照。Marshall は「友情」という「概念」をⅠコリント書理解の鍵とし、その中でお世辞や自惚れや自由という概念をも分析するが、「友情」が主要な解釈の鍵となるとは言い過ぎだろう。

61) H. Chadwick, '"All Things to All Men" (1 Cor. 9.22)', *NTS* 1 (1954–55), 261–75 (p.275). さらに Chadwick は「パウロ自身と改宗者とのギャップが霧消するほど弁術に長け、彼らをキリストの福音のために獲得している」(p.275) と述べる。パウロ書簡群が後代まで保存されたこと自体が、パウロの牧会的評価が高かったことを証明する。

62) さらに B. Hall, 'All Things to All People: A Study of 1 Corinthians 9.19–23', in Fortna and Gaventa (eds.), *The Conversation Continues*, 137–57 を見よ。

第 21 章　職務と権威

れる。

　(4) Ⅱコリ 10.13–16 には、使徒としての権威に関わるもう 1 つの原則が見られる。

> ¹³ しかし私たちは度を超えて誇ることをしません。むしろあなた方のところへまで至るようにと、神が私たちに任じた範囲において誇ります。¹⁴ なぜなら、私たちがあなた方のところに行ったのは、私たちの限度を超えてのことでないからです。私たちはキリストの福音を携えてあなた方のところまで到達した最初の者です。¹⁵ 私たちは度を超えて、すなわち他人の働きの分を誇ることをしません。しかし私たちは、あなた方のあいだで信仰が、私たちの範囲において、溢れるほど成長することを望みます。¹⁶ その結果私たちは、あなた方の場所をさらに越えて福音を宣べ伝えることになりますが、それは他人の範囲においてすでになされた活動について誇ることでありません（NRSV）。

NRSV 訳はある程度の意訳を含みつつも、この原則を明らかにする[63]。パウロは使徒としての権威を福音宣教への任命・派遣として捉えた。さらにその派遣（と付随する権威）がある特定の範囲や地域に限定されると認め、その制限内で権威を行使するよう配慮した。上のテクストの文脈からは、他の宣教者ら（「キリストの使徒」Ⅱコリ 11.13）が彼らの制限範囲を越えて、パウロの「縄張り」に侵入したことが分かる[64]。

　これは、使徒の権威に関するパウロの理解をとくに鮮明にする箇所だ。それはⅠコリ 9.2 の言説からすでに導き出された事柄を支持する。すなわち、パウロがコリント信徒らに率直に語ることができるのは、彼らの使徒としての自覚があるからだ。これはまた、Ⅰコリ 12.28 に関する既述の論考とも符合する。すなわち、パウロはそれぞれの教会に独自の使徒（設立者）がいる

---

[63] Barrett, *2 Corinthians*, 263–69; Furnish, *2 Corinthians*, 471–74, 481–82 を見よ。
[64] ガラ 2.9 でいかに使徒らの仕事分担が取り決められたか、議論は続いている。いずれにせよ、ガラテヤの諸教会に他の影響が及ぶことをパウロが強く抵抗していることは明らかだ。同様のことはフィリ 3.2–19 でも言える。

と理解し、この使徒を教会における第1の職務と見なす[65]。同時にこれは、エルサレム教会に対するパウロのアンビバレントな姿勢も説明する。彼は自らをエルサレム教会（やユダヤ地方の教会）の使徒と思わないし、これらの教会に対して使徒として責任を感じなかった。同時に、エルサレム教会の権威と影響圏内へパウロの教会が引きずり込まれることを嫌った[66]。

　上のテクストと照合して考えると、パウロがローマ教会と接する仕方について、私たちは理解を深めることができる。ローマ書開始部で、パウロが使徒としての権威を行使するという印象を与えないよう配慮しているからだ。彼は「あなた方に霊の賜物を分け与えてあなた方を力づけるために、あなた方に会うことを切に願っています」（ロマ1.11）と述べるが[67]、直後で「あなた方と私の双方の信仰を通して、あなた方のあいだで励ましが分かち合われることになるよう願います」（1.12）と断っている。すなわちパウロは、自分がローマ信徒らに対して指導の責任と権利を持っているかのような印象を与えないよう、気を遣っている。同様にローマ書終結部では、ローマ教会を訪問してその信徒らの支援でスペイン宣教を開始するという思いを伝える（15.23–24, 28, 32）前に、パウロは「キリストが言及されたことのない地で福音を宣べ伝えることが私の目的ですが、それは私が他人の据えた土台の上に建て上げることがないためです」（15.20）と述べている[68]。

　この姿勢から神学的に重要な側面が浮かび上がる。すなわちパウロは、普遍的教会の使徒という意味でこの職制を考えていなかった。これは、彼が「教会」を地域の個別の教会という意味で捉えていたことと符合する[69]。またパウロは、各使徒がすべての教会で権威を行使できると考えていなかった[70]。

---

65) §20.2.1 を見よ。

66) Ⅱコリ 10–13 章における「偽使徒」の正体に関しては、例えば J.L. Sumney, *Identifying Paul's Opponents: The Question of Method in 2 Corinthians* (JSNTS 40; Sheffield: JSOT, 1990) とその文献表を参照。

67) パウロはここで、使徒だからとの理由で霊の賜物を分かち合うのが当然だと考えなかった。誰でもキリストの体の一部としてそうであるように、使徒パウロは御霊の「顕現」を期待した（Ⅰコリ 2.12–16, 7.40）。

68) さらに Dunn, *Romans*, lv–lvi, 35; §7 n.3 を見よ。

69) さらに §20.2.1 を見よ。

70) Ridderbos, *Paul*, 450 の異論参照。

第 21 章　職務と権威

使徒としての権威は福音宣教に付随するので、個々の使徒の権威はその使徒の福音宣教の範囲内に限定された。

（5）最後の原則はⅡコリント書全体から読み取られる。この書が雄弁に語るとおり、苦しみが救いのプロセスに付随し、このプロセスに不可避的だとの教訓をパウロは学んだが[71]、とくにそれが使徒としての彼自身の職務において特別な意味を持つことを実感した[72]。彼はその職務において、苦しみへの慰めと弱さを支える力とが、神からもたらされることを体験した[73]。そして、他の使徒らの異なる使徒職のスタイルが自らと対立する場面で[74]、彼は使徒としての真の証拠を示す必要を感じた。他の使徒らは、その卓越した修辞技能（Ⅱコリ 11.5-6）や業績（11.23）や「しるしや（驚くべき）業」（12.11-12）によって、自らの使徒職を証明した。パウロにしても同様の証拠を提示できた。あえてそのような証拠を「愚かさを誇る」と言いつつ提示することもあった（11.16-12.13）。しかしパウロがそうしたのは、使徒として証言しなければならないキリストや御霊や福音に対して、それらの証拠が正当たり得ないことを示すためだった（11.4）。むしろ使徒としての職務の真価を示すのは、キリストの苦しみを共有する体験であり、人間的な脆弱さにおいて明らかとなる神の力だ（12.9-10, 13.4）。福音が十字架につけられた者の福音であるように、福音の働きもまた「栄光の神学（*theologia gloriae*）」でなく「十字架の神学（*theologia crucis*）」を体現することだ。

---

71) §18.5 を見よ。

72) さらに E. Käsemann, 'Die Legitimät des Apostels: Eine Untersuchung zu 2 Korinther 10–13', *ZNW* 41 (1942), 33–71 = Rengstorf, *Paulusbild*, 475–521; E. Güttgemanns, *Der leidende Apostel und sein Herr* (FRLANT 90; Göttingen: Vandenhoeck, 1966); S. Hafemann, *Suffering and the Spirit: An Exegetical Study of 2 Cor. 2:14–3:3 within the Context of the Corinthian Correspondence* (WUNT 2.19; Tübingen: Mohr, 1986); M. Wolter, 'Der Apostel und seine Gemeinden als Teilhaber am Leidensgeschick Jesu Christi. Beobachtungen zur paulinischen Leidenstheologie', *NTS* 36 (1990), 535–57; U. Heckel, *Kraft in Schwachheit: Untersuchungen zu 2 Kor. 10–13* (WUNT 2.56; Tübingen: Mohr, 1993); T.B. Savage, *Power through Weakness: Paul's Understanding of the Christian Ministry in 2 Corinthians* (SNTSMS 86; Cambridge: CUP, 1996) を見よ。とくに Fitzgerald (*Cracks in an Earthen Vessel* [§23 n.180]) が述べるように、古代世界で苦しみや逆境は人格や品性を試す試練と見なされ、パウロもそのように理解していた。これは、パウロ自身の実存的体験や神学的重要性を軽視することにはつながらない。

73) Ⅱコリ 1.3–11, 4.7–5.10, 6.3–10, 7.5–7.

74) Ⅱコリ 11.5, 13, 12.11–12.

要約しよう。福音を宣べ伝えて教会を設立するようにと復活のキリストが命じたことにより、パウロは使徒としての権威の崇高な理想を理解した。そしてこの権威の行使は、絶えず以下のような制限を受けた。その権威行使は福音に仕える。それは諸教会の多面的な機能を支える多くの働きの中の1つ（それが最も重要だとしても）として力を発揮する。それは各々の状況とキリスト者の自由に適合し、たんに前例や慣習によって決定されない。それは使徒が派遣された範囲において有効だ。そして十字架につけられた者を宣べ伝える福音のあり方を反映する。

§21.3. 他の職務

他の職務についてパウロは端的に語るのみなので、ここでもその職務と権威の相互作用に関して短く述べるに留めよう。とくに注目すべき職務には、パウロが頻繁に言及する預言者と教師がある。これに加え、パウロがまれに言及する不特定の職務がある[75]。これらは、「公式な」職務が存在したことを示す証拠と見なされている[76]。

（1）預言者：Ⅰコリ12–14章によると、少なくともコリント市には預言者として明らかに認められた集団がいたようだ[77]。このことから、また他の諸教会でも日常的な預言に言及があり[78]、さらに教会の成長に預言が重要な鍵を握ると考えられていたことから[79]、パウロとつながりがある教会すべてか、その多くに複数の預言者がいたと推測される。パウロは預言者について多くを語らないが、預言者の職務と権威について——少なくともパウロの指示にしたがう預言者に関して——かなり明確な理解が得られる。

---

75) 以下は Dunn, *Jesus and the Spirit*, 280–91 の結論に基本的に依拠する。
76) 例えば Brockhaus, *Charisma*, 97–112.
77) Ⅰコリ12.28–29, 14.29–32, 37. さらにマタ7.6, 使2.17–18, 11.27, 13.1, 15.32, 19.6, 21.9–10, エフェ2.20, 3.5, 4.11, Ⅰテサ5.20, Ⅰテモ1.18, 4.14, 黙1.3, 10.7, 11, 11.3, 6, 10, 18 等。『ディダ』10.7, 13.1–6,『ヘル戒』11 も見よ。パウロは教会の職務の構成をアンティオキア教会（使13.1）の様子に倣ったようだ。Greeven, 'Propheten' を見よ。
78) Ⅰテサ5.20やロマ12.6は預言が、パウロ自身の設立した教会の特徴でないという前提に彼が立っていたことを教える。しかしエフェ2.20, Ⅰテモ1.18, 4.14 も見よ。
79) Ⅰコリ14章。Ⅰテサ5.19–22, エフェ2.20 参照。

第 21 章　職務と権威

　パウロにとって預言者の権威とは、基本的に霊感の下で預言を行う権威だ。その権威が霊感という制限を越えることはない。個人的な預言の言葉も視野にあるがそれに限定されない。預言者は「その信仰に応じて」(ロマ 12.6) 語るので、その言葉が神の言葉だとの確信によってのみ語り得る[80]。しかしこれは、おおやけの預言にも当てはまる。預言者は、他の預言者が霊感を受けるなら、それに機会を譲らねばならない (Ⅰコリ 14.30)。「預言者の霊はその預言者に従属する」(14.32) からだ[81]。

　さらに、個々の霊感は「他の者」(Ⅰコリ 14.29) に吟味される。「他の者」とは何よりも他の預言者だ[82]。すなわち預言者の権威には、他の預言者に与えられた託宣を吟味する権威も含まれる。換言すると、最も経験を積んだ預言者に期待されるのは、集会で他の者が預言するのを吟味する責任を果たすことだ[83]。

　これらの賜物／職制に関する短い議論からいくつかの推論が成り立つ。(a) 預言者の権威は、使徒や共同体による任命という仕方で与えられない。預言者の権威は預言に関わる霊感に依拠する。パウロは、会衆がある成員に預言者としての職を付与し、その人物が預言するよう期待されることを想定しなかったようだ。むしろある人物が預言者であると会衆が認識するという手順が想定されていた。これは、その人物が普段から預言を日常的に行っていたことが前提となる。換言すると、人は預言者と認められたから預言をするのでなく、預言をする人が預言者として認められる。(b) 権威ある預言は認められた預言者に制限されない。これは、使徒のみが使徒の権威を行使することと異なる。誰でも預言し得るが、誰でも使徒として活動するわけでない。パウロは、会衆の中の誰でもが預言の賜物、すなわち預言の言葉を与え

---

[80]　ロマ 12.6 に関しては §20 n.137 を見よ。

[81]　Greeven ('Propheten', 12–13) は2人の預言者が想定されていると考えるが、ほとんどの註解者は、個々の預言者が霊感を管理する能力について、パウロが言及していると考える (Ⅰコリ 14.30 参照)。

[82]　これが自然なギリシャ語理解だろう。「他の者」の意味は、先行する名詞 (「2, 3人の預言者」) が特定する。ルカ 6.29, 黙 17.10 参照。Barrett (*1 Corinthians*, 328) と Fee (*1 Corinthians*, 694) は「他の者」を共同体 (Ⅰテサ 5.19–22) と考える。

[83]　§21.6 を見よ。

られ得ることを前提としていた（Ⅰコリ 14.1, 5, 24, 31）[84]。(c) 預言の権威は他者によって評価される。特定の預言の言葉については、個人が霊感を得たとの確信で十分な場合もある（ロマ 12.6）。しかし預言の言葉の権威が会衆全体へ影響を及ぼすような場合、その言葉が霊感によるもので重要な内容を含んでいるかどうかは、おおやけに吟味されることが求められた。厳密に言えば、預言はそれが受け入れられるまで、預言として語られていないことになる。

要約すると、パウロは教会において、おおやけに認められた預言者のみならず随時の預言があることも想定していた。そして預言者と預言のいずれの権威も、究極的には御霊の促しに拠って付与された。この権威は預言の行為において行使され、その正当性は他者によって吟味された。

(2) 教師：いくつかのテクストから、パウロが各個教会における教師の重要性を認めていたことが分かる[85]。これも、パウロがかつて所属したアンティオキア教会の組織を思い起こさせる（使 13.1）。教師らは、ユダヤ教聖典の預言者に関する解釈やイエス伝承を含む教会の基礎となる伝承を守り継承し、解釈する責任を負っていたようだ[86]。それ以外に、教師は何を教えたか。

教師が教会の伝承を熟知し、それを正しく伝える責任を負っていることに鑑みると、その役割は教会の通常の職務の中で最も早い時期に専門性が期待されるようになったと考えられる。長い時間を要する職務に就く者には、経済的支援の必要が認められたかも知れない。したがってガラ 6.6 は「御言葉を教わる人が、教える人と良い物をすべて分かち合うよう促しなさい」と命じる。教師が教会の伝統を新たな改宗者に教える場合、教えられる側は教師の働きへの代価をある程度まかなうことが求められた。この支援は教えられる者の義務感（と当然ながら財力）に依拠しており、会衆が組織的に支払う給与では（いまだ）なかった。

通常の礼拝風景は（Ⅰコリ 14.26）、教示も予言と同様、教師の職務に限定されていないことを示唆する。「あなた方が集まる場合、それぞれが詩編、教

---

[84] またⅠコリ 11.5 も見よ（§21.4）。
[85] ロマ 12.7, Ⅰコリ 12.28–29, ガラ 6.6, エフェ 4.11.
[86] §8.2–3; Dunn, *Jesus and the Spirit*, 282–83 を見よ。

え、啓示……を持っています」。教会の伝統をいかに適用すべきかに関する洞察は、公式に認められた教師以外の人々にも与えられ得るものだった。じつにコロ 3.16 によると、共同体全体に教えることの責任があったようだ。

教師の権威は使徒や預言者より制限されていた。その権威が、教師のものというより教師が教える伝承にあるからだ。同時に、教示には不可避的に解釈の要素があり、教示（古い伝統の解釈）と預言（新たな啓示か）との垣根は低い。しかしパウロは、預言の場合と異なり、教示の内容に関して「霊を見分ける」必要性を述べない。他所で彼は、誤解を招く教えに関して論じ、また誤った教えと思しきものに反論する[87]。その場合パウロは伝統自体に根拠を求める[88]。そして伝統を越えた論議を展開する必要がある場合、パウロは彼自身の啓示[89] や「教会全体」の実践[90] に根拠を求める。

要約しよう。パウロが預言と教示とを同じ文脈で語るのは[91]、教示を預言にとって不可欠な要素と見なしたからだろう。すべての教会で、福音と伝統の規範的役割は過度な霊的活動に歯止めをかけることだ[92]。しかし、預言が教示より大きな賜物と見なされたことも忘れてはならない。教示はある意味で継続性を保証するが、預言は命を与える。教えがあれば共同体は死なない。預言がなければ生き生きとした共同体はない[93]。

(3) 他の通常の職務：パウロ書簡群における特筆すべき特徴の 1 つは、教会でその権威が認められた人々にパウロがほとんど言及しないことだ[94]。

---

87) 例えば I コリ 7.1, 8.1, 4a, 15.12.
88) I コリ 7.10, 8.4b, 15.3–11, 14–15, 17, 20.
89) I コリ 2.16, 7.12, 40, 14.37.
90) I コリ 4.17, 7.17, 11.16, 14.33, 36.
91) とくに I コリ 12.28–29, ロマ 12.6–7.
92) Greeven ('Propheten', 129) は「教示のない預言は熱狂主義へと劣化するが、預言のない教示は律法となる」と述べる。
93) Küng, Church, 433 参照。
94) フィリ 1.1 の「司教と執事」(監督と奉仕者) は例外だ。O'Brien, Philippians, 49–50 がこの問題の現状を端的に述べる。これらの職制は役割が定義されておらず、フィリピ書は興味深いことに、これ以降の奨励において（フィリ 2.1–4, 3.17–19, 4.2–3）彼らに言及しない。フィリピ教会の経済的支援に言及する際にも（4.10–20）、彼らへの言及がない。もっとも、エパフロディト（4.18）を「執事／奉仕者 (διάκονος)」と見なせばその例外となる。しかしフィリ 2.25 でエパフロディトは「奉仕者 (λειτουργός)」と記されている（§20.3 を見よ）。〔訳註　διάκονος の理解と日本語訳に関しては、浅野「フィリピ書翻訳に関する一考察：διάκονος と教会職制」『聖書翻訳研究』32 (2011), 47–67

祭司なる職制がパウロ書簡群に見られない点はすでに述べた[95]。同様に、パウロ書簡群は「長老」に言及せず[96]、パウロ文書全体でも牧会書簡以前には登場しない[97]。また「執事／奉仕者（διάκονος）」が職制として機能し始めていたにせよ[98]、この段階では職務内容への不特定個人の献身を表現しており（したがって、執事というより奉仕者）、「職制」としての明確な意識はなかったようだ[99]。

　コリント教会があれほど混乱をきたしていたことは驚きだ。もしコリント教会に指導者体勢が確立していたなら、そのような指導者らへの叱責がないことを説明し得ない[100]。不道徳の問題（Ⅰコリ 5.3–5）をパウロが任せられる指導者がいなかった。成員同士の意見の違いに関して、パウロは和解や審判のための知恵が彼らに与えられるよう願うのみだ（6.5）。パウロが主の晩餐に関して注意喚起すべき指導者はおらず（11.17–34）、秩序のない礼拝を指導する者もなく（14.26–40）、募金活動を組織する執事も見当たらない（16.1–2）[101]。預言者や教師に、その役割を超えた指導者としての権威を与えようともしなかった。

　指導者体勢は出現した。Ⅰコリント書の終結部で、パウロはステファナとその家族、フォルトナトス、アカイコスをコリント信徒に対して推奨す

も見よ。〕

95) §20.3 を見よ。

96) しかし使 14.23, 20.17, 28 を見よ（ヤコ 5.14, Ⅰペト 5.1, 5 参照）。Meeks (*First Urban Christians*, 81, 134) はパウロがユダヤ人会堂やコレギアの組織体制に倣ったことを示す証拠に欠けるとする。Campbell (*Elders*) の議論はこれを論破しない。

97) Ⅰテモ 5.1–2, 17, 19, テト 1.5.

98) ロマ 1.16, フィリ 1.1.

99) Ⅰコリ 3.5, Ⅱコリ 3.6, 6.4, 11.23, コロ 1.7, 23, 25, 4.7, Ⅰテサ 3.2（異読）。「使徒」という職制名を重んじるパウロが、より低い職制として知られる「執事（διάκονος）」を自らの職務に用いると考え難い。この語の儀礼的あるいは組合職務としてのニュアンスが認められるなら（LSJ, διάκονος, *TDNT* 2.91–92）、パウロが他所で祭司的用語を用いる場合と同様に、儀礼はメタファとして扱われ、福音のためのすべての職務に対してこの語が用いられたことだろう（§20.3 参照）。

100) 『Ⅰクレ』3.3, 21.6, 44, 47.6, 54.2, 57.1 と比較せよ。高い社会的地位にある者が自動的に指導者として認められ、その者がコリント教会の混乱の原因となる（§21 n.25 参照）という仮説は、いくつかのケースに関してパウロが指導者に解決を任せないことの説明となろう。

101) Turner, *Holy Spirit* (§16 n.1), 282（テクストは「コリントに効果的指導者がいないことを証言している」）と比較せよ。

る（Ⅰコリ 16.15–18）。しかしステファナとその家族の奉仕に関しては、彼ら自身がその責任感によって引き受け、「彼ら自身を捧げた（ἔταξαν ἑαυτούς）」（16.15）。パウロが彼らをその職に任じたのでない[102]。パウロが彼らを推薦したのには、コリント教会がこの人々に与えられた御霊の賜物を認め、それにしたがうよう促す意図がある（16.16, 18）。彼らは自主的にその責任を負って熱心に務め[103]、その成果は明らかだ。したがってコリント教会の成員は、彼らの指導にしたがうべきだ。

最初期のパウロ書簡であるⅠテサ 5.12–13 も同様の印象を与える。「兄弟姉妹の皆さん、主にあってあなた方のために労苦し（κοπιάω）、あなた方のお世話をし（あなた方を導き）[104]、あなた方を励ます人々に敬意を払いなさい。彼らの働きゆえに深い敬意を示しなさい」。パウロはすでに確立された指導者体制を意識しているか。彼がテサロニケ信徒ら全体に対して、「怠けている者らを戒め、心の弱い者らを励まし、弱い者らを助け、すべての人に忍耐を示しなさい」（Ⅰテサ 5.14）と命じることから、これがⅠコリ 16 章の指示と同様であることが伺える。すなわち、責任感を示して労苦する人がその働きにおいて効果的であるなら、その人が実質的な指導者として認められるべきだ[105]。

違反を見咎められた人を「柔和な霊で」回復へと導くように「霊的な人々」を促すことも（ガラ 6.1）、同様に理解し得る。本節が冒頭で「兄弟らよ」と呼びかけることから、これがガラテヤ信徒一般への促しであり、少なくとも読者の一部がその勧告に応答することが期待されている[106]。すなわちパウロ

---

102) 再び『Ⅰクレ』42.4 と比較せよ。「彼らはその初穂（Ⅰコリ 16.15 がステファナについて用いる語）を……監督や執事として将来の信徒らのために指名した」。

103) 「労苦する（κοπιάω）」という動詞は、パウロがその業の質の高さを誇る際に用いる語だ（Ⅰコリ 15.10、ガラ 4.11、フィリ 2.16、コロ 1.29、Ⅰテモ 4.10 参照）。それは教会の奉仕者らにも求められる質だ（ロマ 16.6, 12、Ⅰコリ 16.16、Ⅰテサ 5.12）。

104) ロマ 12.8 でも用いられる προϊστάμενος は「世話をする」とも「指導する」とも訳し得る。BDAG, προίστημι, §20 n.129.

105) 「3つの分詞が……職制でなく機能を示している」（Meeks, *Urban Christians*, 134）。しかし、彼らが率先して奉仕にあたる能力（結果的に付随する権威）が彼らの富と社会的地位とに関係しているとの視点が、この問題を複雑にする。

106) とくに Schweizer, *TDNT* 6.424 n.605 を見よ。「霊的」が何を意味するかについてパウロが示す配慮はⅠコリ 2.12–3.4 を見よ。

は、御霊に導かれている者ら（5.25）が慎重を要する状況で霊的な配慮（機械的な応答でなく）を示すことを期待している[107]。

要約しよう。パウロの宣教を通して設立された諸教会で指導者体制が登場しつつある、と述べることは可能だろう。しかし、それがいかに生じ、その権威に何が含まれるか、十分に問われていない。これらの問いに対してパウロが述べる箇所からは、職制に属する権威というより、御霊の賜物に依拠した権威が強調されている[108]。同時にパウロの死から一世代の内に、パウロの継承者ら（牧会書簡）の教会論がより組織的に確立し始めた点も看過できない。それなら、パウロの継承者達が不可避的に体制化していくプロセスの中で、命に満ちた教会に不可欠とパウロが考えた御霊の促しにしたがって福音と預言を重視する姿勢を彼らが維持できたか、が問われねばならない。

§21.4. 女性の職務と権威

女性の職務と権威に関わる議論はパウロ書簡においてさらに稀だが、この主題に関する今日的関心の高まりに鑑みると、個別の項を立てて議論する価値があろう。近年の議論における問題は、女性の職務が明らかに認められる一方で、その権威はより曖昧だという点である。

（1）パウロの教会における女性の職務に関しては、議論の余地がないほど明らかだ。女性たちは重要な職務を担っていた。私たちが本書で重視するロ

---

107) 詳細な議論は Dunn, *Galatians*, 319–20 を見よ。「同労者」、「兄弟」、「奉仕者（διάκονος）」がすべてパウロの宣教に特別な仕方で関わる集団を指すという議論（E.E. Ellis, 'Paul and his Co-Workers', *NTS* 17 [1970–71], 437–52; *Theology*, 92–100) は Dunn, *Jesus and the Spirit*, 288 を見よ。

108) もっとも Brockhaus (*Charisma*, 238) は、教会共同体において御霊の促し（カリスマ）と公式の機能とを区別することは不可能だと述べる。社会学的用語へと置き換える MacDonald (*Pauline Churches*, 59) は、この段階にも「体制化」という語を用い、「カリスマ自体に、体制確立を要請する要素が含まれる」(p.14) と述べる (Ridderbos, *Paul*, 444–46; Holmberg, *Paul*, 166, 175–78)。もちろんカリスマと体制という単純な区分には慎重さが必要だが、教会の第1段階を「体制化」とか「カリスマの慣習化（routinization of charisma）」と表現することは、いかに早く教会が第2段階へ移行するにせよ、組織力学の分析に混乱をもたらす。成員が「自らを任じ」、会衆がその働きを認めるという仕方の教会運営を「体制化」あるいは「職制」と表現することは不適切だ。体制とカリスマの両方を第1段階に認めるハルナックの理解は、原始教会を純粋に御霊に導かれた教会とするゾームの理解が理想主義的なのと同レベルの（社会過程における）理想論だ。

第 21 章　職務と権威

ーマ書の最終章がこの点を明らかにしている [109]。

ロマ 16.1–2 に登場するフェベという女性は、ケンクレアイ教会において「執事／奉仕者」であり同時に「保護者」だった。じつにフェベは、キリスト教の歴史において最初にその名が明かされた「執事／奉仕者」だ [110]。フェベが「保護者（προστάτις）[111]」であることは、おそらくかなりの資産を有する独身者か寡婦であり、少なくともその社会的に高い地位ゆえにケンクレアイ教会において指導的立場にあったことを示唆する。

パウロはつづいてプリスカとアキラとを列挙する（ロマ 16.3–5）。プリスカがアキラより先に言及されていることは、他の例と同様に、彼女が夫より高い地位にあることを示す [112]。彼らの家の教会でプリスカが指導的役割を担っていたことを疑う理由がない [113]。

ロマ 16.7 はアンドロニコスとユニアに言及する [114]。彼らはパウロと共に投獄されていた。より重要な点は「（彼らが）使徒のあいだで際立っており、

---

109)　同様にフィリ 4.2–3 はパウロの宣教活動に加わったエヴォディアとシンティケ、コロ 4.15 は家の教会を指導した（であろう）ニンファに言及する。

110)　これはローマ書がフィリピ書よりも先に執筆されたことを前提とするが。この際に用いられる διάκονος は「執事」であって「女執事」でない。

111)　最近まで「助け手（helper）」（RSV）という訳が採用され続けてきたことは、無意識とは言え家父長的な視点の影響と考えられる。この点はフェミニズム解釈の立場から当然批判が向けられた。今日では、当時のローマ社会で女性が指導的立場にあり、パトロネジ制度における重要な役割を担っていたことが分かっている。例えば Dunn, *Romans*, 888–89, C.F. Whelan, 'Amica Pauli: The Role of Phoebe in the Early Church', *JSNT* 49 (1993), 67–85 を見よ。

112)　プリスカ／プリスキラとアキラ（使 18.18, 26, ロマ 16.3, Ⅱテモ 4.19）、アキラとプリスキラ（使 18.2, Ⅰコリ 16.19）。〔訳註　例えば、使用人だったアキラがプリスキラの家に「婿入り」したとか。〕

113)　ロマ 16.5, Ⅰコリ 16.19。

114)　文法上「ユニア」ならば女性で「ユニアス」ならば男性となる。人物研究の結果、「ユニア」がよくある女性名だと分かっている一方、当時「ユニアス」という男性名が用いられた形跡がない。R.S. Cervin, 'A Note Regarding the Name "Junia(s)" in Romans 16.7', *NTS* 40 (1994), 464–70; J. Thorley, 'Junia, A Woman Apostle', *NovT* 38 (1996), 18–29. 中世に至るまで、「ユニア」という女性名称が疑われることはほとんどなかった。Fitzmyer, *Romans*, 737–38 は、これを男性名称として最初に提案したのがローマのアエギディウス（1247–1316）だとするが、エピファニウス『弟子目録』125.1920（シリアのアパメア主教がユニアス）やルフィヌス（Migne, *PG*, 14.1289）はオリゲネスの証言に言及する。女性名を採用する代表的な例には、クリュソストモス『ローマ書講解』31 がある（これらの出典は同僚の Mark Bonnington による指摘）。男性のみが使徒だという家父長的な前提が「ユニアス」という読みを支持した（したがって例えば Lietzmann, *Römer*, 125）。

私以前にキリストにある者だった」ことだ。この表現の最も自然な理解は、彼らがパウロと同様に復活のキリストによって使徒の働きに任じられた（Ⅰコリ15.7）ということだ[115]。アンドロニコスとユニアのみがローマ教会との関連で「使徒」と呼ばれていることから、彼らがローマの諸教会の設立に関わった人物の、少なくとも一部という考えを看過できない。

最後に、4名が「労苦する（κοπιάω）」様子にも注意を向けよう。この語は他所で、誰かの職務や指導力を推奨する際に用いられる[116]。ロマ16章では、これが男性に対してでなく、マリア、トリファイナ、トリフォサ、ペルシスという4名の女性のみに用いられる（ロマ16.6, 12）。

さらにパウロは、少なくともコリント教会で女性が祈りと預言を導くことを問題視しない（Ⅰコリ11.5）。この文脈での祈りと預言は会衆が礼拝のために集う際の職務であり、他の霊の賜物と同様、他者のための奉仕だ（12.7, 14.3–5）。パウロが教会の全会衆に対して何らかの職務に関わるよう促す際に、女性をも奨励の対象としているようだ[117]。パウロが御霊に促される共同体をキリストの体の成員である男性のみが機能する場として理解しているとは、おおよそ考えられない（ロマ12.4–5）。

（2）このような理解がある反面で、パウロがこれらの女性の職務の一部について当惑していることも確かだ。これはとくにⅠコリ11.2–16と4.33b–36で明らかで、のちにはⅠテモ2.12–14（「女性が教えたり男性に対して権威を行使することを私は許可しません」）が強調する。

Ⅰコリ11.2–16は女性が祈りと預言の務めを担うことを認める。この箇所の主要な関心は、これらの務めに条件と制限を定めることだ。この箇所は、男性を女性の上位に位置づけるような条件によって唐突に開始する。す

---

115) この「使徒」を特定の教会への派遣者（Ⅱコリ8.23）と理解するわけにいかない。Fitzmyer, *Romans*, 739–40 はこれをユダヤ人キリスト者の使徒であり、エルサレムから避難したギリシャ語を話すキリスト者だろうと述べる。しかし Schnackenburg ('Apostles before and during Paul's Time', in W.W. Gasque and R.P. Martin [eds.], *Apostolic History and the Gospel* [F.F. Bruce FS; Exeter: Paternoster / Grand Rapids: Eerdmans, 1970], 287–303 ［とくに p.294］) の「復活の主の目撃者であることを証明できない者」という判断を引用して補足する点には根拠がない。

116) §21.3.3 を見よ。

117) とくにⅠコリ14.1とⅠテサ5.14. Wire (*Women Prophets*) はコリント教会での女性預言者の重要性について議論している。

なわち神はキリストの頭、キリストは男の頭、男は女の頭だ（11.3）。これは創2章の創造物語に依拠しており、創1章の創造物語がこれに融合されている。したがって男のみが神の栄光を直接反映し、女は男の栄光を反映する（11.7–9）。この上下関係は、女が男を出産する（11.12）という事実により多少和らげられるが、女性が男性に従属することをパウロが認めている印象は拭えない。第2に、祈りと預言の務めにおいて女性は頭を覆う必要がある。この制限については、最後の勧め（11.14–15）によると、長髪が頭の覆いの代用となり得るとパウロが考えたとの解釈もできよう[118]。最後のコメント（11.16）は、ある意味でパウロの当惑ぶりを隠さず、この問題に関するさらなる議論を避けているような印象を与える。

　上の視点に立つと、以下の箇所は読者の虚を突くような内容だ。

> [33] 聖徒らの集まりすべてにおいてそうであるように、[34] 女性は教会において静かにしているべきです。なぜなら彼女らには話すことが許されておらず、律法が述べるとおり従属すべきだからです。[35] そして何か学びたいことがあれば、自分の夫に家で尋ねさせなさい。教会において女性が話すことは恥ずべきことだからです。[36] あるいは神の言葉はあなた方に起源がありますか、それともあなた方にのみ向けられていますか（14.33b–36）。

この箇所とⅠコリ11.2–6とは著しい緊張関係にある。もし女性が教会で話すことができなければ、なぜⅠコリ11.5は女性の祈りと預言を認めるか。これら2つの箇所に矛盾を見出す者の中には、Ⅰコリ14.34–35あるいは14.34–36がのちの挿入だと考える者もいる[119]。しかし本文批評上の支持が弱いので——この箇所が挿入されていない信用に足る異読がない——、挿入仮説は最後の手段と見なされる[120]。したがってこれらの箇所の緊張は、当該

---

[118] 例えばFee, *1 Corinthians*, 528–29; Schrage, *1 Korinther*, 2.522–23 の議論を見よ。

[119] 例えばConzelmann, *1 Corinthians*, 246; Fee, *1 Corinthians*, 699–705; Stuhlmacher, *Theologie*, 362–63 を見よ。

[120] とくに西方テクストのいくつかの写本はⅠコリ14.34–35 を40節のあとに置く。しかしこれは34–35節がのちの挿入だというより、写字生がこの箇所をどこに入れるべきか迷ったことの証拠だろう（Metzger, 565）。近年 P.B. Payne ('Fuldensis, Sigla for Variants in Vaticanus, and 1 Cor.

主題に関するパウロ自身の理解のジレンマとして受け取るべきだろう。このジレンマは、Ⅰコリ 14.34–35 やⅠテモ 2.12–14 に言及するまでもなく、Ⅰコリ 11.2–16 の箇所でもすでにある程度見出される。

解釈のための重要な鍵は、おそらくこれら 3 つの箇所を結ぶ 2 つの主題によって明らかになる。その 1 つは権威という主題だ[121]。もう 1 つは特定の社会的慣習を支える恥と誉れの文化だ[122]。これらの箇所での関心事はたんなる男女の関係性でなく、女性がいかに頭を覆うか、そして男性がいかに家長として振る舞うかという問題を方向づける社会的慣習に関するものだ。

女性が会衆の中で「権威(者)」の一部として務めることに関するパウロの言及(Ⅰコリ 11.10)は、これまで十分に注目されてこなかった。それは、この問題に関するパウロの表現が難解なこともその原因となっていよう。「この(Ⅰコリ 11.8–9 の男女の相互関係の)ため、女性は御使いらのためにその頭に権威を持つべきです」。「御使いらのために」という従属句は意味不明のままだが[123]、「権威」としての頭の覆いについてパウロが言及することは理解可能だ[124]。女性が男性の栄光なら(11.7)、女性の頭の覆いは神とその御使いらの前で男性の栄光を覆い隠す。つまり、女性が頭を露わにすることは、

14.34–5', *NTS*[1995], 240–62)が挿入説の信憑性を高めることに貢献した。

121) Ⅰコリ 11.10 とⅠテモ 2.12 では使用頻度が低い「~に関する完全な支配力、権威を持つ(αὐθεντέω)」を意味する(LSJ, BDAG を見よ)。おそらくこの主題はⅠコリ 14.34–35 にも示唆されていよう。

122) パウロは「恥ずべき(αἰσχρός)」という語をⅠコリ 11.6 と 14.35 で 2 度のみ用いる。それ以外ではエフェ 5.12 とテト 1.11 のみが新約聖書でこの語を用いる。人の恥を決定する因襲はユディ 12.12 と『Ⅳマカ』16.17 が教える。さらに LSJ を見よ。古代地中海世界における恥と誉れの重要性に関しては B.J. Malina, *The New Testament World: Insights from Cultural Anthropology* (Atlanta: John Knox, 1981 = London: SCM, 1983), ch.2 を見よ。

123) これを理解する鍵となり得るのはクムラン共同体の浄めに関する理解だ。彼らの集会は御使いらの参加か監督によってその聖さが保証される(とくに 1QSa 2.3–11)。J.A. Fitzmyer, 'A Feature of Qumran Angelology and the Angels of 1 Cor. 11.10', in *Essays on the Semitic Background of the New Testament* (London: Chapman, 1971 = Missoula: Scholars, 1974), 187–204 を見よ。

124) これは M.D. Hooker ('Authority on Her Head: An Examination of 1 Corinthians 11.10', *NTS* 10[1964]のちに Hooker, *Adam*, 113–20)に負うところが大きい。Hooker の解釈(「頭に権威を持つ」)はⅠコリ 11.7–9 の議論の結論として 11.10 を捉える。この解釈は「(女性の)頭を管理する」(髪をほどいて秩序を乱す)との理解よりも説得性が高い。後者の解釈は Baumert, *Woman*, 188; J.M. Gundry-Volf, 'Gender and Creation in 1 Corinthians 11.2–6: A Study in Paul's Theological Method', in Ådna, et al. (eds.), *Evangelium*, 151–71(とくに pp.159–60)を見よ。

男性の栄光を示すことになる。したがって祈りと預言において神のみに栄光を帰そうとすれば、男性の栄光が覆われねばならない。頭の覆いは、女性が務めを果たすための「権威」を提供している。換言すると、多くの読者の理解と異なり、頭の覆いは女性が男性に対して従属的関係にあることを示す象徴でない。むしろそれは、賜物を与える御霊に直接依拠した祈りと預言を行う「権威」が女性に付与されていることを示す。パウロは、女性が預言という重要な務めに関わる権利を擁護しており、その際に「権威」という語を直接用いている。

この神学的論旨は、女性のヘアスタイルに関する周知の社会的因襲とある意味で符合する。問題は、コリント教会の女性預言者（の一部）が髪を束ねずに預言したことにある。乱れ髪は、ギリシャ宗教における儀礼的な恍惚状態を連想させがちだった[125]。したがって、そのような預言スタイルはキリスト者の集会が恍惚状態を促す宗教だという誤解を外部者に与えかねない。外部者に対して開かれた教会でのそのような行為は（14.16, 23–25）、女性があたかも露わな姿で身をさらすように「恥ずべき」評判を促しかねない（11.6）。したがってIコリ11.2–16での議論では、創造秩序における男性と女性との違いでなく、髪を束ねる慣習を支持することに主眼が置かれている。これは女性の預言を制限することでなく、預言をする女性が不適切なヘアスタイルによって不利益を被らないための配慮だ[126]。

家を適切に治めることが何にも優るとの認識は、当時の重要な社会的通念だった。アリストテレスの定義によると、家が帝国の基礎をなす最少単位だった[127]。そして家族成員に対して家長（*paterfamilias*）が絶対的権力を有する

---

125) 乱れ髪はイシス宗教の特徴だった。当時のコリント市のエーゲ海側外港だったケンクレアイにはその神殿がすでに建立されていたかも知れない（§22 n.9 を見よ）。Iコリ12.2はコリント信徒の多くがかつて恍惚的宗教に所属していたことを示唆し（§22 n.149）、いまでも恍惚の体験を重視していることが伺える（Iコリ14.12, 23）。

126) とくにFiorenza, *In Memory of Her*, 227–30を見よ。「この議論の目的は……性差を強調することでなく、礼拝する共同体の秩序と宣教的性格を保証することだ」(p.230)。

127) さらに§23.7.3を見よ。ヘレニズム・ローマ世界の家制度に関してはD.C. Verner, *The Household of God: The Social World of the Pastoral Epistles* (SBLDS 71; Chico: Scholars, 1983), 27–81 を見よ。

という家父長権（*patria potestas*）が認められていた [128]。独身女性や未亡人らは実際の生活でかなりの独立性が保証されてはいたが、それでも家族の男性年長者の保護下にあった。そして妻は無条件で従属的な立場に置かれていた [129]。

　パウロが教会を設立した諸都市におけるこの社会生活の基本要件は、Ⅰコリント書の2箇所を解釈する際に非常に重要なヒントを与える。ギリシャ語の γυνή は「妻」とも「女性」とも訳し得るが、そのいずれを選択するかは、「夫」あるいは「男性」を意味する ἀνήρ の用法によって変わるので、混乱をきたしやすい [130]。Ⅰコリント書の2箇所ではこれらの2語が対置的関係に置かれている [131]。パウロが「男性」と「女性」について一般的な議論をしている時でも、公的な場所で妻らの自制に欠ける行動が混乱を生む状況が念頭にあったかも知れない。そうするとⅠコリ 11.3 は、NRSV が訳すように、「夫は妻の頭である」ともなりえよう。

　これはⅠコリ 14.33b–36 の解釈にさらなる示唆を与える。そこでの手厳しい指示が女性一般というより、特定の妻らに向けられているからだ [132]。この解釈を支持するヒントが幾つかある。パウロはここで「家で」や「従い（ὑποτασσέσθωσαν）[133]」などの表現を用いる。またこの指示が、集会での秩序ある預言に関する指示（14.29–33）の直後に置かれていることも重要だ [134]。おそらく女性預言者らが個々の預言を吟味する過程で（14.29）、彼らの夫や

---

128) *OCD*, 'patria potestas' を見よ。ギリシャ法とユダヤ律法はこれと多少異なるが、基本的理解は古代地中海世界において一貫していた。家は家父長的な制度で、その成員——とくに妻や子や奴隷——は男性成員の頭の権威の下に置かれた。

129) 「あなたの夫にしたがいなさい」（コロ 3.18、エフェ 5.24）という妻に対する戒めは、当時の倫理観を反映した。とくにプルタルコス『道徳』142E、偽カリステネス 1.22.4（Lohse, *Colossians*, 157 n.18）を見よ。

130) BDAG, ἀνήρ 1, γυνή 1–2 を見よ。

131) ἀνήρ が14回、γυνή が16回用いられる。

132) 例えば Fiorenza, *In Memory of Her*, 230–33 を見よ。同様のことはⅠテモ 2.11–12 でも言える。

133) 同語（ὑποτάσσω）はコロ 3.18、エフェ 5.24 でも用いられる。名詞形の「従順（ὑποταγή）」はⅠテモ 2.11 で用いられる。

134) L.A. Jervis, '1 Corinthians 14.34–35: A Reconsideration of Paul's Limitation of the Free Speech of Some Corinthian Women', *JSNT* 58 (1995), 51–74 参照。

第 21 章　職務と権威

年輩の男性縁者の預言に対しても何らかの評価を下していた[135]。これは家父長の権威に対してあからさまに疑念を示すことであり、家や教会の秩序を乱しかねなかった。これが「恥ずべきこと」と評された。家と教会との評判を落とさないためには、妻は家で疑問を述べることが望まれた（14.35）。

ここでの摩擦を理解するうえで重要なのは、教会が個人の家々で開かれたこと——個人の空間での公的集まりがもたらした緊張——に起因する役割と立場の曖昧さだ[136]。家の年長男性は家長として集会に参加したか、あるいは他の参加者と同様に教会成員の 1 人として参加したか。家で主導的立場にある女性は、妻として参加したか。彼女はある程度の権威を示す立場にある自分の家で振る舞うかのように、教会で振る舞ったか。家が教会となった時点で、彼女は新たな（キリスト者の）家族体制の中に置かれたので、以前の権威体制は相対化されたか。女性預言者として、2 つの立場のあいだで板挟み状態となった。家が教会だという状況で、既婚女性として妻であり、同時に預言者だった。これが I コリ 14.33b–36 で想定されている状況ならば、パウロの指示は当時の社会的慣習を意識していたに留まらず、その内実が保守的だったということになる。なぜなら彼は、妻らに教会で妻として振る舞うように指示しており、彼らが夫の権威を尊重する姿勢を教会でも示すよう促しているからだ[137]。

要約しよう。女性の働きに関するパウロの理解をガラ 3.28 ——「ユダヤ人もギリシャ人もなく、奴隷も自由の身分もなく、男と女ではない」——に依拠しつつ神学的に解釈したい衝動は分からないではないが[138]、それは適切でなかろう。少なくとも I コリント書の当該箇所にガラ 3.28 の平等原則を適用することは、パウロが実際の状況でいかに神学作業をしたかを看過することになりかねない。たしかにパウロはガラ 3.28 において、人間社会における最も著しい差別——民族、社会階層、ジェンダー——を取り上げ、これ

---

135)　Ellis, *Theology*, 67–71.

136)　S.C. Barton, 'Paul's Sense of Place: An Anthropological Approach to Community Formation in Corinth', *NTS* 32 (1986), 225–46. Meeks, *First Urban Christians*, 75–77 も見よ。

137)　おそらくパウロが提案している妥協案は、妻らが家の教会で預言することはよいが、年長の男性成員らがする預言に関して吟味することは控える（I コリ 14.29）、ということだっただろう。

138)　とくに Fiorenza, *In Memory of Her*; Wire, *Women Prophets* を見よ。

らを相対化した。しかしそれは相対化であって撤廃でない。ユダヤ人はユダヤ人のままだった（ガラ 2.15）。キリスト者となった奴隷は奴隷のままだった（Ⅰコリ 7.21）。上で見たように、妻は妻として留まった。民族、社会階層、ジェンダーといった区別は神の前で相対化され、その重要性を失った。しかし、パウロの活動においてしばしば見られるように、原理原則が実行に移される場合に社会状況がそれをある程度方向づけた。

§21.5. 会衆の権威

既述のとおりパウロは、教会にそのあり方の責任を負うよう促し、その働きの責任を自覚して活動するよう期待していた。教会の活動と権威に関するこの側面に注目する際に、以下の点の重要性に気がつく。

（1）上の事柄に関するパウロの神学は明らかだ。地域教会をキリストの体としてパウロが理解することは、その成員 1 人 1 人が共同体で何らかの機能を持ち、彼らが共有する営みと礼拝とにおいての責任を負っていることを意味する。これは、それぞれの教会のすべての成員が教え、励まし、裁き、慰めるようパウロが促すことの根拠となっている[139]。

（2）パウロはどの教会に対しても、その指導者集団のみに訴えるということをしない（例外としてフィリ 1.1）。彼は指示や奨励を一般に教会全体に向ける。これは、パウロの指示や奨励に対して応答する責任が教会の一部でなく全体にあることを意味する[140]。このため、例えばⅠコリ 5, 6, 11, 14, 16 章が報告するような状況でさえ、教会の指導者集団である特定の監督や長老が指揮にあたるよう指示されることはない[141]。教会の預言者は、霊による預言の働きと、預言の言葉を吟味する役割においてのみ権威を持ってる。

（3）共同体全体が「神によって教えを受けた」（Ⅰテサ 4.9）。その成員はみな 1 つの御霊に参与（κοινωνία）した[142]。彼らはみな本質的に「霊的な

---

[139] ロマ 15.14, Ⅰコリ 5.4–5, Ⅱコリ 2.7, コロ 3.16, Ⅰテサ 5.14.
[140] Lindsay, *Church*, 32–33, 58–59.
[141] 異論は Greeven, 'Propheten', 35–36 参照。
[142] §20.6 を見よ。

人々（πνευματικοί）」だった。したがって彼らには、御霊の賜物の実践と管理の責任があった（Ⅰコリ2.15）。それゆえ彼らは御霊を受けた。「神が豊かに与えられたそれら（の賜物）を知るためです」（2.12）[143]。パウロは自分の指示が「主から命じられたもの」だとの確信さえも、彼らが吟味すべき対象だと考えた（14.37）。したがって預言者は、個々の預言を吟味する責任を負っていた（Ⅰコロ14.29）だけでなく、（その指導者のみならず）共同体全体が預言はもちろんのこと「すべてを吟味する」責任を負っていた（Ⅰテサ5.20-22）[144]。パウロが御霊の領域に関するエリート主義を、分派につながり（Ⅰコリ3.1-4）共同体の機能を低下させることとして（14.21）警告したことは、上の理解と深く関連している。

（4）そしてパウロは、教会での奉仕のため惜しみなく自らを捧げる人たちに明らかな仕方で顕れる霊的な権威を会衆全体が認める責任を指摘し、教会の各成員が普段の奉仕においてより積極的に参画するように促している[145]。この視点からⅠコリ14.16の重要性が浮き彫りになる。会衆が祈りと預言のあとに述べる「アーメン」はたんなる形式的で儀礼的な同意を意味しない。それは、礼拝において述べられた内容に対して会衆が同意をすることの重要性を証ししている[146]。

§21.6. 霊を見分ける

宣教牧会活動の権威が認められるための基準についてパウロがいかに考えたか、この点も言及する必要があろう。既述のとおり、パウロは霊を見分け

---

143) ガラ6.1に関しては§21.3を見よ。
144) この点において、第2バティカン公会議の「教会に関する教義憲章（*Lumen Gentium*）」§12の理解には誤りがある。Ⅰテサ5.14-22は明らかに会衆全体に向けられており、その奨励のどれ1つをとってもその対象がより限定されることはなく（Dunn, 'Discernment of Spirits' [§20 n.136], 87-89を見よ）、その解釈を指示する証拠がない（Dunn, *Jesus and the Spirit*, 436 n.141）。預言を吟味する責任を教会全体が負っていることは、Ⅰヨハ4.1-3,『ディダ』11が指摘している。Dunn, 'Responsible Congregation', 226-30を見よ。
145) Ⅰコリ16.15-18, Ⅰテサ5.12-13. フィリ2.29-30参照。
146) Schweizer, *Order*, 101. Barrett (*1 Corinthians*, 321) は「教会全体が聞き、理解し、吟味し、管理することの責任が強調されている」と述べる。

ること、および預言を含めた霊の賜物の見極めを重視した[147]。また、使徒の権威の行使が神による正当なものと判断される基準もすでに論じた（§21.2）。しかし、（御）霊の賜物と共同体に関する判断基準をパウロが想定していたことについては（Ⅰコリ12–14）、十分に議論されてこなかった[148]。とくに以下の3つの点が重要だが、これらは使徒の権威に関する基準と重なる部分が大きい。

（1）福音による吟味（Ⅰコリ12章）：「誰でも神の霊によって語る者は『イエスは呪われている』と言わず、聖霊によらずして『イエスは主である』と言いません」（Ⅰコリ12.3）。この判断基準が適用されるべき状況は明確でない。しかし同じ文脈に「口をきかない偶像によって導かれ逸脱させられ」（12.2）とあることに鑑みると、何らかの忘我的な霊感が関わっていよう[149]。また、（多くの？）コリント信徒らが「霊を熱心に求める」（14.12）、すなわち霊体験を求めていたことからも同様の結論が導き出される。すると最も蓋然性の高い状況は、教会の礼拝で、ある者が実際に霊的な感化の下で「イエスは呪われている」と述べたことに関し、コリント教会がパウロにその対処を求めた、ということが考え得る[150]。私たちは、コリント信徒らがすべての霊感を善いものと判断するほど単純だったと想定する必要はない。誰か重要な共同体成員が発した言葉だったので、容易に看過することができなかったのだろうか[151]。

この場合、福音を要約する告白文――「イエスは主である[152]」――が判断基準となった。この告白がいつも文字通り繰り返される必要はなかっただろうが、霊感によって促されて発せられた言葉が、告白文が示す福音の内容と符合している必要はあっただろう。これは使徒の権威を判断する第1の基準

---

147) §20 n.136 を見よ。
148) その例外として Hahn, 'Charisma', 220–25 を見よ。
149) ディオニュシオス信仰における儀礼的な乱狂に関しては E. Rohde, *Psyche: The Cult of Souls and Belief in Immortality among the Greeks* (New York; Harcourt and Brace / London: Kegan Paul, 1925) を見よ。
150) Dunn, *Jesus and the Spirit*, 420 n.180 と §8 n.73 を見よ。Barrett, *Paul*, 133 参照。
151) 現代のカリスマ運動に関わる教会で指導者による霊の言葉が吟味される際、このような配慮が問題になる場合がある。
152) とくに、ロマ 10.9, Ⅱコリ 4.5, コロ 2.6 を見よ。

と同じだ（§21.2.1）。もっとも、この基準が誰にも単純明快だったわけでない。パウロ自身の福音理解（異邦人にとっての無条件の福音）が、彼とユダヤ人キリスト者のあいだで論争の的となったことも事実だ。それゆえに、エルサレムの使徒らがこの基準に同意したことはパウロにとって重要だった（ガラ 2.1–10）。しかしガラテヤ書は、教会の福音受容に関わる霊的体験をもパウロが重視している様子を示している[153]。恵みを与える福音と教会の設立に関わる伝統とが、その後の教会のあり方を吟味する判断基準となった。

（2）愛による吟味（Ⅰコリ 13 章）：Ⅰコリ 13 章が 12 章と 14 章とのあいだに配置されていることに、ときとして疑問が向けられてきた[154]。しかしその意図は十分に明らかだ。キリスト者と教会が御霊の賜物を通してなす業が、しばしば利己的で他者を顧みない仕方で実行されることへの警告として、13 章が挿入されている。異言のみならず最も重要な御霊の賜物（預言）でさえ、そして最も天的と言える礼拝体験さえ、愛が欠損する場合がある（Ⅰコリ 13.1–2）。さらに、最も権威ある学者、信仰の英雄、偉大な社会活動家、そして殉教者さえ、愛に劣る動機に動かされ得る（13.2–3）。そして「愛」という語自体がその要件を十分に表現しきれない時のために、パウロは無類の表現でその真相を提供している（13.4–7）。

> [4] 愛は忍耐、愛は親切、愛は妬まず、奢らず、自惚れず、[5] 恥ずべきことをしません。愛は自らの利益を求めず、腹を立てず、悪事を恨みません。[6] 愛は悪を歓迎せず、真理と喜びを分かち合います。[7] 愛はつねに忍び、つねに信頼し、つねに希望し、つねに待ち続けます。

パウロが愛をこのように表現する時、キリストにおける神の愛が念頭にあ

---

[153]　ガラ 1.6–9, 2.7–9, 3.1–5, 4.6–11, 5.1, 4. Ⅰコリ 15.1–2 参照。〔訳註　霊的は訳者の補足だが、著者はここで福音の内容と福音受容に際しての霊的体験の両方が重視されていることを述べているようだ。〕

[154]　J.T. Sanders, 'First Corinthians 13: Its Interpretation since the First World War', *Int* 20 (1966), 159–87; O. Wischmeyer, *Der Höchste Weg. Das 13. Kapitel des 1. Korintherbriefes* (Gütersloh: Gütersloher, 1981) を見よ。

ることに疑いの余地はない[155]。そして律法が隣人愛において全うされるとするイエスの教えを忘れていない[156]。また、パウロが最も重要ですべてに関わる御霊の実として愛を挙げる時にも（ガラ 5.22–23）、同じことが言える[157]。この愛が、御霊をキリストの霊として、自らを十字架において与えるキリストの霊として定義する[158]。この愛が、いかなる霊の賜物より価値を持ち、より深い成熟を示し、より大きな影響力を放つ（Ⅰコリ 13.8–13）。パウロは、霊の賜物が愛によらない仕方で実践され得ることを示唆しつつ、愛のない霊の賜物に意味がないことを強調する。理想を現実社会で生き抜くのが単純でないことをパウロは知っていた。しかし彼は、キリストにある神の愛の実践という理想を読者に突きつけることで、何を目標とすべきかを示し、それ以下の動機を退けた。

（3）共同体の益による吟味（Ⅰコリ 14 章）：Ⅰコリ 12–14 章における 3 つの判断基準のうち、14 章が最も明解だ。パウロはこの章で同じ基準に 7 度も立ち返って議論している[159]。その基準は共同体の益（οἰκοδομή）だ。それゆえ教会全体の益となる預言は、異言話者個人の益となる異言より優ると考えられた（14.3–5, 12, 17）。同様の理由で、異言とその解釈、また預言とその吟味に関する秩序ある手続きが、教会に益となるとして評価された（14.26–33）。同様の配慮が、髪を束ねない女性の預言や女性による預言の吟味に関するパウロの指示にも見られる。教会に好意的な外部者にとって恥ずべき行為と連想され得る事柄は、誰にも歓迎されない。パウロはまた、異言が語られる集会を訪問する外部者が経験し得る混乱への配慮をも、この判断基準の適用内とする（14.23–25）[160]。じつはⅠコリ 8.1 で、第 1 と第 2 の基準がこの第

---

155) ロマ 5.5, 8, 8.35, 39, Ⅱコリ 5.14. §13 n.15 も見よ。
156) ロマ 13.10, ガラ 5.14. §23.5 も見よ。
157) さらに Dunn, *Galatians*, 309–10 を見よ。ここでは「肉の行い」（ガラ 5.19）が「御霊の実」（5.22）と対比されているか。
158) さらに§10.6, 16.4, 18.7 を見よ。
159) 「建て上げる（οἰκοδομέω）」（Ⅰコリ 14.4 [2 回], 17)、「建て上げ、啓発（οἰκοδομή）」（14.3, 5, 12, 26）。その他Ⅰコリ前半でも 3.9, 8.1, 10.23 にある。その他のパウロ書簡ではロマ 14.19, 15.2, Ⅱコリ 10.8, 12.19, 13.10, ガラ 2.18, Ⅰテサ 5.11 で用いられる。
160) Schweizer (*Order*, 96) は「なぜならパウロにとって、……外から来る者が重視された。この理解に立って説教内容が評価された。それゆえ、外部者に無意味な言語表現を醸成する教会は教会

3 の基準と上手く結びつく。すなわち共同体成員の関係性において、「知識は奢るが、愛は建て上げる」。同様のことは、「『すべては許容範囲内だ』が、すべてが建て上げるのでない」（10.23）という警告にも現れる。パウロが使徒として自ら設立した教会の成熟への配慮も（§21.2.2）、この基準の重要性に立脚している。

　この基準において明らかなのは、個人の権利（啓示や立場）がつねに全体の益に仕える、ということだ。目を見はる言動でさえ、キリストにある神の愛、すなわち隣人愛という基準によって測られる。教会の使徒だったとしても、使徒としての権威が福音の基準にしたがうことに鑑みると、使徒の言動は教会によって吟味される。「賜物と職制」に関する議論（§21.1）で、教会の権威に関するパウロの概念が基本的に御霊の賜物（御霊からの促し）に依拠していればいるだけ、唯一の正しく効果的な御霊の賜物は、それが与えられている教会の吟味を通して教会に受け入れられねばならない。もちろんパウロは経験上、そのような吟味が必ず正しく行われることがあまり現実的でないことを熟知していた。霊的なキリスト者がそのような吟味を指導すべきだが、霊性は容易に形骸化し劣化してしまう。しかし、指導者の権威に対して注意深い評価が必要なことをパウロが認めていたことは重要であり、彼が用いた判断基準の有用性が過小評価されるべきでない。「霊の吟味」に関する原則をどこまで突き詰めるべきかは[161]、パウロ自身の神学議論の範疇を超えてしまう。

§21.7. 結論

　キリストの体である神の教会について論ずるパウロは、象牙の塔で机上の空論を描くような理論家でなかった。彼が見据えた教会の姿は、敵対的な外社会に囲まれた共同体がいかに形成されるべきか、そのような社会的状況をまっすぐ見据えた現実味のある教会観だ。それは啓示と社会的慣習とのあい

でなくなる（Ⅰコリ 14.16, 23ff）」と述べる。
　161）　とくに Käsemann, *Kanon* (§14 n.5); 'Thoughts on the Present Controversy about Scriptural Interpretation', *New Testament Questions*, 260–85（とくに p.264）を見よ。

だで揺らぎ、社会的立場に関する一般の期待と家父長的伝統から自らを解き放とうともがく。それは新たな権威を模索する発展途上の組織論だ。それはイスラエルに関するパウロの理解と同様、彼の時代に宣教が完成するという期待によって、少なくともある程度形づくられていた。したがって、予期されなかった第2世代のパウロ型宣教と教会形成（牧会書簡）において、カリスマの慣習化と権威の体制化という第2世代にありがちな過程が明らかに見られることに驚かされることはない。

　ここで1つ教会論的な問いが浮上する。それはパウロが模範として示す教会像、すなわちカリスマ的（御霊の賜物に依拠した）共同体としての姿、教会の業と権威に関する理想、また相互依存と責任管理との微妙なバランスは、たんに第1世代の熱狂的な気風がもたらした達成不可能な理想主義を示すのみか、という問題だ。あるいは、第1世代を超えてもその有効性が色あせない第1原則あるいは起点として強調され得るか。新約聖書正典が初期のパウロ書簡のみならず牧会書簡をも含むことは、Ⅰコリ12–14章の「理想」のみによって教会のあり方が捉えられるべきでないことを読者に示す。同時に、正典が牧会書簡のみならず初期のパウロ書簡をも含んでいることは、パウロによる初期の教会観の内に色あせない価値を見出すように読者を促していることをも示す。

　これは過去3世代の西洋型キリスト教の教会理解の展開を示す。それ以前の一般的な教会観は、Ⅰコリ12–14章に見られるパウロ型教会論と牧会書簡のそれとが競合関係にあると理解した。しかしとくにキュングは、パウロのカリスマ的な教会形成が教会理解全体の基礎を据えていると主張した。これは、新たな可能性を秘めた解釈の試みと評価し得る[162]。この試みの可能性は、いまだ十分に探り尽くされたわけでない。

162）　Küng（*Church*, 187）は「すべての成員でなく少数の教職者のみが活動する教会や共同体では、御霊の賜物が忘れ去られただけでなく、御霊自体が姿を消したのでないかと疑われてもしかたがない」と述べる。

第22章　主の晩餐 [1]

---

1) 第22章の文献リスト

M. Barth, *Rediscovering the Lord's Supper: Communion with Israel, with Christ, and among the Guests* (Atlanta: John Knox, 1988); **Bornkamm**, 'Lord's Supper and Church in Paul', *Early Christian Experience*, 123–60; **Bultmann**, *Theology*, 1.144–52; **W. Burkert**, *Ancient Mystery Cults* (Cambridge: HUP, 1987); **J. Delorme**, et al., *The Eucharist in the New Testament* (London: Chapman / Baltimore: Helicon, 1964); **Gnilka**, *Theologie*, 120–24; *Paulus*, 277–81; **Goppelt**, *Theology*, 2.147–50; **F. Hahn**, 'Herrengedächtnis und Herrenmahl bei Paulus', *Exegetische Beiträge zum ökumenischen Gespräch* (Göttingen: Vandenhoeck, 1986), 303–14; **Heitmüller**, *Taufe und Abendmahl* (§17 n.1); **O. Hofius**, 'Herrenmahl und Herrenmahlsparadosis. Erwägungen zu 1 Kor. 11.23b–25', *Paulusstudien*, 204–40= 'The Lord's Supper and the Lord's Supper Tradition: Reflections on 1 Corinthians 11.23b–25', in Meyer (ed.), *One Loaf* (下記), 75–115; **J. Jeremias**, *The Eucharistic Words of Jesus* (London: SCM, 1966); **R. Jewett**, 'Gospel and Commensality: Social and Theological Implications of Galatians 2.14', in L.A. Jervis and P. Richardson (eds.), *Gospel in Paul* (§7 n.1), 240–52; **Käsemann**, 'The Pauline Doctrine of the Lord's Supper', in *Essays*, 108–35; **Keck**, *Paul*, 61–64; **H.-J. Klauck**, *Herrenmahl und hellenistischer Kult. Eine religionsgeschichtliche Untersuchung zum ersten Korintherbrief* (Münster: Aschendorff, 1982); 'Presence in the Lord's Supper: 1 Corinthians 11.23–26 in the Context of Hellenistic Religious History', in Meyer (ed.), *One Loaf* (下記), 57–74; **P. Lampe**, 'The Eucharist: Identifying with Christ on the Cross', *Int* 48 (1994), 36–49; **X. Léon-Dufour**, *Sharing the Eucharistic Bread: The Witness of the New Testament* (New York: Paulist, 1987); **I.H. Marshall**, *Last Supper and Lord's Supper* (Exeter: Paternoster, 1980 = Grand Rapids: Eerdmans, 1981); **W. Marxsen**, *The Lord's Supper as a Christological Problem* (Philadelphia: Fortress, 1970); **Meeks**, *First Urban Christians*, 157–62; **B.F. Meyer** (ed.), *One Loaf, One Cup: Ecumenical Studies of 1 Cor. 11 and Other Eucharistic Texts* (Macon: Mercer Univ., 1993); **J. Murphy-O'Connor**, *St. Paul's Corinth: Texts and Archaeology* (Collegeville: Liturgical / Glazier, 1983); **P. Neuenzeit**, *Das Herrenmahl. Studien zur paulinischen Eucharistieauffassung* (Munich: Kösel, 1960); **A.D. Nock**, 'Early Gentile Christianity and Its Hellenistic Background' and 'Hellenistic Mysteries and Christian Sacraments', in J.Z. Stewart (ed.), *Essays on Religion and the Ancient World* (Oxford: Clarendon, 1972), 1.49–133, 2.791–820; **Neyrey**, *Paul in Other Words*, ch.5; **B.I. Reicke**, *Diakonie, Festfreude und Zelos, in Verbindung mit der altchristlichen Agapenfeier* (Uppsala: Lundequistka, 1951); **J. Reumann**, *The Supper of the Lord: The New Testament, Ecumenical Dialogues, and Faith and Order on Eucharist* (Philadelphia: Fortress, 1985); **Ridderbos**, *Paul*, 414–28; **E. Schweizer**, *The Lord's Supper according to the New Testament* (Philadelphia: Fortress, 1967); **Strecker**, *Theologie*, 176–85; **Stuhlmacher**, *Theologie*, 363–70; **Theissen**, 'Social Integration and Sacramental Activity: An Analysis of 1 Cor. 11.17–34', *Social Setting*, ch.4; **Wedderburn**, *Baptism* (§17 n.1); **Whiteley**, *Theology*, 178–85; **W.L. Willis**, *Idol Meat in Corinth: The Pauline Argument in 1 Corinthians 8 and 10* (SBLDS 68; Chico: Scholars, 1985).

§22.1. パウロによる「主の晩餐」の神学の難解さ

キリストの体という教会の側面について語る際、パウロが主の晩餐を重視していたことは疑いようもない[2]。この点はⅠコリ 10.16–17 に明らかだ。

> [16]私たちが祝福する祝福の杯、それはキリストの血の交わりではありませんか。私たちが割くパン、それはキリストの体の交わりではありませんか。[17] パンが1つですから、多くある私たちも1つの体です。それは私たちがみな1つのパンからともに食するからです。

この言説の重要性がキリスト教伝統において受け継がれ、その意義が絶えず強調されてきたことは、伝統的な教派に所属するキリスト者のあいだで周知のとおりだ。とくに正教会とカトリックの伝統において、聖餐（聖体拝領）は共同体のあり方の中心に位置する。であればなおさら、パウロがこの主題について1つの書簡の2つの章（Ⅰコリ10–11章）でのみ言及していることは、残念であると共にある意味で困惑を与える。

これはもちろん、パウロが書簡をつうじて神学を形成していることと関係する。書簡というものは、程度の差こそあれ宛先の状況に応じて書かれている。したがって、主の晩餐に関して何の疑問も抱かない共同体とのやり取りで、パウロはこの主題を議論する必要を感じなかった。主の晩餐は確かな伝統と実践に裏打ちされ、パウロは自らが設立した教会にこれを継承させたので、それ以後、伝統的な定型表現を必要に応じて用いさえすれば事足りた（Ⅰコリ 11.2, 23）[3]。したがって、パウロが他の手紙で言及する必要を抱かなかったほど、彼が設立した教会において主の晩餐の儀礼が基本的な事柄として受け入れられていたという事情に、私たちは困惑するどころか安堵さえ感じ得

---

2) ここではパウロに倣って「主の晩餐（κυριακὸν δεῖπνον）」（Ⅰコリ 11.20）という表現に終始し、のちの表現（『ディダ』9.1, 5 の「聖餐〔εὐχαριστία〕」や『ディオ手』12.9 の「主の過越し〔τὸ κυρίου πάσχα〕」）を採用しない。

3) また §§8.2–3, 23.5 も見よ。

第22章　主の晩餐

よう。

　それでも2つの問題が残る。第1に、パウロ書簡群のうち最も体系的に神学を語るローマ書にさえ主の晩餐への言及がない。したがって、パウロとローマ教会の神学においてこの主題がどれほど重要だったかとの疑念が生じる。Ⅰコリ8–10章と非常に似た主題が展開するロマ14.1–15.6でさえ、主の晩餐に言及がないことは看過できない。ローマ教会の成員同士が互いに受容し合うよう強く促す箇所（ロマ14.1, 15.7）でさえ、主の晩餐が奨励する調和の効果にパウロがまったく触れないことは驚きだ。同様に、アンティオキアでの異邦人キリスト者との会食から距離を置いたペトロとその他のユダヤ人キリスト者を激しく非難する場面でも（ガラ2.11–14）、そこで行われたはずの主の晩餐へパウロは言及しない。

　第2に、この主題を理解するための唯一の資料である、Ⅰコリ10–11章の議論の背景が非常に込み入っている。私たちは、この背景を少なくとも解きほぐすことができるという前提に立たねばならない。第6部で述べてきたとおり、パウロの教会論を構築するためには、彼が設立した諸教会の実際的な事情を勘案する必要がある。したがって、主の晩餐に関するパウロの神学が、コリント教会の内部事情の影響をどの程度受けているかを無視できない。おうおうにして他の神学主題は、パウロ書簡群の至るところに言及されており、個々の書簡で特定の主題がいかに扱われるかを比較すれば、ある程度明らかな思想が見えてくる。しかしこと主の晩餐については、例えば三角測量のように未知の点までの距離を測ろうにも、底辺の長ささえも定まらずに手をこまねいてしまうかのような現状がある。

　この状況下では、主の晩餐に関するパウロの短い記述と解説とを可能なだけ集めることが肝要だ。その時初めてパウロの神学作業に聞き耳を立てつつ、コリント教会特有の事情が何かを探り始めることができよう。

§22.2. 他宗教からの影響

　バプテスマの場合（§17.1）と同様、主の晩餐に関するパウロの神学の源泉を定めようとする現代的な試みは、宗教史学的研究に始まる。初期の宗教史

学派は、「救い」と「高挙された主との交わり」（Ⅰコリ 10.16–17）との両方の媒介となる会食をパウロがいかに理解したか説明しようとした。彼らによれば、前パウロ的伝承と実践は答えを提供し得ず、原始共同体に会食があっても、主の晩餐なる儀礼の歴史性は不確かだ。この学派の学者らは、パウロ神学の中心にあるこの主題を彼以前の共同体がまだ取り入れてなかったと確信していた[4]。彼らはユダヤ教以外の伝統へと目を向け、ギリシャ神秘主義が十分な説明を提供すると理解した。

　古代コリント市とその周辺の密儀諸宗教に注目が集まると、この伝承史の蓋然性が高まった[5]。ギリシャの神秘宗教のうち最も支持されたエレウシス密儀は、その入信者に死の克服を約束したようだ[6]。ギリシャではディオニュシオス密儀がこれよりも有名だが、この儀礼は食事と飲酒を中心とする度を超えた騒ぎで知られている[7]。その他で有名なのは「救済者」と呼ばれるアスクレーピオス信仰だが、これは神癒をもたらすことで多くの支持を得た。当時のコリントには、アスクレーピオスの神殿があり、癒しを求めて集まる人々の宿泊と食事の施設もあった[8]。コリント市の外港として栄えたケンクレアイにすでにイシス神殿が建設されていた可能性もある[9]。このイシス神信仰が何か季節ごとの死と再生の密儀を執り行っていたとも推測される。

　4）　例えば Heitmüller, *Taufe und Abendmahl*; Bousset, *Kyrios Christos* (§10 n.1), 138; Bultmann, *Theology*, 1.147–49.

　5）　端的な説明とさらなる出典は *OCD*, 'Asclepius,' 'Demeter,' 'Dionysus,' 'Isis'; Koester, *Introduction*, 1.173–91; M.W. Meyer, 'Mystery Religions'; *ABD*, 4.941–44 を見よ。さらに M.P. Nilsson, *Geschichte der griechischen Religion* (Munich: Beck, 1961), 2.622–701 を見よ。とくにエレウシスやディオニュシオスの密儀は Klauck, *Herrenmahl*, 94–118 を見よ。有用な一次文献の抜粋は D.G. Rice and J.E. Stambaugh, *Sources for the Study of Greek Religion* (Missoula: Scholars, 1979); M.W. Meyer (ed.), *The Ancient Mysteries: A Sourcebook* (San Francisco: Harper and Row, 1987) を見よ。

　6）　アテネ市の郊外、30 キロほど西に位置するエレウシスという町がこの密儀の起源だ。

　7）　Ⅰコリ 12.2 がディオニュシオス密儀の騒ぎに言及している蓋然性はすでに述べた（§21 n.149）。ディオニュシオス信者をペンテウスが八つ裂きにした物語をパウサニアスが伝え聞いたのはコリントでのことだ（『ギリシア案内記』2.6）。

　8）　考古学的資料に関しては Murphy-O'Connor, *Corinth*, 169–74; Furnish, *2 Corinthians*, 17 を見よ。さらに MacMullen, *Paganism* (§2 n.1), 34–42（とくに p.37 n.16）を見よ。

　9）　考古学的資料に関しては Murphy-O'Connor, *Corinth*, 18–21; Furnish, *2 Corinthians*, 19–20 を見よ。ルキウスがイシス神の幻を受けて入信したのがケンクレアだった（アプレイウス『変身物語』11.4–25. さらに §17 n.26, §21 n.125 を見よ）。

Ⅰコリント書の記述と似たこれら多くの事例は、強い印象を与えはしても内実が乏しい。ここでも「熱狂的な類似例心棒者（parallelomania）[10]」は次第に影をひそめ、より堅実な分析がされるようになった[11]。そして詳細な分析の結果、初期の仮説に致命的な方法論上の誤りが認められるようになった[12]。

第1に、ユダヤ教文化とヘレニズム文化と明確な境界線が存在するという前提が崩される必要があった[13]。これには、ヘレニズム的なユダヤ教ロマンス文書『ヨセフとアセナテ』が有用だ[14]。この物語は、命を象徴的にもたらす飲食に言及すると同時に、偶像に関わる食卓での飲食に嫌悪を示す。「祝福された命のパンを食べ、祝福された不滅の杯を飲む」ヨセフは、同時に「命なく語らない偶像を祝福する女の唇に口づけをし、絞殺のパンと狡猾の杯にその食卓で与るか」(8.5) と問う。Ⅰコリ 10.16–17 の言説と悪霊の食卓に着く（偶像への供え物を食べる）ことへの憎悪を同時に語るパウロの姿勢は、この思想と重なる。のちにこの物語は、命のパンと不滅の杯を蜂窩（ほうか）によって象徴し、これを「至高の方の計り知れない奥義」として「命の霊（の満たし）」（『アセ』16.14–16）と表現する。アセナテはある種の通過儀礼としてこれに与る。

---

10) 例えば Kirsopp (*Earlier Epistles*, 215) は、「キリスト教は密儀宗教の影響を受けていない、なぜならキリスト教自体が、少なくともヨーロッパにおいて、いつも密儀宗教だったからだ」と結論づける。

11) 宗教史学派の末裔として、Strecker (*Theologie*, 179) は最後の晩餐に「聖なる祝宴という性格」を付与する初期的な段階で密儀宗教が影響を与えた可能性があるという、非常に控えめな立場を示している。このあとの議論に関しては、とくに一次文献に広くあたって分類上の精密さを追求することに貢献した Klauck (*Herrenmahl*, 40–91) を見よ。Klauck ('Presence') は、「キリスト教の主の晩餐と非キリスト教的現象とのあいだに見られる密度の濃い多様な類例」を看過すべきでないと述べるが (p.58)、一方でこのような類例の存在から「主の晩餐は外世界のさまざまな要素を意識的にモザイク画的に寄せ集めて構築したという印象を抱いてはいけない。このキリスト教儀礼はその全体が独自でどこにも属さない要素に富んだ創造的融合だ」と結論づける (p.74)。

12) この例外として、無批判的に類似点を強調する議論として H. Maccoby, *Paul and Hellenism* (London; SCM / Philadelphia: TPI, 1991), chs.3–4 がある。

13) この点での最も大きい貢献は M. Hengel, *Judaism and Hellenism* (2 vols.; London: SCM / Philadelphia: Fortress, 1974)。

14) これはおそらくエジプトで紀元前後1世紀に執筆された。C. Burchard, *Joseph and Aseneth*, in Charlesworth, *OTP*, 2.187–88.

これは、『ヨセフとアセナテ』物語がギリシャの密儀宗教の影響下にある証拠か[15]。私たちは『アセ』16.14–16 の描写に類似する儀礼に心当たりがない[16]。さらにこの物語には、ユダヤ教的要素が散見される。蜂窩は明かにマナを意識しており[17]、これは命を支える天の恵みというユダヤ教的伝統と符合する（Ⅰコリ 10.3–4 参照）。さらに命と死との絶対的対比は、季節とごとに死と命とを繰り返す豊饒神にまつわる奥義と異なり、むしろ偶像に対する伝統的なユダヤ教的嫌悪と符合する（「命なく語らない偶像」、『アセ』8.5）[18]。この物語にユダヤ教的な背景が明かな一方で、ギリシャ的密儀からの影響を示す根拠が希薄であることから、後者の影響を必要以上に重視することに慎重にならざるを得ない[19]。

　初期の仮説の第 2 の問題は、類例が発生学的に説明されねばならないという前提だ。すなわち、キリスト者の行為はより広いヘレニズム社会の諸宗教に依拠しているという推定が疑われることはなかった。しかし私たちは、バプテスマの場合と同様に、古代宗教と現代宗教の別なく一様に見られる傾向──浄めと祝宴の儀礼──を考察している。したがってむしろ、初期キリスト教と同時代の諸宗教とが、基本的に類似した内容を共有していることを否定する方が困難だ。繰り返すが類例は（発生学的）系統とは異なる。A.D. ノックは宗教的会食を 3 つの範疇に分けた[20]。その第 2 の範疇──神が臨席す

---

15)　M. Philonenko (*Joseph et Aséneth. Introduction, tetxte critique, traduction et notes* [Leiden: Brill, 1968], 89–98) はそのように捉える。

16)　Burchard (*OTP*, 2.193) は「そのような儀礼はこのテクストから構築されなければ存在しない」と述べる。

17)　「蜂窩は大きくて雪のように白く、蜜に溢れている。その蜜は天から降る露のようで、それは命の息を発散する」（『アセ』16.8. 出 16.14, 31, 知 19.21, 『シビュ』3.746 参照。さらに Burchard, *OTP*, 2.228 n.16–17 を見よ）。

18)　アセナテはのちに、偶像の食卓と犠牲によって汚れた自らの唇へ嫌悪を示す（『アセ』11.9, 16, 12.5）。イスラエルによる偶像への強い嫌悪感に関しては§2.2 参照。

19)　さらに Burchard, *OTP*, 2.211–12 n.8i; Chesnut, *Death to Life* (§17 n.1), 128–35 を見よ。主の晩餐に関するパウロの教えを理解する際に『ヨセフとアセナテ』が有用か否かに関する議論はC. Burchard, 'The Importance of Joseph and Asenath for the Study of the New Testament: A General Survey and Fresh Look at the Lord's Supper', *NTS* 33 (1987), 102–34 を見よ。

20)　Nock, 'Early Gentile Christianity', 1.107–09. Klauck (*Herrenmahl*, 31–39) は 11 の範疇へ分けるが、それは必要以上の細部化だ。〔訳註　類例的（analogical）比較と系統的（genealogical）比較の違いは、§17.1 (n.27) を見よ。より詳細には浅野『ガラテヤ共同体のアイデンティティ形成』

第22章 主の晩餐

る会食──が初代教会の晩餐を理解する助けとなる[21]。第1の範疇──死去した創始者や庇護者を記念する食事──は主の晩餐にあてはまらない。キリスト者はイエスを死者でなく生きた者として捉えたからだ。エレミアスが指摘したとおり、このような会食は一般に記念すべき人物の誕生日の祝いであり、死の記念日に行われなかった[22]。第3の範疇──ディオニュシオスの儀礼に見られる「生肉食（ὠμοφαγία）」──が宗教史学派を長年魅了してきたことは確かだが、主の晩餐の先例とはほとんど理解されない[23]。

さらに、密儀と教会の儀礼との関係性について断言することは控えるべきだ。密儀の内容について私たちの知識があまりにも限定的だからだ。私たちは、密儀における象徴行為としての飲食がいつ何を意図して行われていたか知らない[24]。キリスト教とミトラ教とに類似する儀礼があったことは、古代のキリスト教著作家らが認めるが[25]、パウロの時代のギリシャにミトラ教がどれほど広まっていたか不明だ[26]。「主セラピスの晩餐」への招待を記すパピルス写本は会食における神の臨在を示唆するので、ある程度の注目に値する[27]。しかし、パウロの言語表現が具体的にこの伝統を反映しているとは思われない。この伝統によると「（神の）食卓」は犠牲を導き出し犠牲を行う場所を指すからだ[28]。パウロはむしろ、「主／悪霊の食卓」という表現を LXX から借りてきているようだ。LXX は神々を「悪霊」と呼び（Ⅰコリ 10.20–21 参照）、ヤハウェの祭壇を「主の食卓」と称する（10.18 参照）[29]。こ

25–27 頁を見よ。］

[21] さらに次の段落を見よ。

[22] Jeremias, *Eucharistic Words*, 242.

[23] さらに Willis, *Idol Meat*, 23–32; Burkert, *Mystery Cults*, 111 を見よ。

[24] Nock, 'Early Gentile Christianity', 1.109–10; Burkert, *Mystery Cults*, 110–11. Nock ('Hellenistic Mysteries', 2.796–801) は密儀宗教における「秘儀」用語が流動的だったことも指摘している。

[25] ユスティノス『第一弁論』66.4;『対話』70.1; テルトゥリアノス『異端者への抗弁』940. アレクサンドリアのクレメンス『勧告』12 を見よ。

[26] 詳細は、*OCD*, 'Mithras'; Hengel and Schwemer, *Paul between Damascus and Antioch*, 168 を見よ。

[27] Willis, *Idol Meat*, 40–42; *NDIEC*, 1.5–9 を見よ。会食の場所にはセラペウム（聖堂）や個人の家も含まれる。Nock（'Early Gentile Christianity', 1.108）は後2世紀の弁論家アリスティデスに言及しつつ、人々が「セラピスを炉端へ招き、晩餐に臨席するよう促した」と言ったとする。

[28] 詳細は BDAG, τράπεζα 2; L. Goppelt, *TDNT* 8.214 を見よ。その反論として Willis, *Idol Meat*, 13–17 を見よ。

[29] エゼ 44.16, マラ 1.7, 12. フィロン『十戒各』1.221 を見よ。

のような語句の使用は、パウロが主の食卓を祭壇、あるいは主の晩餐を犠牲として捉えていたことを意味しない[30]。

Ⅰコリ10.19–22の表現は、神殿において偶像（悪霊）が主催者を務める公的な祝宴を念頭に置いているようだ。パウロはこれ自体を問題視しており、食事を通しての救済を教える別の神学が問題ではない[31]。後者が問題だったなら、肉の出所が定かでない個人宅での食事へキリスト者が招待されることについて、パウロがこの直後に何の不都合もないように助言する（Ⅰコリ10.25–27）とは考え難い[32]。『ヨセフとアセナテ』の場合と同様、ここでパウロが示す懸念は、偶像との接近や接触によって穢れがもたらされるというユダヤ人の伝統的な恐れに原因があるようだ（8.10）[33]。パウロが飲み食いにまつわる裁きを主のパンと杯との関連でのみ語り（11.27–29）、他の神々の神殿での食事との関連で述べていないことからも（8.10）、Ⅰコリ10.16–17における神学が他の宗教からの援用でなく、教会伝承に固有であることを示している。

したがって主の晩餐に関するパウロの神学の源泉を他の宗教や密儀に求めることは、解釈を誤った方向へ向ける。しかし同時に、彼が（エルサレム神殿の）祭壇と関わることと主の食卓に与ること、さらに悪霊の食卓に与ることのあいだに何らかの類似点を想定していることは看過できない（10.18, 21）。この直前でパウロは、主の晩餐が救いを保証すると考えるコリント信徒らを叱責しながらも（10.6–12）、「霊的な食事と飲み物」（10.3–4）について語っている。また直後では、不適切な仕方でパンと杯に与ることが病気と死とを招くことを示唆している（11.30）。これらの特徴的な教えは、パウロ

---

30) Goppelt, *TDNT* 8.213–14. Wedderburn (*Baptism*, 159–60) は、パウロの言語表現に密儀に関する特別の用語が欠損しているとのNockの結論に注意を向ける。「キリスト教の典礼と私たちが呼ぶものがその起源において異教徒の密儀宗教に依拠している、あるいはそれらに依拠する引喩的概念を有しているという考えは、言語学的な証拠という岩の上で砕け散る」(Nock, 'Mysteries', 2.809)。

31) Wedderburn, *Baptism*, 158–59 参照。

32) さらに§24.7を見よ。

33) もっとも、パウロに一貫した懸念は、悪霊の現実に関する問題でなく（Ⅰコリ8.4–6と10.19–22とを対比せよ。§2.3を見よ）、個々のキリスト者が他者へ示す配慮だ（8.7–13, 10.23–32, 11.17–22, 33–34）。

の神学のどこに位置するか。これをギリシャやエジプトの宗教の影響として終わらせないことが、かえって神学的考察を深化させる。

§22.3. 聖餐の起源

主の晩餐に関する神学を同時代の他宗教から導き出すことは困難だが、原始教会による会食の実践を彼ら自身の伝統から導き出すことは容易だ。エルサレム神殿の祭壇という「食卓」（Ⅰコリ 10.18）とまったく別のところで、ファリサイ派やエッセネ派には食事の交わりという特徴的慣習があった。イエス自身が始めた食事の交わりが非難されたのは、この慣習が前提とする制限を彼が無視したからだ [34]。これがユダヤ人の琴線に触れることは、ペトロとコルネリオとの食事に関するルカの描写 [35] やアンティオキア事件（ガラ 2.11–14）が雄弁に語っており、またⅠコリ 8–10 章とロマ 14.1–15.6 に見られるパウロの懸念を十分に説明する [36]。

パウロは主の晩餐を権威づけるため、イエスが弟子らと共にした最後の晩餐の物語を記した。これはパウロ自身が受け取り、コリント教会設立にあたってその信徒らに引き継がれた伝統だ（Ⅰコリ 11.23）[37]。パウロが伝えるこの伝統を他の資料に依拠した伝統と比較すると興味深いことが分かる [38]。

---

34) マコ 2.16–17, マタ 11.19 // ルカ 7.34, ルカ 15.2, 19.7.
35) 使 10–11 章（とくに 10.10–16, 28, 11.3–12）。
36) さらに §24.3, 7 を見よ。
37) 「私は主から受けた」というパウロの表現は、彼が伝統を主の啓示によって直接受け取ったという意味で理解すべきかとの疑問を生じさせる。しかし、パウロがこの点をガラ 1.12 でのように弁護していないこと、また教会伝承の継承に関する伝統的な言語表現を用いていること（Ⅰコリ 15.1）に鑑みると、Ⅰコリ 11.23–26 は 11.2 が言及する教会伝承の一部と理解することが適切だろう。この場合パウロは、史的イエスと高挙された主との区別を付けていない。すなわち、教会において確立していた伝承は、「主から受けた」伝承だ。Bornkamm, 'Lord's Supper', 131; O. Cullmann, 'The Tradition', in *The Early Church: Historical and Theological Studies* (London: SCM / Philadelphia: Westminster, 1956), 59–99, とくに pp.67–69. さらに §8.3 と §23.5 を見よ。
38) マタイとルカのそれぞれに特徴的な資料は、表において括弧内に表示されている。

マコ 14.22–24（マタ 26.26–28）	Ⅰコリ 11.23–25（ルカ 22.19–20）
[22] 彼はパンを取り、それを祝福し、それを裂き、彼らにそれを与えて言った、「取れ、（食べよ、）これは私の体だ」と。[23] そして杯を取ると、彼は感謝し、それを彼らに与えた。……[24] そして彼は彼らに言った、「これは（諸罪過の赦しのため）多くの人のために注がれる、契約のための私の血だ」と。	[23] 彼はパンを取り、[24] 感謝し、これを裂き、そして（それを彼らに与えて）言った、「これはあなた方のため（に与えられた）私の体だ」と。[25] 食事のあとには杯も同様に、「この杯は（あなた方のために注がれる）私の血による新たな契約だ」と言った。

これら共通する伝統から 2 つの特徴について述べよう。

第 1 に、諸教会で行われた晩餐で、2 つのやや（しかし重要な点で）異なる表現が用いられていたことだ。1 つはマルコ／マタイ伝承、他の 1 つがパウロとルカが共有する伝承だ。どちらかが他の伝承に完全に依拠しているのでないことが一見して分かる。したがって、2 つの類似した伝承に共通する源泉があると推測される。パウロが自らの議論のために「新たな契約」という表現を十分に使いこなしていないことから [39]、パウロ／ルカ伝承の方がより原型に近いとの見方に軍配が上がるように思われる [40]。

これと関連する第 2 の点は、両方の伝承に原型からある程度の発展が見られることだ。マタイ版はマルコ・マタイ伝承から、ルカ版はパウロ／ルカ伝承から、それぞれ発展しているように見える。より興味深いことに、パウロ版の最後にはさらなる編集が見られる。パウロ版の主の晩餐は以下のように続ける（Ⅰコリ 11.25b–26）。

> [25b]「あなた方がそれを飲む度に、私の記念としてこれを行いなさい」。[26] このパンを食べ杯を飲む度に、あなた方は主の来訪の時まで彼の死を告げ知らせるからです。

---

39) §6 n.94 を見よ。
40) Dunn, *Unity*, 166–68 を見よ。

Ⅰコリ 11.25b は明らかにパウロ／ルカ版のパンに関する言説（11.24b）と並行しており、パウロがこの言説に併せて杯の言説を付加したことが分かる。さらにパウロとその伝承は、11.25b での「～する度に」という表現を強調するため、同じ表現を 11.26 でも繰り返している[41]。

これらの付加からは、儀礼のための効果をねらう意図がうかがえる。「取れ、（食べよ）」がマルコ／マタイ版に付加されたパンを取るくだりは、儀礼における必要な指示の言葉のように読める。これはパウロ／ルカ版の「私の記念としてこれを行いなさい」に相当する。さらにマルコ／マタイ版ではパンと杯との並行表現が際立つが（「これは私の体だ」／「これは私の血だ」）、これも 2 つの語（パンと杯）の関連を強調するための編集だろう。同様にⅠコリ 11.24b と 25b–26 の付加は、儀礼的な祝宴が繰り返し行われることを念頭においている。Ⅰコリ 11.25b–26 においてパウロが文章をつなげ、ほとんど無意識に一人称単数（「私の記念として」）から三人称単数（「主の来訪の時まで彼の死を告げ知らせる」）へと移行する点に注目して、これが伝承とその註解とに区別できるなどと容易に断言し得ない。

したがって、パウロが晩餐を制定する文言を共通伝承から導き出していることに疑いの余地はない。またⅠコリ 11.23–26 におけるパウロの文言は、本来の伝承が晩餐として知られた儀礼自体から派生しているという理解を妨げない。一方で、Ⅰコリ 10.16–17 の神学はパウロ／ルカ版の伝承に依拠するか、外部からの異なる影響か。上で考察した証拠は、この神学が原始教会内部で発展したものであることを示す。共通伝承はすでに共同体アイデンティティを強化する表現を含んでいる。すなわち「これ（パン）は私の体だ」、「この杯は私の血による新たな契約だ」。さらに伝承を発展させる様子から、これらの言葉の適用——とくにイエスの死を救済的に意義深い犠牲とする——を導き出そうとする姿勢が伺える[42]。これらの句自体の適用の広がりが、Ⅰコリ 10.16–17 に見られる神学の深さを説明すると言えまいか。少なくと

---

41) おそらくここでは、最後の晩餐においてイエスが禁酒の誓いをしたという伝承を意識していよう（マコ 14.25／マタ 26.29／ルカ 22.18）。また Klauck, *Herrenmahl*, 320–23 を見よ。

42) 「あなた方のために与えられた／あなた方のために注がれた／罪の赦しのため」なる表現に反映される。§9.3 を見よ。

も私たちは、パウロがこの晩餐に関する伝承を、キリストの犠牲死（§9.2-3）やキリストへの参与（§15）というパウロ自身の神学と連結させていたと想像することはできる。

しかしパウロ神学における主の晩餐の機能を明らかにする前に、Ⅰコリ10-11章におけるパウロの教えの背景として考慮すべき要素がもう1つある。

§22.4. コリント教会の状況

Ⅰコリント書の他の問題についてと同様、本主題に関しても社会学的な視点が古い議論に新鮮な風を注ぎ込む。とくにゲルト・タイセン以前は、本主題の神学的あるいは宗教学的考察が主流だった。すなわち、主の晩餐に関するさまざまな神学と他宗教からの影響に関心が集中していた。しかしタイセンは、Ⅰコリント書のこの箇所での議論は、社会階層によって分断された共同体の問題だと指摘した[43]。つまり、富むキリスト者と貧しいキリスト者、すなわち食べ物、飲み物、自宅を持つ者（Ⅰコリ 1.21-22）と「何も持たない者」（11.22）とのあいだの緊張だ[44]。具体的には、富めるキリスト者が、貧しいキリスト者の到着を待たずに、食事を始めていたようだ（11.33）。「教会」は家の教会を意味したので、会食は富めるキリスト者が自宅で主催するという仕方で行われたと考えられる。当時の慣習に倣ったのなら、社会的地位が高い主催者は同等の社会的地位にある者らに良い食事を用意し、社会的に低い立場の者や庇護民らには質の劣る食事を提供した[45]。

Ⅰコリ 10-11 章でパウロが直面した状況を知るには、古代社会での会食に関する他の要件も看過できない。「エラノス（ἔρανος）[46]」という会食の伝

---

43) Theissen, 'Social Integration.'
44) B.W. Winter ('The Lord's Supper at Corinth: An Alternative Reconstruction', *RTR* 37 [1978], 73-82) は「富める者と貧しい者」を「家に属して安全が保証されている者とそうでない者、すなわち後者は庇護民という立場を持たない」とする (p.81)。
45) プリニウス（『書簡』2.6）はこの点に具体的な例証を提供する。Murphy-O'Connor, *Corinth*, 167-68 参照。マルティアリス『詩編』3.60, 4.85 も見よ。
46) 「各人が持ち寄って分ける食事」（LSJ, ἔρανος）、「ポットラックの会食」（Marshall, *Last Supper*, 109）。Lampe, 'Eucharist', 38-39 を見よ。

統では、各参加者が自分の食事を持参して食べるか、あるいは各自が持ち寄った食事を分かち合えるように卓上に並べた。コリント教会で起こった問題は、早く到着した者が他の者を待たずに食事を始めてしまったことだが、それは持参したものを食べたか、あるいは共通の食卓からとって食べたかのどちらかだ（Ⅰコリ 11.21）[47]。おそらくのちに到着した者は、時前の食事を用意する時間と予算に余裕がなかっただろう[48]。あとから駆けつけた者のために、高価で良質の食事は残っていなかった[49]。さらに遅れて到着した者らは「トリクリニウム」と呼ばれる食事の場所に入れず、一般にトリクリニウムが面する「アトリウム」（中庭）に座ることになっただろう[50]。これは推測の域を出ないが、十分に想定可能だ。成員の平等を宗教的理想とする共同体が、その主たる大義に反する社会慣習に慣れ親しんでいる時、成員の多くがこの理想と実際との緊張関係を深く認識していなかったとしても驚くに足らない。同様の事態はキリスト教史においてしばしば起こっており、コリントでの出来事が特別ではない。

　ギリシャ・ローマ文化における伝統的な会食は 2 段階に分かれている。「第 1 の食卓」ではコース料理がふるまわれ、そして休憩がはいる。続く「第 2 の食卓」では、シュンポシオンと呼ばれる「飲み会」が始まる。ここでは新たな客人も加わり、つまみやデザート程度の食事が用意される。コリント教会での問題を、第 1 の食事の慣習はそのまま維持し、主の晩餐を第 2 の食卓に限定しようとする裕福なキリスト者らの姿勢とも理解できよう[51]。これはⅠコリント書の記述と部分的に符合する。とくにこれは、参加者の到着が

---

47)　「先に取る／食べる（προλαμβάνω）」はおそらく時間的な意味で「先」を意味していよう。「期待される時間より早く何かをすること、予期すること」（BDAG, προλαμβάνω 1a; Lampe, 'Eucharist', 48 n.13）。したがってⅠコリ 11.31 は「互いに待つ」ように指示する（Wolff, *1 Korinther*, 81）。Ⅰコリ 11.21 は「各人が自前の（ἴδιον）食事を先にとる（προλαμβάνει）」となり、「自前の（ἴδιον）」は他者のことを配慮しない様子を示唆している。後続する段落を見よ。

48)　奴隷や主人に仕える庇護民は自分の時間を自由に管理できない。女性奴隷や非キリスト者の妻はさらに時間管理の自由が制限された（Ⅰコリ 7.12–16 参照）。

49)　Klauck, *1 Korintherbrief*, 81; Klauck, *Herrenmahl*, 291–97. D.W.J. Gill ('In Search of the Social Elite in the Corinthian Church', *TynB* 44［1993］, 323–37) は後 51 年の飢饉に鑑みて、この問題に飢饉による食糧不足が関わっている可能性を論ずる（p.333）。

50)　Murphy-O'Connor, *Corinth*, 168–69（家の見取図は pp.162, 165）。

51)　とくに Klauck, 'Presence', 65–66; Lampe, 'Eucharist', 37–40. しかし §22 n.84 を見よ。

まちまちなのにもかかわらず、パンを分かち合う行為が食事の開始時にあることを上手く説明する[52]。しかしこの想定には問題もある。パウロが共通の会食として主の晩餐のみを意識しているように見受けられる点だ。パウロが非難する食事は、主の晩餐に先行する別の食事でない。むしろ、1つのパンに始まり「食事のあと」（Ⅰコリ11.25）の杯で終了する、ただ1つの「主の食卓」という会食が本来の意図から外れていることに対して、パウロは苦言を呈している[53]。成員の一部が食事に遅れて到着すると[54]、会食の開始を意味するパン裂きの行為に与れない、あるいは共有すべきそのパンにのちほど個別に与ることになる。また早く到着している裕福な成員が、教会全体の正式な会食が始まる以前に食べ始めるという問題が起こる[55]。

社会学的分析は、Ⅰコリ10–11章の問題が神学的な正しさに関するというより、むしろ共同体の結束力に関するものだと主張する。以下の3点がこの視点を支持する。

パウロは奨励の始めに、彼らが「より好ましいことでなく、より好ましからざることのために集まる」（Ⅰコリ11.17）と述べる。第1の問題は、教会の集まりによって「分裂（σχίσματα）」が露呈することだ（11.18）。Ⅰコリ1.10と12.25でこの主題が具体的に扱われる以外で、パウロがこの語を用いるのは本節のみだ。この社会階層による差別がもたらす分裂こそが、この手紙全体の主要な問題だ[56]。主の晩餐の席でコリントの信徒らが一堂に会する

---

52)　ドイツ語圏の学者らは、パンと杯によって囲まれる1つの食事という構造の伝統にもかかわらず、コリントの主の晩餐全体（パンと杯）は会食と別にあとに行われた、と考える。例えば Bornkamm, 'Lord's Supper', 127–29, 137–38; Neuenzeit, *Herrenmahl*, 70–71, 115–16; Jeremias, *Eucharistic Words*, 121, 250–51; Conzelmann, *1 Corinthians*, 199; Gnilka, *Theologie*, 121 を見よ。そうだとすれば、パウロが会食全体を「主の食卓」（Ⅰコリ11.20）と呼ぶことはなかろう。

53)　さらに§22.6を見よ。

54)　Hofius ('Lord's Supper', 88–96) は、パウロが1つの食事のみを想定していると適切に解釈するが、早く到着する者らから食事を始めることをパウロが批判したり（Ⅰコリ11.21）、皆が到着するのを待って食事を始めるようパウロが指示している（11.33）のでないと、無理な解釈を展開する。同様の議論は Fee, *1 Corinthians*, 540, 568–69 にも見られる（§22 n.87参照）。しかしパウロの言語表現は、遅くに到着した者を示唆していると理解することがより自然だ（§22 n.47を見よ）。

55)　Theissen, 'Social Integration', 153–55.

56)　Mitchell (*Paul and the Rhetoric of Reconciliation*, 1, 138–57) はⅠコリ1.10を手紙全体の「主題提示」の節と位置づける。Ⅰコリ12.25も「体の分派」を扱う。

時に、この分裂の様子が最も明かになった。

　第2に、パウロはⅠコリ 11.19 で「分派 (αἱρέσεις)」という語を用いる。彼はこの語を本箇所を含め2回のみ用いる。もう1回はガラ 5.20 だが、そこでは「肉の諸行」の1つとして否定的に用いる[57]。もっとも本節でパウロは、コリント教会のような地上の集団ではそのような分派が不可避的だと認める[58]。

　第3に、パウロが本主題を導入する様子を考慮すると、これが他の案件のようにコリント教会がパウロに問い合わせた問題でないことが分かる[59]。彼はこの問題を、他のルート——おそらくⅠコリ 16.17 で言及される集団——から個人的に漏れ聞いただろう（Ⅰコリ 11.18）[60]。すなわちコリント教会のエリート集団は、主の晩餐における分派を認識していなかったか、知っていてもそれを重大な問題と感じていなかっただろう。いずれにせよ、パウロに問い合わせて彼を煩わせるほどの事柄との意識はなかったようだ。

　本箇所に先行する議論（Ⅰコリ 10.14–22）に関して、社会学的視点から得られるさらなる示唆に注目しよう。この議論は、同時代の社会における日常の生活との比較を読者に促す。既述のとおり[61]、キリスト者個人の家での食事は、客を招いて行う同時代の会食（それが個人的でもより公的でも）と異なっていた。儀礼の場と祭司が不在で、神への献酒が行われないキリスト者の家での食事は、当時の一般的な会食とは様子が異なった。すなわち主の晩餐は、キリスト者アイデンティティを明示する機会だった。同時にこの晩餐は、外部者に対して開かれた礼拝のような（14.22–25 参照）行事でなかった。十分な証拠に欠けるが、主の晩餐はバプテスマを受けた者が与る食事だったよ

---

57)　この語はまた、ヨセフス（『戦記』2.118,『古誌』13.171）やルカ（使 5.17, 15.5, 24.5, 14, 26.5）によってユダヤ教の諸宗派を指す語として用いられる。

58)　Ⅰコリ 11.19 においてパウロは、悪い状況で最善を尽くすことを述べているか。あるいはユスティノス『対話』35.3 と『使徒教憲』6.5 のみに保存されているイエスの言葉を意識していようか (Jeremias, *Unknown Sayings of Jesus* [London: SPCK, ²1964], 76–77)。「分派」の建設的な意義は、「躾」が「断罪」(11.32) に対して建設的な意味で用いられることと似ている。

59)　コリント教会がパウロに問い合わせた案件についてパウロが応答する場合、「〜についてですが (περὶ δέ)」という導入表現が用いられる（Ⅰコリ 7.1, 8.1, 12.1, 16.1, 12）。

60)　パウロはコリント教会からの問い合わせより、これらの問題を重要なものとして取り上げている（Ⅰコリ 1–4, 5, 6 章）。

61)　§20.3 を見よ。

うだ[62]。異なる神々を讃える食事に参加することで多様な忠誠心を示すことが可能だった当時の宗教性とは異なり、主の晩餐への参加は主への排他的な忠誠心が求められた。つまり、アイデンティティの表象としての主の晩餐は、他宗教との境界線を引くという機能を有していた[63]。

最後に神聖なものにまつわる概念について、社会人類学的な視点から考察しよう。そのような聖さは神聖な場所や事物に付随し、おおよそ触知できるかのような霊気あるいはオーラを指す。それは正式な参加者を包んで守ると共に、非正式な侵入者を滅ぼす[64]。これはとくに「原始」宗教において顕著だが、すべての宗教に共通し、宗教を定義する。ユダヤ教伝統には、イスラエルの民がシナイ山に近づいたり触れたりすることを禁ずる教え（出19.10–25）、アロンの子ナダブとアビフへ下った罰（レビ10.1–3）、戦利品を盗み隠したアカンへの罰（ヨシュ7章）、都上りに際して契約の箱を支えたウザへの神の怒りがある（サム下6.6–7）。初期の新約聖書伝統では、アナニアとサフィラへの罰がこれらに類似する。ルカはその背景として、エルサレムの教会が聖なる畏れに満ちていたと伝える（使5.5, 11, 13）。Ⅰコリント書では「このために、あなた方の多くは弱く病にあり、ある者は死んだ」（11.30）という言説が、この概念と関係する。これが使5.1–11の場合と同様に[65]、神聖なるものとの接触という問題と関連しているという印象を拭いようがない[66]。

これらがⅠコリ10–11章の理解にいかに役立つかは不明だ。とくに、上

---

62) Ⅰコリ16.22が晩餐式文（例えばBornkamm, 'Lord's Supper', 147–48）かは別として、『ディダ』10.6が「マラナタ」という語を晩餐の文脈で用いつつ、「来なさい」という招きの言葉を付加していることは意義深い（黙22.17参照）。しかしC.F.D. Moule, 'A Reconsideration of the Context of *Maranatha*', *Essays*, 222–26を見よ。

63) Meeks, *First Urban Christians*, 159–60参照。

64) R. Otto, *The Idea of the Holy* (London / New York: OUP, 1923); W.G. Oxtoby, 'Idea of the Holy', *The Encyclopedia of Religion* (New York: Macmillan, 1987), 6.431–38.

65) おそらくⅠコリ5.1–15も同様。

66) Neyrey (*Paul*, 124) は、コリント信徒らの利己的行動が晩餐を汚してこれを無効にしたことがⅠコリ11.17–34の背後にある事情だとする。しかしこの聖さは犯されて無効になるというより、その力が破壊的となる。Martin (*Corinthian Body* [§3 n.1], 196) は「パウロは不調和と病という主題を結びつける」と述べるが、彼の解釈は過度な読み込みだ（pp.190–97）。聖さという宗教的背景の方が、薬であり毒である「薬物（φάρμακον）」に注目するよりテクストの理解につながる。また、「体をわきまえる」ことが「自分自身の身体的状態を管理する」（p.196）ことだとの理解は蓋然性が低い。

の考察がコリント信徒らやパウロの視点に、いかなる示唆を与えるか判断しかねる。少なくとも一部のコリント信徒らが、バプテスマをある種の準神秘的儀礼と見なし、バプテスマを授ける者と授けられる者とを実質的に結びつける役目を果たすと考えたことも（Ⅰコリ 1.12–16）、この神聖という概念と関連しよう。そしてこの神秘的理解は、おそらく死者のためのバプテスマ（15.29）という発想ともつながった。この意味で私たちは、コリントの分派主義をたんなる社会的団結力の脆弱さと見なす社会学的視点以外に、それと異なる事情があった蓋然性にも目を向けるべきだろう。分派的傾向への懸念を述べる際に、パウロがすぐさまバプテスマに言及する様子から（1.11–16）、私たちはより複雑な事情を読み取るべきだろう。主の晩餐に関しても、同様の事情をⅠコリ 10.1–12 から読み取ることができる。バプテスマと主の晩餐とに参加することは、少なくとも一部のコリント信徒らにとって、神の好意を保証し死後の生を約束した[67]。彼らはこの意味で、キリスト教が儀礼を通しての不死を約束する神秘宗教であるかのように、教会の典礼に参加していたと考えられる。

　それでは主の晩餐に関するパウロの神学とは何か。上で挙げた外的影響を考慮しつつ、彼が晩餐を推奨する以上に批判していることに鑑みながら、複雑に絡んだ糸をほぐしてその神学を特定することは可能か。

§22.5.　主の晩餐に関するパウロの神学 1 ——霊的食物

　主の晩餐に関するパウロの神学を理解するため、この主題の鍵となるテクストを順番に分析しよう。荒野を彷徨うイスラエルの民は「みな同じ霊的な食べ物を食べ、霊的な飲み物を飲んだ」（Ⅰコリ 10.3–4）。上述したとおり、コリント信徒らの一部は主の晩餐への参加が救いを保証するに十分だと考えていたことを、このテクストが明示している。パウロはイスラエルのために備えられたこの飲食を類例とし[68]、コリント信徒らの誤りを指摘する。イスラエルの民が神の好意を受けていたにもかかわらず、情欲、偶像崇拝、性的乱

---

[67]　とくにⅠコリ 10.5, 12 が示唆するところに注目せよ。
[68]　出 16.4–30, 35, 17.1–7, 民 20.2–13.

れ、不平不満によって「荒野で打たれた」(10.5, 6–10) なら、コリント信徒もこの戒めを重く受け止めねばならない (10.11–12)。

第1に、パウロは「食べ物／飲み物」に一般的な語を用いている (βρῶμα / πόμα)。彼は、主の晩餐に特有のパンと杯 (ἄρτος, ποτήριον) でなく (Ⅰコリ 10.16–17)、普通の食事を考えていた[69]。第2に、コリント信徒らを叱責するパウロの様子から、彼らが好んで用いた「霊的の (πνευματικός)」という語をパウロがあえて用いていることが分かる[70]。「霊的な食べ物／飲み物」という句はコリント信徒らの表現だろう。

したがってパウロがこの語を用いる場合、Ⅰコリ 14.1 の「霊的なもの（賜物）」の場合もそうだが、この曖昧な語の両面性をフルに活用していよう[71]。コリント信徒らはこれを「御霊を呼び込む」という意味で用いたとも考え得る[72]。パウロはこれと似た誤解を訂正するため、「霊的」とは洞察力であり、分派主義に抗うと教える (Ⅰコリ 2.12–3.4)。荒野での体験との比較から、パウロが「霊的」という語を「御霊の領域に属すこと、御霊から与えられるもの」という意味で用いており、主の晩餐と御霊の「エピクレシス (ἐπίκλησις)」、つまり招喚とを関連させていないことが分かる[73]。さらに、パウロが荒野の体験を「予型」(10.6, 11) として提示していることから、「霊的」が後世代のための意義を指し示す「予型」的に用いられた可能性もある。あるいは、「霊的」がのちに「霊的なもの（賜物）」を指す語として用いられて

---

[69] 他所でも βρῶμα は一般的意味で用いられ（ロマ 14.15, 20, Ⅰコリ 6.13, 8.8, 13)、メタファとしても用いられる（Ⅰコリ 3.2)。

[70] とくにⅠコリ 2.13–3.1, 12.1 (「霊的ということについては」)、14.37 に示唆されている。§20 n.127 を見よ。

[71] Wedderburn, *Baptism*, 241–48 を見よ。

[72] Käsemann ('Pauline Doctrine', 113–14, 134) はこれがパウロの理解でもあったと述べる。Conzelmann (*1 Corinthians*, 166 n.23) は「御霊を含有している」と表現する。あるいは「キュリオス（主）が彼自身を与えて、プネウマ（霊）というかたちでその力と臨在とで食卓の客を満たす」(Stuhlmacher, *Theologie*, 365) も参照。これがパウロの理解なら、彼は荒野でのマナと水とが御霊を招喚したと考えたか。なぜこの後の警告部分で（Ⅰコリ 10.5–13)、御霊を怒らせたり去らせたりという表現につながらなかったか。

[73] Hofius ('Lord's Supper', 109–11) は「記念 (ἀνάμνησις)」(Ⅰコリ 11.24–25) という語をパンと杯の晩餐における御霊の招喚の祈りと考える。Stuhlmacher (*Theologie*, 366) は、聖餐での祈りが聖別の意味を最初に持ったのはユスティノス『第一弁論』65.5, 66.2 だとする。

いることから[74]、何らかの典礼神学につながる初期の表現がここに見出されるのかも知れない。すなわちそれは、言葉と業とが御霊の授与という恩寵につながったように、食べ物と飲み物が同様の恩寵につながる（「恩寵の手段」）という理解だ[75]。

パウロが用いた言語表現を、彼は適切と判断して用いただろうが、場面によっては極端な宗教体験を連想させかねない。パウロがそのような言語にどのような神学的意義を込めたか、厳密に捉えることは困難で、特定の意味に限定することはパウロがその表現を用いた当初の意図から大きく外れてしまいかねない。

§22.6. 主の晩餐に関するパウロの神学2
―― 1つの体の分かち合い

主の晩餐に関するパウロの神学の最も難解な側面は、この神学とキリストの体なる教会観との関連性だ。とくにここでの言語表現は、それに続く典礼と教会との関係性――パンという1つの体と教会という1つの体との関係――に神学的論考の基礎を提供する。したがってパウロの言語表現に十分な注意を払う必要がある。

- 私たちが祝福する祝福の杯、これはキリストの血における分かち合いでないですか。私たちが割くパン、これはキリストの体における分かち合いでないですか。パンが1つなので、私たちは多くいても1つの体だからです。私たちが1つのパンにみなでともに与るからです（Ⅰコリ10.16–17）。
- これ（パン）はあなた方のための私の体です（Ⅰコリ11.24）。
- 誰であれ相応しくない仕方で主のパンを食べ杯を飲むなら、その者は主の体と血に対して「責任があり／罪を犯してい（ἔνοχος）」ます（Ⅰコリ11.27）。
- 体を見極めることなしに食べて飲む者は、自分自身に対する裁きを食べて飲むことになるからです（Ⅰコリ11.29）。

---

74) Ⅰコリ 12.1–4, 31, 14.1. §20 n.127 も見よ。
75) §20.5 を見よ。

これらのテクストでは、パウロがたんにコリント教会の成員らの言い分を復唱したり捩ったりしているのでないことは明らかだ。最後の晩餐の伝統（Ⅰコリ 11.23–26）に則って、彼自身の神学と教えとがここに示されている。上にあるテクストを額面どおりに捉えるなら、〈パウロはパンと杯に何らかの結合力を見出しており、パンと杯の神聖性を軽視することでコリント信徒らが死に至る病に瀕していると考えている〉とも理解できよう。しかし、文脈に沿ってより注意深くテクストを読むなら、パウロの強調点がそれとは微妙にずれている（しかし著しく意味が異なる）ことに気がつく。すなわちパウロは、パンと杯とを会衆の一致の主要な象徴と捉え、主の晩餐が正しく祝われれば、それが一致をもたらす手段となり得ると述べている。

　この点は最初の重要な箇所（Ⅰコリ 10.14–22）において、「交わり」、「交わりにある者」、「ともに与る」という一連の表現で明示されている[76]。これらの語句がこの箇所に集中する様子は、パウロ書簡の他所をはるかに凌ぐ[77]。彼の強調点はたんなるパンと杯でなく、むしろ１つのパンと１つの杯を分かち合うことだ。「私たちが祝福する祝福の杯、これはキリストの血における分かち合いではないですか。私たちが割くパン、これはキリストの体における分かち合いではないですか[78]」。例えばここでは、たんなるパンと杯が会衆に一致をもたらすかのように、礼拝を欠席する成員にパンと杯がのちほど配られるということが想定されている様子はない。むしろこのパンと杯を分かち合うことで、「多く」が「１つの体」となる。これがキリストの体として彼らが１つとなることだ。パウロはその理由を２つ挙げる。すなわち「パンが１つなので、私たちは多くいても１つの体だからです。私たちが１つのパンにみなでともに与るからです」（10.16–17）と述べる。

---

76)　「交わり（κοινωνία）」（10.16［２回］. §20.6 参照）、「交わる者（κοινωνός）」（10.18, 20）、「ともに与る（μετέχω）」（10.17, 21, 30）。

77)　「交わり」は他所に 10 回、「交わる者」は他所に３回、「ともに与る」は他所に２回。この箇所のように、これらの語が同時に用いられる箇所は他にない。

78)　「主の晩餐でのキリストの体の『交わり』は高挙されたキリストの体なる教会に『ともに与る』ことで成立する。つまり食事を共有する他の交流者との交わりだ」（*EDNT*［κοινωνία］2.304–05）。Merklein, *Studien*, 334–35; Ridderbos, *Paul*, 424; Goppelt, *Theology*, 2.149; Hahn, 'Herrengedächtnis', 311; Marshall, *Last Supper*, 120–22; Willis, *Idol Meat*, 170; Mitchell, *Paul and the Rhetoric of Reconciliation*, 142.

第 22 章　主の晩餐

　これに続く戒めにも同様の論理が見られる。すなわち、神殿での犠牲をともに食する者は祭壇におけるパートナーだ（Ｉコリ 10.18）[79]。神殿に献げられた献酒にともに与り、（偶像の）神殿の食卓に参加することも同様に、悪霊と交わる者となることであり、それはパウロにとって嫌悪の対象だった（10.20–21）。やはりたんなる飲食でなく、（縦横の）結びつきをもたらす。Ｉコリ 10.16–17 での論理は、「1 つのパン」→「1 つの体」でなく、「1 つのパン」→「分かち合い」→「1 つの体」だ。

　この論理は、第 2 の箇所（Ｉコリ 11.17–32）において強調される「ともに集う（συνέρχομαι）」という主題と、分派および分裂に対する警告主題とも繋がる[80]。パウロはこの語（συνέρχομαι）を前半と後半とで繰り返して強調する。「あなた方はともに集うが、それはより良い結果でなく、より悪い結果を生んでいる」（11.17）、「まず教会として／においてともに集い」（11.18）、「あなた方が主の晩餐を食するためにともに集う時」（11.20）、「あなた方がともに集って食する時」（11.33）、「空腹なら家で食べなさい、裁きのためにともに集うことがないためです」（11.34）。ここでは、「ともに集う」ことが「教会」を形成するという理解があるようだ。しかしパウロは、たんにともに集うこと、あるいはたんに来て食べることでなく、ともに集って食事をすることを念頭に置いている。それゆえ彼は、個人主義あるいは排他的党派主義を特徴とするコリント信徒らの行動（11.21, 33）を耳にして愕然とした。彼らの会食は食卓の分かち合い、あるいは食事の交わりになっていなかった。彼らの行動は実質的に、主の晩餐にともに与るためにともに集うことになっていなかったからだ（11.20）。食卓が共有されず、1 つのパンと 1 つの杯が共有されない主の晩餐は、主の晩餐であり得なかった[81]。

　これらの一貫した強調点に鑑みると、従来から議論されてきた体への言及

---

79) 「祭壇の交わりを持つ者（κοινωνοὶ τοῦ θυσιαστηρίου）」（Ｉコリ 10.18）の意味は曖昧だ。パウロはＩコリ 9.13 で述べた「祭壇で仕える者は祭壇でともに与る（συμμερίζονται = συμμερίζομαι）」と同様のことをおそらく言っており、すなわち祭壇で犠牲として献げられたものを共有することだ。μερίζομαι が「誰かと何かを共有する」（BDAG）ことを意味し、接頭の前置詞（συμ = συν）は共有するという行為を強調する。さらに Conzelmann, *1 Corinthians*, 173 n.31 を見よ。

80) §22.4 を見よ。

81) この点はガラテヤ書 3.28 と 2.11–16 との関連からも伺える。

に関する2つの箇所（Ⅰコリ11.27, 29）の意味が明らかになる[82]。ここでもまた、「あれかこれか」という仕方での解釈は不適切だろう。これらについて、〈パンを指す「体」（11.24）あるいは会衆を指す「体」（10.17）のいずれか〉と選択を迫ることは、パウロの奨励全体の流れから外れる[83]。私たちは、不適切で不用意過ぎる仕方で食べることが霊的および身体的な悪影響をもたらす（11.27-30）という明かな示唆を看過すべきでないが、同時に不適切な飲食の悪影響をたんにパンと杯自体の効果へ帰してはいけない。ここでの一貫した焦点は、飲食を分かち合う体験だ。そしてパウロの批判の矛先は、他者への配慮が欠如した仕方で食べて飲む者へ向けられる。肯定的な効果（10.16-17）と否定的な効果（11.27-30）とを上のいずれかの要素へ分別しようとする理解は、パウロの意図から大きく外れる。繰り返すが、1つのパンと1つの杯を分かち合うこと、これが1つの体を構成し、体現し、表現し、建て上げることになる。

　ここで留意すべきことは、パウロが食事全体（夕食として食べる主食事のδεῖπνον）を想定していたことだ。パンとワインに限定された個別の儀礼があったとの見方もあるが[84]、パウロは、パンと杯とが食事全体の枠組みを成していたことを十分に心得ている。ユダヤ教の伝統的な慣習では、食事の開始がパンを裂くことによって宣言される[85]。そしてパウロは、「夕食ののち」（Ⅰコリ11.25）、杯のみに言及する[86]。すなわち、食事全体がパンと杯とのあいだ

---

82)　例えば Neuenzeit, *Herrenmahl*, 203-06; Marshall, *Last Supper*, 114, 172 n.11 を見よ。

83)　何を食べて飲むかのみに焦点を置いて飲食の共有という点を看過する解釈は、「体を吟味する」（Ⅰコリ11.29）という表現をパンのみと関連させる。Barrett（*1 Corinthians*, 274-75）は「体を吟味する」という考えがこの場面で述べられることを奇異と捉える。Hahn, 'Herrengedächtnis', 309-10 参照。

84)　Klauck ('Presence', 65-66. §22.4, §22 n.51 参照）は一般的な理解（§22 n.52）に倣う。パンと杯が同時に描かれるマコ／マタの表現がパウロ型の聖餐式にも適用されるとの立場で、晩餐が食事のあと第2部として執り行われたと考える。しかしこの立場はパウロのテクストを看過し、主食事を意味する δεῖπνον を考慮せず、「主の晩餐に与るために」（Ⅰコリ11.20, 33）という特別な目的で「ともに集う」という語が用いられていることを考慮に入れていない。また、杯のみが「食事のあと」に続くことの意味を考えない。『ディダ』9-10章でも食事と聖餐との関係が問題となっている。

85)　「パンを裂く」という表現はルカが食事を指す語として用いる（使2.42, 46, 27.35. 20.7, 11 も見よ。『ディダ』14.1 参照）。

86)　おそらく「祝福の杯」は、食事の最後に飲むワインを指す専門用語だろう。例えば *TDNT*（ποτήριον）, 6.154-55; Jeremias, *Eucharistic Words*, 109-10。

に置かれている[87]。したがって彼は、パンと杯とを含む食事全体を主の晩餐と理解した。パンと杯とが食事全体の意義に焦点をあてた[88]。それゆえに、相応しくない仕方で食事全体に臨む者が「主の体と血に対して責任があり／罪を犯して（ἔνοχος）います」（11.27）。

キリストの体と1つの体に関するパウロの神学を明らかにするためには、この主題がIコリ12章でもう一度取り上げられていることを忘れてはならない。既述のとおり、異なる賜物を持つ人々によって構成される（カリスマ的な）キリストの体というメタファ（12.12–27）は、その後Iコリ13, 14章にも引き継がれる。ここでIコリント書での疑問の1つに突き当たる。パウロはIコリ11章と12–14章とがいかに関連すると考えたか。すなわち「主の晩餐に与るためにともに集う」（11.17, 20）ことと、「礼拝のためにともに集う」（14.23, 26）ことをいかに関連づけたかだ[89]。2つの「集い」に異なる目的があることに鑑みると、パウロは2つの異なる集いを想定しているようだ。1つの集いの主たる目的は礼拝を分かち合うことで、これには言葉による奉仕が伴う[90]。この集いは、関心を寄せる傍観者に対しても門戸が広く開かれていたようだ（14.24）。もう1つの集いには、主の晩餐として食事を共有する特別な目的があった。これはより限定的な集いで、招待を受けた者のみを対象としただろう[91]。これら2つの集いが同一の集会の2部構成をなしているとの解釈は[92]、解釈の座礁に乗り上げてしまう。Iコリ12章と14章とが片方の集いの内容を示すのみで、他方の集会に言及していないからだ。

すると、キリストの1つの体と描写される2つの集いはいかに統合される

---

87) Hofius ('Lord's Supper', 80–88) は、「食事のあと」という句は形容詞的に「食事後の杯」、つまり何杯か飲んだ中の1つの杯——食事中の杯でなく食後の杯——を意味するのでなく、むしろ副詞的に「同様に（彼は）また食事のあと（であるところ）の杯をとり」を意味すると理解する。

88) Marxsen, *Lord's Supper*, 5–6, 16–17; Schweizer, *Lord's Supper*, 12–14 参照。

89) Iコリ11章と14章においてのみ、パウロは「ともに集う」という表現を用いる。

90) さらにDunn, 'Responsible Congregation' (§21 n.1), 205–16ならびに214 n.58の出典を見よ。Iコリ14章におけるパウロの関心は、教える賜物、預言の賜物、異言の賜物、これらに付随する見極めや解き明かしの賜物に限定されている。

91) 聖餐がバプテスマを受けた者に限定されていたことは早い時期から明示されている。『ディダ』9.5,『第一弁論』66.1。

92) Klauck, 'Presence', 66 を見よ。Klauck のより早い時期の *Herrenmahl*, 346–49 と比較せよ。

か、という問題が残る。少なくともパウロは、主の晩餐が食されてもそうでなくても、会衆がキリストの体として機能すると考えていたようだ。キリストの体という概念は、パンと杯の分かち合いに依拠していなかった。御霊の賜物が会衆のあいだで機能する時に、会衆はキリストの体として機能した。しかし、これら2つ（パンを分かち合うキリストの体とカリスマ的キリストの体）のあいだに緊張関係や摩擦があると言う主張は、容易に退け得る。パウロが問題解決を試みるコリント教会にこの摩擦は多かったが、それでもこれら教会論上の2つの側面を互いに切り離しはしなかった。典礼的な意味でのキリストの体の実践と（賜物としての御霊の働きが顕著な）カリスマ的な意味でのキリストの体の実践とを相反するものと位置づけることは、愚かしく誤った理解だ。これら2つの側面が独立して存在し、それぞれが離れて活力ある共同体を形成することは想定されていない。「カリスマ vs 職制」という問題以上に、賜物を分かち合うカリスマ的なキリストの体と主の晩餐を分かち合うキリストの体とは、パウロにとって1つの現実の2側面だった。パンと杯に与るためともに集うことは、カリスマ的な共同体がキリストの体として機能するのと同様に、キリストの体が機能するための基礎をなす。

　最後に、アンティオキアでの会食（主の晩餐か）に話を戻そう。ペトロは異邦人キリスト者をも含めたこの会食から距離を置いた。複数あっただろう会食のうち、少なくとも何回かは主の晩餐だったと考えられるが[93]、ならばペトロの行動は、キリストの体と血とに他のキリスト者らと共に与ることを明らかに拒否することを意味した。ペトロの行為に対するパウロの批判は義認と行いの問題に焦点を置いている（ガラ 2.14–16）[94]。しかしパウロがよって立つ原則は、主の晩餐の分かち合いにも適用される。神による受容に必要な要件——同時にキリスト者相互の受容の要件——はキリストへの信仰に尽きる。キリストの体と血にともに与るためにそれ以外の要件が求められるなら、それは「福音の真理」の廃棄を意味する。この点は現代的なエキュメニカル運動での分かち合いに重要な示唆を与えるが、十分な考察が行われてい

---

93)　パウロが（アンティオキアで？）得た伝統では、主の晩餐はパンを裂いて始まり、杯で終了した（Ⅰコリ 11.23–25）。
94)　§14.5.1 を見よ。

るとは考えられない[95]。

§22.7. 主の晩餐に関するパウロの神学3 ——キリスト論

主の晩餐の内に描かれたキリスト論にも言及しよう。Ⅰコリ10.4はキリストを、予型論的あるいは霊的に、荒野のイスラエルに与えられた飲料水が湧き出る岩に準える。キリストを「霊的な飲み物」の源泉（「霊的な岩」）として提示するため、パウロは躊躇せずにユダヤ教伝承にある逸話を持ち出す。しかしキリストは「霊的な食べ物」の源泉と説明されないし、「霊的な食べ物」と見なされることもない（Ⅰコリ10.6と対比せよ）。パウロは伝承が提供する関連性に満足して[96]、それ以上の解釈を試みていないようだ。「霊的」という語は、これに先行する箇所（10.3–4）と同じように曖昧なニュアンスで用いられている。

繰り返すが、パウロは祝福された杯と割かれたパンとを、キリストの血とその体とを分かち合うことの象徴として用いている（Ⅰコリ10.16–17）。そして、§22.6で明らかとなった体に関する議論はすべて、キリストの体を念頭に置いている。主の晩餐の目的は、キリストとの関係性——共同体としての連帯性——を育み維持することだ。主の晩餐を、たんに霊的な食べ物を食べることと理解し、個人的な祝福行事とするなら、それはパウロの理解から逸れ、キリストの体というパウロのキリスト論から外れる。

食事を分かち合う食卓は「主の食卓」（Ⅰコリ10.21）であり、キリストがこの食卓の主人だ。それはセラピス神がその名で開催される会食の主人と見なされ[97]、フィロンがヤハウェを犠牲の肉に与る食事の主人と見なすことと呼応する[98]。これは忠誠心の排他性（10.21–22）を示し、「神の教会」（10.32）

---

[95] さらに Dunn, 'Should Paul Once Again Oppose Peter to His Face?', *HeyJ* 34 (1993), 425–28 を見よ。
[96] §22.5, §11.3.2 を見よ。
[97] Klauck, 'Presence', 69–70 参照。
[98] 以下のフィロン『十戒各』1.221 がしばしば引用される。「犠牲の肉は貯め置いてはならず、必要のある者に開かれるべきだ。それはもはや犠牲を献げた者でなく、献げられた方に属するからだ。この方——豊かな保護者——は、犠牲を献げる者らを祭壇と食卓を分かち合う者とされ、彼

というアイデンティティを他の宗教と区別する[99]。パウロは躊躇せずに、イスラエルが聖別されたことを想起させる表現を用いる。すなわちキリストの会衆は、古(いにしえ)の神の民がそうだったように、偶像崇拝によって神の妬みを招くことがないよう注意しなければならない（10.22）[100]。

Ⅰコリ11.23–25は、最後の晩餐を主催するイエスと、初期教会にとって重要な会食との直接的な結びつきを強調する[101]。主の晩餐の儀礼におけるキリストの臨在の性格については長らく議論されてきたが[102]、「これは私の体です」（Ⅰコリ11.24）という表現は、前出の「霊的」食べ物（10.3）なる表現と同様に釈義上曖昧で、多様な解釈が読者に対して開かれている。

同様にこのテクストは、新たに生まれた諸教会に継承されるべき基礎となるイエス伝承の重要性を強調している。イエスに関する伝承またイエスに起因する伝承は、キリストと現在の関係性を祝う儀礼の重要な要素だ。食事の分かち合いを目的とした集いと言葉の分かち合いを目的とした集いとが異なっていても[103]、パンとワインの分かち合いと言葉／伝承とが、当初から典礼を構成していたことは明らかだ。

伝承の言葉に対するパウロの付加は、主の晩餐を共同体生活の重要な位置に据える結果となった。会衆はこの儀礼を通して過去と未来との両方を見わたすこととなる。過去とは教会設立の基礎をなす出来事、未来とは信仰者が待ち望む完成の時だ。繰り返される「私の記念として」（Ⅰコリ11.24, 25）という句の意味に関しては議論が続いている[104]。いずれにせよこれが、パンを

らがその食卓を自分のものとみなすのでなく、主催者でなく享受者とみなすよう命じるからだ……」。
99) さらに§22.2を見よ。
100) Ⅰコリ10.20（申32.17）と10.22（申32.21。パウロはこれをロマ10.19, 11.11, 14で重要なテクストとして用いる）において、パウロはモーセの歌を意識的に想起させている。
101) Hofius ('Lord's Supper', 97–103) は、祝福と聖別の言葉がおよぼす設立に関わる力を強調するが、これはパンと杯をともにするという会食の共同体的性格をパウロがおもに強調していることを看過しがちだ。
102) 例えばP. Benoit and M. É. Boismard (Delorme, et al. [eds.], *Eucharist*, 83–101, 126–37) での極端な表現（「パンはキリストの実際に身体的な体だ」p.130）と、Strecker (*Theologie*, 183–84) やReumann (*Supper*, index: 'presence', 'real presence') とを比較せよ。
103) §22.6を見よ。
104) この議論はJeremias (*Eucharistic Words*, 237–55) に始まる。とくにReumann (*Supper*, 27–34) における議論の要約を見よ。

食べワインを飲む者に記憶を促す勧めというだけに収まらないことは明らかだ [105]。おそらく、イエス自身が聖別したものにともに与るという行為は、それが象徴するイエスの死を憶える行為だ。「ただ１度だけの出来事への賛美に溢れる『再生』」なのだ [106]。「このパンを食べ杯を飲むたびに、あなた方は主が来られるまでその死を宣べ知らせなさい」という第２の付加は未来を指し示している。したがってパウロは、過去と未来とを見据える主の晩餐を、緊張関係にある「すでに」と「いまだ」とをつなぐ縄のように見なしただろう。換言すると、主の晩餐は、終末的緊張のともすると唸りを上げる激流に架かった吊り橋のように描かれており、キリスト者は個人というよりもキリストの体である共同体全体としてこの橋を頼って激流を渡りきるよう期待されている。

　キリストの体なる教会は、主の晩餐においてキリストの死を再現し、またその死を宣言することによって、終末的緊張の中を生き抜く。「あなた方のため」の死が恵みに満ちた「新たな契約」をもたらした。「あなた方のため」という死のあり方がともに食事に与ることの中心にある。このあり方がコリント信徒らの会食を著しく損ねた利己心に歯止めをかける。ともに食べともに飲むことが他者への配慮を示すことなしに、どうやって飲食にともに与る儀礼が自らを捧げて死んだ主の記念となろうか。「主の食卓」は、それぞれの好き勝手を突き詰める個人的な行為でない。互いの重荷を負い合うことで共同体を結びつけることなしに、主の晩餐は主の晩餐たり得ない [107]。

　パウロは、恵みを意識的に拒む者に裁きが下るという警告を躊躇なく付加する（Ⅰコリ 11.27-32）。他者に示すべき「あなた方のため」という責任に対して裕福な共同体成員が意識的に目を閉じ耳を塞ぐことは、キリストの死

---

[105] このような解釈は、死者を記念するための食事に関する宗教史学的類例の分析を看過することになる。Lietzmann, *Korinther*, 57-58 に反して。§22.2 を見よ。

[106] Hofius, 'Lord's Supper', 103-09（とくに p.109）。彼はまた、これが過越祭と特別の関係を持たないと述べる（LXX で５回用いられる「記念 [ἀνάμνησις]」がこの判断を支持する。レビ 24.7, 民 10.10, 詩 38.1, 70.1, 知 16.6 を見よ）。Bornkamm ('Lord's Supper', 133) も、Ⅰコリ 5.7 をも含めて、パウロが主の晩餐と過越祭とを結びつけることを行っていない、と述べる。またⅠコリ 10.3-4 の「霊的な食べ物と飲み物」が荒野のマナと水を指しており、過越祭の食事の内容を指していない点も忘れてはならない。

[107] Hofius, 'Lord's Supper', 113-14; Lampe, 'Eucharist', 45.

の「あなた方のため」という要素をあからさまに看過し拒否することだ。したがって、主の晩餐の私用／濫用は主の裁きを招く[108]。ここでも他の場合と同様に、吟味が必要となる。主の晩餐がいかに祝われるべきか、いかに祝われるべきでないかの判別をする（διακρίνω）ことが[109]、裁き（κατακρίνω）を回避することにつながる。このような叱責を真摯に受け止めることによって、主の裁きは訓育へと変わる（7.32）。パンと杯へともに与る儀礼においてその死が再現される主は、その食事の主催者（「主の食卓」、「主の晩餐」）でもある。後者を忘却して前者を誤用する者には禍いが留まる。

　主の晩餐を霊的食物のみならず裁きと結びつけることによって、またそれをキリストの死のみならず再臨と結びつけることによって、パウロは主の晩餐がまったき福音を「宣べ伝える」ことであり、すでにからいまだに達する長いキリスト者の道のりのための戒めと支えとを提供することを明らかにした。

---

108)　C.F.D. Moule, 'The Judgment Theme in the Sacraments', in W.D. Davies and D. Daube (eds.), *Background of the New Testament and Its Eschatology* (C.H. Dodd FS; Cambridge: CUP, 1954), 464–81 も見よ。

109)　とくにIコリ 6.5, 14.29, 12.10 (διάκρισις). §21.5–6 を見よ。

第7部
キリスト者の生き様

第23章 動機となる原則 [1]

---

1) 第23章の文献リスト

J. **Barclay**, *Obeying the Truth: A Study of Paul's Ethics in Galatians* (Edinburgh: Clark, 1988); **Barrett**, *Paul*, 134–41; **Becker**, *Paul*, 430–40; **Beker**, *Paul*, 272–94; E. **Best**, *Paul and His Converts* (Edinburgh: Clark, 1988); **Berger**, *Theologiegeschichte*, 498–507; **Betz**, 'Das Problem der Grundlagen der paulinischen Ethik (Röm. 12.1–2)', *Paulinische Studien*, 184–205; W.P. **de Boer**, *The Imitation of Paul: An Exegetical Study* (Kampen: Kok, 1962); **Bornkamm**, *Paul*, 196–219; **Bultmann**, *Theology*, 1.330–45; **Conzelmann**, *Outline*, 275–86; H. **Cruz**, *Christological Motives and Motivated Actions in Pauline Paraenesis* (Frankfurt: Lang, 1990); **Cullmann**, *Christ and Time* (§18 n.1); **Davies**, *Paul*, 111–46; T.J. **Deidun**, *New Covenant Morality in Paul* (AnBib 89; Rome: Biblical Institute, 1981); M.S. **Enslin**, *The Ethics of Paul* (Nashville: Abingdon, 1957); K. **Finsterbusch**, *Die Thora als Lebensweisung für Heidenchristen. Studien zur Bedeutung der Thora für die paulinische Ethik* (Göttingen: Vandenhoeck, 1996); **Fitzmyer**, *Paul*, 97–107; V.P. **Furnish**, *Theology and Ethics in Paul* (Nashville: Abingdon, 1968); *The Love Command in the New Testament* (Nashville: Abingdon, 1972 / London: SCM, 1973); D.B. **Garlington**, *Faith, Obedience and Perseverance: Aspects of Paul's Letter to the Romans* (WUNT 79; Tübingen: Mohr, 1994); B. **Gerhardsson**, *The Ethos of the Bible* (Philadelphia: Fortress, 1981), 63–92; G. **Haufe**, 'Das Geistmotiv in der paulinischen Ethik', *ZNW* 85 (1994), 183–91; R.B. **Hays**, *The Moral Vision of the New Testament: A Contemporary Introduction to New Testament Ethics* (San Francisco: HarperCollins, 1996); F.W. **Horn**, 'Wandel im Geist. Zur pneumatologischen Begründung der Ethik bei Paulus', *KuD* 38 (1992), 149–70; J.L. **Houlden**, *Ethics and the New Testament* (Harmondsworth: Penguin, 1973); **Hübner**, *Law* (§6 n.1); J.L. **Jaquette**, *Discerning What Counts: The Function of the Adiaphora Topos in Paul's Letters* (SBLDS 146; Atlanta: Scholars, 1995); **Keck**, *Paul*, 88–89; 'Rethinking "New Testament Ethics"', *JBL* 115 (1996), 3–16; E. **Lohse**, *Theological Ethics of the New Testament* (Minneapolis: Fortress, 1991); R.N. **Longenecker**, *Paul: Apostle of Liberty* (New York: Harper and Row, 1964); L. **De Lorenzi** (ed.), *Dimensions de la vie chrétienne (Rom. 12–13)* (Rome: Abbaye de S. Paul, 1979); E.H. **Lovering and J.L. Sumney** (eds.), *Theology and Ethics in Paul and His Interpreters* (V.P. Furnish FS; Nashville: Abingdon, 1996); A.J. **Malherbe**, *Moral Exhortation: A Greco-Roman Sourcebook* (Philadelphia: Westminster, 1986); W. **Marxsen**, *New Testament Foundations for Christian Ethics* (Minneapolis: Fortress, 1993); W.A. **Meeks**, *The Moral World of the First Christians* (Philadelphia: Westminster, 1986); *The Origins of Christian Morality: The First Two Centuries* (New Haven: YUP, 1993); O. **Merk**, *Handeln aus Glauben: Die Motivierungen der paulinischen Ethik* (Marburg: Elwert, 1968); **Moule**, 'Obligation in the Ethic of Paul', *Essays*, 261–77; P. **von der Osten-Sacken**, *Die Heiligkeit der Torah. Studien zum Gesetz bei Paulus* (Munich: Kaiser, 1989); R.F. **O'Toole**, *Who Is a Christian? A Study in Pauline Ethics* (Collegeville: Liturgical / Glazier, 1990); **Penna**, 'Dissolution and Restoration of the Relationship of Law and Wisdom in Paul' and 'Problems of Pauline Morality: The Present State of the Question', *Paul*, 2.135–62, 163–73; **Räisänen**, *Law* (§6 n.1); E. **Reinmuth**, *Geist und Gesetz. Studien zu Voraussetzungen und Inhalt der paulinischen Paränese* (Berlin: Evangelische, 1985); P. **Richardson**, *Paul's Ethic of Freedom* (Philadelphia: Westminster,

§23.1. 叙実法と命令法（indicative and imperative）

パウロ神学における特徴の1つは、倫理的問題への関与だ。パウロは、牧会者としてのみならず神学者として、福音の影響について考えねばならなかった。救いの開始とその過程のみならず（§§13–19）、共同体としての礼拝やその他の活動を念頭に置きつつ（§§20–22）、キリスト者がいかに生きるかに関心をよせていた。パウロ書簡群は、この問題にパウロがどれほど深く関わったかを物語っている。パウロ書簡は伝統的に、2部構成になっていると考えられてきた。すなわち、神学的解説部とそれに続く実践的適用部だ。たしかにいくつかの手紙ではこのような構成が明らかで、「〜が事実だから、〜せよ」という議論の流れがある。これは、ロマ11章から12章へ、ガラ4章から5章へ、そしてコロ2章から3章への移行部分を考えれば十分だろう。

しかし実際には、神学部分に適用部分が続くという理解は極論だ。パウロは牧会者として語ることを一時も止めない。彼の神学は生きた神学であり、最初から最後まで実践的な神学だ[2]。適用は神学部分の一部であり、それは例えば、ロマ1–2章と4章で示唆されているだけでなく、6章と8章ではより明らかに示されている。ロマ9–11章やIコリ15章のように、理論的な

1979); **Ridderbos**, *Paul*, 253–326; **B.S. Rosner** (ed.), *Understanding Paul's Ethics: Twentieth-Century Approaches* (Grand Rapids: Eerdmans / Carlisle: Paternoster, 1995); **J.P. Sampley**, *Walking between the Times: Paul's Moral Reasoning* (Minneapolis: Fortress, 1991); **J.T. Sanders**, *Ethics in the New Testament: Change and Development* (Philadelphia: Fortress / London: SCM, 1975); **Schnabel**, *Law and Wisdom* (§11 n.1); **R. Schnackenburg**, *Die sittliche Botschaft des Neuen Testaments 2: Die urchristlichen Verkündiger* (Freiburg: Herder, 1988), 13–71; **W. Schrage**, *Die konkreten Einzelgebote in der paulinischen Paränese* (Gütersloh: Gütersloher, 1961); *The Ethics of the New Testament* (Philadelphia: Fortress / Edinburgh: Clark, 1988); **Schreiner**, *Law* (§6 n.1); **S. Schultz**, *Neutestamentliche Ethik* (Zurich: Theologischer, 1987); **T. Söding**, *Das Liebesgebot bis Paulus. Die Mahnung zur Agape im Rahmen der paulinischen Ethik* (Münster: Aschendorff, 1991); **Strecker**, *Theologie*, 49–54, 111–12, 206–15; **Stuhlmacher**, *Theologie*, 371–91; **P.J. Tomson**, *Paul and the Jewish Law: Halakha in the Letters of the Apostle to the Gentiles* (CRINT 3.1; Assen: Van Gorcum / Minneapolis: Fortress, 1990); **C.M. Tuckett**, 'Paul, Tradition and Freedom', *TZ* 47 (1991), 307–25; **Westerholm**, *Israel's Law* (§6 n.1), 198–218; **Whiteley**, *Theology*, 205–32; **M. Wolter**, 'Ethos und Identität in paulinischen Gemeinden', *NTS* 43 (1997), 430–44; **Ziesler**, *Pauline Christianity*, 116–26.

2) Furnish, *Theology*, 110.

性格がとくに顕著な神学的解説部においてさえ、実践的適用が語られる（ロマ 11.13、Ⅰコリ 15.29–34）。じつにパウロが手紙を執筆する際には、それが何らかの倫理的問題によって動機づけられていることに、私たちは容易に気づく。いくつかの手紙では、改宗者がいかに生きるべきかという問題に手紙全体の焦点が集中している。Ⅰコリント書はこの最たる例だ[3]。

さらに、パウロは「神学的事実→適用」という思考の流れを警句的表現で要約する。すなわち、

- 私たちは死へのバプテスマを通して彼と共に葬られました。それは、キリストが父の栄光を通して死から甦らされたように、私たちが新たな命の内を歩むためです（ロマ 6.4a–b）。
- 古いパン種を取り除いて浄めなさい。……なぜならあなた方はパン種のない者だからです（Ⅰコリ 5.7a–b）。
- まさにこの自由のため、キリストは私たちを自由にされました。だからしっかりと立って、奴隷の軛に二度と拘繋されないようにしなさい（ガラ 5.1a–b）。
- あなた方は自由へと召されたのです。ただ肉を満足させる機会としてその自由を用いず、愛を通して互いに仕えなさい（ガラ 5.13a–b）。
- ですから私の愛する人たちよ、あなた方は、絶えず従順であったように、私の滞在時だけでなく不在の今はなおさら、畏れうち震えつつあなた方自身の救いを達成するよう努めなさい。なぜなら、あなた方の内に働きかけて、御心にそった願いと行いへと導くのは神だからです（フィリ 2.12–13）。

これらの警句は、パウロの神学と倫理（適用）との「相互作用性（Ineinander）」を印象的に表現している。

パウロはもちろんこの点で、この世から逃避しようとするのでなく、この世に生きるための支えを提供するすべての宗教と共通している。彼の神学的特徴と構成は、神学的倫理への取り組みが真剣であることを明らかに示している。これはとくに、彼の「体」に関する理解——有体性と共同性——にお

---

3) あるいは、Ⅱコリ 8–9 章（募金）、フィリピ書（相互関係性）、Ⅰテサロニケ書（終末完成に至る中間期の倫理）、フィレモン書（奴隷制）が容易に挙げられる。

いて顕著だ。身体を有する人であればこそ共同体において相互に関係性を保つことが可能であり、身体を有する人だからこそ救済の可能性がある[4]。これは、物質的身体という牢獄から魂が逃避することを救済と考える世界観とは異なる。人類の窮状を倒錯した願望や自己陶酔という観点から考察することは（§§4–5）、人類の共生と相互理解を促す上で有益だ。また、救済をさまざまな日常的メタファによって表現することは、パウロがいかに現実世界に深く根を張っているかを知る一助となっている（§13.4）。

したがって、パウロの倫理に対して神学者らがしばしば疑念を抱くことは驚きだ。過去150年をふり返るだけで十分だろう。イマニュエル・カントの影響を受けた自由主義プロテスタント神学は、道徳的生活に深く関わった。史的イエスの再構築においては、彼を永続的道徳価値を教える教師として捉えがちだった。一方でパウロに関しては、イエスの倫理的教えを犠牲と贖罪の宗教へと変容させた人物と理解された。パウロが提示するものは、自由主義プロテスタント神学がまさに乗り越えねばならないと考えた宗教観だ[5]。2つの大戦のあいだでは、実存主義神学が同様に、しかし異なる仕方で、日常の道徳生活に関わった[6]。しかし、様式史批評学に端を発する原始教会史観は、パウロの（倫理的）勧告部（パレネーゼ、paraenesis）が伝統的資料を慣習的な様式へと移し替えたに過ぎないという結論を世に広めた[7]。

同様に現行のパウロ研究においては、一方で社会学的視点から〈いかにパウロの教えが実際の生活に影響を与えたか〉が、パウロの時代の社会環境に関する情報や社会集団がいかに振る舞うかに関する理論に基づいて考察されている[8]。しかし他方では、パウロ書簡群の修辞学的分析が根本的な問題を投げかけた。なぜならディーター・ベッツが、「勧告部は古代の修辞学教本に

---

4) §§3.2, 20.4 を見よ。

5) したがって Harnack（*What Is Christianity?*）は、「父なる神と兄弟としての人類」という古典的な標語を掲げた。§8 n.10 を見よ。

6) もちろん Bultmann が最大の提唱者だ。実存主義神学の批評については M. Parsons, 'Being Precedes Act: Indicative and Imperative in Paul's Writing', in Rosner (ed.), *Understanding*, 217–47 (222–24) を見よ。

7) 様式史批評学の古典的視点に関しては M. Dibelius, *From Tradition to Gospel* (London: Nicholson and Watson, 1934 / New York: Scribner, 1965) を見よ（とくに p.238）。

8) §1 n.31 を見よ。

おいて——修辞学一般においてでないにせよ——、非常に限定的な役割しか演じていない[9]」と結論づけたからだ。加えてローマ書——本書がローマ書をひな型として用いているので特別に注目するが——がれっきとした手紙であると認識され始めたのはつい最近のことだ[10]。それ以前は、ローマ教会の現実問題を扱うというよりも、むしろ教義書のように扱われていた。

　このような障害にも関わらず、パウロの倫理を叙実法と命令法という表題の下に要約することに関して、おおかたの同意が得られてきた。これは、19–20 世紀になされたパウロ倫理の分析からヴィクター・ファーニッシュが導き出した結論だ。彼はこれをもとにして、彼の研究を方向づける前提を確定し、「叙実法と命令法との関連、『神学的』宣言と『道徳的』勧告との関連が、パウロ倫理を解釈する上で重要な鍵となる[11]」と述べた。

　これは、パウロ自身の神学的枠組みを反映させようと試みる本書の構成と合致する。叙実法には 2 つの段階があった。その 1 つはキリストの出来事、すなわちその生き様、とくにその死と復活だ（§§8–11）。第 2 は救いの始まり、すなわち第 4 部で扱った内容だ。これら 2 つの段階は、上記のロマ 6.4a に描き出されている。そして命令法は、パウロが強調する 2 つの構成部分の後半にあたる。開始を示す一回性のアオリスト（過去）時制の動詞（叙実法）に対して、継続性を示す現在時制の動詞（命令法）が用いられている。継続的な現在時制は、神がキリスト者を支え続ける恵み（義）を強調してお

---

9)　Betz, *Galatians*, 254. §1.2, §1 n.36 を見よ。

10)　例えば Donfried, *Romans Debate* や A.J.M. Wedderburn, *Reasons* の議論を見よ。旧い視点は、Nygren や Murray の註解書、また Stowers（*Rereading*）がロマ 12–16 章に十分な関心を示していない点を確認せよ。Rosner（*Understanding*, 1–2）もパウロ倫理に関する関心の低さを指摘して、Hübner（'Paulusforschung seit 1945'）が 160 頁を越える論文のうち、6 頁のみを倫理に費やす一方で、「神の義」のみに関して 15 頁を費やしていることを一例としてあげている。

11)　Furnish, *Theology*, 9.242–79 も見よ。この枠組みは現在でも広く用いられている。Ridderbos, *Paul*, 253–58; Beker, *Paul*, 275–78; Schrage, *Ethics*, 167–72; Marxsen, *New Testament Foundations*, 180–224; Schnackenburg, *Botschaft*, 2.27–29; Parsons, 'Being Precedes Act'（§23 n.6）; Strecker, *Theologie*, 206–08. Bultmann の論文、'The Problem of Ethics in Paul'（1924; ET in Rosner [ed.], *Understanding*, 195–216）は、パウロにおける叙実法と命令法という神学的論理を定着させるのに決定的な貢献をしたと広く捉えられている。Schrage, *Ethics*, 169; Rosner (ed.), *Understanding*, 18. Penna, *Paul*, 2.163–73 も参照。〔訳註　Indicative は「直説法」とも訳されるが、ここでは事実を順序立てて叙（述）べることを明示する訳（叙実法）を選んだ。〕

り¹²⁾、これには伝統的に聖化、賜物としての聖霊、典礼（秘跡）などの表現が用いられてきた¹³⁾。後半部はこの恵みに応答すべき人の責任、彼らへの命令であるが、この場合、人は恵みの継続性に応答する。すなわち、神の恵みに支え続けられる継続的な人のあり方が問われている。これは上記のフィリ 2.12–13 に描き出されている。フィリ 1.6 とガラ 3.3 も同様の言語を用いながら、救いのプロセスにおける神と人との関わり（叙実法と命令法）を明らかな仕方で要約している。すなわち、「私はこう確信しています。あなた方の内によい働きを始められた方は、キリスト・イエスの日までにそれを完成してくださるのだと」（フィリ 1.6）、「あなた方は、それほどまでに愚かなのですか。霊によって始めておきながら、今は肉によって完成しようとするのですか」（ガラ 3.3）¹⁴⁾。

　パウロが不可避的な救いのプロセスとして強く意識していた要素、すなわち終末的緊張も（§18）、この枠組みと直接関係する。なぜなら、終末的緊張における「すでに／いまだ」は、そのままパウロ倫理における叙実法と命令法へと移し替えられているからだ¹⁵⁾。

　上で述べたように（§18.6.5）、罪と死の継続的力と肉の弱さに対するパウロの鋭い視点が彼の倫理観に現実味を与え、個人と（教会を含めた）制度が直面する問題に深く切り込んでいる。古い時代と新たな時代が重なる緊張の期間においては、程度の差こそあれすべてが完全性を欠いている。この世において欠けのない完全性が期待できないので、あらゆるキリスト者が納得できる対策や決断に至ることがほぼ不可能なことをパウロは経験から知っていた。譲歩――おそらくパウロは「理にかなった譲歩」と言うだろう――は、緊張の期間を生きる者が倫理的判断を下す際に、避けて通ることができな

---

12) Furnish（*Theology*, 196）はロマ 6.12ff を意識して、「義は人が『成す』力でなく、人が寄って立つ神の力だ」と述べる。

13) Schrage, *Ethics*, 174–81 参照。〔訳註　ここでの典礼とはロマ 6 章に言及されるバプテスマを指す。〕

14) §18.1, §18 n.2 を見よ。

15) Sampley, *Walking*, 7–24, 108–09; 'Reasoning from the Horizons of Paul's Thought World: A Comparison of Galatians and Philippians', in Lovering and Sumney (eds.), *Theology and Ethics*, 114–31 を見よ。この緊張はロマ 13 章と II コリ 4.16–5.10 での議論において明示されている。

い。第 24 章では、そのような譲歩がなぜ必要か、この譲歩とは何を意味し何を意味しないか、その実践的な意義は何か、すなわち、「いまだ」の部分が「すでに」を見据えた倫理をいかに方向づけるかについて考察する。

したがって、叙実法が命令法の開始点であり必要な前提条件であることは広く認められている。すなわち、キリストが成したことは、キリスト者が成すべきことの基礎となる。救いの始まりは、新たな生き方の始まりだ。「新たな創造」は、「命の新しさにおいて（ἐν καινότητι ζωῆς）」歩むことを可能とする[16]。叙実法なしに、命令法は達成不可能な理想でしかなく、それは解決と希望でなく失望の原因となる[17]。命令法は叙実法の実践でなければならない。クルマンの言葉を用いるなら、「原始教会において、神学のない倫理はまったく理解不能だった。すべての『〜すべき』は『〜である』によって裏打ちされている。命令法は叙実法の内に錨を降ろしている[18]」。ここでも[19]、パウロ倫理の終末的動機は、究極的に「すでに」から導き出されるもので、「いまだ」のみでは成り立たない[20]。

同時に、命令法も強調されねばならない。パウロの勧告部をたんなる追記と捉えることは、パウロ神学を見誤ることだ。命令法なしに、キリスト者は教会と社会において責任ある存在たり得ない。命令法なしに、キリストの体はキリストの身丈にまで成長できない。ピンダロスの「あなたで在る姿になれ[21]」という格言はよく知られるが、これこそ命令法を適切に言い表す。これは、「すでに／いまだ」という概念を非常に端的に言い表したという点で、周知されてしかるべき格言ではあるが、これが終末的緊張まで表現している

---

[16] 「新たな創造」（Ⅱコリ 5.17, ガラ 6.15)、「命の新しさ」(ロマ 6.4. 7.6 参照)。

[17] これが自由主義的な道徳が破綻した理由だ。現実的なモデルを提供しようとすれば、「イエスの倫理」は「パウロの福音」に裏打ちされる必要がある。

[18] Cullmann, *Christ and Time*, 224.

[19] §18.1 と同様に。

[20] ロマ 13.11–14, Ⅰコリ 7.29–31. Ⅰテサ 5.1–11 参照。例えばロマ 14.7–12, Ⅰコリ 7.32–35, ガラ 5.16–26 と対比せよ。パウロ倫理の「終末的基盤」について語る際、Schrage (*Ethics*, 181–86) は終末を将来的希望へと限定し過ぎる。Schnackenburg, *Botschaft*, 2.23–26 を見よ。§18.1 参照。

[21] ピンダロス『祝勝歌』2.72. この格言の全体は、「あなたが学んだとおりのあなたになりなさい（γένοι' οἷος ἐσσὶ μαθών）」だ（私の同僚 Gordon Cockburn がこのテクストを指摘してくれた）。

かは別問題だ[22]。文章の麗しさは損なわれるかも知れないが、「あなたの在るべき（あなたが在ろうとする）姿になれ」という表現の方が、ロマ6.11にあるような「すでに／いまだ」の概念をより適切に捉えていよう。あるいは、「神があなたの内に成したことを成せ[23]」がより適切だろうか。

いずれにせよ私たち自身の議論では、叙実法／命令法という枠組みを意識しつつ論考を進めよう。その際に、パウロの勧告部の基礎となる原則を、第4部で分析した変容に関わる3つの側面——信仰による義認、キリストへの参与、賜物としての御霊[24]——と共に考察することが肝要だ。ここまでの導入部が明らかにしたように、パウロの倫理は彼の福音に起因し、福音と直接連動している。第23章ではパウロ倫理の原則に焦点をおき、第24章でパウロの倫理観がいかに実践へと移されるかを学ぼう。

§23.2. 再び律法

パウロの倫理観を考察するにあたって、まだ触れていない大きな問題がある。それは、叙実法と命令法との関わり以上に根本的な問題だ。ここでまた、モーセ律法（トーラー）の問題をとりあげる必要がある。律法は、パウロの勧告部が彼の書簡群において機能したと同様に、歴史上のイスラエルの宗教において機能した。イスラエルの契約神学において、律法はイスラエル民族の側の同意事項であり、神の選びという恵みに対してイスラエルがいかに応答すべきかを示す指針だ。パウロが叙実法から命令法へと移行すると同様のことを、トーラーも行う。すなわち、トーラー（モーセ五書）は律法である前に福音だ。しかし、パウロが律法と福音との対比を非常に特徴的かつ印象的に語るので、のちの宗教改革の神学は「律法のアンチテーゼとしての福音」

---

22) Merk, *Handeln*, 37; Schrage, *Ethics*, 170 参照。
23) Schnackenburg, *Botshcaft*, 2.29. これには「神があなたの内になし続けていることを」をも付加すべきだろう。
24) Hays (*Moral Vision*, 19–36) が提唱する「3つの近接する主題」と比較せよ。すなわち「今の時代と衝突する新たな創造、行動の規範としての十字架、神の救済力が顕在化する共同体」(p.36) だ。Hays は「共同体、十字架、新たな創造」に依拠して新約聖書倫理を考察する (pp.196–98)。教会における霊の賜物を見分けて評価する基準については§21.6参照。

第 23 章　動機となる原則　　　791

との構図を確立させてしまった[25]。その結果として、律法やユダヤ教聖典の建設的な役割はパウロ倫理——とくに異邦人キリスト者の倫理——の内に見出されない、との印象が定着した[26]。

　しかし、「パウロに関する新たな視点」に立つ研究者らは、パウロの律法批判がより注意深く限定的ではないかという問題提起をした。本書はこの視点に立って議論を進めている[27]。それでは、パウロによる律法批判の焦点は何か。それは、律法が究極的に罪によって誤用されていることであり、またユダヤ人が律法ゆえに他民族に優先され神の保護を占有しているという点だ。この視点が正しければ、そして福音と律法の対比が対立関係を意味しないなら、キリスト者の行動を方向づける役割を律法が持ち続けているという蓋然性に注意を向ける必要があろう。罪を規定し違反を罰するという律法の機能は[28]、キリスト者にとって意味があるのか。あるいは、もし「契約維持のための律法体制」と「キリスト教」とのあいだに連続性が認められるなら、パウロの倫理自体がある種の「契約維持のための律法体制」と捉えられはしないか[29]。

　この議論を、ローマ書とガラテヤ書に見られる 3 つの句に注目しつつ進めよう。すなわち、「信仰の律法」（ロマ 3.27）、「御霊の律法」（ロマ 8.2）、「キリストの律法」（ガラ 6.2）だ[30]。ここで「律法」と訳した「ノモス（νόμος）」は、はたして「律法」と訳すべきかとの問題がある。これらの句が肯定的に用いられていることは、それが「律法」であることと関係するか。この疑問に関しては、註解者のあいだに興味深い二分化が見られる。一方で、倫理の視点

---

25)　ロマ 3.28, 4.13–16, 10.4, ガラ 2.16, 21, 3.2, 10, 12–13, 5.4 を見よ。
26)　Rosner (*Understanding*, 5–7) における Harnack, Lindemann, Hamerton-Kelly の引用を見よ。また J. Knox, *The Ethic of Jesus in the Teaching of the Church* (London: Epworth, 1962); Westerholm, *Israel's Law*, 205–16 も見よ。Penna, *Paul*, 2.129–30, 146, 157–62; Finsterbusch, *Thora*, 11 n.3 参照。
27)　§6.5, §7, §14.4–6 を見よ。とくに Finsterbusch, *Thora*, chs.3–5 参照。
28)　§6.3 を見よ。
29)　Hooker (*Adam*, 157) は Sanders の「契約維持のための律法体制」に関して、「Sanders がパレスチナ・ユダヤ教の基本であると断言する宗教形態はキリスト者の体験についてパウロが提示する形態と合致する。すなわち神の救済的恩恵が人に従順を促す」と説明するが、私はこの理解に同意する。
30)　本項と後続する 3 つの項での議論は、Dunn, "'The Law of Faith', "the Law of the Spirit" and "the Law of Christ"", in Lovering and Sumney, *Theology and Ethics*, 62–82 に依拠している。

から取り組む者は、これらの箇所のノモスを「律法」と捉えることにおおよそ疑問を抱かない。他方で、パウロと律法に関する研究という視点から取り組む者にとって、パウロが「律法」をここまで肯定的に語ると考え難い。

　この様子は以下のとおりだ。ヴィクター・ファーニッシュは、「命の御霊の律法」と「キリストの律法」を「モーセ律法の総体かつ実体[31]」と理解する。エドゥアルト・ローゼも同様に、上の3つの句に関して「トーラーの本来の意義」であり、律法が「再び『神の聖く正しく良い御心』（ロマ7.2）を証言する本来の目的を遂行する[32]」ことを想定している。ヴォルフガング・シュラーゲも、「キリストの律法」はある意味でトーラーに言及していると理解する[33]。ルドルフ・シュナッケンブルクはある程度の慎重さを示しつつも、「キリストの律法」を「律法を成就する」（ロマ13.10）ための愛の命令と同定する[34]。

　これと対照的に、パウロと律法との関係性という視野に立つ者にとって、これら3つの句がとくに問題として立ちはだかってきた。「律法のアンチテーゼとしての福音」という伝統的な観点からは、パウロが異なる2つの律法を想定しているか、あるいはこれらの句におけるノモスは「律法（law）」と訳されるべきでない、と主張されてきた。スティーヴン・ウェスターホルムは、パウロによるとモーセ律法は御霊に取って替わられており、「キリストの律法」という表現は「キリスト者に相応しい生き方を示すおおまかな規定で、それをモーセ律法なる類例を用いて表現している[35]」と論ずる。フランク・シールマンによると、「信仰の律法」と「御霊の律法」はモーセ律法と異なる法で、「キリストの犠牲を通して確立された新たな契約[36]」を指す。そ

---

31) Furnish, *Theology*, 235. 59–65, 191–94 も見よ。Furnish, *Love Command*, 100 も参照。
32) Lohse, *Theological Ethics*, 161–62.
33) Schrage（*Ethics*, 206–07）は「旧約聖書の律法はまず『キリストの律法』となり、その本来の意図（ガラ6.2）に沿って解釈されねばならない。そうして初めてキリスト者の生き方を測る基準となる」と述べる。
34) Schnackenburg（*Botschaft*, 2.43–44）によると、ロマ8.2 の「律法」は「罪と死をもたらすモーセ律法の強要的な法でなく、神の意志を行うように促し人を解放する生き方を提供する法で、これは御霊を通して可能となる」。
35) Westerholm, *Israel's Law*, 214 n.38.
36) Thielman, *Paul*（§6 n.1）, 201–02. p.210 にはこの理解に関する条件が付加されている。

の中でも、ヘイキ・ライサネンの研究が最も大きな影響をもたらした。彼は、ローマ書の重要な箇所（3.27, 8.2）で用いられている「ノモス（νόμος）」が言葉遊戯的な表現で、「信仰の秩序（order of faith）」や「御霊の秩序（order of Spirit）」と訳されるべきだ[37]、とする。ガラ 6.2 のノモスも「ロマ 3.27 や 8.2 と同様で、おおよそメタファとして理解されるべきだ。キリストのノモスを成就するとは、たんにキリストにある生き方に沿って生きることで、……キリストの『律法』は文字どおりの律法でない[38]」。

　このような意見の違いは本章の主題に重要な示唆を与える。しかし、パウロの勧告部においてモーセ律法が価値を持ち続ける可能性を、これら 3 つの語句のみで考察するわけにはいかない。これらの成句にのみ焦点を置くことは議論をあらぬ方向へと導き、決着のつかない釈義上の問題に過度の注意を向け、議論を歪めてしまいかねない。しかし私たちはすでに、パウロ倫理の原則が、彼の福音における強調点を直接反映する表現——信仰義認、キリストへの参加、賜物としての御霊——によって要約されると論じてきた[39]。上述の 3 つの成句——「信仰の律法」、「御霊の律法」、「キリストの律法」——がこれらの表現と近似していることは偶然であるまい。パウロ倫理の原則を、単純に「信仰」と「御霊」と「キリスト」と要約することもできようが、「〜の律法」に関する議論をこれら 3 要素のもとで考察する必要もあろう。「〜の律法」という句は、信仰、御霊、キリストという 3 要素が、福音の提示する義につながる鍵であると同時に、倫理における義につながる鍵であるという点で重要だ。

§23.3.　信仰と「信仰の律法」

　パウロ文書での信仰という概念は、もっぱら救済論的な意味で用いられ、個人と教会が神の救済的恩恵に与る手段を指す。パウロ神学における「信仰

---

37)　§6.2 n.30 を見よ。
38)　Räisänen, *Law*, 80–81. Penna, *Paul*, 2.141–42, 144–45 もこれにしたがう。
39)　§§14–16. これらの句の順番は、パウロが具体的に教える頻度を反映している。とくに Merk, *Handeln*, 4–41 と比較せよ。

義認」という定型句の影響力が、このような「信仰」理解を支持している。たしかにパウロ自身の義認に関する議論では、「信仰」という語が頻出する[40]。しかしパウロにとって、信仰は倫理的概念としても重要だ。彼にとって信仰とは、神の恵みに対する人の応答だ。この意味で、信仰の倫理的側面を否定しようがない。信仰は電気を家庭に引き込む受容器のようであり、これを通して個人と教会とに神の変革的な力が流れ込む。この点は容易に証明できる。

　パウロがローマ書の最初と最後で信仰に言及する時[41]、その両方ともが誠実な生き方をする手段という意味で用いられている。この点は十分に注意が払われていない。パウロはロマ 1.5 において、自らの使徒職の目的を「信仰の従順のため」と述べる。「従順（ὑπακοή）」という語は、パウロの時代にあまり知られていなかったが[42]、彼の神学作業を通してキリスト教用語として確立した[43]。この語が「聞く（ἀκούω）」という語から派生していることから、ヘブライ語の「(誠実に) 聞け (שָׁמַע)[44]」という意味豊かな語を背景としていることが分かる。すなわちこの語には、誠実な姿勢で聞くという意味で「従順」が意識されている。したがって「信仰の従順」は、受動的な誠実さだけでなく能動的な誠実さをも指す。もし、前節語の ὑπ (ὑπό) が付加されない ἀκοὴ πίστεως が「信仰をもって聞くこと[45]」を意味するなら、この前節語が付加された ὑπακοὴ πίστεως はその聞く態度がもたらす応答に焦点を置く。このような応答は献身の表明のみならず、その後に継続する誠実な行動をも

---

40) §14.7, §14 n.153 を見よ。
41) ロマ 1.5, 14.22–23（3回）。ロマ 16.26 は、一般にのちの挿入部と見なされる 16.25–27 の一部だ。Dunn, *Romans*, 912–13 n.a を見よ。
42) LSJ と MM, ὑπακοή.〔訳註 ὑπό（〜の下で）+ ἀκοή（聞くこと）= 従順に従うこと。〕
43) ロマ 1.5, 5.19, 6.16（2回）, 15.18, 16.19,（26）, IIコリ 7.15, 10.5–6, IIテサ 1.8, フィレ 21. その他新約聖書では、「パウロ的な」書簡においてのみ用いられている（ヘブ 5.8, Iペト 1.2, 14, 22）。〔訳註　文字通りには「信仰の傾聴／報告」。そして ὑπακοὴ πίστεως は「信仰の従順」。〕
44) BDB, שָׁמַע 1.k-n.
45) ガラ 3.2, 5（§14 n.107 を見よ）。ロマ 10.16–17 で信仰と従順がほぼ同義語として扱われていることと比較せよ。「すべての者が福音にしたがった（ὑπήκουσαν）のではありません。イザヤが『主よ、誰が私たちの知らせ（ἀκοῇ）を信じた（ἐπίστευσεν）でしょうか』と言うとおりです。したがって、信仰（πίστις）は聞くこと（ἀκοῆς）から来るのです」。

意味する[46]。ちなみに、パウロがあえて奴隷メタファを用いるのは[47]、奴隷に「従う」という要素が付随するからだ[48]。

ロマ 14.22–23 において、パウロが信仰に 3 度言及する様子はとくに印象的だ。

> [22] あなたが持っている信仰（πίστιν）は、神の前で自分自身の内に秘めておきなさい。自らが認めることゆえに自分を裁かない者は幸せです。[23] しかし、疑う者が食べるなら、その者は裁かれます。なぜならそれが信仰によら（ἐκ πίστεως）ないからです。信仰によら（ἐκ πίστεως）ないものはすべて罪です。

これは、分裂の原因となる食事慣習に対するパウロの教えの結論部だ。ここでの「信仰」は、パウロ書簡の他所と同様に、神への信頼を意味する[49]。しかしここではとくに、食事に関する個人の実践と信仰とが結びついている（ある者は野菜のみを食べ、ある者は食事に制限を設けない[50]）。パウロは、人によって信仰の度合いが異なることを前提として述べており、したがって「信仰の弱い者」（ロマ 14.1）と「（信仰の）強い者」（15.1）という表現を用いる[51]。しかし信仰自体はいずれも同じ性質だ。ここには 2 つの注意点がある。第 1 に、信仰は個人の行動を決定する。パウロはこの点で信仰の個人的な側面を強調している。したがって人は、神への信頼の深さをひけらかすべきでない（14.22a）。第 2 に、信仰は行動の善し悪しを測る基準だ。とくにこれは行動の選択が困難な問題において重要となる。行動と信仰のとあいだに一貫性があることが肝心で、行動は神との信頼関係から湧き出で、その信頼関係を体現すべきだ。この信頼と矛盾する行動をとることは、信仰の定義上、

---

46) さらに Furnish, *Theology*, 182–87; Nanos, *Mystery*, 222–37; とくに Garlington, *Faith* を見よ。
47) ロマ 1.1, I コリ 7.22, II コリ 4.5, ガラ 1.10, フィリ 1.1.
48) ロマ 6.16–17, コロ 3.22, エフェ 6.5.
49) 「信仰による（ἐκ πίστεως）」という句は、頻出する表現（ロマ 1.17, 3.26, 30, 4.16, 5.1, 9.30, 32, 10.6）を連想させる。これは多くの註解者の見解と異なる。Dunn, *Romans*, 827–29 を見よ。〔訳註　往々にして、信仰に基づく個人の「確信」と理解される。聖書協会共同訳ロマ 14.22 の別訳を見よ。〕
50) さらに §24.3 を見よ。
51) 同様にロマ 12.3（異なる信仰の度合い）。§20 n.137 を見よ。

ほぼ自己断罪とみなされる（14.22b–23a）[52]。神への基本的信頼から派生（ἐκ πίστεως）せず、その信頼を体現しない行動はすべて罪だ（14.23b）。

　これは、人類の状態に関してパウロがすでに分析した内容と符合する。人類の窮状に関するパウロの診断は、創造者が人類を被造物として創造したこと、したがって創造者と被造物という関係性が存在することを前提としている。人類の罪と不義の根底には、神を神として認めないという事実があり（ロマ 1.21）、神が提供する生き方への拒絶がある [53]。これは「信仰」の問題を換言したに過ぎない。アダムの失敗は、彼が神を信じなかったことに起因する。すなわち彼は、神が創造者としての責任を誠実に果たし続けることを信頼できなかった。アブラハムは、神に対して救済論的な信仰のみならず創造論的な信仰を表明した点で、アダムと対比される。すなわちアブラハムは、「死者に命を与え、存在のないものを存在へと招き入れる」（4.17）神を信じた [54]。ここでの焦点は、一回性の信じるという行為でなく、人生全体に関わる継続的な関係性であり、この信仰から日々命溢れる力が流れ出す。

　この信仰理解は、とくに義認に関する先の議論とも符合する。私たちは第14章において、神の義が信仰者にとってたんなる一回性の出来事でなく、神が信仰者を最終的な報いに至るまで支え続ける恵みを指すと理解した [55]。このような理解を通して、パウロの義認論と、最後の審判での義の認定という不可解と思われがちな教え（ロマ 2.12–16）とが統合可能となる。これによって、信仰による義認が、信仰から湧き出る行動（「信仰の従順」）をも含むことがより明らかとなり、「行いにしたがった [56]」裁きと信仰を通して与えられる義との関係がさらに明確となる。

---

52) パウロは、疑念を抱きつつ行動すべきでないとの一般原則を提示していない。そのような原則はほとんどすべての行動を禁止する。彼はむしろ、誤解を与えかねないような微妙な問題を含む行動について大胆過ぎる行動に走らないよう注意している。ここでは、いまだ食事規定が信仰の重要な部分だと考える人が、そのような確信に反した行動をとるようにと他者から説得される場面が想定されている（Ⅰコリ 8.10–12 も同様）。「疑う（διακρίνομαι）」は、この箇所とロマ 4.20 のみでパウロが用いる語だが、「自分自身に反する、躊躇する、疑う」を意味する（BDAG, 2b）。

53)　さらに §4.4 を見よ。
54)　Dunn, *Romans*, 217–18 を見よ。
55)　§§14.2, 18.2 を見よ。
56)　§§2.4, 6.3, 18.6 を見よ。

第 23 章 動機となる原則

　さらに、聖典における契約の義が垂直方向のみならず水平方向へと広がるとの理解も不適切ではなかろう。これは、十戒が両方向の規則——他者への責任と神への責任——を含むことが象徴的に示している [57]。これはまた、寡婦、孤児、異郷人、貧者 [58] に対する配慮に宗教的意義があること、また宗教的義務と社会的義務とが不可分であることを預言者らが繰り返し述べている事実からも分かる [59]。パウロ自身はこの議論を広げないが、彼の義に関する概念が聖典に依拠していることから、信仰による義に関する神学がこの点を示唆していると考え得る。献金が「義の収穫」（Ⅱコリ 9.10）であることはこの理解を反映していよう [60]。

　信仰による義に関して他書へも目を向けるなら、2 つの箇所がとくに注目に値する。パウロは自らが「神の子の内で信仰によって生きる」（ガラ 2.20）と述べる [61]。この表現の背景には、律法の行いによって決定される生き方への反論があるので（2.11–18, 3.2, 5）[62]、パウロが日常の営みを想定していることは確かだ。彼は信仰によって、信仰の内に生きた。神の御子への信仰によって生きるとは、神の御子が提供する資源をもとに生きることであり、神の御子の献身的な奉仕の生き様に動機づけられることだ [63]。

　少なくともこの理解は、「キリスト・イエスにあって、割礼にも無割礼にも何の意味もなく、むしろ愛を通して効果的に働く（ἐνεργουμένη [64]）信仰に意味があるのです」（ガラ 5.6）との言説によって支持される。ここでも、割礼および律法全体（5.3）によって決定づけられる生き方への反論が述べられている。このような生き方に対して、パウロは他の動機と手段とを提示する。すなわち、「愛を通して稼働する信仰」だ。「割礼→律法全体」でなく、「信仰→愛」だ。信仰と愛とを、あたかも信仰が開始部分であって愛が

---

57)　出 20.2–17, 申 5.6–21.
58)　例えば申 10.17–18, 24.10–22, ゼカ 7.9–10.
59)　例えばイザ 5.3–7, エゼ 18.5–9, アモ 5.21–24, ミカ 3 章。さらに Dunn, 'Justice of God' (§14 n.1) を見よ。
60)　§24.8.1 を見よ。
61)　§14.8 を見よ。
62)　§14.4–5 を見よ。
63)　さらに §24.5–6 を見よ。
64)　この語は「稼働させられる」（ガラ 2.8, 3.5）とも訳されよう。

その結果だとの明確な区分を設けることに対して、私たちは注意しなければならない[65]。信仰と愛とは、おおよそ1つの概念──「愛というかたちをした信仰、愛という行動の信仰」──として捉えられるべきだ。それはパウロが他所でもこれら2語を密接に連関させていることからも分かる[66]。やや時代錯誤的な表現を用いるが、これはパウロが信仰を「行い」へ変えてしまったとか、「信仰のみ（ソラ・フィデ）」という原則から外れたというのでない。これはむしろ、ソラ・フィデがパウロの神学全体を貫いていることを示している。なぜなら、神の恵みに対する完全な信頼と明け渡しが、（不可避的に）愛という表現をとっているからだ。まさにこの愛を通して稼働する信仰こそが、信仰による義認の端から端まで──信仰によってすでに獲得した義（3.6–9）からいまだ体験し得ず待ち望む義（5.5）──を橋渡ししている。

ガラ 2.17–21 と 5.2–6 の言説において、〈パウロは信仰と律法とを相対するものと考えた〉との理解が一般だが、これもまた大きな問題だ。ここで再び、「信仰の律法（νόμος πίστεως）」（ロマ 3.27）という表現をパウロが用いていることを再確認しよう。この句を考察するためには後続する箇所（3.27–31）をも引用する必要がある[67]。

> [27] 誇りはどこにあるでしょう。それは閉め出されました。しかしどんな νόμος（ノモス）を通してでしょう。行いでしょうか。いいえ、信仰のノモスを通してです。[28] なぜなら私たちは、人は行いのノモスなしに信仰によって義とされると考えるからです。[29] あるいは、神はユダヤ人のみの神でしょうか。異邦人の神でもありませんか。そうです、異邦人の神でもあります。[30]「神は唯一」であり、割礼者を信仰によって義とし、また無割礼者を信仰を通して義とするからです。[31] それでは私たちは、ノモスを無効とするのでしょうか。決してそうではありません。むしろノモスを確立するのです。

---

65) また信仰を理論、愛を実践と区別するならば、より不適切だろう。Betz, *Galatians*, 264 n.100 を見よ。

66) Ⅰコリ 13.13, 16.13–14, コロ 1.4, Ⅰテサ 1.3, 3.6, 5.8, Ⅱテサ 1.3, フィレ 5–7, エフェ 1.15, 3.17, 6.23. もっとも、信仰を愛によって定義しているという点で、ガラ 5.6 は独特だ。

67) ロマ 3.31 は 3.27–31 の結論であって、決して4章の導入部分でない。Fitzmyer, *Romans*, 366 の議論を見よ。

上述の議論から、パウロの論理の道筋は明らかだ [68]。彼が「行いのノモス」との表現を用いる場合、イスラエルが行うように要求されたトーラーを指していることは明らかだ。この「行い（のノモス）」（ロマ 3.27）はロマ 2.17-23 の誇りを閉めださなかった。むしろこの狭義のトーラー（ノモス）理解によって、神はユダヤ人のみの神（3.29）という思いが生じた。しかし「シェマア」（3.29-30 参照）が示すとおりこの思いは誤りなので、ノモスを行いという観点で理解することはノモスの誤解に通ずる。共通項はむしろ信仰にある。なぜなら、神が信仰という観点ですべての人に接するからだ（3.30）。したがって、信仰はノモスを無効としない。むしろノモスを打ち立てる（3.31）。ロマ 3.31 が 3.27 から始まる議論の結論部だと理解するのに、それほど高度な読解力は必要ない。信仰が確立するノモスは「信仰のノモス」だ。ロマ 3.31 は、じつに「どのようなノモスが誇りを閉めだしたか」という問いに答えている。すなわちそれは、信仰によって確立されたノモスである。つまり、「行いのノモス」と「信仰のノモス」とは、同じノモスについて語っている [69]。

さらに、この箇所のノモスを律法（トーラー）以外として捉えようとすれば、パウロの議論に一貫性が失われる [70]。律法と信仰との問題がロマ 3.31 で取り上げられているのは、「行いの律法」に対する反論が律法自体に対する否定的な印象を与えかねないからだ。したがってパウロの意図は、律法と信仰とが決して相反するものでないことを確認することだった。律法は行いという観点から理解すべきでなく、かえって信仰という観点から理解すべきものだ [71]。結果として、信仰は律法を無効とせず、むしろ律法を確立した。パウロが「信仰の律法」と言うのは、信仰が律法を確立すると考えたからだ。

この結論は、ロマ 9.30-32 における同様の論理によって支持される。

---

68) §14.5.5 を見よ。
69) この結論は一般的でないが、以下の研究者は同意している。Furnish, *Theology*, 160-61, 191-94; Schnabel, *Law and Wisdom*, 286-87; Osten-Sacken, *Heiligkeit*, 23-33; Stuhlmacher, *Romans*, 66-67. その他は Dunn, *Romans*, 186 を見よ。Moo（*Romans*, 249）は、パウロが「明らかな原理的な違い」を信仰とモーセ律法とのあいだに見出していると述べるが、信仰と異なるのは行いの律法のみだ（ロマ 3.27, 9.31-32）。
70) Schreiner（*Law*, 34-36）は Räisänen（§23 n.37）に倣い、ここでの νόμος を「秩序」と理解する。また、Fitzmyer（*Romans*, 363）は、最も一般的な理解に倣いつつ、νόμος を「原則」と訳す。
71) Hübner, *Law*, 137-44 と比較せよ。

³⁰ それでは何と言いましょう。義を求めなかった異邦人が義を、すなわち信仰による義を獲得し、³¹ 義のノモスを求めたイスラエルがノモスに達しなかったのです。³² なぜでしょう。それは、彼らが信仰から求めず、あたかも行いからのように求めたからです。

ここには、しばしば看過されがちな重要点がある。つまり、イスラエルは「義のノモスを求め」、そのノモスに達することができなかった、とパウロが述べていることだ。ここでのノモスが律法（トーラー）を指しているか明白でなければ、ロマ 10.4–5 がそれを明示する ⁷²⁾。2 つの点に注目しよう。第 1 に、パウロは律法に関して肯定的に語っている。イスラエルは律法を求めたが、それは求めるに相応しい対象――「義の律法」――だった。「義」という完全に肯定的な語が律法に付加されている。イスラエルはこの律法に達しなかったが、結論部ではこの律法が批判されることはない。第 2 に、イスラエルの過ちは律法を求めたことでなく、その求め方にあった。彼らは、行いを通してこの目標に達すると考えたが、実際は「信仰から」のみ到達することができるものだった。イスラエルが律法に達しなかったのはなぜか。それは、イスラエルが義の律法を信仰によって求めたのでなく、行いによって得られるかのように求めたからだ。信仰という観点から求められた律法とは、「信仰の律法」を言い換えたに過ぎない ⁷³⁾。

これは、ロマ 9.30 に始まる議論によってさらに支持される。パウロはロマ 10.6–8 で申 30.12–14 を意識的に用いつつ、「信仰からの義」に関する理解を披露する。しかし彼は、申 30.11–14 が律法遵守の容易さについて述べ

---

72) 驚くべきことに、ロマ 9.31 に関して NRSV は RSV の倒錯した訳に倣っており、「イスラエルは義を求めたが、それは律法をもとにした義であり、その律法を成就することができなかった」とする。これでは、イスラエルの求めたものが「義」であり「律法」ではなくなる。本節の明白な意味を曖昧にする他の試みに関しては Dunn, *Romans*, 581; Fitzmyer, *Romans*, 578 を見よ。

73) これら 2 つのローマ書の箇所は以下のように図式化できる。

ロマ 3 章	行いの律法 → 誇り → ユダヤ人のみの神 （→ 律法の無効化?）
	信仰の律法 → 誇りの排除 → 異邦人の神でもある → 律法の確立
ロマ 9 章	イスラエル → 行い ↛ 義の律法
	異邦人 → 信仰 → 義の律法

ていることを熟知している[74]。

> [11] たしかに私が今日あなた方に命じる戒めは、あなた方にとって難しくなく、また遠くもない。[12] それは天にないので、「私たちがそれに聞き守るために、誰が私たちのために天に上り、私たちのためにそれを得てくれるか」と言ってはならない。[13] それは海の向こうにないので、「私たちがそれに聞き守るために、誰が私たちのために海を越え、私たちのためにそれを得てくれるのか」と言ってはならない。[14] 否、言葉はあなた方の近くにあり、あなた方が守れるように、あなた方の口と心の中にある。

しかしパウロはロマ10章でこの箇所を拡大解釈し、「信仰の言葉」(10.8)との兼ね合いで説明する。重要な点は、この箇所の解釈において、パウロが本来の意味を完全に無視しているのでない、ということだ[75]。パウロは、律法のアンチテーゼとして信仰の言葉を持ち出していない。たしかに、信仰の言葉と「行いからであるかのように」(9.3, 10.5) 理解される律法とを対比することはある。しかし、信仰の言葉と「信仰から」(9.32, 10.6) と理解される「義の律法」とが対立関係にあるのでない。もしパウロが、申30.11–14で語られる律法と信仰の言葉とのあいだに楔を打ち込もうとするなら、ロマ10章における申30章の解釈は容易に却下される危険性を含んでいる[76]。むしろパウロの解釈は、正しく理解された律法がじつに信仰の言葉であることを証言している。

　結論は明らかだ。(1) パウロにとって律法は、義の基準としての機能を保持している[77]。しかし、(2) この基準は信仰を通してのみ「達する」ことができる。信仰の内に、信仰によって、神の前で生きること、それが神の求め

---

74) 七十人訳は§19.4.2に引用してある。
75) パウロが申30.11–14に関して確立されていたユダヤ教的解釈 (バル3.39–40, フィロン『子孫』84–85,『タルグム・ネオフィティⅠ』申30.11–14) を熟知し、それに依拠していようことは、よく知られている。Dunn, *Romans*, 603–05 と§19.4.2を見よ。
76) 註75のユダヤ教的解釈は、申30.11–14がたんなるユダヤ律法よりも普遍的原理 (神的知恵とか善とか) を意識していることを容易に認める。§§11.3.3, 19.4.2を見よ。
77) §§6.3, 18.6を見よ。

る義だ。上述したように、この信仰が何を意味するかに関して、アブラハムが重要な模範を示している（4.18–21）。ロマ4章は、信仰によって確立される律法──「信仰の律法」（3.31）──が何かを描写している。換言すると、パウロにとって信仰とは、神への完全な信頼であり、それは神の働きかけに対してアブラハムが示したまったき信頼に表れている。これこそがパウロにとっての従順だ。従順がこの信頼に依拠するのでなければ、それは道を誤っている。「信仰の従順」とは、アブラハムが示したような神への信頼を基礎とした生き方のことだ。

したがって「信仰の律法」とは、アブラハムがその生き様において基盤とした神への信頼と同じ信頼を呼び起こして活性化させる律法の機能を指す。これは律法の一側面というのでなく、律法全体の機能を指している。それゆえに私たちは、律法全体と具体的な規定に今日的意味があるかを知る基準、じつにパウロ自身が用いた基準を知ることができる。神への信頼へと導く戒め、あるいは神への信頼を日々の生活において表現する助けとなる戒めが律法であり、それはいまだに神の意志を示す。反対に、信仰以上のものを要求する律法、神のみへの信頼を表現することにならない戒め、そのような信仰を妨げる規定、これらはキリストの到来によって過去へ置き去られた。キリストを信じることを通して神を信仰することが、福音を通してすべての人に可能となった。この福音ゆえに、神への信仰以上のことを求める律法はこの信仰に敵対し、余分なものとみなされる。2つの時代が重なるあいだは罪と死の力がいまだ現実なので（§18）、律法の正しい目的が死に至る力によって歪曲される現実を、パウロは認識している（ロマ7.7–11）。

つまり、パウロにとって（キリストにあり、キリストを通した）神への信仰は、義とされることだけでなく、正しく生きることの基盤であり手段だ。被造物としての神への信頼が、「信仰の律法」と表現される。この信頼を生き抜くことによって、律法の本来的な意図、すなわち神と他者のために生きるという本質的なあり方がもたらされる。この信頼以上のものを求め、この信仰がなにか具現化された事柄を強要するなら、それは律法に関する古い誤りを繰り返すことになり、信仰の律法を行いの律法へと移すことになる。アブラハムの素朴な信仰は、約束を受け取り、他者への愛の実践を日々繰り返す原動

力となった。

§23.4. 御霊と「御霊の律法」

パウロの倫理勧告において、「御霊によって歩みなさい」という教えはとくに印象的だ。御霊に関する重要な章（ロマ 8 章）には、キリスト者とは何かを説明する初期の定義が記されている。すなわち、「肉にしたがわず、御霊にしたがって歩む」(8.3) 者だ。これに先行して、パウロはキリスト者に「命の新しさにおいて歩みなさい」(6.4) と命じる。そしてこれらの教えは、「文字の古さでなく、御霊の新しさにおいて仕えます」(7.6) という期待とつながっている。パウロはガラテヤ書でも同様に、「御霊によって歩みなさい、そうすればあなたは肉の欲望を満たしません」(5.16) という約束をともなった命令によって、勧告部を要約している。ローマ書とガラテヤ書との関連をもう 1 つ挙げるなら、それはキリスト者が「御霊によって導かれる者[78]」と説明されていることだ。ガラテヤ書をさらに読み進むと、パウロが御霊による開始と継続する倫理的責任とを意識的に連関させていることが明らかとなる。すなわち、「私たちが御霊によって生きるのなら[79]、御霊にしたがおう[80]ではないですか」(5.25)。明らかにこれは、ガラ 3.3 に示された救済論的な事実に対応する倫理的勧告だ。すなわち、「御霊によって始めた」者は、御霊によって「完成する」。パウロの勧告部にこのような一貫した論理展開が見られることは、ガラ 6.8 とロマ 8.13 とに共通する教えからも明らかだ。前者では、「自分の肉に対して蒔く者はその肉から滅びを刈り取り、（神の）霊に対して蒔く者はその霊から永遠の命を刈り取ることになるのです」と述べ、後者は「あなたが肉にしたがって生きるなら必ず死にますが、御霊によって体の行いを殺すならあなたは生きるのです」と述べる[81]。

---

78) ロマ 8.14, ガラ 5.18. さらに §16.5 n.119 を見よ。
79) この箇所は、明らかにガラ 3.2–3 を意識している。NEB と REB はともに、「御霊が私たちの命の源なら」と訳している。
80) ここで用いられる動詞（στοιχέω）の基本的な意味は「列に並ぶ」ことだ。したがって、NIV は「足並みをそろえる」、「同意する」(BDAG, στοιχέω)。さらに Dunn, *Galatians*, 317–18 を見よ。
81) これらの勧告において終末的緊張が見られることに関しては §18 を見よ。Schnackenburg,

第7部　キリスト者の生き様

　日常の行動に対して「歩行」というメタファを用いることはギリシャ思想において稀で[82]、これはむしろ典型的なユダヤ教的表現と考えられる[83]。パウロがこのメタファを頻用するのは[84]、彼の倫理観にヘブライ的な感性が影響を与えているからだろう。非常に唐突に提示されるこれらの勧告は、任意的で霊に導かれた「状況倫理」を促すものとも理解できよう。さらに、パウロが御霊と文字（γράμμα）とを対極に据え[85]、文字と律法とを同一視していることに鑑みるなら、パウロが言う「御霊の倫理」はイスラエルによる「トーラーの倫理」のアンチテーゼ、また代替であるとの結論に至ろう[86]。したがって、パウロの「御霊の倫理」が何を意味するかを明確にする必要がある。

　この問題を理解する起点となるのは、イスラエルの聖典に見られる道徳的厳格さだ。なぜなら、私たちはここに、律法の表面的な実施という危険性に対する健全な警告を見出すからだ。ここでは、祝祭日や断食をたんに行うことが律法遵守においてまったく不適切であると、前8世紀の預言者らが指摘していることを思い起こせば十分だ[87]。パウロは「律法を聞く者が神の前で義でなく、律法を行う者が義とみなされます」（ロマ 2.13）と警告するが、これはユダヤ教伝統とその聖典とに一貫した理解だ[88]。換言すると、律法に対する異なる姿勢があること、また律法遵守に関して異なる「質」があることを最初に指摘したのは、パウロではない。

　このような聖典的あるいはユダヤ教的な警告を最も説得性のある仕方で表現すれば、それは、律法が心を貫かねばならないと認識することだ。ヤハ

Botschaft, 2.40–42 と比較せよ。
82)　BDAG, περιπατέω; H. Seesemann, *TDNT* 5.941.
83)　例えば出 18.20, 申 13.4–5, 王上 9.4, 王下 22.2, 詩 86.11, 箴 28.18, イザ 33.15. いかに生きるかを重視するラビ・ユダヤ教の「ハラハー」的律法解釈は、ヘブライ語の「歩く（הָלַךְ）」に依拠している。
84)　ロマ 6.4, 8.4, 13.13, 14.15, Ⅰコリ 3.3, 7.17, Ⅱコリ 4.2, 5.7, 10.2–3, 12.18, ガラ 5.16, フィリ 3.17–18, コロ 1.10, 2.6, 3.7, 4.5, Ⅰテサ 2.12, 4.1（2 回）, 12, Ⅱテサ 3.6, 11. ここではとくに、Ⅱコリ 12.18, コロ 1.9–10 と比較せよ。
85)　ロマ 2.28–29, Ⅱコリ 3.3, 6.
86)　Westerholm, *Israel's Law*, 209–16.
87)　イザ 1.12–14, ホセ 6.6, ミカ 6.8.
88)　例えば申 4.1, 5–6, 13–14, 30.11–14, Ⅰマカ 2.67, 13.48, フィロン『教育』70,『賞罰』79, ヨセフス『古誌』20.44,『M アヴォ』1.7, 5.14 を見よ。

ウェが求める律法への従順とは心からの従順だ。したがって、例えば「あなたの心の包皮に割礼を施せ」という促しが繰り返され[89]、「あなたの神である主が、あなたとあなたの子孫の心に割礼を施し、あなたはあなたの神を心から愛し……」(申 30.6) とある。そして新たな契約に関する預言 (エレ 31.31–34) と新たな心に関する預言 (エゼ 36.26–27) とが、この期待を最も印象的に語っている。

パウロにとって、この期待は賜物としての御霊によって成就した。これは、パウロが文字と御霊とを対比する表現において明らかだ。

> 真のユダヤ人とは、外見がそのように見える人でなく、あるいは肉に施される割礼でなく、むしろ隠れた仕方でそうなのであり、割礼は心のものであり、御霊により、文字によらないのです (ロマ 2.28–29)。

> あなた方は、あなた方がキリストの手紙であること、……インクでなく生ける神の御霊によって、石版でなく人の心に書かれていることを、明らかにしています。……(私たちは) 文字でなく御霊の新たな契約に仕える者です (Ⅱコリ 3.3, 6)。

パウロの用法における「文字」とはたんに「律法」の同義語でない。これが具体的な民族性の観点から狭義の意味の律法を指すという先の議論を思い出すなら[90]、この点は明らかだ。上に引用した箇所は、〈最初期のキリスト者が賜物としての御霊が与えられたことによって期待した申命記の心の割礼、エレミヤ書の新たな契約、あるいはエゼキエル書の新たな心と新たな霊を体験した〉、というパウロの確信を示している[91]。このような確信があったからこそ、パウロはフィリピ書で以下のように大胆な言い方ができただろう。「私

---

[89] 申 10.16, エレ 4.4, 9.25–26, エゼ 44.9, 1QpHab 11.13, 1QS 5.5, 1QH 2.18, 18.20, フィロン『十戒各』1.305.

[90] §6.5 を見よ。

[91] Deidun (*New Covenant Morality*, 3–84) は、彼の議論全体をこの洞察によって展開している。Ⅱコリ 3.3, 6 においてエレ 31.31–34 が示唆されていることに関しては §6.5 を見よ。

達こそが割礼であり、神の御霊とキリストにあって礼拝し、肉に何の誇りも持たない者です」(3.3)。

さらに、御霊によって成就した望みとは、他の律法や異なるトーラーの授与への望みでない。御霊の授与が、律法を守ることから個人や共同体を解放したとは理解されなかった。むしろこの望みとは、律法をより効果的に守る手段が与えられることに対する期待だった。心の割礼のみが、律法遵守を適切に行う方法だった（申 30.8–10)。一般的な理解と異なり、エレミヤによる新たな契約の約束は、何か新しい異なった律法の付与でない。その約束は単純だ。すなわち、「私は私の律法を彼らの内に書く。私はそれを彼らの心に書く」(31.33) ことだ。エゼキエル書にある新たな心と新たな霊の約束も同様に、律法をより適切に守ることに関心を置いている。すなわち、「私はあなた方の内に霊を注ぎ、私の掟にしたがい、私の定めを注意深く守るようにする」(36.27)。この期待こそが、メシアであるキリストを信頼する者に、賜物として与えられた霊によって成就した、とパウロは述べている[92]。キリストの到来、そしてキリスト信仰の到来によって、同時代に見られた律法の限定的で閉鎖的な機能からの解放がもたらされた（ガラ 3.19–4.7）[93]。そして、これは今でも変わらない。しかしパウロの言説のどこにも、善悪を定める規範、また行動の指針としての神の律法から、キリストが解放をもたらしたとは書かれてない。

　パウロのこの論理に依拠して、2つめの「～の律法」という句、つまり「御霊の律法」について考察しよう。これはロマ 7.7–8.4 でパウロが展開する律法の弁護部分に見られる。上述したとおり、パウロはこのペリコペで、律法が罪に利用されている点を強調しつつ、律法を弁護している。そして「私」である人類と律法自体とがともに2方向へと引き裂かれていることを示しながら、その弁護を続ける[94]。この議論において、上の句が用いられている。すなわち、「キリスト・イエスにある命の御霊の律法が罪と死の律法からあなた方を解放しました」(ロマ 8.2)。ここでも「信仰の律法」の場合と同様に、

---

[92] ロマ 10.6–8 における申 30.12–14 の用法に関しては §23.3 を見よ。
[93] §6.4–5 を見よ。
[94] §§6.7, 18.3 を見よ。

第 23 章　動機となる原則　807

ほとんどの註解者は、トーラーである律法をパウロがこれほど肯定的に語り得ないとの立場をとる。律法をキリスト者が解放されるべき死の力として描いたパウロが（7.5–6）、トーラーを「命の御霊の律法」などと肯定的に語り得ようか。何よりも、律法からキリスト者を解放するという決定的な役割を律法自体が持っている、などと言えようか[95]。したがって、これらの註解者による解決は以前と同様だ。彼らはノモス（νόμος）という語を「秩序」や「原則」と理解する。

しかし今回も同様に、このような読みはロマ8.2–4におけるパウロの論理の流れを崩してしまう。

> [2] キリスト・イエスにある命の御霊の律法が罪と死の律法からあなた方を解放しました。[3] というのも、肉のため弱くなった律法によってできなかったことのゆえに、神がその子を罪深い肉と同じ姿で遣わし、……肉において罪を断罪したからです。[4] それは、肉にしたがってではなく、御霊にしたがって歩む私たちの内に律法の要求が満たされるためです。

注目すべきは、上の3節において律法に関する言及が相互に深く結びついていることだ[96]。じつにこの箇所は、ロマ7.7に始まったパウロの律法弁護のクライマックスにあたる。この議論の当然の帰結として、「罪と死の律法」(8.2)は、罪に搾取され誤用され死をもたらした律法（7.7–13参照）を示す略語として理解されねばならない[97]。肉を通して弱められた律法 (8.3) は神の良き律法だが、罪の力と同様に2方向へ引き離されている「私」の弱さによって敗北させられた。しかし、「私」と同様に罪と死の力から解放された律法とは何か。最も自然な理解は、この律法こそが「命の御霊の律法」という句に

---

95)　とくにRäisänen, 'Law' (§6 n.30), 66; *Law*, 51–52; Moo, *Romans*, 474–75を見よ。この議論に関する二次文献はRäisänen, 'Law'; Dunn, *Romans*, 416–18; Moo, *Romans*, 473–77を見よ。後述するように、「命の御霊の律法」（ロマ8.2）が「義の律法」(9.31) 以上の問題をパウロ神学に投げかけているということはない。

96)　これ以降の議論に関してはとくにOsten-Sacken, *Heiligkeit*, 19–23; Reinmuth, *Geist und Gesetz*, 48–74（とくに pp.66–69）; Dunn, *Romans*, 417 参照。

97)　しかしこの当然の帰結が多くの反論を招いている。Dunn, *Romans*, 392–93, 416–19を見よ。

よって表される律法だ。それは神の律法としての働き、すなわち人の脆弱さと罪の力との連携にもはや阻まれず、死の力から解放されて再び命の秩序として奉仕する律法（7.10）を指す[98]。律法が「霊的（πνευματικός）」（7.14）だとは、それが御霊（πνεῦμα）の媒体あるいは手段として機能し得るからだ。ロマ3.31 が3.27への応答であるように[99]、ロマ8.2は7.14への応答[100]。換言すると、「御霊の律法」とは2方向へ引き離された律法の肯定的な側面を指すパウロの表現の1つだ[101]。

おそらく最も驚くべきは、神によって子が派遣された目的が律法の要求を満たすことと明言されていることだ（ロマ8.4）[102]。パウロにとって、キリストにおける神の救済活動の目的は、律法の成就を可能とすることだ。何が罪の力と肉の弱さとを打ち破り、決定的な変化をもたらしたか。それは御霊だ。「それは、肉にしたがってでなく、御霊にしたがって歩む私たちの内に律法の要求が満たされるためです」(8.4)。したがって「御霊の律法」は、御霊によって歩む者が満たす律法の要求を指すと理解すべきだろう[103]。

要約すると、「御霊の律法」とは、御霊に導かれた行動の規範としての律

---

98) §6.6を見よ。
99) §23.3を見よ。
100) Hübner, *Law*, 144–46, 149.
101) とくに Hahn, 'Gesetzesverständnis' (§6 n.1), 47–49を見よ。ここでのνόμοςを「律法」以外の意味で捉えるとすると、ロマ8.2において第3のνόμοςが必要となる（Fee, *Empowering Presence*, [§16 n.1], 552）。しかしそれによってパウロの議論がより明らかになることはない。
102) 「満たす」という語が具体的に何を意味するか明らかでない。しかしパウロは同じ語をロマ13.8とガラ5.14で用いており、その意味は規則を守ること以上に深い意味を持っていると思われる。パウロは「要求」という語を単数で用いており、それは1つ1つの規則の要求の背後にあるより本質的な要求を意識していよう。すなわち、個々の規則が表現する全体的な目的と性格だ（Dunn, *Romans*, 423–24を見よ）。後述するが（§23.5）、パウロはキリスト者が「要求を守る」（Ⅰコリ7.19）ことの重要性についても語る。キリスト者が「律法を満たす」というパウロの教えに関しては多くの議論がある。Hübner, *Law*, 83–87; Räisänen, *Paul*, 62–73; Barclay, *Obeying*, 135–42; Westerholm, *Israel's Law*, 201–05; Schreiner, *Law*, 145–78; Finsterbusch, *Thora*, 97–107を見よ。
103) ロマ7.7–8.4でパウロが律法を弁護する2つの仕方は以下のように図化できる。

1	律法	→ 肉 → 罪 → 死		
		→ 心 → 御霊 → 命		
2	律法	→ 肉 ─✕→ 成就		
		→ 御霊 → 成就		

法、また罪に強大な影響力を与えることになった誤解から解放された律法、律法を機能不全に陥らせた肉の脆弱さから解放された律法を指す。それは自由を得させる力、命を得る体験としての律法だ[104]。律法がこのように正しく理解され体験されるなら、それは「罪と死の律法」からの解放をもたらす。

これはパウロにとって実践的な面で何を意味するか[105]。パウロはある種の行動を念頭に置いていたようだが、それは神の意志の直接的理解に依拠した行動だ。このことは最初期のパウロ書簡がすでに示唆している。すなわち、「あなた方自身は、互いに愛するよう神から教えを受けています」（Ⅰテサ 4.9）[106]。

パウロはローマ書で、この点に関する興味深い対比を示している。一方では、ユダヤ人が神の意志を知ることができると主張する。もっとも、パウロ自身はこれをユダヤ人の民族的プライドとして退ける。

> あなた方は「ユダヤ人」であり、律法に依り頼み、神において誇り、神の意志（τὸ θέλημα）を知り、何が大切かを判断します（δοκιμάζεις τὰ διαφέροντα）。なぜならあなた方は律法によって導かれているからです（ロマ 2.18）。

他方では、神の意志を知ることが心の一新によって起こる、とする。

> この世に流されてはいけません。むしろ心の一新によって変えられなさい。それは神の意志が何かを判断することができるようになるためです（εἰς τὸ δοκιμάζειν ὑμᾶς τί τὸ θέλημα τοῦ θεοῦ）（12.2）。

ここでは、律法が導く従順と一新された心が導く従順が対比されている。こ

---

[104] もっとも、パウロは命を与える力と言わない。§6.6 を見よ。
[105] この疑問は重要だ。なぜなら、具体的な状況において御霊が道筋を提供するという機能に関してパウロがほぼ語ることはないからだ。Furnish (*Theology*, 231) は Ⅰコリ 7.40 が唯一の例だと考える。
[106] イザ 54.13（ヨハ 6.45 参照）を受けていよう。さらに Deidun, *New Covenant Morality*, 57–58; E.J. Schnabel, 'How Paul Developed His Ethics: Motivations, Norms and Criteria of Pauline Ethics', in Rosner (ed.), *Understanding*, 267–97（とくに pp.278–79）を見よ。

れが神の意志を妨げる罪の律法と、神の意志を成就する御霊の律法との対比に相当することは明らかだ。

　御霊に関する具体的な言及はないが、フィリ 1.9–10 も同様の内容を述べている。すなわち、「あなた方の愛が知識とまったき洞察力と共に満ち溢れ、何が大切かをあなた方が判断することができるように（εἰς τὸ δοκιμάζειν ὑμᾶς τὰ διαφέροντα）と祈ります [107)]」。パウロの念頭にあったのは、オスカー・クルマンが述べる「適宜に正しい倫理的判断を形成する能力」だ [108)]。「何が大切か [109)]」をわきまえるこの能力は、御霊の賜物あるいはその働きかけと見なされる [110)]。パウロは、神の意志に関するこの知識が規定書類やルールブックから読み取られるようなものでないと考えた。それには、より霊的な（御霊の働きかけによる）感性、コロ 1.9–10 が言う「霊的な（πνευματικῇ）知恵と理解」が必要だ [111)]。パウロはこう言いつつも、律法と共有する目的──神の意志を行うこと──を意識している。ここでも、神意をなすという律法授与の意図を達成することがパウロの願いだと言えよう。神の律法と神の御霊とは目的を一にしている、いかに前者の意図が挫かれてしまったとしても [112)]。

　私たちは、「御霊の律法」と「信仰の律法」との関連についても注目すべきだ。おそらくパウロは、神の意志を行いそれにしたがうことの重要性を強

---

107)　フィリ 1.10 の表現が、ほぼロマ 2.18 と 12.2 を組み合わせたものであることに注目せよ。
108)　Cullmann, *Christ and Time*, 228. Bultmann, *Theology*, 1.341–42 とも比較せよ。
109)　「何が大切か（τὸ διαφέροντα）」は、文字通りには「違いをもたらすもの」で、これは「良くも悪くもない（ἀδιάφορα）」という周知のストア派倫理専門用語との関連語だ。LSJ, ἀδιάφορος, II; K. Weiss, *TDNT* 9.63; Jaquette, *Discerning*, ch.2.
110)　「判断する（δοκιμάζειν）」は預言内容の見極めを示す語として一般に用いられる（Ⅰテサ 5.21, Ⅰヨハ 4.1,『ディダ』12.1,『ヘル戒』11.7, 16）。したがって διακρίνειν（Ⅰコリ 14.29. Ⅰコリ 2.13–15, 12.10,『ディダ』11.7 も見よ）、また διάκρισις（Ⅰコリ 12.10）と意味が重なる。パウロによる δοκιμάζω の他の用法も見よ（とくにロマ 14.22, Ⅰコリ 11.28, 13.5, ガラ 6.4）。また §20 n.136 を見よ。
111)　知恵と理解が御霊を通して上から与えられるという認識は、ユダヤ教神学において十分に確立されており（出 31.3, 35.31, イザ 11.2, シラ 39.6, 知 9.9–10, 17–19, フィロン『巨人』22–27,『エズラ』14.22, 39–40）、そのような知恵と理解力はクムラン共同体でも、トーラー解釈というより具体的な領域で認められる（例えば 1QH 4.9–12, 6.10–12, 11.7–10, 12.11–13, 16.11–12, 1QS 5.8–10, 9.13, 11.15–18）。
112)　私は御霊を外的規範のアンチテーゼと見なすことを意図していない（Dunn, *Jesus and the Spirit* [§20 n.1], 233）。Schnabel, *Law and Wisdom*, 331 n.475 と比較せよ。

調する目的で、「律法」という語をあえて用いた[113]。そして、「信仰の〜、御霊の〜」という修飾語は、従順がいかに可能となるかを要約している。人類の弱さと罪の力という問題に対し、パウロは信仰と御霊とを表裏一体の解決方法として提示している。人の信頼に御霊の力が応答する。神が求め可能とする従順を一言で言うと、それは神の促し（御霊）に対する人類の応答（信仰）だ[114]。

この点は多少異なった視点からも表現できる。「信仰の律法」が行いという観点から理解される律法と異なったように、「御霊の律法」は「文字（γράμμα）」という観点から理解される律法と異なる。「行い」と「文字」の両者は、要求されて行動に移される事柄の可視的でおおやけな側面だ。この状況で可視的な側面が優位になり、これが心からの従順という側面から引き離されてしまう危険性がいつでもある。以前の生き方においてこの危険性に屈服していたとの自己認識を持つパウロは、神が求める従順を再確認する方法として信仰の律法と御霊の律法を強調した。同時にパウロは、神の意志を実際に行い、神の律法を成就することができる唯一の従順は、信仰の体現であり御霊の働きかけとしての従順だと主張する。

§23.5. キリストと「キリストの律法」

この項では、キリストがいかなる意味でパウロ倫理の規範であり動機付けかに注目する。この項での議論を進めるための準備はすでに行ってきた。第1に、第8章では受難以前のイエスの活動に関する知識と関心をパウロが持っていたと述べた。そして、イエス伝承の重要で特徴的な要素をパウロが意識的に示唆しており、それらによって彼の活動と神学が影響を受けたと結論づけた。第2に、第15章（§15.2）では「キリストの内に」あるいは「主の内に」という句が、パウロ書簡の中心思想（*Leitmotiv*）として——とくにパウロ自

---

113) 注意深く制限を定めたレビ18.5の表現とパウロの救済観や倫理観とのあいだには互換性がある（§6.6）。

114) Deidun（*New Covenant*, 45）によると、パウロ神学において「ソラ・フィデに直接相当するのは御霊の活動である」。

身の活動を規定する表現として、また読者が特定の心のあり方を持ち、それを実践に移す動機付けをする表現として——機能したことを確認した。そして第3に、第18章（§18.2）ではパウロの救済観において変容という概念がいかに重要かを確認したが、それはとくにキリストのようになるという意味での変容だ。それはキリストにおいて示される神の似姿に即した知識に則った日々の変容で（コロ3.10）、「キリストを着る」（ロマ13.14）というイメージによって印象的に語られていることを確認した。

パウロの倫理について、これらの内2, 3番目の要素はそれほど問題とならない。キリスト者が主イエスの権威のもとで主イエスに倣って生きることの重要性をパウロが認識していることは、彼の福音から容易に導き出せる。実質的には信仰（§23.3）と直接的な啓示（§23.4）、キリストの体において決定される立場と実践、そしてとくにキリストの献身的死にある神の愛の絶え間ない供給とその動機付け、これらの組み合わせがパウロ倫理の前提だ。しかし、1番目の要素に関しては議論が分かれる。とくにイエス自身の倫理的教えをパウロが参考とし、彼の行動へ何らかの規範を与えたかについて合意がない。イエスの死と復活に関する使信が動機と励ましを与え続けていることへの同意は得られるが、イエス伝承が提示するイエスがパウロ自身の倫理に何らかの役割を果たしているかと問われると、これを認めることに躊躇する者は多い[115]。

（1）イエス伝承の示唆：この議論は、パウロの勧告がイエスの教えを示唆しているか、という点に集中させることができよう[116]。じっさいに、そのような示唆が8–9件ほど確認されることが広く知られており、これらはすべて

---

115) 例えばW. Michaelis, μιμέομαι, *TDNT* 4.672; H.D. Betz, *Nachfolge und Nachahmung Jesu Christi im Neuen Testament* (Tübingen: Mohr, 1967); Schrage, *Ethics*, 208; Strecker, *Theologie*, 111–12. ロマ15.7に関して、例えばSchrage (*Ethics*, 173) は「キリストは本質的に（義の）保証（*sacramentum*）であって模範（*exemplum*）でない」と述べる。しかし「本質的に保証であっても、同時に模範である」と述べるべきでないか。「たんなる回顧以上のものである」（Ⅱコリ10.1に関して、p.174）ことは確かだが、「たんなる回顧」が動員されることを否定すべきだろうか。

116) 3つの具体的な伝承のみが、イエスに依拠すると明言されていることは驚くべき事実だ（Ⅰコリ7.10–11, 9.14, 11.23–25）。最初の2つに関しては本項で後述する。最後の1つに関しては§22.3を見よ。

第 23 章　動機となる原則

パウロの勧告部に見られる[117]。以下は最も印象深い例だ[118]。

ロマ 12.14 ──「あなたを迫害する者らを祝福し、祝福して、呪ってはいけません」。

- 「あなたの敵を愛し……あなたを呪う者を祝福しなさい」（ルカ 6.27–28）。
- 「あなたの敵を愛し、あなたを迫害する者らのために祈りなさい」（マタ 5.44）。

ロマ 14.14 ──「私は主イエスにあって、汚れたものは何もない（οὐδὲν κοινὸν）ことを知り確信しています」。

- 「外から入って……人を汚すことができるものは何もない（οὐδέν ἐστιν... ὃ δύναται κοινῶσαι）」（マコ 7.15）。

I コリ 13.2 ──「私に山々を動かす信仰があれば……」。

- 「あなたに信仰があれば……この山に『ここからあそこへと動け』と言い、それは動くでしょう」（マタ 17.20）。

I テサ 5.2, 4 ──「主の日が夜盗のように来ることをあなた自身がよく知っています。……あなたは闇にいないので、その日が盗人のようにあなたを驚かすことはありません」。

- 「主人がいつ来るかを家の主人が知っていたなら、彼は起きて見張っていたでしょう」（マタ 24.43）。

---

117) Furnish, *Theology*, 53–54; D.C. Allison, 'The Pauline Epistles and the Synoptic Gospels: The Pattern of the Parallels', *NTS* 28 (1982), 1–32（とくに p.10）, n.47. Davies (*Paul*, 138–40) は、ローマ書、I テサロニケ書、コロサイ書に 25 の示唆が見られると述べる。今では Wenham (*Paul* [§8 n.1]) が A. Resch (*Der Paulinismus und die Logia Jesu in ihrem gegenseitigen Verhältnis untersucht* [TU 12; Leipzig: Hinrichs, 1904]) に取って代わり、最も多くの示唆を認める学者だ。

118) その他ロマ 12.17, I テサ 5.15（マタ 5.38–48 // ルカ 6.27–36）、ロマ 13.7（マコ 12.17 と並行記事）、ロマ 14.13（マコ 9.42 と並行記事）がある。

Ⅰテサ 5.13 ――「あなた方のあいだで平和を保ちなさい (εἰρηνεύετε ἐν ἑαυτοῖς)」。

- 「互いに平和を保ちなさい (εἰρηνεύετε ἐν ἀλλήλοις)」(マコ 9.50)。

しかし、これらの例とその他の示唆に関しては異論もある。それは、パウロがイエスに関して明らかに言及する部分がその死と復活に集中しており、パウロが受難以前のイエスの活動に関心を示していないかのように見受けられるからだ[119]。さらに、これらの示唆がイエス自身の言葉 (*ipsissima verba*) を再現する助けとなるかというより歴史探究的な議論によって[120]、焦点がずれてしまう傾向がある。いずれにせよ、パウロがイエスの教えを明言しないことが最大の原因だ。もしパウロがイエスの教えを知っており、それを示唆しているなら、なぜより明らかな仕方で言及しなかったか。イエスの言葉を引用すること以上に、パウロ自身の勧告部に権威づけをする方法がないことは明白だろうに[121]。

しかしこのような問いは、共同体においてどのように伝承が機能し、示唆部分がどのような役割を担うかという重要な問題を考察し損ねていることによって発生する。いかなる共同体も、共有言語、メタファ、専門用語、また記憶を持っている。これらが共同体で通用する意思疎通のパターンを形成する。これによって特定の言説は、ある種の略語へと短縮される。共同体が共有する知識への示唆は、そのような略語として機能し、毎回すべてが説明し直される必要はない[122]。共同体の結束が固ければ固いだけ、会話中にこのような示唆表現が増す。じつに、共同体の意思疎通においてこのような示唆が豊富になることは、共同体の結束力を強めることとなる。伝統を知る者は示唆内容を理解し、それによって共同体での自らの立場が認められる。反対に、

---

119) しかし §8 を見よ。
120) とくに F. Neirynck, 'Paul and the Sayings of Jesus', in Vanhoye (ed.), *L'Apôtre Paul*, 265–321 参照。
121) N. Walter ('Paul and the Early Christian Jesus-Tradition', in Wedderburn [ed.], *Paul and Jesus* [§8 n.1], 51–80) は、パウロがイエスの言葉に言及していることを意識していないように見受けられることが、考慮すべき最重要点だと述べる。
122) 示唆の特徴に関しては §11.4 を見よ。

示唆内容を理解しない者は、共同体の外にいることが明らかとなる。ある意味で、共同体に属するとは共同体言語を習得すること、すなわち共同体の伝統を学ぶことによって、それを指す示唆表現を認識することだ。そうすることで、人は共同体の意思疎通において機能することとなる[123]。

これが何を意味するかは明らかだ。自ら設立した教会にパウロが伝承をもたらし、またそれらの伝承がほぼ確実にイエスの言動に関する教えを含んでいるだろうことを、私たちはすでに確認した (§8.2)[124]。その結果パウロは、イエスの活動と教えについて読者が馴染んでいることを前提として語ることができた。それが共有された知識であるため、イエスの権威をあらためて明言する必要はなかった。じつに——これは重要な点だが——、もしパウロがイエスの言動について語る度にイエスの権威を明言したとすれば、それは示唆表現の持つ力を弱めてしまう結果となる。示唆の種明かしがされる度に、共同体の結束力が弱められるからだ。それが「キリスト者言語」に誰が精通しているかを判別できなくするからだ[125]。

一方で——これもまた重要な点だが——、例外的に2つの勧告箇所において、パウロはその教えがイエスに起因することを明言している。それは、パウロがこれらの教えの権威に条件付けをする必要を感じたからだ。1つはⅠコリ7.10–16だが、これはイエスの教え（離婚に関する教え）にさらなる付加をしている。もう1つはⅠコリ9章だが、これはパウロがイエスの教え（伝道者が教会の経済支援を受けること）よりも厳格な原則を自らに課しているからだ。これら以外のすべてが示唆であることは、パウロとその読者がこれらの教えの権威を認めていることを示す。換言すると、示唆表現はイエス伝承の権威を弱めるどころか、むしろイエス共同体におけるこれらの教えの権威

---

123) ここで、このような考察を支持する専門書を挙げる必要はなかろう。クラブ、カレッジ、結社（また教会）の常連会員ならば、それらの集団における「内部言語」を形成する略語の例を挙げることに苦労しないだろう。

124) 多くの示唆表現が、パウロの宣教活動と直接関係しない教会（ローマ教会）に宛てた手紙にも見られることから、教会設立の過程での伝承継承作業が、他の宣教者らによっても行われていたとパウロが理解していたことが分かる。

125) 共同体への新参者が、その共同体の「内部言語」を知らないばかりに、戸惑いを覚え、あるいは疎外感を覚えることは、広く共感される経験だ。

を強調して強化する役割を果たしている。

（2）「キリストの律法」：ここで第3の「〜の律法」の句——「キリストの律法」——を考察しよう。他の句と同様、「キリストの律法」も1回あるいは2回登場するのみだ。パウロは、「互いの重荷を負い合いなさい。そうすればあなた方はキリストの律法（τὸν νόμον τοῦ Χριστοῦ）を満たすことになります」（ガラ6.2）と述べる[126]。そしてＩコリ9.20–21では、自分の行動規範を以下のとおり記す。

> [20]律法の下にある者らに対して、私は律法の下にある者のようになりました（私自身は律法の下にいませんが）。それは律法の下にいる者らを獲得するためです。[21]律法の外にいる者らに対して、私は律法の外にいる者のようになりました（私は律法の外におらず、キリストの律法内ですが）。それは律法の外にいる者らを獲得するためです。

この場合も、他の「〜の律法」という句と同様に、〈パウロがトーラーを念頭において「キリストの律法」と述べているとは考え難い〉、との理解が多い。「律法に対して死んだ」（ガラ2.19）と言い、御霊を受けた者は「律法の下」（4.4–7）から贖われていることを保証し、律法の隷属化の軛のもとに戻ることを警告する（5.1）パウロが、律法を肯定的に語りうるか。するとその解決は、この句の意味が何であれ、トーラーはパウロの念頭にないと判断することだ。ここでも、ノモス（νόμος）という語の多義性を考慮すべきだ、というのである[127]。

しかし、パウロの律法に関する教えの肯定的な要素は、この場合も看過さ

---

126) 後半部分を前半の命令部の結果としてでなく、命令の続きとして「そして満たしなさい（ἀναπληρώσατε）」とする異本が当然としてある。Metzger, 598 を見よ。

127) 例えば Lietzmann, *Galater*, 41; Lührmann, *Galater*, 97. したがって Betz (*Galatians*, 300–01) は、「パウロは反対者の言説を引き合いに出して……それを利用して反論している」とやや一貫性に欠く説明をする。同様に J.L. Martyn, 'A Law-Observant Mission to Gentiles: The Background of Galatians', *SJT* 38 (1984), 307–24（とくに p.315）. E. Bammel ('*Nomos Christou*', in F.L. Cross [ed.], *Studia Evangelica* III [TU 88; Berlin: Akademie, 1964], 12–28) は、「キリストの律法」という表現は「おおよそ冗談めいた」造語ではないかと提案する。Hübner, *Theologie*, 2.103–05 と §23 nn.37, 70 の文献も見よ。

れるか過度に軽視されている。とくに、ローマ書とガラテヤ書との驚くべき並行箇所に注目すべきだ。ロマ 13.8–10 でパウロは、倫理的教えを要約して以下のように述べる。

> ⁸誰に対しても、互いを愛すること以外で、借りがあってはいけません。なぜなら、他者を愛する者は律法を満たすからです。⁹「姦淫するな、人を殺すな、盗むな、妬むな」、そしてその他の掟は、「あなたの隣人をあなた自身のように愛しなさい」というこの語に要約されます。¹⁰愛は隣人に悪を行わず、したがって愛が律法の成就です。

そして1章半ほど読み進むと、今度は食事規定の問題に関する応答の要約として、同様に隣人への配慮を示しつつ述べる（ロマ 15.1–3）。

> ¹私たち強い者は、自分を満足させるのでなく、力のない弱い者を支えなければなりません。²私たちはそれぞれが、建て上げるために何が良いかという視点で隣人を喜ばせましょう。³なぜなら、キリストも自らを満足させるのでなく……。

ローマ書はこれら2箇所でのみ「隣人」に言及するので[128]、これらのあいだに関連があると考えることは困難でない。自分を満足させることをイエスが拒絶する様子を、パウロは隣人を喜ばせることの例として用いる。これはまさに「あなたの隣人をあなた自身のように愛しなさい」という律法の教えと同じで、つまりパウロは律法の成就について語っている。

　ガラテヤ書にも同様の思考が伺える。ガラ 5.14 がロマ 13.8–10 と同様の内容を伝えるからだ。すなわち、「愛を通して互いに仕え合いなさい。なぜなら律法全体が、『自分自身のようにあなたの隣人を愛せよ』という（周知の）一句において満たされている[129]からです」（ガラ 5.13–14）。そして1章半ほど読み進むと、「互いの重荷を負い合いなさい。そうすればあなた方は

---

[128] パウロが唯一、他所で「隣人」に言及するのがガラ 5.14 である。これに関して以下で考察する。
[129] §23 n.102 を見よ。

キリストの律法を満たすことになります」（ガラ6.2）とある。ここでも上と同様の推論が可能だろう。キリストの律法を成就するとは、互いの重荷を負うことだ。これは隣人を愛することの具体例、すなわち律法の成就だ。つまり「キリストの律法」（ガラテヤ書）とは、自らを喜ばせることを拒絶するイエスのあり方（ローマ書）と同じだ[130]。それなら「キリストの律法」というパウロの表現の背景には、イエス自身の模範的生き方があるだろう。

　もう1つの点を考察しておこう。隣人愛が律法全体の成就だとパウロが繰り返し述べる背景には、2つの偉大な掟に関するイエス自身の教えがあると考えられる。すなわち、「『心を尽くして……あなたの神である主を愛しなさい』、（また）『あなたの隣人をあなた自身のように愛しなさい』。これらより大きな掟はありません」（マコ12.30-31）。またマタイ福音書は、「律法全体がこれら2つの掟に依拠する」（マタ22.40）と説明する。法体系全体が少数の掟に要約されるという考えは、キリスト教独自の思想でない[131]。しかし、ローマ書とガラテヤ書でのパウロの言説は、隣人愛が律法全体を成就することがパウロに特徴的な倫理的勧告（キリスト者一般の倫理的勧告とまででなくとも）であることを示す[132]。また、この強調点が初期のイエス伝承において確立していることに鑑みると、パウロがそれ以外から影響を受けたとの想定は困難だ。換言すると、ガラ5.14とロマ13.8-10もまた、パウロがイエスの教えを示唆する箇所と見なされるべきだろう[133]。

　(3)「キリストの律法」と律法：ここから推測できることは明らかだ。「キリストの律法」という句によってパウロが注目するのは愛の実践だ。他者の重荷を負うとは、重荷を負う隣人を愛することだ。他者の重荷を負うこと

---

[130] これらの箇所に関する詳細な註解は Dunn, *Galatians*; Dunn, *Romans* を見よ。

[131] Dunn, *Romans*, 778–79 を見よ。

[132] レビ19.18は、新約聖書において最も頻繁に引用されるテクストの1つだ（マタ5.43, 19.19, 22.39, マコ12.31, 33, ルカ10.27, ロマ12.19, 13.9, ガラ5.14, ヤコ2.8）。

[133] J.L. Martyn ('The Crucial Event in the History of the Law [Gal. 5.14]', in Lovering and Sumney (eds.), *Theology and Ethics*, 48–61) は、ガラ5.14を「神の原初的律法──前シナイ律法」=「律法の約束の声」(4.21) = ガラ3.8の約束、と捉えるが、これはガラ3.14-29で「約束」と「律法」とをはっきりと区別するパウロの傾向から外れている。Merklein (*Studien*, 88–89, 104–05) によるロマ8.2の解釈（「トーラーに対する建設的アンチテーゼ」としての命の御霊の律法）とガラ6.2の解釈（キリストの律法は「予型的」に理解されねばならない）と対比せよ。

がキリストの律法を満たすなら、「キリストの律法」は隣人愛という掟を指す[134]。上述した結論をも加味すると、以下の推論が成り立つ。パウロは「キリストの律法」という表現において、イエスによる愛の掟に関する教えと、愛の掟に依拠したイエス自身の生き様とを念頭に置いている[135]。

これらの考察は重要だ。それは第1に、パウロが律法を完全に破棄されるべきと教えていないことを示すからだ。パウロによる律法批判はより具体的かつ限定的で、もはや継続的な意義を失った機能が律法から取り除かれることで、継続すべき機能が明らかになった。ガラ5.13-14とロマ13.8-10において、律法の「成就」は律法の要求を満たすことで（ロマ8.4）、これは今でもキリスト者にとって好ましく、また必要だ。このように教えるパウロは、律法全体を念頭に置いている。律法全体の内の道徳的な掟のみでなく、「その他いかなる掟」（ロマ13.9）もである。パウロは律法を抽象化したり、愛の掟を他の掟から引き離しているのでなく、「律法全体」がキリスト者にとって今でも義務づけられていることを強調する（ガラ5.14）。キリストの律法を満たすことは、律法を満たすことだ[136]。

第2に、愛の掟が律法全体の要約、縮図、凝縮だと分かった。律法全体は、隣人愛によって成就される[137]。ガラテヤ書でとくに注目すべきは、数節しか離れていない箇所で、一方では異邦人キリスト者が「律法全体を行う」ことがまったく受け入れられないとしながら、他方で「律法全体を満たす」こ

---

134) 少なくともこの点に関しては、ある程度の見解の一致がある。例えば Hahn, 'Gesetzesverständnis' (§6 n.1), 57; Barclay, *Obeying*, 126-35; Schrage, *Ethics*, 211-17 を見よ。Schrage の初期の研究（*Einzelgebote*, 269）は、「（パウロの）すべての勧告は、最終的に愛の掟に関する凡例や先鋭化した表現だ」と結論する。

135) さらに H. Schürmann, '"Das Gesetz des Christus" (Gal. 6.2). Jesu Verhalten und Wort als letztgültige sittliche Norm nach Paulus', in J. Gnilka (ed.), *Neues Testament und Kirche* (R. Schnackenburg FS; Freiburg: Herder, 1974), 282-300; R.B. Hays, 'Christology and Ethics in Galatians: The Law of Christ', *CBQ* 49 (1987), 268-90; C.H. Dodd, *'Ennomos Christou' More New Testament Studies* (Manchester: Manchester Univ., 1968), 134-48; Strecker, *Theologie*, 154 を見よ。Boyarin (*Radical Jew*, 134) は、「キリストの律法とは、キリストの十字架とその模範的行動によって変容された律法のこと」と述べる。

136) Schnabel, *Law and Wisdom*, 274-77 と対比せよ。

137) ここに神への愛の言及はないが、それが前提となっている（Deidum, *New Covenant Morality*, 141）。これらの箇所でのパウロの焦点は「水平的」な相互関係にある。

とがキリスト者にとってまったく望ましいこととされている点だ（ガラ 5.3, 14）[138]。

- 割礼を受けるすべての人に重ねて断言しますが、その人は律法全体を行う義務を負っています（5.3）。
- 律法全体が、「自分自身のようにあなたの隣人を愛せよ」という一句において満たされているからです（5.14）。

これら2つの言説が互いに矛盾するなら、パウロはその矛盾に気がついていないことになる。むしろパウロは、既述した律法への2つの視点を念頭に置いている、と考えるべきだろう。一方は、律法が持つ役割に関するイスラエルの誤解で、彼はこれを「行い」や「文字」という語で表現する。他方は、継続する律法の重要性を認めて受け入れることで、律法全体が隣人愛の掟によって要約され、その掟を通して実行可能となる。律法の要求が愛の掟の基本的原理に反するよう解釈される場合、パウロはそのような要求が破棄されるべきと考えた。しかし彼は、律法全体、その内のすべての戒めが、愛の掟に反することなく満たされることがいまだ可能であるとも考えた[139]。

同様の結論は、あまり注目されない他の言説からも伺える。パウロは、「割礼も無割礼も意味はなく、むしろ……」という表現を3度用いる[140]。3つの言説において、「むしろ……」以下の部分の比較が興味深い。

---

138) Hübner (*Law*, 36–42) は、ガラ 5.3 の「律法全体（ὅλος ὁ νόμος）」とガラ 5.14 の「律法全体（ὁ πᾶς νόμος）」との違いを主張するが、これは支持されない。Dunn, *Galatians*, 290 を見よ。§23 n.102 も見よ。

139) Ridderbos (*Paul*, 282) は以下のように述べる。「ここでの愛はキリスト者の新たな理想や規範のように機能して、律法を代行して律法を不要とするようなものでない。愛はここで律法の要約として提示されており……。他言すると、律法は愛の内にその基準を見出すのでない。むしろ愛の要求が重要なのは、その内に律法が要約されているからだ」。

140) Dunn, '"Neither Circumcision nor Uncircumcision, but . . ." (Gal. 5.2–12; 6.12–16; 1 Cor. 7.17–20 参照)', in A. Vanhoye (ed.), *La foi agissant par l'amour (Galates 4.12–6.16)* (Rome: Abbaye de S. Paul, 1996), 79–110 (とくに pp.110–22) を見よ。

- キリスト・イエスにあって、割礼も無割礼も意味はなく、むしろ愛を通して稼働する信仰です（ガラ 5.6）。
- 割礼も無割礼も意味はなく、むしろ新たな創造です（ガラ 6.15）。
- 割礼も無割礼も意味はなく、むしろ神の戒めを守ることです（Ⅰコリ 7.19）。

新たな創造において、割礼の有無は無価値（ἀδιάφορα）と評価され、それ自体は良くも悪くもない。愛を通して稼働する信仰こそが、神の掟を守る方法だ。すなわち、愛の掟は律法、神の命令への代替でない。むしろそれは、いかに神の命令が守られるべきかを示しており、割礼の必要性の如何もそこに含まれる[141]。換言すると、愛の掟が律法全体を満たす理由は、それが律法の精神を満たすからだ。それが、隣人愛の実践において何が重要で、何が一義的でないか、を示すからだ[142]。

第3には、上の考察の結果、律法の命令にいかに応答すべきか、その模範をイエス自身がパウロに提供していることが分かった。律法を愛の掟へと要約したのはイエスの教えだ。イエス伝承として教会に伝えられたイエスの模範も、愛の掟を通して律法を守る具体的な模範を示している。例えばイエスの安息日論争（マコ 2.23–3.5 と並行記事）は、隣人愛を通して安息日の掟に応答する道を提供していよう。浄・不浄の問題や食卓での交わりに関するイエスの教えや行動も[143]、パウロに決定的な影響を与えている[144]。「キリストがあなた方を受け入れたように、あなた方も互いに受け入れなさい」（ロマ 15.7）という教えや、「主もあなた方を赦したように、互いに赦しなさい」（コロ 3.13）という戒めは、イエスによる個人的な受容や赦しの体験に基づくのみならず、おそらくイエス自身が罪人を受け入れて赦したという原始教会の

---

141) Sanders（*Paul, the Law and the Jewish People* [§6 n.1], 103）は、Ⅰコリ 7.19 に関して「彼（パウロ）が記した文章の中で最も驚嘆する」と評するが、それは彼がパウロの律法観を正しく理解しないことを示している。

142) Jaquette, *Discerning*, ch.3 を見よ。

143) マコ 2.15–17, 7.15–19. §8.3.3 を見よ。

144) この点でパウロは、イエスが律法と預言者を「成就した」（ロマ 8.4, 13.8, ガラ 5.14）ことを示すマタイ福音書（5.17–20）に近い。もっとも、浄・不浄に関するパウロの教えは、マルコ福音書により近い（マコ 7.15／ロマ 14.14）。

記憶にも依拠していよう。イエスによる隣人愛の最たる模範は「私たちのための」(ロマ 5.8) 死であることに違いないが [145]、福音書は隣人愛の教えの模範としてイエスの十字架のみを記憶にとどめているのでない [146]。

　要約しよう。「キリスト・イエスにしたがって生きる」(ロマ 15.5) という原則と「キリストの律法」(ガラ 6.2) が、パウロとその読者とにとって何を意味するか、明言する箇所が少ないとはいえ、私たちはかなり明らかな考えに至ることができる。これら 2 つの句は、使徒パウロが諸教会に伝え、それらの教会がイエス・キリストの教会として形成されるのに貢献したイエス伝承を包含する概念だ。キリストの律法にしたがって生きることを目指す信徒らは、共同体でこのような伝承の指導者・保管者として機能した教師らが教えるイエス伝承に慣れ親しんでいた。この伝承は、愛の掟によって要約される律法にしたがって生きることが何を意味するか、その模範を提供した。したがって私たちは、「キリストの律法」という句の内に、律法が最初期のキリスト者にとって実践的な影響力を持ち続けたことの証拠を見出すことができる。しかしこの律法はイエスが教え、イエスが生きた律法であり、各教会がその設立の礎となった伝承を通して知っている律法だ。

§23.6. 自由と愛

　本章で扱う釈義上の問題は、パウロの救済観における終末的緊張という考えに集約できる。なぜなら、上で扱った問題はそれぞれが、外見的な規則と内面的な動機、伝統的真理と斬新な洞察、創造と共に始まった啓示とキリストにおいて先鋭化された啓示とのあいだの緊張を言い表しているからだ。そこでは、古い性質と新たな性質、肉と霊、イスラエルと教会、体制とカリスマ、個人と共同体というそれぞれの緊張関係が、不可分なほどに密接に絡み合っ

---

[145] 十字架を「神の誠実さの典型」として捉えることによって、Hays (*Moral Vision*, 197) は、パウロ以上に十字架を誠実な生き方の典型として見なしている (§14.8 も見よ)。パウロにとって、どちらかというと十字架は神の誠実さを示している (ロマ 1.17, 3.25–26, 5.8, 8.31–39, 15.8, Ⅱコリ 5.20–21)。

[146] §12.6.2 も見よ。

ている。このような緊張関係は、とくに自由と愛とのバランスにおいて、特徴的な様相を呈する。この関係性を理解するための基本的な考察はすでに終えたが、自由という原理と愛という条件とがパウロにとって非常に重要なので、これらに関してはここであらためて考察する必要があろう。

　キリスト者の自由という原理をパウロが重視したことは、第14章と第16章で確認した[147]。ロマ8.2とガラ5.1を読む者が、これを疑うことはない。パウロはこれらの箇所で、「キリスト・イエスにある命の御霊の律法が、罪と死の律法からあなた方を自由にしました」（ロマ8.2）、また「この自由のため、キリストは私たちを自由にされました。だからしっかりと立って、奴隷の軛に二度と拘繋されないようにしなさい」（ガラ5.1）と述べる。私たちはこれらのテクストを最初に扱った時から、2つの重要な条件について考えてきた。

　その1つは、「すでに／いまだ」という何度も繰り返してきた概念だ。「堕落への隷属からの自由」や「神の子らの栄光への解放」などは、「いまだ」に属する（「私たちの体の贖い」、ロマ8.21–23）。命の御霊の自由は、いまだ死の体によって制限を受けている（ロマ8.10）。つまりキリスト者は、いまだ古い性質すなわち肉から解放されておらず、欲望へと堕落する思いが引きずり下ろす力から解放されていない。パウロはこの危険を熟知していたので、ガラ5章において以下のような戒めを付加している。「あなた方は、自由のために召されたのです。ただその自由を、肉のための機会とせず、愛を通して互いに仕え合いなさい」（5.13）。パウロは、自由が自己中心で自己奉仕の思いを助長する方向へと簡単に逸れてしまい、自由が早々に放縦へと堕落することを十分に理解していた。これを阻止する唯一の要素が愛――すなわち他者に仕えることへの配慮と定義される愛――であることをパウロは示唆している[148]。

---

147)　§§14.9.4, 16.5.1 を見よ。
148)　パウロの勧告部においては、愛が一貫して重要な役割を担っている。ロマ12.9, 13.8–10, 14.15, 15.30, Ⅰコリ8.1, 13.1–4, 8, 13, 14.1, 16.14, Ⅱコリ2.8, 8.7–8, 24, ガラ5.6, 13, 22, フィリ1.9, 2.1–2, コロ2.2, 3.14, Ⅰテサ3.12, 5.8, 13. エフェ4.2, 15–16, 5.2, Ⅰテモ4.12, 6.11, Ⅱテモ2.22, テト2.2 も参照。

個人の自由を規定する他の条件は、共同体の一部として個人が生きることの複雑さだ。キリストの体というパウロの概念は、多様性と同時に相互依存性によって特徴づけられる（§20.4）。これは、個の全体に対する、また全体の個に対する責任を意味する。それはお互いへの真摯な配慮というのみならず[149]、全体の利益のためには個人の確信に固執することを控える資質を問うている（Ⅰコリ14.28, 30）。ここでもまた、Ⅰコリ12章と14章とのあいだに13章が配置されたことの重要性を思い出す必要がある。霊的なキリストの体を建て上げるというヴィジョン（12章）が実践に移されるためには（14章）、愛が不可欠だ（13章）。

　パウロはⅠコリ8–10章において、自由と愛の緊張関係をとくに意識しつつ教えている。彼は、偶像を意に介さない自由／権利（ἐξουσία）を主張する人たちの神学に同意する（Ⅰコリ8.9）。そして、彼らの自由を認めて、「すべてのことが許されている（ἔξεστιν）」（Ⅰコリ10.23）と述べる。しかしパウロは、その自由が他のキリスト者らに与える影響を考慮する必要があるという制限を付加し、それが他者の躓きにならないこと（8.9）、また教会を建て上げるのに貢献することを条件とする（10.23）。自由の実行は、いつも愛によって条件づけられねばならない[150]。さらにパウロはこれらの章において、自らの使徒職に付随する自由が愛によって条件づけられていることを例として挙げる。パウロは自分の権利を強調しつつも（9.1–14）、なぜその権利を行使しないかを説明する（9.15–27）[151]。

　キリスト者の共同体においては、各人が多彩な仕方で自由を表現し得る。それゆえにこの共同体は、一方では「信仰＋」——信仰に付随する二義的な伝統・文化——への過度な固執（律法主義）によって絶えず脅かされる。他方ではいかなる伝統や規制をも拒絶する姿勢（放縦）が、この共同体を危険に晒す。自由主義的な傾向にあるキリスト者は保守的傾向にあるキリスト者を安易に律法主義と見なして排除しがちであり、その逆も同様にあり得る。これら多様な立場のキリスト者が、律法主義や放縦に陥らず、また他者をそ

---

149) 例えばロマ12.16, Ⅰコリ12.25–26, フィリ2.2–3を見よ。
150) これがどのように実践されることをパウロが想定したかに関しては§24.7を見よ。
151) §§21.2.3, 23.5を見よ。

のように見なして排除しない共同体を維持するためには、愛による相互理解（受容と奉仕）が不可欠となる。

〈キリスト者の自由による共同体〉

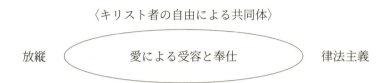

放縦　　　　　　　愛による受容と奉仕　　　　　　　律法主義

　したがってパウロは、キリスト者の自由を定義した最初の人物として評価されるべきだろう。パウロがこれを定義する仕方と、個人の自由に関する周知の言説との比較は、非常に興味深く示唆に富んでいる。ジョン・スチュワート・ミルは以下のように述べる[152]。

> 自由の名に恥じぬ自由とは、我々の利益を我々の考える仕方で追求することにつきるが、それが他者の利益の剥奪を試みたり、他者の追求を阻むことになってはいけない。

ミルの定義に欠損しているのは、自由が他者のために用いられるという理解だ[153]。他方でパウロは、自由をたんに個人がその関心と利益を追求するための貴重な権利としてでなく、共同体に属する個人の権利としてみなす。さらにその権利は、他者の権利によって条件づけられるのみならず、他者への積極的な関与によっても方向づけられる。権利と責任の連関、また隣人愛において実践される自由こそが、パウロによる自由の倫理を特徴づけ、それを政治的と言わないまでも社会的に影響力のある原理としている。

---

152)　J.S. Mill, *On Liberty* (1859; Harmondsworth: Penguin, 1985), 72.
153)　この違いは、新約聖書とヒレルとに見られる「黄金律」の違いに似ている。ヒレルによる否定形の黄金律は「あなたが憎むことを他人にしてはならない。これが律法全体だ」(『BTシャッバ』31a) だが、イエス伝承における黄金律は「あなたが他人にして欲しいことを他人に行いなさい」(マタ7.12) だ。さらに Dunn, *Christian Liberty: A New Testament Perspective* (1991; Didsbury Lectures; Carlisle: Paternoster, 1993 / Grand Rapids: Eerdmans, 1994) を見よ。

§23.7. 伝統的な知恵

　ここまでの議論に埋もれて看過されてしまわないよう、最後にもう１点つけ加えておこう。それは、信仰と御霊あるいはキリストと愛によるパウロの新たな倫理が、まったくの新種で前例のない倫理でないことだ。じつに本章では、倫理における律法の継続的役割が強調されてきた。この議論を完成させるためには、パウロの倫理がその内容と形式において、いかに伝統的教えを継承しているかが考察されねばならない。

　（1）既述のとおり、異邦人の道徳観に対するパウロの批判は、ユダヤ教における伝統的な知恵の教えを反映している [154]。次章では、他の実践的教えにおいてもパウロがこの知恵の教えに依拠していることを確認する（§24.2）。彼の倫理観は、いくつかの基本的な規則──「ノア律法」なるラビ・ユダヤ教の教理の基礎をなす規定──が異邦人にも適用されるという理解から影響を受けていると言えよう [155]。おそらくこの影響下で、パウロは性的不道徳（πορνεία）と偶像に献げられた食物とに関して譲歩しかねただろう [156]。人の行動と責任遂行に関して公正な判決が下されるという理解も、パウロの伝統的遺産に直接依拠しているだろう [157]。同時に「善」と「悪」（ロマ 2.7–10）という非常に幅の広い用語を用いて道徳的判断を下す様子も [158]、善悪という人類一般の本質的な感性を前提して議論する用意があることを示している [159]。

　これと対照的に、パウロがその勧告部においてユダヤ教聖典（旧約聖書）

---

154)　§4 n.23, §4.4 を見よ。
155)　Segal, *Paul*, 187–223; M. Bockmuehl, 'The Noachide Commandments and New Testament Ethics', *RB* 102（1995）, 72–101（とくに pp.96–100）。
156)　§24.4, 7 を見よ。さらに Tomson, *Paul and the Jewish Law*, chs.3–5 を見よ。
157)　§§2.4, 18.6. さらに Finsterbusch, *Thora*, 15–30 を見よ。
158)　Dunn, *Romans*, 85–86.
159)　例えば、ロマ 14.16, Ⅰコリ 10.31–33, Ⅰテサ 4.11–12, 5.15. W.C. van Unnik, 'Die Rucksicht auf die Reaktion der nicht-Christen als Motiv in der altchristlichen Paränese', *Sparsa Collecta*（NovTSup 30; Leiden: Brill, 1980）, 2.307–22; J.M.G. Barclay, 'Conflict in Thessalonica', *CBQ* 55（1993）, 512–30（とくに pp.520–25）を見よ。

第 23 章　動機となる原則　　　　　　　　　　　　　　　827

に依拠していることを認めない傾向が、20世紀の釈義に見られた[160]。その理由として、宗教改革以降の神学に特徴的な、福音を律法のアンチテーゼとする視点が挙げられる。同時に、パウロ書簡群にユダヤ教聖典への間接的な言及を読み取る繊細さが欠損していたことも理由として挙げられよう[161]。もし上の議論の方向性が正しいとすれば、パウロは判断が分かれるような要件に関しては聖典の権威を明言する一方で、勧告部のように明白な議論では聖典への言及が示唆程度でよいと判断した、と言えよう。換言すると、キリスト者の行動規範が聖典の権威に依拠し続けていることは、ほとんどの場合に明言する必要がない前提だった[162]。パウロが依拠するのは、キリストを通して理解される聖典ではあるが[163]、それが権威ある聖典であることに変わりはない。

（2）伝統的形式に準拠するパウロの倫理的勧告の特徴は、善悪のリストに見られる。悪徳のリストはより一般的で[164]、徳のリストのほうが簡潔なことが多い[165]。そして、いずれのリストにせよ、パウロに特有というのでなく、また限定的にキリスト教的でもヘレニズム的でもユダヤ教的でもない[166]。ま

---

160)　§23 n.26 を見よ。
161)　これはネストレ・アラント版新約聖書の欄外に明らかだ。Finsterbusch (*Thora*, 108–84) は、パウロの勧告における「意味の領域」が「トーラーの領域」(περιπατέω, φρονέω, ἀρέσκω, εὐαρέσκω, ἀγαθός, τέλειος, θέλημα, πνεῦμα) だと述べる。
162)　例えば Furnish, *Theology*, 28–44; Schrage, *Ethics*, 205; T. Holtz, 'The Question of the Content of Paul's Instructions', in Rosner (ed.), *Understanding*, 51–71; Rosner, *Paul, Scripture and Ethics* (§24 n.1); R.B. Hays, 'The Role of Scripture in Paul's Ethics', in Lovering and Sumney (eds.), *Theology and Ethics*, 30–47 を見よ。
163)　§7.2 を見よ。
164)　次頁の悪徳リストに関しては、とくに知 14.25–26、『IV マカ』1.26–27, 2.15, 1QS 4.9–11, CD 4.17–19、フィロン『供物』32、『ルベ遺』3.3–6、『レビ遺』17.11、『スラ・エノ』10.4–5、『ギ・バル』8.5, 13.4、マコ 7.21–22、I テモ 1.9–10、II テモ 3.2–5、テト 3.3、I ペト 4.3、黙 22.15、『I クレ』35.5、『ディダ』2–5、『バル手』18–20 も見よ。Lietzmann, *Römer*, 35–36; A. Vögtle, *Die Tugend- und Lasterkataloge im Neuen Testament* (Münster: Aschendorff, 1939); S. Wibbing, *Die Tugend- und Lasterkataloge im Neuen Testament und ihre Traditionsgeschichte unter besonderer Berücksichtigung der Qumran-Texte* (BZNW 25; Berlin: Töpelmann, 1959); E. Kamlah, *Die Form der katalogischen Paränese im Neuen Testament* (Tübingen: Mohr, 1964); Malherbe, *Moral Exhortation*, 138–41 参照。
165)　次頁の徳リストに関しては、1QS 4.2–8、フィロン『供物』27、『徳論』182、ヨセフス『アピ』2.146、エフェ 4.2、I テモ 4.12, 6.11、II テモ 2.22, 3.10、II ペト 1.5–7 も見よ。
166)　「この時代の慣習的な道徳」(Betz, *Galatians*, 282–83)。

―― 悪のリスト ――

ロマ 1.29–31	ロマ 13.13	Ⅰコリ 5.10–11	Ⅰコリ 6.9–10	Ⅱコリ 12.20	ガラ 5.19–21	コロ 3.5, 8
不義						
邪悪						
貪欲						
悪意						
そねみ					不品行	
殺意					不浄	
争い					放縦	不品行
策略			不品行		偶像崇拝	不浄
狡猾さ	酒宴		偶像崇拝	紛争	魔術	情欲
讒言	泥酔	不品行	姦淫	妬み	敵意	悪い欲望
そしり	放縦	貪欲	男娼	激情	争い	貪欲＝偶像崇拝
神への憎しみ	淫乱	強奪	男色	党派心	そねみ	怒り
傲慢	争い	偶像崇拝	盗み	誹謗	憤り	憤り
高慢	妬み	誹謗中傷	貪欲	讒言	党派心	悪意
大言壮語		泥酔	泥酔	高慢	分裂	そしり
悪事の企み			誹謗	騒乱	妬み	悪態
親不孝			強奪		泥酔	
無理解					酒宴	
裏切り						
非情						
無慈悲						

た、その形式が東部地中海世界において普遍的であったというだけでない。これらのリストに反映されるパウロの倫理的・道徳的な問題意識は、倫理的高潔さや道徳的抑制に心を砕く人々が一般に抱く典型的な感性を示している。したがって、キリスト教が当時の世界にまったく新たな倫理観や道徳的清廉さをもたらしたと考えることはできない[167]。パウロの道徳的教えのほと

---

167) Furnish (*Theology*, 72) は「パウロの道徳的配慮は『独創的』でなく、独占的に『キリスト者的な』内容を育むといったものではない」と述べる。

――善のリスト――

Ⅱコリ 6.6	ガラ 5.22–23	フィリ 4.8	コロ 3.12
純粋 知識 寛容 親切 慈愛 真理	愛 喜び 平和 寛容 慈愛 善意 誠実 柔和 自制	真実 高貴 正義 純粋 愛すべき 恵み深い	憐憫 親切 謙遜 柔和 寛容 忍耐 赦し

んどは当時の因襲に則っていた。キリスト者が神から独創的な道徳観を付与されたと考えることはナイーヴな高慢であり、同時に、自分の道徳観が外部社会のそれとあまり変わらないといって恥じ入る必要もない。パウロは先人の知恵に同意することに躊躇しなかった。

　より具体的に考察しよう。パウロは、さまざまな悪に対する嫌悪を周囲の文化と共有している。例えば πλεονεξία（文字どおりには「より多くを持つことの願望」で、ここから「貪欲、強欲」が派生する）は広く非難される悪であり、ストア派や他の哲学派の悪徳リストの常連だ 168)。またロマ 13.13 に挙がっている悪徳の例は、すべてでないにせよそのほとんどが、広く批判の対象となる 169)。同様にフィリ 4.8–9 のリストは、一般に「徳」とか「称賛」などと理解される項目だ。もっとも、他所で広く認められる「徳（ἀρετή）」を、パウロはフィリ 4.9 でのみ用いる。それ以外にも、他所で一般的に用いられる「幸福（εὐδαιμονία）」をパウロがまったく用いないことから、彼の関心に特定の特徴が推測される 170)。パウロが勧める「自制（ἐγκράτεια）」は「柔和」と共に

---

168)　ロマ 1.29, Ⅱコリ 9.5, コロ 3.5, Ⅰテサ 2.5, エフェ 4.19, 5.3 も参照。BDAG, πλεονεξία; G. Delling, *TDNT* 6.267–70 を見よ。

169)　パウロはこれと対照的に「立派に（εὐσχημόνως）歩もう」（ロマ 13.13）と勧めるが、これは秩序ある社会に示し得る適切な生き方のことだ（BDAG; H. Greeven, *TDNT* 2.771）。Ⅰコリ 14.40, Ⅰテサ 4.12 を見よ。

170)　Keck, 'Rethinking', 9–10.

ギリシャ哲学派の倫理観につうじる [171]。もっとも、ギリシャ思想において、後者は極端に走る危険性が指摘されがちだ [172]。パウロが同性愛を非難する場合、何が「適切か」というストア派の基準を用いているが [173]、その批判対象はまったくユダヤ教的であってヘレニズムと相容れない [174]。同様に、偶像崇拝に対して繰り返される批判はユダヤ教的視点の特徴を反映している [175]。よりキリスト教的な特徴は、Ⅰコリ13章とガラ5.22で強調される「愛 [176]」と「謙遜 [177]」へのこだわりに見られる。さらに、パウロの書簡ごとに善悪のリストが異なることから、既成のリストを単純に繰り返しているのでないことが分かる。むしろ、ガラ5.19-21やコロ3.5のリストのそれぞれの特徴に鑑みると、個々の共同体が直面する具体的な問題——ガラテヤ教会の分派 [178] やコロサイ教会の性的不品行 [179]——をパウロが念頭に置いていることが伺える。

したがって、パウロの倫理的教えの多くは伝統的な知恵に依拠していることになる。彼は、善意ある人々のあいだで道徳的感性と倫理的姿勢(エートス)とが共有され得るとの理解から、「善」が報いられて「悪」が罰せられる(ロマ2.6-11)という単純な表現で最後の審判を語り得ただろう。同じ理由からパウロは積極的に人の「良心」に訴え、「生まれながらにして律法が要求することを行う」人について語った(ロマ2.14-15)[180]。パウロ自身は、外社会で確立されていた善悪に関する感性に通じていた。しかし同時に、そ

---

171) Ἐγκράτεια はソクラテスによって重要な徳と見なされ、アリストテレスの『ニコマコス倫理学』において詳しく解説されている(W. Grundmann, *TDNT* 2.340)。Stowers(*Rereading*, 42–82)は自制という主題がローマ書解釈の鍵だとするが、それを支持する証拠が少なく(ロマ5.3–4, 7.18, 12.3)、神の主権を強調するパウロの論調(例えば1.16–17, 5.6–10)に対してこの主題は違和感がある。
172) F. Hauck and S. Schulz, *TDNT* 6.646.
173) BDAG, καθήκω を見よ。さらに§2 n.101, §5 nn.102, 103 を見よ。
174) Dunn, *Romans*, 65–66.
175) Dunn, *Romans*, 61. また§2.2 を見よ。
176) §§13 n.15, 21.6.2 を見よ。
177) フィリ2.3, コロ3.12. 一般にギリシャ思想において「謙遜」は「服従」と深く関わっている。そして「服従」も徳と見なされる(W. Grundmann, *TDNT* 8.1–4, 11–12)。
178) 「敵意、争い、そねみ、憤り、党派心、分裂、妬み」。例えば Barclay(*Obeying*, 153)は、直前の格言も、共同体が「霊によって歩む」ためのパウロの具体的な指導内容と捉える。
179) 「不品行、不浄、情欲、悪い欲望」。
180) さらに Schnackenburg, *Botschaft*, 2.48–58.

の倫理的な教えにおいて愛を非常に強調し、絶えず「キリストの律法」を念頭に置く人間関係と共同体生活の質は、容易く達成される類のものでなかった。

(3) 後期の書簡で頻繁に見られる勧告部のもう1つの形式は [181]、家庭訓 (Haustafeln) だ。これらの書簡は分析対象の範囲から外れ始めるが、それでもパウロの初期の教えとつながる部分もあるので、ここで簡潔に取り上げよう。家庭訓の好例はコロ 3.18–4.1 に見られる [182]。これを出発点として、この主題に関するパウロの理解が展開する様子を観察することができるかも知れない。

> [18] 妻らよ、あなた方の夫にしたがいなさい、それは主にあって適切なことです。[19] 夫らよ、あなたの妻を愛し、辛くあたってはいけません。[20] 子らよ、すべてにおいて両親にしたがいなさい。それは主にとって喜ばしいことだからです。[21] 父らよ、子供の心を騒がせ、気落ちさせてはいけません。[22] 奴隷らよ、すべてにおいて肉における主人らに対して従いなさい。人に気に入られようと人目を気にして仕えるのでなく、主を恐れて心の誠実さをもって仕えなさい。[23] 何をするにしても、人に対してでなく主に対してであるように、真心を込めて行いなさい。[24] 相続という報酬を主から受け取ることをわきまえて、そうしなさい。あなたが仕える主はキリストです。[25] なぜなら悪人はその悪口に対し

---

181) 具体的な倫理への関心を超えた教えとして、とくに苦難のリストがある。J.T. Fitzgerald, *Cracks in an Earthen Vessel: An Examination of the Catalogues of Hardships in the Corinthian Correspondence* (SBLDS 99; Atlanta: Scholars, 1988). D. Balch, et al. ([eds.], *Greeks, Romans and Christians* [A. J. Malherbe FS; Minneapolis: Fortress, 1990]) は、初期キリスト者とヘレニズム・ローマ文化との関わりについての議論の特徴を分析する。Malherbe の貢献に関しては *Paul and the Thessalonians: The Philosophic Tradition of Pastoral Care* (Philadelphia: Fortress, 1988); '"Pastoral Care" in the Thessalonian Church', *NTS* 36 (1990), 375–91 を見よ。Malherbe (*Paul and the Thessalonians*, 109) は、「パウロは当時の因襲を意識的に用いて共同体独自のアイデンティティを形成しようと努めたが、それを独創的な仕方でなした」と述べる。

182) その他には、とくにエフェ 5.22–6.9、Ｉペト 2.18–3.7 があるが、それ以外にもＩテモ 2.8–15, 6.1–2, テト 2.1–10,『ディダ』4.9–11,『バル手』19.5–7,『Ｉクレ』21.6–9,『イグ・ポリュ』4.1–5.2,『ポリュ・フィリ』4.2–3 がある。以下の分析は Dunn, 'The Household Rules in the New Testament', in S.C. Barton (ed.), *The Family in Theological Perspective* (Edinburgh: Clark, 1996), 43–63 に依拠している。

ての報いを受け、そこには依怙贔屓がありません。⁴·¹ 主人らよ、あなた方にも天に主がいることをわきまえて、あなたの奴隷を公正で公平に扱いなさい。

家庭訓の起源に関する長い議論の歴史は、最近になって幕を閉じた。過去20年ほどのあいだに数名の学者らを通して、「オイコノミア（家管理）」こそがキリスト者の家庭訓のモデルだとの認識が定着した[183]。家は一国の基本となる単位として広く認められていた。したがって国の秩序を維持するためには、家制度内の基本的関係性——夫と妻、父と子、主人と奴隷——が正しく機能する必要があった[184]。

これはなにも、コロサイ信徒とその後の教会執筆者が標準的な形式をそのまま取り入れたことを意味しない。コロ3.18–4.1はたしかに純粋な「家庭訓」の形式に則っている。しばしば家内の人間関係についての問題は、より広い社会問題の一部をなす。当時の倫理家や思想家に見られる家管理の問題意識を、初期教会の執筆者らも共有していた。これらの共通する問題意識の一部はストア派の特徴とも言えよう[185]。また奴隷への長い勧告部分は、ユダヤ教文書が繰り返すモチーフを用いる[186]。しかしキリスト者特有の視点も反映されており、とくに「主」に7度言及している点は注目に値する[187]。

---

183) とくに D. Lührmann, 'Wo man nicht mehr Sklave oder Frei ist. Überlegungen zur Struktur frühchristlicher Gemeinden', *Wort und Dienst* 13 (1975), 53–83（とくに pp.76–80）; 'Neutestamentliche Haustafeln und antike Ökonomie', *NTS* 27 (1980–81), 83–97; K. Thraede, 'Zum historischen Hintegrund der "Haustafeln" des NT', in E. Dassmann and K.S. Frank (eds.), *Pietas* (B. Kötting FS; Münster: Aschendorff, 1980), 359–68; そしてとくに D. Balch, *Let Wives Be Submissive: The Domestic Code in 1 Peter* (SBLMS 26; Chico: Scholars, 1981).

184) 例えば、アリストテレス『政治学』1.1253b.1–14; ディオン・クリュソストモス 5.348–51 (Loeb); セネカ『書簡』94.1; ハリカルナッセウスのディオニュシウス『ローマ古代史』2.25.4–26.4 (Balch, *Wives* に引用がある).

185) 「適切（ἀνῆκεν）」（コロ3.18）や「喜ばしい（εὐάρεστον）」（3.20）等の概念が、ストア派哲学の特徴を反映している。

186) 例えば K. Müller, 'Die Haustafel des Kolosserbriefes und das antike Frauenthema: Eine kritische Rückshau auf alte Ergebnisse', in G. Dautzenberg, et al. (eds.), *Die Frau im Urchristentum* (QD 95; Freiburg: Herder, 1983), 263–319（とくに pp.273–75）; Dunn, *Colossians*, 254–59を見よ。〔訳註　夫婦／親子／奴隷所有者に関する倫理主題は旧約聖書に見られるが、奴隷への勧告はコロサイ書の特徴だ。J.E. Crouch, *The Origin and Intention of the Colossian Haustafel* [Göttingen: Vandenhoeck & Ruprecht, 1972] 参照。〕

187) 「主にあって適切なことです」（3.18）、「主にとって喜ばしい」（3.20）、「主を恐れて」

以上の分析は、最初期のキリスト者の倫理観を評価する際に、重要な質問を投げかけることになる。すなわち、このような家庭訓は当時の世界にどの程度同調し、保守的な社会構造にどの程度譲歩しているか、である。次章でパウロの倫理観がいかに実行されたかを分析する際に、この疑問を考察しよう。しかしここでは、一般に家管理が良い実践だとキリスト者らに評価されていたこと、また彼らが家と国における秩序維持を一般に支持していたことを確認するに留めよう。

§23.8. 結論

パウロの倫理の背後にある原則を特定することは容易だ。上で述べた重要な特徴以外に、最後にもう1つ述べておく必要があろう。すなわち、パウロは内的動機と外的規範と呼ばれるもののあいだでバランスを保とうとした[188]。

外的規範については多様な仕方で定義できる。すなわち、伝統的知恵として、広く一般に認識されていた徳と悪徳として、善意あるすべての人によって受け入れられていた善と悪として、共同体的な相互関係として、また社会の秩序としてだ。しかしいずれの場合も、キリスト者の視点とキリストの愛と献身に関する記憶が、さらなる特徴的な要素として全体に深く染みわたっている。また、パウロ的キリスト教がユダヤ教に深く根をおろしていることに鑑みるなら、外的規範が律法として定義されていることは不思議でない。しかしこの場合の律法とは、信仰の表現としての律法であり、キリストの教えと模範とによって命を与えられた律法だ。それはすなわち、信仰の原則と隣人愛に則って実践された律法であり、トーラー全体において信仰と愛によってその重要性が確認された律法規定だ[189]。これは道徳律法を儀礼律法か

(3.22)、「主に対して」(3.23)、「主から受け取る」(3.24)、「あなたが仕えるのはキリストです」(3.24)、「天に主がいる」(4.1)。

188) Schrage, *Einzelgebote*, 71–93; Longenecker, *Paul*, ch.8; Deidun, *New Covenant Morality*, Part IV を見よ。

189) Hays, *Moral Vision*, 43 と対比せよ。Hays は「倫理的規範……はあらかじめ決定されている行動規範や規則等の形式によって与えられたものでない。むしろ正しい行動はキリスト論的枠組み

ら区別するという単純な議論でない。なぜなら、キリストの規範である信仰と愛は、両方を強化し両方を相対化し得るからだ。最終的な結果が二分化のように見えたとしても、特定の行動における神の意志を識別するための原則は、律法全体に適用される。1つ1つの事例は、「律法の下」での歩みでもあろうし、他の場合は「律法の外」での歩みでもあろうが、いずれの場合も「キリストの律法内（ἔννομος Χριστοῦ）」（Ⅰコリ9.21）でなければいけない。あるいは、このような律法の再定義が、神の裁きの基準という律法の根本的な機能を剝奪したり最小化したりすることはない[190]。「キリストの律法」という新たな枠組みにおいても、律法は神や他者への責任が何かを知らせている。律法という観点からの審判は、「（パウロの）福音にしたがった」（ロマ2.12–16）審判でもある。

　内的動機は、信頼以外の道はないという認識から生じる「信頼による内面の平安」と御霊による内的促しとを結ぶ。神を信頼することによって一新された心は、神の意志あるいはキリストの心を知ろうと努める。このプロセスによってパウロが意味することは、彼が用いる他の倫理的思考の重要な主題——「キリストにおいて」生きるとか「主において」行動する、心に刻まれた神の律法を知ろうと真摯に願う、あるいは自由を喜びつつも律法主義や放縦による誘惑の囁きに警戒するなど——によって示されている。とくにパウロは、他者に対する権利主張や自らの責任回避に陥りがちな個人主義と信仰者のあり方とが相容れないことを、読者が絶えず意識するよう求めている。一方で、恵みとは他者を利するために与えられた賜物であり、自由は他者に仕える機会だ。自分自身のように隣人を愛せよと言う教えは、自らを利する以前に他者を富ませることを求める実践を意味する。

　パウロにとっては、倫理的な生き方において外的規範と内的動機の両方が重要だ。任意の内発的な促しなくして、外的規範は早々に「文字」へと後退して律法主義と化し、また自らを律する（むしろ体を律する）御霊の原則も機械的な作業や規則へと後退してしまう。しかし同時に、外的規範がなければ、

を基礎として認識され、共同体の必要を意識している」、「パウロの倫理の根本的な規範はキリストの形をした命（christomorphic life）だ」（p.46）と述べる。
　190）§§6.3, 18.6を見よ。

内的促しが暴走して、キリスト者の行動は無法的、あるいは指導者への過度な依存へと陥る。両者のバランスが必要だ。キリスト者は御霊に導かれる必要がある。日々の行動が御霊の顕現／体現でなければならない。しかしそれが愛の顕現／体現でなければ、キリストの霊によって裏打ちされていない。同時に、御霊によらなければ、何が大切かを判別することは不可能だ。そして愛によらなければ、最も献身的で、霊的で、誠実な行動さえも、すべての意味を失う（Ⅰコリ 13.1–3）。

本章では原則について述べてきた。次章では、この原則がいかに実践へと移されるべきか、パウロがこの問題をいかに考えたかを考察しよう。

第24章　倫理の実践 [1]

1)　第24章の文献リスト
§24.2 — **J.D.G. Dunn**, 'Romans 13.1–7 — A Charter for Political Quietism?' *Ex Auditu* 2 (1986), 55–68; **O. Cullmann**, *The State in the New Testament* (New York: Scribner / London: SCM, 1956); **J. Friedrich, W. Pöhlmann, and P. Stuhlmacher**, 'Zur historischen Situation und Intention von Röm. 13.1–7', *ZTK* 73 (1976), 131–66; **V.P. Furnish**, *The Moral Teaching of Paul: Selected Issues* (Nashville: Abingdon, 1979), 115–41; **H. Merklein**, 'Sinn und Zweck von Röm. 13.1–7', in H. Merklein (ed.), *Neues Testament und Ethik* (R. Schnackenburg FS; Freiburg: Herder, 1989), 238–70; **F.J. Ortkemper**, *Leben aus dem Glauben: Christliche Grundhaltungen nach Römer 12–13* (Münster: Aschendorff, 1980); **P. Perkins**, *Love Commands in the New Testament* (New York: Paulist, 1982); **J. Piper**, *'Love Your Enemies': Jesus' Love Command in the Synoptic Gospels and the Early Christian Paraenesis* (SNTSMS 38; Cambridge: CUP, 1979); **A. Strobel**, 'Zum Verständnis von Röm. 13', *ZNW* 47 (1956), 67–93; **U. Wilckens**, 'Röm. 13.1–7', *Rechtfertigung*, 203–45; **W.T. Wilson**, *Love without Pretense: Romans 12.9–21 and Hellenistic Jewish Wisdom Literature* (WUNT 2.46; Tübingen: Mohr, 1991).

§24.3 — **J.-M. Cambier**, 'La liberté chrétienne est et personnelle et communautaire (Rom. 14.1–15.13)', L. de Lorenzi (ed.), *Freedom and Love: The Guide for Christian Life (1 Cor. 8–10; Rom. 14–15)* (Rome: Abbey of St. Paul, 1981), 57–84; **R. Jewett**, *Christian Tolerance: Paul's Message to the Modern Church* (Philadelphia: Westminster, 1982); **R.J. Karris**, 'Romans 14.1–15.13 and the Occasion of Romans', in Donfried (ed.), *Romans Debate*, 65–84; **W.A. Meeks**, 'Judgment and the Brother: Romans 14.1–15.13', in G.F. Hawthorne and O. Betz (eds.), *Tradition and Interpretation in the New Testament* (E.E. Ellis FS; Grand Rapids: Eerdmans / Tübingen: Mohr, 1987), 290–300; **M. Rauer**, *Die 'Schwachen' in Korinth und Rom nach den Paulusbriefen* (Freiburg: Herder, 1923).

§24.4 — **B. Byrne**, 'Sinning against One's Own Body: Paul's Understanding of the Sexual Relationship in 1 Corinthians 6.18', *CBQ* 45 (1983), 608–16; **L.W. Countryman**, *Dirt, Greed and Sex: Sexual Ethics in the New Testament and Their Implications for Today* (Philadelphia: Fortress, 1988); **G. Dautzenberg**, '*Pheugete porneian* (1 Kor. 6.18). Eine Fallstudie zur paulinischen Sexualethik in ihren Verhältnis zur Sexualethik des Frühjudentums', in H. Merklein (ed.), *Neues Testament und Ethik* (R. Schnackenburg FS; Freiburg: Herder, 1989), 271–98; **B.N. Fisk**, '*PORNEUEIN* as Body Violation: The Unique Nature of Sexual Sin in 1 Corinthians 6.18', *NTS* 42 (1996), 540–58; **J. Jensen**, 'Does *Porneia* Mean Fornication?' *NovT* 20 (1978), 161–84; **Martin**, *Corinthian Body* (§3 n.1), 168–79; **B.S. Rosner**, *Paul, Scripture and Ethics: A Study of 1 Corinthians 5–7* (Leiden: Brill, 1994).

§24.5 — **D. Balch**, '1 Cor. 7.32–35 and Stoic Debates about Marriage, Anxiety and Distraction', *JBL* 102 (1983), 429–39; **N. Baumert**, *Ehelosigkeit und Ehe im Herrn. Eine Neuinterpretation von 1 Kor. 7* (Würzburg: Echter, 1984); *Woman and Man* (§21 n.1), 25–131; **R. Cartlidge**, '1 Corinthians 7 as a Foundation for a Christian Sex Ethic', *JR* 55 (1975), 220–34; **W. Deming**, *Paul and Marriage and Celibacy: The Hellenistic Background of 1 Corinthians 7* (SNTSMS 83; Cambridge: CUP, 1995); **Furnish**, *Moral Teaching* (§24 n.1), 30–51; **Keck**, *Paul*, 112–15; **M.Y. MacDonald**, 'Early Christian Women

§24.1. 社会的文脈

パウロの教会論がいかに実践に移されたかが重要な問題なら、彼の倫理がいかに実践されたかもそれと同様に意義深い。食卓を共有することの重要性

Married to Unbelievers', *Studies in Religion / Sciences Religieuses* 19 (1990), 221–34; **Martin**, *Corinthian Body* (§3 n.1), 198–228; **Merklein**, '"Es ist gut für den Menschen, eine Frau nicht anzufassen": Paulus und die Sexualität nach 1 Kor. 7', *Studien*, 385–408; **K. Niederwimmer**, *Askese und Mysterium: Über Ehe, Ehescheidung und Eheverzicht in den Anfängen des christlichen Glaubens* (FRLANT 113; Göttingen: Vandenhoeck, 1975); **V.L. Wimbush**, *Paul the Worldly Ascetic: Response to the World and Self-Understanding according to 1 Corinthians 7* (Macon: Mercer Univ., 1987); **L.O. Yarbrough**, *Not Like the Gentiles: Marriage Rules in the Letters of Paul* (SBLDS 80; Atlanta: Scholars, 1985).

§24.6 — **J.M.G. Barclay**, 'Paul, Philemon and the Dilemma of Christian Slave-Ownership', *NTS* 37 (1991), 161–86; **S.S. Bartchy**, *MALLON CHRESAI: First-Century Slavery and the Interpretation of 1 Corinthians 7.21* (SBLDS 11; Missoula: Scholars, 1973); **H. Bellen**, *Studien zur Sklavenflucht im römischen Kaiserreich* (Forschungen zur antiken Skaverei 4; Wiesbaden: Steiner, 1971); **R. Gayer**, *Die Stellung des Sklaven in den paulinischen Gemeinden und bei Paulus. Zugleich ein sozialgeschichtlich vergleichender Beitrag zur Wertung des Sklaven in der Anticke* (Bern: Lang, 1976); **Horrell**, *Social Ethos*; **D.B. Martin**, *Slavery as Salvation: The Metaphor of Slavery in Pauline Christianity* (New Haven: YUP, 1990); **S.C. Winter**, 'Paul's Letter to Philemon', *NTS* 33 (1987), 1–15.

§24.7 — **C.K. Barrett**, 'Things Sacrificed to Idols', *Essays*, 40–59; **A.T. Cheung**, *Idol Food in Corinth: An Examination of Paul's Approach in the Light of Its Background in Ancient Judaism and Legacy in Early Christianity* (JSNTS; Sheffield: Sheffield Academic, 1997); **G.D. Fee**, '*Eidōlothuta* Once Again: An Interpretation of 1 Corinthians 8–10', *Bib* 61 (1980), 172–97; **P.W. Gooch**, *Dangerous Food: 1 Corinthians 8–10 in Its Context* (Waterloo: Wilfrid Laurier Univ., 1993); **Heil**, *Ablehnung* (§14 n.1), 177–235; **R.A. Horsley**, 'Consciousness and Freedom among the Corinthians: 1 Corinthians 8–10', *CBQ* 40 (1978), 574–89; **Jaquette**, *Discerning What Counts* (§23 n.1), 137–53; **J.J. Meggitt**, 'Meat Consumption and Social Conflict in Corinth', *JTS* (1994), 137–41; **J. Murphy-O'Conner**, 'Freedom or the Ghetto (1 Cor. 8.1–13; 10.23–11.1)', in L. de Lorenzi (ed.), *Freedom and Love* (§24 n.1), 7–38; **T. Söding**, 'Starke und Schwache. Der Götzenopferstreit in 1 Kor. 8–10 als Paradigma paulinischer Ethik', *ZNW* 85 (1994), 69–92; **Theissen**, 'The Strong and the Weak in Corinth: A Sociological Analysis of a Theological Quarrel', *Social Setting*, 121–43; **Tomson**, *Paul* (§23 n.1), 151–220; **Willis**, *Idol Meat* (§22 n.1); **B.W. Winter**, 'Theological and Ethical Responses to Religious Pluralism — 1 Corinthians 8–10', *TynB* 41 (1990), 209–26.

§24.8 — **R.D. Aus**, 'Paul's Travel Plans to Spain and the "Full Number of the Gentiles" of Rom. 11.25', *NovT* 21 (1979), 232–62; **J.M. Bassler**, *God and Mammon: Asking for Money in the New Testament* (Nashville: Abingdon, 1991), ch.4; **D. Georgi**, *Remembering the Poor: The History of Paul's Collection for Jerusalem* (1965; Nashville: Abingdon, 1992); **Harrison**, *Paul's Language of Grace* (§13 n.1), ch.7; **Munck**, *Paul*, 282–308; **K.F. Nickle**, *The Collection: A Study in Paul's Strategy* (London: SCM, 1966); **Zeller**, *Juden und Heiden*, 224–36.

を唱える思想の多くは、人の強欲、既得権の保護、変化への恐れ、硬直的思考等によって、その実践が行き詰まった。パウロ自身の神学的言語によって評価すると、これらの思想は罪の力の現実を十分に理解せず、終末的緊張の回避しきれない拘束力を過小評価した。自由放任主義も東欧共産主義も、このハードルを越えられなかった。キリスト教自身は、良く見積もっても評価が二分する。パウロの倫理的原則はいかに実践されるべきか。これらの原則は、その実効性によって絶えず評価される。結果としての実践が必ずしも原則を公平に評価しないが、それでもこの時代の社会的文脈において原則の実行可能性についてある程度語り得る。

　パウロの倫理には、2つの動機——約束と警告——がある。つまり受け継ぐべき王国の約束と[2]、直面すべき最終審判の警告だ[3]。これは当時の人たちが直面した困難な倫理的問題の回避を意味しない。むしろこれらは、人を行動へと導く動機づけとなる[4]。またパウロの想定した終末の時間的制約には、何世代にもわたる倫理的で社会的なプログラムは当てはまらなかった[5]。したがってその倫理は、〈終末という短期間の緊急状態に、理想と原則がいかに実行に移されるようパウロが試みたか〉という視点で理解すべきだ。いずれにせよイエスが想起させるとおり、「あなた方は実によって彼らを見分ける」(マタ7.16, 20)。

　さらに、パウロの倫理はたんなる個人的倫理という範疇で捉えられない。彼はつねに、社会との関わりを考慮に入れている。既述のとおり、救済のプロセスに関するパウロの理解は共同体的な性格を示す。したがって、信仰共同体に依拠しない個人の成長は否定される。個人が孤立した状態で、パウロの倫理的原則を実践することはおおよそ望めない。伝統的な知恵であれ、新たな洞察であれ、それらに関するパウロの解釈は著しく共同体的だ。彼がロマ12章の奨励部冒頭でキリストの体について説明すること自体、相互性という概念が礼拝でのみ適用されるのでないことを示す。この身体的イメージ

---

[2]　Ⅰコリ 6.9–10, 15.50, ガラ 5.21.
[3]　§§2.4, 18.6 を見よ。
[4]　とくにⅠコリ 3.12–15 を見よ。
[5]　さらに §12.4 を見よ。とくにロマ 13.11–14 を見よ。

が政治的修辞効果に起源しているとパウロが知っていたなら——知っていただろうが——、彼はキリストの教会を宗教共同体というだけでなく、社会的共同体のモデルとして捉えていたとも考え得る。

　したがって、パウロの倫理原則がいかに実行へ移されたかを問う場合、私たちはパウロとその教会とが置かれた社会の実際を理解する必要がある。パウロが関わった集団は、多様な民族背景、宗教伝統、社会的地位にある個人や家からなる小規模の社会共同体だった。そのアイデンティティはいまだ形成過程にあり、境界線は流動的だった。中心となる確信、共有された体験、バプテスマや主の晩餐という実践は、アイデンティティ形成に相応しい、共同体成員の絆を強める要素だった。しかし既述のとおり、確信や経験の解釈は多様で、これが共同体の境界線を曖昧にした。さらにこの共同体は、より複雑な多様性を示す大都市に位置していた。強大な政治的で経済的な利権によって支配され形成された社会的文脈に置かれた、小さな単位の集団だった。パウロの倫理がいかに実践に移されたかを考える場合、教会と外社会との接触、境界線を挟んだ移動、そして教会内の緊張や摩擦といった要素をすべて考慮に入れねばならない。

　したがって重要な倫理的問題は、共同体内外の異なる伝統が衝突したことによって生じたと言えよう。いかなる倫理的問題も、1つの原則とその直接の適用へと単純化できない。なぜならその原則自体が伝統と共同体を視野に入れなければ語りえず、しばしばその適用こそが議論の中心にある。パウロ神学の「すでに／いまだ」という終末的緊張の現実がこれほど明らかに観察される場はない。なぜなら、原則と実践においてこの緊張を看過できず、「いまだ」によって引き起こされる理想から乖離した譲歩は避けようがないからだ。

　したがって本章の論考では、パウロが直面した困難なケースを分析するのがよかろう。その際、より具体的な社会的文脈について情報が多い例が望ましい。そうすると、ローマ書とIコリント書とが最良のサンプルを提供する。本書では一貫してローマ書を主要なテクストとして用いてきただけでなく、当時のローマ帝国においてローマ市ほど社会状況に関する多くの情報が入手できる都市は他にない。Iコリント書に関しては、それ自体が一連の倫理的

および社会的問題に関する対処方法を提案しており、当時の社会的文脈に置かれた教会の営みをこれほど知ることができる手紙は他にない。じつにローマ書とⅠコリント書とによって、パウロ書簡群の倫理的問題のほとんどは知り得る。これに他の書簡の情報を補えば、パウロの倫理をおおよそ網羅することができる。

§24.2. 敵対的社会に生きる（ロマ 12.9–13.14）

　ローマ書の倫理的勧告部にはある種の二元論が見られる。そこには闇夜と「闇の行い」（ロマ 13.11–13）に包まれて恐怖を覚えつつも、来たるべき日のために戦闘準備を整えた植民市的視点がある。外世界との繋がりに何らかの肯定的要素があったにせよ、主要な関心事は生き残りだ。そのような中でも、パウロが状況を肯定的な仕方で伝えるのは印象的だ。ここではいくつかの重要な要素のみを取り上げよう[6]。

　（1）社会的状況：パウロの勧告は、おもにローマ教会とそれをとりまく大きな共同体（とその権威者）との関わりを視野に置いている（とくにロマ 12.14–13.7）。新たに生まれた教会共同体が置かれたローマ帝国の政治的現実をパウロが知らないはずはない。帝都にある家の教会が、任意団体等の集団に対する中央政府の疑いの目に晒され、さらにユダヤ人に対する特別な統制も加わって[7]、いつも脅威を感じていたことをパウロは熟知していたようだ。ロマ 9–11 章と 12 章とのあいだに見られる主題の移行は[8]、ローマ教会のアイデンティティの移行を示唆しているが、これ自体が教会の立場を危うくした。もはやたんに民族的（「イスラエル」、ユダヤ人）な共同体でない集団は、ユダヤ人会堂に対する保護の対象から外れる。教会の神学的アイデンティティが非民族的になればなるだけ、その政治的立場が危うくなった。

---

6) 詳しい解釈は Dunn, *Romans*, 736–94 を見よ。

7) 詳細は Dunn, *Romans*, xlvi, xlviii–li を見よ。考古学および碑文は、ローマのユダヤ人の大半が貧しく低階層に属したことを示す（Walters, *Ethnic Issues*, 53–54）。コリント教会成員の多くが社会的に重要な位置にあることと比較せよ（§24.4–7）。

8) §20.1 を見よ。

パウロの指示内容を詳細に見ると、この状況がより明確になる。ローマ市内の小さな家の教会に迫害と敵意が向けられていることをパウロは前提とした。これ自体、ローマ教会がその信仰に誠実な生き方を続けることをいかに困難と感じたか、雄弁に語る。同時にパウロは、教会成員が外世界と密接に繋がっていることを前提にしている。彼らが外世界から距離を置いているという状況を、パウロは想定していない。

同様に、ロマ 13.1–7 での議論が最終的に納税を視野に入れていることは偶然でない。ほぼ同時代の文献によると、間接税の搾取によって当時の帝都の生活は不安に陥れられていた[9]。パウロはローマ市の事情を十分に承知しており、とくにユダヤ人へ向けられる「疑念」の影響をまともに受けたキリスト者の商売が安全を保証されないことを知っていたようだ。膨らんだ税金の支払義務をキリスト者が怠るなら、その小さな共同体へ向けられた役人の目は厳しくなる。ローマ当局は密告者やスパイのネットワークを張り巡らせていた。パウロの勧告が、「壁に耳あり」という状況を前提としつつ提示されていた可能性を排除することはできない。

（2）行動原理：この状況下でパウロの倫理勧告の原理は何だったか。とくに 4 つの要素が考えられる。第 1 に、愛が最も重要な原則としてあらゆる勧告の根底にある。「愛に偽善があってはいけません」（ロマ 12.9）[10]。キリストの体の機能（12.3–8）への言及に続いてこの原則を述べる様子は、Ⅰコリ 12–14 章の議論を想起させる。パウロは愛のない状態で御霊に導かれる共同体が実現しないと考えた[11]。しかし同時に、愛自体の表現が形骸化することも知っていた。人を裁く姿勢や利権拡大の意識や支配的な関係性を防ぐために、うわべだけの愛は役に立たない。愛の原則には、Ⅰコリ 13.4–7 が示すよ

---

9) タキトゥス『年代記』13（詳細は Dunn, *Romans*, liii–liv）を見よ。本ペリコペの権威がユダヤ人会堂の権威だとの解釈（Nanos, *Mystery*, ch.6）は受け入れ難い。非キリスト者ユダヤ人の支配の下で（13.1）神殿税を払うよう異邦人キリスト者をパウロが促すだろうか（13.7）。彼はユダヤ人会堂指導者が死刑執行権を持っていたと想定したか（13.4, Dunn, *Romans*, 764）。

10) 「偽善がない（ἀνυπόκριτος）」は誠実さが根底にあり、Ⅱコリ 6.6, Ⅰペト 1.22 で愛と、Ⅰテモ 1.5, Ⅱテモ 1.5 で信仰と共に用いられる。他は知 5.18, 18.16, ヤコ 3.17 でのみ用いられる。一般に「偽善者」と訳される ὑποκριτής は本来、仮面の下に本人を隠して他人を演じる「舞台役者」を指した。

11) §21.6.2 を見よ。

うな高いレベルが要求される。またこの勧告部の中心（ロマ 12.14–13.7）は、愛の勧め（12.9, 13.8–10）によって挟まれている。既述のとおり、パウロはロマ 13.8–10 で [12] 倫理的行動の規範として律法の豊かさへ注意を向けるが、その律法が（イエス自身の教えと行いである）隣人愛によって規定されることを教える。すべての行動の第一原理として愛がある。

第 2 に私たちは、パウロが「霊において熱意を示す」ことと「主に仕える」ことを直結させている点に注目すべきだ（ロマ 12.11）。前者は、燃えるような熱心さで対象へ感情を向けている様子を言い表す [13]。後者は思いを行動に移す堅実さを言い表す。両者がキリスト者の行動を決定し、それを維持することの重要さを教えている。人の内面にある動機が外からの規範と連動する [14]。

第 3 にこの箇所からは、パウロが伝統的な知恵に依拠しつつ、広く認知されている基準に倣うよう教える様子が分かる。ロマ 12.14–21 の教えは、人間関係に関するユダヤ教の伝統的な知恵におおよそ依拠している [15]。パウロはここで、他に例がないほどユダヤ教聖典に準拠している。ユダヤ教聖典（とその経験）の知恵を基にして非常に厳しい倫理的責任を示す必要を感じたのだろう [16]。政治的権威が神に起因するというロマ 13.1–7 の教えも、ユダヤ教の知恵においてよく知られている [17]。これは、ネブカデネツァル王の力に圧倒され、シリア王朝の圧政に直面した時にも、イスラエルの預言者や黙示記者が固守した原則だ。ダニエルは「神が人々の王国を治め、その国を望む者に与える [18]」という原則を繰り返す。「恐れ」が神の与えた権威への適切な応答だとの示唆（ロマ 13.7）も、意識的にせよ無意識にせよ、年輪を重ねた知

---

12) §23.5 を見よ。
13) さらに Dunn, *Romans*, 742 を見よ。
14) §23.8 を見よ。
15) ロマ 12.15（シラ 7.34）、ロマ 12.16（箴 3.7、イザ 5.21）、ロマ 12.17（箴 3.4）、ロマ 12.18（詩 34.15）、ロマ 12.19（レビ 19.18、申 32.35）、ロマ 12.20（箴 25.21–22）、ロマ 12.21（『ベニ遺』4.3）。
16) Piper, *'Love Your Enemies'*, 113–14, Wilson, *Love without Pretense* を見よ。
17) サム下 12.8, 箴 8.15–16, シラ 10.4, 17.17, 知 6.3,『アリ手』224, ヨセフス『戦記』2.140.
18) ダニ 4.17, 25, 32. イザ 41.2–4, 45.1–7, エレ 21.7, 10, 27.5–6, ダニ 2.21, 37–38, 5.21,『エチ・エノ』46.5,『シリ・バル』82.9 も見よ。

恵に依拠した原則だろう[19]。このような教えは、とくに外国人の支配下でしばしば奴隷として、またその他の搾取・蹂躙を経験したディアスポラ・ユダヤ人にとって、大きな意味があった。

　この箇所にはイエス伝承への示唆も多く見られる。(a) とくにロマ 12.14 に明らかだが[20]、その主題は後続する節（12.17, 18, 21）にも引き継がれる。(b) ロマ 13.7 がイエスの教え（マコ 12.17）を意識していることも看過できない[21]。これらのあいだには、納税という同じ主題がある。ロマ 13.7, 8–10 の論理の流れは、マコ 12.13–17, 18–34 の論理展開と並行的である[22]。ルカ 20.22, 25 も、パウロと同様の表現でこの伝承を用いている[23]。この言語表現によって、イエスの実践的な教えがディアスポラにおいて記憶されていたと考えられよう。(c) ロマ 13.8–10 に関しては、これがイエスの愛に関する教えを意識しているとすでに論じた[24]。イエスの教えへの示唆とそれに続く実践的指示が、「主イエス・キリストを身にまといなさい」（ロマ 13.14）という戒めによって閉じられていることに鑑みると[25]、キリスト者のあり方に関するパウロの理解にイエス自身の生き様がその規範を与え続けていることが見てとれる。

　第 4 に、パウロが周知の原則に言及していることも見逃せない。ここでの善悪の範疇（ロマ 12.9, 21）も一般的なものだ[26]。「兄弟愛」と「家族愛」（12.10）は広く認められる[27]。よそ者に対する歓待の義務も（12.13）、古代世界に広く

---

19)　箴 24.21, 『アリ手』194. この神学は宇宙的な敵愾心と悪意の認識を可能とし、敵対的で抑圧的な政府を包摂し得る。

20)　§23.5 を見よ。

21)　「カエサルのものはカエサルに返しなさい」（マコ 12.17）/「すべての人に負債を返しなさい、税金を払うべき人には税金を、栄誉を与えるべき人には栄誉を」（ロマ 13.7）。Dunn, *Romans*, 768 を見よ。

22)　Allison, 'Pattern' (§23 n.116), 16–17.

23)　「税を払え（φόρον ἀπόδοτε）」（ルカ 20.22, 25, ロマ 13.7）。

24)　§23.5 を見よ。

25)　§8.3.5 n.58, §18.2 を見よ。

26)　ロマ 1.26, 28, 2.7, 10, 5.7, 13.3–4, 15.2, 16.19 も見よ。パウロの「悪（πονηρός）」の用法はより限定的だ（Ⅰコリ 5.13 = 申 17.7, ガラ 1.4, コロ 1.21, Ⅰテサ 5.22, Ⅱテサ 3.2–3）。

27)　ギリシャ語の非聖書文献では「兄弟愛（φιλαδελφία）」は一般に文字どおり「自分の兄弟姉妹への愛」を指す（E. Plümacher, *EDNT* 3.424）。「兄弟を愛する（φιλάδελφος）」がしばしば王の称号として用いられていたことに鑑みると（LSJ, 1931）、意味の範囲がより広がる。いずれにせよ、

認められる[28]。「人の前で善（καλός[29]）と認められることに心を配りなさい」（12.17）という戒めを守るなら、ローマ市のキリスト者はストア派やキュニコス派から批判されないだろう。ここでもパウロは、一般に適切な道徳的姿勢と認められる価値観に依拠している[30]。同様にロマ 13.2–5 の議論も、広く一般の支持を得る。すなわち、社会において規則正しく秩序だっていることは、自然の理であり神的理知が促す。「善」を保証するために社会は規制を必要とする。指導者は「善」の追求と「悪」の淘汰のため、規制を要求する。「酩酊、淫乱、好色、争い」などの過激な行動は擁護され得ない[31]。

（3）実践：結果としての指針では、原則と実際とが微妙なバランスを示す。これには幾つかの注目すべき特徴がある。第 1 にパウロは、ロマ 12.9–13.10 において教会の内と外とで倫理的行動を区別しない。同じ原則が、キリスト者同士の関係性と、キリスト者と外部者との関係性に同様に適用される。

ロマ 12.9–21 の分析は、パウロが既存の資料を用いたか、教会内部の問題（12.9–13）から教会外との問題（12.14–21）へと関心を移したか[32]、という問いによって注意を逸らされてしまった。実際にロマ 12.14, 17–21 が迫害と敵意について述べているのに対し、ロマ 12.15–16 はローマ市の諸教会の内部問題を扱っているように見受けられる。ロマ 12.15 はキリストの体の各部分が互いに責任を持つことを確認しており（Ⅰコリ 12.26 のように）[33]、ロマ 12.16 はたしかにロマ 11.20 での警告を繰り返している[34]。しかし、この勧告部に一貫した秩序が欠損していると判断するなら、パウロの意図を見逃すことになる。むしろ「内部者」と「外部者」とに対する責任を明確に分けられないことを、この箇所から汲み取るべきだ。ロマ 12.15–16 は、教会が外部

これが非常に重要な徳だったことは明らかだ。
28) 詳細は Dunn, *Romans*, 743–44 を見よ。
29) 「善（καλός）」には「美しい、善良な、良い、素晴らしい」等の意味がある。
30) とくにフィリ 4.8, Ⅰテサ 4.12 参照。
31) §23 n.169 を見よ。
32) 例えば Piper, *'Love your Enemies'*, 4–18, 119–22; Fitzmyer, *Romans*, 651–53 を見よ。
33) 「喜ぶ者と喜び、嘆く者と嘆きなさい」（ロマ 12.15） ／「1 つの部分が苦しめば、全体がこれと共に苦しみます。1 つの部分が誉められれば、全体がこれと共に喜びます」（Ⅰコリ 12.26）。
34) 「互いに調和を保ちなさい。高慢な思いを育まず、身分の低い者に関わりなさい」（ロマ 12.16）／「高慢な思いを育まず、畏れを抱きなさい」（11.20）。

社会の一部として機能できる程度を示している。他のキリスト者の一喜一憂に心を配ること（12.15）、また教会の中で最も身分が低い困窮者らと謙虚に一体感を保つことの延長に、迫害者を祝福する姿勢（12.14）や悪意のある人々に対して善を行う勧め（12.17）がある。パウロはキリスト者の行動規範を、同じキリスト者に対する場合と非キリスト者に対する場合とで明確に分けていないようだ。ローマ市の諸教会が絶えず脅威の下に置かれていたことに鑑みると、この外向きの積極的な勧告は印象的だ。

内部者と外部者への責任に実際の区別があったにせよ、やはり愛の原則（ロマ 12.9）が共通してこれらの勧告の基礎にある。思慮深さと外向きの愛がすべての事柄に適用される。同時にロマ 12.18 が現実を見据えている点も見逃せない。すなわち、「可能なら、あなた方のでき得る範囲で」という原則だ。激しい反対に直面する場合、愛の届く範囲が限定されることもある。また無差別の愛の戒めは、その対象がキリスト者のみならず広く外社会に向けられている[35]。この場合も、パウロが現実を十分に見据えている点を忘れてはならない。隣人はキリスト者に限らない。しかし隣人は無作為でない。ここで語られている隣人は、文字どおりの「隣人」だ。すなわち、キリスト者個人が日々の生活で遭遇し、その支援に頼らざるを得ない者を想定している[36]。行動に移すべき愛には「あなた自身に対するように」との条件がある。この戒めは個人の資源を枯渇させるような実践でなく、現実的な限界をも規定できる自己の尊厳の認識を前提としている。

第2にパウロは、政治的現実性あるいは政治的静観主義を原則として示す。これはやや否定的な言い方をすると、挑発されても報復しない問題回避型の、「安全第一」の原則だ（ロマ 12.14–21）。これは世俗権威が神的権威によって付与されていることを前提とするが、世俗権威の誤用に言及しない（13.1–7）。これは弱小小市民の現実主義だ。しかし肯定的な言い方をすると、

---

[35]　本来のレビ 19.18 の文脈では、イスラエルの民に限定されている。しかしユダヤ教文献の他所では、より広い対象が想定されている（レビ 19.34, 箴 6.1, シラ 13.15,『エチ・エノ』99.15, フィロン『十戒各』2.63,『徳論』116, ヨセフス『戦記』7.260,『イサ遺』7.6）。その他に関しては Dunn, *Romans*, 779–80, §2 n.86 を見よ。

[36]　パウロによる愛の戒めがイエス伝承に依拠しているとすると（§23.5）、彼は良きサマリア人の譬えのような隣人愛を想定していよう。

悪に直面しても善良を貫くことは、表現を変えつつ4度にわたって繰り返された主題で（ロマ 12.14, 17, 19, 21）、その最初と最後（12.14, 21）では特別に強調されている。またロマ 13.1-7 は〈善良な住民たれ〉との戒めであり、これは住民による無秩序や反乱が誰にも（少なくとも小市民にとって）益にならないという前提に立っている[37]。すなわちパウロは、善良な住民であることが、福音を善意ある人へ届けるための最良の宣教的戦略であることを承知していた[38]。

ここでも私たちは、初代教会が置かれた政治的現実を考慮せねばならない。当時のキリスト者は、現代人が当然と考える民主主義的な政治力の行使など考えようもなかった。古代政府における権威の行使は、出自とコネと富とに裏打ちされた、あるいは無慈悲な自力昇進が獲得した少数者の特権だった。残りの大多数は政治力を持たず、政治に影響を与える現実的な望みなど持たなかった。パウロは、彼の読者がローマの政治・社会構造に変革をもたらすなどという可能性を考えようがなかった。パレスチナ地方の政治不安がパウロに影響を及ぼした形跡もなく、熱心党的な破壊的抵抗がパウロの脳裏を過ぎったのでもない[39]。同時にパウロは、帝都の腐敗から自らを分離する厭世主義的な選択を促してもいない。砂漠のクムラン共同体が、キリスト者一般、とくにローマ教会のモデルになり得るとは考えなかった。パウロにとっての政治的現実は、既存の政治体制の中で生きることを意味した[40]。これ

---

[37] 同時にロマ 13.1-7 で 6 度にわたって神への言及があることも忘れてはならない。これは社会秩序と安寧とを保証する責任を負う者が、究極的に誰に責任を負っているかを知らしめている。

[38] L. Schottroff, 'Non-Violence and the Love of Enemies', *Essays on the Love Commandment* (Philadelphia: Fortress, 1978), 9-39 (とくに pp.23-24); R. Heiligenthal, 'Strategien konformer Ethik im Neuen Testament am Beispiel von Röm. 13.1-7', *NTS* 29 (1983), 55-61. 私たちはまた、このような戦略が長期的な観点からは、制度化された暴力によって維持された政治システムを転覆させる力になることを知っている。もっとも、パウロにそのような意図があったことを示す証拠はない。ただこの点を、やや偏向的にだが D. Georgi (*Theocracy in Paul's Praxis and Theology* [Minneapolis: Fortress, 1991]) が扱っている。

[39] 異論は M. Borg, 'A New Context for Romans 13', *NTS* 19 (1972-73), 205-18 参照。ユダヤ地方での反ローマ的抵抗運動にローマ市のユダヤ人は荷担していない。

[40] 後 1 世紀の他文献（とくに I ペト 2.13-17）も初期教会が同じ政治的慎重さを抱いたことを示す（Wilckens, 'Römer 13.1-7', 212-13）。Perkins (*Love*, 98) は「権威」（ロマ 13.1-3）、「住民」（13.1, 2, 5）、「善・悪」（13.3-4）、「恐れ」（13.3, 4, 7）、「怒り」（13.4, 5）が「外社会秩序の転覆でなく、そこに属すようにキリスト者を促している」と述べる。

もまた終末的緊張の一部分をなす。

§24.3.　意見の根本的な不一致との共存（ロマ 14.1–15.6）

　ローマ書の勧告部後半では、パウロの関心が外社会との関係性から教会内の関係性へと移行する。勧告部分の最後にこの主題を置いていること、しかも多くの紙面を割いていることから、2つの重要な点を読み取ることができる。第1に、ここで想定されている状況は現実のもので、ローマ教会の全員でなくとも大部分に関わる。今では周知の理解だが[41]、ここで扱われる事柄はたんなる一般論でなく、ローマ市の諸教会が直面した状況だ[42]。第2に、ここで扱われる問題はあらゆる立場のキリスト者にとっても重要で、その解決はパウロの福音理解とその実践とに深く関わる。

　（1）神学的問題：ここでの問題はローマ市のキリスト者に不安と疑念とを抱かせた。「ある者は何でも食べる（ことができる）よう信じ、弱い者は野菜のみを食べます」（ロマ 14.2）。これは確かに対立を生む問題だった。ロマ 14.5 も重要な問題を示す。「ある日を他の日よりも重要と考える者もいれば、すべての日を同じと考える者もいます」。現代読者はこれらの箇所から、食事の健康志向とか安息日厳守主義とかを想起しがちだが、パウロが扱う問題はより根が深い。

　この問題は伝統的な食事規定と安息日の重要性にも関わる。パウロの表現がやや曖昧なので、他の問題をも含意していると理解されがちだ[43]。しかし、ローマ書全体がユダヤ人と異邦人の問題を扱っているので、パウロが手紙の最後でまったく別の内容を長々と述べるとは考え難い。また本ペリコペ（ロマ 14.1–15.6）を食事規定と安息日の問題と捉えるなら、後続する段落（15.7–13）でユダヤ人と異邦人の問題に再び注意が向けられることは論理的に自然な流れだ[44]。さらに、「汚れた（κοινός）」（14.14）と「浄い（καθαρός）」

---

[41]　例えば Dunn, *Romans*, lvii と Wedderburn, *Reasons* を見よ。
[42]　パウロはローマ市の情報を入手する手段を持っていた（ロマ 16.3–15）。
[43]　例えば Rauer, *Schwachen*; Kümmel, *Introduction*, 310–11; Ziesler, *Romans*, 322–27 を見よ。
[44]　したがって「互いを受け入れなさい」（ロマ 15.7）なる勧めは「信仰の弱い者を受け入れなさ

(14.20) が両者ともにユダヤ教に特徴的な用語であることに鑑みると[45]、同じ主題が扱われていることを疑いようがない。したがってパウロは、食事を制限する清浄規定に対するユダヤ人の配慮を意識していただろう[46]。このようなユダヤ教における厳密な食事規定の実践[47]、また伝統的な祝日や安息日規定に関しては[48]、古代世界において広く知られていた。

　これは、ローマ教会の分派問題を単純にユダヤ人と異邦人とに区分できることを意味しない。なぜなら、当時の異邦人の中にはユダヤ教的な伝統に惹かれる者が多かったからだ[49]。またユダヤ教伝統にとらわれないユダヤ人キリスト者は、パウロだけでなかった。それでも、食事や祝日に関するローマ書の議論から、これらがユダヤ教の遺産として重要だったことが分かる。

　ローマ市の家の教会が直面した問題の重大さを理解するには、これらの伝統がいかにユダヤ人アイデンティティの根源に関わるかを認識する必要がある。清浄に関する規定はトーラーの主要な部分（レビ 20.22–26）を占め、殉教者の血で神聖化された契約のしるしだった（Ⅰマカ 1.62–63）。契約の民の誠実さとヤハウェへの帰属を象徴するという意味では、安息日がそれに次い

い」（14.1）と呼応する。

45）「汚れ（κοινός）」は §8 n.45 を見よ。これらの語は明らかに食事規定に関する。「浄い（καθαρός）」はユダヤ教聖典、とくにモーセ五書に頻出する（創 7.2–3, 8, 8.20, レビ 4.12, 6.11, 7.19 等）。当時のユダヤ教で浄さを維持することは非常に重要な問題だった（例えばユディ 12.7,『ヨベ』3.8–14,『ソロ詩』8.12, 22, 1QS 3.5, CD 12.19–20）。ファリサイ派は何よりも清浄規定を厳守する宗派だった（§8 n.44）。エッセネ派に関しては Newton, *Concept of Purity*（§20 n.1）, ch.2 を見よ。「聖い地」の外に住んでいることを除けば、ディアスポラ・ユダヤ人にも浄さに関する配慮はあり（フィロン『十戒各』3.205–06,『シビュ』3.591–92）、これは食事規定をも含む（『アリ手』142, ガラ 2.11–14, コロ 2.21）。

46）トーラーの食事規定は肉摂食について語るが、ユダヤ人の多くは偶像に献げられた肉を食べることでこの規定に反しないよう菜食主義を選んだ（ダニ 1.16, Ⅱマカ 5.27,『アセ』8.5, ヨセフス『自伝』14）。菜食主義はユダヤ教宗派と考えられるテラペウタイ派（フィロン『観想』37）、イエスの兄弟ヤコブ（エウセビオス『教会史』2.23.5）、エビオン派（オリゲネス『マタイ福音書註解』11.12）などが実施していたとされる。トーラーはワインを禁じないが、同様の理由――御神酒として神々へ献げられた後に市場で売られたワインを買う危険性――から、飲まない例もある（とくにダニ 1.3–16, エス・ギ 14.17,『アセ』8.5,『ルベ遺』1.10,『ユダ遺』15.4,『M ザラ』2.3, 5.2）。

47）『ガイ』361. また *GLAJJ* §§63, 196, 258, 281, 301 のテクストを見よ。

48）誇張されてもいようが、ユダヤ教の安息日伝統が異邦人の関心を惹いたと報告される（フィロン『モーセ』2.21, ヨセフス『アピ』2.282. ガラ 4.10, コロ 2.16, ユウェナリス『諷刺』14.96, 105–06 も見よ）。

49）上の註 47, 48 を見よ。

で重要だった[50]。ここにはイスラエルと神の教会との継続性、この継続性によって定義される教会アイデンティティ、この神聖な遺産に対するユダヤ人キリスト者の帰属意識、という複雑な問題が絡んでいる。この問題はすでにキリスト者共同体という新たな集団における諸問題の中心にあったが[51]、皆が納得する仕方では解決されていなかった[52]。要するにこの問題は、個人のアイデンティティと共同体形成の核心に関わっていた。パウロがこの問題にいかなる解決を見出すかは、ローマ諸教会の将来に直接関わった。

(2) 社会的文脈：この問題の社会的文脈を知るために、少しばかり探偵めいた推理を試みよう。この時代のローマ市にはかなりのユダヤ人が居住していた[53]。ローマ市で始まった最初の諸教会は、幾つかのユダヤ人会堂の外縁部に属し、おおかたユダヤ人的な特徴を示していた[54]。一方で、後49年に布告されたクラウディウス帝の勅令によりユダヤ人キリスト者を含む多くのユダヤ人がローマ市から追放されたが[55]、とくにプリスカとアキラがローマ市へ帰還していること（ロマ16.3-5）に鑑みると、クラウディウス帝の死後（後54年）に上の勅令が緩和され、追放されたユダヤ人らの多くがローマでの生活に戻ったと考えられる。

この状況に本項のテクスト（ロマ14.1-15.6）を置いて考えよう。パウロが奨励を開始する部分では、食事に関する問題が扱われていない。彼はむしろ、「信仰の弱い者を歓迎し、（彼らの）考えを改めるようことを考えてはいけません」（14.1）と促す。すなわち、ユダヤ人の指導の下で開始した諸教

---

50) §14.4 を見よ。
51) 使 10.1-11, 18, ガラ 2.11-14, 4.10. コロ 2.16, 21 も見よ。
52) パウロはアンティオキア教会でのより自由な食事の実践に関してペトロの同意を得られなかった（ガラ 2.15-21）こと、また使 15.20, 29 の「使徒教令」が周知されてディアスポラの諸教会で実践されるのに、エルサレム会議以降しばらくの時間がかかった、というのが大多数の註解者が同意するところだ。
53) おおよそ4万人から5万人と言われる。Dunn, *Romans*, xlvi を見よ。
54) ロマ 16.3-16 のパウロの挨拶にある人名を見ると、3人はユダヤ人として挙げられており（アンドロニコ、ユニア、ヘロディオン、ロマ 16.7, 11）、プリスカ、アキラ、ルフォスとその母もユダヤ人だった可能性が高い（16.3, 6, 13）。アンドロニコとユニアに関しては、ローマ市諸教会の設立に関わった人物である可能性が高い（§21.4）。
55) Dunn, *Romans*, xlviii-xlix. 異なる見解として Nanos, *Mystery*, 372-87 を見よ。

会の様子は、この時点で著しく変化していたようだ[56]。ローマ市の諸教会は異邦人が大部分を占め、教会の雰囲気は異邦人的特徴が支配的になっていた[57]。その結果、帰還したユダヤ人キリスト者は新たな状況に順応することに抵抗を感じ、歓迎されているとの印象を持ちづらかった[58]。したがってパウロは、神学的問題というだけでなく、社会的にも重大な問題を扱っている。ここでは、いかに信仰と実践とが相互に作用するかが問題だ。信仰がどの部分で、またいかにしてその効力を発揮するか、反対に教会という文脈がどの部分で、またいかにして信仰表現のみならず信仰自体の方向性を微調整するか、を問うている。

（3）原則：パウロが採用する最初の原則は信仰の原則だ。これは各分派に関する彼の描写から明らかだ。パウロはこれらを「弱い者」（ロマ 14.1–2）と「強い者」（ロマ 15.1）と呼ぶ。しかし前者に「信仰において弱い」（14.1）、後者に「何でも食べるよう信じる者」（14.2）との説明を加える[59]。この議論の最終段階で、キリスト者としての行動を方向づける基本原則が提案される場合も同様だ。すなわち、キリスト者はその信仰の表現が行動となって現れる（14.22–23）[60]。私たちの予想に反して、「強い者」は伝統的遺産やアイデンティティの顕現要素に強い確信を抱く者、伝統的な信仰とその実践に固執する者を指さない。むしろパウロは、このような姿勢を「信仰において弱い者」と表現する。パウロの理解では、彼らが神以外のものにも依り頼んでいるからだ。すなわち、神以外に清浄の規定や安息日に信頼を置いている。彼らにとっては、これらの規則なしに神への真の信頼はない[61]。これと対照的

---

56) ローマ書がおおよそ 56 年に執筆されたとして——1 年前後の誤差を勘案しつつも——、アキラとプリスカの追放から約 7 年の歳月が流れている。

57) これに対して Nanos (*Mystery*, 30–31, 72–75) は、この時点でも異邦人キリスト者がユダヤ人会堂の外縁部に属していたと理解する。しかし §24 nn.9, 59 を見よ。

58) 「歓迎する（προσλαμβάνομαι）」（ロマ 14.1, 15.7）は、「社会、家庭、知人のネットワークに受け入れること」（BDAG, 883; Ⅱマカ 10.15, 使 28.2, フィレ 17）だ。これはたんなる立場上の帰属でなく、日々の交流の実践を指す。

59) 「信仰の弱い者」が非キリスト者ユダヤ人だという Nanos (*Mystery*, ch.3) の解釈は受け入れ難い。パウロは、ユダヤ人がキリスト信仰に至らないのは（ロマ 9.32–33, 10.16–21, 11.20, 23）その「信仰が弱い」からだと考えない。

60) §23.3 を見よ。

61) ここに示唆している内容はガラ 2.14–16 で明言されるペトロへの批判を想起させる。§14.7

に、「強い者」は「信仰において強い者」であり、それは古のアブラハムの信仰のように（4.18–21）、神とそのキリストのみに信頼を置く。

第2の主要な原則は、キリスト者個人の主との関係性だ。それぞれが、主の受容、推奨、裁きの前に立っている（ロマ14.4–12）。Ⅰコリ8–10章における同様の議論では、良心という原則が強調された[62]。しかしここでは、キリストと御霊への参与の重要性が語られる（14.17）。救いの開始に関わる3つの側面（信仰、主、御霊）はここでも強調され、パウロにとって福音と実践とが連結していることを再び思い起こさせる。

第3の原則は、イエス自身の教えと行動だ。パウロはその行動を支える基本的原理を、「それ自体が汚れているというものはない、と私は主イエスにおいて知り、また確信しています」（ロマ14.14）と明言している。しかしロマ14.23を念頭に置きつつ、すぐさま「しかしあるものを汚れているとする者にとって、それは汚れています」（14.14）と続ける。既述のとおり、これはマコ7.15を想起させる[63]。さらにパウロは、神の王国に関するイエスの教え（14.17参照）も念頭に置いていよう[64]。ロマ14.14と14.17とが結びつくのは、来たるべき王国の影響として（またイエス自身の霊の体験として）、食卓の交わりで清浄規定が無視されたという記憶があるからだろう[65]。イエス伝承とイエスが示した前例とに依拠することで、パウロは権威があった聖典と伝統（清浄規定）を無視する正当性を得た。そしてこの奨励のクライマックスとして、パウロはイエスの例に倣うように勧める（15.1–3）。そして、「キリスト・イエスに倣って調和ある生活をしなさい」（15.5）、「キリストがあなた方を受け入れたように、あなた方も互いに受け入れなさい[66]」（15.7）と命じる。

同時に愛の原則が明示されている点も見逃せない。パウロは「あなたの兄弟が食事に関して心を痛めているなら、あなたはもはや愛によって歩んで

を見よ。
 62) 「良心（συνείδησις）」（Ⅰコリ8.7, 10, 12, 10.25, 27–29）。
 63) §23.5を見よ。
 64) §8.3.2, 3を見よ。
 65) この連結は以下のテクストに見られる。マタ11.19∥ルカ7.23, マタ12.28∥ルカ11.19–20, マタ22.2–10∥ルカ14.16–24。
 66) §23.5を見よ。

いません」(ロマ14.15) と述べ、さらに「彼を食事によって滅ぼしてはいけません、その人のためにキリストは死にました」(14.15) と続ける。したがって私たちは、パウロがイエスの献身的な死を「弱い者」への愛と考えた(5.6)[67]、との結論に至る。換言すると、パウロは私たちが上で分析した諸原則を別個のものとして捉えなかった。キリストの死と復活への言及 (14.9, 15) は、裁きにおけるキリストの役割を侵害することへの警告と (14.10–12)、献身的な行動への動機付け (14.15–21) の両方を裏付ける。

　パウロがより一般的な「善」に言及することも見逃せない。ロマ14.16でパウロは、「あなた方の善が侮られないようにしなさい」と注意する。すなわち、ローマ市の諸教会の成員が不注意な行動をとるなら、それは近隣住民や知人らに悪い印象を与える。新奇の任意団体等の集団に対するローマ人の疑念に晒される危険性が、ここでも意識されていよう。しかしより重要な点は、そのような悪評判がキリストへの証しを損ねることだ。最後にロマ15.2において、パウロは「それぞれが善によって建て上げるように隣人を喜ばせなさい」と勧める。ここでは「善」が教会を建て上げることと同視される。したがって、社会的な関係性を見据えた行動の動機は、霊を判別することの動機と同じだ[68]。

　(4) 実践：ローマ市のキリスト者共同体の問題は、2つの基礎原理が衝突することだった。その1つは設立に関わる伝統とその実践、もう1つはキリストへの信仰による自由だ。この衝突の兆候は明らかだ。第1に、他者を受容し歓迎できない不寛容さがある。これはまず「信仰における強者」(ロマ14.1) への責任として示され、最終勧告のまとめ部分では「キリストがあなた方を受け入れたように、あなた方も互いに受け入れなさい」(15.1) という相互への戒めとして提示された。

　第2の兆候は、他者に対する姿勢に現れた。「食べる者が食べない者を蔑んではいけません、また食べない者が食べる者を裁いてはいけません」(ロマ

---

67) ローマ書でのパウロの「弱さ」に関する教えは、「弱さと信仰」(4.19, 14.1–2) また「弱さに応答する十字架」(5.6, 8.3) という主題に限定されている。
68) §21.6.3を見よ。

14.3)[69]。ここで用いられる言語表現は、内部対立の心理に関するパウロの洞察を示す。キリスト教の歴史が繰り返し示してきたように、キリスト者の自由に基礎を置く者は、より伝統的な立場にある者を「蔑む」傾向にある[70]。彼らは「強者」が細部への偏狭的固執と見なす事柄を軽蔑する[71]。同時に、初期の設立に関わる伝統に立つ者は、より自由主義的な者を「裁く」傾向にある。それを正しいあり方（*bene esse*）——キリスト者のアイデンティティに関わるあり方（*esse*）でないにせよ——の放棄あるいは致命的な譲歩と見なし、「強者」を断罪する傾向にある[72]。

この明らかな脅威に関して、パウロは第1に「信仰における弱者」へ（ロマ 14.3–12）、続いて「信仰における強者」へ語りかける（14.13–15.6）。より伝統的なユダヤ人キリスト者に対して、パウロは他者への断罪の姿勢とその神学的根拠に異議を唱える。すなわち、信仰が彼らの定義よりも広義で基本的であることに気付くよう促す。パウロは、神による受容の決定要因が彼らの信仰の定義でなく、皆が信じた神自身だという点に立ち帰るよう、つまり彼らが受け入れ難いと見なした者を神が受け入れたことを認めるように求めている。パウロはこの点を繰り返し強調する（ロマ 14.3–4）。

> ³神が彼を受け入れたのです。⁴他者の僕を裁くあなたは何者でしょう。彼は彼の主人との関係において立ちもすれば倒れもします。そして彼の主人は彼を立たせることができるので、支えられるのです。

これはパウロの重要な牧会的方向性を示す。伝統主義者が根源に関わると考える部分に異論がある者を、キリストへの信仰という観点から受け入れるよ

---

69) 「裁く、断罪する」に相当する語として、ロマ 14.16 では「謗る（βλασφημέω）」が用いられる。この単語はパウロ書簡群で3度のみ（ロマ 3.8, 14.16, Ⅰコリ 10.30）用いられる。

70) 「蔑む（ἐξουθενέω）」には侮辱のニュアンスがある（王下 19.21, 代下 36.16, エゼ 22.8, 知 4.18, ルカ 23.11 参照）。

71) これはパウロ自身にも向けられよう。彼自身の考えが「信仰における強者」なら、彼と意見が異なる者は「信仰における弱者」となる。しかし少なくともパウロの場合は、信仰を共有しているとの認識を持っている。

72) これはユダヤ教宗派間の中傷としての「罪人」という表現と同様だ。Dunn, 'Jesus and Factionalism' (§14 n.56).

う勧めている。伝統主義者の問題は、彼らの確信がその神観を形成し、その逆でないことだ。すなわち彼らは彼らの似姿に神を造ってそれを拝み、キリストに委ねられた裁きの権威を剥奪していた。信仰の基礎自体は補足を求めない。そのような補足や「説明」はこの基礎を補強せず、むしろ損なう。

第2の忠告は「互いに自分の考えにおいてしっかりした確信を抱きなさい」(ロマ 14.5) というものだ[73]。ここでも、神の前で何が自分に適切な行動かを選ぶ権利が示唆されている。社会的行動を規定する伝統が自分の選択と相反するとしても、だ。この場合、多様な選択が当然予想される。2人のキリスト者が異なる、あるいは相対する確信を持つことさえ想定される。その両者ともに神に受け入れられる。片方が正しいために、もう片方が誤りである必要はない。ある人の確信はその人の行動の決定要因となるが (14.22–23)、それは他者の規則でない。ましてやその確信が他者を殴打して強制する鞭であってはならない。

第3の忠告は、伝統に柔軟な者が信仰を捨てたと疑う、伝統主義者の傾向を指摘する。なぜなら後者は、信仰によって決定された行動が何かを示す基準を持っていると自認するからだ (ロマ 14.6)。

> ある日に関して意見を持つ者は、主に対してそうします。また食べる者は主に対してそうします。彼が神を感謝するからです。また食べない者も主に対してそうしており、彼も神に感謝を捧げます。

ここでの指標は、自らの行動を神に感謝し得るかだ。神から与えられた生き様、あるいは謙遜な感謝によって神に捧げ得る生き様だけが、キリスト者の行動として受け入れられる[74]。この指標は一方で人の行動を制限するが、他方で人を自由にする。神に与えられ「主に対して」捧げるそのような生き様

---

73) ここでもアブラハムの信仰が規範になっていることに注目せよ。「しっかりと確信する (πληροφορέω)」はパウロ書簡群で本節 (ロマ 14.5) と 4.21 のみに用いられる。ロマ 4.20 と 14.23 とが対応する点は偶然でない。

74) これはロマ 1.21 を想起させる。「感謝する (εὐχαριστέω)」(同語) ことをしないことが、神の喪失の特徴だ。

が、神が裁く際の判断材料となるとの理解（ロマ 14.7–12）が、後続する議論での前提となる。これは、他の規範や伝統によるすべての人間的な裁きを制限し、じつにそれらを禁ずる（14.10, 12）。

「信仰における弱者」への戒めが信仰という原則のみにほぼ依拠している一方で、「信仰における強者」への戒めは、キリストが体現した愛という原則に、より直接的に依拠する。すなわちパウロは、自由主義的傾向が強い者の奢りが伝統的な者を蔑む傾向の対極として、キリストの愛を提示している。

第1に、「信仰における弱者」を威圧することなく、「論破しようとせず、（彼らを）受け入れなさい」（ロマ 14.1）[75]。（「強者」の視点から）自分の信仰を熟慮していない者に敬意を払うとは、そのような者が言葉で説明し得ない直感的な仕方で確信に至っていることを認めることだ。パウロがこの章末で、信仰の強者に対して自らの信仰を神の前で自分の内に留めておくようにと促していることは（14.22）、ロマ14章開始部での促しと呼応する。なぜならこれは、互いに自分の確信を相手に押しつけないようにとの教えだからだ。

第2にパウロは、「信仰における強者」の自由主義的な行動がより伝統的な者にいかなる影響を与え得るかを示す。前者の態度は後者の「心を痛め」（ロマ 14.15）、「破壊」（15.20）しさえする。パウロはここで、「強者」の行動が「弱者」の気分を害するとか悲しませるとかのレベルでなく、「弱者」を躓かせる（14.21）現実を語っている。すなわち、「強者」と折り合いを付けようとして「弱者」が「（良心に）反して食べる[76]」（14.20）よう強いられ、心で納得ができない行動を強要され、「信仰からでない」（14.23）行動へと促される。

そしてパウロは、「強者」が他者への愛によって自らの自由を制限すべきことを強調する（14.13–15.3）。

---

75) 文字どおりには「（異なる）意見を区別する（διακρίσις διαλογισμῶν）」だが、これは「霊を見定める」（Ⅰコリ 12.10, 14.29）ことのプロセスと似ている（§21.6を見よ）。すなわち（預言などによる）キリストの思いを共有するための議論。ここでは複数のδιακρίσεις が用いられ、新参者が自らの立場を説明することが要求される様子を描いている。

76) この表現が具体的に何を意味するか明らかでない。おそらく「弱者」が食べることで良心を痛めることを述べていよう。Dunn, Romans, 826を見よ。この配慮に関してはⅠコリ 8.10 がより明らかに述べている。

> ¹³ ですから、兄弟の前に妨げや躓きの機会となるものを置かないよう心に決めなさい。……¹⁵ もし兄弟が食べ物について心を痛めるなら、あなたはもはや愛にしたがって歩んでいません。……²¹ 肉を食べたり、ワインを飲んだり、何でもあなたの兄弟が躓くことを差し控えることは良いことです。……15.1 強い私たちは、自らを喜ばせるのでなく、力のない者の弱さを支えるべきです。² 何が建て上げるのに役立つかを考え、互いに隣人を喜ばせましょう。³ なぜならキリストも自らを喜ばせず……

パウロの趣旨は明らかだ。より自由主義的な者は自らの確信のみに立って行動するのでなく、自らの行動がより伝統的なキリスト者に与え得る影響を配慮せねばならない。キリストがこの模範だ。キリスト者の自由は、時代遅れの制限事項から自由になることと同時に、自らの思いを放棄することによっても示される。

〈キリスト者の自由による共同体〉

要約しよう。パウロは、ローマ市の諸教会に示すべき戒めがいかに困難かを十分に認識していた。一方で、ユダヤ教聖典に依拠し歴史的プロセスによって神聖化された伝統は、神に受け入れられることの絶対的な決定要因とならない。他方で、神とキリストへの信仰という基本に関して譲歩せずに、意見の異なる他者を可能な限り受容することが促された。いずれの場合も、広範囲な信仰と自由のどこに立つ人にも敬意を示し、全体の一致のために意見の異なる人の行動を擁護する姿勢が求められる⁷⁷⁾。

---

77) これはロマ14.14に要約されている。「何もそれ自体が汚れているということはないと私は主イエスにおいて確信しています。ただ、何かを汚れていると考える人にとって、それは汚れているのです」。

§24.4. 2つの世界を生きる〔I〕——性的行為（Iコリ5–6章）

ローマ書とIコリント書の勧告のあいだには共通点も多いが、決定的な違いもある。ローマ書は、教会がいかに外社会と深く関わろうと、外社会から分かたれていることを前提とする。ロマ12.9–13.14は、非常に敵対的な世に晒された教会が直面する問題に焦点を置き、ロマ14.1–15.6は、おもに教会内の関係性に注意を向ける。これに対してIコリント書は、教会と外社会との境界線があまり明確でない。ここで扱われる問題の多くは、キリスト者が外社会と価値観を共有することに起因しており、キリスト者は教会と外社会の価値観の板挟みになっている[78]。2つの世界を生きるための倫理を視野に入れたIコリント書での勧告には、それなりの特徴がある。第1に、Iコリ5–6章から性的行為について論考しよう。

既述のとおり、パウロは「律法に反する性交渉（πορνεία）」に対して厳しい態度を示す（§5.5）。これは性生活一般に対する嫌悪を意味しない（§24.5で後述）。パウロが反対するのは、彼が誤った性的行為と考えるもの——同性愛や性的淫行一般を含む——を指す[79]。これはキリスト者共同体を他の宗教や当時の風潮から明らかに分け隔てる特徴だ。ヘレニズム世界での性習俗は一般にかなり緩やかだった[80]。しかしパウロは、ロマ1.24–27が示すとおり、意識的にユダヤ教伝統に堅く立っていた[81]。

他者との関係に影響を与え得る他のユダヤ教伝統を再定義したり破棄したりするにもかかわらず、パウロはなぜ性倫理に関しては堅守したか。外社会

---

[78] ロマ14.1–15.6とIコリ8–10章とは最も対照的だ。扱う問題（食べ物と食事の交わり）は同じだが、両書が描く状況は驚くほど異なる。さらに§24.7を見よ。

[79] Jensen, '*Porneia*' を見よ。これはB. Malina, 'Does *Porneia* Mean Fornication?' *NovT* 14 (1972), 10–17 への応答だ。§5.5 も見よ。

[80] ギリシャ的感性によると、性交渉は男性にとって飲み食いと同様に自然で必要で正当化された。極端な行為のみが非難された。一般に夫は自由な性的活動が認められたが、妻は婚外での性的活動が禁じられた。とくに女奴隷は主人の性的要求に無防備だった。ムソニウスに代表されるストア派の批判はパウロの立場に近い。F. Hauck and S. Schulz, *TDNT* 6.582–84; S.B. Pomeroy, *Goddesses, Whores, Wives and Slaves: Women in Classical Antiquity* (New York: Schocken, 1975), 149–89.

[81] §5.5を見よ。とくにRosner, *Paul, Scripture and Ethics*, chs.3–5 を見よ。

との密接な接触を前提とするⅠコリント書（5.10）で、性的行為に関してより緩やかな姿勢を示さなかったのはなぜか。おそらくパウロは、正当な「願望」に関する抑制しがたい感情が容易に「欲情」へと堕落してしまう危険性を、ユダヤ教的背景において身につけていたからだろう[82]。彼は性的欲求の強さに対する現実的な目を養っていた。それが命を育み関係性を強化する一方で（7.3–5）、腐敗と破滅を容易にもたらすことをわきまえていたようだ（ロマ 7.7–11）[83]。

　この断固としたパウロの姿勢に鑑みると、パウロがⅠコリント書で最初に扱う倫理的問題が「姦淫（πορνεία）」であったとしても驚くに足らない（Ⅰコリ 5.1–5）。じつにここでは、「異邦人のあいだでも見られない」種類の姦淫、すなわち自分の父親の妻との同棲が扱われる（5.2）。具体的な状況は明かされず、当事者の名前も分からない。パウロの批判は個人でなく、むしろ教会に向けられている。彼の願いは、教会が適正な処分を下すことで、その責任を適切に引き受けることだ。このような勧告の内容から、当該人物が教会の立ち上げに当初より関わった重要な経済援助者だったことが推測される[84]。そうだとすると、パウロが譲歩の姿勢をまったく見せないことは非常に印象深い。処分の内容は不明だが、その目的は該当者の更正にある（5.5）[85]。ここでの倫理的配慮は明らかだ。すなわち、そのような行動を裁かないことは、共同体の倫理基準を崩壊させることにつながる。キリストの体

---

[82]　§5.5 を見よ。

[83]　M. Douglas（*Purity and Danger: An Analysis of the Concepts of Pollution and Taboo* [London: Routledge and Kegan Paul / New York: Praeger, 1966]）の社会人類学的論考を見よ。

[84]　とくに Chow, *Patronage*, 139–40; Clarke, *Secular and Christian Leadership*, ch.7（ともに §21 n.25）を見よ。費用がかさむ法制度は社会的に高い地位の者を優遇するので、法廷での争いを選択すること自体、裕福な経済支援者が当該者である蓋然性を示している（Chow, 123–30; Clarke, ch.5）。これは性倫理を扱う箇所に法廷に関する問題が挿入されていること（Ⅰコリ 6.1–8）を説明する。B.W. Winter, 'Civil Litigation in Secular Corinth and the Church: The Forensic Background to 1 Corinthians 6.1–8', in Rosner (ed.), *Understanding*（§23 n.1）, 85–103.

[85]　「その男をサタンへと引き渡し、その肉を破壊させることによって、主の日にその霊が救われる……」（Ⅰコリ 5.5）。ここでは、パウロが他所で罪の体を取り除くために古い性質を十字架につける（ロマ 6.6）、あるいは体の行いを殺す（8.13）ことによって得られる結果が期待されていよう。Fee, *1 Corinthians*, 210–13; G. Harris, 'The Beginnings of Church Discipline: 1 Corinthians 5', in Rosner (ed.), *Understanding*（§23 n.1）, 129–51（とくに pp.144–50）を見よ。

が成員の関係性によって成立することを考慮すると（§20.4）、1 人が持つ病原菌が体全体を冒し、共同体全体の霊的健康が危険に晒される（5.6–8）[86]。そしてパウロの最後の命令には譲歩の余地がない。「邪悪な者をあなた方のあいだから取り除きなさい」（5.13）[87]。

キリスト者の自由はどこまで許容され得るかという視点に立つと、この行動は許容不可能な放埓の域に深く踏み込んでいる。当該者個人へ愛を示すという配慮はそれでも保証され、それが好ましい結果を招く場合もある（Ⅱコリ 2.5–11）[88]。しかし父の妻との同棲は、裁きを免れ得ない。これは、キリスト者を律する行動規範の露骨で明らかな違反だ。

他のコリント信徒らが従来どおりの性慣習（Ⅰコリ 6.11）を維持し、性のはけ口として売春婦（6.11）や奴隷を利用することを正当化する恐れがあった（6.12）[89]。パウロはこれらの行為がキリスト者にとってまったく許容されないと断言する。この理由は 2 つある。第 1 に、このように放縦な行為は容易に肉欲の奴隷状態を生じさせる（6.12）。このような生き方は、はかなく過ぎ去るこの世界のみを視野に入れている（6.13–14）。第 2 に、キリスト者の最も重要な関係性は、御霊の内在を通してキリストと連帯していることだ。キリスト者は、この関係性を弱体化させる危険性を回避せねばならない（6.15–20）。

要約しよう。忠誠心と関係性とが教会の内外で重なる度合いが大きい場合——コリント教会の場合はその度合いが他の教会より大きいようだが——、パウロは性的行為に関して何が許容され、何が許容されないかを明確にするよう教会に求めた。その際の基準は、聖典と伝統の明らかな指針、キリストへの献身の意味、そして御霊への依存であり、これらを侵す放縦はすべて閉

---

86)　とくに Martin, *Corinthian Body*, 168–70 を見よ。しかし「救われるべき霊が（5.5）当該者の霊であると共に教会の霊だ」という主張は言い過ぎだ。

87)　パウロは「あなた方のあいだから悪を取り除きなさい」（申 17.7）という命令を非常に適切に用いている。

88)　しかし Furnish, *2 Corinthians*, 164–68 を見よ。

89)　アポロドロス（前 4 世紀中半）は言う、「我々は楽しみのために娼婦を、日々の体の必要のために妾を、そして嫡子をもうけ家内の仕事を忠実に取り仕切るために妻を持っている」（偽デモステネス『演説』59.122）と。

め出されねばならない。

§24.5. 2つの世界を生きる〔II〕——結婚と離婚（Ⅰコリ7章）

ピーター・ブラウンは、「（Ⅰコリ7章が）1000年以上にわたって結婚と非婚に関する全キリスト者の理解を形成してきた[90]」と述べる。それならば、パウロの性倫理が基本的に禁欲的で[91]、彼が結婚と夫婦間の性生活を次善の選択と教えている[92]との理解が、Ⅰコリ7章を根拠にして支配的なのは、著しく不幸なことだ。

この理解が優勢なのには、Ⅰコリ7章にある2つの否定し難い特徴に原因がある。第1は、パウロ自身が非婚を選択するという明らかな言説だ。すなわち、「皆が私のようであって欲しい」(7.6)[93]、「結婚する人はその肉体に苦労をかけること（θλῖψιν τῇ σαρκί[94]）になります。私はその苦労を負わせたくないのです」(7.28)、「娘と結婚する人はそれで良いのですが、結婚しない人はより良いことをするのです」(7.38)、「私の判断では、その人（寡婦）はそのままの状態（非婚）に留まるのがより幸せです」(7.40)。第2には、パウロが今の時代が終わりに近づいていると考えていたことが関係する。すなわち、「時（καιρός）は短い」(7.29)[95]、「この世のかたちは過ぎ去りつつありま

---

90) Brown, *Body*（§3 n.1）, 54.
91) とくに Niederwimmer（*Askese*, 80–124）は、Ⅰコリ7章の主要な議論は「禁忌的な禁欲主義」とする。Wimbush（*Worldly Ascetic*）は、Ⅰコリ7.29–35 を「霊的分離主義」とし、ストア派の「感情からの解放（ἀπάθεια）」と同視する。
92) とくに Deming（*Paul*, ch.1）の、それ以前の研究への批判を見よ。「このような理解によると、使徒は結婚を軽視しており、結果として読者を性的禁欲主義へと導くことになる。それは自らの性的性質を拒否することで神により近づくという考えだ」(p.1)。パウロが「対話相手の理解（Ⅰコリ7.1b）に完全に同意している」という Brown（*Body*［§3 n.1］, 56）の前提は言い過ぎだ。Martin（*Corinthian Body*, 209–12）の解釈も一方的だ。まず、パウロはここでの議論を「強者／弱者」の問題にしていない。
93) 文脈と後続する議論から、結婚の不安から解放された非婚状態のことをパウロが言っていると考えられる（7.32–35）。
94) 「肉体に苦労をかける（θλῖψιν τῇ σαρκὶ ἕξουσιν）」は一般に「この世における苦労」（NRSV）などと理解される。性行為における肉体的な痛みや危険なら、とくに女性の妊娠・出産が考えられる。また、肉欲への誘いの危険性が示唆されている可能性もあるか。
95) 「時（καιρός）」はキリスト到来によって始まった終末の時を指していよう（ロマ 3.26, 8.18,

第 24 章　倫理の実践　　861

す」(7.31)⁹⁶⁾。この時期に、「妻帯者は妻を持たないかのようにしているのがよろしい」(7.29)。Ⅰコリ 7.25–35 の議論の流れから、これら 2 つの考えが融合していることは明らかだ。パウロが非婚状態を選択する大きな理由は、終わりの時が近づいていることだ。「今日の困難（ἀνάγκη⁹⁷⁾）ゆえに、人は今ある状態に留まるのがよろしい」(7.26)。

　同時に、あまり考慮されないもう 2 つの点についても考えよう。第 1 に、パウロはコリント信徒らがもたらした質問に応答している。彼はⅠコリント書で「～に関しては（περὶ δέ）」という導入句を繰り返しつつその質問に答えるが、Ⅰコリ 7.1 と 7.25 がその初めての用法だ。この句が既婚者について (7.1–24)、次に婚約している娘 ⁹⁸⁾ と非婚者について (7.25–38) の議論を導入する。この点は、パウロの議論が他者の問題意識に応答していることを教える ⁹⁹⁾。つまり、パウロ自身は結婚に関する神学を提供しようと意図したので

11.5, 13.11, Ⅱコリ 6.2)。この時が短くされている（συνεσταλμένος）。さらに J. Baumgarten, *EDNT* 2.233; H. Balz, *EDNT* 3.313 を見よ。

96)　Baumert (*Ehelosigkeit*, 228–36) はこの節の最も自然な意味を曲解している。「かたち（σχῆμα）」を「行為」ととり、「過ぎ去る（παράγω）」を「（霊的に）支配下に置く」と理解する。「パウロはここで来たるべき世の終わりに伴う今まさに近づいている困難について述べておらず、キリスト者が日々直面するこの世における緊張に満ちた関係性に言及している」(Baumert, *Woman*, 95–96)。

97)　「古典文献では ἀνάγκη は人が生きる状況での拘束力を意味し、自由な選択を制限する」（さらに A. Strobel, *EDNT* 1.78–79）。E. Baasland, 'Anankē bei Paulus im Lichte eines stoischen Paradoxes', in H. Cancik, et al. (eds.), *Geschichte Band III Frühes Christentum*, 357–85（とくに pp.367–71）を見よ。しかしこの語が異教世界に住む結果としてのキリスト者の「苦労」、「いまだ」の影響を受け続ける「すでに」における負荷を含意しているという印象を拭いきれない（§18）。使徒の受難という文脈でのこの語の用法（Ⅰテサ 3.7、Ⅱコリ 6.4, 12.10）を「終末的緊張」（§18.5）における苦しみと完全に分けることができようか。しかしパウロの他の用法、とくに同じ章での用法に注目せよ（Ⅰコリ 7.37, 9.16、Ⅱコリ 9.7、フィレ 14）。

98)　パウロは「婚約している娘（παρθένος）」という語を繰り返し用いる（Ⅰコリ 7.25, 28, 34, 36–38)。また「非婚者（ἄγαμος）」も登場するが (7.8, 11, 32, 34)、これには少なくとも非婚の女性が含まれる (7.34)。2 つの異なる状態が区別されていると思われるので、前者の παρθένος はたんに非婚というだけでなく、婚約関係が成立している（いいなずけ）状態にある女性を指す。Ⅰコリ 7.36, 38 では明らかにそのような女性が念頭にある。パウロがこの女性の結婚を促していることから (7.36)、結婚した者同士があたかも独身者のように離れていることを想定しているとは考えられない（REB 訳はこのような訳「独身の連れ合い」を採用する NEB 訳を継承しなかった）。W.G. Kümmel, 'Verlobung und Heirat bei Paulus (1 Kor. 7.36–38)', *Heilsgeschehen*, 310–27; BDAG, γαμέω; Fee, *1 Corinthians*, 325–27; Deming, *Paul*, 40–47 を見よ。

99)　Schrage, *Ethics* (§23 n.1), 226–27 を見よ。

ない。この教えに関しても、パウロは明らかにユダヤ教聖典の内容を前提としている（Ⅰコリ6.16参照）。したがって彼は、結婚の主要な目的として一般に理解されているところ——子孫をもうけること——に言及する必要を感じなかった。Ⅰコリ7.14が子供に言及していることから、この主要目的が周知のことだったと思われる。

パウロはコリント信徒らの質問状の文言に応答していることと思われる。したがって、Ⅰコリ7章の冒頭の句（「男にとって女に触らないのが良い」）はコリント教会からの質問状の一部と理解される[100]。パウロの見解を知ろうとすれば、彼の指示がコリント信徒ら自身の視点に応答するという仕方で提示されていることを考慮する必要がある。少なくともⅠコリ7章では、そこに見られる禁欲主義はパウロの姿勢というより、コリント信徒らの姿勢を反映していよう。

第2に留意すべき点は、§24.4の冒頭ですでに述べた。コリントのキリスト者共同体は、その特徴的な性格を示すプロセスを始めたばかりだった。各共同体成員の外社会との関係は、いまだ曖昧な教会と外社会との境界線に混乱をきたすことがあった。キリストへの新たな忠誠と（非キリスト者の）配偶者や主人に対する忠誠との板挟みになる終末的緊張ゆえの苦悩は、かなりの負担となった。パウロはそのような状況にあるコリント信徒に、結婚に関する具体性のない神学をたんに披露することをよしとしなかった。むしろ彼は、コリント信徒の具体的で火急な問題にアドバイスをすることを必要と考えた。

この状況に鑑みると、パウロのアドバイスがいかに注意深く配慮に富んでいるかが分かる。彼は再び、主との関係性が最も重要である点を強調する[101]。権威のあるイエス伝承に言及し（7.10–11）、御霊の導きを信頼するよう促す（7.40）。また「神の掟にしたがう」（7.19）ことの重要性を前提とする。ユダヤ教の知恵と齟齬をきたさない程度に、ストア派伝統の良い部分を

---

100) この理解を支持する研究者に関しては、例えばSchrage（*1 Korinther*, 53 n.11）の二次資料を見よ。Schrage自身は、テルトゥリアヌスやオリゲネスがこう理解していただろうと論ずる。ちなみに「触る」とは性交渉を指す。Fee, *1 Corinthians*, 275; 創20.6, 箴6.29を見よ。

101) Ⅰコリ7.17, 22, 32, 34–35, 39.

第 24 章　倫理の実践　　　　　　　　　　　　　　　863

　その教えに取り込む[102]。さらに「2 つの時代」に挟まれ、2 つの世界の板挟みにあるコリント信徒らの状況を考慮する。結果としてコリント信徒らの質問に答えるにあたり、非婚の状態が主への献身に益となったという自らの経験に立って、自分の意見を躊躇せず述べている。しかしその際にパウロは、「意見[103]」と「命令[104]」とを明確に区別し、他の選択も同様に十分に許容されるという譲歩の姿勢を示す。彼のアドバイスを注意深く見ると、これらが優先順位と現実に沿って選択されることの重要性を述べており、何か特定の婚姻関係に対する姿勢を強調したり、ましてや禁欲主義を助長させるよう意図していないことが分かる。

　したがって I コリ 7 章の第 1 段落で、パウロは「淫行（πορνεία）」という危険（I コリ 6.12–20）に関する適用を確認する。すなわち、性的行為の唯一適切な場は婚姻関係にある。あるいは、婚姻関係においてこそ性欲が肯定的な役割を演じ、それが「肉欲」へ堕落することを防ぐ[105]。パウロの結婚観自体は純粋なパートナーシップを前提としており[106]、そこでは積極的な性関係が規範となっている（7.3–4）。一時的に祈りが優先される場合、それは夫婦間での合意によらねばならず、その期間も制限される必要がある（7.5）[107]。パウロは、人によって与えられる賜物が異なることを明言する（7.7）。すなわち、祈りへの献身（霊的静想か）とそれに伴う自制は御霊による促しであ

---

102)　ストア派の影響に関しては Deming, *Paul*, ch.3（とくに pp.212–13 の要約）を見よ。ユダヤ教の影響に関しては Dautzenberg, '*Pheugete*'; Rosner, *Paul, Scripture and Ethics*, ch.6 を見よ。
103)　「意見」：γνώμη（7.25, 40）; συγγνώμη（7.6）.
104)　「命令」：ἐπιταγή（7.6, 25）.
105)　ここで結婚に関するかなり狭い視点が述べられているのは、先行する I コリ 5–6 章の内容を継承していること、またコリント信徒らの質問に応答しているという状況を反映している。驚くべきことに Martin（*Corinthian Body*, 212–17）は、「[情欲によって] 燃え尽きるより結婚した方が良い」（7.9b）という言説を根拠に、パウロが欲望をすべて取り除くことを勧めていると結論づける。「キリスト者は欲望をすべて回避し……。パウロにとって結婚の機能は欲望を消し去ることだ」（p.216）。しかし、I コリ 7 章は「欲望（ἐπιθυμία）」に言及しない。I コリ 7.5, 9a, 36 が示唆するのは、結婚という文脈での性欲は自然で適切だということだ。I テサ 4.5 では「欲望への熱情」という二重の表現によって欲望が制御不可能な様子を表現しているのみだ。
106)　Furnish, *Moral Teaching*, 35–37; Baumert, *Woman*, 36–43 を見よ。ストア派に共通する結婚観は Deming, *Paul*, 119–22 を見よ。
107)　この点に注意を促す『ナフ遺』8.7–10 との驚くべき類似性を見よ。§5 n.96 を見よ。

り、皆に等しく与えられるのでない[108]。預言の賜物がないことに問題がないように、そのような賜物を持たないことにも問題はない[109]。

第2段落（7.8–16）でもパウロはまず、結婚（再婚）を考える非婚者と寡婦に同じ論理を適用する。すなわち今の時代において、結婚は性的行為のための適切で本質的な文脈だ（7.8–9）[110]。不幸な結婚に関して[111]、パウロはイエス自身の教えにある規範を指摘するのみだ。つまり、離婚は支持されるべきでなく、離婚したなら非婚のままでいるべきで、他者と結婚すべきでない（7.10–11）。しかしパウロは、コリント信徒らの状況がイエスの命令において想定外の新たな状況——配偶者がキリスト者でない——をもたらしていることを認める。このような状況で、結婚関係の維持は非信者の同意の有無によって左右される。この問題の焦点は、教会と外社会とのあいだの境界線を跨いだ夫婦間の激しい対立を回避することだ（7.15）。このような夫婦の子供が浄いか（「聖徒」に含まれるか）に関して考慮する必要はない。非信者である配偶者が信仰を持たないことが、子供の浄さに影響を与えないからだ（7.14）[112]。

パウロは、現在の立場（割礼か無割礼か、奴隷か自由か）が神の前での身分を左右しないことを確認する（7.17–24）。この場合の最優先事項は、「神の戒めを守ること」（7.19）だ。最も重要な関係性は、キリストとの関係性（7.22–23）であり、神との関係性（7.24）だ。これらの根本的な関係性と比

---

108) 『ナフ遺』8.7–10 は「祈りのための節制」を「主の命令」とするが、パウロは賜物と捉える。§20.5, §20 n.120 を見よ。

109) パウロは一般の理解と異なり、結婚と独身の状態を賜物とは呼ばない。Dunn, *Jesus and the Spirit*, 206–07; Deming, *Paul*, 127–28 での賜物に関する議論を見よ。

110) もしパウロが、コリント教会の非婚者たちは非婚のままでいるべきかとの疑問に答えているなら、それ（結婚）に否定的な応答はおおよそ期待できない。Baumert (*Woman*, 28–29, 48–49) は「パウロにとって若者が結婚することは普通であり自然なことなので、彼はその規範を I コリ 7 章で言及する必要を感じていない」（p.49）と述べる。

111) 非信者と結婚した女性キリスト者の苦労に関しては MacDonald, 'Early Christian Women' を見よ。

112) I コリ 7.14 に関しては §17.4 を見よ。ここでの「浄さ」に、I コリ 11.30 の場合と同じような、実質的な影響が含まれるか。§22.4 を見よ。Hays, *Moral Vision* (§23 n.1), 359–60 参照。あるいは Baumert (*Woman*, 58–59) が提案するように、これはキリスト者の視点からの浄さと見なせば十分か。ロマ 14.14 参照。

較すると、その他のいかなるアイデンティティの要素も相対化されるので、ある立場から他の立場へ移行する必要はない。それが最優先の関係性を変えることはない [113]。

　第 2 の質問（7.25–38）にもパウロは同様の論理を適用する。今の時代の危機と時代の火急性（7.26, 29）とは優先順位を変更せず、むしろその重要性をさらに際立たせる [114]。この場合、現代の関係性を相対化する程度が高まる。しかしそれは諸刃の剣であり、婚姻関係は保たれるが、今後の結婚が促されるわけでなく、いずれも罪を犯すことでない（7.27–28）。結婚する者は「その身に負担を負う」（7.28）と教えられるが、それは禁欲主義を促さない。あるいはこの倫理原則をたんに「緊張関係における倫理（interim ethic）[115]」とも捉えられない。それはたんなる主の来訪の火急性の問題でなく、むしろ主のための奉仕が最優先されるという視点に立っている。そしてこの視点が、すべての問題を相対化――破棄したり軽視したりするのでなく――する。

　キリストとの関係を維持することが最優先されることを、パウロはⅠコリ 7.32–35 でさらに明示する。彼は結婚関係に付随する責任が、キリストとの関係性と競合したり、その関係性構築から焦点が逸れたりすることを心配する。しかしパウロの意図は、彼らに束縛（βρόχον）を与えたり [116]、特定の生活スタイルを採用させることでなく、キリスト者としての優先順位を明らかにすることだ [117]。婚約関係にある者に対しても同様で（7.36–38）、当事者が強く願うならそれは罪でなく、結婚するのが良い [118]。パウロ自身の選択とは異

---

[113] §24.6 を見よ。
[114] 「あたかも～でないかのごとく（ὡς μή）」（Ⅰコリ 7.29–31）によってキリスト者の適切なあり方を解説する教父時代と宗教改革期の解釈における標準的な釈義に関しては、『エズ・ラ』16.40–44 の類似表現を見よ。さらに W. Schrage, 'Die Stellung zur Welt bei Paulus, Epiktet und in der Apokalyptik. Ein Beitrag zu 1 Kor. 7.29–31', *ZTK* 61 (1964), 125–54 を見よ。
[115] D.J. Doughty, 'The Presence and Future of Salvation in Corinth', *ZNW* 66 (1975), 61–90（とくに pp.68–69）を見よ。「あたかも～でないかのごとく」はストア派の理想を象徴する「平然さ、静寂さ（ἀταραξία）」に近い。Deming, *Paul*, 190–97; Penna, *Paul*, 1.181–90 の議論を見よ。
[116] 「負担（βρόχος）」は狩猟や戦闘のメタファで、相手を捉えて拘束するために投げる「投げ縄」を意味する（BDAG）。
[117] Cartlidge, '1 Corinthians 7', 226–27 を見よ。パウロが既婚者のキリスト者を「半キリスト者」（Niederwimmer, *Askese*, 114）と見なしたという理解には根拠がない。
[118] 「強く願望している（ὑπέρακμος）」に関しては BDAG; Martin, *Corinthian Body*, 219–26 を見よ。

なろうが、当事者同士の確信によって行動することが奨励される。

上の考察から分かることは、パウロが思慮深い牧会者として語っているということだ。彼が主からの言葉を告げる必要を感ずる場面ではそれを明言し、それにしたがうことが期待された。またパウロは、ユダヤ教とストア派の伝統的な倫理的洞察に依拠した。さらに、御霊にしたがって、異なる意見が形成されることを示唆し（Ⅰコリ7.40）、その御霊によって各キリスト者が異なる仕方で恵みを受けていることを認めた（7.7）。神にその働きを任された者として、パウロは自らの意見をも明示した（7.25）。彼は時が差し迫っていることを念頭に優先順位を明確化し、それを尊重することの重要性を強調した。しかし同時に、コリント信徒の状況が複雑なことを考慮して、彼らの適正な望みに寄り添う姿勢を示した。パウロはまた、結婚を拒否せず、婚姻関係における性的行為を制限しなかった。つまり禁欲主義を促していない。同書簡中に見られる他の主題と異なり[119]、パウロの忠告は命令口調とはほど遠い。権威ある伝統、個人的意見、実生活の状況に併せた実務的指示を信仰という最優先事項の下に置く奨励は、より肯定的に評価されるべきだ。

§24.6. 2つの世界を生きる〔Ⅲ〕——奴隷制（Ⅰコリ 7.20-23）

パウロは奴隷制に関してⅠコリント書で多くを語らないが、他書（とくにフィレモン書）はこれが初期キリスト者にとって重要な問題だったことを教えている。この主題に関するパウロの言説は、制度としての奴隷制を無批判に前提としているように見受けられ、批判の的となっている。このような評価を考察するために、3つの点を明らかにしよう。

第1に、奴隷制はこの段階でまだ不道徳とか品位の喪失として認識されていなかった[120]。これはたんに、経済活動の底辺での労働力提供を意味した[121]。第2に、奴隷制は古代世界ですでに確立した制度だった。多くの大都

---

119) Ⅰコリ 11.16, 14.37-38 と比較せよ。
120) 奴隷商によって、このような視点が西洋「文明」に定着した。
121) 奴隷は当初、敗戦した敵国の住民からなっていたが、パウロの時代には、奴隷の身分に生まれた者が奴隷人口の大半を占めていた。Dunn, *Colossians*, 302 n.6 を見よ。

市の中心では、人口の 1/3 までを奴隷が占めており、当時の経済は奴隷なしでは機能不全に陥った。その結果、奴隷制に対する責任ある対抗姿勢を示すことは、経済の仕組み、ひいては社会構造全体の再編を提案することを意味し、理想主義や無政府主義という文脈の外でこれを考えることは不可能だった。第 3 に、奴隷制は原則としてギリシャ的理想である自由のアンチテーゼだった[122]。自らを商品として売る行為は、借金に苦しむ者の最後の手段と見なされた。一方で奴隷には、非常に高い教育を受けて高い技能を身につけている者もおり、社会的に高い地位と力を持つ者が主人となる場合、重要な責任が任される場合もあった[123]。さらに、当時の自由の身分にある者らの経済状況は、奴隷と同等かあるいはそれ以下という事態もあった。さらにギリシャ法の下での雇用と移動の自由は制限されていた[124]。また、自由の立場を得て以前の主人の下で劣悪な雇用関係を結ぶ者は、以前の奴隷としての保証された環境を懐かしむという場合もあった。

したがって、奴隷に対するパウロのアドバイスに両面性があるように見受けられても不思議でない。Ⅰコリ 7.20–24 は、（奴隷を含む）読者が「彼らが召された時（の状態）に留まる」(7.20, 24) よう勧める[125]。奴隷は奴隷としての立場を「気に病む（μελέτω）[126]」べきでなく、しかし自由になれるなら「その機会を用いる」べきだ (7.21)[127]。ここで重要なのは主との関係性であ

---

[122] K.H. Rengstorf, *TDNT* 2.261–64; Meeks, *First Urban Christians*, 20–21 を見よ。古典的な定義では、奴隷は「自分自身に属さず、他者に属する者」（アリストテレス『政治学』1.1254a.14）、また「拒否権を持たない者」（セネカ『善行について』3.19）と理解された。

[123] とくに Martin, *Slavery*, ch.1 を見よ。パウロが奴隷のメタファを用いて重要な奨励をなす点にも注目すべきだ（ロマ 6.16–17、Ⅰコリ 7.22、Ⅱコリ 4.5、フィリ 2.7）。

[124] S.S. Bartchy, *ABD*, 6.71; Dunn, *Colossians*, 335 n.30 を見よ。

[125] パウロが現状を召しとして受け止めるよう勧めているか (7.25,「そこに留まらせよ」)、キリストを信じることに関する召しを意味しているか不明だ。おそらく後者がより確からしい。すなわちⅠコリ 7.21–22 は「奴隷／自由の身分の時に召された」であって、「奴隷／自由の身分に召された」ではなかろう。

[126] 「気に病む（μελέτω）」（μέλω の命令法）は「（他者への）配慮」を意味する（BDAG）。「この命令は『今の状態であれ』でなく『気に病むな』だ。人は自分を奴隷として売ることはできるが、奴隷は自由を選ぶ権利がないから」(Fee, *1 Corinthians*, 316)。

[127] とくに Bartchy, *MALLON CHRESAI*; Baumert, *Ehelosigkeit*, 114–51; Fee, *1 Corinthians*, 316–18; Horrell, *Social Ethos*, 162–66 を見よ。解放はすべての奴隷の目標だ。「即座に解放されること、これが奴隷すべての祈りだ」（エピクテトス 4.1.33）。そしてこの解放は一般的だった。多くの奴隷

り、それが他のすべての関係性を相対化する。主との関係において、奴隷は自由の身分であり、自由の身分にある者はキリストの奴隷だ（7.22）。奴隷にせよ自由の身にせよ、他者への依存と責任がキリストへの依存と責任以上に重要となるべきでない（7.23）。

　フィレモンに対するパウロのアドバイスにも二面性が見られる。彼はフィレモンがオネシモを解放するよう期待しているか[128]。パウロの主たる思いは、両者の和解だ。彼は、オネシモを厳しく罰する正当な権利をフィレモンが行使することを望まなかった[129]。パウロの勧めには、フィレモンが威厳と寛容とを示す余地があり、これによってフィレモンの名誉は守られた[130]。フィレモンとオネシモが共有する主との関係性が、互いの関係性を相対化する。2人の関係が主人と奴隷であっても、「（オネシモは）もはや奴隷でなく、私に対して、またそれ以上にあなたに対して、肉においても主にあっても奴隷以上の愛する兄弟」（フィレ16）だ。

　コロ 3.18–4.1 の家庭訓がパウロの奴隷制理解を根本において変更することはない。教会迫害という差し迫った危機が遠のき、社会の秩序維持に直結する家の秩序を支持する配慮が、家庭訓の確立につながったかも知れない（§23.7.3）。奴隷の人道的扱いは哲学的議論において一般に見られた[131]。しかしキリストとの関係性の重要さが他の関係性を相対化するというパウロの考えは、著しく特徴的だ。この原則はコロ 3.11（「奴隷も自由の身分もない、キリストがすべてで、すべての内におられる」）ですでに示された。奴隷を教会で同等と認め、責任ある成員として直接彼らに語りかける様子は（3.22–25）、奴

は 30 歳の誕生日を迎える前に自由を得た（Bartchy, *ABD*, 6.71）。

128）　§21 n.57 を見よ。

129）　フィレモンがオネシモを逃亡奴隷と見なせば、殴打したり、鎖でつないだり、焼き印を捺したり、さらに厳しい処置をとることができた。とくに Bellen, *Studien*, 17–31; Bartchy, *ABD*, 5.307–08 を見よ。もっとも、オネシモは逃亡したのでなく、何か具体的な理由で主人のフィレモンを怒らせ、和解を取りもつようパウロを頼ったとも考えられる。P. Lampe, 'Keine "Sklavenflucht" des Onesimus', *ZNW* 76 (1985), 135–37; B.M. Rapske, 'The Prisoner Paul in the Eyes of Onesimus', *NTS* 37 (1991), 187–203（とくに pp.195–203）; Bartchy, *ABD*, 5.307–08 を見よ。

130）　さらに §21.2.2 を見よ。Barclay, 'Paul', 170–75 を見よ。もっとも、Barclay はオネシモを逃亡奴隷だという伝統的な視点に固執しており、その点で分析の信憑性が弱まる部分もある。

131）　例えば、奴隷を人として扱うよう論ずるセネカの勧めは有名だ（『書簡』47）。フィロンは奴隷を「優しさと柔和さ」をもって取り扱うよう奴隷所有者に勧める（『十戒総』167）。

隷所有者に奴隷の扱いを指示することに終始する同時代の他の教えを、人道的にはるかに超えている[132]。「公正と公平とによって」(4.1) 奴隷を扱うように主人らを促す様子は、通常以上の平等性を要求している[133]。そして、主との関係性の重要さが繰り返されることによって[134]、人間関係の根本的な条件が強調され、ひいてはこれが奴隷制自体を根底から覆すことにつながる。

§24.7. 2つの世界を生きる〔Ⅳ〕
── 社会的関係性（Ⅰコリ 8–10 章）

Ⅰコリ 8–10 章に関しては、すでに 3 つの側面を考察してきた[135]。しかし、括弧付きの議論（8.1–13, 10.23–11.1）についてはさらなる考察が必要となる。

ここで問題になるのは、「偶像に献げられた肉（εἰδωλόθυτος）」を食べることの是非だ。ある者にとってそれは可能で、「偶像はこの世にない」（Ⅰコリ 8.4）。他の者にとってそれは、彼らの確信と真っ向から衝突する（8.7–13）。後者のキリスト者を「弱い者[136]」と呼ぶことから、状況がロマ 14 章と似ていることを示唆する。具体的な偶像崇拝[137]という語を明示して繰り返す様子から、ユダヤ人の信仰とアイデンティティの中心にある偶像禁忌が念頭にあることは分かる[138]。すなわち「弱い者」とは、偶像崇拝によって汚染されたものを食べることに関するユダヤ教特有の規定を重んじる者を指す[139]。

しかしここでも、いくつかの社会的関係性の緊張状態を考慮すべきだろ

---

132) 4 節にわたって奴隷に直接語ることと、主人らに対しては 1 節のみで語ることを比べると、コロサイ教会での奴隷の割合の大きさが伺える。求められる仕事をきちんとこなせとの奴隷へのアドバイスは、主人と奴隷との力関係の現実を反映している。

133) 「平等（ἰσότης）」という語に関しては Dunn, *Colossians*, 259–60 を見よ。

134) 「主を恐れ」(3.22)、「主に対するように」(3.23)、「主から受ける」(3.24)、キリストが主人である (3.24)、主人らも天の主人を持つ (4.1)。Dunn, *Colossians*, 252–60 を見よ。

135) 8.4–6 (§§2.3.3, 10.5.1, 11.2.1)、9 章 (§21.2.3)、10.1–22 (§22)。

136) 「弱い (ἀσθενέω)」（ロマ 14.1–2, Ⅰコリ 8.11–12)、「弱さ (ἀσθενής)」（Ⅰコリ 8.7, 9, 10, 9.22)。

137) 「偶像へ献げられた肉（εἰδωλόθυτος）」（Ⅰコリ 8.1, 4, 7, 10, 10.19)、「偶像崇拝 (εἰδωλολατρία)」(10.14)、「偶像崇拝者 (εἰδωλολάτρης)」(10.7)、「偶像 (εἴδωλον)」(8.4, 7, 10.19)。

138) §2.2 を見よ。

139) Heil, *Ablehnung*, 234. Söding ('Starke und Schwache') は十分な背景を提示しない。

う。「弱い者」の多くは低い社会階層に属し、日常の食事において肉を食べるという経済的余裕がなかった。質の高い肉を食べる機会は、神々に供えられた肉がおおやけに振る舞われる祭りにおおかた限られていた。これらの「弱い者」にとって、普段の貧しい食事と良心への裏切り行為（で得た祭の肉）とのあいだで選択が迫られた[140]。一方で、高い社会階層に位置し公的責任を負うキリスト者が、これらの祭りにおける公的役割を回避することが困難だったという側面も考慮しなくてはならない[141]。状況はより複雑だっただろう。公的責任を負う者らが「偶像などない」と宣言することは、その社会的影響に鑑みるとおおよそ考えられない。（とりわけ）偶像崇拝を嫌うユダヤ教に好意的だった神を恐れる異邦人から改宗したキリスト者らは、すでにこの問題で板挟みの状態にあったかも知れない。換言すると、コリント市の実体との関連でパウロの戒めを理解しようとするなら、より複雑な歴史的現実（社会的不調和、立場不一致）を考慮しなければならない[142]。

　パウロはこのような状況にいかに応答したか。一般にこの問題に関するパウロのアドバイスは、伝統的なユダヤ教的感性に縛られないと理解される。コリント信徒に対して食卓に並んだ肉の出所がどこかを尋ねるな（μηδὲν ἀνακρίνοντες）と指示するパウロは（Ⅰコリ 10.25, 27）、ユダヤ人アイデンティティの根幹に関わる偶像禁忌にもはや支配されていない[143]。キリスト者の自由と[144]、彼らが外社会とつながり責任を果たす必要性（10.23–30）とが優先される。これはロマ 14 章でのパウロの応答と同様だ。

　しかし、これら 2 書の差異に関しては十分に考察されてこなかった。第 1 に、ロマ 14.1–15.6 が汚れた食物に焦点を置いているのに対し、コリントで

---

140) Theissen ('Strong and Weak') が描く状況は、質の悪い肉が「屋台（cookshop）」や「飲み屋（wineshop）」で振る舞われたとする Meggitt ('Meat Consumption') の観察によって変更が加えられる必要がある。

141) Theissen ('Strong and Weak', 130) はローマ市の財務管理者エラストス（ロマ 16.23）に言及する。

142) Meeks, *First Urban Christians*, 70 と J.M.G. Barclay, 'Thessalonica and Corinth: Social Contrasts in Pauline Christianity', *JSNT* 47 (1992), 48–74 を比較せよ。

143) Barrett ('Things Sacrificed', 49, 50) は「μηδὲν ἀνακρίνοντες におけるほどパウロが非ユダヤ人的である箇所は他にない——並外れた自由主義的姿勢」と評する。

144)「自由な（ἐλευθερός）」（Ⅰコリ 9.1, 19）、「自由（ἐλευθερία）」（10.29）。

第 24 章　倫理の実践

は偶像への供え物（εἰδωλόθυτος）が問題となっている。第 2 に、ローマ市諸教会での問題は、外社会の脅威にさらされた教会の純然たる内部事情に関わるが、コリント教会の問題は、教会と外社会との境界線を跨がって外社会での責任を果たそうとするキリスト者がいたことに起因する[145]。第 3 に、これら 2 書が基準となる原則に異なる語を用いている点は非常に重要だ。つまり、ロマ 14 章の中心をなす「信仰[146]」という語は I コリ 8–10 章で用いられず、I コリ 8–10 章の中心をなす「良心[147]」はロマ 14 章で用いられない。この差異の理由は不明だ。パウロが I コリント書で「良心」という語をたまたま用いたということかも知れない。ローマ書は 4 章で「信仰」が何かを十分に説明しており、これが 14 章の「信仰」という基準を理解する準備となっているが、I コリント書では「信仰」を正しく理解する手だてがない。たしかに「良心」という語は「信仰」とほぼ同義語のように扱われており、それは誤った行為によって阻害されたキリストとの生きた関係を認識する[148]。しかし、「信仰」が教会内の問題を計る基準なのに対し、「良心」は境界線を跨ぐ問題を判断する基準と見なされていたのだろう（ロマ 2.15 参照）。

　私たちにとってより重要な問題は、偶像への供え物に関するパウロの姿勢が、ユダヤ教的な偶像崇拝禁忌を破棄することを意味するかである。このような理解はもはや成立しない。(1) この従来の理解は、キリスト者にとって入手可能な肉が近隣の神殿のみから提供されることを前提としており、その肉は偶像崇拝による汚れに侵されている。そうだとすれば、そのような肉を食べること（10.25, 27）は伝統的ユダヤ教の偶像崇拝禁忌と真っ向から対立する。〈出所がどこかを尋ねるな〉というパウロの指示は、メギットが論証するように、肉の流通経路がさまざまであることを示している[149]。

---

145)　Meeks (*First Urban Christians*, 105–07) は、境界線の「門」という言い方をしてヨハネ共同体の内向性と対比する。彼はまた、パウロが問題とするのは境界線の維持でなく、共同体内の結束だと述べる (p.100)。

146)　ロマ 14.1, 22–23 (4 回).

147)　I コリ 8.7, 10, 12, 10.25, 27–29 (8 回).「良心」に関しては §3 n.16 も見よ。

148)　ロマ 14.23 (「信仰によらないものはすべて罪です」) と I コリ 8.12 (「あなたの兄弟に対して罪を犯し、彼らの良心を傷つけるなら、あなたはキリストに対して罪を犯しています」) とを比較せよ。

149)　Meggitt, 'Meat Consumption'; H.J. Cadbury, 'The Macellum of Corinth', *JBL* 53 (1934),

(2) 上の従来の理解は、他の書簡に見られるパウロの偶像に対する嫌悪を看過している[150]。つまり、パウロがこの問題を扱う場合、他所ではユダヤ教伝統の上にしっかりと立っている。じつにⅠコリ 8–10 章での議論の奔流は、このユダヤ教伝統を前提としている。とくに既述のとおり、Ⅰコリ 10.20–21 は申 32.17, 21 を念頭に置いている[151]。わずか数節の間隔をおいてパウロの指示がまったく異なるとすれば、これほど不思議なことはない。パウロ自身が偶像の供え物を食べたことを示す証拠は他にまったく見当たらない。

(3) パウロに続く初期の教会著作家が、偶像への供え物を食べることについてパウロが許容したという理解を持っていなかったこと、また彼らが、偶像への供え物を食べることを問題視しなかった者に対しパウロが自己弁護の必要を感じなかったという理解を持っていなかったことは、重要な事実だ[152]。つまりパウロが偶像に供えられた肉を食べることを許容したという理解は、当時の統一見解でない。パウロと歴史的・文化的に近い著作家らの見解を安易に看過するような解釈には問題がある。

それでは、パウロの指示をいかに理解すべきか。偶像への供え物が食事として供されることが事前に分かっている場合、パウロはその食事を避けるように指示した、という解釈が最も自然だ[153]。これは実質的に、公的であれ私的であれ神殿境内での食事の可能性を除外する。神殿での食事への参加は、他者の目に偶像崇拝への明らかな参加と映るからだ[154]。また家庭での食事

134–41; Barrett, 'Things Sacrificed', 47–49.
150) §2.2, §2 n.20 を見よ。
151) §2.3.3 を見よ。「偶像はない」という理解に関しては詩 115.4–8, 135.15–18, イザ 40.19–20, 44.9–20 を見よ。
152) Cheung, *Idol Food*, ch.4; Tomson, *Paul*, 177–85. J. Brunt, 'Rejected, Ignored, or Misunderstood? The Fate of Paul's Approach to the Problem of Food Offered to Idols in Early Christianity', *NTS* 31 (1985), 113–24 と比較せよ。Cheung の議論は、εἰδωλόθυτος（神殿で食べる肉）と ἱερόθυτος（神殿に献げられたが持ち帰って食べる肉）という区別をつける B. Witherington ('Not So Idle Thoughts about *Eidolōthuton*', *TynB* 44 [1993], 237–54) を論破している。
153) Cheung, *Idol Food*.
154) Willis (*Idol Meat*, 63) は神殿で開催されればいかなる公的行事も異教崇拝と見なされたかと問う。これを Gooch (*Dangerous Food*) は是とする。神殿での食事は何であれ、それを純粋に世俗のものとみなして宗教的儀礼と隔絶することはできない。宗教儀礼を執り行うことが神殿の用途だか

でも、素材が神殿への供え物であることが事前に明らかな場合は、避けられた[155]。同時にパウロの指示（10.25–28）が、自覚しないままに偶像への供え物を食べてしまうことを想定していることに注目すべきだ。したがって、「危険な食事」とは偶像への供え物を食べること自体でなく[156]、偶像への供え物と認識して食べることだ。ユダヤ教的な偶像崇拝禁忌の伝統を受け継いだパウロは、しかしキリスト者に何が何でも偶像への供え物を避けるような義務を負わせなかったし、事前に偶像への供え物が混入しているかを徹底的に調べることで自らの確信を公表するよう促したのでもない[157]。この意味でⅠコリ 10.26 における詩 24.1 の引用は[158]、より柔軟なロマ 14.14, 20 の教えや、非ユダヤ人と積極的に関わったディアスポラ・ユダヤ人の柔軟な慣行を想起させる[159]。パウロはこのようにして、コリント信徒らが外社会との繋がりを維持することを実質的に勧めた。

　この厄介な問題に関して、パウロが牧会的配慮から他の要素をも意識していたことは明らかだ。すなわち、(1) 神[160]とキリスト[161]との関係性が最優先されることが前提にある。ロマ 14–15 章のように「弱い者」への直接の言及はないが、食事に際して感謝を捧げることができるかが条件となる（ロマ 14.6 参照）[162]。同様にパウロは、神へ栄光を捧げることが全ての行動の主

らだ。

155)　既述のとおり（§22 n.27）、セラピス神との食事が個人宅で行われていた。Fee ('*Eidōlothyta*') もⅠコリ 8.1–13 を神殿での公的食事、Ⅰコリ 10.27 を個人の食事と区分し、パウロが前者のみを禁じるという従来の議論をたんに焼き直すのみだ。

156)　異論は Martin, *Corinthian Body*, 191 参照。

157)　Ⅰコリ 10.28 の「良心」が誰のものかが不明だ。Fee, *1 Corinthians*, 483–84 の議論を見よ。ユダヤ人のあいだでは今日に至るまで、ともに食卓を囲むことが、清浄規定にどの程度の姿勢を互いが示しているかを知る機会となっている。

158)　これはまた、詩 50.12 をも意識していよう。

159)　とくに Tomson, *Paul*, 208 を見よ。パウロの忠告は、何が偶像崇拝に相当するかが分かりにくい場合、ハラハー的な解釈を行っている。

160)　Ⅰコリ 8.3, 4–6, 8, 10.26, 31.

161)　Ⅰコリ 8.6, 11–12.

162)　「もし私が感謝をもって（χάριτι）食事をするなら、感謝を捧げたことに関してなぜ侮られる（βλασφημοῦμαι）ことがあるでしょう」（Ⅰコリ 10.30）。ロマ 14.16 との関連に注目せよ。§24 n.69 も見よ。

要な動機であることを強調する（Ⅰコリ 10.31）[163]。（2）ローマ書と同様に、ここでもキリストの死とキリストの模範へと注意が向けられる（11.1）[164]。愛が規範および動機として重視される（8.1, 3）。「他者」（10.24）への配慮という主題に愛の原則が反映される（ロマ 13.8 参照）。（3）キリスト者の自由の追求は、それが与える他者への影響によって制限される[165]。パウロは、自らの洞察に過度な評価をする姿勢を非難する。それが共同体を建て上げることを妨げ、「弱い者」の良心に依拠した強い思いを安易に軽視することにつながるからだ（8.1–3, 7–13）。（4）「共同体を建て上げる」という基本原理が、Ⅰコリ 8, 10 章の両方で確認される[166]。（5）そして、他のキリスト者のあら探しをして咎めることが、外社会への評判を低め、ひいては宣教活動に悪影響を与えることに繋がるという注意がローマ書（14.16）以上に明確に強調され、これがその戒めの要約として最後に置かれている（10.31–33）。

　タイセンはパウロのここでの対応を「愛の家父長主義」と表現するが、これは「不平等な社会階層が持続することを許容しつつも、そこに配慮や敬意の精神を染み渡らせる」ことを意味する[167]。しかしこれは、社会的弱者の立場を擁護するために社会的強者が行動を修正することを、パウロがどれほど期待しているか十分に言い表していない[168]。またこれは、教会の共同体形成という力学を十分に考慮しておらず、同じ主への純粋な信頼や、共有する信頼が生み出す連帯感や[169]、教会を建て上げることへの一致した思いが醸成されることを看過しがちだ。また主の晩餐への共同参加がもたらす連帯感が、Ⅰコリ 10 章の中心部（10.16–17）で言及されていることを忘れてはならない。その結果としての成員同士への責任感（10.23–24）が、教会内の絆と教会を越えた内外を結ぶ関係性のあり方を決定するという点を想起すべきだ。

---

163)　ロマ 15.6（1.21）と比較せよ。
164)　Ⅰコリ 8.11 ＝ ロマ 14.15、Ⅰコリ 11.1 ＝ ロマ 15.3。
165)　自由追求が及ぼす（悪）影響とは、たんに「弱い者」を批判することでなく、「弱い者」が自分の良心に反した行動へと追い詰められることを指す（8.10–12）。
166)　Ⅰコリ 8.1, 10, 10.23。§21.6.3 を見よ。
167)　Theissen, 'Strong and Weak', 139.
168)　Ⅰコリ 6.1–8, 8.13, 10.28–29, 32, 11.33–34. Horrell (*Social Ethos*, ch.4) の「愛の家父長主義」に対する批判を見よ。
169)　Ⅰコリ 8.11–13 でパウロは「兄弟」という語を繰り返し 10 章も同じ語で開始する。

§24.8. 募金活動

パウロの倫理に関する考察の最後に、募金活動についても触れよう。これはエーゲ海沿岸地域での宣教において、その初期——最初期でないとしても[170]——に彼が実行したプロジェクトだ。その目的は、パウロの設立した異邦人が主体となる諸教会がエルサレムの貧しいキリスト者らを経済的に支援することだ。いくつかの理由から、この点をここで考察することが適切だ。

第1に、この活動はパウロのエーゲ海沿岸宣教が終盤を迎えるにあたってより重要となったからだ。彼はこのプロジェクトについて他の活動よりも頻繁に語った[171]。パウロは募金を届けるためエルサレムを再訪したが、それが歓迎されるか不安を抱いていた（ロマ15.31）。そして結果的には、この訪問（と募金？）へのエルサレムの応答が、パウロのローマ訪問とそこでの処刑という道筋を立ててしまった[172]。

第2に、パウロがこの募金に言及しつつローマ書を閉じていることは偶然でなく（ロマ15.25–32）、むしろこの問題が彼にとって特別な意味を持っていることを示すからだ。本著全体がローマ書でのパウロ神学の構成を念頭に置いているので、本著の最後がローマ書におけるパウロの結論部に言及することは理にかなっている。

第3に、最も重要な点は、募金に関する指示が、パウロの神学、宣教活動、そして牧会的配慮に一貫性をもたせているからだ。この点は詳述する必要が

---

170) ガラ2.10はこの募金活動に言及していなかろう。他書で募金活動が言及される場合の言語とガラ2.10とでは異なる。パウロが募金活動によって意図したことは、アンティオキア事件（ガラ2.11–14）で生じたエルサレム教会やユダヤ地方の諸教会との溝を埋めることだ。ガラ2.10での合意がのちの募金活動を刺激したことは十分に考え得る。しかし、エルサレムの使徒らがパウロに要望したのは「貧者を顧みる」という一般的なことで、パウロがのちに行った「エルサレムにいる聖徒らの内の貧しい者たち」のための募金というより具体的な活動（ロマ15.26）を指していない。

171) ロマ15.25–32、Ⅰコリ16.1–4、Ⅱコリ8–9章。Ⅱコリ8–9章が本来2通の異なる手紙であるか一通の手紙の2章であるかは問題とならない。この点に関しては Kümmel, *Introduction*, 287–93; Betz, *2 Corinthians 8 and 9* を見よ。

172) 使21–28章を見よ。使24.17以外では募金への言及がない。Meeks, *First Urban Christians*, 110; Dunn, *Partings*, 85 を見よ。

ある。パウロの三大書簡（ローマ書、Ⅰ–Ⅱコリント書）において用いられる言語表現が一貫していることに注目すべきだ。とくにⅡコリ 8–9 章での募金主題はこの点を最も明らかに示している。

（1）ここでは「恵み」の神学が特徴的だ。「恵み（カリス = χάρις）」という語はⅡコリ 8–9 章で 10 回以上用いられ、Ⅰコリ 16.3 でも用いられる。この用法の広がりは注目に値する[173]。もちろんパウロは、キリストの献身的行為を指して「主イエス・キリストの恵み」（Ⅱコリ 8.9）に言及する[174]。同時に彼は、コリント信徒が実際に想起できる体験（8.1, 9.14）、また将来に向けて期待できる体験（9.8）をも「恵み」と呼ぶ。そして同じ語を、パウロは募金という意味で用いる（8.6–7, 19, Ⅰコリ 16.3）。この場合の「恵み」は「賜物（カリスマ = χάρισμα）」とほぼ同義だ[175]。パウロは募金の基盤となる寛大な精神を表現するため「恵み」という語を用いたようだ。恵みは人の恵み深い行為を通してのみ体験される。Ⅱコリ 8.4 は、この語が受動的ニュアンスから能動的ニュアンスへと移行する様子を示す。「熱心に恵み（χάρις）を私たちに求め、聖徒への奉仕（διακονία）にともに関わる（κοινωνία）……」。ここでの「恵み」は、マケドニアのキリスト者らがその貧しさにもかかわらず募金に参加する（8.2–3）動機を指している[176]。それは彼ら自身が恵みを受けたと同時に、特権としての募金活動への参加を熱心に求めることを表している。こうして「恵み」は、神からの恩寵として与えられ、人の行動を通して体験され、その恵みに対する感謝の思いが神へ捧げられることで完成を見る[177]。

パウロはⅡコリ 9.9–10 で「義」を強調するが[178]、その際に垂直と水平との相互関連を強調するユダヤ教聖典に依拠する。つまり、創造主としての神

---

173) §13.2 を見よ。

174) §11.5.3 を見よ。

175) 賜物に関する神学は §20.5 を見よ。

176) 「寛大（ἁπλότης）」（Ⅱコリ 8.2, 9.11, 13）と、とくに「自らの意志にしたがって（αὐθαίρετος）」（8.3, 17）が聖書ギリシャ語で稀である点に注目せよ。

177) Harrison（*Paul's Language of Grace*, §7.2）は、パウロが当時の頌栄のパターンを用いつつもそれを超越し、受け取った恵みへの応答として神へ感謝を捧げるに留まらず、受け取った恵みが他者への施しを促すという点を強調すると指摘する。

178) 「『彼は広く撒き、貧者に与えた』（詩 112.9）。『蒔く者に種を、食事のためにパンを』（イザ 55.10）与える方は、あなたの種を与えて増やし、あなたの義の収穫を満たす」（Ⅱコリ 9.9–10）。

の義が、他者のための奉仕という慈善において義の収穫をもたらす（フィリ 1.11 参照）。あるいは預言者が強調するように、義なる行動は神の義の体験の不可避的な結果だ[179]。同時に、コリントのキリスト者らが募金活動に参加することを「キリストの福音に関するあなた方の告白への従順」（II コリ 9.13）だとパウロが述べてはばからないことも看過でない。「あなた方の告白への従順（τῇ ὑποταγῇ τῆς ὁμολογίας ὑμῶν）」は、明らかに「信仰の従順（ὑπακοὴ πίστεως）」（ロマ 1.5）の言い換えだ。

（2）イスラエルに関するパウロ神学も同様に明らかだ。3 書において最も一貫した表現は、募金の受取人を「聖徒」と呼ぶことだ[180]。これはエルサレム教会を指し、募金はその貧しい成員のあいだで分けられる（ロマ 15.25）。パウロがエルサレム教会をたんに「聖徒」と呼ぶことができることは[181]、エルサレム教会がすべての諸教会の中心的存在であり、とくにそれが古(いにしえ)のイスラエルの「聖徒」とディアスポラ諸教会の「聖徒」との継続性を保証することを意味する[182]。

これは、アンティオキア事件によって決定づけられたパウロとエルサレムとの緊張関係に鑑みると、注目に値する[183]。パウロにとって募金活動が重要な理由は、この緊張関係にあるとも言える。募金の目的はたんにこの溝を埋めるというに限らないが、募金が「聖徒らに受け入れられる」（ロマ 15.31）かどうかとパウロが気に病む様子からは、少なくともその目的もあったことがうかがえる。しかし最も重要な理由は、エルサレムに対して異邦人教会が抱く霊的な恩義へのお返しだ。「もし異邦人が（イスラエルの）霊的な事柄を共有したなら、彼ら（異邦人）は物質的な事柄で彼らに奉仕する必要があるからです」（15.27）[184]。他所で異邦人のための福音がキリストから直接与えら

---

179) ロマ 6.13, 16, 19. §23.3 n.59 を見よ。
180) ロマ 15.25, 26, 31, I コリ 16.1, II コリ 8.4, 9.1, 12.
181) コリント両書ではたんに「聖徒」と、ローマ書では「エルサレムの聖徒」と記される。
182) 聖徒（ἅγιοι）に関するパウロの用法の意義に関しては §2 n.90, §13 n.74, §20.3 を見よ。
183) 例えば Dunn, *Partings*, 130–35 を見よ。
184) エルサレムへの募金活動は、異邦人教会の成功を示すことでイスラエルに妬みを起こさせる（ロマ 11.14）という意図があったとも考え得る（Munck, *Paul*, 302–03, §19.8）。しかし募金への言説はこれを明言しない（Dunn, *Partings*, 84–85）。

れたことを強調するパウロは（ガラ 1.12）、ここではエルサレムの介在を明言する。それは、異邦人の諸教会へもたらされた「霊的な事柄（πνευματικά）」の起源がエルサレム教会にあり、それは「エルサレムの聖徒」として彼らが受け継いだ遺産だからだ [185]。ここでもパウロが、「霊的な事柄」を受け取ることと「物質的な事柄」によって奉仕することとのあいだに、補完性を見出していることに注目すべきだ。

（3）これらのテクストからは、実践神学としてのパウロの教会論が明らかになる。「恵み（χάρις）」と同様に、パウロは「交わり／共有（κοινωνία）」をも強調する。恵み（／御霊）の「共有」は、相対的な富の「共有」という仕方で表現される [186]。パウロはキリスト者が互いに仕え合うことを前提とする [187]。他書では、祭司的行為を表す言語で他者への実際的な奉仕が語られる（9.12）[188]。ここで注目すべきは、この奉仕が一地方教会とか同じ地域の諸教会に限定されず、海を越えた他の教会へと向けられることだ。キリストの体の相互依存の関係性は、地域的な制限をはるかに超えている [189]。

パウロがこの議論において、「試練」という概念を持ち込むことにも注目すべきだ [190]。マケドニア人の「困難による大きな試練」（Ⅱコリ 8.2）、「あなた方（コリント信徒）の純粋さ／誠実さ（γνήσιον）の試練 [191]」（8.8）、「試された」派遣者（8.22）に言及しつつ、パウロは募金自体をも「試練」（9.13）と述べる。奉仕の恵みの効果もある程度の試練を要する。これと関連して、パウロはロマ 14.6 で多様な活動が正当なものとして受け入れられるかの基準を示したが、これを募金を評価する基準として用いている。すなわち募金は「神への感謝において溢れ」、「神に栄光を帰す」（9.12–13）[192]。

---

185) ロマ 9.4–5, 11.29 を見よ。
186) ロマ 15.26, Ⅱコリ 8.4, 9.13。
187) 「奉仕（διακονία）」（ロマ 15.31, Ⅱコリ 8.4, 9.1, 12–13）、「仕える（διακονέω）」（ロマ 15.25, Ⅱコリ 8.19–20）。
188) §20.3 を見よ。
189) パウロはここで「平等／公平（ἰσότης）」という語を用いて議論する。Ⅱコリ 8.13–14 以外ではコロ 4.1（§24 n.133）のみが新約聖書でこの語を用いる。Furnish, *2 Corinthians*, 407.
190) §21.6 を見よ。
191) Furnish, *2 Corinthians*, 404 を見よ。
192) ロマ 14.6 に関しては §24.3.4 を見よ。

第 24 章　倫理の実践　　879

　（4）この募金の問題に関して、キリスト者の行動を律する多彩な原則をパウロが動員する様子も興味深い。既述のとおり、パウロにとって募金とは、恵みを受け取った体験から不可避的に生ずる思いであり行動である。パウロはマケドニア人の主にある喜びに言及し（IIコリ8.2）[193]、主への献身が最重要事項であることを確認し（8.5）、寛容さ／気前よさ（ἁπλότης, 8.2, 9.11, 13）の必要性を繰り返す。「恵み（χάρις）」という概念がIIコリ8–9章において圧倒的な存在を示していることはすでに述べた。「信仰」はIIコリ8.7で言及されるのみだが、パウロにとって「信仰」は「恵み」と相補的な関係にあり、「あなた方の告白に対する従順」（9.13）が「信仰の従順」に相当することは確認済みだ。「御霊」に関してはIIコリ9.15で示唆されるのみだが[194]、「御霊」と「恵み」とをパウロはほぼ同義語として扱う。すなわち、「恵み」という主題によって促される姿勢は、御霊にしたがった歩みを導く信仰という主題によって促される。

　キリストの模範はIIコリ8.9で明言され[195]、これが愛の実践と関連づけられる（8.8, 24）。そして聖典に依拠した勧めがIIコリ8.14, 9.9, 10においては明らかで、8.20, 9.6–7でも示唆されている[196]。これらの勧めがすべて募金に関する一貫した教えとなっていることを疑う余地はほとんどない。同時に、パウロが当時の修辞的また文学的手法をも動員していること[197]、また彼の計画がより多くの人の称賛（καλός）に繋がるよう配慮していること（8.21）も見逃せない。

　ここには、コリント信徒らが募金活動に早々と全面的に参加することを促

---

[193]　「喜び」はIIコリント書において重要な特徴だ（1.24, 2.3, 6.10, 7.4, 7, 9, 13, 16）。
[194]　新約聖書で「神の賜物」は、一般に聖霊を表す用語だ（ヨハ4.10, 使2.38, 8.20, 10.45, 11.17. エフェ3.7, 4.7参照。§16 n.17）。しかしパウロ書簡での用法はそれほど具体的でない。例えば「恵みにおける賜物」（ロマ5.15）や「義の賜物」（5.17）である。しかし、パウロはロマ5章において語彙の多様化を意識しており、そうすることでとくに「恵み／賜物（χάρις／χάρισμα）」を過渡に頻用しないよう努めている（5.12–21に7回）。
[195]　§11.5.3を見よ。
[196]　「多く持つ者は多過ぎず、少ない者は少な過ぎず」（IIコリ8.14, 出16.18）、「『彼は広く撒き、貧者に与えた。この義は永遠に続く』（詩編112.9）と書かれてあるとおりです。『種蒔きに種を、食事のためのパンを』（イザ55.10）与える方」（IIコリ9.9–10）。その他IIコリ8.20（箴3.4), 9.6（箴11.24), 9.7（申15.10, LXX箴22.8）。
[197]　Betz, *2 Corinthians 8–9*.

す牧会的配慮が見られる。ⅡコリS章では、マケドニア諸教会の模範を示してコリント信徒らを励ますことから始め（8.1–5）、テトス（8.6, 16–17）や名前が明かされない兄弟（8.22）が積極的に関与する様子が知らされる[198]。パウロはまた、コリント信徒への信頼をⅡコリ9章で繰り返す（9.1–3, 13–14）。彼はコリント信徒らを強く促し（8.7, 24）、正しい姿勢を持つよう励まし（9.7）、聖典の権威にその根拠を置く（9.6–11）。同時に、Ⅰコリ7.25の場合と同様に、これが命令でなく（8.8）、「忠告／意見（γνώμη）」（8.9）であることを確認する。彼らの募金が気前の良さから出た贈り物であり（εὐλογία）、無理強いされた結果（πλεονεξία）でないことを願ってのことだ（9.5）[199]。

パウロは一貫して、コリント教会の経済資源に配慮を示すが（Ⅱコリ8.12–15）、それは金銭が絡む指示にはある種の疑念が避けられないからだ（8.19–21, 9.5）。彼はまた、コリント信徒への期待が過大評価でないかとの心配を表明するが（9.3–5）、これは他書で示した具体的計画への心配（Ⅰコリ16.4）[200]や計画全体の頓挫への不安（ロマ15.30–31）と同様だ。ここから見てとれるパウロの様子は、他者の思いを無視して強引に自分の考えを押し通す姿でない。むしろパウロは、募金の意義に関して基本的な信念を示しつつも、他のキリスト者らをその活動に参加させることの困難さを承知しており、その結果について不安を隠さない。最後に心の内を吐露する姿勢には（ロマ15.30–32）、神学者や牧会者としてのパウロというだけでなく、人としてのパウロが映し出されている。

§24.9. 結論

本著の最終章において、私たちはパウロが直面した倫理的問題の内の幾つか重要なものを取り上げ、第23章で明らかになった動機となる原則がいかに適用されるかを確認した。彼はそれぞれの状況で、これらの原則に驚くほ

---

198) 「熱心（σπουδή）」という語が繰り返される点に注目せよ（8.7, 8, 16）。
199) これら2語が対比されることは一般でない。BDAG; Furnish, *2 Corinthians*, 428, Betz, *2 Corinthians*, 8–9, 86–97を見よ。
200) 「もし行くのが良いなら（ἄξιον）……」（Ⅰコリ16.4）。BDAG, ἄξιος, 1cを見よ。

ど一貫した姿勢を示していることが明らかになった。それは機械的で一律的な原則の適用でないが、パウロがこれらの原則に沿って慎重な指示を与えていることは明白だ。内的な洞察や動機（信仰、御霊、自由、愛）と外的な規範（聖典、イエス伝承、その他の一般に良いと考えられるもの）のあいだの緊張と均衡が一貫して守られている。

　これらの倫理的奨励は、終末的緊張という事情が具体的な仕方で不可避的に関わっている。それは、ローマ帝国内の各都市における少数集団の力のなさを自覚し、良き住民として振る舞い、教会内の一致をもって外社会に対して好印象を維持することの重要性をわきまえることを意味した。同時にそれは、2つの世界に生きることによって生じる困難さを認識することを意味した。その際にパウロは、「すでに／いまだ」という状況において回避できない譲歩と、古い時代に属する価値観や優先順位への行き過ぎた妥協とのあいだで、微妙な舵取りをするためのアドバイスを与えている。

　その際にパウロは、キリスト者の自由へ心からの敬意が払われるよう努めた。その指導において、彼は生まれたばかりの教会の未熟さを考慮に入れる牧会的な配慮を示した。ある時は、例えば甚だしく不道徳な性的行為や偶像崇拝に関しては、明らかな線引きが必要だった。他の状況では、自らの意見を明示し、確立された伝統を確認しつつも、該当者が適切な選択をするように促した。パウロがときとして苛立ちを示し、その指示が複雑であったとしても、それは直面した状況が困難であること、また関わる人々の性格が多様であることが原因である場合もある。以上の考察が、キリスト者の行動を決定する原則をパウロが系統立てて述べたというより、それらの原則を実践する際の心がけについて述べているという印象を読者に与えたとすれば、おそらくパウロ自身がそのように願ったということだろう。

エピローグ

第25章　パウロ神学への結語

§25.1.　対話としてのパウロ神学

　第1章では、パウロ神学を対話として捉えることが、その神学を描き出すために最も説得性の高いモデルだと述べた。したがって本著の論考では、パウロ神学という対話に耳を傾け、ある程度その対話に参加するよう努めた。その過程で、この対話がいかに複雑に入り組んでいるかを改めて確認し、モデルとしての「対話」自体がパウロ神学の豊かさを引き出すツールとして、完璧でないなりに機能することを確認した。

　こうして本著での論考は、パウロ神学を3つの層における対話として捉えることが有意義だということを確かめる結果となった。その最も深い層にあるのは、パウロが思想的遺産として継承した確信であり、これが彼の対話の前提だ。パウロ神学を支える第2の層はダマスコ途上で彼が体験したキリスト顕現だ。もっとも、パウロはこれについて定型表現や示唆表現を用いるに留まることが多い。そして最も表層に近い部分に、彼の書簡群自体がある。この層では彼の神学の対話的性格が最も顕著に表現されている。

　この対話は非常に個人的であり、ファリサイ人サウロとキリスト者パウロと使徒パウロとのあいだで交わされた対話だと分かった。すなわち、過去のパウロと過去を今に生きるパウロ、ダマスコ途上のパウロと最初に受けた福音伝承を宣べ伝えたパウロ、さらに宣教者、教師、牧会者として成熟したパウロとのあいだでの対話だ。この個人的で内的な対話で、パウロ自身がこれらすべての要素をいつも意識していたのではなかろう。しかしこれらの文脈に細心の注意を向けた分析によって、パウロ自身の神学作業の実存的な側面がある程度浮き彫りになったのではなかろうか。

　また私たちは、この対話が多様な側面を持っていると知った。各層で異な

る対話が進行し、それらがパウロ神学という対話を全体として構成している。パウロの宗教母体なるユダヤ教は、ヘレニズム・ローマ社会という広い外世界と対話している（ロマ 1.18–32, コロ 1.15–20 参照）。彼のファリサイ派教育は、その宗教的・民族的遺産と対話しており、それはパウロ神学が律法を重要な問題として扱うことに繋がる。そしてパウロの熱心は、第二神殿期ユダヤ教後期の「熱心」理解と対話する（ガラ 1.14 参照）。

　パウロのキリスト者としての信仰も、彼の宗教的・民族的遺産と対話する。これはパウロの改宗が他のユダヤ教宗派への移行だからだ[1]。パウロの新たな信仰（「私の福音」）——彼自身は諸国民へ福音を届ける働きという表現を選ぶだろうが——は、彼以前にキリスト者であり使徒だった者らと、激しい語気による対話——あるいは口論——を交わした。そして、ヘレニズム・ローマ世界に福音を宣べ伝える試みでは、意識とか統治体（「国家」）などのイメージを用い、より多くの聴衆の感性に馴染んだ表現を選択した。

　パウロの神学作業の表層部に位置し、容易に汲み取ることが可能なのは、彼が手紙を宛てた教会の成員らとの対話だ。より具体的には、さまざまな個人や利益集団、とくにユダヤ人や異邦人の集団との対話であり、彼らによってもたらされた分派やその他の影響との対話だ。

　このような対話を通して表現された神学は、おのずから動的であって静的でない。一方でそれは、不可変的に固定された立場同士の対話でない。他方でそれは安定的な基礎を欠き、絶えず移ろう立場同士の対話でもない。じつにそれは、比較的安定した基礎が何で、変容や革新の起点はどこか、これらの変容や革新の性質はどのようで、その影響範囲はどこまでかを見定めるための対話だ。だからこそ、この対話に耳を傾ける作業は非常に興味深い。

　ここで私たちは、深層部の対話が固定的で、表層部の対話が流動的だと推定することの危険性を留意すべきだ。たしかにパウロの改宗における黙示的転換を経ても継続された宗教的遺産の主要部分は、彼の確信における最も安定した部分だ。しかし、深層部と中層部とのあいだにも実際に対話があり、そこではこの遺産に関する著しい再評価が行われ（フィリ 3.7–8）、その際に

---

1) 使 24.5, 14, 28.22.

第 25 章　パウロ神学への結語

ファリサイ人サウロが根本と捉えた内容のある部分は廃棄され、ある部分はその優先順位を下げた。同様に表層部でも、パウロがその強い確信と一時的な助言とのバランスをいかに保とうとしたか、と問わずにいられない。

　換言すると、パウロ神学における対話は、多様な相手との交流を通して異なる時に異なる仕方の貢献をなす実際的な対話だ。ある意味でパウロ神学は他の神学との対話と言うべきだろうが、他の意味では、パウロ神学自体を対話と捉えるべきだ。あるいは、既述のとおりパウロ神学が 3 層構造を成しているので、これらの層のあいだで交わされる対話によって形成されているとも言えよう。本書での論考は、この対話というパウロ神学の特性に注意を払いつつ進められた。

　本著第 1 章では、たんなる「解説」としてパウロ神学を書くことの代替案として、対話というモデルを提唱したが、これはパウロ神学を執筆する挑戦の重要な一部をなした。本著を結ぶにあたって、この点を再確認する必要がある。対話とは決してたんなる解説でない。対話には定義上、相互作用という性質がともなう。ところが 20 世紀の観察者のほとんどは、この複雑な後 1 世紀の対話に遠くから耳を傾けて書き記すことにその役割を限定しようとした。しかし、聴衆が同時に参加者であることに鑑みると、これは不可能だ。パウロのテクストに対して私たちが投じる問いは、私たちの問いだ。それをパウロ自身が応答を試みた問いにどれほど近づけようと私たちが願ったとしても。聴衆はその伝統、訓練、経験、既定の関心によって特定のモチーフや主題を捉え、示唆表現や他の空白部分を何かの模様で埋め、聞くに堪えない不協和音や重要と思われない楽器音を排除することを避け得ない。私は本書の前半部分で、このような例を幾つか挙げて指摘した。少なくとも部分的には、私自身の解釈も同様の批判を回避できない。これこそが対話の性質だ。本書はパウロ自身の声と確信と強調点とを十分に明示したか、あるいはパウロの対話相手である私がパウロ神学に編み込んだ特定の模様によって、彼の神学を曲げ誤って伝えたか、それは読者が判断せねばならない。

　さらに、今日において使徒パウロの神学について書こうとすれば、それを 20 世紀〔そして 21 世紀〕を生きる 1 人の対話相手に任せるわけにいかないことを、私は十分に認識している。何世紀にもわたって、パウロ神学は多く

の偉大な神学者と重要な神学とに刺激を与えた。さらにそれは、のちの世代のパウロ神学への理解へと貢献してきた。そして 21 世紀にふさわしいパウロ神学は、その対話の内に新約聖書の後パウロ文書から始めて（マルキオンをも含めた）初期教父、アウグスティヌス、ルター、カルヴァン等のキリスト教史におけるすべてのパウロ主義者（と反パウロ主義者）を招き入れる必要がある[2]。しかしこの試みをまともに行うとなると、少なくとももう 1 巻の書を著す必要があり、それは私の能力をはるかに超えている。本書では、19–20 世紀の註解者らと彼らに反映されるパウロ解釈の伝統との対話に限定したが、それさえも完全からほど遠いことを私は実感している。

もっとも、パウロ自身の声を可能なかぎり聞き取ろうとする試みが限定的だとしても、パウロの偉業に鑑みると、その試みにはある程度の価値が認められよう。私は本著で自らの専門性を動員し、以下のことを試みた。すなわち、パウロとその書簡群に関する約 40 年間に及ぶ学術的および個人的な対話の果実を提供すること、パウロとその書簡群への好意的な思いを言葉にすること、パウロ書簡群が執筆された状況と思考過程に自らを置くこと、パウロの神学である対話の深みに入り込むこと、その対話に関わる各層に心を配ること、本書が想定する読者を代表してその対話に参加すること、それを説明し解説すること、そしてある程度においてそれを生きることを試みた。これらの試みをいかほど達成したか、それは読者が判断することだ。

私たちは本書での論考をいかに要約しようか。パウロの対話を傾聴しそれに応答して、1000 頁に及ぶ紙面に書き記してきたが、これに対していかなる適用が相応しいか。過去からの声に留まらず、講義室や教会やその他日々の営みにおいて神学を試みる者の注意を喚起するこの対話を、いかに要約しようか。最も適した結びとしては、パウロ自身の対話における 3 つの層を再確認し、それらがパウロ神学にいかに貢献したかを可能なかぎり明らかにすることだ。さらに、彼の神学のどの部分が継続的価値を有し、現行の神学的対話にその声を響かせるべきか、どの部分が福音の定義とキリスト教のアイデンティティ形成にいまだ影響を及ぼすかに関して提案することだろう。

---

2) Morgan（*Romans*, 128–52）は端的にこの概要を記している。

§25.2. パウロ神学の安定した基盤

パウロがおおよそ父祖の信仰と宗教に留まっていることに関して、多くの註解者らが過小評価している。パウロはイエス・キリストへの新たな信仰を父祖の信仰からの逸脱と捉えず、むしろその成就と理解した。パウロの宗教的実践が父祖の宗教的慣習から早々と異なる様相を見せたとは言え、彼自身はそれを異なる宗教と考えなかった。異邦人への使徒なる自己認識にかかわらず、彼はユダヤ人パウロでありイスラエル人パウロとしてのアイデンティティに留まった。第二神殿期ユダヤ教が4つの支柱──唯一神主義、選び、トーラー、神殿[3]──によって建つならば、パウロの立場はこれらとの関係で容易に描き得る。

(1) 神:第2章の結論は、後続する章で変更や再定義がされることはない。パウロの継続する対話において、神は彼の神学の根底であり基礎をなす。パウロはモーセ十戒冒頭の2つの掟を決して破棄しない。唯一の神以外の神を認めず、偶像への強い嫌悪を示す。

パウロが日々シェマアを2度朗誦し続けたか知るよしもない。しかし彼の書簡群とその神学は、シェマアの内容を彼が重視したことを証しする。パウロのキリスト論に関する問題──彼のキリスト論が唯一神信仰にどれほどの変更を与えたか──については第10章で明示した。イエスが唯一の主として崇められたにせよ、父なる神は唯一の神として留まった(Ⅰコリ 8.6)。あらゆる者が主イエス・キリストの前で膝をかがめても、栄光はいまだ父なる神に属する(フィリ 2.10–11)。すべての敵がキリストに屈しても、この勝利をもたらした神にキリストは従い、こうして神はすべてを統べ治める(Ⅰコリ 15.28)。イエスを支点として唯一神信仰に修正が加えられたが、これによって唯一神信仰が明らかな仕方で定義された。パウロの言説は、神がたんに創造主や裁き主やイスラエルの神として知られるだけでなく、「私たちの主イエス・キリストの父なる神」と知られるべきことを明示した[4]。神が唯

---

3) Dunn, *Partings*, ch.2 を見よ。
4) §10 n.100 を見よ。

一であることに変わりはなく、それはパウロ神学の起点をなす。

　神の霊についても同様のことが言える。パウロに活力をもたらす神秘的力としての霊は、モーセの書（Ⅱコリ 3.16）と預言書が証しする神の霊だ。この霊の体験は、キリストの霊としてより明らかに定義される[5]。しかしそれはもう 1 つの霊を指すのでなく、神が与えたという意味で神の霊だ。キリストの在り様が霊を定義するなら、それはつまり神の霊が定義されている。

　同様に「神の義」もパウロ神学における重要な概念だ（§14.2）。パウロにとってそれは神の義であり、決してキリストの義でない。もちろんキリストは、この概念によって強調される行為とプロセスとに不可欠だ。キリストは神によって義とされ（Ⅰコリ 1.30）、神と共に最後の裁きの座につき（Ⅱコリ 5.10）、キリストの内に人は神の義となる（Ⅱコリ 5.21）からだ。しかし、神がこの義の源泉であり基準であることに変わりはない。換言するなら、神の義を裁きから義認へと変えたのはキリストでない。キリストの死に救済的意義が見出されることは、唯一の神が本来イスラエルに示した救済の義に根拠を置く（ロマ 3.21–26）。パウロは改宗時に信仰義認という基本的原理——神的授与は報酬でなく恩寵による——を見出したのでない。自ら何も提供し得ない民への恵み深い選びという思想は、イスラエルの信仰の中心にあった。

　すなわちロマ 11.33–36 の重要な頌栄を記したパウロは、彼が継承した唯一神信仰を捨て去ろうなどとは露も思わなかった。信仰がより特定され、あるいは議論を呼ぶ仕方で定義されたことは確かだ。「キリスト論的唯一神主義[6]」という表現がこの信仰を最も正確に示すか、との議論は続く。私たちは、唯一神信仰がある種の緊張をその内に孕んでいることを知っている。しかしこの緊張は、他の神々への信仰が取り扱われたと同じ仕方では解消し得ない。むしろこの緊張は、遍在する創造神と内在する神の霊とのあいだに古くから認められた緊張関係に関する議論を刺激し、それは結果として三位一体というキリスト教的概念を生じさせることとなった。この緊張関係は唯一神信仰を崩壊させない。パウロはその神観の言い直しが、唯一神信仰からの逸脱、あるいはその基本原理の否定として理解されることを許さない。

---

5) §10.6, §10 n.157 を見よ。
6) §2 n.6 を見よ。

第 25 章　パウロ神学への結語　　　891

　(2) イスラエル：〈神はかつてイスラエルの神として知られた〉という言説も、パウロ神学と伝統との親和性に依拠した驚くべき安定性を示す。これはパウロが「異邦人の使徒」(ロマ 11.13) なる自己認識を持つことに鑑みると驚くべきことだ。これは、パウロがユダヤ民族的である意味で「国家的」な殻を打ち破るのに著しい貢献を果たしたことを考慮するなら、なおさらだ。第 19 章で見たように、イスラエルというユダヤ教の第 2 の支柱は、パウロ神学において変更が加えられることはない。

　これは、パウロ神学の言語表現が一貫してヘブライ的であることを意味する。そして、パウロの人間論的理解 (§3 参照) にとどまらず、彼が神学的考察において用いる分析方法や分類方法に影響を与える。これはとくに、アダム物語 (§4)、犠牲と贖罪のイメージ (§9)、神的知恵 (§11)、神の義 (§14)、黙示的啓示とその成就という歴史主題 (§18)、神の教会 (§20) などの表現において顕著だ。それはまた、イスラエルとその運命を神の目的の内に置くことにからも分かる。ロマ 9–11 章に見られる熱烈な表現は、たんに民族的誇り、あるいはイスラエル人としてのアイデンティティを維持しようとするパウロの思いを反映するだけでない。そこには、優先順位に関する彼の神学的確信がある。すなわちパウロは、地上のあらゆる人々のあいだでイスラエルを特別に選んだ神に対する信仰を継承し、イスラエルの物語を地上における神の目的遂行の物語と認識した。イスラエルとの関係性において定義される神、また神との関係性において定義されるイスラエル、これらはパウロの神学作業の境界を定めるための焦点として機能している。

　もちろんパウロの福音は、当時のユダヤ人のあいだで優勢だったイスラエル理解に一石を投じた。彼はモーセからアブラハムへと遡り、アブラハムからアダムへと遡り、イスラエルの選びから創造——すなわち無から有を呼び出し死者に命を与える (ロマ 4.17)——という神の根本的行為へと遡る。イスラエルの神はユダヤ人のみの神として理解し得ない (3.29)。しかしそれはイスラエルの選びを看過することにならない。むしろ、イスラエルの立場が本来的に神の恵み深い召命によることをイスラエルに教える (9.6–13, 11.6)。そして唯一の創造神の召命は、イスラエルと諸国民との関係性を新たに問い直す機会をイスラエルに与える。

同時にパウロは、アブラハムに与えられた当初の約束の見過ごされた部分を白日の下に晒した。すなわち、アブラハムにおいてすべての民族が神の祝福を受ける（ガラ 3.8）。異邦人への使徒なるパウロの召命は、諸国民の光として選ば呼び出された預言者イザヤとエレミヤの体験を枠組みとして意識的に描かれている[7]。したがってパウロは、自らの大義をイスラエルへの（あるいは神への）離反と捉えず、むしろイスラエルに与えられた大義の成就と理解した。

　これはパウロがその伝統的遺産との対話を試みる神学的作業だ。この作業は、後続するラビ・ユダヤ教と教父的キリスト教の声によって早々と霧散するかに見えた。それでもこれはパウロ自身の神学作業の中核を占め（§6.3）、パウロ神学の言語表現によって自らを定義するキリスト教の中心的主題として留まる。そしてパウロを対話相手の 1 人と定めるあらゆる神学において、この作業は未完の務めとして注目される。

　(3) トーラー：律法に関する論考は、ある意味でパウロ神学のわき筋と言えよう。本書では第 6, 14, 23 章がこの主題を繰り返すが、それは宗教改革の神学的伝統においてこの主題（パウロと律法）が重視されたことを反映するのみならず、この主題に関するパウロの論考がいかに複雑かを示している。

　パウロ神学における律法解釈を適切に理解するために、私たちは本書で律法の異なる 4 つの機能に注目した。(a) 第 1 にそれは、罪を定義し違反を裁く機能であり、パウロの神学的考察における一貫した主題だ（§6.3）。パウロはこの機能の延長として、自らの良心にしたがう異邦人を視野に入れている（ロマ 2.12–16）。

　(b) 律法の機能は、福音とその体験という光に照らされて再定義された（§23.5）。それは人を信仰へ向ける刺激（信仰の律法）として、御霊に則った行動規範（御霊の律法）として、そしてキリストの教えと模範（キリストの律法）として理解された。この律法理解は、心に刻まれる律法、また新たな心や新たな霊に関する預言者の希望と符合する。この場合パウロの対話は、クムラン共同体やファリサイ派やラビらが導き出した結論と異なるが、彼らに

---

[7] ガラ 1.15–16 はイザ 49.1–6 とエレ 1.5 の表現を意識している。

してもパウロにしても、この預言者的な律法のへの希望を受け継いでいるとの自覚があった。パウロはファリサイ派らとの対話が挫折に終わることを嘆いただろう。パウロ神学を再考するには、律法の肯定的役割を維持し、その神学作業の根幹にある伝統的遺産との対話を再開する必要がある。

(c) パウロ神学における律法解釈の困難さが顕著となるのは、この第3の機能、すなわちとくにイスラエルを保護して訓育する社会的機能だ。これをキリスト到来までの一時的な機能だ (§6.5) とする主張は、当然議論を生む。なぜなら、キリストが律法にとって替わり、神の目的と神の民を定義する役割をキリストが担うことになるからだ。実際にパウロはこの理解を起点として、律法の規定の一部を重視し、他を軽視した。結果的に、パウロが軽視した掟はイスラエルと諸国とを分け隔てるアイデンティティの表象（とくに割礼、食事規定、祭日）であり (§14.4)、また十分に明言されていないが、キリストが不必要とした要素（神殿犠牲）がこれらに含まれる。このようなトーラー内での諸規定の優先順位に関する議論は、パウロと同時代のユダヤ教でも行われていた。諸原則のあいだの衝突は、ある規定の厳格さを他の規定によって修正するという仕方で解消が試みられた[8]。少なくともこの意味で、パウロ自身のハラハー（規範実践）は同時代のユダヤ教の慣行と対話関係にあった。ここでの問いは、パウロの判断基準が、ユダヤ人／イスラエルの民族アイデンティティを刺激して、イスラエルを民族的に定義しトーラーという垣根によってこれを区別し続ける者との対話を不可能なものとするほどかどうかだ。

(d) パウロ神学における律法理解の中で最も議論されるのは、罪の手先としての機能だ。すなわち、罪の力に影響された律法が、人に罪を意識させる機能を越えて、むしろ人を違反へ導くという理解だ (§6.7)。この理解は律法を罪自体と同視することになりかねず、律法の断罪に繋がりかねないことを

---

[8] 例えば (1) ヒレル派の「プロスボル」と呼ばれるハラハーがある。これはイスラエル人同士の借金が安息年に帳消しにされる（申 15.1–3）決まりを回避する法的措置だ。(2) マコ 3.4 と並行記事の解釈で、救命措置として安息日の規定がいかに緩められるかが議論される（『M ヨマ』8.6）。これとの関連で、ファリサイ派とクムラン共同体とのあいだで、安息日規定がいかに緩和されるかに関する理解が異なる点もマタ 12.11 に反映されている（CD 11.13–14 参照）。

パウロは承知していた。したがってパウロは、このような断罪から律法を擁護することに努めた（ロマ7章）。律法は人を罪に導く力を持たない。むしろそれは人の生き方の道しるべであり（§6.6）、違反に対する神の怒りを示す計りだ（§6.3）。しかし律法自体に、人を生かしたり死に向かわせる力はない。律法がより大きな力によって支配される時、それが罪の力（罪と死の律法）なら人を死へ導く手段となり、それが神の御霊（命の御霊の律法）なら人を命へ導く手段となる。肉の弱さと罪の力が続くかぎり、律法は死に向かわせる影響力となり得る。一方で律法が御霊の力の下にあるなら——すなわち霊的なら——、それは神が与える聖くて良い導き手となり、判断基準となり得る。要約すると、パウロはロマ7.7–8.4で、この律法の第4の機能を適切な位置に据えようとしている。それはじつに第2の機能によって再定義された第1の機能の内に律法のあり方を位置づける作業だ。

　（4）神殿：これが第二神殿期ユダヤ教の第4の柱だ。伝統宗教の支柱の内のどれかをパウロが（ほぼ）完全に放棄したとするなら、それは神殿だ。第20章で確認したとおり、パウロは自らが再定義した新たな信仰において聖地との関連をほぼ完全に断ち切った。神殿や祭司職や聖徒なる言語表現はパウロの神学作業に留まったが、それらは非神性化された意味で福音へ奉仕するキリスト者を指した。新たに定義し直された信仰という文脈で、神の民が属する聖地は、キリストの体によって取って替わられた。

　この言語表現や分類表現の移行は、パウロ神学の中心と関わるか。これらの表現は、体制としての神殿をもはや必要としない終末的緊急性を示しているか。あるいは、イスラエルとその民を表現するのに、神殿や聖地という狭隘な分類表現を用いることに対するパウロの抵抗を示しているか。これらの問いに対して、キリスト教神学が十分な対話を行っているとは思われない。

　私たちはパウロのユダヤ教的遺産との対話において、彼がエルサレムを救いと解放の象徴として捉えている（ガラ4.26）という点を忘れてはならない。パウロが自らの設立した諸教会とエルサレムとの結びつきを重視し続けたことは、彼のエルサレムへの募金活動から分かる。解放者がシオンから現れるという同胞の希望（ロマ11.26）をパウロは共有し続けた。同時に私たちは、エルサレムと神殿との関係が断たれたことをラビ・ユダヤ教が直視せねばな

らなかった様子を思い起こすべきだ。いずれの場合も、過日の記憶とその表象が神学作業に安定感をもたらす有効な要素となっていること自体が、対話の継続を示している。

　第4の支柱に関してさらに注目すべきは、神殿から聖典へと焦点が移ったことだ。たしかにこの移行はラビ・ユダヤ教の出現を印象づけた。対話の新たな局面を代表する役割は祭司でなくラビが引き受けることとなった。同様のことはパウロにも言える。なぜなら、彼にとってはトーラー以上に、イスラエルの聖典文書——トーラーを含みつつもそれのみに焦点を置かない——がその神学に安定感を与えたからだ。ここでは、パウロがいかに聖典を扱い解釈したかに関する言及を避けるが、彼がその神学をユダヤ教聖典の上に建て上げたという基本的な事実に目を向けるべきだ。この点に関して本書は端的に述べるに留まったが（§7.2）、パウロがその主要な思想や用語や主題を導き出す源泉として、聖典は彼を支えた。そのいくつかの例を挙げるなら、パウロの神観（§2）、人間観（§4）、キリストの意義を説明する際の言語表現や分類表現（§4）、信仰のみによる義の理解（§14）、命を与える御霊の理解（§16）、イスラエル物語の再話（§19）、主の晩餐の解説（§22）、信仰の実践における聖典への依拠（§24）がある。この点において、トーラーとタナハとミシュナに依拠するラビ・ユダヤ教は、律法と預言と福音に依拠したパウロ神学からそう遠くない。

　ここでもまた、パウロ神学を丁寧に考察しそれとの対話を試みる者は、（マルキオンに反して）パウロ神学とキリスト教神学とにおけるユダヤ教聖典の重要性を認識せざるを得ない。キリスト教神学において継続する対話の中心で、これらの聖典文書の重要性が認識されねばならない。すなわち、これがイスラエルの聖典であることを正しく認め、これとパウロ書簡群をも含む新たな契約の聖典との対話を丁寧に分析する必要がある。パウロが続けた伝統的遺産であるユダヤ教聖典との対話は、彼の神学が促した対話の一部だ。

§25.3. パウロ神学の支点

パウロ神学の中間層には、もちろんキリストの存在が大きい。ここでは、

てこ原理の「支点」というメタファを用いよう。なぜならそれが、大きなものを新たな位置や方向へと移動させ得る軸頭を指すからだ。ここで、3つの地層、対話、支点というメタファが、それぞれに上手く噛み合わないことは重要でない。むしろそれは、私たちが単一のメタファによって視点を狭めることを抑制する。そして各メタファのあいだでの摩擦は、それぞれのメタファが紡ぐイメージの躍動感や活力を際立たせることになる。このようなメタファの動員の仕方に関しては、パウロ自身が良い前例を提供している（§13.4）。

このメタファはパウロ自身の改宗を説明するのに最も有効に働く。なぜならこの出来事を支点として、パウロの神学が大きな転換を遂げたからだ。もっとも、この転換は、既述のとおりイスラエルという地平からの逸脱でなく（§25.2）、その地平の上で異なる方向へ彼を向かわせた。当然のことだが、パウロの回想記事が示すとおり[9]、この出来事ではキリストが決定要因だった。ここでは、改宗後のパウロがその神学をいかに早い段階で、またいかなるプロセスを踏んで再構築したかという問いには踏み込まない。より重要な点は、パウロ神学の成熟にキリストが軸頭となる支点として機能したということだ。すなわち、キリストの顕現はたんなる一回性の出来事でなく、パウロ神学という継続した対話の支点として機能し続けた。そしてこの出来事は、何が重要で何がそうでないかを峻別するための基準となった。キリストは、パウロが過去から継承した基礎の上に何が据えられるべきかを判断する基準となった。

（1）遺産の再編成：この点に関しては、ユダヤ教なる遺産の継続性という角度からすでに論じた。ここでは、パウロ神学においてキリストがこの遺産により明らかな定義を示していることを明確にしよう。

パウロにとって、いまや神はキリストを通して明らかに知られる存在となった。私の理解が正しければ、キリストを知恵に関わる言語で表現し、その文脈で先在性が語られることは、万物の創造を通して自らを啓示した神が、キリストにおいて最も明らかな仕方で啓示されていることを示す（§11）。神

---

[9] ガラ 1.15–16, フィリ 3.7–8, Ⅱコリ 4.4–6.

はキリストを通して働くのみならず、キリストにおいてその存在と品性とを明示する。神の創造の業における参与という言語表現がキリスト自身の先在性を要求するかという議論は、先在性の最も重要な点を不明瞭にしかねない。パウロにとって重要な点は、キリストの顕現が神の啓示であること、神が自らをキリストにおいて啓示したことによってキリストが神の定義となったことだ。創造者としての神、そしてイスラエルの神としての神は、いまや主イエス・キリストの父としてより明らかで適切な仕方で表現された。

同様に、最後のアダムとしてのキリストは、人類の創造という神の目的の完遂を印象的に示す（§10.2）。この場合も、註解者らの関心はパウロの神学的対話における些末な問題へと移ろいがちだ。すなわち、パウロはアダム神話を適用することで、被造物の長子なるキリストをいかに考えるか等だ。しかしパウロのアダム・キリスト論の焦点は、キリストがその品性と活動――とくに死と復活――を通して、隣人を愛し、死者の復活を待ち臨むという人類の原初的なあり方を指し示すことにある。

パウロ神学を評価する際にとくに重要な点は、知恵とアダムというイメージが創造と救済という行為を効果的に連結することだ。パウロの思想は、創造の業から神を二元論的に分離したり、救済を身体と身体的世界からの解放と見なす思想と相容れない。知恵としてのキリスト、アダムとしてのキリストが、そのあり方と業とを通して神を啓示した。このキリストを通して、神の創造の業の内に人類に対する好ましい意図があり、人類が神の下ですべての被造物に対する責任を与えられていることが示された。

上（§25.2.1）で述べた2つの点に関しても、同様のことが言える。復活のキリスト／最後のアダムが「命を与える御霊」（Ⅰコリ15.45）であることは、パウロ神学において神の霊の定義となった（§10.6）。神の霊がキリストにおいて受肉したのでない。パウロはそのような表現を決して用いない。あるいは、神の霊はたんにキリストに霊感を与えるのでもない。むしろ、どこかこれらのあいだで（霊感と受肉とを隔てる壁は非常に薄いが）、パウロにとって御霊はキリストの霊として認められるようになった。御霊はキリストとの関連で知られるが、それは今やある意味でキリストの臨在を知らしめる媒介として認められている。ここでもまた、継続する神学的対話において、父なる神

のみならず神の霊を定義するのにキリストが重要な役割を担っており、その役割が本質と位格に関する議論において忘れられてはならない。

　神の義に関しても同様だ。神の義が、創造者またイスラエルの神の誠実さならば、神の義であるキリストはじつに誠実さの何たるかを、とくにその十字架と復活を通して示す。これは神の誠実さがキリストの死という局面で初めて示されたとか、唯一この死において示されたとかを意味するのでなく、その死において神の誠実さが決定的に示されたことを意味する。

　イスラエルに関しては、ガラ3章でのパウロの議論を想起すれば良い。すなわち、キリストがアブラハムへの神の約束を成就する子孫なのだ。ここでもまた、パウロの特徴的な解釈法（ガラ3.16）によって注意を逸らされるべきでない。彼の要点は、諸国民を祝福する神の計画を体現するキリストにおいて、神がアブラハムにした約束の成就が要約されているということだ。キリストへの信仰を通して、異邦人はアブラハムの相続へ導き入れられる。キリストの死と復活とにおいて連帯することは、アブラハムの子孫としてイスラエルの遺産相続に完全に参加することを意味する。

　ここで、イスラエルとその本質的な目的を定義し直すことが、パウロ神学の一貫性に負荷を与えたことについて繰り返す必要はなかろう。パウロはこの負荷の説明に神の奥義を持ち出す（ロマ11.25-32）。上の表現を用いれば、パウロは神とイスラエルという2つの柱を再定義し、これにパウロ神学というアーチを架けた。これらの柱はキリストとの関連で再定義されるので、キリストにおいて啓示された神であり、キリストにおいて成就したイスラエルだ。キリストという共通項によってこれら2つの要素は結びつき、こうしてパウロ神学というアーチは完全な楕円を形成する。これがいまだ完成していないことは、パウロの希望の終末的性格とパウロ神学が継続する対話を開始したということを理解すれば、容易に納得できる。

　パウロ神学に安定性をもたらす他の要素、すなわちトーラーと聖典の再編成についても、キリストが決定的な役割を担っている。もう一度メタファを替えるなら、キリストは三角測量の測点であり、パウロはこれを通して、トーラーと聖典とが、彼自身の信仰の営みおよび彼の教会の信仰の営みをいかに導くかを読み取る。既述のとおり、トーラーは変わらずキリスト者のあり

第25章　パウロ神学への結語

方を導く権威を有しており、「神の掟を守ること」（Ⅰコリ7.19）はパウロにとって重要だった。しかしパウロが意図したのは狭義の律法でなく、「キリストの律法」（ガラ6.2）なる律法であり、「キリストの下での律法」（Ⅰコリ9.21）だ。神の自己啓示としてのキリスト、人類の原型としてのキリスト、神の霊の顕在化としてのキリスト、神の義の具現化としてのキリスト、イスラエルへの約束と使命の成就としてのキリスト、それはまたトーラーにおいて何がいまだ重要かを測る基準であり、いかに律法が成就されるか、成就されるべきかの模範としてのキリストだ。

　聖典についても同様だ。ダマスコ途上での「イエス・キリストの啓示」（ガラ1.12）は、旧い契約とその聖典とを正しく理解する妨げだった覆い（Ⅱコリ3.14）を取り去った。個人的にキリストを知らないパウロが、第一世代のキリスト者らが証言するキリストのような人物を聖典から読み取っただけとは考え難い。むしろ自らをキリストと称する者の啓示がパウロの認識を促した。そして溢れんばかりの光が聖典を照らし、パウロはその奥義の理解に深く引き込まれた。キリストはこの場面で、パウロ神学全体を支える軸頭として著しい役割を果たした。キリストが聖典の多くの難題を解決する鍵となった。他方でいくつかの難題をも生じさせたが。また聖典の暗闇に光をあてた。同時に光と影とからなる新たな模様をも生じさせたが。

　パウロの解釈が恣意的だというのでない。あるいは、少なくとも聖典を読む他の者と比べて、パウロがより思惟的だというのでない。また、自らの神学を正当化するために用いたテクストの多くに、彼が新たな意味を刷り込んだというのでもない。もちろんパウロは、自分の解釈がテクスト自体の意味だと強く主張するだろう。パウロの解釈がおうおうにして現代の視点からは奇異で洗練さに欠けると思われたとしても、それは当時のテクスト解釈の王道として認められていた。パウロ神学におけるキリスト論的テクストが一方通行のモノローグに過ぎないという印象に対しては、批判的な考察が必要だ。なぜなら、イエスの重要性を解説するためにパウロが用いる分類表現（アダムと知恵、キリストと犠牲、復活と主権）は聖典から直接導き出されたもので、それらの表現は聖典の内容を伝え続けるかぎり有意義だからだ。パウロにとって、キリスト自身が聖典を照らす光だった。しかし同時に、パウロが

信じて宣べ伝えたのは、聖典が述べるキリストだ。

　要約しよう。パウロ神学には2つの層がある。すなわちイスラエルの物語とキリストの物語だ。これら2つの物語の相互作用（対話）こそが、パウロ神学の最も魅力的な特徴だ。一方が支配的となり、他方の存在が翳りを見せるという関係性でない。互いが他方の輪郭を照らし、意味付けをする。パウロ神学において、これらは共生関係にある。パウロ神学の中核において、これらは互いに活気を与え合っている。

　(2) キリストの中心性：パウロ神学において、キリストの中心性はパウロが受け継いだ宗教的遺産に精密な定義を与えるに終わらない。キリストがすべてに焦点を合わせるレンズであり、キリストが個々の主題を一貫性のある総体とする。パウロが記した手紙の形態自体がこれを支持する。パウロ書簡群がその開始部と終結部において、キリストの恵みに受信者の注意を向けるからだ。パウロ神学の本質部分がキリストの名によっていかに力強く脈を打ち、その生き様と死に様と復活との衝撃がパウロのあり方にいかに深く刻まれているか、読者は見逃すことができない。

　パウロにとってキリストの啓示はまったく新たな世界——復活の命の時代、すでに開始した「新たな創造」（§10）——の到来だった。この黙示的視点あるいは終末的転換が、パウロ神学の特徴をなす要素の大部分を占める。これは過去との訣別というより、過去と現在との関係性の変容、現在と未来との関係性の変容を指す。パウロ自身の個人史（§7.4）のみならず人類史全体が、キリストの死と復活、そしてキリストのパルーシア（§8）とのあいだに置かれている（§18）。

　じつにこの黙示的視点の一部として、パウロはキリストによって歴史全体を包み込む。すなわち、神の創造における知恵としてのキリスト（§11.2）と全人類の業の最終的な裁き手としてのキリスト（§12）によって。当然この歴史の枠組みの外にはさらに広大な枠組み——すなわち創造の神と終末の神——があるが、これを人が概念化しようとしても限りがある。しかしキリストとの関係によって語ることで始めと終わりとが明かな姿を見せ始め、神学はこの始めと終わりとをより意味深いものとして示すことが可能となる。

　このように包括的な枠組みにおいて、キリストの十字架と復活とがその中

心にある。これは、パウロ以前に確立されていた教会伝統における強調点であり、彼はそれを継承した。しかしパウロはこれを自らの神学における基礎に据えたので、これがパウロ神学の支点となった。これこそが、パウロ神学において最も重視されるキリスト論的モメントだ。パウロ神学で受肉という思想を語るとすれば、御子の大義は究極的にその死と復活とを視野に置いている[10]。救いのプロセスにおいて人はキリストの再来をその頂点として待ち臨むが、パウロ神学はこれ以前のキリストの業に重心を置いている。切迫した再臨期待——「主は近い」（フィリ 4.5）——が外れたとしても、それがパウロ神学の致命傷とならないのはこのためだ（§12）。パウロ神学が終末的であるということは、キリストの将来の業に焦点を置くからでなく、その過去の業に焦点を置くからだ。創造の業におけるキリストの存在が創造と救済とを結ぶように、終末の完結におけるキリストの存在は救済の中心的業である十字架と復活に付加的な意義を与え、最終的な報いを待つ者にその成就を約束する。しかし創造と終末の強調が、究極のキリスト論的モメントの中心性を損なうことはない。

　キリストの中心性は、より個人的に捉えられる福音と救いのプロセスにおいても明らかだ。福音はたんなる信仰を呼び起こすのでなく、キリストへの信仰を喚起させる。なぜ信仰はキリストへの信仰であり、もはやたんなる神への信仰でないか、パウロはこの点を十分に述べない。キリストが神の救済計画の終末的成就だとの確信はパウロにとって言わずもがなだった。この確信は、ユダヤ人と異邦人の両方が、キリストの福音を信仰によって受け入れる時に神の義と賜物としての御霊を付与されたことで、繰り返し確認されたことに疑いの余地はない。パウロがキリストに焦点を置かない信仰にも救済的意義を見出しただろうことは、律法を知らない異邦人が自らの律法となることを彼が想定したことから推測できる。しかし使徒、宣教者、伝道者、そして教師としてのパウロにとって、キリストの物語はみなが行使し得る信仰を提供する。したがってパウロは、このキリストへの信仰に焦点を置いた。

　同様の論理から、救いのプロセスの開始における重要な 3 要素のうち、パ

---

10) ロマ 8.3, ガラ 4.4–5, フィリ 2.6–9.

ウロはキリストへの参与（§15）をその書簡群に一貫して重視している。「キリストの内に」、「キリストと共に」、「キリストを通して」という前置詞句は、パウロ神学が開始して継続する対話において最も扱いが困難な表現だ。本書では幾度となく、代表的人物としてのキリストというイメージがもたらす概念上の問題——とくに概念化こそが存在意義である言語化された神学における問題——について考察した[11]。しかし、この神学作業の困難さによって、パウロの言説におけるキリストの中心性が曖昧になってはいけない。私たちはメタファ言語の実像からの距離感を見極め、そこにある不可避的な不明確さを議論の不適切性、あるいは反論の根拠と判断すべきでない。何よりも、「キリストの内に／～と共に／～を通して」という、キリストを体験することが何たるかを描写する言語が、パウロにとって恵みと信仰との体験を表現する言語であることを認めなければならない。したがってキリストに関する体験の質と特徴とを表現するのが困難であることは、神学という対話に体験的な側面があることを示しており、パウロにとってこの体験全体の中心にキリストがいる。

　このような言語の取り扱いが困難なことは、パウロ自身の神学以上に、のちの対話において典礼（秘跡）が重要性を増したことに部分的にせよ寄与した。典礼神学は、「キリストの内に」という言語表現やその体験に焦点を置くよりも御しやすい。同時に、バプテスマ（§17）と主の晩餐（§22）に関するパウロ神学の驚くべき特徴は、それらもまた福音と教会に関する彼の理解においてキリストの中心性を主張することだ。バプテスマはキリストの名において授けられる。個々のキリスト者は、キリストに属するバプテスマを授けられるが、それはキリストの死とその体に属することを意味する。晩餐は主のもので、キリストを記念して執り行われる。それはキリストの死を象徴し提示する。晩餐に与る者は、再来の時までキリストの死を告げる。この典礼神学と実践がいかように展開するとパウロが考えていたにせよ、キリストの中心性が軽視されることを許容したとは決して考えられない。

　おそらくパウロ神学において最も印象的な特徴の1つは、救いのプロセス

---

11)　§§11.6, 12.5.4, 20.4, 7.

第 25 章　パウロ神学への結語　　903

をキリスト——とくにその死——へ漸増的に相似（一体化）するという概念だろう（§18.5）。これはある種の神秘主義を促し、一部においては秘跡的神秘主義へとつながった。パウロはこの概念を用いて、とくに彼の使徒としての苦しみを理解しようとしたが、これが純粋に個人的な神秘主義へと変容することを決して歓迎しなかっただろう。なぜならこの概念は、すべてのキリスト者が共有する救いのプロセスであり、じつにキリスト者はこれを被造物すべてと共有する（ロマ 8.17-23）。肉の死および肉に対する死は、礼拝という場のみでは体験できず、御霊の促しに準拠する日々の意識的な歩みにおいても表現されるべきだ。この文脈で、キリストの痛みを共有するという痛みの神学は、牧会的に著しく重要な可能性を秘めている。しかしこの文脈から外れる時、キリストへの相似はたんなる理想主義で、真剣さに欠ける。

　最後になるが、キリスト者の信仰の共同体的側面について述べる時、パウロがキリストの体としての教会、キリストにある 1 つの体という重要な表現を用いたことを、私たちは想起すべきだ（§20.4）。この場合、パウロが身体的表現にどれほどの実際的な意味を込めていたか、という点が気になる。パウロは古代地中海世界の北東部に散在した小さな教会群を、実際にそれぞれの地でのキリストの体現と考えたか。彼が個々の教会を栄光の復活の身体と見なしたとは考え難い。パウロはキリストの体現という概念を通して、教会が人の体と同様に弱さを持っており、共同体としての復活を待ち臨み、キリストの栄光の体へと変えられることを期待したか。これらの問題においてもまた、パウロとの対話が続けられる。この対話がいかに発展しようと、パウロが強調するところは明らかだ。すなわち、この時代が持続する中でのキリスト者の存在は不可避的に共同体的で、この共同体性こそがキリスト自身の性質を反映している。

　要約するなら、パウロにとってのキリスト教とはキリストそのものだ。パウロ神学を解説する者、またパウロとの対話を継続しつつ神学作業を試みる者は、この点を認識すべきだ。使徒パウロの神学において、〈神とは何か〉を述べる際、神の霊を定義する際、イスラエルの祝福が諸民族に及ぶという神の約束を語る際、トーラーへの従順が何かを示す際、イスラエルの聖典を照らす光に言及する際、創造と終末の完成とを 1 つのパラダイムとして語る

際、その死と復活を歴史の中間点として捉える際、信仰の対象を語る際、典礼の意義の焦点を定める際、キリスト者の個人的および共同体的アイデンティティを決定する際、救いのプロセスが相似する対象を述べる際に、キリストの中心性を強調して述べずにはいられない。キリスト教神学において継続する対話のいずれかの段階で概念化が困難だと感じられる部分が生じたとしても、それがキリストを中心から外すことにはならず、むしろキリスト自身の表現に今一度親しく耳を傾ける機会となり得る。

§25.4. 中心と発展

キリストがパウロ神学の焦点にして支点だと言う場合、それは第1章での問い——パウロ神学の中心について語り得るか——に1つの答えを提供することになる。神学のような学問主題において「中心」というイメージがいまだ役割を持つとするなら、パウロ神学の中心にキリストがあると言わざるを得ない。しかし、それはパウロの神学作業に躍動する中心であり、静的神学体系における概念としての中心でない。ベカーが主張する「一貫性」という表現がより適切というなら、キリスト——キリストの体験、この体験と共生関係にあるキリスト論——は、神学者、宣教者、牧会者であるパウロの全存在に一貫性をもたらすと言えよう。

これは、上（§25.2–3）での論考を否定することにならない。継承した伝統とパウロのキリスト論との相互作用と統合こそが、彼の宣教活動と書簡執筆に見られる神学の動的性格を生み出した。結果として私たちは、中心とか一貫性とかという狭義の概念を、キリストにある神の業などと説明することができよう。しかしこのような説明が詳細になればなるだけ、表現は多様化し、より注意深いニュアンスが動員されねばならなくなる[12]。むしろ私たちは、パウロ神学の中核にある基本的な要素に焦点を置くことが肝要だろう。これらの要素の動的な相互作用に関しては、他所で多様な仕方で語られれば良い。私が対話や基礎や支点などの互いに関係の薄いイメージを意識的に用い

---

12) Dunn, *Unity*, 369–74 を見よ。

たのは、このためだ。

§1.4 では、パウロ神学の発展について語り得るかと問うた。読者は、本書がローマ書をある種のひな型として捉えつつ、パウロがこの書簡を執筆した時期の神学について考察し、ローマ書執筆前後の思想において発展の可能性を見極めようとした。パウロ神学はその書簡群を通して、重大な発展や変化の痕跡を示しているか。

この考察においては、Ｉテサロニケ書の執筆時期とフィレモン書やコロサイ書が執筆された時期とのあいだ[13]、すなわち 10 年ほどの期間が対象となる。対象時期が短いことがこの考察の結論を制限することはない。今日の神学者らは、40 代あるいは 50 代の 10 年間に大きくその神学を変更することはなかろうが、彼らのほとんどはパウロのような先駆的な宣教活動に関わっておらず、また心身に著しいダメージを与えるような体験に日常的に遭遇することもない。

しかし、異なる状況に併せた多様な表現をパウロ書簡群の中に認めて、その内容を考察した結果、私たちはそこに一貫した思想を見出した。書簡ごとの強調点が違っても、それが思想の発展や変化かは疑わしい。初期の洞察に対する説明やさらなる適用がのちに展開されることはあるが、それを「進化」と呼ぶわけにいかない。強調点の変更や説明の付加が必要となる出来事や体験があったようだが（とくに以下の 4 件が考え得る）、それらがパウロ神学の全体的性格や主要素に著しい変化をもたらすことにはなっていない。

第 1 に、テサロニケでの出来事によって、パウロはパルーシア（キリスト再来）に関する説教に変更の必要を感じたようだ。この場合も、変更はその強調点であって内容でない。私たちは、テサロニケ 2 書に他所では見られない表現──「主イエス・キリストにおいて」や「神において」など[14]──があることに気付く。これは、この時期にパウロが重要な神学表現の定型句を模索していたことの痕跡だろう。

第 2 に、ガラテヤ諸教会での不穏な動きに対処するため、パウロは自らの

---

13) もちろん獄中書簡（フィリピ書、フィレモン書、コロサイ書）の執筆時期に関しては議論が分かれる。コロサイ書に関しては §11 n.7 を見よ。

14) §15 n.31 を見よ。

「使徒[15)]」としての立場を強調し、「律法の行いでなく信仰による義認」に焦点を置いて「福音の真理」を明示したことだろう。これらの主題がガラテヤ書執筆以前に語られていなかったわけではない。ガラ 2.1–16 と 3.1 とがそれを証言している。しかし、パウロにガラテヤ書の執筆を促し、これらの主題が彼の神学の主要素として確立するきっかけとなる出来事があったに違いない[16)]。

第 3 の出来事は、Ⅰコリント書執筆とⅡコリント書執筆とのあいだの時期に起こったエフェソでの危機だが、これはⅡコリ 1.8 に明記されている。この危機においてパウロが体験した個人的な苦悩——とくに使徒としての苦難だがそれに限定されない体験[17)]——は、おそらくⅡコリント書で重要な主題となる痛みの神学を熟成させるきっかけとなっただろう。これも新たな主題でないことは、ガラ 2.19, 6.17, Ⅰコリ 4.9–13 が示している。しかしこの主題は、後期の書簡（Ⅱコリント書、ローマ書、フィリピ書）でさらに深められる。

パウロの活動と神学作業における第 4 の転換点を想定することも可能だろう。これはローマ書を執筆するきっかけとなった。パウロは古代地中海世界北東四半分での宣教を終えたので（ロマ 15.18–23）、エルサレムに募金を届けたのち、新たな宣教を開始する時期を迎えていた（15.24–29）。この時期はパウロ神学に転換を促さなかったが、パウロの福音理解をより詳しく記し、ある意味での完結版をしたためる思いを膨らませる機会を彼に与えた。その結果としてローマ書が執筆され、これ以降のあらゆる世代がその恩恵に与っている。

第 1 章で述べたとおり、パウロ神学あるいはそれを継承する思想が最も著しい発展を示すのは、パウロが自らの言葉をその書簡としてしたためた（あるいはしたためさせた）時期の前後にあたる。まずは前の部分だが、ガラ 1–2 章にあるパウロの短い自伝的部分には、彼の思想の展開に寄与した 3 つの出来事が記されている。第 1 はもちろんパウロの改宗だが、これに関しては十

---

15) §21 n.29 を見よ。
16) 私は、ガラテヤ書がテサロニケ 2 書執筆後の早い時期に書かれたと考える。Dunn, *Galatians*, 5–19 を見よ。
17) §21.2.1 を見よ。

分に述べた[18]。第2の出来事は、エルサレム教会の柱と目される使徒らとの会談あるいは口論（ガラ 2.1–10）。パウロはこの会談の結果が自らの福音に何ら影響を与えないと考えていた（2.6）。しかしここで合意が得られれば、それが宣教のはずみになることも承知していた（2.2）。それは、エルサレム教会に代表される霊的遺産とパウロの福音との継続性を主張することができるようになるからだ（ロマ 15.27 参照）。第3の出来事はもちろんアンティオキア事件だ。ここでは「律法の行い」の問題が顕在化し、エルサレム教会が後援する宣教活動と袂を分かつ結果となった[19]。

しかしここでも、パウロ神学における変化を誇張してはいけない。原始教会に始まるイエス伝承や他の伝承をパウロが継承して引用する様子に鑑みると、彼の神学と彼に先んじてキリスト者となった者らの福音とのあいだに（例えばⅠコリ 15.11 参照）、またイエス自身の教えと活動とのあいだに、直接的な継続性を自ら認めていたことが分かる。パウロ自身は、彼とイエスとのあいだに越えられない溝があるなどと考えなかったし、イエスの教えとその活動を自分が歪曲させたなどとはついぞ思わなかった。また、パウロは自らをキリスト教の第2の創設者として、イエスと肩を並べているなどとの理解に耳を貸さなかっただろう。

つぎに後の部分だが、パウロ自身が構築した神学と、「パウロ学派」とでも言うべき後継者による神学とのあいだに見られる発展に目を向けよう。私自身はコロサイ書を真正パウロ書簡の一番後期の書と考えるが[20]、この書には初期のパウロの思想から重要な発展が見られる。コロサイ書は宇宙的キリスト論が明らかに展開し（コロ 1.15–20, 2.15）、「教会」や「体」（とくに 1.18）などの概念を用いつつ発展した教会論を示し、のちに奨励部分の定番となる家庭訓（Haustafeln）を付した（3.18–4.1）。コロサイ書を基に執筆されたエフェソ書は、これらの主題に関してパウロ的神学を新たな次元へと導いた。これらの書簡にはパウロ神学との継続性が明白だ[21]。しかし、これらの書簡

---

18) §17.4, §14.3 を見よ。
19) §14.5.1 を見よ。
20) §11 n.7 を見よ。
21) 私はパウロがコロサイの教会へ手紙を書くようテモテに指示したと考える（コロ 4.18 参照）。

と牧会書簡とが使徒パウロの神学を正確に表現しているかとなれば、疑念が膨らむ。

したがって、パウロ神学とパウロ的神学（パウロ学派の神学）とのあいだの発展は認められる。この発展は同主題の適用だったり新たな対処だったりするが、パウロ神学の主要主題やその性格は継続性と一貫性を保っている。ここで注目した思想の発展は、パウロ神学が活気と躍動感に溢れていること、それが神学であると同時に神学作業であることを、私たちに教えている。

§25.5. 革新的で永続的な要素

パウロ神学を語るのに3つの地層という表現を用いつつ、その最下層と中間層について述べてきた。それでは最上層に関して、さらに言うべきことがあるか。書簡群を通してパウロが行った諸教会との対話は、イスラエルの物語、キリストの物語、そしてこれらの相互作用からなる神学的輪郭によって、おおよそ形成されていることは確かだ。しかし、パウロ神学における強調点のすべてが彼のキリスト論と密接につながっておらず、いくつかの主題に関しては個別に扱うべきだろう。これらの幾つかはキリスト教神学に大きな影響を与え続けてきたが、この点でパウロの貢献が大きいことを歴史はおおよそ忘れてしまっている。他の主題は、キリスト教神学の継続する対話において、もはや耳にすることもなくなっている。しかしこれらに、再び光をあてることが肝要だろう。

キリスト教神学を形成することに貢献した最も斬新的な要素には、パウロが導入した幾つかの重要な用語がある。「福音」、「恵み」、「愛」がその代表だ。「福音」はキリストの死と復活とに焦点をあてた良い知らせであり、「恵み」は神が人類に対する接し方を象徴し、「愛」は神が与え、その応答として人が生きる動機を指す。そのキリスト教的な用法において、これらの語はキリスト教の目的と性質を、他のいかなる語よりも適切に言い表す。そしてこれらの語のキリスト教的な用法は、パウロによって示された。

パウロが導入した他の用語の中には、十分にその影響が浸透しなかったものもある。とくに、パウロが注意深く使い分けた「体」と「肉」（§3.4）、また

「カリスマ」という造語（§20.5）がこれにあたる。前者は、身体なる建設的意義と肉なる脆弱さや堕落とのバランスをキリスト教神学が維持することを可能にするはずだった。しかしパウロがもたらしたこの区別が曖昧にされたことによって、キリスト教神学に開いた痛ましい傷口がいまだ閉じることがない。後者はカリスマ的（御霊という賜物に与る）共同体というパウロの躍動的な教会観に欠かせないが、パウロ特有の強調点は早々に見失われた。この点に関しては後述する。

　パウロ神学において注目すべき他の要素として、第1に人類の現状に関する彼の分析が挙げられよう。パウロはこれを、アダムの物語を用い、罪と死の力に注目することによって説明した（§§4–5）。このような分析手法は、原始的な神話や世界観に囚われ過ぎとの批判に晒されがちだ。しかしこの評価は、人の深層にある本能や知覚について教えるメタファや神話の力を認めない文化の貧困さを暴露するのみだ。またパウロの分析は、著しく悲観的と批判されがちだが、私はこれを現実的と評価する。原因が外部にあるにせよ内部にあるにせよ、個人と共同体とを傷つけ、究極的に破壊へと導く歴史の流れに取り込まれる人類の実体験、これをまっすぐに見つめる神学を、私たちは過度に悲観的と言い得ない。そして、非常に否定的なものとして死を捉える実存的現実に対峙する神学は、一般的な感性から逸脱しているとはおおよそ言い難い。これらの現実を見据えてそれに立ち向かう福音に、私たちは大いなる期待をもって注目すべきだ。

　さらに、人間の存在の霊的な側面に関するパウロの理解は、あらゆる唯物的な生物学や人類学に対して挑戦し続ける。しかしこの主題に関して最も注目すべきは、神と人との関係性、あるいは創造者と被造物との関係性に関するパウロの理解だ。すなわち、神は何よりもその被造世界と創造された人類との関係において知られるべきであり、また人は創造者である神との関係においてこそ正しく理解される。人がこのような関係性という文脈において存在することから、人とその社会とは互いに連結し、互いを規定する。この思想は、パウロの義に関する論考において最も明らかに示されている。義は、被造物と人類に対する創造神の誠実さ、また神と互いとに対して人が負う責任という視点から説明し得る。

パウロ神学の他の重要な特徴は、信仰による義認の分析から明らかになった（§14）。この思想は、神から授けられた恩恵を「神的権威を帯びた特権」と混同し、異邦人が異邦人として留まるかぎりアブラハムの祝福に与る望みを持たないという民族的な偏狭視野に対するパウロの抵抗の延長にある。義認に関するこの側面は、神の平安を求める個人的欲求の影に隠れて、長いあいだ忘れ去られていた。もちろん、義認の個人的側面を看過するわけにはいかない。人は誰もその行いによって神に受容されるのでないという、イスラエルの選びなる基本的な教え自体が指し示している洞察を、軽んじることはできない。しかし私たちは、当初パウロが義認の教えを示した際の共同体的でありつつ、民族越境的な側面を取り戻す必要を認識すべきだ。神との平和は、信仰を根拠にしてユダヤ人のみならず異邦人にも開かれている。信仰義認のこの側面は、人種差別や敵対的な自国第一主義が世に蔓延する時代にあって、重要なメッセージ性を持ち続けている。

　同様に、パウロがその経験の中で得、文章として記した神学の重要な特徴の１つが、本書で繰り返し登場した。とくにそれは、パウロの恵みに関する言語を形成することになった、彼自身の恵みの体験だ。これは、パウロが体験と合理性とを対極に置いていることを意味せず、「霊」対「理知」という構図を想定していない。そうでないことは、預言と異言の賜物に関するＩコリ14章での論考が示す。神学はたんに合理的分析や還元的思考の作業として、教義的な命題を提示しているのでない。むしろそれは、御霊によりキリストにおいて、パウロと彼の改宗者らが信仰を通して体験したことの本質であり、パウロはこれを明文化することで救済論と教会論へと発展させた。読者はそこに、実存的な真理を見出して、これを生きる（§16.4）。この体験された神学と明文化された神学との相互作用こそが、パウロを対話相手とし続ける神学的対話の中心にある。

　ここでもまた、既完と未完とをまたぐ終末的緊張として救いのプロセスをパウロが概念化したことに注目しよう（§18）。彼は、人が肉の脆弱さという障害を負っていること、教会が逸脱した宗教性と自己追求によって分裂を続けていること、世が自由と解放とを待ちつつ呻いていること、これらの現実を正面から見据えた。パウロの真摯な姿勢は、その神学が２つの時代に挟ま

れた状態が内包する諸問題に取り組むことを可能としている。典型的なパウロ的表現を用いると、信仰と希望と愛とが密接な関係にあるなら、希望の未完性が信仰と愛との未完性を決定づけるのでないか、との疑念に囚われるべきでない。むしろ、パウロ自身が述べるとおり、キリスト者の体験は希望によって、また希望として、その本質が明らかとされる。福音の「すでに／いまだ」の緊張自体が、確固とした希望の体験の内に包含されている。

　パウロの教会論においては、キリストの体という描写が、現代においてもその重要さを示している。あらゆる成員が全体の益のために貢献するように恵みによって迎え入れられる。教会の働きの多様性は、この体の一体感と健全さを保つために欠くべからざる要素だ。すべての働きが1人の人物に集中することはない。働きの権威は御霊の促しによるが、その正当性は共同体によって見極められる（§§20.5, 12.6）。さらにこの教会理解は、多様な召命と関心を抱く個々が共同体を形成するという特徴を表現する政治的メタファとしての「体」に対応している。キリストの体としての教会は、より広範の社会のあり方のモデルとして提示されている。それは、敬意と責任とを伴う、共生と相互依存、配慮と分かち合いのモデルだ。このヴィジョンを語ることは易しいが、今も昔もその実行は困難だ。それでも、現実を計るための理想を明確にするという意味で、このヴィジョンを繰り返し述べ続けることは重要だ。

　さらに重要な点は、パウロが実践においてバランスを見据えてそれを維持しようとしたことだ（§23）。これは、内的な動機と外的な規範との均衡を保つ。すなわち、神に寄せる十全の信仰、愛と配慮とを絶えず呼び起こす御霊、キリスト自身が示す規範、これらのあいだのバランスだ。ここでもまた、パウロは信仰を何かの定型句へと減じさせ、御霊を典礼の中に安置し、キリストの律法を規定の類へと翻訳することに対して、満足しないどころか反論の声を上げる。パウロが教える信仰はもっと単純で直接的だ。命を与える御霊は箱に閉じ込められない。イエス伝承に象徴されるキリストの記憶と愛の戒めを押さえつけておくことはできない。したがってパウロ神学は、行動を促す信頼という血の通った体験と、キリスト教の規範的伝統とのバランスが崩壊することを阻むことに寄与しているという点で、その重要性が見過ごされ

てはならない。

　この点で私たちは、パウロ自身の模範が示し続ける意義を見過ごすわけにいかない。それは、キリスト者および神学者に限らず、教師にして牧会者であり、じつに使徒として示した模範だ。ここでは、パウロが使徒としての権威を用いる際の深い配慮と、諸教会が責任ある運営を行うように励ます姿勢とに、読者の注意を喚起すれば事足りよう（§21.5）。つけ加えるなら、各教会が抱える特殊な事情や、彼らが直面する道徳的問題に対して、思慮深い助言を与えたその態度に目を向けるべきだろう（§24）。その際パウロは、キリスト者が敵対的な社会に身を置きつつ、2つの世のあいだで今を生きることの困難な現実を十分に意識していた。また彼は、多様な原則や前例をもとにして、共同体に甚大な危害をもたらしかねない問題を対処したり回避したりするのに有効な行動パターンを提供した。ある時は（性的行為や偶像崇拝に関して）確固とした態度をとり、ある時はキリスト者が持つ自由の重要性を強調した。ときに厳しく矯正を促し、ときに同意を得るため嘆願した。そして、異なる意見や立場の信徒らからなる教会に一致をもたらすため、互いへの敬意を前提とする信頼関係、責任を伴う自由、そして何よりもキリスト自身が模範を示す愛に訴えた。神学者であり牧会者であるパウロは、実践において生きる神学が何か、その模範を示し続けている。そして私たちが模範とすべきは、パウロが与えた具体的な忠言もさることながら、とくに彼がいかに自らの意見を形成して忠告を与えたか、その姿勢である。

　最後になるが、私たちはパウロが書簡の執筆を通して神学を行ったことを、もう一度想起すべきだ。すなわち彼の神学は、挨拶、感謝、祈りという書簡開始部と、旅程、個人の事情、別れの挨拶という書簡終結部とによって包み込まれている。換言すると、パウロの神学作業は、日常の人間関係に見られる具体的で、ややもすると些末な事柄への言及によって始まり、閉じられる。パウロ神学に抽象化された言語がどれほど複雑に絡み合っていたとしても、それは決して象牙の塔を形成するものでなかった。それはむしろ、日常生活を導き促す力としての福音理解を深める試みであり、キリストを一貫して体現するキリスト者のあり方を日々の現実に生かす試みなのだ。

訳者あとがき

　2002年9月、ケンブリッジ大学で開催された英国新約聖書学会に参加した私は、ほとんど波風が立たずに終わった自分の研究発表の余韻――大きな安堵と少しばかりの失望――を引きずりつつ、そのままアフタヌーン・ティーへと流れ込みました。有名なキングス・カレッジ・チャペルの裏手にあたるクレア・カレッジの中庭で白ワインのグラスを弄びながら、のちにニュージーランドのワイカト教区で女性として初の聖公会主教となるヘレン-アン・ハートレーと一緒に、ケム河でパント（ボート）遊びに興ずる学生らを眺めていると、ジェイムズ・ダン教授が笑顔でその輪に加わられます。〈僕の発表に感動された！〉はずもなく、ヘレン-アンの御父様の親友だとのこと。彼女は気を利かせたのかイタズラ心からか――明らかに後者でした――「ジミー、この男はガラテヤ書の研究をしているのよ」と言い残して、ワインのお替わりを求め席を立ちます。そこからの1時間、と感じるほど長い10分間は、ダン教授の穏やかな質問と暖かいコメントにもかかわらず、私にしては博士論文の面接試験よりも緊張する体験でした。ダン教授著のガラテヤ書註解を開く度に、ヘレン-アンの言葉を借りるなら「ケム河ほとりの口頭試問（*Viva Voce* by the River Cam）」を懐かしく思い出します。

　本著は、そのジェイムズ・ダン教授が自身の代表作として挙げられる著作の1つ *The Theology of Paul the Apostle* (Grand Rapids & Cambridge: Eerdamans, 1998) の翻訳です。教授は英国を代表する新約聖書学者であり、パウロ研究における世界的権威として広く認められている研究者です。近年話題となっている「パウロに関する新たな視点（New Perspective on Paul）」（NPP）という表現も、じつは1982年に開催されたマンチェスター大学のマンソン記念講演会でダン教授が使い始めたものです。日本ではN.T.ライトがNPPの代表者として注目を集めており、それ自体は喜ばしいことです。とくに彼

の代表作である『新約聖書と神の民』（山口希生訳、新教出版社、2015, 2018 年）の公刊は、日本における新約聖書学の発展と深化に寄与しています。一方で、ダン教授に師事された敬和学園大学の山田耕太先生が訳された『新約学の新しい視点』（すぐ書房、1986 年）、また教授が編集主幹を務められた「叢書　新約聖書神学」と当該シリーズの『ガラテヤ書の神学』（山内眞訳、新教出版社、1998 年）が出版されているものの、近年の「N.T. ライト・ブーム」と較べると日本におけるダン教授の認知度は控えめにも適切とは言えません。その意味でも、本著が日本の読者に届くことは嬉しいかぎりです。

　ダン教授（1939–）に関する自伝的情報は、近日刊行が予定されている Byron & Lohr (eds.), *I (Still) Believe* (Grand Rapids: Zondervan, 2015) の翻訳に詳しいですので、そちらを楽しみにいたしましょう。教授は 1970–81 年にノッティンガム大学で、そして 1982–2002 年にダラム大学で——後半（1990–2002 年）では権威あるライトフット・プロフェッサーとして——教鞭を執られましたが、現役を退かれた今もお元気で執筆を続けておられます。教授の代表的な単著としては、初期教会の形成において宗教的経験が重要な役割を果たした点を強調し、神の霊の働きの現代的な役割に関して学術的に肯定的な評価を示す *Baptism in the Holy Spirit*（1970 年、聖霊におけるバプテスマ）と *Jesus and the Spirit*（1975 年、イエスと御霊）が、思想史のみに焦点を置きがちな議論から聖書学を解き放ち、信仰の営みという宗教の「リアル」に解釈学の注意を向け、活力に満ちた教会の在り方に関する示唆を与えました。教会の起源とキリスト教正典の成り立ちに関わる諸要素を詳述し全体を俯瞰する *Unity and Diversity in the New Testament* (^{1}1977, ^{2}1990, ^{3}2006 年、新約聖書における一貫性と多様性）は、原始教会初期の道程を現実味ある姿で提示し、統一性が多様性を、また雑多性が連帯性を損ねかねない教会の現状に重要な示唆を与えました。宗教母体であるユダヤ教伝統の継承と教会の独自性とを分析した *The Partings of the Ways between Christianity and Judaism* (^{1}1991, ^{2}2006 年、キリスト教とユダヤ教の分岐）は、サンダースが提唱した「契約維持のための律法体制」（訳者まえがき参照）が残した課題を整理しました。これらに加えてローマ書（WBC）、ガラテヤ書（BNTC）、コロサイ書とフィレモン書（NIGTC）その他の各註解書が、現代のパウロ理解に大きな影響を与

訳者あとがき

え続けています。さらに引退後は、「形成期のキリスト教（Christianity in the Making）」を総観する三部作——それぞれが 1000 頁に及ぶ *Jesus Remembered*（2003 年、記憶のイエス）、*Beginning from Jerusalem*（2009 年、エルサレムから始まり）、*Neither Jew nor Greek*（2015 年、ユダヤ人もギリシャ人もなく）——に着手され、これを仕上げられたばかりです。その中にあって、本著『使徒パウロの神学』は現役時代の研究活動の総決算であるとともに、その後の執筆活動を支える確たる基盤となっており、まさにジェイムズ・ダン教授の新約聖書学、さらにあえて言えば過去半世紀にわたる英国の穏健で慎重で実直で公平な——英国で神学教育を受けた者の偏見でしょうか——新約聖書学を代表する一冊です。

　ダン教授は『使徒パウロの神学』において、ローマ書を議論の主軸に据えつつも各書簡の特徴的な神学問題を網羅的に取りあげ、さらにはパウロ文書全体を視野に入れて、ユダヤ教伝承とキリストの顕現なる決定的体験と異邦人宣教において直面した諸問題とがいかにパウロの神学を形成し、その神学的表現を方向づけたかを丁寧な釈義作業に基づいて繙きます。その過程では、NPP の議論における教授の主要な貢献が散見されます。例えば第 6 章：「律法」と第 14 章：「信仰による義認」では、「律法の行い」が社会人類学的な視点から解釈されます。教授はこれを律法自体への批判でなく、律法諸規定の遵守が神の祝福の占有を保証するという姿勢に対する警告と説明し、過去の反ユダヤ教的パウロ理解を否定します。ちなみに第 14 章では、いわゆる「ピスティス問題」に関して、これを「キリストへの信仰」と理解する伝統的な立場が丁寧に論じられます。また第 19 章：「イスラエル」では、「イスラエル」と「ユダヤ人」の定義上の違いを明示した上で、歴史的イスラエルとキリスト者からなる神の民イスラエルというパウロのヴィジョンを終末的緊張という枠組みの中で捉えますが、これは教会の在り方のみならず、教会が他者と接する姿勢に多くの示唆を与えます。さらに第 23 章：「動機となる原則」と第 24 章：「倫理の実践」では、キリスト者共同体の理想としての隣人愛（と愛敵思想）が律法の精神あるいは「キリストの律法」と特定され、教会倫理の基盤と動機を明らかにされます。

　ダン教授は、本書や他所での議論がときとして、安易な仕方で誤解される

ことを危惧されます。例えば、「先在性」に関する論考がキリストの神性を過小評価する、NPPに関する議論が宗教改革の神学的論点である信仰義認に疑念を投ずる、あるいは厳密な批評学の適用が聖典の権威を否定する、などの誤解です。これらの点は、とくに聖書学の専門的議論に不案内な方々、あるいはその方々に日々接して牧会の尊い働きに従事される教職者の方々にとって、看過できない事柄でしょう。この「あとがき」でこれらの誤解を解き、すべての懸念を払拭するスペースは残念ながらありません。しかし読者の皆さんが本書を慎重に読み進められるなら、そこにキリスト・イエスへの確かな信仰、キリスト教会への暖かな愛着、そしてキリスト教聖典への深い知識に基づく敬意を見出すことでしょう。そして私自身は、これらの姿勢が世界におけるパウロ研究の第一人者の、現実を直視しつつも理想を見失わず、大胆な決断に深い配慮を欠かさず、柔軟さと公平さとを一貫して堅持する論考を支えている様子に触れて、新鮮な驚きを覚え、また刺激を受け続けています。

―――――――――

　この訳書の完成には多くの方々が助けの手を差し延べて下さいましたので、最後になりますが謝辞を記します。関西学院大学日本語教育センター講師を永らく勤められた言語学者の渡邉良子さんと神戸女学院大学講師として聖書学を担当されている大澤香さんは、この大部の原稿の全部あるいは一部に目をとおし、数々の貴重なコメントを下さいました。多忙の中ありがとうございました。学部ゼミ生の真鍋ヨセフ君は、煩雑な索引作りの準備の仕事を丁寧に仕上げてくれました。春からは本書を一緒に読みましょう（原書でね）。上述した敬和学園大学の山田耕太先生には、ダン教授と連絡をとるために大変お手数をおかけしました。じつはそれでも連絡が取れずに教授の安否を心配し始めておりましたが、英国の友人であるウェールズ大学のケートリン・ウィリアムズ教授とエディンバラ大学のヘレン・ボンド教授が居場所と最新の連絡先を教えて下さり、連絡をとって下さいました。その結果、ダン教授にはいくつかの質問への返答とこの日本語版への特別の緒言を頂戴することができました。最後になりますが、当然のことながら教文館の方々

には大変お世話になりました。洋書部の手塚正人さんは毎月私の研究室を訪れ、翻訳の進捗状況を確認し、こそばゆいほど褒めちぎって、長い期間の作業に動機付けを提供して下さいました。出版部の奈良部朋子さんは、何十頁にも及ぶ索引作りのために頁番号を1つ1つ確認して下さいました。そして同じく出版部の髙木誠一さんは本著翻訳の企画段階からつき合って下さり、この「あとがき」を書いている今もおそらく最後の原稿チェックをしておられます。髙木君は、編集者のあいだでの慣習を無視した私のこだわりに振り回され、ふつうではあり得ないらしい字下げ等の提案を聞き入れてくれました。これらの責任はすべて私にありますが、本訳書は始めから終わりまで髙木君との共同作業です。この長い行程の終了にあたって、髙木君をはじめ上記した皆さんへ、心からの「お疲れさま」と「ありがとう」と拍手と歓声を送ります。

 2019年　春一番の上ヶ原

浅　野　淳　博

事項索引

あ

愛（love）　105, 428n15, 749–50, 820–21
贖い（redemption）　319–20, 438
悪の衝動（evil impulse）　122–23n58, 145–46, 149, 153–54
アダム・キリスト論（Adam Christology）　160, 284–89, 297–98, 309–11, 335–37, 344–45, 364, 376–78, 385–94, 394–96, 595, 599,
イエス伝承（Jesus-tradition）　68–69, 266–78, 403–05, 8123–17
異邦人（Gentiles）　255–58, 465–66
奥義（mystery）　95, 409n52, 412n63, 668–71

か

改宗（conversion）　435–38
割礼（circumcision）　187, 440–41, 470, 545, 548, 805–06
神（God）
　　イスラエルの〜（of Israel）　99–102, 668–72
　　キリストと〜（Christ and）　84–85, 320–22, 394–96
　　創造の〜（creator）　94–99, 156–57, 367–73
　　〜の怒り（wrath of）　81–82, 98–102, 192–93, 652–53
　　〜の栄光（glory of）　81–82, 146–47, 153, 159–60, 371–72
　　〜の義（righteousness of）　81–82, 98, 451–57, 480–86, 489, 640–41, 671
　　〜の誠実さ（faithfulness of）　101–02, 242–43, 453–55, 488–89, 637–42

家庭訓（household rules = Haustafeln）　831–32, 868–69
義（righteousness）　452–53, 503–04, 796–800, 876–77
犠牲（sacrifice）　300–14
教会（Church）　683–85
　　家の〜（house church）　688–89, 745
　　神の〜（of God）　683–690
　　地域〜（local church）　687–88
　　普遍〜（universal church）　688
キリスト（Christ）　280–83
　　神の子としての〜（as Son of God）　314–16, 337–39, 378–79
　　称号としての〜（as title）　282–83, 292–93
　　御霊と〜（Spirit and）　358–64, 529
　　〜の身体（Body of）　526, 532–33, 696–700, 712–13, 771–77, 911
　　〜の復活（resurrection of）　328–34, 364
　　〜を着る（putting on）　276–77, 439, 581–82
偶像崇拝（idolatry）　87–93, 157–59, 183, 189, 168, 759–60
契約（covenant）　72, 203–04, 220, 201–05, 449, 481, 640–41
契約維持のための律法体制（Covenantal Nomism）　448–50, 467–68, 489,791
権威（Authority）　720–22
　　イエス伝承の〜（of Jesus）　814–17
　　使徒的〜（Apostolic）　722–24, 730–33
　　女性の〜（of women）　739–47
　　パウロの〜（of Paul）　722–33
婚姻（Marriage）　860–66

さ

死（death）　150–51, 155, 175, 195–96
　　罪と～（sin and）　160–68
　　律法と～（Law and）　224–29, 229–34
清浄（clean and unclean）　469–70, 582–83, 691–92, 695, 847–49
十字架の神学（theology of the Cross）　307–14
受肉（incarnation）　292–93, 324–25, 382
主の晩餐（Lord's Supper）　74, 902
主の日（Day of the Lord）　351–52, 412–15
諸罪過（sins）　193–95
女性の勤め（ministry of women）　738–46
　　執事としての～（as deacon）　740
　　使徒としての～（as apostle）　739–40
　　妻と～（wives and）　745–46
　　預言者としての～（as prophet）　740–41
信仰（Faith）
　　キリスト（へ）の～（in/of Christ）　278–80, 495–502
　　～の強者／弱者（strong/weak in）　849–50, 852–56
　　～の律法（of faith）　655, 791–93, 799–802, 811
信仰による義認（justification by faith）　71–76, 438, 455, 481–82, 505–07, 566–67, 597–98, 623, 673–74
神殿（temple）　691–93
すでに／いまだ（Already and Not-Yet）　596–604, 604–610, 622–24, 629–30, 633–35, 791–92, 810, 841
　　コリントにおける～（at Corinth）　764–69
　　の起源～（origin of）　761–63
相続（inheritance）　506, 596–97, 628–29
堕落（fall）　146n7, 148–49
　　イスラエルの～（of Israel）　159–60, 163, 164–67, 184
　　被造物の～（of creation）　147, 167–68

た・な

知恵（wisdom）　368–73
　　トーラーと～（Torah and）　374–75, 656
　　～キリスト論（Wisdom Christology）　360–61, 369–70, 373–78, 389, 394–95
罪（sin）　161–62, 172, 179–83
　　原～（original）　161
　　死と～（death and）参照
　　力としての～（as power）　179–83, 194–95
奴隷／奴隷状態（slavery）　866–69
熱心（zeal）　257, 458, 462–66, 468, 482–83, 490–91, 655
パウロ（Paul）　665, 712–32
　　熱心者としての～（as zealot）　462–65, 485
　　ユダヤ教と～（Judaism and）　446–51, 459–61
　　～書簡群（letters of）　65n39, 270–71
　　～の改宗（conversion of）　74, 255–58, 458–66

は

パウロ神学（Theology of Paul）　56–78
　　会話としての～（as dialogue）　885–88
　　～の一貫性（coherence of）　71n55, 76, 234n160
　　～の終末的枠組み（eschatological structure of）　334, 398–99, 451–57, 591–96
　　～の中心（centre of）　72
　　～の矛盾（contradiction of）　71, 202–03, 234n160, 255, 449–50
非婚（Celibacy）　860–66
ファリサイ派（Pharisees）　461–62, 485
普遍主義（universalism）　99–102, 680–81

ま

御霊（Spirit）
　　異邦人と～（Gentiles and）　541
　　キリストの～（of Christ）　361–63, 558, 562–63
　　賜物としての～（gift of）　536–50, 566–67, 579–83, 601, 630

肉と〜（flesh and） 121, 123–24, 610–15, 632–33
〜の体験（experience of） 536–41, 550–59, 563–67, 579–81, 710–11
〜の初穂（firstfruits of） 439n68, 547, 600–01, 628, 630
〜の実（fruit of） 566
恵み（grace） 428–32, 876–77

や

ユダヤ人（Jew） 642–47
ユダヤ教（Judaism） 458–61, 470–71, 645
赦し（forgiveness） 436–37, 443n91
養子（Adoption） 561–62, 640–41

ら

来訪（パルーシア）（Parousia）
　　差し迫った〜（imminence of） 417–19
　　〜の遅延（delay of） 399, 416–19
良心（conscience） 112, 830–31, 850–51, 871

律法（Law）
　　キリストの〜（of Christ） 792–93, 816–22, 834,
　　信仰の〜（of faith） 655, 791–93, 799–802, 811
　　倫理と〜（ethics and） 790–93
　　〜の行い（works of） 74, 467–72, 486–87, 654–55
　　〜の終着／終わり（goal/end of） 482–83
　　〜の呪い（curse of） 316–18
倫理（ethics）
　　愛の〜（of love） 817–22, 833–34, 841–42, 851–52, 856, 874
　　イエス伝承と〜（Jesus-tradition and） 843, 851, 862–64, 879–80
　　終末と〜（eschatology and ethics） 860–61, 863–65
　　伝統的知恵と〜（traditional ethics and） 826–33
　　御霊と〜（Spirit and） 416–18

文献索引

旧約聖書

創世記

1–3	146, 147, 148, 149, 152n31, 155, 156, 161, 180, 181
1.3	83, 392
1.14	103n99
1.20–25	158n60
1.26–31	95
1.27	386, 386n78, 387n91
1.28	286
2–3	146, 148n14, 153, 155, 161, 166, 168, 224, 226
2.7	137, 138n114, 139, 147, 152, 166, 336, 336n32, 336n33, 359, 359n143, 360, 391, 432, 553n87
2.8–10	153n35
2.15–16	153n35
2.16	148, 160, 166
2.16–17	166
2.17	148, 148n14, 157, 162, 166, 224, 386n81
2.24	117, 363n158
2.25	151, 165n87
3.1–3	153n35
3.1–6	163
3.3	162
3.4	166
3.5	165, 184, 386n79, 387n89
3.5–6	157
3.7	165n87
3.8	153n35, 387
3.10	153n35, 165n87
3.10–11	151
3.13	166
3.16–19	318n105
3.17–18	167
3.19	149, 150, 151
3.21	151
3.22	160
3.22–24	386n81
3.23–24	153n35, 318n105
4.7	181
4.11–12	147n12
4.11–14	318n105
5.1–5	147, 389, 389n101
5.24	349n93, 398n6, 404n29
5.29	147n12
6.1–4	158, 174n18
6.3	122n55, 138n120
6.4	441n87
6.5	149, 149n16, 154
6.18	483n140
7.2–3	848n45
7.8	848n45
8.20	848n45
8.21	149, 149n16, 154
8.21–22	147n12
9.24–27	475n114
11.7–8	90n31
12.3	217n85, 475n114, 492n176, 682n8
12.7	217n85
13.10	540n27
13.15–16	217n85
15.5	217n85, 220n95, 494
15.5–6	493
15.6	246, 247n34, 249, 480, 488, 488n156, 490, 491, 491n166, 491n172, 492, 493, 494, 499, 500
15.7–8	101n93
15.18	217n85
16.15	220n95
17.5	494
17.7	483n140
17.7–8	217n85
17.9–14	469
17.10	469n86
17.13–14	469n86
17.15–19	220n95
17.19	217n85, 483n140
17.21	483n140
17.23	493
18.8	492n176
18.10	649n55
18.14	649n55
18.18	217n85, 682n8
20.6	862n100
21.2	220n95
21.10	250
21.12	648, 648n53
21.23	429n18
22	491
22.1–19	315
22.9	314n92
22.16	315

22.17–18	217n85, 492n176	15.12	342n59	34.14	463n65
22.18	318n112, 682n8	15.25	381n56	34.28	204
24.40	380n.52	16.4–30	769n68	34.29–35	221, 544
26.4	217n85, 492n176, 682n8	16.13–15	380	34.34	222, 436, 436n40, 544, 560n115, 599n37
27.29	475n114	16.14	759n17	35.31	810n111
28.4	101n93	16.18	879n196		
28.14	217n85, 492n176, 682n8	16.31	759n17	レビ記	
		16.35	769n68	1.4	309n72
34	463	17.1–7	769n68	2.12	439n68
38.26	453n28	17.6	380	4–5	308n68
45.7	653n72	18.20	804n83	4.2	308n64
45.27	553n85	19.10–25	768	4.5–7	306n56
49.7	318n105	20.1–23.33	204	4.12	848n45
		20.2–17	797n57	4.16–18	306n56
出エジプト記		20.3	85	4.22	308n64
		20.3–6	469n83	4.24	306n51
3.12–15	380n52	20.4	86	4.25	306n56
3.16	599n37	20.5	463n65	4.27	308n64
4.21	651n61	20.11	103n99	4.30	306n56
7.3	651n61	20.17	165	4.34	306n56
7.22	651n61	20.18–20	156n52	4.35	303n31
8.15	651n61	21.23–25	626n128	5.6–7	305n45
9.12	651n61	22.29	439n68	5.11	305n45
9.16	651n60	23.7	481n134	5.12	306n51
9.35	651n61	23.19	439n68	5.15	308n64
10.1	651n61	24.7	203	5.18	308n64
10.13	553n84	24.15–17	156n52	5.26	303n31
10.19	553n84	25.6–21	302n25	6.11	848n45
10.20	651n61	25.40	373n33	7.19	848n45
10.27	651n61	29.38–46	307n60	8.15	308n66
11.10	651n61	31.3	810n111	10.1–3	768
12.6	684n23	31.12–17	469	16.2	302n25
12.40	210n54	31.13–14	469n88	16.3	305n45
13.15	651n61	31.16	469n88	16.5	305n45
14.4	651n61	31.18	221n101	16.9	305n45
14.8	651n61	32.12	436n41	16.11–19	300
14.13	439n58	32.15	221n101	16.13–15	302n25
14.17	651n61	32.25–28	158n64, 167n96	16.14–19	306n56
14.21	553n84	32.30	303n31	16.16	308n66
15.2	439n58	32.32	641n25	16.16–17	302
15.6	342n59	33.19	650n60	16.17	684n23
15.11	90n32	33.20	86	16.18–20	308n66
		34.6	429n19, 650n60		

16.21	306, 308n65, 310	25.1–9	167n96	12.23	311n79
17.10–12	311n79	25.6–13	463	13.4–5	804n83
17.11	311	25.11–13	303n33	13.6	387n89
18.5	224, 226, 226n124, 227, 227n126, 246, 247n34, 249n52, 468, 489, 490, 494, 655, 656, 811n113	27.18	309n73, 310n74	14.1	640n17
		27.23	309n73, 310n74	15.1–3	893n8
		28.1–8	307n60	15.10	879n196
				15.15	319n118
		申命記		16.20	225n121
18.22	192n102	1.39	101n93	17.7	843n26, 859n87
19.18	818n132, 842n15, 845n35	2.12	101n93	21.18–21	317n103
		2.26	87n17	21.18–23	296n5
19.34	845n35	4.1	208n42, 225n121, 804n88	21.22	317
20.13	192n103			21.22–23	296n5
20.22–26	469, 848	4.5–6	208n42, 804n88	21.23	296, 316, 317, 317n99, 318n109
20.25–26	470n89	4.8	204		
23	640n13	4.13–14	208n42, 804n88	23.1–3	684n23
23.10	439n68	4.24	463n65	23.6	505n214
24.7	779n106	4.30	436n40	23.8	684n23
24.14	309n73, 310n74	4.32	149n15	24.10–22	797n58
26.12	531n92	4.32–40	453n30, 454	26.2	439n68
		5.6–21	797n57	27–30	475n115
民数記		5.7–10	469n83	27.21–26	317n99
6.16	305n45	5.9	463n65	27.26	208, 317, 317n106, 474, 474n108, 476
7.16	305n45	5.21	165		
8.10	309n73, 310n74	6.4	85, 350, 477	28–29	225n122
10.10	779n106	6.5	116	28.16–19	317n99
11.31–35	190	6.7	85	29.4	652n69
14.5	684n23	6.10–12	453n30, 454	29.13	483n140
14.18	429n19	6.15	463n65	29.27–28	317, 317n105
15.20	439n68	6.20–23	453n30, 454	30.1	317
15.24–29	308n64	6.24	225n121	30.6	225n121, 545n55, 805
16.3	684n23	7.6–8	99, 453n30, 454		
16.46	303n33	7.8	319n118	30.8–10	806
18.12	439n68	8.1	225n121	30.10	204
18.30	439n68	8.18	483n140	30.11–14	208n42, 475n110, 656, 657, 800, 801, 801n75, 801n76, 804n88
20.2–13	769n68	9.10–11	221n101		
20.4	684n23	9.13–21	158n64		
21.17–18	381n56	9.26	319n118		
23.7–8	475n114	10.16	545n54, 805n89	30.12–14	382, 655, 656, 657, 800, 806n92
23.9	470	10.17	97n75		
24.4	248n40	10.17–18	797n58	30.15–20	160
24.9	475n114	11.8	225n121	31.13	225n121
24.16	248n40	12.1	225n121	31.30	684n23

32.1–43	659n96	3.7	104n105	10.30	464
32.8	103n99	7.3	436n40	17.16	175n19
32.8–9	90n31, 99, 215n80	10.6	553n85	19.21	853n70
32.15	101n89	12.22	661n103	19.31	653n72
32.17	92, 778n100, 872	16.7	136n103	22.2	804n83
32.21	92, 778n100, 872	17.26	87n17	22.3–23.25	206
32.35	842n15	17.36	87n17	23.26	436n41
32.43	672, 674	24.17	453	23.27	661n99
32.46	204				
33.2	213, 342n59, 409n53	**サムエル記下**		**歴代誌上**	
33.9	248n40	2.5–6	429n18	1.1	149n15
33.26	101n89	6.6–7	768	2.7	641n25
34.9	309n73	7.14	562n124	12.18	581n63
		12.8	842n17	13.2	684n23
ヨシュア記		24.1	93n46	16.13	101n91
2.12	429n18			17.21–22	660n98
2.14	429n18	**列王記上**		21.1	93n46
3.10	87n17	2.19	342n59	28.8	684n23
6.17–18	641n25	5.12	505n214	28.13	641n20
7	768	8	99n84		
7.1	641n25	8.14	684n23	**歴代誌下**	
7.11–13	641n25	8.22	684n23	6.3	684n23
7.26	436n41	8.33	436n40	6.12–13	684n23
8.35	684n23	8.39	136n103	6.32–33	681n7
22.20	641n25	8.41–43	681n7	6.36	149n16
22.27	641n20	8.46	149n16	13.9	92n39
		8.55	684n23	19.7	97n75
士師記		9.4	804n83	21.1	151n26
3.10	553n85	12.3	684n23	24.19	436n40
6.8	380n52	12.28–30	158n64	24.20	581n63
6.13	661n101	18.17	675	29.23–24	305n45
6.14	380n52	18.40	464	30.9	436n40
6.34	553n85, 581n63	19.11	553n84	32.8	122n55
9.2–4	463n66	19.18	662n105	36.15	380n52
9.23	380n52	51	99n84	36.16	853n70
11.29	553n85	53	99n84		
14.6	553n85			**エズラ記**	
14.19	553n85	**列王記下**		7.12	204
15.14–15	553n85	2.11	349n93, 398n6	7.14	204
15.19	553n85	5.7	228n130	7.21	204
20.2	684n23	5.18	303n32	7.26	204
		6.17	682n10	9.8	653n72
サムエル記上		10.16–17	464		

ネヘミヤ記

8–10	207
9.6	228n130
9.8	315n95
9.17	429n19
9.18	158n64
9.29	227n126
10.33	305n45
10.39	694n76
13.1	684n23, 686n39

エステル記

2.9	429n20
2.17	429n20

ヨブ記

1–2	93n46, 151n26
1.1	462n60
1.8	462n60
2.3	462n60
4.17	149n16
5.14	387n89
10.10	387n89
13.28	387n89
14.1	263n4
14.4	149n16
15.14	263n4
18.21	100n87
25.4	149n16, 263n4
27.3	138n120
31.33	149n15
32.8	138n120
33.4	138n120, 360
33.23–26	413n69, 565n133
34.11	97n74
34.14–15	138n120
34.15	122n55
36.6	228n130
38.14	565n132
40.9	342n59

詩編

1.1	462n62
2.9	651n62
2.11	668n130
5.10	188n78
8.5–7	285, 286, 287, 297, 335, 344n71
8.6	414n72
8.6b–7	386n82
8.7	335, 344, 388, 412n60
8.7b	286, 344, 344n73
9.11	104n105
10.7	188n78
12.7	248n40
14.1–3	188n78
16.3	101n90
17.3	136n103
17.7	342n59
18	332n18
18.31	248n40
18.36	342n59
18.50	672
19	206n34
21.27（LXX）	436n40
22.28	436n40
22.28–32	682n10
24.1	95, 694n81, 873
24.11（LXX）	303n32
25.22	319n118
29.1	90n32
30	332n18
31.6	319n118
32	206n34
32.1	437n45
32.1–2	493
32.2	321n131
32.8	356n128
33.6	369n16
33.12	99n84
34.10	101n90, 668n130
34.12	668n130
34.15	842n15
35.2	188n78
37.23	356n128
38.1	779n106
40.10	243n19
41.14	97n71
44.10	661n101
44.22	136n103
44.24	661n101, 661n102
45.10	342n59
50.12	873n158
50.14	691n63
50.23	691n63
51	206n34
51.7	149n16
51.16	454n32
51.18–19	691n63
53.3–4	188n78
56.5	122n55
60.3	661n101, 661n102
60.7	101n89
60.12	661n100
62.13	97n74
65.6	454n32
67.19（LXX）	353n117
68.12	243n19
68.16	290n114
68.18	409n53
68.19	701n110
69	663n114
69.23–24	652n69, 663
70.1	779n106
71.15	454n32
71.20	228n130
72.3	505n214
72.7	505n214
72.17	682n8
72.19	97n71
74.1	661n100
74.2	99n84
74.3	101n90
74.9	539n19
74.17	103n99
78.29	190
78.39	122n55
78.60	661n101

78.67	661n101	112.1	668n130	22.8	626n128, 879n196
79.5	98n83	112.9	876n178, 879n196	24.12	97n74
79.6	100n87, 409n55	115.4–8	872n151	24.21	843n19
82.1	90n32	117.1	672, 674	24.24	481n134
84.3	87n17	119	206n34	25.21–22	842n15
85.1–14	505n214	119.11	248n40	28.18	804n83
85.11	371	130.3	149n16, 481n134	29.4	663
86.9	682n10	135.15–18	872n151		
86.11	804n83	139.1–2	136n103	コヘレトの言葉	
86.15	429n19	139.7	291n118, 371n25	7.20	149n16
87.5–7	682n10	139.14	140	12.7	138n120
88.23（LXX）	409n52	140.2–8	188n78		
89.7–8	90n32	141.2	691n63	イザヤ書	
89.53	97n71	143.2	149n16, 188n156	1.11–17	691n63
92.14	666n124	145.6	103n99	1.12–14	804n87
94.14	661n103	145.9	100n85	2.2–3	682n10
95.3	90n32	145.18	103n99	2.10	352n110
95.5（LXX）	92n41	147.14	505n214	2.19–21	409n55
96.2	243n19	148	248n40	4.3	101n90
96.5	92n41	148.2	90n32	5.1	101n89
101.2	462n62	151.4（LXX）	380n52	5.1–7	101n95
103	248n40			5.3–7	797n59
103.8	429n19	箴言		5.7	101n89
103.9	98n83	1.7	668n130	5.21	842n15
103.21	90n32	2.6	371n26	5.23	481n134
104.24	369n16	3.1–2	227n126	6.1–5	156n52
104.29–30	138n120, 360	3.4	842n15, 879n196	6.10	436n40, 663n112
105.6	101n91	3.6b	356n128	6.17	99n84
105.26	380n52	3.7	668n130, 842n15	7.2	553n84
106.14–15	190n88	3.19	369n16	8.14	281n79, 655n74
106.19–23	158n64	6.1	845n35	10.22–23	653n72
106.20	87n19, 159	6.23	227n126	11.2	810n111
106.30–31	491	6.29	862n100	11.4	409n55
106.48	97n71	8.15–16	842n17	11.6–9	95n60
107.3	101n95	8.22	90n34, 369n15	11.10	672
107.11	248n40	8.22–31	90n34	14.4–20	409n54
108.7	101n89	8.25	369n15	14.12–15	146n6
108.12	661n100	11.24	879n196	19.1	404n28
110.1	341, 342n58, 343n67, 344, 344n71, 412n60, 414n72	15.11	136n103	19.18–25	682n10
		16.6	691n63	19.22	436n40
		16.9	356n128	25.6–8	682n10
110.2	345n74	17.15	481n134	27.9	411n58, 671n140
111.10	668n130	20.9	149n16	28.16	249n48, 345,

	346n79, 655n74, 658	49.8	621n105	66.15–16	409n55
29.10	540n27	49.12	101n95	66.18–23	682n10
29.16	96n65, 651n62	51.4	682n9		
31.3	95, 122n55	51.5–8	454n32	**エレミヤ書**	
32.15	540n25	51.9	371	1.1	267n13
33.15	804n83	51.11	319n118	1.5	73, 256n78, 892n7
37.4	87n17	51.23	387n89	1.7	380n52
37.17	87n17	52.3	319n118	2.5–6	158
37.19	92n39	52.7	243n19, 244, 245,	2.11	87n19, 92n39,
40.6–7	122n55		245n24, 272, 439n58		159n66
40.9	243, 243n19	52.10	439n58	2.22–23	87n19
40.13	346, 347, 347n85	52.15	621n105	4.1	545n50
40.19–20	872n151	53	306, 306n53, 316,	4.2	682n8
41.2–4	842n18		332n18, 384n68	4.4	545n54, 805n89
41.4	95n59	53.4–6	306	5.7	92n39
41.10	621n105	53.10	305n45, 306n54	5.9	626n127
41.25	651n62	53.11	329n4	6.9	653n72
42.5	103n99, 138n120	54.13	809n106	7.25	380n52
42.7	621n105	55.10	876n178, 879n196	7.29	661n101
43.1	319n118, 651n62	55.12	505n214	9.23	347, 517n41
43.5	621n105	56.3–8	682n10	9.24	347
43.5–6	101n95	56.6	469	9.25–26	545n54, 805n89
43.6	640n17	57.15–16	103n99	10.16	99n84
43.7	651n62	57.16	98n83, 139	10.25	100n87
43.10	104n105	59.17–18	409n49	11.16	666n125
43.14	319n118	59.20	352	11.17	666n124
43.20	101n91	59.20–21	411n58, 668,	11.20	136n103
44.2	101n89, 651n62		671	12.3	136n103
44.3	540n25	60.6	243n19, 244	12.7	101n89
44.9–20	87n19, 872n151	61.1	243n19, 244,	16.20	92n39
44.9–22	86n14		245n24, 272	17.5	122n55
44.21	651n62	61.1–2	244, 581n61,	17.5–6	317n105
44.22–24	319n118		581n63	17.9	149n16
44.24	651n62	61.1–3	244	17.10	97n74
45.1–7	842n18	61.6	245n24, 694n76	18.1–6	96n65, 651n62
45.9	96n65, 651n62	61.10	581n63	21.7	842n18
45.23	347	62.1–2	454n32	21.10	842n18
46.13	439n58, 454n32	63.10	545n52	23.2	626n127
48.13	95n59	65.17	95n60	23.3	653n72
48.18	505n214	65.22	101n91	23.23	103n99
49.1	256n78	65.25	95n60	23.24	290n112
49.1–6	621n105, 892n7	66.4–6	352n110	24.7	436n40
49.6	256n78, 682n9	66.15	352n110	24.8	653n72

24.9	318n108	28	148n14, 157	5.21	842n18
27.5–6	842n18	28.2	409n54	7	101n94, 332n18, 399
31.3	101n89	28.2–10	148n14	7.9	176n25, 349
31.9	640n17	28.12–15	149n15	7.10	162n78, 409n53
31.31	221	28.13	148n14	7.13	404n28
31.31–34	805, 805n91	28.16	148n14	7.18	101n90
31.33	223, 544n47	28.16–17	146n6	7.21–22	101n90, 399n8
31.33–34	411n58	32.6	540n27	7.25–27	101n94
31.37	661n99	36.25–27	540n24	10.13	90n31
34.18	483n140	36.26	221n103	10.20–21	90n31
42.18	318n108	36.26–27	475n110, 805	11.36–37	409n54
43.5	663n111	36.27	539n17, 806	12.2	226n125
52.16	663n111	37.1–14	540n24		
		37.5–6	138n120	ホセア書	
哀歌		37.6	542n34	1.10	87n17, 640n17,
1.10	684n23, 686n39	37.8–10	138n120		653n72
2.7	661n101	37.9	553n87	2.1	653
3.31	661n103	37.9–10	360	2.25	653
5.21–22	661n102	37.14	539n17, 542n34	4.9	626n127
5.22	661n101	37.27	531n92, 693n71	4.12–18	189n85
		39.29	540n25	6.1–2	331
エゼキエル書		42.13	305n45	6.6	804n87
1	156n52	43.13–27	308n67	6.7	149n15
1.4–28	404n28	43.14	302n25	9.17	661n99
2.3	380n52	43.17	302n25	11.8–9	454n32
3.5–6	380n52	43.19	305n45	12.2	97n74
5.11	661n99	43.20	302n25	13.15	553n84
9.8	653n72	44.9	545n54, 805n89	14.6	666n125
11.13	653n72	44.16	759n29		
11.16	661n101	45.17	303n31	ヨエル書	
11.19	221n103, 540n24, 544n47	45.18–22	305	2.1–2	352n108
				2.11	352n108
18.5–9	797n59	ダニエル書		2.12–14	436n40
20.5–6	226	1.3–16	848n46	2.28	540n25, 541n33
20.5–26	226	2.18–19	409n52	2.28–29	540
20.9–10	226	2.21	842n18	2.31	352n108
20.11	226	2.27–30	409n52	2.32	243n19, 346, 346n80
20.13	226	2.37–38	842n18	3.21	626n127
20.21	226	3.38	539n19		
20.25	226n124	3.40	303	アモス書	
20.25-26	226n124	4.17	842n18	3.2	626n127
22.8	853n70	4.25	842n18	3.14	626n127
27.28	553n84	4.32	842n18	5.18–20	352n108

5.21–24	797n59	**ゼカリヤ書**		**ギリシア語エステル記**	
9.1	302n25	1.3	436n40	14.17	848n46
9.7	99	2.11	682n10		
		3.1–2	93n46, 151n26	**知恵の書**	
オバデヤ書		3.3–5	581n63	1–5	332n18
1	380n52	6.13	505n214	1.4	290n113
		7.2	303n30	1.6–7	290n112, 370n19
ヨナ書		7.9–10	797n58	1.7	291n118
2.1–2	331	7.12	380n52	2.23	94n51, 386n80
3.5–10	682n10	8.12	505n214	2.23–24	150, 150n21,
3.9	436n41	8.13	318n108, 682n8		151, 161
		8.22	303n30	2.24	151n26, 386n81
ミカ書		14.5	352n110, 409n53	3.9	428n15
2.5	684n23	14.9	596n17	4.15	101n91
3	797n59	14.16	682n10	4.18	853n70
4.1–2	682n10			5.5	349
4.7	653n72	**マラキ書**		5.15–16	349
5.7–8	653n72	1.7	759n29	5.18	841n10
6.4	380n52	1.9	303n30	6.3	842n17
6.5	104n105, 454n32	1.11	101n95, 682n10	6.12–11.1	90n34
6.6–8	391n63	1.12	759n29	7.1	103n99, 150, 371n26
6.8	804n87	3.1	380n52	7.3	387n89
7.9	454n32	3.1–3	398n4	7.15	371n26
7.18	99n84	4.5	398n4	7.18	103n99
				7.26	94n51, 369n14
ナホム書		**旧約聖書続編**		8.5	369n16
1.2	626n127			9.1–2	369n16
1.15	243n19	**トビト記**		9.1–3	103n99
		4.10–11	691n63	9.2–3	150
ハバクク書		4.21	394n122	9.7	640n17
2.4	246, 246n32, 247n34,	8.6	149n15	9.9	103n99
	249, 488, 488n156, 489,	8.15	101n90, 101n91	9.9–10	810n111
	490, 501n204	12.15	413n69, 565n133	9.10	379
		13.11	682n10	9.15	95n56
ゼファニヤ書		14.6	436n40	9.17	379, 380n52
1.7	352n108	14.6–7	682n10	9.17–19	810n111
1.14	352n108			10–11	371
1.18	352n108	**ユディト記**		10.1	150
3.9	682n10	8.26	491n167	10.5	462n61
		12.7	848n45	10.15	462n61
ハガイ書		12.12	742n122	10.17–18	381n57
1.12	380n52			11–15	86n14, 87n19, 158,
					158n62, 185, 186

文献索引

11.4	381, 382	1.16	668n130	40.1–11	150
11.9–10	186n71	1.18	668n130	41.1–4	150
11.15	87n19	1.20	668n130	42.2	481n134
11.22–24	100n85	1.26–27	668n130	43.26	370n19
11.25	95n59	1.30	668n130	44.17	653n72
12.22	186n71	2.7–10	668n130	44.19–21	491n167
12.23–24	193n105	2.15–17	668n130	44.20	315n95
12.24	87n19	5.5–6	303n32	45.2	349
12.27	92n39	5.7	436n40	45.5	204n23
13.1	95n57, 100n87, 157	7.30	694n76	45.23–24	463n67
13.1–9	156	7.34	842n15	46.1	101n91
13.8-9	157	10.4	842n17	47.22	653n72
13.10	87n19	13.15	845n35	48.2–3	464n68
13.13–14	87n19	15.15	149	48.10–11	398n4
14.8	87n19	16.12–14	97n74	49.16	150n18
14.12–27	189n85	17.1	149		
14.22	100n87	17.2	149	バルク書	
14.25–26	827n164	17.3	149	3.9	227n126
14.26	192n101	17.7	149	3.9–37	90n34, 374
15.1–4	150n23, 151n24, 186	17.11–12	149	3.9–4.4	209n50
		17.17	90n31, 215n80, 227n126, 643n35, 842n17	3.14	374
15.7	96n65, 151n24			3.29–30	382, 657, 657n84
15.8	150			3.36	101n89
15.11	150, 151n24	17.25	436n40	3.38–4.1	374
15.18–19	87n19	17.25–18.14	149	3.39–40	801n75
16.6	779n106	23.3	162n79	4.1	204n23, 227n126, 374, 382, 657
16.9–10	186n71	23.17	132n90		
16.11	248n40	24.1–22	90n34, 374	4.4	374
17.11	112n16	24.1–23	209n50	4.37	101n95
18.9	101n90	24.2	684n23		
18.15	371n25	24.8	99n84	エレミヤの手紙	
18.16	841n10	24.9	374	23	92n39
18.19	94n51	24.23	374	29	92n39
18.21	462n61	24.23-25	374	43	189n85
19.7	575n33	24.28	150n18	51–52	92n39
19.7–8	381n57	25.24	150	64–65	92n39
19.21	758n17	27.10	181	69	92n39
		29.6	626n128	72	92n39
シラ書		33.10–13	150n18		
1.1	371n26	33.13	96n65, 651n62	Ⅰマカバイ記	
1.4	370n18	35.1	691n63	1.47	274n45
1.8	87n16	35.12–13	97n75	1.60-61	470
1.11–14	668n130	39.6	810n111	1.60–63	460n55

1.62	274n45	3.7	153	7.1–2	626n128
1.62–63	470, 848	3.7–10	153	7.6	732n77
2.22	641n20	3.8-10	153	7.12	825n153
2.23–26	464	3.20	154	7.16	838
2.24	464n69	3.21–26	153	7.20	838
2.26	464n69	4.30	154	8.11–12	101, 101n95
2.26–27	464n69	4.33–43	621n106	8.20	394n123
2.27	464, 464n69, 483, 483n141	6.7	97n72	9.35	245n29
		6.26	398n5	9.36	276n55
2.49–68	464, 491	7.11	166n89	11.5	244n23, 581n61
2.50	464n69	7.22–24	157n54	11.9	540n23
2.52	315n95, 491, 491n166	7.26	220n96	11.11	263n4
		7.62–74	154n42	11.19	274n47, 761n34, 851n65
2.54	463n67, 464n69	7.118	146n6, 154		
2.58	464n68, 464n69	7.122–25	159n69	12.11	893n8
2.67	204n42, 804n88	7.127–31	154	12.28	273n40, 596n17, 851n65
2.67–68	204n23	8.44–45	154n42		
3.35	653n72	8.60	157n54	12.40	331
4.46	539	10.38	409n52	13.14–15	663n112
9.27	539n19	11.44	97n72	14.14	276n55
13.48	208n42, 804n88	13.36	220n96	15.11	274n48
14.41	539n19	14.5	409n52	15.17–18	274n48
		14.9	349n94	15.24	380n53
II マカバイ記		14.22	810n111	15.32	276n55
1.5	321n127	14.37–48	248n40	16.18	686n35
1.24–25	87n16	14.39–40	810n111	16.21	332n16
2.21	459n52	16.40–44	865n114	17.20	813
4.2	464n69			17.23	332n16
4.13	460			18.17	686n35
		新約聖書		18.27	276n55
5.20	321n127			19.19	818n132
5.27	848n46	**マタイ福音書**		19.28	351n106
7	332n18	3.9	100	19.29	272n33
7.9	226n125	3.11	578n45	20.19	332n16
7.28	95n59	4.23	245n29	20.34	276n55
7.30	204n23	5–7	268	22.1–10	274n44
7.33–38	321n127	5.3	244n23, 581n61	22.2–10	851n65
8.1	459n52, 460n53	5.5	272n33	22.39	818n132
8.3–5	321n127	5.17–20	821n144	22.40	818
8.29	321n127	5.38–48	813n118	22.44	344n73
10.15	580n58	5.43	818n132	24.14	245n29
14.38	459n52	5.44	813	24.24	409n54
		6.10	596n17	24.29	175n19
ラテン語エズラ記					

24.42–43	404n35	8.31	332n16	14.62	175n19, 342n60, 399n10
24.43	404n34, 813	8.35	245n28		
25.1–12	399n10	8.38	245n26	15.26	273n37
25.13	404n35	9.7	314n91	15.34	394
25.27	626n128	9.11–12	398n4		
25.34	101n92	9.22	276n55	**ルカ福音書**	
25.41	409n55	9.31	332n16	1–2	253n76
25.46	409n55	9.37	380n53	1.6	208n44
26.13	245n29	9.42	813n118	1.9	692n68
26.26–28	762	9.50	814	1.68	353n117
26.29	763n41	10.28–30	394n123	3.8	100
26.61	692n68	10.29	245n28	3.16	578n45
27.52	407n43	10.34	332n16	3.21	268n19
		10.38–39	579n51	3.21–22	578n45
マルコ福音書		10.42–45	274n46	4.16–21	244n23
1.1	245n28, 245n30, 325	11.22	497	4.18	380n53, 581n61
1.4	436n42, 578n46	12.1–9	314, 380	4.26	380n52
1.5	643n32	12.2–5	380, 380n53	5.16	268n19
1.8	351n105, 578n45	12.6	380	6.12	268n19
1.10–11	276n52	12.6–8	314	6.20	244n23, 581n61
1.11	291n118, 314n91	12.9	101, 101n95	6.27–28	813
1.14	245n28	12.13–17	843	6.27–36	813n118
1.14–15	245n29	12.17	813n118, 843, 843n21	6.29	733n82
1.15	217n83, 245n28			7.13	276n55
1.41	276n55	12.18–34	843	7.22	244n23, 581n61
2.15–17	274n47, 821n143	12.30–31	283, 818	7.26	540n23
2.16–17	761n34	12.31	818n132	7.34	274n47, 761n34
2.23–3.5	821	12.33	818n132	7.36	274n44
3.4	893n8	12.36	342n60, 344n73	7.39	274n47
4.12	663n112	13.8	621n106	7.50	439n59
6.14	540n23, 578n46	13.10	245n28	8.48	439n59
6.15	398n4	13.22	409n54	9.18	268n19
6.24	578n46	13.24	346n80	9.22	332n16
6.34	276n55	13.26	399n10, 404n28	9.26	245n26
7.2	274n45	13.34–36	399n10	9.28–29	268n19
7.5	274n45	13.34–37	404n35	9.48	380n53
7.15	274, 813, 821n144, 851	14.9	245n28	9.58	394n123
		14.22–24	762	10.16	380n53
7.15–19	821n143	14.24	305	10.18	146n6
7.19	274n48	14.25	763n41	10.27	818n132
7.21–22	695n83, 827n164	14.34–38	404n35	10.33	276n55
8.2	276n55	14.36	394	11.1	268n19
8.28	398n4	14.58	693	11.13	539n17

11.19–20	851n65	4.10	539n17, 879n194	5.30	252n69, 296n5, 332n18
11.20	273n40	5.18	350n99		
11.37	274n44	5.21	228n130	5.32	539n17
12.37	404n35	6.45	809n106	7.38	213n65, 684n22
12.39	404n34	6.51–63	121n47	7.39–41	158n64
13.28–29	101, 101n95	6.63	228n131	7.51	545n52
14.1	274n44	7.39	539n17, 540n28	7.53	213n65
14.12–24	274n44	10.30–33	350n99	7.60	407n43
14.16–24	851n65	12.40	663n112	8.1	686n35
15.1–2	274n47	14.17	539n17	8.1–3	465n73
15.2	274n46, 761n34	16.21	621n106	8.3	686n35
15.20	276n55	20.22	539n17	8.4–40	465n73
17.19	439n59	20.28	253n73, 358n142	8.9–10	354n120
18.8	417n90			8.10	175n19
18.33	332n16	**使徒言行録**		8.15	539n17
18.42	439n59	1.5	540n28, 578	8.17	539n17
19.7	274n47, 761n34	1.8	539n17	8.18	539n17
19.12–27	399n10	1.9	404n28	8.18–19	555n95
20.13	380n52	1.11	404n28	8.19	539n17
20.22	843, 843n23	2.1–4	579n48	8.20	539n17, 879n194
20.25	843, 843n23	2.4	555n95	8.32–35	297n8, 332n18
20.34–35	97n70	2.9–11	643n33	8.36	576n35
22.18	763n41	2.17	333n22, 541n33	8.37	576n35
22.19–20	762	2.17–18	732n77	8.38	576n35
22.25–27	274n46	2.17–21	346n80	8.39	404n29
22.30	351n106	2.23–24	332n18	9.1–11.18	465n73
22.41–45	268n19	2.33	351n105, 539n17	9.3–4	392n110
23.11	853n70	2.34–35	342n60	9.4–5	697n95
24.25–27	297n8	2.36	253n73, 296n4	9.14	346n80
24.46	297n8	2.38	539n17, 879n194	9.15	256n79
24.49	380n52, 581n63	2.39	346n80	9.21	346n80
		2.41	576	9.26–30	270n27
ヨハネ福音書		2.42	774n85	10–11	761n35
1.1–18	369n13	2.46	774n85	10.1–11	849n51
1.3	367n3	3.13–14	332n18	10.18	849n51
1.14	375	3.15	252n69	10.10–16	470n90, 761n35
1.21	398n4	4.2	334n24	10.14	274n45, 275n48
1.29	305n49	4.9–12	439n59	10.28	470n90, 761n35
1.32–34	578n45	4.10	252n69, 332n18	10.36	245n24, 253n73
1.33	578n45	4.27	245n24, 581n61	10.36–39	268
3.8	553, 553n87	5.1–11	768	10.37–38	578n45
3.16–17	379n49	5.11	686n35	10.38	245n24, 581n61
3.22	643n32	5.17	767n57	10.39	296n5

10.40	252n69	15.41	687n41	22.21	380n52
10.44–46	555n95	16.5	687n41	24.5	767n57, 886n1
10.44–47	541n32	16.7	362n154	24.14	767n57, 886n1
10.44–48	541n30, 579n48	16.14	84n7	24.17	875n172
10.45	539n17, 541, 879n194	16.14–15	576n35	25.26	343n63
		16.18	92n43	26.5	461n58, 767n57
10.47	539n17	16.31–33	576	26.13–14	392n110
11.3–12	470n90, 761n35	17.2–3	297n8	26.14–15	697n95
11.8	274n45, 275n48	17.4	84n7	26.16–18	256n79, 621n105
11.15–18	541n30, 541n32	17.6–7	273n37		
11.16	578	17.16	87, 89	26.18	85n11, 437n47
11.17	539n17, 879n194	17.17	84n7	26.20	85n11, 437n47
11.18	470n90	17.22–31	84n10	26.28	266n11
11.19–26	465n73	17.24–29	102	27.35	774n85
11.20–21	541n31	17.29	87	28.2	850n58
11.23	541n32	17.30	437n47	28.22	886n1
11.26	266n11	18.2	739n112	28.23	101n94
11.27	732n77	18.7	84n7	28.26–27	663n112
12.11	380n52	18.8	576n36	28.31	101n94
13.1	267n16, 732n77, 734	18.9–10	621n105		
13.6–8	90	18.18	739n112	**ローマ書**	
13.27–30	332n18	18.26	739n112	1.1	241, 242, 242n10, 246, 255, 795n47
13.30	252n69	19.1–7	574		
13.36	407n43	19.2	539n17, 554n92	1.1–4	251, 255
13.37	252n69	19.6	555n95, 732n77	1.2	247, 255, 497
13.38	437n47	19.13	92n43	1.2–3	497
13.43	84n7	19.14	90	1.3	123n59, 265n8, 281n78, 283n90, 428n13, 497
13.47	621n105	19.18–19	172		
13.50	84n7	19.39	684n20		
14.15	85n11	20.7	774n85	1.3–4	125, 255, 337, 550n73
14.15–17	84n10, 102	20.11	774n85		
14.23	736n96	20.17	736n96	1.4	328, 331n13, 333, 340, 340n48, 340n54, 361n150
15.5	767n57	20.21	437n47		
15.8	539n17	20.28	736n96		
15.8–9	470n90, 541n30	21.9–10	732n77	1.5	258n90, 428n14, 433, 474n107, 479n130, 488n155, 643n28, 706, 794, 794n41, 794n43, 877
15.8–11	541n32	21.20	281, 458n46, 465n73		
15.9	695n83				
15.11	541n32	22.3	461n58		
15.19	85n11	22.6–7	392n110		
15.20	191n96, 849n52	22.7–8	697n95	1.6	702n121
15.28	537n8	22.11	392n110	1.7	101n91, 106n123, 340n48, 356n127
15.29	277n64, 849n52	22.15	256n79		
15.32	732n77	22.16	346n80, 582n64	1.8	106n122, 356n129,

	356n130, 527n79	
1.9	105n116, 138, 138n117, 242, 242n11, 357, 357n135, 440n77, 497, 550n74, 641n21	
1.9–10	105, 106n121	
1.10	96, 356n132	
1.11	241n3, 702n118, 703n127	
1.11–12	193n107, 730	
1.12	241n3, 522n62	
1.13	241n3, 643n28	
1.15	241, 241n3, 256	
1.16	105, 110, 241, 245n26, 257, 272, 433n35, 439n57, 488, 488n155, 584n74, 643n28	
1.16–17	78, 246, 451, 453, 454, 501, 830, 830n171	
1.16–4.25	503	
1.17	98n82, 102n96, 186, 247n34, 248n43, 455n34, 488n156, 489, 496, 497n191, 639, 795n49, 822n145	
1.17–18	104, 259n95	
1.18	87, 98, 98n79, 98n82, 102n96, 144, 144n2, 145n4, 159, 180, 455	
1.18ff	168, 185n66, 208n45	
1.18–25	385	
1.18–32	102, 156, 160, 164, 180, 182, 183, 184n62, 185, 185n66, 188n77, 263, 886	
1.18–3.20	143, 172, 180, 184n66, 201, 229, 234, 240, 246, 251, 263, 295, 301, 328, 476	
1.19	103, 156, 208
1.19–20	186
1.19–21	151
1.19–2.6	150
1.20	87, 94, 103, 135, 151n25, 156
1.21	109n2, 144, 156, 157, 158, 183, 189, 189n82, 208, 299, 356n133, 577n42, 796, 854n74, 874n163
1.21–31	828
1.22	157, 167
1.22–23	89, 167
1.23	87, 151n25, 158n60, 159, 357n134
1.23–24	158
1.23–25	186
1.23–27	189
1.24	109n2, 115, 144, 190, 191, 192n99, 195, 278n67
1.24–27	152, 857
1.25	83, 97n70, 102n96, 353n116, 354
1.26	103, 192n99, 193, 195, 278n67, 843n26
1.26–27	192n99, 193n103
1.27	193, 193n103
1.28	103, 104n106, 109n2, 136, 144, 194, 194n109, 195, 278n67, 843n26
1.29	145n4, 829n168
1.29–31	194, 195, 195n112, 828
1.32	195, 208
2–3	218, 476n119
2.1	184, 185n66
2.1–6	185
2.1–16	185n66, 185n67, 626
2.1–29	187, 639
2.1–3.19	184
2.2	102n96
2.2–3	97
2.4	150n23, 151n24, 186, 437, 668n129
2.5	98n79, 109n2, 352n109, 412n61
2.5–8	97
2.6–7	479n129
2.6–11	186, 479, 830
2.6–15	209
2.7	151n25, 229, 843n26
2.7–10	826
2.7–16	317n102
2.8	98n79, 102n96, 145n4
2.9	109n2, 138n114, 488n155, 643n28
2.9–10	159, 649
2.9–11	186
2.10	488n155, 643n28, 843n26
2.11	97, 209
2.12	186, 203, 209, 229, 627n134
2.12–13	207
2.12–14	205
2.12–15	97, 241
2.12–16	186, 214n70, 796, 834, 892
2.12–8.7	206n32
2.13	208, 504n212, 577n42, 598n31
2.14	186, 209
2.14–15	209, 628n135, 643n28, 831
2.15	109n2, 136, 209, 871
2.16	97, 209, 241, 242, 352n109, 413, 415, 527n78
2.17	185n66, 187, 188, 189, 204, 477, 477n120, 477n121, 505n219,

	643n28, 667n126	3.19	188,		799, 799n69, 808
2.17–20	218, 476, 477		188n79, 203n21, 209,	3.27–28	477n121
2.17–23	799		229, 488n155	3.27–29	646, 667n126
2.17–24	477	3.19–20	207	3.27–30	476, 477n121,
2.17–29	185n66, 187, 646	3.20	109n2,		482
2.18	96, 809, 810n107		124, 185n66, 201, 206,	3.27–31	478, 480, 487,
2.18–20	187		229n137, 235n164, 457,		501n207, 798, 798n67
2.20	102n96		476, 488n155, 488n156,	3.27–4.6	662n108
2.21–22	207n38		504n212, 598n31,	3.28	457, 485, 494n181,
2.21–27	229		662n108		502, 598n31, 791n25
2.23	188,	3.21	202, 255, 259	3.28–29	477
	189, 193n107, 204, 477,	3.21–26	242, 243n14,	3.29	643n28, 799, 891
	477n120, 477n121,		254, 255, 301, 304n42,	3.29–30	100, 477n121,
	505n219, 667n126		305, 328, 452, 455, 476,		681, 799
2.24	248n43, 643n28		500, 509n2, 890	3.30	469n87,
2.25	187, 204	3.22	433n35, 488,		481, 497n191, 504n212,
2.25–27	469n87		488n155, 496n184, 501,		598n31, 795n49, 799
2.26	208n44		658n91	3.30–31	502
2.28	109n2, 123n59, 124,	3.22–23	301, 658	3.31	187n75, 459n50,
	129, 187	3.22–5.2	487n153		487, 798n67, 799, 802,
2.28–29	129n84, 218,	3.23	159, 181n51,		808
	223, 235n164, 545n57,		357n134	4	217, 227,
	548, 577n42, 643n28,	3.23–26	302n27		228n133, 246, 478, 489,
	804n85, 805	3.24	258n90,		492, 500, 506, 584n77,
2.29	109n2, 136		319, 428n12, 430n24,		649n54, 680, 802
3.1	129n84, 187, 639,		516, 516n39, 527n78,	4.1	123n59, 125n67, 130,
	643n28		597n22, 598n31,		207, 354n118, 480
3.1–3	102		662n107	4.2	477, 478, 598n28
3.2	248	3.24–25	263	4.3	248n42, 488n156,
3.3	102n96, 497, 639	3.24–26	301, 304		502n208
3.3–7	455	3.25	102n96, 180n45,	4.3–4	853
3.4	187n75, 248n43,		254n77, 280, 302,	4.3ff	499
	598n31		302n25, 305, 306n55,	4.3–6	649n54
3.5	83, 98n79, 145n4		321, 324, 501n203	4.3–22	502
3.5–6	97	3.25–26	255, 455n35,	4.3–23	247n34
3.6	187n75, 209		822n145	4.4	577n42, 662n107
3.7	102n96, 356n133	3.26	259n94, 279n71,	4.4–5	467, 480, 481, 482,
3.8	853n69		280, 496n184, 496n186,		649n56
3.9	181n51, 185n66,		497n191, 598n31,	4.5	144n2, 433n35,
	188n77, 488n155,		795n49, 860n95		502n208, 598n31
	643n28	3.27	205n29, 477n120,	4.6–8	481n134
3.10–12	248n43		478, 480, 501, 505n219,	4.7	180n45, 437n45
3.10–18	188, 249, 664		577n42, 791, 793, 798,	4.7–8	478

4.8	321n131, 345n77		649n54, 673n146,	5.10	314, 320n124, 321,
4.8–11	649n54		796n52, 854n73		321n126, 329n6
4.9–11	469n87, 478	4.20–24	495	5.10–11	828
4.9–12	469n87	4.22–24	649n54	5.11	320n124, 527n79
4.10	577n42	4.24	334n23, 433n35,	5.12	151n25, 153n37,
4.11	433n35, 439n69,		502n208		161, 162, 162n76, 172,
	488, 502n208	4.24–25	252n69, 329,		181, 182, 196, 196n121
4.11–12	500n198,		331n13, 398n2	5.12–14	153, 161, 180
	502n208, 506	4.25	193n107, 252n71,	5.12–21	160, 160n71,
4.13	217, 228n133,		252n72, 306n57		284, 386n81, 426, 580,
	577n42, 649n54	5.1	105,		680, 879n194
4.13–14	439n60,		497n191, 504, 504n212,	5.12–8.2	196
	494, 502n208, 506n222,		527n79, 795n49	5.12–8.3	180, 181,
	641n22, 649n54,	5.1–2	504		181n46
	673n146	5.1–11	602-03	5.13	162,
4.13–16	493, 791n25	5.2	258n90, 357n134,		163, 164, 181n46, 182,
4.13–17	478		428n13, 440, 505n217,		203n21, 205, 212n59
4.13–18	661		599n36, 662n107, 693,	5.13–14	163n80,
4.13–22	493		694		164, 167n94, 167n95,
4.15	98n79,	5.2–5	564, 564n128		209n50, 231n149
	193n107, 203n21, 207,	5.3	618n97, 621n104	5.14	153n37,
	208n45, 494	5.3–4	830n171		163, 193n107, 197, 205,
4.16	440n72, 488n155,	5.4–5	505n217		278n65, 285, 398n2
	494, 496, 497, 497n191,	5.5	105, 136, 346n80,	5.15	106,
	500n198, 502n208,		351n105, 428n15, 439,		196, 196n121, 258n90,
	641n22, 649n54,		496, 539n17, 540n26,		329n6, 393n120,
	662n107, 673n146,		545, 550n74, 556,		428n11, 428n12,
	682n13, 795n49		750n155		430n24, 431n30,
4.16–18	641	5.6	144n2, 252n70, 852,		662n107, 879n194
4.16–21	228, 244n23		852n67	5.15–16	702n119,
4.17	83, 95, 228,	5.6–8	306n58		708n147
	228n130, 248n43, 328,	5.6–10	144,	5.15–19	284, 387n90, 388
	433n36, 494, 502n208,		145, 197n123, 263, 830,	5.15–20	163, 193n107
	667n128, 891		830n171	5.16	163, 329n4
4.17–18	643n28	5.7	307n59, 321, 843n26	5.17	196n121,
4.17–21	494	5.8	106, 252n70, 428n15,		197, 258n90, 329n4,
4.18	494, 502n208,		750n155, 822, 822n145		329n6, 428n12, 430n24,
	505n217, 649n54	5.9	98n76, 98n79,		431n30, 527n78,
4.18–21	802, 851		306n55, 504n212,		662n107, 879n194
4.19	117, 502n208,		598n28	5.18	160, 329n4
	852n67	5.9–10	329, 329n6, 413,	5.18–19	263
4.20	356n133, 502n208,		505, 665	5.19	163,
	577n42, 641n22,	5.9–11	259n94		388, 398n2, 500n200,

	502n209, 794n43	6.7–11	322	7.1	203n21, 230n142
5.20	162, 167n94, 211, 212, 229, 230, 231, 231n150, 231n151, 428n12, 431	6.8	522n58, 523n63, 602	7.1–4	426
		6.9	197, 230n142, 331n13, 334n23	7.1–6	216
				7.1–7	230–31
		6.9–10	398n2	7.2	560n114
5.20–21	200, 258n90, 610n72, 662n107	6.10	196n119	7.3	438n53
		6.11	322, 517, 517n42, 602n51, 790	7.3–5	858
5.20–6.23	610n72			7.4	252n69, 283n88, 331n13, 334n23, 398n2, 413n89, 434, 527n78
5.21	162, 181, 196, 240, 329n4, 393n120, 428n13, 527n78	6.12	144, 181, 190n89, 606		
		6.12ff	788n12	7.4–6	223n117, 603, 604, 613
6–8	602	6.12–23	330, 561n120, 603, 610		
6.1	431n30, 610n72, 662n107			7.4–25	604–10
		6.13	117n32, 613n83, 877n179	7.5	123n59, 124, 128, 130n85, 180n45, 181n46, 196, 200, 230, 604, 605, 609
6.1–14	570, 570n11				
6.2	187n75, 570	6.13–20	613		
6.2–6	603	6.14	181, 230n142		
6.2–10	197n123	6.14–15	229, 428n13, 610n72, 662n107	7.6	197n123, 201, 223, 230n143, 231, 259n94, 413n89, 434, 545, 545n57, 546, 560n114, 604, 641n19, 789n16, 803
6.2–23	603				
6.3	441n84, 512n65, 525, 569n2, 572, 579, 580, 619n100	6.15	187n75, 610		
		6.15–23	190		
		6.16	196, 613n83, 794n43, 877n179		
6.3–4	426, 434, 570, 574, 575n34, 577, 577n42, 585, 601				
		6.16–17	795n48, 867n123	7.7	153n36, 158n61, 182n55, 187n75, 200, 201, 231, 807
		6.16–23	181, 507		
6.3–6	413n89, 613	6.17	136, 277, 278, 431n32		
6.3–8	532			7.7–8	190, 207n38
6.3–11	329	6.17–18	434	7.7–11	161, 166, 209n50, 386n81, 478n123, 802, 858
6.4	331n13, 334n23, 357n134, 361n150, 523n63, 544n44, 569n2, 573n28, 585, 585n80, 601, 602n51, 785, 787, 789n16, 803, 804n84	6.18	438n53, 597n24		
		6.18–20	613n83		
		6.18–22	320n123	7.7–12	127, 205, 235n164
		6.19	117n32, 123, 440n75, 597n26, 877n179	7.7–13	164, 180, 181n46, 231, 232n155, 385, 807
				7.7–25	164, 164n84, 182, 546, 560, 592n4, 604, 607, 608, 609, 609n66, 609n68, 655
6.4–5	602n51	6.21	196		
6.4–8	523	6.22	259n94, 438n53, 440n75, 597n24, 597n26		
6.5	331n13, 523n63, 570n11, 602, 613n82, 618, 619, 621, 624n116				
		6.23	181, 196, 200, 516n36, 516n39, 702n119	7.7–8.4	231, 806, 808n103, 594
6.6	109, 132, 144, 181n48, 197n122, 311, 523n63, 858n85			7.8	127, 166, 166n89, 229, 229n138, 231n149
		7–8	122, 126, 127, 128, 603, 610, 615		
				7.8–9	172
6.7	196n119, 247n37			7.8–10	200

7.8–11	181		610n74	8.9–11	362n156, 398n2
7.9	166, 166n89, 167n95, 182	8.2	196, 205n29, 224, 320n123, 360, 438n53,	8.9–23	628n139
7.9–11	153n37		516n39, 560, 560n114,	8.10	181n48, 421n106, 520n52, 547, 616, 823
7.10	166, 195, 224, 229, 233n158		597n24, 791, 792n34, 793, 806, 807, 807n95,	8.10–11	144, 614
7.11	153n34, 166		808, 808n101, 818n133,	8.10–13	614
7.12	166n89		823	8.10–14	612
7.13	166, 187n75, 196, 231, 233n158	8.2–4	807	8.11	119n43, 228n131, 252n69,
7.14	125n65, 126, 181, 182, 231, 608n63, 609n67, 703, 703n127, 808	8.2–9	611		279n71, 279n72, 331n13, 334n23, 360,
		8.3	123n59, 127, 181n46, 181n48, 233n159, 287, 289, 291, 292n121,		361, 361n150, 414n71, 547, 550n74, 602n49,
7.14–23	182		297, 299, 299n16, 306,		613, 625n119
7.14–25	231, 233n158, 235, 606, 609, 611, 613, 614, 646		306n57, 308, 309, 310, 311, 311n81, 312, 314,	8.11–13	113n19
			325n144, 335n30, 378,	8.12–13	127, 614n86
			379, 379n50, 384n68,	8.12–14	618
7.17	127, 232n153		386n80, 386n84,	8.13	118n38, 127, 132, 557, 616, 618, 627, 634,
7.18	123n59, 830n171		389n100, 389n103,		635, 803, 858n85
7.19	118n38		398n2, 393, 803,	8.14	547, 548n66, 554,
7.20	127, 232n153, 606		852n67, 901n10		561n119, 803n78
7.21	205n29	8.3–4	202	8.14–17	361, 379n48,
7.21–23	232n153	8.3–5	123n59		619, 683n13
7.22	127n72	8.4	208n44, 459n50,	8.14–18	619
7.23	127, 135, 181n48, 200n4, 205n29, 205n31, 232n155		475n111, 550n74, 561n118, 612, 804n84, 808, 819, 821n144	8.15	106, 203n21, 363, 434, 441n88, 507, 539n17, 561, 562, 562n122, 640n17
7.24	109, 132, 144, 197, 197n122, 607, 613, 632, 671n139	8.4–5	123n59, 127, 821n144	8.15–16	556n98, 558
		8.4–6	561, 612, 614, 614n86	8.15–17	275, 276n52
7.25	106, 123n59, 124, 126, 135, 181n48, 356n129, 356n130, 431n32, 527n79, 609n67			8.15–23	640
		8.4–13	110	8.16	106, 138, 138n117, 523n63, 548, 550n72, 563
		8.5	126, 612		
		8.6	124, 127, 612, 612n80		
		8.7	125, 129, 612n80	8.16–17	548n66
8	546	8.7–8	127, 144	8.16–29	523
8.1	259n94, 507, 517, 517n42	8.7–13	874	8.17	275, 439n60, 523n63, 562, 619, 634,
		8.8	124		635
8.1–3	874	8.8–9	128, 511n12	8.17–23	600n44, 903
8.1–9	603, 614	8.9	361, 527, 527n82, 547, 550n74, 554, 630	8.17–39	635
8.1–17	604				
8.1–27	546, 546n59,	8.9–10	536, 547	8.18	97n69, 412n61,

	593n10, 599n36, 618n97, 621n104, 860n95	8.30	433n36, 504n212, 598n31, 640n17, 661, 684n19	9.3–5 9.4	282 218, 562n122, 640n17, 641n21, 641n22, 649n54, 661, 673n146
8.18–21	386n80, 413	8.31–39	322, 411, 822n145		
8.18–25	564				
8.18–27	635	8.32	252n71, 306n58, 315, 316, 522n58	9.4–5	640, 645, 671n141, 702n120, 878n185
8.19	412n61, 417n85				
8.19–21	247n37	8.32–34	398n2	9.5	97n70, 125, 130, 265, 282n84, 353, 354, 354n120, 355, 360, 398n2
8.19–22	94n49	8.33	101n91, 598n31, 683n13, 684		
8.19–23	321n129, 322n132, 441n86, 595n15, 624	8.33–39	247n37		
		8.34	252n72, 331n13, 334n23, 342, 342n60, 411, 413, 415	9.6	246, 455, 639, 642, 643n30, 646, 648, 650, 669n132, 682
8.19–32	95				
8.20	167, 505n217				
8.20–21	197	8.35	283n88, 428n15, 750n155	9.6–13	102, 486n151, 647n47, 891
8.20–22	147				
8.21	167, 438n53, 597, 599n36	8.36	248n43	9.7–8	649n54
		8.37	428n15	9.7–9	648
8.21–23	561, 823	8.38	173n14, 174, 197	9.7–13	648, 658
8.22	522n62	8.38–39	93, 172, 173, 174, 174n15, 175, 177, 178	9.7–23	654
8.22–23	120, 167			9.7–29	647, 671n141
8.23	132, 144, 319n114, 417n85, 439, 441n88, 547, 562n122, 563, 565n132, 597n23, 601, 602n49, 624, 625n119, 632, 640n17, 666n122			9.8	130, 649n54
		8.39	94n49, 106, 173n14, 398n2, 428n15, 516n36, 516n39, 750n155	9.8–9	641n22, 649n54, 673n146
				9.10–13	649
		9–11	101n91, 246n33, 354, 455, 478n127, 494n181, 592n4, 637, 638, 639, 640, 642, 642n26, 643, 644, 645, 645n41, 647, 650, 654, 655, 658, 659, 663n111, 664n116, 672, 673, 674, 675, 676, 680, 681, 690, 784, 840, 891	9.11	96, 96n64, 433n36, 478, 478n123, 648n51, 662n108
8.24–25	505n217, 563, 564n128				
				9.11–12	670
8.25	417n85, 623			9.12	654
8.26	413, 523n63			9.13	248n43, 650
8.26–27	550n74			9.14	187n75
8.27	83, 136, 612n80			9.14–23	637, 638, 650, 652, 663
8.27–33	640, 680				
8.28	316n97			9.15–18	429n21
8.28–29	96n64	9.1	438n53, 518, 518n44, 519n48	9.16	664n116
8.28–30	96			9.17	248n44, 651n60
8.28–39	637, 642	9.1–5	637, 647	9.19–22	96
8.29	339n45, 523n63, 599n35, 599n36, 637, 661	9.1–23	647n46	9.19–23	407n40
		9.2–3	654	9.21	151n24
		9.3	130, 176n28, 354n118, 637, 641, 674n152, 801	9.22	98n76, 98n83
8.29–30	392n117, 413, 564n129, 629			9.22–23	652, 652n65
				9.23	96n64,

	357n134, 429n21, 599n36, 644n40
9.24	433n36, 648n51, 670, 684n19
9.24–25	645
9.24–26	658, 683n14
9.24–29	653
9.25	101n89, 248n44, 648n51
9.25–26	249, 660n97, 682n13
9.26	87n17, 648n51
9.27	643n30, 648n50, 682n13
9.28–29	345n77
9.30	497n191, 654, 654n73, 662, 795n49, 800
9.30–31	638n5, 643n30, 644n39, 654n73, 659, 662n109
9.30–32	478, 483n143, 487, 644n40, 654, 799
9.30–33	483, 658
9.30–10.4	484, 654
9.30–10.13	455
9.30–10.17	638
9.31	479n128, 655, 655n75, 662, 800n72, 807n95
9.31–32	657, 664n116, 799n69
9.31–33	647
9.32	483, 497n191, 654n73, 655, 662n108, 795n49, 801
9.32–33	655, 850n59
9.33	248n43, 249n48, 250, 281n79, 398n2, 433n35, 654n73
10.1	356n132, 439n57, 655, 674n152
10.1–4	655, 656
10.2	462n64, 483, 483n142, 496, 655
10.2–3	644n40, 655, 656
10.2–4	482
10.3	448n12, 452n24, 483, 483n141, 484, 655
10.3–6	638n5, 654n73
10.4	201, 219n91, 433n35, 458, 483, 483n143, 484, 488, 502n208, 654n73, 655, 656, 658, 664n116, 791n25
10.4–5	800
10.5	224, 226n123, 227, 227n127, 247n34, 494, 655, 801
10.5–6	224
10.5–13	655, 656
10.6	497n191, 502n208, 654n73, 795n49, 801
10.6–8	249, 382, 657n87, 800, 806n92
10.6–9	655
10.7	222n113, 334n23
10.8	382, 654n73, 657
10.9	252n69, 253, 253n73, 331n13, 334n23, 340, 342, 343n66, 346, 433n35, 574, 748n152
10.9–10	136, 502n208, 584n76
10.9–11	654n73
10.9–13	345, 398n2
10.9–17	628n135
10.10	433n35, 439n57, 638n5, 654n73
10.11	248n44, 249n48, 433n35, 658
10.11–13	346, 658n90
10.12	351, 658, 658n91
10.12–13	340n47
10.13	249, 250, 346, 355
10.14	433n35, 526n74, 584n77, 654n73
10.14–17	433, 584
10.14–21	659, 669n132
10.15	245, 248n43
10.16	345n77, 433n35, 644n40, 654n73, 664
10.16–17	794n45
10.16–21	850n59
10.17	654n73
10.18	249n50
10.18–21	659n95
10.19	643n30, 659, 778n100
10.21	643n30, 644n40, 647, 660n97, 664
11.1	187n75, 639
11.1–2	674n152
11.1–6	660, 664
11.1–24	660
11.1–32	647n47, 660–61
11.2	96n64, 248n44, 643n30, 660, 660n97, 661
11.2–3	662n106
11.2–7	661–62
11.3	138n115, 345n77, 648n50
11.5	648n50, 860n95
11.5–7	683n13
11.6	478, 891
11.7	222n113, 644n40, 652, 662, 662n109, 663n111, 643n30, 644n40, 652, 669
11.7–10	222n113, 407n40
11.7–11	644n40
11.7–16	662
11.8	248n43
11.8–10	222n113, 249n50, 663–64
11.8–12	652n69

11.11	187n75, 439n57, 778n100	11.28–36	352	12.6–8	703n122, 704, 707
11.11–12	193n107, 643n30, 652n69, 664n116	11.29	96, 702n120, 878n185	12.7	734n85
		11.30	259n94	12.7–13.10	840–47
		11.30–31	259n94	12.8	704n129, 737n104
11.11–15	664–65	11.30–32	96, 429n21, 652, 652n68, 691, 691n58	12.9	178n39, 823n148, 841, 842, 843, 845
11.12	669			12.9–10	843
11.13	241, 256, 418, 664, 785, 891			12.9–13.10	844
		11.31	429n21	12.9–13.14	120, 857
11.13–15	674	11.32	98n83, 214n73, 222n113, 481n134, 671, 671n144	12.11	842
11.13–24	682n13			12.12	505n217
11.14	123n62, 418, 665, 778n100, 877n184			12.13	843
		11.33–36	671	12.14	813, 843, 844, 846
11.15	320n124, 321n128, 418, 644n40, 652n69	11.34	345n77, 347	12.14–21	842, 845
		11.36	94, 97n70, 356n133, 368n4	12.14–13.7	840, 842
11.16	641n24, 666			12.15	842n15, 844, 844n33
11.17	522n62, 652n69, 667	12.1	117, 357n135, 440n78, 641n21, 691n58, 692, 694, 724n40	12.16	667n126, 824n149, 842n15, 844, 844n34
11.17–24	247n37, 439, 645, 660, 666, 668			12.17	813n118, 842n15, 844, 846
11.17–25	664n117	12.1–2	120, 135, 690, 713	12.17–18	843
11.18	641n24	12.1–13.14	120	12.18	842n15, 845
11.20	667, 844, 850n59	12.2	96, 97, 135, 427n8, 593n10, 599n34, 810n107	12.19	248n43, 249n50, 345n77, 626n127, 818n132, 842n15, 846
11.20–22	634, 644n40				
11.23	850n59	12.3	428n14, 430n25, 526n77, 706, 795n51, 830n171	12.20	842n15
11.23–24	667			12.21	842n15, 843, 846
11.25	96, 222n113, 419n97, 643n30, 644n39, 644n40, 652, 663n112			13.1	138n114, 173n14
		12.3–8	120, 526n75	13.1–5	96, 846n40
		12.3–9	841	13.1–7	841, 842, 845, 846, 846n40
11.25–27	668	12.4–5	109n4, 200n4, 696, 698n101, 713, 740		
11.25–26	669n132			13.2–5	844
11.25–32	102, 455, 898	12.4–6	703, 708	13.7	813n118, 842, 843, 843n21, 843n23, 846n40
11.25–36	666, 668	12.4–8	700		
11.26	144n2, 352, 415, 603n53, 643n30, 646, 665n118, 670, 676, 894	12.5	517, 517n42, 526, 526n76, 696, 697, 699n105, 704n128	13.8	202, 808n102, 821n144, 874
				13.8–10	202, 475n111, 817, 818, 819, 823n148, 842, 843
11.26–27	248n43, 411, 628	12.6	428n14, 430n25, 702n121, 703n123, 703n127, 706n137, 707, 707n142, 732n78, 733, 733n80, 734		
11.27	180n45, 641n19				
11.28	101n89, 663n111			13.9	207n38, 818n132, 819
11.28–29	670, 670n136				
11.28–32	644n40, 671	12.6–7	704, 715, 735n91		

13.9–10	282	
13.10	750n156, 792	
13.11	259n94, 413, 417, 433n35, 434, 439n57, 439n61, 603n53, 860n95	
13.11–12	404n36, 417	
13.11–13	426, 840	
13.11–14	418n91, 789n20, 838n5	
13.12	439n62, 439n63, 479n129	
13.12–14	413	
13.13	439n63, 804n84, 828, 829, 829n169	
13.13–14	557	
13.14	125, 190n89, 276, 439n63, 525n68, 582, 599, 812, 843	
14	274n45, 855, 869, 870, 871	
14.1	274n46, 672, 755, 795, 850, 850n58, 871n146	
14.1–2	850, 852n67, 869n136	
14.1–15.6	672, 700n107, 755, 761, 847–56, 857, 857n78, 870	
14.1–15.7	672–73	
14.1–15.13	755	
14.2	850	
14.3	274n46	
14.3–4	853	
14.3–6	853–54	
14.3–15.7	852	
14.4–8	342n62	
14.4–12	851	
14.5	135, 847, 854, 854n73	
14.6	356n129, 357, 612n78, 854, 873, 878, 878n192	
14.7–12	789n20, 855	
14.8	195n113, 527n82, 528, 528n83	
14.9	252n72, 341, 398n2, 403n27, 852	
14.9–12	852	
14.10	351, 414n73, 415n77, 855	
14.10–12	357n138, 852	
14.11	248n43, 345n77	
14.13	281n80, 813n118	
14.13–15.3	855	
14.14	95, 274n45, 274n48, 518, 518n45, 582n67, 694, 813, 821n144, 851, 856n77, 864n112, 873	
14.14–21	851–82	
14.15	252n70, 627n134, 634n156, 770n69, 804n84, 823n148, 852, 874n164	
14.16	826n159, 852, 853n69, 873n162	
14.17	273, 851	
14.17–21	851–52	
14.18	283n88, 440n73	
14.19	750n159	
14.20	274n45, 582n67, 627n134, 634n156, 694, 770n69, 848, 855, 873	
14.20–21	855	
14.21	281n80, 855	
14.22	795, 795n49, 810n110, 855	
14.22–23	794n41, 795, 850, 871n146	
14.23	281n80, 497n191, 706, 854n73, 855	
15.1	672, 795, 850	
15.1–3	817, 851	
15.1–5	277	
15.2	282n85, 750n159, 843n26, 852	
15.2–3	283	
15.3	248n43, 250, 264, 276n56, 277, 282, 874n164	
15.4	505n217	
15.5	105n118, 822, 851	
15.5–6	357	
15.5–7	851	
15.6	351n101, 356n133, 874n163	
15.7	274n46, 282, 356n133, 357n134, 672, 755, 812n115, 850n58, 851	
15.7–13	672–74	
15.8	102, 102n96, 274n46, 641n22, 641n23, 277, 283n90, 398n2, 641n22, 673, 673n150, 822n145	
15.8–13	673–14	
15.9	248n43, 283, 356n133, 429n21	
15.9–10	673n150	
15.9–12	246	
15.9–13	357n138	
15.10	673	
15.10–11	660n97, 676	
15.11	102n96, 345n77	
15.12	674	
15.12–13	505n217	
15.13	105, 433n35, 564n128	
15.14	746n139	
15.15	105n113, 428n11, 428n14, 430n25, 669n133	
15.16	242n10, 440n76, 440n77, 597n27, 693	
15.17	516n39	
15.18	794n43	
15.18–23	906	

15.18–24	78		721n30, 739, 849n54		417n85, 555, 702n118
15.19	242n11, 283n87, 555	16.8–13	517, 517n43	1.7–8	410
		16.9	517n42, 518n44	1.8	97n76, 352n109, 415n78, 440n72
15.20	241, 241n3, 256n81, 730, 855	16.10	440n73, 517n42, 519n48	1.9	102n96, 433n36, 710n152
15.20–21	621n105	16.10–11	519n48, 689n53	1.10	527n80, 724, 724n40, 766, 766n56
15.21	248n43	16.11	519n48, 849n54		
15.23–24	730	16.12	518n45, 737n103, 740	1.11–16	769
15.24	418, 674			1.12	527n82, 528, 528n83
15.24–29	906	16.13	519n48	1.12–13	576, 577n40
15.25	686n36, 877, 877n180, 878n187	16.16	283n88, 683n17, 685	1.13	355n125, 585
		16.17	724n40	1.13–15	440, 574
15.25–26	686n36, 877n180	16.19	794n43, 843n26	1.13–17	569n2, 573n28
15.25–32	875, 875n171	16.20	93, 93n45, 340n48, 413, 415, 417, 428n13	1.14	356n129, 576n36
15.26	710n152, 875n170, 877n180, 878n186	16.22	517n43	1.14–16	577
		16.23	684n25, 687n42, 689, 870n141	1.15	355n125
15.27	125n65, 394, 440n78, 527, 694, 703n127, 877, 907			1.16	586
		16.25	87, 240n2	1.17	241, 577, 706n140, 725n44
15.28	418, 439n69, 674, 730	16.25–26	669n132	1.17–25	725
		16.25–27	794n41	1.17–31	375
15.30	522n62, 550n74, 724n40, 823n148	16.27	97n70, 357n134, 527n79	1.18	105n115, 240n2, 242n9, 427n7, 603n53, 627n134
15.30–32	880	**I コリント書**			
15.31	686n36, 875, 877, 877n180, 878n187	1–14	182	1.18–25	325
		1.1	82, 683n16, 684n24, 688	1.19	248n43
15.32	96, 522n62, 730			1.19–22	706n140
16	740	1.2	101n90, 346n80, 355, 440n76, 517, 517n42, 597n27, 687n42	1.20	97n69, 593n10
16.1	687n42, 736n98			1.20–21	595n15
16.1–2	739			1.21	103, 240n2, 433, 433n35, 440, 584n74
16.2	517n43	1.2–3	340n48		
16.3	517, 517n42, 518n44, 739n112	1.3	106n123, 356n127, 428n13	1.21–22	550n74, 764
				1.23	281, 296, 297
16.3–5	739, 849	1.4	106n121, 106n122, 356n129, 430n25, 516n39, 517	1.23–24	347n86
16.3–15	847n42			1.24	242n9, 347n86, 375, 375n38, 376, 383, 706n140
16.3–16	849n54				
16.4	138n114, 683n17	1.4–5	428n12, 434		
16.5	525, 525n70, 687, 687n43, 689n53, 739n113	1.4–7	362n156	1.25–27	139n125
		1.5	394n122, 555, 706n140	1.26	125, 354n118
				1.26–29	183
16.6	737n103, 740	1.6	440n72, 497	1.27–28	595n15
16.7	517n42, 522n62,	1.7	408n45, 412n61,	1.29	124, 189n82

1.30	319n114, 347n86, 375, 375n38, 440n75, 517, 517n42, 597n26, 706n140, 890
1.31	189n82, 248n43, 340n47, 347, 505n219, 517n41
2.1	419n97
2.2	68n47, 297
2.3	118
2.4	240n2, 543, 556
2.4–5	105n117, 242n9, 584n74, 725n45
2.5	105n115
2.6	97, 139n125, 173n14, 174n16, 593n10, 631n144
2.6–3.2	725
2.7	96n64, 419n97, 599n36
2.7–13	104
2.8	97n69, 173n14, 174n16, 357n134, 360n147, 593n10
2.9	248n43
2.9–12	347
2.10	104, 550n74
2.10–15	556n102
2.10–16	550n72
2.11	138, 138n117
2.11–14	543
2.12	178, 351n105, 434, 539n17, 556, 595n15, 702n115, 747
2.12–16	730n67
2.12–3.4	631n145, 737n106, 770
2.13	631n144, 703n127
2.13–15	139, 703n127, 705n136, 810n110
2.13–3.1	139n125, 565, 770n70
2.15	631n144, 747
2.16	135, 340n47, 346, 347, 347n86, 735n89
3.1	125n65, 139n125, 519n48, 631n144, 703n127, 706n140
3.1–3	561n118
3.1–4	747
3.2	351n102, 770n69
3.3	125n65, 804n84
3.3–4	631
3.4–7	706n140
3.5	433n35, 736n99
3.5–10	725n44
3.6–8	439
3.9	682n13, 750n159
3.10	105n113, 258n90, 428n14, 430n25, 627n130, 634n159
3.10–12	440
3.10–15	626
3.12–15	838n4
3.13	352n109, 412n61, 706n140
3.13–15	479n129
3.15	628
3.16	543, 550n74
3.16–17	440n79, 582n66, 692
3.17	626n128, 634n156, 717n10
3.18–19	97n69, 593n10
3.19	183n59, 248n43, 595n15, 706n140
3.20	345n77
3.21–23	528
3.22	173n14, 195n113
3.23	351, 527n82, 528n83
4.1	419n97, 725n44
4.4–5	410, 414, 415n79, 626n126
4.5	136n103, 352
4.8	394n122, 522n62
4.9	183n59, 333n22, 418
4.9–13	906
4.10	517n42, 527n81
4.13	183n59
4.14–15	721n32
4.15	241, 441, 518, 518n44, 520, 584n74, 683n13
4.15–17	725
4.16	724n40
4.17	517n43, 518, 518n44, 683n13, 683n17, 735n90
4.18–21	725n47
4.20	242n8, 273n39
4.21	138n116, 550n74
5–6	183, 725n46, 825n46, 857, 863n105
5.1	191n96
5.1–5	858
5.1–15	768n65
5.2	858
5.3	115, 138n117
5.3–4	553n89, 625
5.3–5	138n117, 725n52, 736
5.4	725n45
5.4–5	746n139
5.5	93, 93n45, 97n76, 132, 182n53, 278n67, 352n109, 415n78, 858, 858n85
5.6–8	247n37, 859
5.7	305, 779n106, 785
5.10	183n59, 858
5.10–11	88n20, 194, 828
5.11	189n86
5.13	178n39, 843n26, 859
6.1–8	858n84, 874n168
6.2	629
6.2–3	351n106
6.3	174n18
6.4	687n42

6.5	725n52, 736, 780n109	7.4	115	7.29–31	417, 789n20, 865n114
6.9	88n20, 189n86, 192, 192n103	7.5	93n45, 191, 863n105	7.31	417, 595n15
6.9–10	101n92, 194, 272n33, 415n76, 439n60, 597n25, 628n136, 828, 838n2	7.6	725n48, 725n49, 863n103, 863n104	7.31–34	183n59
		7.7	707n142, 863, 866	7.32	780, 861n98, 862n101
		7.7–16	863, 864	7.32–35	789n20
		7.8	861n98	7.34	132n89, 138n117, 861n98
6.9–11	273n41, 427, 557, 600n44	7.9	191, 863n105		
		7.10	735n88	7.34–35	862n101
6.11	434, 440n76, 441n83, 543, 582n64, 597n27, 598n28, 695n83, 859	7.10–11	271n30, 812n116, 862	7.36	861n98, 863n105
		7.10–16	815	7.36–38	861n98, 865
		7.11	320n124, 861n98	7.37	136, 861n97
		7.12	735n89	7.38	860, 861n98
6.11–20	859	7.12–15	271n30	7.39	407n43, 518n45, 519n48, 862n101
6.12	859	7.12–16	765n48		
6.12–20	863	7.14	586, 587, 862	7.40	725n45, 730n67, 735n89, 809n105, 862, 863n103, 866
6.13	116, 117, 191n96, 770n69	7.14–15	864		
		7.15–24	433n36		
6.13–14	859	7.17	683n17, 735n90, 804n84, 862n101	8–10	755, 761, 824, 851, 857n78, 869, 871, 872
6.13–20	116				
6.14	116, 242n8, 252n69, 331n13, 361n150	7.17–20	820n140	8–11	183
		7.17–38	864, 865	8.1	86, 706n140, 735n87, 750, 750n159, 767n59, 823n148, 869n137, 874, 874n166
6.15	116, 117n32, 187, 187n75, 699n105	7.19	459n50, 725n48, 808n102, 821, 821n141, 862, 899		
6.15–20	859				
6.16	116, 117, 117n31, 123n62, 132, 862	7.20–23	866	8.1–3	874
		7.20–24	867	8.1–13	869, 873n155
6.16–17	513n25	7.21	746, 867	8.3	104n107, 873n160, 874
6.17	138, 363, 441, 543, 553n89	7.21–23	320		
		7.22	320n123, 518, 518n45, 795n47, 862n101, 868	8.4	87, 869, 869n137
6.18	116, 191			8.4a	735n87
6.19	117, 440n79, 543, 550n74, 582n66, 692			8.4b	735n88
		7.22–23	864	8.4–6	760n33, 873n160
6.20	117, 319n121, 356n133, 550n74	7.23	319n121, 725, 868	8.5	343, 343n65
		7.25	725n48, 725n49, 861, 861n98, 863n103, 863n104, 866, 880	8.5–6	92, 172, 344, 350
7	725, 860, 860n91, 862, 863, 863n105, 864n110			8.6	253n73, 344, 367, 368, 370, 373, 375, 375n38, 376, 381, 383, 384n68, 392, 673, 873n161, 889
		7.25–35	861, 865		
7.1	134n96, 735n87, 767n59, 860n92, 861	7.25–38	861		
		7.28	861n98		
7.1–24	861	7.28–29	860		
7.1–38	861	7.29	97, 417	8.7	706n140, 851n62, 869n136, 869n137,
7.2	191n96				
7.3–5	858, 863				

	871n147	9.19–23	727		582n67, 696, 710n152,
8.7–13	760n33, 869, 874	9.20–21	205, 816		710n153, 772n76
8.8	770n69, 873n160, 880	9.21	834, 899	10.16–17	109, 526n76,
8.9	395, 634n159, 824,	9.22	869n136		575, 696n88, 698, 754,
	869n136, 880	9.23	241, 522n62		756, 757, 760, 763, 770,
8.10	760, 851n62,	9.24–27	626n129, 728		771, 772, 773, 774, 777,
	855n76, 869n136,	9.26–27	599n35		874
	869n137, 871n147,	9.27	117, 635n161	10.17	772n76, 774
	874n166	9.27–29	117n35	10.18	125, 130, 132,
8.10–11	281n80, 706n140	10.1–2	380, 381n57,		354n118, 759, 760, 761,
8.10–12	796n52, 874n165		381n59		772n76, 773, 773n79
8.11	252n70, 627n134,	10.1–4	380, 575n34	10.19	869n137
	634n156, 874n164	10.1–12	577, 577n40,	10.19–22	760, 760n33
8.11–12	869n136,		769,	10.20	772n76, 778n100
	873n161	10.2	441n84, 524n65,	10.20–21	92, 759, 773,
8.11–13	874n169		569n2, 575, 575n34		872
8.12	525n70, 851n62,	10.3	778	10.20–22	92
	871n148	10.3–4	703n127, 758,	10.21	760, 772n76, 777
8.13	281n80, 770n69,		760, 769, 777, 779n106	10.21–22	777
	874n168	10.3–12	769–70	10.22	92, 778n100
9.1	256, 518, 727,	10.4	249n50, 250, 380,	10.23	750n159, 751, 824,
	870n144		282n83, 550n74, 777		874n166
9.1–2	518n45, 687, 724,	10.5	769n67	10.23–24	874
	725	10.5–6	380	10.23–30	870
9.1–14	824	10.5–13	770n72	10.23–32	760n33
9.2	721, 729	10.6	167n96, 278n65,	10.23–33	688
9.4–6	725, 727n59		770, 777	10.23–11.1	869
9.5	264n5, 880	10.6–10	167n96	10.24	874
9.9	248n43, 249n50	10.6–12	725n46, 760	10.25	851n62, 870, 871,
9.11	125n65, 703n127	10.7	88n20, 248n43,		871n147
9.12	242n11, 283n87,		660n97, 869n137	10.25–26	694n81
	725, 727n59	10.7–10	167n96	10.25–27	760
9.12–18	241n4	10.9–10	627n134	10.25–28	873
9.13	773n79	10.9–11	634n156	10.26	95, 345n77,
9.14	271n30, 340n53,	10.11	97, 97n72, 333n22,		346n83, 582n67, 873,
	812n116		770		873n160
9.14–18	271n30	10.12	634n159, 769n67	10.27	870, 871, 873n155
9.15	195n113	10.13	102n96	10.27–29	851n62,
9.15–27	824	10.14	88, 869n137		871n147
9.16	241, 861n97	10.14–21	247n37	10.28	873n157
9.18	725, 727n59	10.14–22	695n85, 767,	10.28–29	874n168
9.18–19	728		772	10.30	772n76, 853n69,
9.19	727, 870n144	10.16	381, 512n19,		873n162

10.31	356n133, 873n160, 874
10.31–33	826n159, 874
10.31–11.1	277n62
10.32	684n24, 688, 777, 874n168
11.1	277, 725, 874, 874n164
11.2	267n15, 278n67, 754, 761n37
11.2–16	740, 741, 742, 743
11.3	351, 351n102, 744
11.5	734n84, 740, 741
11.6	742n122
11.7	95, 147, 151n25
11.7–9	742, 742n124
11.9	94n49
11.10	174n18, 742, 742n121, 742n124
11.11	518, 518n45
11.16	683n17, 684n24, 725n47, 735n90, 866n119
11.17	773
11.17–20	766–67, 775
11.17–22	271n30, 760n33
11.17–34	736, 768n66, 773
11.18	689n53, 690n55
11.19	440n73, 767n58
11.20	754n2, 766n52
11.21	765, 765n47, 766n54
11.22	684n24, 690n55
11.23	252n71, 278n67, 340n53, 754, 761
11.23–25	271n30, 762, 776n93, 778, 812n116
11.23–26	264, 761n37, 763, 772
11.24	696n88, 771, 774
11.24–25	770n73, 778
11.24–29	698
11.25	220n94, 641n19, 766, 774
11.25–26	762, 763
11.26	357, 411, 413n65
11.27	696n88, 771, 774, 775
11.27–29	760
11.27–30	774
11.27–32	779
11.28	810n110
11.28–30	575
11.29	696n88, 771, 774
11.29–30	635n160
11.30	407n43, 760, 768, 864n112
11.31	765n47
11.32	183n59, 767n58
11.33	764, 766n54
11.33–34	760n33, 874n168
12	702n118
12–14	543, 565
12.1	703, 703n127, 767n59, 770n70
12.1–4	771n74
12.2	561n119, 743n125, 748, 756n7
12.3	253, 253n73, 279, 279n71, 340, 361, 363, 558, 708n148, 748
12.4	702n121
12.4–6	362n156, 703, 708n148
12.4–11	708
12.4–27	701
12.5	703
12.6	703
12.6–8	706
12.7	432, 555n93, 703, 703n125, 707, 708, 740
12.8	706n140
12.8–10	408n45, 703n122, 704, 705, 705n136, 706, 707
12.9	702n121
12.9–10	706
12.10	705, 706n140, 780n109, 810n110, 855n75
12.11	550n74
12.12	200n4, 526n76, 704n128
12.12–13	696n88, 700n106, 708n148
12.12–27	109n4, 118, 526n75, 775
12.13	351n105, 380, 434, 441n84, 524n65, 525, 533, 540, 544n44, 549, 550n74, 569n2, 575n34, 577, 578, 579, 682n11, 700n108, 709, 711
12.13c	439, 556
12.14	200n4, 704n128
12.14–26	526n77, 698n101, 699, 708
12.14–27	525, 696n88
12.15–26	704n128, 709
12.19–20	709
12.22	329n6
12.25	766, 766n56
12.25–26	824n149
12.26	522n62, 844, 844n33
12.27	200n4, 526n76
12.27–28	688
12.28	267n16, 687, 687n42, 702n121, 704, 704n130, 707, 718, 720, 729
12.28–29	706n140, 732n77, 734n85, 735n91
12.28–30	704
12.30	702n121, 707n142

12.31	702n121, 703, 771n74	14.15	556 135, 138n116	14.36 14.37	735n90 631,
13	559, 599n40, 631, 749, 730	14.16	356n129, 747, 751n160		631n144, 631n145, 703n127, 725n48,
13.1	705n132	14.16–25	631		732n77, 735n89, 747
13.1–3	749, 835	14.17	750, 750n159	14.37–38	725n47,
13.1–4	823n148	14.18	356n129, 512n16		866n119
13.2	706n140, 813	14.19	689n53	14.40	829n169
13.3	118, 278n67	14.20	631n144, 631n145	15	73n69, 82, 119n41,
13.4–7	749, 841	14.21	203n21, 248n43,		333, 334n23, 335, 414,
13.5	810n110		249n50, 345n77,		623, 784
13.6	522n62		660n97, 747	15.1	269, 433n37, 761n37
13.7	564n128	14.22	433n35	15.1–2	434, 584n74,
13.8	706n140, 823n148	14.22–25	767		749n153
13.8–13	750	14.23	684n25, 687n42,	15.1–3	254
13.11	612n78		689, 743n125	15.1–7	257
13.12	104n107	14.23–24	775	15.2	95n58,
13.13	278n67, 564n128,	14.23–25	743		427n7, 433n35, 584n76,
	798n66, 823n148	14.24	437n44, 705n135,		603n53, 634
14	357, 408n45, 555, 705,		734	15.3	180n45, 252n70,
	706, 732n79, 750, 775,	14.25	136n103, 357, 427		267n15, 278n67,
	910	14.26	707n142, 734,		283n88, 297n8, 306n57,
14.1	703, 703n126,		750n159, 775		325n145, 433n37
	703n127, 705n135, 734,	14.26–28	705n134	15.3–4	247, 252n72, 266,
	740n117, 770, 771n74,	14.26–32	707		330
	823n148	14.26–40	736	15.3–11	735n88
14.1–25	708	14.28	106n124, 357,	15.4	252n69, 331, 331n13
14.2	106n124, 357,		689n53, 824	15.5–8	330, 721
	550n74, 705n132	14.29	733, 745n137,	15.6	407n43
14.3	105n118, 750n159		747, 780n109, 810n110,	15.7	740
14.3–5	740, 750		855n75	15.8	256, 259, 332n19,
14.4–5	687n42, 750n159	14.29–30	733		333n21, 441, 721n30,
14.5	705n134, 734,	14.29–32	732n77		721n31
	750n159	14.29–36	744–45	15.8–11	256
14.6	706n140	14.30	733, 733n81, 824	15.9	684n24, 685n34
14.6–11	705n132	14.31	105n118, 734	15.10	83, 105, 258n90,
14.12	553,	14.32	138n116, 733		428n12, 737n103
	687n42, 703n127,	14.33	735n90	15.11	433n35, 907
	705n135, 743n125, 748,	14.33b–36	744, 745	15.12	252n69, 735n87
	750, 750n159	14.33–34	683n17	15.12–13	334n23
14.13	705n134	14.34–35	689n53, 741,	15.12–17	331n13
14.14	138n117, 550n72		741n120, 742, 742n121	15.13–20	330
14.14–15	135, 553n89,	14.35	742n122	15.14	240n2, 330

15.14–15	735n88		577n40, 769	15.54–57	337
15.17	180n45, 330, 735n88	15.29–34	785	15.56	180, 182, 197, 200, 233,
15.18	407n43, 517, 517n42, 627n134	15.31	516n36, 516n39	15.57	431n32, 527n78
		15.31–32	195n113	15.58	479n129, 518, 518n45
15.19	516n39, 623, 623n113	15.35–44	119	16.1	686n36, 687n41, 767n59, 877n180
		15.35–50	132, 336		
15.20	252n69, 259n94, 331n13, 334, 407n43, 666n122, 735n88	15.36	95n58	16.1–2	736
		15.39	123n62	16.1–4	686n36, 875n171
		15.42	151n25, 168, 196, 334n23, 386n80	16.3	428n14, 876
15.20–22	284			16.4	880, 880n200
15.21	196n121, 331n13, 334n23	15.43	242n8, 550n74, 599n36	16.12	724n40, 767n59
		15.44	109, 703n127	16.13–14	798n66
15.21–22	160n72, 284, 335, 386n81, 388, 391	15.44–46	139, 601	16.14	823n148
		15.44–49	144, 390, 697n95	16.15	586, 724n40, 737, 737n102
15.22	95n58, 228n130, 282n83, 285, 297, 298, 334, 516n39, 517	15.44–50	600n44		
		15.45	95n58, 138n114, 228n131, 248n43, 249n50, 284n92, 287, 299n16, 333n22, 335, 336n33, 358, 360, 361, 362, 375, 376, 386n82, 391, 392, 394, 414, 421, 897	16.15–18	720, 737, 747n145
15.23	334, 342, 359, 398n3, 410, 527n82, 528, 666n122			16.16	522n62, 686n36, 737n103
				16.17	767
15.24	173, 173n14, 174, 174n16, 175, 177, 272n34, 278n67, 345n74, 415			16.18	138n117, 550n74
				16.19	517n43, 687n41, 687n43, 688, 689, 739n112, 739n113
		15.46	703n127		
15.24–25	342	15.47–49	386n80, 392	16.22	341n57, 343, 355, 400n16, 411, 413n65, 417, 418n91, 768n62
15.24–27	344n68	15.47–57	414		
15.24–28	322, 344, 348, 351, 358n138, 388, 414, 672	15.49	151n25, 391, 392n117, 599, 599n36, 599n38		
				16.23	428n13
				16.24	518, 518n44
15.25	339, 342n60, 345n74	15.50	101n92, 123, 132n92, 151n25, 168, 196, 272n33, 415n76, 439n60, 597n25, 628n136, 628n139, 838n2	**II コリント書**	
15.25–26	330			1.1	82n3, 101n90, 683n16, 684n24, 687n42
15.25–27	344, 344n72, 344n74				
15.26	197, 321n129, 415, 621			1.2	106n123, 340n48, 356n127, 428n13
		15.51	407n43, 419n97		
15.27	286, 286n96, 335, 386n82, 388	15.51–52	416n80, 625	1.3	340n48, 351n101, 353n117, 354n119
		15.51–54	120		
15.27–28	367n3	15.51–57	330	1.3–7	105
15.28	97, 338, 339, 344, 415, 889	15.52	407n48	1.3–11	731n73
15.29	569n2, 577,	15.53–54	151n25, 625	1.4	618n97

1.5	527n78, 620	2.14–17	222n110		890
1.5–7	621n104	2.14–4.6	584n73	3.16–18	223n117,
1.6	439n57, 618n97	2.15	427n7, 603n53,		345n77, 392
1.6–7	618n97		627n134	3.17	354n77, 360n148,
1.7	440n72	2.16	196n115		438n53, 545, 560
1.8	242n9, 618n97, 620,	2.17	105n116, 518,	3.17–18	513n25
	906		518n44, 520	3.18	151n25, 354n77,
1.8–9	616, 633n151	3.1–18	221, 221n105		357n134, 361, 427n8,
1.9	195	3.2–3	136n106, 682n13,		559, 599, 599n34,
1.11	356n132, 522n62,		721n32		599n36, 622, 623
	702n118	3.3	87n17, 125n65,	4.1	222n110
1.12	125n65, 428n13		221, 222n110, 223,	4.2	703n125, 804n84
1.14	352n109, 415n78,		223n117, 434, 439n65,	4.3	627n134
	669n133		544, 544n47, 804n85,	4.3–4	222, 407
1.15	428n14		805, 805n91	4.4	93n45, 97n69,
1.17	125	3.4	527n79		135n101, 151n25, 172,
1.18	102n96	3.4–6	105		356n133, 357n134,
1.20	356n133, 357n134	3.6	220n94, 221,		360n147, 361, 593n10,
1.21	440n72, 525n70,		222n110, 223, 223n117,		599n36, 599n37, 623
	581, 581n62		224, 228n131, 360,	4.4–6	258, 347n86, 391,
1.21–22	351n105,		544, 544n47, 545n57,		513n25, 896n9
	362n156, 434, 544,		641n19, 736n99,	4.5	253, 253n73, 279,
	581n58		804n85, 805, 805n91		340, 748n152, 795n47,
1.22	136n106, 439n69,	3.6–7	222, 223		867n123
	440n70, 539n17,	3.6–9	201	4.5b	279n71, 392
	581n57, 600n43	3.7	196n115, 221, 224	4.6	83, 104, 106,
1.23	105n116, 138n114	3.7-9	222n110		136n106, 360n147, 435,
1.24	879n193	3.7-11	222		520n52, 623
2.3	879n193	3.7–18	221, 222, 250, 544	4.7	105n114, 242n9, 616,
2.4	618n97	3.8	223n117, 550n74		617
2.5	669n133	3.9	221, 329n6	4.7–5.10	414, 731n73
2.5–11	859	3.11	221, 329n6	4.10	116, 132n89,
2.6	518n44	3.12	564n128		279n71, 620, 621
2.7	746n139	3.12–16	556	4.10–11	279n72, 392
2.7–10	437n46	3.13	221	4.11	123,
2.8	724n40, 823n148	3.14	135n101, 221,		128, 132n89, 197n123,
2.11	93n45		222, 223, 516n39, 517,		278n67, 279n71
2.12	242n11, 283n87,		644n40, 646, 899	4.11–12	616
	518n45	3.14–15	201, 407	4.13	138n116, 248n43,
2.13	138n117	3.14–18	427		433n35
2.14	104n111, 174n18,	3.15-16	222	4.13–15	247n37
	323n136, 431n32,	3.16	222, 354n77, 436,	4.14	252n69, 279n71,
	516n39		545, 545n50, 599n37,		279n72, 331n13, 414,

	415n77, 416n81, 522, 522n59, 624		789n16		695n83
		5.18	527n78	7.3	522n62
4.15	356n129, 356n133, 431n30	5.18–19	320n124	7.4	618n97, 621n104, 879n193
4.16	427n8, 599, 608n65, 617	5.18–20	320, 320n124	7.5	123
		5.18–21	263	7.5–7	731n73
4.16–17	616, 619	5.19	193n107, 241n2, 252n68, 325n144, 516n39, 517, 595n15	7.6	105n118
4.16–5.5	132n92, 544, 557, 600n43, 618, 624, 628n139			7.7	879n193
				7.9	879n193
		5.19–6.2	247n37	7.9–10	437n44
4.16–5.10	788n15	5.20	433, 724n40	7.10	196n115, 439n57
4.17	599n36, 618n97	5.20–21	822n145	7.13	105n118, 138n117, 879n193
4.17–18	617, 621n104	5.21	288, 306, 306n58, 309, 310, 311, 311n81, 312, 313n85, 318n108, 890, 321, 394n121, 452n24, 455, 509n2, 890		
4.17-5.4	624			7.15	725n50, 794n43
5.1	627n134			7.16	879n193
5.1–5	617, 624, 625n119			8	880
5.2	563, 624n118, 625			8–9	432, 686n36, 785n3, 875n171, 876, 879
5.2-4	624	6.1	428n12, 433n37, 522n62, 634n157, 724n40		
5.3	624n118			8.1	428n13, 428n14, 687n41, 876
5.4	625, 632				
5.5	351n105, 440n70, 539n17, 544, 625	6.1–2	621n105	8.1-5	880
		6.2	248n44, 259n94, 439n57, 861n95	8.2	618n97, 876n176, 878, 879
5.6	116				
5.7	804n84	6.3–10	731n73	8.2–3	876
5.8	116, 628n140	6.4	618n97, 736n99, 861n97	8.3	876n176
5.10	97n74, 118, 282n83, 351, 414, 415n79, 626, 626n128, 890			8.4	428n14, 686n36, 710n152, 711n153, 876, 877n180, 878n186, 878n187
		6.4–10	242n9, 633n151		
		6.6	829, 841n10		
5.11	668n130	6.7	105n115		
5.12	136n103	6.9	195n113	8.5	96n62, 879
5.14	298, 299n16, 311, 313, 428n15, 529, 750n155	6.10	394n122, 879n193	8.6	880
		6.14	710n152	8.6–7	428n14, 876
		6.15	93n45	8.7	431n30, 879, 880, 880n198
5.14–15	252n70, 263, 265, 306n58	6.16	87n17, 248n44, 440n79, 531n92, 582n66, 660n97, 683n14, 692, 693, 693n71		
				8.7–8	823n148
5.14–21	324			8.8	878, 879, 880, 880n198
5.15	197n123, 252n72, 331n13				
				8.9	246n56, 312n83, 356n133, 393, 393n119, 394, 428n11, 431n30, 876, 879, 880
5.16	125, 259n94, 264, 265, 265n7	6.17	354n77		
		6.18	354n77		
5.17	94n49, 259n91, 441n86, 517, 517n42, 534, 595n15, 683n13,	7.1	123n62, 132n89, 138n117, 144, 668n130,	8.12-15	880
				8.13–14	878n189

8.14	879, 879n196		878, 878n186, 879	11.23	195n113, 731, 736n99
8.15	248n43, 249n50	9.13–14	356n132, 880		
8.16	136n105, 431n32, 880, 880n198	9.14	428n13, 431n30, 876	11.23–27	416
		9.15	430n24, 431n32, 879	11.23–29	633n151
8.16-17	880	10.1	264, 276, 724n40, 812n115	11.28	683n17
8.17	876n176, 880			11.31	97n70, 351n101, 353n116, 354n119
8.18	683n17	10.2–3	125, 804n84		
8.19	357n134, 428n14, 683n17, 876	10.2–4	561n118	11.32	214n72, 465n73
		10.3	128	12.1–4	513n25
8.19–20	878n187	10.3–4	354n118	12.1-6	618
8.19-21	880	10.4	125n65	12.1–7	104, 512n16
8.20	879, 879n196	10.5	135n101	12.1–10	325, 513n23, 617
8.21	879	10.5–6	794n43	12.1–12	513n25
8.22	878, 880	10.6	725n50	12.2	404n29, 517n42, 519n48
8.23	357n134, 694n79, 740n115	10.7	527n82, 528n83		
		10.8	750n159	12.2–3	116
8.23–24	683n17	10.10	118	12.2–4	153n35, 177
8.24	823n148, 879, 880	10.13–16	241n3, 687, 729	12.3	117
9	880	10.14	242n11, 283n87	12.4	404n29
9.1	686n36, 877n180, 878n187	10.17	347, 517n41	12.6-10	104
		10.17–18	340n47, 347	12.7	93, 93n45, 177n33, 182n53, 333n21, 617
9.1-3	880	10.18	440n73		
9.3-5	880	11.1–2	682n13	12.7–9	124
9.5	724n40, 829n168, 880	11.2	414n73, 415n77, 441, 597, 721n32	12.8	355, 617
9.6	879n196			12.9	102n115, 106, 242n9, 428n13, 431, 529n85
9.6–7	879	11.2–3	282n83		
9.6-11	880	11.3	135n101, 147, 147n11, 150, 166n92, 525n70		
9.7	136, 861n97, 879n196			12.9–10	93, 617, 731
9.8	428n13, 431n30, 479n129, 876			12.10	617, 861n97
		11.4	279, 279n71, 433n37, 539n17, 731	12.11–12	618n95, 723n38, 731, 731n74
9.9	97n70, 248n43, 879				
9.9–10	876, 876n178, 879n196	11.5	723n38, 731n74	12.11–13	706n138
		11.5–6	731	12.12	706n140
9.10	797, 879	11.7	242n10	12.13	683n17
9.11	356n129, 394n122, 876n176, 879	11.7–11	241n4	12.14	721n32
		11.8	683n17	12.15	138n114
9.12	356n129, 440n78, 686n36, 694, 877n180, 878	11.13	153n34, 723n38, 729, 731n74	12.18	561n118, 724n40, 804n84
		11.13–15	724n41	12.19	105n116, 518, 518n44, 750n159
9.12–13	878, 878n187	11.14	93n45, 153n34		
9.13	242n11, 283n87, 356n133, 357, 710n152, 876n176, 877,	11.15	479n129	12.20	828
		11.16–12.13	731	12.21	191n94, 191n96, 437n44
		11.18	125		

13.4	105n114, 242n8, 242n9, 252n72, 361n150, 522, 620, 731			685n34, 687	
		1.13–14	74, 129, 207n35, 269, 269n24, 460n53, 462, 464	2.10–14	875n170
13.5	520n52, 635n160			2.11–14	6, 473n103, 755, 761, 848n45, 849n51
13.7	440n73	1.13–16	457n43, 459	2.11–16	723, 773n81
13.8	723n38	1.14	260, 458, 458n46, 461, 462, 464, 886	2.11–18	70, 797
13.10	750n159			2.11–21	473n103
13.11	612n78	1.15	83, 105n112, 258n90, 428n12, 433n36	2.12	274, 274n48, 722n33
13.13	340n48, 362n156, 428n13, 428n15, 512n19, 710n152			2.14	59, 75, 242, 474, 722, 722n34, 723
		1.15–16	256, 256n78, 621n105, 892n7, 896n9	2.14–15	274
13.14	356n128			2.14–16	776, 850n61
		1.16	104, 106, 124, 241, 338, 392n112, 426, 520n52, 669	2.15	274, 475n113, 746
ガラテヤ書				2.15–18	473n101
1.1	82, 252n69, 256, 331n13, 334n23, 527n78, 721, 722			2.15–21	473n103, 473n104, 849n52
		1.16–22	256		
		1.17	466	2.16	124, 235n164, 433n35, 435, 457, 472, 473n104, 476, 485, 487, 488n156, 494n181, 496n184, 498, 499, 499n196, 500, 526n74, 598n31, 791n25
1.2	683n16, 687n41	1.17–2.1	723		
1.3	106n123, 340n48, 356n127, 685	1.18	269, 270n26		
		1.19	264n5		
1.3–4	428n13	1.22	269n22, 517, 517n42, 519n48, 685, 687n41		
1.4	96n62, 97, 180n45, 215, 252n71, 259, 306n57, 415, 426, 593n10, 843n26				
		1.24	356n133	2.16–17	475, 598n31
		2.1–2	256	2.16–5.4	206n32
1.5	97n70, 353n116, 356n133	2.1–10	723n36, 749, 907	2.17	180, 187n75, 274, 475n113, 516n39, 517
		2.1–16	472–73, 906		
1.6	428n12, 433n36, 435, 529n85, 560	2.2	634n157, 722n34, 723, 907	2.17–21	798
				2.18	634n156, 750n159
1.6–7	722n34	2.3–6	256	2.19	201, 224, 228, 441n89, 458, 523n63, 528, 619, 621, 816, 906
1.6–9	241, 723n39, 724n41, 749n153	2.4	219n92, 438n53, 506, 517, 517n42, 597n24, 722, 722n33		
1.7	242n11, 283n87, 722n33				
		2.5	59, 75, 241, 722n34	2.19–20	520, 533
1.8	722	2.6	723, 907	2.20	128, 252n71, 259n94, 277, 306n58, 314, 355n121, 421n106, 496n184, 520n52, 797
1.9	433n37	2.7	722n34		
1.10	795n47	2.7–8	469n87, 722		
1.11	722n34	2.7–9	332n19, 749n153		
1.11–12	255, 270n27	2.8	541, 797n64	2.20–21	393n120
1.11–24	722	2.8b	721n31	2.21	105n112, 258n90, 428n11, 428n12, 428n15, 430n24, 791n25
1.12	104, 426, 761n37, 878, 899	2.8–9	541, 541n32		
		2.9	105n113, 258n90, 428n14, 430n25, 693,		
1.13	464, 684n24,				

3–4	216, 218, 484, 506, 562, 644n40		489, 490, 490n165, 499n196, 598n31	3.21	187n75, 213n68, 224, 227, 228, 228n133, 494
3.1	68n47, 135, 297, 328, 906	3.12	224, 227, 227n127, 247n34, 490, 490n165, 499n196, 626n81	3.21–22	641n22
3.1–2	584			3.22	180, 214n73, 248n44, 433n35, 496n184, 499, 499n196, 500
3.1–5	218, 541, 543, 543n38, 548n65, 555, 583n71, 724, 749n153	3.12–13	791n25		
		3.13	248n43, 296, 301n22, 306n58, 311n81, 312, 316, 318, 318n107, 318n110, 319n121, 320, 324, 394n121, 490, 499n194		
3.2	433, 474, 499, 539n17, 554, 554n92, 569n4, 584, 584n75, 791n25, 794n45, 797			3.22–23	213n69, 671n144
				3.23	213, 214, 499, 499n194
				3.23–25	215n76, 216, 230n144
3.2–3	435, 803n79	3.13–14	215n76, 295		
3.2–5	541n32, 579n50	3.13–29	493	3.23–29	215n77
3.3	124, 135, 560, 591, 601n48, 611, 629n141, 631n146, 788, 803	3.14	217, 218, 318, 318n111, 490, 500, 506, 516n39, 517, 536, 539n17, 541n32, 542, 543, 579n50, 583n71, 641n22	3.24	499n196, 525, 525n70, 598n31
				3.25	499n194
				3.25–29	217
3.5	351n105, 474, 499, 555, 706, 797, 794n45, 797, 797n64			3.26	517n42
				3.26–28	570
				3.26–29	215n76, 318n111
3.6	488n156, 490, 492, 499	3.14–29	492n177, 818n133	3.27	205n28, 276n57, 441n84, 524n65, 525, 525n72, 528, 569n2, 569n4, 575n32, 575n34, 581, 582, 624n118
3.6–9	217, 227, 247n34, 475, 500	3.15	641n19		
		3.15–18	210, 217		
3.6–14	100, 474n105, 475	3.15–19	210		
3.7	492, 499n196, 500, 500n198	3.16	216, 250, 283n88, 288, 318n112, 528, 898		
				3.27–28	277n59, 579n50
3.8	96n64, 217, 246, 248n44, 250, 490, 492n176, 499n196, 500, 542, 598n31, 669, 818n133, 892	3.16–18	641n22	3.28	517, 517n42, 682n11, 700n108, 745, 773n81
		3.16–25	216		
		3.17	218, 641n19		
		3.17–19	167n94		
		3.18	439n60, 506n222	3.28–29	288
3.8–9	506, 519n347	3.18–20	247n37	3.29	439n60, 506n222, 527n82, 528, 641n22, 682n13
3.9	499n196	3.19	174n18, 193n107, 200n3, 212, 213n63, 232n156, 499, 634n154		
3.10	208, 248n43, 250, 250n55, 317, 318, 474, 475n113, 476, 479, 490, 490n165, 791n25			4.1	220, 380, 439n60, 506n222
				4.1–2	215, 215n78, 562n124
		3.19–24	217, 646		
3.10–11	499	3.19–29	493	4.1–3	230n144, 288, 320, 507
3.10–13	201	3.19–4.7	483n142, 806		
3.10–14	490, 490n165	3.19–4.10	655	4.1–5	216
3.10–26	499	3.20	87, 212n61	4.1–7	215n77, 217, 541n32, 597, 628
3.11	247n34, 488n156,	3.20–30	476		

4.2	217, 655n78		683n13	5.13–14	817, 819
4.3	176, 176n30, 177, 543	4.21–30	250	5.14	202, 282n85, 459n50, 475n111, 750n156, 808n102, 817, 817n128, 818, 818n132, 818n133, 819, 820, 820n138, 821n144
4.3–4	386n80	4.21–31	220, 506		
4.3–6	215n76	4.22–26	220n97		
4.3–7	562n124	4.23	126, 130, 641n22		
4.4	97, 205n28, 215, 216, 217, 263, 283n90, 289, 292n121, 378, 379n50, 380, 389n100, 593	4.24	250n56		
		4.25	220n99		
		4.26	411, 894	5.15	634n159
		4.27	248n43, 249n50	5.16	190, 190n89, 543n40, 561n118, 612, 803, 804n84
4.4–5	288, 291, 312, 314, 325n144, 335n30, 386n84, 389n103, 901n10	4.28	641n22		
		4.28–31	561		
		4.29	126, 130, 223n117, 441, 543, 583n71	5.16–17	124
				5.16–18	561
4.4–6	561	4.30	248n42, 506n222	5.16–26	789n20
4.4–7	384n68, 816	4.30–31	220n97	5.17	129
4.5	319n121, 393, 441n88, 562n122, 562n124, 640n17	4.31	438n53	5.18	543n40, 561n119, 803n78
		5–6	614		
		5.1	320n123, 435, 438n53, 506, 507, 560, 561, 597n24, 749n153, 785, 816, 823	5.19	191n94, 191n96, 479n129, 750n157
4.5–6	215n78, 561				
4.5–7	379n48			5.19–21	128n76, 194, 828, 830
4.6	106, 136n106, 275, 351n105, 361, 362n156, 378, 543, 548n66, 556n98, 562, 569n4				
		5.1–12	458, 820n140	5.19–23	124
		5.2	283n88	5.20	88n20, 189n86, 767
		5.2–6	583n71, 798	5.21	101n92, 215n78, 272n33, 415n76, 439n60, 597n25, 628n136, 838n2
		5.2–12	723n39		
4.6–7	273n41, 275, 339n45, 583n71	5.3	797, 820		
		5.4	283n88, 428n13, 598n31, 749n153, 791n25		
4.6–9	724			5.21–23	600n44
4.6–11	749n153			5.22	543n40, 550n74, 823n148, 830
4.7	380, 439n60, 506n222	5.5	417n85, 499n196, 543n40, 563, 564n128, 598		
4.8	92			5.22–23	559, 566, 599n40, 750, 829
4.8–9	100, 177				
4.8–10	201, 217, 320	5.6	516n39, 517, 797, 797n66, 821, 823n148	5.23	203n21
4.8–11	216			5.24	125, 190n89, 283n88, 527n82, 528, 569n4
4.9	103, 104n107, 176, 176n30, 259n94, 436	5.8	433n36		
		5.10	518n45, 520, 722n33		
4.10	217n84, 474n106, 848n48, 849n51	5.11	281n79	5.25	543n40, 550n74, 561, 583n71, 612, 738, 803
		5.12	722n33, 724n41		
4.11	634n157, 737n103	5.13	125n64, 190, 433n36, 435, 438n53, 560, 561, 561n120, 597n24, 683n13, 785, 823		
4.13–14	124			6.1	138n116, 193n107, 550n74, 631, 631n144, 703n127, 737, 747n143
4.17	475				
4.19	215n78, 441, 521, 525n71, 600, 621,			6.2	791, 792n33, 793,

	816, 818, 818n133, 822, 899		437n46, 597n22	2.5–6	523n64
		1.7–8	428n13	2.6	177n34, 523n63
6.4	479n129, 810n110	1.9	96n62	2.7	431n30
6.6	267n16, 576n39, 734, 734n85	1.9–10	669n132	2.8	428n12, 564n129
		1.10	217n83, 282n83	2.8–9	467, 486
6.7–8	626n128	1.11	96n62, 96n64	2.10	96n64, 441n86, 479n129
6.7–9	415	1.12	282n83, 356n133		
6.8	110, 125, 196, 543n40, 612, 614n84, 634n154, 803	1.13	433n35, 439n57, 439n69, 581n57	2.12	100n88
				2.13	259n94, 306n55, 516n39
		1.13–14	273n41, 383n63, 548, 600		
6.12	283n88			2.14–15	219n91
6.12–13	129, 130n85, 189n83, 235n164	1.14	319n114, 356n133, 439n60, 440n70, 597n23, 597n25, 628n139	2.15	441n86
				2.15–16	696n89
6.12–15	325			2.16	320n124, 321n126, 322
6.12–16	820n140				
6.13–15	583n71	1.15	798n66	2.17	245n24
6.14	528, 621	1.16	106n121	2.18	549, 693n73
6.14–15	534	1.17	104n106, 138n116, 138n117, 351n101, 351n105, 556n102	2.19	100n88, 522n62
6.15	94n49, 259n91, 415, 426, 441n86, 595n15, 789n16, 821			2.20	732n77, 732n78, 732n79
				2.21	440n79
		1.17–18	564n128	2.22	522n62, 549
6.16	429n21, 644n40, 682n13	1.18	136n106, 439n60, 597n25	3.2	428n14
				3.3–6	669n132
6.17	116, 279n71, 279n72, 906	1.19	433n35	3.5	259n94, 556n102, 732n77
		1.20	177n34, 252n69, 282n83, 331n13, 334n23, 342, 342n60, 516n39		
6.18	138n117, 340n48, 428n13			3.6	522n62
				3.7	105, 430n24, 879n194
		1.20–21	174	3.7–8	428n14
エフェソ書		1.20–22	344n72	3.8	430n25, 431n30
1.1	82n3, 101n90	1.21	173n14, 174n16, 176	3.9	94n49, 367n3
1.2	106n123, 356n127	1.22	286n96, 688n49	3.10	173n14, 174n16, 177n34, 259n94, 688n49
1.3	177n34, 351n101, 353n117, 354n119, 703n127	1.22–23	322, 696n89		
		1.23	421n105		
		2.1	180n45, 193n107	3.11	96n64
1.3–14	383n63	2.1–3	145	3.12	693n73
1.4	414n73	2.2	93n45, 97n69, 173n14, 178, 561n118, 593n10	3.13	618n97
1.5	96n62, 96n64, 441n88, 527n78, 562n122			3.16	608n65
				3.17	136n106, 521, 525n71, 798n66
		2.3	125n64, 182n57, 190n89		
1.6	356n133			3.18	173n14
1.6–7	393n120, 428n11			3.19	428n15
1.7	193n107, 306n55, 319n114, 431n30,	2.5	193n107, 428n12, 523n63, 564n129	3.21	356n133, 688n49

4.1	433n36, 517n43, 519n48, 724n40	5.8	628n136 259n94	6.22 6.23	136n104 106n123, 798n66
4.2	823n148, 827n165	5.11	437n44, 479n129, 522n62	**フィリピ書**	
4.3	522n62, 711				
4.3–4	549, 711	5.12	742n122	1.1	101n90, 517n42, 735n94, 736n98, 746, 795n47
4.4	433n36, 564n128, 696n89	5.13	437n44		
		5.14	282n83, 439n61		
4.4–6	362n156	5.16	97n69, 593n10	1.2	106n123, 356n127
4.5	253n73, 569n2	5.17	96n62	1.3	106n122, 356n129
4.6	87, 354n120	5.19	703n127	1.3–4	106n121
4.7	430n24, 430n25, 539n17, 879n194	5.19–20	357n137	1.4	356n132
		5.20	106n123	1.5	242n7, 710n152, 711n153
4.7–16	701, 712n155	5.22–6.9	831n182		
4.8–10	249n50, 383n63	5.23	696n89	1.6	97n76, 352n109, 398n3, 407n38, 415n74, 415n78, 592, 611, 629n141, 631n146, 788
4.11	732n77, 734n85	5.23–25	688n49		
4.11–16	698n101	5.24	744n129, 744n133		
4.12	696n89, 724	5.25	252n71, 306n58, 428n15		
4.12–16	109n4			1.7	242n7, 522n62
4.13–16	526n77	5.25–27	597	1.7–8	136n104
4.15–16	526n76, 696n89, 823n148	5.26	440n76, 441n83, 582n64, 582n67, 597n27, 695n83	1.8	105n116, 264, 276, 276n55
4.16	522n62, 704n128			1.9	104n106, 823n148
4.17	144	5.27	414n73, 415n77, 688n49	1.9–10	810
4.19	829n168			1.10	97n76, 352n109, 407n38, 415n78, 810n107
4.21	279n71, 516n39	5.29	123n62, 688n49		
4.22	190, 439n63	5.30	696n89		
4.22–24	392n117, 525n68	5.31	123n62	1.11	356n133, 357n134, 527n78, 877
4.23	135	5.32	688n49		
4.24	96, 277n59, 441n86	6.5	136n105, 795n48	1.12	242n7
4.25	200n4, 439n63	6.5–6	125	1.13	518, 518n44
4.27	93n45	6.6	96n62, 138n115	1.14	518, 518n45, 520
4.29	428n14	6.8	626n128	1.15	282n83
4.30	439n69, 545n52, 597n23	6.9	97n75	1.16	242n7
		6.10	518n45	1.17	282n83, 618n97
4.32	437n46, 516n39	6.11	93n45, 439n63	1.19	356n132, 362, 439n57, 603n53
5.2	252n71, 301n21, 306n58, 428n15, 823n148	6.12	173n14, 174, 174n15, 174n16, 176, 177n34, 703n127		
				1.19–20	564n128
				1.19–23	416
5.3	191n94, 191n96, 829n168	6.14–17	439n63	1.20	118, 173n14, 175
		6.15	245n24	1.20–21	195n113
5.5	88n20, 101n92, 272n33, 415n76, 439n60, 597n25	6.16	93n45, 178n39	1.21–22	511n12
		6.18	356n132	1.22	128
		6.21	518n45, 519n48	1.22–23	124

1.23	190, 329n6, 521n56, 628n140	2.10	279, 279n71	3.7–8	258, 259, 485n148, 886, 896n9
1.26	516n39	2.10–11	322n132, 347, 348, 350, 388, 889	3.7–9	484
1.27	138n115, 138n116, 242n7, 242n11, 283n87, 522n62	2.11	253n73, 348, 356n133, 357, 358n138, 415	3.7–10	621–22
				3.7–11	427
				3.8	485, 497, 527n81
1.28	439n57	2.12	329n6, 439n57, 603n53, 668n130	3.8–11	533
1.29	433n35, 526n74, 618n97			3.9	448n12, 452n24, 456n37, 485, 496n184, 502n209, 516n39
		2.12–13	785, 788		
2.1	512n19, 517n42, 520, 548, 710n152	2.15	683n13		
		2.16	97n76, 352n109, 407n38, 415n74, 415n78, 621n105, 634n157, 737n103	3.9–11	485n147
2.1–2	823n148			3.10	197n123, 261, 331n13, 523n63, 599n34, 618n97, 622, 710n152, 711n153
2.1–4	383, 390, 711, 735n94				
2.1–5	277n62	2.17	440n77		
2.2	138n115, 522n62, 612n78	2.17–18	522n62	3.10–11	621
		2.19	518, 518n45, 520	3.11	624n116
2.2–3	824n149	2.20	138n115	3.12	629n141, 631n145, 631n146
2.3	830n177	2.22	242n7, 683n13		
2.5	276n56, 277, 277n62, 347, 383, 516n39, 517, 612n78	2.24	518, 518n45, 520	3.12–14	599n35, 626n129, 635n161
		2.25	440n78, 522n62, 694, 735n94		
				3.14	516n39
2.5–11	277n62, 366n1, 383n66, 384n68, 388n95	2.29	520	3.15	631, 631n144, 631n145
		2.29–30	747n145		
		2.30	138n115, 440n78	3.17	278n65, 278n66, 522n62
2.6	387n89, 390, 390n105	3.1	518, 518n45		
2.6c	386	3.2–19	729n64	3.17–18	804n84
2.6–7	391, 393n119	3.3	124, 189n83, 357n135, 441n81, 485n148, 511n12, 516n39, 545n57, 548, 641n21, 682n13, 806	3.17–19	735n94
2.6–8	288, 325n144			3.19	128, 190n90, 612n78
2.6–9	901n10			3.20	407n39, 417n85, 438, 682n13
2.6–11	253n76, 288, 341, 343n66, 357, 383, 383n64, 386, 386n77, 387n87, 388, 393, 570n9				
		3.3–4	129, 130, 235n164	3.20–21	411, 415, 415n74
		3.3–6	459, 461	3.21	119n43, 286n96, 345n74, 392n117, 412n60, 414n71, 523n63, 599n35, 599n36, 599n38, 624n116, 697n95
		3.3–9	457n43		
		3.4–6	462		
2.7	263, 389, 867n123	3.5	661		
2.7–8	297	3.5–6	129, 207n35, 461, 485		
2.8	196n121, 341, 383n64, 500n200, 502n209			4.1	518
		3.6	458, 462, 464, 475n111, 476n117, 685n34	4.1–2	518n45
				4.2	518, 724n40
2.9	390n105, 393			4.2–3	735n94, 739n109
2.9–11	344n68, 347, 355n123, 388, 388n93	3.7	282n83, 458	4.3	242n7, 522n62

4.4	518, 518n45		437, 437n46, 597n22		631n144, 631n145
4.5	415, 417, 901	1.14–19	515n30	1.29	105n115, 737n103
4.6	356n129, 356n132	1.15	87n18, 151n25,	2.1	123n62
4.7	136, 136n101, 137, 214n72, 517n42		369, 376, 377n44, 391, 595n15	2.2	105n118, 136n104, 355n121, 419n97, 522n62, 556n100,
4.8	829, 844n30	1.15–16	94n49		823n148
4.8–9	829	1.15–17	373, 376, 379n51, 384n68	2.3	516n39
4.9	433n37, 829	1.15–20	95, 253n76, 290,	2.3–15	515n30
4.10	518n45		357n136, 367, 368, 376,	2.5	138n117, 526n74,
4.10–20	735n94		383, 395, 886, 907		553n89
4.13	518n44, 520	1.16	173n14, 174,	2.6	253,
4.14	522n62, 618n97		174n16, 368n4, 376		253n73, 267n15, 278,
4.15	242n7, 683n17	1.18	109, 322, 334n23,		340, 433n37, 602n51,
4.17	162		376, 377, 378n44,		748n152, 804n84
4.19	516n39, 517		526n76, 531n91,	2.6–23	295
4.19–20	357		595n15, 688, 696n89,	2.7	440n72, 602n51
4.20	97n70, 106n123, 356n133		697n95, 713n159, 907	2.8	176, 201n8, 376n40
4.21	517n42	1.18b	290, 339n45	2.8–15	570n11
4.23	138n117	1.19	290, 291, 291n118, 376, 377,	2.9	109, 290, 292, 377n42, 516n39,
コロサイ書			377n42, 378n44		602n51
1.1	82n3	1.20	290, 306n55,	2.10	173n14, 174n16,
1.2	101n90, 106n123, 517n42		320n124, 321, 321n126, 321n128, 376, 595n15	2.11	531n91, 602n51 109, 132,
1.3	106n121, 106n123, 351n101, 356n129	1.20–22	713n159		132n90, 295, 441n81, 569n2, 602n51
1.4	517n42, 798n66	1.21	321n126, 479n129, 843n26	2.11–12	582n69, 585
1.5	242n5, 623	1.22	109,	2.11–15	291, 295, 324
1.7	522n62, 736n99		132, 259n94, 320n124,	2.12	193n107, 252n69,
1.8–9	548n69		321n129, 322, 414n73,		296, 331n13, 334n23,
1.9	556n102, 703n127		415n77, 697n95		523n63, 585, 585n80,
1.9–10	804n84, 810	1.22–23	634		602n51
1.10	104n106, 479n129, 804n84	1.23	94n49, 736n99	2.12–13	523n64
1.11	548	1.24	109, 418, 618n97, 620, 688, 696n89	2.13	125n64, 296, 437n46, 522, 523n63
1.12	106n123, 173n14, 356n129, 357n136	1.25	736n99	2.14	162n78, 296, 438
1.12–20	570n9	1.26	259n94	2.14–15	247n37
1.13	178, 272n34, 292n121, 339, 368, 379n51, 438	1.26–27	412, 419n97, 593	2.15	173n14, 174n15, 174n16, 296,
		1.27	360n147, 520n52, 521, 599n36		323, 414n72, 516n39, 602n51, 907
1.14	180n45, 319n114,	1.28	414n73, 415n77, 516n39, 629n141,	2.16	848n48, 849n51

2.17	109, 697n95		703n127, 735, 746n139		798n66
2.18	125n64, 144, 174n18, 513n25, 626n129	3.16–17	357, 357n137	1.4	101n89, 663n111, 686n38
		3.17	106n123, 356n129, 356n130, 527n79	1.5	105n117, 242n6, 556, 584n74
2.19	109, 109n4, 522n62, 526n76, 526n77, 696n89, 697n95, 698n101, 704n128	3.18	173n14, 518n45, 744n129, 744n133, 832n185	1.5–6	550n74
				1.6	277n63, 433n37, 487n152, 542, 556, 618n97, 621n104
		3.18–4.1	831, 832, 868, 907		
2.20	176, 176n30, 197n123, 441n89, 522n58	3.20	518n45	1.7	278n65, 433n35, 487n152
		3.22	136n105, 668n130, 795n48, 868n134	1.8	487n152
2.20–21	201n8	3.22–24	125	1.9	85, 87, 436
2.21	848n45, 849n51	3.22–25	868	1.9–10	68n47, 338, 402, 570n8
2.23	109, 117n34, 125n64	3.23	138n115, 868n134		
3.1	342, 342n60, 523n63, 602n51	3.24	439n60, 597n25, 868n134	1.10	98n76, 252n69, 279n71, 279n72, 331n13, 334n23, 400, 406, 407n39, 671n139
3.2	612n78	3.25	97n74, 97n75, 626n128		
3.3	197n123, 441n89, 521n56, 522n58			2.2	242n6, 242n10
		4.1	868n134, 869, 878n189	2.4	136n103, 242n6
3.3–4	412			2.5	105n116, 829n168
3.4	419, 521n57, 599n36	4.3	419n97	2.8	138n114
3.5	88n20, 189n86, 191, 191n94, 191n96, 828, 829n168, 830	4.5	804n84	2.8–9	242n6, 242n10
		4.7	517n43, 522n62, 736n99	2.10	105n116, 433n35, 487n152
		4.8	136n104		
3.6	98n83	4.10	522n62, 725n48	2.11	683n13, 721n32
3.7	804n84	4.11	101n94, 272n34	2.12	272n34, 402, 415n76, 433n36, 599n36, 686n38, 724n40, 804n84
3.8	259n94, 439n63, 828	4.12	96n62, 631n144, 631n145		
3.9–10	392n117, 525n68				
3.10	94n49, 95, 104n106, 151n25, 441n86, 599, 599n36, 812	4.15	687n43, 739n109	2.13	106n121, 356n129, 433, 433n35, 433n37, 487n152, 584n74
		4.16	683n16, 687n42		
		4.17	518n45		
3.10–11	277n59	4.18	907n21	2.14	518n42, 519n48, 618n97, 684n24, 685, 687n41
3.11	469n87, 682n11, 700n108, 868	**I テサロニケ書**			
		1.1	515n31, 517n42, 683n16, 684n24, 686n38, 687n42	2.14–16	644n40
3.12	101n91, 439n63, 829, 830n177			2.16	98n83, 180n45, 333n22, 402n24
3.13	437n46, 821	1.2	356n129		
3.14	522n62, 823n148	1.2–3	106n121	2.17	190
3.15	109, 136, 433n36, 696n89	1.3	105n116, 106n123, 479n130, 487n152,	2.18	93n45
3.16	427n8, 428n13, 431n30, 548n69,			2.19	402, 410n57

3.2	242n6, 242n11, 283n87, 487n152, 736n99	4.15–18	407, 408	5.23	116, 138n115, 138n117, 410n57
3.3	618n97	4.16	401, 403n27, 411, 414, 517n42, 519n48, 570n8	5.23–24	405
3.5	634n157	4.16–17	408, 408n46	5.24	102n96, 433n36, 686n38
3.5–7	487n152	4.17	408, 521n56		
3.6	798n66	4.18	408	**IIテサロニケ書**	
3.7	105n118, 618n97, 861n97	5.1–11	408, 789n20	1.1	515n31, 517n42, 683n16, 684n24, 687n42
3.8	518n45	5.2	97n76, 352n109, 404, 407n38, 408, 415n78, 813	1.1–2	106n123
3.9	105n116, 356n129			1.2	356n127
3.9–10	106n123	5.3–10	404–05	1.3	106n121, 356n129, 798n66
3.10	356n132, 487n152	5.4	97n76, 352n109, 404, 813	1.3–4	487n152
3.11	106n123	5.4–10	570n8	1.4	618n97, 684n24
3.11–13	356	5.5	683n13	1.5	272n34, 415n76, 618n97
3.12	823n148	5.5–8	439n62		
3.13	106n123, 352n110, 402, 410n57	5.8	439n63, 487n152, 798n66, 823n148	1.6–12	352n110
4.1	267n15, 331n13, 332, 724n40, 804n84	5.8–9	439n57, 603n53	1.7	409, 412n61
		5.9	98n76, 527n78	1.7–10	352n107, 352n110, 405
4.3	96n62	5.9–10	306n58		
4.3–4	440n75, 597n26	5.10	252n70, 521n56, 628n140	1.8	100n87, 242n11, 409n55, 626n127, 794n43
4.5	100n87, 191, 863n105				
4.6	626n127	5.11	750n159	1.8–9	402n24
4.7	433n36, 440n75, 597n26, 686n38	5.12	518n45, 519n48, 737n103	1.9	352n110
		5.12–13	737, 747n145	1.10	352n109, 433n35, 487n152
4.8	351n105, 539n17, 542, 542n35, 550n74	5.12–14	737		
		5.13	714, 814, 823n148	1.11	106n121, 479n130, 487n152
4.9	746, 809	5.14	724n40, 737, 740n117, 746n139		
4.10	724n40			1.12	355n121
4.11–12	826n159	5.14–22	747n144	2.1	101n89, 410n57, 627n134
4.12	804n84, 829n169, 844n30	5.15	813n118, 826n159		
		5.18	96n62, 516n39, 517	2.2	352n109, 405, 415n78
4.13–18	403	5.19–20	542	2.2–12	405, 406
4.13–5.11	403	5.19–22	408n45, 732n79, 733n82	2.3	409, 412n61
4.14	252n72, 279n71, 279n72, 331n13, 332, 352n110, 403n27, 433n35, 487n152, 521n57, 628			2.4	92, 409n54, 411, 692n68
		5.20	732n77, 732n78		
		5.20–21	705n136	2.5	418
		5.20–22	747	2.6	409, 412n61, 418n92
4.14–17	628	5.21	810n110	2.6–7	409
4.15	410n57, 416, 420n99	5.22	843n26	2.7	409, 409n52, 418n92,
4.15–17	408, 419				

	419n97	2.8–15	831n182	**Ⅱテモテ書**	
2.8	409n55, 410n57, 411, 412n61, 412n64, 413n66	2.10	439n57, 479n129	1.1	82n3, 515n32
		2.11–12	744n132	1.2	106n123, 433n35
		2.12–14	740, 742	1.3	356n132, 357n135, 582n67, 695n83
2.9	93n45	2.14	147, 147n11, 150, 166n92, 193n107		
2.9–12	407			1.5	841n10
2.10	627n134	2.15	440n75, 597n26	1.6	702n121
2.13	101n89, 106n121, 356n129, 362n156, 439n57, 440n75, 487n152, 597n26	3.1	253n75, 479n129	1.7	539n17
		3.4–5	683n13	1.9	430n25, 433n36, 467, 515n32, 564n129,
		3.5	704n129		
		3.6–7	93n45	1.10	259n94, 412n64
2.14	357n134, 433n36	3.9	582n67, 695n83	1.12	352n109, 618n97
2.16	105n118, 106n123, 356n128, 428n15	3.13	515n32	1.13	515n32
		3.15	87n17, 439n57	1.18	352n109
2.17	136n104, 479n129	3.16	253n76, 433n35, 511n12	2.1	515n32
3.2–3	843n26			2.2	93n45
3.3	93n45, 102n96, 178n39	4.1	92n42	2.8	252n69, 331n13, 334n23
		4.3–5	356n129		
3.4	518n45	4.8–9	253n75	2.10	439n57, 515n32
3.5	428n15	4.10	87n17, 737n103	2.11	253n75, 523n63
3.6	267n15, 804n84	4.12	278n65, 823n148, 827n165	2.11–12	523n63, 523n64
3.9	278n65, 278n66			2.11–13	253n75
3.11	804n84	4.14	702n121, 732n77, 732n78	2.12	523n63
3.12	515n31, 518, 724n40			2.13	102n96
		5.1–2	736n97	2.15	440n73
Ⅰテモテ書		5.5	356n132	2.16	144n2
1.2	106n123	5.10	479n129	2.19	346n83
1.5	136n105, 582n67, 695n83, 841n10	5.15	93n45	2.21	440n76, 479n129, 597n27
		5.17	736n97		
1.9	144n2	5.18	248n44, 249n50	2.22	136n105, 190n91, 582n67, 695n83, 823n148, 827n165
1.9–10	827n164	5.19	736n97		
1.10	192n103	5.20	437n44		
1.14	515n32, 525n32	5.22	180n45	2.25	437n44
1.15	253n75	5.24	180n45	2.26	93n45
1.16	433n35	5.25	479n129	3.2–5	827n164
1.17	87, 87n18, 97n70, 356n133	6.1–2	831n182	3.6	180n45, 190n91
		6.9	190	3.10	827n165
1.18	732n77, 732n78	6.11	823n148, 827n165	3.11	618n97
1.20	93, 93n45	6.12	433n36	3.12	515n32
2.1	356n132	6.14	412n64	3.15	439n57, 515n32
2.1–3	356n129, 356n132	6.15–16	87	3.17	479n129
2.5	87	6.18	479n129	4.1	272n34, 352n107, 412n64, 415n76
2.6	252n71				

4.2	437n44	フィレモン書		2.10–17	339n45
4.3	190n91	1	726	2.15	386n80
4.8	352n109, 412n64, 415n76	2	522n62, 687n43, 726	4.16	414n70
		3	106n123, 356n127	5.8	794n43
4.14	97n74, 479n129	4	106n121, 106n122, 356n129	6.4	539n17
4.17	240n2			6.5	596
4.18	97n70, 272n34, 353n116, 356n133, 479n129	4–7	726	6.11	556n100
		5–7	798n66	6.20	414n70
		6	104n106, 525n70, 526, 710n152	7.19	414n70
4.19	739n112			7.25	414n70
4.22	138n117	7	105n118	7.30	694n76
		8–9	726	8.1	342n60
テトス書		8–10	726	9.1	208n44, 641n20
1.3	240n2	9–10	724n40	9.5	302n25
1.4	106n123	13	726	9.6	641n20
1.5	736n97	14	726, 861n97	9.10	208n44
1.6	683n13	14–16	726	9.14	695n83
1.9	253n75, 437n44	16	124, 511n12, 517n43, 518, 868	9.22	212
1.11	742n122			9.24	414n70
1.13	437n44	17	850n58	10.12	342n60
1.15	582n67	18	726	10.19	693n73
1.16	479n129	19–20	726	10.19–22	414n70
2.1–10	831n182	20	518, 520	10.22	556n100
2.2	723n148	21	726, 794n43	10.38	488n157
2.5	683n13	23	517n42, 522n62, 726	12.2	342n60
2.7	278n65, 479n129	25	138n117		
2.12	144n2, 190n91			ヤコブ書	
2.13	355n122, 357n134, 412n64	ヘブライ書		1.15	165
		1.1–4	369n13	2.5	101n92, 394n122
2.14	252n71, 479n129	1.2	217n83, 333n22	2.8	818n132
2.15	437n44	1.3	342n60	2.21–23	491, 491n169
3.1	479n129	1.13	342n60	2.23	315n95
3.3	190, 827n164	1.13–2.8	344n72	3.17	841n10
3.5	441n83, 467, 564n129, 582n64	2.2	213n65, 213n67	5.3	333n22
		2.5–9	286, 297, 388	5.14	686n35, 736n96
3.5–8	253n75	2.6–9	285n95, 335, 335n31		
3.6	346n80, 527n78, 540n26			Ⅰペトロ書	
		2.7a	386n80	1.2	794n43
3.7	439n60, 598n28	2.7b–8	386n82	1.3	351n101, 353n117, 354n119
3.8	433n35, 479n129, 704n129	2.8–9	298		
		2.9a	386n80	1.5	214n72
3.14	479n129, 704n129	2.9b	386n82	1.11	297n8, 362n154
		2.10	368n4	1.14	794n43

1.18–19	305n49	ヨハネの黙示録			
1.21	252n69	1.1	417n90		
1.22	794n43, 841n10	1.3	732n77	## 旧約聖書偽典	
2.5	440n80, 703n127	1.6	245n24, 440n80		
2.9	440n80	1.7	404n28	### 『アダムとエバの生涯』	
2.13–17	746n40	2.9	394n122	9.1	153n34
2.18–3.7	831n182	3.12	693	25	388n94
3.16	515n34	4.4	176n25	25.1–3	153n35
3.18	228n131, 693n73	4.8	253n76	37.3	153.38
3.22	173n14, 175n19, 342n60, 344n73	4.11	253n76	39.2–3	153.38
4.3	88n20, 189n86, 827n164	5.9–10	253n76	44	150n20
		5.10	245n24, 440n80		
		5.12–13	253n76	### 『アブラハム黙示録』	
4.10	702n113	6.9–11	399n8, 621n106	17	705n132
4.10–11	702n121, 704	6.12	346n80	17.2	90n33
4.11	707	7.10	253n76	24.9	165n86
4.16	266n11	7.12	253n76		
5.1	736n96	10.7	409n52, 732n77	### 『エリヤ黙示録』	
5.3	278n65	10.11	732n77	1.10–11	176n25
5.4	412n61	11.3	398n5, 732n77	4.7	398n5
5.5	736n96	11.6	732n77		
5.10	515n34	11.8	703n127	### 『ギリシア語エズラ黙示録』	
5.14	515n34	11.10	732n77	5.7	404n29
		11.15	253n76		
## Ⅱペトロ書		11.17–18	253n76	### 『モーセ黙示録』	
1.5–7	827n165	11.18	732n77	序	213n64
1.16	399n11	12.5	404n29	10.3	153n38
		13.2	176n25	12.1–2	153n38
## Ⅰヨハネ書		13.13–14	409n54	14	150n20, 153n37
2.18	333n22	15.3–4	253n76	17.1	153n34
2.27	539n17	17.10	733n82	18.4	151n26
2.28	412n61	19.18	121n47	19–21	165n87
3.2	412n61	20.6	440n80	19.3	153n36, 165
3.24	539n17	21.1	177n35	20.2	153, 159
4.1	810n110	21.8	189n86	21.6	153, 159
4.1–3	705n136, 747n144	22.6–7	417n90	22.4	153
4.9–10	379n49	22.15	189n86, 827n164	28.2	153n39
4.13	539n17	22.17	768n62	28.4	153
4.14	379n49	22.20	417n86, 418n91	32	150n20
				33.5	153n38
## ユダ書				35.2	153n38
14–15	409n53			37	388n94
				37.3	404n29

37.5	153n35	1.8	101n91	108.7	162n78
39.2–3	159	1.9	409n53			『スラブ語エノク書』	
『ゼファニヤ黙示録』		5.7–8	101n91	10.4–5	827n164
6.15	90n33	6–8	174n18	10.4–6	189n85
8.3–4	705n132	6–11	158n63	20.1	176n25, n26
		6.8	174n16	24.2	95n59
『イザヤの殉教と昇天』		9.3	413n69	24.3	409n52
7.13–9.33	705n132	10.4	413n66	30.17	150n20
		10.11	191n94	45.3	691n63
『シリア語バルク黙示録』		10.11–12	413n66		
4.2–6	220n96	12–16	349n96	『ヨセフとアセナト』	
4.3	154	13.1–2	413n66	8.3	228n130
13.3	349n94	15.2	413n69	8.5	848n46
14.17–19	154n45	18.14	175n19	8.9	228n130, 95n59
17.3	155	20.1	175n19	11.9	758n18
18.2	155	39.7	371n25	11.16	758n18
19.8	155	39.9	371n25	12.1	228n130
21.4	95n59	39.13	371n25	12.2	95n59
23.4	155	42	90n34	12.5	758n18
24.1	162n78	46.5	842n18	12.8	404n29
30.1	155n46	49.3	290n113	15.7–8	371
48.8	95n59	49.4	349n96	16.8	758n17
48.42–43	155	61.9	349n96	16.14–16	757
48.47	155	61.10	176n26	22.7	228n130
51.1	159n69	71.14	413n69		
51.3	159n69	82.4–7	472n98	『ヨベル書』	
54.14	155, 155	84.2	100n85	1.23	545n55
54.15	159n69	84.6	666n124	1.24	562n124
54.18	155	86	158n63	1.29	95n60, 101n91
54.19	155, 161, 166	89.59–60	90n31	1.29–2.1	213n64
54.21	159n69	89.61–64	162n78	3.8–14	848n45
56.6	155	89.70–71	162n78	3.17–31	151
82.9	842n18	90.22–25	90n31	3.31	152, 156
85.1–3	539n19	90.31	398n5	4.22	158n63
		91.16–17	95n60	4.22–23	349n96
『ギリシア語バルク黙示録』		99.3	413n69	5.1	174n18
8.5	827n164	99.15	845n35	5.1–10	158n63
13.4	827n164	100.7	97n74	5.6	413n66
		102.5	132n90	5.16	97n75
『エチオピア語エノク書』		103.2	409n52	6.32–35	472n98
1–5	461n56	104.1	413n69	7.21	158n63
1.3	101n91	104.7	162n78	10.7	413n66
		106.19	409n52		

10.8	151n26	2.12	185n70	『シビュラの託宣』	
10.11	413n66	2.16	186n70	2.187–89	398n4
12.25	146n6	2.18	97n75	3	374n36
14.7	491n172	2.34–35	186n70	3.184–86	192n101
15.30–32	215n80	3.3–12	186n70	3.591–92	848n45
15.31	90n31	3.4–12	186n71	3.710–20	682n10
17.15–16	315n95	3.8	186	3.746	758n17
17.15–18	491n167	7.1–10	186n71	3.764	192n101
18.16	491n167	8.12	848n45	3.772–75	682n10
19.8	491n167	8.22	848n45		
21.4	97n75	8.23–34	186n71	『アブラハムの遺訓』	
22.16	470n91	9.6–7	186	11	399n8
23.26–29	95n60	9.8–9	99n84	A11	388n94
23.29	413n66	11.1	244	A13.2–3	394
30.8–14	463n66	13.5–12	186n71	B11	349n96, n97
30.16	97n75	13.10	186	B13.10	174n16
30.17	491, 491n172	14.1–2	204n23		
30.17–23	162n78	14.2–3	227n126	十二族長の遺訓	
33.18	97n75	14.3–4	666n124	『ベニヤミンの遺訓』	
33.20	643n35	14.5	643n35	4.3	842n15
		15.8	185n70	6.4	290n113
『アリステアスの手紙』		15.10	185n70	10.10	88n20, 189n85
12	319n115	16.11–15	186		
16	228n130	17.11	185n70, 409n54	『ダンの遺訓』	
33	319n115	17.18	185n70	6.2	413–14n69
127	227n126	17.34	682n10		
132	85, 290n112			『イサカルの遺訓』	
138	87n19	偽フィロン『聖書古代誌』		7.6	845n35
139	214n73, 460, 470n91	11.15	381n56		
139–42	215n79, 465n74	18.5	315n93	『ヨセフの遺訓』	
142	214n73, 460, 470n91, 848n45	19.16	221n106	4.6	191n94
		32.2–4	315n93		
152	192n101	40.2	315n93, 491n167	『ユダの遺訓』	
155	247n38	40.5	491n167	14–15	191n94
168	247n38	46–48	463n67	15.4	848n46
194	843n19	48.1	398n4	19.1	88n20
224	842n17			23.1	88n20
		『フォキュリデス偽書』		24.3	562n124
『ソロモンの詩編』		3	192n101		
1.1–3	186n70	54	87n16	『レビの遺訓』	
1.8	185n70	190–192	192n101	3.5	413n69
2.1–2	186n70	213–14	192n101	3.8	176
2.3	185n70			5.6–7	413n69

17.11	827n164

『ナフタリの遺訓』
3.5	158n63
8.7–10	863n107

『ルベンの遺訓』
1.10	848n46
3.3–6	827n164
5	158n63
5.6	174n18

『ゼブルンの遺訓』
8.2	290n113

『ヨブの遺訓』
48–50	705n132
49.2	174n16

Ⅲマカバイ記
2.16	290n114

Ⅳマカバイ記
1.26–27	827n164
2.15	827n164
4.26	459n52
5.13	175n19
14.20	491n167
15.3	226n125
16.17	742n122
17	316
17.21–22	303
17.22	302n28
18.12	463n67

フィロン

『世界の創造』
16–44	94n54
81	95n59
134	391n107
136–37	692
143	209n50
151–52	152
165–66	152

『律法書の寓意的解釈』
1.31	391
1.31–32	152
1.43	369n14
1.46	209n50
1.48	345n78
1.53	345n78
1.88	345n78
1.90	345n78
1.93	209n50
1.95–96	345n78
2.1	345n78
2.47	345n78
2.51–53	345n78
2.71	345n78
2.78	345n78
2.86	381n58
2.88	345n78
2.94	345n78
2.101	345n78
2.106	345n78
3.4	290n112
3.10	95n59

『ケルビム』
25	302n25
125–26	94n52, 368n4
125–27	370

『アベルとカインの供物』
8–10	349n95
27	827n165
32	827n164

『悪と善を襲う』
54	370n17

『カインの子孫』
84–85	657n86, 801n75

『巨人族』
6	92n41
16	92n41
22–27	810n111
47	290n112

『神の不動性』
104–08	429n19

『栽培』
42	151n24

『酔い』
30–31	369n15

『言語の混乱』
6–8	151n28
136	290n112
171	175n19

『アブラハムの移住』
130	209n50

『神のものの相続人』
23	370n19
56–57	152
106	247
159	247
166	302n25
188	370n19
199	370n17
294–95	152n30

『予備教育』
70	208n43, 804n88
86–87	227n126

『逃亡と発見』
4	247n39
47	87n16
100–01	302n25
109	370n17
112	370n19

212	90n33	1.201	691n62	1.32	151n28
		1.209	175n19	1.40	152
『改名』		1.214	247n39	1.51	152
236–37	657n86	1.221	759n29, 777n98	4.97	369
		1.277	691n62		
『夢』		1.301	657n86	『出エジプト記問答』	
1.62–64	369n16	1.305	545n54, 805n89	2.118	370n19
1.122–23	192n103	2.63	845n35		
1.141–43	213n67	2.167	641n20	**ヨセフス**	
1.143	213n64	2.192	95n60		
1.238	90n33	3.37–42	192n101, n103	『ユダヤ古代誌』	
2.9	192n103	3.39	192n103, 193n104	1.37	148n14
2.180	657n86	3.100	172n11	1.41	151n26, n28
		3.205–06	848n45	1.223–25	491n167
『アブラハム』		4.84–85	152n30	2.318	210n54
135–37	192n101			3.91	86
172	315n93	『徳論』		3.96–97	349n95
192	491n167	116	845n35	3.237	307n60
		182	827n165	4.130	191n93
『モーセの生涯』		183	657n86	4.132	191n93
1.278	470	203–04	151n24	4.326	349n95
2.21	217n84, 848n48	205	152	5.112	91
2.84	247n38			5.121	345n78
2.95	302n25	『賞罰』		11.173	643n32
2.97	302n25	62	152n30	12.27	319n115
2.133	370n19	79	208n43, 804n88	12.147–53	438n56
2.238	290n112	80	657n86	12.271	464n69
2.271	221n106			13.68	345n78
2.280	221n106	『自由論』		13.171	767n57
2.290	349n95	68	657n86	13.311–13	540n21
			114	13.380–81	296n5
『十戒総論』				15.136	213n64
65	85	『観想的生活』		15.373–79	540n21
142	152n30	3	177	16.182	302n28
150	152n30	37	848n46	17.345–48	540n21
153	152n30			18.116–19	540n23
158	641n20	『世界の不滅』		20.44	208n43, 804n88
167	868n131	107	177	20.90	346n81
173	152n30			20.200–01	461n58
		『ガイウス』			
『十戒各論』		361	848n47	『ユダヤ戦記』	
1.35	93n57			1.108–09	461n58
1.198	93n59, 310n74	『創世記問答』			

2.118	767n57
2.140	842n17
2.162	461n58
2.409	641n20
4.137	579n49
7.260	845n35

『アピオーンへの反論』
1.37–42	248n40
2.146	827n165
2.148	89
2.167	86
2.190–91	86
2.273–75	192n101
2.282	217n84

『ヨセフスの自伝』
14	848n46
191	461n58

初期教会文献

『Ⅰクレメンス書』
3.3	736n100
16.7	252n71
21.6	515n35
21.6–9	831n182
32.4	515n35
35.5	827n164
38.1	515n35
41.2	694n76
42.4	737n102
44	515n35
47.6	515n35
48.1	321n127
54.2	515n35
57.1	515n35

イグナティオス書簡
『エフェソ人への手紙』
1.1	515n35

『マグネシア人への手紙』
6.2	278n65
10.3	675n154

『トラレス人への手紙』
2.1	252n70
9.2	515n35

『フィラデルフィア人への手紙』
6.1	675n154

『スミュルナ人への手紙』
3	134

『ポリュカルポスへの手紙』
4.1–5.2	831n182

『ポリュカルポスからフィリピ人への手紙』
4.2–3	831n182

『ポリュカルポス殉教物語』
3.2	89n25
8.2	343
9.2	89n25

『ディダケー』
2–5	827n164
4.9–11	831n182
5.1	189n86
9–10	774n84
9.1	754n2
9.5	754n2, 775n91
10.6	417n86, 768n62
10.7	732n77
11	747n144
11–13	705n136
11.7	810n110
12.1	810n110
13.1–6	732n77
14.1	774n85

『バルナバの手紙』
4.6–8	675n155
4.13–14	675n155
9.4	213n63
18–20	827n164
19.5–7	831n182

『ヘルマスの牧者』
戒 11	705n136, 732n77
戒 11.7	810n110
戒 11.16	810n110
喩 9.24.2	581n63

『ディオグネトスへの手紙』
12.9	754n2

初期教会著作家文献

アナタシウス『ロゴスの受肉』
54	289

エイレナイオス『異端反駁』
5 序	289

ナジアンゾスのグレゴリオス『書簡』
101.7	289

クリュソストモス『ローマ書講解』
31	739n114

アレクサンドリアのクレメンス『勧告』
12	759n25

エピファニウス『弟子目録』
125.1920	739n114

エウセビオス
『教会史』
2.23.5	848n46
5.2.2–4	387n87

8.12.1–2	387n87	2.12	244n22	10.10	101n90
		2.18–21	158n63	12.1	101n91
『福音の備え』		4.3–4	101n91	13.8	653n72
13.12.11	370n18	4.17–19	827n164	14.8–9	653n72
		6.3–11	381n56		
『偽クレメンス』		6.10	97n70	1QpHab	
17.18.19	332n19	6.14	97n70	2.1–2	409n52
		11.13–14	893n8	5.7	97n70
ユスティノス		12.3–6	686n39	5.11	409n52
『第一弁論』		12.19–20	848n45	7	97n72
65.5	770n73	12.23	97n70	7.2	217n83
66.1	775n91	15.7	97n70	7.5	409n52
66.2	770n73			7.10–11	489n160
66.4	759n25	1Q27		8.1–3	489n160
		1.2	409n52	9.2	132n90
『対話』				10.13	101n91
10.3	281n79	1QapGen		11.13	805n89
35.3	767n58	20.13	346n81		
49	398n4			1QS	
70.1	759n25	1QH		3.5	848n45
90.1	281n79, 297n6	2.18	545n54, 805n89	3.17–23	181n49
		4.9–12	810n111	3.23	409n52
テルトゥリアノス『異端者への抗弁』		4.29	122n55	4.1	227n126
		5.32	221n106	4.2–8	540n22, 827n165
940	759n24	6.8	653n72	4.6–8	227n126
		6.10–12	810n111	4.7	226n125
オリゲネス		11.7–10	810n111	4.9–11	827n164
『マタイ福音書注解』		12.11–12	540n22	4.15–26	154n43
11.12	848n46	12.11–13	810n111	4.18	409n52
		12.12	539n17	4.20–26	540n22
『ケルソス駁論』		13.14	263n4	4.23–25	612n77
1.5	89	15.21	122n55	5.5	545n54, 805n89
		16.11–12	810n111	5.8–10	810n111
メリトン『過越しについて』		18.12–13	263n4	5.20–24	471n92
72–99	675n155	18.14	244n22	6.18	471n92
		18.16	263n4	8.15	204n23
		18.20	545n54, 805n89	8.21–22	204n23
死海文書				9.3–5	691n63
		1QM		9.13	810n111
CD		3.2	640n13	11.9	122n55
1.4–5	653n72	3.5	101n90	11.11–15	454
1.19	481n134	4.10	684n27	11.13–15	505n215
2.9	244n22	4.11	640n13	11.15–18	810n111

11.20–21	263n4
1QSa	
2.3-4	686n39
2.3–11	742n123
1QSb	
3.2	101n90
4Q169	
2.6	132n90
4Q174	
	281n78
4Q246	
	281n78
4Q409	
1.6	346n81
4Q521	244n22, n23
12	244n23
4Q530	
2.6	441n87
4Q531	
5.2	441n87
4QFlor	
1.1–7	471n92
1.11	562n124
4QpNah	
1.7–8	296n5
11QMelch	
2.15–24	244
11QT	
26–27	310n77
64.2–13	296n5

ラビ文献

ミシュナ
ヨーマー
8.6	310n77, 893n8
8.8	308n65

サンヘドリン
10.1	662n106

シュヴオート
1.7	310n77

アヴォダー・ザラー
2.3	848n46
5.2	848n46

アヴォート
1.7	804n88
1.17	208n43
3.2	371n25
5.3	491n167
5.14	208n43, 804n88

ムナホート
9.7–8	310n74

タミード
4.1–7.4	307n60

バビロニア・タルムード
シャッバド
31a	825n153

プサヒーム
54a	373n34

ハギガー
14a	349n98

ネダリーム

39b	373n34

サンヘドリン
38b	349n98
98a	352n111

タルグム・ネオフィティ
申 30.11–14	801n75

タルグム・偽ヨナタン
創 11.7-8	90n31
ゼカ 4.7	373.34

古典／ヘレニズム文献

アプレイウス『黄金のロバ』
11	266n12, 572n22
11.4–25	756n9
11.21	572n26
11.23	572n23

アリストテレス
『ニコマコス倫理学』
1106c	181n52

『政治学』
1.1253b.1–14	832n184

ディオン・クリュソストモス
5.348–51	832n184

ディオゲネス・ラエルティオス
7.23	171n6

ハリカルナッセウスのディオニュシウス『ローマ古代誌』
2.25.4–26.4	832n184
11.5	276n58

エピクテトス
2.10.4–5	699n103

4.1.33　　　　　　867n127

ユウェナリス『風刺詩』
14.96　　　127n84, 848n48
14.97　　　　　　　　89
14.105–06　　　　848n48

リウィウス『ローマ建国史』
2.32　　　　　　699n103

マルクス・アウレリウス『自省論』
4.23　　　　　　　368n4

マルティアス『詩選』
3.60　　　　　　　764n45
4.85　　　　　　　764n45

ピンダロス『祝勝歌』
2.72　　　　　　　789n21

プラトン
　『ソクラテスの弁明』
　38a　　　　　　　111

『プロタゴラス』
343b　　　　　　　111

『律法』
6.26b-c　　　　　193n104

『国家』
5.13　　　　　　193n104

プリニウス『書簡』
2.6　　　　　　　764n45
10.97.7　　　　　358n142

プルタルコス『徳論』
142E　　　　　　744n129
525ADB　　　　　191n93

偽アリストテレス『世界について』
6　　　　94n52, 368n4

偽カリステネス
1.22.4　　　　　744n129

クウィンティリアヌス『弁論術教程』
8.6.1　　　　　　385n75

セネカ『書簡』
47　　　　　　　868n47
65.8　　　　　　　368n4
94.1　　　　　　832n184

タキトゥス
　『年代記』
　12　　　　　　　841n9

　『同時代史』
　5.5.4　　　　　　 91

ウェルギリウス『詩選』
4.50–52　　　　　164n97

《訳者紹介》
浅野淳博（あさの・あつひろ）

関西学院大学教授・京都大学文学研究科講師。フラー神学校にて Th.M、オックスフォード大学にて D.Phil.

単著 *Community-Identity Construction in Galatians*（T&T Clark, 2005)、『NTJ 新約聖書注解　ガラテヤ書簡』（日本キリスト教団出版局、2017年）他。

共著 *The Oxford Handbook of the Reception History of the Bible*（OUP, 2011)、*The Trinity among the Nations*（Eerdmans, 2015)、『新約聖書解釈の手引き』（日本キリスト教団出版局、2016年）他。

翻訳　R. ボウカム『イエスとその目撃者たち』（新教出版社、2011年)、J. ダフ『エレメンツ新約聖書ギリシャ語』（新教出版社、²2016年）他。

使徒パウロの神学

2019年3月30日　初版発行

訳　者　浅野淳博
発行者　渡部　満
発行所　株式会社 教文館
〒104-0061　東京都中央区銀座 4-5-1　電話 03(3561)5549　FAX 03(5250)5107
URL　http://www.kyobunkwan.co.jp/publishing/
印刷所　モリモト印刷株式会社

配給元　日キ販　〒162-0814　東京都新宿区新小川町 9-1
電話 03(3260)5670　FAX 03(3260)5637

ISBN978-4-7642-7431-0　　　　　　　　　Printed in Japan

©2019　　　　　　　　　　　落丁・乱丁本はお取り替えいたします。

教文館の本

E. P. サンダース　土岐健治／太田修司訳

パウロ

B6判 298頁 2,000円

新約聖書書簡の半分以上を著わし、キリスト教神学の基礎を築いた使徒パウロはどのような人物だったのか。その生涯と神学を簡潔に描く。「信仰義認」の新しい解釈を提示するなど、初期ユダヤ研究の碩学による大胆かつ新鮮なパウロ論。

G. タイセン　日本新約学会編訳

イエスとパウロ
キリスト教の土台と建築家

四六判 288頁 2,200円

キリスト教の土台であるイエスの上に建築家として建てていくパウロ。二人はどのような関係にあったのか？ 聖書学および現代のキリスト教神学における根本問題を心理学や社会学の側面から検討し、新しい視点と見解を示す。

G. タイセン　渡辺康麿訳

パウロ神学の心理学的側面

A5判 608頁 7,573円

原始キリスト教会の宗教的体験と行動にとって、パウロは現実のモデルであった。教会はパウロのモデル行動を通してキリストという象徴モデルを理解した。著者は心理学の方法を用いてパウロの行動と体験を記述する。

G. タイセン　大貫隆訳

パウロの弁護人

四六判 486頁 3,800円

青年法律家は獄中の使徒を救えるのか？ キリスト教最大の伝道者の実像を原史料に基づいて再構築し、その卓越した神学と生涯を描き出した著者渾身の思想小説。新約聖書学の碩学が「遺言」として贈るパウロ研究の結実！

G. タイセン　大貫隆訳

新約聖書
歴史・文学・宗教

四六判 294頁 2,000円

新約聖書はローマ帝国の内部に存在した一つの小さな宗教的サブ・カルチャーの文書を集めたものである。それらの文書の成立と収集に文学史的にアプローチし、新約聖書の成立をトータルに理解しようとする、斬新で画期的な試み。

M. ヘンゲル　土岐健治訳

イエスとパウロの間

B6判 444頁 3,800円

イエスの復活後からパウロの世界規模の宣教までの間に原始教会の内部で生じていた重要な出来事を、歴史的・文献学的方法によって探求し、キリスト教が瞬く間に世界的宗教へと発展することを可能にした要因を探る。

原口尚彰

新約聖書神学概説

A5判 192頁 2,500円

最新の研究成果を踏まえた、新約聖書神学についての基本的入門書。イエスの宣教から原始教会の諸思潮、パウロの神学、福音書記者・書簡著者の神学へと、新約神学の歴史的形成過程を辿ることで新約思想の全体像を明らかにする。

上記価格は本体価格（税抜）です。